献礼改革开放四十周年

中国企业改革发展优秀成果

2018（第二届）

——上卷——

中国企业改革与发展研究会◎编

图书在版编目（CIP）数据

中国企业改革发展成果优秀成果（第二届）· 全2卷 / 中国企业改革与发展研究会编 .
—北京：中国经济出版社，2018.12
ISBN 978-7-5136-5462-3
Ⅰ.①中… Ⅱ.①中… Ⅲ.①企业管理—经济体制改革—研究—中国
Ⅳ.① F279.21

中国版本图书馆 CIP 数据核字（2018）第 270372 号

责任编辑　丁　楠
责任印制　马小宾
封面设计　河北环能文化传媒有限公司

出版发行　中国经济出版社
印 刷 者　北京世纪恒宇印刷有限公司
经 销 者　各地新华书店
开　　本　889mm × 1194mm　1/16
印　　张　52.25
字　　数　1234 千字
版　　次　2018 年 12 月第 1 版
印　　次　2018 年 12 月第 1 次
定　　价　398.00 元（上下卷）
广告经营许可证　京西工商广字第 8179 号

中国经济出版社　**网址** www.economyph.com　**社址** 北京市西城区百万庄北街 3 号　**邮编** 100037
本版图书如存在印装质量问题，请与本社发行中心联系调换（联系电话：010-68330607）

2018中国企业改革发展优秀成果编委会

（第二届）

改革无止境，聚力再出发

今年是改革开放四十周年，也是我国企业改革发展四十周年。1978—2018年的四十年里，我国的社会经济发展发生了翻天覆地的变化，我们创造了世界经济体发展的奇迹。从1978年改革开放伊始，中国的经济规模由3679亿元增长到2017年82.71万亿元，成为世界第二大经济体；我国企业从政府的附属物而脱胎换骨、凤凰涅槃。在市场经济中驰骋，一些企业在国际上已经成为行业的领导者。如何真实地评价中国企业改革取得的成就，我同意这样的一种比喻：30年前，我国企业同西方发达国家企业相比，可谓望尘莫及；10年前再相比，是望其项背；今天，我们部分企业已经做到齐头并进；再过5年10年，我们会有更多的企业与他们并驾齐驱、比肩同行甚至遥遥领先。中国企业改革的四十年，有改革、有调整，有攻坚、有探索，有创新、有跨越，可以说是栉风沐雨、波澜壮阔、日月更篇、天地换颜。

中国企业改革与发展研究会成立于1991年，著名经济学家蒋一苇出任首届会长，风风雨雨走过了27年。其成立与企业改革发展研究密切相关。去年中国企业改革与发展研究会开展了首届“中国企业改革发展优秀成果”申报审定发布活动，初衷就是通过这种活动，鼓励大家将好的研究、好的经验、好的做法，通过这样一个平台，相互交流，相互学习，相互借鉴，广泛传播，使我们的企业在日常经营管理中能够应用这些成果，改善经营，强化管理，提升技能，跨越发展。今年，恰逢我国改革开放四十周年之际，中国企业改革与发展研究会组织的第二届“中国企业改革发展优秀成果”的发布，是对中国改革开放四十周年的献礼。

本届成果申报主体包括各种类型企业及政府部门，高等院校，研究院所等，成果范围广泛，涉及企业改革发展的多个领域。成果通过深入总结我国全面深化改革的成功实践经验与理论创新，多方面多角度呈现我国企业改革发展领域取得的最新成就，涵盖了“战略管理与发展模式创新”“国际化经营、生产运营与提质增效”“财务、法务管理与风险控制”“两化融合、智能制造与技术进步”“人力资源管理与履行社会责任”“企业党的建设”等多个方面。这些成果可谓是我国企业近年改革创新发展的缩影，囊括了我国企业改革发展的当下情况和进程，并且在创新实践中取得了良好的效果，对于我国企业改革发展，特别是国有企业深化改革与发展，不仅具有代表性和影响力，而且具有很强的现实指导意义和推广价值。

中国电子科技集团申报的《现代国有企业法人治理结构中权责平衡体系的构建与应用》，以公司章程（即“1”）、党组工作规则、董事会工作规则、总经理工作规则（即“3”）等为基础，梳理党组、董事会、经理层等在决策、执行、监督环节的权责关系，按照事权、财权划分70余项管理类事项和80余项金额类经济事项，创造性提出《现代国有企业“1+3”权责表》，逐步构建现代国有企业决策授权体系，并在实际工作中推进实施，取得了良好效果。

中国航天科工集团申报的《航天科工提升基层党组织组织力实践研究》，创建“两全三化”（全级次、全方位，系统化、体系化、日常化）工作思路和“1135”（一个总要求、一条主线、三个基本、五个坚持）工作路径，有效提升了基层党组织的政治领导力、组织覆盖力、群众凝聚力、发展推动力和自我革新力，为推动航天强国建设提供了坚强的组织保证。

中铝集团申报的《大型企业履行社会责任的运营管理创新》，以ISO26000国际标准为指导，通过构建“社会责任管理模块和负面清单”为核心载体，将社会责任发展专项规划导入集团发展规划，制定规划目标，明确理念体系、组织体系、制度体系、考评体系，与其他管理工作同部署、同落实、同检查、同考评，有力促进了集团管理提升，并取得了显著经济效益、管理效益和社会效益。

格力电器申报的《大型家电制造业零部件质量集成化管理创新与实践》，提出了大型家电制造业零部件质量集成化管理的创新理念。通过对零部件质量检验板块建立集成化的组织、制订集成化的全流程管理制度、整合创新检验资源、开发信息化检验系统、建立检验质量体系，实现了八大空调生产基地的零部件集成化管理，进而提升了企业的质量效益、品牌效益和经济效益。

国资委研究中心申报的《国有资本投资公司模式研究》，通过对中粮集团、国投集团等试点企业的研究，提出搭建国有资本投资平台的模式、标准与条件及授权权责范围等十分有益的建议。

企业强则国家强。党的十九大明确提出，中国特色社会主义进入新时代，我国社会主要矛盾已经转化为人民日益增长的美好生活需要和不平衡不充分的发展之间的矛盾；我国经济已由高速增长阶段转向高质量发展阶段。为实现中国特色社会主义新时代的宏伟远大目标，我国企业任重道远，企业必须坚持提质增效、降本降耗、绿色发展，以供给侧结构性改革为主线，推动企业发展质量变革、效率变革、动力变革，提高全要素生产率，适应市场，引领市场，深化改革，不断创新，弘扬企业家精神，打造强有力的企业核心竞争力。

中国企业改革与发展研究会作为聚焦企业改革发展研究的社团组织，随着经济的发展，其研究的目标内涵也在不断延伸、发展。改革无止境，任何一家企业面对不断变化调整的复杂外部环境，只有深化改革，才能登高望远、挑战巅峰。中国企业改革与发展研究会将紧扣企业改革发展的主线，通过广泛的调研、重点分析和典型案例推广交流，聚力改革，聚力发展，在新的改革发展征程中，不断做出新的努力与贡献。

中国企业改革与发展研究会会长
宋志平
2018年12月

关于发布和推广
2018中国企业改革发展优秀成果的通知

各有关单位、各会员单位、各研究员：

为全面贯彻落实习近平新时代中国特色社会主义思想和党的十九大精神，尊崇新思想，践行新理念，实现企业高质量发展，中国企业改革与发展研究会（以下简称“中企研”）组织开展2018“中国企业改革发展优秀成果”申报审定发布活动。本届活动收到并受理申报成果356项，覆盖范围、数量与质量在首届基础上均有进一步提升。经过审定活动办公室初审、专家审定委员会复审、中企研官方网站公示，共128项成果审定为“中国企业改革发展优秀成果”，其中一等55项，二等73项，现予以公布。（名单详见附件）

经济发展新常态下，总结推广企业改革开放过程中的创新理论、成功案例，对助力企业应对新挑战、开启新征程具有更为重要的意义。2018审定活动推出的优秀成果多层次、多角度呈现了我国企业改革发展过程中的新典型、新经验、新成就，具有一定的现实指导意义和推广价值。中国企业改革发展优秀成果审定活动办公室将于近期将本届成果汇编出版，供广大企业及研究人士学习借鉴。关于本届优秀成果奖励及宣传推广，提出如下建议：

1.按照党的十九大总体部署，对企业改革发展的新进展新成果应给予积极支持鼓励，对中国企业改革发展优秀成果创造人的表彰、奖励可以参照《国家科学技术奖励条例》及实施细则和地区、行业有关规定执行，也可按企业内部规定执行。

2.2018年12月12日将召开“2018中国企业改革发展优秀成果发布会”，宣传展示我国企业改革发展的优秀成果，并为优秀成果创造人颁发荣誉证书。具体事宜另行通知。

3.中企研将联合新华网等主流媒体广泛宣传本届优秀成果，并围绕优秀成果组织开展系列专题研讨会或成果交流等，扩大优秀成果影响力。

4.中国企业改革发展优秀成果申报企业、申报个人应以此次活动为平台，积极参与优秀成果宣传推广活动，加强相互学习交流，在新时代展现新气象，实现新作为。

附件：2018中国企业改革发展优秀成果名单

中国企业改革与发展研究会

2018年11月20日

附件：

2018中国企业改革发展优秀成果名单

等级	成果名称	申报单位（所在单位）	主要创造人	参与创造人
一等	关于当前国企改革工作的一些思考	中国建材集团有限公司	宋志平	
一等	现代国有企业法人治理结构中权责平衡体系的构建与应用	中国电子科技集团有限公司	熊群力 巨建国 吴永亮	赵爱晶、赵　鹏、方　凯、王　梓 黄　敏
一等	促进混合所有制经济发展研究	国家发展和改革委员会市场与价格研究所	臧跃茹	杨　娟、刘　方、张铭慎、刘泉红 曾　铮、郭春丽、黄卫挺
一等	航天科工提升基层党组织组织力实践研究	中国航天科工集团有限公司	高红卫 李　跃 方向明	孙玉斌、李慧敏、李铁毅、杨　庆 郑晓军、刘新磊
一等	构建新时代中国特色国有企业公司治理体系的创新研究	中国第一汽车集团有限公司	奚国华	
一等	大型家电制造业零部件质量集成化管理创新与实践	珠海格力电器股份有限公司	董明珠	方祥建、邓　智、黄才笋、吕锦銮 欧毓迎、余　辉、曾启明、苗　旭 陈　奋
一等	服务外包中创新能力的测量、提升与绩效影响研究——基于发包与承包双方知识转移视角的理论探讨与实证研究	对外经济贸易大学	王永贵	马　双
一等	互联网时代大型汽车集团“制造服务化”转型的创新与实践	北京汽车集团有限公司	徐和谊 张夕勇	杨　钧、李春华、王刘芳、刘　乐 张　健、冯彦彪、张　旭
一等	实施两材重组　建设具有全球竞争力的世界一流企业	中国建材集团有限公司	宋志平	刘志江、曹江林、李新华、光照宇 傅金光、常张利、顾　超、牛振华 王　维、曾　暄、堵光媛、刘现肖
一等	价值魔方——互联网与e立方经济	中华人民共和国科学技术部	尉迟坚	

等级	成果名称	申报单位（所在单位）	主要创造人	参与创造人
一等	制度、技术与国有企业改革	北京大学	王曙光	王丹莉、冯　璐、呼　倩、徐余江 郭　凯、王琼慧、张逸昕、张　璐 轩兴堃、张慧琳、康恒溢、宋曼嘉 王子宇
一等	牢记初心使命　勇于探索创新　全力打造一流的综合性国有资本运营公司	中国国新控股 有限责任公司	周渝波 莫德旺 周育先	王　豹、余小林、王志学
一等	持续推动精益管理　全面提升重组整合企业综合竞争力	南方水泥有限公司	曹江林 肖家祥	赵旭飞、林国荣、蒋德洪、石珍明 潘晓萍、符　林、付神进、贺　誉
一等	国有资本投资公司模式研究	国资委研究中心	周丽莎	支东生、刘乌兰、张佳慧
一等	大型企业履行社会责任的运营管理创新	中国铝业集团有限公司	葛红林 敖　宏	杨燕青、张晓军、董祈祥、代金林 陈一新、韩　露
一等	全球能源互联网法治体系研究报告	国家电网有限公司	欧阳昌裕	李瑞庆、高　璐、叶小忠、郭国川 董春江、许石慧、朱奕博、孙新宇 石长清、王兴雷、刘　进、孔志明 唐明毅
一等	突出政治功能，提升组织力，积极开创非公有制企业党建工作新局面	万达集团党委	张万红	马　恺、刘栋栋
一等	中国建设制造强国的核心驱动因素研究	中铁高新工业股份 有限公司	李建斌	韩军超
一等	特大型企业绿色发展管理与评价研究	国网能源研究院 有限公司	金艳鸣 鲁　刚 吕运强	汪美顺、李　伟、傅观君、王晓晨 张富强、谭　雪、赵秋莉、冯君淑 焦冰琦、闫晓卿、李卓男、弭　辙 栗　楠
一等	页岩气开发投资成本管控体系创建与实施	中国石油集团 经济技术研究院	吕建中 李华启 刘　嘉	郭晓霞、杨　震、刘玉贵、邱茂鑫 展恩强、杨　虹、张珈铭、刘　颖 张焕芝、杨金华、孙乃达、郝宏娜 焦　姣、王晶玫、刘知鑫

等级	成果名称	申报单位（所在单位）	主要创造人	参与创造人
一等	建设交易所投行服务平台　助力国企混改与科技创新——北交所“北交汇投”投行服务体系建设与运营服务实践	北京产权交易所	吴汝川	朱　戈、刘　超、邹南南、高佳卿 马德宇、周志武、梁献军、原锦辉 马晶波、王晓军、魏存蕊
一等	电力服务商构建“互联网+营销服务”机制探索与实践	国家电网有限公司	姜雪明 谢永胜 沈建新	吴国诚、唐文升、方学民、郭　朋 王锦志、张　燕、裘华东、涂　莹 曹　晶
一等	中国兵器工业集团有限公司工业互联云平台的建设实践与展望	中国兵工物资集团有限公司	白长治 温燕朝	刘雨辰、贺　蕾、苶国吉、刘美琪 刘泰伟
一等	我国国有企业企业家选拔任用机制创新研究	吉林大学	李　政	赵洪亮
一等	新时代推动形成全面开放新格局思考	中国商务出版社	郭周明	
一等	大型高科技央企集团以建设世界一流创新型企业为目标的中长期激励管理	中国电子科技集团有限公司	胡爱民 王晓敏 冯拓宇	范文新、李少卿、杜江明、马明德 张魏林、张　栋、罗　旭
一等	特定市场结构下政府补助对企业技术创新影响研究——以风电产业为例	中国矿业大学	高　伟	乔光辉、胡潇月、赵静怡、战一滨 张凯琪
一等	对北新建材成功打造中国工业标杆企业的调研与思考	《中国县域经济报》社	孟宪江	蒙　华
一等	大型科研设计院所基层党组织标准化建设的实践与思考	中建材蚌埠玻璃工业设计研究院有限公司	彭　寿 李志铭	陈　雯、李少鹏、周　鸣、田雨灵 马倩文、李　宝、高鹿鸣
一等	2017中国企业信用500强分析研究	国信联合（北京）认证中心	刘栋栋	于学敏、李　龙、刘文书、刘　东

等级	成果名称	申报单位（所在单位）	主要创造人	参与创造人
一等	企业与非政府组织国际会议平台建设及高层次合作交流机制探索	国网能源研究院有限公司	代红才 张　栋 毛吉康	孔维政、徐晓阳、赵芸淇、赵留军 汤　芳
一等	军工企业推进军民融合战略的思考与实践	中国航发西安航空发动机有限公司	唐喜军	党经绮、王　斌
一等	国有资产监督目标模式与外派监事会监督机制创新	北京师范大学经济与工商管理学院	高明华	
一等	推进党的领导与现代企业制度有机融合的探索与实践	《党领导下的现代企业制度》课题组	孙力实 光照宇 牛振华	张小苹、邱艾平、苗小玲、丁　泉
一等	着眼于世界一流大粮商的高技能人才培育探索与实践——以中粮集团为例	中粮集团有限公司工会	衡　虹	刘爱东、高立新、张娴初、张　瑜 郝　磊
一等	建设“智慧食药监综合监管大数据服务平台”的实践与思考	航天信息股份有限公司	马振洲	武　健、张立岩、朱翔淼、龚乐天 邵　宇
一等	大型流域水电公司基于自主创新的智慧企业管理模式探索与实践	国电大渡河流域水电开发有限公司	涂扬举	何仲辉
一等	海外电力企业两位一体运营组织管理模式构建与实施	中国电建集团海外投资有限公司	盛玉明 杜春国	俞祥荣、张奋来、蔡　斌、彭　锟 宋会红、王铁峰、李　明、晏洪伟 韩国芬、陈国梁、杨　玲
一等	大型产业集团持续提升软实力打造世界一流企业的实践与启示	中国建材集团有限公司办公室	张继武	张　静、江秀龙
一等	创新党建调度管理促进国企党建高质量发展	山西潞安矿业（集团）有限责任公司	李晋平	王志清、郭成刚、李卫东、周志利 马志宏、连　峰、郑泽柱、张路刚 崔建勇、韩军强、张绘锦、宋空军

等级	成果名称	申报单位（所在单位）	主要创造人	参与创造人
一等	混合所有制企业党的建设融入公司治理管理的途径分析	中国建材集团有限公司党群工作部	苗小玲	
一等	中国电科提升基层组织力的“多元互动”模式研究	中国电子科技集团公司发展战略研究中心	黄勇宁	胡微微、宋　磊、邓亚楠、张　丹 吴晓娟
一等	风电叶片互联网化精益制造及管控实践与研究	连云港中复连众复合材料集团有限公司	乔光辉	刘卫生、梁　颖、杨懿忠、张哲宁 黄艳玲、杨　婷、胡同波、院秀芝 仲晓虹
一等	经济新常态下东北地区企业基因重组与创新驱动发展	吉林大学经济学院	齐　平	宿柔嘉、田丽娟、张　芬、曲英源 焦守振
一等	基于多层需求动机的央企领导体制改革探索——以某中央企业集团为例	中国一重集团 中国第一汽车集团 新兴际华集团	刘明忠 奚国华 张雅林	杨　彬、何可人、徐建华、刘其先
一等	实现海外投资税收筹划的中间控股平台设立及风险防控体系建设	中国电建集团海外投资有限公司课题组	李　铮 石　嵩	袁子丽、徐　莉、熊　兰、王家琨
一等	大型产业集团基于创新链的科技项目管理体系建设研究	中国建材集团有限公司科技管理部	郅　晓	邓　嫔、王茂生、阎　宏、邹宇知 祝伟丽、赵海红、张　昕、蒋鞠慧
一等	国有资本运营公司党委与其他治理主体之间的关系研究	中国诚通控股集团有限公司	曾祥展	
一等	大型水泥集团基于组织再造的人力资源管理整合优化的实践与展望	西南水泥有限公司	姚　钦 郑惠荣	白　彦、龚雷海、薄克刚、张　骏 许跃辉、梁　蘅、高剑锋、殷平伦
一等	创新驱动战略下制造型企业发展新兴产业的若干关键问题研究	中国建材集团有限公司投资发展部	司艳杰	刘方勤

等级	成果名称	申报单位（所在单位）	主要创造人	参与创造人
一等	中国制造企业的产品后市场服务契约机制研究	上海财经大学	谢家平	杨　俊、梁　玲、孔令丞
一等	平台型电商企业的温室管理模式研究	东北财经大学	汪旭晖	张其林
一等	中国巨石打造“三建”党建工作品牌促进企业持续发展的实践研究	中国巨石股份有限公司	周森林	朱惠顺、杨　靖
一等	非金属矿物制品业社会责任报告标准体系研究	中国建材集团有限公司企业管理部	张　健 金　玲 梁　霄	牛振华、林振森
一等	适应国资国企改革的国有企业管理体制和经营模式创新研究	国网能源研究院有限公司	柴高峰 张　勇	石书德、刘　进、张华磊、李浩澜马云高、买亚宗、卢健飞、何　琬左新强、刘小乐、张　园、张　倩鲁　强、熊有坚
二等	民机制造业主机厂组织机构改革研究——以上飞公司成长期组织机构改革为例	上海飞机制造有限公司	张剑波	李蓉婷、吕　彬、张岚岚
二等	安徽国有文化资产运营体制改革与文化金融体系建设研究报告	安徽省国有文化资产运营体制研究院	范恒森	潘振球
二等	中国石化35年改革发展纪实（1983–2018）	《国资报告》	王倩倩	
二等	关于国有企业集团层面混改的实践与思考	天津市国资委	洪全印	
二等	万物智联：大数据重塑制造业	国务院发展研究中心新经济研究室	朱　敏	马　源、孙中源

等级	成果名称	申报单位（所在单位）	主要创造人	参与创造人
二等	当代成功企业家思维研究	北京大学	刘秉君	
二等	关于国有控股上市公司把党的领导转化为企业核心竞争力的体系研究	清华大学	萧新桥	胡　策、王立超、王义青、郑　鹏 孙佳斌
二等	对我国啤酒行业现状及其发展趋势的分析与展望	《酒·饮料技术装备》杂志社	申　洪 丁广业 马　强	
二等	探索实践企业党建和经营“四大关系” 打造企业改革发展“红色引擎”——江西省出版集团公司党委党建与经营双向促进工作法	江西省出版集团公司党委	赵东亮	张其洪、李仕达
二等	基于产权-治权-红权配套协同的国有企业混合所有制改革路径探索	中国铝业中国稀有稀土公司 中国国机集团财务公司 中国航材集团	胡谷华 李家俊 任　宇	王兴权、刘其先
二等	大型水电企业创建一体化平台助力高质量发展的实践研究	华能澜沧江水电股份有限公司糯扎渡水电厂	冯　嘉	谢　军、杨　凯
二等	军工总体院所科技创新体系化管理机制改革的实践与思考	中国电子科技集团公司电子科学研究院	张　龙 王　斌 王　莉	谢海永、卞　婧、廖　勇、任　勇 冯拓宇、程志强、韩天晓、李　琰 裴晨琛、拜丽萍、杨敬娴、丁文慧 黄河清、陈　茜
二等	大型央企科技成果转化创新管理机制构建与实践	中国航空工业集团有限公司	魏金钟	陈　刚、朱　娜、张诚铭、罗　成 张　娜
二等	面向网信事业的总体研究院高层次人才发展体系建设与实施	中国电子科技集团公司电子科学研究院	吴曼青 邹自立 冯拓宇	段会杰、祁艳娜、易　勇、延　楠 陈　晨、王　斌、张　龙、高　斌 程　静、王玉宝
二等	强化风险防范管控构建安全监督体系	中国兵器工业集团有限公司内蒙古一机集团	赵德忠 赵旭东 王　芳	王　丽、钟　迪、付　超、贾颖洁

等级	成果名称	申报单位（所在单位）	主要创造人	参与创造人
二等	“恒丰纺织党旗红—123工程”助力企业十年跨越发展	德州恒丰集团	赵秀珍	马保东、刘义民、陈兴君
二等	国家能源e购引领央企采购模式变革	国电物资集团有限公司	韩方运	闫吉庆、杨百兴
二等	可视化监视系统在化工企业特殊作业场所的应用	神华榆林能源化工有限公司	张先松	孙　心、张清海、伍　杰、孙福生 董　健、张宏峰
二等	以构建智慧服务平台推进供给侧改革，塑造中国盾构服务第一品牌	中国中铁工程服务有限公司	苏叶茂	牟　松、章龙管、李开富、段文军 张中华
二等	以创建国际一流水电企业为目标的智能化水电厂建设	华能澜沧江水电股份有限公司小湾水电厂	鲁俊兵	南冠群、范迎春、邱小弟、乔进国 郑智燊、曹一凡、王远洪、龚登位 徐德新、胡　丰、杨定祥、禹跃美 赵晓嘉、张卫民、余　意
二等	价值工程在电厂配煤掺烧工作中的运用	华能国际电力股份有限公司上海石洞口第一电厂	胥　可	陆　俊、韩　垚、刘叶盛
二等	基于“全方位对标”的绩效考核管理体系构建与实施	中国华电集团有限公司山东公司	王正良	张春河、宋如云
二等	关于“大数据时代下”以纳税风险管理为核心的财税通会员的转型探索	山西航天信息有限公司	张益明	巩　雷、李丽芳、杨晓霞
二等	军工企业以提质增效为目标的经营状况评估改进体系构建与实施	中国航天科工集团第十研究院	张兆勇 唐　哲 吕　琥	黄　禹、黎宏德、吴琼凤、吴高登 张天然、郑晓彬、孙潇潇、杨　勇
二等	以创新创业为导向的军工企业绩效评价体系构建	中国航天科工集团第三总体设计部	张红文	施　毅、王长青

等级	成果名称	申报单位（所在单位）	主要创造人	参与创造人
二等	从“中国第一录”到“以信息产业为基础的新型科技文化产业集团”升级发展之路	中国华录集团有限公司	陈润生 张黎明 韩建国	
二等	基于服务主业的“产融结合”创新实践	中铝资本控股有限公司	蔡安辉	葛小雷、于红卫、黄　薇、杜纪福 杨　静、张翔宇、廉志伟、周　阳 余永洲
二等	传统物业转型升级探索与实践——基于互联网的“1+N”管理运营模式创新	北京首华物业管理 有限公司	李　忠	
二等	大型建筑企业项目融资模式创新——以聊城棚改二期项目为例	中国葛洲坝集团 三峡建设工程有限公司	周建华	李国建、王行仁、杜　平、程　倩
二等	大型建筑企业规章制度建设创新	中国葛洲坝集团 第三工程有限公司	冯兴龙	胡　勇、祁　斌、蔡得全、赵　力 罗　斯、潘　蕾、李　钊
二等	国际型工程公司整合产业链、协同走出去的架构和路径设计	中国能源建设集团 广东省电力设计研究院 有限公司	罗必雄 黄志秋	夏文波、梁汉东、余　平、郁静红 伍广俭、梁慧玲、雷之光、高　洋 朱海成、田　帅
二等	构建企业管理、工程管理信息化平台　助力公司高质量发展	中国电力工程顾问集团 华北电力设计院 有限公司	詹　扬	句　赫、王　有
二等	“重组整合、专业管控、价值回归”重塑区域商混行业新格局	南方新材料科技 有限公司	肖家祥 谭志雄	张剑星、符　林、陈小和、徐宗望 郑　维、谭　俊
二等	试论现代国有企业依法治企的基本思路和重点任务	国网上海市电力公司	唐明毅	
二等	新时代国企混改机制创新与路径探索	中国科创金融联盟	葛培健	丁同庆、黎　阳

等级	成果名称	申报单位（所在单位）	主要创造人	参与创造人
二等	基于“互联网+能源”的机场能源管理系统AEMS创新研发与应用	北京首都机场节能技术服务有限公司	涂思东	汪　涛、高晓辉、丁　岳、朱思平 邹文波、曲　虹
二等	以提质增效为目标的中国海油炼化产业重组改革	中海石油炼化有限责任公司	董孝利	沈洪源
二等	基于财务质量分析的境外投资财务尽职调查体系构建与实施	中国电建集团海外投资有限公司	李　铮 袁子丽	石　嵩、户宝磊、张海涛
二等	军工科研院所基于技术成熟度评价的创新能力提升	北京机械设备研究所	杨小乐 范利明 王彦丰	张亚林、薛　山、韩　永、曹　杰 王蕴慧、杨海健、王小文
二等	建立全方位、全动力激励约束体系的实践研究	国家电网有限公司	吕春泉	李　峰、鞠宇平、张鹏辉、李　鹏 邵红山、刘　辉、李东伟、李茂杰 王丽峰、刘　燕、杨　军、虞　劼 王　波、戴　泓、娄亚宁、祝　捷 陈　亮、王　宇
二等	大型企业集团合规管理体系建设与实施	北京汽车集团有限公司	孙彦臣	张祖原、王学权、曾　妮、张　弛 刘玮玮
二等	汽车行业发动机工厂建设“六个维度6个零”管理创新实践	北京奔驰汽车有限公司	刘西欣 赵海燕	丁　冬、包宏强、冯　源、金　勋 王　威、胡小燕、贾凤海、杨　柳
二等	新能源汽车企业基于新分享经济下的全价值链运营战略实施	北京新能源汽车股份有限公司	郑　刚 于利国	田雨时、陈　靖、文　霞、贾洪涛 孙　豹、吴兰英、陈　哲
二等	加强混合所有制企业党建工作研究	中国诚通控股集团有限公司	王延胜	
二等	航天科工混合所有制企业党建核心能力建设探索与实践	中国航天科工集团有限公司	高红卫 李　跃 方向明	孙玉斌、李慧敏、李铁毅、郑晓军 刘新磊、杨　庆

等级	成果名称	申报单位（所在单位）	主要创造人	参与创造人
二等	新时代科研院所职能部门组织机构改革探索与实践	中国航发沈阳发动机研究所	徐庆泽 刘宏伟 司荣宁	丁红明、王相平、李藏玉、车啸飞 王　亮、张佳媛、温　鹏
二等	航天火化工企业集体作业方式下的质量管理研究	中国航天科工集团公司第六研究院8610厂	陈永钊	何前明、潘云武
二等	以空间工程技术研发为引领的军民融合体系建设	贵州群建精密机械有限公司	母庚礼	余　泳、申曙光、肖文滨、罗天元 佘洪强、龙见炳、李　强、李　蓉
二等	基于体系工程思维的提升供给能力的央企集团化运营管理模式构建	中国电子科技集团公司发展战略研究中心	刘烈宏	朱德成、胡一东、罗欣伟、胡　煜 王　丹、李欣欣、张　丹、赵凰吕
二等	军工企业基于一体化信息平台的精准化战略管理体系	中国电子科技集团公司第二十八研究所	毛永庆 潘建群 张江涛	缪　鑫、王　旭、陈育谦、李苏宁 庄国献、刘　慧、崔文茂
二等	大型军工科研院所企业化管理探索与实践	中国电子科技集团有限公司	吴永亮 潘建群 刘　慧	赵爱晶、马立诚、郭　兴、高　奇
二等	提升科研设计院所基层党组织组织力，发挥党建价值创造力的实践与思考	天津水泥工业设计研究院有限公司党委	何卫红	赵　延、娄雪飞、祝　娇
二等	优化风险防控“三道防线”，促进合规全流程管理	中国航发西安航空发动机有限公司	蒲秋洪 雷卫龙 华广周	张　彤、张海荣、程　曦、陈燕阳 肖　欢、王　瑶、沈　芸、赵小瑞
二等	创建96139智能云平台实现传统物业企业服务模式创新	北京天岳恒房屋经营管理有限公司	黄朝阳	冯大维、燕海霞
二等	激发人才创新创造活力的中长期激励机制建设	中国航空工业集团有限公司	李　燕	张海强、呙　电、马荟莹

等级	成果名称	申报单位（所在单位）	主要创造人	参与创造人
二等	大型煤炭企业以培育新型高端现代煤化工2.0版为特色的转型升级	山西潞安矿业（集团）有限责任公司	李晋平 游　浩	肖亚宁、刘俊义、郭成刚、王　巍 于清泉、孙志强、栗进波、马军祥
二等	“互联网+基层党建”的探索和实践	中国石油集团东方地球物理勘探有限责任公司	元红萍	韩丽敏、王碧玉
二等	践行国家战略　祁连牧场探索智慧牧业新样板	甘肃祁连牧场生态科技有限公司	刘润龙	蔡　亮、谢忠磊
二等	大型企业集团以“四全管理体系”为核心的干部人才培养与使用路径研究	中国大唐集团有限公司人力资源部	刘峰彪 焦绍臣	朱发根、李学斌、牛　征、许满忠 李国彪、梁艳萍、王立斌、陈天霄
二等	中国华能提质增效厂际竞赛探索与实践	中国华能集团有限公司工会工作委员会	章显明	胡蕴瑞、曹景峰、刘瑞轩、廖静涛 申　通
二等	基于专利标准化战略下自主创新的初探与实践	兆弟集团有限公司	周兆弟	
二等	重点产业智慧供应链体系云平台建设研究	中国国际工程咨询有限公司	王龙运	王瑞江、张莉莉、朱宏意
二等	大型产业集团安全生产监管信息化平台建设的探索	中国建材集团有限公司投资发展部	曾　超	
二等	电线电缆装备企业以技术创新提升企业核心竞争力的实践与思考	合肥神马科技集团有限公司	岳光明	沈国海、周章银
二等	基于提升公司战略执行力的机构改革实践	中材节能股份有限公司	张　奇 刘习德	刘雯雪、吴苏军、李　彤、简细勇 方海坤、郭　鑫

等级	成果名称	申报单位（所在单位）	主要创造人	参与创造人
二等	中国建材赞比亚工业园的建设实践与研究	中材水泥有限责任公司	隋玉民	满高鹏、张元慈
二等	基于门径管理的科研管理机制革新之路	北京低碳清洁能源研究院	徐文强 金　虹 卫　昶	刘红英、冯琦瑶、赵　蕊、郜丽娟 吕雪婷、王艳菊
二等	基于大型机械装备制造企业的数字化管理平台创新与应用	天津水泥工业设计研究院有限公司 唐山中材重型机械有限公司	柳　强 付春雨	杨曙运、任丽倩、邸立群、张光辉 倪志岭、张志东、段永辉、高照曾 李冰飞、李瑞明、付晓丽
二等	水泥企业精益管理运营体系建设的研究与实践	山东东华水泥有限公司	李庆文	赵洹熠、谭渲月、栾馥升　刘晓军 任思国、刘　倩
二等	实施“一带一路”战略廉洁风险国别研究（赞比亚篇）	一带一路廉洁风险国别研究课题组	许　楷 崔云龙	徐　谦、史　历、路　曈
二等	电力勘察设计企业以转型升级为目标的组织机构优化变革	中国能源建设集团江苏省电力设计院有限公司	蔡升华	李　刚
二等	地方国有企业文化建设的有效路径	中国中铁建工集团	戴荣里	
二等	关于大数据管理在精准扶贫领域的应用研究与实践	河北航天信息技术有限公司	杨为琛	张献庭、许继哲、赵聚朝、张平印 薛　方、伺彦伟

目　录

战略管理与发展模式创新

国际化经营、生产运营与提质增效

财务、法务管理与风险控制

两化融合、智能制造与技术进步

人力资源管理与履行社会责任

企业党的建设

战略管理与发展模式创新

关于当前国企改革工作的一些思考

宋志平

国企改革伴随着我国的改革开放，风雨兼程，至今已经四十年了。四十年来，国企改革沿着市场化的方向，先后经历了放权让利、现代企业制度和国有资产监管等阶段，已进入崭新的时代。按照十八届三中全会决定所做的判断，目前我国的国有企业大体上已经和市场相融合，决定中“管资本为主”和混合所有制的论述为国企改革提供了新的突破口。党的十九大报告中明确指出，要推动国有资本做强做优做大，深化国有企业改革，发展混合所有制，培育一批具有全球竞争力的世界一流企业。这段话言简意赅，为进一步深化改革指明了方向。

当前，国有企业改革的路线图已经十分清晰，任务和目标也非常明确，那就是落实管资本为主、建立国有资本投资公司、发展混合所有制和培育世界一流企业。我们要认真领会习近平新时代中国特色社会主义思想，认真学习党的十九大报告精神，遵循习近平总书记关于国企改革“三个有利于”的标准要求，奔着问题来，抓住主要矛盾，扎实有效地推进国企改革工作。

一、将管资本为主落实到位

国资委的设立为推动我国国有企业改革发展做出了制度性安排。2003年从过去部委分头管理企业到成立国资委，是一场重大改革，结束了九龙治水多头管理国有企业的问题。国资委建立以来，对国企实施管人、管事、管资产，有力地促进了国企管理的规范化，推进了国有企业的改革发展。随着国有企业日益壮大，管人、管事、管资产的任务越来越重，同时许多社会监管职能也集中压在国资委身上，使国资委不堪重负，难于聚焦于管好国有资本的战略任务。新一轮国资监管体制的改革将进一步加强党的领导、促进政企分开、政资分开、简政放权，优化国有资本战略布局，促进国有资本流动增值，加快现代企业制度建设和创新，使国企改革发展迈上新的台阶。

国资委要实现以管资本为主，关键是转变职能、简政放权，回到国有资本出资人代表位置上来。国资委将实现从企业管理转向资本管理大转变，将出资人该做的事做得更好。为此，国资委应作为国有投资公司的出资人，不直接管理投资公司投资的企业及其具体的生产运营。国资委应该行使公司法中国有股东的职能，派出董事，批准投资计划，决定公司的设立、增资、解散等。作为国有股东代表，国资委还要按照国家政策调整国有资本布局，要把投资公司的投资决策权交给投资公司董事会，企业的经营决策权、用人权、分配权交给董事会。国资委多年来推行的外部董事占多数的董事会事实证明是十分有效的。只是董事会在定位上应是国资委的受托组织，应该以企业的发展和绩效为中心，构建积极进步型董事会，而不应当作国资委派驻企业的另一监管机构，对企业进行所谓的控制制衡。至于企业安全、环保等监管工作，应交由相应政府监管部门负责。

国资委是国务院行使国有资产管理的特设机构，不是也不应该是新加坡淡马锡那样的国家投资公司。同时，既然有国资委，也没有必要另起炉灶，再行打造国有资产授权管理公司。国资委——投资公司——混合所有制企业的结构模式顺理成章，既继承了这些年工作的成果，有利于确保国家国资监管能力的连续性，也按照公司法理顺了国资委、国有投资公司、混合所有制企业之间的关系。国资委通过国有资产投资公司引导投资规划，促进国资运营方式创新，将更好地发挥引导国民经济、促进创新和企业国际化的作用。根据企业功能定位，分类完善治理结构、分类开展绩效评价、分类考核，国资监管的针对性和有效性也将明显提高。当然要将管资本为主落实到位，国资委也会在管理理念、管理能力和管理方式上发生更加积极的变化。

二、建设有能力的国有资本投资公司

在十八届三中全会的决定中，明确了成立国有资本投资和资本运营公司，实际上目前的中央企业母公司大部分都是控股型的产业集团企业，也是事实上的投资公司，地方国资委也大多已经完成了投资公司组建工作。在现有央企中，部分大型产业集团增加投资管理功能，部分企业集团公司改为国有投资公司，这些公司可以更名投资公司，但对一些知名度极高的产业投资集团，也不一定要加上投资公司字样。实际全世界的大型跨国公司大都是投资公司，并没有几家冠以投资公司名称。

国有资本投资公司是负责国有资本投资运作的企业。按中国经济的体量，相当于若干个新加坡的淡马锡公司，不过，我国的国有投资公司一般来讲有固定的专业投向，是那种产业投资集团的模式，这既有历史原因，也有现实客观原因，因为我国经济体量大，以专业的产业投资集团模式更符合我国国情，也能保证各个国有投资公司更有专业化水平，国有投资公司既要贯彻国家产业政策，也要提高投资收益率，完成做强做优做大国有资本任务和使命。国有投资公司要有较强的投资能力和专业能力，有一大批投资专家，对行业、对企业有十分清晰的了解，国有投资公司的董事会应有很强的投资决策能力。因而，国有投资公司可直接在现有的央企集团母公司的基础上进行改造，充分利用其现有专业能力、人才和信息优势，加大战略规划、投资管理和融资功能，缩减集团原先的一些企业经营管理性部门。

国有投资公司一般是国有独资公司，出资管理方是国资委。国资委行使股东权力，董事全部由国资委派出，其中外部董事应选择有专业投资水平的专家出任，董事会按照公司法赋予的权力依法运营，按市场化待遇聘请高水平的职业经理人。国有投资公司投资的主要对象是混合所有制企业，大多是上市公司。在混合所有制企业中，国有投资公司行使股东权力，依股份多少选派董事，开好股东会。国有投资公司主要以相对控股和第一大股东形式投入企业，一般不投参股企业。国有投资公司要重视企业的市值让股本流动起来，用投资企业的分红和资本增值来实现国家投资的保值增值，用投资来引导国民经济的发展方向。

三、混合所有制关键在机制转变

党的十八届三中全会决定中指出，混合所有制是我国基本经济制度的重要实现形式。这既是对现有国有企业改革成果的总结，也为国企改革指明了方向。混合所有制是国有资本和市场结合的重要形式，发展混合所有制企业符合习近平总书记提出的国企改革“三个有利于”的标准，符合坚持我国基本经济制度的“两个毫不动摇”的要求。经过四十年的改革，我国绝大多数国有企业已经完成了上市改造，成为国有控股的上市公司。虽然西方国家也有混合所有制企业，但像我国这么大规模的混合所有制企业是个创举，它也是我国国有经济获得成功的真正原因之一。

混合所有制是一种所有制新的形态，既不能看作是国有企业，也不能看作是民营企业，而是一种新型所有制形式。发展混合所有制企业关键是转变机制。由于引入了非公资本，破解了国有企业所有者缺位的难题，混合所有制企业内部机制更加市场化，既有国有企业的实力，又有民营企业的活力，提高了企业竞争力。混合所有制企业中，大家以股份说话，按市场规则办事，并不存在谁吃掉谁的问题，是国民共进的一种经济结构。本着“宜独则独，宜控则控，宜参则参”的原则，参照《关于国有企业功能界定与分类的指导意见》，在公益类企业主要是国有独资方式，在商业二类企业即涉及国家安全等战略性行业或处在具有自然垄断特点领域的企业主要是国有绝对控股方式，而对于商业一类即充分竞争领域企业主要是国有相对控股、作为第一大股东和参股方式，在国际通行的做法中，一般是把国有股持有50%以上股份的企业才视同国有控股企业，而国有股低于50%的企业并不纳入国有控股企业。因此，我们应将国有绝对控股的企业视同国有企业管理，但也不应当作纯而又纯的国企，要积极引入市场机制，激发社会持续参与的热情；将现行的国有股相对控股、相对第一大股东和参股企业视同完全的市场化股份公司来看待。这样，很多竞争领域的上市公司就完全以市场化形式进行竞争，这对于发展混合制经济有着重大的意义。

在充分竞争领域中，国有资本采取相对控股、第一大股东或参股方式的混合所有制。它解决了国有企业市场化经营的内部机制革命问题，也解决了国有企业和民营企业融合合作、公平竞技的问题，也更有利于中国企业国际化。混合所有制企业应遵循国际规则，以多元化的股份公司形态运作，在现代企业制度框架初步建立的基础上，开展一系列创新。其次，国有企业在市场中取得的竞争优势也常常得不到公平看待，认为国有企业不该用纳税人的钱和民营企业竞争，实际上建立国有企业的初衷就是集中起来办大事，更好地为国家为纳税人挣钱，现在有了混合所有制作为更好的实现方式。混合所有制企业的发展会减少这些质疑，化解国有资本流动的阻力。此外，混合所有制还将促进国有资本的国际化。许多海外招标项目明令不许国有企业进入，但允许有国有股的上市公司参与。其依据是国有企业有政府补贴和国家扶持，会导致不公平竞争。混合所有制企业作为一种市场化的企业组织，拥有完整的法人财产权，国有股本依法进入，只承担股东责任和享受股东权益，企业经营决策交由董事会，董事会是由各个股东派出，并有专家型的独立董事，按市场规则运作，接受市场监督。在国际竞争日趋激烈的形势下，混合所有制企业市场接受度更高，外部阻力更小，将为国有资本国际化开辟广阔的发展空间。

国有企业深化改革要在简政放权上有新突破。法律框架和国资监管体制的改革将推动中国现代企业制度建设，混合所有制下内部机制的相应创新将促进微观层次的市场化，从而构建起全新的中国现代企业综合治理模式，但真正实现有深度的国企改革还需要权力结构的调整。就竞争领域的混合所有制企业而言，当前的突破口，一个是监管部门进一步转变职能，简政放权，将经理层人事和投资决策等经营决策权真正放下去，放到位。一个是要大力推进员工持股计划，让员工的人力资本参与利润分配，形成所有者、经营者、员工共享的企业创富机制，这既符合社会主义经济的初衷，也经过了改革实践的检验，更是当前高质量发展经济的迫切需要。另外，在充分混合、创新机制确保企业持续发展的基础上，应将薪酬决策权进一步下放到企业董事会，让市场发挥基础性作用，不再对其实施工资总额限制，以增加企业发展动力。

我国是社会主义国家，要确保国有经济占主导地位，但发展国有经济既可以用国有企业的形态，也可以用混合所有制企业中国有股本的形态。厉以宁教授指出，“在一定时间里，国有企业、混合所有制企业和民营企业将会三足鼎立，支撑着中国的经济。”多年的实践证明，混合所有制使国有资本流动性更强、控制力更大、增值更快，更加有利于国有资本做强做优做大。既然我们认识到混合所有制是我国基本经济制度的重要实现形式，就应该把混合制企业形态充分确立起来，形成我国国有企业、混合所有制企业、民营企业三足鼎立的微观经济结构，这是我国社会主义市场经济的重要特色，也是我国国企改革四十年来的重大成果。2018年8月国资委启动“双百行动”，以“1+N”政策体系为指导，在以往混改基础上扩围，选取百家中央企业子企业和百家地方国有骨干企业，深化混改、员工持股、完善现代企业制度、薪酬改革等多项改革，形成国企改革全面落地的新局面。

四、培育世界一流企业

党的十九大报告中提出，要培育一批有全球竞争力的世界一流企业。世界一流企业主要是指混合所有制企业中的大型上市公司，因为全球竞争力，主要指在国际市场上的技术、品牌、市场占有率等方面的能力，世界一流则是产品、技术、管理、服务和效益等方面的水平。因此，现在我们国有投资公司投下的混合所有制企业中的大型上市公司应该率先成为世界一流企业。

世界一流企业既包含企业规模、又包含企业技术水平、也包含企业的盈利能力，同时还应包含企业的持续发展能力。2018年世界500强名单中已有120家中国企业，其中有48家是央企，有这样多的企业成长为世界级规模的公司是我国经济和企业发展的巨大成功，应该充分肯定这个来之不易的好成绩。但也要看到，我国企业确实存在在技术创新能力不强和企业盈利能力不优的问题，这也恰恰是我们今天从高速增长向高质量发展的重要任务。

培育世界一流的企业关键是企业的创新能力。作为发展中国家，我国企业经历了引进、消化、吸收的创新过程，现在进入集成创新和自主创新相结合的阶段。而世界一流企业大都是以自主创新为主要创新方式的企业，做到这一步，我们还有一大段路要走。大企业必须加大研发投入，打造国际一流的试验室和科技合作平台，吸引和培养一流的技术人才，和上下游企业、中小企业展开广泛的合作。目前越来越多的中国企业在技术方面从跟跑进入并跑，但世界一流企业必须是领跑者，要做到这一点不仅需要加大投入，还需要坚持，需要拼搏精神和各方面的支持。

我们需要改善环境，增加动力，加快我国企业向微笑曲线的两端攀登的步伐。我国企业的盈利水平普遍偏低既有发展路径的原因，也有客观环境的原因。我国企业大多底子薄、基础差，企业的税收、财务费用和社会开支偏高，而绝大多数产品又处于中低端、附加值很低，还有些行业由于重复建设，过剩十分严重，这些都需要进行认真调整。因此，要关注各国加强制度竞争的新趋势，补充企业的资本金，降低企业的税收和财务费用，让企业进入良性循环，为中国企业进入世界一流打造良好的基础环境。当然，企业自身更要聚精会神、做实主业、瘦身健体、大力创新、强化管理、机制改革，只有持之以恒以企业为本、以创新为本、以管理为本、以绩效为本，才能夯实实现世界一流企业目标的基础。

世界一流的企业必须具备全球竞争力。全球竞争力需要企业国际化，品牌全球化。我国企业正在经历加速全球化过程，越来越多的企业走出去，尤其是当下，沿着“一带一路”中国企业正以投资为导向进行长远布局。我们要把出口导向型的“中国是世界的工厂”转变为以投资导向型的“世界是中国的工厂”，从重视GDP转向重视GNP，使更多的中国企业成为跨国公司，进入配置全球资源、服务全球消费者、改善全球发展环境的新时代。企业全球化，也可以促进全球贸易平衡，减少贸易摩擦，改善中国经济发展的宏观环境。我们要高度重视打造全球品牌建设，要认真研究瑞士、日本和韩国品牌国际化的经验。品牌来之不易，要倍加珍惜，培育优秀品牌要有全民意识，树立热爱国产品牌，使用国产品牌，维护国产品牌，宣传国产品牌。品牌战略既是企业战略又是国家战略，要整体设计、协调联动，由优秀的企业带头加大全球市场宣传力度，更多的企业跟进宣传，提高全球市场对中国企业和产品的品牌的认知度和美誉度。

培育世界一流企业要有一流的企业家引领。企业家是那些集创新、坚守、责任于一体的企业带头人。企业家是个特殊的群体，企业家是稀缺资源和经济发展的原动力，要爱护和关心企业家。没有一流的企业家就不会有世界一流的企业。培育世界一流的企业需要几代人前赴后继的努力。有专家指出，不少企业兴也勃焉，衰也忽焉，而世界一流的企业大多有50年以上的历史。西方发达国家的一流企业有不少是百年老店，缺少时间磨炼的企业很难成就世界一流。培育一大批具有全球竞争力的世界一流企业是个长远的战略性目标，除了少数已经或基本具备世界一流水平的企业以外，大多数国内一流企业要培育成世界一流企业还需要5年到10年或更长时间的努力，这不是一朝一夕、敲锣打鼓就能完成的，对此我们既要有埋头苦干、长期奋斗的心理准备，也要有转变竞争模式、迎接新挑战的决心和信心。如果说中国改革开放四十年时间，成功做大做强了一批在国内有带动力的企业，那么，我们还需要继续艰苦奋斗培育一批具有全球竞争力的世界一流企业，这是我们的历史使命。

成果创造人：宋志平　中国建材集团有限公司

现代国有企业法人治理结构中权责平衡体系的构建与应用

中国电子科技集团有限公司

中国电子科技集团有限公司（以下简称中国电科）作为军工电子国家队和国民经济信息化建设主力军，自2002年组建以来，始终贯彻落实党中央、国务院战略决策部署，围绕“国防、科技、电子信息”核心领域，践行“引领电子科技、构建国家经络、铸就安全基石、创造智慧时代”使命责任，全面深化改革，实施创新驱动发展，推进军民深度融合，走出了一条“规划引领发展、创新驱动发展、军民融合发展、党建保障发展”成体系改革发展之路。2017年，实现主营业务收入2041亿元，是成立之初的19.4倍；利润总额203亿元，是成立之初的25.4倍。连续14年获得中央企业经营业绩考核A级，连续4个任期获得“业绩优秀企业”，连续两次荣获任期“科技创新优秀企业”，2016年高质量进入世界500强，2018年位列世界500强第388位。中国电科正在加速向世界一流创新型领军企业奋进，活力、控制力、影响力、抗风险能力、国际竞争力正在显著提升。

一、实施背景

构建中国特色现代国有企业制度是国企改革的基本方向。2016年10月，习近平总书记在全国国有企业党的建设工作会议上指出，中国特色现代国有企业制度，“特”就特在把党的领导融入公司治理各环节，把企业党组织内嵌到公司治理结构之中，明确和落实党组织在公司法人治理结构中的法定地位。提出国有企业改革要坚持“两个一以贯之”，即坚持党对国有企业的领导是重大政治原则，必须一以贯之；建立现代企业制度是国有企业改革的方向，必须一以贯之。

自成立以来，中国电科始终坚持企业化、市场化、集团化、国际化改革方向，致力于打造世界一流创新型领军企业。中国电科二级及以下成员单位积极探索建立“三会一层”法人治理结构，现代企业制度建设逐步规范。2015年中国电科总部层面建立董事会，标志着中国电科正式由传统企业向规范的现代企业转型。通过集团总部和各级成员单位的工作实践，中国电科逐步认识到，要规范建设现代国有企业制度、真正构建现代国有企业治理体系和治理能力，必须解决四方面的现实问题：一是处理好企业党组（委）发挥领导作用与现代国有企业制度下董事会、经理层依法行使职权的关系。十八大以来，国家通过系列文件、会议逐步明确了基本遵循和总体方向，但在实际操作层面，如何处理好两者关系仍是需要企业自主探索的重要问题；二是处理好落实董事会和经理层职权与国家对中央企业现行管理体制的关系。目前中央企业高级管理人员的选聘、绩效考核、薪酬确定等职权尚无法全面落实到董事会，董事会与经理层全面建立有效制衡的决策机制和激励约束机制有待深入推进；三是处理好多元治理主体之间的协作关系。中央企业的治理从某种意义上讲，也可视为国家（出资人）、国资委（出资人代表）及相关国家机关、党组（委）、董事会、监事会、经理层、职工代表大会（或工会）、其他利益相关方乃至社会大众的“多元主体共同治理”。就董事会内部而言，董事、职工董事、外部董事均以出资人和企业利益最大化为目标参与企业决策，但其关注重点、履职方式和发挥的作用不尽相同，治理主体之间的协同配合至关重要。四是处理好经营风险与决策效率的关系。随着现代国有企业制度的建立，董事会成为决策主体之一，企业决策流程与议事规则必然发生变化。董事会的设立，决策层级的增加，有利于加强监督，提高决策科学性，降低决策风险，但也在一定程度上带来决策流程的复杂化。如何处理好上述四个关系是检验现代国有企业制度成功与否的试金石。

在现代有企业制度建设实践中，中国电科一方面坚持目标导向，探索如何落实中央关于国有企业改革“两个一以贯之”要求，将党组（委）发挥“把方向、管大局、保落实”作用与现代国有企业制度有效融合；另一方面坚持问题导向，努力探索处理好上述四种关系的实施途径，满足企业内部管理的实际需要。

二、主要做法

中国电科利用集团层面董事会规范建设契机，以划分党组、董事会、经理层等治理主体权责关系为突破口，积极探索中国特色现代国有企业制度建设的有效途径。通过初步实践，中国电科内部达成共识，要建设中国特色现代国有企业制度，实现加强党的领导和完善公司治理有机统一，关键要构建多元治理主体之间的分层分级授权及监督机制，既要通过适当授权保证决策和经营的效率，又要通过科学监督减少信息不对称产生的“代理成本”，实现权责匹配。中国电科建立法人治理结构核心制度体系，以制度体系中的公司章程（即“1”）、党组工作规则、董事会工作规则、总经理工作规则（即“3”）等为基础，梳理党组、董事会、经理层等在决策、执行、监督环节的权责关系，按照事权、财权划分70余项管理类事项和80余项金额类经济事项，明确党组、董事会、经理层决策权限，创造性提出《中国电子科技集团公司现代国有企业“1+3”权责表》（以下简称“1+3”权责表），逐步构建现代国有企业决策授权体系，并在实际工作中推进实施，取得了较好效果，对于国有企业党组织发挥“把方向、管大局、保落实”作用，落实国有企业改革 “两个一以贯之”总体要求，具有一定理论和实践借鉴意义。

（一）按照“权责发生制”思路进行设计

“1+3”权责表的设计与实施主要遵循“权责发生制”思路。一是“权责统一性”。重点强调治理主体的权力与责任要统一，权力与责任同时发生、不可分割，行使权力的同时必须承担相关责任，且责任不能转移。二是“权责独立性”。各个公司治理主体的权责应该是独立、互不交叉的。需要多级决策的事项，应该明确每个层级的责任、决策顺序和权限。同一事项的决策，理论上只能有一个治理主体负责；现实中如果多个治理主体就同一事项做出决策，由最后做出决策的治理主体承担主要责任，其他决策主体承担次要责任。三是“决策权责唯一性”。重点强调针对同一权责事项，相关权责主体均可按照管理制度和流程行使提议权和审议权，但最终决策权的权力和责任主体具有唯一性。四是“权责可操作性”。重点强调权责表设置的可操作性问题。不管机构如何设计、权责如何划分，一项具体权责只有“不空白、不重复、不交叉、不缠绕”，才能够操作成本最低。五是“循序渐进性”。重点强调权责表是明确党组、董事会、总经理权责，理顺决策层、执行层、监督层关系的基本依据。改革重组等行为导致企业组织结构发生较大变化时，权责平衡关系将被打破，需通过滚动调整使权责达到新的平衡。因此，权责表是动态可变的，随着企业管理水平提升逐步完善。

（二）聚焦重点确定权责内容

以主要治理主体作为权责对象。“1+3”权责表将党组、董事会、总经理等企业主要治理主体作为权责对象进行权责划分，其中董事会又细分为董事会、董事会特别委员会、董事长（法人代表）。

以重点领域为主划分权责事项。“1+3”权责表关注的权责事项均为企业改革发展、经营管理中的主要事项，包括财权和事权。其中：财权细分为财务管理权限、资产管理权限，事权按照制度建设、战略与改革、计划管理与业绩考核、党的工作、审计与风险管理、重要报告、其他事项等权限进行细分。针对涉及金额的经济事项，按照不同额度在治理主体之间区分决策权限。

以关键环节为主划分权责行为。“1+3”权责表明确每个权责事项可划分为最终决策权、审议权、提议权（含建议权、拟订权等）等三种权责行为，不同治理主体根据管理需要可实施不同权责行为。

（三）以提升效率为核心明确权限管理流程

明确权限确定和权限履行方式。一是党组职权。根据党组工作规则及《中国共产党党组工作条例（试行）》确定党组职权，并明确党组通过党组会审议决策职权范围内事项。二是董事会职权。根据公司章程确定董事会职权，明确董事会通过董事会会议审议决策职权范围内事项。董事会决策限额以下的经济事项，由董事会分别授权董事特别委员会、董事长、总经理进行决策。其中“三重一大”事项须经过党组审议并形成明确意见。三是董事长职权。董事长行使公司章程规定的各项职权，经董事会授权，审议决定有关重要决策事项、审核拟提交董事会审议的事项。董事长行使职权的方式较为灵活。四是董事会特别委员会职权。董事会特别委员会是董事会专门委员会中唯一具有决策权的机构，是针对企业改革发展、经营管理中的军工事项进行研究决策，董事会特别委员会通过召开专门会议等形式决定职权范围内事项。五是总经理职权。根据公司章程、总经理工作规则确定总经理职权。总经理通过召开总经理办公会等形式决定职权范围内事项，研究拟订拟提交党组会、董事会审议的事项。总经理可根据管理需要在职权范围内对副总经理、总会计师等经营班子成员及部门进行授权。

明确重要事项决策流程。一是经营管理方面事项，一般由董事会或总经理决定，涉及国家宏观调控、国家发展战略、国家安全等重大经营事项，应当经党组研究讨论形成明确意见后由董事会或总经理做出决定；二是党组与董事会同时具有审议权的事项，需先经党组会审议后再报董事会审议；三是一般情况下各治理主体在各自权限范围内决策。遇有特殊或紧急情况，上级决策主体可根据需要决策下级主体的决策事项，各级决策主体应形成会议纪要、记录、决议等，并建立相关资料档案备查。

明确授权管理要求。一是授权人可根据需要对授权事项及权限进行调整，并有权对被授权人的决策过程及执行情况进行监督。二是被授权人应按照相应工作规则和有关管理制度行使被授予的职权，并定期向授权人报告决策事项结果。被授权人在行使职权时，不得变更或者超越授权范围。三是原则上，预算、计划类事项由董事会决策，预算（计划）内项目、预算（计划）外项目按董事会、董事会特别委员会、董事长、总经理等进行权限划分，非主业项目不允许在预算（计划）外进行决策。预算（计划）外项目中董事会授权董事长、总经理决策的事项，须由董事长、总经理定期在董事会上进行报告。四是针对经营业绩良好、管理规范、产权清晰的二级成员单位，集团公司总部可实施专项授权。专项授权方案采用“一企（所）一策”方式，根据成员单位实际情况确定，由董事会进行决策。

（四）将“1+3”权责事项纳入调度与督办范围

中国电科建立经济运行调度与管控制度，完善督办和文件催办工作机制，在总部建立“11230”工作制度，有效推动“1+3”权责事项的落地实施。将党组会、董事会、总办会等议定事项全部纳入督办，督进度与督实效并重，对未按期完成目标的查原因、问困难，强化协调。建立信息化管控系统，动态掌握重点任务和计划执行情况，加强对应急事件的及时调度、进展跟踪与处置，确保决策事项按计划执行。

三、工作成效

自2016年初“1+3”权责表正式印发实施以来，中国电科在现代国有企业制度建设、管理流程优化、决策效率提升等方面管理成效初步显现。“1+3”权责表已成为中国电科决策执行监督体系有效运行的基本遵循。作为集团公司法人治理结构的核心制度体系文件的一部分，“1+3”权责表在中国电科建设有效制衡的法人治理结构和灵活高效的市场化经营机制中发挥了重要作用。

（一）以“1+3”权责表为基础体系化开展现代国有企业制度建设

自启动规范建设董事会工作，随着“1+3”权责表的设计和实施，中国电科按国家关于国有企业党建工作要求和集团公司全面深化改革总体思路，始终推进加强国有企业党的领导与法人治理结构的有机统一，明确党组织在法人治理结构中的法定地位。一是落实党建工作要求进章程。通过制定实施《关于贯彻落实党的十八届六中全会精神、加强党建工作的指导意见》，明确把党建工作要求纳入集团公司章程，并修改相应的制度体系文件，确立党组的法定地位，明确机构设置、职权责限、运行机制、基础保障。成员单位层面，通过制定《2017年度党建工作指导意见》和《关于扎实推进党建工作要求写入章程（基本制度）有关事项的通知》，要求国有独资、全资和国有资本绝对控股的公司制成员单位，基本完成党建工作要求进入章程工作；事业单位性质的成员单位，完成党建工作要求写入基本制度［含党委工作规则、院所（长）办公会工作规则、“三重一大”决策制度等］工作。二是落实党委书记和董事长“一肩挑”。认真落实中组部和国资委党委要求，对实行现代企业制度的子集团和专业公司，推行党委书记、董事长“一肩挑”；对规模较大的二级成员单位，配备专职党委副书记；对二级事业单位，实行党政一把手交叉任职，推行党委书记专职化。截至2017年底，除集团公司领导兼任董事长的公司外，11家建立董事会的公司均实现党委书记、董事长“一肩挑”；26家事业单位实现党政一把手交叉任职，2家成员单位配备专职党委副书记。三是落实前置程序要求。完善党组、党委工作规则，明确决策程序、责任清单、沟通机制和报告制度“四要素”，推动加强党的领导和完善公司治理相统一。在集团公司层面，开展先试先行，对子集团建设总体方案等重大决策事项等进行前置研究讨论。在成员单位层面，党组以落实“四要素”要求为重点，完成二级成员单位党委工作规则、院（所）长办公会工作规则、“三重一大”决策制度修订。现代国有企业制度建设已进入体系化设计和实施阶段。

（二）以“1+3”权责表为遵循法人治理结构运行效率提升

一是决策程序更加规范。党组聚焦党的建设工作、干部人才队伍建设、人才发展规划、年度经营目标等事项；资产经营与经营计划及财务管理、资本运作中的原则性、方向性问题，以及提请董事会决策的重大项目安排和大额度资金运作事项；治理制度、经营管理基本规章制度、薪酬福利规章制度；重大人身伤亡、重大财产损失、重大质量事故、国家安全及重大保密事故、重大法律纠纷、维护稳定、突发事件等的风险管理意见的确定等进行前置讨论或决策。董事会主要聚焦经营计划和投资计划及财务管理、重大项目安排、大额资金运作及高级人员管理等事项；集团公司章程及章程修改方案、集团公司经营管理基本规章制度、薪酬福利规章制度；集团公司风险管理体系、重大会计政策和会计估计变更方案、集团公司内部审计报告、内部审计机构负责人、财务会计报告审计业务的会计师事务所及其报酬、集团公司资产负债上限等进行决策。总经理主要负责落实董事会决议和要求，完成其年度、任期经营业绩考核指标和公司经营计划，承担公司安全生产和环境保护第一责任人的责任，主持公司的经营管理工作，组织实施董事会决议和党组决定，并向董事会和党组报告工作。中国电科经过近2年的运行，初步理清了党组、董事会、总经理的权责界限，决策程序更加规范。二是管理流程更加优化。中国电科以“1+3”权责表为基础，逐步梳理现有300余个基本管理制度，建立上位、中位、下位制度体系，推进实施制度废、改、立计划，为建立职责明确、有机融合、运转协调的决策机制奠定基础；成员单位层面，建立健全法人治理工作制度和管理体系，加强“三会”治理，确保出资人权利的体现。强化制度建设，完成《集团公司现代企业制度建设指导意见》系列文件，对股东会、董事会、监事会建设中在设立、职权、议事原则、会议、股东行为等进行明确规定，推动成员单位建立制度化、规范化、程序化的重大事项决策体系和授权体系。

（三）以“1+3”权责表为依据逐步推进专项授权管理

中国电科以“1+3”权责表为依据，根据二级成员单位所处发展阶段、经营业绩、管理规范程度、产权清晰程度等因素，对部分二级成员单位予以专项授权。如下属中电海康，2001年设立至今营业收入年复合增长率为64.51%，2010–2017上市以来年复合增长率43.93%，2017年营业收入419亿元，净利润94亿元，经综合评估符合集团公司专项授权标准。因此，为提升董事会经营管理活力，提高经营决策效率，中国电科近年来在投资、债务融资及担保、PPP项目等方面对其进行专项授权。投资授权方面，简化审批流程，对于围绕核心主业开展的股权投资、固定资产投资（含土地）、无形资产投资以及复合型的投资，向中电海康董事会予以专项授权。针对中电海康所属上市公司海康威视的产业型投资项目，给予中电海康董事会年度投资总额不超过10亿元的决策授权，此类授权仅需列明具体投资方向，可直接列入集团公司年度投资计划。项目金额1亿元以内的单个产业型投资项目（及土地购置的除外），全部授权由中电海康董事会决策。债务融资及担保授权方面，列入集团公司年度筹资计划（含担保条件）的债务融资及担保事项，全部授权中电海康董事会决策实施，中电海康决策后须报集团公司备案。专项投资授权方面，针对海康威视作为项目投资主体开展主业范围内的PPP项目，进行年度股权投资总额与单项投资项目额度限制组合的专项投资授权。由海康威视直接投资开展的PPP项目，给予中电海康3亿元（含）以内的股权投资决策授权。通过专项授权，大大提高了决策效率和市场反应速度，为推动中电海康持续发展提供制度保障。

四、有关思考

规范建设现代国有企业制度必须满足两个条件。成体系的法人治理结构制度文本是必要条件，具备健全的制度文本仅仅做到了现代国有企业制度建设的“形似”；实施科学的议事规则和决策流程、各治理主体合理履行权责是充分条件，只有在实际工作中将“写”的制度“做”到位，才能做到现代国有企业制度建设的“形神兼备”。“做”的工作需要企业从上到下苦练内功、坚持数年才能全面完成。中国电科通过“1+3”权责表的设计与实施在中国特色现代国有企业制度建设方面进行了有益尝试，取得了初步成效。但实际操作中，仍然存在制约现代国有企业制度效率发挥的诸多问题，有待在后续改革发展中探索和实践。主要问题包括：

（一）“权责匹配度”问题

“1+3”权责表强调权和责的匹配度。中国电科提出了“权责发生制”概念，是指只有承担相应的责任，才能获得同等的权力，二者同时发生且不可分割。其内涵包括：一是以责定权。按照各治理主体所承担的责任进行相应授权。各治理主体必须首先公开承诺责任，根据责任需要“调整”确定权力。首先要明确责任，且具体到可追究。如责任落实不到位，授权要进行调整或撤销。二是授权不免责。在有关法律法规和公司章程约定范围内，治理主体有权向同级或下级机构授权，被授权人得到权力的同时，必须承担相应责任。权力可以完全转移，但责任不能全部转移到被授权人，授权人必须承担最终责任。

现阶段，“1+3”权责表仅提出了“权责统一”的思路，并对权力进行了划分，后续工作中需切实提高权责匹配度。如构建制度“权责匹配度”、组织“权责匹配度”指标来反映权责关系的匹配程度。制度权责匹配度=具体可追究责任的条款数/具体可行使权力的条款数。其中具体可追究责任的条款是指明确追责情形、标准、执行机构并真正实施过的条款；具体可行使权力的条款是指明确行权范围、权力机构并真正实施过的条款。组织的“权责匹配度”组织权责匹配度=具体可追究的责任数/具体可行使的权力数。具体可追究的责任是指经过制度确立了追责情形、标准、执行机构并真正实施过追责的责任。具体可行使的权力是指经过制度确立了行权范围、权力机构并真正实施过的权力。现代国有企业制度建设成功的充分条件就是将权责匹配度均提升到60%以上。按照上述思路，中国电科及其他中央企业仍需在赋予责任和责任追究环节的制度建设、管理流程等方面进行完善，切实提高权责匹配度。

（二）决策执行监督闭环管理问题

"1+3"权责表强调各治理主体要在决策、执行、监督环节的相互制约、相互协调。现阶段，"1+3"权责表仅在决策、执行环节进行了约定，但纪委、监事会、职工代表大会（职工大会）的监督职能、监督形式、监督内容尚未在权责中体现，有待在后续工作中逐步完善。完整的决策、执行、监督环节是法人治理结构高效运行的重要基础。

（三）有关"人"的权责在治理主体间的划分问题

人、事、财是企业经营管理的基本要素。"1+3"权责表在设计之初，决策事项涵盖了人权、事权、财权等全部内容，包括董、监事任免及薪酬，职工董事任免，总经理聘用、考核及薪酬，董事会秘书聘用、考核及薪酬，副总经理、总会计师等聘用、考核及薪酬，各层级干部的任免，专家选聘、选拔和推荐管理，重大收入分配方案，成员单位领导人员年度薪酬方案，成员单位工资总额预算批复，集团公司总部和成员单位绩效考核等内容。实际操作中，因党管干部与董事会选聘经理人之间的衔接方式仍在探索之中，因此，人权相关内容暂未在现阶段"1+3"权责表中完全体现。人权、事权、财权的全覆盖是法人治理结构完整有效的标志，人权在权责表中补充有待在工作中继续完善。

成果创造人：熊群力、巨建国、吴永亮、赵爱晶、赵　鹏、方　凯、王　梓、黄　敏

附件：《中国电子科技集团公司现代国有企业“1+3”权责表》部分内容

中国电科现代国有企业制度“1+3”权责表

（部分）

注：“▲”为最终决策权，“○”为审议权，“*”为提议权（含建议、拟订等）

权责事项 \ 权责主体		上级机关	党组	董事会			总经理	备注（设定依据）
				董事会	董事会特别委员会	董事长（法人代表）		
一	财权							
1	财务管理							
1.1	集团公司重大会计政策和会计估计变更方案	▲	○	○			*	公司章程（现阶段为国资委备案）
1.2	全面预算							
1.2.1	集团公司年度全面预算纲要		▲				*	
1.2.2	集团公司年度全面预算方案及预算调整方案（含资产处置计划、固定资产投资计划、交易性金融资产投资计划）	备案	○	▲			*	公司章程（现阶段由国资委审批）
1.3	中央部门预算申报方案	▲					*	
1.4	国有资本预算							
1.4.1	国有资本经营预算方案	批复	○	▲			○	
1.4.2	国有资本金使用						▲	
1.5	集团公司财务决算方案、利润分配方案、弥补亏损方案、清产核资方案	▲	○	○			*	公司章程
1.6	预算内资金调动和使用							
……	……	……	……	……	……	……	……	……

经济事项决策权限一览表（仅限涉及金额事项）

（部分）

项目名称	序号	决策事项	决策主体
一、资金管理事项			
1.预算内资金使用及调动	1.1	200000万元以上	董事会
	1.2	100000万元至200000（含）万元	董事长
	1.3	100000万元（含）以下	总经理
2.预算外资金使用及调动	2.1	30000万元以上	董事会
	2.2	10000万元至30000（含）万元	董事长
	2.3	10000万元（含）以下	总经理
3.筹资预算内一事一议事项	3.1	单笔贷款金额50000万元以上的业务	董事长
	3.2	单笔贷款金额50000万元（含）以下的业务	总经理
4.筹资预算外紧急需单独调整事项	4.1	涉及单笔贷款金额2亿元以上的业务	董事会
	4.2	单笔贷款金额10000万元至20000万元（含）的业务	董事长
	4.3	涉及单笔贷款金额10000万元（含）以下的业务	总经理
二、资产管理事项			
5.计划内集团公司内部股权划转	5.1	投资金额100000万元以上的单个项目	董事会
	5.2	投资金额30000万元至100000万元（含）的单个项目	董事长
	5.3	投资金额30000万元（含）以内的单个项目	总经理
6.计划内对外转让股权投资（含境外）	6.1	集团总部及成员单位企业之间的内部无偿划转或协议转让的全部项目	总经理
	6.2	转让标的对应股权的评估价值在100000万元以上的单个项目	董事会
	6.3	转让标的对应股权的评估价值在30000万元至100000万元（含）的单个项目	董事长
	6.4	转让标的对应股权的评估价值在30000万元（含）以内的单个项目	总经理
……	……	……	……

构建新时代中国特色国有企业公司治理体系的创新研究

中国第一汽车集团有限公司　奚国华

国有企业改革作为中国经济体制改革的中心环节，是伴随着改革开放的春风开始的，经历复杂曲折的40年历程，是一项关系国家命运的大变革。40年来，国有企业从传统的计划经济体制下的附属物，逐步成长为市场经济体制下的“现代国有企业”，并向“中国特色国有企业”转变。

40年来，国企改革一直在路上：1978年到1993年的“放权让利”时期，1993到2003年的“制度创新”时期，2003年到2013年的“国资监管”时期，以及2013年至今的“分类改革”新时期。经过四个时期，国有企业改革已经取得了巨大的成就。党的十八大以来新时期国有企业改革也取得了积极进展，国企改革政策的“四梁八柱”都已基本完备，未来需要进一步分类型、全面系统地推进，破解改革“行之维艰”，深水区改革需要更高的智慧与胆识。

因此，本成果提出构建“交叉合议制”的创新机制，解决国企公司治理的深水区问题，深度完善公司治理，形成新时代中国特色国有企业公司治理的完整体系。

一、深化国企改革就是要全面进入公司治理新阶段

党的十九大报告提出，“要完善各类国有资产管理体制，改革国有资本授权经营体制，加快国有经济布局优化、结构调整、战略性重组，促进国有资产保值增值，推动国有资本做强做优做大，有效防止国有资产流失。深化国有企业改革，发展混合所有制经济，培育具有全球竞争力的世界一流企业”。这109个字，是推动国企改革发展、国有资产保值增值、国有企业做强做优做大的战略性安排，是对国企改革发出的新的动员令。深化国企改革的根本目标在于建立现代企业制度，实现从企业治理模式向公司治理模式的转型，加快形成有效的治理机制和灵活的市场化经营机制。

（一）国企改革的目标是建立现代企业制度

从1987年党的十三大报告提出国有企业股份制改革，经历“公司制改革试点”到1993年党的十四届三中全会提出“建立现代企业制度”，对国有企业实行所有权和经营权分离改革，再至2017年中央企业全部改制为公司，三十年的时间，一直在推进建立现代企业制度。

党的十八届三中全会明确提出，必须适应市场化、国际化的新形势，进一步深化国有企业改革，推动国有企业完善现代企业制度。2016年习近平总书记在全国国有企业党建工作会议上强调指出，建立中国特色现代国有企业制度是国有企业改革的方向，必须一以贯之。2017年

5月，国务院发布《关于进一步完善国有企业法人治理结构的指导意见》，从国有企业实际情况出发，根据功能分类，把握重点，进一步健全各司其职、各负其责、协调运转、有效制衡的国有企业法人治理结构。2017年的中央经济工作会议强调，要加强国有企业党的建设，推动国有企业完善现代企业制度，健全公司法人治理结构。可见，建立现代企业制度，是党中央做出的重大战略决策，是国有企业改革必须坚持的方向。

现代企业制度的典型模式是公司制，世界五百强全部是公司制企业，最大的特征就是所有权经与经营权分开。所有者与经营者追求的目标有时并不一致，所有者追求财富最大化，经营者追求高收入。伴随公司这一组织形式的快速发展，由所有权与经营权分离带来的“委托代理”问题日益突出，这就需要制定一套制度来解决，如何提高公司治理效率。建立现代企业制度也就成为现代企业制度和市场经济国家亟须解决的重要问题。

现代企业制度的基本内涵可以概括为：以市场经济为基础，以企业法人制度为主体，以产权清晰、权责明确、政企分开、管理科学为条件的新型企业制度。国企改革必须牢牢把握建立现代企业制度这一关键，进一步推进公司制股份制改革，健全公司法人治理结构。《关于深化国有企业改革的指导意见》确立了改革目标，即到2020年，在国有企业改革重要领域和关键环节取得决定性成果，形成更加符合我国基本经济制度和社会主义市场经济发展要求的国有资产管理体制、现代企业制度、市场化经营机制和国有企业公司制改革基本完成，法人治理结构更加健全。

同时我们也要充分地认识到，现代企业制度来源于西方，我国要立足我国国情和企业实际，扬弃现代企业制度之弊，同时吸收其合理内核：一个特征是产权清晰、权责明确、政企分开、管理科学。一个理念是产权相互制衡，又分工协调。一个治理结构就是“三会一层”，即股东会、董事会、监事会和经理层。现代企业制度与坚持党的领导，两个“一以贯之”，从而建立具有中国特色的现代国有企业制度。

（二）现代企业制度的核心是完善公司治理

随着经济体制改革的进行，从1994年起，我国决定对国有企业进一步进行现代企业制度试点，直到现在建立现代企业制度依然是发展社会主义市场经济的必然要求，也是中国国有企业改革的方向。

公司治理是微观经济领域最重要的制度建设，在建立现代企业制度中处于核心和关键地位。公司治理的有效性关系到国企改革的成败，良好的公司治理可以保障投资者权益，保障执政的经济基础。这是所有权与经营权可以分离的制度基础。公司治理水平影响经济增长，国家经济持续稳定增长的一个重要条件，是投资机构和个人资金通过资本市场源源不断地流入企业，转化为生产发展资金，而公司治理在这一转化中处于核心地位、起着关键作用，是企业竞争力最重要的基础软件。

现代企业制度有两个重要特点，一是所有权和经营权分离，二是公司高度规范性。科学合理的治理结构是解决所有权、经营权分离问题，更是处理权责明确、产权清晰的关键所在。而公司的高度规范性主要决定于公司内部组织构架的规范性，最终要取决于公司法人治理结构的高度严谨性。因为公司治理结构不仅指其组织构架，更在于其结构之间关系的确定，及各结构职权运作方式的确定，合理。法人治理结构的实质是委托代理关系，包括股东会、董事会、监事会之间的职权划分，运作方式等关系。科学地处理股东会、董事会、监事会之间的关系，使治理结构有序规范地运作，才能实现现代公司制度的高度规范性，才能够在法律调整的情况下形成有效的内在运行机制。

现代企业制度有一个大致的规律：产权结构决定了企业的公司治理，企业的公司治理决定了企业的活力动力，企业的活力动力决定了企业的经营效率，企业的经营效率决定了企业的竞争能力。公司治理通过划分公司主要相关利益主体的权、责、利，从而实现公司不同的利益主体的利益制衡。只有处理好了国有企业公司法人治理结构的问题，才能实现真正意义上的现代企业制度；才能真正通过进一步规范公司治理和公司管理之间的关系，进一步厘清所有权与经营权之间的关系，来保护所有股东合法权益，维护企业经营者合法权益，保护利益相关者合法权益的目标；才能真正提高国有企业经济效益，全面推进国有企业股权多元化改革、混合所有制改革工作，最终实现国民经济水平的再飞跃。

二、改革开放以来国有企业公司治理的实践与缺陷

公司治理是市场经济国家的重要现实课题。早在20世纪50年代之前，西方经济学家就提出公司治理问题。近30年来公司治理引起国际社会广泛关注和专家学者的深入研究，成为发达市场经济国家和经济转型国家关注的重要现实课题。

（一）现代公司治理模式在我国的实践

西方现代公司制度是欧洲从中世纪进入近代社会过程中逐渐形成的，而西方公司治理机制则直接源于西方中世纪的传统国家治理体制。完善公司治理有一个选择什么样公司治理模式的问题。通常将公司治理分为三种模式，一个英美模式，一个是德日模式，还有一个是东亚模式，近十几年来国际上逐渐向英美公司治理模式趋同。影响公司治理结构的因素很多，包括历史、文化、监管水平、资本市场水平、文化习俗、政治体制等。所以，并没有最优最好的公司治理模式，一个好的公司治理模式应是适合本国国情、具有竞争优势的。淡马锡模式就是一个典型的案例，淡马锡是一家由董事会领导的商业投资公司，公司董事会为管理层提供全面的指导和政策指引，全资控股的新加坡财政部不参与淡马锡的商业决策。可见，健全的董事会制度是淡马锡公司治理的核心。

目前，我国国有企业的公司治理是一种兼收混合的治理模式。一方面，吸收了英美公司治理模式的一些重要设计，如引入外部董事和独立董事制度，在董事会下建立若干以外部董事为主的专门委员会，引入总法律顾问制度等；另一方面，吸收了德日公司治理模式的一些重要做法，如既有董事会又有监事会，董事长与总经理分设，董事会中有职工董事等。同时，我国国有企业公司治理还具有东亚公司治理模式的一些特征，突出表现在股权高度集中。我国国有企业公司治理呈现的兼收混合的特征，是由我国的国情和发展阶段决定的，需要研究解决的重点，是如何打造中国特色国有企业的优势，提高公司治理的竞争力，降低治理成本和提高治理

效率。

（二）我国国有企业治理的探索和缺陷

当前国有企业改革正处在爬坡过坎、滚石上山的关键时期，培育具有全球竞争力的世界一流企业，推动企业经济发展的质量变革、效率变革、动力变革，建立一支高素质的公司治理队伍已经成为业内共识，也是形成与市场经济相匹配的现代企业制度的重中之重。

完善法人治理结构已经搞了很多年，国资委2003年成立，2004年就搞董事会试点，85家董事会的试点大部分都开展了，董事会试点取得了很大的成效，但是也还存在着一些问题。

笼统地讲，形似神非。形态上来看国有企业治理结构是最完善的，国外有的我们都有，国外没有的我们也有，董事会、监事会、经理层、企业党组织、工会、职代会等老三会、新三会。但是神非，这个神是什么？神就是运行机制。要完善现代企业制度，关键要形成一种现代企业制度的机制，关键就是要如何来理顺企业内部实际存在的四个治理主体，董事会、监事会、经理层、企业党组织的权力义务关系，越明确越具体越好。

具体地说，问题包括两个方面：一是我国股份公司改制不彻底，股权结构不合理；二是基于“所有权与控制权”分离原则形成的物质资本所有者或股东对公司经理的约束与监控问题；三是公司内部组织机构的制衡作用不明显，缺乏对董事、经理人员的约束激励机制；四是基于“公司利益相关者理论”形成的“非股东的利害关系人”参与公司治理问题，其中包括“职工参与制”。

三、构建新时代中国特色国有企业公司治理的创新体系

《公司法》实施以来，中国积极参考、借鉴了包括OECD在内的国际组织和其他国家的先进经验，已基本建立了较为健全的公司治理法律法规体系，企业公司治理的质量和水平有了显著的提高。尤其是国有企业结合中国的企业文化和股权特点，在国际通用的公司治理基本原则和框架下，形成了逐步完善的具有中国特色的公司治理结构。建立和完善中国特色国有企业公司治理机制是贯彻落实党的十九大精神、推进国家治理体系和治理能力现代化的一项重要举措，是现阶段深化改革的重点任务，是防范和化解各类风险、实现稳健发展的主要保障。加快探索具有中国特色的国有企业公司治理体系，不断提高公司治理有效性，才能真正实现从高速增长向高质量发展转变，这是摆在所有国资国企管理者面前的艰巨任务。

（一）创新中国特色国有企业公司治理体系的着眼点

管理国有企业,我们需要把握两条线,一条对着事,一条对着人，抓住这两条线，才能便于抓住主要矛盾。建立在“三权分立”思想上的西方法人治理结构理论，在对事管理上有其优势,但在对人管理的方面还有很多不足。中西所有制性质不同是根本形成原因。40年来,我们在企业管理上一直在学习吸收西方公司治理的优良经验, 加上坚持党的领导这一国有企业的独特优势, 才如虎添翼。

中国特色的国有企业的重要特点，一是国有企业要承担三大责任和履行四大职能。三大责任即经济责任、社会责任和政治责任；四大职能即市场竞争的主体、行业发展的引领、宏观调控的有力工具和公共品提供的主力军。二是“人与事相结合、新老三会相统一”。“新三

会”是股东大会、董事会和监事会,主要对着企业的事、企业的业务,其重要任务是保证国有企业全面发挥出四大职能。“老三会”是党委会、工会、职工代表大会,主要对着企业的人,其重要任务是保证国有企业勇于承担起三大责任。

1.关于公司治理的新认识

1776年《国富论》中已经涉及了“代理问题”。1975年威廉姆森最早明确提出公司治理概念。2008年金融危机的爆发，公司治理更加被人们所重视。代表性观点可以归结为三种：公司治理是一种制度安排；公司治理是一种组织结构；公司治理是一种决策机制。共同点都紧紧围绕着公司治理的核心问题，即“代理问题”。公司治理在我国历经三个阶段：第一阶段是建立法人治理结构，第二阶段是完善治理机制，第三阶段是提升治理的有效性。当前，多数国有企业已初步建立现代企业制度，但从实践情况看，现代企业制度仍不完善，部分企业尚未形成有效的法人治理结构，存在诸多问题。

公司治理行为的行政化问题严重。突出表现为“内部治理的外部化、外部治理的内部化”，即本来应该由内部治理的决策职能，比如高管任免、薪酬、股权激励等，现在仍由外部治理主体决定；而外部治理的很多职能，比如企业办社会的职能，却由内部治理承担。上述问题严重影响了国企治理的有效性，阻碍着国企的改革进程。

子公司治理结构难以有效运行。子公司董事会、监事会没有实质性运转和发挥真正的作用，被虚化甚至形同虚设。子公司内部治理结构层次不清，“一把手”权力过大，没有得到有效制衡。子公司内部董事监事缺乏独立性，集团下派董事监事作用无法得到有效发挥。

2.关于规范董事会的新认识

公司治理是现代企业制度的核心，董事会是公司治理的核心。目前国资委监管的96家中央企业中，已有94家建立董事会，规范董事会建设并取得了积极成效，董事会在公司治理中的作用越来越大，国有企业的经营管理水平有所提高，国资委也逐渐开始向董事会放权，职能转变很大。按通常理解，现代企业制度中的董事会只是一个单纯的决策机构，这与国际国内企业的实际情况以及公司治理的发展趋势是不符合的。实际上，无论是英美公司治理模式还是德日公司治理模式，董事会都行使双重职能，不仅行使决策权，还行使内部监督权。所以，中央强调，要切实落实和维护董事会依法行使重大决策、选人用人、薪酬分配等权利，保障经理层经营自主权，法无授权的任何政府部门和机构不得干预。完善国有企业公司治理，必须把董事会建设摆在突出位置。

要通过分类加强董事会建设。加快形成有效制衡的公司法人治理结构，进一步明确和落实股东（大）会、董事会、监事会和经理层的权责，规范董事会各项议事规则和工作细则，强化董事会在企业运营中的决策中心地位。

要充分发挥董事监事作用。逐步形成以董事会管理为中心的战略管控模式，加大力度完善董监事薪酬考核、监督评价、选聘选派和扩大专职董事队伍等相关工作，进一步激发和规范外部董监事的作用。

要重视外部董事的作用。建立起以外部董事为多数的董事会结构，充分发挥外部董事的独立性与制衡性。同时应建立起健全的外部董事引入机制，关注外部董事的专业性与多样性，通过专业董事会为公司经营层提供有效指导。

3.关于坚持党的领导的新认识

习近平总书记在2016年全国国有企业党的建设工作会议上强调：坚持党的领导、加强党的建设，是我国国有企业的光荣传统，是国有企业的“根”和“魂”，是我国国有企业的独特优势。

贯彻落实好总书记要求，至少要把握好这样几点：一是明确党组织在国有企业公司治理中的法定地位，把党建工作纳入国企章程。二是发挥企业党组织的领导核心和政治核心作用。在政治上把方向，把党的政治坚定特征转化为企业的发展方向优势；在思想上管大局，把党的思想理论特征转化为企业的科学决策优势；在组织上保落实，把党的组织纪律特征转化为企业的经营管理优势。三是落实党委决策是董事会、经营层重大经营管理决策的前置程序。四是坚持党管干部原则，保证党对干部人事工作的领导权和对重要干部的管理权。五是实行党委书记与董事长一肩挑。六是把“四个意识”落实到国企国资改革发展全过程，为全面开展好各项工作奠定坚实的政治基础。牢固政治意识，坚定企业发展方向；强化大局意识，推进企业稳定发展；深化核心意识，凝聚企业发展动力；增强看齐意识，保障企业队伍过硬。坚持党对国有企业的领导，把党建优势通过融入国企治理转化为竞争优势，为做强做优做大国有资本和培育具有全球竞争力的世界一流企业提供制度保障。

4.关于治理与管控关系的新认识

我们理解，公司治理与集团管控存在三方面的关系。

一是侧重不同：公司治理的实现有赖于公司内外部实际和虚拟的契约以及市场机制的共同影响，集团管控的实现则是借助于管理职能的实现来达到的。公司治理结构在较长的时间内通常呈现出相对稳定的特点，不会在短时间内发生变化，从而为公司的健康发展创造了条件；集团管控会根据市场的变化而发生相应的改变，这种易变性在具体的操作层面表现更加明显。公司治理以提供一个有序的方向、稳定的形态促进公司的运作；集团管控是采用一系列的管理职能来实现管控目标。

二是你中有我：公司治理确定了，那么集团管控的总体构架也就基本形成了，双方共同完成利益相关者利益最大化的目标，共同为企业创造财富。

三是目标一致：公司治理的根本目的是合理协调和安排责、权、利的关系以提升公司经营效益；集团管控的根本目的是通过管理和控制，最大化实现企业发展目标。可以看出，公司治理和集团管控的根本目的是一致的，都是通过经营目标的实现、经营效益的提高来做强做优做大企业。

总之，集团管控与公司治理二者相辅相成,公司治理强调的是合规性和有效性,集团管控则强调的是决策力度和管理效果。现代企业的运作和发展离不开公司治理和集团管控这两大助力，两者是相互作用和相互影响的，共同为实现企业目标而服务的。

目前集团母子公司管控水平参差不齐，存在母子公司管理边界不清，主体地位不明等问题。集团总部管理往往幅度过宽，权力高度集中，管理错位、越位时有发生，已不适应发展需要，亟待创造条件，促进集团适度管理。通过完善和优化国有企业集团母子公司管控模式,不断加强公司治理,固本强基,成为从根本上提升国有企业集团整体核心竞争能力和抗风险能力的着力点和助推器。

（二）构建中国特色国有企业公司治理创新体系的架构（大三步）

公司治理是国企改革的基石，2013年十八届三中全会以来，涉及的国企改革的每一个文件，都提到公司治理，从公司治理的角度来推动国企改革，成为《意见》释放出的一个重要信号。经过长期的思考和实践，我们从三个层面构建了公司治理的架构：

1.对内：三会一层（体制层面）

国有企业公司治理始于1993年中央要求国有企业建立现代企业制度和国家颁布《公司法》，此后以2004年部分中央企业开展建立和完善国有独资公司董事会试点工作为标志，将国有企业法人治理机制不断推向新的阶段。2013年中共中央《关于全面深化改革若干重大问题的决定》提出“健全协调运转、有效制衡的公司法人治理结构”。2015年《关于深化国有企业改革的指导意见》则提出国有企业的法人治理结构“重点是推进董事会建设”，“充分发挥董事会的决策作用、监事会的监督作用、经理层的经营管理作用、党组织的政治核心作用”。2017年国务院办公厅《关于进一步完善国有企业法人治理结构的指导意见》作为国有企业法人治理的纲领性文件，进一步明确了主要目标、规范主体权责，在指导思想和基本原则中明确坚持“依法治企”的基本原则，重点运用法治思维，按照一企一策原则在公司章程中对国有企业的决策和运行机制予以细化，并要求相关部门制定国有企业公司章程审核及批准管理办法，为国有企业搭建立体、网状治理维度，促进法律规范、公司治理文件、党的政策、国家和地方的国资管理政策有机结合奠定了制度基础。

可以看出，三会一层的法人治理结构是逐步健全完善的，企业体制层面的“四梁八柱”日益夯实。其中重要的逻辑主线是完善董事会：它沿着“建立→推进→规范→提升”的过程，不断完善。

2.向上：党的领导（政治层面）

坚持党的领导、加强党的建设既是国有企业的职责所在也是国有企业的独特优势。要把党的领导与规范公司治理统一起来，科学处理党组织和其他治理主体的关系。要明确党组织在国有企业法人治理结构中的法定地位，将党建工作总体要求纳入国有企业章程，明确党组织在企业决策、执行、监督各环节的权责和工作方式，使党组织成为企业法人治理结构的有机组成部分。要充分发挥党组织的领导核心和政治核心作用，领导企业思想政治工作，支持董事会、监事会、经理层依法履行职责，保证党和国家方针政策的贯彻执行。企业党组织发挥领导核心和政治核心作用，把方向、管大局、保落实，把提高企业效益、增强企业竞争实力、实现国有资产保值增值，作为国有企业党组织工作的出发点和落脚点，为推进国有企业改革发展提供有力的政治保证。

坚持党的领导,要围绕几个方面:“一个方向”,坚定不移地把国有企业做强做优做大。“两个一以贯之”,总书记讲坚持党对国有企业的领导是重大政治原则,必须一以贯之;建立现代企业制度是国有企业改革的方向，也必须一以贯之。“三个作用”，坚持政治核心、领导核心，发挥把方向、管大局、保落实作用。“四个坚持”，总书记提出要坚持党对国有企业的领导不动摇，发挥企业党组织的领导核心和政治核心作用；坚持服务生产经营不偏离，以企业改革发展成果检验党组织的工作和战斗力；坚持党组织对国有企业选人用人的领导和把关作用不能变；坚持建强国有企业基层党组织不放松。“五个要求”，是说国有企业领导人员必须做到对党忠诚、勇于创新、治企有方、兴企有为、清正廉洁。

3.向下：集团管控（机制层面）

2017年底，国资委监管的中央企业已全部改制为集团公司（除金融、文化企业外）。摆在央企高管面前的现实问题是，如何实现既能充分行使权力，对子公司等成员单位施加必要影响力，又可以使成员单位高效决策、管理和经营，实现发展目标呢？这个问题正是提升公司治理有效性的问题。

站位决定格局。事实上，如果能够站在更高的公司结构角度透视集团公司，我们就能发现，具有独立法人资格的集团公司成为集团的主要形式，已经预示了法定性的公司治理结构是集团管控的应然选择。

公司治理是集团管控的法定模式。法人治理结构是法律赋予股东行使权利的法定模式。在集团公司的体系结构中，集团公司作为成员单位的股东，完全可以通过成员单位的公司治理机制，充分利用股东权利，实现集团管控目标。通过公司治理机构实施的管控具有合法性，受法律保护。如果成员单位没有执行公司治理机制，侵犯了股东权利，集团公司还享有通过诉讼等法律手段进行救济的权利。

公司治理是有效可行的集团管控模式。管理与治理的本质差别是主体之间的关系。管理型与治理型集团管控模式下，形成了集团公司与成员单位不同的关系。集团公司依照公司治理理念实施管控，可以将有限的决策资源聚焦于公司重要事项，提高管控的有效性。而且，管理、监督、经营权分属董事会、监事会、经理，又可以发挥不同机构的专业能力，形成激励，促进公司发展，实现发展目标。

我们认为，从公司治理的视角审视和构建集团管控体系，基于法律赋予的股东权利，利用公司治理机制实现对所属单位的影响，才是有效的可行的最佳集团管控模式。正是由于这样的深刻理解，我们提出“交叉合议组评议模式”（以下简称“交叉合议制”）来构建公司治理的三个层面：

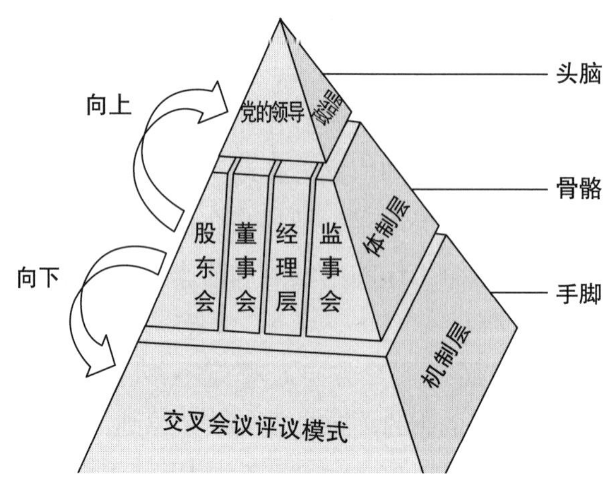

图1　公司治理体系的三个层面

我们理解：三个层面形成一个结构严谨的系统。政治层（党的领导）决定体制层（三会一层），并通过体制层（三会一层）表现出来。体制层（三会一层）受制于政治层（党的领导），又对政治层（党的领导）的实施和完善具有重要作用。体制层（三会一层）与机制层（交叉合议制）具有相互作用的关系：一方面，体制层（三会一层）决定着运行机制层（交叉合议制），另一方面，一定的体制层（三会一层）只有依赖与之相适应的运行机制层（交叉合议制）才能实现。机制层（交叉合议制）既离不开政治层（党的领导）和体制层（三会一层），又有助于政治层（党的领导）和体制层（三会一层）的运行与实现。政治层（党的领导）制约、决定体制层（三会一层）与机制层（交叉合议制），同时体制层（三会一层）与机制层（交叉合议制）又对政治层（党的领导）的巩固与发展，起着积极的促进作用。

（三）探索交叉合议制在机制层面创新应用的关键要素

合议制度的价值追求是多种管理智慧的融合。合议制的功能实质应呈现独立思考“外壳”、民主评议“内涵”以及集体决策的“硕果”。

1.探索交叉合议制的创新应用

合议制起源于古老的氏族社会解决纠纷的一种评判方式，我国的合议制在西周初见端倪。目前在司法领域、知识产权领域已有应用，在企业管理实践中运用创新思维，将合议制应用于公司治理中，尚属首次。合议制设置的初衷是让全体决策人员充分发挥智慧，集体讨论，立足企业发展现实，以国有企业三大职责和四大职能为准绳，积极评议，保证公正，提高决策效率，谋求做强做优做大国有资本，确保科学决策。

2.理解交叉合议制的组成方式

在所派驻二级公司有两名（含）以上派出董事、监事的，应组成合议组，合议组由分管领导、派出董事、监事组成。合议组召集人原则上由分管领导担任，合议组秘书由合议组中职能部门工作人员担任，合议组秘书负责所派驻公司董事会、监事会提案和表决意见的准备组织工作，相关文件资料的管理报备工作。

3.把握交叉合议制的五个特点

交叉合议制有五个特点：一是多人参与。这既是合议制的首要特征,又是合议制的形式要素,是合议组进行工作的前提和基础。二是平等参与。这是民主基本理念的体现，是对决策权进行制约和监督的特点。三是共同决策。这关注的是合议制的集体决策功能,它也是民主政治在决策领域的延伸,没有共同决策的合议制也就必然失去合议性质。四是独立思考。这是集众人智慧的一个基本要求。五是交叉任职。集团领导以担任派出董事和监事的角色在不同的二级公司（板块）交叉任职，保证了站位公正。

4.厘清合议组评议的事项范围

合议组虽然具有共同决策的特征，却并不意味着一切事物都由全体成员决策，因为这既不可能，也不经济。因此，需要对合议组评议对象予以明确，应围绕“三重一大”事项进行细化评议事项的范围。

5.平衡合议组成员的信息对称

合议组评议的过程因成员的信息失衡会发生扭曲，并最终陷入“形合实独”的运行困境，因此，为保证合议组成员评议事项的工作质效，应当保证评议成员对决策信息的均衡掌控，既要保障信息“存量”的均衡，也要保障信息“增量”的均衡。

6.规范合议组评议的操作细则

合议组评议具体规则在既定合议组评议规则框架下对其予以规范化:一是确立“即时评议”规则，确立发言顺序限定规则，资历最浅者为先，资历相同者，以年龄小的为先。二是确立分阶段书面评议规则，“陈述意见—自由讨论—评议表决”的顺次进行，以此保证合议组成员在充分发表意见、围绕彼此意见进行交换并相互修正。三是确立异议公开规则，即合议组经评议表决而生成的“最终决策”中载明的内容不能仅限于“多数意见”，亦应将“少数异议意见”纳入其中。

（四）实施中国特色国有企业交叉合议组评议制的步骤（小三步）

交叉合议制作为运行机制，为中国特色国有企业公司治理体系起到了重要支撑作用，是国企公司治理方面理论和实践中的崭新事物。如何实施与操作呢? 在实践中摸索，我们划分了三个步骤：

1.明确总部的定位（定模式）

央企总部的定位。央企集团总部的定位是央企必须明确的首要问题，总部开展什么样业务，规范什么样的功能都要加以科学的设置，从而达到界定集团企业的管理边界的目的，合理地划分总部和各分子公司的权责界面，实现集权有度、分权有效的效果。集团总部的关键功能有：战略决策中心；产业监控中心；资本运作中心；人才培育中心；服务支持中心；风险管理中心。集团总部的发展趋势，总部的领导力、战略管理功能强化；总部的信息化建设功能集中，集约化程度加深；法人治理体系规范完善；更重视总部的集团品牌建设能力提升。

央企总部的管控。集团管控有财务管控型、战略管控型以及运营管控型三种基本模式，不同的管控模式有不同的优缺点，集团公司必须根据企业实际合理选择合适的集团管控模式。在实际应用中，很多集团企业的管控模式是混合型，以管控不同特点的板块业务，而且随着集团企业的发展，其管控模式也不是一成不变的。

定位与管控之间有一座桥梁，或者说隐形的翅膀，那就是：央企总部的价值。央企总部作为整体战略决策的中枢，总部存在的一个重要理由，就是可以通过集团总部发挥更高的价值创造功能，这种能力必须是作为单体公司所不具备且无法培育的。而这正是创造价值的关键所在。这是理解实施交叉合议制的前提之一。

之二，充分理解央企总部与二级公司法人治理结构的关系。二者虽都设有股东大会、董事会、监事会和经理层，也都需要进行权限划分相互制衡，但两者的法人治理结构在具体运作上存在相当大的差异。二级公司治理结构的实质是股东大会、董事会、监事会和经理层间的权力制衡机制，而集团公司总部法人治理结构的实质除了上述机构相互间的权力制衡外，更多的是表现为集团管控模式、分权集权关系。

2.派出董事和监事（定人员）

外部董事制度是国资委推进中央企业规范董事会建设的基础性制度安排。同样考虑，集团向子公司委派董事和监事也可以常态化，这在缓解企业内部人控制、更好地代表出资人利益以及增强集团管控的有理、有力、有节方面能发挥重要作用。

派出董事监事分为管理型专家、支持型专家和社团影响者等三类。这三类派出董事监事通过加入董事会、监事会组成合议组，能搭建一个与集团智力资源、资金资源和政治资源等联系的平台，通过这些资源的引入，进而提供二级公司治理效率和公司绩效。

派出董事、监事受集团公司委托，对集团公司和所派驻公司股东（大）会负责。派出董事、监事在所派驻公司履行职责时，代表集团公司立场，执行集团公司的意志。在行使职权过程中，以集团公司利益最大化为行为准则，坚决维护集团公司的利益；在所派驻公司经营状况发生重大变动时，应及时向集团公司报告，依据所派驻公司章程及相关规定，采取提请所派驻公司召开临时股东（大）会或董事会等措施，维护集团公司利益。

3.实施交叉合议制（定规矩）

以集团管控定位为基础，派出董事和监事为支撑，民主集中原则进行评议，合议组评议架构就具备了。交叉派出任职保证了站位公正，合议评议保证了意见民主，集团领导担任派出董事和监事保证了信息的畅通和决策的高效，从而实现了多方面的预期：第一，完善了公司治理的完整体系；第二，提高了集团到二级公司管控的效果；第三，提升了二级公司决策的效率；第四，增强了二级公司经营发展的动力。这样，以交叉合议制为核心，构筑横向制衡与纵向管控流程，重塑集团与二级公司的决策管控机制，有力提高法人治理水平。

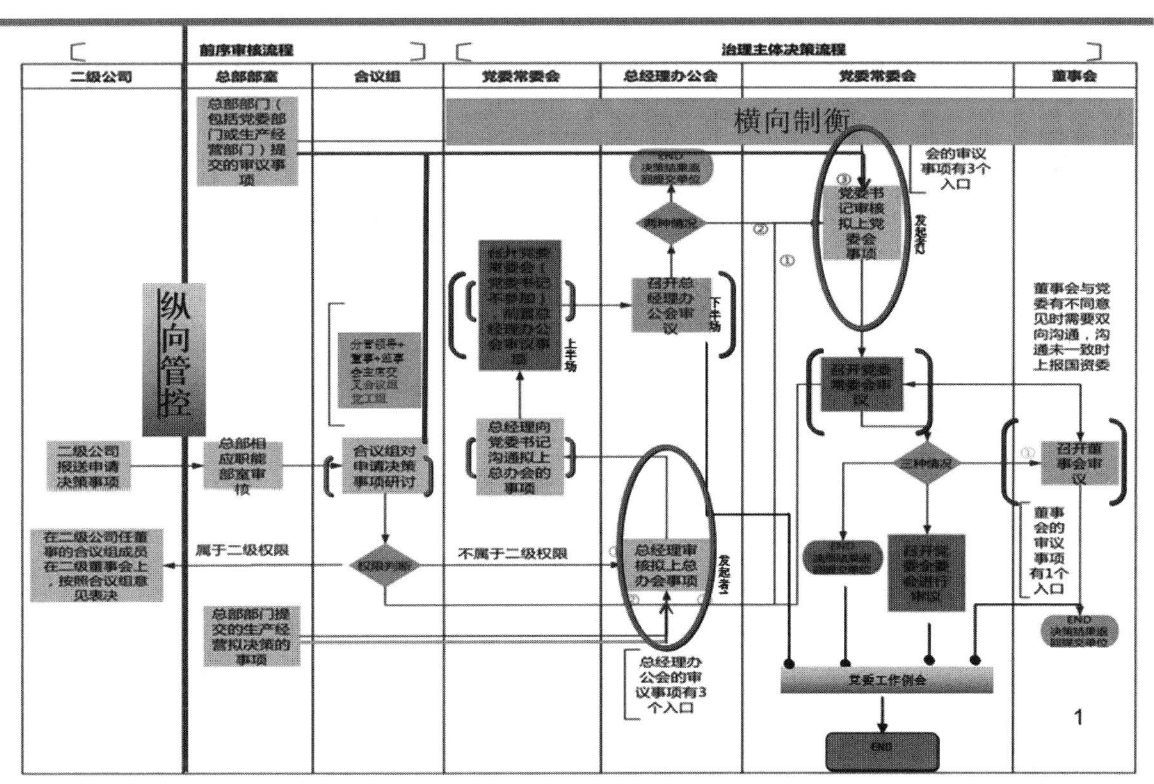

图2 交叉合议制下的横向制衡与纵向管控流程

（五）形成中国特色国有企业公司治理的完整创新体系

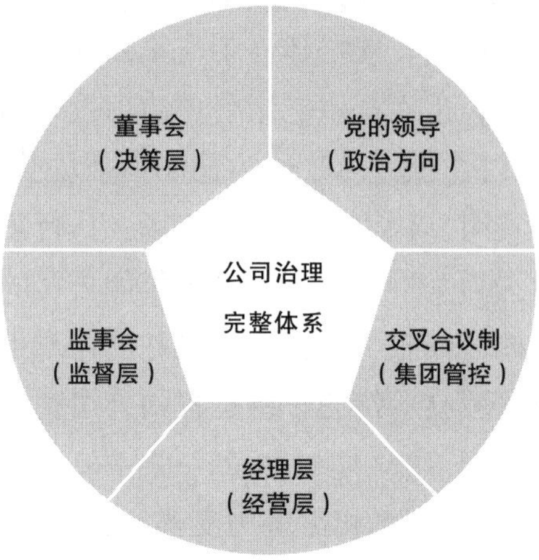

董事会
（决策层）
党的领导
（政治方向）
公司治理
完整体系
监事会
（监督层）
交叉合议制
（集团管控）
经理层
（经营层）

图3　五位一体的公司治理体系

本成果构建“五位一体”的公司治理体系，是继政治层、体制层完善之后的重大机制创新，也使符合市场经济规律和我国国情的国有企业法人治理结构夯实了基础，形成了完整体系，对进一步提升国有企业运行效率有很大的推动意义。

坚持党的领导、加强党的建设是国有企业的独特优势。明确党组织在国有企业法人治理结构中的法定地位，将党建工作总体要求纳入国有企业章程，明确党组织在企业决策、执行、监督各环节的权责和工作方式，使党组织成为企业法人治理结构的有机组成部分。充分发挥党组织的领导核心和政治核心作用，支持董事会、监事会、经理层依法履行职责，保证党和国家方针政策的贯彻执行。董事会是公司的决策机构，要对股东会负责，执行股东会决定，依照法定程序和公司章程授权决定公司重大事项，接受股东会、监事会监督，认真履行决策把关、内部管理、防范风险、深化改革等职责。经理层是公司的执行机构，依法由董事会聘任或解聘，接受董事会管理和监事会监督。总经理对董事会负责，依法行使管理生产经营、组织实施董事会决议等职权，向董事会报告工作，董事会闭会期间向董事长报告工作。监事会是公司的监督机构，依照有关法律法规和公司章程设立，对董事会、经理层成员的职务行为进行监督。不参与、不干预企业经营管理活动。交叉合议制作为公司治理的“地基”，来承接三会一层这个公司治理“四梁八柱”的运行，不仅提高了公司治理的有效性，而且增强了集团管控的有力有度和决策的高效，促进了企业整体上做强做优做大。

公司治理作为现代企业制度的核心，是各要素组成一个系统。如果把三会一层比作汽车的“底盘”，那么，党的领导就是“方向盘”，交叉合议制就是汽车落地的“轮子”。汽车有了轮子，就跑起来了，成为名副其实的跑起来的“车”。

四、构建新时代中国特色国有企业公司治理创新体系的主要意义

（一）理论层面（机制创新、体系完整）

公司法人治理体系的建设不会一蹴而就的，能否形成科学、规范的法人治理机制为公司

的发展保驾护航，能否避免公司发展过程中顶层出现混乱，关键看法人治理机制能否落地，影响企业法人治理机制落地的主要障碍与瓶颈在于其可操作性。法人治理体系的可操作性是法人治理机制能否发挥切实作用的关键，也是法人治理体系设计应追究的基本目标。这就要求法人治理体系设计不能简单地停留在治理架构设计和公司章程设计上，而应在《公司章程》设计的前提下，进一步规范出股东会、董事会、监事会、经营班子的权责、议事规则和工作规范，尤其是提升公司治理的有效性。

交叉合议制正是就此试图给出答案，成为公司法人治理机制落地的手脚和保障，形成了中国特色国有企业公司治理的完整体系，“顶级的管理智慧是搭建系统”。通过交叉合议制的机制创新，中国特色国有企业公司治理理论体系取得了新进展。

（二）现实层面（管控有效、决策高效）

本成果创新体系的新贡献，就是将集团管控模式的运行机制交叉合议制作为公司治理系统的结构因素引入公司治理体系。2011年国资委总结中央企业上市公司的管控并提炼出了三种模式，即宝钢模式、神华模式和中铁模式。但央企集团普遍管理层级多、业务多元化且跨区域、覆盖面广，这使得企业治理管控面临的形式复杂，这三种模式已经不能满足目前的国企改革。如何通过二级公司治理结构调整来提高集团管控的有效性，是一个实践中的突出问题。二级公司具有双重性，从公司法角度，具有独立法人地位，从企业集团角度，管控上必须服从于集团，以往的子公司治理形式上满足公司法的相关规定，实质上未理顺子公司权、责、利的具体划分。

实施交叉合议制，央企集团子公司治理模式得到新的完善，集团委派外部董事、监事进入子公司董事会、监事会，做实二级公司董事会、监事会，代表集团参与子公司决策，集团利益得到有力保证，政策制度得到有效落实。交叉合议制的实施，能够提高决策效率，充分发挥子公司的自主经营能力，集团公司战略规划的制定和实施在二级公司得到较好的体现，有力协调母子公司间的关系，合理配置集团资源。这就是交叉合议制在解决国企现实问题的重大突破。

（三）改革层面（推动转向经济型治理）

中国企业改革的目标在于建立现代企业制度，必然要由政府计划管控下的行政型治理向以市场机制为主的经济型治理转型，这也应该成为深化国企改革的总逻辑。我国的大型国有企业集团，其组建的政府行为和其生存的体制背景，曾一度造就了“行政型治理”。2013年十八届三中全会的召开标志着国有企业治理又进入到了一个全新的阶段，会议决定将“推进国家治理体系和治理能力现代化”纳入全面深化改革的总目标，治理转型成为我国大型国有企业深化改革的必由之路。公司治理作为中国治理的三大方面之一要先行先试，因此深化国企改革就是要全面进入公司治理新阶段。

央企集团层面公司制改革方案的出台，体现的就是经济型治理的改革思路，尤其通过交叉合议制的落地，能有理有利有节的保障企业从治理模式向公司治理模式的转型，以加快形成有效的治理机制和灵活的市场化经营机制。我们发现，通过近30年的公司治理实践，我国先后经历观念导入、结构构建、机制建立和有效性提高等阶段，国有企业走的是一条从自上而下的“行政型治理”向自下而上的“经济型治理”逐步转变的转型之路，逐步进入当前转型发展的“相持阶段”，有了交叉合议制，国企改革公司治理这条路上的便可以拥有“高铁”的前进速度。

（四）发展层面（增强企业核心竞争力）

机制正是企业核心竞争力。竞争力是企业在竞争中创造和实现价值的能力，而公司治理为这种能力提供内在支撑。公司治理和企业竞争力都将企业作为研究的主要对象，公司治理的实质是通过一整套包括正式和非正式的、内部和外部的制度或机制来协调公司与利益相关者之间的利益关系，以保证公司决策的科学性。企业竞争力则体现在对公司内外部资源的有效整合，从而在激烈的市场中建立自身优势，获得长期生存和可持续发展能力。通常认为，不同的治理结构通过影响企业关键性资源所有者的积极性而影响企业关键性资源的积累、改善和有效利用，从而最终增强企业竞争力。实际上，治理机制本身就是企业核心竞争力。

企业发展的实践证明，公司治理可以显著增强企业的竞争力。企业可以通过加强公司治理的力度，提高其治理效率，从而很大提升企业核心竞争力。通过实施交叉合议制，不断加强公司治理,固本强基,成为从根本上提升国有企业集团整体核心竞争能力和抗风险能力的内生力与“核动力”。

中国特色国有企业公司治理一直处于发展演化中。这种发展和演化，包括进一步改革意义上中国自身的价值准则和社会政治体制的变革，也包括现代管理形式在中国真正落地生根意义上的创造性应用。通过政治层的领导、体制层的保障、机制层的运行，把企业管理形式化的框架体系、实际的运作过程乃至深层次的价值准则三个维度有机的融合统一，不仅解决了公司治理和集团管控的共性问题，而且五位一体的公司治理体系有了内在逻辑性，公司治理的“中国模式”终将成型。

国有企业的公司治理的改革完善是全面深化改革的重要内容，也是经济体制改革的先行者。党的十八大以来，以习近平同志为核心的党中央高度重视国有企业改革，对全面深化国有企业改革做出了一系列新的部署，提出了一系列新的思路，采取了一系列新的举措。深化国有企业改革，做强做优做大国有资本，对坚持和发展中国特色社会主义、实现“两个一百年”奋斗目标具有十分重大的意义。

当前，作为大型国有企业的管理者，深刻领会习近平总书记关于国企改革的重要思想，努力解决国企国资改革深水区的现实问题，积极打造具有世界一流竞争力的企业，创造无愧于新时代的新业绩，是新时代赋予我们这些“党在经济领域的执政骨干”的光荣使命！

成果创造人：奚国华　中国第一汽车集团有限公司

促进混合所有制经济发展研究

国家发展和改革委员会市场与价格研究所

一、混合所有制经济的内涵界定及重大意义

（一）内涵界定

在现有经典理论中，混合所有制、混合所有制经济（Mixed Ownership Economy）与混合经济（Mixed Economy）是相关但又不同的概念。混合所有制本质上是关于所有制的制度安排，混合所有制经济是指各种不同所有制资本，通过多元投资、相互融合而形成的产权配置结构和经济形式，混合所有制经济和混合所有制在理论界经常被混用。而混合所有制经济是与混合经济不同的概念，应该对二者加以区别。根据《牛津经济学词典》，混合经济用于描述一个介于放任自流市场经济和计划经济之间的经济，特指有市场机制和政府干预并存的经济。因此，混合所有制经济可以说是混合经济的产权基础。

从定义的方法论出发，理解混合所有制经济的一般性内涵，应该涵盖宏微观视角、不同产权主体以及实现形态三个维度。混合所有制经济在我国特定语境中的内涵应该基于狭义微观企业层面。混合所有制本质上是股份制的一种形式，其特殊性在于，混合所有制是公有、非公有不同产权主体资本的混合。由此，我们认为混合所有制经济的内涵如下：是指公有制资本与其他多种经济形式的非公资本，通过股份公司形式，共同从事生产经营活动，实现产权主体多元投资、交叉持股、融合发展，故而形成的一种具有产权结构多元、治理结构优化特征的现代企业形态和微观经济形式。它反映了企业内部公有制主体与私有制主体之间利益共享、风险共担的经济关系。

（二）历史起点

我国发展混合所有制经济的历史起点可以从以下三个方面来理解。

第一，完善公有制为主体、多种所有制经济共同发展的基本经济制度，是我国发展混合所有制经济的基本出发点。西方市场经济国家有很多合伙制企业和股份制企业，但一般都是建立在私有制基础上的私人合伙和私人入股，而较少有不同所有制资本的结合。我国出现和发展混合所有制经济，主要源于国有企业改革，源于寻找公有制同市场经济相结合的形式和途径，源于现阶段实行的适合中国国情的公有制为主体、多种所有制经济共同发展的基本经济制度。

第二，发挥国有经济主导作用和推进国有资本放大功能、保值增值、提高竞争力，是我国发展混合所有制经济的主要方向。混合所有制企业是与国有企业、民营企业长期共存的新型、现代企业组织形态。通过混合所有制形式，可以着重解决国企股权比例过于集中、市场化运行

机制不健全等问题，建立国有资本动态流动机制，不断推进国有资本布局战略性调整，提高国有资本的集中度和配置效率。

第三，鼓励非公有制企业参与国有企业改革、鼓励发展非公有资本控股的混合所有制企业，激发经济活力，是我国发展混合所有制经济的重要导向。从世界各国产权制度改革的历史与趋势看，呈现出国有化与私有化交替进行的趋势，总体目标是社会福利最大化，改革具体路径在于效率与公平的权衡。西方国企引入混合所有制模式意义在于，盘活政府拥有的存量资源，将有限的资源用于更需要政府有所作为的诸如基础教育和医疗领域；同时可以给市场更多的投资机会；还可以提高国有企业的透明度，扩展资本金来源渠道，降低整个运营成本。我国发展混合所有制经济与西方社会对基础设施、公用事业等领域大规模的私有化等目的有所不同，可以通过股权多元化激发市场主体的活力和创造力，实现微观体制有效调整。

（三）重大意义

从本质上来说，发展混合所有制经济可以实现资源要素有效配置和微观体制有效调整，我国发展混合所有制经济肩负着改革、发展与开放等宏观经济任务和多重历史使命。

一是有利于加快推进供给侧结构性改革。发展混合所有制经济，将进一步弱化国企在一般竞争性领域的控制力，实现与民企的优势互补和公平竞争，通过资源再配置释放效率红利，有助于国有企业通过市场竞争提升经营效益与效率，也有助于非公企业在公平竞争中发展壮大，培育具有国际竞争力的微观企业主体和高效高质的供给体系，从而助力供给侧结构性改革，进一步激发市场活力，既而解放和发展生产力，为我国保持经济中高速平稳增长创造必要条件。

二是有利于塑造公平市场秩序和公正分配格局。发展混合所有制经济，将逐步实现国有资本和民营资本间无差别的产权保障，营造平等竞争的市场环境，吸引民营资本进入传统垄断行业领域，有利于塑造公平的市场秩序。同时，发展混合所有制经济能够通过削弱国有资本不合理垄断地位，减少其超额利润带来的超额收入，避免因国企特权造成的群体性收入差距问题，并通过产权多元化优化治理结构和内部收入分配机制，重塑公正合理的社会分配格局。

三是有利于全面提高开放型经济水平。发展混合所有制经济，通过国有经济布局有进有退的战略性调整，有利于顺利突破国际双边或多边投资贸易协定对于我国国有企业的相关约束，有利于我国加快适应新一轮全球贸易投资规则，在更广范围和更高层次上推动全方位开放，全面提升开放型经济水平。

四是有利于切实化解系统性经济风险。发展混合所有制经济，推进国有资产监督管理体制改革，由“管企业”向“管资本为主”转变，切实淘汰“僵尸企业”，有利于破除政府干预企业经营决策的行为，让混合所有制企业真正成为自主经营、自负盈亏、自担风险、自我约束的市场经济主体，从而有效避免国资在预算软约束下的盲目扩张，防范化解相关企业的债务风险，从而有助于消弭全社会系统性风险。

二、混合所有制经济的发展现状与主要问题

经过多年的探索，混合所有制经济从少到多，在国民经济中的比重已经占到了三分之一

强，但是“数量不少、质量不高”，仍然处于粗放式的混合状态，面临着顶层设计不明、国有股权一股独大、“混而不合”、民营资本进入垄断行业面临“三重门”等问题，形成改革最大公约数仍然任重道远。

（一）发展混合所有制经济的实践探索

1.总体发展规模可观

全国国资委系统监管的国有企业总数15.6万户，实现混合所有制企业户数比重约43%，其中一大批国有企业在境内外资本市场上市。上述统计没有包括文化、出版、烟草、铁路、邮政、交通、金融系统以及一些事业单位所属的国有企业改制情况，由此估算，混合所有制经济占我国经济的比重大体为三分之一以上。

2.行业分布范围宽泛

除关系国家安全的国防军工、战略物资储备等少数特殊领域，几乎绝大部分行业领域都可以发展混合所有制经济。工业领域，金融、文化等服务业领域，基础设施和公用事业领域，以及电信、能源等垄断性领域都有不少混合所有制企业的典型案例。当前混合所有制经济发展较为热点的领域，是石油、石化、电信、电力、金融以及医疗、市政公用事业等高门槛行业。

3.非公资本参与谨慎乐观

非公有制资本出于获得转型发展、追求规模经济、规避市场准入门槛以及利用国企资源优势等各种动机，采取上市、资产重组及参与新建投资项目等多种方式实现与公有制经济产权混合，在绝大部分产业领域都有非公经济参与的混合所有制企业。目前民营资本普遍对体制障碍较少、资产边界清晰的增量混合，即新建项目发展混合所有制经济较为欢迎。近年来，相比于实业资本的战略投资，包括私募基金、各类信托基金在内的金融资本表现更为活跃。为保障自身利益和长期可持续发展，民营资本控股权要求日益强烈，即使不能控股，也要求有平等的地位和知情权、话语权，积极参与公司治理。

4.实现方式各地探索创新

十八届三中全会后，20多个省级国企改革方案和配套措施陆续出台，发展混合所有制经济体现在改革方案中。各地都提出了改革的数量目标，广东计划到2020年混合所有制企业户数比重超过80%。一些地方提出分级发展混合所有制经济的目标，如四川明确提出省属二、三级企业全部都要改成混合所有制。上市成为最重要的混合途径，上海提出以企业整体上市的方式推进混合所有制经济发展。

（二）发展混合所有制经济面临突出矛盾

1.实现范围有待明确

实践中仍难以建立边界清晰的发展混合所有制经济的正面清单或负面清单，哪些是关系国家安全、国民经济命脉的重要行业和关键领域认识有分歧，混合所有制经济的底线和红线尚不明确。国有资本有进有退难把握，操作中不断引发“国进民退”或“国退民进”的争议。如何在垄断行业推进混合所有制经济难度较大。国企在竞争性领域如何发挥作用，在一般竞争性领域是否需要退出？上述顶层设计不清的情况下，各类产权主体动力不足，不能实现共存多赢。

2.国有资本“一股独大”现象仍很突出

从产权结构这一混合所有制经济的微观基础分析，已进行“混改”的企业股权结构依然不合理，只有产权多元化的形式，没有公司有效治理的实质。国有企业上市多以圈钱为目的，存在一股独大、内部人控制、侵害小股东利益的问题，仍处于“混合”的初级阶段。根据课题组对487家上市公司的量化分析结果，在上市公司中国有股的比重依然偏高，国有股占比50%以上企业的效益和效率水平，均低于相对控股、参股或其他无国有股份企业。从国有企业集团组织结构纵向角度看，母公司层面产权多元化改革停滞，多是单一股权、国有独资形式。集团内部子公司层级越低，混合的比例越高，下属五级公司混合比例高达80%以上。低层级改制的活力和效率等收益均被一股独大的母公司所消耗或侵占，集团母公司行政化倾向严重。

3.民营经济进入面临诸多歧视和壁垒

民营企业仍然面临“玻璃门”“弹簧门”“旋转门”等“三重门”约束，市场准入仍是民营经济参与混合所有制经济发展的主要障碍。民营企业还面临已有的其他政策不支持建立非公经济控股的混合所有制问题。现有的国有资产管理体制也不支持发展非公经济控股的混合所有制经济。对于能否建立平等关系，以及能否保障投资安全性、稳定性，“黑头”法规能否抵得住“红头”文件等等，民营企业充满担忧。

4.操作实施仍存在短板和风险

国有资产定价机制是发展混合所有制经济的难点。当前对于竞争性国有资产仍具有市场属性、定价是竞价博弈过程的认识不到位，定价机制难合理。涉及国有资产转让、清算和退出等交易行为，交易对象是非公企业时，国有资产流失始终是一把高悬的利剑。国有企业改制中确实存在国有资产贱卖现象，存在部分官员或高管暗中交易、利益输送、收受贿赂、寻租腐败等不规范问题。定价偏低与国有资产流失背后的深层次问题，是没有真正建立起能够针对内部交易、合谋等道德风险的有效机制。

5.行政化国有资产管理方式难适应

现行国有资产管理体制已不能适应国有企业发展混合所有制经济的新要求。国有资产管理监管机构集出资人代表、管理和监督职能于一身，难以摆脱“婆婆”兼“老板”的角色，定位和权责模糊，国资委对改制企业管理的行政化倾向严重，管理“横向到边纵向到底”，渗透到企业各个层级和方方面面。据不完全统计，目前国资监管机构对国有企业的审批事项达到100多项，只要有国有资本就要“一竿子管到底”，管得过细过深，严重束缚企业手脚。

三、发展混合所有制经济的基本思路与途径

围绕“两个毫不动摇”，发挥市场配置资源的决定性作用，在明确混合所有制的实现范围、提高国有资本的集中度和配置效率基础上，以优化股权结构为突破口，丰富混合所有制改革实践成果，探索金股、优先股等创新方式，鼓励发展非公有资本控股的混合所有制经济，着力推动混合所有制经济从追求形式和数量的“粗放式”混合，向更为重视发展内涵和质量的“集约式”混合转变，使产权多元、治理优化的混合所有制成为社会主义基本经济制度的重要实现形式，为完善社会主义市场经济体制夯实微观基础。

（一）明确范围，通过分类确定混合所有制经济的红线与底线

把混合所有制企业与纯粹国有企业分开，还原混合所有制企业商业化、市场化地位。根据国有经济功能定位，通过分类的方式推进混合所有制经济发展。国有独资和绝对控股的领域即是混合所有制经济的红线和底线。

1.少数领域缓行混合所有制经济

少数涉及国家安全的特殊领域，应靠纯粹国有企业或非营利性机构实现，发挥弥补市场失灵的作用，如国防军工、战略物资储备，电力和铁路等网络调度以及基础性研究等，这类企业或机构更多是以提供公共产品和服务、增进社会效益为目的，暂时不适合发展混合所有制经济。此外，国有资本投资运营公司也可以保留国有独资的形式。

2.多数行业和领域加快混合所有制经济发展

在竞争性行业以及多数基础设施和公用事业领域，国有企业改制为混合所有制企业应无禁区，可通过多种途径与社会资本交叉持股，或采取PPP模式。混合所有制企业要遵循市场规律，公平参与竞争，以为股东和社会创造价值、增进效率为目标。鼓励社会资本加强交通、能源、水利、环保、社会性基础设施投资，推动核电、电网、油气管网、铁路、电信等领域投资主体多元化。

表1　垄断行业PPP股权合作形式

具体领域环节	垄断属性强弱	混合所有制形式
电网、铁路主干线、石油天然气主干管网、电信基础网	全国性垄断，关系国民经济命脉	国有资本绝对控股，引入其他资本参与
城市供排水、燃气管网、城市公交	区域垄断，影响范围相对局部	国有资本相对控股的PPP模式
铁路支线、城际铁路、城市轨道交通、油气管网支线、专用输电线路	网络特性相对较弱	国有资本相对控股或参股的PPP模式
污水处理、垃圾处理和机场、港口枢纽型设施、原油和成品油商业储备库	网络特性最弱	允许非公资本控股或参股的PPP模式

3.一般竞争性领域国有资本建立动态有序退出机制，允许发展非公资本控股的混合所有制经济

国有资本从不具备竞争优势、效率低下、无法有效发挥作用的领域退出，动态流向经济社会发展不同阶段的重点领域，实现国有资本投资运营服务于国家战略目标的定位。对于餐饮、家电、房地产等一般竞争性领域，要加大引入民间资本力度，通过产权转让、资产处置等多种方式，降低国有资本持股比例，实现国有资本有序退出，允许发展各类非公有资本控股的混合所有制企业。

（二）突出核心，把优化股权结构作为发展混合所有制的突破口

加快在竞争性行业领域发展混合所有制经济，优化股权结构，发挥各类资本取长补短、相互促进作用，实现资源的有效配置，推动混合所有制经济从追求形式和数量的“粗放式”混合，向更为重视发展内涵和质量的“集约式”混合转变，真正促进国有企业体制机制转换和市场主体地位形成。

1.配置合理的股权结构是混合所有制的关键所在

必须把优化股权结构作为发展混合所有制经济的突破口。除国有资本必须保持独资、绝对控股的红线底线外，国有企业混合所有制改革要突破“限制股比”的思维方式，积极引入各类投资者（见表2）。配置合理的股权结构是发展混合有所制的关键核心，国有资本可采取相对控股或参股方式，允许非公资本持股比例占三分之一强等股权结构安排较为实际，使投资者真正到位，建立用手投票的机制而不是用脚投票的机制，让其他股东在公司决策和有效治理中发挥关键作用。探索建立国有股东“金股”机制，通过约定对特定事项行使否决权，保障国有资本在特定领域的控制力。

表2　优化国有企业股权结构

股权结构	适用企业类型	未来主要举措
国有独资	涉及国家安全和基本公共服务领域的极少数企业或特殊机构	强化其公共服务、弥补市场失灵职能
国有独资或控股	国有资本投资运营公司，战略性矿产、油气等资源开发利用	强化功能保障任务，严格考核环境质量安全等外部性指标
绝对控股或相对控股	铁路主干线、电网等具有网络属性的自然垄断业务环节的企业，部分具有区域垄断地位企业	强化维护公共利益、提高效率目标，完善成本审核等政府管制方法
相对控股、参股或金股	广泛竞争领域，以实现政府战略意图为目的的重点企业	还原企业市场竞争功能，发挥国有资本的引导带动作用，探索金股、优先股方式
有序退出	不具备竞争优势、效率低下和无法发挥国有资本作用的一般竞争性领域	通过产权转让、资产处置多种方式，整体一次性退出或分批有序退出

2.重点在大型国企集团公司层面发展混合所有制经济

除少数母公司必须采取国有独资形式外，多数企业集团重点是推动一级企业也就是母公司层面股权多元化改革。通过引进战略投资者、兼并重组、公开募股、交换股权、中外合资、债权转股权等办法，借助资本市场和金融创新，多方式、多渠道让非公资本积极参与。推进具备条件的母公司整体上市也是国有企业推进混合所有制的重要途径。对于体量过大的大型国企，可适时进行“拆分剥离、规模去恐龙化”的资产重组，实施“归核战略”，提高核心竞争力，在此基础上积极发展混合所有制经济。

（三）创新方式，多渠道丰富混合所有制经济实现途径

鼓励非公有资本以参股或控股方式参与国企改革，通过PPP模式进入特许经营领域，消除所有制歧视和各种隐性壁垒，带动民营经济转型升级和健康发展，进而激发市场主体的活力和创造力。

1.鼓励发展非公有资本参股或控股的混合所有制经济

促进民营企业等非公有资本通过并购重组、控股参股等方式全面参与，鼓励发展非公资本控股的混合所有制企业。支持非公资有本投资通过PPP方式进入基础设施和公用事业建设运营项目，进入国有经济布局“红线底线”之外的行业领域，除规定领域外，对引入的民营资本股权比例不设限制。引导非公有资本通过证券市场、产权市场等平台，以出资入股、股权收购、认购可转债、股权置换等多种方式参与国企混合所有制改革重组、改制上市或上市公司的增资扩股。针对民营企业资本规模相对较少的实际，允许其联合起来通过设立股权投资、风险投资等基金方式，捆绑起来参与国有企业改革。非公有制企业收购、兼并的资产价格确定要遵循市场原则，增加透明度，防止暗箱操作。在公司治理层面，为保障非公有资本小股东的知情权和参与权，可以通过公司章程约定的形式，保障民间资本和小股东在董事会的席位和话语权。

鼓励与外资在境内外合资合作。继续利用外资参与国有企业改制重组、合资合作，提高合作的质量与效益。加快改制企业走出去步伐，通过海外并购、投资、合资合作等方式，获取国际资源、市场、技术等资源，以混合所有制企业形式深度参与国际竞争和全球产业分工，提高国际竞争力，规避发达国家主导的全球贸易投资规则对国有企业的壁垒。

有选择地进行员工持股。在国有企业与混合所有制企业选择中，仅在改制为混合所有制企业后进行员工持股；在垄断行业与竞争性行业选择中，仅在竞争性行业考虑员工持股；在国有企业经营主业和辅业选择中，仅在辅业改制、资产剥离中考虑员工持股；在资本密集型与人力资本贡献大的知识密集型领域中，仅在知识密集型企业中考虑员工持股；在全体职工与部分骨干人员持股选择中，选择经营管理层、技术业务骨干持股为好。重点在知识产权贡献大的高新技术企业率先实行员工持股，形成金融资本与人力、技术资本等要素融合发展，进一步激发企业发展的内生动力和创新力。

2.采取金股、特殊管理股、优先股等多方式探索创新

以“金股”等创新方式，保障国有资本的影响力。“金股”作为一种政府持有的对特定事项行使否决权的股份，实质是政府特权，可以监测和否定企业损害或者不利于国家整体利益和战略的决策，特别防止外资收购我国重要行业的企业。

探索建立特殊管理股制度。特殊管理股是通过特殊股权结构设计，使创始人股东在股份制改造和融资过程中，有效防止恶意收购，并始终保有最大决策权和控制权的股份。我国重要国有传媒企业转制、股份制改造过程中也可探索实行特殊管理股制度。

推行优先股方式。相对于普通股而言，优先股是股份公司发行的、由公司发起人或公司内部职工持有的、比普通股享有优先分配股息和公司剩余财产权利的股票。通常情况下，优先股股东不能参与公司的经营管理。但是，当公司研究与优先股有关的问题时，优先股持有人则有权参与会议。

（四）规范程序，实施过程和操作细则决定着混合所有制的成败

实施过程和操作细则同样决定着混合所有制经济的成败。改革必须自上而下进行总体要求，并与尊重基层创新精神相结合。国有资产评估定价机制是实施过程中的关键一环，依法依规操作才能有效规避国有资产流失的风险。

1.推动改革自上而下系统性实施

国有企业发展混合所有制经济总体要求自上而下、分层分类推动实施，并根据地方国有

经济分布特点，尊重基层的创新精神。加强中央层面的顶层设计，对目标任务、实现路径、政策支持、保障措施、风险防范等相关内容进行系统性设计，对其中的关键性问题，如改革的突破口、切入点、分歧点、风险点给出清晰的答案。同时，要充分发挥地方基层的积极性和创造性。允许各地针对各自面临的主要矛盾和实际问题制定符合地方特点的实施方案，进行改革创新。允许地方政府通过发展混合所有制经济来清理地方债务，允许服务于地方城市建设的融资性平台公司引入社会资本，减轻地方政府的财政负担和加强风险防范。

2.完善国有资产评估定价机制

进一步优化程序，更多通过公开的、全国性资本市场和产权股权交易市场，实现企业有形与无形资产价格发现的功能，提高市场效率，推动相关配套制度建设和监管改革，从制度设计上避免国有资产流失。首先，按“进场属常态，协议属例外”原则，制定例外清单和例外审查制度。对于国有资产产权转让，制定明确的例外清单，并建立严格的例外审查机制，聘请独立的第三方对引入战略投资者的必要性和可行性进行论证。清单之外的国有资产转让，一律进入产权交易所交易。其次，允许更多企业在全国性交易所上市，并建立与地方交易所对接的全国性交易信息平台。全国性的产权和证券市场是资产价格发现的最佳场所，允许更多国有企业在全国性交易所进行资产和产权交易。建立全国性的国有资产转让信息平台，实现与各地方产权交易所信息对接，解决信息披露和竞价不充分等问题。此外，加快建立“法定审计+法定评估”体制。在国有产权转让前引入强制性专项审计，形成“法定审计”机制。同时，国有资产和产权转让引入强制性评估，即“法定评估”，明确评估过程中的法定权责关系。

3.规范推进混合所有制的操作流程

发展混合所有制经济，在实施操作过程中，要坚持分类实施、梯次推进；控制节奏、优化程序；政府引导、相机抉择；先易后难、增量优先。推进混合所有制应履行法律法规明确的程序，依法合规进行，防止关联交易和利益输送。

（五）完善监督，构建国资管理新体制是混合所有制成功的保障

以混合所有制改革为契机，通过组建或新建国有资本投资运营公司，推动实现国资管理从“管人管事管资产”向“以管资本为主”转变，近期完善国有资本管理方式，减少行政干预，进一步提升国有资本管理效能。远期构建国有资本统一管理新体制。

1.完善国有资本管理体制

国有资本管理去行政化，完善对混合所有制企业管理方式，从“管控”走向“治理”。优化管理监督职能，制定出资人审批事项清单，明确出资人权力边界、企业自主权边界。通过依法制定或参与制定公司章程，出资人仅以国有资本股东身份，通过股东大会或董事会参与公司决策和分享收益，体现出资人意志。创新国有资本管理新机制，国有股权低于50%的混合所有制企业，国有股东按约定治理模式行使权利，实行更加市场化的产权管理方式。远期探索构建监管统一的国有资本管理新体制，除国资委系统现行管理的工业、能源、通讯、运输行业外，还要逐步将金融、铁路、烟草、文化等行业纳入统一的国有资本监督管理体系，实现国有资本管理整体性、协同性改革。

2.国有资本投资运营公司是实现“以管资本为主”的关键

组建国有资本投资公司或运营公司（简称“两类公司”），也可将具备一定条件的集团母公司改组为国有资本投资运营公司，形成“国资监管机构（国资委）—国有资本投资运营公司—混合所有制企业”三级架构的国资监督管理运营体系。国有资本监管机构行使监督人职能，不直接干预两类公司持股企业的生产经营活动，两类公司对持股企业行使出资人、股东权利。推动实现国资管理从“管人管事管资产”向“以管资本为主”转变，形成国资监督者、出资人和运营企业相对分离、有效制衡的管理体制，进一步提升国资管理运营效能。

成果创造人：臧跃茹、杨　娟、刘　方、张铭慎、刘泉红、曾　铮、郭春丽、黄卫挺

【注释】

本课题为2014年国家发展和改革委员会宏观经济研究院重点课题。课题组提出的改革思路提交国家发展和改革委员会，为制定国企混改方案提供重要支撑，课题组成员还直接参与了文件起草工作。课题组在深入研究、参与政策制定后，又以各种形式积极宣传政策，相关改革思路在社会上引起广泛反响。研究为实现中央提出重要领域和关键环节取得突破的改革目标，做出了实质性贡献。主要表现为：一是该成果转化强，研究的论证与结论为《关于国有企业发展混合所有制经济的意见》（国发【2015】54号）文件起草发挥了重要作用。课题组成员臧跃茹、刘泉红作为重要成员直接参加了文件起草及相关调研、专题研究等工作，其他成员完成了文件起草所需的案例分析、定量测算等工作。二是课题组成员直接参与了国企改革、混改等文件的解读宣讲工作，为帮助社会各界全面深入理解文件精神和形成正确舆论导向发挥了积极作用。三是课题组成员利用课题研究成果，参与了国家发展和改革委员会委领导交办、委体改司组织的《国企混改面面观——发展混合所有制经济政策解读》一书撰写工作，该书在指导各领域各行业、央企和地方国有企业、母公司和子公司层面的混合所有制改革实践中发挥了积极的作用，产生了较好的经济和社会效益。

本课题成果获得2016年国家发展和改革委员会优秀成果三等奖，宏观经济研究院优秀成果二等奖。

制度、技术与国有企业改革

北京大学

一、研究成果主要内容

研究成果主要内容涉及以下部分。

（一）经济史学视角：我国科技进步的举国体制及其转型

从经济史视角，系统分析了新中国成立以来工业化和科技进步的路径选择，提出了“工业化阶段相关假说”，即中国工业化进程和科技进步进程中的体制选择，受制约于中国工业化的阶段，在工业化启动时期、工业化加速时期、工业化巅峰时期与完成时期这长达百年的工业化进程中，国家工业化的体制选择有重大区别，出现一种由国家主导型向市场主导型渐变的历史大趋势。本部分系统论述了传统举国体制的基本及特征，进而深入探讨了未来在市场经济和开放条件下实施的举国体制转型，并根据对全球典型模式的借鉴，对促进科技进步的金融制度、知识产权制度、国家战略与财政制度、人才培育制度等进行了具体分析。

（二）技术进步、产业升级转型与国有企业改革

从市场结构和产权结构，探讨国有企业技术进步与创新效率现状。本部分内容结合国有企业改革和中国制造2025两大高质量发展的主题，探究国有企业如何调整企业自身以更好地支持制造业的战略转型。以市场结构与创新效率、产权结构与创新效率两个维度开展实证研究，分别利用中国制造产业中99家上市公司在2014–2016年三年的上市和财务数据，分析个体企业为提高创新效率所应具备的理想的产权结构；利用中国制造高技术产业年鉴的统计，分析1995–2016年以来细分行业的研发效率与市场集中度、国有股份比例等市场结构的关系，从产业层面理顺支持创新发展的逻辑。根据理论分析和实证回归的结果从企业和产业两方面提供政策建议，包括国有企业改革和产业创新体制的构建。

（三）混合所有制改革中的公司治理制度设计之探讨

1.混合所有制视角下的国有股权、党组织与公司治理

新一轮国有企业混合所有制改革的重点在于完善公司治理，而党组织治理模式与国有股权变动对公司治理绩效会产生关键性影响。本部分将党组织治理与国有股权变动两大变量对于公司治理绩效的效应进行交叉式动态研究，选取424家实际控制人为国有企业或机构的A股上市公司，系统论证了混合所有制改革下的企业国有股改革、党组织治理与公司治理水平三者间的作用机制，对中国特色社会主义公司治理制度进行了有益探索，系统回答了“中国式公司治理何以可能”的问题。

2.混合所有制改革中的员工激励机制

本部分主要从公司治理中的激励机制出发，研究国有企业混合所有制改革中员工持股的相关问题。十八届三中全会以来，新一轮国有企业混合所有制改革拉开了序幕，而员工持股是国有企业混合所有制改革的重要方式。这方面已有的研究主要是关于员工持股与企业绩效的关系，这类研究能够帮助回答“为什么要进行员工持股”的问题，但不能帮助回答“怎样进行员工持股”的问题。本部分希望在已有研究的基础上，进一步为相关国有企业怎样进行员工持股提供一些启发和帮助。

3.混合所有制改革与国有企业绩效

上市国企的绩效与所有权结构的关系，一直是理论界争议的焦点之一。本部分通过实证研究，发现整体而言我国国有企业上市后至少在中短期内经营绩效出现明显下滑，除委托—代理成本增加等影响外，这一结果在一定程度上也反映出较大部分国有企业上市后其治理结构、经营机制的实质性转变存在滞后性，而这与国有企业上市前上市动机复杂且上市后又缺乏相应激励约束机制有关。第一大股东持股比例、前十大股东持股集中度，国家持股、法人持股占比与国有企业上市前后经营绩效变动之间存在倒U型或正—负—正向两度方向变动的非线性关系，暗示出每一国有企业或都各自对应了一种最有利于经营绩效的最优股权结构。

（四）国企改革实现经济驱动力转型的实现路径

1.并购重组、国企混改与我国经济驱动力转型

国企改革与我国每一阶段的经济增长密不可分，每一阶段的国企改革都代表着经济增长驱动的转变。本部分基于中国经济增长从要素驱动向效率驱动和创新驱动转型这一事实，论证了当前国有企业混合所有制改革的必要性和对经济转型的重大意义。并购重组由于其在资本市场发现价值、调整存量资源方面的重要作用，成为当下推动国企混改、发展混合所有制经济的重要方法。这一方法可加速全社会资本的跨所有制、跨行业、跨区域流动，使得国有资本有进有退，民营经济充分自由发展，最终形成“民营经济充分自由发展、国有资本做强做优做大”的局面。最后从资本市场、国有经济和民营经济发展三个方面给出政策建议。

2.中国企业跨国并购的绩效研究

本部分全面整理分析国内外学术界在跨境并购方面所形成的理论，具体包括理论解释跨境并购绩效、界定概念、评估方法及影响跨境并购绩效的因素等。立足国内上市公司，逻辑分析了现关理论并说明了国内上市公司是否形成绩效及产生多少绩效等。在此基础上确定了理论分析框架，提出与上市公司跨境并购绩效有关的影响因素及其影响程度、影响机制等方面的观点。实证分析了上市公司跨境并购绩效活动，在此基础上运用熵权系数实证分析了跨境并购绩效。实证分析了其绩效影响因素，以定量的角度，建立多元线性回归模型着重分析了与跨境并购绩效有关的影响因素及其影响程度、方式等等。最后分别基于政府、上市公司的层面提出有助于改善跨境并购绩效的要素，总结本论所形成的观点，说明本论的创新及不足之处，展望未来研究方向。

（五）产业视角：中国农业发展的农垦体制及其转型

以农业产业为切入，聚焦农垦企业体制变革历史，提出我国农垦体制改革未来方向。农垦企业创立于计划经济时期，是我国保障农业安全和推进农业产业化的国家队，在中国农业发

展中具有特殊重要地位。近七十年建立及改革历程表明，农垦军事职能逐渐淡化，农垦农业本质日益凸显。考虑“兼顾特殊性”和“适用普遍性”原则，农垦体制改革应基于农垦实现农业产业化和现代化、国家粮食和边防安全战略双重功能视角，进行多层次结构和差异化改革目标设定。为此，本部分提出了我国农垦体制改革五大方向。

二、主要观点及建议

(一)本成果提出了“工业化阶段相关假说”，即中国工业化进程和科技进步进程中的体制选择，受制约于中国工业化的阶段，在工业化启动时期、工业化加速时期、工业化巅峰时期与完成时期这长达百年的工业化进程中，国家工业化的体制选择有重大区别，出现一种由国家主导型向市场主导型渐变的历史大趋势。基于此，本成果提出国家科技进步、企业自主创新应遵循的原则，以及相关的政策建议，具体如下。

第一，我们要坚持自主创新，并为自主创新配备好一切制度条件、机制条件和文化条件。自主创新是开放条件下的创新，自然兼容开放与开源，不偏废，不封闭。上文已经多次谈过，市场化条件下之技术进步，与封闭条件下技术创新有着差异化的路径选择，因而举国体制必须坚持，但应适应开放时代而深刻转型。技术应视为市场中之要素，而非自外于市场。因此技术创新必然考虑到交易机制、产权、融资、产业链等一系列与市场有关的问题。举国体制在新时代必具备新形态，今日之举国体制乃是与市场兼容的举国体制，因已无回归建国初期强有力举国体制之历史条件与可能，必须与时俱进。

第二，要在全球化过程中充分吸收和消化一切有益于我国制造业进步和技术创新的制度和文化，从而建构一种最具竞争力的创新文化与氛围。在促进中国企业“走出去”的过程中，要实现整个企业运行模式和经济运行模式的现代化转型，在发挥举国体制优势的同时，实现制度的创新与变革，不要因故步自封而丧失历史机遇。要加强企业在“走出去”过程中的规则意识和契约意识，抛弃机会主义与短视的功利主义，练好内功，熟悉国际规则，适应国际规则，运用国际规则为我服务。在充分利用全球化的红利的同时，要注重我们国家自己的民生建设、法治建设、文化建设，实施好反贫困战略、乡村振兴战略、区域均衡发展战略，充分动员中国经济社会内部的活力，改变以往“不充分不平衡”的各种发展瓶颈。中国自己的事情做好了，步子走稳了，就能在全球竞争中立于不败之地。

第三，要在所有产业中倡导创新，包括一些传统产业。要对传统产业进行转型，不要满足于自己成为制造业大国，而应该努力成为“智造大国”。如果仅仅是一般的“制造”，则仍是劳动密集型和资源投入型，仍是低回报的产业类型。而“大国智造”，则是带有较高技术水平的、有自主知识产权的、回报率较高的、人力资本密集型的制造业，这样的制造业是高端的技术层级与品牌层级的制造业，而不是低端的组装级别的制造业。但不要误解这种高端制造业只是人工智能等领域的制造业，而是渗透在各种制造业中的，即使是在家电这样一些传统产业领域，拥有自主知识产权的、技术含量高的企业，其回报也是很高的。海尔、格力等中国品牌，由于有大量自主知识产权作为支撑，由于掌握了系统设计和品牌，其在全球产业链上获得的竞争优势是非常明显的，其市场占有率和市场收益是非常可观的。要用现代科技改造整个产业链。

第四，要从国家和企业两个角度去推动中国的科技进步。从企业角度来说，要在推动科技进步的过程中，建立国有企业和私营企业的合作共赢机制，要实现企业的股权多元化，发展混合所有制经济，尤其是要鼓励社会资本更多参与重大科技创新。要利用好市场机制，促进企业的规模扩张和技术创新，鼓励企业做大做强。我们的实证研究证明了企业规模与企业研发有正相关关系，要培育大企业，运用市场机制鼓励和促进企业的并购、重组和扩张。日本八十年代发展超大规模集成电路的经验告诉我们，共性技术一定要集中力量搞，不能分散搞。从国家角度来说，要进行一系列的制度建设，包括金融制度、知识产权制度和财政制度，系统支撑科技进步和大国智造的发展。国家要推动建立企业和大学的联动创新机制，促进“政-产-学-研-金”的融合。国家还要鼓励产业的集聚，发挥区域的创新集聚效应。在深圳和杭州，在美国的硅谷，在北京的中关村，产业的集聚对科技创新与科技成果转化有着极为关键的作用。

（二）本成果从产权结构和市场结构两方面实证分析了高技术制造业的研发效率，研究发现在特定阶段国有企业的研发效率高于外资、民营等其他类企业；对国有/非国有企业而言，国有性质股份的增加都会抑制企业研发效率；股权集中度与企业研发效率具有显著的正相关关系；行业集中度高、大型企业份额高有助于提升行业整体的研发效率；一个产业中国有及国有控股企业比例过高，会抑制该产业的创新效率。

我们认为，对高技术产业而言，创新不仅是企业作为微观主体分开进行的研发活动，更是作为一个整体的产业层面的技术创新和核心竞争力的培育。创新活动的开展离不开高效的公司治理和研发部门的配合，更有赖于产业总体的研发氛围和体系构建。本部分从企业和产业两个层面提出了政策建议，具体如下。

在企业层面，注重引进民营股份为代表的战略投资者，提高股权集中度，薪酬体制改革，为研发人员提供合理的报酬；发挥国有企业在中国制造产业中技术创新的引领作用。

在产业层面培育大型企业，增强研发实力，通过混合所有制的增量改革，增加行业内的民营主体，加强创新环境的政策方面支持，注重专利和知识产权的保护，进一步完善风险投资等金融服务体系；发挥市场在配置资源时的作用，不同于赶超阶段的战略，尊重和培育企业家精神。

（三）本成果对混合所有制改革中的公司治理制度设计进行了探究，分析了混合所有制改革、党组织治理及公司治理水平三者之间的作用机制，第一次将党组织治理与国有股权变动两者之间的交叉影响因素纳入混合所有制改革中公司治理绩效的分析框架中，将中国特色的公司治理制度与中国特色的国企改革融合于一体，为中国式公司治理提供了理论支撑。

相关研究结论认为，①国有企业的国有股改革与公司治理指数呈现U型关系。混合所有制改革方向并不拘泥于国有股减持，增持同样可以改善公司治理效率，且国有股改革程度越高，公司治理水平相应较高。可见，在股权变动的一定区间内，微观层面的合理适度的充分国有化或合理适度的充分民营化均可提升公司治理水平，私营化程度和国有化程度较高的企业均可能成为极富活力的经济个体。②党委会可以通过党委书记和副书记的交叉任职设计影响公司治理效率，党委书记兼任董事长和副党委书记兼任董事长、监事长或总经理，均可以影响企业重大决策，改善公司治理水平。③党委会制度设计可影响国有股改革对公司治理的作用效果，党组织治理与国有股改革存在联合效应。党委书记与董事长兼职这一制度设计对国有股减持（参与混改）的企业提升公司治理水平更有利，而党委副书记同时兼任董事长、监事长或总经理这一制度设计副书记兼职对增持国有股的企业完善公司治理水平更有利，两者作用方向恰好相反。④党委会对公司治理的影响强度随着国有股增持和减持的幅度及方向动态变化，党委会治理的制度设计可根据国有股改革进行权变。增减持幅度并不必然导致党组织治理效果同等幅度的增强和削弱，可通过党委会合理的制度设计调节国有股增减持对公司治理水平的影响。

以上结论肯定了2013年底十八届三中全会以来本轮改革对于提升国有企业公司治理水平的积极作用，支持了混改这一股权改革形式对于微观个体企业完善公司治理结构、提升治理效率的积极意义。同时，本部分的发现揭示了我国党组织治理下的本轮混合所有制改革的微观效率影响机制，得到以下启示，①在微观层面，混改不必拘泥于单向降低企业国有股占比，既然国有股增持和减持均可改善治理绩效，那么改革就应具体分行业、分领域区别对待，一味减持国有股不等同于混改。在保证国有资本实际控制并影响公司重大决策的前提下，政府应利用法律法规来完善适于企业混改的外部环境，改革不该由政府部门来具体操作，应尊重企业的主体性。因此，不应过度干预国企混改的股权结构设计，应尊重市场机制的决定性作用，鼓励其灵活发展，自主选择混改模式与公司治理模式。②在肯定党组织治理对公司治理正向影响的同时，应加强党的前置决策功能，重视党在企业重大决策中的参与程度，促使企业内部形成多元共治、相互制衡的局面，谨防内部人控制和“一股独大”现象。尤其是参与混改的国有企业，更应利用好“混改”这一杠杆适度放大党组织治理的平衡力量，确保党在重大问题上的决策权，同时根据股权结构变动与外部市场环境变动对公司治理进行权变。③混改并不必然削弱党组织的治理效力，适度调整党委书记及副书记的配置、更合理的党委会制度设计，均可保证党组织对混改企业的决策参与并实现治理制衡。党组织治理形式也不必拘泥于单一形式，党委书记兼任董事长，党委副书记兼任董事长、监事长或总经理这一制度设计未来仍有很大的探索和改革空间。

综合来看，公司治理中党委会的制度设计应因企制宜、灵活安排，尊重历史，又具有高度前瞻性，最终形成党组织统筹引领、多元共治、充分协商，将激励、约束、制衡的公司治理功能充分发挥的符合中国国情与未来趋势的公司治理机制。尤其值得强调的是，在混改与公司治理建构中，采取多元化的、差异化的方法，避免自上而下进行一刀切式的“顶层设计”，不顾及地方企业的具体情况而硬性规定为某一种公司治理模式或混改模式，要给予企业充分的自主性，尊重微观主体的创新精神。政府在推行国有企业混改的过程中，应更多地将关注点放在为各类所有制企业创造公平的法治环境、严格保护产权与创造公平市场交易机制、为企业提供更加完备充分的信息等方面，从而为企业的所有制改革与完善公司治理提供更良好的外部环境，鼓励国企在市场化竞争中增强自主决策能力，摆脱行政性和指令性的僵化介入机制之束缚，从而探索出适合企业性质、行业性质、企业文化与禀赋性质并能适应外部竞争的公司治理架构，最终实现不同所有制企业的良性互动、优势互补与互利共赢。

（四）本成果对混合所有制改革中的员工激励机制进行了探究，回答了“怎样进行员工持股”的问题，进一步为相关国有企业怎样进行员工持股提供参照和帮助。

本成果研究认为①国有企业混合所有制改革应当建立激励型而非福利型的员工持股计划。国有企业混合所有制改革的目的是通过改善企业治理结构、提升员工积极性来提升企业业绩，所以混改背景下的员工持股计划也应该是激励型的。在这方面可以吸取联通的经验。联通把员工持股的授予价格定得很低，但解锁要求很高。所以将来一旦解锁，员工将获得丰厚回报；但如果员工不够努力，那么也将很难解锁。在这种情况下，员工的积极性将得到很大提高。同时，激励型的员工持股应该是差异化的，即贡献越大持股越多。联通将员工按个人能力分为ABCD四类，每类给予不同的持股比例。这种“多劳多得”的员工持股制度更能激发员工的上进心。②不建议采用职工持股会持股。按照证监会相关规定，采用职工持股会持股会构成上市障碍。绿地集团借壳上市前，不得不将持股平台由原来的职工持股会改为有限合伙企业。如果在一开始就采用有限合伙企业持股，那么绿地集团就不必费如此周折。另外，职工持股会的营利性与现行法律法规冲突。根据《社会团体登记管理条例》和《工会法》，社团法人和工会都不得以营利为目的。职工持股会具有营利性，而它有属于社团法人或工会，所以它的存在与现行法律法规不符。③建议非上市公司实行股份内部转让制度。上市公司的股份转让可以采用竞价交易方式及时成交，但非上市公司的股份转让需要事前找到交易对手，所以非常麻烦。未上市阶段的绿地集团实行的员工股份内部转让制度，解决了这一问题。绿地集团每年进行4次员工股份内部转让，采用竞价交易原则，让想买入和卖出员工股的员工能够方便地进行交易。④员工持股定价低于每股净资产，以及定向给员工或员工持股平台配股和送股都会导致国有资产流失。绿地集团曾以低于每股净资产的价格向职工持股会配股，最后因此问题被上海国资委要求整顿。绿地集团曾只给职工持股会配股、送股，而没有给国有股东配股、送股，这在后来也被上海国资委认定为违规。⑤信托持股最好给予资产管理机构自主权。资产管理机构具有专业的资产管理能力，如果资产管理机构只能按照委托人的指示行事，那么就不能发挥自己的专业能力。例如，五粮液集团的员工持股采用了信托持股，但资产管理机构需要按照管委会的指令进行投资操作，这样资产管理机构就沦为一个通道，不能发挥自己的专业管理能力。⑥非上市公司员工持股计划的定价最好采用挂牌交易的方式。上市公司的员工持股定价只能按照证监会规定的定价公式确定，而非上市公司员工持股计划的定价方式有挂牌交易和协商确定这两种方式。挂牌交易相比于协商确定更为公开透明，能够避免国有资产流失。例如，杭州新天地的员工持股价格就是在杭州产权交易所进行挂牌交易确定的。这样定价公开透明，不会引起争议。而绿地集团上市前曾采用协商确定的方法为员工持股定价，结果定价小于每股净资产，最后被上海国资委要求整改。所以建议非上市公司采用挂牌交易的方式定价，这样可以避免国有资产流失。

（五）本成果对混合所有制改革与国有企业绩效进行了相关研究，回应了上市国企的绩效与所有权结构的关系等理论界争议的焦点。本成果通过实证研究，发现整体而言我国国有企业上市后至少在中短期内经营绩效出现明显下滑，除委托—代理成

本增加等影响外，这一结果在一定程度上也反映出较大部分国有企业上市后其治理结构、经营机制的实质性转变存在滞后性。

综合来看，我国国有企业上市后至少在中短期内经营绩效出现明显下滑，盈利和运营能力显著下降，表明国有企业上市的民营化效应对经营绩效带来的正向影响弱于上市前粉饰业绩、选择性确定上市时间点等客观因素，及上市后因股份结构分散化、委托—代理成本增加而造成的负面影响。此外，这一结果在一定程度上也反映出较大部分国有企业上市后其治理结构、经营机制的实质性转变存在滞后性，而这与国有企业上市前以达成政治目标为首要上市动机，上市后又缺乏相应激励约束机制有关。最后，上市后企业偿债能力提升则反映出资本市场最基本和最主要的融资功能。

所有权结构能够在一定程度上解释国有企业上市前后经营绩效变动。第一大股东持股比例、前十大股东持股集中度、国家持股占比与经营绩效变动之间都存在倒U型非线性关系，国有企业第一大股东往往是国资监管部门或国有投资平台，在此背景下第一大股东即国家持股占比增加，不仅能够强化管理层监督，还有利于为企业增信；但国家持股占比不断提升则将加重企业管理行政化倾向，对经营绩效产生负面影响。境内法人持股占比与国有企业上市前后经营绩效变动之间存在正—负—正向两度转折的非线性关系。持股占比较低时，法人股东与其他中小股东具有一致利益，且因具备较高专业水平从而能更好地监督管理层；而当成为重要股东后，法人股东有能力也有动机从个体效用出发迫使上市企业做出可能损害其他中小股东利益的决策；当持股占比很高时，法人股东的利益与企业经营绩效高度相关，有更大的激励尽责履职。国家持股、境内法人持股占比等所有权结构变量与国有企业上市前后经营绩效变动之间均存在非线性关系暗示出每一国有企业或都各自对应了一种最有利于经营绩效的最优股权结构。为有效推动国有企业治理水平提升，完善法人治理结构，提出相关政策建议如下。

1.在后续推动国有企业改制上市、国有资产证券化过程中，更加注重上市对企业治理结构、经营机制的改善作用。从实证结果看，国有企业上市后经营绩效出现明显下降，这与国有企业上市的政治性首要动机，及直接与企业经营相关的激励约束机制缺失有关。因此，在后续推动国有企业上市过程中，应更加重视发挥上市作为完善企业治理结构、规范企业经营运作的手段的功能，而非将上市本身作为目标。

2.发挥国家持股对提升国有企业经营绩效的积极作用。实证发现国家持股占比与国有企业上市前后经营绩效变动之间存在倒U型非线性关系，曲线最高点对应的股份占比在45%左右。保持一定的国家持股占比不仅能够提高企业决策效率、强化管理层监督，还有利于企业增信和提升企业形象，为企业带来资源便利和市场机会；同时，也有必要注意避免国家持股占比不断增加所可能带来的管理行政化等现象，最大程度发挥国家持股对提升国有企业经营绩效的积极作用。

3.国有企业上市后在经营中应重视法人股东作用及不同股东意见协调。实证发现法人持股占比与国有企业经营绩效之间存在先上升、后下降、再回升的非线性关系，上升是因外部法人股东对企业经营能够提供专业意见，带来新的、更加灵活和市场化的企业管理经验和治理方式，下降则是因与国家持股方等不同投资主体之间在经营理念、行事风格等方面存在差异而导致制度不兼容效应。故应尊重法人股东同样作为大股东的权利，不同股东以各自持股比例行使企业事务决策权，双方能够重视沟通协商，降低制度不兼容效应带来的摩擦和成本。

（六）本成果对国企改革实现经济驱动力转型的实现路径进行了探究，从技术进步、国企混改与我国经济驱动力转型，以及中国企业跨国并购的绩效两个主题切入，综合考虑国有企业与民营企业等不同所有制企业发展需求，给出了国有企业通过并购重组等模式实现技术进步的发展建议，列示了中国企业海外发展现阶段存在的短板及改进建议。

1.市场规制方面，应大力发展资本市场，保护产权，减少行政干预。资本市场具有调整存量资源、加速风险流动和分散、促进经济增长的功能。一个发达、透明、开放、流动性好的资本市场，是并购重组趋于发生的先决条件。2014年以来，《国务院关于进一步优化企业兼并重组市场环境的意见》《国务院关于进一步促进资本市场健康发展的若干意见》等系列文件出台，明确要充分发挥资本市场在企业并购重组中的主渠道作用，强化资本市场的产权定价与产权交易功能。产权交易顺畅需要进一步明晰产权，鼓励多元化市场主体充分参与竞争，完善产权交易的场所和渠道，健全交易保障机制以及合理的风险规避机制。应特别注意保护企业产权，完善退出机制，避免不合理市场竞争对企业带来效率损害。

在健全规则方面，因我国目前的并购重组仍采用核准制条件下的审核程序，实质性审核的审批门槛较高、审批流程较为烦琐，责权不明晰。企业并购重组耗时过长、效率不高。为进一步繁荣并购重组市场，要放松实质性审核，整顿并购重组行政许可事项，对市场可自主决策、可采用事中事后监管的，逐步取消行政许可，避免行政权力对并购重组的过度干预。应特别注意减少并购重组的跨所有制、跨行业、跨区域壁垒，消除并购重组的制度性障碍，降低并购重组的成本，加速企业盘活资本及调动资源的能力，在全社会范围内合理调整资源配置，加速产业升级（辜胜阻，2016）。应特别注意培养并维护并购重组的外部市场环境，减少行政干预，使市场的决定性作用得到发挥，尽量避免协议定价、指定定价和审批定价，谨防当权者寻租、国有资产流失以及侵犯市场主体利益等损害市场效率的行为。

2.国有企业方面，应明晰产权，改善并购重组的“产权障碍”，深化混合所有制改革。张维迎（1998）曾提出一个假说，“公有制经济中的重复建设和兼并障碍来自控制权的不可有偿转让性(或曰控制权损失的不可补偿性)。”此称之为国有企业并购重组的“产权障碍”难题。由于很多国有企业的董事长或书记由政府官员兼职或直接任命，他们的激励机制实际上来自于官员自身的晋升考核，而并非他们并购重组或转让企业所获得的收益索取权激励。这也解释了现实中为何很多有效率的国企并购无法顺利进行，而大量的无效率并购却频频发生。产权障碍的根本原因是国有企业的产权结构不明晰，使并购重组这类市场行为对国企经理人或董事长目标函数的激励十分有限，造成了国企和民企之间产权流动困难，激励不足，资本在国有和民营之间的再调整和再配置很难流畅进行。

欲使并购重组顺利进行，发展混合所有制经济，国有企业需进一步推进国家股和法人股改革，明晰产权结构。国家股和法人股一般通过协议转让的方式进行估价，而社会公众股则在资本市场流通转让，两种定价制度所形成的“双轨制”必然存在定价偏差，不利于市场公平定价。而收购方对国家股和法人股的收购也往往伴随着众多隐形的行政干预和不确定因素，国有存量资产很难搞活。在下一步试点工作中，应区分不同行业性质，进一步促使部分竞争性较强行业的国家股和法人股流通上市，保证那些关系国计民生的重大国企的控制权。同时，应进一步深化国有企业的混合所有制改革，通过引入非国有资本，鼓励员工持股等方法，可实现产权主体多元化，推动国企形成有利于参与市场竞争的产权架构、治理结构和运行机制，对于解决国企的突出体制机制问题，实现国企与市场经济的更好融合，强化对经理人或董事长的激励约束机制，提高国有资本配置和运行效率，具有重要意义。要鼓励不同产权性质的企业进行并购重组，在更大范围内灵活配置资源，创造更多使经理人获取控制权损失补偿的途径。同时，要特别注意关联交易的问题，规范国有企业经理的剩余索取权。

3.民营企业方面，降低市场准入，保护产权，鼓励创新，加速驱动转型。民营企业要想参与并购重组，往往面临“跨所有制、跨行业、跨区域”壁垒。首先，民营企业想要获得并购国有企业或被国企并购的机会，往往困难重重。前者容易有不合理定价、侵吞国有资产之嫌，后者则被病诟存在内幕交易、以权谋私等损害市场效率的行为；其次，并购重组对民营企业所处行业一般限制在竞争性已经比较充分的行业范围内，对于那些真正具有垄断性质或进行寡头竞争的行业，民营企业的涉足往往十分困难；最后，民营企业的跨区域壁垒也很显著，我国区域性股权交易市场仍未取得合法地位，各种私大型募基金对仍处于成长前期的不具规模的民营企业比较排斥，使得私营企业在并购重组市场上的区域性割裂较为明显。

要想缓解甚至打破这些壁垒，首先要在监管上适当降低民营企业的准入门槛，审慎决定私营资本进入行业的负面清单，以优惠、合理的实际政策，鼓励民营企业参与竞争、并购和重组。应特别注意区分不同行业领域和不同的市场结构，有序引入私营资本，使不同所有制企业共同竞争、取长补短、相互促进、共同发展。在此基础上，充分发挥市场的竞争机制，实现优胜劣汰，提高资源配置效率其次，应大力推进服务中小微企业的多层次资本市场的构建，只有资本市场发育相对完善，并购重组才得以顺畅进行。大力发展新三板市场，推进市场内部分层，完善融资制度，明确区域性股权交易市场的法律地位，培育私募股权投资等股权投资基金，多层次支持中小微企业的融资需求，真正促使股权投资与创业创新形成良性互动，并通过并购重组等方法将其培育成具有竞争力的市场主体。最终形成“民营经济充分自由发展、国有资本做强做优做大”的局面。

4.中国企业海外发展方面，应跟随国家宏观经济形势，在实施跨境并购中应注重优化并购策，加强并购文化整合，完善管理层的监管机制，同时注意规避跨境并购风险。政府层面，应着力打造跨境并购政策环境，健全补贴及税收政策，让上市公司得以拥有充足的费用进行技术投入、费用研发；健全配套的金融制度，应加大对国内资本市场的扶持力度，有效对接国外资本市场，充分发挥有用资本的作用，为上市公司顺利跨境并购奠定基础；健全法律政策，构建完善化的法律政策，为上市公司实施跨境并购活动奠定法律基础；鼓励上市公司跨境整合，应积极民营上市公司与各类金融机构，比如股权私募基金的合作，注重监管，规避风险，引导上市公司进行跨境整合；完善政府对跨境并购的服务机制，应让上市公司在整个公司都能够以个体的身份处之，使其得以真正做到分离经营权、所有权，成为真正意义上的投资主体。

（七）本成果以农业产业为产业研究重点，选取农业产业中最具有国有企业特质的农垦企业为研究对象。作为国企中最后一个计划经济堡垒，农垦由于涉及农业安全、边防战略和社会治理，其体制改革不同于一般意义上的国有企业。本成果从双重功能结构和差异化发展战略出发，提出了农业产业发展与国有企业改革的政策建议，具体如下。

1.着力推进混合所有制改革。农垦进行混合所有制改革不是强调一味减持国有股份。同样的，减持或增持也不是衡量混合所有制改革成效的标准，资本结构优化、增强盈利能力才是农垦混合所有制改革的目标导向。为此，应根据企业行业特性和战略安全属性，有选择引入非国有资本参与国有企业改制重组。总的来说，农垦进行混合所有制改革，至少包含两方面的内容：一方面，农垦要通过吸引非国有资本，直接利用资本、技术的同时，重在通过多元资本共治促进农垦企业现代法人治理结构的完善。另一方面，农垦要鼓励农垦国有资本以多种方式入股非国有企业，盘活现有资产，实现资产资本化。此外，围绕农业产业化和现代化的发展目标，农垦实行混合所有制改革应着眼于培养一批农业产业化龙头企业，增强农垦农业的带动和示范效应。

2.逐步剥离行政职能和社会职能改革。围绕农业产业化和现代化的首要发展目标，以混合所有制改革为导向突出垦区经济职能，并有序剥离行政职能和社会职能，为农垦企业减负。受行政职能和社会职能负累，长期以来垦区严重依赖企业收入和财政补贴。一方面，我国现下多数垦区从农垦总局到基层农场，各级机构不仅要承担产业经营管理的职责，而且要负责辖区内的社会事务，由于“政企社不分”，组织管理成本最终转嫁到企业身上，加重企业负担，制约扩产提效和长远发展。另一方面，由于没有财政和税收权，通过招商引资进入垦区的企业不仅不能给垦区带来税收收入，反而为完成招商引资任务，垦区要付出土地、厂房补贴等诸多优惠代价，进一步加重垦区负担。为此，建议垦区实现“一套机构，多块牌子”合一，减少行政管理层级，简化行政审批制度。

3.激励制度改革和股权激励探索。国有制框架下内部人事制度的“铁饭碗”和“大锅饭”同样是造成农垦企业也是一般国企效率低迷的重要因素。为此，要加快激励制度改革，并进行股权激励探索。推进职工和高管激励持股制，既是充实公司资本的途径，又有助于调动职工和高管人员的积极性。通过股权激励，企业与员工之间能够建立起一种更加牢固和紧密的战略发展关系，形成“公司—员工利益共同体”，从而提高员工的内生工作动力，促进企业长期、可持续性的发展。但是与此同时，制定股权激励计划应警惕评价标准不科学时引发的寻租行为和道德危机，以有效防止国有资本流失。

4.经营管理体制改革。农垦进行企业化改革的一个很重要方面就是提高农垦经营管理的效率。计划经济时期条块分割的管理体制仍然渗透在农垦现有管理体制的方方面面，如逐层行政审批等。除了结合垦区属地县域经济发展特征进行部分农场属地化之外，大部分农场和农垦企业仍然归农垦总局管理。随着农垦的社会职能逐渐移交地方管理，农垦的企业特征越发明显。因此，农垦进行管理体制改革，重点在于分权授权体系建设，使企业化后的农垦单位真正实现自主决策、自主经营、自负盈亏。

5.职业经理人制度探索。在组织形式和人事制度上，农垦与一般国企类似，多实行企业高管由上级党委的组织人事部门任命的方法。这种“亦官亦商”的特质使企业高管难以专注于提高企业的经营效益，而将精力耗散在“加官进爵”上，因而也就很难将自身价值实现与企业长远利益统一起来，甚至出现权力缺位、越位甚至贪污腐败现象。为了适应市场竞争，农垦企业应该遵循市场化机制配置人力资源，即聘用职业经理人的方式，借助职业经理人的专业素养推动农垦企业管理规范化。选聘职业经理人，要实行市场化定薪、契约化管理、市场化考核、市场化退出，让职业经理人责权利对，既有工作动力，又有危机意识。同时，职业经理人的专业素养、创业意识和合作精神有望在农垦企业内部产生外溢效应，为企业发展注入活力。

三、成果研究思路与方法

（一）研究的基本思路

首先，进行理论研究，涉及国有企业改革理论框架与总体战略，基于新制度经济学的研究范式，涉及国有企业技术进步与创新效率现状，党委组织功能、新型股权激励、股份改革等公司治理理论，同时探讨资本外投等新时代背景下国有企业改革课题，并深入研究作为农业领域国企排头兵的农垦体制转型问题。

其次，开展制度改革与行业改革研究。在第一部分理论研究的基础上，开展高新技术产业、农业等重点产业及国有企业改革重要制度方面的研究，探索员工持股制度的策略设计及实施路径等。

第三，开展国有企业调研及学术研讨工作，调研北京、天津、上海、浙江、辽宁等地国有企业及民营企业改革实践；调研内蒙古、黑龙江、新疆等地垦区现状等；定期开展制度、技术与国有企业改革为主题的学术研究，与国资管理部门、各部委、央企、高校等研究人员交流互动。

第四，开展制度、技术与国有企业改革相关内容的实证研究。实证研究涉及市场结构、产权结构与国有企业创新，党委组织功能、新型股权激励、股份改革、资本外投与国有企业绩效，技术进步与高新产业发展等，从而理论与实证相结合，为相关政策建议提供多维支撑。

（二）研究方法

1.经济理论，从经济理论出发（如制度经济学理论、公司治理理论、产业结构理论等），分析国有企业改革过程中涉及的制度建设与技术进步问题，探讨中国特色的公司治理，中国产业结构升级与中国经济增长等。

2.经济史学，运用经济史学研究方法，从本课题的研究问题出发，遵循史料来源的真实性，采用跨学科综合研究法（计量史学、社会史观等），对新中国工业史、技术史、农业产业史与国有企业改革技术进步与体制转型等进行了客观的梳理与解释，并提出相应政策建议。

3.统计计量实证，以国有上市公司的经营数据为基础，从市场结构和产权结构，探讨国有企业技术进步与创新效率现状，以市场结构与创新效率、产权结构与创新效率两个维度开展实证研究；实证研究党委参与治理、员工持股计划与国有企业绩效的相关关系；实证分析资本外投、并购重组对国有企业外延式发展的影响；综合、全面、科学地考察上述各类关系的匹配相关度，为国有企业改革顶层设计、制度安排、科技创新政策等提供计量实证方面的重要支持。

4.比较方法，就不同国家科技进步的产业政策、国有企业改革的不同阶段、国有企业涉及的不同行业等方面开展比较研究，遵循宏观与微观、求同与存异、定性与定量等比较研究原则与方法。

5.田野调查与案例分析方法，选取若干国有企业进行案例分析研究，如高新技术企业相关研究中选取高新园区、农业行业相关研究中选取农垦案例，分析不同行业、不同制度侧面中国有企业改革的路径与模式。

图1　研究组在北京、天津、内蒙古、新疆等地调研及“双周”学术研讨情况

四、成果创新点

（一）学术思想及学术观点创新

1.考察新中国工业史，提出“工业化阶段相关假说”，即中国工业化进程和科技进步进程中的体制选择，受制约于中国工业化的阶段，在工业化启动时期、工业化加速时期、工业化巅峰时期与完成时期这长达百年的工业化进程中，国家工业化的体制选择有重大区别，出现一种由国家主导型向市场主导型渐变的历史大趋势。

2.如何实现高技术产业创新发展？本成果提出企业微观视角、产业视角、新型举国体制三个维度的发展理念，认为创新不仅是企业作为微观主体分开进行的研发活动，更是作为一个整体的产业层面的技术创新和核心竞争力的培育。创新活动的开展离不开高效的公司治理和研发部门的配合，更有赖于产业总体的研发氛围和体系构建。

3.在混合所有制改革领域提出分类改革策略，基于行业角度进行分类改革研究，从高新技术产业、农业等产业切入研究体制转型、技术进步、公司治理、股份改革等相关议题。

4.从经济史学视域，梳理新中国工业、技术、农垦的历史进程、政策决策机制、改革经验，重新审视重大决策的积期影响，为现阶段国有企业制度安排与科技创新等改革的顶层设计提供参考。

5.本成果对中国式公司治理何以可能进行了研究，提出了党委参与公司治理的多种作用机制，依据公司股权结构、发展阶段、企业文化等多种因素权变考虑党委任职结构及党委作用的发挥。

（二）研究方法创新

1.经济史学等研究方法。采用经济史学研究方法对国有企业改革经济思想史进行研究，探讨制度变迁、技术进步等背景下国有企业改革的路径选择。

2.实地研究及案例分析。选择高新技术、农业等产业开展案例研究及田野调查，通过典型研究及样本选取探讨不同行业国有企业改革的特殊性与普适性问题。

3.多样化的统计计量方法。采用多种前沿的统计计量软件及模型构建方法，设计国有企业科技研发效率、公司治理效率模型，为国有企业的重组、并购、上市等市场化行为提供决策参考，可作为国有企业改革定量分析中前期研究以及推广应用的科学范本。

五、成果应用价值

1.基于“工业化阶段相关假说”提出的关于科技创新相关政策建议，为我国政府层面政策制订、企业层面自主创新提供了理论借鉴，相关成果也引起制造业央企、高科技民营企业等关注，有助于智能船舶、互联网出行、电子商务等领域产业升级与技术进步。

2.关于农垦体制改革方面提出的混合所有制改革、逐步剥离行政职能和社会职能改革、激励机制和股权激励探索等措施建议，为国家相关部委推动农垦体制改革提供了理论支撑，为新疆、内蒙古等地方农垦实践提供了实施路径。

3.提出的中国式公司治理相关建议为央企和地方国有企业在实践党委参与公司治理过程中提供了多样化的解决方案，逐渐改变以往较为单一的双向进入、交叉任职的治理方式，相关成果在地方城投公司和国投公司、军工企业等得到不同程度应用。本研究组将进一步参与、跟踪上述国有企业的改革进程。

4.提出的混合所有制改革中的员工持股计划、中国企业海外发展路径等政策建议，为国有企业提高治理水平、完善激励机制提供了参考，为国有企业民营企业海外发展防范政策风险、法律风险等提出了建议，相关成果对粮食、钢铁等中央企业正在进行的改革具有重要指导意义。

成果创造人：王曙光、王丹莉、冯　璐、呼　倩、徐余江、郭　凯、王琼慧、张逸昕、张　璐、轩兴堃、张慧琳、康恒溢、宋曼嘉、王子宇

牢记初心使命 勇于探索创新 全力打造一流的综合性国有资本运营公司

中国国新控股有限责任公司

中国国新控股有限责任公司（以下简称中国国新或公司）于2010年12月22日经国务院批准成立，是在深化国企国资改革进程中应运而生的一家中央企业。2016年初，经国务院国有企业改革领导小组研究，公司被确定为国有资本运营公司（以下简称运营公司）试点企业。试点以来，中国国新深入学习贯彻习近平新时代中国特色社会主义思想和党的十九大精神，认真落实党中央、国务院有关决策部署，在国务院国资委的直接领导和关心支持下，始终牢记初心使命，坚持党的领导、加强党的建设，推动自身改组定型，深化体制机制改革，创新资本运营模式，完善资本运营功能，逐步闯出了一条符合国新实际、具有国新特点的国有资本运营公司发展道路。

一、搭建五大板块，精益资本运作，充分发挥国有资本运营公司的特殊重要作用

中国国新抓住运营公司改革试点这一重大历史契机，努力拓展新的业务领域，搭建形成了基金投资、金融服务、资产管理、股权运作和境外投资五大业务板块，通过市场化、专业化资本运作，在培育孵化战略性新兴产业，促进国有资本布局优化、有序进退，推动央企深化重点领域改革、提质增效和"走出去"等方面取得了积极成效。

（一）战略布局基金投资业务，着力支持中央企业产业、技术创新发展

目前已形成以中国国有资本风险投资基金（以下简称国风投基金）为核心，包括国新国同基金、央企运营基金和科创基金在内，系列化、差异化、协同化的国新基金系，募集资金总规模超过5000亿元。截至2018年9月底，国新基金系共交割投资项目62个，项目投资总额约891亿元，累计交割金额约632亿元。其中，投资国家创新驱动发展战略相关项目51个，投资金额540亿元，涉及高端装备制造、医疗生物、新能源与新材料、节能环保、新一代信息技术等方面，实现战略性新兴产业8个子领域全覆盖。根据去年底测算情况，国新系4支基金累计IRR平均为7.71%，较好实现了支持央企创新发展和满足市场化回报要求的"双重目标"。一是着力支持央企科技创新、产业升级。以基金财务性投资为主，先后投资了中船重工、航天科工、国药集团、中核集团、中国电子等22家央企的28个重要项目。联合兵装集团、航天科技、国药集团、华润集团等央企发起设立9支子基金，主要涉及生物制药、高端装备制造、航空航天、新一代信息技术等行业。二是着力培育新兴产业领域新的增长点。国风投基金通过战略性投资，重点在有关重要新兴产业领域投资培育了3个战略性项目。投资孚能科技，战略布局新能源汽车产业。出资35亿元领投三元锂动力电池技术领先企业孚能科技，成为其单一持股比例最大股

东。该公司的三元软包电池产品在多项关键技术指标世界领先，比国内主要竞争对手基本领先一代。目前正积极推进与中国一汽、北汽集团等国内车企合作，并争取进入奔驰、奥迪和大众等世界领先车企全球采购体系。投资国新健康，抢占健康医疗大数据产业发展先机。出资41.96亿元间接实现对国内医保管理和健康保障服务的先行者海虹控股（已更名为国新健康）的控制。该公司业务覆盖以医保综合管理服务为主的健康保障服务领域，是国内医保基金服务的龙头企业，目前业务涉及全国24个省份150个医保统筹地区，服务人口近3亿，覆盖医保基金规模5000多亿元，位居全国首位。投资想象力公司，突破集成电路核心技术“卡脖子”环节。投资8亿美元收购了全球第二大芯片知识产权供应商、拥有全球最先进移动GPU技术的英国想象力公司。该公司积极对接包括央企在内的中国企业，目前已与中电海康签署战略合作协议，为下一步将其核心技术引入国内创造了条件，推动补足中国制造业升级“缺芯”短板。三是着力加强基金业务统筹管理。设立中国国新基金管理公司，搭建基金业务统一管理平台，通过捋顺出资关系、管理条线，建立健全适应“募投管退”全生命周期要求的基金业务管理制度体系，切实提升行业研究和决策支撑能力，有效加强统筹管理，规范基金业务运作。四是着力加强投后协同管理。国新系基金坚持做好积极股东，不断提高投后管理水平，强化增值服务能力。重点针对3个战略性项目，中国国新分别成立由公司领导牵头的管理委员会，并设立专职投后协同部门，从政策协调、市场开拓、央企协同、产业链生态圈协同等多方面投后赋能，提升投资项目价值。

（二）重点创新金融服务模式，助力中央企业深化供给侧结构性改革

围绕搭建央企金融服务平台，先后设立了商业保理公司、融资租赁公司、财务公司和金服公司等功能机构，面向央企提供特色金融服务，增强资本流动性、提高资金周转率。一是积极开展商业保理服务。截至2018年9月底，累计为26户央企所属的60余家企业提供保理融资514亿元，着力支持央企压两金、去杠杆。其中，为中国一重提供10亿元保理服务，帮助缓解资金压力及流动性风险，渡过经营难关；为中国铁建等央企提供一揽子应收账款解决方案，有效提高资产运营效率。二是积极开展融资租赁服务。截至2018年9月底，累计为中国铝业、中煤集团、中国建材、中国有色、中国建筑等21户央企所属的50余家企业提供租赁融资235亿元，有效支持央企去产能、去库存、压两金。三是积极创新金融服务产品。按照国资委关于依托运营公司建立央企财务公司服务共享平台的要求，探索“财务公司+金服公司”运营模式，创新研发了系列金融服务产品，目前重点推动“企票通”平台和“央企信用保障基金”建设。创新开发“企票通”平台。在央企范围内搭建商业承兑汇票的第三方管理平台，以激发商业承兑汇票市场活力，构建新的信用运营机制，实现“信用聚集、信用互认、信用流转、信用拆分、信用变现”，助力央企“压两金、控负债、降成本、去杠杆”。推动设立“央企信用保障基金”。构建央企债券信用风险应急保障机制，通过对个别企业的债券违约风险提供流动性支持，及时消除可能引发的连锁反应，以实现“汇集优势央企信用、补齐困难央企短板、提升央企整体形象、保障央企平稳运行”。

（三）积极盘活存量国有资产，推动国有资本布局结构优化调整

一是积极推动央企煤炭“去产能”。牵头组建国源时代煤炭资产管理有限公司，接收、

整合相关央企煤炭业务资产，涉及煤炭产能2亿吨、资源储量497亿吨、资产总额1275亿元、员工总数5.88万人，有效促进了央企煤炭产业结构调整和转型升级。二是稳妥开展划入股份实质性运作。截至2018年9月底，累计接收17家央企上市公司股份，市值约478亿元；其余6家正在积极推进划转过户，市值约228亿元；已划转和待划转股份市值合计约706亿元。中国国新打造专业股权运作平台，在国资委的指导下制定实施划入股份运作管理方案。按照划入股份运作以委托管理为主，部分自主管理，部分换购央企结构调整ETF基金份额的思路，探索开展划入股份运作。三是有效推动划入企业改革发展。按照科学发展、有进有退、合作开放的原则，通过业务整合、改制重组、资产剥离等手段，成功推动两户划入原央企实现改革脱困和转型发展。中国文化产业发展集团有限公司（原中国印刷集团公司）基本退出传统印刷产业，重点发展文化产业园区，并通过并购上市公司和有关文化教育资产，借助资本市场，加快向中国国新文化教育产业领域的投资运营平台转型发展。中国华星集团公司存量业务无偿划转至有关产业集团，在做好离退休人员管理服务和非主业退出等工作的同时，充分发挥在人员安置、不良资产处置等方面的作用，集中优势资源参与中国国新资产管理板块建设。

（四）充分发挥运营公司平台作用，助力中央企业改革重组和新产业培育

一是参与央企市场化债转股。发挥运营公司作为市场化债转股实施机构作用，领投80亿元、带动各方资金共218.7亿元支持中国重工市场化债转股，显著降低了企业杠杆率，支持核心军工企业集中力量保证军品交付，树立了央企市场化债转股示范性案例。领投26亿元、带动各方资金共115.9亿元参与中国中铁债转股项目，成为2018年上半年唯一落地的央企市场化债转股项目。同时，继续大力推进债转股专项基金设立工作。二是参与央企改革重组。参与中国核建、中国通号等央企改制上市，入股北方公司，参与国药集团股权多元化改革、中国商飞增资扩股、国机重装项目等，推动相关企业进一步完善法人治理结构。三是助力央企改革脱困。通过清产核资、债务重组、资产整合等方式，积极推动大唐煤化工、中石化国勘、中化油气平台改革脱困。四是参与央企专业化、同质化资产整合。出资77.6亿元入股中国铁塔，助力探索形成以共享为核心的“铁塔模式”，成为央企专业化整合的范例。参与华龙国家改革重组工作，推动技术融合，打造中国核电对外统一品牌。参与组建航材共享平台，优化航空资源配置，促进中央航空企业航材保障资源整合和产业升级。五是推动新产业平台建设。按照国资委部署，牵头制定并上报了下一代汽车创新平台（T3科技平台）设立方案。为加快金属3D打印技术产业化发展，积极推进相关央企参与3D打印项目投资平台公司设立及开展技术、业务全面合作。根据卫健委安排，牵头筹建国家级健康医疗大数据公司，计划打造形成健康医疗数据生态圈。

（五）稳健开展境外投资，有力支持中央企业“走出去”

中国国新主要通过国新国际投资有限公司（以下简称国新国际）开展境外投资，累计投资国家“一带一路”建设和“走出去”战略相关项目56个，投资金额1813亿元，涉及地区遍布六大洲20多个国家与地区。一是在获取国内紧缺资源方面，投资中国石油卡沙甘油田项目，为国家增加17亿桶的境外原油储量，是中国石油迄今境外投资金额最大、原油产量最高的单体项目。投资中国五矿拉斯邦巴斯铜矿项目，为国家增加1600万吨以上铜资源量，是中国矿业史上最大的境外并购项目。投资中亚天然气管道项目，通过该管道每年向中国输送400亿立方米的天然气，约占2017年中国天然气总进口量的50%、消费量的18%。二是在境外高端制造业并购领域，累计支持相关央企收购境外10家以上高技术公司，分布在农药、种子、生命科学、通信、航空、电子、机械等行业，收购的企业拥有专利合计超过1.7万件。其中，公司总部与国新国际联合投资70亿美元支持中国化工并购瑞士先正达项目，是迄今为止中国企业规模最大的海外并购项目。三是在促进国际产能合作方面，与中广核合作推动中国具有完全自主知识产权的“华龙一号”核电技术出口欧洲，与三峡集团等合作促进中国水电标准、技术、开发和运营管理输出海外，与国家电投、中国通用等合作推动中国火电标准、技术、设计、工程装备和运营管理“走出去”，与中国建材合作输出中国具有优势的玻璃纤维和玻璃产能至哈萨克斯坦、美国等。

截至目前，中国国新资产总额突破3400亿元，较2011年成立之初增长了近24倍，较2016年试点之初增长了1.5倍；截至去年底，公司年度净利润突破60亿元。公司累计投资项目118个，投资金额2507亿元；其中投资央企项目91个，投资金额2252亿元、占投资总额的90%。累计为60余户央企提供保理、租赁服务超过750亿元。通过各类资本运营业务共服务国资委监管央企近80户，覆盖率超过80%，既有各级央企子企业，也涉及众多央企总部。总体上看，在国资委的直接领导下，中国国新作为组建只有八年，试点仅两年的“新央企”，近年来实现了跨越式发展，特别是国新系基金规模之大，服务央企覆盖面之广，支持央企转型升级、创新发展和“走出去”力度之深，在国资委监管央企中都是独有的，充分发挥了国有资本运营公司的特殊重要作用，走出了一条具有中国国新特点的发展道路。

二、把握功能定位，持续改革创新，探索形成独具特色的国有资本运营公司试点实施路径

中国国新聚焦试点目标和功能定位，牢牢把握以管资本为主改革国有资本授权经营体制的要求，通过近三年的改革试点实践，逐渐积累形成了一套行之有效的经验做法，逐步探索出一条独具特色的运营公司试点实施路径。

（一）将准确把握功能定位作为搞好运营公司改革试点的出发点和落脚点

改组组建国有资本运营公司，是以管资本为主改革国有资本授权经营体制的重要举措。运营公司在新一轮国企国资改革中承担特殊使命，具有重要地位。运营公司不同于产业集团，区别于投资公司，更不是一般意义上的金融机构。从中国国新运营公司改革试点的使命定位来看，我们相较于产业集团不从事具体生产经营活动，但同样要以振兴实体经济为使命，要立足于服务央企实体产业发展；相较于投资公司不突出强调特定产业领域培育，但也要在央企实力较弱或尚未进入，属于国有资本“三集中”且符合国家战略需要的前瞻性、战略性新兴产业领域，发挥培育孵化功能；相较于金融机构，运营公司的金融服务更加注重也更有利于与央企实体产业实现产融结合、产融互动。

正是基于上述认识，中国国新在改革试点中始终坚持资本运营不是“脱实向虚”，而是要更好地“以虚活实”。资本运营各项业务开展，无论是存量资产盘活，还是增量资本投资，无论是基金投资、金融服务，还是资产管理、股权运作或境外投资，都始终聚焦进入实体产业的国有资本，始终紧扣中央企业深化改革和高质量发展需求，始终围绕推动供给侧结构性改革、落实“三去一降一补”任务，通过在促进国有资本布局调整和服务实体经济发展大局中找准位置，发挥作用，也实现了自身的健康快速发展。同时，中国国新作为央企层面的运营公司，重点面向央企开展资本运营，而央企往往规模体量很大，投资项目金额也很大。从公司截至目前的单体项目投资金额看，平均高达21.2亿元，50亿元以上的项目达到12个。这要求运营公司必须具有相当的规模，拥有较强的资本实力，否则将难以在服务央企改革发展中发挥应有的重要作用。如何进一步增强资本实力，是中国国新作为运营公司未来重点努力的方向。

（二）将充分发挥基金投资独特优势作为搞好运营公司改革试点的关键抓手

目前来看，基金投资已成为中国国新运营公司改革试点的一大亮点。国新基金系募集资金总规模超过5000亿元，首期募集规模超过2200亿元，中国国新以490亿元撬动接近4倍包括社会资本在内的各类资本，显著放大了国有资本功能。中国国新通过基金重点投资于央企及其子企业，为其改革发展引入增量资本，既提高了被投企业直接股权融资比例，改变企业以银行贷款、发债等为主的债务融资模式，促进建立现代投融资方式；又帮助企业在上市之外开辟新的股权多元化、混合所有制改革路径，优化股权结构和治理模式，更好实现所有权与经营权分离，同时促进建立更具竞争力的市场化体制机制。国风投基金投资并重点培育孚能科技、国新健康和想象力公司等3个战略性项目，分别涉及下一代汽车、医疗健康大数据和集成电路核心技术环节，反映出运营公司的基金投资相较于产业集团、投资公司而言，更有条件进行跨产业、跨行业投资布局，更有利于在前瞻性、战略性、颠覆性新兴产业领域培育新的增长点。

我们注重发挥运营公司基金投资在促进建立完善现代产权关系、推动现代化经济体系建设等方面重要作用，同时，重视加强基金业务的规范管理。既遵循基金行业的市场规律和商业逻辑，又强调运营公司基金的国资属性和产业使命，实现二者的有机结合。深入探索运营公司基金运作的内在规律，在基金业务开展中坚持“四个把握”。把握好基金特点，既坚持财务性投资为主，又注重战略性投资掌控。对子基金投资直接穿透其投资决策，对其资金使用有效监控。把握好投资项目，慎选优选投资项目，注重处理好投少和少投、跟投和领投、债投和股投、投优和投短的关系。把握好GP团队，注重理顺与各基金GP的关系，依托产权关系、公司章程、协议安排等方式，不断加强对基金管理人的管控。把握好投后管理，树立“三分投、七分管”的理念，着力打造投后管理和价值再造能力。如何进一步深化对运营公司基金运作规律的认识和把握，更好发挥其独特优势，需要我们在未来实践中不断探索、持续完善。

（三）将在创新中运营、运营中创新作为搞好运营公司改革试点的重要方法

运营公司改革试点既无成熟模式可以“套用”，也无现成经验可以“借鉴”。中国国新坚持在创新中运营、在运营中创新，不断推动机制创新、运营创新和业务创新，不断激发企业改革发展的动力、活力和创造力。持续深化市场化机制改革。适应基金投资、金融服务等试点

核心业务的“资本+智力”密集型特点，重点在市场化业务板块建立健全市场化机制，集聚了一支市场化、专业化程度较高的职业经理人队伍和专业人才队伍，探索形成了一整套“市场化选聘、契约化管理、精益化考核、差异化分配”的市场化选人用人制度。我们既注重调动市场化人才的主动性、积极性，发挥专业优势，坚持专业判断；又认真执行国资监管各项规定，严守国企担当，坚持程序规范，实现完善市场化机制与落实国资监管要求的有机结合。持续完善运营管控模式。遵循市场化、规范化、专业化原则，创新打造运营公司“强总部”，持续优化总部机构设置，明确总部功能定位，在加强党的领导的基础上，强化总部战略协同、资本运作、资金配置、风控监督和队伍建设五大职能。针对不同持股企业特点，逐步理顺完善不同层面的权责边界、决策流程、管控模式和协同机制。持续推进依法治企和制度建设，落实以管资本为主的要求，重点建立运营公司规范有效行使股东权利的管理闭环。持续创新产品和服务。精准把握央企改革发展需求，不断丰富并创新运用资本运营各类工具和手段。比如，中国重工市场化债转股项目创造了市场化债转股的全新模式，对中央企业降杠杆起到了标杆意义和示范效应。又如，创新研发并推动建立“企票通”平台和“央企信用保障基金”机制，以新思路新模式新方法，提高国有资本运营效率，防范化解重大风险，等等。正是在持续的探索创新和改革实践中，中国国新不断深化对于运营公司改革试点的认识，结合自身实际，明确了以“资本+人才+技术”的轻资产之路为方向，提出了打造成为“一流的综合性国有资本运营公司”战略目标，逐步开辟出一条符合国新实际、具有国新特点的运营公司发展道路。

（四）将业务拓展与风险防控同步推进作为搞好运营公司改革试点的基本原则

试点以来，中国国新在抢抓机遇，不断拓展资本运营各项业务的同时，坚持稳中求进，审慎经营，将风险防范贯穿经营管理的整个过程。公司将2018年明确为“风险防控年”，组织全系统风险大排查，聚焦项目和资金，围绕平台组建、运行机制、重点项目投资、投后管理等关键环节狠抓“十严查”。同时，在市场化板块推动建立首席风险官制度，加快构建符合公司实际、有效管用的全面风险管理体系，探索建立风险管控长效机制。面对今年以来中美贸易战不断升级带来的不确定性和变数，以及宏观经济形势的发展变化，公司明确提出“降速度、调节奏、补短板、提质量”的工作要求，下大力气夯实发展基础。在项目投资中坚持“四不投”，即“看不懂的不投、管不住的不投、够不着的不投、吃不下的不投”，切实提高投资项目质量。此外，加强重点领域风险防范，建立涵盖18项禁止类业务以及16项限制类业务的负面清单，并从资质标准、财务标准以及经营管理标准三个维度提出16项合资合作准入标准，保障公司稳健合规运营。

（五）将坚持党的领导、加强党的建设作为搞好运营公司改革试点的根本保证

坚持党的领导、加强党的建设，是国有企业的“根”和“魂”。中国国新始终将强根铸魂作为政治标准和实践要求，体现到企业改革发展的各领域和全过程，有力保证了运营公司改革试点沿着正确的方向前进。成立中国国新党建工作领导小组，研究部署推动公司党建工作。持续深入学习贯彻习近平新时代中国特色社会主义思想和党的十九大精神，不断提高政治站位，牢固树立“四个意识”，增强“四个自信”，落实“两个坚决维护”。结合企业特点创造性地研究制定公司党委研究讨论作为董事会、经理层决策前置程序的重大事项清单，分类规范决策程序，公司党委有力发挥领导作用，把方向、管大局、保落实。全面落实党建工作要求进公司章程，党组织在各级企业法人治理结构中的法定地位进一步明确并加强。不断强化思想政治建设，重点针对公司近年来因业务发展需要以市场化方式引入的职业经理人和专业人才队伍，加强教育和管理，增强其央企人身份意识和国新人文化认同。落实“四同步、四对接”要求，着力推动“三基建设”，做到企业发展到哪里、投资到哪里、党的建设就跟进到哪里。高度重视改革试点中混合所有制企业党建工作新课题，加快研究此类企业的党建工作方式，以更好实现加强党建工作与市场化机制的有机结合，积极探索构建契合运营公司特点的党建工作新模式。认真贯彻落实全面从严治党各项要求，持之以恒正风肃纪，为中国国新持续健康发展提供坚强政治保证和组织保证。

下一步，中国国新将坚持以习近平新时代中国特色社会主义思想和党的十九大精神为指引，深入贯彻落实党中央、国务院有关重大决策部署，在国务院国资委的领导下，围绕进一步发挥运营公司在完善国有资本授权经营体制、促进深化国有企业改革中的重要平台作用，全面加快推进试点各项工作并力争重点业务领域取得新的突破，朝着具有全球竞争力的“一流的综合性国有资本运营公司”的战略目标迈出更加坚实有力的步伐。

成果创造人：周渝波、莫德旺、周育先、王　豹、余小林、王志学

国有资本投资公司模式研究

国资委研究中心　周丽莎等

一、国有资本投资公司概述

（一）国有资本投资公司的产生背景

自经济体制改革以来，我国的国有资产管理体制经历了计划经济体制下的国有企业管理、国有资产管理体制改革初步探索、国有资产管理体制新体制孕育与新国有资产管理体制确立四个阶段。2003年国资委成立以来，我国新的国有资产管理体制不断得到完善，深化国有企业改革进入了出资人机构主导阶段，取得了显著成绩。确立了国有资产监管机构作为出资人代表的体制，解决了出资人缺位问题，改变了“九龙治水”的局面，明确了出资人机构的责任主体；建立了一整套国有资产监管制度体系，包括统计评价、产权管理、业绩考核、薪酬管理、规划投资、领导人员选任、监事会监督、国有资本经营预算等。2003–2014年，国务院国资委先后发布了27项部门规章326项规范性文件，形成了一整套国有资产监管制度体系。当然，同时必须看到，现行国有资产管理体制中政企不分、政资不分问题依然存在，国有资产监管还存在越位、错位、缺位的现象。以管资本为主推动国有资产监管机构的职能转变，核心是要做到由实物形态的企业管理，转变为价值形态的资本管控。科学界定国有资产出资人监管的边界，建立监管的权力清单和责任清单，将依法由企业自主经营的事项归位于企业；将延伸到子企业的管理事项，原则上归位于一级企业，由一级企业依规决策；将配合承担的社会公共管理职能归位于相关政府部门和单位。

（二）国有资本投资公司的基本内涵

国有资本投资公司是完善国资管理体制，实现“以管资本为主加强国有资产监管，改革国有资本授权经营机制”的重要载体。从定位来看，国有资本投资公司是国家授权经营国有资本的公司制企业，目的是要实现国有资本的保值增值。国有资本投资公司的功能为服务国家战略目标、提高国有资本运营效率和优化国有经济布局结构。

（三）国有资本投资公司功能与定位

国有资本投资公司服务国家战略,引导社会资本投向，发挥资本杠杆作用,通过调整产业结构，培育新兴战略产业，国有资本投资公司的功能如下：

1.投资融资和项目建设投资。主要包括①公共服务和基础设施建设公益性企业等的投资；②稀缺资源、支柱性、前瞻战略性新兴产业等的投资；③实现特定战略目标，如促进城镇化、“走出去”、保障房、养老产业等的投资；④现有产业的并购整合、调整、转型升级等的投资。

2.资本经营。通过资本市场、产权市场的运作、实现国有资本的进退；①围绕国家战略目标和国有资本保值增值，以市场化方式增、减持投资企业的股权；②广泛吸纳各类产业资本和金融资本，设立股权投资基金，推进并购重组和行业整合，投资新兴产业，放大国有资本功能，增强国有资本盈利能力。③管理国家支持前瞻战略性新兴产业发展成立的基金，如健康产业发展基金、集成电路产业发展基金。

3.资产经营。通过市场化方式实现生产要素分解、重组和流动，包括①业务结构性调整和剥离（包括化解过剩产能等）；②非主业、存续、低效无效等资产整合和运营；③困难企业救助和重组再生；④债务重组等特殊性业务。

二、国有资本投资公司试点分析

（一）中粮集团

中粮集团经过不断的业务逻辑梳理、优化和调整，目前已基本形成以粮油食品为核心主业的投资公司型组织架构，具备了国有资本投资公司的雏形。

1.战略定位（产业布局）

做强粮油食品主业，推动转型升级。搭建农粮食品领域的国有资本投资平台、资源整合平台和海外投资平台，在国有资本布局结构调整和供给侧结构性改革中发挥带动作用，在保障食品质量安全中的示范作用和在农业“走出去”中的领军作用。

农粮业务：保持中粮绝对控股地位，在股东基础上，积极引入国内外各类资本，中粮通过层层控股的形式，充分放大国有资本功能。

食品业务：保持中粮相对控股或仅保留第一大股东地位，积极引入各类资本。

金融业务：通过产融结合提高服务业务主业的能力，地产业务通过混合所有制改革优化资本结构提升盈利水平服务主业发展。

地产业务：通过混合所有制改革优化资本结构、提升盈利，服务主业发展。

非核心业务：推动混合所有制改革，淘汰退出非主业不良资产，实现资本证券化。未来达到这一目标，用三年时间重组整合和淘汰退出企业百户，并减少五分之一的法人机构。

2.管控模式（组织结构）

按照“小总部、大产业”的原则，把资本经营与资产管理经营分开，压缩管理层级至三级，形成定位清晰且职责明确的“集团总部资本层——专业化公司资产层——生产单位执行层”三级架构。优化精简集团总部，做实专业化公司（平台），总部下放资产经营调度权，直接管理专业化公司（平台），实现集团总部向管资本的转型。

集团总部资本层：向资本转型。依据精简高效原则，中粮将总部职能部门从13个压缩到7个，人员从610人调整至240人之内，做实资产层和生产层。同时，将用人权、资产配置权、生产和研发创新权、考核评价权及薪酬分配权等五大类关键权力下放给专业化公司（平台），总部主要通过派驻专职董事、监事行使股东权利，不直接干预企业经营决策和业务运营，专业化公司（平台）对立项有规划和运营权，集团总部把控和批准重大问题、重要事项和重点环节，对年度预算实行刚性考核的同时管投资来源、管业务界限、管投资底线。

专业化公司资产层。依据业务聚焦原则，中粮组建了18个专业化公司（平台）。专业化公司（平台）的目标是解决产业发展中专业化经营的问题，以资产、经营、管理的专业化为核心，是资产经营层面和管理体系改革，不涉及上市公司资本结构的调整。专业化公司（平台）是资产运营实体核心，对资产运营的盈利回报负责。中粮要求专业化公司（平台）以核心产品为主线加快整合，全面建立现代企业制度，努力实现股权多元化，真正成为依法自主经营、自担风险、具有核心竞争力的市场主体。“十三五”期间，中粮将致力打造2–3个营收超1000亿元规模，4–5个超500亿元规模的专业化公司（平台）。

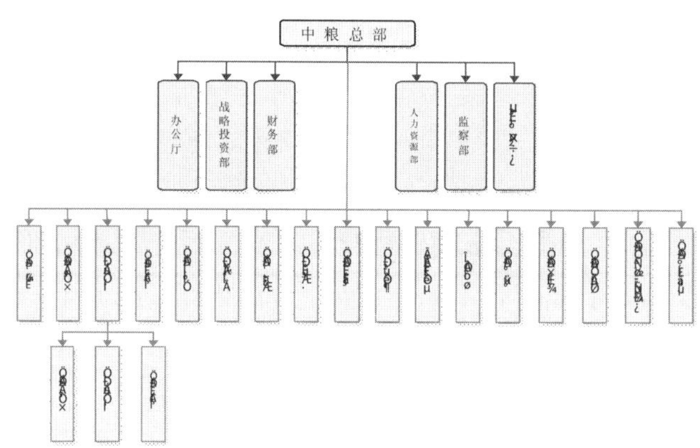

图1　中粮集团组织结构图

3.国有资本投资平台

以中粮信托有限责任公司、中粮期货经纪有限公司、中英人寿保险有限公司、龙江银行、中粮农业产业基金等为投资平台，在引进各种业外资本的同时，通过实现全产业链、板块分拆上市等办法、措施，推动中粮集团尽快成为粮油食品为核心主业的国有资本投资公司。

4.增强企业活力。

一是改变管理方式，实施分类管理。对趋于成熟、稳健的业务，集团给业务团队充分授权，原则上不干预；对尚处于发展和培育中的业务，集团给予重点关注和扶持，激励和帮助业务团队尽快提升经营管理和增强竞争力；对行业前景不明朗的业务，限制投资扩张，集团帮助团队尽快重新做出战略选择。二是改革激励机制，分享超额利润。中粮在原有激励报酬体系基础上，新增超额利润分享计划，从业务团队实现的净利润与集团下达的“目标值”之间的增量部分中拿出一定比例奖励团队。三是改革约束机制，实行末位淘汰。市场化管控，按照市场化要求，以控股公司架构对下属业务板块进行管理，充分发挥董事会的作用；完善职业经理人制度，建立国际化、专业化、市场化、能上能下、能进能出、收入能增能减的职业经理人制度，最大限度地发挥经理人团队的创造性和激情。

选人用人制度改革（社会招聘、职业经理人制度、市场化招聘、“直通车”机制）。签订聘任协议和业绩合同明确双方责权利，约定聘期、业绩考核标准、薪酬、合约终止条件和责任追究等内容，经理人实行任期制，三年为一任期，采取市场化原则确定薪酬激励水平。

实现职务能上能下、人员能进能出的合理流动机制。发挥各类人才积极性、主动性、创造性、激发各类要素活力。

风险控制（综合风控管理部门、审计垂直管理体系）。统筹审计、法律、质量安全和风险控制等综合监督，由集团董事会直接管理。外派专职董事、监事、对国有资本进行、风险预警跟踪以及科学评估。以行业75分位为主要依据确定各专业化公司（平台）的预算指标，并进行刚性考核。积极探索加强境外经营监管、增加境外审计频次、防范境外投资和经营风险。

加快国际化进程。全球并购，中国整合：中粮集团定位为国际一流粮商，产业并购方向将依据下属专业化公司定位决定，战略投资、重组一批价值链和产业链高端的国际公司，将资产注入上市公司实现股权运营，价值管理。加强党对海外企业的有效领导：中粮将逐步向海外企业董事会、管理层以及人力、财务等关键职能选派政治素质过硬、准确把握政策的党员经理人，充分发挥这些人员在企业管理中的重要作用。海外营业收入占比超过60%，海外粮源掌控量超过5000万吨，第三国贸易量超过8000万吨，总经营量2亿吨，成为能够高效执行国家粮食进口战略的“国家队”。

表1　国务院国资委授权中粮集团的十八项权利

试点企业授权项	原监管方式	现监管方式
1. 国资委将不再干预企业的战略和投资计划，中粮集团可自主决定五年发展规划和年度投资计划。	审批	授权
2. 中长期发展战略和规划则由中粮研究决定后报国资委备案。	审批	备案
3. 董事会还可确定1–3个新业务领域，经国资委备案后在投资管理上视同主业对待。	审批	备案
4. 海外投资管理实施备案管理。	审批	备案
5. 公司董事会议事规则优化。	审批	授权
6. 子公司人事管理。	审批	授权
7. 公司内部企业之间的产权无偿转让。	审批	授权
8. 通过产权市场转让国有产权。	审批	授权
9.子企业增资。	审批	授权
10.公司及子企业重大资产处置事项。	审批	授权
11.在法律法规和国资监管规章规定的比例或数量范围内，增减持上市公司股份事项。	审批	授权
12.不涉及控股权变动的情况下，上市公司股份的协议受让等。	审批	授权
13.经理层的市场化选聘。	审批	授权
14 可以根据国家有关规定和国资委考核导向，对经理层实施个性化考核。	审批	授权
15. 市场化选聘的职业经理人实施市场化薪酬分配机制。	审批	授权
16.可采取多种方式探索完善中长期激励机制。	审批	授权
17. 自主决定职工工资分配。	审批	授权
18.工资总额实行备案制。	审批	备案

（二）国投公司

国投集团于2001年4月成立国投资产管理公司，专门从事对不良资产和非主业资产的管理业务；于2010年1月成立国投资本控股有限公司，不断加大金融产业的投资力度；于2015年12月成立中国国投高新产业投资有限公司，投资前瞻型战略性产业，逐步将集体打造成具有国际竞争力的一流的国有资本投资公司。

1. 战略定位（产业布局）

引导各类社会资本投资建设一批在国民经济和区域发展中起重要作用的大项目，在一带一路、京津冀协调发展、长江经济带等建设中，率先布局引领发展。

基础产业在调整中发展。电力着力发展清洁能源；推动煤炭公司向矿产资源开发企业转型；加大战略性稀缺性矿产资源投资力度；加大港口资源整合力度。

前瞻性战略性产业在创新中发展。重组中国高新和国投高科两家子公司，打造前瞻性战略性产业投资平台；设立国投先进制造产业投资基金、国投科技成果转化创业投资基金等，募集基金1100亿元，引导5000亿左右社会资本进入前瞻性战略性产业。

民生产业常抓不懈。国投设立贫困地区产业发展基金，引导各类社会资本投资建设一批在国民经济和区域发展中起重要作用的大项目。

2.管控模式（组织结构）

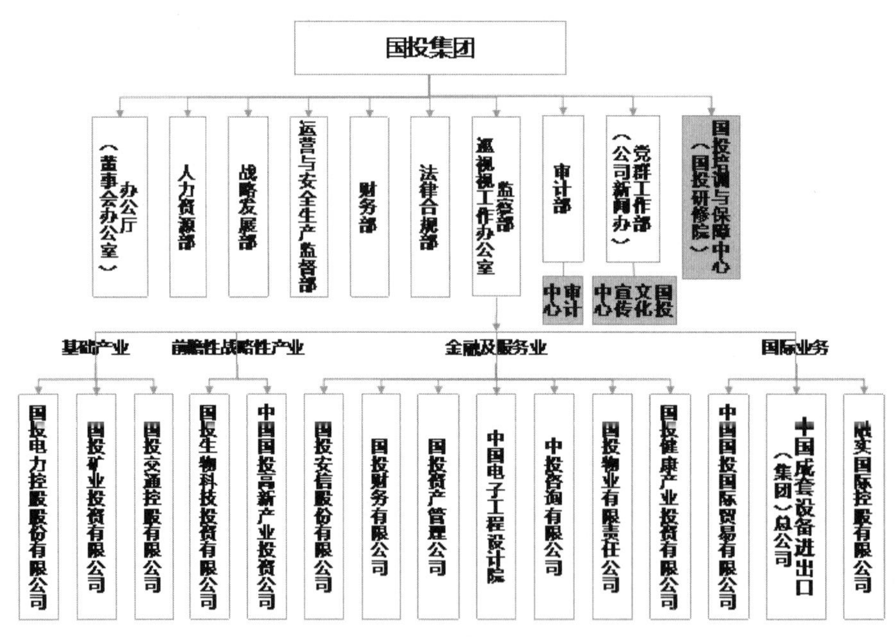

图2　国投集团组织结构图

“小总部，大企业”格局初步形成。国投集团建立起以资本为纽带的母子公司管理体制，实行集团总部——子公司——投资企业三级管理。

集团总部：集团总部作为战略决策中心、投资决策中心、运营监管中心和信息共享服务中心，负责公司发展战略、经营目标、对外投资等重大事项的决策；监督子公司、投资企业经营管理，提供支持服务。

子公司：子公司作为专业化经营管理平台，负责投资企业的经营管理，寻找投资机会，推进业务发展，促进投资企业提高运营绩效。

投资企业：投资企业作为业务运营单位，负责具体业务的直接经营管理，是公司的利润中心。

3. 国有资本投资平台

国投集团以国投资本、国投高新、国投资产作为金控平台，通过设立产投基金，推动国有资本投资平台运营搭建，以国有资本引导产业发展方向，承担国有资本投资平台功能定位。设立了国家先进制造产业投资基金，基金规模1100亿元；贫困地区产业发展基金，基金规模28亿元；国投水环境基金，基金规模100亿元；中移国投创新投资基金，首期募集50亿元。引导各类社会资本投资建设一批在国民经济和区域发展中起重要作用的大项目。

增强活力：

国投集团监事会由国务院派驻，公司建立了规范的董事会，搭建了高效的经理层；公司投资企业亦全部建立了规范的法人治理结构。

（三）宝武钢

1. 战略定位（产业布局）

2016年作为中国钢铁行业骨干企业的宝钢和武钢迈出了联合重组的关键一步。中国宝武集团诞生，并被列入国有资本投资公司试点单位。

原宝钢集团和武钢集团都是中国钢铁行业的骨干企业，联合重组后，首要任务是牢记使命、服务国家战略，坚定不移做强做优做大钢铁核心主业，成为中国钢铁行业转型升级的引领者。同时宝武集团按照国有资本投资公司的定位，根据自身的综合能力和资源优势，选择适合宝武集团发展的若干主业，以优化国有资本布局结构，促进国有资本合理流动，实现保值增值。

2. 管控模式（组织结构）

集团公司强调母子公司管理体制，管控模式上选择战略、财务管控，总部以管资本为主，各子公司和业务板块以主营业务为主，关注收益。就具体职能而言，总部主要负责战略规划、产业组合、产业进出及转型发展、重大投资融资、核心人员管理、监督风控及“去产能”“治僵脱困、瘦身健体”等专项改革工作推进。子公司负责贯彻落实集团战略意图，开展产业领域内经营管理活动并承担相应的绩效责任。

集团总部突出“分类管控、投资运营、整合协同、服务创新”核心功能，并相应组建业务、职能、服务及党群四类部门。按照资产结构和产业形态，组建集团业务部门，负责集团内所辖产业资产的结构、效率和质量。明确由业务部门代表宝武集团行使子公司积极股东的权利，通过资源配置和价值创造，承担所辖业务领域内的资产保值增值责任。业务部门主要采用项目化运作方式开展业务，项目类型主要包括所辖业务领域内的投资并购、资产重组、资产证券化、股权运作、资产处置、协同支撑、资源整合、产融结合、产城结合、产网结合等。职能部门负责集团管理制度体系优化，并为业务部门、子公司提供业务管理支撑。服务部门为其他部门和子公司提供人力资源、财务、培训等共享服务。党群部门结合经营业务开展党建工作，充分发挥党组织政治核心和领导核心作用。

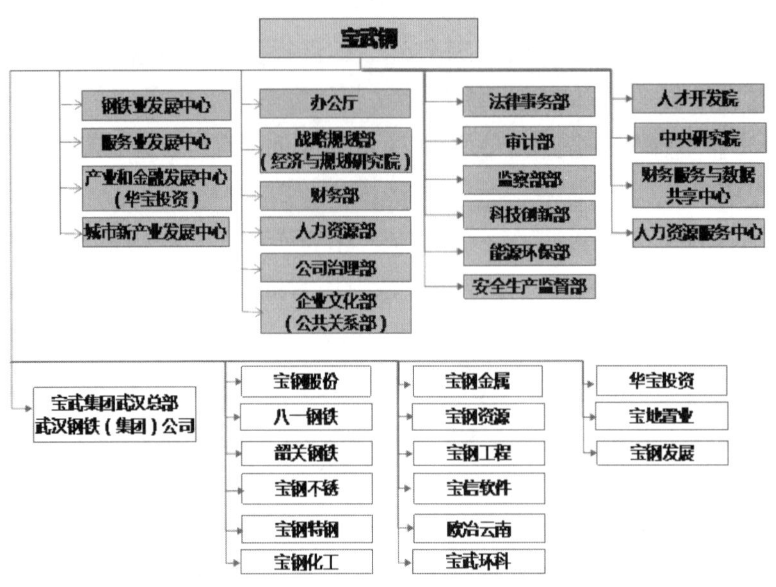

图3　宝武钢铁集团组织结构图

3.增强企业活力

持续推进法人治理结构优化。宝武集团作为国有资本投资公司，对所出资企业行使股东职责，子公司定位为自担风险、自我约束、自我发展的独立市场主体，为此宝武集团在总部职能改革的同时，进一步推进完善子公司法人治理结构优化工作，形成董事会、监事会与经理层权责对等、协调运转、有效制衡的决策执行监督机制，促进子公司转换市场化经营机制、提高运行效率。2016年，宝武集团出台了《完善子公司法人治理结构指导意见（试行）》，文件从完善董监事会设置、优化重大事项决策授权、健全董监事的培养选用和激励约束机制、完善派出董监事履职支撑体系、坚持党的领导与公司治理有机统一等方面，对完善子公司法人治理结构提出了具体改革举措并加快推进落实。

优化子公司派出董事授权体系。根据国有资本投资公司定位和综合试点进展情况，以及各子公司的管控模式和公司治理的要求，结合子公司董事会、监事会换届周期，按照“一企一策”原则优化子公司董事会、监事会的成员配置，规范派出董事的授权方式，明确决策程序和决策责任。同时兼顾控制与效率原则，针对董事会职权事项对派出董事进行合理授权，收紧长期投资、固定资产投资、资金运作、金融衍生品等事项的授权，而对于与子公司日常经营管理相关的事项则充分授权派出董事行权。

完善组织绩效评价机制。为建立适应国有资本投资公司的激励机制，集团公司经过反复研究，设计了新的组织绩效评价方案。重点突出了战略性牵引、市场化评价、强绩效应用的特点，重点关注跑赢大盘和进步提升。评价方案贯彻三个原则：①战略性牵引：通过有效的产业研判和“融投管退”项目，实现保值增值；②市场化评价：以EVA作为核心评价指标，采用行业对标，一企一策，自我驱动，鼓励子公司争创一流；③强绩效应用：组织绩效与激励强挂钩，影响工资总额，打造高绩效文化。

该套组织绩效评价方案遵循公平、公正的基本原则，科学评价各二级企业的年度绩效，并综合考虑了各子公司的实际情况和绩效表现。同时，结合推进股权多元化混合所有制研究分配机制改革，充分发挥分配制度对绩效提升的效应。

推进法制央企建设。作为全面推进法治央企建设的制度基础，集团公司法务部门制定了《全面推进法治央企建设方案》，明确集团公司推进法治央企建设的指导思想、工作原则，通过加快推进总法律顾问制度建设、健全子公司法律风险防范机制、增强依法合规经营能力、积极处置法律纠纷案件、强化落实合同基础管理职能等体系能力建设，加强法务管控。

加强国有资产监管，防止国有资产流失。集团公司认真落实《国务院办公厅关于加强和改进企业国有资产监督防止国有资产流失的意见》的文件精神，制定了《加强和改进监督体系防范国有资产流失实施方案》，通过构筑“四道防线”和健全“六个机制”，推进全方位监督体系建设，强化对子公司经营、投资和产权流转全过程监督。

1.建立内部监督工作会商机制。会商机制由纪检监察部门牵头，投资、财务、法务、审计等部门和子公司监事会成员参加，加强各监督主体部门监督信息共享，及时分析、研判和处置内部监督工作有关事项，形成监督合力，减少重复检查，提高监督效能。重点对四项工作进行会商：①共享各监督部门在年度计划、项目实施和监督结果信息及近期发现的管理运营和党风廉政建设中倾向性、苗头性问题；②制定需要跨部门、跨单元协同完成的监督（检查）工作方案；③研究监督工作中发现的重大问题和有关政策、措施及重要政策的答复性意见；④完善有关内部监督工作会商机制建设和相关工作制度。

2.健全党风廉政建设责任体系。进一步完善责任分解、监督检查、考核评价、责任追究等工作机制，推进基层单位细化“两个责任”的问题清单、责任清单、任务清单，推动“一岗双责”落地；优化“季度抽查、半年督导预评价、年度实地验证综合评价”的常态化检查考核方式；加大问责力度，对党的领导弱化、党的建设缺失、从严治党责任落实不到位、维护党的政治纪律和政治规矩失责、贯彻中央八项规定精神不力、选人用人问题突出、腐败问题严重、不作为乱作为的，要严肃问责、曝光典型问题，对该问责而不问责的，也要严肃问责。探索完善容错纠错工作机制，制定贯彻落实“三个区分开来”的实施意见，旗帜鲜明地支持干事者、保护改革者、宽容失败者、严惩违纪者。

3.坚持问题导向，强化巡视监督。巡视是加强党内监督的战略性制度安排，是全面从严治党的重要手段。加强巡视队伍建设、加强巡视工作规范化、创新巡视方式方法。突出巡视重点，围绕党内政治生活状况、党风廉政建设责任制落实、领导人员亲属经商办企业、作风建设、廉洁风险防控、敏感岗位管理、礼品管理等情况开展专项巡视，对问题线索集中、职工群众反映强烈、廉洁风险易发的基层单位开展综合巡视。深化巡视成果应用，探索建立巡视反馈问题、巡视整改结果公开及评价机制。

探索建立信息化监督平台。集团公司针对内控力度逐级递减、缺乏经营风险预警机制的问题，策划构建动态化信息监督平台，在不干预子公司日常经营的情况下，通过信息化的手段，开展战略绩效评价管理、供应链浮动盈亏预警、异常经营事件的甄别、授权受控在线提示、经营投资内控责任界定，以服务于派出董监事、业务中心和相关监督部门。该项工作目前正在方案制定中，待完善后拟尽快实施。

三、国有资本投资公司试点经验总结

表2　国有资本投资公司试点经验总结

标杆企业	战略定位	管控模式	国有资本投资平台	增强企业活力
中粮集团	做强粮油食品主业，推动转型升级。农粮业务、食品业务、金融业务、地产业务	按照“小总部、大产业”的原则，形成“集团总部资本层-专业化公司资产层-生产单位执行层”三级架构	分散型金融板块+产业基金 中粮信托有限责任公司、中粮期货经纪有限公司、中英人寿保险有限公司、龙江银行、中粮农业产业基金	改变管理方式，实施分类管理；改革激励机制，分享超额利润；改革约束机制，实行末位淘汰
国投集团	基础产业、前瞻性战略性产业、金融及服务业和国际业务	按照“小总部、大产业”的原则，建立起以资本为纽带的母子公司管理体制，实行集团总部-子公司-投资企业三级管理	金控平台+产业基金 国投资本、国投高新、国投资产国投创新、国投创益、国投创业、国投创和、海峡汇富管理基金38支	以市场化手段，通过专业化资产处置平台，退出不符合发展战略项目1736个，回收资金261亿元。股权投资-股权管理-股权转让，境内外控股上市公司7家，参股上市公司20家，资产证券化率约70%
宝武钢	中国钢铁行业转型升级的引领者。钢铁业、服务业、产业链金融、不动产及城市新产业	集团总部突出“分类管控、投资运营、整合协同、服务创新”核心功能，并相应组建业务、职能、服务及党群四类部门	金控公司 华宝投资有限公司，华宝信托有限责任公司，华宝兴业基金管理有限公司，华宝证券有限责任公司，四源合钢铁结构调整基金	持续推进法人治理结构优化。宝武集团作为国有资本投资公司，对所出资企业行使股东职责，子公司定位为自担风险、自我约束、自我发展的独立市场主体
神华集团	以煤为基础，集电力、铁路、港口、航运、煤制油与煤化工为一体，产运销一条龙经营的特大型能源企业，是目前我国规模最大、现代化程度最高的煤炭企业和世界上最大的煤炭供应商	找准发展模式上的产业金融之短和科技创新之短，提出在国有资本投资公司试点改革中“扬一长补两短”，通过强大产业金融支撑下的资本运作和清洁能源技术的创新驱动	尚未形成金融板块 中国神华，集团公司资本运营部，神华电力投资有限公司，国华能源投资有限公司	神华集团在投资管理、公司治理、职业经理人管理、管控模式、考核分配等方面都将更加市场化、充分体现国有经济的活力、控制力和影响力

中交	六大支柱产业：交通基础设施投资建设运营产业集团、城市综合开发投资建设和运营服务产业集团、装备制造及海洋重工投资制造服务产业集团、疏浚环保及海洋产业集团、国际产能合作平台及园区投资建设运营产业集、产业金融服务集团	总部职能部门、事业部和区域总部“三位一体”的管理体制。中交海洋经济投资开发集团。中交装备新能源投资开发建设服务集团。中交新兴城镇化建设投资运营平台。中交基础设施特许经营服务集团	金控公司 中交金融控股公司作为集团资本化运作平台，并在其名下设立信托公司、保险公司、证券公司、基金管理公司（公募）等金融机构	优化公司股权结构，健全法人治理结构，实行市场化的薪酬分配制度，推进混合所有制及员工持股，推进专业化整合，推进区域化整合，探索外部资源整合并购
招商局	集中资源发展主业，加强行业趋势分析，优化产业结构。搭建实业经营、金融服务、投资与资本运作三大平台	总部聚焦战略引领、综合服务和风险管控功能，切实发挥战略管控核心作用	金控公司+产业基金 招商局金融集团、招商局资本、招商基金	按照“强化战略管控、突出业绩导向、创新手段工具”的原则，以集团高级管理人员薪酬管理机制改革为着力点，持续完善内部激励体系及配套的约束机制
保利集团	窗体顶端 窗体顶端 保利集团已形成以军贸业务、地产业务、文化业务、资源业务、民爆业务为主业的“五业并举、多元发展”格局。 窗体底端	构建三级架构模式：集团总部资本层、平台公司资产层、生产经营单位执行层。 总部作为资本配置和资本运作中心，主要履行五大职能：战略管理、股权管理、资本运营、风险管控、监督考核	分散型金融板块 保利投资控股有限公司、保利财务有限公司	保利集团公司重点强化融资、投资和风险管控三大核心职能，并据此完成总部机构改革和干部人事调整，为深入推进试点工作奠定基础
五矿集团	以五矿中冶战略重组为契机，对新中国五矿的业务架构进行全面梳理，建立14个战略业务单元。	按照“小总部、大产业、市场化、专业化”的思路，健全完善集团总部、战略业务单元、生产和业务单位三级管理体制，做精集团总部，做实战略业务单元，做专生产和业务单位	分散型金融板块 中国五矿的金融业务以集团公司为平台，积极发挥内部协同效应，提供包括内部结算、票据、委托贷款，以及租赁、证券、期货和保险在内的综合金融服务	中国五矿对具备条件的战略业务单元一企一策放权授权，逐步落实直管单位董事会法定职权。合理切分事项权限，在主业规划、项目投资、资产处置、资金预算、选人用人、薪酬分配、考核评价、组织管理、制度管理、运营决策等方面研究授权

四、国有资本投资公司试点经验比较与总结

国有资本投资公司试点经验，可得出以下结论：

（一）从战略定位看，都扩展了新产业，退出非核心产业，重组整合了产业，实现产业聚集和产权流转。例如，中粮集团通过产融结合提高服务业务主业的能力，地产业务通过混合

所有制改革优化资本结构提升盈利水平服务主业发展，推动混合所有制改革，淘汰退出非主业不良资产。国投退出了煤炭产业，新建了先进制造业。

（二）从管控模式看，都是三级管理架构、实行战略管控为主、小总部大产业。按照“小总部、大产业”的原则，梳理、清晰界定总部、子公司的权责界限，建立精干、规范、高效的组织机构和决策体系。总部是资本配置和资本运作中心，以战略管控。财务管控为主，主要通过公司治理机制，对所出资企业履行出资人职责，行使股东权利；确定投资企业的战略规划，通过预算、决算等财务手段，对战略推进和资本运营效果进行管控；依法建立健全监督与追责并重的监督评价体系，完善考核评价、审计、监察、巡视等监督职能，全面落实国有资本经营责任。

（三）搭建国有资本投资平台，主要有金控公司、产业基金平台、金控公司+产业基金、分散型金融板块等模式。金控公司+产业基金模式：成立专门的金控公司，同时成立相关产业基金，这类企业的产融结合业务能力很强；金控公司+产业基金模式：成立专门的金控公司，同时成立相关产业基金，这类企业的产融结合业务能力很强，例如：国投集团、招商局集团；金控公司模式：成立专门的金控公司，在此公司下进行相关的投融资业务，这类企业的产融结合能力较强，例如：中交集团、宝武钢；分散型金融板块模式：基于原有的金融业务进行平台搭建，这类企业具有一定的产融结合能力，例如：中粮集团、五矿集团、保利集团。

五、国资委对改组或组建国有资本投资公司的标准与条件研究

（一）国资委对改组或组建国有资本投资公司的标准

国有资本投资、运营公司是国家授权经营国有资本的平台公司。对这两类公司的管理，应通过建立具体目标合约和公司治理渠道来管理。具体有四个方面：

1.完善法人治理结构。组建适合国有资本投资、运营公司特点的董事会。董事会中除了投资、资本运作等方面的专家型董事，还需要配备能与出资人充分沟通、代表出资人意志的股权董事。

2.建立授权体系。国有资本投资、运营公司代表国家行使出资人权力和履行出资人职责，因此要做实做强董事会，上级主管部门要将部分出资人权力和管理权授予两类公司，包括向董事会授予业绩考核、经营层的市场化选聘、薪酬管理和激励等职权符合投资方向和股权比例限额内的国有资本的进入和退出等。国家对国有资本投资、运营公司的监管方式，应从事前审批转为目标完成情况和授权事项的报告，可建立定期报告和专项报告相结合的制度。

3.调整考核指标和方法。根据资本投资、运营公司特点，制定针对性的关键考核指标。将国有资本保值增值率、股东总回报率、经济增加值、资产证券化率等财务类指标和资产配置、社会责任等非财务类指标相结合，并根据不同类型公司特点确定不同比重。调整考核周期，以任期考核为主，年度考核为辅。

4.强化审计监督。监督机构要对国有资本投资、运营公司进行审计，对运作合规性、资产状况和运作效率进行监督。国有资本的状况、损益，经营预算和收益分配应当报告，接受监督，并获得批准。

（二）国资委对国有资本投资公司试点企业的改革方向

通过改革，建立适应市场。激发活力、管理有效、监督到位的体制机制。

1.按照“小总部、大产业”的原则，重新梳理、清晰界定总部、子公司的权责界限，建立精干、规范、高效的组织机构和决策体系。总部是资本配置和资本运作中心，以战略管控。财务管控为主，主要通过公司治理机制，对所出资企业履行出资人职责，行使股东权利；确定投资企业的战略规划，通过预算、决算等财务手段，对战略推进和资本运营效果进行管控依法建立健全监督与追责并重的监督评价体系，完善考核评价、审计、监察、巡视等监督职能，全面落实国有资本经营责任。

2.确立子公司的市场主体地位，建立健全法人治理结构，充分发挥董事会的决策作用、监事会的监督作用、经理层的经营管理作用、党组织的政治核心作用。按照市场化要求，一企一策，对子公司分类授权、分类监管、分类定责、分类考核，推动子公司自主经营、自我约束、自我发展。

3.稳妥推进全资子公司股权多元化改革推行职业经理人改革试点；改革人事管理和工资分配制度，建立管理人员能上能下，员工能进能出，收入能增能减的市场化机制，进一步激发活力。

4.加强党的建设。充分发挥党组织的政治核心作用，将党建工作纳入企业章程；切实落实“两个责任”，完善反腐倡廉制度体系，构建风清气正的良好风气。

（三）国资委对国有资本投资公司试点企业将确定权责范围

国资委对国有资本投资公司试点将明确权责范围。

1.将进一步明确政府、国有资产监管机构和国有资本投资、运营公司的权责边界。制定管资本的权力清单、责任清单，使政府、国资监管机构和国有资本投资、运营公司权责利边界清晰，责任明确，追责有据。

2.将出台国有资本布局结构调整方案，建议以国有资本投资、运营公司为主要依托，优先重组中央企业相关产业资源，促进国有资本合理流动，优化国有经济布局结构。

3.鼓励改革试点单位大胆探索，在实践中摸索改革路径。一方面，对集团公司现在承担的直接管理到三级企业的事项（如评估备案、产权转让相关环节的批复）等，允许试点单位在向国资委备案后，授权二级子公司管理。另一方面，将国有资本投资运营公司改革试点作为综合性试点，给予其他专项试点同样的授权和政策。

4.按照管资本的总体要求，在国资委承担的安全管理、节能减排管理等公共管理职能移交有关部委的同时，明确中央企业集团总部也不再承担相关管理职责。由有关部委按照属地化原则落实管理责任。

成果创造人：周丽莎 、支东升、刘乌兰、张佳慧　国资委研究中心

互联网时代大型汽车集团“制造服务化”转型的创新与实践

北京汽车集团有限公司

北京汽车集团有限公司（简称“北汽集团”），成立于1958年，是中国主要的汽车集团之一，目前已发展成为涵盖整车（包括新能源汽车）研发与制造、通用航空产业、汽车零部件制造、汽车服务贸易、汽车金融、投融资等业务的国有大型汽车企业集团。

自1958年北京汽车制造厂生产出北京第一辆轿车以来，北汽集团先后自主研制生产了中国第一代轻型越野车和第一代轻型载货车，建立了中国汽车工业第一家整车制造合资企业，收购了瑞典萨博汽车相关知识产权等，创造了中国汽车工业的多个第一。

经过近60年的发展，北汽集团已拥有“北京”“绅宝”“昌河”“福田”等自主品牌，先后引进“现代”“梅赛德斯·奔驰”“铃木”等国际品牌。成立了包括乘用车、越野车、商用车、新能源汽车和动力总成技术的专业研发机构，建立了涵盖汽车零部件、汽车服务贸易、进出口和汽车金融的完整产业链，实现了产业向通用航空等领域的战略延伸。北汽集团以北京为中心，建立了分布全国十余省市的八大乘用车、九大商用车生产基地，并在全球二十多个国家建立了整车工厂。

北汽集团连续四年名列美国《财富》杂志全球企业500强，2018年位列第124位。2017年，全集团共完成整车产销251万辆，实现营业收入4703亿元。2018年上半年，北汽集团完成整车产销120.3万辆，同比增长7.5%，营业收入2324.6亿元，同比增长10.1%，利润同比增长21.6%，呈现出良好发展态势。北汽集团秉承“行有道·达天下”的品牌理念，走规模化、高端化、服务化、国际化、低碳化的可持续发展之路，努力建设制造服务型企业和创新型企业，把北汽集团打造成为一个具有国际竞争力的汽车制造商和服务提供商，为追求幸福出行与高效运输的人们提供科技、安全、品质、环保的全方位解决方案，成为高品质美好出行生活的引领者。

一、互联网时代大型汽车集团制造服务化转型的创新与实践的背景

（一）新常态下经济结构转型的需要

服务化转型正在成为未来经济发展的趋势。2015年，我国宏观经济首次出现结构性转折，当年第三产业在国民经济中的占比首次超过了50%，此后每次统计，我国的服务业占比都在半数以上，而且对经济增长的贡献更是举足轻重。从汽车行业来看，汽车产业链的利润也正在向服务业转移。有统计表明在当今的汽车行业，服务领域的利润已经能够达到60%–70%。

不管从宏观经济整体来说，还是从单独的行业来说，服务经济都已经成为我国商业活动中的主流内容。

（二）提振实体经济，发展高端制造业的需要

我国经济的坚实发展需要大力提振实体经济。但是实体经济的向前发展必须以集约式发展的方式提高实体经济发展质量。从全球范围来看，无论德国重塑全球工业龙头地位的“工业4.0计划”，还是美国解决制造业空心化问题的“先进制造业国家战略”，乃至中国在制造业领域实现赶超的“中国制造2025”，都表达了发展高端制造业要以信息化为工具，向服务领域渗透，以服务领域为工业发展源头活水的发展策略。制造服务化正在成为我国振兴制造业，提振实体经济的重要抓手。

（三）互联网时代产业发展的需要

互联网经济的前半段正在过去，大量商业模式竞逐之后智能化、网联化、大数据、个性化定制等新的生产方式正在成为未来的发展方向。然而这些技术并非无本之水，智能化需要大量的基础数据推进深度学习，网联化需要信息服务的不断完善，大数据首先需要拥有海量数据、个性化定制则要求首先了解消费者。这些数据的获取、信息服务的完善以及消费者的了解都有赖于服务这一途径予以实现。可以说，未来社会虽然建立在新技术之上，但新技术的生根发芽有赖于服务的支撑。

（四）消费升级背景下企业发展的需要

新常态下，中国经济在供给端表现为服务正在变成经济增长的主要动力；对应的，在需求端这一新的发展方向则表现为消费正在不断升级并成为未来经济发展的主要动力。在消费上，消费者越来越不止满足于产品本身的功能价值，更多地开始追求服务价值与情感价值，更加注重品牌文化，更加注重场景体验。这些都不仅仅是过去的制造所能够满足的。虽然汽车行业的后端表现为制造业，但汽车行业的前端必须直面终端消费者，因此就不得不顺应消费升级的需求，以需求来带动制造，以服务将传统制造业转型为面向新时代的服务型制造业。

（五）北汽集团自身发展的需要

就北汽集团自身来说，北汽整车事业利润率进一步走低，服务板块相对薄弱，亟须服务增值提升单用户贡献。就服务能力来说，目前北汽的各服务平台各自为战，网联化建设还无法做到全集团共通互联，制造服务业缺乏统一的平台调配资源，供应链管理还缺乏稳定系统的资源协调途径。这些不仅对未来发展带来了障碍，也使企业无法充分发挥当前业务的效率。要补足上述短板，提高企业生产效率的最佳解决方案就是进行制造服务化转型。

由以上可见，无论从宏观经济、技术趋势、消费需求、行业需求、还是企业内部发展层面，服务化都在成为传统制造业企业转型必须面对的方向。有鉴于此，北汽从2014年就提出了由传统制造型企业向“制造服务型与创新型企业”战略转型的目标，并进行了深入实践。

二、互联网时代大型汽车集团制造服务化转型的创新与实践的内涵

北汽集团“制造服务化”转型是一个庞大的系统工程，具体包含：主业支撑、多业融合、构建生态和创新制造四大部分，各部分相辅相成构成统一的发展框架。简要介绍如下：

“主业支撑”就是在集团转型发展过程中，以主营业务整车、零部件的研发、制造为关键支撑，紧紧抓住合资品牌整车这一现金牛业务、坚持发展自主品牌整车这一战略主导业务、快速推进新能源整车这一战略新兴业务。而推动主业做强的主要策略则是围绕主业的整个价值链进行“以用户为中心”的价值链改造，让传统的直线型价值链围绕消费者需求完全形成圈层循环的生态价值链，推动主业不断向前。

“多业融合”来自于互联网+的理念。事实上“互联网+”更广义的解读应当是以互联网为工具将各种有利于自身发展的业态都加起来。因此在转型发展中，北汽不以产业边界局限发展，而以战略边界界定业务范围，充分发挥战略的目标指向性，以“打造入口”为主要方式，以互相促进、提升价值为选择条件，融合多个产业、多种资源，使其良性互动，生成企业发展的最终目标。

“构建生态”包含三层含义。第一层是围绕消费者需求传递的价值链生态圈，作用于主业价值链，同时向其他业态价值链延伸；第二层是围绕消费者出行场景的产业链生态圈，主要作用于多业生态，并将主业作为其中的一个圈层，使企业原本单一的制造产业链，向制造+服务的融合产业链转化。第三层则是以消费者为中心，价值链生态与产业链生态的互动，产业链的每一产业环节内部，各价值链环节均形成以消费者为中心的价值圈层；价值链的每一价值链环节，均沟通各个产业围绕“消费场景”提供服务。从而将主业与辅业紧密连接，实现北汽集团整体的生态圈进化。

“创新制造”是满足消费者需求的关键平台。当多业生态与主业生态良性互动，价值链与产业链以消费者为中心不断提出全新的产品和服务要求。企业生产产品的制造环节就要不断提高能力与效率，才能满足前端环节的要求，这就需要我们不断在制造环节实现创新，实现基础平台能力的大幅提升。四大环节相互作用形成北汽集团制造服务化转型总体构架，如图1所示。

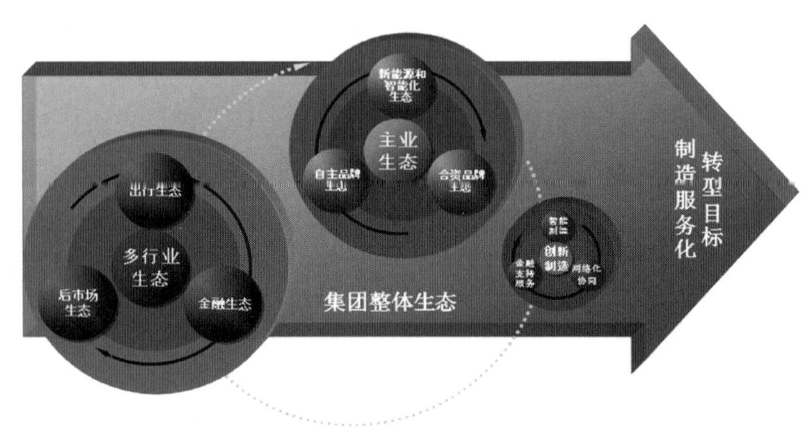

图1 北汽集团制造服务化转型总体设计方案

三、互联网时代大型汽车集团制造服务化转型的创新与实践的主要措施

服务化转型在以下几个方面取得了突破性进展，有显著的示范意义：

第一，本成果首次系统阐述并实践了中国制造2025框架下，传统集团企业以互联网和信息化为工具，推动制造业转型升级的整体框架和方法，对大型制造企业推进互联网+，推动制造业转型升级有较好的指导意义。

第二，本项目提出并实践了互联网时代“以消费者为中心”的制造与服务融合模式，并将其具体化为三大生态圈——围绕消费者需求的价值链生态圈，围绕消费场景的产业生态圈，以及价值链与生态链之间以市场需求为核心的双链融合生态圈，为制造与服务相融合创造了最基本的转型框架。

第三，本成果创造性地运用互联网时代服务业务的市场触角和数据收集功能，以大数据为核心打通服务环节与制造环节，拓宽了服务业态的价值范围，提升了制造业态的价值内涵，为制造型企业向服务化转型探索了一条有益的出路。

（一）战略构架先行，顶层设计引领

2014年提出“制造服务化转型”后，北汽迅速行动，开始投入战略层的设计工作中。当年8月的北汽集团战略研讨会，北汽面向全集团明确提出了企业定位由传统制造型企业向制造服务型与创新型企业转型，企业使命由传统汽车制造商向绿色智慧出行服务供应商转型的基本框架，并针对服务领域给出了“主业支撑，多业融合，构建生态，创新制造”的整体发展建议。此后在2015年北汽集团又详尽制定了直面2020年的五年发展规划。规划指出到2020年北汽将实现营业收入6200亿，利润总额400亿的总量目标，其中服务与金融板块占收入和利润的比重分别达到15%和25%，资产证券化率达到90%以上。详尽的规划和明确的目标，指明了北汽服务化转型的发展方向，此后的两年中，北汽沿着这一方向一路高歌猛进。

（二）基础能力推进，强化主业支撑

自“制造服务化转型”提出以来，北汽集团就确立了以自主品牌为使命，以合资品牌为“现金牛”，以新能源汽车和智能网联汽车为创新方向的系统化主业发展策略。围绕主业不断提升品质，不断强化能力，而这其中最核心的工作即是“以消费者需求为中心”的主业价值链改造。

图2到图3展现了北汽集团主业价值链由传统的直线价值传导型价值链向当前的围绕消费者需求的生态圈式价值链转变的过程。

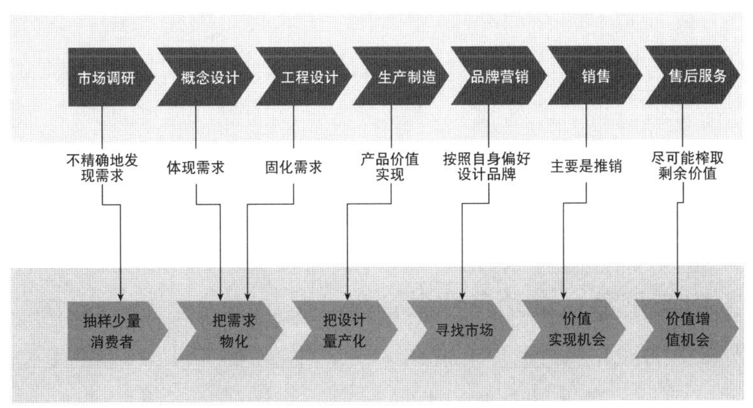

图2　传统直线式价值链示意图

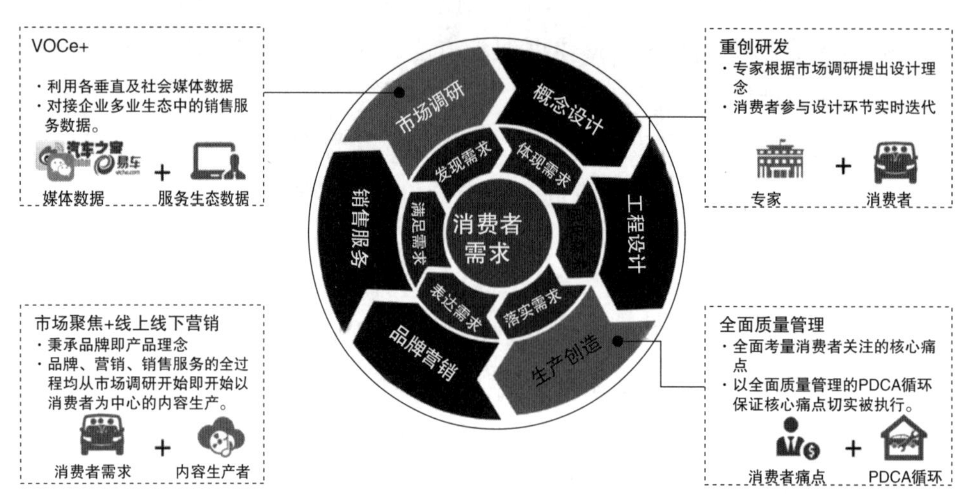

图3　北汽以消费者为中心价值链生态圈示意图

在传统（图2）中，价值链呈直线状向前传递价值。这一价值的起始点虽然也是市场调研，但由于调研抽样本身的局限，其对消费者需求的把握相对较差。其后整个价值实现过程中更是缺乏与消费者的进一步沟通，各个环节只是实现“物的叠加”将“产品”创造出来，并按厂家意志推送到消费者手中，并从消费者身上获取价值的过程。可以说，传统的价值链是适应“排浪式消费”阶段卖方市场背景下的时代产物，其组织方式对规模化生产、提升整个价值创造过程的效率有很大的帮助，但是并不适应消费升级背景下个性化消费和卖方市场的时代现实。

为了持续推进主业竞争力，北汽围绕“消费者需求”这一核心，率先将原有直线型价值链弯曲化，形成起始于消费者，终止于消费者的完整闭环。同时价值链上的各个环节均充分加入与消费者沟通的过程。在市场调研环节，北汽推出了VOCe+项目，聆听消费者心声，不仅从社会化的媒体中获取消费者数据，还从自身庞大的多业服务生态中，获取更充分的消费者特征信息，充分了解消费者需求。在设计阶段，北汽建设“众创研发平台”，让企业内的专家与消费者在同一平台上平等对话，使设计过程始终在市场的审视下不断迭代，保证设计模型与市场需求充分衔接。在生产制造阶段，北汽关心消费者的核心痛点，使用PDCA循环的方法，推动整个制造环节按照消费者需求无差别的形成产品。在品牌、营销与销售服务阶段，北汽并不将其视为一个承接的环节，恰恰相反，在消费者调研一经形成的阶段，北汽就开始了对品牌内容的设计。围绕消费者需求，将“产品核心内涵表达”作为品牌营销领域一项独立的产品进行开发，充分重视其与目标市场文化价值观以及对应产品调性的和谐一致，同频共振。最终实现以文化“吸引”而非强力“推送”的方式，使产品及其价值观以最舒适的方式传递给消费者。让消费者不仅购买北汽的产品，同时成为北汽的粉丝，并在北汽的多业生态圈中不断创造价值。

（三）打造入口与平台，推动多业融合

北汽融合多种服务业态，有三个作用：第一，形成北汽自身的超级入口，为整体生态带来大量的客户；第二，依据多业态带来的大量客户，源源不断地为北汽的各个业态提供丰富的消费者行为“大数据”，使北汽“以消费者为中心”的发展方式获得越来越多的源头之水。第

三，以金融服务业的“催化剂”作用，推动新业务的快速成长。以下分别介绍：

一是融合多业，积极整合能够形成大规模流量的入口业务。

所谓入口，即是消费场景的高频领域或对消费者有高黏=性的业务。由于汽车消费本身属于低频业务，高频高黏性的服务入口，对于增加整体价值格外重要。近年来围绕高频高粘性流量入口，北汽整合了一批服务业态。

在新能源充电桩领域，北汽搭建了全国首家由整车企业主导的充电生态体系，构建投资、充电、服务三位一体的充电平台；在维修保养入口，北汽围绕将汽车消费高频化，高黏度化的理念，构建北汽“后花园”服务体系，不仅打通了从出租车、汽车租赁、维修保养到二手车及汽车金融的全服务产业链业务，还将生活服务拓展到关涉出行的各个领域，如宠物寄养、租车旅游、物流配送等；在特色出行服务入口，北汽集团旗下的北京通用航空公司大力拓展以飞机为核心的各项服务业务，推动成立泛太平洋跳伞俱乐部，在全国多地建立跳伞基地；收购重组山东通航公司，大力打造飞机商业服务系统，在护林作业、物探、巡线领域、航拍航摄、商照培训、低空游览、航空体育等多领域打造入口，吸引客户加入北汽丰富的服务生态系统。除此之外，北汽还构建了一些颇具特色的新领域的入口业务，包括北汽产投公司的优普钱包入口，通过金融增值业务黏住客户现金流等。

二是构建连接体系，实现多业生态内部以及多业生态与主业生态的充分连接。

北汽推动服务化转型，构建多业生态并不仅仅是从单独的服务业务中获取利润，更重要的是要带动服务业态与主业制造业的反馈互动，以服务业的入口作用引爆汽车消费，以服务业市场接触面大的特征，广聚消费者数据，形成消费者画像，与即将到来的大数据与智能化时代衔接。因此在多业布局的同时，构建连接体系十分必要。有鉴于此，2014年制造服务化提出以来，北汽集团即开始了全集团范围内的互联网+总动员。三年来，北汽逐步开启了网络销售，实现了VR技术的虚拟展示，构建了IDCC网络营销，推广了DMS经销商管理系统。北汽股份“星火燎原”计划以网络化的方式对销售平台全面整合，实现了销售数据的和消费者反馈的及时充分掌握。北汽鹏龙的鹏龙APP整合服务领域全系统资源，将汽车服务领域从销售到租赁到维修保养再到汽车金融、二手车、汽车物流在内的全体系平台融合其中，为客户提供优质、便捷、一条龙服务的同时，也充分实现了对用户资源与数据的平台化整合。北汽新能源推出“智@惠·管家”服务体系，覆盖全部4S店与特约服务站，实现了物流和服务流从公司到客户，信息流从客户到公司的完整闭环。各服务业态内部链接体系的搭建为多业态之间，主业与多业之间的充分交流奠定了深厚的基础。

三是产融结合，实现金融对产业的催化剂作用。

金融是产业发展的催化剂，尤其在新业务发展，新旧产业转换期，良好的金融介入，往往能够对产业发展起到“四两拨千斤”的效果。服务化转型以来，本着投融资为产业创造价值的观念，北汽在金融领域加快发展。在金融实体方面，对外，北汽参股九江银行作为集团在金融领域的触角向金融服务产业发展。对内，北汽成立了北汽财务公司与北汽产业投资公司。以财务公司为基础，北汽不断加强集团联动，提高资金集中度，全力开拓延伸产业链，为客户提供完善的汽车金融服务。以产投公司为基础，北汽不断完善在新能源、智能网联、后市场等领域投融资体系的搭建，构建了多支项目基金。除此之外，北汽也积极开展资产证券化工作，增加资产流动性，降低经营风险，提升资金效率。近年来北汽在组织上成立了金融与资产证券部，在行动上不但推动了北汽股份在香港上市，重组了上市公司渤海活塞，同时也为新能源事业进行了A轮与B轮融资，共募集资金140亿元，实现了金融业务对产业提升的良好助力。

为了适应多业态齐头并进，各体系相互连接的发展势头，北汽在组织构架上也进行了重大调整，目前为止北汽集团已经由传统的五大平台发展到八大板块。

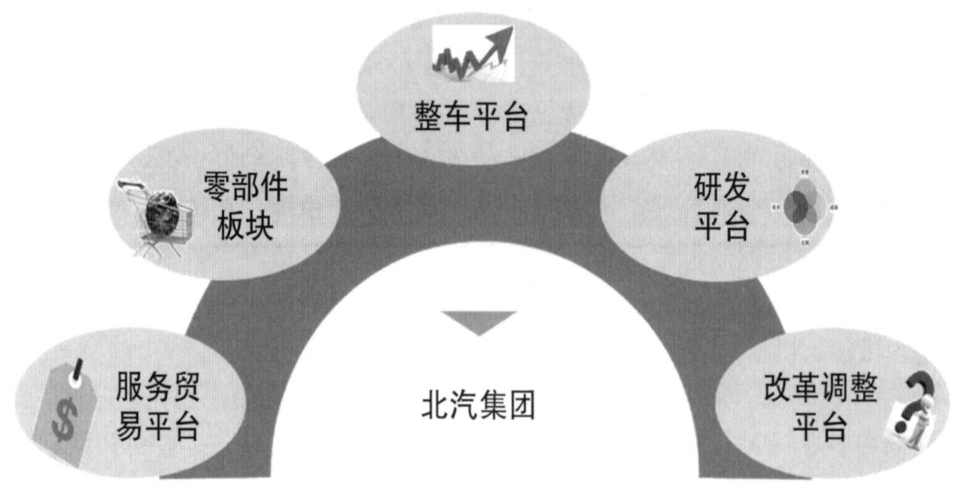

图4　转型调整前北汽集团五大平台

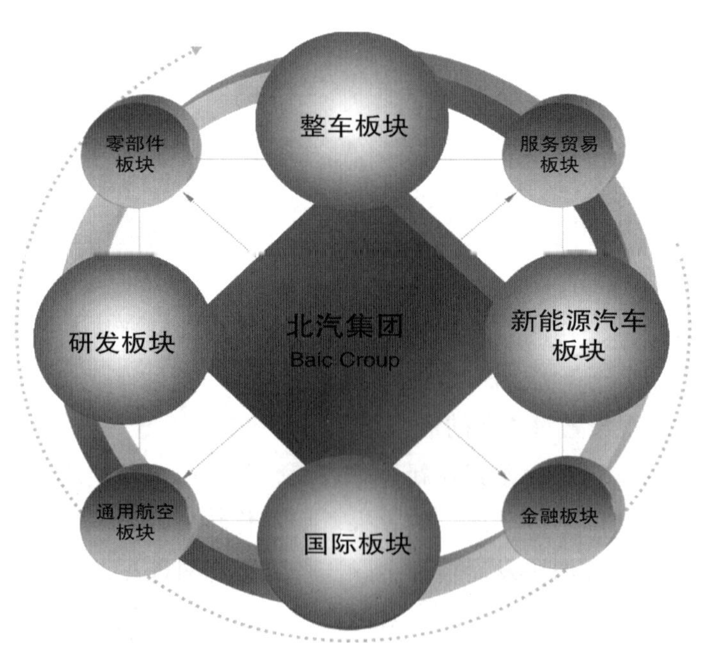

图5　转型调整后北汽集团八大板块

（四）构建多业务生态，实现制造与服务的深度融合

强劲的主业、丰富的多种服务业态以及多业态之间的连接体系都搭建完毕之后，北汽发挥业务之间的共同属性，以“提取公因式”的方式，将最重要的核心抽取出来形成因子式，发挥核心因子的“乘法”作用，以几倍的量级提升整个业态的效率，这就是北汽制造服务化转型“构建生态”环节的具体作用，也正是通过这一环节，主业与多业态布局才能形成超乎寻常的效果。

构建生态包括三个层次：首先是价值链生态，其次是产业链生态，最后是价值链生态与产业链生态的双链融合。价值链生态我们在主业核心能力提升部分已经提及。以下重点介绍产业链生态和双链融合生态的构建。

一是以消费场景为核心，打造多层次出行生态圈。

2015年北汽集团通过战略研讨会，完成了自身“出行解决方案供应商”的角色定位，并确定了以“出行”消费场景的生态圈构建工作。这一生态圈结构由以下四大部分构成：

1.出行服务生态

以消费者出行这一核心需求为出发点，北汽致力于成为“移动出行解决方案供应商”。在这一层生态上北汽整合集团内的全部出行资源，包括北汽鹏龙及北汽新能源的出租车平台，汽车租赁平台和二手车平台，新建北汽车咖出行平台，华夏出行公司，为消费者提供从一次性购车，到中短期租车，再到分时租赁的各类出行服务，以及以各种金融工具为支撑的特色化出行付费方案，全面解决消费者的出行问题。

2.出行工具生态

出行生态圈向外一层，是我们的主业“整车制造产业链”，主要通过为消费者提供出行工具，形成出行工具生态圈。在这一层面，北汽推出连续性的系列产品。在产品从低端到高端的维度构建上，北汽收购昌河品牌，收购福建奔驰，建立二手车平台，成立整车事业部，不断提升通用航空领域的生产能力，在自主品牌领域推行“双品牌”战略。完整打造了从昌河、幻速到高端自主品牌的绅宝，再到二手车，北京现代、北京奔驰以及飞机产品的从低到高产品序列。在产品从传统到未来的时间维度上，北汽不断优化传统车的性能与品质，大力提升新能源三电核心技术能力，深度挖掘智能化与网联化未来发展前景，形成了从燃油动力车到新能源车，再到智能网联汽车和无人驾驶汽车的梯度进化。在产品线的宽度上，北汽持续保持轿车领域的基础地位，不断开发新型SUV和MPV车型，并以越野领域的核心能力，打造BJ80等军车越野作为产品撒手锏，而在商用车领域，北汽福田从多功能车到轻卡、中重卡提供完整车型。经过转型以来的三年发展，北汽集团已经在多个维度上，形成了完整连续的出行工具系列产品线。

3.出行工具服务和出行生活服务生态

在出行工具生态圈外层，围绕消费者出行、购车、用车以及出行生活中面临的种种问题，北汽不断开发各种便捷化的服务内容。近些年来，北汽推出了一揽子金融方案，帮助消费者以最适合自己特征的方式购买北汽的出行服务；建立了后市场统一的APP，帮助消费者以个性化的方式获取维修保养、物流、购物、宠物寄养等等一系列出行过程可能遇到的问题，将服

务价值的外延进一步延伸，同时也在更多的领域内获得消费者特征，形成消费者画像。

4.围绕“出行”核心场景的其他场景服务生态

再向外一层，消费者出行均有各自独特的目的，围绕出行的后端，同样有北汽服务价值可以延伸的领域。近年来，北汽加大“车咖出行”的投入力度，实现了该板块从出行到地方性旅游的一战式服务；北汽旗下北京通用航空公司，一方面正在围绕特殊化出行，提供产品与服务，另一方面针对消费者“出行”环节之后的“娱乐”与“游玩”生活场景不断开发，目前已经成立的泛太平洋跳伞俱乐部就是这方面的典范。

围绕这四层布局，北汽集团逐渐形成了以“出行”为核心的北汽业务生态圈。如图6所示。

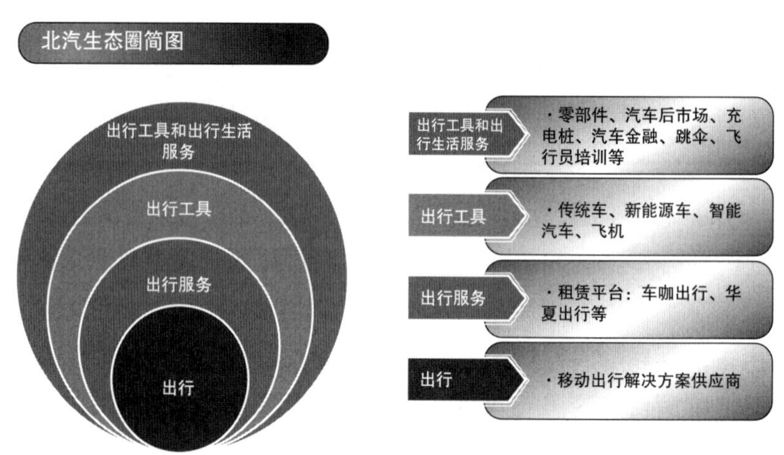

图6　北汽集团围绕出行场景的产业链生态圈

二是以消费者为中心，价值链与产业链双链循环。

北汽的价值链生态圈以消费者为中心，北汽的产业链生态圈以消费场景为中心。为了提升整个系统的效率，在制造服务化转型的过程中，北汽抓住消费者这一一切领域的“牛鼻子”，逐步地将产业链和价值链的生态圈融合起来。

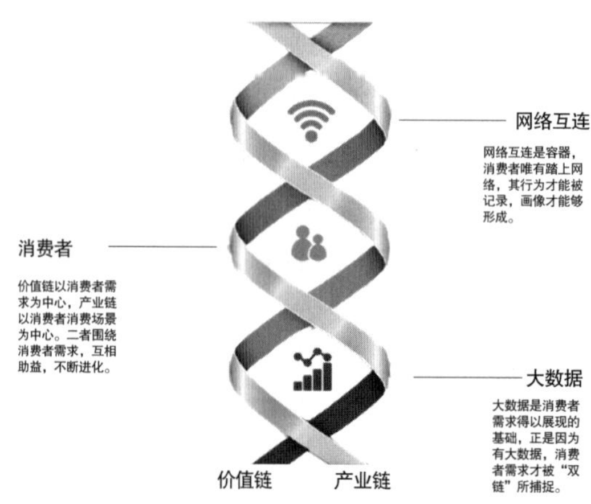

图7　北汽集团价值链与产业链融合“双链DNA”生态

为了实现“双链”融合，北汽集团围绕消费者，一手抓网络互联网，一手抓大数据建设。使消费者的信息充分转化为大数据信息，使价值链的每一环节围绕消费者为中心，得到多产业的支持；使产业链上的每一产业围绕消费者为中心，得到全价值链的辅助。

如在主业价值链上，市场调研环节就不单纯是主业整车制造一个产业的内部活动，而是北汽集成了多个服务业态综合数据得出的结果；在生产制造环节，也不仅仅是工厂在单纯运作，而是根据多个服务业态在服务消费者过程中获得的系统反馈，不断实现制造环节的迭代提升；而在产业链上，如出行服务板块，北汽对其内涵的定义绝不是简单的提供服务，而是秉持“服务即产品”的观念，对任何一个交付给消费者的细微环节，都进行从市场调研到形成服务再到最终交付的全价值链深刻拷问，确保所有领域都真正围绕消费者需求展开。

以此为基础，北汽的价值链生态与产业链生态以“消费者”“网络互联”和“大数据”三项内容相互影响，相互作用，不断将“消费者为中心”的思维深入到全集团的各个环节，深入文化价值观层面，最终推动了整个集团的基因由传统模式向全新的制造服务模式转化。

（五）创新制造，打造供给侧坚实的后台基础。

完善的主业生态，丰富的多业生态，加上互动推进的生态圈层，北汽集团成功地实现了市场层面的价值增殖和产品层面的不断创新，但要想最终打造出优质的产品，高效率、高匹配度的满足消费者需求，还需要新型制造方式的配合。有鉴于此，近年来，北汽集团在后台制造领域开展了一系列创新性工作。可以总结为以下两点：

一是全集团范围内的信息化建设。信息化的完备是制造创新的第一步。近年来，北汽集团投入巨资快速完成了企业核心业务的信息系统全覆盖，实现了其他整车企业8–10年的信息化建设之路，先后建设了PDM、ERP、MES、DMS、SRM等核心业务系统，基本能够实现研、产、供、销、经营管理与生产控制、业务与财务全流程的无缝衔接，实现产品开发、生产制造、经营管理等过程的信息共享和业务协同。负担新兴产业战略使命的北汽新能源公司，更是一马当先建立了大数据中心与云平台，利用分布式的HBase数据库基于HDFS文件系统实现海量车辆数据的可靠存储，并通过部署英特尔以太网融合万兆网络适配器，实现服务器间的10Gb以太网互联，避免服务器间的数据读写成为影响系统整体性能的瓶颈。通过从云平台、数据库以及网络传输速度等的全面部署，实现了相关数据的统一存储、分析，并使信息获得了更强的可扩展性，为新能源公司从用户到研发再到充电桩的全领域生态圈构建提供了坚实的基础支持。北汽福田针对下属18家工厂建立针对研发领域的PLM系统、DFMA系统、产品公告申报系统、FTPDMS；针对制造领域的ERP系统、CAPP系统、质量信息管理系统、SRM系统、WMS系统等，为研发制造能力的提升打下了坚实的基础。

二是制造环节的新技术、新模式应用。为了适应不断更新的消费者需求，高效处理服务业务上传的消费者数据，并将信息流转化成符合条件的实物流，北汽在转型的过程中加大了新技术、新模式的开发与应用。在智能制造方面，北汽在各生产基地逐步布局高智能生产设备，除了较高的自动化程度外，更是通过联网和大数据分析实现了生产进程的不断改进和效率提升。在C2M模式方面，北汽新能源兼顾全生命周期的客户体验，从客户旅程（触网足迹）中定义关键接触点，为客户提供围绕核心产品在任何时间（Anytime）、任何地点（Anywhere）、任何事项（Anything）的“3A”全面服务体验。在协同创新领域，北汽福田成立“超级卡车全球创新联盟”，为下一代超级卡车构建起了智慧全球科技的创新平台，集成了包括发动机智能管理、智能制动系统、智能车道辅助系统等七项前瞻性智能技术应用，推动产品实现由智能辅助主动驾驶逐步向自动驾驶升级。通过创新制造对后台能力的全面提升，北汽完成了由消费者中来到消费者中去的完整闭环，并极大提高了整体竞争力。

四、互联网时代大型汽车集团制造服务化转型的创新与实践的实施效果

（一）经济效益

北汽“制造服务化”转型实施4年来，集团在经济效益上取得了显著的成绩。首先是产业结构领域，北汽以消费场景为核心的产业链生态圈已经构建完毕，体现北汽集团“移动出行解决方案供应商”的市场地位基本确立。在这个过程中，服务业能力不断提升。2013年至2017年，北汽服务贸易收入由169.1亿元增长到448.9亿元（图8）。在利润方面，北汽服务贸易由2013年的6.2亿增长到2017年的20.7亿元，增长率直线上升。2018年上半年北汽服务业收入239.6亿元，同比增长12%，利润同比增长18.8%。

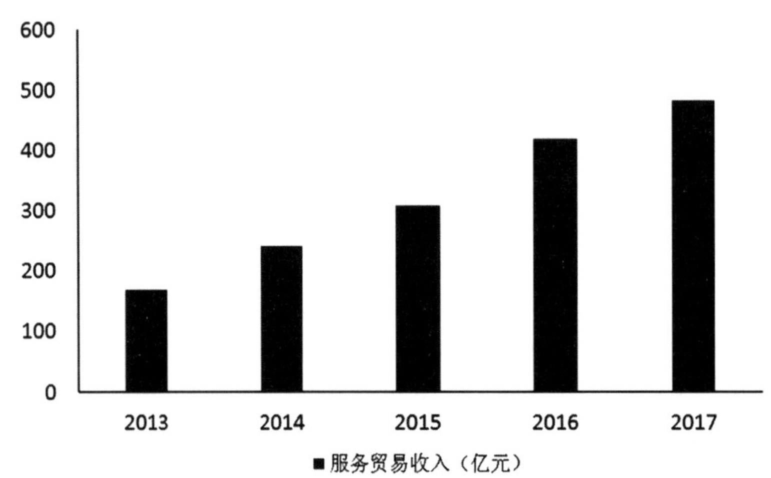

图8　北汽集团服务贸易收入及年增长率（2013–2017）

（二）环保节能效益

在转型发展的过程中，通过生态圈的构建以及价值向服务下探以及新能源汽车的不断发展，北汽持续降低能耗，不断推动节能减排。据测算北汽2017年底万元产值能耗只有0.019吨，比2013年再降17%，只有全国万元GDP能耗的30分之一。同时通过10万量纯电动汽车销售，仅在二氧化碳减排上就能达到5万余吨，为全国节能减排，环境保护做出了显著的贡献。2018年上半年北汽集团的万元产值能耗为0.017吨，比2017年又有所下降。

（三）管理效益

通过系统化、体系化的转型，北汽集团发展效率大幅提高。过去几年来北汽生产效率大幅提升，全员劳动生产率由2013年底的264.48万元/人·年，上升到2017年的323.02万元/人·年，上升22.13%。而随着管理效能的提升，近些年北汽也获得了一批管理类奖项，其中包

括“金紫荆”最佳上市公司领袖奖，及中国企业管理最高奖“袁宝华管理金奖”等。

（四）社会效益

经过三年的发展，北汽集团创造经济效益的同时，也创造了巨大的社会效益。在科学技术方面，整个过程中北汽在智能化、轻量化、新能源以及汽车整体技术方面积累了大量的技术成果，获得了北京市人民政府质量管理奖，中国汽车工业科学技术奖一等奖；石川馨–狩野奖等一系列奖项，为我国汽车工业和汽车智能化技术积累做出了显著的贡献。在商业模式方面，北汽福田牵头成立的全国首家“汽车物联网”不仅为本企业效力，而且优化个行业的运行；北汽新能源“绿色智能出行生态圈”不仅服务我们自己的产品，还为整个产业提供便利。在落实国家发展战略上，北汽集团与南非签订了总金额50亿元的谅解备忘录。在河北投建沧州工厂、黄骅工厂等多个产业基地，大力推进智能化，网联化，电动化建设，推进制造业升级。为“一带一路”“京津冀协同发展”“中国制造2025”等一系列国家战略贡献了自己的力量。

综上所述，北汽集团近 4 年的快速发展的轨迹，折射出北汽转型理念的脉络，北汽集团连续 4 年的持续增长的业绩，印证了北汽制造服务化转型的成功。四年来北汽集团开创并逐步成熟的“制造服务化转型”路径，可以说是中国制造企业在发展路径和发展理念上的重大创新，它不仅使北汽集团走出了一条适合自身条件的跨越式发展之路，为中国汽车行业跨越式发展提供了有价值的范例，也为当前供给侧改革，促进产业转型升级提供了有意义的借鉴与参考。

成果创造人：徐和谊、张夕勇、杨　钧、李春华、王刘芳、刘　乐、张　健、冯彦彪、张　旭

实施两材重组 建设具有全球竞争力的世界一流企业

中国建材集团有限公司

2016年初，中国建筑材料集团与中国中材集团启动重组工作（简称两材重组），8月26日经国务院批准，国务院国资委同意，顺利实施重组，并列入国资委中央企业兼并重组试点。重组后的中国建材集团是中国最大、世界领先并在世界水泥行业具有话语权的综合性建材产业集团，在水泥、商混、石膏板、玻璃纤维、风电叶片，国际水泥工程和余热发电市场六大领域居世界第一。

中国建材集团深入学习贯彻习近平新时代中国特色社会主义思想和党的十九大精神，落实国资委关于兼并重组的部署，集团层面重组无缝对接，党的领导全面加强，业务格局深度优化，水泥、新材料、国际工程三足鼎立，进入高质量发展新阶段。2017年实现优异业绩，2018年上半年再创历史同期最好业绩，实现利润85.9亿元、同比增长51%，营业收入1561亿元、同比增长16%，连续八年进入世界500强。

一、两材重组的重大意义

党中央、国务院高度重视国有企业改革发展，党的十八大以来，习近平总书记、李克强总理多次对国有企业改革做出重要指示批示，提出明确要求。推动两材重组，既是贯彻落实党中央、国务院决策部署，深化国有企业改革的重大成果，也是做强做优做大中央企业的实际行动和具体体现，意义十分重大。

一是优化国有资本布局结构的重要举措。《关于深化国有企业改革的指导意见》和《关于推动中央企业结构调整与重组的指导意见》等文件对推动国有资本合理流动优化配置、促进中央企业结构调整转型升级提出了新的要求。国务院国有企业改革领导小组将两材重组确定为中央企业兼并重组试点企业，两材重组是中央企业布局结构调整的积极探索，有利于解决企业发展过程中存在的资源分散、重复建设等问题，推动企业在更高层次、更高水平上实现资源优化配置，提升核心竞争力。

二是加快打造世界一流企业的迫切需要。做强做优做大国有企业，培育一批具有国际竞争力的世界一流企业，是新时期深化国有企业改革的重要目标。原中国建材连续七年获国资委年度经营业绩考核A级，连续六年进入世界500强，是我国最大的综合性建材产业集团和全球建材制造业领军企业。原中材集团是我国唯一在非金属材料业拥有系列核心技术和完整创新体系的企业集团，水泥技术装备工程国际市场占有率连续8年位居首位。两家企业在过去的发展历程中，都创造了辉煌业绩，为经济社会健康发展做出了重要贡献。传统建材行业产能严重过剩、新材料领域重复建设、国际工程领域过度竞争等问题十分突出，尤其是近年来国际建材行业企业间频繁重组合并，大型跨国公司竞争力不断增强，对我国企业发展形成较大压力。推动两材重组，有利于实现优势互补，品牌、渠道、研发等资源共享，减少同质化发展和重复投入，进一步增强规模实力，提高全球市场竞争力，对提高行业影响力、加快向具有国际竞争力的世界一流企业迈进具有十分重要的意义。

三是推进供给侧结构性改革的重要内容。实施供给侧结构性改革，是党中央、国务院深刻把握我国经济发展大势做出的战略部署，是适应和引领经济发展新常态的重大创新，是适应后国际金融危机时期综合国力竞争新形势的主动选择。供给侧结构性改革，重点是解放和发展社会生产力，减少无效和低端供给，扩大有效和中高端供给。近年来，建材工业增速放缓、效益下降、分化加剧，水泥、平板玻璃等产能严重过剩，但同时部分适应生产消费升级需要的产品极端缺乏，结构性矛盾日益凸显。推动两材重组，有利于提升行业集中度，通过错峰生产、提高标准、减量置换等手段，全力推动建材去产能；有利于整合优势资源和创新成果，推动水泥、玻璃、混凝土等传统建材产品向高端发展，重点突破一批制约行业、企业发展的共性关键性基础性技术，扩大有效和高端供给，推动行业转型升级，更好发挥中央企业在落实供给侧结构性改革中的引领和带动作用。

四是贯彻“一带一路”和国际产能合作等国家战略的重要途径。实施“一带一路”战略、推进国际产能和装备制造合作，是党中央、国务院统筹国内国际两个大局，顺应地区和全球合作潮流，构建全方位开放新格局做出的重大战略决策。中央企业是国民经济的骨干中坚，应当紧密结合“一带一路”战略，利用优势产能，突出重点领域，推动国际产能与装备合作，为实现我国经济提质增效升级做出更大贡献。两材重组后在“一带一路”沿岸沿线国家初步规划的投资项目近100个、预计投资金额超过900亿元。两材重组有利于进一步完善海外建材装备、工程、制造、仓储、物流服务体系，协同开展国际工程建设，有利于打造我国建材产能和装备“走出去”的国家新名片，对于更好服务国家战略，实现国家利益最大化具有重要意义。

二、两材重组具备的条件

一是重组具备坚实的文化基础，相互认同度高。两集团同根同源，均为原国家建材局所属企业，文化相近、人脉相通，在长期发展过程中，既竞争又合作；同时体制机制与管理模式相近，具有良好的重组基础。

二是双方业务的协同性和互补性强，具有整合空间。两集团在水泥、玻璃纤维、风电叶片及其他复合材料等主业上高度协同，并在轻质建材、工程承包、能源管理、新型房屋等领域各具特色、高度互补。业务上的协同性、互补性将为本次重组的成功奠定坚实基础。

三是重组符合各方期待、得到广泛支持。水泥等基础原材料行业产能严重过剩、恶性竞争加剧，行业效益显著下降，行业老领导及各方同仁高度期盼两集团引领行业联合重组，集团各级干部职工就重组形成了统一思想。

四是重组符合资本市场预期。两集团重组将显著提高水泥市场集中度，并在两集团其他业务板块产生协同，将对提升竞争力、改善盈利能力起到重要作用，符合资本市场的正面预期。

五是重组有例可鉴，双方经验丰富。近年来，在国务院国资委的领导下，已成功完成多起中央企业重组，为本次重组积累了大量宝贵经验。两集团亦在企业重组、区域整合、资本运作等方面经验丰富，探索了多种发展模式和成长路径。

三、两材重组的指导原则

（一）服务国家战略原则

重组要立足国家供给侧结构性改革、“一带一路”战略、创新驱动发展战略、装备走出去和国际产能合作战略目标，服务于国家经济建设和产业发展战略，符合习近平总书记提出的国企改革“三个有利于”标准和党中央、国务院《关于深化国有企业改革的指导意见》精神以及配套文件的原则和要求。

（二）市场化和效益最大化原则

重组要遵循市场经济规律，充分利用现有资源，以效益最大化为原则，稳妥有序推进同业合并，通过重组提高区域市场控制力和市场竞争优势，提高上市公司市值和盈利能力。

（三）依法依规原则

重组要严格遵循国家法律法规和资本市场监管的要求，充分发挥中介机构的作用，精心谋划、稳妥推进、规范操作；注重风险防范，建立完善内部监督体系，有效保障国有资产权益，防止国有资产流失。

（四）坚持党的领导和加强党的建设原则

重组过程中要把加强党的领导和完善公司治理统一起来，明确党组织在公司治理结构中的法定地位，坚持党管干部原则，从严选拔和管理领导人员，充分发挥党组织把方向、管大局、保落实的重要作用，严格落实党建工作责任制，切实履行党风廉政建设主体责任和监督责任，强化对权力运行的制约和监督。

四、两材重组前期的主要措施

（一）成立组织机构

两材重组根据不同重组阶段的工作实际，分别建立了由主要领导牵头、专门机构负责的整合工作机制。

在重组筹备阶段（即重组获批前），两集团成立了重组领导小组，宋志平任组长、刘志江任副组长，成员为曹江林、李新华，领导小组下设综合业务组、战略规划组、上市证券组、财务审计组、人力资源组、法律事务组、党建纪检组等7个工作小组，由两个集团公司和两个股份公司相关负责同志组成。

在集团公司层面重组阶段，结合国资委对新集团领导班子的安排，成立了改革重组领导小组，宋志平任组长、刘志江任副组长，曹江林、李新华为执行副组长，集团领导班子成员为组员。领导小组下设改革重组办公室，光照宇任主任，两家股份公司负责同志、集团公司总法律顾问为副主任，成员为中国建材集团、中国建材股份、中国中材股份各职能部室负责人及相关工作人员。改革重组办公室日常办事机构设在集团董事会办公室。

在业务整合阶段，由于业务整合重点任务是两家股份公司及相关成员企业的整合，为规范高效完成业务整合，集团成立了业务板块重组整合三级机构。领导小组组长宋志平，副组长刘志江、曹江林，组员为集团公司领导班子成员；工作小组组长曹江林，副组长光照宇、彭建新，成员由集团总法律顾问、总经济师及人事、财务、投资相关职能部室和中建材股份、中材股份相关负责人组成；工作小组下设办公室，由中建材股份、中材股份董事会秘书分别担任主任、副主任，成员由相关职能部室和公司业务分管负责人组成。

（二）统筹发布公告

经与国务院国资委领导及主管局有关领导沟通一致后，在组织拟写重组请示报告的前一天（2016年1月25日），统筹安排两集团所属14家上市公司同时向资本市场发布公告，告知广大投资者“中国建筑材料集团有限公司与中国中材集团有限公司正在筹划战略重组，重组方案尚未确定，方案确定后尚需获得有关主管部门批准。上述事项目前不涉及公司的重大资产重组事项，亦不会对公司的正常生产经营活动构成重大影响。公司将根据上述事项的进展情况按照相关规定及时进行信息披露”。14家上市公司均未停牌，公告发布后，资本市场反应正常平稳，反响正面积极。

（三）召开启动会议

2016年2月19日，两材重组全面启动会在京召开。国资委改革局有关领导到会指导。原中国建材集团董事长宋志平代表两集团作表态讲话，原中国中材集团董事长刘志江主持会议，两集团领导小组成员、工作组召集人以及工作组各专业小组召集人出席会议。会议强调了两材重组的战略意义、重组过程中需重点推进的几项工作以及重组请示中需要细化几个要点。

（四）精心拟写请示

在国资委改革局的指导下，“两材重组”工作组组织两集团有关人员与中信、中金等证券机构以及法律顾问，就重组战略意义、面临挑战、重组原则、重组路径、业务平台整合目标、上市公司整合思路以及党建纪检工作等进行深入研究，如期完成重组请示上报国务院国资委。

（五）深入交换意见

两集团有关负责人与证监会、商务部、发改委、财政部、国土资源部、工信部、国家工商总局、国家税务总局、香港联交所等有关部门和机构，进行反复深入沟通，就重组过程中的有关问题深入交换意见，达成基本一致。

（六）召开重组大会

收到重组获批的通知后一周内（2016年8月26日）召开两材重组大会暨中国建材集团有限公司成立大会，新集团正式成立揭牌。完成会议组织及筹备、文字材料起草、现场会务安排等；开展系列宣传报道，充分利用网络和新媒体（微信）平台开展新闻宣传，在主流媒体和行业媒体开展系列报道，营造良好舆论氛围。

五、两材重组的主要措施

两材重组不是简单的合并，而是要有化合反应。中国建材集团按照党中央、国务院、国资委对重组的要求，重点围绕三件事展开工作：一是资源优化，重组的核心目标是更好地推进供给侧结构性改革，提高企业自身整体的竞争力和经济效益。加快打造世界一流企业。二是市场整合，推进建材工业的供给侧机构性改革，在国际和国内市场减少无序恶性竞争，降低单位成本，提高运行效率。三是积极参与国际竞争，贯彻“一带一路”和国际产能合作等国家战略，把建材成套装备技术打造为中国实业的 “新名片”。围绕这些思路，在整合过程中制定了清晰的目标和缜密的计划，迅速确定了“一个目标、三大战略、六大平台和三条曲线”，扎实开展“四大优化、六大整合”，有条不紊推进重组整合工作。

（一）完成集团层面机构职能“四大优化”

第一，优化集团发展战略。以两材重组为契机，从高速增长阶段转向高质量发展阶段，提出了创新驱动、绿色发展、国际合作三大战略，打造“基础建材、国际产能合作、三新（新材料、新能源、新型房屋）产业发展、国家级材料科研、国家级矿山资源、金融投资运营”六大业务平台，确定了“精耕细作基础建材、大力发展新型材料、积极培育研发及技术服务等新业态”的业务发展“三条曲线”，提出集团2020、2035、2050中长期奋斗目标和国际化发展“六个1”目标，努力实现“高端化、智能化、绿色化、国际化”的“四化”转型。小两材完成合并后，集团目前已形成水泥、新材料、工程技术服务三足鼎立的业务格局。

第二，优化精减总部机构。集团总部机构由原两材的27个整合为12个、人员由269人调整为不到150人，保持了机构精简、人员精干。周到稳妥地安排精减干部充实到二级、三级企业，公司主要领导进行了大量细致思想工作，努力做到职务有升不降、薪酬有增不减，在党员干部的带动下，精减工作繁而有序，稳定了队伍，激发了干劲，充分调动了大家的积极性。

第三，优化精干二级平台。两个月内完成了二级平台搭建，由原两材的32家整合为17家，后续经过多次整合，现在二级企业12家，截至2018年5月31日，集团完成压减356户，压减比例20.6%，提前完成国资委下达的三年压减目标。集团又制定了更高压减目标，还在继续整合同类项，继续大力推动“瘦身健体”，为业务整合和打造大利润平台奠定了坚实的基础。

第四，优化创新制度体系。建立协调良好、运作有效的董事会、党委会、经理办公会、职代会协调机制，完善有效、高效的会议制度和管理制度。把加强党的领导和完善公司治理有机融合，党委前置决策制度化。集团发布了党建制度、治理制度、安全生产手册、员工手册等制度汇编。每月一天会议日，上午党委常委会，由党委书记主持；下午办公会由总经理主持；还有集团月度经营分析会，通过会议日打破集团内谷仓效应，互相交流学习，上下级之间加强互通，宣贯集团战略部署并推动落实。

（二）推进业务层面上市公司及内部资源“六大整合”

第一，品牌文化整合。确立了核心价值观“创新、绩效、和谐、责任”，行为准则“敬畏、感恩、谦恭、得体”以及相关工作方针；在品牌标识上倡导包容，集团继续延用原中建材集团CNBM企业LOGO，同时保留原中材集团SINAMA作为品牌标识，在国际工程领域进一步推广SINOMA品牌。在重组后新集团第一次年度工作大会，印发了新集团VI手册，在全集团宣贯企业文化、统一品牌和标识。

第二，“小两材”整合。两材集团层面重组整合基本完成后，启动小两材重组工作。小两材重组是以深入推进供给侧结构性改革、践行国家“一带一路”为出发点，以确保国有资产保值增值、释放协同效应、提升国有资本盈利能力和国际竞争力为立足点，并全面考虑了后续专业化A股整合的衔接性和可操作性。经过反复研究比较，小两材重组采用了换股吸收合并的方式，即：中国建材向中材股份H股股东发行H股，向中材股份非上市股股东发行非上市股，换股吸收合并中材股份。

重组完成后，中材股份退市并注销，其现有资产、负债及一切权利、义务由中国建材承接与继承，其现有股东成为中国建材的股东，中国建材集团直接及间接持有合并后中国建材总股份的42.20%。原中材股份下属5家A股上市公司天山股份、宁夏建材、祁连山、中材科技、中材国际均成为中国建材下属子公司。合并后的中国建材直接持股21家企业，其中上市公司7家。下一步将结合发展需要，以现有上市公司平台及优势企业为主体，择机启动相关产业组织整合，通过资产置换、注入等方式，打造全球领先的专业化平台公司，提升产业链的综合实力，同步解决同业竞争问题。

在实施小两材重组的同时，大力开展水泥、工程等两材同质业务的内部协同和市场整合，以及集团内的产融、产研整合。

第三，水泥业务整合。水泥行业长期产能严重过剩，产能利用率仅60%。重组后中国建材集团共有9家水泥平台公司，多次召开水泥专题工作会，积极发挥大企业作用，引领行业淘汰落后、推进市场竞合、执行错峰限产，推动水泥向高性能化、特种化、商混化、制品化“四化”方向发展，提高产业和产品的附加值，在业务重合区域积极整合市场资源。市场协同成效显现，在产销量基本持平的情况下，价格稳定在合理范围。今年上半年同比水泥产量减少2.2%、毛利率提高8.9个百分点，商混产量增长2.5%、毛利率提高5.5个百分点。

第四，国际工程业务整合。原两材共有14家涉及工程服务的公司，过去经常打乱仗、大量内耗，损失收益。重组后集团召开工程业务专题会，成立协调工作组，明确“精耕市场、精准服务、精化技术、精细管理”的要求，提出减少家数、划分市场、集中协调、适当补偿、加快转型的思路，今年又多次组织C9和E14协同会议，打破谷仓效应，确定统一经营理念、统一竞合、统一对标体系、统一协调机构的“四统一”原则，让各企业间相互借鉴、深入交流，针对具体项目，发挥各自的优势，扎实有效展开合作。

第五，产融整合。重组后集团召开产融业务专题会，部署充分发挥财务公司功能，积极努力提高企业资金归集度，降低资产负债率。今年银保监会正式批复同意新集团承接原中材集团持有的财务公司70%股权；财务公司更名为中国建材集团财务有限公司已在国家工商总局完成名称核准；集团制定全口径日均资金集中度目标，要求各企业加强与财务公司业务合作，北新建材、西南水泥等原中建材股份公司的子企业已经完成开户。

第六，产研整合。打造行业“核心研究院”，加强基础性、共性、前瞻性技术研究和多元化新兴产业研究，构建具有国际竞争力的技术创新体系，也为集团产业板块提供强有力的技术支持。2018年3月国家发改委发布对全国1345家国家企业技术中心2017–2018年评价结果中，中国建材集团技术中心以91.2分的成绩位列第35位，被评为全国优秀企业技术中心。

六、两材重组的有关经验

（一）制定了“三步走”的重组步骤

中国建材集团实施“两材重组”采取了集团层面（大两材）、港股公司（小两材）、业务板块（A股公司）分层分段重组整合的“三步走”方略，三步之间既相互独立，又有所重叠，逐层深入、环环相扣，很好地解决了上市公司整合操作难度大、业务板块存在同业竞争等问题。

第一步是集团及二级板块层面战略定位。集团确立了塑造具有全球竞争力的世界一流建材和新材料企业的战略愿景，明确了行业整合的领军者、产业升级的创新者、国际产能合作的开拓者的战略定位，按照业务整合、瘦身健体、优化资产、业务归核化的工作思路，完成集团战略、总部机构、二级企业平台、制度体系“四大优化”，实施和开展品牌文化、上市公司、水泥业务、国际工程、产融、产研“六大整合”。

第二步是推进中国建材股份有限公司（简称中国建材）和中材股份有限公司（简称中材股份）两家H股公司的吸收合并（资本市场称作“小两材合并”）。在国资委、证监会等部委的指导和支持下，小两材资本市场不停牌，2017年7月启动，历经半年多时间成功实施换股吸收合并。2017年12月6日在大股东回避表决的情况下，两家公司股东大会小股东投票通过率均超过了99%，创造了近年来资本市场重组案例的新纪录，也为央企重组整合贡献了新的经验。2018年5月2日小两材圆满完成换股合并，中材股份注销，合并后的新中国建材股份有限公司H股正式在香港联交所上市交易，并于5月3日召开了新公司第一次董事会。集团公司履行股东职权，提出对中国建材股份派出董事、监事，推荐独立董事、独立监事，以及提名总裁人选。集团董事长、党委书记兼原中国建材股份董事局主席宋志平提出，从公司长远可持续发展角度考虑，应由更多年富力强的同志组成新股份公司的董事会、监事会和经理层，为此他和集团副董事长、党委副书记兼原中材股份董事长刘志江主动提出不继续在新股份公司任职。集团作为控股股东提名集团总经理兼原中国建材股份总裁曹江林为新股份公司董事局主席；提名集团副董事长兼原中材股份董事局副主席李新华为监事会主席；提名原中材股份总裁彭建新为副董事长。目前，新股份公司职能部门和人员已经全部调整到位。

第三步是对同业竞争的业务板块进行优化重组。按照业务归核化原则，每个子公司都围绕核心业务形成一个大的产业、争取做到全球前三，打造专业化的中大型上市公司。同时要遵循资本市场逻辑和规律，通过多种方式整合同质化业务，在H股上市公司形成水泥、新材料、工程服务三足鼎立的格局，提高资本运营与重组整合能力，实现上市公司价值最大化。目前第三步工作正在积极推进中。

（二）全面加强党的领导

牢固树立“四个意识”，自觉做到“两个坚决维护”，坚决维护习近平总书记核心地位、坚决维护党中央权威和集中统一领导。集团把政治账、经济账两本账合成一本账，将党建工作与企业经营相结合、与公司规范治理相结合、与企业文化和安全环保文化相结合、与廉洁从业相结合，提高党建质量。党建工作做到细致再细致，规范组织、规范活动、规范制度；纪检工作严格再严格，坚持严管厚爱并重。

一是坚持和加强党的全面领导。坚持“两个一以贯之”，把党的领导和完善公司治理结构统一起来，建设中国特色现代国有企业制度。落实党建工作总体要求进章程，中国建材股份股东大会以83.89%较高票（集团持股44%）通过党建进章程议案，真正将党的领导融入公司治理。集团党委研究讨论作为董事会、经理层决策重大问题的前置程序，加强党委班子学习和自身建设，着力提高党委前置决策的能力水平，为企业改革发展把方向、管大局、保落实。

二是充分发挥基层党组织作用。在基本组织、基本队伍、基本制度“三基建设”上了一个大台阶。以混合所有制企业和海外党建为重点，以“五好党支部”“党员先锋岗”“党建工作品牌”为载体，以“不忘初心 牢记使命”主题教育为抓手，抓实抓细基层工作，7月10日在山东泰山玻纤召开中国建材集团党建品牌发布会，基层组织和广大党员成为企业改革发展的战斗堡垒和先锋力量。

三是抓牢党建责任考核。全面开展对成员企业党委年度工作考评，全面推行成员企业党委向集团党委报告年度党建工作、党委书记向集团党委作党建工作述职、基层党组织书记抓党建述职评议考核三项制度，实现“三项制度”全覆盖。

四是抓好党建文化。广泛建立党员活动室、党建宣传阵地，体现央企政治优势，营造浓厚文化氛围，提振员工精气神。营造“党建文化、企业文化、安全环保文化、亲清文化”四化融合的良好企业氛围。

五是抓严党风廉政工作。严格落实党风廉政建设“两个责任”，严格执行中央八项规定，进一步强化党纪党规意识。弘扬“亲清”文化，坚守原则底线，工作上亲密合作，利益上清清白白，为企业改革发展营造风清气正的环境，同时要加强内部巡视巡察工作。

（三）弘扬优秀的企业文化

一是团结向上密切合作。两材重组以来，中国建材集团上上下下非常团结，两股绳拧成一股绳，两家人成为一家人，实现了无缝对接。集团全体员工都倍加珍惜良好的文化氛围，紧密团结在一起，领导干部具有大局意识，不利于团结的事不做，不利于团结的话不说。“寸有所长、尺有所短”，干部员工都多看别人的长处，多发现别人的优点，取长补短，弘扬积极向上的先进文化。

二是积极主动担当作为。集团倡导干部员工要把时间用在学习上、把心思用在工作上，始终保持昂扬的精神状态，自觉提升兴企治企本领，做专业领域和企业经营的行家里手。集团对干部提出了“四个精心”要求，精心做人、精心做事、精心用权、精心交友，要求干部争做有学习能力、有市场意识、有专业水准、有敬业精神、有思想境界的“五有干部”。以更加强烈的责任感和使命感，以更加积极主动的担当作为，全身心投入到集团高质量发展的新征程中。

三是让员工与企业共同成长。关爱员工是中国建材集团的企业品格。一个人置身职场有两件事最重要，一是有一位好领导，二是有一个好平台，好的领导会给人正确的指引，好的平台能让人充分发挥才能。中国建材各级企业都围绕着这两件事做好“人”的工作，提高员工的幸福指数，让员工获得物质上的富裕和精神上的富足，真正实现与企业共同成长。

七、两材重组的取得成效

（一）经营业绩创历史同期最

2017年是两材重组后第一个完整财务年度，集团实现营业收入3021亿元，利润总额151亿元，上交税费188亿元，社会贡献总额668亿元。2018年上半年经营业绩创历史同期最好水平，实现利润85.9亿元，同比增长51%。完成年度任务71%；营业收入1561亿元，同比增长16%，完成年度任务50%，超额实现“时间过半、任务过半”。世界500强中排名243位，连续八年进入榜单；2017年度央企业绩考核再获A级；在国资委对班子的考核中获得优秀成绩，在国资委党建工作考评中又评为优秀，这些都充分说明，两材重组后集团党的建设全面加强，企业文化深度融合，集团上下团结一心，真正实现了1+1>2的预期效果。

（二）创新转型成效显著

两材重组以后，集团加快推进结构调整和转型升级，创新发展高性能碳纤维、超薄电子玻璃、铜铟镓硒和碲化镉薄膜太阳能电池、锂电池隔膜、高精工业陶瓷等一批新材料量产化项目，新材料业务异军突起，2017年新材料业务利润总额70亿元，为集团利润贡献近半。今年上半年，铜铟镓硒薄膜电池组件转换率再创世界纪录，世界首条大面积发电玻璃生产线、首条轻薄高透光伏玻璃智能生产线成功投产，百吨级T1000碳纤维、世界最薄0.12毫米电子玻璃、高铝盖板玻璃等实现稳定量产，创新转型成绩斐然。集团已由一家以水泥业务为主的建材企业，转型发展为水泥、新材料、工程技术服务三足鼎立的综合性建材和新材料产业投资集团。

（三）“一带一路”建设不断深入

近年来，先后在全球75个国家和地区承接了312个水泥项目，连续9年保持全球水泥工程市场占有率第一，承接了60多个玻璃项目，运营了14家海外建材连锁超市、外包管理了全球30多家工厂。中国建材赞比亚工业园、中国巨石埃及玻纤基地、中材国际埃及GOE项目、凯盛集团成功收购德国CIGS太阳薄膜电池项目、中建材迪拜物流园等国际项目受到中央领导、国资委领导及国内外同行的充分肯定、表扬和赞誉。上半年，集团继续稳妥推进海外投资布局，共签署境外工程服务合同34个、总金额14.8亿美元。水泥玻璃工程继续保持全球市场份额领先地位，埃及GOE六条水泥线全部如期完工并一次性通过性能考核。新能源工程、节能环保工程、新型房屋工程有序开展。

成果创作人：宋志平、刘志江、曹江林、李新华、光照宇、傅金光、常张利、顾　超、牛振华、王　维、曾　暄、堵光媛、刘现肖

建设交易所投行服务平台 助力国企混改与科技创新

——北交所“北交汇投”投行服务体系建设与运营服务实践

北京产权交易所

2018年，是中国改革开放40周年，也是中国产权市场诞生30周年。30年来，中国产权市场因服务国资国企改革而生，在服务改革中发展壮大，得到政府部门和市场的充分认可，已经被中央定位为与证券市场并列的中国复合型资本市场的重要组成部分。

当前，中国经济处于转型升级的关键阶段，中央推进全面深化改革的速度和力度逐步加快，对于通过市场化手段促进要素资源优化配置特别是企业并购重组的需求不断提升。在这样的大背景下，作为全国产权市场的领先机构，北京产权交易所（以下简称北交所）立足国家改革发展的大趋势，立足市场实际需求，依托长期运营中积累下来的项目资源、投资人资源、中介服务资源、投行服务能力等，研发出线上和线下相结合的投行服务平台——“北交汇投”，致力于发挥北交所的资源集聚优势，实现投融资需求的智能匹配，并提供全流程的投行服务，促进项目端和资金端的高效对接，助力国企混改和科技创新，取得很好成效。

一、“北交汇投”平台建设背景

（一）中国经济处于转型升级的攻关阶段

中国改革开放走过40个年头，中国经济社会发展取得辉煌成就。但同时，经济发展的周期性规律决定了原有发展模式逐渐不能适应新的生产力发展要求。

党的十九大报告指出，“中国经济已由高速增长阶段转向高质量发展阶段，正处在转变发展方式、优化经济结构、转换增长动力的攻关期”，要“贯彻新发展理念，建设现代化经济体系”，“必须坚持质量第一、效益优先，以供给侧结构性改革为主线，推动经济发展质量变革、效率变革、动力变革，提高全要素生产率”，“经济体制改革必须以完善产权制度和要素市场化配置为重点，实现产权有效激励、要素自由流动、价格反应灵活、竞争公平有序、企业优胜劣汰”。这都意味着中国经济必须改变原来依靠要素资源的规模化投入、大量低廉劳动力、以环境破坏为代价的粗放型发展方式，转而依靠要素资源的优化配置和集约、高效应用。必须进一步破除行政命令对于价格的管控，转而依靠市场形成和决定价格。毫无疑问，这一宏大系统工程的背后蕴含着海量的要素资源市场化配置的新需求。尤其是传统产业转型升级、高科技的新兴产业快速发展、国企全面深化改革、更多领域向外资开放的大背景下，企业并购重组和资金融通的需求将日益旺盛。

（二）产权市场的功能定位愈加明确

2018年也是产权市场诞生30年。30年间，中国产权市场因改革而生，在服务改革中逐步壮大，走过从无到有、从小到大、从单一到多元的发展历程。服务范围从最初的企业国有产权转让，逐步拓展到企业增资扩股、企业债权转让、实物资产转让、资产租赁、资产采购以及知识产权等无形资产转让和融资等领域；从最初的仅服务国有企业，拓展到服务非国有企业、外资企业等各类所有制企业；从最初的仅提供信息披露、交易撮合等平台服务，拓展到方案设计、顾问咨询等各类投行类服务，走过从无到有、从小到大、从单一到多元的发展历程，表现出旺盛的生命力和创造力。进入新时代，产权市场适应新的生产力发展需求，功能定位更加明确。

一是具有阳光化、市场化的特质属性。企业国有资产交易是产权市场的基本业务，也是党和政府交给产权市场的重要职责。自成立以来，中国产权市场通过“公开、竞争”的制度设计，制订了完备的交易规则、科学的交易流程、强大的互联网交易系统、完善的风险控制体系、安全便捷的结算系统，同时聚拢了丰富的投资人、中介服务机构资源，实现了企业国有资产的阳光化、市场化交易。

二是具有非标准化和“长尾市场”的显著特征。产权市场的交易项目均为非标准化项目，每个项目之间都存在显著的不同。同时，产权市场具有典型的“长尾市场”特征，体现在产权市场的交易方式是众多产品的一次性交易，通常是为使用而买、为混合或调整而卖。上述特征决定产权市场不仅可以涉及多个领域的众多交易品种，还可针对企业产权的不同发展阶段乃至整个生命周期提供全流程服务。

三是产权市场被列为与证券市场并列的新型资本市场形态。2015年8月，中共中央、国务院出台《关于深化国有企业改革的指导意见》（中发〔2015〕22号），明确提出“支持企业依法合规通过证券交易、产权交易等资本市场，以市场公允价格处置企业资产，实现国有资本形态转换，变现的国有资本用于更需要的领域和行业”，首次将产权市场与证券市场平行纳入“资本市场”范畴，产权市场的资本市场属性在国家顶层设计层面得以确立，产权市场和证券市场一起构成了具有中国特色的复合资本市场，这也为产权市场的转型发展明确了方向和目标。

（三）产权市场的服务能力亟待提升

毫无疑问，产权市场在新时代中国经济社会发展中将扮演更为重要的角色。但同时，产权市场的服务能力还远远不足，距离资本市场应当具备的服务标准还有较大距离，在服务中国经济转型升级、服务国家战略和区域经济发展方面还有较大提升空间。因此，产权市场当前发展的主要矛盾是其肩负的重要职能与自身服务能力不足之间的矛盾。产权市场亟须一次自身的供给侧结构性改革，在发挥平台服务优势的同时，还需要苦练内功，提升自身投行服务能力，包括交易项目的市场推介、顾问咨询、交易撮合、市场融资等方面的专业能力，确保各项交易规范、高效进行，实现要素资源的有序流转、优化配置和市场公允价格的发现。

二、打造“北交汇投”投行服务平台

（一）北交所市场功能和行业地位

北交所成立于2004年2月，由原北京产权交易中心和中关村技术产权交易所合并重组而成。在发展过程中，北交所逐步被定位为“政府管理经济的市场化工具”“落实源头防腐的阳光平台”和“首都要素市场的重要建设者和运营者”。

自成立以来，北交所始终坚持“规范”和“创新”并举，在做好企业国有产权转让的基础上，全力吸引各类国有资产和政府服务类业务进场，企业资产交易、企业增资扩股、行政事业单位资产交易、诉讼资产交易等纷纷进入北交所公开交易。同时，北交所着眼首都要素市场体系建设，积极探索和完善通过公开市场对各类要素资源进行有效配置的途径和模式，投资设立中国技术交易所、北京金融资产交易所、北京环境交易所、北京铁矿石交易中心等专业交易平台，设立北交所金融服务（上海）有限公司、北京权益通支付科技有限公司、北京登记结算有限公司等支撑服务机构，围绕要素交易生态链建成“一托十”的集团化运营架构。业务范围涵盖各类权益、实物资产、大宗商品和金融产品四大品类，自2004年成立至今，集团累计交易规模超过20万亿元，其中，2015年至2017年连续三年突破5万亿元，在全国同业机构处于领先地位，同时也充分体现出市场化配置已经成为各类要素资源交易的主要方式，要素市场对于国民经济和社会发展的助推作用愈加明显。

服务国资国企改革，助力企业国有资产交易始终是北交所的核心业务和基础业务，业已形成较大的市场竞争优势。以2017年交易数据为例，北交所全年共成交企业国有产权转让、国有企业增资、国有企业资产转让三大类项目3839项，同比增长78.89%，成交金额2229.92亿元，同比增长74.53%。其中，企业国有产权转让项目全年成交1591.33亿元，在全国市场的占有率达31.8%，涌现出航发投资公司、康侨佳城置业公司、华宸信托公司等一大批典型项目；国企增资扩股项目全年成交90项，募资总金额544.81亿元，在全国市场的占有率达54.95%，中石化川气东送管道公司、招商局华建公路公司、中粮资本公司、中核新能源公司、北汽新能源公司等国有企业股权多元化和混改项目成功完成；国企重大资产转让项目全年共成交2754项，同比增长91.92%，交易金额93.78亿元，市场占有率达19.54%。可以看出，无论是交易规模、市场占有率，还是竞价率、增值率、市盈率等体现市场运行效率的关键指标，北交所均处于全国市场领先地位。同时，企业国有资产交易规模大幅提升，也体现出国资国企改革进程正在逐步加快，国有企业积极通过产权市场“以市场公允价格处置企业资产，实现国有资本形态转换”的力度进一步增强。

（二）打造“北交汇投”投行服务平台

随着国资国企改革、供给侧结构性改革进程的持续深入，企业并购重组、资产处置等行为越来越多，产权市场在持续增强平台服务优势的同时，还需要不断提升自身的投行服务能力，全力促进投融资双方实现规范、高效交易。在此背景下，北交所创新性地设计研发了“北交汇投”投行服务平台，该平台于2017年11月正式上线运营。

1.“北交汇投”平台的设计理念

“北交汇投”平台依托北交所平台优势，发挥资源集聚优势，一方面通过大数据和人工智能技术应用，实现投融资双方的精准匹配和高效对接；另一方面以投融资服务、金融服务、产业服务为核心驱动力，以国资国企改革、全国科技创新中心建设、高精尖产业发展为服务方向，高效聚集投融资两端的优质资源，为国企改革提供资产梳理、资产重组、债务重组、方案策划、信息披露、投资人对接与遴选、交易洽谈、法律咨询等全方位的投行服务，有效提高国资国企改革过程中的资本配置效率。最终，通过“线上精准匹配”和“线下专业服务”的有机结合，促进交易实现。同时，发挥国有交易资源的引导和示范作用，吸引更多非国有交易资源，不断拓展产权市场的服务边界，持续完善产权市场优化资源配置、发现市场公允价格的核心功能。

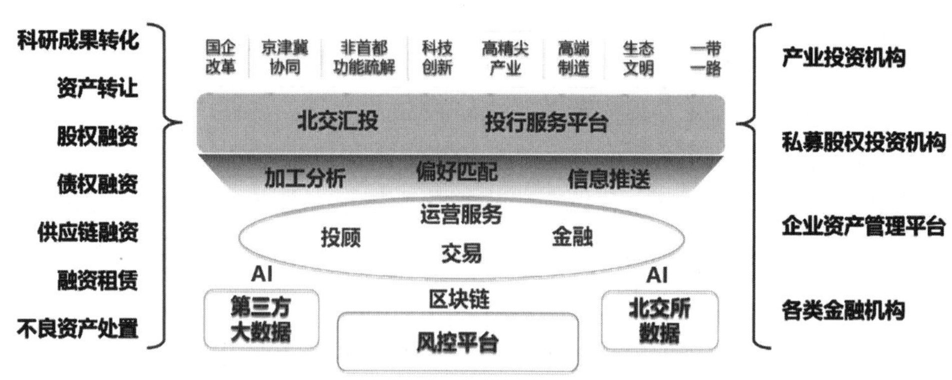

图1

2.“北交汇投”平台的主要功能

在为资产端提供服务方面，一是项目深度挖掘与包装。“北交汇投”平台通过数据支撑对企业的经营现状、行业情况、核心资产、商业模式、管理机制等进行深度分析，充分挖掘企业的投资价值，并对项目加工包装，吸引投资人发现企业潜在价值。二是方案策划。“北交汇投”平台根据项目情况为企业提供专业投行服务，对企业所处行业、产业环节、盈利方式等进行全盘梳理，为企业重新构建商业模式、发展规划，协助企业进行资产重组、债务重组，设计完整的融资方案、交易结构，完成资本运作方案策划。三是精准匹配投资人。“北交汇投”平台以完全线上化的形式，对融资企业的细分行业、产业环节、股权结构、商业模式、经营规模、市场渠道、客户资源、融资规模、资金用途、盈利水平、发展预期等关键指标进行整合和分析，智能匹配符合项目融资需求的投资机构，并通过互联网应用的建设进行充分的信息披露，以更广泛地吸引投资人，同时充分运用专业能力根据项目情况为其合理地配置各类金融工具或组合，显著提高投融资双方对接效率，实现精准营销。四是投资人推荐与遴选。在征集到多个意向投资方的情况下，“北交汇投”平台可对投资机构进行线上化数据分析，根据企业融资诉求和投资方条件，精确定位对企业发展最具优势的意向投资方，并将各意向投资方对于融资行为的关键信息向企业及时披露，结合线下服务，协助企业进行投资人遴选和多轮谈判。五是项目的交易和流转。依托于产权市场完善的交易体系和制度建设，“北交汇投”平台为融资方提供从前期设计到交易完成的一站式服务，使得各类权益可以在专业、公开的交易场所进行快速交易，同时为投资机构提供退出通道，打造完整的交易体系。

在为资金端提供服务方面，一是高效的项目分析。“北交汇投”平台通过工商管理等政府部门、券商信托保险资管等金融服务机构、审计律所等专业第三方服务商等合作渠道，采集融资企业的经营、财务、信用、交易、股权结构穿透等数据，基于深度行业研究，充分结合企业的融资需求、商业模式、客户资源等信息，运用大数据技术，对处于不同行业、不同产业环节的企业进行高效分析，形成精确的企业画像，同时基于互联网工具对企业进行评估，形成估值报告供投资机构判断企业价值。二是项目的精准推介。“北交汇投”平台以线上、线下相结合的方式对资金端数据库进行实时维护，及时更新各类投资人、投资机构的信息，及其投资偏好和投资需求，包括投资领域、产业布局、机构性质、主要投资方式、投资能力、投资回报期望、退出渠道等要素，向投资人、投资机构精准推介其可能感兴趣的项目。三是投资顾问服务。根据投资人的具体需求，线下投行服务团队与第三方专业服务机构合作，提供早期咨询、专业审计、尽调、评估、法律咨询、交易结构设计、交易谈判、交易过程中资金融通等投顾服务，以便于投资人充分高效地完成投资决策，通过专业服务进行交易撮合。四是增值服务。“北交汇投”平台定期进行行业研究，出具专业的行业研究报告，在为投资机构、金融机构提供参考的同时，还将行业研究成果进行结构化、可视化、数据化的拆解和加工，使之成为平台数据体系的重要补充部分。五是交易金融业务。为完善产权市场服务体系，解决股权融资、股权转让、资产转让、债权转让等业务在交易过程中产生的大量融资需求，“北交汇投”平台基于产权市场交易场景，通过各类交易数据的整合与分析，在市场内创新设计并开展了交易金融服务。在具体操作中，“北交汇投”平台与各类金融机构展开合作，针对项目特点提供融资解决方案。同时，通过对交易环节中产生的数据进行智能化分析，深度契合交易场景与业务规则，充分把控融资业务风险，并制定了相应的风控措施，使交易金融业务成为产权市场服务体系的有效补充。

3.市场合作

平台合作方面，“北交汇投”平台与互联网FA、其他各地各类交易场所等展开合作，进行投资人共享，并将在线评估机构、人工智能行业科技型企业，数据服务机构纳入合作体系，以不断丰富平台的数据来源，提高大数据分析精确程度，同时辅以系统级解决方案，提高在线服务能力。市场拓展方面，除开拓投融资双向合作资源外，“北交汇投”平台还与多种业态的金融机构、投资机构、服务机构密切合作，实现资源共享和业务协同，同时实现各类服务要素和交易结构的配置与组合。此外，“北交汇投”通过搭建投行会员体系，精选20余家专业能力出众、合作意愿较强的券商、基金、银行、专业服务机构等会员，迅速拓展科技投行业务，短时间内实现了投行服务承载能力和覆盖范围的重大突破。

三、“北交汇投”平台服务成果和重要意义

（一）主要服务成果总体情况

1.平台主要服务数据

“北交汇投”平台自上线以来的近一年时间，累计为92个企业国有资产交易项目提供咨询、顾问、交易等全流程的投行化服务，为136个项目提供精准匹配、精准推介的智能化服务。其中，金融街国际酒店股权转让项目、世纪证券股权转让项目均在市场上获得强烈反响，

吸引了投资机构的广泛关注，充分激发了各类社会资本参与国有企业混合所有制改革的意愿。同时，部分项目在“北交汇投”平台的支撑下形成了有效竞价，投资人的参与程度和溢价率得到提升，产权市场“发现投资人、发现价格”的功能得到充分发挥。

在高效服务国资国企改革的基础上，北交所集团依托于“北交汇投”平台的科技投行服务体系，积极拓展非国有企业投融资业务及机构合作，积极服务科技创新和高精尖产业发展、积极服务中小企业直接融资需求，为非国有企业提供产业协同、金融服务、投行服务等全方位支持。截至目前，“北交汇投”平台已累计为50多个非国有项目提供财务顾问、资产重组、债务重组、方案策划等服务，融资方式涵盖股权融资、债权融资、并购重组、应收账款融资、各类质押融资等，有效拓展了产权市场的服务范围。

在投资人、投资机构的聚集整合上，“北交汇投”平台通过各类机构合作对接市场资源，目前已经积累20000多家投资机构以及专业服务机构，已经能够满足各类项目个性化的定制化需求。与此同时，“北交汇投”平台不断完善各类客户和合作机构的投资偏好、投资需求、投资方式、专业服务能力等信息，持续提升平台的市场服务能力。

2.平台主要服务案例

（1）庆丰餐饮公司混改项目

2017年12月，北京庆丰餐饮管理有限公司（以下简称庆丰公司）正式在北交所公开挂牌增资，根据增资企业的混改诉求，为充分优化公司治理结构，引入合适的战略投资者，“北交汇投”平台充分调研增资企业的资产和经营发展情况，为庆丰公司设计了全方位的混改方案，包括员工持股平台计划及新股东引进计划等资本运作提案，获得增资企业股东会的同意。另外，“北交汇投”平台通过科技投行服务为企业征集了数家符合条件的意向投资方，最终促使项目成功完成增资。本次增资后，庆丰公司的母公司北京华天饮食集团公司（以下简称华天集团）仍为绝对控股方，占股81.58%，非国有投资方上海复星高科技（集团）有限公司占股7%，金融街资本运营中心作为国有资本增资方占股10%，员工持股平台占股1.42%。

2018年8月8日，庆丰公司增资项目签约仪式在北交所举行，标志着庆丰公司混合所有制改革基本完成。此次混改，是北京市全面深化国资国企改革工作的重要成果，对于推动老字号国企优化公司治理结构、激发内生动能、在新时代实现高质量发展具有重要的借鉴意义。同时，在该项目开展过程中，“北交汇投”平台贯穿交易全流程的专业服务受到华天集团高度肯定。北交所还与华天集团签署《综合服务合作协议》，双方约定将在国有资产运营管理方面深化对接与合作。

（2）建工新科公司定增项目

北京建工新型建材科技股份有限公司（以下简称建工新科）（股票代码：872287）是北京建工集团三级子公司，专业从事高精度盾构管片、道路桥梁和工业及民用建筑的各类预应力及非预应力钢筋混凝土构件的研发、生产和销售。建工新科是新三板挂牌公司，拟采取定向增发的方式进行股权融资。在项目早期阶段，“北交汇投”平台及时接触融资企业，并介入到项目的前期方案策划等准备工作中，平台线下投行服务团队通过分析项目情况，为其量身定制了符合产权市场业务规则的完整融资方案，并形成项目价值分析报告，充分接触意向投资机构，根据市场反馈不断修正项目的交易结构。目前该项目已处于正式披露准备阶段，通过“北交汇投”平台前期的专业服务，实现了项目进场的无缝对接，同时积累了众多符合条件的意向投资机构，为投融资双方的进一步磋商、遴选直至交易完成奠定良好基础。

（二）为国资国企深化改革提供全流程科技投行服务

在服务国资国企改革方面，“北交汇投”平台充分贯彻落实北交所“平台+投行”的发展理念，围绕新形势下国资国企改革，全力推进平台建设。紧密围绕国有企业瘦身健体、提质增效、三去一降一补、混合所有制改革等方针，有针对性地开展各项业务，制定符合国家政策、可实施性强的方案。

“北交汇投”平台依托于产权市场的各类业务场景，整合各类资产端和资金端的业务资源，为各类市场需求和业务机会提供高效的咨询顾问以及全流程交易服务，促进资本和要素的市场化配置。在服务广度上，“北交汇投”平台在服务北交所集团国资业务和市场化业务的基础上，积极推动市属国有企业资产管理、应收账款交易、科技创新型企业融资、基金份额转让、中小企业统一融资服务平台建设、中小企业信用托管平台落地。在服务深度上，“北交汇投”平台持续、高效地开展外部合作，在专业咨询、行业服务、尽调、法律咨询等投行业务上为客户提供深度定制化服务，同时积极推进交易金融业务的开展和市场推广，围绕交易场景和交易环节完善产权市场的金融服务体系，有效提升市场运行效率，持续提升服务水平。

此外，在服务国资国企改革的过程中，涉及社会资本进入国有企业、国有资本投资并购民营资产、国有资本产业布局等各类需求，“北交汇投”平台为完善产权市场的服务生态，积极为市场化的股权融资、债权融资、产业并购、知识产权转让及质押融资、应收账款质押融资、PE退出、基金份额转让、上市公司并购重组、债权资产转让等需求提供服务，促进国有企业投资布局新兴产业，推动社会资本参与国企混改，不断优化各类所有制经济产业结构调整，全面建设产权市场的投行服务体系，助力国家经济结构的转型升级。

（三）借助投行服务体系建设新型产权资本市场

建设新型产权资本市场离不开市场参与者的不断聚集，以及交易活跃度的不断提升。因此，“北交汇投”平台通过“科技投行+科技金融”的服务模式，以技术为基础，夯实平台创新服务能力，通过科技投行服务不断聚集资产端和资金端的客户资源，以交易金融业务拓展平台的服务深度，以科技金融服务有效防范融资和交易风险，优化客户体验，进而实现市场资源的不断拓展，形成平台业务的良性循环，丰富和完善平台服务生态。

同时，“北交汇投”平台服务体系与北交所交易业务体系深度契合，不断聚集市场参与者，形成科学规律的价格发现机制，使项目的参与度能够充分反映出市场对项目的判断力，不断提升企业价值的发现水平，最终为建设规范、高效的新型产权资本市场提供强大助力。

新时代，新征程。北交所以及“北交汇投”平台将充分发挥市场在资源配置中的决定性作用，全力服务包括国资国企改革在内的各类所有制企业的并购重组和资产处置，全力服务国家战略和区域发展规划，为中国经济和社会发展做出应用的贡献。

成果创造人：吴汝川、朱　戈、刘　超、邹南南、高佳卿、马德宇、周志武、梁献军、原锦辉、马晶波、王晓军、魏存蕊

附注：

北交汇投运营界面

1.移动端应用

（1）APP

完善的应用体验，便于项目方及投资人移动办公，快速发布项目、需求。

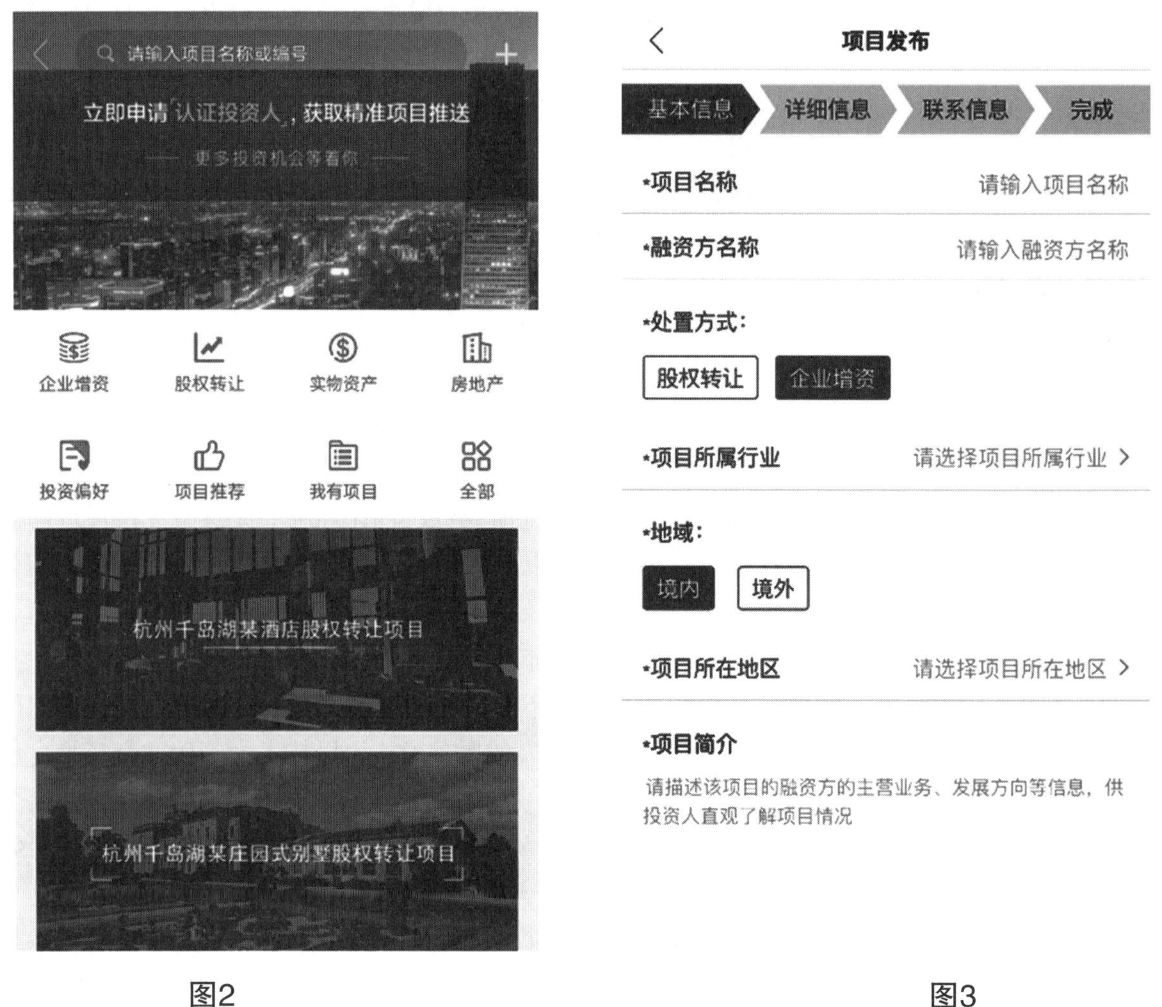

图2　　　　图3

（2）微信服务号

微信服务号为用户提供"更轻"应用，降低用户操作门槛。

图4　　　　　　　　　　　　　　图5

2.系统菜单

完善的后台系统，便于项目、投资人的信息整理、完善。

项目、投资人内容根据投资行业与产权行业整合，再服务国有企业的同时兼顾市场化项目。

（1）项目管理

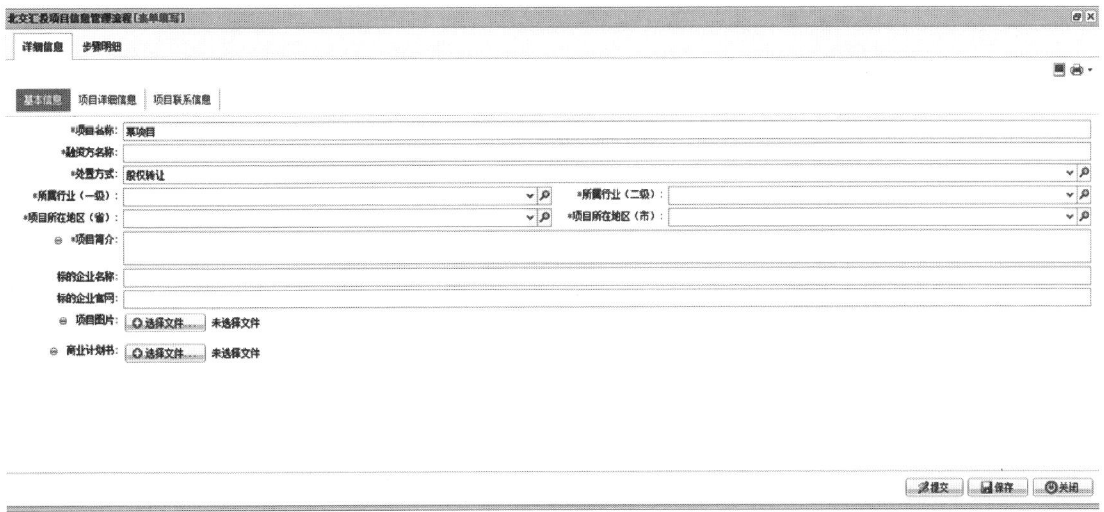

图6

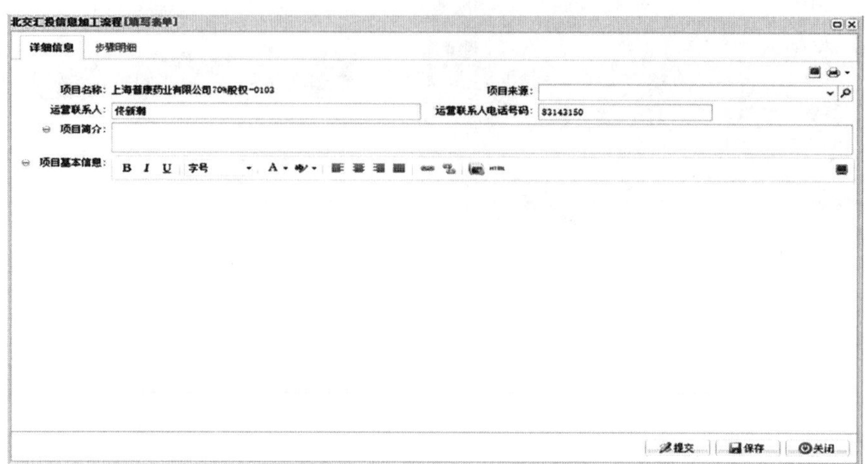

图7

（2）投资人管理

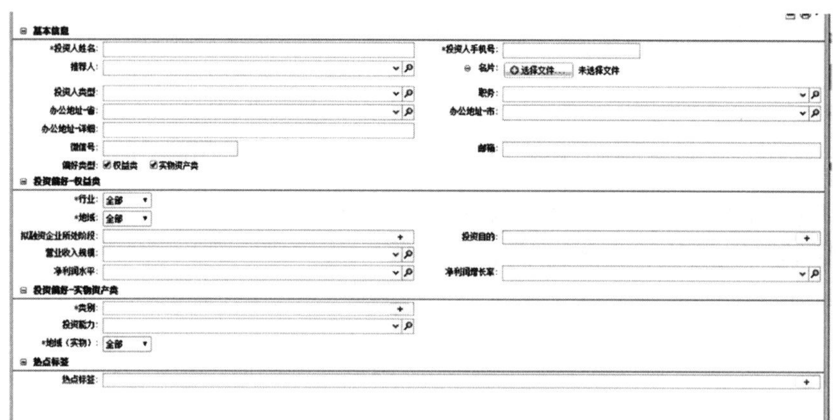

图8

（3）项目投资人标签

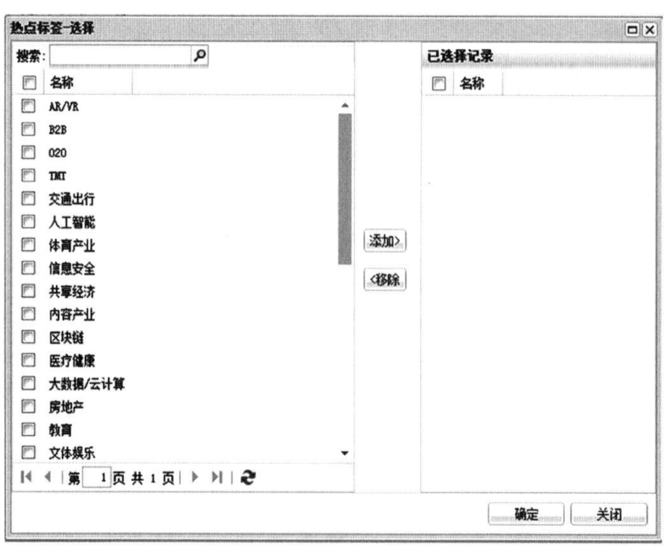

图9

（4）项目匹配

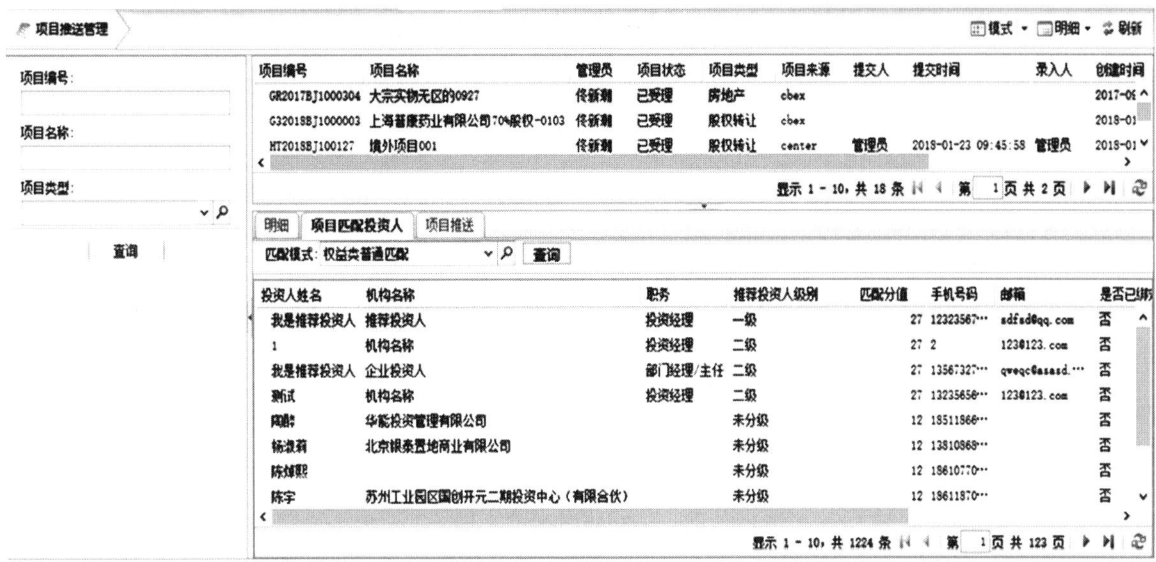

图10

（5）项目投资人服务跟踪

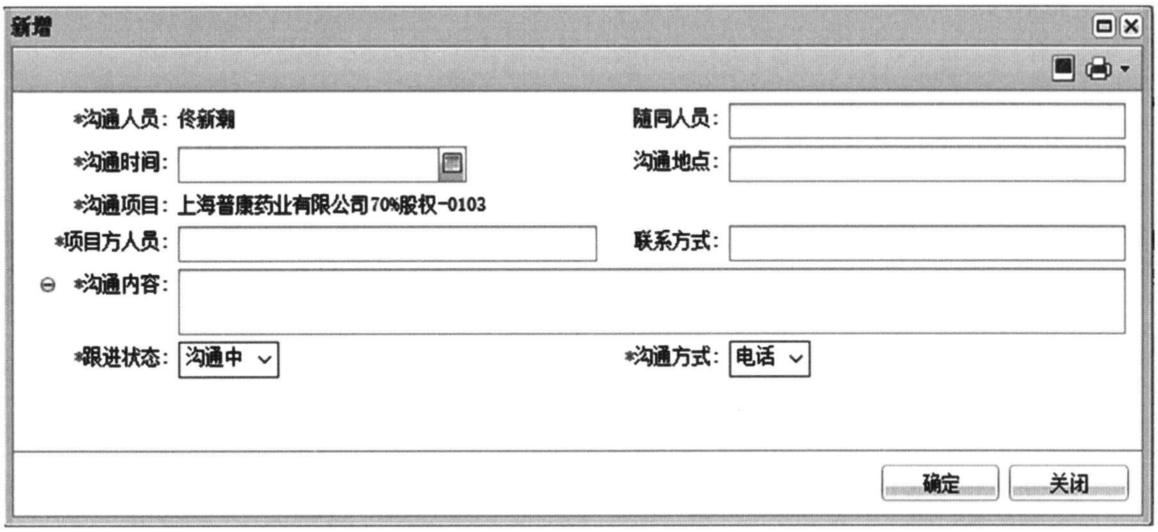

新增

*沟通人员：佟新潮　　随同人员：

*沟通时间：　　沟通地点：

*沟通项目：上海普康药业有限公司70%股权-0103

*项目方人员：　　联系方式：

*沟通内容：

*跟进状态：沟通中　　*沟通方式：电话

确定　关闭

图11

新时代推动形成全面开放新格局思考

中国商务出版社 郭周明

1978年12月召开的党的十一届三中全会，实现了新中国成立以来我们党历史上具有深远意义的伟大转折。会议做出了把党和国家工作中心转移到经济建设上来、实行改革开放的历史性决策，并明确指出“在自力更生的基础上积极发展同世界各国平等互利的经济合作，努力采用世界先进技术和先进设备”[1]。党的十一届三中全会之后，我国在新的历史条件下开启了实现社会主义现代化的伟大征程，并逐步将对外开放确立为基本国策。

在对外开放政策指引下，我国积极利用国外资金、资源、技术和管理经验，并大力开拓国际市场，在20世纪90年代初逐步形成了全方位、多层次、宽领域的对外开放格局。进入新世纪，为适应经济全球化和加入世界贸易组织的新形势，我国坚持实行平等互利、合作共赢的对外开放政策，坚持引进来和走出去相结合，积极推动贸易自由化和投资便利化，在更大范围、更广领域、更高层次上参与国际经济技术合作和竞争，努力形成开放型经济新格局。

党的十八大以来，以习近平同志为核心的党中央着眼于国际国内发展大局，坚持对外开放的基本国策，坚持打开国门搞建设，通过设立自由贸易试验区、建设“一带一路”、成立亚洲基础设施投资银行等战略举措，推动我国对外开放形成新的局面。党的十九大明确指出要推动形成全面开放新格局，强调“要以‘一带一路’建设为重点，坚持引进来和走出去并重，遵循共商共建共享原则，加强创新能力开放合作，形成陆海内外联动、东西双向互济的开放格局”[2]。2018年4月习近平主席在博鳌亚洲论坛上向世界发出“开放共创繁荣创新引领未来”的中国声音，并郑重宣示了新时代扩大开放的重大举措，充分彰显了中国积极推动形成全面开放新格局的坚定信念。

一、推动形成全面开放新格局的时代意义

进入新时代，我国面临更为复杂的国内国际经济形势。构建全面开放新格局对于增强我国经济创新力和竞争力、促进全球经济发展具有重要而积极的意义。

推动形成全面开放新格局是贯彻开放发展理念的客观要求。创新、协调、绿色、开放、共享的新发展理念是当前和今后较长时期内我国发展思路、发展方向、发展着力点的集中体现，其中，开放是国家繁荣发展的必由之路。“实践证明，过去40年中国经济发展是在开放条件下取得的，未来中国经济实现高质量发展也必须在更加开放条件下进行。”[3]贯彻开放发展理念，必须坚持对外开放的基本国策，进一步完善对外开放区域布局、对外贸易布局、投资布局，发展更高层次的开放型经济。

推动形成全面开放新格局是建设现代化经济体系的客观要求。“开放发展注重的是解决

发展内外联动问题。”[4]实行对外开放，就是要充分运用人类社会创造的先进科学技术成果和有益管理经验，促进国内经济的繁荣与发展，进而“带动创新、推动改革、促进发展”[5]。当前，我国经济已由高速增长阶段转向高质量发展阶段，建设现代化经济体系成为我国国内经济发展的重要战略目标。构建全面开放新格局，就是要进一步提高对外开放质量和水平，通过深度参与全球经济合作为建设现代化经济体系带来新资源、提供新动能、激发新活力。

推动形成全面开放新格局是顺应经济全球化潮流的客观要求。当今世界，各国经济通过贸易、投资等日益紧密地联系在一起，经济全球化已成为不可逆转的时代潮流。作为社会生产力发展的客观要求和科技进步的必然结果，经济全球化促进了生产要素在全球范围内的优化配置，“为世界经济增长提供了强劲动力，促进了商品和资本流动、科技和文明进步、各国人民交往”[6]。进入新时代，我们只有主动顺应经济全球化潮流，充分运用经济全球化带来的机遇，在更高层次和更高水平上推动对外开放，才能在激烈的国际竞争中立于不败之地。

推动形成全面开放新格局是促进世界经济发展的客观要求。全球增长动能不足、全球经济治理滞后、全球发展失衡是当前世界经济领域亟待解决的三大突出矛盾。这些矛盾导致世界经济增长缓慢、复苏乏力，也不可避免地给中国经济带来负面影响。作为世界最大的发展中国家和全球第二大经济体，作为世界和平的建设者、全球发展的贡献者、国际秩序的维护者，中国有必要也有责任以更加开放的姿态参与全球经济活动，让中国发展更好惠及世界，从而为开放型世界经济发展贡献中国智慧、提供中国方案。

二、推动形成全面开放新格局的重点：积极推进“一带一路”建设

作为我国经济外交的顶层设计以及对外开放的关键指引，“一带一路”建设是我们党在深刻总结全球经济发展内在规律以及我国改革实践时代特点的基础上提出的宏伟构想和中国方案。自2013年“一带一路”倡议提出以来，互利共赢的战略思想使这一构想迅速“落地生根”。在各方力量的积极配合下，“一带一路”各项设计规划快速落实、重大项目纷纷落地，在短短的四年时间里便完成了从无到有、由点及面的发展转变，从而实现了真正意义的“开花结果”。

党的十九大报告提出要以“一带一路”建设为重点，推动形成全面开放新格局。这不但赋予了“一带一路”新的历史定位，而且充分体现了我国在“逆全球化”思潮升温的国际环境下坚定推进经济全球化健康可持续发展的信心与意志。作为经济全球化的参与者和引领者，我国应不断丰富“一带一路”建设的内涵与外延，在把握好经济发展客观规律的基础上，加快与各国经济发展战略的融合对接，以发展的“最大公约数”为契机，以共商共建共享为原则，构建政治互信、经济互利的利益共同体，从而在实现区域共赢的同时，全面推动全球经济治理机制的优化，为我国新一轮对外开放开辟空间。同时，面对“一带一路”所带来的市场机遇，我们应以新的市场需求为导向，不断深化供给侧结构性改革，促进产业资源配置在沿线国的优化延伸，以此带动国内产业的转型升级，从而使“一带一路”成为推动中国经济发展的新引擎。

截至目前，“一带一路”建设已经取得诸多成果。到2017年底，全球已有140多个国家以及80多个国际组织参与并对接了“一带一路”建设，且随着各国互联互通水平的提升，我国与

沿线国经贸互动也逐步加深。商务部数据显示，2013年到2017年，我国与“一带一路”沿线各国的货物贸易总额累计已超5万亿美元，对外直接投资达到700亿美元，与此同时，为了有效发挥我国优势产业的聚集效应，切实推进“一带一路”的产能对接合作，我国已在沿线国建立了75个经贸合作区，吸引企业近3500家、上缴税费达22亿美元，更为东道国创造了21万个就业岗位。[7]“一带一路”建设以“政策沟通、设施联通、贸易畅通、资金融通、民心相通”为主要内容，形成了“一带一路”主要的推进抓手。

政策沟通方面，首先是建立国与国之间的战略协调。国家战略是一国的顶层设计，具有全局性与长远性，是国与国政策沟通的宏观安排。推动国家战略相互协调发展，有益于增加双方的合作共识与政治互信。其次是在协调国家战略基础上搭建合作平台。合作平台是双方共同合作的舞台，是国家战略落实的重要载体。平台间的对接，有益于两国沟通更为顺畅，及时有效地解决沟通中的问题。最后是推动项目协调。项目协调是政策沟通的微观基础，项目进展是否顺利决定了战略协调与平台对接的有效性，是“一带一路”的政策沟通得到落实的有效载体。

设施联通是“一带一路”建设的血管。设施联通不仅拉近了各国之间的时空距离，更减小了人们之间的心理距离。设施联通的开展主要包括交通基础设施、能源基础设施与信息通信设施建设。现阶段基础设施建设是“一带一路”建设中的优先领域，可以为未来各国之间的产业合作、经贸合作打下坚实的基础。

贸易畅通是“一带一路”建设的重要内容，也是各国经贸合作的黏合剂。虽然目前全球出现了一些贸易保护主义与单边主义思潮，但是经济全球化仍是历史趋势。中国与“一带一路”沿线国家具有较强的贸易互补性，中国在从非洲、中亚等国家进口能源产品以满足自身能源缺口的同时，向这些国家出口工业制成品，并实现了双方贸易额的稳定增长。未来，可以继续深化双边或多边自贸区合作，降低国家间的关税壁垒，着力研究贸易便利化问题，构建国家间、区域间的良好营商环境。

资金融通是“一带一路”建设的重要支撑。开展资金融通，首先要发挥市场主导作用，尊重市场规则。信用是金融市场交易的基础，双方在诚信平等的基础上才能实现合作共赢。在尊重市场机制的同时，需要政府大力引导。“一带一路”沿线很多国家金融市场相对落后，政府角色缺位，可能会产生资金量小、融资困难等问题。中非合作基金、丝路基金和亚投行的设立有力地缓解了沿线国家融资难、融资贵等问题，为具体项目的开展落实提供了长久稳定的保障机制。

民心相通是“一带一路”建设的重要一环。“一带一路”建设参与国在科学、教育、文化、卫生、民间交往等各领域广泛开展合作，为‘一带一路’建设夯实民意基础，筑牢社会根基[8]。各国间友好往来不仅来自政府间的大力推动，也来自居民百姓间的交流沟通。中国尊重各国文化，积极与“一带一路”沿线国家开展不同层面的知识文化交流，欢迎各国留学生来华访学生活，同时也鼓励国内民众深入了解沿线国家的风土人情，培养人民间的深厚情感。

可见，“一带一路”已成为我国开展对外经贸合作的新高地，在为我国企业提供广阔外部需求的同时，也为沿线各国带来切实的利益。经济红利的释放不仅赋予我国企业更大的转型升级空间，而且也有利于争取更广泛的国际认同，从而为“一带一路”的发展注入可持续的动能。

驼掌踏出的“古代丝绸之路”为古代中国开辟了一条面向西方的商贸大道，而当今的“一带一路”则是中国以更加包容的胸怀同各国携手共建的国际合作平台。通过编织互利互惠的合作网络，“一带一路”将不同文化、不同制度以及不同发展水平的国家连接在一起，在优化全球经济秩序的同时，也为我国构建全面开放新格局提供了重点方向，使我国可以在更加平等且普惠的环境下打破原有的发展制约，谋求崭新的发展动能。因此，“一带一路”将成为推动未来我国经济社会发展的重要抓手之一。

三、推动形成全面开放新格局的战略举措

“开放带来进步，封闭必然落后。中国开放的大门不会关闭，只会越开越大。”[②]进入新时代，我国将继续坚持对外开放的基本国策，坚持打开国门搞建设，努力形成全面开放的新格局。

（一）拓展对外贸易

通过40年的改革开放，中国成为现行国际体系的参与者、建设者、贡献者，同时也是经济全球化的受益者之一。中国奉行互利共赢的对外开放战略，有效推进多边经贸体系的完善，维护发展更高层次的开放型经济，构建更为广泛的利益共同体。对外贸易在我国经济发展中扮演了十分重要的角色，一直是助推我国经济发展的主要引擎，占GDP增长贡献率的很大一部分。2006年我国外贸依存度达到最大值67%，此后受我国经济转型三期叠加、国际金融危机等影响，从2007年开始对外贸易依存度逐步回落，2008年为60.2%，到2017年已回落到39%，但对外贸易对经济增长的贡献仍十分突出。

新时代深化自贸区建设，是扩大对外贸易的重要抓手。应进一步完善以审批注册单一窗口为核心的贸易便利化管理制度，减少不必要的行业准入限制；减少行政审核批准的流程，在口岸风险有效防控的前提下，依托信息化监管手段，精简审批流程与程序；通过商贸服务的发展，从税收、物流、融资等方面改善商务发展的环境，实现“一站式”政府服务。这些措施不仅可以在自贸区推行，而且可以在其他地区复制推广，由此使得人员、技术、信息等的交流获得更大发展。

发展跨境电商是扩大对外贸易的另一抓手。跨境电子商务已经成为中国经济深入发展的新业态和主要发展方向。支持引导跨境电子商务平台建设，有助于推动信息管理、物联网、云计算等技术在商贸流通领域的应用。推进商贸企业电子商务应用，鼓励传统零售企业、贸易企业进行大数据分析，有助于实现商贸流通业信息化改造升级，培育一批跨境电商龙头企业。

扩展对外贸易，不仅需要扩大出口，也需要增加进口。主动扩大进口将促进对外贸易平衡发展。作为世界第一人口大国和第二大经济体，中国在扩大进口方面还有很大的空间。中国人均消费品进口大约为36美元，远低于美国996美元的水平。未来中国应该继续扩大对消费品、能源和高端制造产品等的进口，同时降低汽车和其他高附加值商品的关税以及其他壁垒。

（二）优化区域开放布局

过去我国外贸企业主要集中在东南沿海地区，沿海省份的外贸依赖程度远远大于内陆地

区。由于劳动力成本和土地成本的上升，以及生态环境压力的加大，沿海地区企业面临转型升级的压力。随着“一带一路”倡议的提出与三级自贸区格局的形成，中西部地区特别是沿边地区的外贸潜力逐渐显现，并有很大的增长空间。

从全面建成小康社会的目标要求出发，我国应将坚持开放型经济发展与促进区域协调发展相结合，打造东中西协调开放、有序发展的格局。东部沿海地区在现有贸易规模的基础上，可以通过产业升级与技术导向，实现产业价值向产业链两端转移，着力发展高精尖技术，打开开放贸易新格局。中部地区在承接东部地区产业转移过程中，需要夯实自身产业基础，培养国际贸易人才，利用铁海、路航等多次联运，发挥比较优势，加强与贸易国家或地区的交通物流体系对接。西部地区虽然工业基础较为薄弱，但是与周边国家地理接壤，文化相通。沿边开放地区应以加强基础设施建设为先导，依托本地区优势，发挥本地区特色，避免低水平重复性的高耗能建设。可见，形成立体式、全方位的对外开放格局，不仅有利于扩大与沿线国家的经贸往来，而且有利于缩小国内各地区的经济水平差异，实现对外开放的高中低搭配，形成产业集群效应与规模优势，避免重复竞争与低端产能对资源的无限消耗。

（三）创新对外投资方式

伴随着全球产业升级和中国经济发展方式的转变，中国对外投资逐渐从低级向高级转型，对外直接投资目标和模式也将发生重大改变。目前，我国在国际上的投资方式相对比较落后，缺乏国际知名企业与品牌，尤其是缺乏核心技术。进入新时代，我们应该创新投资方式，既考虑到中国与其他国家人民的传统友谊，也要兼顾经济利益，在对外开放的过程中秉持互利互惠的合作原则。

创新对外投资有多种方式，其中PPP合作是深化政府与企业合作的重要方式。这种办法可以减小中方投资的资金压力，更为重要的是可以提高被投资国政府的参与感，为接下来进一步合作打下坚实的基础。与此同时，通过PPP合作，培训当地的技术人才，传授中国的技术经验，更好地实现技术转移，可以帮助投资国实现更快的经济发展。

境内外双向产业园区建设也是对外投资的新方式。可以组织有实力的大企业开展双向投资贸易合作，在条件成熟的“一带一路”沿线国家和地区分期分批合作建设境外加工装配基地、境外物流产业园区以及跨境电商贸易平台，推动这些国家和地区通过当地经贸合作产业园的互动，参与“一带一路”建设，共享发展红利，支持国内有实力企业在沿线国家建设加工装配园区、现代农业产业园区、港口物流基地，以及面向周边国家的技术研发、维修服务、品牌中心和海外仓基地；加强与境外园区的对接工作，搭建境内外经贸合作产业联盟，深度开展双向投资合作。

绿地投资模式是对外投资的又一创新。绿地项目通常是指单独或与目标国家/其他国家的其他投资者共同白手起家建设投资项目，换言之，绿地项目有别于利用股票市场并购成熟的企业公司。以农业绿地投资模式为例，其包括建设海外种植基地、拓展农产品海外营销渠道、设立海外农产品研发中心、开展农产品品牌输出等一系列海外投资建设。

创新对外援助方式是创新对外投资的重要补充。传统上我国对外援助的方式有三种：成套项目、物资援助与技术援助。传统援助方式具有实用性和急需性等特征，但是已逐渐不能完全适应受援国的需求与中国自身的援助状况。新型援助方式应更多结合金融支撑与科技手段，合理借鉴方案援助与多边援助方式，促进项目之间相互支撑，通过政府、企业与志愿者的相互合作，增强援助效果，更好地改善受援助国居民的生活水平与科技水平，保证援助的持久性与有效性。

（四）正确处理开放中政府与市场的关系

正确处理政府与市场关系，是推动形成全面开放新格局的重要举措，对于优化对外开放区域布局、加强国际产能和装备制造合作、促进引进来和走出去具有重要意义。

对外投资的有效有序开展，离不开一个竞争性的市场体系，否则就无法使各种要素通过市场传导机制实现优化配置，而只能借助于低效的行政指令。过去我们在对外开放实践中遇到的很多问题，一方面与市场取向的改革进程推进不足有关；另一方面，也与市场取向的改革进程在某些方面推进过度，即过度的市场化有关。界定政府与市场关系，是进一步扩大对外开放的客观需要。具体来说，要准确理解进一步发挥市场在资源配置中的决定性作用和更好地发挥政府作用。一是要“更好”而不是“更多”发挥政府作用。要通过负面清单、责任清单、投资清单等改革和管理，大幅度地减少政府不当干预，把政府有限的资源集中在做最有效、最能做的事情上；“更好”的标准是“不缺位”“不越位”“不错位”。二是要把“放手”当作最大的“抓手”。要对权力多做减法，对市场多做加法，充分相信和发挥市场的决定性作用。当“抓手”，要求我们把市场调节机制当作建设现代化强国的有效工具，而不纠缠于市场姓资姓社的问题。三是要“放手”，而不是“甩手”。不当甩手掌柜，不忽视市场的缺陷和不足，政府要为市场活动制定规范，并充当监控者和仲裁者，在非营利性活动中发挥主体角色，为市场发展提供充足的外部经济性。真正做到以放到位为抓手，管到位而不甩手。

（五）稳步推进人民币国际化

人民币国际化是打开对外开放格局的重要支点，有利于深化我国金融领域的开放格局。然而，推进人民币国际化不能一蹴而就，现阶段我国金融体制还不完善，企业效率还有待提高，金融监管仍有漏洞。更为重要的是，类似于东南亚金融风暴，西方国家仍有利用金融武器对中国实施金融打击的可能性。所以，中国的金融开放一定是渐进发展、有序推进的过程。

人民币国际化是金融开放的重要举措，它推动了在岸与离岸金融市场的有效联通，具体方式可以通过三步走的方式实现。第一步，实现与中国相邻的地区逐步流通人民币，如中蒙边境、中越边境等。第二步，推动周边国家甚至周边区域，例如中亚地区、东南亚地区，接受人民币作为支付和计价货币。第三步，作为全球货币，取得与美元、欧元、日元类似的地位，成为全球避险和储藏货币。

现阶段人民币国际化需要建设好离岸人民币市场，这有助于推动境外人民币回流到境内，实现境内外人民币的双向环流。这样，境外人民币持有人可以更好地分享中国经济增长的红利，而不仅仅是出于对人民币的升值预期而持有。丰富境外人民币金融工具产品，既保障了人民币的流通性，也有益于境内企业在境外融资上市，实现境内外资源更好的调配与布局，促使资源通过竞争性市场机制更多地流向先进制造业、高技术产业、战略性新兴产业以及现代服务业。

四、结语

对外开放是实现繁荣发展的必由之路，更是我国加快现代化建设的必然选择。作为指导我国经济发展的长期基本国策，40年的实践经验已告诉我们，对外开放不仅是促进经济增长的重要保障，也是优化经济结构、提升发展质量的关键途径。可以说，我国的对外开放无论在理论层面还是在实践层面，均取得了令人瞩目的成就。

近年来，国际国内形势正发生着深刻而复杂的变化，“逆全球化”思潮的升温以及新常态下国内经济动能的转换，使得新时代我国的对外开放进程面临前所未有的挑战。党的十九大提出要“推动形成全面开放新格局”，这是在准确把握国际发展新趋势、全面洞悉国内发展新需求的基础上对中国特色社会主义对外开放理论的丰富与完善。为了实现这一目标，我们要以“一带一路”建设为重点，坚持引进来和走出去并重，加快推动我国开放型经济向更高层次的跃升。

成果创造人：郭周明　中国商务出版社

【注释】

作者简介：郭周明，中国国际经济交流中心博士后、中国商务出版社社长，北京，100010。

［1］《中国共产党第十一届中央委员会第三次全体会议公报》，《三中全会以来重要文献选编》上，人民出版社，1982年，第6页。

［2］习近平：《决胜全面建成小康社会夺取新时代中国特色社会主义伟大胜利——在中国共产党第十九次全国代表大会上的报告》，《人民日报》2017年10月28日。

［3］习近平：《开放共创繁荣创新引领未来——在博鳌亚洲论坛2018年年会开幕式上的主旨演讲》，《人民日报》2018年4月11日。

［4］习近平：《在党的十八届五中全会第二次全体会议上的讲话（节选）》，《求是》2016年第1期。

［5］习近平：《在党的十八届五中全会第二次全体会议上的讲话（节选）》，《求是》2016年第1期。

［6］习近平：《共担时代责任共促全球发展——在世界经济论坛2017年年会开幕式上的主旨演讲》，《人民日报》2017年1月18日。

［7］习近平：《携手推进“一带一路”建设——在“一带一路”国际合作高峰论坛开幕式上的演讲》，《人民日报》2017年5月15日。

［8］习近平：《决胜全面建成小康社会夺取新时代中国特色社会主义伟大胜利——在中国共产党第十九次全国代表大会上的报告》，《人民日报》2017年10月28日。

对北新建材成功打造
中国工业标杆企业的调研与思考

《中国县域经济报》社 孟宪江等

中国工业大奖是根据党中央的决策、由国务院批准设立的我国工业领域最高奖项，旨在评选和表彰代表中国工业发展最高水平，对增强综合国力、加强生态文明建设、促进国民经济和社会发展做出重大贡献，对行业、地区和企业发展具有示范和带动意义的工业企业和项目，被誉为“中国工业界奥斯卡”，包括“中国工业大奖”和“中国工业大奖表彰奖”和“中国工业大奖提名奖”三个层次，其中“中国工业大奖”是最高奖项，每三年评选表彰一次。2016年底，北新集团建材股份有限公司（简称北新建材）荣获“中国工业大奖”，终于圆了全体建材企业的中国工业“奥斯卡”梦，成功打造了中国工业标杆企业。

北新建材是国务院国资委直属中国建材集团旗下的A股上市公司，1979年在邓小平同志亲切关怀下成立，是全球最大的石膏板产业集团和中国最大的新型建材产业集团。自2004年以来、北新建材石膏板业务规模3年实现中国第一，5年实现亚洲第一，8年实现全球第一。北新建材以“绿色建筑未来”为产业理念，通过品牌建设、技术创新两大战略引擎，全面推行制高点战略，打造了在技术、质量、品牌影响力都全面超越外资世界500强同行的中国自主品牌，全国各地地标建筑和获得“鲁班奖”等国家级建筑奖的工程90%都采用了北新建材的产品。2017年，北新建材ROE、ROA、EVA等指标再创工业企业标杆水平，同时发布了30亿平方米石膏板产业规划、完成了国内新增12条石膏板生产线的布局方案，并荣登中国企业创新力百强榜，也是全国建材行业第一次位列制造业排行榜。

一、北新建材打造中国工业标杆企业的做法

从1979年在邓小平同志的亲切指示下成立，到现在成为全球最大的石膏板产业集团和中国新材料行业的龙头企业，北新建材石膏板业务规模24亿平方米，稳居全球第一，打造了质量、技术、效益、规模全面超越外资世界500强同行的中国高档自主品牌“龙牌”。北新建材的40年，经过艰辛起步、挂牌上市、二次创业、聚焦主业、战略布局、联合重组、稳步发展、超越引领等重要阶段，一步一个脚印，在一个充分竞争、完全开放的普通制造业赢得了50%的市场份额，打造了一个质量、技术、效益、规模都超越外资世界500强的中国自主品牌，成为引领世界同行的主导力量，也成为我国工业领域的一面旗帜。

（一）明确提出并实施“制高点”战略

2004年时，北新建材只有北京总部两条生产线，年产能4500万平方米，规模居国内同行业第三。根据国务院国资委“央企要打造行业排头兵”的指示精神，在中国建材集团公司的指

导下，北新建材新一届领导班子决定聚焦主业，并确定将有一定业务基础的石膏板作为公司核心主业，提出了3年内做到3亿平方米、跃居中国第一的战略目标。

接下来就是目标的具体实施——战略布局。北新建材充分研究了石膏板行业的关键成功要素、全球行业最佳实践、中国市场和原料的资源禀赋，制订了“制高点”战略。北新建材率先参与和推动当时燃煤电厂进行环保脱硫改造并采用全球主流的湿法脱硫技术路线，充分利用燃煤电厂脱硫改造后的脱硫石膏作为靠近大城市核心市场的原料进行产业布局，在河北涿州年产5000万平方米、山东枣庄年产3000万平方米生产线的基础上，在江苏太仓、浙江宁波、广东肇庆、湖北武汉、四川广安、辽宁铁岭同时建设6条年产3000万平方米大型石膏板生产线，占领了资源市场布局的制高点，进行超前布局。

在全球同行和国内同行不解、质疑甚至嘲讽的目光中，北新建材悄然完成第一轮战略布局，形成巨大的战略壁垒和行业护城河。北新建材“制高点”战略荣获全国管理现代化创新成果一等奖。

（二）联合重组扩大业务规模

机会总是青睐勤奋和有准备的人。在北新建材撸起袖子大干石膏板的时候，2005年在一次会议上偶然听同行聊天说起山东泰和建材（现已更名为泰山石膏）的一些变动信息。说者无意、听者有心。北新建材迅速找到泰山石膏，表达了联合重组的合作意愿。当时的泰和石膏板年产能1.5亿平方米，是业内石膏板产能最大的企业。在中国建材集团领导的直接参与和指导下，经过多轮沟通与谈判，北新建材和山东泰和终于实现了联合重组，为北新建材的石膏板事业做出了巨大贡献。

联合重组以后，2006年北新建材联合泰山石膏制定了全国石膏板产业10亿平方米规划布局，北新建材聚焦高端市场和大城市布局，泰山石膏聚焦广大中端市场和中等城市布局乃至县乡市场，形成完美的组合与协同。2005年北新建材通过增资入股持有42%，2006年继续购买23%股权，合计持股65%。2016年通过定向增发购买剩余35%股权，泰山石膏成为北新建材100%全资公司，北新建材也成为股权多元化的混合所有制上市公司，成为联合重组实现双赢的经典案例。

2004年以来，通过战略布局和联合重组，北新建材实现了三年跃居中国第一、五年跃居亚洲第一，八年跃居全球第一。2011年北新建材发布全国20亿平方米石膏板产业布局规划，并在2014年发布到2020年全国布局25亿平方米的石膏板产业规划。2017年，北新建材发布了30亿平方米石膏板产业规划、完成了国内新增12条石膏板生产线的布局方案、完成了第一个全球化布局项目坦桑尼亚石膏板项目审批和签约。

（三）持续技术进步和精细化管理全面提升效益

建材行业给很多人的“直觉”是技术含量不高、规模不大，甚至管理水平不高，也不是一个大众关心的热门行业，而北新建材所在的新型建材行业更是充分竞争、完全开放领域的普通制造业。实际上建材行业经过几十年的技术升级和管理提升，很多行业领先企业已经成为技术密集、环保一流、管理先进的高端现代制造业，需要让更多的部门和大众了解。

建材行业是国民经济的基础材料行业之一，规模很大，既关系到国家战略，也关系到民生工程，这个行业的技术升级与进步就显得尤为重要。首先，根据住建部统计，建筑建材相关领域占全社会总能耗的49.5%，因此节能减排的关键就在于建筑节能，这是建材行业的使命和定位。其中墙体占32%，建筑节能的关键在于墙体节能。北新建材大力推广新型石膏板复合墙体代替传统的砖头砌块，将墙体改革进行到底，主张把装配式墙体作为国家装配式建筑的基础和关键突破口，不仅节能减排，而且石膏板复合墙体可以增加10%套内面积，在房价高企的今天可以让老百姓更有获得感。

其次，千家万户老百姓，上班在办公室，出差住酒店，回家也要待在房子里，这些建筑就是材料建成的，房屋品质取决于建材，建材的环保健康关系到每一个老百姓的幸福。房地产不仅是土地和金融，材料更是基础。除了高大上的航天工业等要实现全球领先，建材等普通制造业也要大力发展石膏板这样的战略性新材料，并根据市场需求不断升级，满足供给侧结构性改革提出的为市场提供高质量产品的要求。

第三，目前的北新建材是中国为数不多在技术、质量、效益、规模等方面超越世界500强外资品牌的中国自主品牌，是为数不多比外国品牌卖得贵、卖得好的中国自主品牌，北新建材不仅仅在石膏板这样充分竞争、完全开放的行业赢得50%市场份额，而且在高端市场包括全国地标建筑和鲁班奖等获奖工程中90%都是由北新建材而不是外资品牌提供产品服务，代表了中国制造业转型升级、超越引领的方向，是中国工业自信的代表。

第四，北新建材在大力投入进行技术创新和管理创新的同时，也大力提升技术水平和质量指标，大幅降低投资成本和运行成本，降低盈亏平衡点，实现超前布局战略需要的财务平衡。为此，北新建材保持了10年以上实现年均30%的净利润复合增长率，资产负债率降至30%，每年按可分配利润的30%进行现金分红，实现业绩和业绩质量的持续增长，打造了穿越行业周期的护城河。2017年，北新建材归属于母公司的净利润为22.8亿～24亿元，同比增长约100%；资产负债率降至约25%，ROE、ROA、EVA等指标再创工业企业标杆水平，为中国工业企业坚定信心保增长做出贡献。北新建材正在全面推行“六星标杆企业”计划，截至2017年底，已经有23家企业能做到“投入1亿，年利润5000万元”的六星标杆区域目标。在2017年底，北新建材凭借“双线择优管理模式”成果获得中国企业改革发展优秀成果一等奖。

二、北新建材打造中国工业标杆企业的成效

2015年中央经济工作会议就明确提出实施供给侧结构性改革，而2016年中央经济工作会议特别指出：“供给侧结构性改革，最终目的是满足需求，主攻方向是提高供给质量，根本途径是深化改革。”“主攻方向是提高供给质量，就是要减少无效供给、扩大有效供给，着力提升整个供给体系质量，提高供给结构对需求结构的适应性。”从上述论断中，我们可以看出供给侧结构性改革的核心不是数量而是质量，其核心词是供给，即企业提供给市场的商品和结构发生了变化。供给侧改革不仅仅是淘汰落后产能，最终的结果是要落实到供给市场的东西提升了，一定要实施产业转型升级。北新建材40年艰辛起步、挂牌上市、二次创业、聚焦主业、战略布局、联合重组、稳步发展、超越引领等几个重要阶段的一系列战略措施的成效与党中央供给侧结构性改革提出的要求极为吻合，可以说北新建材一直在践行着供给侧结构性改革。

（一）绿色产品全生命周期的节能减排效果显著

北新建材提出的企业使命是“推动建筑、城市和人居环境的绿色化”，其目的是提升整个房地产建筑建材产业链的品质，推动产业链的绿色发展和创新发展。建筑建材房地产行业占全社会能耗的49.5%，建筑相关能耗也是造成雾霾的因素之一。冬天采暖、夏天制冷，都需要能源，都会有污染物排放。所以，如何让建筑建材全生命周期更加节能环保，这里面有很大的可行空间，这也是北新建材绿色环保产品的市场着眼点。

以工地施工为例，现在一召开重要会议就停工，就是因为施工过程有污染。所以，北新建材升级施工方法，从湿法作业升级为干法作业，同时推进工业化、部品化和装配化。装配化建筑的前提是工业化和模块化，而工业化、模块化的前提是从湿法作业转变为干法作业，这就是工法的升级。

再比如盖房子的材料，砖头砌块等建筑材料本身在生产过程中高耗能、高污染、破坏耕地，那就不符合全生命周期绿色的标准。建材全生命周期绿色指的是从建材原料、生产、运输、安装，到应用后房子本身运行的能耗，以及房子的拆除，拆除之后的建筑垃圾处理都必须是绿色环保的。这些都是建材行业供给侧改革的内容，这里面包括产业升级、转型调整、技术创新、质量提高，空间巨大，市场前景看好。

以墙体材料为例，欧美日韩等地区都已经普及使用新型石膏板复合墙体，完全代替了砖头砌块。一则这种复合墙体的全生命周期是绿色的。二则使用这个产品，可以增加10%左右的套内面积。按每平方米增加10%算，房价每平方米5万元，100平方米的房子，就能节省50万元，用这50万元给房子做精装修，包括家具、家电，全够了。采用这种用新型石膏板复合墙体替代砖头砌块的房子，整套房子的装修、家具、家电配套相当于全部免费了。这样做，既产生了很大的经济效益，节能减排效果也相当明显。将这种高质量的产品提供给房地产企业，就是在实实在在践行供给侧结构性改革。

（二）绿色产品整个使用周期的性价比最高

北新建材的石膏板产品，单纯就产品价格而言，可能会比传统黏土砖稍高一些，但在应用过程中，建筑自重减轻，地基成本降低，其综合成本实际上是低于传统建材的。这还不算由于采用节能效果更好、更薄的墙体实现更大的套内面积带来的巨大经济效益。新型石膏板复合墙体的性能也更好，比如隔音性能，北新建材的石膏板复合墙体技术最多可以实现66分贝隔音性能，不但能在五星级酒店使用（国家标准不低于50分贝），也能满足七星级酒店的标准。在这方面，居住者因为居住环境质量的提升所产生的经济和社会效益，就更无法用具体的数字来估量了。

北新建材董事长王兵认为，对于绿色产品性价比的探讨一定要从产品的整个使用周期去考虑。每一个人都是社会的一员，应从整体性的角度去考虑自己的行为，不能为了节省一时的成本，造成非绿色产品横行市场，为建筑后期的运行埋下环保和安全隐患。

（三）绿色产品显著提升居住者身体健康

现在装修必提甲醛，中国儿童患白血病的越来越多，90%与装修有关系。作为国家级创新型企业，北新建材早已关注此事，担当起这项社会责任，研发了龙牌净醛石膏板，甲醛分解净化率高达93.9%，远超其他外资品牌，技术性能指标全球领先。这种产品在G20峰会主会场和领导人下榻的西湖国宾馆中应用效果极好。这个项目的要求级别非常高，提供的产品不但自身环保，而且还必须能吸附分解其他材料所挥发出来的甲醛。几经考察，最后指定了北新建材的“龙牌”净醛石膏板独家供货。

北新建材石膏板之所以有如此强大的市场竞争力，主要得益于企业完全掌控着石膏板行业最新的、一流的装备技术和产品，行业的迭代创新能力和实施能力。这一点跟其他行业不同：世界范围内的石膏板新装备、新技术和新产品都是由企业所掌控，而不是由科研院所提供EPC总承包。2016年杭州G20峰会应用的“本身不产生甲醛，而且能吸附分解其他材料挥发的甲醛”的“龙牌”净醛石膏板就是北新建材研发生产的，现已大批量商用。相变石膏板是北新建材研发出的另一种石膏板产品，这种石膏板本身具有储能功能，白天温度高时，石膏板储存热量；晚上温度低时，石膏板又可以释放热量，这样的建筑就是一个储能器。它已经通过科技部国家重点新产品认定，目前成本比较高，北新建材建了一个实验楼，正在做规模化试用。

北新建材解决的不仅仅是节能环保问题，还解决了健康问题，攻克了行业的痛点，具有社会意义。现在北新建材将龙牌净醛石膏板推向家装市场，配合欧洲原厂标准环保配方的“龙牌”漆，为千家万户打造一个环保健康的家，致力于实现“天下无醛”。

2017年是北新建材史上辉煌的一年，不仅企业经营业绩超额完成年度目标任务，企业案例还作为清华大学经济管理学院首个“文字+视频”中英文案例全球发布、入选新华社第一批“民族品牌工程”、入选欧洲质量委员会成员、院士工作站正式获批授牌并聘请首名院士入站。北新建材科协由姜德生院士担任主席，成为北京市科协打造的全国第一家创新型科协。

三、北新建材打造中国工业标杆企业的未来设想

（一）持续加强石膏板行业竞争优势，巩固行业护城河。在国内市场实施定点清除计划，进一步完善全国石膏板产业布局

现在国内石膏板市场还有很多质量、科技、环保各方面都不规范的企业，以及一些假冒伪劣傍名牌的企业，它们恶性竞争，对行业、对国家、对环境都造成了极大伤害。北新建材一方面呼吁国家部委和地方部门实施监管，呼吁行业加强自律，呼吁客户提升质量环保意识；另一方面北新建材也要采取相应战略行动。比如在一些假冒伪劣傍名牌大肆横行的区域实施定点清除计划。北新建材在全国有60个基地，北新建材计划针对竞争对手再定点投放四五个工厂，用市场化的手段淘汰这些落后产能，同时进一步制定和完善全国产业布局。

（二）北新建材制定了培育新的利润增长点，打造第二曲线的计划

坚持三个围绕的原则：围绕和发挥公司石膏板行业培育的核心竞争优势进行协同发展；围绕和配合公司构建“下一代高性能绿色建筑体系”的战略定位；围绕供给侧改革机遇方向（有行业规模、有行业痛点需求、没有绝对市场份额的领导者）。北新建材要做的事情都是致力于解决行业痛点槽点，致力于打造行业亮点，推动行业转型升级和提质增效。经过分析研究，选择“四板四料”业务方向：“四板”就是石膏板、矿棉板、无添加石棉纤维水泥板、无添加甲醛木工板，“四料”就是涂料、粉料、零渗漏防水材料、辅材辅料。

（三）结合国家“一带一路”战略，和中国企业“走出去”战略，实施全球化布局

2010年上海世博会期间，当时所有的国内场馆全部是全球招标，北新建材成功通过招标中标所有国内场馆。而且因为产品过硬，除了几个本国自有石膏板企业的外国场馆指定采用本国品牌石膏板之外，北新建材中标了其他全部外国场馆。这充分说明北新建材石膏板质量技术指标不仅在国内领先，而且超过了外资产品。在澳门高档酒店威尼斯人酒店，北新建材也是击败全球各大品牌，树立了高端市场的工程典范。

（四）研发新一代高性能绿色建筑体系

北新建材一直在研究思考下一代高性能绿色建筑体系，并明确了几个方向。第一个是超低能耗建筑，建筑本身要尽量减少对能源的消耗；第二个是零甲醛空间；第三个就是全生命周期绿色；第四个是装配式建筑；第五个就是高性能建筑；第六个是健康空间，比如居室内是零电磁，消除电磁辐射影响。北新建材所思考的和即将要做的都是解决行业的痛点，形成建筑的亮点，这些思路和想法还具备着高度的可行性。

（五）北新特色智能化工厂

中国工业不仅仅是航天领先，应该说，在很多领域都达到了世界领先水平。但是，中国工业真正需要解决的是什么呢？是要在建材等这些体量很大的传统制造业，与老百姓的衣食住行密切相关的业务领域里，提升工业化水平。这里面的质量提升，主要源于工厂的提升，这一点很重要。北新建材提出的目标是打造中国工业标杆，无论是中国制造2025，还是工业4.0，包括智能化的工厂，北新建材都有自己的想法。

现在北新建材全国有60个基地，每个工厂都要实现智能化。当前，北新建材的人均劳动生产率已超过外资和民营企业，拥有效率优势，其中包括管理优势，也包括智能管理的创新。北新建材将把这些单个工厂的智能化进一步提升，进行全国联网，将全国60个基地联网的信息汇总到北京未来科技城研发总部。北新建材还要做到知识化、网络化、智能化，每个工厂生产线的实时数据，实时汇总到总部。总部的专家对这些生产线的情况进行远程会诊，每个工厂也可以通过网络向总部专家请求支援，每个工厂的技术改造方案及过程、产品性能提升、节能降耗指标等数据可以与其他工厂和总部共享。当然，每个工厂出现的失误和教训也将会被产业互联网记录，并给所有的工厂以警醒。如果这个构想成功实现，北新建材就将全国的生产基地构建成一个学习型、网络型、智能型的网络系统。

一般的智能工厂都是单个工厂的智能化，而北新建材的智能化不是单个工厂，是总部加上所有工厂的工业联网。这里所说的智能工厂是一个完整的智能生产、智能制造体系，而且知识共享，并不是单个工厂的智能化，总部和分、子公司也不是上下级关系，是网络化的关系，这与当下社会上说的狭义的智能制造完全是不同的概念。

四、北新建材打造中国工业标杆企业的启示

从1979年成立到斩获我国工业领域的最高奖项，再到目前24亿平方米的石膏板业务规模，北新建材成长发展道路上的点点滴滴，是一步一个脚印踏踏实实走出来的。通过对北新建材成长经历的调研与梳理，与王兵董事长的沟通和交流，有以下几点启示值得思考和分享。

（一）企业要有自己的核心优势

北新建材之所以能一直走在行业的首位，引领着行业的发展，其专长是石膏板业务，积累了品牌技术、管理经验、渠道组织能力，在全国有60个基地布局，数千家经销商，覆盖了全国县市和乡镇的营销网络，这是北新建材的资源基础，加上品牌和技术基础，这些形成了北新建材的第一大优势 。

第二大优势就是北新建材的创新基地——未来科技城，这是中央明确建设的海外人才基地，北新建材投了25亿元建设这个研发基地。这个研发基地能带来的人才和创新红利，是别人比不了的。这个基地不仅在硬件上对人才有足够的吸引力，而且中组部、北京市委和北新建材优厚的安家支持等软件条件也必会引得凤凰来栖，共举新型建材行业创新研发大业。

北新建材是科技部“十三五”国家重点研发计划项目——“功能型装饰装修材料的关键技术研究与应用”总牵头单位，这是北新建材第三大优势。这个重大研发项目汇聚了中科院、清华、同济等27家中国顶级科研院所、知名高校和企业，中国建筑材料科学研究总院也在其中。在此基础上，北新建材计划联合科研、房地产、材料产业链共同研发“下一代高性能绿色建筑体系”，引领全球建筑建材业和绿色建筑的发展。

（二）构筑企业强大的护城河

我们观察互联网行业可以发现这样一个规律，像腾讯、阿里巴巴等在各自核心业务领域非常强大，强大到什么程度呢？行业第二名根本无法生存，只有第一名才能生存，这就是腾讯、阿里巴巴等构筑的护城河，强大到让别人无法攻进来。比如说，像阿里巴巴想做社交软件几次都失败了，只有入股新浪微博；腾讯想做电商也没有成功，最后与京东重组了。

资本市场的知名投行和券商说，北新建材虽是实体企业，但把一个普通制造业做到跟互联网企业一样，只有第一名可以生存和发展，构筑了一个强大的护城河，这是北新建材最为突出的特点之一。在一个充分竞争、完全开放的行业市场，北新建材赢得50%的市场份额，全国地标工程和国家获奖工程的90%都是采用北新建材的系列产品。国内石膏板行业的第二名是基本不挣钱的；外资石膏板企业，也是一半工厂不挣钱，个别工厂微利。

北新建材目前的资产负债率还不到30%，公司本部基本没有贷款。这一方面是因为北新建材拥有强大的盈利能力和经营性现金流，持续保持经营性现金流量净额超过净利润；另一方面是北新建材要保持强大的抗风险阈值，还没有动用央企信用这样的核武器。中国工业大奖的获得，对北新建材来说是下一步战略规划的起点，继续提高竞争力和巩固护城河，继续创造更好的股东回报，打造中国工业的标杆企业，这是国家责任、社会责任、行业责任。

（三）消费者消费观念和惯性思维的更新

中国源于黄河文明，砖头砌体结构有悠久的历史，但不见得新型的绿色建材产品的性能就不及那些传统的秦砖汉瓦。北京东直门的当代MOMA是中国第一个全部采用石膏板复合墙体替代传统砖头砌块墙体的高档住宅项目，应用效果非常好。欧美等发达地区的高层城市公寓和别墅全部用的是新型石膏板复合墙体。现在中国的公共建筑，包括写字楼酒店都已经实现用新型石膏板复合墙体替代砖头砌块，但我们的居民住宅领域还远远没有普及新型石膏产品。

作为消费者，你不能既要欧美的清新空气，又要中国的砖头砌块。在居家生活中，消费者的消费观念要随着时代的发展而改变，惯性思维需要不断更新。消费者能否自觉使用绿色产品，是否能做到对这些假冒伪劣产品的抵制是非常重要的一环。

（四）行业发展，政府职能部门和行业组织应有所作为

现在绿色化概念满天飞，但真正的绿色产品、绿色技术的规模化推广应用却并没有得到足够的重视，这到底是企业把握市场的能力不足，还是产品价格的因素，抑或是政府方面还存在一些问题？

在北新建材的调研中，董事长王兵的回答值得我们深思：政府出台的文件没有落实到位、地方保护主义思想作怪、行业自律不够、用户自身意识不足等多方面的因素造成了目前市场真正绿色产品难以规模化推广应用的局面。

这样的情况下，我们就更希望政府能够在维护市场秩序和规范市场行为方面有所作为，同时，行业发展也还要有相应的标准。

政府监督部门必须依照法律规定和相关标准执行到位。中央经济工作会议非常强调供给侧改革，重点就是供给本身的质量问题。如果对那些应该淘汰的落后小厂，各个部门落实执行不到位，行业引导不够，地方政府视而不见，甚至是纵容，就会出现劣币驱逐良币现象，如此一来，谁还会去投资创新？如果假冒伪劣、污染环境的产品大有市场，谁还会花精力去提升质量呢？劣币驱逐良币是中国工业供给侧改革的一大顽疾，必须解决，这需要政府、企业、行业和媒体齐心协力共同呼吁。

（五）正能量宣传对于推广应用绿色建材产品必不可少

没有买卖就没有杀害。一个很简单的例子，现在还有人吃鱼翅吗？基本没有了。这不仅仅是有关规定不许吃的原因，这么多年的天天宣传，看着那么残忍的照片，没有人愿意去吃了。所以说，宣传很重要，它能影响人的心智。对于假冒伪劣榜名牌产品，我们宣传得多了，让那些生产和购买假冒伪劣榜名牌产品的人，受到监督和制约。长此以往，假冒伪劣榜名牌就没有了市场，也就不会出现在我们生活中了。在供给侧改革过程中，政府、媒体和行业共同努力改变劣币驱逐良币的环境，这一点非常重要。

事实也在不断证明，北新建材在新时代继续践行着绿色创新发展的理念，一路领先走在行业发展的最前列。2018年初，北新建材迎来了开门红，荣获“制造业单项冠军示范企业”。

1月22日，工业和信息化部、中国工业经济联合会召开的制造业单项冠军经验交流会上，北新建材荣获“制造业单项冠军示范企业”。同日，北新建材发布业绩预增公告，2017年北新建材实现归属于母公司的净利润约22.8亿–24亿元，同比增长约100%。根据此前公告的前三季度业绩报告，北新建材资产负债率降至27%以下，成为资产负债率最低的制造业上市公司之一，各项业绩指标卓越，实现了高质量发展。

“十年磨一剑，一朝露锋芒”，北新建材没有分心“讲故事”，而是专注于建材行业，甘做一个普普通通的制造业企业，为的是将产品做到极致、企业做到极致。

全球化布局的新征程即将开启，北新建材肩负着树立我国制造业品牌形象、带领我国制造业走向世界的光荣使命，继续为将北新建材打造成为世界级工业标杆而奋斗。

成果创造人：孟宪江　《中国县域经济报》社、蒙　华　《中国建材报》社

军工企业推进军民融合战略的思考与实践

中国航发西安航空发动机有限公司

军民融合上升为国家战略，是我国长期探索经济建设和国防建设发展规律的重大成果，是从国家安全和发展战略全局出发做出的重大决策，既是兴国之举，又是强军之策。航空发动机是为航空器提供推动力的装置，被誉为工业皇冠上的明珠，航空发动机能不能搞上去，不仅影响着国家重大航空装备产业化发展的质量和效益，而且直接影响着国家安危，是我国能否成为航空强国乃至装备强国的关键。航空发动机面临的困难局面受到了党和国家领导人的高度重视，以习近平总书记为核心的党中央决策设立航空发动机与燃气轮机重大专项，以举国之力发展航空发动机和燃气轮机。2016年8月28日，党中央国务院决定成立中国航发，习主席亲笔批示："坚持军民深度融合发展，坚持实施创新驱动战略，大胆创新，锐意改革，脚踏实地，勇攀高峰，加快实现航空发动机及燃气轮机自主研发和制造生产，为把我国建设成为航空强国而不懈奋斗！"

一、军工企业推进军民融合战略的必要性分析

（一）军工企业要赢得未来的竞争优势，必须推进军民深度融合

上世纪"冷战"时期，以美国和苏联为首的两大军事集团为争夺世界霸权，展开了长达40年的军备竞赛。两国为保证武器装备技术领先，均不遗余力地发展国防工业，长期保持高额的国防预算。在这场旷日持久的竞赛中，美苏两国得到了截然相反的结果，美国在军事工业取得快速发展的同时，国家经济实力也不断增强，并最终确立了世界霸主的地位；苏联的军工产业虽然也得到显著提升，甚至在某些军事科技领域曾一度领先于美国，但其国民经济却在这场竞赛中被彻底拖垮，最终以国家解体而收场。

审视这场军备竞赛，我们不难发现，正是因为美苏两国走了两条完全不同的发展路径，才导致了上述完全相反的结果。在管理体制上，美国广泛吸引社会资源的支持，为武器装备发展提供了源源不断的资金保证。而苏联在僵化、封闭的计划经济约束下，其军工企业完全依赖国家投入，为了维持军备竞赛，政府不得不削减事关民生的经济领域的投资来满足军工企业需要；而一旦国民经济支持不下去，就停止了应有的发展活动，企业只能坐等政府财政预算的投入来"输血"，甚至通过转让已经形成的宝贵技术能力，"变卖家当"来勉强维持生存。在运行机制上，美国军工企业坚持军民融合发展，在开展军备竞赛的同时，高度重视军事高科技向民用产业的转化，在军事科技领域取得技术成功的同时，迅速将其广泛应用于民用产业，实现商业成功后又"反哺"军工产业，形成了良性循环。而苏联则是军民割裂，忽视利用军工技

术来服务于发展国计民生的其他行业，由于不能通过军工技术应用于民用产业来实现反哺和自我发展动能，高额的军费开支犹如投入了无底洞，最终导致其国民经济崩溃，出现了“卫星上天，红旗落地”的结局。

我国对航空发动机的经费投入，长期以来相比于发达国家几乎少一个数量级，而且不是长期稳定投资；投入机制缺乏多元化，社会资本难以进入发动机研发领域，重大技术发展基本上仅靠型号研制推动。如果不推进军民融合，跨代差距有可能被竞争对手越拉越大。

（二）军工企业作为国民经济建设的主力军和国家战略的忠诚践行者和发展主体，必须推进军民深度融合

2015年10月，党的十八届五中全会明确要求，要坚持安全和发展兼顾、富国和强军统一、实施军民融合发展战略，形成全要素、多领域、高效益的军民融合深度发展格局。2017年1月，中央成立了军民融合发展委员会，习近平总书记任主任。在国家大力发展“军民融合”的背景下，国家、军队、地方政府相继出台了一系列军民融合指导性政策，为军工企业大力推进军民融合转型发展提供了强有力的政策保障。在国家军民融合战略推进的全新背景下，军工企业必须先行先试，锐意改革，大胆创新，蹚出一条中国特色的央企军工军民融合之路，实现对发达国家的弯道超越，这是央企军工的责无旁贷的担当。

（三）建成世界一流航空发动机企业，坚持需求牵引，必须推进军民深度融合

1.发达国家坚持需求牵引的转型升级之路

国外发动机制造厂家正逐步将其业务延伸到发动机性能监控和维护维修领域，在生产制造上在精益基础上向智能化转型，从提供“发动机”到提供“发动机+服务”甚至只提供“服务”已经成为发动机制造企业延长价值链的主要方式。全球三大航空发动机制造厂家普惠(P&W,Pratt&Whitney)公司、罗–罗(R–R,Rolls–Royce)公司和通用电气(GE,General Electric)通过服务合同绑定用户，形成了服务创造价值的军民融合子品牌，这一转型正是来源于军民用维修机队和汽车产业成功实践，而来自需求端的变革是经得起时间考验的。

三大航空发动机集团服务转型的子品牌：罗罗公司–total care、普惠公司–engine wise、GE公司–true choice。三个航空发动机的巨无霸，实现了从购买产品–全价值链服务的转变，收入占比45%，利润占比55%。兑现了客户低成本、高可靠性、高效率、全价值链服务的系统承诺，形成了军民融合高端制造服务的核心竞争力，这是我们站在新起点上思考军民融合业务发展的重要对标点。

反观我们，在发动机产业方面还存在技术相对落后，交付发动机总量偏少，人员数量多但领军人才缺乏，经济效益差等问题。和国外同代次航空发动机比较，我们的单位小时使用维护费用、价格、质量等都不占有优势。民机很重要的特点是开放、性价比最优，接受市场规律，如果不坚持军民融合，上述军品表现的痼疾难以自我根除。

2.对照当前需求，我们的根本问题是供给侧的问题，满足需求是释放市场容量的关键

当前，新军事变革对航空发动机可靠性、维修性、保障性、测试性、安全性、环境适应性提出了更高的要求，倒逼军民融合机制的形成。军方已经提出，要引入适航理念机制，打造安全可靠的优质产品，这既是民机的最低要求，也是军机必须跨过的技术门槛。目前军方不仅

采购军品，而且采购修理服务，因此存在着发动机质量可靠性越低反而拥有更多市场机会的看似奇怪却司空见惯的经营现象。军方一针见血地指出，航空武器装备不再是定型完了或者交付完成就完了，必须聚焦战斗力的生成和保障，而适航、维修、可靠性管理等标准体系深植于民用航空发动机，要寻求这一空白领域的突破，必须坚持军民融合。

针对航空发动机经济可承受性研究，军方正在研究改革沿用多年采购经费采用“成本+5%利润”的定价机制，彻底扭转当前虚增成本有理有利的垄断价格博弈怪局，打开价格机制闸门，就需要军工企业引入经济可承受性管理，形成人、资本、材料的市场化选择。

（四）遵循航空发动机研发制造规律，补齐基础技术、适航维修技术的短板、打通高端人才全国乃至全球为我所用的路径，要求我们必须坚持军民融合

我国航空发动机长期走测仿研制路线，导致技术基础薄弱，要突破航空发动机瓶颈，建立自主研发体系，培育自主研制能力，关键是基础应用能力提升，核心是高端人才为我所用。

目前我国的航空发动机基础研究主要以院校为主承担研究，联合产学研用单位共同开展，是支撑关键技术的突破和掌握、实现成果转化和应用的关键，企业主要在工程与制造开发、生产与部署端发力，要实现发动机突破，必须和高校、研究所围绕更紧密的实现基于需求端的深入融合。

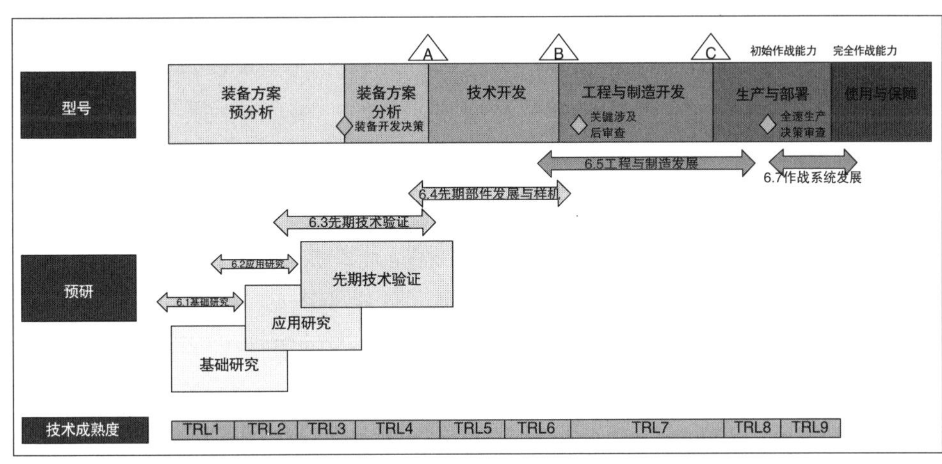

图1　航空发动机研发制造保障流程

此外，我国航空发动机发展人才曾经历两个断层期，航空高等院校毕业生因种种原因或者远赴美国，或者散布在国内其他领域，专才非专用的现象相当普遍，而高端领军人才的缺失更是航空发动机面临的突出问题。坚持市场化的导向，营造高端人才安心做事的机制，要求我们必须大力推进军民融合。

（五）建设高水平的航空发动机供应链，必须大力推进军民融合

GE航空建立了完善、规范的供应商管理体系，有专门的供应链管理部门整体协调生产、质量、物流、采购和供应商管理职能，建立了供应商管理体系要求和标准——S-1000，并制定了系统完善的管理流程和工具，每年根据供应商绩效进行调整。

罗罗公司制造生产则采取设立分厂或外包形式，采取“核心供应商”模式，缩减供应商数量，建立了供应商管理的基本体系要求和标准——SABRe，并制定了系统完整的程序文件，具有对供应商进行规范管理的系统的流程、工具和方法。

目前我们供应链管理体系建设尚不完善。公司现有供应商大多为体制内唯一供应商，未形成有效竞争和淘汰机制；没有专有品牌，没有标准体系；社会资源利用不足，对公司产能未形成有效补充；以部分原材料、成附件等为代表的外购产品交付、质量问题凸显，严重影响公司科研生产任务完成。

二、军工企业推进军民融合战略的可行性分析

（一）体制优势

我们有国家重视、各级党组织坚强领导、社会主义国家集中力量办大事的体制优势，军民融合已经上升为国家战略，习主席亲自担任军民融合委员会主任，航空发动机重大专项作为国家级专项计划，历时近5年终于落定，国家推进意志坚定不移。中国航发在中央大幅压减央企数量的背景下分立发展，集中体现了国家意志。集中全国之力，我们有可能突破在西方国家难以企及的效率，比如中国高铁。以上三项特点优势叠加，将有力促进开展“军民融合型”央企军工的试点。

（二）政治优势

当前，在国家大力发展“军民融合”的背景下，国家、军队、地方政府相继出台了一系列军民融合指导性政策，为军工企业转型发展提供了强有力的政策保障，鼓励和引导民间资本进入国防科技工业，鼓励民间资本参与军民两用技术开发。实现军民融合型企业发展，已成为上下共识，央企有信心、有耐心、有能力实现军民融合这一转型。

（三）资金优势

经过改革开放的多年积累，我国经济实力大幅提升，我们已经有条件办一些多年想办却没有条件办的事。国家为推进军民融合战略的实施，从中央财政划拨专项经费解决国有企业军民融合发展的羁绊，解决历史遗留问题，包括企业办社会职能剥离、三供一业分离移交、大集体改革等。同时，两机重大专项更是针对航空发动机研发规律，在基础研究、预先研究、型号研制、条件建设、全寿命保障等方面划拨足额经费，为奋力追赶超越提供了资金保障。

（四）改革开放的巨大红利

中国改革开放近40年，除了形成了比较雄厚的资金实力外，在基础技术和企业管理等方面，也取得了长足进步，有了大量的储备。

当前，发动机行业属于供给侧攻坚阶段，潜在市场需求10万亿元以上，而军工产品一旦跨过技术成熟度八级则几乎没有市场风险。我国的高校、科研院所、军工企业经过1999年以后近20年的奋力追赶，储备了一批自主研发技术，只要能建立有效的全产业链技术融合机制，打破过去各行业相对封闭、各自为战的局面，必将会形成马太效应，实现发动机技术瓶颈的快速突破。在管理方面，公司所有制改革、先进管理工具的导入为军民融合市场化改革做出了有益的铺垫。

（五）央企的优良传统

实施军民融合战略，振兴航空发动机产业，已成为上下共识，央企作为共和国长子，血

液中天然包含着敢于担当的精神，有全国人民的支持，有改革开放的积累，有先行容错的改革氛围，有对航空发动机事业的坚定路径选择和规律的科学认知，央企有信心、有能力实现这一转型。

（六）优秀的员工队伍

从员工队伍来看，我们比西方发达国家有更加敬业，更加聪明，更加勤奋的员工队伍，军工企业员工有一股不服输的劲头，形成了特有的军工人精神，在军工人特有精神的激励下，我们创造了两弹一星、四代机研制等国外同行难以企及的速度和跨越式发展奇迹，我们相信，在航空发动机领域军民融合体制机制建立的过程中，优秀的员工队伍是我们成功的重要保障。

三、军工企业在军民融合战略推进中存在的问题与困难

当前军民融合由初级融合向深度融合发展的过渡阶段，军工企业在推进军民融合中主要存在以下几个方面的问题。

（一）体系化推进方案缺失

企业在军民融合推进中如何运用系统思维构建顶层的战略规划、运用系统方法构建军民融合体系的策略没有先例可循。对内部军、民资源需求统筹不足、互动不够，对外部社会资源的互动缺乏明晰思路和统一组织，企业军民融合推进体系化建设亟待开局。

（二）体制机制的壁垒

长期以来沿袭于苏联军工发展模式，长期以来习惯于计划经济的管理模式，使得有任务的军工企业不愿意参与比成本、比质量、比性能的市场化竞争，制度流程上保护落后，具有封闭性、垄断性、排他性。民营企业参与装备建设存在“进入难、审批难、管理难、成本高、风险大”等壁垒。“军转民”过程中，存在有项目推进“需求不清楚、职责不清晰、责任不明确、流程不顺畅、风险不可控、缺乏有效激励”等问题，同时存在有“国军标质量体系、人力资源管理、保密管理要求、知识产权保护”等方面的导入壁垒，企业亟待按照系统化方法建立一套完整的军民融合推进体制机制及管理流程。

（三）民参军存在一定风险

军工产品的产业链长、覆盖面广、产品开发要求实验较多、技术难度较高、型号风险较大，部分民企保军意识缺失，重生产硬件、轻检控能力等软件建设，普遍存在“生产能力、特殊过程、特种工艺、技术质量体系保障”等方面的劣势；部分民企在多专业综合配套生产的投入和技术储备还存在严重不足；部分民企对持续投入资源考虑及质量风险预估不足，导致其在后期投入“转行快、后劲不足”，使军企在引入民企也存有质量和保证长期交付的风险。

（四）协同合作机制不完善

当前属于军民初步融合阶段向深度融合转型期，在科研管理体制上，军工企业、军地大学、科研院所机构的军民相互割裂，军工企业对社会资源科技资源共享难度大，科技成果双向推广转化渠道不畅，社会“技术、人才、资本、信息、产品”等要素共享程度低，导致在“新材料、新技术、新信息、新产品”等方面的新兴军民融合技术产品难以孵化，军民技术协同、能力优势互补形成支柱性产品、产业，促进企业可持续发展的良性循环尚未形成。同时存在着

诸多问题，如：技术研发创新平台不能满足新型号发展需求，共性技术及前沿技术攻关不足；供应商管理机制尚不完善，战略伙伴关系尚未形成；重点产品在条件建设中对社会资源能力引入不足，新型号战略产品工艺流水布局中对战略供应商引入不足；重点民用产品产业发展中对社会资源技术、人才、资金资源引入不足，新型军民融合合作模式、合作平台尚不成熟，等以上问题的存在。

总体看，全面推进军民融合是军工企业实现持续健康发展的迫切需要。通过“民参军”，积极引导外部资源有序参与科研生产，可利用民企的充沛资源、快速反应的机制促进装备研制生产配套及成本管控，快捷对接需求；通过“军转民”，可依托军工优势技术加快民品产业发展，有力的促进军工企业的可持续发展；通过军民深度融合，可打通产业链条，实现装备强国的目标；同时，军工企业要实现军民“全要素、多领域、高效益”融合格局，构建系统完备的军民融合体系，需要充分研究化解企业在军民融合战略推进中存在的困难与问题，以企业发展需求为引领，通过系统化梳理，建立军民融合推进的目标及体系化的发展规划。但是在军民融合中，体制机制壁垒、平台缺失等方面的问题，对军工军民融合体系化建设提出了挑战。

四、军工企业军民融合体系构建

（一）军民融合体系建设的目标

结合国家航空发动机与燃气轮机重大专项的推进要求，对比国外三大航空发动机集团的经济指标，制定了国内XX公司军民融合战略发展目标如下：

目标一：坚持聚焦主业，建立“小核心，大协作、专业化、开放型”科研生产体系，实现核心业务突出、核心竞争力明显、产业结构优化、人员结构精良的产业发展模式，保障重点型号科研生产任务的实现。

目标二：坚持市场导向，建立“产、学、研、用、融、政”等方面协同创新及优势资源互补模式，推进军民两用技术成果双向转化及产品孵化，依托军工技术优势加快重点军民结合民品发展，构建军工主业及衍生产品军民融合产业多元化区域示范基地。

并结合军民融合推进工作目标，分解出六项一级指标。

指标1：核心业务突出，聚焦军工主业，对标国际标杆，形成同代次产品行业领先。

指标2：核心竞争力明显，军民两用技术成果双向转化及产品孵化顺畅，军品主要经济指标与西方发达国家明显缩小。

指标3：人员结构精良，在市场化的选人用人机制上做出适应性变革，推进核心专业及关键岗位高层次人才队伍建设。

指标4：质量效益型发展，适应军队价格体制改革新形势，建设重点军品型号经济性、质量可靠性、适航性、维修性接轨国际一流企业。

指标5：体制机制创新，创新体制机制，形成有利于资本、技术、人才双向融合的制度和流程体系，形成一大批管理创新成果。

指标6：产业结构优化，在军民融合新产品孵化、混合所有制改革、民用产品产业发展方面形成重大突破。

并结六项一级指标，详细分解出可量化衡量的二级评价指标（略）。

（二）军民融合体系建设的主要原则

1.坚持需求导向、规划引领

充分研究国家、军队、地方军民融合政策、产业政策，梳理企业战略发展需求及存在的核心问题，统筹军民品发展，实现军民优势互补。

2.坚持保军目标、可持续发展

以保军为首要，借助军民融合，引入社会资源，助推军品科研生产任务完成，实现资源价值最大化运用，推动企业产业结构优化升级及企业可持续发展。

3.坚持风险可控、有序推进

建立军民融合体系推进中的“体系保障、组织保障、资源保障、项目流程保障、市场风险管控、保密风险预防”等措施，在风险可控前提下，分阶段、分步骤、有序开展军民深度融合体系建设与推进。

（三）军民融合战略体系建设的思路

坚决贯彻国家军民融合发展战略，借鉴国外军工企业发展经验，以“需求引领、聚焦主业、风险可控、有序推进”为主要原则，制订了军工企业军民融合体系推进模式（详见图2）。

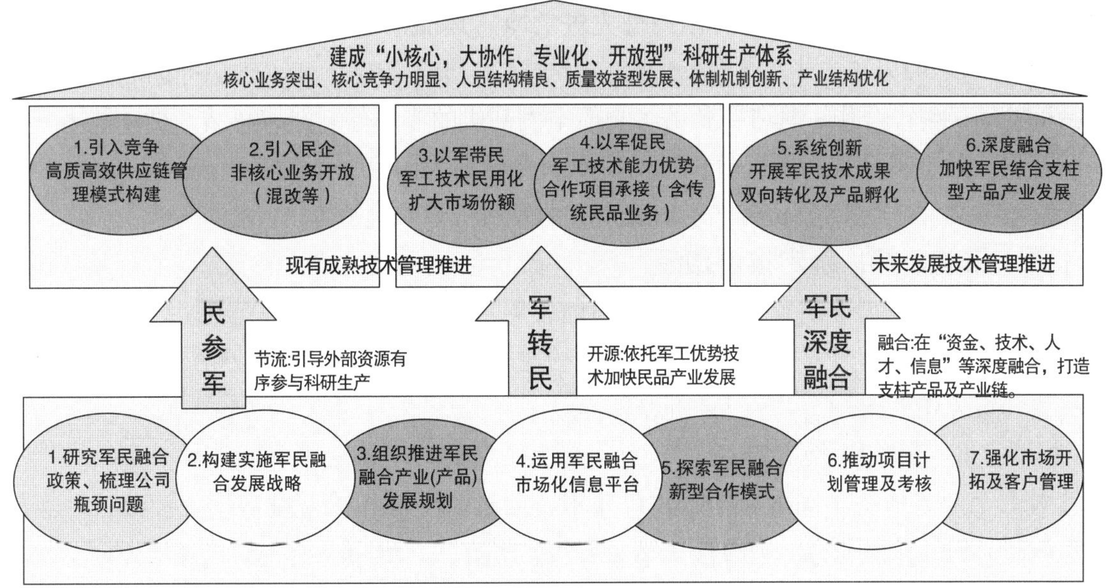

图2　军工企业军民融合体系推进模式

军民融合战略体系推进内涵图解：

1.建立七个维度的军民融合推进管理流程

涵盖“梳理企业能力及瓶颈问题、构建军民融合发展战略、推进产品发展规划、应用市场化信息平台、探索军民融合新型合作模式、项目计划管理考核、市场开拓及客户管理”等七个方面的军民融合运营管理机制流程。

2.推动“民参军、军转民、军民深度融合”三个方向内容引导外部资源有序参与科研生产，依托航空技术优势加快民品产业发展，实现军民“技术、人才、信息、资本、产品、政策”等方面深度融合及优势资源互补，开展产品转型升级及产业结构调整。

3.推动军民融合六个方面的体系模块

推进“民参军”，逐步加大非核心业务向外转移，打造公司高质高效供应链条；推进“军转民”，实现军工技术向民用转化，承接军工技术能力优势合作项目；推进军民深度融合，实现军民技术成果双向转化及产品孵化，搭建产业链、价值链。

4.构建军民融合战略体系推进目标

通过推进军民融合，建立军工企业“小核心，大协作、专业化、开放型”科研生产模式，实现军民“新技术、信息、人才、产品、资本”等要素优势互补，实现企业核心业务突出、核心竞争力明显、产业结构优化、人员结构精良的产业发展模式，促进军品科研生产目标的实现，推动企业的可持续发展。

五、某军工企业军民融合战略推进实践

（一）国内某军工企业发展简介

XX公司，始建于1958年，是国内大中型航空发动机和大型舰船用燃气轮机动力装置整机研制、生产、维修基地，拥有各种国内外先进的冷、热加工设备和计量测试设备8300余台（套），占地面积292万平方米，人员1.5万余人，与GE、RR、PW、SNECMA等国际企业有近40年的民机发动机生产合作，具备完整的各类航空发动机的零部件制造、总装、试车能力。2016年，国家将“航空发动机和燃气轮机”两机重大专项列为国家“十三五”规划实施的100个重大工程及项目之首，给XX公司带来了前所未有的发展机遇与挑战。

（二）聚焦目标，确定推进路径

为确保企业军民融合战略有序推进，明确各项目团队任务目标及节点，结合军民融合“政策导向、需求引领、聚焦主业、有序推进”的原则，制订了军民融合战略体系推进路径，按五个步骤开展（详见图3）。

1.摸清家底，确定发展方向

针对七个业务模块军民融合体系建设要求，通过“开展相关基础数据统计分析、实施市场需求调研研讨、政策研究、内外部优劣势分析”等方式，确定本业务模块发展方向、发展目标，分析方法（详见图4）。

2.立足长远，构建发展规划

建立七个业务模块军民融合体系推进方案，含：业务发展目标、业务模块体系建设补充内容、产品/业务发展计划（或：试点推进计划），关键KPI绩效指标、资源需求、风险应对措施、“十三五”重点工作计划等内容，建立对应的组织机构及业务推进资源保障措施，最终形成了企业军民融合体系推进“十三五”发展战略规划。

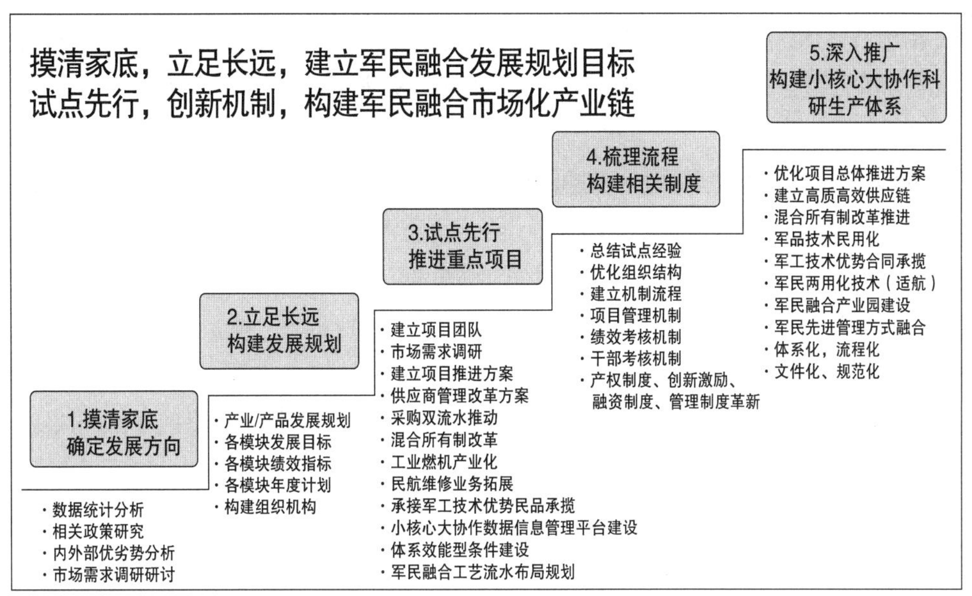

图3　军民融合战略体系推进路径

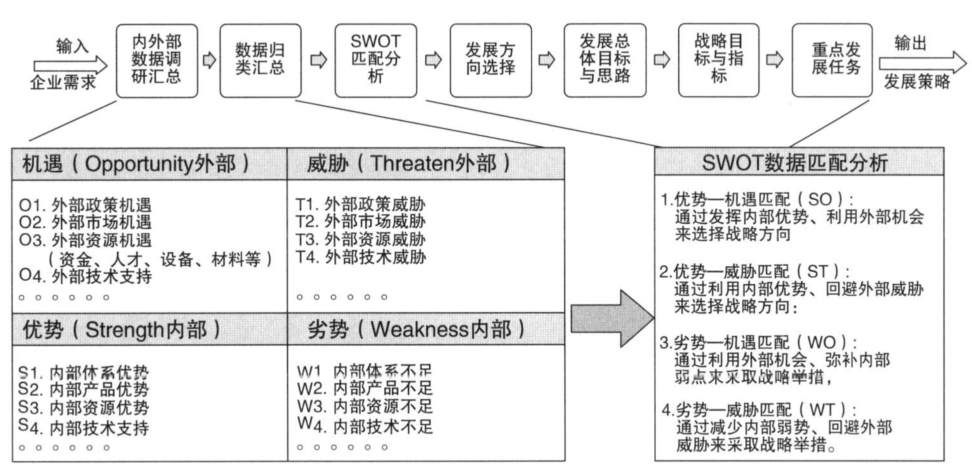

图4　系统分析法确定企业发展策略

3.突出重点，开展项目试点

开展项目立项审批，含：项目预期收益、项目可行性分析、项目推进计划、里程碑事件、责任单位与考核节点等内容。对项目实施监督、考核与激励，确保军民融合体系各业务模块及具体项目的有效推进。

4.总结经验，建立流程制度

持续完善管理流程制度，逐步建立各业务模块　，包括“公司能力及瓶颈问题梳理、市场化信息平台、军民融合新型合作模式、项目计划管理考核、市场开拓及客户管理”等军民融合管理机制流程，初步构建形成公司军民融合体系。

5.深入推广，构建军民融合协同发展体系

优化军民融合总体推进方案，围绕“民参军、军转民、军民深度融合”三个方向建立全面系统的机制流程，建立军民融合“体系化、流程化、文件化、规范化 ”的管理运营机制，形成军民融合鲜明的程序文件、管理制度、管理细则及适用性表单，确保后期军民融合项目持续稳定的推进。

（三）明确任务，优化流程，完善制度

1.分解目标，明确任务

为确保企业军民融合体系推进的系统性、科学性，明确军民融合具体任务，以“需求引领、聚焦主业”为主要原则，制订了XX航发公司军民融合“1+4+33”体系构架树图（详见图5）。

围绕“民参军、军转民、军民深度融合、体系建设”四个方面，对七个军民融合体系业务模块建设内容，对七个方面的内容及基础体系建设的要求细化，分解出了公司推进军民融合战略要开展的33个重大项目。

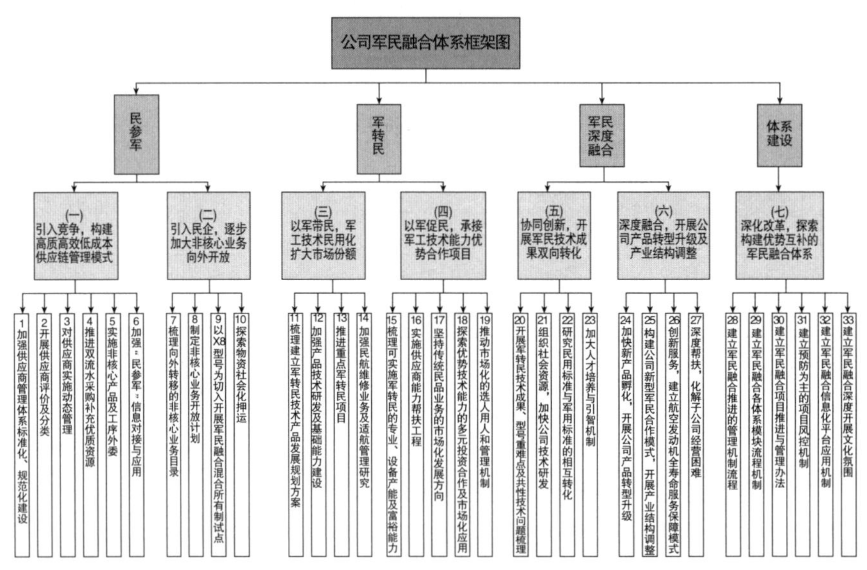

图5 XX航发公司军民融合“1+4+33”体系构架树图

2.优化流程，防范项目推进风险

建立军民融合项目推进管理办法，按照项目管理办法（PM/5W1H方法）建立了大项目管理流程，明确相关项目“方案制定、项目评审、任务下达、项目执行、资源保障、考核激励”等管理流程要求。军民融合大项目管理流程（详见图6）

确定了项目关键里程碑的专项监督、考核与激励方法，对各单位设立“军民融合项目完成率KPI考核指标”，确保军民融合体系各业务域及具体项目的有效推进，防控相应风险。

3.制度建设，确保推进成效

结合项目开展流程，以公司军民融合战略发展规划为引领，构建了三个层级的管理制度，系统的对军民融合项目管理、品牌管理及部门职责等方面进行了规范，确保军民融合推进的规范化。军民融合推进体系文件框架（详见图7）。

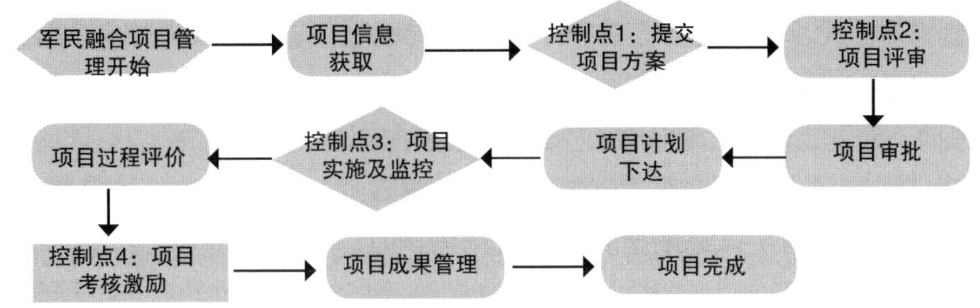

图6　军民融合大项目管理流程

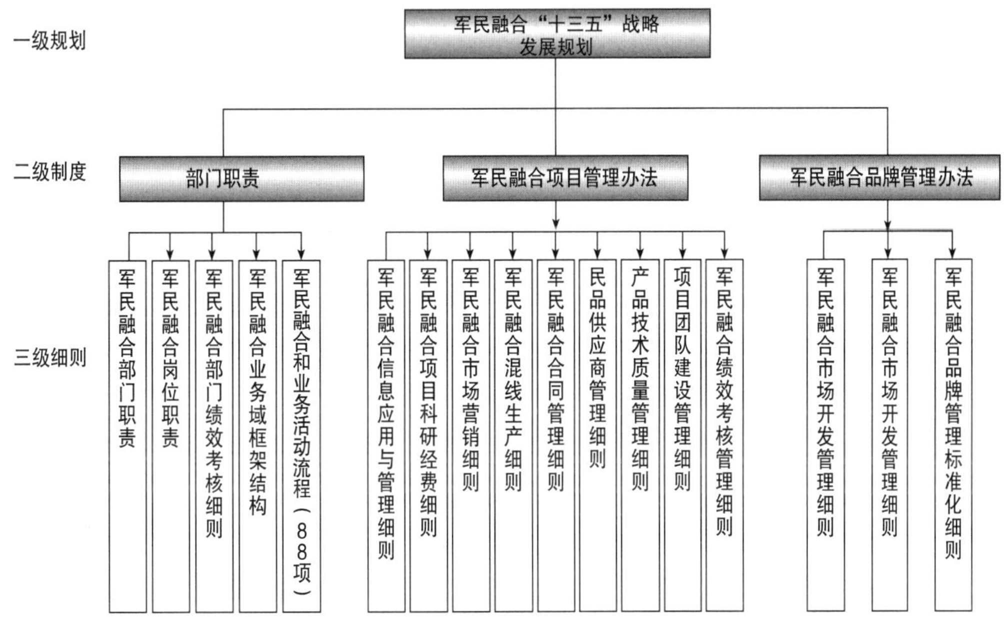

图7　军民融合推进体系文件框架

按照军民融合战略推进体系建设的要求，按照“从上向下分解，从下向上支撑”的原则对职责及业务流程进行梳理，分解出88项业务活动，确保军民融合日常推进中具体事务“有人管、管得住、管得好”。

（四）当前取得的成果

按照军民融合战略体系“五步法”推进路径的规划目标，目前XX企业在军民融合推进过程中取得了初步成效：

1.按照“小核心、大协作、专业化、开放型”的原则，初步构建军民融合科研生产体系

在军民融合体系化建设方面，制定了企业军民融合规划方案，围绕“军转民、民参军、军民深度融合”三个方向，制订了七个军民融合业务域的推进内容及三十余项具体的推进事项，深入开展军民融合推进工作。梳理确认了企业核心技术清单、建立了对应产品“关键、重要、一般、放开”分类目录清单，制定“小核心、大协作”能力转移清单，构建了核心在手、一般能力依托社会的新型体系效能型科研生产新格局。通过实践，建立了一套“问题与需求梳

理、战略规划制定、体系化建设、工作推进策划、大项目管理模式、资源保障机制建设”等方面的内部运营管理模式，重大项目实现了有计划、有跟进、有评价、有考核，各重点项目有序推进，初步搭建了军民融合规划、体系、制度、流程框架。

2.规避风险，建立了高质、稳固的航发研发制造供应链条

重点围绕“采购及外委供应商管理体系规范化建设、完善供应商分类模式及评价机制、制定了独家采购改进措施、推进某型号双流水采购试点、加大战略供应商的培育、推进网上商城采购”等方面开展工作，取得了一定的效果。例如：推进网上商城电子化、公开化采购，2017年采购达8.4亿元，截至2018年6月底已达到6.3亿元；再如：以某型批产发动机为试点推进“双流水”，与10余家地区民企签订技术合作框架协议，涉及50余种牌号规格的技术合作，已完成594件锻件、66吨原材料、3134件成件的交付，并开展相关试验、检测及考核等工作。逐步改变了原有单一供应商产品供货的现状，搭建了“良性竞争、共同发展”的良好供应合作关系，在打开大门的同时建章立制，规避风险，建立了高质、稳固的航发研发制造供应链条。

3.需求牵引、指标倒逼的自我革新重大举措落地

在军民融合战略的牵引下，针对制约航空发动机研发制造成本虚高、质量可靠性指标低下、交付难以满足用户需求的情况，对照用户需求和公司军民融合符合性战略，设定效率效益指标，指导改革工作开展。主要包括发动机成本工程、组织机构优化、AEOS体系（企业运营管理模式变革）的推进、对标平均故障间隔时间不断缩小的发动机综合质量整治工作等，通过军民深度融合及“小核心、大协作、专业化、开放型”系统化推进，企业“成本费用占营业收入比”大幅下降，企业盈利及技术核心竞争力水平大幅提高。

4.借军民融合政策红利，军地合作、人才引进有所突破

主导与陕西省、航天动力研究院成立动力联盟，与西安市未央区合作建设军民融合特色小镇，与北大、有色研究院开展新材料联盟，拟在西安市经开区设立军民融合研发中心。在人才使用机制上，打通“不求所有，但求所用、不求所用、但求交流”的体制外人才使用通道。通过上市公司平台建立股权激励等多种常态化激励模式，形成国家富强、产业成功、公司获利、个人成长的良性发展格局。

5.军民融合重大产业布局顺利

在30MW燃机上，吸纳社会资本投入4.8亿元，超过前13年该型号国拨技改投入，提前储备了产能，降低了带息负债。2017年该型号年度任务需求是“十二五”年均订货量的X.X倍，通过资本市场融资形成的产能得以迅速补充，形成了每年X亿元的销售收入，技术成熟度也从7跃升到了9。与此同时，民用同档级燃机研发被带动，中科院、中石油管道局、西安交通大学等产学研用联盟初步搭建，目标是实现在2020年X亿元产值，技术成熟度到7，即定型交付状态。从而填补国内重大燃机领域民用的空白。

试点军品体制外民用发动机产业布局，充分利用外贸转包的管理、技术、标准，在自贸区某子公司开展重大航空发动机核心机研发，从而形成和军用发动机良性互动、适度竞争的格局，目前研制进展顺利，该子公司也实现了多年梦寐以求的从零部件到单元体、从简单分包商

到优良制造中心的转变，2017年利润贡献达1000万以上。

6.军民融合产业发展格局初见成效

在依托社会资源壮大民用航空发动机试点方面，摆脱了过去多年资源投入驱动外贸发展的格局，通过抓市场折价和技术标准、合同履约，依靠社会资源完成标准化制造的轻资产运营模式，实现对罗罗公司、GE公司、普惠公司外贸转包的快速响应。年均交付额在1000万美元。

在混合所有制改革方面，公司某下属合资企业面临发展转型阵痛，公司结合股权退出转让，梳理内部部分非核心军品能力，按照现有价格拆分给该公司，实现了人员和业务的外包，公司得以聚焦新一代核心能力提升，同时降低了用工成本。

在技术创新平台建设方面，梳理形成了《可用于军转民技术应用清单》、《在研/在制型号技术重难点及共性问题清单》，确定了《对外开放技术研发清单》；逐步推进建立“开放型”的技术合作攻关模式，与北航、西工大、西安交大、621所等高校、科研院所广泛开展技术合作，组建了14个产学研中心和一个省级工程技术研究中心，在国家重大专项研制、基础技术研究储备、前沿技术预研等方面开展了卓有成效的工作，形成了具有省部级以上科技成果331项，授权专利386项，取得了关键技术突破与核心技术工程应用能力，构建了10个专业大类，46个一级专业和162个二级专业，覆盖了XX全领域工程技术专业体系，理化、无损、计量、特种工艺行业领先，大型风扇机匣机加技术、发动机装配试车技术、无余量精密锻造技术等近20项工艺技术已接近或达到国际先进水平。

六、结论：

本成果针对军工企业在贯彻落实国家军民融合战略中，运用系统方法构建军民融合推进体系开展了深入研究，总结了一套军工企业在军民融合体系建设中“问题与需求梳理、战略规划制定、体系化建设、工作推进策划、大项目管理模式、资源保障机制建设”等方面的做法和经验，在实践中构建了一套“军民融合体系推进7+3+6模式”，通过实践，有力地促进了军工企业军民深度融合的推进，取得了阶段性成效。该军民融合体系推进的思考与实践，为军工企业快速开展军民融合体系化建设适应经济新常态下的国企改革提供了可借鉴经验。

成果创造人：唐喜军、党经绮、王　斌

国有资产监督目标模式与外派监事会监督机制创新

北京师范大学经济与工商管理学院

所有权和经营权分离是现代公司制企业的基本特征，这种分离既为企业发展创造了条件，也会带来潜在风险，即经营者可能出于私利选择机会主义行事，尤其是委托-代理链条较长的国有企业，所有权和经营权更是高度分离，客观上为经营者背离所有者的利益提供了可能。因此，出资人在采取一些有效措施加强对经营者的激励的同时，必须对企业法人财产的使用有一定的发言权和监督权。国有企业外派监事会制度作为完善国有企业公司治理制度的重要方面，就是要解决因国有企业所有权与经营权分离而产生的出资人监督权和监督动力问题。

现行国有企业外派监事会制度是一种政府供给主导型的制度安排，由作为出资人代表的国有资产监管机构（即国资委）负责日常管理，在监督国有企业合规经营、防范国有资产流失、促进国有企业改革发展等方面发挥了重要作用。但当前的外派监事会制度也存在一些问题，如较少考虑国有企业类型的多元性，独立性和权威性不够，与其他监督制度存在权力交叉，容易出现监督责任真空等。党的十八届三中全会以来，国企深化改革成为中国经济体制改革的重点，而国企改革的核心是分类推进混合所有制，混合所有制意味着所有权和经营权的进一步分离，在此背景下，监督机制的创新就势所必然。为了更好地发挥国有企业外派监事会的监督作用，增强监督有效性，本成果将就如何深化完善国有企业监事会制度展开讨论分析。

一、现行外派监事会制度的作用及问题

我国从1998年开始建立稽查特派员制度，由政府向重点大型国有企业派驻稽查特派员，代表国家对国有重点大型企业行使监督权力，其主要职责是财务稽查，并借此发现是否存在国有资产流失或贬值，进而对经营者的经营业绩做出评价。稽查特派员制度作为一种具有较高权威性的外部监督机制，能够在国有企业内部所有权约束软化的条件下起到一定的监督作用。由于稽查特派员制度是依据国务院颁布的《国务院稽查特派员条例》建立的，与《公司法》中监督机构是监事会的制度规定存在冲突，因此从2000年3月开始稽查特派员制度逐步过渡到了外派监事会制度 。

外派监事会制度承袭了稽查特派员制度的做法，并在人员组成、职责和监督机制方面进一步做了规范。其中，监事会成员由政府任免，对政府负责，并实行回避和连任限制，主要职责仍然是对国有企业进行财务监督和经营者行为监督，不同于稽查特派员制度下只能实施事后监督的做法，外派监事会制度开始重视过程监督。监事会的检查监督方式包括：①听取国有企业负责人的汇报，在企业召开与检查监督事项有关的会议；②查阅国有企业的财务报告、会计

资料和与经营活动有关的资料；③向职工了解情况；④向税务、审计、银行等部门调查了解被监督企业的经营等状况。此外，监事会主席或经其授权的监事可以列席企业有关会议 。

国有企业外派监事会制度是一种政府供给主导型的制度安排，其作用体现为 ：第一，外派监事由国务院或国资委委派和选聘，在央企层面，外派监事会主席由副部级公务员担任，并辅之一名司级公务员助理，2—3名处级公务员助理。外派监事会的这种较高行级别保证了制度安排的有效性，能够对企业产生较强威慑力，从而起到内部监事会难以起到的重要作用，也有助于形成相互制衡的治理结构。第二，外派监事对政府或国资委负责，由政府或国资委付给薪酬，最大限度地切断了外派监事与国有企业及其经营者在经济、行政和感情等各方面的关系，保证了其独立性。第三，外派监事有向上反映问题的渠道，需定期向国务院报告检查结果，提交监督检查报告，对企业经营业绩、企业管理、改革发展以及企业主要负责人的业绩进行评价，并提出奖惩、任免的建议。第四，与稽查特派员制度相比，外派监事对企业的监督由事后监督转变为当期监督，提高了工作的实效性。

然而，现行外派监事会制度也存在着一些问题，主要体现在：首先，外派监事是由政府或国资委选派的，国资委作为国有企业的出资人代表，其出发点是国有资产的保值增值，因此更多关注的是企业的经济目标，较少考虑国有企业类型的多元性，从而可能导致对国有企业社会目标的忽视，继而引发企业损害社会公共利益的行为。其次，外派监事与外派董事从属于同一派出机构，同一委托人下的代理人之间很难形成有效监督，因为一旦有利益分歧，委托人会出面进行调停，导致他们之间的制衡在较大程度上失效。再次，由于监督对象（多个代理人）之间的权责不清晰，容易出现如下两种情况，一是责任主体认定错误，追究了不该追究的人；二是集体承担责任，所有当事人都不同程度地受到处罚。最后，外派监事会制度与其他监督制度存在权力交叉问题，容易出现监督责任真空。

二、国有资产监督目标模式基本框架

中国国有企业分布领域广泛，既有公益性的，也有营利性的，二者目标不同，经营方式也有较大差异，需要设计不同的监管方式和制度安排，使监管有的放矢。

《中共中央、国务院关于深化国有企业改革的指导意见》中明确指出，国有企业属于全民所有。严格来说，应该是国有资产属于全民所有，这里的国有资产包括经营性国有资本和非经营性国有资产。在物权法中，一个被证实了的基本原理是，资产的所有者是最有权利也是最有动力行使所有权权能，从而最大程度实现资产的保值和增值的，这也是交易成本最低的一种制度设计。但是，作为国有资产所有者的全民是一个集合和抽象的概念，无法行使国有资产所有权，只能委托全民的代表，即全国人大来履行这一职能，于是出现国有资产所有权行使的第一层委托-代理关系。而由政府行使国有资产所有权则缺乏理论基础，这是因为：一方面，政府官员不是由全体人民选举产生，由政府监管国有资产容易导致与全民利益脱节，政府机构甚至可能借助行政权力，以牺牲全民利益的方式谋取本部门和个人的利益。相反，全国人大代表是全体人民选举产生的，尽管“个人代表”也具有“经济人”本性，但由于人民可以按照法定程序罢免人大代表，能够在相当程度上产生对人大代表的约束力。

另一方面，国有资产所有权是一种财产权利，而不是行政权力。财产权利体现所有人与非所有人之间对财产的占有和支配关系，它可以分解和转移，可以进入市场进行平等交易，而行政权力体现的则是政府机构对个人和社会组织的支配关系，具有强制性，不能进入市场进行交易。如果让政府机构行使国有财产权，则极可能使国有财产权的行使具有某种行政强制性质，从而极易侵害市场交易主体双方的利益。

由于全国人大不是全日制工作机构，只是一种代议和立法机构，由其直接行使国有资产所有权是不现实的，但不直接行使所有权并不意味着放弃对所有权行使的监督，当然，这种监督不是日常监督，而是规则监督。鉴于国有资产规模庞大，有必要在全国人大内设立一个专业性的“国有资产委员会”，专司国有资产监管和所有权行使的法律、规则起草，以及相应的守法、守规的检查工作，行使国有资产“处置权”，决定利润的分配与使用。

有立法者和规则制定者，就要有法律和规则的执行者，即全国人大需要委托一个专门机构来执行国有资产的法律和规则，这个专门机构就是目前的国有资产监督管理委员会（以下称为“政府国资委”），于是便有国有资产所有权行使的第二层委托-代理关系。该委员会是全国人大派出的事业性单位，由全国人大负责监督，由国务院授权，作为国有资产出资人代表，实施国有资产所有权管理，使经营性国有资产产生利润，使非经营性国有资产得到合理配置和有效利用，实现社会目标。

政府国资委作为一个事业性机构，不具有行政权力。但由于全国人大和国务院都是国家权力机关，这使得政府国资监委不可避免地拥有某些政治优势，因此简单地规定它不具有行政权力并不能完全消除它对企业的政治影响力。为了彻底割断行政权力对企业国有资产（即经营性国有资产）市场运作的渗透，必须规定政府国资委不具有直接经营国有资产的权力。而且事实上，国有资产分布十分广泛，政府国资委也不可能直接经营国有资产。也就是说，依规依法对国有资产的配置和使用进行监督是政府国资委的全部职责所在。

对国有资产运营合法合规的监督不是抽象的，需要授权有关机构具体执行，这个机构就是监事会。国资委内部设有相关职能部门，负责拟定或起草国有资产监督和运营相关法规，以及国有企业改革政策，交人大或国务院或国资委审议通过。与这些职能部门不同的是，监事会不是国资委的职能部门，而是政府（国务院或地方政府）的授权机构，根据人大或国务院或国资委通过的法规，对国有资产运营实施有效监督，国资委则为监事会的监督工作提供服务和支持，同时也获授权监督和评价监事会的工作。由于相关法律法规是人大、政府或国资委审议通过的，政府是人大选举产生的，因此，对监事会的授权同时来自政府和国资委。对于中央企业来说，对监事会的授权来自于国务院和国资委，可以直接向国务院负责。

根据以上论述，国有资产监督目标模式框架如图1所示。

此外，从严格意义上，非经营性国有资产也应当纳入国资委的监督范围，但监督目标与经营性国有资产不同。由于我国国有资产规模庞大，目前可行的做法是：经营性国有资产作为资本，由国资委及其授权的监事会负责监督；而非经营性国有资产，则由财政部负责监督为宜。

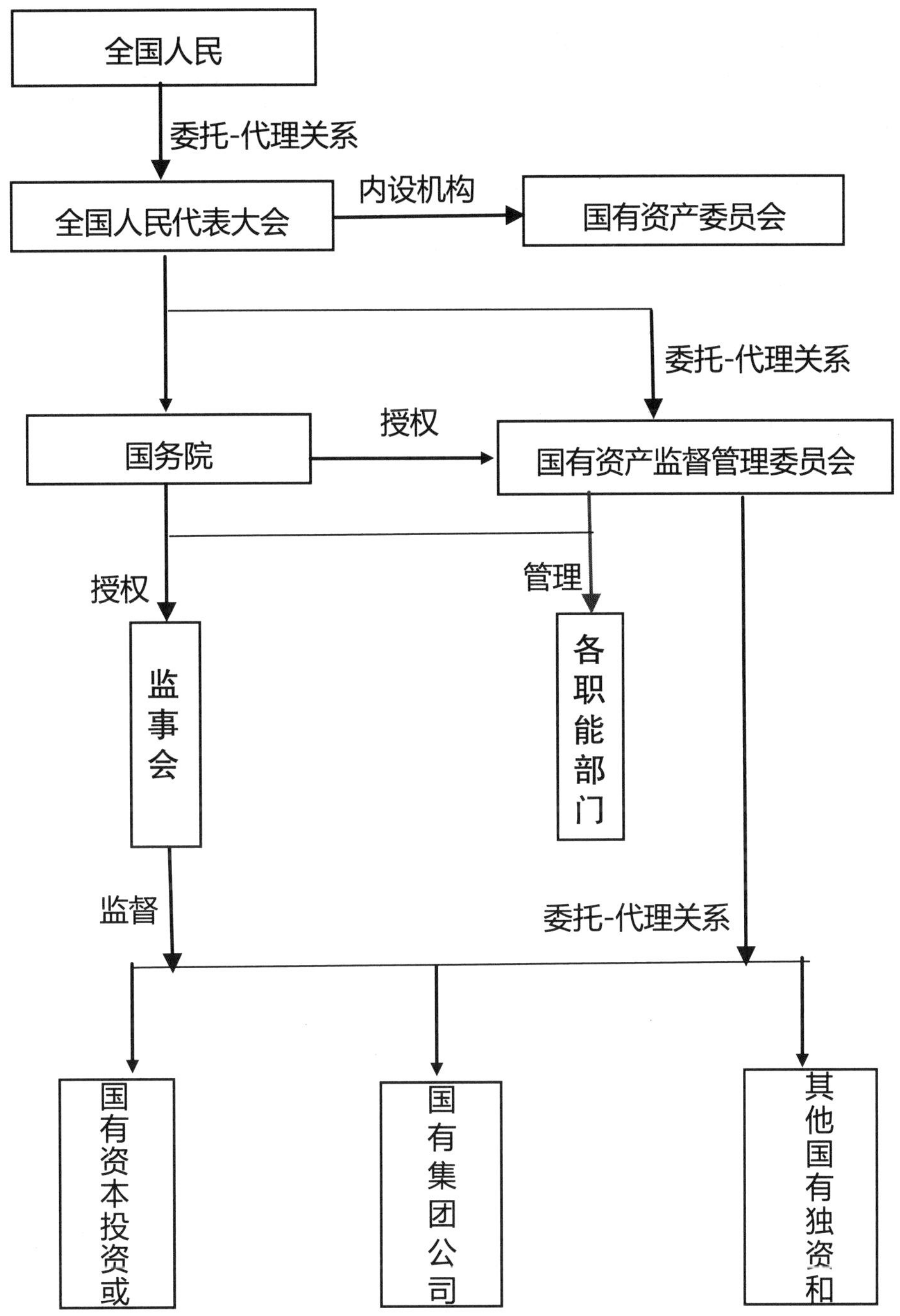

图1　国有资产监督目标模式基本框架

三、国有资产监管机构的监督职权和监督对象

从理论上说，全国人大作为国有资产最终所有者（全体人民）的直接代表，具有最高监督权，但人大作为一种代议和立法机构，其对国有资产所有权的监督主要体现在出台国有资产相关法律和规则，并对守法和守规情况进行监督上，加之我国国有资产规模庞大，分布广泛，人大的监督不可能是经常性的，因此政府国有资产监管机构，即政府国资委的监督职能就必须强化和充分落实。

2015年9月发布的《中共中央、国务院关于深化国有企业改革的指导意见》指出，要“以管资本为主推进国有资产监管机构职能转变。国有资产监管机构要准确把握依法履行出资人职责的定位，科学界定国有资产出资人监管的边界，建立监管权力清单和责任清单，实现以管企业为主向以管资本为主的转变”。由“管企业”向“管资本”转变，意味着对国有资产运营进行监督是国资委的核心职权，国资委对企业要少“管理”，多“监督”。换言之，从本质上说，国资委就是一个监督机构。

在政府设立专司国有资产所有权监管机构是许多国家的普遍做法，如意大利有国家参与部，法国有经济、财政与预算部，英国工业部内设国有企业局，日本在其大藏省理财局下设有国有财产总括课、国有财产审查课、国有财产第一、二课、国有财产鉴定课等。但除了意大利等国家设有独立的国有资产管理部门、英美等国家由国会行使国有资产所有权外，绝大部分西方国家都把国有资产所有权监管机构设在财政部门，即将其作为行政机构，这是因为西方国家国有资产的绝大部分是非经营性的。但要注意的是，尽管这些西方国家的国有资产所有权监管机构是行政机构，其所有权行使的法律依据却大都是商法。

我国政府国资委作为国务院的特设机构，由国务院（对于地方国有企业，则是地方政府）授权，以出资人身份负责国有资产所有权的运作和监管。既然是所有权监管，以行政权力来行使所有权就是不合适的。尽管国资委是代表全民实施国有资产所有权监管，但这种“代表”与作为直接所有权人的个人和企业具有本质的区别。作为直接所有权人，企业或个人谋求收益最大化是其“经济人”本性使然，也是符合市场规则的；而作为出资人“代表”的国资委，它所掌握的资产的最终所有权人是全民，全民作为一个整体，不仅追求所有权的物质收益，而且还有社会稳定、弥补市场机制不足等要求。有鉴于此，目前把政府国资委设为事业性特殊机构的做法是比较合适的，对它的激励也应与国务院其他部委一样，更多来自行政职务的晋升。

（一）国资委的监管职权

政府国资委的核心职权是监管，尤其是监督。监管要有效，必须明确监管的依据、监管范围、监管内容、监管责任和激励。

从监管依据看，各类法律和规则是国资委监管的主要依据。国资委要负责组织国有资产和国有企业相关法律、规则的起草工作，包括国有资产法和各种专门立法，有的立法需要通过人大（包括全国人大和地方人大）审议通过，有的需要政府（国务院或地方政府）审议通过，有的是国资委部门规章，通过立法和立规，把国有资产的监管和运营制度化、规范化。从监管范围看，国资委需要处理国有资产监管中的重大问题，如国有资产的类型和范围、处置程序、收益分配、预算格式和编制程序等。从监管内容看，一是定期或不定期检查国有企业的各种报告，尤其是财务报告；二是参与（但不干预）国有企业董事会的战略决策，一旦发现国有企业董事会违反法规或程序，及时给予提醒，尽可能提高企业决策的科学性；三是对国有企业任何人员，尤其是董事会和高管人员，提出质询，以及时发现国有企业资产运营中可能存在的问题及目标实现情况。监管报告可以公开，以接受大众监督。从监管责任和激励看，国资委要明确监管责任，将责任要落实到人，对于因监管不力造成的国有资产损失或运行低效率，应有相应的问责制度和程序，而且问责力度要足够大以对监督者的监督产生压力。

（二）国资委的监管对象

国资委的监管对象主要包括对“资本”的监督、对“人”的监督和对“事”的监督，具言之：

第一，对“资本”的监督。党的十八届三中全会提出，要“以管资本为主加强国有资产监管”，这是对过去“管资产与管人、管事相结合”的国有资产监管体制的新的突破。这种突破包括两个方面：一是从管理向监督的转变；二是从全面监管向重点管资本的转变。

实际上，“管资本”与“管人”和“管事”三者之间并没有严格的界限。从现代企业出资人角度而言，“管资本”涵盖着“管人”和“管事”，就是说，出资额度的大小决定着出资人在企业中的话语权，包括对“人”和“事”的话语权，这是公司治理的基本原则。国资委作为国有企业的主要甚至独家出资人（代表），其享有的权利是政府授予的国有资产所有权以及由此决定的收益权、处置权和监督权，收益极大化是最终目的。但需要指出的是，国资委所享有的国有资产所有权、收益权、处置权并不是完全的，因为国有资产的最终处置权和收益分配权要由全国人大或政府掌握。

对于经营性国有资产来说，管资本的核心是价值管理，即主要考虑国有资本增值而不必太在意采取何种方式实现这种增值，尤其是其中具有充分竞争性的国有资本更是如此。至于国有资本增值大小的评价，可以参照行业平均利润率。既然“管资本”的核心是价值管理，那么监管方式就应该主要是通过监事会运用法律和经济手段的监督，以此才能实现国资增值的最大化。

第二，对“人”的监督。对“人”的监督是基于政府或国资委作为出资人（代表）的地位，即政府或国资委有权向国有企业派出自己的“代理人”。在这方面法国的做法值得借鉴，法国国有资本占90%以上的企业的董事长、总经理由政府直接任命；国有资本占50%以上的企业的董事长、总经理由企业董事会选举产生，但需获得主管上级认可；国有资本占50%以下的企业的董事长基本上通过选举或协商产生，政府发言权的大小随国有资本比重的大小而变化，总经理则采用聘任制，无须上级批准。在总经理选聘过程中，成功的私有企业家是主要的人选。实际上，由于股权较为分散，政府往往只占1/3左右的股权就可获得实际控股地位，因此，除了部属或一级国有大企业外，大部分国有控股企业董事长和总经理的选择有相当的自由度，政府主要通过委派董事（即政府董事）对企业实施控制。

在我国，国资委作为出资人，对其全资和控股的公司亦应按照法律程序选择相应的代理人进入企业董事会，所谓对“人”的监管实际上就是对董事的监管。除了少数独资和绝对控股企业外，大部分企业的董事长应由全体董事选举产生，总经理则应由董事会选聘产生并向董事会负责，甚至可以聘任有能力的民营企业家作为国有控股企业的总经理。如果由国资委直接任命企业高管人员，则既不合法，又将使董事会不必承担选错经营者的风险和责任。需要指出的是，国资委对自己派出的董事进行监管并不意味着对企业董事会实施全面控制。世界范围内的经验表明，有适当独立性的董事会可以提高国有资产的运营效率，也正因为如此，许多国家的国有企业（包括国有独资公司）董事会中都引入了适量的独立董事。

为了降低监管成本，提高监管效率，需要解决的关键问题有以下两个：一是落实责任机制。董事会是集体决策体制，如果董事会的战略决策（比如重大投资决策）错误或失误，或者因董事会对经理层的监督出现真空而导致经理层日常决策失误并产生重大损失，那么各位董事间如何清晰划清责任，各自承担多大责任？现实中，因董事会是集体决策而无人负责的情况时有发生，即使有人承担责任，也可能是以已经造成国资巨额流失作为代价的。

《公司法》明确规定，总经理由董事会独立选聘。但是，《公司法》对总经理的独立权力和独立责任的规定却比较模糊。现实中，我们不难发现一个比较普遍的现象，即董事长常常被视为“一把手”，全面干预总经理的日常经营决策，而在决策出现错误或失误时，却又可以推脱责任，认为这是总经理的权力范围。这无疑会严重影响总经理权力的独立行使和相应的责任承担，最终造成责任不清，产生国有资产流失的巨大风险。因此，划清各位董事，以及董事长和总经理的权力和责任边界非常重要。一方面，通过实施董事会备忘录制度，把董事会责任明晰到个人，对于失职造成损失者，给予足够力度的惩罚；另一方面，明确董事长是董事会的召集人，而非“一把手”，确立总经理在经营层的权威和“一把手”地位，法无授权任何人（包括董事长）不得干预总经理的日常经营决策，同时总经理也必须对公司日常经营决策承担独立法律责任 。

二是激励机制。要在对代理人贡献做出客观评价的基础上，根据市场规则，给予与其贡献相吻合的物质激励和声誉激励。对于董事和高管人员，要更多地来自职业经理人市场，在这样的市场中，高能力、高信用的经理人必然对应着高价格，足够力度的薪酬激励，有助于经理人实现自我约束。另外，职业经理人市场具有信号传导作用，即做的越好，声誉越高，身价也会越高。需要注意的是，对于来自于职业经理人市场的独立董事，薪酬并不是主要的激励方式，更重要的是声誉激励。当然，今天的高声誉会带来明天的高报酬，而不过这种高报酬不是来自于担任独董的企业，而是来自于其担任高管的企业。

第三，对“事”的监督。对于“事”的监管，国资委“越权”的可能性比较大，应特别慎重，通过相关规则严格界定“管事”的范围。一般而言，国有企业的具体经营活动，国资委不可干预，国资委要管的“事”应严格限定在作为外在出资人进行有效监管方面。国资委只能在规则和授权范围内行事，对于国有资产运营中的重大问题，应提交全国人大国资委讨论，无权自行决定。

此外，“管事”的原则也应当明确。以防止国有资产流失为例。国有企业在对国资产权进行交易时不能造成国资流失，这是很明确的，但关于国资流失的判断标准存在一定主观性。在国有资产交易过程中，目前的做法是确定一个价格“红线”，这种做法是缺少足够的科学依据的，因为价格是在交易透明的前提下由市场主体的谈判确定的。合理的做法是对国有资本交易程序进行补充和细化，包括寻找受让方的方式、受让方的资格要求、竞价方式的选择、信息披露等内容。只要是在符合市场规则的国有资本法定交易程序的前提下，进行的公开、透明交易，交易结果就是受到法律保护的，责任人就不应该承担所谓“流失”的责任。这样既有利于降低监管的主观性，又有利于激发代理人改革的动力，也有利于国有企业的可持续发展和国有资本的可持续增值。

四、国有资产监管机构如何监管：监事会的监督职权

作为国有资产运营合法合规性监督的具体执行机构，为增强监事会的有效性，应重点加强以下几个方面工作：

第一，保证监事会监督的独立性和权威性。监事会主要负责监督国有企业决策的正当性和合规性，以保证决策的制订程序和执行结果不会对出资人（全体人民）和其他直接利益相关者（如职工、债权人）的正当利益造成损害。从有效保护出资人和其他利益相关者权益的角度出发，监事会的监督不应仅仅局限于财务监督，还应进一步扩大和加强监事会的业务监督权，尤其是对代理人决策的监督权。但是只有拥有较高的独立性，才能保证监事会对国有资产使用和配置监督的有效性。目前我国将监事会作为政府或国资委的授权机构，这种制度安排已经为监事会的独立性提供了基础，但还需要进一步强化其权威性，这就需要明确其授权部门是更高级的机构，即对于中央企业，就是国务院授权；对于地方国有企业，就是地方政府授权，而不能仅仅是同级国资委授权。至于国资委，则为监事会的监督工作提供服务和支持，同时也监督和评价监事会的工作。

第二，完善监事会监督的组织结构。不论是从人员规模还是组织建构看，目前的监事会还不足以监督规模庞大的国有资产。但这并不意味着一定要大量增加监事会的人员数量，可以考虑借用社会资源，即聘请国有资产监管和国有企业改革的研究力量作为社会公众代表，包括经济、法律、会计、审计等领域的专家，由他们担任独立监事，并建立相应的开放式机构，如审计委员会、合规委员会等，与编内监事会共同参与国有资产运营的监督工作。这种做法，既不增加监督成本，又能提高监督的中立性和独立性，还有助于研究者开展相关研究。另外，也可以考虑选择部分职工和债权人代表参与监督，作为直接的利益相关者，他们对于代理人的决策行为具有内在的参与监督动力。由此便会形成一种共同监督模式，这是利益相关者共同治理的重要方面。

第三，明确监事会监督的责任和激励机制。目前我国国有企业监事会的责任和激励机制基本上是缺失的，建立和健全监事会的责任和激励机制，有助于提高监事会监督的压力和动力。应在明晰监事会尤其是监事个人权责的基础上，大幅度提升监督失职的责任力度，同时大幅提高监督成效高的监事的激励力度，以提高监事会监督的积极性和有效性。

第四，注重监事会监督与外部市场监督治理的相互补充。外部监督治理通过市场竞争发挥作用，市场竞争越充分，其作用的效果越佳。鉴于部分国有企业所在领域开放程度较低和职业经理人市场不健全的现实，完善外部治理机制，如经理人市场、控制权市场和产品市场等，以加快形成国有企业代理人的市场评价机制，强化国有企业代理人的自我约束，从而与既有的监事会监督机制相互补充，这无疑也会极大地降低监督成本，提高国有资本运营效率。

第五，明确监事会与其他外部监督机构的关系。目前针对国有资产和国有企业的外部监督机构众多，包括巡视组、纪委纪检、发改委、财政部门、审计机构等。多机构监督能够对企业违规经营产生极大威慑力，因此也有其存在的必要性，但如果权责不清，则容易回归过去

的“九龙治水”，一方面导致监督成本居高不下，另一方面，各机构间互相掣肘，不仅会降低监督有效性，也会使企业疲于应对，影响正常经营，最终造成国有资本价值不增反降。

只要各监督部门间权责不清晰，就难以形成监督合力。鉴于明晰各机构权责较为困难，可以考虑使监事会与其他监督机构相关职能合署办公。在监事会组织结构方面进行专业化配置，即设置业务合规性监督（针对企业决策的监督）、财务合规性监督（审计职能）、党纪合规性监督（纪委纪检职能）、公共利益监督（可由聘请的专家担任）等，以整合各机构监督力量。由此，国有资产监督的“九龙治水”分散局面便可以在很大程度上得以避免。而且由于这些机构在监事会内部，在以上各种机制发挥作用的情况下，有助于形成监督合力，降低监督成本，提高监督效率。

第六，合理评价监事会监督的有效性。评价监督的有效性不能以发现多少问题为主要标准，而应以监督对象（代理人）违规率低以及其所在企业的绩效提高作为主要标准。另外，对代理人决策行为的监督要立足于长远，因为很多决策行为，可能短期看效果不明显，甚至还会出现账面国有资本量的减少，但从长远看，则能够带来企业绩效的大幅提高和国有资本的大幅增值。只有这样才更有利于调动代理人和监事会两方面的积极性，从而更有利于国有资本的增值。

本成果系国家社会科学基金重大项目“发展混合所有制经济研究”（项目号：14ZDA025）、国家社会科学基金重点项目“深入推进国有经济战略性调整研究”（项目号：12AZD059）的阶段性成果。

原载《天津社会科学》2017年第5期

成果创造人：高明华　北京师范大学经济与工商学院

海外电力企业两位一体运营组织管理模式构建与实施

中国电建集团海外投资有限公司

中国电建集团海外投资有限公司（以下简称电建海投公司）成立于2012年7月，是中国电力建设集团有限公司（以下简称中国电建）专业从事海外投资业务市场开发、项目建设、项目运营与投资风险管理的法人主体，是以海外电力能源开发与资产运营为主的专业化投资公司，是中国电建海外投资、海外融资、海外资产运营管理和全产业链升级引领平台。电建海投公司在老挝、柬埔寨、尼泊尔、巴基斯坦、印尼、孟加拉、澳大利亚、刚果（金）等10多个国家开展投资业务，目前在建电力投资项目4个，运营电力投资项目5个，在建和投产电力项目总装机超过300万千瓦。

一、海外电力企业两位一体运营组织管理模式构建背景

（一）积极响应“一带一路”倡议，发挥中国电建全产业链集成优势的需要

中国电建拥有全球约50%的水电建设市场份额，并在火电等其他能源电力领域具有丰富的经验，在业务规模、专业能力、品牌影响和全球分布上都居领导地位。在新时代背景下，中国电建正全力推动开启新征程、实现新发展，深度参与“一带一路”倡议，充分发挥中国电建在水电、火电、新能源业务领域具有的完整能源电力产业链，即从设计、施工、监理、设备制造，到运维都具有丰富资源和雄厚实力，努力建设成为世界一流的综合性建设投资集团。电建海投公司结合在南亚、东南亚一带一路沿线国家投资的电力能源运营项目的具体实际，提出了在发电公司和委托运维单位之间推行两位一体电力生产组织管控模式，是中国电建发展战略在具体实践过程中的运用，对于中国电建积极参与“一带一路”基础设施投资，促进投资项目长期健康运营及所在国经济社会发展具有重大意义。

（二）提升电建海投公司核心竞争力，促进可持续发展的需要

面对未来发展的机遇和挑战，电建海投公司提出着力建设六种核心能力体系，实现对项目全生命周期的管控，即投资开发能力、海外融资能力、建设管理能力、运营管理能力、资源整合能力和风险管控能力。运营管理阶段作为投资业务及投资收益的落脚点，在支撑电建海投公司发展的六种核心能力建设中重要性尤为突出。随着投产电站越来越多，如何将投资项目从建设期文化快速转变到精细化的运营文化、不断提升运营管理水平，为企业持续健康发展注入持久活力已成为迫切需求。发电公司通过和电建集团内部水电、火电专业运维公司合作，带动专业公司走出去、扩大发展路径的同时，全面营造运营文化氛围。

（三）促进海外发电公司安全经济高效运营的需要

现阶段，发电公司作为生产经营的责任主体，将电力生产运行维护工作委托中国电建内

部专业运维公司实施的模式下，需要根据电建海投公司对发电公司的管理要求，结合委托运维合同规定以及电站具体环境特点，建立相应的运营组织体系，一方面，发电公司配置少数管理人员，重点抓生产决策、外部沟通和电力营销工作，通过加强与购电方、当地政府等的沟通联系，营造良好的经营环境，加强电力负荷调度和电费回收，促进电站发电生产工作的有序开展，另一方面，通过保持和运维单位的高效对接，持续优化电站内部生产流程，提升生产质量和效率，为发电公司立足本土、持续健康发展提供强劲动力。

二、海外电力企业两位一体运营组织管理模式构建内涵和主要做法

“两位一体”运营组织管理模式的核心要义是，按照业主公司与运维单位的本质属性，根据电力生产运营的岗位需求，各司其职，实现双方资源的优化配置，即，业主发电公司按照投资属性，履行出资人职责，主要负责商务及财务管理，其中包括电价电费管理、对外公共关系、生产物资采购等；运维单位按照生产运行维护属性，负责技术管理和运维实施等工作。在此基础上，通过构建一体化的标准管理流程，实现管理效率和效益的逐步提升。

“两位一体”运营组织管理模式以运维合同为基本依据，坚持电力生产运维和电力营销并重的工作理念，强化对电力生产经营五要素，即“电量、电费、安全、成本、绿色”的全面管理。通过将投资方和运维方的生产经营目标有机融合，全员构建主动、担当、执着的运行价值观，建立高效一体化的管控体制机制，搞好电站安全生产和企业运营，推动水电运维检业务、中国技术标准、管理标准走向国际，实现投资运营利益最大化，构建海外电力运营的命运共同体。

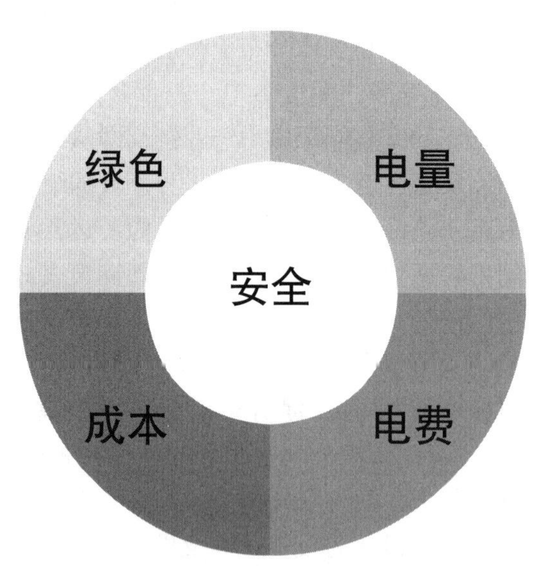

图1　电建海投公司电力生产经营五要素

（一）确定两位一体运营组织管理模式指导思想

电建海投公司努力打造“投建运一体化”发展模式，充分发挥资源整合能力和中国电建产业链一体化资源优势，搭建运营管理平台，设置运营绩效指标，通过实施评价、考核激励机制，有效调动委托运维单位生产积极性，促进发电公司和运维单位有效对接，充分发挥发

电公司、电建海投公司在资产经营的优势，以及专业电力运维单位在电站生产技术管理方面成熟的保障体系优势，强强结合，达到既实现电建海投公司良好发电效益，又带动中国电建系统相关子公司业务发展的双赢效果。

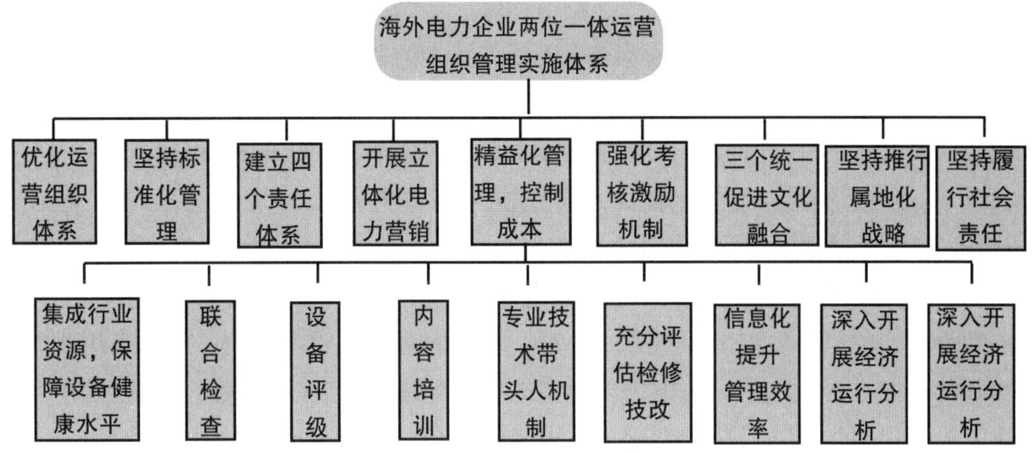

图2 海外电力企业两位一体运营组织管理实施体系

（二）按各自本质属性，建立高效运转的组织体系

1.优化电力生产组织体系

根据各电站所在国别电力市场环境特点、电站特点、委托运维单位专业化管理水平等具体情况，发电公司运营管理工作重心在于电站综合管理、商务及财务管理，核心工作在于电量能送的出去、电费能收的回来；运维单位依托标准化管理理念、后方强大的技术保障体系，重点做好对设备设施的运行维护，即确保能发电。

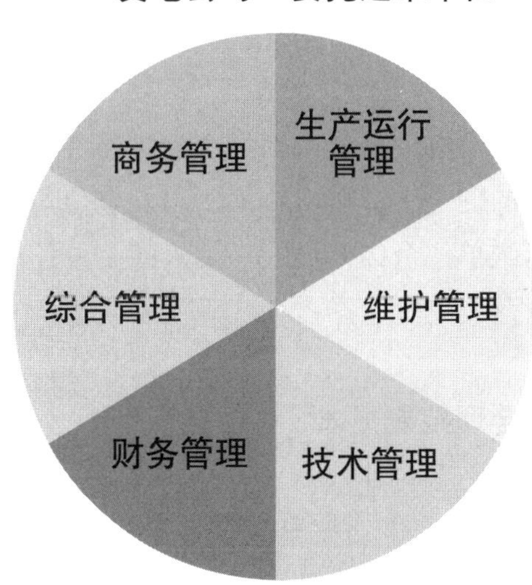

图3 发电公司和运维单位主要工作职责

在发电公司与运维单位之间设立联合党支部、联合工会，组织联合开展丰富多彩的活动，如“三会一课”、廉政教育、创先争优、月月有主题工会活动，以及青年先锋队、青年文

明岗等，促进双方员工加深了解、沟通交流，释放青春活力，提升工作激情。

2.持续改进标准化体系，构建高效电力生产工作流程

在充分梳理各岗位职责的基础上，细化各项工作标准、管理标准的具体操作要求，厘清各部门、各岗位在安全管理、发电运行、设备管理、检修技改、缺陷分析、技术监督、培训管理、物资管理、水库调度、生产报表等各项生产工作中的职责，简化审核操作层级和环节，重视标准化与现场工作实际的有效结合和标准体系的真正落地，不断追求标准化的实效性，形成各司其职、对接有效的一个体系，以标准化体系支撑两位一体模式的长期运行。

（三）立足生产、营销两个维度，树立发电量优先意识

1.积极应对新形势，立体化开展电力营销

电力营销是电力投资企业的生命线，是电建海投公司生产经营业务的最核心工作之一。电力销售和电费回收是各发电公司生存之基础，生命之源泉，也是两位一体运营组织管理模式能长久实施的前提。各发电公司是电力营销主体责任的承担者，全力做好本单位的电力营销工作。电建海投公司提供指导、协助和服务。电建海投公司成立了电力营销委员会以及老挝和巴基斯坦市场电力营销机构，抽调内外部专业人员常驻现场，组织策划对国别电力市场调研、信息收集、沟通协调等工作，公司运营管理部等相关部门与各发电公司无缝对接，协力推进电力营销工作；各发电公司树立全员营销理念，成立专门的电力营销部门，积极对接购电方。

2.集成行业资源，保障设备设施健康水平

电建海投公司践行“专业的人做专业的事”的理念，引入专业咨询机构，实施各电站安全性评价工作；邀请外部电力生产运行专家开展运行巡查；引入国内电力服务市场专业机构，系统开展电力设施预防性试验；委托专业设计单位，开展对各电站保护定值梳理复核，保障设备健康水平；聘请各专业科研机构和大专院校、行业专家，对有关检测结果、实施方案、现场情况等进行专项评估、检查。

（四）建立四个责任体系，保障生产安全

为保障生产安全，防止出现“两张皮”现象，各电站建立以发电公司总经理为主要责任人的安全生产行政管理体系，以发电公司生产副经理为主要责任人的安全生产实施体系，以发电公司总工程师为主要责任人的安全生产技术体系，以发电公司安全总监为主要责任人的安全生产监督体系。发电公司和运维单位全体人员统一纳入四个责任体系之中，双方在四个责任体系下共同开展安全生产工作，落实安全生产责任，确保安全生产“组织到位、实施到位、保障到位、监督到位”。

（五）追求精益管理，合理控制成本

1.开展联合检查，营造比学赶超氛围

南欧江一期发电公司和运维单位围绕安全生产、运行维护、设备检修、移民环境、标准化建设、可视化管理和厂容厂貌等专题，开展季度安全生产联合检查，形成检查评分表和意见通知单，并对整改提升落实情况进行跟踪，将安全隐患、设备缺陷分批消除，实施闭环管理，营造各站“比学赶超”的良好氛围。季度电力生产联合检查工作按照“计划、布置、检查、总结、评比”等环节开展。同时，将季度检查打分结果作为对运维单位的年度运行维护工作考核

的重要依据，以考核促进安全生产。

2.开展设备评级、考核

各发电公司组织运维单位，每季度对设备完好率、消缺率进行考评，对主、辅设备开展评级并实施完好等级挂牌，明确设备日常管理责任人，提升设备可靠性管理水平；柬埔寨甘再电站每半年围绕设备安全性、可靠性、运营指标、标准化、可视化管理和设备面貌等进行一次综合考核，确定主辅设备优良率。对设备评级、考核结果达到目标的，给予一定物质奖励。

3.内部培训提升业务水平

各发电公司通过遴选发电公司和运维单位具有一定实践经验的电力生产人力资源，组建涵括安全、机械、继电保护、电气、控制、水工、安全监测等各专业的内部培训师队伍，由各发电公司统一制定年度培训计划，有针对性地开展专业培训，利用技术讲座、技术比武、现场考核等多种形式，开展技术练兵活动，促进全员业务能力的不断提升。南欧江一期项目公司于2017年6月成立培训中心，实施内部培训师机制。

4.建立专业技术带头人机制

各发电公司建立电力生产专业技术带头人机制，将发电公司、运维单位专业团队力量纳入。专业技术带头人由电力生产安全管理、技术管理等专业人才组成。参与日常电力生产技术管理，开展隐患排查、故障研判及其解决方案的制定与实施指导，参与检修技改等各项验收、技术方案评审等活动，集思广益，为发电业务的开展提供专业保障。实践证明，在消除安全隐患、增加经济效益方面效果明显，如柬埔寨甘再电站尾水冷却器技术改造、机组导叶轴肩与顶盖及底环间隙设计缺陷消除，老挝南俄5电站机组气封管路改造，老挝南欧江一期二级电站营地用电改造，尼泊尔上马相迪电站在电网事故后机组并网方式改变等。

5.充分评估，合理实施检修技改

电建海投公司每年组织各发电公司、运维单位专业技术人员，召开设备管理工作会议，对设备设施健康状况、工作效率进行评估，确定设备风险等级，制定设备的运维策略和差异化计划，对下一年度设备设施检修技改项目从经济合理性、技术可行性进行研判，结合检修实施的招标方式，制定年度检修技改计划，统筹安排年度设备管理工作。根据状态监测与故障根本原因分析、预测结果，积极开展优化维修和改造设计，避免事故发生，促进设备可靠性、节能、环保的改进。检修过程中，电建海投公司派驻专业人员，会同厂家、运维单位、施工单位解决检修中的质量问题，重视检修工艺的过程监督。检修、试验完成后，组织对检修实施情况进行全面总结和复盘，从修前缺陷的消除、修中发现的问题处理、修后设备状况、遗留问题的后续处理安排、检修策划、准备工作不足等开展深入分析，不断完善检修和技术改造的标准化管理水平。

6.信息化手段提升工作质量和效率

各电站相继建成电力生产管理信息系统，结合标准化的工作流程要求，对发电公司及运维单位的日常发电生产运行维护进行规范的线上管理。设置设备管理、运行管理、生产技术管理、生产计划管理、两票管理、安监管理、物资管理、班组管理等模块，建立设备技术台账、运行记录、异动记录、检修维护保养记录、技术图纸资料台账，为发电公司、运维单位各层管理人员的管理工作提供信息技术支持，动态指导、实时跟踪、监督全员工作，实现了信息共享，目标清晰、可追溯性强，提升了工作效率。作为标准化成果的展示平台，生产管理信息系统的运行也为标准化深入贯彻落实提供了有力保障。

另外，电建海投公司开发发电信息移动平台，与生产管理信息系统联动，将各发电公司每日、每月生产安全生产经营关键数据（如资源指标、经营指标、生产指标、可靠性指标、安全指标等）实时上传至手机平台，提升了电建海投公司与各发电公司生产经营沟通力度、促进了对电力生产运营的有效管控。

7.深入开展经济运行分析、提升管理效益

各发电公司组织运维单位定期开展弃水量、发电计划完成情况、厂用电量、综合厂用电量、度电维护费、单位发电成本等等方面经济运行分析。通过对经济运行因素、发电指标的影响因素的分析和改进工作，不断加强对发电运营管理关键点和控制点的有效把握，不断积累设备及运行管理经验，提高管理能力。

各发电公司采取利用水情测报系统提高洪水预报进度，合理控制运行水位、增加水头效益，做好一次洪水过程中的预发、满发、拦洪尾，加强设备检修维护及缺陷管理，做好设备事故预想工作，保持机组在高效出力区运行等经济运行举措，提升发电效益。

（六）建立考核机制，推进管理提升

1.建立运维考评指标体系

电建海投公司结合海外电站在本土化、环境保护、电网调度的具体特点，建立了以“指标引领、及时纠偏、考核促进、各负其责”为基本原则，落实“安全第一、电量至上、指标领先、形成特色”的管理要求的海外电站运营指标评价及考核体系。体系涵括安全管理、生产管理、运营管理、安全指标、生产指标以及激励指标等要素，对形成海外特色的电站运营管理具有鲜明的指向作用。对提升各发电企业的运营管理水平、规范和促进对委托运维商的考核提供了翔实的依据。

各发电公司制定实施细则，以安全、生产、运营指标为引领，促进运维工作的落实，并通过日常考核、季度联合检查考核结果，形成年度考核评价结论，并作为确定年度安全生产考核费用兑现、员工评先树优的依据。考核体系客观、公平、公开、公正，可操作性强，且抓住过程控制、改进这一重点，促进运维单位生产主动性、积极性的提升。

表1　运营管理指标考核体系

一级指标（权重）	二级指标		三级指标	
	二级指标	权重	三级指标数量	海外特色指标数量
安全基础管理（100）	安全生产责任制	20	2	
	法律法规和其他要求	30	4	3
	安全检查与评价管理	20	4	
	应急管理	20	3	1

生产基础管理（200）	运行管理	65	15	6
	设备管理	10	3	3
	检修、技改管理	55	7	
	备品备件管理	10	3	
	缺陷管理	25	2	
	技术监督	35	5	
运营管理（100）	发电计划管理	20	2	1
	对标管理	30	4	
	统计管理	10	4	1
	培训管理	15	6	2
	信息化管理	15	2	1
	运营活动分析	10	2	
安全指标（120）	控制人身事故	40	2	
	控制一般设备事故和设备一类障碍	40	2	
	杜绝误操作事件、火灾事件	40	1	
生产指标（480）	发电量指标	120	2	1
	能耗指标	120	1	
	可靠性指标	120	2	
	成本指标	120	1	
激励指标	品牌建设		4	4
	本土化建设		2	2
	创新		5	5
合计			90	25

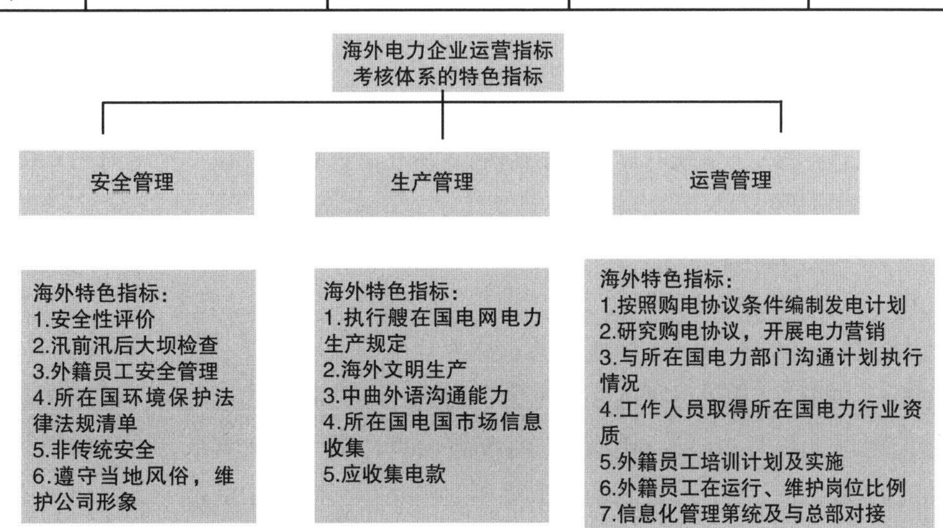

图4 海外特色运营考核指标

2.评先树优激励共同进步

各发电公司联合运维单位开展年度先进班组、先进部门、先进工作者、优秀外籍员工等集体、个人荣誉评选，并将评选指标向运维一线倾斜，对电力生产工作中表现优秀的部门、个人进行表彰奖励，促进员工爱岗敬业、增强凝聚力、向心力。电建海投公司组织公司级年度优秀外籍员工评选，并组织获选的巴基斯坦、尼泊尔、老挝、柬埔寨、印度尼西亚籍从事生产运维、安全管理、合同管理、后勤管理等员工到公司总部交流学习，体验中国文化，对增强外籍员工的认同感起到了以点带面的示范作用。

（七）推行三个统一，促进文化融合

为使发电公司和运维单位在企业形象、价值理念和行为规范等方面协调一致，实现规范管理，防范风险，齐心聚力，推行“三个统一”。即统一对外协调、统一对外宣传、统一现场标识。发电公司统一负责涉及电力生产运营业务与当地政府机构、电力公司、有关社会组织的沟通和协调；发电公司和运维单位在进行宣传报道时，发电公司部就报道内容的导向性、真实性、准确性和保密性进行把关；发电公司和运维单位的对外名称、设备设施、营地和电站可视化宣传标牌，以及车辆出入证、胸卡、日常办公物品等方面，执行统一的文化元素和要求。

另外，发电公司加强厂容厂貌、职工之家建设，配置充足的娱乐设施、图书资料，实现全员分享，共同开展参观学习及文体活动，丰富业余文化生活，营造团结友爱氛围。

（八）持续推进员工属地化工作

海外运营电站员工的属地化战略是保障海外发电公司长期科学发展的重要途径之一，是由电站所处的客观环境和电建海投公司及运维单位持续发展的主观需要决定的。一方面，电站所在国风俗习惯的差异、用工政策对当地的保护，使大量中方人员长期驻外工作不易被接受；另一方面，聘用当地人员可为项目的长期发展创造良好的外部环境，有利于降低运营成本，有利于保持队伍的相对稳定。

巴基斯坦卡西姆港燃煤电厂运维单位大胆践行属地化发展思路，提前策划，和国内大学合作，在生产准备阶段，通过报纸、网络媒体从巴基斯坦一流大学毕业生中招聘了100名人员，组织到其培训基地进行了为期半年的火电运行、维护技术集中培训，在运维初始阶段，管理及技术人员属地化率即达到40%。南欧江二期电站运维单位制定运维员工属地化年度发展规划，采用校企合作方式，依托其后方培训基地，在五年规划中，稳步实施值班人员和检修维护人员由本土员工担任的目标。

（九）履行社会责任

各发电公司按规定纳税，雇佣当地员工，开展植树造林、鱼苗放养、捐资助学、为当地大学提供实习机会等举措，融入当地社会，并为社会的发展尽责。各发电公司仍然坚持多发电理念不动摇，为购电方提供尽可能多的电力，促进互利共赢。甘再电站在汛期成立联合值班、检查小组，生产、调度、水情、监测各岗位协同合作，提前预泄洪水、削峰错峰，合理调节水库，成功应对洪峰，受到省政府表扬。上马相迪电站积极响应调度指令，提前布置、科学安排检修工期，实现多发电缓解电力紧张局面，受到了尼泊尔电力开发署的表彰，提高了发电公司在当地的声誉，项目公司人性化、规范化的管理，提升了本土员工忠诚度，有力地促进了公司投资业务的可持续发展。

三、海外电力企业两位一体运营组织管理模式构建管理效果

（一）电站运营平稳，发电综合效益显著

各电站生产形势稳定，上马相迪电站针对河流泥沙含量大的特点，开展泥沙淤积和对水流部件磨蚀的课题研究，在根据水库泥沙淤积、过机泥沙含量等监测数据，不断摸索、完善闸门开启条件和方式，为电站安全运行打下了基础。甘再电站运维单位加强设备巡检，对于发现的设备设施缺陷，积极与发电公司沟通进行改造，消除了运行安全隐患。老挝南俄5电站运维单位针对机组出口断路器柜故障，及时开展应急处置，并主动作为，从国内协调组织专家和专业技术人员连续加班，参与故障分析及抢修，为机组及时恢复并网发电做出了突出贡献。南瓯江一期电站运维单位加强设备缺陷管理，2017年处理二级电站故障76条，消除安装遗留缺陷210条，消缺率达98%。

各发电公司在电建海投公司统一部署下，积极开展电力营销工作，如通过电力市场调研，为开展电力营销工作提供信息支撑。尼泊尔上马相迪电站项目公司紧抓电力营销工作，运维单位从试运行阶段全面接手操作，建设与运行衔接顺畅，2017年机组等效利用小时数达7500小时，在投产第一年发电量达3.74亿度，超额完成合同电量目标。

（二）运营管理能力稳步提升，为投资收益的实现提供有力保障

电建海投公司定期组织各发电公司赴国内先进电站对标学习，借鉴电站防洪度汛、流域梯级调度、信息化管理等成功经验，加以改进后应用于发电公司。同时，组织各发电公司同所在国运营管理水平较高的运营电站对标，如对法国公司投资并运维管理的老挝南腾2水电站对标，在属地化实施、标准化作业、精细化管理理念等方面，提高了认识，并结合实际情况，提出改进路径。

在发电业务开展仅5年的时间内，电建海投公司通过对标学习、人才引进、管理创新，从无到有建立了发电运营管理体系，健全了制度体系，规范了对发电公司经营业绩指标考核体系，建立了对安全、生产、经营等电力运营的计划、实施监督、考核评价等全流程的服务、管控、指导机制。甘再电站作为海外首家中资电站获评标准化良好行为企业4A级认证；在中国电建集团组织的年度运营指标优秀发电企业评选中，甘再电站、南俄5电站、上马相迪电站于2015-2017年连续3年分别获评。

各电站发电效益良好，自实施两位一体运营组织管理模式以来，各发电公司加大电力营销力度，营造良好外部环境，发电量、售电资金回收工作成效显著，为海投公司的投资效益回收做出了重要贡献。

（三）实现多方共赢，有力促进集团全产业链一体化、国际化发展

通过实施两位一体运营组织管理模式，对于电建海投公司，集中资源到资本运营和项目管理上，形成上游优势；对于运维单位，疏解了因国内发电产能过剩而带来的发展压力，释放充裕电力生产运维能力。同时，电建海投公司和运维单位通过合作开展国际电站运营，吸取先进管理理念，取长补短，有利于提升电力生产管理效率，扩大品牌效应，促进中国电建国际投

资运维业务的扩展，也有利于带动中国成熟的、体系化的电力运营标准和文化走向国际，促进所在国电力行业管理水平的提升。

成果创造人：盛玉明、杜春国、俞祥荣、张奋来、蔡　斌、彭　锟、宋会红、王铁峰、李　明、晏洪伟、韩国芬、陈国梁、杨　玲

大型产业集团持续提升软实力打造世界一流企业的实践与启示

张继武等

党的十八届五中全会提出“在增强国家硬实力的同时注重提升国家软实力，不断增强发展整体性”。随着我国经济发展的要素条件以及国内外环境的变化，我国已进入“以软促硬、软硬并举”，依靠硬实力和软实力共同推动产业转型升级的关键阶段。特别是在新一轮科技革命和产业变革交汇的形势下，在当前大众创业万众创新的热潮中，实现企业的做强做优做大更要“软硬并举”，甚至要将补齐软实力短板放在更加重要的位置。

一、企业软实力概述

（一）企业软实力的定义

提到企业软实力，势必要先提到国家软实力，因为国家软实力扩散到经济领域后才产生了企业软实力的概念。

20世纪90年代，美国哈佛大学教授约瑟夫·奈从国家实力的角度提出软实力的概念，最初定义的完整表述是“一国通过吸引和说服别国服从你的目标从而使你得到自己想要的东西的能力”。他将综合国力分为硬实力与软实力两种形态：硬实力是指支配性实力，包括基本资源（如土地面积、人口、自然资源）、军事力量、经济力量和科技力量等；软实力则分为国家的凝聚力、文化被普遍认同的程度和参与国际机构的程度等。

与国家软实力相似，企业实力可分为硬实力与软实力，同时企业资源也可分为硬资源与软资源，硬实力对应的硬资源，如土地、厂房、资金、装备、技术、产能等；软实力对应的软资源，如战略思想、品牌资本、企业文化、社会责任、创新能力等。企业软实力则是企业通过有效整合企业的软、硬资源，以满足企业利益相关者的需要，从而获取其价值认同，最终实现企业目的的一种吸引力。所以打造企业软实力离不开软、硬两种资源的结合，硬资源是载体、是基础，软资源是协调、是整合。

从企业软实力的形成机理来看可分为企业内部软实力和企业外部软实力。在企业内部，企业文化作为原动力、充分凝聚企业团队合力，企业机制作为活力之源、充分发挥各要素协同作用，企业创新作为不竭动力、持续提供动力支撑，从而达到增强企业整体战斗力和整体素质的目的；在企业外部，通过做好公众利益、行业利益、环境保护、社会责任等大量工作，在社会和广大消费者心目中形成强势持久的影响力和感召力，营造有利于企业发展的良好社会环境。

（二）企业软实力产生发展脉络

企业软实力是经济社会和企业竞争发展到一定阶段的产物。早在工业革命时期，企业生产满足的是人们的基本消费需求，主要是大规模、工业化、标准化、低成本生产，企业实力的象征往往是硬实力范畴的资金、土地、厂房、原材料等。到了工业化后期，企业生产已能充分满足人们基本生活需求，不同群体的消费需求开始出现明显区别，对于企业产品和服务的要求日益提高，同时开始面对全球化市场，这时企业的高品质多功能的敏捷制造、满足不同需求的柔性生产以及资源整合力和市场开发力成为企业实力的侧重方向。

随着信息社会的来临，卖方市场向买方市场转变，人们消费需求更加多样化，已不仅仅满足于基本的物质生活消费，尤其随着受教育水平的提高，对于产品与服务本身包含的文化品位、价值观念、个性满足、精神享受等的需求与日俱增。这种情况下，企业为实现经济利益就要与消费者达成价值共识，即通过提高企业与内外部利益相关者对企业价值的认同感，来达到更深远、更长效的影响力，这就是企业软实力的体现。所以约瑟夫·奈强调："硬实力和软实力同样重要，但是在信息时代，软实力正变得比以往更为突出"。

（三）新时代条件下的企业软实力

进入21世纪后，互联网技术的蓬勃发展、移动互联网的日渐普及、智能制造的迅猛崛起，带来了个性化定制和各种社交网站、B2B、B2C平台的涌现，纷繁众多的商品与服务在网络上大量聚集，产品、服务、消费信息日趋透明公开，消费者的选择权力、种类、范围急剧扩大。在这种市场环境下，企业如何评估、传播自己的价值追求，取得消费者、利益相关者的认同，显得尤为重要。这也对企业提出了前所未有的高要求，保证产品与服务的质量和功能是最底线性的要求，资源整合力、规范高效管理力、技术创新力、成本降低能力等是企业被动竞争的基础，而文化影响力、价值传播力、思想引导力、企业吸引力等才是企业谋求竞争优势掌握主动权的长效机制，这些恰恰是企业软实力的范畴。

党的十九大报告提出培育具有全球竞争力的世界一流企业。"世界一流企业"是对企业综合实力的要求，不仅硬实力要世界一流，软实力也要世界一流。而"具有全球竞争力"对企业而言则是更高的要求。当前全球化趋势不断加深，世界各国的消费者在自然区域性差异的基础上，再加上习俗、文化、宗教、价值观、消费习惯等差异，大大提高了企业走出去开拓市场的难度，这种情况下，企业更需要认真研究、积极提升企业软实力，在全球范围内获得更多和普遍的价值认同，从而提升企业的国际市场竞争力。

下面，本成果结合中国建材集团打造企业软实力的实践，从内部软实力的战略引领力、治理管理力、持续发展力、文化凝聚力和外部软实力的社会影响力、行业引领力、国际竞争力七个方面加以分析，总结出其中的经验以期为其他企业提供有益借鉴，助力我国企业软实力和综合实力的提升。

二、中国建材集团打造企业软实力的实践及启示借鉴

（一）坚持战略先导，增强企业战略引领力

在企业软实力中，战略引领力至关重要，因为战略是企业的方向和目标，企业没有一个

很好的战略指导，就像在迷雾弥漫的大海中没有指南针一样致命。

1.中国建材集团实践

中国建材集团是一家典型的战略驱动型企业，将清晰的战略作为塑造企业软实力的重要指引。下面选取其三次战略调整进行介绍：

战略调整一：2003年，中国建材集团的前身中新集团负债累累、步履维艰，企业濒临危境。宋志平接任集团负责人后，历时一年进行了一系列债务重组和业务整合。甩掉沉重的债务包袱后，第一件事情就是研究战略，召开战略研讨会，广泛听取行业内专家、老领导的意见，最后得出破解答案是生根大行业、从事大产业。于是公司毅然由原来的中国新型建筑材料集团公司更名为中国建筑材料集团公司，从过去主要发展新型建材，转变为发展建材工业主导产业的水泥、玻璃和有规模的石膏板、玻璃纤维、复合材料等业务，为企业发展成为行业领军者奠定了基础。

战略调整二：2005年，中国建材集团启动香港上市，在路演过程中，集团领导听到了投资者们“水泥、水泥、水泥，规模、规模、规模”的心声。在分析了国外水泥行业发展规律和国内水泥行业多散乱的现状后，中国建材集团决定以重组整合的方式进入水泥行业，在2006年3月23日中国建材股份在香港成功上市后，就启动了资本运营和联合重组的轮子，在整合水泥的大道上一路狂奔，短短几年时间收购了上千家水泥企业，迅速成为全球水泥大王。2009年，集团进一步提出“大力推进水泥和玻璃产业的结构调整、联合重组和节能减排，大力发展新型建材、新型房屋和新能源材料”的“两个大力”战略。在“两个大力”的战略引领下，集团加快结构调整与转型升级，实现了超常规发展。

战略调整三：2016年“两材重组”之后，集团按照国资委要求，结合经济新常态和企业发展实际，迅速明确坚持创新驱动、绿色发展、国际合作三大战略，要成为行业整合的领军者、产业升级的创新者、国际产能合作的开拓者，围绕“三条曲线”，打造“六大平台”，实现“四化”转型，提出了“建设世界一流的综合性建材产业集团”战略愿景。在新发展战略和战略愿景的引领下，集团实现无缝对接、蓬勃发展。目前，中国建材集团已发展成为全球最大的建材制造商和世界领先的综合服务商，连续八年进入财富世界500强企业榜单，资产总额近6000亿元，员工25万名，年营业收入超过3000亿元。多个主要领域包括水泥熟料、商品混凝土、石膏板、玻璃纤维、风电叶片产能规模世界第一，水泥玻璃工程和余热发电工程国际市场占有率世界第一。

2.启示借鉴

一是高度重视战略引领力。中国建材集团董事长宋志平认为：“战略是企业的头等大事。战术上的失误往往不至于致命，战略上的失误则是一生一世的错误。做企业最重要的就是想清楚了再去做，而不应边想边做。凡事想在前面一步，以战略驱动成长，以目标引领航向，这正是企业实现跨越式发展的关键所在。”

二是打造战略引领力离不开企业软硬资源的整合。中国建材集团在制定发展战略时突破思维局限，从有什么做什么到缺什么找什么，即以目标为导向，先确定目标，然后缺资金找资金，缺技术找技术，缺人才找人才。

三是打造战略引领力需要大格局，需要赢得利益相关方价值认同。无论是大企业还是小企业，战略先导一定要遵循市场和行业发展规律，要放眼全球和长远，不能局限于一隅一时。中国建材集团在制定和调整战略时，遵循了市场规律，并且非常重视投资者、行业专家、企业员工等利益相关方的价值判断，并做到了同频共振。

（二）打造机制优势，增强企业治理管理力

企业是一个经济有机体，只有人、财、物、料等各类要素在运行过程中有机组合、良性发挥作用，企业才能健康持续发展。而规范带动各要素协调发挥作用的核心就是企业机制，先进的企业机制是企业长治久安的基本保证，是企业的活力之源，也是企业软实力的重要内涵。

1.中国建材集团实践

一是创造性提出并践行“央企市营”模式。中国建材集团是我国国企改革的先锋，一直身处市场化改革最前沿，经过多年来的实践和总结，创造性提出并践行了“央企市营”模式，即在坚持央企国有企业属性的同时，建立适应市场经济要求的管理体制与经营机制，主要包括5个要点：股权多元化、规范的公司制和法人治理结构、职业经理人制度、内部机制市场化、按市场规则经营。这套模式保证了中国建材集团始终沿着市场化的方向不断发展。

二是率先探索混合所有制。中国建材集团早在十多年前就开始探索混合所有制，在重组上千家水泥企业的过程中，建立起了一套适合自身发展特点的市场化机制，提出“央企的实力+民企的活力=企业的竞争力”的融合公式，端出了“三盘牛肉”，搭建了三层混合结构，第一层是在中国建材股份等上市公司中吸纳大量社会资本，第二层是在水泥公司等大型业务平台中把民营企业的部分股份提上来交叉持股，第三层是在水泥厂中给原所有者留30%左右的股权。正是这套“国民共进”的机制模式，将市场机制真正引入到企业内部，增强了企业发展内驱力，保证了重组整合的成功。

三是打造一套适应企业机制的管控模式。中国建材集团针对重组混合的企业实际，实施了“格子化管控”，就是把众多企业划分到不同的格子里，每个企业只能在相应的格子里运营。宋志平这样打比方，集团公司相当于体委，子企业是一个个专业球队，有打乒乓球的、打排球的、打篮球的，但乒乓球队只打乒乓球，排球队只打排球，篮球队只打篮球。在此基础上，集团还积极创新管理方法，实施了“八大工法”“六星企业”“五有干部”“增节降”等一整套以简驭繁、朴素实用的管理“组合拳”，保障了企业规范有序运行。

四是整合优化进一步提升机制活力。“两材重组”后，中国建材集团扎实开展了优化战略思路、总部机构、二级平台和制度体系，整合品牌文化、组织板块、水泥业务、国际工程业务、产融、产研的“四大优化、六大整合”，不断完善企业运行体制机制，实现了优势互补和叠加效应，取得了1+1>2的整合效果。2017年集团实现利润总额151亿元，营业收入3021亿元，社会贡献总额668亿元；2018年上半年，实现利润85.9亿元，营业收入1561亿元，创历史同期最好水平。

2.启示借鉴

一是打造治理管理力的方向是市场化。市场经济条件下，企业作为市场的主体，只有遵循市场规律，进行市场化改革，才能打造出市场化的企业机制。中国建材集团在市场倒逼下，

持续进行改革，才积累了机制优势。也正是借此优势，2014年集团被选为发展混合所有制经济和落实董事会职权的双试点企业，后又被确定为中央企业兼并重组试点、员工持股试点和双百行动试点企业。正是因为不断的改革，企业进一步提高了效率、释放了活力。

二是机制活力发挥作用的基础是实现价值认同。宋志平讲过，混合所有制是一把金钥匙，其核心是所有者到位，但并不是一混就灵。公司治理产生的内在动因是公司制企业的所有权和经营权相分离，如何安排好各利益相关者之间的利益关系是公司治理需要解决的主要问题。从中国建材集团的实践看，无论是上市股权多元化，还是联合重组中的给民营企业家保留30%股份，宋志平都是讲出了非常好的“故事”，赢得了股民、社会资本和民营企业家的价值认同。

三是企业治理力和管理力相辅相成，不可偏废。企业治理规范了企业基本的管控模式和运营机制，为企业管理提供了导向和原则，但是企业日常经营还必须通过管理来实现。也就是说，治理力是方向，让企业走得对，管理力是保障，让企业走得好。中国建材集团虽然在改革中探索了一套先进的治理机制，但如果没有建立一套适合企业特点的管控模式和管理方法，如果没有制定一套稳妥系统的重组方法，整合的上千家企业就会乱套，两材重组也不会顺利推进。

（三）坚持创新转型，提升企业持续发展力

创新和变革是企业实现基业长青的永恒主题，也是打造企业持续发展力的必然要求。当前我国经济已由高速增长阶段转向高质量发展阶段，正处在转变发展方式、优化经济结构、转换增长动力的攻关期，企业身处其中，不创新转型肯定是不行，创新转型慢了也不行，只有始终坚持创新转型，企业持续发展力才能不断提升。

1.中国建材集团实践

中国建材集团身处充分竞争领域，一路攻坚克难，时刻保持危机意识，始终坚持创新驱动，通过构筑“三条曲线”，推动集团业务向高端化、智能化、绿色化和国际化“四化”方向转型，实现了企业健康持续发展。

一是打造创新力。中国建材集团在打造创新力方面主要体现在四个层次：技术创新、商业模式创新、管理创新和机制创新。后两项创新上文已经写到，在此着重分析技术创新和商业模式创新。技术创新方面：充分发挥国家级科研设计院所等优势，努力搭建起共同创新的开放平台，融合创新成果十分显著，累计拥有有效专利超过10000项，成功研发出超薄触控玻璃、千吨级碳纤维、薄膜太阳能电池等一大批行业顶级技术和产品。商业模式创新方面：积极探索建立了适合自身特色的持续盈利模式，在成长模式上，大力推进联合重组，走基于存量整合优化的全新成长路径；在盈利模式上，提出“价本利”理念，使行业和企业取得较好的经济效益；在竞争模式上，以“共生多赢”替代“丛林法则”，推动行业竞争的有序化、适度化和良性化；在业务模式上，成功探索了绿色小镇、建材家居连锁超市、智慧工业、智慧农业等新模式。

二是提升转型力。宋志平受管理思想大师查尔斯·汉迪“第二曲线理论”的启发，结合新形势新任务，提出了转型升级“三条曲线”。“三条曲线”中，水泥、玻璃等传统建材产业

是第一曲线，新型建材、新型房屋和新能源材料等新技术产业是第二曲线，工程技术服务是第三条曲线。中国建材集团较早布局三条曲线，新常态下，用第一曲线的稳定收益和第二三曲线的持续发力，经受住了经济下行的考验，也为企业转型升级赢得了宝贵时间。经过持续深入的调整转型，第二曲线新材料业务异军突起，2016年实现利润近60亿元、2017年70亿元、2018年预计超过100亿元，第三曲线业务也蓬勃发展，已由一家以水泥业务为主的建材企业，发展为水泥、新材料、工程技术服务三足鼎立的综合性建材和新材料产业投资集团。

2.启示借鉴

一是打造持续发展力需要企业时刻保持危机感。企业发展从来不会一帆风顺，总会遇到各种各样的危机。中国建材集团是一家将危机意识刻进骨子里的企业，在直面今天的同时，还在准备着明天，同时筹划着后天，所以这家企业才能在新常态经济下行的情况下快速转型，并保持迅猛发展的势头。

二是打造创新力需要系统思维。宋志平认为，创新不是一个人、一个企业的事情，而是一个系统的事情。企业家要多思考创新的目的是什么，创新链条中的上下游是谁，是否可以集成为己所用，这样可以降低创新的风险性和成本。

三是打造创新力应侧重商业模式的创新。这并不是说技术创新不重要，而是技术创新已经普遍受到非常高的重视，已经成为企业软实力的核心要素，而商业模式创新的重要性日益凸显，需要引起企业更高的重视。宋志平认为，创新往往与技术进步有关，但创新又不完全依赖技术，而是更多依赖于创意，即商业模式创新。

四是打造转型力是一场继承和发展。宋志平认为，转型不是转产转行，而是立足于行业，在对现有业务精耕细作的基础上，持续提质增效升级。

（四）打造优秀企业文化，增强内部凝聚力

文化是软实力的根本，党的十九大报告明确提出要提高国家文化软实力。做企业也是如此，要高度重视企业文化软实力的建设。企业文化是企业的灵魂，是支撑企业发展的内在基础。优秀的企业文化能够营造良好的企业环境，提高员工的文化素养和道德水准，提升企业的凝聚力、向心力和约束力，形成企业发展不可或缺的精神力量和道德规范，促进企业健康运行。

1. 中国建材集团实践

一是打造党建文化，发挥党建优势。习近平总书记指出，坚持党的领导、加强党的建设，是我国国有企业的光荣传统，是国有企业的“根”和“魂”。中国建材集团牢牢坚持“两个一以贯之”，把党的领导和完善公司治理结构统一起来，建设中国特色现代国有企业制度。集团党委研究讨论作为董事会、经理层决策重大问题的前置程序，为企业改革发展把方向、管大局、保落实。通过持续不断地强党建，企业政治气象焕然一新，为企业发展提供了坚强的政治保证。

二是打造一整套有中国建材特色的企业文化。企业文化的核心是价值观。中国建材集团明确提出了“善用资源、服务建设”的宗旨和“创新、绩效、和谐、责任”的核心价值观。集团的核心价值观已成为企业的集体人格，成为全体干部员工的共同信仰。围绕核心价值观，集

团打造了一整套的企业文化体系，以人为本，融合包容，倡导“亲清”，形成“中建材一家”的浓厚氛围；强调数字化的绩效文化和精益求精的工匠文化，形成了你追我赶、唯恐落后的氛围，鼓励大家持之以恒地把企业做好、把产品做精、把市场做大。

三是大力弘扬企业家精神。中国建材集团大力弘扬创新精神、坚守精神、责任精神和爱国情怀，为企业家提供成长的沃土，创造宽松的环境、适宜的机制，激发其活力和创造性，三十多年来吸收培养了一大批杰出的企业家，像中国巨石的张毓强、泰山石膏的贾同春、中复神鹰的张国良、中复连众的任桂芳等都是做企业的“痴迷者”，他们心无旁骛、踏实肯干、兢兢业业，带领各自企业实现了长足发展。

2.启示借鉴

一是国企央企要重视并发挥好党建优势。坚持党的领导、加强党的建设，是我国国有企业的光荣传统和独特优势。要将这一巨大优势发挥出来，关键是不能出现“两张皮”。宋志平认为，国有企业要把党建账和经济账合成一本账，不能弄成两本账。党建工作不是空头政治，要与企业经营发展同力同向，才有生命力、凝聚力。

二是以文化定江山，将文化视作一种信仰。企业文化是企业战略实施的保证，是组织建设的核心，是顺畅经营的基础，在一定程度上决定着企业的发展和未来，所以宋志平总结为“文化定江山”。中国建材集团的企业文化已经成为全体员工的共同信仰，培育了一支具有牢固凝聚力、高效执行力、超强战斗力的优秀队伍，这是企业决胜市场的力量源泉。

三是要保护和激发企业家精神。这是中央和国家领导人的要求。党的十八大以来，习近平总书记多次讲到企业家和企业家精神，2017年9月中共中央、国务院印发《关于营造企业家健康成长环境弘扬优秀企业家精神更好发挥企业家作用的意见》，党的十九大报告中明确提出要保护和激发企业家精神。宋志平结合实践提出，企业家是稀缺资源，企业家精神是创新的火种，是社会中难能可贵的一种精神，要关心爱护企业家成长，形成尊崇企业家和弘扬企业家精神的社会风气。

（五）站在道德高地做企业，增强企业社会影响力

企业是社会生态系统中的子系统，是企业公民，是社会主体，必须承担社会责任，包括经济责任、政治责任、法律责任、道德责任等。最初社会责任并非企业的主动行为，而是迫于外界压力而为之。后来随着法制化进程、公民意识提高、社会舆论监督和市场竞争的实践检验，社会责任才成为企业的主动行为，构成了企业软实力的重要组成部分。企业把履行社会责任做到位，才能真正增强社会影响力。

1.中国建材集团实践

一是站在道德高地做企业。中国建材集团将中央企业的历史使命感和国际化企业集团的社会责任感、现代工业精神与人的发展结合起来，把满足社会大众的要求和利他主义融入核心价值观，把责任担当的意识、悲天悯人的情怀融于自身追求，义利相兼、以义为先，始终站在道德高地上做企业，不断提升企业境界，使企业成为建设美好世界、美丽中国和美妙人生的事业。宋志平对道德高地做出了诠释，所谓道德高地，就是在发展观上，把人类的福祉、国家的命运、行业的利益、员工的幸福结合起来；在利益分配上，遵循共享、均富的原则；在管理工作中，把环境保护、安全、责任放在速度、规模、效益之前。

二是努力培育四大企业品格。宋志平曾讲到，企业和人一样，在成长过程中会形成自己的品格，恰恰是企业的品格决定了其社会认同度。他认为最重要的企业品格有四项，分别为保护环境、热心公益、关心员工、世界公民。保护环境方面，中国建材集团遵循环境、安全、质量、技术、成本的价值排序做企业，坚持绿色低碳循环发展，全面开展责任蓝天行动，大力发展太阳能、风能等业务，建设了一大批花园中的工厂、森林中的工厂等，打造了人与自然和谐互动的新型工业化环境，受到社会各界的欢迎和好评。热心公益方面，中国建材集团勇担精准扶贫责任，以派驻村干部、产业扶贫、教育扶贫、电商平台扶贫等方式全面帮扶定点贫困区县，捐赠1000万元成立了“善建公益”基金，汇聚更多力量参与救灾、支教助学、志愿服务等公益事业。关心员工方面，中国建材集团将企业作为员工的乐生平台、作为员工实现人生价值的舞台，加强员工的学习培训，丰富员工的文化生活，关心员工的身心健康，使员工德、智、体全面发展。世界公民方面，中国建材集团也做了非常多的工作，在本文“国际竞争力”项下有详细介绍。

2.启示借鉴

一是提升社会认同要将保护环境放在首位。保护环境是全人类面临的共同问题，绿色发展已成为全社会的共识，不重视环境保护的企业是得不到社会支持的，只有积极行动、参与环保，企业才会有长久的未来。建材行业是对环境有一定负荷的行业，中国建材集团每年都在环保方面投入大量资金，虽然提高了企业成本，但这些投入是必需的，如果环境保护工作没做好，其造成的影响往往是重大的不可逆的，其损失往往也是无法衡量的。

二是提升社会影响要着眼长期效益。企业履行社会责任大多数情况下不会带来直接收益，相反可能会增加企业负担，但是从国内外的研究成果看，企业社会责任对组织绩效的影响大部分是正相关的，尤其是近期的研究成果，全部为正相关。企业履行社会责任，对外体现了企业对社会、环境等的担当态度，有利于利益相关者对企业进行评价，形成信任关系；对内则增强了员工对企业的认同和信任，提高了员工的安全感和归属感，促使员工更积极主动地投身工作。

（六）打造领袖企业，提升行业引领力

领袖企业具有行业引领力的天然优势。在我国各行各业的发展中，凡是有领袖企业带领的行业，发展得就比较好；相反，没有领袖企业、群龙无首的行业，往往发展得很混乱甚至失败。

1.中国建材集团实践

作为中国建材行业的领袖企业，中国建材集团秉承“行业利益高于企业利益，企业利益孕育于行业利益之中”的理念，勇担引领行业发展的重任，充分发挥自身的影响力、带动力，不仅引领我国建材行业健康持续发展，还带领我国建材行业不断迈入世界舞台的中央。

一是以整合优化引领行业供给侧结构性改革。面对新常态下行业产能严重过剩、无序恶性竞争等突出问题，中国建材集团遵循行业发展规律，较早地在供给侧发力，成为推进行业供给侧结构性改革的中坚力量。一方面是引领行业去产能，联合重组了上千家水泥企业、推动水

泥行业集中度从2008年的16%增至现在的62%左右，同时大力倡导市场竞合，带头淘汰落后、禁止新建、错峰限产，共同维护市场供需平衡和有序竞争。另一方面引领行业技术结构和产品结构的调整，不断开发新技术、新工艺和新装备，推动行业技术结构调整，上文讲到的第二和第三曲线业务已涉及。

二是以抱团出海带领建材企业走出去。中国建材集团在纵向联合集团内工程公司、设计院、大型装备企业等产业链上下游企业共同走出去的同时，还发挥全球建材领袖企业对资本市场、金融机构、上下游企业的强大磁场效应，与国内相关企业加强横向协作，并与亚投行、丝路基金等金融相结合，采用和主权基金合作、买方信贷、融资租赁等方式，互相配合“走出去”。比如中国建材集团在赞比亚投资建设的工业园联合了中国银行、国家开发银行、中国有色、三一重工等近百家国内企业“同船出海”，为中国企业在赞比亚、甚至是东南部非洲搭建了一个集中展示亮相的舞台。

三是以一流的思想引领世界建材行业发展。宋志平以企业思想家而著名，他在40年的从业生涯中围绕行业发展、企业运营不断思考总结，创造性地提出了很多新思想、新理念。这些思想理念在推动中国建材行业健康发展、引领中国建材集团做强做优做大的实践中取得了巨大成功，受到全球建材行业乃至其他行业的关注和学习。

2.启示借鉴

一是提升行业引领力要有一定的市场话语权。在经济全球化发展的今天，企业的发展正逐步演变为整个行业价值链的共同发展，企业在行业中所处的地位决定了企业思想和行为对行业所产生的影响。领袖企业不能只凭收入、规模等指标，还要凭核心竞争力、创新能力等，但收入、规模是基础。

二是提升行业引领力要有全局观。企业要想引领行业发展，需要赢得行业利益相关者的价值认同。这样就要求企业不能只关注自身成长，还要着眼于行业发展，具有责任感，责无旁贷地起到表率作用，承担起引导政策、规范市场秩序等责任。唯其如此，才能得到同行的认同和尊重。

三是提升行业引领力需要领袖企业。一个行业如果有负责任的领袖企业，会给其所在行业带来福音，给社会带来福音。

（七）打造国际品牌，提升企业国际竞争力。

国际品牌形象是企业国际竞争力的重要体现。中国企业海外形象调查报告2017（东盟版）显示，中国企业整体形象提升明显，但中国产品最突出的优势是价格便宜，在功能、创新性和质量方面需要加强。在Brand　Finance全球最具价值品牌500强榜单中，中国企业呈现增长态势，2018年有66家中国企业上榜，但相对于入围财富世界500强的120家中国企业来讲还是偏少，中国企业的品牌形象建设还有一定提升空间。中国企业应在紧抓国际化历史机遇、深耕“一带一路”大市场的同时，注重提升产品质量，强化品牌等软实力建设，努力打造我国产能和装备“走出去”的国家新名片。

1.中国建材集团实践

一是以先进技术和优势产能打造中国品牌。中国建材集团在参与“一带一路”建设过程中，始终坚持突出中国品牌、中国技术、中国标准，突出一流品质、一流信誉，坚持输出先进技术和优势产能。中国建材集团已在75个国家承接了252条水泥生产线、60余个粉磨站，水泥工程国际市场占有率达65%，连续10年稳居世界第一。今年5月在埃及总包建设的GOE六条日产6000吨水泥生产线全部点火投产，是世界水泥行业迄今在同一地点、同一时间、同步建设的最大规模的水泥生产线项目，被称为埃及“金字塔”项目。

二是创新投资和“走出去”模式打造中国名片。中国建材集团在EPC的基础上，探索直接投资、建园区等多种方式提升国际投资质量、效益和规模。截至目前，中国建材集团投资蒙古国建成年产100万吨水泥生产线、投资赞比亚和刚果（布）建设建材工业园、投资埃及和美国建设玻纤项目、投资非洲和中东等区域钢结构、彩板、石灰、纤维水泥板等项目；投资乌克兰和泰国等区域光伏电站及模组生产线。集团还积极运用“互联网+”等新技术，大力发展“跨境电商+海外仓”、“EPC+管理+融资+……”、智慧工业、建材家居连锁超市、绿色小镇等新模式。在此基础上，中国建材集团积极主动做好海外宣传，参加国际交流活动，注册海外社交账户，与境外当地主流媒体和智库加强合作，扩大企业品牌影响力。

三是以和谐共赢的文化打造中国形象。中国建材集团在国际合作中始终坚持“亲”和“诚”的理念，推动当地经济和社会发展，树立负责任的国际形象。比如中国建材赞比亚工业园投入150万美元为当地捐建医院和学校，为周边村民打井修路，开展健康义诊和文艺会演等活动，并向赞比亚艾滋病防控基金会捐赠50万克瓦查。在开发海外市场时，中国建材集团在全球划定了七个重点区域，进行了“六个1”国际化布局，有侧重、有组织地走出去，融入当地、深耕市场，不搞恶性竞争，并且与跨国公司联合开发第三方市场，赢得了良好的国际声誉。

2.启示借鉴

一是打造国际竞争力要树立全球视野。习近平总书记提出以共建“一带一路”为实践平台推动构建人类命运共同体，符合中华民族历来秉持的天下大同理念，符合中国人怀柔远人、和谐万邦的天下观。“一带一路”沿线国家的基础建设需要建材先行，中国建材集团是以优质建材、服务和先进技术、装备支持沿线国家搞建设，并且在全球划定七个重点区域、进行“六个1”布局，正是着眼全球的生动写照。

二是将合作共赢的文化作为打造国际竞争力的基础。“一带一路”建设要秉持共商、共建、共享原则，坚持“和平合作、开放包容、互学互鉴、互利共赢”丝路精神。对企业来讲，走出去参与“一带一路”建设不仅是资金问题、技术问题、装备问题，更是态度问题、文化问题。中国建材集团在“走出去”过程中提炼出的“三原则”——为当地经济发展做贡献、与当地企业密切合作、与当地人民友好相处，完全符合中央精神，而且简单清晰，操作指导性强，对其他企业具有普遍借鉴意义。

三是凝聚质量、技术、服务、标准、文化等合力打造国际知名品牌。品牌是企业乃至国家竞争力的综合体现，也是参与经济全球化的重要资源。习近平总书记高度重视品牌建设，强调要“推动中国制造向中国创造转变、中国速度向中国质量转变、中国产品向中国品牌转变”。这“三个转变”，为中国企业打造国际知名品牌指明了方向。从中国建材集团的实践来看，也是以高质量、新技术、精服务、严标准和亲诚文化的合力打造了世界建材领域的中国新名片。

这些年来，中国建材集团在充分的市场竞争中，制定了科学的发展战略、构建了先进的内部机制、探索了有效的管理模式、积累了丰厚的创新转型优势、树立了良好的国际形象、打造了优秀的企业文化，大大提升了发展软实力，实现了做强做优做大。中国建材集团的这些实践不仅是企业自身积累的宝贵财富和未来发展的根基，也为新时代条件下中国企业打造软实力、实现高质量发展提供了借鉴。未来，希望越来越多的企业更加重视软实力的建设，更加积极地探索软实力建设的新方法新举措，以软实力的提升，助力打造世界一流企业，也为实现中华民族伟大复兴的中国梦贡献力量！

成果创造人：张继武、张　静、江秀龙 中国建材集团有限公司办公室

【注释】

[1]2016年8月26日中国建筑材料集团有限公司与中国中材集团有限公司重组成为中国建材集团有限公司。

[2]三条曲线、四化见后文。六大平台是基础建材平台、国际产能合作平台、三新产业发展平台、国家级材料科研平台、国家级矿山资源平台、金融投资运营平台。

[3]一是聘请专业中介机构进行市场评估，在定价公允透明的基础上让创业者原始投资获得合理回报。二是留给创业者30%的股份，使其有机会分享整合后的效益。三是稳定管理团队，吸收那些有能力、有业绩、有职业操守的创业者成为职业经理人，为优秀的民营企业家提供实现个人价值和回馈国家的事业平台。

[4]八大工法：五集中、KPI管理、零库存、辅导员制、对标优化、价本利、核心利润区和市场竞合。

[5]“六星企业”标准：业绩良好、管理精细、环保一流、品牌知名、党建先进、安全稳定。

[6]五有干部：有学习能力、有市场意识、有敬业精神、有专业水准、有思想境界。

[7]到2020年，建设10个迷你工业园、10家海外仓储园区、10个海外区域检认中心和国际化标准实验室、100个建材连锁分销中心、100个智慧工厂、100个EPC项目。

【参考文献】

[1]宋志平.经营心得[M].北京:中信出版集团,2018
[2]宋志平.经营方略[M].北京:中信出版集团,2016
[3]宋志平.改革心路[M].北京:企业管理出版社,2018
[4]宋志平.我的企业观[M].北京:中信出版社,2015
[5]吉姆.柯林斯.再造卓越[M].北京:中信出版社,2010
[6]工业软实力编写组.工业软实力[M].北京:电子工业出版社,2017
[7]郑彪.中国软实力[M].北京:中央编译出版社,2010
[8]石真语.软实力——塑造一流企业必须打造的另一只翅膀[M].北京:中国电力出版社,2010
[9]张中元.“一带一路”背景下构建我国“走出去”企业社会责任软实力[M].北京:社会科学文献出版社,2016
[10]禹海慧.企业软实力的演化与评价[M].成都:西南财经大学出版社,2016
[11]孙海刚.企业软实力及其评价体系浅析[J].石家庄经济学院学报:2009,32（5）,52-57

经济新常态下东北地区企业基因重组与创新驱动发展

吉林大学经济学院

一、本成果研究的时代背景

东北地区是中国重要的经济发展板块，在中国经济体系中曾居于领跑地位。然而在经济新常态背景下，宏观经济生态环境的变化等因素使得东北地区企业原有问题日益凸显并产生了许多特定背景下的新问题，继而引发了“新东北现象”的出现，四大区域板块中，东北经济首先下滑。东北地区企业面临的这些新问题影响着“供给侧结构性改革”目标的实现，并进而阻碍着企业的创新驱动与转型升级之路，成为制约东北经济腾飞的重要影响因素。与此同时，作为国民经济细胞的企业承担着顺应经济新常态大势，搭乘国家战略快车，引领创新驱动潮流的重任。探讨经济新常态背景下东北企业所面临的新问题及其产生根源，并据此采取相应的改革措施，化解发展难题，助力经济发展成为目前的当务之急。

（一）理论背景

1.企业创新理论的探讨

本成果主要探讨了企业制度创新、企业技术创新和企业文化创新三个层面的企业创新理论，为进一步成果经济新常态下东北地区企业基因重组与创新驱动发展提供了理论基础。

（1）企业制度创新

企业制度创新，就是指随着生产力的发展，要不断对企业制度进行变革，因而通常也可以称之为企业制度再造。企业本身就是一种生产要素的组合体，企业对各生产要素的组合，实际上就是依靠企业制度而组合起来的。可见企业制度对于企业的重要程度。企业创新动力机制是企业创新的动力来源和作用方式，是能够推动企业创新实现优质、高效运行并为达到预定目标提供激励的一种机制，可以激发企业和职工创新的积极性，推动企业创新的有效运行。一般来说，企业创新由市场拉动、科技推动和政策激励三种动力推进。企业创新运行机制主要包括创新管理的组织机构、运行程序和管理制度。一个良好的创新运行机制，能够使企业创新活动在正确决策下得以持续不断地高质量、高效率运行。企业创新发展机制是在创新利润的驱动下，企业充分挖掘利用和发展内部资源并广泛吸纳外部资源，加强人才、技术、资金、信息等资源储备，不断谋求创新发展的机制。

（2）企业技术创新

技术创新是指企业以技术突破为基础，以市场接受为准绳，通过不断采用新的科学技术并将其转化为现实生产力，使企业在市场竞争中处于优势地位，并因此而获得潜在的超额利润。本成果对企业技术创新基础条件、企业技术创新资金投入和企业技术创新产出进行了区域比较，为具体分析东北地区的企业技术创新提供了理论层面的支持。

（3）企业文化创新

企业文化创新是指为了使企业的发展与环境相匹配，根据企业本身的性质和特点形成体现企业共同价值观的企业文化，并不断创新和发展的活动过程。企业文化创新的核心在于企业价值观，它制约和支配着企业的经营目标、经营理念，规范着员工的行为，是整个企业赖以生存和发展的基础。企业文化运用于企业管理，确立的是以人为本、以价值观的塑造为核心的软性管理模式，主要通过柔性的而非刚性的文化来引导、调控和凝聚人的积极性和创造性。企业精神一旦形成，便能在企业员工中起到鼓舞、驱动、凝聚、熏陶、评价和规范的功效，使员工始终保持旺盛的斗志、昂扬的士气、进取的精神，实现企业的产品创新、技术创新、管理创新、组织创新，从而最大限度地调动和整合现代企业的各种生产要素与资源配置，实现企业组织市场与整体效益的最大化目标。

2.企业基因理论的引入

20世纪末兴起的将生物学原理应用于企业管理的成果正逐渐被学者和企业管理者们所关注、接受和应用。随着企业仿生学的发展，关于企业基因的现有文献为理解企业创新行为提供了新的见解。企业基因的遗传机制，通过遗传信息的复制、翻译和转录，保证了基因在代与代之间进行稳定的传承，并能对生物性状进行控制。企业基因变异机制是企业根据外部环境的变化，通过主动性的学习和创新来进行企业基因的复制、变异和重组。企业基因的变异和重组出现了新的企业基因，而这种新的企业基因主要是企业和外部环境的双重选择，它更加适应环境，也促使企业和环境更加和谐匹配。“学习”作为企业主动变异的途径，当“内部学习的量变积累达到质变后，最终使企业基因达到了非线性化的突变”。企业具有基因以及传导机制已经成为学者们的共识，企业的产品或者绩效作为企业的基因表达最终输出产物，反映了当前成果联系实际、学派区分的显著特点。对于企业来说，存在基因结构的前提下，“企业基因”当中包含的遗传信息及其传递过程以及这些遗传信息如何控制企业每一项具体职能的开展成为成果企业基因中心法则作用的关键。

（二）现实背景

1.新常态带来新机遇与新挑战

新常态背景下，经济增长从高速转为中高速，从规模速度型粗放增长转向质量效率型集约增长，从要素投资驱动转向创新驱动。同时，恰逢所谓的“三期叠加”，即增长的换档期、结构调整的阵痛期和前期政策刺激的消化期。这种环境对于东北地区的发展既是机遇，更是挑战。以经济新常态为背景，结合“三期叠加”阶段的具体特点，归纳分析东北地区区域经济发展现状及特点，并从宏观生态环境视角透视东北地区经济发展面临的新机遇与新挑战，继而从微观角度分析经济新常态下东北地区企业面临的新问题，并深刻探讨问题产生的根源、提出了相应的对策建议势在必行。

2.新时代对企业提出新要求

现阶段，中国经济增长速度放缓，“供给侧结构性”改革势在必行。为了实现供给侧改革的目标，适应“新常态”下的经济发展要求，中国的国有企业需要实现创新驱动发展。科技的发展也给世界各地、各行各业的商业模式带来了全新的挑战，我们以前经历过科技的变革—但是规模和速度都远不如今，新科技会促使企业重新制定企业战略、运营模式，以及经营方法。除了全球化和科技的进步，企业还必须学会处理越来越繁复的规章制度、保护主义和民族主义，还有不断加剧的社会分化和冲突，所有这些都要求企业与时俱进，不断创新，才能持续成长。与此同时，经济新常态的特殊时代背景在产品的价值含量、服务的质量、企业的成长与发展方式等方面对企业基因重组——遗传机制、变异机制和选择机制——产生了影响，进而对企业创新行为也提出了新的要求。

3.经济发展动力转向创新驱动

随着中国经济步入“新常态”，中国经济增速由高速增长转变为中高速增长，经济结构不断调整、优化和升级，经济发展的动力由要素驱动和投资驱动转向创新驱动。企业作为国民经济的细胞，其向社会提供的产品和服务的转变与优化，其自身成长动力和发展方式的变革是整体国民经济结构优化升级和发展动力转变的基础和关键。中国经济步入新常态一方面为企业经营管理和生产方式的革新提供了机遇，但另一方面，转型的风险决定了若企业无法适应新常态下的经济发展要求，必将被时代和环境所淘汰。我国东北地区的一部分企业在传统的企业体制机制、落后的经营理念以及外部制度环境的严重束缚下，缺乏创新动力,尚未能利用经济新常态的转型机遇期实现创新驱动发展，找寻能够推动企业实现创新驱动发展的关键因素是目前振兴东北经济的当务之急。

二、本成果的主要阶段

（一）成果经济新常态下东北地区企业发展问题

1.分析经济新常态下东北地区区域经济发展现状及发展特点

（1）经济新常态下东北地区区域经济发展现状

经济新常态以来，东北经济的下行态势更为严峻，2014年、2015年中国东北三省经济增速连续两年位列全国末尾。数据显示，2016上半年，东北三省经济增速仍徘徊在末端，东北经济发展面临着较大的压力。

（2）经济新常态下东北地区区域经济发展特点

通过分析得出经济新常态下东北地区区域经济具有以下发展特点：其一，东北三省经济下行趋缓但分化加剧；其二，对外经贸合作发展迅速但仍属较低水平；其三，“三驾马车”功不可没，投资拉动依赖过度；其四，第二产业放缓，增长优势不再。

2.剖析宏观生态环境视角下东北地区经济发展的新机遇与新挑战

（1）东北地区经济发展的新机遇

归纳出东北区域经济发展的新机遇：其一，国家政策利好，发展有章可循；其二，搭乘战略快车，振兴指日可待。做中探讨了 “中国制造2025”带来传统制造业转型升级新机遇；创新驱动发展战略带来产业结构转型升级的新机遇；“一带一路”战略带来改善基础设施、与俄罗斯及东北亚经贸合作的新机遇。

（2）东北地区经济发展的新挑战

总结出东北地区经济发展的新挑战：其一，结构问题突出，经济增长乏力；其二，体制机制落后，拖慢振兴步伐；其三，民营经济受限，形成发展短板；其四，区域分化加剧，全面振兴受阻。

3.探析经济新常态下东北地区企业发展面临的新问题

通过深入分析，整合出东阿比地区企业发展面临的新问题有：其一，产能过剩严重，竞争压力激增；其二，成本持续上升，经营负担加重；其三，创新能力不足，转型步履维艰，主要表现在创新短板制约东北产业发展、核心技术和关键零部件仍是产业发展瓶颈、“政产学研用”协同创新体系薄弱三个方面。

4.探讨经济新常态下东北地区企业新问题产生的根源

从问题的根源来看，既有经济发展新常态下各地区面临的共性原因，又有新形势、新挑战下东北地区思想观念、发展方式、经济结构、体制机制相对落后等个性原因，这就加剧了问题的复杂性和严重性，也导致了问题解决的长期性、艰巨性。当前存在问题的根源是体制机制问题，是产业结构、经济结构问题，化解这些问题还是要靠深化改革。本成果分别对产能过剩问题、成本持续上升问题、创新能力不足问题进行了根源分析。

5.提出经济新常态下化解东北地区企业新问题的对策建议

针对以上总结出的经济新常态下东北地区企业面临的新问题，结合这些问题的根源分析，本成果提出了相应的对策建议。

（1）政府方面——宏观环境构建层面

为化解企业发展难题，必须营造良好的发展环境，深化改革、扩大开放，形成良性发展的体制机制，走内生发展的新路，激发区域发展的活力。扫除制约经济社会发展的体制机制障碍，应以政府职能转变、国企改革、支持民营企业发展、解决历史遗留问题等为重要抓手，以对接国家战略、加强区域合作为重要驱动力，促进东北地区加快形成同市场完全对接、充满内在活力的新体制和新机制。这需要：其一，转变政府职能，优化发展方式；其二，聚焦国企改革，提升发展水平；其三，关注民营经济，释放发展活力；其四，扩大开放力度，加速资源整合。

（2）企业方面——微观主体运作层面

其一，统筹适应新常态，创新思路谋发展；其二，加快企业国际化，提升核心竞争力；其三，借力供给侧改革，拓展增长新空间；其四，把握战略新机遇，转型升级加速度。

（二）成果东北地区企业创新发展能力问题

1.东北地区经济基础环境状况

本项目通过分析总结出东北地区经济基础环境状况，主要表现在以下几个方面：其一，东北整体经济发展较慢；其二，东北地区的全方位“衰退”；其三，东北工业经济发展速度较慢，东北地区存在的根本问题是至今没有很好地解决市场在资源配置中发挥决定性作用的体制机制问题、至今没有很好地解决传统产业的发展困境与老工业基地的深层次矛盾、至今没有解决好新兴产业发展和新旧增长动力接续转换的土壤和环境问题；其四，在驱动力格局方面，东北三省投资、消费、出口增长动态差别比较明显，“三驾马车”基本呈现出“各行其道”的格局。

2.东北地区创新制度环境状况

首先，东北政府对科技、教育支持力度小。由于人才环境不够宽松，人才的聚集、培养和使用机制不活，使东北三省的科技人才大量外流，不仅对原有科技资源存量的利用率不高，而且对外省人力资源的吸引力也不明显。其次，东北对科研经费的投入很少。近年来，东北三省的科技资金投入虽然有了较大增长，但与国内其他经济区域比较，力度还很欠缺，主要表现在：一是年均增长幅度落后于其他地区；二是政府科技投入在财政支出中所占比例较小；三是企业技术创新投入能力偏弱。最后，产学研合作机制运行不畅。东北老工业基地科研资金的投入渠道由以前的政府投入转变成政府和企业共同负担。但是以企业为主投资科研的市场机制还未形成，与科研成果快速产业化的需求相差甚远，严重制约了科研开发的后劲和科研成果向现实生产力的转化。由于大量的技术开发类科研机构游离于企业之外，大部分科学家和工程师、近60%的成果开发活动都不在企业这个市场竞争主体之中。这就造成了高校大量的科研成果因不能适应市场需求而无法转化和产业化。

3.东北地区创新技术环境状况

首先，东北电信业务发展良好但规模有限。经过多年快速、持续发展，东北电信业务已经开始走上平缓的渐进式发展阶段，东北电信用户增长速度将趋缓，东北电信业务虽然持续发展，但是规模有限，还存在至多潜在客户。其次，东北信息网络建设落后。东北地区信息网络建设还存在明显不足，网络基础设施更新换代较慢，信息网络基础设施覆盖率不高，尤其是偏远的城镇农村地区。在网络质量方面，东北地区和东部沿海地区还存在很大的差距，数据的传输、信息的处理仍远远落后于东部沿海地区。最后，东北科技信息普及率变高。着东北经济的快速发展，东北地区的科技信息普及率也进一步提高。

4.东北地区内部需求环境状况

首先，东北居民生活富裕程度不高。东北地区的居民可支配收入持续增长，但和东部地区还有明显差距。其次，东北居民消费意愿较高。东北地区人均可支配收入虽然在持续增长，但是恩格尔系数却居高不下，居民的储蓄率也一直维持在百分之三十左右，和东部发达省份差距很大。

5.东北地区外部开放环境状况

首先，东北对外贸易发展很快但规模较小。东北三省不仅具有得天独厚的地理位置，且具有丰富的经济资源、雄厚的工业基础和密切的内部联系，还与东北亚各国在历史上形成了广泛的经贸合作关系。东北经济区与邻近五国相比，处于中等水平，其产业结构与这些国家有很大的互补性。其次，东北吸收外商投资发展势头良好。优化利用外资结构，创新利用外资方式。鼓励企业扩大对外投资，积极开展与周边国家在能源资源、林业、农业、基础设施、物流商贸等领域的投资合作，加大对农业项目“走出去”的支持力度。

6.东北地区企业创新能力分析

着重从企业制度创新、技术创新和文化创新等方面对东北地区企业进行创新能力的具体化分析，以全面解析影响东北地区企业创新能力提高的主要因素。

（三）成果企业基因管理与东北地区企业发展

1.构建企业基因运行机理

基于对企业基因理论的深入成果，构建出企业基因运行机理。

（1）企业基因识别

在识别企业基因时要把握住基因的两特点一是能忠实地复制自己，以保持生物的基本特征；二是在繁衍后代上，基因能够“突变”和变异。人才、资金等在企业基因的转录、翻译过程中起到了重要的调节作用，是企业基因成功表达的保障因素,企业基因主要包括动力方面的价值观、使命、愿景以及知识方面的知识结构与决策方式。

（2）企业基因遗传与变异

企业基因可以通过转录、翻译形成各种功能模块，每一个功能模块来源于企业的全部遗传信息，都是企业成长所必需的，但是，不同的企业在发展和成长过程当中不同阶段侧重的功能有所不同。这是由于受到外界环境及内部条件的影响，可能导致基因选择性表达，进而在模块的功能种类"性质"有效性等方面产生差异，从而使相同的企业遗传信息经过选择产生不同功能模块，并形成不同功能之间的相互协调、相互补充，使企业能够正常运营，以及不同企业在执行相同的生命活动时表现出差异。在这个过程当中，企业基因最重要的调控过程包括转录过程中的调控和翻译过程当中的调控。

企业基因的变异可以被进概括为两类：一类是内部的企业基因变异，另一类是外部的企业基因变异。而企业会选择通过内部还是外部的基因变异方式促进企业的创新发展，可以运用科斯所提出的交易成本理论进行解释。企业是选择内部的基因变异还是外部基因变异则取决于企业内部组织边际成本和外部交易边际成本的权衡。

（3）基因转录水平的调控机制

转录并非遗传信息的完全表达，而是存在一定的启动机制。企业也存在这样的机制。首先，所有的遗传信息不可能在同一时间表达，根据企业基因的模型界定，知识作为企业的重要资源，不仅包含了传统意义上的知识，更重要的是包含了企业内部隐藏的隐性知识，因此，对于企业遗传信息的表达的调控可以认为是对企业进行的知识管理。其次，企业需要不断地与外界环境进行物质、能量和信息的交换，并与外部环境发生着各种交互作用关系，但在生命周期的不同发展阶段，企业所面临的内外环境会有所区别，这成为转录调控的一个驱动因素。从知识管理的角度分析，转录过程的调控也是对知识的管理过程，企业知识管理的关键是对知识迁移模式的管理，即对显性知识与隐性知识互相转化的管理。由于知识是企业DNA其中一种，表明企业的遗传信息也蕴含在其拥有的隐性知识当中，管理知识从隐性向显性的转化过程决定了企业哪一部分知识将被先行转化成外显性的知识，从而决定企业的功能和性状。但不管从子系统涨落还是对企业隐性知识的知识管理，企业转录过程调控都需要智能主体对企业基因要素资源进行重新收集、整合、配置和管理，从而确定企业短期内能够适应内外部变化的策略，也即决定企业在特定情境下能够被“概念化”为企业密码子的遗传信息。

（4）基因翻译阶段的调控机制

在企业基因具体化过程中，企业基因概念化过程生成的产物——企业密码子序列，虽已为基因表达的转录调控作用的产物，但仍有部分企业RNA不符合现阶段企业特征，且具体化过程同样充满着复杂性和不确定性，这就决定了企业基因表达的转录后调控也具有至关重要的作用——解体无效的企业密码子序列、筛选出有效的企业密码子序列、有序完成具体化过程。另一方面，企业在成长发育过程中，由于面临的问题和遇到的发展机遇不同，对企业某种职能或某种生命活动的要求和侧重点也因时因地而异，即对企业基因“翻译”的最终产物——功能模块的需求不同。因此，在终极企业密码子序列进行“翻译”的过程中，又面临着具体化过程发生的时间和翻译速率的问题，企业基因转录后调控需要根据接收的企业内部条件与外部环境的刺激，调控企业蛋白质合成的时间和速率，以满足企业在特定时刻特定生命活动的需要。总的来说，企业基因运行机理如图1。

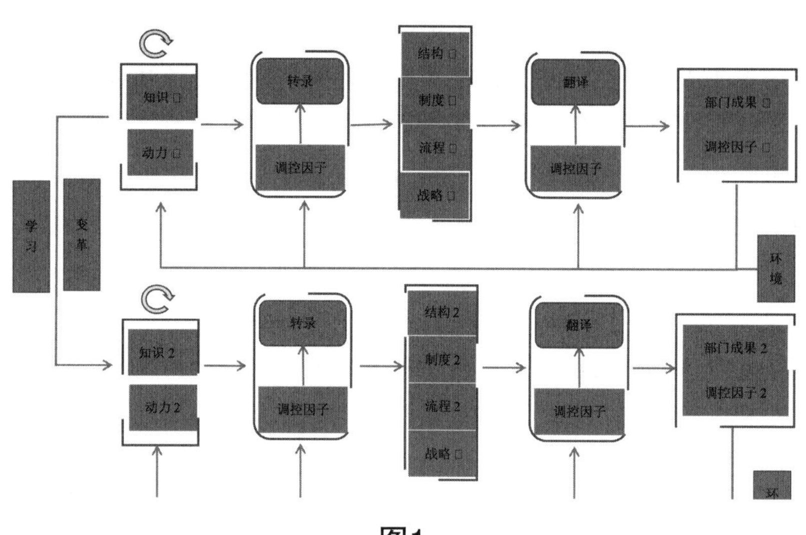

图1

2.剖析企业基因管理与东北地区企业发展问题

（1）DNA水平上东北企业发展问题

其一，动力方面。企业在其生命周期过程中所处的时间点不同，企业面对的压力和动力就会不同，企业所采取的应对方法的策略也就不同。由于我国在建国初期选择了计划经济体制，优先发展重工业的发展战略在东北地区产业发展中得到了积极贯彻，直到改革开放前，国家又对东北经济给予了大量投资，将东北地区建设成为我国工业化程度最高的地区。在一定程度上东北地区逐步形成了资源依赖型、粗放增长型的制造业发展模式。现在，东北地区正处于工业化发展的关键时期，具备完整的工业体系和雄厚的制造业发展基础，但由于思想保守和体制僵化等原因，制造业发展面临着前所未有的挑战，产业结构亟待优化升级。

其二，知识方面。东北地区企业由于受传统体制影响较深，在实践中形成了一种以政府主导、资源依赖型的粗放式发展模式。制度创新、技术创新、管理创新是东北企业面临的紧迫任务。当前，多元化、多层次的东北地区资本市场制度仍未建立，尤其在制造业领域，缺少以投融资方式创新为特征的风险投资监管制度，缺少以知识产权为重要特征的产权激励制度。东北企业需要改变原有的企业管理惯例，学习先进的、能适应当下环境的管理知识，利用现代企业管理理念进行企业的规范化管理。

（2）转录与翻译水平上的东北企业发展问题

在企业转录控制水平上的影响因子有四个，技术、资金、人员和企业家。企业DNA水平上的理念、使命、愿景、价值观念需要通过企业mRNA层的管理得以实现。而企业的组织结构、制度、流程和战略往往受到技术、资金、人员等因素的限制。在翻译阶段，除了技术、资金、人员外，还有企业文化、非正式组织等因素的影响。其一，技术方面，在当前的新形势下，企业尤其是制造业的发展已进入“技术为王”的时代。其二，人力资源方面，东北老工业基地在人才资源方面具有一定的优势。东北地区职业教育发展规模不断扩大，技能型人才培养能力明显增强。其三，资金方面，相对于中小企业来说,过高的资本市场入市条件、高昂的融资成本和不完善的投资体制地影响了中小企业直接融资的积极性，使其只能“望而却步”，改作他选。其四，文化方面，企业精神是企业的力量源泉,是企业永葆青春活力的重要因素。其五，领导力方面，领导方式主要通过影响员工进而对企业绩效发挥作用，要对员工产生正向影响。

（四）探寻企业基因重组实现创新发展的机理

1.分析通过企业基重组实现企业创新驱动发展机理

（1）企业基因视角下的创新驱动发展

企业通过基因的遗传、变异和选择，实际上是在改变原有企业生产函数中的基因变量以及它们之间的系数，或者加入新的基因变量，对相关系数进行调整和修正，从而创造出新的企业生产函数，提高企业生产率水平，推动企业实现创新驱动发展。

（2）企业创新驱动发展各动力要素及其作用机制

企业创新动力要素可以被分为内部要素和外部要素，外部要素主要包括技术研发、市场需求、技术研发与市场需求的混合动力以及政府支持，内部要素主要包括企业家精神、企业文化以及企业制度。多数的企业创新活动属于技术研发与市场需求混合动力模式。与此同时，政府作为社会经济的主体也会对企业创新活动产生重要影响，政府的专利保护、税收优惠政策、政府采购等措施会创造市场需求，从而对企业创新形成外部推动力。在企业创新的内部动力要素中，企业创新文化会进一步强化企业家精神，对企业的各项创新活动起到导向、激励和辐射作用。企业制度对企业技术创新动力的影响存在正负两方面效应：企业制度对企业家和员工产生激励与约束，促进技术创新与生产和市场的对接，从而在提高技术创新动力的持久性与连贯性方面具有正面效应；但过于刚性的制度由于缺乏技术创新所需要的柔性和敢于冒险的精神，可能会遏制员工和企业家的创新思维，影响企业创新文化的形成，使员工采取过于保守的行为，从而对企业的技术创新动力具有负面效应。

企业创新内部动力要素与外部动力要素是相互联系的，其中内部动力要素是核心，外部动力要素通过内部动力要素起作用。在相同的市场环境下，企业的内部动力要素决定了企业的创新活动，企业家精神、企业文化和企业制度决定着企业能够发掘并获取哪些外部的创新动力要素以及对外部创新动力要素的运用程度。企业各项创新动力要素之间的逻辑关系和作用形式如图2所示。

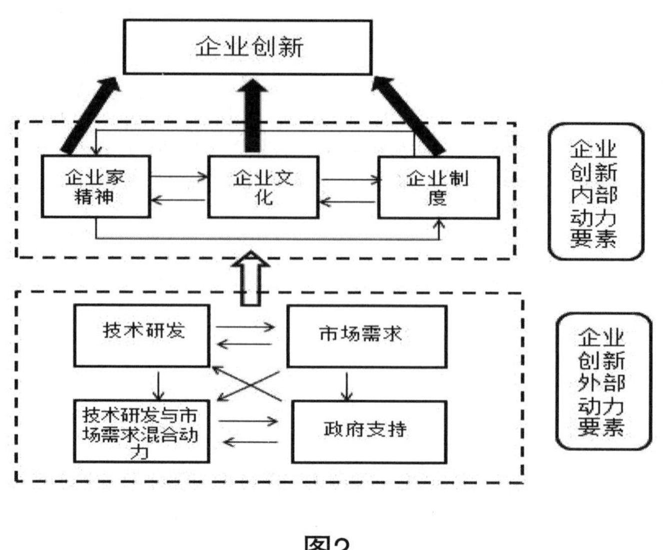

图2

（3）通过企业基因重组实现企业创新驱动发展的机理分析

企业基因是具有遗传性与变异性的能够反映企业最根本特征的基本单元，以企业基因的概念为基础，企业基因重组可以被定义为企业基因在某种形式上的重新组合。企业基因能否实现优化重组，以及企业基因的遗传机制、变异机制和选择机制的实现程度除了受当时的外部环境因素影响外，在一定程度上由企业本身所具备的企业文化、企业制度和企业家精神等承载的企业基因所决定。

首先，遗传机制是指企业基因在企业运行发展过程中被不断复制、繁衍和传播，进而生成新基因的企业基因重组过程。企业基因遗传机制的实现形式多种多样，按照遗传载体的形态划分，企业基因可以通过人和物两种载体进行遗传。在企业基因遗传机制的实现过程中，当创新型的基因得以继承、延续、扩展和强化时，企业基因的遗传机制将有利于增强企业创新活动的持续性，延长企业的寿命。

其次，企业基因的变异机制可以从两个方面进行定义，一方面是企业原本所具有的基因自身主动进行更新的企业基因重组，主要通过组织学习得以实现，即企业内部具有不同教育背景的员工所具备的知识在企业范围内传播和共享，从而形成新的组织文化和制度，孕育出新的企业基因；另一方面是通过对其他企业的模仿，或引入新的基因元素与企业内原本存在的企业基因相结合而生成新基因的企业基因重组，企业基因变异机制形成企业变更和创新企业基因的内在动力。企业基因的变异机制实现形式可以被进一步概括为两类：一类是内部的企业基因变异，另一类是外部的企业基因变异。而企业会选择通过内部还是外部的基因变异方式促进企业的创新发展，可以运用科斯所提出的交易成本理论进行解释。企业是选择内部的基因变异还是外部基因变异则取决于企业内部组织边际成本和外部交易边际成本的权衡。若企业的外部交易边际成本下降，企业可能倾向于选择与那些处于行业领先地位的具有优秀企业基因的企业组成联盟，学习领先企业的企业基因，或者引进更优秀的人力资源，即通过外部企业基因变异方式来实现企业的创新发展，反之则会选择内部企业基因变异方式，即主要通过内部的组织学习进行企业基因的变异。

最后，通过借鉴达尔文的生物进化思想，时代和环境的选择机制可以被定义为符合时代和环境要求的企业良性基因将被选择留存下来，而不符合时代和环境需要的企业基因将被淘汰，即企业基因在时代和环境影响下的企业基因重组。企业基因的时代和环境选择机制形成了促使企业基因变异，迫使企业进行创新活动的外部压力。在企业基因的遗传机制下，复制出来的企业基因与原基因不是完全相同的，而是会根据企业本身的具体情况和具体环境的变化而发生某种程度上的变异，即企业基因的遗传不是完全的模仿行为，而是在模仿基础上的吸收和创新变异活动；在时代和环境的选择机制下，良性的企业基因得以遗传，恶性的企业基因必须进行变异，否则将导致企业在竞争中被时代和环境所淘汰。由此可见，企业基因的遗传机制、变异机制和选择机制三者之间相辅相成，相互作用，推动企业基因优化重组。其中，企业基因的变异机制和选择机制分别对企业的创新发展施加内部动力和外部压力，企业基因的遗传机制推动并牵引着企业创新活动持续进行。

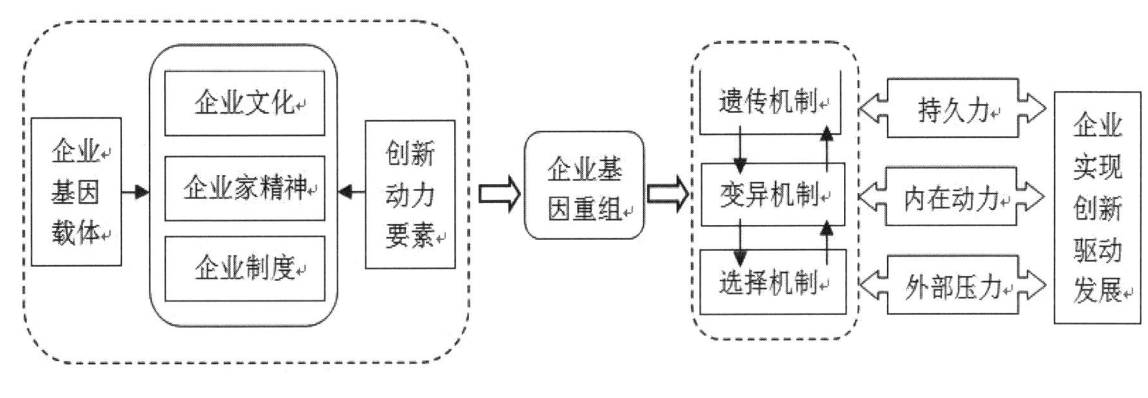

图3

2.经济新常态下我国东北地区创新型企业基因的诊断

在我国东北地区企业所拥有的企业基因方面，企业品牌意识薄弱，对市场动态反应不敏感，组织结构僵化，管理制度不完善，国有企业对企业家的选择与激励制度不合理，这反映出东北地区企业文化、企业制度和企业家精神当中承载着不利于企业创新的经营理念和价值观等企业基因。在阻碍企业实现创新驱动的企业基因的组合之下，外在表现为企业粗放的生产方式，落后的生产技术，低质的要素投入，单一的产品销售渠道和营销手段，对待客户低水平的服务质量等等，这些非健康的企业基因导致企业基本活动的价值增值水平与发达国家的企业差距较大。再加上客观的经济环境，大量知识人才外流，造成我国东北地区企业发展严重失血，企业的核心能力缺失，不利于企业实现创新驱动。

在企业基因重组的机制方面，企业基因变异机制、遗传机制和选择机制都存在问题，导致东北地区企业创新能力不强。首先，东北地区企业的基因变异机制受阻。在企业内部边际组织成本和外部交易成本都相对较高的情况下，东北地区企业缺乏内部和外部基因变异的动力，从而导致企业创新驱动的活力严重不足。

其次，我国东北地区一些企业的基因遗传机制未得到足够的重视。我国东北地区部分企业内向型保守的企业基因常常导致这些企业不重视企业基因复制和遗传机制，一方面由于企业缺乏对员工的企业文化和价值观认同的培训，企业内部知识和信息交流不充分，企业当中一些良性的基因没有得到充分的遗传和复制，另一方面企业向外输出文化价值观的意识不强，企业基因外向型的传播和扩散不足，企业的品牌效应被弱化。这些都会导致企业持续性创新意识和文化的继承受到阻碍。

最后，我国东北地区企业的基因选择机制失效。由于东北地区国有企业数量较多，政府对经济的干预程度过大，企业之间的竞争不充分，时代和环境本身所蕴含的企业基因选择机制无法发挥作用，从而导致其对本地区企业基因遗传、变异和创新的外在压力不足，使得企业创新驱动发展缺乏外部推动力。

3.企业基因重组视角下企业实现创新驱动发展的模式探索

（1）企业基因重组一般模式

企业基因重组理论提出了两种一般的企业基因重组战略模式：一是基于单个企业基因重组模式，二是基于价值链企业基因重组模式。

基于单个企业基因重组模式着眼于直接出售该企业基因的产出，强化独立的业务企业基因，并最大限度地挖掘这些企业基因的价值潜力。实现这一模式的策略主要包括三个方面：一是通过跨企业的重新配置实现单个企业基因价值的最大化；二是将具有竞争力的企业基因卖到企业外部来充分发挥其价值潜力；三是挖掘价值链上、下游企业基因的价值潜力。

基于价值链企业基因的组合战略着眼于最终产出，对价值链上的企业基因进行有效整合，以创造更具竞争力的和更新的价值链产出。这一模式的目的是通过对不同企业的企业基因进行组合，建立起虚拟价值链，从而获取最大价值。无论企业基因是否属于本企业，企业追求的是通过企业基因组合来达到业务产出或价值链产出的最大化。一种有效的整合方式是通过挑选那些某一企业基因达到世界水平的企业结成联盟，将不同企业优势企业基因进行整合，形成超级企业基因集成价值链。这种价值创造路径要比单个企业独立发展并使企业整体达到世界水平的路径要短得多。基于企业在各基因方面的表现，可以较容易地明确基本的企业基因重组模式。一方面，企业可以将它所擅长的企业基因转化成独立的业务，然后向其他企业出售这些基因产出，以使这些企业基因的优势得以充分发挥，也可以通过建立联盟或合作伙伴关系来进一步挖掘这些企业基因的价值潜力；另一方面，如果企业在某些基因上并不擅长，而这些企业基因对业务价值的影响不大，那么企业就应该考虑如何从更具竞争优势的其他企业那里获得同样的贡献。

（2）企业基因重组视角下企业实现创新驱动发展的模式探索

我国东北地区企业在企业基因遗传机制、变异机制和选择机制都存在问题，因此我国东北地区企业的企业基因重组模式需要在一般企业基因重组模式的基础上进行丰富和完善。

企业基因的诊断需要由表及里，通过分析历年来企业的大量财务数据，或与行业内标杆企业进行对比，发现本企业在现金流、销售额、利润率等方面存在的问题。进一步分析形成现实问题的原因，即剖析企业核心资源与核心能力方面存在的不足。最后，深入到企业基因层面，一方面，要从置换和升级非健康的企业基因入手，剔除企业内部不适应经济新常态要求的企业基因。这要求企业重塑创新型的企业文化，培育外向型、灵活型与团队合作型的企业文化基因；使企业家自由、充分地发挥其才能，培养并激励企业家发挥其敢于冒险和创新的企业家精神基因；培育企业创新激励的制度基因，从企业产权制度、法人治理结构、企业组织机构以及各项管理制度等方面，培育有利于激发企业家精神、企业组织学习，从而激励企业创新的灵活有效的企业制度基因。

另一方面，要从企业基因重组影响企业实现创新驱动发展的机理入手，建立并优化促进企业创新的企业基因遗传机制、变异机制以及时代和环境的选择机制。首先，优化企业基因遗传机制，形成企业创新的持续力。我国企业需要增强企业产品和服务的品牌意识，以本企业打造的品牌为载体，借助互联网平台和现代的营销手段，加强企业价值观、责任观等核心思想的对外宣传，这是一种物质和文化的双重输出，是更加高效的企业基因遗传机制。其次，完善企业基因变异机制，形成企业创新的内在动力。企业创新内在动力的形成不仅需要降低企业的内部组织成本，通过组织学习促进企业内部基因的自我演化，还需要降低企业的外部交易成本，促进外部优秀的企业基因与本企业基因相结合，通过产学研合作机制的完善、横向一体化和纵向一体化产业集群的建立，加速企业与社会之间的信息、知识交流和企业基因的重组与创新。由企业基因变异机制而生成的企业创新内在动力是实现企业创新驱动发展的最根本途径。最后，重建企业基因选择机制，形成企业创新外在压力。企业基因选择机制的重建不仅需要企业自身的参与，政府更应该有所作为。当地政府不仅应该鼓励企业之间的良性竞争，不论是国有企业还是私有企业，都要建立并完善落后企业的退出机制，鼓励优胜劣汰，恢复时代和环境对于企业基因有效的选择机制，使资源配置到利用效率最高的企业当中去，从而形成企业为了继续生存下去而不断创新的外在压力。与此同时，政府需要完善物权、消费者权益保护等相关法律和制度，对于一些企业不依靠技术和管理创新，而是凭借其垄断地位，或使用不正当竞争手段侵害消费者或其他行业竞争者利益从而使自身受益的行为进行严厉的打击和惩罚，维护公平公正的市场竞争环境。

企业基因的置换与优化有利于企业内部形成有利于企业创新的基因，做好企业内部基因的置换与优化工作是建立企业基因遗传机制、变异机制和选择机制的基础，顺畅的企业基因遗传机制、低成本的企业基因变异机制和有效的企业基因选择机制有利于促进、保证企业基因的置换与升级，二者之间相互促进，形成一种良性的互动运行机制。

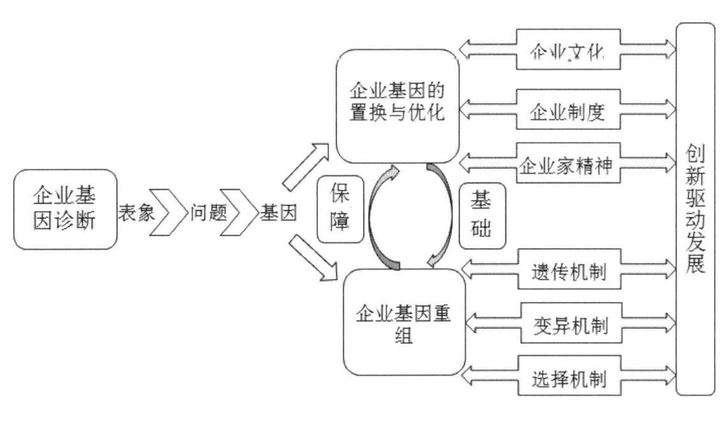

图4

4.结论

（1）企业基因是具有遗传性与变异性的能够反映企业最根本特征的基本单元，结合企业基因概念的界定和影响企业创新的各动力要素的剖析，作为企业创新内部动力要素的企业家精神、企业文化和企业制度同时也是企业基因的载体，因此，企业基因是对企业的创新驱动起到关键性作用的企业创新内部动力要素，企业基因的性质影响着企业对外部创新动力要素的挖掘程度和运用程度。企业文化基因、企业制度基因和企业家精神基因的性质决定着通过企业基因重组实现企业创新驱动发展的三种路径机制，即企业基因遗传机制、企业基因变异机制与时代和环境的选择机制。三种机制彼此交织，相互作用，企业基因通过遗传机制增强企业创新的持续力与影响力，通过变异机制形成企业创新的内在动力，通过选择机制形成企业创新的外在压力。

（2）经济新常态的特殊时代背景在产品的价值含量、服务的质量、企业的成长与发展方式等方面对企业基因的遗传、变异和选择机制产生了影响，进而对企业创新行为也提出了新的要求。通过对我国东北地区企业基因进行诊断，可以发现：在我国东北地区企业所拥有的企业基因方面，企业品牌意识薄弱，经理人市场不完善，对市场动态反应不敏感，组织结构僵化，管理制度不完善，这反映出东北地区企业存在落后的企业文化基因、制度基因和企业家精神基因；在影响我国东北地区企业创新驱动发展路径的企业基因重组机制方面，存在企业基因遗传机制被淡化、变异机制成本过高和选择机制失效等问题，从而导致东北地区企业创新能力不强。

（3）一般的企业基因重组模式主要局限于对企业基因变异机制的讨论，我国东北地区企业在企业基因遗传机制、变异机制和选择机制都存在问题，因此我国东北地区企业的企业基因重组模式需要在一般企业基因重组模式的基础上进行丰富和完善。为了实现我国东北地区企业的创新驱动发展，一方面要塑造符合经济新常态发展要求的创新型的企业文化基因、企业制度基因和企业家精神基因，另一方面要积极推进企业基因重组，重检和优化促进企业创新的企业基因遗传机制、变异机制以及时代和环境的选择机制，并且使二者之间形成一种良性的互动关系，从而适应经济新常态的时代要求，使企业整体的生产函数得到优化，生产率水平得以提高，使企业的生产方式从“要素驱动”转为“创新驱动”。

三、本成果设计的相应措施

（一）微观层面

1.结合企业战略建立企业基因重组的远景

企业基因重组受企业战略的驱动，从属并服务于企业战略，因此企业基因重组要紧紧服从企业远景规划。企业可以将它所擅长的具有价值创造能力的能力要素转化成独立的业务，然后向其他企业出售这些能力要素的产出，使得这些能力要素的优势可以充分发挥。企业也可以通过建立企业联盟或合作伙伴关系来进一步挖掘这些能力要素的价值潜力。另一方面，如果企业在某些能力要素方面不擅长，如果这些要素对业务价值的影响不大，那么，企业就应该考虑如何从更具有竞争优势的能力要素那里获得替代的贡献。这有两种实现的可能，一是与其他正追求规模效应的企业在能力要素层面上进行联营，第二种就是外包。根据企业内外环境，建立具有本企业特色的企业基因重组远景。企业的基因重组应得到管理层的全力支持，尤其是“一把手”的全程支持，并打破各职能部门、流程以及同企业外部环境之间的围墙，通过在企业内充分分享明晰的愿景，使各层级理解并接受变革愿景，明确与确立共同的努力方向，形成一股强大的合力。

2.通过实施企业基因重组实现创新驱动发展

在经济新常态下，东北地区企业若想通过企业基因重组实现自身的创新驱动发展，需要企业自身以及当地政府培育和扶植顺应经济新常态的企业基因，置换与经济新常态背景不匹配和阻碍企业基因遗传、变异和选择的各种基因要素。

（1）优化企业基因遗传机制

我国东北地区企业需要重视企业创新的持续性问题，优化创新型企业基因的遗传机制。通过“专职前辈”与新员工的密切接触，企业中的良性企业基因会被无声无息地栽培于每一位新员工的内心深处，随着“专职前辈”的制度化，企业基因会进一步向其子代和孙代传递下去。

（2）要完善企业基因变异机制

一方面需要降低企业的内部组织成本，促进企业内部基因的自我演化。与此同时，企业内部不同部门之间建立起的网络化、无界化、柔性化组织结构，可以打破不同部门、人员之间阻碍信息流通的障碍，增加员工轮岗机会，这不仅可以增强员工与工作岗位之间最优的匹配程度，增加员工多方面知识和综合能力，同时有助于最大限度地促进企业内部基因的有机整合和重组，使不同方面的能力要素共享后形成合力，从而促进企业内部在知识、管理、技术等多方面实现创新。另一方面，要降低企业的外部交易成本，促进外部优秀的企业基因与本企业基因相结合，生成新的企业基因。政府首先要进一步加强落后地区互联网、信息通讯的基础设施建设，建立高速、畅通、安全的互联网信息高速公路，为企业之间的顺利沟通提供良好的保障。其次要以市场为导向，减少烦琐和不必要的行政审批事项，简政放权，促进相互关联的不同企业之间凭借自身的自由意志和市场嗅觉，自主形成横向一体化和纵向一体化的产业集群，从而加速企业之间的信息、知识交流和企业基因重组与创新。更应该引导产学研合作机制的建立和完善。

（3）重建企业基因选择机制

企业基因选择机制的建立主要依靠政府对于企业公平竞争的市场环境的营造与维护，再根据企业对自身发展阶段与未来战略的考量，进行有针对性地选择。

3.我国东北企业基因重组的具体策略

（1）沟通策略

在企业基因遗传、变异、选择的过程中，企业领导者要不断通过各种方式和渠道与员工进行沟通，使其了解企业的理念和核心价值观。同时，员工也要积极地配合企业的改革，认真听取领导意见并敢于提出自己的想法和观点。在上下级之间建立共同的荣誉感和使命感，共同为企业的目标而奋斗。

（2）采取实际行动策略

建立一个实验小组，对企业内部工作业务方面的流程和原来的技术方法进行改进，形成新的工作技术和工作流程，经过一段时间的试验，然后在企业内部推广实施。使企业员工从内心认可这种新的组织运行方式，并融入其中，促使这一运行方式良性循环。企业因此就可以形成新的价值观，成为学习型的组织，并顺利实现企业的基因重组。

（3）改组企业机构策略

以人力资源管理部门为例，企业可以通过招聘、培训、提升、职业规划和发展等方式来达到企业基因良性变异的目的。企业通过招聘的方式使许多优秀的人才加入到企业中，给企业带来新的生机和活力，同时也带来了新思维、新知识和新的办事方法；企业培训也会让员工被动地接受先进的知识和技术；企业对员工的提升和职业发展会促使员工更加积极主动地汲取新知识。企业可以利用这些方法来促进企业的变革，当积累到一定程度之后，企业基因就会由量变发生质变，达到企业基因重组的目的。

（4）提倡新价值观冲击旧价值观策略

这是一种对企业现有的价值观采取渐进性变革的方式。一般而言，当企业的旧价值观还没有明显地表现出阻碍市场竞争，而新出现的价值观在未来的竞争中已经表示出来了明显的优势的时候，企业可以采取这种方式对旧价值观进行变革。这种渐进的方式可以减少企业在变革中的阻力，使旧价值观顺利过渡到新价值观，从而更容易被组织内部所接受和认同。

4.通过有效的绩效评价及改进形成反馈闭环

在进行企业基因重组之前，首先要了解企业要素的现有发展水平，通过倾听顾客的声音，来了解市场的需求，描述现有企业要素的相关标准，可以通过劣质成本分析，产品缺陷率，过程能力分析等指标来描述和衡量现在的企业基因水平，还可以通过企业基因的一些财务指标来反映现有企业基因的发展状况。作为整个企业管理循环的一个关键环节，通过标杆瞄准来判断现有企业要素是否卓越，通过预期与实际的绩效目标来判断企业基因重组的效果。

其次，在新的企业基因产生或者实施了企业基因重组后，就应该对其进行事后的监测与评价，根据实际情况更新标杆和绩效目标，找出重组后的企业基因组合同设计的差距与不足，总结得失，建立起绩效同实施之间的有效反馈环节，构成一个反馈环，为循环的、持续的企业基因重组提供基础，形成一个闭环系统。通过多种指标来衡量是否完成原定目标。通过控制图监测实施状况，并且努力建立起一套比较完整的预警机制，降低企业基因恶性变异的可能性。并且及时总结经验教训，为以后更进一步的实施新的基因组合积累经验。

最后，根据有效的绩效评价与总结经验，根据不断变化的企业内部条件与外部环境设计下一轮基因重组的目标，在预定的一段时间后再次进行绩效评价，再总结经验，依次反复进行，使得企业基因不断得到提升和发展，在经济新常态下能始终保持一个卓越的状态，并且能随着企业的发展不断提升，实现更优化的基因组合，自我超越，不断向完美水平靠近。

（二）宏观层面

1.深化创新体制机制改革，营造良好政策环境

要着力在东北地区层面制定有利于形成创新驱动发展的政策，彻底调整改变各级政府政

绩观的评价体系，通过绩效考核的指挥棒促使各级政府摆脱对要素和投资驱动依赖的惯性，同时引导全社会的力量共同参与到实施创新驱动发展战略中来。另外，实施创新驱动发展战略看似是一个科技创新领域的问题，实则是经济领域乃至全社会领域的问题。政府部门作为经济体制改革的主导者，应对现有政策进行修改和调整，推动科技政策与经济政策相融合、相衔接，经济政策要符合实施创新驱动发展战略的要求，通过政策环境的调整在宏观上树立起正确的价值导向，使得全社会形成有利于创新的环境与氛围。要深化经济、科技体制改革，完善市场机制，为企业创新提供条件。要大幅增加科技投入，引导建立以财政投入为引导，以企业投入为主体，金融机构积极参与，全社会投入为支撑的多元化创新投入体系。要加强对知识产权的保护，完善相关法律，规范知识产权市场秩序，营造良好的创新发展环境。

2.提高东北地区企业的自主创新能力

（1）寻找自主创新的切入点

大力进行科技创新，特别是将要素自主创新与提高老工业基地区域竞争力相结合，以优势领域为切入点，实现要素比较优势向创新竞争优势的转化。可以选择以下领域作为自主创新的重点领域：具有优势、能够尽快产业化的应用基础成果领域；国家确定的老工业基地优先发展的产业领域；具有独特资源优势的领域；在国内外具有广阔市场前景的领域。在上述领域力争取得突破性进展，形成自主品牌，打造以创新为基础的比较优势，通过多种途径引导企业培养核心竞争力。

（2）转变自主创新的实现方式

对东北地区的国有企业而言，可转变自主创新的实现方向，建立以技术创新为主导的战略联盟，加强区域产业研发资源整合，以降低创新成本、分散风险，加快形成东北地区产业的核心竞争力。如产品的技术创新可以采取联合创新方式进行，将不同部件的技术创新交给不同企业协作完成，这种集思广益，既可降低单个企业独立创新成本，又可有针对性地进行创新，提高整体的创新效率。

（3）培育出东北特色的创新型文化

首先要提高人们的自主创新意识，具有自主创新精神的文化有助于提高人们的创新能力。要想实现东北地区的创新驱动发展，必须从根源上进行改造和扬弃，一方面要通过优化政策环境、服务环境、居住环境和人文环境，营造开放、开拓、开明的勇于创新、包容失败的创新文化氛围，鼓励人们接受新思想、新理论、新技术；另一方面，要通过教育内容与方法的创新，培育创新精神，提高创新能力，形成具有东北特色的善于创新的文化氛围，为实现创新驱动发展提供思想动力和行动保障。

3.明晰政府职能，提供新常态下东北地区创新驱动的制度保障

（1）优化科技资源配置制度

科学高效的资源配置方式是实现经济发展方式转变的基础，也是政府职能改革的重要内容。要在坚持“政府有所为，有所不为”、“尽可能市场，必要时政府”等观念的基础上，优化政府科技资源配置，提高公共资源的利用效率。继续推进政府职能改革并优化政府财政资金投入的结构与体制。

（2）完善协同创新制度

东北地区应该在充分发挥自身优势的基础上通过完善协同创新制度，实现创新驱动发展。首先，抓紧建立科学有效的科研组织管理体制，实现由企业主导创新过程，充分发挥企业技术集成中心、产业化和商业化平台的作用。其次，通过修订和出台科技奖励制度、科研业绩评价制度、科技项目认定度等，有效发挥大学、科研机构在基础成果和共性技术研发等方面的作用。最后，通过健全知识产权保护制度、大力发展大学科技园区以及搭建科研信息交流平台等措施，实现各创新主体间的协同互动。

（3）增强企业技术创新意识与动力

新常态下东北地区实现创新驱动发展应从理顺收益分配和打破垄断着手，着眼于建设和完善统一、开放、竞争、有序的市场经济环境，推进现代企业制度建设。通过市场竞争的压力、市场需求的刺激和宏观政策的调控，使企业树立凭借技术创新增强市场竞争力的意识，并内化为促进企业快速发展的动力。通过增加技术研发投入、建立技术研发机构、加强与高等院校、科研机构建立技术创新联盟等措施，切实提高企业的技术创新能力。通过政府采购承诺，激励企业从事与国家利益有重大关系的产业技术研发及其产业化，通过明确的政策导向，为企业技术创新提供更为良好的外部环境。

（4）维护有序公平的市场环境

当地政府不仅应该鼓励企业之间的良性竞争，不论是国有企业还是私有企业，都要建立并完善落后企业的退出机制，形成有序的市场环境，鼓励优胜劣汰，恢复时代和环境对于企业基因有效的选择机制，使资源配置到利用效率最高的企业当中去，从而形成企业为了继续生存下去而不断创新的外在压力。与此同时，政府需要完善物权、消费者权益保护等相关法律和制度，对于一些企业不依靠技术和管理创新，而是凭借其垄断地位，或使用不正当竞争手段侵害消费者或其他行业竞争者利益从而使自身受益的行为进行严厉的打击和惩罚，维护公平公正的市场竞争环境。

4.树立创新驱动发展的人才培养和引进理念，建立多元化激励机制

政府要努力实施“筑巢引凤”战略，大力吸引和培育高素质的创新创业人才。有关部门必须采取有效策略，加大力度使这一状况有所改善，如对愿意落户的人才进行生活费用的补助、对创新型人才进行充足的科研经费支持，以及提供良好的科研创新条件与设施等政策，争取能吸引、留住更多的创新创业人才为东北振兴做贡献。同时，推进高校教育改革，从源头切实做好创新人才培养的工作。高校应倡导创新教育，增设创新、创业课程，建立创新、创业基地，同时结合实际创新需求搞研发，发挥高校优势，为东北的经济发展提供服务。另外，还应鼓励高校行政人员适当参与创新研发工作，避免高级人才资源的浪费。应倡导企业采取更为灵活的激励分配方式，积极探索多元化的激励机制。第一，在薪酬激励方面，要建立灵活而有效的薪酬激励机制。第二，企业应该改变传统单一的物质激励方式，要针对不同类型的创新型人才提供与之对应的再学习机会。第三，培育公司企业文化，形成和谐进取的公司氛围。

5.搭建创新驱动平台，助推新常态下东北地区创新驱动战略的实施

在经济新常态的背景下，通过这个重要载体集聚创新要素，充分利用“一带一路”

和“长吉图”发展的政策机遇与战略资源，加强广泛而深刻的科技合作和交流，有效促进创新成果转化，为经济转型升级和持续发展提供物质支撑和有力保障，对于提升东北地区科技创新能力具有重要意义。

（1）建立东北地区企业科技创新的投融资平台

“政府”可建立一个由政府倡导、以金融企业为主导，积极引导科技成果转化、孵化和产业化运作的科技创新融资平台，初步形成以政府投入为引导，以企业投入为主体，利益共享、风险共担的科技投融资体系。政府一方面加大对科技创新的投资规模，专门设立创新基金，扶持高新技术和重点技术的研发，奖励科技创新成果突出的企业，并对相应企业实行税收优惠政策。另一方面组建科技补助小额贷款公司，降低贷款门槛和条件，同时鼓励商业银行专门建立科技支行，扩大科技型企业保险规模。大力发展非银行金融机构，积极探索风险投资制度，运用多种金融工具及衍生金融工具，开拓科技创新投融资平台的融资渠道，牵头建立投融资综合服务机构，进而推动科技资源与金融资源无缝对接，降低东北地区企业进行创新有心无力的可能性。

（2）建立东北地区产业集群创新平台

“政府”应主导建立高科技园区等平台，作为助推东北地区创新驱动战略实施的有效组织安排，为企业、高校、成果机构搭建合作沟通的平台，强化院、校、地合作。同时，东北地区产业集群创新平台的建立也可以深化与国内其他地区与国际的科技合作，发挥中国北方国家科技博览会等科技合作与交流平台的作用，为东北地区企业的创新行为提供原始动力与发挥空间。

（3）推进示范推广基地的建设

政府应鼓励各地方培育国家级、省级特色园区，全面推动特色园区的升级，同时根据各地特点建设不同类型、不同主题、各具特色的科技示范园区、基地，带动当地特色产业的技术升级。同时政府应构建公共服务创新平台，为企业创新技术交流与技术交易提供服务，提升技术市场的信息化服务水平，强化相关科技中介机构的服务功能，进一步完善服务和孵化功能，进一步提升企业的协同创新能力。示范推广基地通过营造良好的创新环境，进一步加快不同的创新要素聚集，达到助推新常态下东北企业地区创新驱动战略实施的目的，为东北地区产业升级提供了良好的条件，加快整个东北地区经济腾飞的步伐。

成果创造人：齐　平、宿柔嘉、田丽娟、张　芬、曲英源、焦守振

基于多层需求动机的央企领导体制改革探索

——以某中央企业集团为例

刘明忠　奚国华　张雅林

1994年正式实施的《公司法》对公司董事会的权利虽有明确规定，但在国企多重使命和定位的大背景下，相关职权并没有落实到位。2014年7月，某中央企业集团作为国企改革首批试点单位之一，被列为中央企业董事会授权试点，特别是2015年10月，首次由该集团董事会选聘的总经理正式上任，由此也在中国企业治理史中开创央企董事会选聘总经理之先河。试点和选聘对国企董事会实质性授权放权虽是一小步，而且范围已仅限于该中央企业集团等4户试点中央企业，但对中国共产党领导大背景下的深化国企领导体制改革无疑有重大探索意义。

一、基本背景

（一）实践基础

某中央企业集团现为全球第一的球墨铸管制造商、全国第一的军需保障服务商、中国唯一的应急救援产业创新战略联盟牵头者，涵盖冶金铸造、轻工纺织、机械制造、商贸物流、地产物业等业务板块。由总后原生产部（军委总部二级部，正军级）及军需企事业单位2000年整编重组而成，2001年由军委移交中央管理，其核心企业新兴铸管公司曾在1994年被列为全国百户建立现代企业制度企业集团之一。自2005年被国资委确定为董事会试点中央企业以来，该中央企业集团从建立规范董事会制度入手，逐步建立了以外董过半的董事会为核心，包括国务院外派的监事会、内部经理层的现代企业制度，初步探索出一套把公司治理结构的“以产授权、有效制衡”与党组织体系的“以人为本、统筹平衡”两轮驱动、相互协同的企业领导体制。主要有四个特征：

1.以集团董事会建设为核心，实现决策、执行、监督“三责共立”

在《公司章程》的基础上，制定了4大类20项基本治理制度、17项内控制度。在准确把握董事会、监事会、经理层三者的关系定位基础上，按照决策、执行、监督　“三责共立”的原则，对董事会、经理层的职责权限，做出明确规定，保证规范运作。集团董事会司决策，并承担国资委授予的一部分相当于股东会具有的权力，在授权范围内主要行使制定、批准企业发展方向、发展战略和目标规划，制定、批准企业的投融资议案及重大项目等4项权力。经理层司执行，则行使正确理解和准确把握董事会决策，严格贯彻落实董事会相关决议，保证年度预算计划及中长期规划的实施等职权。而对于国务院派驻集团监事会，则积极配合认真接受其监督检查，并为其正常开展提供毫无保留的保证，形成了权责明确、各负其责、协调运转、有效制衡、共促发展的领导格局。

2.以外部董事作用发挥为关键，实现外董、内董、职董“三智共融”

立足于民主决策与科学决策的统一，坚持外部董事“经营上是老师、决策上是专家、沟通上是桥梁”的定位，通过完善董事制度、建立健全工作机构和议事规则，努力发挥好外部董事重要作用。依据外部董事个人职业背景的不同，协调其进入相应的董事会专门委员会，以体现其“决策专家”的价值；根据外部董事个人行业经验的不同，安排其分管相应板块业务战略和规划执行工作，以体现其“执行督导”的价值；协调外部董事考察、调研成员企业，或组织其参加所分管板块的活动，包括列席二级公司董事会或出席一些重点项目论证会，发挥出“经营顾问”的作用。每年组织向外部董事专题通报15次左右，外部董事会成员参加各种调研、考察每年超过100人次，参加各种项目论证会超过80人次，每名外部董事的工作时间都超过60天。特别是实行外董一票缓决制，只要有一位决策意见不一致，一律暂缓上会表决；决策后及时汇报决策执行情况，根据外董意见，组织虚心整改。

3.以党委会为平台，实现董事会、党委会、经理层“三马共驾”

在外部董事占多数的央企领导体制下，由于党委常委与内部董事和经理层“双向进入、交叉任职”，董事长、党委书记一肩挑，总经理兼党委副书记，集团领导班子实际上是以党委常委会为主体。总结提炼出“沟通是基础，信任是关键，支持是保证”的团结共事原则，主要领导及时互动。对于维稳等重大政治问题，明确各级董事长、总经理与党委书记一样，都是“第一责任人”，一旦发生问题，一同追究责任。在治理层面，统筹修订《党委常委会工作规则》、《董事会议事规则》和《总经理办公会管理办法》，明确党委常委会讨论决定的9个方面问题和10个具体事项，出台《关于落实“党委前置程序”的意见》，完善党委会、董事会、总经理办公会三大治理会议运行衔接流程，有效落实决策重大问题“党委研究讨论”前置程序，凡属企业重大问题，首先由党委（常委）会研究，并在董事会或总经理办公会召开前，形成一个供董事会或总经理办公会决策的参考意见，将“党组织参与重大问题决策”原则纳入集团经营决策程序，不仅使党组织的主张在决策过程中得到应有的重视和体现，而且更加有利于党组织的决策意图融入最终的经营决策之中。在管理层面，建立与三大治理主体衔接的党委工作例会机制，充分发挥党组织在生产经营管理中的领导作用。集团党委根据经营管理热点、难点、重点，及时提出工作要求，动员各级党工团组织和党团员带头执行，积极配合经营工作，确保董事会决议高效执行，经理层的具体部署迅速落实。实现了三大体系同心协力，良好互动。

4.以层级分权为基础，实现集团-板块-企业法人治理体系“三级共建”

确立“战略管控+财务管控”的三级管控模式：集团总部定位于战略中心，二级公司定位于经营管理中心，三级企业定位于利润成本中心，制定明确的三个层级的分权手册，对39大类权力的权限使用进行了详细、明确规定，基本实现了“集权有道、分权有序、授权有章、用权有度”。根据发展战略和业务布局，建立9大横向职能管理体系和6大纵向业务管理体系，优化集团领导班子分工，在7名班子成员中推行派驻业务板块股东代表制、下派董事（监事会主席）“交叉合议制”，建立由板块分管领导为召集人、相关领导作为下派董事和监事会主席为成员的“合议组”，有效提升了总部管控和公司治理效能。

（二）政策依据

该央企集团落实央企董事会授权试点的政策依据主要有4个：1.《中共中央 国务院关于深化国有企业改革的指导意见》（中发〔2015〕22号）；2.《关于在深化国有企业改革中坚持党的领导加强党的建设的若干意见》（中办发〔2015〕44号）；3.中组部、国资委党委《关于董事会试点中央企业董事会选聘高级管理人员工作的指导意见》；4.《关于开展落实中央企业董事会职权试点工作的意见》（厅字〔2017〕18号）。同时据此对深化国有企业改革中坚持党的领导加强党的建设做出了体制机制设计和内容程序规定，特别是党管干部、党管人才原则与法人治理结构的对接融合要求，都体现出对中央企业领导班子激励约束相结合的原则和理念。

（三）理论依据

从该中央企业集团在国资委等相关部委指导下进行的董事会授权改革顶层设计和具体运作看，笔者认为，其背后折射出需求层次理论。

1954年作为为人本心理学中流砥柱的马斯洛出版了影响深远的巨著《动机与人格》（Motivation and Personality），首次提出需求五层次，1969年又发表一篇重要文章《Z理论》（Theory Z），增加了第六个需求层次，从而完善为三个次理论六大层次需求——即X理论的1.生理需求、2.安全需求；Y理论的、3.社会需求、4.尊重需求；Z理论的、5.自我实现需求、6.自我超越需求，构成了三理论六层次需求体系。

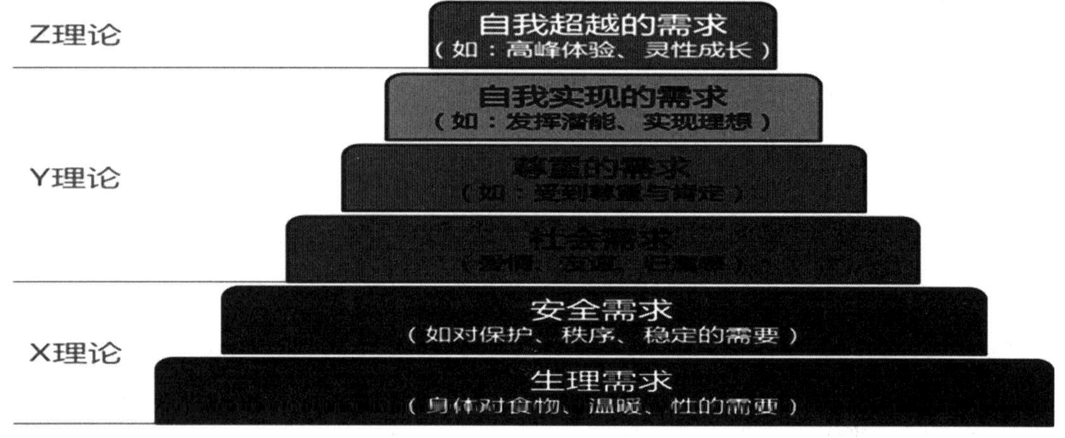

图1

而现代心理学则将其进一步整合为四个层次需求：生理需求、情绪需求、理性需求和超越需求，对应着四种动力：本能的动力、情感的动力、心智的动力和心灵的动力。

该中央企业集团董事会授权改革试点，经过上下几轮互动，共获得战略管理权、高管选聘权、业绩考核权、薪酬管理权、财务管理权和工资管理权等6项授权，而这恰恰主要从需求理论的“高峰体验”、“自我实现”、“安全生理”和“社会尊重”不同需求出发，分别激发了产业掌舵人（董事会）、职业经理人（经理层）、企业“合伙人”（以技术、管理、市场骨干为代表的全体员工）和事业继承人（以党组织为领导的政治体系）等4大群体活力，体现出个性化的人本激励特征。

二、主要探索

该中央企业集团在正式试点启动前作了充分准备，以不同层次群体人本地化需求动机满足为着眼点、以改革发展稳定为聚焦点，以落实六项授权（战略管理权、高管选聘权、考核权、薪酬权、财富管理权、工资管理权）为切入点，构建并有序启动了“四大”作用机制。

（一）担当产业掌控人使命——董事会

该中央企业集团针对由9名董事和1名董秘构成董事会团队，着眼“高峰体验”动机和心灵动力，落实一项战略管理授权，构建“财力”资本的作用机制，旨在做活战略，确保国有资本和资产保值增值。该中央企业集团董事会与列入建立规范董事会的其他央企一样，实行外部董事占多数的配置：现有董事9人，外部董事过半达到5人，另有内部董事3人、职工董事1人。外部董事中，2人为中央企业专职外部董事，3人为已经退休的中央企业原负责人。这些董事会成员，外部董事占多数，他们大多为功成名就的商界领袖、政界精英，具有较高的社会声誉，目前已经退休离开原工作岗位，担任外部董事意味着步入新的事业境界——他们非常看重自己的声誉和身价，一辈子干得不错，有社会价值和地位，一旦干不好，人生就难以画上完美句号，体现出其追求动机绝不仅限于物质层面，而是达到或接近人生需求金字塔的顶层，具有超越需求，如佛学中“空”、道家中的"无我"境界，所谓“高峰体验”。而且他们退休后有精力、有能力，对他们而言，重在激发其心灵动力，使他们对企业的产业布局能够具备掌控权。而战略管理授权，特别是由此派生的对“财力”资本（即通常意义上的实物资本）的投资经营权，就可以有效激发其人生需求，使他们在“高峰体验”中做出最为精准的战略布局。

对该中央企业集团董事会布局中长期战略发展的授权，实际上使其成为“受限的国家投资运营公司”或“半国有资本投资公司”，主要体现在以下权能：

1.布局审定。根据集团总体战略，结合研究决定集团五年发展规划，谋划审定“双十布局”——营业收入500亿元的区域性公司或产业集群和营业收入100亿元的专业化公司各10个。到“十三五”末，从中培育打造2家全球布局、跨国经营、具有国际竞争力的产业集群，将“新兴”、“际华”两个品牌打造成国际知名品牌，5家全国布局、海外发展、整体实力国内领先的专业化产业集群公司，一批技术领先、品牌知名、引领产业升级的“专、精、特、新”企业。到2020年，集团规划形成3600亿元以上的营业收入、100亿元以上利润，“做大站稳《财富》世界500大，做优跻身央企效益T30优，做强冲刺世界品牌500强”，成为主业突出的世界一流资本投资公司。

2.主业拟定。根据调结构、促转型方针，以增强可持续发展能力和核心竞争力、获得新的经济增长点为目标，服从中央企业布局结构调整的整体安排和需要，着力于推动主业的优化升级，有效配置优质资源，在原有冶金铸造、轻工纺织、机械制造等3大主导产业基础上，拟定1-2个新业务领域向国资委备案（成熟后可申报国资委确认为主业，集团董事会又可再选择另外新产业方向），2018年国资委批复应急产业作为视同主业管理的拟发展业务。这实际上也是该中央企业集团作为“半国有资本投资公司”的主要体现。通过上述运作，推动集团从传统产业向战略性新兴产业转变，从传统制造业（生产型制造业）向现代制造服务业（生产服务型制造业）转变，向现代服务业转变、向现代物流业转变，初步形成冶金、轻纺、装备、医药、应急、服务等6大业务板块。

3.投资管理。首先是完善投资管理体系。集团总部定位于“战略+投资+风险”管控，职能定位于“投资中心”；二级板块公司定位于“运营管理+战略推进”，即“管控中心”，重点是推动产业板块的专业化管理、集约化经营；三级企业定位于“成本、费用和利润经营落实”，即“生产经营中心”，重点是抓好生产经营以及传统产业的转型升级。在此基础上按照《投资指导书》，集团负责直接督查管理影响全局、关乎产业结构调整和战略目标落地的重大投资（投资额在5亿元以上，占全部投资项目数的10%左右）；二级公司负责调度、督查、管理对本板块有重大影响的投资（投资额在2000万元到5亿元，占投资项目数的60%左右）；三级企业负责具体投资项目的执行；负责项目的策划、组织以及项目的质量、进度、合同、成本控制、安全环保、预决算等方面的管理。其次是落实重大投资督查机制。按照《集团公司重大投资督查管理办法》以及相应的实施方案，落实对重点投资的督查管理。督查时间为每季度一轮。开展方式上更加贴近基层，更关注投资实施的风险防范、进度落实和具体问题的解决。参加人员上更加全面，既有各个部室的不同专业的机关人员，又有该方面的行业专家。最后是完善投资后评价机制。建立更完善的后评价工作机制和工作流程，对已完成投资的效果效益进行全方位的细致评价。通过定位调整和职能强化，在保证国有资产保值增值的前提下，进一步抓大放小，充分发挥成员企业改革发展主体的积极性、创造性，推动其深层次改革创新，进而发挥集团作为“半国有资本投资公司”的功能职能。

4.网络管控。应用信息化技术手段，满足组织机构扁平化要求，推动集团新型工业化与信息化的融合。在未来五年期间，按照“夯实基础、深化应用、管理创新”三大步骤有序开展，通过全面预算管理、投资项目管理信息系统建设，逐步构建集团管控一体化平台；通过综合服务一体化平台强化集团对所属企业的综合管控水平，形成一个“上下协同、信息共享、动态监管”的管理网络，逐步实现“一日报表”目标，打造国际先进的集团公司云服务中心，初步建成管控集中、决策智能、产业链协同、服务敏捷的“智慧新兴际华”。创新网络化组织结构，三级企业行政职能逐渐弱化，集团作为战略投资平台直接管控战略布局运营，通过产权纽带进行管控，引领产业布局优化、结构调整，更好地集约化管理、专业化经营，更好地适应相关多元化的产业链延伸，减少内部管理成本，实现企业充分授权式的管理，实现全球范围内供应链与销售环节的整合。特别是依托印度、加拿大、澳大利亚、中东、北美、赞比亚等全球多地区的资源基地和遍布全球的贸易网络，逐步建立起资源支撑、市场导向型的国际化的全产业链发展模式。从单一产品国际化扩展到品牌、资本、人才、技术的国际化以及企业的国际化，从单一企业的国际化扩展到整个板块、整个集团的国际化。

5.产权混合。紧紧围绕集团战略布局项目，通过并购、合资、合作、上市、股票定向增发等途径大力发展混合所有制经济，拓展发展平台，缩短发展周期，减少从头开始。积极引进国内外技术、资本、品牌、人才等优质资源和优势企业。拓宽非国有资本参与集团企业改革重组的渠道，加强与非国有资本的交叉持股、相互融合力度，进一步提升混合所有制经济在公司的比重和层面，促进企业体制、机制、管理等深层次的创新和改革。指导有条件的企业做好上市或分拆上市，对于新兴铸管股份和际华集团股份，充分利用其上市公司平台，进一步做好股权融资工作，并择机通过分拆上市、股本减持等方式加大引进混合所有制力度；积极推动新兴发展、新兴重工等存续企业优质资产上市。积极吸引和募集社会资本，进一步拓展股权投资规模和投资方式，利用第三方发现、培育和扶持战略合作对象，发展利用整合国内外更多的业务资源和金融资源，把竞争对手和潜在对手变成合作伙伴。

（二）培育职业经理人体系——经理层

党的十八届三中全会《决定》和中共中央、国务院关于深化国有企业改革的指导意见都提出建立职业经理人制度，更好发挥企业家作用。这为深化国有企业改革提出了更高的要求。国有企业职业经理人有时特指集团级总经理，对于中央企业集团而言，人们更愿意泛指包括各级公司以及较大资金规模或较多人员部门的经营管理者团队。该中央企业集团针对由5名成员组成的集团经理层，着眼“自我实现”动机和心智动力，着力于培育职业经理人体系，落实3项高管管理授权，构建“人力”资本的作用机制。

简单来说，该中央企业集团积极探索建立以1个聘书（《高级管理人员聘书》）、2个办法（《高级管理人员业绩考核办法》和《高级管理人员薪酬管理办法》）、1个责任书（《经营业绩考核责任书》）为主干的职业经理人管理体系来落实3项高管管理权授权，形成职业经理人“能进能出、能上能下、能增能减”的市场化机制，激发经营层的“自我实现”动力，并将这个体系推广到对二三级企业领导班子及集团总部和业务板块本部部门负责人，也就是2014年12月《中组部关于组织部关于做好2015年领导干部报告个人有关事项工作的通知》中“关于国有企业领导人员报告范围”所明确“应包括二级企业中层和三级企业（或分支机构）领导班子成员”。所谓领导班子，参照《中央企业领导班子和领导人员综合考核评价办法（试行）》中关于“中央企业领导班子指由中央或者中共国务院国有资产监督管理委员会（以下简称国务院国资委党委）管理的中央企业领导人员组成的团队”来比照界定，包括在所在企业内部取薪的董事长、副董事长、董事（不含外部董事、职工董事），总经理、副总经理、总会计师； 企业党委（党工委）书记、副书记、党委常委，纪委书记（纪工委书记）、工会主席、董事会秘书， 事实上就是我们通常所说的企业“内部人”。

1.对高级管理人员选聘，以一个聘书构建契约关系

全面实行身份社会化和职责契约化管理，依法签订《高级管理人员聘书》，责权利对等统一，严格任期管理、目标考核和审计评价，逐步健全完善了与业绩考核机制挂钩的市场化退出机制，职业经理人职务解聘后就只能到市场上找岗，真正实现“能进能出”。

《高级管理人员聘书》是“龙头”、“纲领”，坚持责权利对等，核心是任期制的契约化管理，明确任期、责任、权利义务、奖惩及退出机制，严格任期管理、目标考核和审计评价，对高级管理人员进行年度考评与任期考评，逐步健全完善与业绩考核机制挂钩的市场化退出机制。坚持党管干部原则，党委书记任提名委员会召集人，企业党委要在选聘工作中发挥确定标准、规范程序、参与考察、推荐人选等作用，加强对选人用人工作的监督，既保证董事会依法选择经营管理者、经营管理者依法行使用人权，又积极探索党组织优势与公司治理结构有

机融合的有效途径和方式。

具体体现在以下方面：

稳步做好集团总部高管人员选聘实施。2015年9月，依据《中共中央 国务院关于深化国有企业改革的指导意见》（中发〔2015〕22号）和《关于在深化国有企业改革中坚持党的领导加强党的建设的若干意见》（中办发〔2015〕44号）文件精神，在国资委党委领导下，该中央企业集团总经理人选按照“5+2——4——2——1”的程序，即先由国务院国资委党委提名推荐5名人选（来自中国兵器、中国船舶、鞍钢集团、中煤科工、中国交建等5户央企）、该中央企业集团党委提名推荐2名人选（集团1名副总和1名党委常委）统一上国资委党委会研究，先期进行由该中央企业集团董事会成员（外部董事为主）、其他央企主要负责人、国资委企干二局主要负责人组成的选拔委员会的初选，遴选4人进行面谈，而后确定2名差额人选公示，最后提交董事会选聘，2015年10月15日已经正式聘任杨彬为总经理（原集团副总）。此后，将继续根据中组部、国资委党委《关于董事会试点中央企业董事会选聘高级管理人员工作的指导意见》关于中央企业董事会选聘高级管理人员有关文件和指导意见的要求，逐步对副总经理、总会计师、总法律顾问等高级管理人员市场化身份转换，由董事会选聘，实施聘任制和契约化管理。这些副总经理等人的聘任，将由新聘任的集团总经理(听取各方意见)提名，集团董事长党委书记兼任主席的集团董事会提名委员会与董事长、集团党委“充分酝酿”提出拟任人选，再由集团董事长与国资委企业领导人员管理局“沟通”确定考察人选，经国资委党委任前备案后，最终由董事会履行聘任手续，集团领导班子其他副职参照执行。

稳步推进成员企业高管人员选聘下放。下放管理权限，集团只负责二级公司（业务板块）董事、监事的选聘，集团党委只负责二级公司党委、纪委、工会等领导以及总部中层管理人员选聘。二级公司总经理和副总经理人选授权由各二级公司董事会决定，提前报集团备案；三级企业主要负责人选任后备案。提名、考察等选聘基本程序和工作流程参照集团层面运作，并在二级业务板块新兴发展集团先期试点。

稳步实施中层管理人员选聘社会化运作。对集团总部和业务板块本部机关部门负责人等中层管理人员，以及紧缺的关键领域、关键专业、关键岗位人才，采用社会化招聘。在集团总部，63名管理人员中有54名来自企业系统外，外招比例超过87%；14名中层管理人员中有12名来自集团外部，外招比例达到85%，其中既有不同所有制企业的人员，也有政府官员，实现“五湖四海选贤任能”，提升了能力和实力。对内实施“内部市场化”的“站起来，再坐下”，员工总量占该中央企业70%的最大业务板块——际华集团部门负责人内部市场化选拔，“洗牌率”超过60.3%，落聘率达到13.6%，从而激发了动力和活力。

2.对高级管理人员履责，以一套量表建立工作责任指南

《经营业绩考核责任书》是“血肉”、“落地”，实行刚性兑现。董事会与经理层每年签订经营业绩考核责任书，优化考核指标，突出发展瓶颈、经营短板，紧密结合中长期发展、企业改革、创新驱动。深化“三个挂钩”（考核指标与经营短板、社会责任、发展成果与职工共享挂钩，考核结果与薪酬分配挂钩、与聘任解聘挂钩），对连续两年未完成经营业绩考核要求的高级管理人员予以调整。

根据集团公司实际情况和高级管理人员分工负责内容，实行个性化考核，每年修订高级管理人员个人业绩考核责任书，并由集团主要负责人与高级管理人员签订。对于肩负分管二级公司职责的集团高级管理人员，业绩责任同时挂钩集团公司和二级公司业绩指标，各占50%；对于不分管二级公司职责的集团高级管理人员，在挂钩集团公司经营指标的基础上重点关注分管负责内容完成情况，前者占30%。

3.对高级管理人员激励，以两个办法构建考评体系

《高级管理人员业绩考核办法》和《高级管理人员薪酬管理办法》是“骨架”、“支撑”，推行激励与约束相统一，薪酬与风险、责任相一致的业绩考核与薪酬管理机制。以董事会、党委为主，国资委有关厅局参与，健全完善以战略引导、经营指标为核心的业绩考核体系。建立与高级管理人员选任方式相匹配、分类管理相适应的差异化薪酬分配体系，实施高管薪酬分类并行管理。对于国资委管理的高级管理人员，按照中央和国资委有关要求执行；对于由董事会选聘，实行聘期制和契约化管理的高级管理人员，由董事会按照国家关于中央企业负责人薪酬宏观政策和国资委年度薪酬调控目标，结合在同行业的竞争地位、经营状况以及同行业企业市场化薪酬水平等因素，特别是根据其业绩确定。董事会选聘并实行聘期制和契约化的高级管理人员的薪酬可以适度高于其他高级管理人员平均薪酬水平，包括集团主要负责人的薪酬水平。其中，集团主要负责人的薪酬体系和业务支出完全按照《中央管理企业负责人薪酬制度改革方案》和《合理确定并严格规范中央企业负责人履职待遇、业务支出的意见》执行，而经理层等副职人员，薪酬不超过集团主要负责人的130%，同时兼任成员企业主要负责人职务的，薪酬考核权重各占50%，集团副职职责部分考核薪酬不超过集团主要负责人65%，成员企业主要负责人部分薪酬按照实际考核（市场化）结果的50%发薪。董事会还可根据经营业绩的表现，对业绩特别贡献者可决定给予专项奖励。

集团成员企业董事、监事、党组织负责人薪酬，由董事会薪酬委员会综合董事监事、党组织负责人考核评价、企业经营业绩考核评价结果及高级管理人员薪酬水平等情况提出建议，报集团批准后执行。

现阶段聘期制和契约化管理的高级管理人员的总薪酬，由董事会参照同行业、同规模、同职位、同业绩的职业经理人薪酬市场水平，合理确定限高幅度，逐步过渡到市场化薪酬。对于成员企业负责人薪酬考核，分为年期和任期两部分，逐步拓展为三部分。其一，年期业绩考核与薪酬管理。一是坚持市场化原则，以质量和效益为中心。以年度预算利润值为基准进行业绩分档考核，综合考虑上年度薪酬等综合因素确立当期薪酬目标值，分档薪酬直接与分档业绩考核挂钩，业绩进档、薪酬进挡，上不封顶。二、三级企业负责人利润预算完成70%以下的自动免职、拿基本生活费，完成70%–80%的拿基本薪酬，完成80%–90%的拿一半薪酬，完成90%以上的按规定考核兑现，严格落实“高薪、重责、严惩”。二是考核指标与薪酬挂钩，实现刚性联动。业绩考核不再采用打分制，直接以年度经营业绩考核指标的完成情况为挂钩系数，测算年度薪酬，实现刚性联动。三是职工共享与社会责任并重，实施责任否决。二、三级企业负责人薪酬直接挂钩企业职工平均工资，同时设置否决薪酬，重点考核安全、环保、稳定、质量及职工发展成果共享情况，考核每低一分，绩效薪酬扣减1%。其二，任期业绩考

核与薪酬管理。实行任期目标责任制留存绩效年薪考核，任期得分超过115分（不含），属于“A+”，延期兑现薪酬在任期结束时年度留存系数按1.1倍兑现；110–115分为“A”，任期按1.05倍兑现，“B”级按1.0兑现，“C”级按0.95兑现，“D”级按0.9兑现，而最差为“E”，按0.85兑现，要扣减15%。其三，长期业绩考核与薪酬管理。条件成熟时，逐步探索长期股权期权激励机制，按经营性净利润增幅的一定比例给予期权或股权，即“增量期权”。

（三）探索企业“合伙人”激励–员工层

主要体现在树立企业合伙人理念。我们所称合伙人是指投资组成合伙企业，参与合伙经营的组织和个人，通常是指以其资产进行合伙投资，参与合伙经营，依协议享受权利，承担义务，并对企业债务承担无限（或有限）责任的自然人或法人。建立合伙人理念，旨在着眼广大员工“安全生理”动机和本能动力，通过落实2项“财”“资”管理授权，构建“劳力”资本的作用机制，以利益杠杆撬动广大员工自我管理、自主经营的内生动力。该中央企业集团的运行平台是多层级模拟法人实体运行机制。

该中央企业集团坚持员工“企业合伙人”理念协同推行以对内模拟法人“自主”经营和对外协同“法人”联动反应为内涵、以“外竞内合”为特征的多层级（模拟）法人经营机制，实现股东增值、企业增效、员工增收。其中，配套行使财务管理权和工资管理权是员工与企业共建“合伙人”的前提，因为只有落实了这两项权力，企业才能具有为员工适当担保和按贡献分配的“资质”。取得企业工资总额管理权后，集团按照国资委工资总额预算管理的有关规定，建立健全与经济效益和劳动力市场价位相联系的工资总额决定机制，合理安排年度工资总额预算；才能根据国家和国资委的有关政策要求，充分考虑企业发展战略和人才竞争的需要，积极探索建立更加市场化的收入分配管理方式，进一步深化企业内部收入分配制度改革，提高企业人工成本竞争力。

以上两大权利到位基础上，该中央企业集团进一步深化多层级（模拟）法人经营机制，即以满足市场需求、创造客户价值和贯彻企业战略、成就员工价值为目标，依托外部市场信息传导平台和“内部市场”信息共享平台，通过模拟法人，塑造3级实际法人+4层模拟法人的“自主”经营主体，形成基于计划预算的多级、多个微观市场体系，激活管理链条，激发个体活力；通过供（给）需（求）之间、区域之间和“法人”之间的资源、资金、产品、物流等要素立体协同联动，形成基于内外市场的多维、多层宏观调控体系，挖潜价值链条，汇聚整体合力，进而提高企业竞争力和市场应变力，建立起一套由内外市场拉动、由计划预算推动的“两轮驱动”型的“全员‘自主’经营+全体联动经营”的经营管理机制。

1.细化模拟法人，拓展市场主体

根据集团总体发展战略和预算目标要求，将市场机制由三级法人向下层层延伸至内部各层实体，塑造多层级“市场”主体，层层激活管理链条。对企业内部的各级单位中，凡是符合“能够独立核算、能够独立完成业务、能够贯彻整体目标和方针”等3个标准的组织和单元，包括过去企业层层细分的利润单元等，都作为内部模拟市场的主体来核算结算。赋予模拟法人单位在采购、用人、调整原料结构、产品结构和工艺结构、控制成本费用等方面一定自主权，重点规范好“模拟法人”的分配权，坚持经营成果与薪酬收入总额挂钩，并实时进行经营核算结算。不过，模拟法人的自主权在不同层级、不同单位也是不同的。比如新兴铸管股份冶金生产系统的实业部的相对自主权有：①调整产品结构（多生产效益好的），调整市场需求（外销、内销比例），②可以选择材料结构、原料结构、燃料结构；③对绩效考评与工资分配权；④内部人力资源配置权；⑤对上道工序考核权等。其工段的自主权有：①一定的材料、原料、燃料结构选择权；②绩效考评权；③工段内部人力资源调配权；④对上道工序考核权。其班组的权限为：①绩效考评与薪酬分配权；②内部岗位调配权；③成本费用控制权。而服装企业班组则只具备一定的成本控制权。集团内部一般岗位的自主权主要在耗材等控制上等等。总之，这些自主权的赋予受产品或服务特征的限制，也跟管理基础有关，但大的原则就是：凡是模拟法人都具备或多或少的自主权，以此实现责权利大致匹配。

2.深化预算管理，落实经济责任

经过多年发展，该中央企业的预算管理，已经由一般意义上的财务预算，拓展到以财务预算为主线的可量化的经营计划。在实践中，以各层级实际法人和模拟法人为责任主体，从承接战略规划入手，持续深化预算管理，层层落实经济责任，使每个主体都承接来自计划预算的刚性压力。剔除只能由本级法人整体承担的品牌建设等预算项目，将可量化分解的指标由粗到细项项量化分解，将责任由上至下层层细化分解，并将每个指标数与每个责任人高度对应。一是从“两型结构”实施预算分解。按照多层级法人架构，坚持纵向到底、横向到边的原则，①将各项预算指标按照职责分工进行逐层细化，使每项指标得到细化支撑，形成树形支撑结构，确保各项指标下级大于上级、一级保证一级。②将所有指标对应到每个“法人”主体，形成矩形结构，实现每个责任主体承担指标精准化、个性化。比如各实业部根据下达的利润指标和内部模拟市场“行情”，制定出实业部和工段（工部）两级目标，以细化指标作为控制目标，层层分解；工段（工部）将实业部的细化指标分解到工序、班组和岗位。二是从“三线并进”建立责任契约。第一条线是7层层级线，分别由上级“法人”与下级“法人”签订集体责任书。第二条线是职能线（系统线），由主管领导与职能部门或业务系统签订责任书，如生产责任书、销售责任书等；第三条线是个人线，由上级主管分别与下级人员签订责任状。形成横向到边、纵向到底、多层级、全贯通的内部责任体系。

3.优化联动机制，激发协同效应

为了既保持各层级模拟法人活力，又能发挥各级模拟法人、各个业务系统、各个工业区域之间的协同效应，实现企业整体、长期、持续的效益最大化，而不是某个个体、某个时间或某个产品瞬间的利润最大化，该中央企业建立快速联动机制并持续优化，使内部经济主体在外部市场指令、上部预算指导和内部市场契约的三重作用下，深挖内外部利润源泉。

4.强化动态分配，完善激励机制

治军重在从严、奖惩重在分明。该中央企业坚持绩效与监督同步，激励与制约并重，按照管理权限，以责权利对等为基本原则，层层制订生产经营业绩考核办法，层层签订经济考核责任书，人人签订业绩考核责任状，建立和推进“业绩升薪酬升岗级升、业绩降薪酬降岗级降”的动态考核体系和激励机制。在三级法人企业，层层制订经营班子业绩考核办法、薪酬管理办法，健全三级领导人员考核评价体系，重点明确营业收入、利润、EVA、员工收入年均增长率等11项考核指标，其中集团对二级的EVA考核权重达到47%，二级对三级企业考核权重不低于40%，使报酬与其真实的工作业绩挂钩。由法人企业对各实业部、工段和班组岗位等各层模拟“法人”，分层分类分重点制订考核标准和办法。在实业部和工段，收入分配向利润贡献大的工序倾斜，控制亏损工序工资额度，重点突出利润、成本和可控费用考核。①主体单位模拟法人工序成本因素占工资收入的60%，工序成本升降对应系数为0.8~1.1；工序利润占工资收入40%，超10奖1、欠10扣5。可控费用（主要是机物料和修理费）节10奖1；超10罚10。②辅助单位模拟法人评价考核重点是内部利润、与服务主体单位挂钩指标和可控费用。其中内部利润占工资收入的70%。挂钩考核占工资收入为30%，按照所服务主体单位工序成本、工序利润完成情况，将辅助单位兑现系数界定为0.8~1.0，若因工作服务不到位造成主体单位损失的，按损失额的50%~100%进行赔偿。③各工序内部根据工序成本、工序利润和费用目标计划层层分解考核指标，同时将辅助工序指标完成好坏与主要利润工序挂钩。④各班组重点对产量、成本、质量、废品指标进行考核兑现。⑤各岗位实行日考核、日评价、日核算的工资体系。确保活力层层激发，业绩层层考核。⑥完善联动责任考核办法。对产供销运用等环节的纵向联动考核，以单位产品的利润及联动会议决策落实情况为主；对各工业区（企业）横向联动考核，以围绕利润为目标的成本水平为核心（剔除不可比因素）。比如，销售环节重点考核产品获利能力，市场份额及掌控能力，保证产销平衡情况；资金环节重点考核应收账款及存货周转水平、资金占用、承兑利息等资金成本对利润的影响等；工业区以及法人企业重点考核其与行业领先者及当地同行对比的产品成本水平、销售计划完成情况、订单履约水平、产品质量及售后服务水平、销售系统及客户的满意度等等。

全员全程业绩考核和激励机制的运行，将外部市场压力、内部市场动力、内部预算压力、内部管控压力和自我管理动力等五大作用力快速传递到内部、到基层，迅速响应到企业高层、到外部相关单位，推动了人人面向客户、招招应对市场。

（四）转化事业继承人优势–政治层

中共党员及其积极分子是共产主义事业接班人。根据马斯洛需求理论，政党与爱情、朋友、家族、社会、宗教、国家都是满足人们归属需求的形式，而对于以实现共产主义为理想的中国共产党而言，更体现人们的社会尊重需求。因此着眼政党组织（中共）成员及积极分子“社会尊重”动机和情感动力，落实四项政治管理授权，构建“党力”资本的作用机制。体现在四个方面：

1.战略管理的政治引领

该中央企业集团在“三重一大”决策中，涉及干部、人才和职工利益的，由党委决定，体现领导作用。涉及项目、财务、资产等“物”的因素的，由经理层先向同级党委提交议案，待党委通过后，再由经理层提交董事会决策——党委行使把关权，董事会行使决策权，发挥党委领导作用，从而保证党和国家政策得以贯彻执行。

2.高管选聘的把关考察。具体是对从内部提名推荐的2名总经理人选和副职人选进行考察把关。这也是从人事管理专长角度发挥党委作用。坚持党管干部原则，党委书记任提名委员会召集人，企业党委要在选聘工作中发挥确定标准、规范程序、参与考察、推荐人选等作用，加强对选人用人工作的监督，既保证董事会依法选择经营管理者、经营管理者依法行使用人权，又积极探索党组织优势与公司治理结构有机融合的有效途径和方式。强化党组织“管方向、管政策、管制度、管人头”的原则，管方向就是着眼形成正确的用人导向，科学规范干部工作的原则标准、程序方法和纪律要求，确保党的政治路线、组织路线、干部路线有效贯彻落实；管政策就是着眼新形势新要求，及时制定完善干部教育培养、选拔任用、考核评价、管理监督等各方面政策措施，使干部工作始终与事业发展相适应；管制度就是着眼提高干部工作的科学化水平，深化干部人事制度改革，健全干部工作制度体系，努力形成有效管用、简便易行的选人用人机制；管人头就是着眼建设高素质干部队伍，坚持从严选拔、从严教育、从严管理，真正把那些信念坚定、为民服务、勤政务实、敢于担当、清正廉洁的好干部选拔到各级领导岗位上来。

在集团内部，该中央企业进一步打破干部等级界限，推进集团公司总部部门负责人、二三级公司领导的交流任职。用市场化的契约精神取代传统干部等级观念，进一步优化完善选、育、用、留人机制以及退出机制，真正实现干部“能者上、平者让、庸者下”，让有能力、有素质，肯干事、能干事、会干事的人得到重用。继续坚持内部市场化和外部市场化公开招聘，对于要求熟悉集团公司及所属企业情况的高级管理岗位实行内部市场化，其他岗位实行全社会公开招聘；在总部机关和参控股企业主要经营者的选拔上，采用全社会公开招聘形式。参聘人选可以由董事会、党委、总经理提名，还可以自荐；党委管标准、管程序、管纪律；经过市场化选聘的前两名人选由主管的主要负责人确定人选提请党委决定、董事会选聘。集团公司董事会只负责二级板块董事和监事的选聘，二级公司总经理和副总经理人选由各二级公司董事会决定，提前报集团公司董事会备案；三级企业主要负责人选任后备案；各所属企业总会计师按照国资委规定要求进行操作配备。集团公司党委负责二级公司党委、纪委、工会等领导的选聘；集团公司负责三级以上全资公司总会计师选聘，联合招聘上市公司及其所属公司总会计师人选。

3.领导班子的建设协调

领导班子会则更多承担沟通协调的团队建设功能。集团党委除了通过党委理论学习中心组制度、党委书记董事长主持领导班子碰头会制度等机制推进领导班子自身建设外，还牵头开展四好班子创建活动，探索总结了“量化考核、星级优化、动态升级”的考评办法，主动打破“四好”终身制，形成了“三级联创、科学考评、动态管理、持续推进”的有效考评机制。2006—2013年，集团党委连续7年总结表彰了7批创建“四好”领导班子先进集体，共评选四好班子3个，三星级创建集体11个、二星级17个、一星级20个。

4.人力资源的提升激发

该中央企业集团党委持续打造政治优势，强化组织保证和团队支撑，将政治优势和公司治理有机融合，提升竞争优势。实施导航、强心、树人、铸魂、和谐党建创新五大工程：以继续解放思想为先导，实施“导航工程”；以健全创新党建机制为基础，实施“强心工程”；以优化结构素质为支撑，实施“树人工程”；以提升企业文化为重点，实施“铸魂工程”；以发挥群工优势为纽带，实施“和谐工程”。①发挥党组织动员优势，着眼强化目标引力，打造共同理想，达成战略共识。②发挥党组织政工优势，着眼激发思维活力，坚持两个解放，打破思想禁区。③发挥党组织学习优势，着眼提升员工能力，建立五学机制，夯实发展根基。④发挥协调优势，着眼培育内部合力，统一集团文化，激发协同效应。⑤发挥党组织活动优势，着眼注入精神动力，搭建创争平台，激励一流追求。⑥发挥党组织群工优势，着眼增强稳定聚力，融洽干群关系，构建和谐企业，初步促进了企业改革发展稳定。

该中央企业集团领导体制改革，推进了业绩提升。连年跻身世界500强，荣获中央企业业绩考核任期和年度A级，以及业绩优秀奖、节能特别奖等多个单项奖，“新兴”、“际华集团”两个主品牌双双跻身亚洲品牌五百强。

三、几点体会

中央企业领导体制机制改革，有“五大关键点”需要把握。

1.完善中央企业外部董事制度是中央企业领导体制机制改革的“支点”。外部董事制度毋庸置疑是规范董事会建设的核心和“生命线”，董事会成员的能力、精力保证是董事会规范化建设成败的关键。该中央企业集团的做法和体会是：①依据外部董事个人职业背景的不同，安排其进入相应的董事会专门委员会，以体现其“决策专家”的价值。理想的外部董事应该多源化，既有国企背景-私企背景-外资背景，又有企业家、金融家、学者。最好能有担任企业一把手的背景。当然，关键是在如何使用，发挥其专业专长。②根据外部董事个人行业经验的不同，安排其分管相应板块业务战略和规划执行工作，以体现其“执行督导”的价值。按照行业经验相同或相近的原则，来“对口”安排。我们三名外部董事同时兼任了两个板块的外部董事，更有利于集团战略思想在成员企业贯彻落实。③外部董事考察、调研集团二、三级公司，或组织其参加所分管板块的活动，包括列席板块董事会或出席一些重点项目论证会，通过让其发表真知灼见或进行观念指导的方式，使其既履行了作为董事的战略实施监督义务，又发挥出“经营顾问”的作用。该中央企业集团充分尊重外董意见，决策前充分论证和沟通，虚心听取每一位外董意见，决策意见不一致，一般不上会表决，这就是所谓的“一票缓决制”；决策后及时汇报决策执行情况，根据他们的意见，虚心整改。外部董事也多次参与企业实地调研，听取有关议案的反复汇报，站在集团发展的战略高度和行业发展的角度，以专家视野，认真督导战略，严把风险关，并积极承担“经营顾问”的责任。外部董事在该中央企业工作得心应手，也使他们不愿辞去该中央企业外部董事，吴耀文还担任宝钢集团董事，在2009年被聘任为中煤能源董事长谈话时，国资委意见是辞掉在该中央企业的外董职务，他回答说：在这里工作能发挥作用、这个企业虽然小但发展前景很好、领导班子也非常好，要求继续留了下来。④搭建发挥外部董事作用的平台，为外部董事履职创造条件。除董事会办公室外，战略投资部和审计与风险管理部也直接隶属于董事会，集团公司还专门安排一名内部董事主管战略，负责董事层面的战略指导及与外部董事在战略方面的决策沟通，其他部室如资产财务部等也在业务等方面作为支撑部门。同时，制定了相关工作制度，包括：对口业务向分管外部董事报告工作制度、相关信息呈报外部董事制度、定期征询外部董事对经理层制度等。⑤外部董事来自“外部”的身份和源自“专家”、“顾问”的“威信”，在集团内各层面（包括集团董事会、经理层、板块公司董事会及其经理层甚至三级公司或企业）之间“穿针引线”，畅通经营信息、协调管理矛盾，以发挥其“沟通桥梁”的作用。总之，外部董事制度的健全完善，有效解决了“内部人控制”“一言堂”等问题，为企业科学决策、民主决策奠定了基础，成为规范董事会建设的核心；加之国资委主导的外部董事激励机制和退出机制创新，将外部董事的履职考核与任免相联系，在一定程度上警示外部董事必须在维护公司和股东利益时有鲜明的立场并积极表态，规避了外部董事失职缺位。

2.理清董事长和总经理权责体系，是中央企业领导体制机制改革的“难点”。这是处理央企决策主持者与执行领导者关系的关键。董事长与总经理的关系问题，是领导体制试点中的一个核心的敏感问题。敏感的根源在于董事会建设如何实现对企业领导层权、责、利关系模式的梳理与再设计。什么样的模式才是最佳模式，纵观中外公司治理实践，有不同的特点和做法，但没有固定的答案。因此，必须从企业历史和现状进行分析，要从制度或机制着手。最重要的是要做好两方面工作：首先是清晰界定两者的岗位职责，其次是科学进行任职配置。可以说，董事长、总经理的任职模式和权责设计没有固定的、成功的、放之四海而皆准的经验和模式，也不可能一步到位；每个企业的历史、文化、行业等情况不尽相同，董事会建设要从企业的实际出发，都有一个学习、借鉴、探索的过程，都有一个不断规范、深化、提高的过程，应当边试点、边探索、边总结、边改善、边提高。

3.党组织作用有效融入法人治理结构，是中央企业领导体制机制改革的“亮点”。这是处理央企治理中心与领导中心关系的关键。国企法人治理结构与国企党组织根本目标一致，功能定位各有侧重。从总体方向上看，国有企业党委与同级董事会、经理层、监事会是一致的。有了这样的思想和理念，党委与董事会就会同舟共济、荣辱与共，围绕共同的目标、承担相应的责任、肩负起神圣的历史使命。探索实践表明，建立现代企业制度，并不排斥党的领导，恰恰相反，党组织在现代企业制度的建设中，起到了把握政策、掌控方向、保驾护航的重要作用。董事会依法行使权力、规范化运作，需要得到企业党组织的全力支持。这是理解、把握和处理法人治理和党委领导作用关系的基本前提。当然，需要指出的是中央国有独资企业员工利益、股东、党组织的终极价值也是一致的，但国有企业并不是本企业职工所有，而是包括本企业职工在内的全民所有。但党组织与法人治理结构功能定位各有侧重。历史的角度看，过去中国国有企业产权不清晰、责任不明确，决策执行监督合一，缺乏有效制衡，导致运行效率低。为此党提出建立国有企业现代企业制度，建立健全法人治理结构。然而，辩证看，法人治理结构也有需要补充完善的一面。由于法人治理结构是指一组以产权为纽带，联结并规范公司的所有者、支配者、经营者之间相互权利、责任和利益的制度安排。其特点是更关注“物”，更依靠“法”，是以“产”授“权”、依法治企。运作理念是“制衡”。在决策方式上重在专家决策、科学决策、共同决策、个人负责。更体现经济责任。而“政治”乃“众人之事”，党组织作为管方向、抓思想、重育人、善协调的政治组织，突出特点是更关注人，更依靠“德”，所谓以“德”塑人。运作理念是“平衡”，所谓统筹协调。在决策方式上民主集中制，重在民主决策、集体决策、集体负责。更侧重政治责任、社会责任，即使党当前的中心是经济建设，但这样的经济责任也往往通过政治方式来实现。将现代企业制度的“依法治企”与党组织的“以德塑人” 紧密结合，将刚性管理与柔性管理紧密结合，将制衡与平衡相结合、将民主集中制机制与集体决策个人负责机制相结合，将经济责任与政治责任、社会责任相结合，将西方文明成果中国化，可以起到珠联璧合的成效，这是我们坚持在现代企业制度下发挥党的领导作用的哲学基础和功能基础。在企业治理层面，国企党组织和法人治理结构的定位侧重点是：董事会是“选择正确的事”，经理层是“把正确的事做正确”，监事会是“监督做事的过程，保证方法对头、结果正确”，党委是“选择正确的人和政治举措为做正确的事保驾护航”。在这次授权试点中，上级对于该中央企业的授权，虽然没有对涉及党组织权限部分做出说明，但基于外部董事占多数的董事会构成的现实（外部虽然具有较强的声誉维护追求，但把国有企业的核心权力交给本已退休的外部董事，而且外来董事要占多数，且董事会实行一人一票少数服从多数），这就需要一个熟悉企业情况的治理体系来与之制衡和平衡，这个责任在现实条件下只有党组织能够担当，无疑增强了对企业党组织发挥领导作用的内在需求。而中央《关于在深化国有企业改革中坚持党的领导加强党的建设的若干意见》已经点出加强党的领导乃是国企改革 “题中应有之义”，问题的关键是如何把加强党的领导和完善公司治理统一起来。对此，《关于在深化国有企业改革中坚持党的领导加强党的建设的若干意见》给出了三个重要规定，包括机构设置、人事安排和法律定位，充分体现了未来国企改革具有鲜明的党参与管理企业的特色。强调“党管国企”也是对建立现代企业制度的补充——现代企业制度法人治理结构中的股东大会、董事会和监事会更多针对的是“事”，而企业党组织更多针对的是人，两者在企业的改革发展中分别扮演着不同角色。中央企业董事会试点的一整套制度虽然在一定程度上借鉴了国外先进的公司治理理论，但却根植于中国的文化环境中，是一个新生事物。内部董事、外部董事、经理、党组织成员、职工代表等多方面治理因素参与其中，成为中国特色的董事会治理的灵魂，使具有现代企业色彩的公司治理又赋予了独特的政治优势。这些多方因素的有机契合，就形成优于西方国家的、具有中国特色的国有企业公司治理模式。党组织与董事会有机结合，一方面在机制层面应将党从“政治意义”上的管与董事会从“市场意义上”的管进行明确的界定和有机的结合;另一方面应将党组织参与重大问题决策纳入董事会经营决策体系。既要维护董事会对企业重大问题的统一决策权，又要保证党组织的意见和建议在企业重大问题决策中得到尊重和体现。党组织的政治优势与董事会治理的有机结合，就能转化为竞争优势，能够促进董事会建设的进一步规范、高效和作用发挥。总之，中央企业董事会建设不是出资人用以制约企业的紧箍咒，而是企业自身发展内在需求，运用好这个实践平台，可以取得四两拨千斤的成效。中央企业领导体制机制改革，也不能脱离央企改革发展稳定这个工作中心，必须有利于国有企业三大资源发挥：一是经济资源不流失——增强活力、提高效率、提升国企竞争力，确保国有资产保值增值，二是执政资源不流失——提升国有资本在国民经济和社会中的控制力和影响力，三是政治资源不流失——不削弱国企党建、巩固扩大党的阶级基础和群众基础。

4.建立分层分类基于需求激励约束体系，是中央企业领导体制机制改革的“焦点”。特别是对企业人力资本的主要构成——经理层的激励约束，十分关键。人力资本是企业中的“活”资本，没有人力资本的创造性贡献，实物资本就不可能实现保值增值。与我们的制度和文化相适应，特别是《中央管理企业负责人薪酬制度改革方案》和《关于合理确定并严格规范中央企业负责人履职待遇、业务支出的意见》规范下，大幅度提高国有企业职业经理人的薪酬待遇既不现实也不可行，必须设计出合理的激励机制。借鉴国内外职业经理人成功经验，张喜亮（国务院国资委研究中心）、周施恩（首都经贸大学劳动经济学院）认为需要优化设计三级激励机制：第一级是科学合理短期激励，即综合考虑各企业的“经营难度系数”，科学设计薪酬水平，合理划分薪酬结构；第二级是较大比例中期激励，即以任期为节点，以离任审计为基础，以任期目标的实现情况为依据，兑现任期薪酬；第三级是体贴温馨的终身激励，即根据经营业绩合理设计实施退休计划，确保“干干净净做人”、“步步为赢做事”的经理人员有一个幸福晚年。

5.充分发挥内部核心团队作用，是中央企业领导体制机制改革的“重点”。既要防范内部人控制又要避免外部人失职，内部董事成员就在其中承担着沟通内外、承接上下的枢纽功能。集团领导班子作为核心团队发挥了协调外部董事、沟通外部监事、统筹内部事务的作用，为实现法人治理结构和党委领导作用发挥两个有效做出了居功至伟的贡献。特别是在试点后，面对的“第一个吃螃蟹”的挑战和压力，集团董事长、党委书记和市场化选聘的总经理也被推到了改革的风口浪尖，他们的作用将极为关键。

当然，作为试点中央企业，该央企以建立外部董事占多数的董事会为核心，以国内首家国企董事会选聘总经理的尝试为最坚实的突破口，在建立新型央企领导体制方面做出了革命性的探索，但仍有许多需要进一步突破或完善的环节。一是外部董事的供给仍具有一定的局限性，特别是在中央企业建立规范董事会制度全面推开后，外部董事来源和素养方面需要相应的拓展和提升，在央企负责人“限薪”背景下对外部董事的激励也存在一定的制约。二是在选聘总经理后，职业经理人机制的进一步探索推进和具体实践，可能涉及到文化、观念、操作等多方面问题，尤其是在职业经理人与上级任命经理人并存的过渡期内，如何分类激励约束还需要做更深、更细的工作。三是相对于英美治理模式的股东会、董事会（与经理层高度重合）双层结构和德日治理模式的监事会、董事会（无经理层）二元结构相比，中国央企体制外部董事占多数的董事会、国务院外派监事会、逐步职业化的经理层和党委（党组）等四套马车并行体制下，分权制衡和平衡的具体操作需要更加明晰化和程序化，其决策权、经营权、监督权等权限真正归位也需要尽快落实，否则再完善的制度设计也将流于形式。四是在深化国企改革中劳力资本（职工）的话语权应该在治理结构和领导体制中得到进一步体现，这也迫切需要进一步提升工会主席作为职工代表的政治经济地位和对职工尽责的机制。五是集团领导体制和治理体系的试点创新所带来的市场化改革应当进一步拓展到各成员企业治理层面和集团经营管理运营层面，使之上下左右配套衔接，使企业管理全面提速升级。

尤其需要关注的是，由于是首家试点，该中央企业集团领导体系到底怎么运作，决策层、管理层到底能把权放到什么样的水平，会不会成为名义上的董事会选聘总经理，而董事会在经营层的工作中是否也能按照市场化要求足够放权、足够信任，也是非常重要的问题。更直接地说，就是决策层和管理层会不会给董事会真正放权，而董事会是否也能给经营层真正放权。因为形式上的突破是相对容易的，内容上的突破往往是非常难的。在给该企业集团董事会市场权的同时，上级还必须在其他方面同步给予企业董事会足够的权利。譬如薪酬考核、内部分配制度改革、战略规划制定、投资计划安排、重大决策等，也都应当放权给董事会。显然，这又会遇到一些政策上的瓶颈，譬如有关方面出台的“三重一大”政策，董事会是否有权审批，经营层的权力有多大，这也是需要在试点过程中认真思考和解决的问题。不然，董事会的权力仍然可能是有限权力，而不是市场赋予的充分权力。一旦董事会的权力不充分，经营层的权力也会递减以平衡董事会的权力心态。以上问题也是中央企业领导体制和治理结构改革所重点关注和突破的方向。因此就必须以《中共中央、国务院关于深化国有企业改革的指导意见》、《关于在深化国有企业改革中坚持党的领导加强党的建设的若干意见》等改革文件精神为指导，发挥上级、企业两个能动性，建立容错机制、鼓励创新试点，使其在更大领域更深层次做出探索，逐步形成可复制的模式，推广到中央企业乃至国企系统当中，真正理顺出资人、决策人、经营管理人等诸多治理关系，形成治理体系更方便各负其责、协调运转、有效制衡的法人治理结构，培育激励有效、约束有力的公司治理机制，引领、推动中央企业和国有企业做强做优做大。

成果创造人：刘明忠 中国一重集团、奚国华 中国第一汽车集团、张雅林、

杨　彬、何可人、徐建华、刘其先　新兴际华集团

创新驱动战略下制造型企业发展新兴产业的若干关键问题研究

司艳杰等

党的十九大报告指出，创新是引领发展的第一动力，是建设现代化经济体系的战略支撑。随着我国经济由高速增长阶段转向高质量发展阶段，创新作为新发展理念之首，摆在了国家发展全局的核心位置。

由于技术创新具有溢出效应和正外部性，对整个社会的结构调整和转型升级具有带动作用，发展战略性新兴产业是提高我国自主创新能力、争夺经济科技制高点和增强国际竞争力的新契机，也是拉动产业升级、促进经济增长方式转变、实现绿色可持续发展的重要引擎。依靠科技创新提供发展新动力、打造竞争新优势，以创新驱动带动高质量发展、实现新旧动能转换，有利于抢抓新科技革命的机遇，摆脱发展中国家的“后发劣势”，增强经济发展的可持续能力，是我国克服内部资源环境约束和外部经济科技发展制约，摆脱“中等收入陷阱”的唯一选择。

对于我国制造业企业而言，随着国内经济进入新常态，消费需求日趋多元，多年来以速度与投资为主的增长方式带来的传统产业产能严重过剩、新兴产业发展缓慢、部分关键材料保障能力不足等问题日益突出，供给侧结构性改革的重要性和紧迫性显著增强。制造业企业亟待加大结构调整，加快转型升级，大力发展新技术、新产品，培育发展新兴产业，实现产业分工格局、产业链环节、价值链的地位不断地向高端攀升，进而增强市场竞争力、提高企业经营绩效。

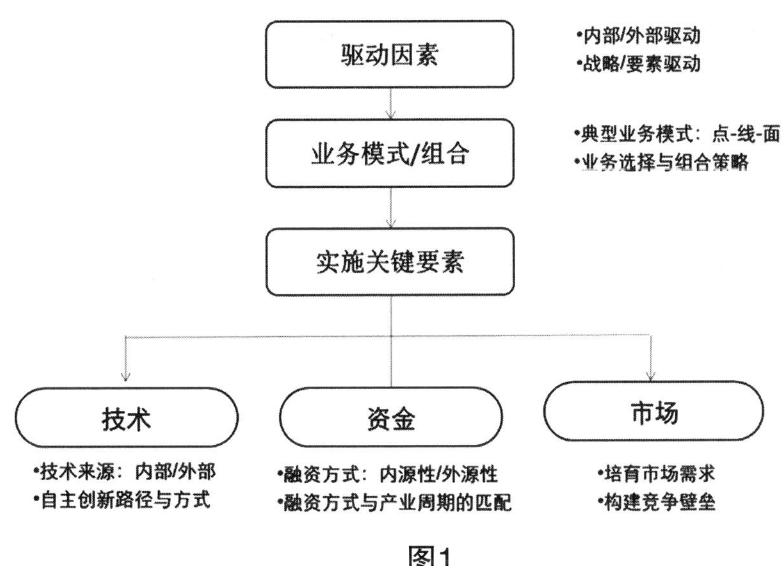

图1

考虑到新兴产业的高技术、高风险等特点，传统制造型企业在向新兴产业转型的过程中，需要统筹考虑业务模式、业务组合、技术来源、融资模式、市场运营等问题。其中，技术、融资、市场作为战略性新兴产业面临的主要风险，既是企业进入新兴产业迫切需要解决的难题，同时也是发展新兴产业的重要驱动因素。

本课题在总结新兴产业特点的基础上，分析了制造型企业转型发展新兴产业的驱动因素，总结了新兴产业发展的典型业务模式及选择新兴产业和构建业务组合的关键要素，提出了制造型企业发展新兴产业的技术来源、业务组合策略和融资策略，并结合中国建材集团的案例进行了分析。课题研究思路详见上图。

一、新兴产业的主要特点及风险

战略性新兴产业与传统产业在产业性质、产业特征、发展规律等方面有着显著的区别。传统产业的特征通常为：发展时间较长；对土地、设备、厂房和劳动力以及原材料等资源禀赋的依赖性较强；产品成熟、满足大众消费，但附加值低；技术稳定但成长缓慢。而战略性新兴产业有着与传统产业明显不同的特点和规律，发展时间短但成长快速且潜力巨大；对自然资源的依赖性弱，以知识产权和智力资本为核心资产；技术先进但不确定性风险高；固定资金投入少，流动资金投入大；风险高但预期回报也高。此外，传统产业存在和发展的时间长，部分产业还具有自然垄断性质，企业规模普遍较大；战略性产业作为新兴的高科技产业才刚刚起步，中小企业居多。

其中，高风险是新兴产业的一个显著特征。新兴产业技术要求高、投资规模大、回收周期长、市场有待培育，介入其中需要有充足的资金来源和保障，以及一定的时间成本。从基础性的理论研究、科技发明，到初建创新企业，再到批量生产的过程中，创新主体通常要面对三类主要风险，即技术风险、市场风险和融资风险，必须跨越因为资金短缺而使产品转化过程中断的“死亡之谷”和在市场竞争中为生存而战的“达尔文海”。

1.技术风险

新兴产业技术成熟度离大规模产业化生产有一定差距，如果没有掌握其核心技术并形成自主知识产权和核心竞争力，缺乏相关的关键技术人才，将面临较大的技术及知识产权风险。

2.融资风险

一般来说，从事新兴产业的科技型企业抗风险能力较差，面临着产品研发、成果转化、市场培育等诸多不确定性，市场化融资工具往往由于“风险—收益—流动性”不匹配对其持更慎重的态度，“市场失灵”现象严重，面临着项目融资不到位的风险。

3.市场风险

新技术的产品从进入市场到被市场接受需要一段时间，这段时间的长短具有不确定性。同时，先进技术或产品往往因为高昂成本使定价过高，也会影响消费者规模的扩大，致使产品面临着较大的市场风险。

二、制造型企业转型发展新兴产业的驱动因素

（一）内部驱动与外部驱动

对于制造型企业来说，发展战略性新兴产业的动因可以分为内部和外部两大驱动因素。

从内部驱动因素来说，主要包括以下几个方面：①企业主动转型的意愿。即企业内部的创新文化和机制、企业家精神、企业渴望获取长期竞争优势等因素导致的发展新兴产业的诉求。②技术突破。战略性新兴产业呈现出高技术含量、高风险等产业特点，企业在关键领域的技术突破或外源性的技术并购有可能成为驱动其发展新兴产业的直接动因。技术驱动也是当前战略性新兴产业发展的重要特征。③资源优势。发展战略性新兴产业对自然资源的依赖性小，但对人才、资本等生产要素的依赖性较强。具有发展新兴产业的核心技术人才和高级管理人才、较强的资本运作和融资能力也是发展新兴产业的重要驱动因素。实践证明，关键人才或优秀的人才团队可以快速推动和实现企业在某些战略性新兴产业方面的核心技术突破、市场拓展或资本整合。此外，发展新兴产业需要较多的资本投入，企业现有业务能够产生较强的现金流，或具有较强的资本运作和外部融资能力，均有助于企业快速介入新兴产业，实现产业结构的优化升级。企业现有的业务基础、品牌、渠道等资源要素也是其向相关新兴产业转型发展的重要驱动因素。

从外部驱动因素来说，主要包括以下几个方面：①宏观经济形势的变化。由于国内外宏观经济形势的变化、行业技术的颠覆性升级、资源环境的约束性增强导致现有业务难以为继或面临发展瓶颈，将迫使企业发展新兴产业、实现转型发展。②国家产业政策的引导。国家产业政策的引导和相关激励措施是企业发展新兴产业的重要驱动因素。战略性新兴产业反映一个国家的意志和战略，体现一个国家未来重点发展方向和可率先突破领域。符合国家产业政策的产业往往能够获得相关政策或财政资金的支持，从而吸引企业加大投入。③市场和效益因素。供不应求、产品价格高、效益好的新兴产业将吸引更多企业参与其中。

（二）战略驱动与要素驱动

从企业自身来说，发展新兴产业可能既有战略层面的驱动，也有自身资源要素的驱动。战略驱动指企业在内外部环境的共同作用下，制定科学的企业战略和发展新兴产业的发展规划，通过战略指引和顶层设计，缺什么找什么，从而满足发展新兴产业的资源要素。要素驱动是指以企业现有的资源禀赋为基础，有什么做什么，借助某方面的资源（如技术、人才、资金、品牌、渠道等）优势介入相关的新兴产业。

事实上，企业发展新兴产业的动因往往不是单一的，通常是内外部因素共同作用的结果。同一个企业在发展不同的新兴产业的时候，可能选择战略驱动的模式，也可能选择资源驱动的模式。

三、制造型企业发展新兴产业的业务模式及组合策略

制造型企业在培育和发展新兴产业时，首要任务是选择好切入点。科学选择业务领域、业务模式和实施路径至关重要，选对了能跨越发展，选错了将贻误时机。

（一）新兴产业的业务模式

根据新兴产业发展的阶段性特点以及企业自身能力，制造型企业可以选择先进入某一新兴产业链的某一环节，再向产业链上下游延伸，最后实现跨产业链立体延伸的“点-线-面”的业务模式和路径。

1.以点切入

制造型企业在战略性新兴产业转型的初期，由于技术成熟度低，或者市场处于培育期、本企业市场份额较小，可有重点地选择拓展一两个市场潜力大、具有独特资源和经营能力的新兴产业，选择产业链的某一环节（多数为制造环节）作为切入点，通过整合优质资源、加强自主创新、加快成果转化、实施联合重组、扩大产业规模，向产业链高端布局。我国多年发展建立起来的较为完整的制造体系和不断提高的制造能力，使我国成为一些新兴技术最重要的产业化基地。国内一些企业从制造环节进入新兴产业的全球产业链，并逐步提升其在产业链中的地位，进行了技术追赶和超越。

2.延伸为线

随着产业成熟度的增加和企业业务规模的扩大，企业拥有了一定的核心技术，占据了一定的市场份额，技术风险逐渐释放。企业可以围绕自身的核心竞争力和长期积累的优势资源，逐渐向制造业务的高端环节（如原料提纯、关键设备制造、产品深加工等）或产业的上下游（如研发服务、品牌、渠道等）延伸，通过产品和服务的融合、提供满足客户个性化需求生产性服务和服务性生产，提高在产业链上下游的价值。

3.拓展为面

随着企业技术成熟度较高或掌握了核心技术，或者新兴产业拥有足够的市场规模、本企业占据较大的市场份额，企业可以开发产品新功能、增加新需求、发现新市场，向相关行业及领域进行延伸，初步进入跨产业、多领域应用的多元化模式。或进入市场潜力大、逆周期或周期性不明显、具有独特资源和经营能力的产业领域，建立风险对冲机制，构筑业务组合。

（二）新兴产业的选择要素

产业选择的正确与否是新兴产业培育壮大的前提。新兴产业由于发展尚不够成熟，其经济效应、市场前景并不十分明朗，尤其是支撑产业的核心技术系统是否具有先导性、战略性，是否有推广应用的可能性更具有相当的不确定性，蕴含着许多未知的风险。企业应当通过建立科学的业务选择体系，以敏锐的眼光和战略性思维深入把握国际技术研发动态、产业发展趋势，认真分析和研判各类业务领域，在尊重市场选择、充分吸取专家意见的基础上做出正确的取舍，实现合理的产业布局。

企业在选择战略性新兴产业时要着重考虑以下几个因素：一是技术要具有先进性和前瞻性，技术来源可靠，具有较强的技术成熟度和可行性。技术要有可复制性，能够实现规模生产。二是产品要有长期稳定的市场需求，要有足够大的市场空间，具有较好的产业增长潜力，预期能为企业带来良好的经济效益；三是要有一定的竞争壁垒，包括专有技术或工艺、许可证、公共关系、专有市场、专有资源等等，形成稳固的护城河。四是资金来源可靠，投资规模与企业现有的投融资能力相匹配。五是能与现有的产业布局形成协同和良性互动，能够起到降低系统成本、优势互补或分散风险等作用。

开发新产品或新的业务领域必然涉及投资组合的选择。企业要遵循稳健原则，兼顾现有业务和新业务所处的行业特点和发展阶段，注重错位发展，在现有业务持续创新、保持领先的基础上，系统推进新产品、新业务，让新旧动能梯次接续、形成阶梯式发展的态势，实现企业的持续稳定增长。在新旧业务的组合和资源分配上，既要立足于现有资源和优势，又要适应形势变化和未来发展趋势；既要兼顾企业的成长性与稳定性，又要兼顾利润与现金流的平衡；既有发展周期上共振的，也有互补的。

四、制造型企业发展新兴产业的技术来源

（一）内部来源与外部来源

新兴产业的技术来源与企业的战略模式、业务组合、所处阶段密切相关。按是否由企业自主研发来看，可分为内部和外部两类技术来源。

内部技术来源指以企业自主研发为主，通过加大研发投入形成自主核心技术，加强新兴产业的知识产权储备。主要适用于拥有一定的技术优势，如原来已经在某些领域具有较好的生产或科研基础，已经有一定的研发力量或核心技术，容易形成相关多元化的应用业务；或者在核心技术可获取性不强、难度较大、成本高的战略性新兴产业领域。优势在于可获得技术专利等自主知识产权，掌控技术命脉；劣势在于研发成本可能较高，且存在技术风险。如信息通信领域的华为、医疗器械领域的迈瑞、生物技术领域的华大基因等企业抓住国内研发低成本的优势，通过集聚一大批专业人才并加大研究开发投入，从而不断获取核心技术，逐步建立了产品竞争优势，在全球竞争中崭露头角。

外部技术来源是指企业除自主研发以外的所有技术和知识，包括专利购买、研发合同、技术许可证、技术联盟以及与拥有目标技术的企业进行合资或兼并等。适用于企业不具有研发优势或技术成熟度较高、可获取性强的战略性新兴产业领域。其优势在于引进成本一般比自主研发要低，且引进技术风险较小，可快速提高创新、开发能力；不足之处是某些技术引进难度大或成本过高，难以获得自主知识产权。在技术引进基础上的消化吸收和再创新能力是这种路径下产业可持续发展的关键，消化吸收能力决定着技术引进的成败，集成创新和再创新能力决定着新兴产业能否实现跨越式发展。如联想通过依靠收购摩托罗拉、IBM部分业务获得创新、技术和知识产权，并在此基础上进行集成创新，迅速的发展成为一家全球大型企业集团。

无论是企业内部的自主创新，还是通过收购、兼并获取外部的技术资源，都是发展新兴产业的重要路径，适用于产业发展的不同阶段，需要企业根据实际情况相机抉择。

（二）企业自主创新的路径与方式

从企业的长远发展来看，发展新兴产业不能完全依赖技术引进，需要逐步增强自主创新能力，这也是企业在技术密集型的新兴产业中获得竞争力的主要途径，也是企业成功实现转型的关键。不仅因为很多核心技术是无法用钱引进的，而且技术引进对产业升级的效应是递减的，更为重要的是单纯依靠引进技术，很难形成原创性的核心技术，难以摆脱对外部技术来源

的依赖，会使战略性新兴产业发展受制于人。

一般来说，从技术引进到自主创新是一个“依赖—自主”程度逐步递进的过程，一般可分为技术引进—渐进式自主创新—突破式自主创新三个阶段（详见下图）。如国内一些企业看到了全球金融危机带来的跨国并购机会，通过收购欧美等地拥有先进技术的中小公司，迅速获得了实现产品升级和发展新兴产业的技术，通过进一步整合这些技术和研究队伍，把引进核心技术与消化、吸收和再创新有机结合起来，形成自主创新能力和自主知识产权，进而实现赶超世界先进水平，由技术跟踪者转为并跑者，甚至成为领跑者。

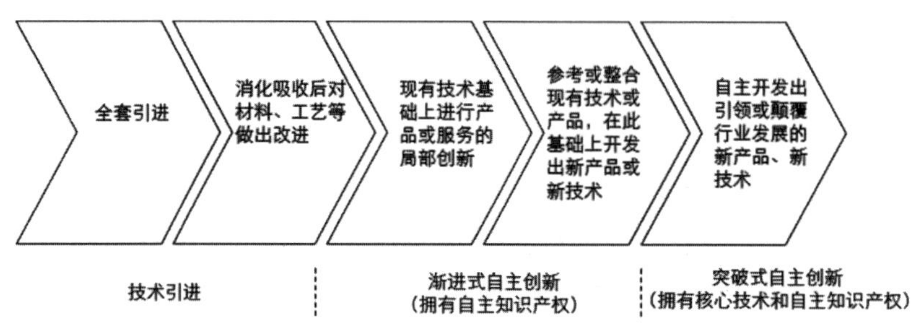

图2

需要关注的是，企业要提高自主创新能力，并不是要搞封闭式创新。随着模块化技术组织方式逐渐兴起，开放式创新和协同创新正成为新的创新组织形式。加强构建产学研一体化的创新体系，通过技术联盟、创新平台等方式，推进内外各种创新资源的充分融合和有效协同，有助于企业把握新兴产业技术进步的先机，提高研发效率、降低研发成本。

五、制造型企业发展新兴产业的融资策略

（一）新兴产业的主要融资方式

按照资金来源的不同，可以将新兴产业的融资方式分为内源性融资和外源性融资。内源性融资指企业将内部的资本积累转化为投资资金的过程，主要包括股本、折旧与留存收益等。外源性融资指的是企业通过一定方式吸收企业之外经济主体的资金，并使之转化为企业投资的过程。

1.内源性融资

内源性融资是企业资金来源中融资成本最低的方式，不会形成逆向选择问题，不存在杠杆投资放大财务风险的问题，能够降低新兴产业融资的难度、减少外部交易成本，是新兴产业融资的一个重要资金来源。

对于企业集团来说，要充分发挥集团的规模优势和协同效应，在利用好外部债务性融资工具的同时，积极发展内部资本市场，为新兴业务提供资金支持。一方面可以发挥集团内传统业务的现金牛特点，增强其盈利能力，并通过集团内部的资金调配，积累发展新兴产业所需的内源性和权益性资金。同时企业集团可以通过设立投资公司、专项基金、财务公司等方式，建立内部资本市场，盘活存量资金，提高资金使用效率。另一方面，可以通过参股或控股银行、信托等金融机构，与外部投资者之间建立了直接融资通道，将外部资本转化为内部资本，扩大

内部资金来源，缓解企业的融资约束，并为产业链上的各环节提供全方位、多元化的金融支持。

2.外源性融资

随着企业经营规模的日益扩大，仅依靠内源性融资获得资金的方式，逐渐无法满足企业发展所需的资金。市场波动、商业周期波动等带来的风险，也可能使得内源融资的资金供应不稳定、难以持续。因此外源性融资对战略新兴企业的发展具有极其重要的作用。

根据资金供给主体与企业之间产权关系的不同，可把企业的外源性融资方式划分为权益性融资与债权性融资。

债务性融资的供给主体是以银行为代表的各类金融机构，主要形式包括银行贷款、发行债券等。在我国现行的金融体系下，银行贷款是企业外部融资的主要方式。但由于银行将信誉、偿还能力和抵押物等作为发放贷款的主要衡量标准，对于风险较大、偿债能力尚不足、信誉也尚未建立，又没有足值抵押物的中小规模的新兴企业，很难从银行获得贷款。

权益性融资主要包括股权融资及上市融资，主要供给主体是各类创业投资机构（天使投资、风险投资、私募股权投资等）、多层次资本市场等。权益性融资无须还本付息，能够很好地满足战略性新兴产业发展的长期资金需求，而且在解决风险和收益问题、代理问题、风险识别和分散问题等表现出更大的灵活性和可操作性。

此外，政策性融资也是新兴产业融资的重要方式。新兴产业是典型的技术密集型的产业，而技术创新具有一定的公共产品属性，具有较强的溢出效应和正外部性，而商业银行、资本市场等市场化融资工具在支持科技创新时存在市场失灵的现象，因此政府往往参与到科技型企业的融资中来。一方面通过政府主导的新兴产业扶持基金、创业投资基金、政策性银行、小额贷款公司、担保公司等金融机构对新兴产业给予支持，另一方面通过财政奖补、贷款贴息、税收优惠、政府采购等方式推动新兴产业发展，不仅直接缓解了科技型企业的资金压力，而且引领和撬动了更多社会资本，为企业发展提供了重要支撑，起到重要的引领和带动作用。

（二）融资模式与产业生命周期的匹配性分析

从技术研发到成果转化与应用，再到市场开拓、产生经济效益和投资回报，新兴企业在其生命周期的不同阶段，风险特征与融资需求有所不同，使得不同规模与不同发展阶段的企业面临不同的融资渠道选择。一般而言，在企业的早期阶段，资产规模较小时，主要通过内源性融资。随着企业规模扩大，产品市场前景日益明朗的情况下，更容易通过股权融资、银行贷款、发行债券等外源性融资方式，甚至通过上市等手段在资本市场上获得发展所需的资金支持。

1.种子期：所需资金主要用于研发投入，资金需求量较小。高风险、无收益的特征使得企业从外部获得资金的可能性非常小，所需资金主要来源于原始股东的自有资金以及政策性融资等。

2.初创期：企业亟须资金主要用于购买生产设备、进一步开发和完善产品等，资金需求量增大，同时对融资成本的承受能力不高。同时企业缺乏信用记录和抵押品，银行贷款融资的可能性较低，企业自身能力也不具备在公开资本市场上融资的条件。资金来源主要是来自股东投入及引入外部权益性融资，政策性融资也发挥着重要作用。

3.成长期：企业资金需求量达到高峰，主要用于增加设备和人员、扩大生产规模、市场推广以及下一代产品的开发。融资渠道进一步拓展，以外源性融资为主。由于企业已经建立了较好的商业信誉，拥有可抵押资产和信用记录，故银行贷款开始介入；此外，部分企业还具备了在多层次资本市场融资的条件，可以通过引进战略投资者、上市融资等方式开展权益性融资，政策性金融也将继续发挥作用。

4.成熟期：企业资金需求趋于缓和。由于企业各种风险大幅度降低、企业规模扩大、资产结构改善以及企业信用提高，企业选择融资的方式更趋多样化。一方面企业自身有一定的利润积累，另一方面可以在贷款市场上获得稳定的资金来源，同时还可以通过引入战略投资者、资本市场融资（上市、增发）等手段获得资金。

表1

阶段划分	主要任务	资金需求	主要融资方式
种子期	技术研发	所需资金主要用于研发投入，资金需求量较小	以自有资金和政策性金融、天使投资为主
初创期	开发产品并试生产	所需资金主要用于购买生产设备、进一步开发和完善产品等。资金需求量增大，同时对融资成本的承受能力不高	以天使投资、风险投资、政策性金融为主
成长期	迅速扩大规模	主要用于增加设备和人员、扩大生产规模、市场推广以及下一代产品的开发。资金需求量达到高峰，融资渠道进一步拓宽	以银行资金、风险资本以及资本市场融资为主（创业板、场外市场等）
成熟期	持续稳定运营	资金需求趋于缓和	以银行信贷、上市融资为主

六、制造型企业发展新兴产业的市场竞争策略

新兴产业的产品在国内外市场的普及和推广需要一个过程，而且尽管从长期来看，新兴工业领域发展潜力巨大，但中短期内的过度投资导致的“产能过剩”风险却客观存在。因此，对于新兴产业来说，面临的市场风险主要在于有效需求不足及供给侧的产能过剩。加大对新兴产品市场的培育，努力构建竞争壁垒，规范市场竞争秩序，是发展新兴产业面临的重要挑战。

（一）培育市场需求

新兴产业的发展需要稳定且有前景的市场需求来支撑。新兴产业的发展很大程度上源于政府的推动，因此培育市场需求需要政府和企业的共同努力。

市场培育需要一个循序渐进的过程。培育新兴产业的市场需求，一方面要以行业标准、配套政策等增强新兴产业对传统产业的替代性，并加强对新兴产业的普及宣传工作，提高公众对新兴产业的理性认知，推动社会消费观念的更新，培养使用新兴产品的消费习惯。另一方面要努力拓展产品的应用范围和领域，寻找新的顾客群体、进入新的地理区域，形成进口替代和国产化，并大力开拓国外市场。

对于制造型企业来说，关键是进一步完善产业链条，引导产品的规模化应用。可以通过组建跨区域、全行业发展联盟，搭建信息交流和共享平台，拓宽新兴产业上下游技术合作、产品试制、应用示范及市场推广渠道，开展材料生产企业与设计、应用单位供需对接，推动下游行业积极使用新产品、新材料；加强新兴产业推广宣传和试点示范力度，依托行业生产龙头企业和下游用户，建立生产应用示范平台，组织开展新产品、新材料应用示范，并加快建立新产品、新材料首批次应用保险补偿机制。

（二）构建竞争壁垒

当前部分新兴产业出现的产能过剩和过度竞争，除了有效需求不足之外，更重要的是产品和技术的同质化和进入门槛较低等因素。因此，企业要建立足够的竞争壁垒，构建产业发展的护城河，提高核心竞争力。

1.技术壁垒

企业要着力在新兴产业链的关键环节上取得技术突破，并加强知识产权保护和运用，利用专利等形式来形成技术壁垒。同时积极参与国际标准、国家标准和行业标准制定，推动企业标准上升为行业标准，提升企业市场话语权。

2.规模壁垒

在高技术竞争领域，众多相同目的的技术方案面临着激烈的市场竞争，最终在市场占有率上获得优势的产品往往成为事实上的业界标准。具有一定市场占有率的企业可以通过规模优势和协同效应降低成本，具有较高的市场影响力并掌握一定的定价权，并可以将更多的资金和资源投入到研发之中，保持技术领先优势，从而形成对新进入者的壁垒。

3.成本和价格壁垒

新兴产业发展早期往往面临着成本居高不下的难题。企业可以采用成本领先的竞争战略，通过占有专有技术和资源、提高生产管理和成本管控水平、发挥现有的客户和渠道优势等方式，努力减低产品成本和价格，形成市场竞争优势。

4.品牌优势

拥有一流的产品设计、质量管理、市场营销和商业模式等，实施适合企业发展、具有独创性和吸引力的品牌战略，品牌的知名度和美誉度较高企业，将在市场竞争中取得明显优势。

七、中国建材集团发展新兴产业的案例分析

中国建材集团有限公司（简称中国建材集团）是经国务院批准，由中国建筑材料集团有限公司与中国中材集团有限公司重组而成，是国务院国有资产监督管理委员会直接管理的中央企业。中国建材集团集科研、制造、流通为一体，是全球最大的建材制造商和世界领先的综合服务商，连续八年荣登《财富》世界五百强企业榜单。资产总额近6000亿元，员工总数25万人，年营业收入超过3000亿元。

建材行业是典型的周期性行业，对宏观经济特别是固定资产投资增速依赖性强。近年来随着中国经济步入中速增长的“新常态”，投资拉动的粗放型经济增长模式逐渐被取代，水泥等传统建材行业发展进入平台期。中国建材集团积极发展建材新兴产业，探索新的业务领域，

拓展新的增长点，取得了良好效果。

（一）战略驱动

战略赢是大赢，战略输是大输。中国建材集团结合企业发展阶段和内部外形势，不断推动战略创新，引领企业转型升级，培育新的发展动能。

中国建材集团原来只是一家底子薄、资本金少的“草根央企”，成立之初是以新型建材为主业，通过不断的战略转型，进入水泥、玻璃等建材主导产业，并逐步发展成为涵盖水泥、玻璃等大宗基础建材以及新型建材、玻璃纤维、复合材料、新型房屋等新兴产业，集产业、科研和物流为一体的综合性建材产业集团。2005年，集团提出“大力推进水泥和玻璃产业的结构调整、联合重组和节能减排，大力发展新型建材、新型房屋和新能源材料”的战略思路，开始向三新产业转型。2015年及两材合并后，在“两个大力”的基础上进一步提出了“三条曲线”的发展思路，围绕“精耕细作基础建材、大力发展新型材料、积极培育研发及技术服务等新业态”的“三条曲线”，推动企业向高端化、智能化、绿色化、国际化“四化”转型。

集团战略的成功转型对新兴产业的发展起到了重要的引领作用。相关业务板块服务于集团整体战略，以精准化的投资落实和践行集团战略，推动了新兴产业的发展。

（二）技术来源

中国建材集团在培育和发展新兴产业时，坚持需求导向和产业化方向，在技术来源上内部培育与外部并购并重，加强集团内外各种创新资源的充分融合和有效协同，同时以产业化投资带动规模效益提升。

中国建材集团拥有雄厚的技术力量，目前拥有26家科研院所、3.8万名科学家、1万多项专利，以及一批国家级的科研设计院所和工程研究中心、企业技术中心、产品质量检测中心、标准化技术委员会等。在此基础上，通过加大自主创新力度，加快科技成果产业化速度，取得了一批有影响力的重大科技成果，从而将科技优势转化为产业优势，为企业快速转型提供了重要支撑。如中国建材集团在石膏板、玻璃纤维、超薄电子玻璃等优势领域均以自主创新为主，形成了世界一流的自主知识产权并转化为生产力。

同时，中国建材近年来在海外收购了一些高科技公司、技术中心以及创新团队，打通了产业链的关键环节，提高整体科技实力。例如2007年收购德国NOI公司，为国内生产基地提供了强大的技术支持，一跃成为中国最大的风电叶片制造商、全球兆瓦级风电叶片的领导者。2014年，通过收购圣戈班所属AVANCIS公司进入铜铟镓硒薄膜太阳能电池产业，打破国外巨头在该领域对中国的长期封锁和垄断，有效提升了中国建材集团在国际新能源领域的竞争力和影响力。在国内，在碳纤维领域与江苏鹰游合作设立中复神鹰，经过多年的技术积累，中复神鹰的碳纤维技术已实现了较大规模的量产，目前已经占据了国内除军工领域以外市场份额的60%。此外还通过收购国显科技等优势企业，进入显示模组和光伏组件制造领域，形成了以新玻璃为核心的电子信息显示材料产业链和太阳能电池产业链。

在收购之后，中国建材集团对这些来自国内和海外的技术进一步完善、提升、实现量产，并采取“技术优势+复制扩张”路线，在全球范围内推广复制，建成了一批高技术含量的投资项目，培育了新的经济增长点。例如，并购德国Avancis公司后，中国建材集团将其把作为研发和中试基地，进一步完善技术方案，为在国内大规模建设生产线做准备。目前凯盛科技已投资建设了国内规模最大的年产1.5GW铜铟镓硒薄膜太阳能模组工厂，成功做出了国内第一片铜铟镓硒薄膜太阳能高效模组，国内其他生产线的推广复制也在快速推进。

（三）业务组合

中国建材集团在新兴产业的布局上，坚持聚焦主业与适度多元相结合，形成了梯次接续的业务组合。发挥自身优势，主要围绕建材产业链开展投资和业务布局，发展了石膏板、玻璃纤维、风机叶片、超薄玻璃等新兴产业；同时向相关行业延伸，积极发展新的业务领域，探索适度多元的业务布局。虽然产品和业务布局广泛，但在各细分业务领域内，鼓励企业聚焦核心业务，在所在的业务领域取得领先的市场地位与优势的产业平台，从而打造了多个细分领域的行业龙头和隐形冠军。

中国建材集团在选择新的业务与新技术时，主要从自身优势、市场空间、快速复制、接轨资本市场等四个方面进行考量。1.是自身应具有技术、人才、市场、资源等某一方面或几方面的优势，不做不熟悉领域的糊涂项目；2.是应具有较大的市场空间，不做市场总量小或过剩产业的新建项目；3.是能够做到快速复制，形成规模化生产，占据较大的市场份额；4.是能够与资本市场接轨，通过在资本市场的融资降低前期投入资本的成本。

目前，在玻璃纤维、石膏建材、风机叶片等领域，中国建材都做到了行业内最大的市场份额，并掌握了一定的市场定价权，成为当之无愧的“隐形冠军”。此外，中国建材又规划布局了碳纤维、电子信息显示玻璃、光伏材料、锂电池隔膜材料以及轴承用工业陶瓷等新材料，均成功实现了工业化量产，供应量都已经位列全国第一。

（四）资金来源

在发展新兴产业的过程中，中国建材集团采取内源性融资与外源性融资、权益性融资与债务性融资、市场化融资与政策性融资相结合的方式。

在内源性融资方面，企业自身积累是重要方面。水泥作为集团体量最大的业务板块，其带来的稳定利润是中国建材集团培育新增长点的重要基础。同时集团加快产融结合步伐，积极发挥财务公司作用，设立中建材产业发展基金，参股保险公司，发展金融服务业，为集团拓展融资渠道，推动产业整合及发展“三新”产业提供了重要支持。

在外源性融资方面，对于已实现大规模产业化的产业，资金主要来源于银行贷款以及资本市场；对于拟实现产业化或仅实现小规模产业化产业，则以权益性融资为主，同时通过积极争取国有资本经营预算资金、中央预算内补助资金、专项建设基金、地方政府产业扶持资金等政策性资金，以较小的代价实现技术成果产业化、完善业务布局。

在权益性融资方面，中国建材集团目前有14家上市公司，其中海外上市公司2家。北新建材、中国巨石、凯盛科技、洛阳玻璃、中材科技等上市公司多次通过增发等方式募集资金，推动了新兴产业的快速布局。在资本市场进行直接融资的同时，中国建材集团创造性推进水泥等业务板块的权益融资，通过多种方式引进战略投资者，与产业资本、金融资本、民营资本相结合，发展混合所有制，进一步增强了资本实力，同时也使企业的股权结构更加多元化，法人治理结构更加科学化，运行机制更加市场化。

在债务性融资方面，中国建材集团与多家大型金融机构建立了长期稳定的战略合作伙伴关系，获得了金融机构的有力支持。同时统筹考虑资金需求和成本，合理安排集团公司及下属企业发行企业债券、中期票据、定向工具、短期债券、超短期债券等产品，探索永续债券和优先股等新型融资方式，多渠道筹集低成本资金，发挥集团优势为新兴产业的发展提供资金支持。

（五）实施绩效

中国建材在新材料领域的前瞻性布局，形成了全产业链的协同优势，已经成为支撑其快速转型和稳健发展的新动力。

由于拥有相对多元化的业务布局，并在主要业务领域内做到了行业龙头，在行业转型、供给侧改革的背景下避免了效益的“闪崩”。尽管新常态下水泥等基础建材的市场需求受到较大冲击，但中国建材集团的石膏板、玻璃纤维、风电叶片、电子玻璃、太阳能薄膜电池、碳纤维等新兴业务异军突起，取得了良好效益。在玻璃纤维领域，旗下中国巨石和泰山玻纤占据国内玻璃纤维市场50%以上的市场份额，2017年为中国建材贡献了30亿元的利润。北新建材的石膏板也占据国内60%左右的市场份额，为中国建材带来20多亿元的利润。T800碳纤维、0.12毫米超薄触控玻璃、转化率18.2%的CIGS薄膜太阳能电池、全球最大的碲化镉薄膜电池等都达到了高端水平。2017年集团新材料产业共形成70多亿元的利润，撑起集团利润的半壁江山，为集团转型升级打下了牢固基础。

新常态下，中国建材集团用传统产业的稳定收益和新兴产业的持续发力，经受住了经济下行的考验，也为企业转型升级赢得了宝贵的时间。

八、结语

制造业是推动经济高质量发展的关键。创新驱动战略下，制造业企业向新兴产业的转型势在必行。如何选择发展新兴产业的业务模式和具体领域，构建现有传统产业和新兴产业的有机组合，并合理确定技术来源、融资渠道、市场策略等关键要素，是转型企业迫切需要解决的问题。本课题对上述问题进行了初步探索，并结合中国建材集团的案例进行了分析，可为有关企业制定转型升级战略、开拓新的业务领域、加快新兴产业发展提供借鉴。

成果创造人：司艳杰、刘方勤 中国建材集团有限公司投资发展部

中国制造企业的产品后市场服务契约机制研究

上海财经大学

制造业是国民经济的主体。18世纪中叶开启工业文明以来，世界强国的兴衰史和中华民族的奋斗史一再证明，没有强大的制造业，就没有国家和民族的强盛。打造具有国际竞争力的制造业，是我国提升综合国力、保障国家安全、建设世界强国的必由之路。中国制造业正在面临前所未有的危机，从全球产业链的现状来看，中国制造业正处于全球制造业产业链位置的低端——原材料、零件加工商和组装商；而中端的关键元件、高级电子产品的生产技术掌握在日韩国家；产业链顶端的品牌核心技术以及专利则是掌握在欧美国家手中。制造业微利时代的来临也使得传统制造业将面临生产决策、运营理念和合作关系的嬗变，制造业通过后市场服务增值延伸其价值环节，也是通过生产与服务并举实现商业模式创新的有利途径。以企业为代表的市场力量的参与显然是提升产品运维服务质量和效率的重要渠道，这就亟待需要探究制造商与使用运营商之间的合作增值模式及其契约协调优化问题。

一、研究背景

改革开放40年以来，中国制造业迅速发展，成为世界第二大经济体，但这个全球价值链低端的“世界工厂”，不仅在生产环节呈现高消耗和高污染特征；而且正演变为接纳报废工业品的“世界处置场”。

（一）生产制造微利时代亟待变革

中国制造不仅产品技术尚未跟上国际市场发展主流，制造企业投入资本进行转型升级的动力也不足，廉价劳动力和低成本制造已难以让中国制造走出困境。

1.传统商业模式的局限

传统制造业商业模式的价值增值曲线是“微笑曲线”，利润空间在两头，采购和生产环节基本无利润创新突破。传统商业模式下，企业只能通过前段研发和设计的创新降低采购和生产的成本空间，后段则是通过销售环节产生利润，而后市场服务增值和回收再制造业务的价值环节并未涉及。这种传统线性的“研发、试制、制造”创新过程不仅制约了企业核心竞争力的提升，也制约了企业价值增值空间。

2. 可持续发展的约束性

20世纪依赖资源和能源高消耗的社会经济增长模式导致不可再生能源的枯竭和环境问题严重，制约了社会经济可持续发展。美国在展望2020年的制造业前景时明确提出了“再制造”

和“无废弃物制造”的新概念。目前学术界关于再制造的研究主要集中在技术和管理视角讨论物流系统再制造的意义，但由于再制造过程中回收环节市场组织化程度不高、规模不经济，难以实现再制造技术的大规模产业化，因此“回收+再制造”的商业模式已经无法实现制造业后市场的可持续发展。而大型设备如汽车、轻轨和飞机等产品，其使用周期长达5-20年，不可能像手机、电脑、轮胎、打印机、碳粉盒等产品一样仅有3-5年甚至短到几个月的更新换代周期，那么从购买到再制造中就需要引入后市场服务环节来延长产品使用寿命，同样可以产生经济效益和环境效益。基于此，制造和服务的价值增值能力需要同步提升，延长微笑曲线后段，新增后市场服务和回收再制造的利润，才能找到制造业价值增值的新空间。

（二）制造业服务化转型升级兴起

在20世纪60年代到70年代之间，信息技术的第一波浪潮来临；自20世纪80年代和90年代起，互联网兴起，引发了信息技术的第二波浪潮。在这两次浪潮中，价值链发生了变化，但产品本身并没有受到深刻的冲击。物联网引发了信息技术革命的第三波浪潮（Porter,2014），信息技术正成为产品本身不可分割的一部分。物联网的兴起对供应链产生了重要的使能作用，对价值创造和价值获取也起了根本性的变化。借助物联网的应用，通过产品服务数据的收集和分析，改变了以销售为主的传统商业模式。

1.物联网驱动商业运营模式巨变

物联网（Internet of Things, IoT）概念的关键在于使物品信息实现智能化识别和管理，实现物品信息互联而形成的网络。学术界对物联网的关注源于大数据，2012年6月《Science》刊登了关注中国物联网技术领域发展的文章，2013年7月《Nature》刊登了关于美国如何构建电力基础设施自我修复能力以应对大规模的电网中断，2014年11月《哈佛商业评论》刊登了迈克尔·波特发表的《物联网时代企业竞争战略》，讨论了物联网的核心产品特征。这些重要期刊的研究成果体现了物联网应用的重要价值。

2.工业4.0呼唤制造业服务创新

工业4.0已经在全球制造业领域展露优势：德国西门子工厂通过工业4.0将产能提升8倍，实现了75%的自动化；宝马中国工厂打造的4.0智能车间，已经实现可再生能源和物料占总能源和物料的51%；美国亚马逊仓库实现了机器人仓储分拣，大大提高了物流和仓储效率；海尔中国沈阳的互联工厂，订单交付周期已经从15天缩短到7天。工业4.0提倡高度数字化、网络化，根据整个价值链实现职能配置和柔性生产，满足了新环境下制造业的三大需求：提高生产率；缩短设计时间和服务延迟时间；制造更加柔性化。

3.后市场服务是制造业增值新大陆

制造企业通过掌握产品全价值链的控制权来实现收益和增利，具体就是通过产品服务增值来拓展产品实体出售的盈利，或提供整合的产品后市场服务（产品交付之后的运行、维护、升级服务）的盈利模式，即形成产品服务系统（Product Service System, PSS），而不仅仅只注重传统的产品实体生产和销售的前市场服务。这种新的商业模式能够改善制造企业在价值链中的地位，创造出高利润率的产品和独一无二的客户服务关系，使得竞争对手很难模仿和介入。

（三）制造企业产品后市场服务的研究动机

物联网创新了以“满足客户需求”为目的的服务，导致企业的战略和商业模式均发生了改变。未来全球制造业的发展趋势将是基于大数据、互联网、人–物结合的物联网，通过信息技术进行柔性化、大规模的定制式生产。目前，国内外对产品服务链的研究尚处于起步阶段，对闭环产品服务链契约研究更是鲜有，其契约协调机制研究还存在很大空白，量化性研究不足。立足管理者视角，亟待开展理论创新研究。

1.厘清产品后市场服务的商业模式演变机理

相比传统商业模式，闭环产品服务链集成了产品和服务、使用和再造，其运作既有产品本身特性又有无形服务的特点。一方面，针对闭环产品服务链系统，采用激励机制的契约理论体系尚未形成，故而需要进行产品价值链和环境价值链分析，探讨契约协调理论体系。另一方面，目前针对产品服务系统的研究多集中于系统设计，而对传统商业模式如何向闭环产品服务链转变的研究较少。通过全生命周期的服务利润链分析，研究闭环产品服务链的商业模式，有利于理解参与主体及其利益关系；研究传统商业模式向闭环产品服务链模式的演进，有利于厘清闭环产品服务链系统的契约协调机制。

目前对后市场服务多集中于维修技术环节的技术进步和技术替代等环节，而从管理者视角的商业模式研究不足。本报告通过服务利润链视角出发，研究后市场服务的参与主体利益关系，帮助传统制造业通过物联网实现智能产品服务系统的创新，研究传统销售模式向产品+服务捆绑模式的演进机理，探析中国的制造业从低成本竞争优势转变成为质量+效率的竞争优势；制造企业从生产型制造转向服务型制造的转型路径；使得大规模柔性化定制从瓶颈难点变为企业竞争优势，真正实现以创新驱动战略推动绿色工业制造。

2.拓展产品和后市场服务捆绑契约优化模型

现有文献对契约协调优化研究多关注于正向供应链，而且分析方法多采用案例分析或逻辑思辨进行定性分析，其结论缺乏统一的认识和可继承发展的方式。与闭环供应链中相关的逆向供应链的研究均为回收和再制造的研究，产品服务相结合的捆绑契约研究刚刚起步，本报告梳理制造企业产品销售和后市场服务的参与主体价值关系，通过产品服务捆绑的策略结合，并采用经济学和博弈论等方法抽象这种模式关系，分析基于捆绑的闭环产品服务系统的契约优化配置，建立相关的量化模型对产品和服务捆绑契约协调机制进行优化，能为闭环产品服务系统做出更有效的经济性分析。

3.创新服务定价的收益共享契约优化研究

学者们着重于研究服务水平的高低对供应链利润及其结点企业利润的影响，一方面缺乏如何提高服务效率的分析，一方面缺乏后市场服务契约机制设计和契约优化配置。本报告借助经济学建模和博弈论等方法，建立相关的量化模型对闭环产品服务链契约协调机制进行优化，探讨后市场服务定价和产品定价策略，并利用契约设计机制让服务提供方参与利润分享。通过与回收再制造策略的结合，能为闭环产品服务链做出更有效的环境性和经济性分析。

二、研究内容

随着市场环境更加多边性和市场需求更加的不确定性，供应链上制造商和零售商逐渐从博弈关系逐渐转变为战略合作关系，而供应链上的参与者也由传统的制造商和零售商模式新增了服务提供商和物联网平台设计参与者，这些新的商业模式打破了传统企业边界，以服务为导向的创新成为供应链盈利的新的驱动因素。因此制造企业要从产品服务系统角度改变企业的商业模式，运作过程中就需要变革、创新和机制设计问题。

（一）研究目的

梳理物联网对传统商业模式的影响，分析产品服务系统的商业模式和价值增值机理；通过分析顾客对租赁产品服务的感知价值测量，理解租赁产品服务系统实施的关键点；基于产品服务系统实施的关键点，建立产品服务链协调模型，研究不同契约结构对产品服务链的协调机制和效果；然后分析客户参与的产品服务链实施因素与模式选择。

（二）研究思路

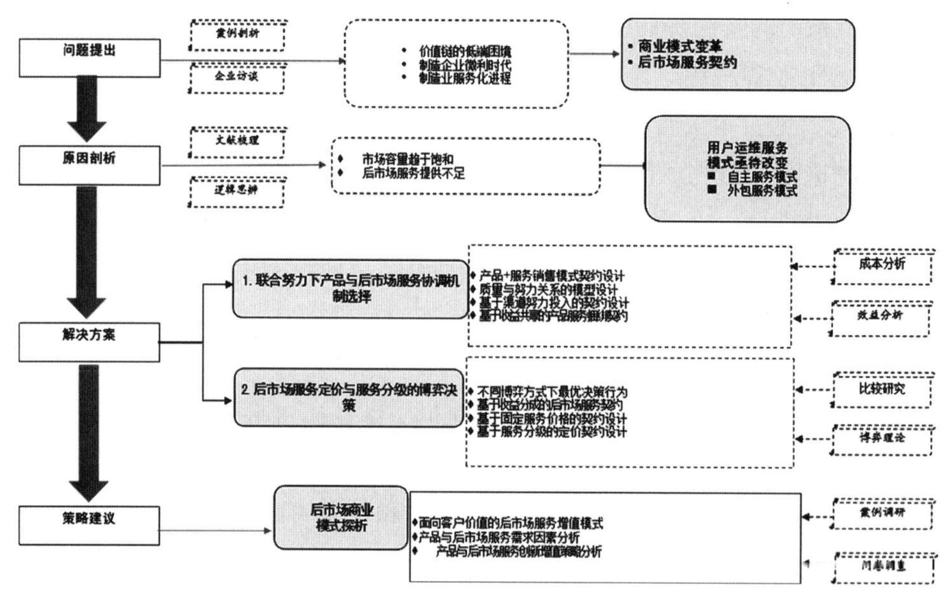

图1　研究技术路线

首先，本报告借助闭环供应链理论、价值链理论、服务利润链理论、产品服务系统理论，从客户价值主张视角出发，找到制约用户发展瓶颈，即用户运维效率低下影响用户发电收益。其次，产品制造商由于产品市场趋于饱和，技术进步导致产品销售利润空间的减少，制造商亟待通过服务创新升级的产品、服务、生产网络优化等相关途径。在物联网平台下，制造商能够参与到用户的运维管理中来，实时获取产品运行数据，那么对产品的设计改进和机组故障率都会有显著改善，越来越低的故障率也会导致低的备件需求。再次，通过经济学方法和供应链契约优化方法，厘清问题关键所在，并进一步探讨供应链各主体在各取所需的前提下如何实现合作共赢，运用产品＋服务的商业模式增加制造商的服务收益；运用服务价格分级机制提高服务效率，从而提升产品后市场的运行效率；同时运用收益共享契约设计来协调合作共赢过程中的矛盾冲突。最后，从产品制造商作为传统制造业的自身特点出发，探析如果能通过服务化过程找到物联网商业模式变革下的价值链增值环节，将是企业商业模式变革与产业变革的融合。技术路线如图1所示：

（三）框架结构

本报告框架结构如图2所示：

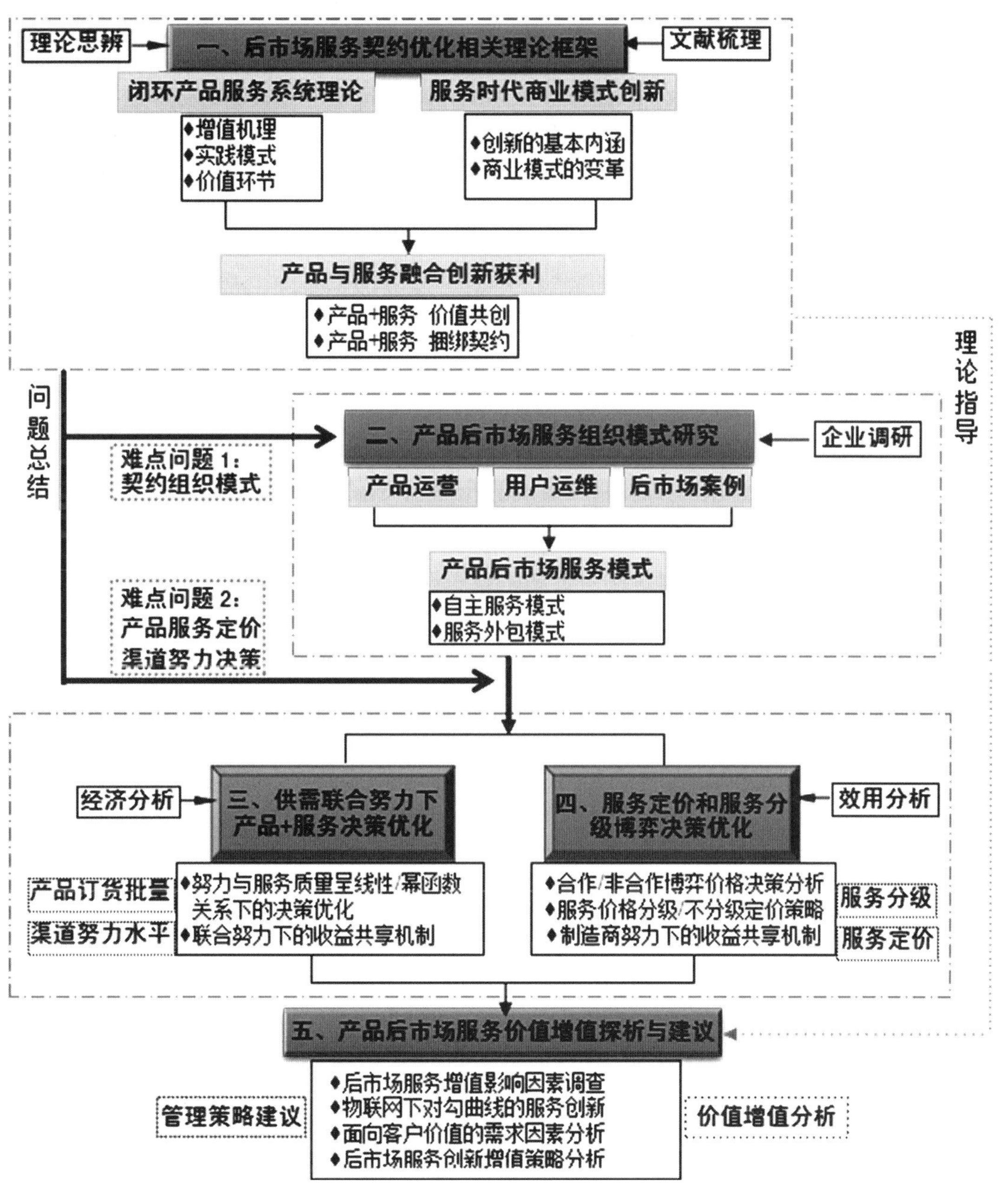

图2 研究内容的框架结构

三、方法与措施

一方面，根据前期准备，分析后市场服务提出的实践背景，明确产品+后市场服务契约的研究意义。通过对国内外研究现状的梳理，界定本报告所要研究问题，提出研究思路、研究方法、内容框架和研究创新。另一方面，产品后市场服务契约优化的相关理论与文献综述。对本报告研究所涉及的闭环产品服务系统理论、服务时代的商业模式变革、产品与服务融合创新获利、闭环产品服务链关系契约进行理论梳理，文献归纳和总结国内外学者的最新研究成果。

（一）闭环产品后市场服务的商业模式重构

从价值链和服务利润链出发，基于价值链的增值活动能够将产品服务链的范畴从核心企业向前追溯到供应商，向后延伸至使用者，由此形成的供应链上下游企业之间的相互依赖关系，进而影响供应链整体绩效。基于价值链、供应链理论，阐述闭环产品服务链的内涵特征及其实践条件；分析价值增值的路径和价值主体之间的利益关系，基于制造和服务的价值增值能力在物联网下快速提升，传统商业模式价值增值的“微笑曲线”变成了互联网商业模式下价值增值的“对号曲线”；探讨了实现闭环产品服务链的产品销售和租赁运作模式，阐述了产品服务系统契约构建的特征及其分类标准，提出制造企业转型升级的关键步骤和我国产业低碳化转型的策略提出若干建议。

（二）闭环产品服务链的收益共享契约优化

针对一个由再制造企业和产品用户组成的产品租赁服务系统，租赁期间企业向用户提供包括产品维护升级、零部件更换以及对回收零部件和产品进行再制造等后市场服务，并依据服务内容收费及承担服务成本，用户在租赁期结束后返还产品。模型假设服务需求内生于博弈双方付出的努力程度，实现服务投入节约的同时，将产品回收再制造成本节约的价值（即环境效益）在系统内部进行分享，构建产品租赁服务系统收益共享契约优化模型，探讨努力程度、分享比例、博弈各方收益以及渠道总收益之间的作用机理。研究结果表明当服务价格小于两倍的服务成本且环境效益的分享对博弈双方努力程度激励存在上限时，环境效益共享契约可以使渠道总收益达到最优。在此条件下，再制造企业的收益也会随着其努力程度的提高而增加，但博弈一方的努力会随着另一方努力程度的增加而降低。此外，再制造企业的努力程度与服务成本正相关。

（三）产品与后市场服务捆绑契约优化协调

从产品服务系统理论出发，运用产品服务理论　讨论“产品+服务”的商业创新模式在用户运维需求下的产品后市场服务将如何实施。由于产品+服务的模式需要建立一种新的渠道模式，对产品制造商而言，这种渠道的建立需要大量成本投入，渠道投入会直接影响到产品后市场服务收益，而这种对逆向供应链的渠道投资进而会影响到正向供应链的销售，渠道投入水平是关键所在。因此本报告探讨了渠道努力投入水平对产品维护完好率的影响为线性关系和幂函数关系这两种情况下的用户和制造商的利润关系。从分析结果可以看出，产品运营效益是否达到最优，不仅和用户自身的运维努力成本投入息息相关，产品制造商的努力成本投入的参与也会影响到供应链的利润是否能达到最优。而从收益共享契约设计的角度来看，收益分成比例的契约机制设计会影响到用户的产品订货批量决策，继而也会影响到产品制造商后市场运维服务的收益，此时的产品制造商的利润函数已经不再是传统的产品销售，还有参与到下游用户的运维后的发电收益分成和产品的服务收益。

（四）产品后市场服务的价值增值模式与策略

在探讨了产品的产品+服务来实现运维可持续发展和通过产品服务定价策略对维修需求量和渠道投入的影响之后，本报告通过实地对产品行业的访谈寻找产品后市场服务的增值因素分析，问卷设计不仅从用户的维护需求视角还从制造商的可持续发展视角，寻找供应链上下游各节点企业的共赢可能性。并通过对传统商业模式和工业4.0下新的商业模式的对比分析，探析实现传统制造业服务转型升级的关键影响因素。

四、创新与效果

本报告是上海财经大学商学院谢家平教授主持的国家社会科学基金重大课题（基于绿色全产业链的产业与企业转型升级研究15ZDB161）、3项国家自然科学基金面上项目（71272015.70972062.70472080）研究成果的提炼与总结。代表性成果既具学术价值，公开发表SCI论文8篇、EI论文4篇、国家自然科学基金委指定重要A刊近30篇，例如发表在《中国工业经济》上的成果被引用151次、发表在《管理科学学报》上的成果分别被引用47次和35次，人大报刊复印资料转载6篇；又有较高的现实意义，研究结果被上海市产业发展规划采用、作为上海市经委指导性文件下发，‘汽车逆向物流应用研究’被上汽集团瑞贝德公司用于发动机再制造实践，6次获虹口区政协和市九三学社优秀提案奖，在国内外产生了很大的社会影响。

（一）理论创新

第一，逆向供应链中，如何及时、高效地满足用户的运维需求成为产品后市场服务的瓶颈，如何激励制造商参与产品后市场服务渠道投入也是现实问题。课题组通过对国内数家产品制造商的对产品后市场服务的尝试和国外用户运维经验借鉴，分别对比了产品后市场服务自主服务模式和外包服务模式，提出了促进用户产品运维服务可持续发展的策略建议。前人研究渠道服务模式主要针对前市场的销售服务和售后的维保服务，但针对大型设备如何进行后市场服务的渠道模式探讨少有研究。我们研究发现，在传统的产品销售模式下，无论是产品制造商主导还是用户主导的后市场自主服务模式，产品的后市场服务都适合产品+服务的商业模式。通过这种服务模式，制造商能够通过自己的产品销售渠道参与到用户的运维服务管理中，一方面实现产品价值增值，另一方面也能促进产品未来的销售增量。而产品后市场服务外包模式适用于产品制造商的产品占领市场较大，但产品服务的前期运维的渠道投入制造商很难收回成，那么产品制造商会选择将产品的后市场服务外包给专业的第三方服务运维商。

第二，再制造与产品服务系统是制造企业提升竞争力、实现可持续发展的两个有效手段，前者通过高级形式的循环利用直接实现资源的节约减量化，后者则以服务提供的方式间接减少资源的消耗。然而，在产业转型升级的大潮中，越来越多的制造企业将再制造和产品服务系统同时使用，利用产品服务系统形成忠诚客户关系，为再制造提供稳定的旧品来源渠道；利用再制造产品和零部件为企业降低成本、节约资源，本研究的产品租赁服务系统就是这一类型的商业模式。以往的研究要么是基于再制造企业本身，单纯追求经济绩效的实现，要么仅仅关注供应链中的物料与产品的节约减量化，缺少全生命周期视角下的产品服务整合思考。针对此不足，课题组认为产品服务系统的商业策略需要企业和用户的紧密配合，不考虑双方的努力程度则无法实现系统的经济目标和环境目标。我们构建了一个由再制造企业和产品用户组成的产品租赁服务系统，运用供应链契约协调理论中的收益共享契约分析再制造企业与产品用户之间的利益协调问题，其中假定服务需求内生于博弈双方的努力水平，并将回收产品价值作为环境效益在系统内共享是主要创新之处。研究结果表明当服务价格小于两倍的服务成本且环境效益的分享对博弈双方努力程度激励存在上限时，环境效益共享契约可以使渠道总收益达到最优，在此条件下，再制造企业的收益也会随着其努力程度的提高而增加。此外，再制造企业的努力程度与服务成本正相关，而产品用户则相反。环境效益的分享比例与服务价格要设置在合理范围内，才能实现渠道收益最大化，既满足制造企业与产品用户的利益诉求达成共赢，又能兼顾环境效益和经济效益。

第三，产品运维服务的最终目的是通过产品维护提高产品运营效率，从而增加运营收益。那么显而易见，产品制造商对后市场服务的渠道投入越多，用户的产品运营增收收益就越大，但渠道投入直接影响了制造商的成本函数，如何达到供应链协调下的双赢就是问题所在。服务型供应链环境下，服务的性能一定程度上依赖于服务提供商投入的努力程度。以往关于努力程度的研究主要针对销售努力对供应链利润的影响，而相关的激励机制契约设计主要是销售返点契约。传统服务运营的研究重点放在服务定价策略和服务种类的研究，但这一决策对后续其他决策变量的影响少有研究；而将这一研究放在大型制造业的后市场服务更是少之又少。因此本报告将产品后市场服务的渠道努力与收益共享契约结合，以产品运营增收收益作为主要利润函数，讨论产品制造商纯做渠道服务的服务收益和参与产品运营收益的服务收益两种情境下的最优服务定价策略和渠道最优努力投入策略。并且，为了提高后市场服务的服务效率，最大化满足用户的维修需求，从服务定价视角出发，考虑了两种博弈情境下的服务定价是否能够实现供应链协调的问题。以风电为例的研究发现：非合作博弈下，风电设备商和风电运营商的最优决策无交集，但存在上下临界点，在此构成的区间内进行策略选择可实现供应链协调；而合作博弈下，无论风电设备商主导还是风电设备商主导，都存在一个发电增量收益的分成比例能够实现各自利润函数的最大，且对应能够有一个最优的服务定价策略、维修需求决策以及最优的渠道服务努力投入水平的决策。

第四，物联网产业正处在高速发展阶段，各国政府都在大力推动物联网产业的发展。信息化、数字化和智能化将成为新一轮技术革命的引领与方向。创新研究了全生命周期的价值增值曲线由传统的“微笑曲线”转变为“对勾曲线”的新型商业模式。以往商业模式创新的研究多从企业战略视角出发，忽略了客户需求，但供给不匹配的变革并不能满足客户需求。本报告分析了传统商业模式价值曲线的弊端，从客户价值视角出发，分析传统服务创新的局限性；对比物联网情境下，面向客户价值主导的价值增值曲线由传统的“微笑曲线”转变为“对勾曲线”；通过商业模式的变革创造新的价值。最后，本报告分析了物联网环境下以客户价值为导向的创新如何成为商业模式变革的驱动因素；并分析了在不同行业的物联网应用中，基于物联网的商业模式如何影响传统行业，以期指导传统行业的转型升级。

（二）应用价值

1.经济和环境融合发展

闭环产品服务链之所以能够得到如此广泛的重视和迅猛发展，是由于这种商业模式能够为其相关利益者（如产品制造、服务提供、使用者和社会）带来相应的价值和竞争优势或环境效益，从而实现多赢。这改变了传统的产品增值模式，更有利于经济和环境的融合发展。

第一，使用者价值。闭环产品服务链研究通常针对B2B模式，帮助商业用户提高利润和价值增值，实现其轻资产运作策略，提高应对商业环境变化的灵活度；还有于助企业降低其碳排放，增加环境绩效，塑造环境友好形象。

第二，制造者价值。通过翻新或者升级实现对产品附加新的价值，获取生产者责任的环境效益；增值服务为成熟产业提供新的创新增长战略；提高企业和客户的紧密度，增加客户价值；应对回收法规，提升企业绿色竞争优势。

第三，服务者价值。通过产品服务链可以增加服务的种类；通过提供不易复制的核心部件维护服务，保证市场占有率；通过产品与服务捆绑组合，使整个产品服务包有形化，易于与客户沟通。

第四，全社会价值。采用闭环产品服务链系统后，提供商对其产品/服务更加负责，因为产品最终还会返回，因此物料流形成了闭环，提高了旧件回收率。返回品翻新、升级后重新进入产品服务链，延长产品寿命，利于可持续发展；再制造服务又减少对资源消耗和环境污染，实现环境价值。

2.制造业拓展盈利空间

中国制造业可以通过工业4.0实现集智能工厂，而且将其与智能生产、智能物流和智能服务为一体的价值网络，从而全面实施创新驱动战略，调整产业结构和转型升级，为制造业的可持续发展开辟更广阔的国际市场空间。

第一，提升运维效率与效益。将产品服务系统理论中的效用模式运用于实践中，从如何提高产品使用效率视角出发，探析轻资产可持续运营的商业模式变革，通过契约激励机制设计引入制造商参与运维成本分担、风险共担和专业管理等合作方式。通过变革价值链上下游企业的合作模式，引入产品和服务捆绑的后市场服务模式帮助提高收益，实现轻资产前提下的运维管理服务，提高应对行业环境变化的灵活度。

第二，拓展价值增值业务环节。随着企业开发新的产品和服务，企业需要配套更新商业模式，重新调整系统和流程才能支持产品和服务的更新。制造商通过提供后市场运维服务或效率升级改进方案实现对产品附加新的价值，这种柔性化生产方式实现了生产制造的增值环节即产品+服务模式，摒弃了以往制造企业从产品销售环节直接跨越到回收+再制造环节，增值服务为制造商提供创新增长战略，提高供需关系的紧密，增加客户价值，提升企业绿色竞争优势。

第三，延伸服务价值盈利环节。服务创新模式的商业模式路径演化和探索性创新路径的实现更多体现在供应链上企业间的分工合作和协同创新，因此跨界合作在商业模式中的创新愈加重要。通过后市场服务让制造商通过后市场服务增加合作交流频率，在提供多种后市场服务的同时，也能获取更多产品运营数据，不断改进产品核心技术，进而通过提供不易复制的产品核心部件的服务，从而保证产品销售的市场占有率，通过加入带有产品的服务使得整个产品服务包有形化。因此，研究价值链上各结点企业如何通过企业间联盟实现价值共创是在物联网和工业4.0下实现企业组织间既竞争又合作继而实现共赢的关键。

3.改变商业模式的激励冲突

传统的商业模式中供应商的收入完全取决于有形产品销售量，销售量越大供应商收入就越高。供应商通常会采用批量折扣甚至设计包装规格让客户在使用中更容易造成浪费等手段千方百计地鼓励客户增加购买量。而买方的目标是以最少的物料完成期望的功能。所以在传统的按量支付报酬的模式下买卖双方的目标相互冲突。闭环产品服务链模式下产品的功能实现成为价值评价的基础，供应商在有形产品上叠加专业化的增值服务后形成一体化功能包，再递交给客户，客户按照功能支付报酬。这一转变完全扭转了买卖双方的目标冲突。服务提供商的利润主要来自高效率地实现功能所带来的成本节约，他们不再把有形产品作为利润的主要来源，资源生产力的提高成为双方共同追求的目标。闭环产品服务链引导下的供应商和客户的激励相容。

综上所述，对闭环产品服务链契约协调的研究，对制造企业的服务增值策略具有实质性推进作用，为已经开展产品服务系统的公司和即将进入该领域公司提供模式选择和契约配置等决策参考，也为政府激励政策的制定提供建议。

成果创造人：谢家平、杨　俊、梁　玲、孔令丞

平台型电商企业的温室管理模式研究

东北财经大学

一、问题提出

平台型电商企业吸引交易双方通过网络交易平台交易，并且一方收益取决于另一方参与者数量，交易双方持续集聚演化形成了平台型网络市场[1,2]。平台型电商企业与平台卖家的分离式自组织管理以及平台卖家之间的激烈竞争，导致平台型网络市场上交易纠纷、假冒伪劣、“刷单”问题的盛行，“如何管理平台卖家”成为理论界与实业界共同关注的热点问题[3,4]。尽管平台型网络市场奉行“平台—政府”双元管理方式，平台型电商企业与政府机构均具备管理卖家的权限，但在实际运行过程中，政府机构及其依赖的法律制度存在严重的“水土不服”，平台型电商企业成为时下最为重要的管理主体。但是，平台型电商企业对平台卖家的管理模式（以下简称平台型电商企业管理模式）建构面临多重内在困境：①平台型电商企业“经济人”特征与平台管理“公共性”要求容易诱发企业个体利益与市场公共利益的偏离，权力行使的私利性和权力象征的公共性存在一定的冲突[1]。②传统市场制度的失效与网络市场制度的空白导致了平台型网络市场的秩序缺失[1,4]，市场交易环境不确定性引发了交易成本的上升和管理效率的提升存在一定的冲突，例如交易纠纷导致了大量的讨价还价成本。③平台型网络市场的零边际运营成本与网络外部性吸引了大量参与者[5]，市场交易行为不确定性引发了管理成本的上升和管理效率的提升存在一定的冲突。④单寡头竞争性垄断结构导致不同平台型网络市场存在激烈竞争[6]，建构平台型电商企业管理模式成为打造平台型网络市场竞争优势的重要内容，进一步引发管理模式的合规性建构与竞争优势的资源性建构存在一定的冲突。除此之外，还存在其他外在困境，如竞争对手的同质化模仿加剧了平台产业的不公平竞争，难以建立差别化竞争优势的平台型电商企业不得不签署独家合作协议获取垄断利润。并且，平台买家的个性化需求联结到平台型网络市场形成大众化需求[6]，平台型电商企业不得不放松卖家进入管制满足市场需求。此外，平台卖家的差异化成长、组织化群体与白热化竞争促使其逐渐参与争夺平台管理话语权，平台型电商企业不得不放弃部分管理权限维护市场稳定。这些困境降低了平台型电商企业管理效率，不仅导致市场乱象难以得到改善，还导致大量盲目从众的平台型电商企业败退市场。因此，探索平台型电商企业管理模式具有重要的现实意义。

然而，当前的理论研究较为薄弱和零散，重点关注了价格制定、声誉生成、平台监督等对平台卖家绩效的影响[1, 3, 5, 7]，缺乏对平台型电商企业管理模式的全面解构。更重要的，由于没有区分平台型电商企业的经营者角色和管理者角色[1]，以及将个体性运作机制混同于公共性管理模式，现有研究大多将平台型网络市场的交易失序简单归因为平台型电商企业监管不力，对于政府机构的“监管失灵”与平台卖家的“责任缺位”缺乏必要的探讨，使得研究重点与政策重心偏重平台型电商企业在交易纠纷中的责任界定问题[8]。这不仅在理论层面混淆了平台型电商企业“动机不足”与“能力不足”的界限、平台型电商企业与政府机构的双元管理关系以及平台型电商企业与平台卖家的互动管理关系[1,3]，还在实践层面诱发了平台型电商企业与政府机构的冲突，以及平台型电商企业与平台卖家的矛盾。因此，平台型电商企业管理模式建构仍处于“摸石头过河”的探索阶段，并未形成系统理论分析框架，这对平台型网络市场发展产生了极为不利的影响。

鉴此，本文系统梳理了平台型电商企业管理模式的建构基础与建构过程，将这种迥异于传统管理模式的创新型管理界定为“温室管理模式”，进一步厘定了其在管理理论演化过程中所处的历史地位。在此基础上，本文选择阿里巴巴作为探索性单案例研究对象，系统解构温室管理模式的主要构成、建构逻辑、模式实施、运行机制，试图为温室管理模式研究提供一个系统的理论分析框架，同时，为平台型电商企业建构合理的平台卖家管理模式、规范平台型网络市场交易秩序以及打造企业竞争优势提供一定的理论借鉴和实践参考。

二、平台型电商企业管理模式建构

（一）平台型电商企业管理模式的建构基础：平台型电商企业与平台卖家的关系厘定

平台型网络市场的零边际运营成本使得平台卖家数量可以无限扩张[1,9]，采用科层组织模式存在较高的管理成本，采用市场组织模式存在较高的交易成本，鉴此，平台型电商企业普遍采用介于科层制与市场制的中间型组织模式：平台型电商企业采用初始格式合同限定市场准入权，明确平台卖家自觉遵守平台规则的义务以及平台型电商企业自主变更平台规则的权利，平台型电商企业变更规则生成了合同续签要约，平台卖家使用服务约定为续约成立认定，平台型电商企业通过单边主导格式合同动态调整完成对平台卖家的管理。分析表明，平台型电商企业对平台卖家的管理基础在于契约产权，沟通方式主要以惯例/规则为主，冲突处理主要以行政命令为主，可见，平台型电商企业管理平台卖家的实质是在市场契约中嵌入了科层因素，从而具有了市场组织治理和科层组织管理的耦合特征。因此，平台型电商企业凭借格式合同签订与网络市场运营的零边际成本[1,9]，使得埃奇沃斯重订契约理论成为现实，即将长期契约无限分割成为无数个暂时性短期契约，促使合作意愿、信息流动、资源配置、平台战略在契约中得到充分体现，借此推动长期合约不断完善，促进“科层管理”与“市场治理”有机融合。在这种组织模式下，格式合同的自主调整可以降低交易成本，独立关系的建立可以降低管理成本，平台型电商企业若能成功确定市场制与科层制的适当边界，可以建构有效的管理模式。其中，合同的自由签订和卖家的行为自主决定了平台型电商企业与平台卖家的市场关系边界，如平台卖家可以销售差异商品满足平台买家需求，平台型电商企业规制平台卖家呈现出“治理”特征；单边调整格式合同和战略导向嵌入规则决定了平台型电商企业与平台卖家的科层关系边界，如平台卖家可以参与平台型电商企业的卖家支持计划，平台型电商企业规制平台卖家呈现出“管理”特征。市场关系特质确定了平台服务的排他使用权，平台型电商企业可以采取治理措施，要求违反规则的平台卖家退出市场，这对组织刚性形成了有效地克服；科层关系特质确定了平台型电商企业与平台卖家的管理主客体地位，平台型电商企业可以采取管理措施，对平台卖家的“规则外”行为进行引导，这对环境不确定性形成了有效地克服。不仅如此，市场关系特质决定了平台型电商企业必须凭借治理措施实现平台卖家的自组织管理，通过平台卖家的优胜劣汰实现平台型网络市场的多元化发展；科层关系特质决定了平台型电商企业必须凭借管理措施实现平台卖家的他组织管理，通过平台型电商企业的强力干预实现平台型网络市场的稳定化发展。因此，平台型电商企业必须寻求“市场治理”与“科层管理”之间的合理平衡。由此可以看出，平台型电商企业治理与平台型电商企业管理具有耦合性，平台型电商企业管理模式兼具“治理”与“管理”双重特征。

管理模式建构的本质在于厘清管理主体与管理客体的关系：平台型网络市场属于平台型电商企业与平台卖家的价值共创[2]，两者不仅存在行为监管关系，而且存在经营合作关系，这决定了平台型电商企业的双重角色，即平台型电商企业既是制定规则、执行规则的市场管理主体，也是独立经营、自负盈亏的企业经营个体[1]。作为市场管理主体，平台型电商企业必须采取“治理”措施，依据“价值中立”原则，公平公正地设定并执行平台规则，追求社会认可的“公允价值”，促进平台型网络市场公共利益的实现。作为企业经营个体，平台型电商企业必须采取“管理”措施，坚持“战略导向”原则，依据发展战略设定并执行平台政策，追求差别化竞争优势，促进平台型电商企业个体利益的实现。市场关系特质使得平台型电商企业可以通过“治理”建构公平的市场环境，规范平台卖家行为；科层关系特质使得平台型电商企业可以通过“管理”追求预期的发展目标，引导平台卖家成长。这种中间型关系决定了平台型电商企业管理模式并不是完全中立的，既有维护市场秩序的公共性要求，也有引导市场发展的私利化导向，需要兼顾“社会公允价值”和“平台战略导向”双重目标。

（二）平台型电商企业管理模式的建构过程：管理环境与管理措施的边界分离和共同调整

平台型电商企业兼具市场经营者和市场管理者双重角色，既具有市场搭建功能，也具有市场规制功能。其中，市场搭建主要是指平台型网络市场的规则设计与系统设计，既离不开平台卖家的自发演化，也离不开平台型电商企业的理性设计；市场规制主要是指平台型网络市场的规则实施与规制措施，既离不开平台卖家的自觉实施，也离不开平台型电商企业的强制执行。市场搭建为平台卖家自发博弈提供了预设条件，主要解决的是市场交易的环境不确定性问题；市场规制为平台卖家合规博弈提供了条件保障，主要解决的是交易主体的行为不确定性问题。因此，市场搭建与市场规制的功能分离和主体合并，推动了管理环境与管理措施的边界分离和共同调整。

不同于长期自发演化生成的社会生活秩序、市场主体博弈达成的均衡交易秩序、政府机构理性设计的强制规范秩序耦合形成了实体市场规则[10]，物理时空与经济时空的分离导致平台型网络市场的政府规制空白和社会生活无序[2,4]，开放式发展与“碎片化”群体导致平台型网络市场的“自发秩序”缺失，平台型电商企业理性设计的平台规则占据了无可争议的主导地位。但是，实体市场对平台型网络市场具有一定的参照意义，这种映射关系确立了平台型网络市场规则对实体市场规则存在一定程度的“路径依赖”或“参照执行”[10]。平台型电商企业建构管理环境主要体现为平台型网络市场规则特色化与实体市场规则标准化之间的博弈关系：一方面，满足社会公允价值的实体市场规则确立了公平公正的市场环境，侧重对平台卖家交易行为的规范，平台型网络市场与实体市场的映射关系决定了平台型电商企业必须有序地继承这些规则，这是平台型电商企业与平台卖家的市场关系特质决定的；另一方面，符合平台战略导向的平台型网络市场规则确立了独具特色的发展环境，侧重对平台卖家经营策略的引导，平台型网络市场与实体市场的确定边界决定了平台型电商企业可以适度地发展特色规则，这是平台型电商企业与平台卖家的科层关系特质决定的。平台型电商企业建构管理措施主要体现为平台型电商企业“他律”与平台卖家“自律”的互动关系：平台型电商企业的奖惩行为确保平台卖家对平台规则的坚守，“他律”可以改变博弈支付；平台卖家的守规行为确保其对平台资源的分享，“自律”可以建构竞争优势；“他律”与“自律”的良性互动有助于平台卖家自发追求高水平稳定均衡。

平台参与各方可以自发实现既定条件约束下的稳定均衡，初始条件决定了这种稳定均衡是低水平稳定均衡还是高水平稳定均衡。因此，平台型电商企业既要防止市场搭建不合理，避免平台卖家自发博弈形成低水平稳定均衡，又要防止市场规制不到位，避免平台卖家机会主义行为形成的潜规则对正式规则产生“挤出”效应。可见，平台型电商企业必须协同设计市场搭建与市场规制，即同步调整管理环境与管理措施，才能达到应有的管理效果。

（三）平台型电商企业管理模式的理论搭建：温室管理的内涵界定与管理理论的演化路径

1.温室管理模式的内涵界定。网络技术进步催生的网络市场与组织模式创新催生的双边市场耦合形成了平台型网络市场，市场组织创新推动了卖家管理模式变革。平台型网络市场是平台型电商企业设定的虚拟空间[1]，平台型电商企业对平台卖家进行管理，既可以通过市场搭建功能自主设计平台机制、平台规则、平台文化等管理环境，侧重对平台卖家主体的规范；也可以通过市场规制功能创新实施平台仲裁、平台奖惩、平台扶持等管理措施，侧重对平台卖家行为的规范。可见，在社会市场环境与平台管理措施之间存在中间层，传统的“组织外部管理环境——组织内部管理措施”两阶段匹配关系在平台型网络市场延伸为“社会市场环境——平台管理环境——平台管理措施”三阶段匹配关系，这种管理模式与温室生产模式具有较为类似的特质：管理过程的突出特征在于同步调整管理环境与管理措施，可类比为温室生产模式同步调整生态环境与生产工艺；管理行为的突出特征在于兼顾交易行为与经营策略，可类比为温室生产模式兼顾果实培育与植物生长；管理目标的突出特征在于追求社会公允价值和平台战略导向，可类比为温室生产模式追求食品安全和品牌特色。除了基本要素的一致，两者还存在其他相似的管理特征：①管理自组织。如同温室生产模式改变了水土、气温等生态环境构成要素，平台型电商企业管理模式改变了交易地点、交易程序等市场环境构成要素，在市场大环境下理性设计并实时调整平台“小环境”，为管理客体自发实现平台战略目标提供了一个适宜的环境。②管理主动性。如同温室生产模式调整光照、养分等生态环境要素改变植物自然生长路径，平台型电商企业管理模式调整流量配置、声誉建构等市场环境要素改变卖家自发经营策略，采用主动式主体管理替代了被动式行为监管。③管理多元化。如同温室生产模式可以通过生态环境要素与生产加工技术的不同组合培养不同特征植物，进而生产不同口感或不同形态的产品；平台型电商企业管理模式可以通过市场环境要素和平台管理措施的不同组合吸引不同特征卖家，进而建构不同层次或不同类型的市场。④管理普适性。如同温室生产模式可以摆脱自然条件限制从而普遍适用于不同地理区域，平台型电商企业管理模式可以摆脱社会条件限制从而普遍适用于不同平台型电商企业。

鉴此，本文采用类比法将平台型电商企业管理平台卖家的模式定义为温室管理模式，即平台型电商企业在社会大市场下自主设计平台“小市场”，自主调整市场要素为平台卖家自发成长提供适宜的环境，创新实施管理要素为规范平台卖家行为提供适宜的措施，最终实现平台型网络市场的健康发展与平台型电商企业的战略目标。

2.温室管理模式的理论意蕴。温室管理介于市场治理与科层管理之间，属于混合管理的一种，见表1。同网络治理一致，温室管理也是对混合管理的进一步细分，从而形成的具有自身特色的独立模式。温室管理和网络治理存在显著差异：①网络治理基础在于网络内部的集体规范[11]，温室管理基础在于平台型电商企业将权力/地位优势转化为治理者与被治理者之间的关系准则。②网络治理的核心作用机制是网络内部的限制进入、集体监督与制裁等[11]，温室管理的核心作用机制较之增加了治理者对被治理者的过程控制和结果控制，从而极大提高了“管理”控制力。③网络治理是一种价值链或价值网关系治理，网络主体作为价值链或价值网的重要结点直接参与价值生成过程，治理核心在于资源能力的良性互补、生产服务的协同合作以及经营目标的明确一致[11]；温室管理属于第三方规制，平台型电商企业只是为平台卖家的价值传递提供基础设施，并不直接参与价值生成过程，管理核心在于平台卖家的良性经营、平台交易的繁荣发展以及平台战略的差别优势，从而极大提高了“治理”中立性。④网络治理以隐性契约或开放式契约为基础，这些契约主要是社会性联结而非法律性联结，自组织特征导致网络组织存在不稳定性，网络组织的重组极易诱发价值链断裂以及网络主体的反抗等问题[11]；温室管理凭借埃奇沃斯重订契约将社会性联结转化为法律性联结，他组织特征使得温室管理可以建构“合规性壁垒”分化卖家群体，实现激进式改革的目的，从而更好地适应多变的环境。可以看出，在混合管理大区间内，网络治理更加靠近市场治理端点，温室管理更加靠近科层管理端点，网络技术进步与组织模式创新导致了直接管理成本降低，推动了混合管理区间内科层管理边界与市场治理边界的优化调整。

表1　组织模式的比较

	组织模式			
特点	市场	科层	网络	平台
管理基础	契约产权	雇佣关系	优势互补	契约产权
沟通方式	价格	惯例	关系	惯例/规则
冲突处理	讨价还价	行政命令	互惠规范	行政命令
组织柔性	高	低	中等	中等

资料来源：作者整理。

3.温室管理模式的历史地位。寻找到温室管理模式在管理理论演化过程中所处的历史地位，是理论建构合法化的关键支撑。温室管理模式的核心建构过程在于管理环境与管理措施的共同调整，本文基于组织与环境的关系视角分析了理论演化过程及内在逻辑进化。权变管理理论认为，管理环境是现实存在且无法或很难改变的外生变量，管理措施是对外生变量决定的约束条件所做的精准反应[12]，这实质上建立了高行为控制能力、低环境控制能力的认知。实际上，组织对环境并不是毫无控制力，可以通过管理措施改变管理环境，实现管理措施与管理环境的共同进化，这种认识逐渐演化生成了生态系统理论[13]，但是，共同进化是一个“相互适应者生存”的漫长过程[14]，这实质上建立了有限行为控制能力、有限环境控制能力的认知。不同于实体市场的自然演化属性，平台型网络市场的人为创设属性赋予了平台型电商企业较大管理自主权，所以，平台型电商企业具有较强的行为控制能力；人力改造自然以及个体改造整体的局限性锁定的环境边界，可以伴随技术进步发生一定的漂移，从而将部分外生变量在一定程度上内生化，所以，平台型电商企业也具有较强的环境控制能力。无论是权变管理理论还是生态系统理论，已经很难适应剧烈变化的环境，尤其是在瞬息万变的网络市场更是如此。而组织模式创新和网络技术进步提高了平台型电商企业的行为控制能力和环境控制能力，更好地适应了互联网时代商业模式快速跃迁的特征，进一步引发了管理理论跃迁到新的发展阶段，由此证明本文将其升华为“温室管理理论”的合法性。参见图1。

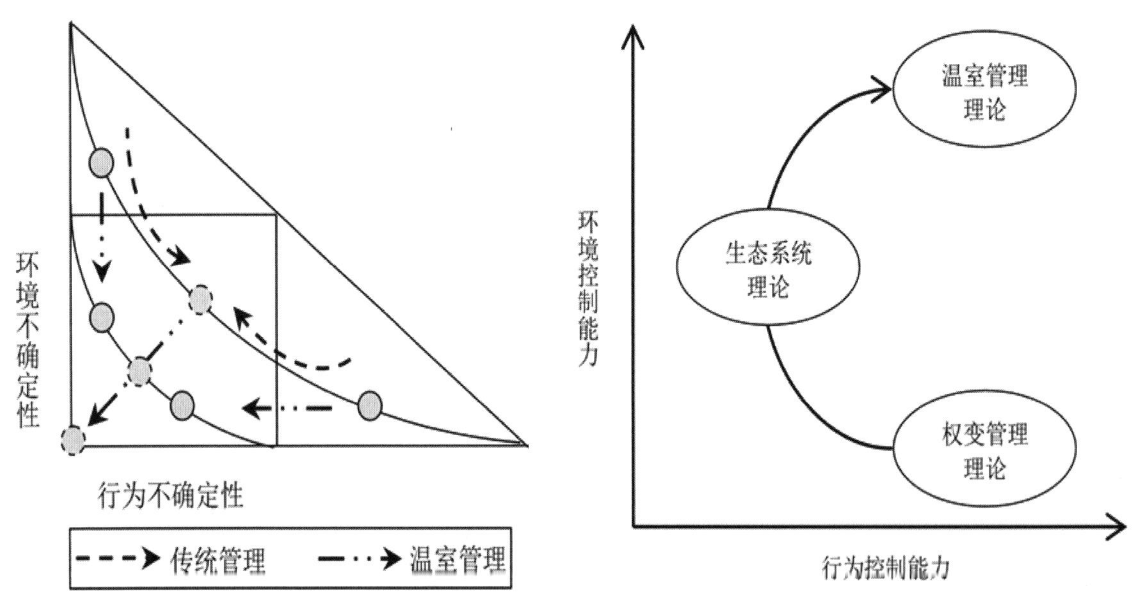

图1　管理理论的理念变迁与演化路径

资料来源：作者绘制。

三、研究设计与案例介绍

（一）研究设计

1.方法选择。①本文需要深度剖析平台型电商企业管理模式的系统构建过程和纵向演化过程，较为适合采用单案例研究方法[15]。②关于平台型电商企业管理模式的研究较少，采用单案例研究可以捕捉和追踪管理实践中涌现出来的新现象[16]。③本文是在案例分析基础上开展的探索性研究，需要采取先案例分析后逻辑命题的理论建构范式，单案例研究是较为合适的方法[16]。

2.案例选择。本文旨在构建理论而非验证理论，理论抽样与极端范例是可行的选择[15, 16]。本文选择阿里巴巴集团旗下的淘宝网、天猫商城等平台型网络市场作为研究对象，主要基于以下考虑：①阿里巴巴建立了国内占据垄断地位的平台型网络市场，汇聚了大量的平台交易方，产生了大量的平台交易量，更加符合本文对“市场”概念的界定。②阿里巴巴建立了国内发展时间最长的平台型网络市场，有助于考察管理模式的纵向演变。③阿里巴巴建立了国内发展最为成功的平台型网络市场，也衍生出种类最为丰富的平台型网络市场，选择阿里巴巴也是遵循样本典型性要求。④阿里巴巴的管理透明度较高，主动向社会披露了大量信息，并得到媒体广泛报道，还引起了大量学者持续而广泛的关注，这为本研究提供了丰富的研究资料。需要指出的是，为了论述方便，本文采用阿里巴巴作为集团旗下平台型网络市场的统称，而不是整个集团或B2B2B业务。

3.数据收集。本文采用三角验证方法以确保研究结论的可靠性[15]，主要数据来源如下：①内部资料。课题组收集了阿里巴巴的官方网站、公司年报、会议文件、工作日志等内部资料，系统探索了阿里巴巴管理模式的纵向演变。②访谈资料。课题组对阿里巴巴工作人员与平台用户分别进行了半结构化访谈，获得了关于阿里巴巴管理模式变革的双边资料，同时，针对涌现的问题点及存在的争议点不断进行补充访谈，通过持续的迭代获得了真实可靠的一手资料。③文献资料。课题组收集了国内外数据库关于阿里巴巴集团的正式发表文献，以及各大出版社涉及阿里巴巴集团的正式出版书籍。④网络资料。课题组收集了关于阿里巴巴集团的新闻报道、专题访谈等，还采用爬虫软件在淘宝社区、百度贴吧、官方微博提取了相关主题信息。

4.数据处理。本文数据处理主要遵循了探索性案例的标准分析步骤[16]：①将平台规则、公开报道等整理成文本材料，找出与研究主题相关的字眼。②归纳整理相关概念，把同类或相反内容进行分组，通过原始数据使得关键概念之间的关系自动显现出来。③跨分析单元的分析与比较。阿里巴巴集团旗下的淘宝网、天猫商城等可作为多个分析单元，它们之间遵循复制逻辑，每个分析单元都可用来验证或否认经由其他案例得到的推论，有利于归纳出更丰富、更可靠的理论模型。④在对温室管理模式进行厘定的基础上，基于本文独特视角，建立了系统理论分析框架。

（二）案例介绍

阿里巴巴建立了国内最大的平台型网络综合市场，旗下拥有国内最大的B2B2B市场（1688）、C2B2C市场（淘宝网）、B2B2C市场（天猫商城）。为了确保平台型网络市场健康快速发展，阿里巴巴从2003年开始着手建构卖家管理体系：一方面，凭借市场搭建功能不断创设不同细分市场，先后从淘宝网分离出天猫商城、一淘网、聚划算等平台“小市场”，为平台卖家提供多元化市场；另一方面，凭借市场规制功能不断开发不同管理手段，如各大电商平台借鉴采纳的“消保金制度”等，对平台卖家采取多样化规制。阿里巴巴通过同步调整管理环境与管理措施建构了特有的卖家管理模式，对保障平台型网络市场快速稳定发展发挥了重要作用，还实现了预期战略发展目标。因此，阿里巴巴是探索温室管理模式的较好样本。

四、案例分析与发现

为了更加清晰地提炼温室管理模式的基本观点，本文基于“模式构成—内在逻辑—模式实施—运行机制”这一经典分析范式，对温室管理模式与经典管理理论进行了对接、比较和反复讨论：①管理措施与治理措施的耦合重构形成了温室管理模式的全新构成。②在主导制度逻辑同构效应作用下，企业为了获得合法性往往呈现出管理行为同质化倾向[17]，因此，温室管理模式的差别化管理面临合法性问题与可行性问题。③科层管理体系主要包括物质基础、规章制度、企业文化[18]，市场治理体系主要包括法律制度、交易规则、社会秩序[19]，温室管理体系介于科层管理体系和市场治理体系之间，且不同于网络治理体系，需要对这些体系进行系统整合与全新建构。其中，法律制度与规章制度属于制度层，物质基础与交易规则属于技术层，企业文化与社会秩序属于社会层，本文将在厘定三个层次边界的基础上，对案例资料进行系统分析与整理。④传统理论大都认定了管理环境的不可控制或难以控制，管理机制的生成与优化始终围绕“管理措施对管理环境的单向依赖”或“管理环境与管理措施的共同进化”展开[12-14]，而温室管理模式主张管理环境与管理措施的共同调整，从而形成了全新的管理机制生成路径与优化路径。

（一）平台型电商企业的温室管理构成

管理是在环境不确定性和行为不确定性双重约束条件下寻求最优解的过程。温室管理模式既可以对约束条件进行理性设计，也可以对博弈行为进行适当规制，使之达到高水平稳定均衡和预期平台战略目标。据此，本文将阿里巴巴的温室管理模式分为三个层次：①制度层的规则设定。阿里巴巴制定平台型网络市场的基本规则，限定参与卖家和参与行为，这是对约束条件的设计。②技术层的程序设定。阿里巴巴构建平台型网络市场的基本架构，规定市场交易的基本程序和平台卖家的功能设定，这是对约束条件的确认。③行为层的管理设定。阿里巴巴建设平台型网络市场的管理机构，执行平台规则，建构规制措施，对卖家行为进行引导、规范和奖惩，这是对博弈行为的规制。除了三种基本层次，两两层次之间的融合还构成了三种复合层次，详见表2。

表2　阿里巴巴的温室管理模式

	构成	具体内容
基本层次	规则设定	《大淘宝宣言》、《淘宝规则》、《天猫规则》等基础规则
	程序设定	交易流程、交易信息、交易功能、延伸服务等基础程序
	管理设定	商盟制度、违规惩处、卖家扶持计划等基础政策
复合层次	规则设定与程序设定的融合	支付宝、店铺声誉生成、店铺信息展示等系统设计
	程序设定与管理设定的融合	店铺降权、店铺屏蔽等操作设计
	规则设定与管理设定的融合	平台仲裁机制、规则众议院、大众评审制度等实施细则

资料来源：作者整理。

平台规则限定在法治框架下，得到平台卖家高度认同，具有较高的合法性[1]；平台程序可以将一些“不合规”行为或卖家完全排除在市场之外，具有较高的强制力；平台规制可以对“规则外”行为进行引导，具有较高的裁量权。其中，规则设定必须落实到程序设定和管理设定才能得以实施，程序设定和管理设定必须合乎规则设定才能获得合法性，三个层次并不是完全孤立的；管理设定可以上升为规则设定，进而有条件转化为程序设定，三个层次也不是完全固化的。“规则设定—程序设定”的互动关系极大降低了外部环境不确定性，如支付宝强制嵌入交易流程杜绝了先货后款或货到付款可能引发的交易不确定性，而“程序设定—管理设定”的互动关系极大降低了内部环境不确定性，如系统自动对违规卖家采取店铺降权等惩处措施，杜绝了平台型电商企业管理人员的行为不确定性，这些构成了平台型电商企业的温室管理环境；“规则设定—管理设定”的互动关系有效应对了卖家行为不确定性，如大众评审结论具有“判例法”性质，对平台卖家的“规则外”行为形成有效的约束和引导，这构成了平台型电商企业的温室管理措施。

（二）平台型电商企业的温室管理逻辑

1.合法性来源。淘宝网、天猫商城、天猫电器城对平台卖家采取了不同的管理策略，这种差别化管理面临合法性危机，典型的如“围攻淘宝”。事实上，平台卖家的多属行为策略使得阿里巴巴不会对违规卖家采取严厉惩处，否则，受罚卖家逃离市场可能对平台观察者以及潜在进入者产生不良的示范效应，特别是平台型电商企业之间存在激烈的竞争，过于严厉的惩处措施可能对平台型电商企业经营绩效产生一定的负向影响。为此，阿里巴巴采用市场培育策略替代市场监管策略，采用市场细分与卖家选择替代市场管理与卖家惩处，先后培育了天猫商城、天猫电器城等平台“小市场”，引导平台卖家自主选择合适的市场，从而建立了特有的“信号甄别”机制。

阿里巴巴分割天猫商城属于商业模式创新，是平台型电商企业在单寡头竞争性垄断市场建构先发优势的关键[6]。并且，这种创新是通过调整卖家进驻条件、卖家功能供给、市场交易规则、交易行为管理得以实现的[1]，即同步调整管理环境与管理措施，因此，这也是平台型电商企业建构温室管理模式的重要结果。可见，管理模式调整与商业模式创新实现了融合，这是平台型电商企业高度重视卖家交易行为和卖家经营策略的必然导向。温室管理模式的内在逻辑是基于平台经营战略的参与主体选择和卖家行为选择，无论是天猫商城还是天猫电器城，均承载了阿里巴巴服务特定客户的既定目标，这决定了温室管理模式带有一定的平台战略导向。平台战略导向需要通过“形式公平、实质不公平”的平台管理策略实现参与主体选择和用户行为选择，平台型网络市场的无边界发展与开放式经营导致平台管理策略具有较强的外部性，从而引发“围攻淘宝”等类似事件频频发生[1]。不同平台市场旨在吸引不同平台卖家，平台卖家可以自由选择平台市场，阿里巴巴为平台卖家提供了可供选择的多元市场而不是必须遵守的单一规则。可见，管理模式与商业模式的融合确保了平台型电商企业的垄断地位没有导致垄断经营，平台卖家的多属行为策略以及平台型电商企业的激烈竞争更是淡去了平台管理策略的垄断性色彩[6]。因此，管理模式与商业模式的融合为温室管理模式在市场大环境下建构温室“小环境”

提供了合法性基础。事实上，平台型网络市场的形成和发展，得益于平台型电商企业与平台卖家的资源和能力相结合产生的共动效应。平台型电商企业与平台卖家签署的单边自主调整规则契约，忽略了平台卖家可以凭借专有资产投入享有一定的市场规则决策权，从而引发了彼此之间的冲突。“围攻淘宝”事件伴随平台规则公示制度和备案制度的实施而告终，则印证了本文的论断。

平台型网络市场环境的形成既包括平台型电商企业的主动培育，也包括平台卖家的自发博弈。群体重复博弈形成的市场环境具有内在的普适性和稳定性，更加符合社会公允价值，这是阿里巴巴高度重视“卖家治理卖家”的重要原因；商业模式创新生成的温室环境具有一定的独特性和动态性，更加符合平台战略导向，这是阿里巴巴高度重视中小卖家扶持计划的重要原因。市场环境具有内在一致性，参与主体可以自由公平竞争，这是市场实现自我净化、自我治理的重要基础；温室环境具有内在差异性，平台卖家只有符合平台要求才能进入市场参与竞争，这是平台实现市场细分、市场选择的重要手段。因此，管理模式与商业模式融合导致市场管理规则的社会一致性被平台经营战略的内在差异性所破坏，平台型电商企业对平台卖家的选择在一定程度上替代了对平台卖家的规范，平台型电商企业采用竞争门槛限定替代竞争行为限定，将平台强制选择嵌入市场自发选择，推动了管理环境与管理措施从管理模式中分割开来（管理环境是对平台卖家的选择，管理措施是对平台卖家的规范），从而生发了本文提出的温室管理模式。其中，管理模式背后的主导制度逻辑在于公平、公正，商业模式背后的主导制度逻辑在于自由、效率，温室管理模式建构的内在逻辑在于平台型电商企业采用自由、效率的制度逻辑取代了公平、公正的制度逻辑，从而获得了合法性。基于以上分析，本文提出：

命题1：管理模式与商业模式的融合导致市场管理规则的社会一致性被平台经营战略的内在差异性所破坏，这是温室管理模式的合法性来源。

2.可行性保障。淘宝卖家、天猫卖家具有各自的特点，表明阿里巴巴采取的市场培育策略取得了巨大成功。但是，平台型电商企业在市场大环境下理性设计平台“小环境”，既要克服实体市场的路径依赖效应，也要克服平台型网络市场的刚性约束，面临可行性危机。实际上，物理空间限制与国家公共产权导致实体市场属于具有非排他性和竞争性的准公共物品，突破时空限制与平台企业产权导致平台型网络市场属于具有非竞争性和排他性的准公共物品，实体市场具有自然选择属性（市场个体自发竞争的结果），平台型网络市场具有人为设定属性（管理主体主动排他的结果）。实体市场对参与主体的一致性要求导致市场发展具有典型的自组织和或然性；平台型网络市场对参与主体的个性化要求导致市场发展具有典型的他组织和目标性。因此，实体市场参与主体的发展无边界，自主性较强；平台型网络市场参与主体的发展有边界，自主性较弱。边界的存在是平台型电商企业建构温室管理模式的可行性保障。阿里巴巴建构边界的具体措施如下：

规则设定与程序设定融为一体。阿里巴巴将平台规则嵌入交易程序之中，实现了规则设定与程序设定的有机融合，确保了温室管理边界的有效性。①平台卖家进入交易程序的过程成为平台卖家接受平台规则的过程，平台卖家自主选择替代了平台型电商企业强制管理，权力让渡替代了契约协定，保证了构造温室管理边界的合法性。②交易进行的过程成为规则践行的过程，提高了平台卖家履约的积极性和主动性，并且，“不合规”行为无法进入交易程序，保证了构造温室管理边界的可行性。③交易程序的学习过程成为平台规则的学习过程，提高了平台卖家的学习规则热情与适应改革能力，保证了构造温室管理边界的高效性。

管理设定与程序设定融为一体。阿里巴巴将规制措施建立在交易程序框架下，实现了管理设定与程序设定的有机融合，确保了温室管理边界的适用性。①有助于实现交易程序和交易行为的适配性，防止程序刚性可能导致平台卖家需求得不到满足，这在阿里巴巴建立卖家服务中心体现得尤为明显。②有助于实现平台规则和交易程序的匹配性，防止潜规则可能对正式规则产生一定的消解，这在阿里巴巴严厉打击售假卖家体现得尤为明显。③有助于实现交易程序和规制措施的协同性，防止程序漏洞可能造成不利影响，这在阿里巴巴仲裁交易纠纷体现得尤为明显。

管理设定、规则设定与程序设定的协同演变。柔性的规制措施可以率先对平台型网络市场出现的新问题给出反应，具体可参见淘宝判定中心。随着新问题的规模涌现，应对的规制措施也会逐渐标准化、规范化，并逐步上升为平台规则，更进一步，规则设定的调整还会继续引发程序设定与管理设定的同步调整，最终形成“‘例外问题’引发管理设定调整—管理设定调整上升为规则设定调整—规则设定调整落实到程序设定调整—程序设定调整框架下的管理设定再调整”的良性演化机制。阿里巴巴的店铺信息经历了“店铺信息审核通过方可开设店铺—店铺信息上传规则—店铺信息自动生成程序—店铺信息负面清单管理”这一漫长的过程，对该问题给出了很好的注解。因此，程序设定不仅与规则设定、管理设定融为一体，还形成了协同演化的良性机制，从而确保了温室管理边界的动态性。

综上所述，阿里巴巴依托网络技术进步实现了规则设定、程序设定、管理设定的集成，引发了技术边界对契约边界的替代，使得平台服务的使用呈现一定的排他性，即不符合平台规则的平台卖家或卖家行为将被平台系统自动筛选和过滤，不需要平台型电商企业采取强制措施。这使得管理环境的设定真正成为一种理性设计下的外在约束条件，管理措施的执行真正成为一种预期条件下的内在求解行为，从而建构了温室环境与市场环境的边界。基于以上分析，本文提出：

命题2：规则设定、程序设定、管理设定的集成导致契约边界被技术边界所替代，这是温室管理模式的可行性保障。

（三）平台型电商企业的温室管理实施

1.温室管理模式的规则体系。平台规则与政府法制在平台型网络市场形成了混合型治理结构：淘宝判定中心对平台卖家违规行为的判定适用平台规则，仲裁机构或人民法院对平台卖家违规行为的判定适用法律制度，两种判定方式是否存在矛盾或冲突是平台型电商企业建构温室管理模式成功与否的关键。本文对于阿里巴巴的调查结果如下：

法治框架的坚守。阿里巴巴将平台规则限定在法治框架下，甚至直接将大量法律规定补充进平台规则，确保平台规则对法治框架的坚守，这是温室管理模式获取法治层面合法性的关键。鉴于法律制度在平台型网络市场存在“水土不服”，阿里巴巴没有僵化地固守，而是进行了创造性革新，如充分利用后台信息优势，针对拥有大量违规历史的平台卖家采取定期抽检制度。并且，2014年新修订的《消费者权益保护法》规定平台型电商企业应该对平台卖家违规行为承担一定的连带责任。可见，阿里巴巴对法治框架的坚守，既是获取合法性的主观意愿，也是经营合规性的被动遵守。不仅如此，在具体的交易纠纷处理过程中，阿里巴巴充当了政府机构在平台型网络市场的“执行代理人”，强制违规卖家承担相应责任，甚至采取必要的惩处措施。因此，阿里巴巴对法治框架的坚守不仅体现在平台规则的设计，还体现在平台规则的实施。

自由裁量权的选择。法制体系的内在刚性决定了体系设计必须预留一定的自由裁量空间以应对市场交易的多样性和复杂性。据此，阿里巴巴对法律制度的自由裁量空间进行了筛选与圈定，采用清晰明确的平台规则替代“两可之间”的法律制度，实现了“平台理性”对“社会理性”的“挤出”。更为重要的是，建立在自由裁量空间的平台规则体现了平台型电商企业的价值观和利益观，使得温室管理模式不仅有利于实现社会公允价值，而且有利于实现平台战略目标，这是温室管理模式获取平台层面合法性的关键。

平台规则的实施。平台规则是对法律制度的进一步细化，具有更强的刚性约束特征，阿里巴巴裁定交易纠纷主要基于平台规则而非法律制度，并且，数据化运作使得平台规则供给和实施的低成本、实时化成为可能，阿里巴巴与政府机构的通力合作还加大了处罚力度[1]。因此，平台规则建立了相对法律制度的实施优势，从而确保了温室管理模式的有效性。平台规则的公共性仅限平台型网络市场，不同于法律制度的社会公共性；况且，平台型电商企业不具备被授权或者被委托行政监管的主体资格条件，因而阿里巴巴较少采用政府机构常用的罚款或当事人追责等手段，更多采用禁止入驻市场或限制使用服务等手段，角色定位差异形成的管理手段差异缓解了自由裁量空间引发的政府机构与平台型电商企业的裁定冲突，从而确保了温室管理模式的适用性。

平台规则相对法律制度的执行优势以及平台型电商企业对政府职能的“代理实施”，使得平台型电商企业建构的温室管理模式成为平台型网络市场交易秩序的主要决定因素。这种管理模式兼顾了法治目标与公域之治，获得了法治层面与平台层面的合法性。基于以上分析，本文提出：

命题3：平台规则对法律制度的选择性实施形成了温室管理模式的规则体系。

2.温室管理模式的交易体系。买卖双方在长期交易过程中形成了多元化交易方式与个性化交易习惯，并且，群体博弈行为也会演化出一系列交易秩序，这些交易秩序可以内化为平台卖家自发交易行为。但是，市场自发博弈形成的稳定均衡并不具备价值导向，稳定均衡实现的支付水平取决于初始条件，大量平台型网络市场沦为“柠檬市场”的原因正在于此。为此，阿里巴巴对交易程序进行了技术化设定，采用平台理性设计为卖家自发博弈创造良好的初始条件。具体如下：

平台交易的全方位设计。①阿里巴巴全权设计平台交易流程，改变交易参与者的博弈顺序。如阿里巴巴鼓励平台买家积极发表评论，这为平台交易双方实现动态博弈提供了可能，有效避免了平台卖家的机会主义行为。②阿里巴巴全权设计平台交易契约，改变交易参与者的博弈支付。如阿里巴巴为平台卖家提供标准格式订单，规定平台交易各方的责任，将平台交易打造成为“透明游戏”。③阿里巴巴强制嵌入平台交易程序，改变交易参与者的博弈策略。如支付宝提供的可置信承诺可以减少交易双方的道德风险行为，改变静态博弈过程中的无效率纳什均衡[7]。

平台信息的选择性共享。阿里巴巴凭借对交易行为的低成本记录与展示，形成了庞大的后台数据库，并将这些数据信息和平台用户共同分享。但是，阿里巴巴并不是完全地共享信息，而是有选择地共享信息。如阿里巴巴在淘宝网公布了店铺评分（动态评分，主要功能在于信号甄别）和信誉评分（累计评分，主要功能在于声誉建构），而只在天猫商城公布了店铺评分。这种信息共享行为降低了平台卖家的信息不对称，实现了社会公允价值；信息共享差异践行了“淘宝创业市场、天猫品牌商城”的市场定位，实现了平台战略导向。

平台服务的垄断性供给。阿里巴巴拥有平台服务的垄断供给权，并对网页插件等基于平台型网络市场的延伸服务进行限制，还直接介入一些关键服务的使用过程，这在很大程度上压缩了平台卖家的行为域，降低了平台卖家的行为不确定性。如阿里巴巴设定了店铺信息展示的标准格式，并对卖家入驻资质进行全方位考核，大大减少了平台卖家的信息投机行为。

阿里巴巴对交易程序的技术化设定，强化了平台交易的刚性特征和理性特征，不仅有利于市场交易主体自发追求高水平稳定均衡，而且有利于市场交易主体自发追求预设的平台战略目标。并且，这种设定既确保了平台型网络市场的公共性目标，还确保了平台型电商企业的私利性目标。基于以上分析，本文提出：

命题4：平台程序对交易程序的技术化设定形成了温室管理模式的交易体系。

3.温室管理模式的社会体系。平台交易的线下交割导致阿里巴巴的封闭式管理存在脱节，交易双方对于具体交易占有更多信息，知假买假等平台交易双方的联合非伦理问题迟迟无法解决的原因正在于此。究其本质，虽然平台交易并未完全摆脱空间限定，但是完全脱离了空间赋予的关系特征，以血缘、乡缘、业缘、学缘为纽带建立起来的“乡土社会”被以利益交换为纽带建立起来的“网络社会”所取代，关系驱动的交易被市场驱动的交易所替代[3]，价值意识、伦理道德、文化习俗所构成的非正式制度在平台型网络市场发生了严重的异化，从而形成了全新的博弈情境。正是由于平台卖家的自发博弈陷入“自然状态”，基于主观的理性逻辑取代了扎根惯性的情感逻辑，导致“个体理性”与“社会理性”以及“利益导向”与“价值导向”发生偏离。为此，阿里巴巴建设“网络社区”模仿“乡土社会”，试图建立平台型网络市场的社会文化情境，具体如下：

阿里巴巴建立了商盟制度，为同行卖家提供交流合作平台，形成对行业圈的模仿。商盟可以分享商业信息、交流经验教训、创造合作机会、分摊集体声誉，具有较强的外部性，严格的入盟程序和规章制度还对商盟成员的机会主义行为形成强有力约束，从而建立了自主管理机制。同时，商盟可以建构良好的商盟文化，促使商盟成员自发减少机会主义行为，从而建立了自我管理机制。此外，商盟拥有较多的内部信息，可以高效率、低成本解决交易纠纷或对机会主义行为进行认定，从而建立了具有信息优势的第三方管理机制。

阿里巴巴打通了社交网络，为交易双方提供交流合作平台，形成对社交圈的模仿。阿里巴巴相继推出社交产品“淘江湖”、移动社交产品“湖畔”、社区产品“淘帮派”以及移动社交网络“来往”（现已更名为点点虫），打造社交购物的努力从未中断。阿里巴巴此举促使市场驱动型交易回归关系驱动型交易，关系营销追求的长期稳定合作关系可以对平台卖家的投机动机产生较强的抑制作用，从而建立了平台卖家自我约束机制。

阿里巴巴构建了生态系统，为平台卖家提供交流合作平台，形成对地域圈的模仿。平台型网络市场可以突破时空约束，形成无边界发展的趋势，最终将发展成为商业生态系统[20]。在阿里巴巴生态系统中，无边界、低成本、可追踪的网络口碑取代了受限地域的口头传播，使得“网络社区”具备了“乡土社会”的网络嵌入性特征。网络口碑不仅为平台买家提供了参考依据，而且为平台卖家提供了交易机会，长期社会资本相对短期交易利得的优势对平台卖家行为产生了较强的约束作用。更进一步，阿里巴巴不断扩大生态系统，包括打造开放平台、自建蚂蚁金服、合作金融机构等，增强了社会资本的价值性，对平台卖家行为产生了更强的规范作用。

阿里巴巴对“乡土社会”的情景化模仿，为自主管理、自我管理以及第三方管理等非正式制度提供了一个变迁的环境而不是一个变迁的路径。在这种环境下，社会资本作为长期激励对短期利益产生“挤出”效应，长期理性博弈形成的情感惯性培养了卖家自律行为，有助于形成良好的社会文化情境。阿里巴巴通过文化与管理的融合发展，推动了“经验管理”“科学管理”向“文化管理”的范式演进。基于以上分析，本文提出：

命题5：平台规制对“乡土社会”的情景化模仿形成了温室管理模式的社会体系。

（四）平台型电商企业的温室管理机制

1.管理机制生成路径。阿里巴巴成功塑造了淘宝网、天猫商城等平台“小市场”，每一个“小市场”均建有成型的卖家管理机制，所有管理机制的集合共同构成了完整的温室管理模式。鉴此，本文系统梳理了阿里巴巴的管理机制生成路径，全面剖析温室管理模式的运行机制：

管理环境与管理措施的特性互补。平台卖家的大规模集聚导致平台型电商企业管理陷入管理幅度放大、管理难度提升的困境，极易诱发管理的低效率和高成本。为此，阿里巴巴通过平台规则明晰化降低了管理任务模糊性、交易程序刚性化降低了管理任务复杂性、平台规制社会化降低了管理任务繁重性，为自动化管理提供了环境基础。阿里巴巴通过构造具有显著刚性特征的管理环境，实现了官僚制所追求的“纯技术优势”，降低了平台卖家违规行为发生率。但是，刚性管理环境受制于规则制定的有限理性以及交易行为的不确定性，无法覆盖所有的平台交易问题，而且容易扼杀平台卖家创造力，不利于市场的长期发展。为此，阿里巴巴推出了柔性管理措施：①启动平台仲裁机制。阿里巴巴人工介入平台交易纠纷处理，不仅可以对“规则外”行为进行有效的引导，还可以根据处理结果调整平台规则，极大提高了平台型电商企业管理的适用性。②建立平台自组织管理。阿里巴巴鼓励平台卖家根据平台规则协商解决纠纷，实现自行管理；同时，动员平台卖家参与大众评审制度，实现参与管理；此外，激励平台卖家参与规则众议院，实现自主管理。由于平台卖家具有丰富的知识、直观的经验和中立的态度，平台自组织管理不仅可以保证平台交易纠纷得到妥善处理，而且可以提高平台卖家的自我管理意识，还可以鼓励平台卖家结合亲身体验或大众评审案例对调整平台规则积极建言献策。③加强平台文化建设。阿里巴巴组建淘宝论坛、创办淘宝大学、编撰开店教程，积极向平台卖家传达信息时代商业文明，通过文化的渗透和辐射作用引导卖家加强自我行为规范。可见，阿里巴巴通过建构具有显著柔性特征的管理措施，实现了网络制所追求的“纯社会优势”，引导平台卖家在自由发展过程中自觉遵守平台规定。因此，阿里巴巴塑造了刚性管理环境与柔性管理措施，实现了两大构成要件的良性互补。

管理环境与管理措施的功能协同。平台型电商企业根据预先设计的交易规则、交易程序、服务功能制定管理措施，即在管理环境锁定的约束条件下规范平台卖家行为。具体来说，针对平台法制环境，阿里巴巴采取了平台仲裁机制、大众评审制度等措施确保平台规则真正成为决定博弈支付的约束条件；针对平台交易环境，阿里巴巴采取了自动化运作、中立化干预等措施确保交易程序免受其他因素干扰；针对平台社会环境，阿里巴巴采取了制定商盟准则、规范论坛行为等措施确保社会资本的约束作用。可见，作为平台规则、平台程序与平台规制的统一实施者，阿里巴巴采用自助式设计保证了管理环境与管理措施的协调一致，从而实现了管理环境的目标设定和管理措施的功能设定实现有效的协同。

管理环境与管理措施的渐次调整。平台型电商企业可以凭借平台型网络市场的“鸡蛋相生”效应[1]，实现温室管理机制的渐进式调整，典型的如阿里巴巴嵌入支付宝：①改革平台卖家管理措施。阿里巴巴鼓励平台卖家采用支付宝交易，“鸡蛋相生”效应使得平台卖家具有适应新型变革的主观动机，而且阿里巴巴为平台卖家提供了学习机会、适应时间等保护性措施，引导平台卖家顺利改变经营策略。②改变平台买家的交易习惯。阿里巴巴为平台买家使用支付宝交易提供学习指导、积分奖励等帮扶性措施，确保平台买家顺利改变交易习惯。③改革平台卖家的管理环境。随着支付宝交易渐趋稳定，阿里巴巴将绑定支付宝作为平台卖家注册的必备要件，从引导性管理措施逐步转变为强制性管理环境，最终实现了平台战略发展目标。

由此可见，平台型网络市场的管理环境与管理措施均可以采取人为理性设计，管理环境与管理措施可以实现直接的协同匹配，这决定了温室管理机制的生成路径，并且，这种方式在很大程度上确保了温室管理机制的适用性和有效性。基于以上分析，本文提出：

命题6：平台型电商企业采用管理环境与管理措施的协同匹配替代了管理环境与管理措施的单向依赖和共同进化，这构成了温室管理机制的生成路径。

2.管理机制优化路径。淘宝网、天猫商城的规则设定、程序设定、管理设定一直处于动态演变过程中，致力于寻求最优管理机制。技术边界确定的管理环境具有较低的执行成本和较高的管理效率，行政边界确定的管理措施具有较高的执行成本和较低的管理效率，因此，管理措施向管理环境转变可以降低执行成本、提高管理效率，这成为阿里巴巴管理机制的演变趋势。并且，规则设定、程序设定、管理设定的集成机制便利了管理措施向管理环境的动态转变，如阿里巴巴关闭店铺等惩处措施已经设定为系统自动执行。更为重要的是，管理措施并不必然依赖管理环境，管理措施可以在不存在法律或规则实施条件下成功保证管理行为生效[21]，这确立了管理措施相对管理环境的先进性。经过多次试错过程达到稳定的管理措施可以“制度化”为规则或“技术化”为程序，进一步引发管理环境与管理措施的边界调整，最终推动温室管理机制的动态演进。

管理措施向法制环境转变主要体现为管理措施的合法性确认与广泛性溢出。规制措施可以上升为平台规则，还可以进一步上升为法律制度，从而获得更高的合法性。不仅如此，领先平台型电商企业的有效管理措施还会溢出到其他平台型电商企业，“有组织的私人秩序”逐渐演变成“准公共秩序”[7]，进一步推动网络市场法制环境的渐趋完善。管理措施转变为法律制度重塑了一致性市场环境，打击了平台卖家凭借多属行为策略逃避监管的行为，有利于平台型电商企业采取严苛的管理措施保障良好的市场环境，进而推动平台型网络产业的健康发展。

管理措施向交易环境转变主要体现为交易行为的定向化剔除。管理措施对交易行为的限定大多通过交易主体的奖惩机制予以实现；管理环境对交易行为的限定可以通过交易行为的选择机制予以实现。管理措施向交易环境的转变在一定程度上实现了交易行为的排他，如阿里巴巴采用系统自动生成店铺销量替代平台卖家自行披露，从而对平台卖家的信息投机行为进行了剔除。因此，管理措施向交易环境转变的实质在于从单纯的交易主体奖惩转变为定向的交易行为剔除。

管理措施向社会环境转变主要体现为平台型电商企业的参与式建设。平台型网络市场摆脱了地理空间限制，呈现无边界发展趋势，在此基础上，大量平台卖家结成弱连带关系，导致“乡土社会”的情景化模仿存在违约信息和奖惩机制的供给不足等问题。为此，阿里巴巴改变了实施成本较高的奖惩式管理，自觉参与“乡土社会”建设，实现了从经营企业到经营社会的转变[22]。阿里巴巴建立了蚂蚁评分、信誉评分等声誉生成机制，并将其作为阿里小贷发放贷款的重要依据，从而将社会资本带来的不确定收益转变为预期收益，增强了社会资本对平台卖家的激励作用。

管理环境难以干预导致了管理措施与管理环境的稳定边界，从而形成了传统管理机制的稳态结构；平台型电商企业可以将管理措施转变为管理环境，从而形成了温室管理机制的动态结构，这决定了温室管理机制的优化路径；并且，这种方式在很大程度上确保了温室管理机制的适用性和有效性。基于以上分析，本文提出：

命题7：平台型电商企业采用管理措施向管理环境的动态转变打破了管理环境与管理措施的稳定边界，这构成了温室管理机制的优化路径。

五、结论与讨论

（一）研究结论

本文将平台型电商企业的创新型管理界定为温室管理模式，并结合阿里巴巴的管理实践进行了系统解构，见图2。研究发现，规则设定、程序设定、管理设定是温室管理模式建构的基本层次。网络市场秩序建设缓慢与平台“自发秩序”严重缺失，导致实体市场与平台型网络市场的映射关系在很大程度上决定了温室管理模式的系统实施过程，还在一定程度上导致了温室管理目标的价值困境。组织模式创新与网络技术进步推动了普通管理机制向温室管理机制的转变。其中，管理模式与商业模式的融合提供了合法性基础，规则设定、程序设定、管理设定的集成提供了可行性保障，同时，这推动了理论层面的主体关系重构（从科层关系、市场关系向中间型关系演变）、管理方式转换（从“经验管理”“科学管理”向“文化管理”转变）、管理理论进化（从权变管理理论、生态系统理论向温室管理理论演进）。并且，网络技术进步与组织模式创新可以推动管理环境和管理措施的不断丰富和动态转变，其中，管理环境和管理措施的不断丰富与协同匹配形成了管理模式的外延式扩张路径，管理措施向管理环境的动态转变及协同演化形成了管理模式的内生性调整路径，外延式扩张可以通过“激进式变革”塑造全新的管理机制，内生性调整可以通过“渐进式变革”提高管理机制的有效性和适用性。温室管理模式将管理环境维度与管理措施维度的动态调整嵌入管理模式运行机制，通过两种机制的耦合互动推动管理机制的不断创新以及有效性、适用性的不断提升，最终实现了温室管理模式的持续创新发展。此外，温室管理模式厘定了目标价值困境导致的“动机不足”与制度演进缓慢导致的“能力不足”的界限，以及“政府机构框定平台型电商企业管理”的双元管理关系和“平台卖家参与平台型电商企业管理”的互动管理关系，跳出管理层次与管理幅度的平衡困局，改善传统管理模式适用性较窄、有效性不强的弊端，具有重要的理论意义和实践价值。并且，由于互联网平台企业属于单寡头竞争性垄断市场结构，满足用户多元化需求的多厂商共生成为行业发展常态[6]。本文研究结论不仅对于取得总体市场垄断地位的平台型电商企业具有重要的指导作用，而且对于取得细分市场垄断地位的平台型电商企业也具有重要的参考价值，还对于具备类似特征的平台企业具有一定的借鉴意义。

本文的理论贡献主要体现在以下几个方面：1.提出组织外部环境与组织内部管理之间的中间层，即温室环境。主流管理理论大都认定了管理环境与管理措施必须达成一定的匹配关系才能实现管理效用最大化，本文研究进一步指出，具体到平台型电商企业对平台卖家的管理，这种匹配关系并不是外部环境与内部管理的直接匹配，而是温室环境与内部管理的直接匹配，这对于企业间管理行为趋异与企业内管理行为趋异并存的现象具有更强的解释力。2.厘定平台型电商企业与平台卖家的关系。以往研究对于平台企业与平台用户的关系理解存在规制基础（市场关系与科层关系）与规制措施（重治理机制、轻管理机制）“两张皮”问题[21]。本文厘定了平台型电商企业规制平台卖家的市场关系边界与科层关系边界、治理措施与管理措施、社会公允价值与平台战略导向，从而确保了规制基础与规制措施的一致性。3.拓展网络治理与混合管理的进路。以往研究表明，网络技术进步降低了交易成本，推动了混合管理区间内的管理模式向市场治理端点靠近，从而形成了网络治理模式[11]；本文研究表明，组织模式创新降低了管理成本，推动了混合管理区间内的管理模式向科层管理端点靠近，从而形成了温室管理模式。并且，温室管理模式属于网络技术进步基础上的组织模式创新，是对网络治理模式的进一步发展，两者并非直接对立的管理类型。4.本文为探索平台型电商企业规制平台卖家提供了一个系统的理论分析框架，特别是建构了“规则设定—程序设定—管理设定”三大层次以及“规则体系—交易体系—社会体系”三大体系，为探索平台型电商企业对平台卖家的规制策略提供了分析工具与分类标准。在此框架下，本文建立了制度多元性与组织异质性的微观链接：制度理论从宏观层面阐释了制度多元性塑造组织异质性的内在机理[17]，却没有从微观层面阐释这种机制的实现过程，本文发现管理模式与商业模式融合为组织选择性响应相互竞争的多元制度逻辑提供了可行的情境，这是制度多元性塑造组织异质性的重要微观基础。不仅如此，本文明确了契约边界与技术边界的内在差异：契约边界确定的管理模式本质上是建立一种委托代理关系，管理者不得不支付高昂的监督成本或额外的激励成本；技术边界确定的管理模式本质上是构造一种用户行为域，可以有效地剔除机会主义行为。此外，本文还厘定了管理环境与管理措施的多元关系：权变管理理论确立了“管理措施对管理环境的单向依赖”[12]；生态系统理论确立了“管理环境与管理措施的共同进化”[13,14]；温室管理模式确立了“管理环境与管理措施的协同匹配”以及“管理措施向管理环境的动态转变”，从而深化了对互联网时代平台型电商企业行为控制能力和环境控制能力大幅提高的认识。

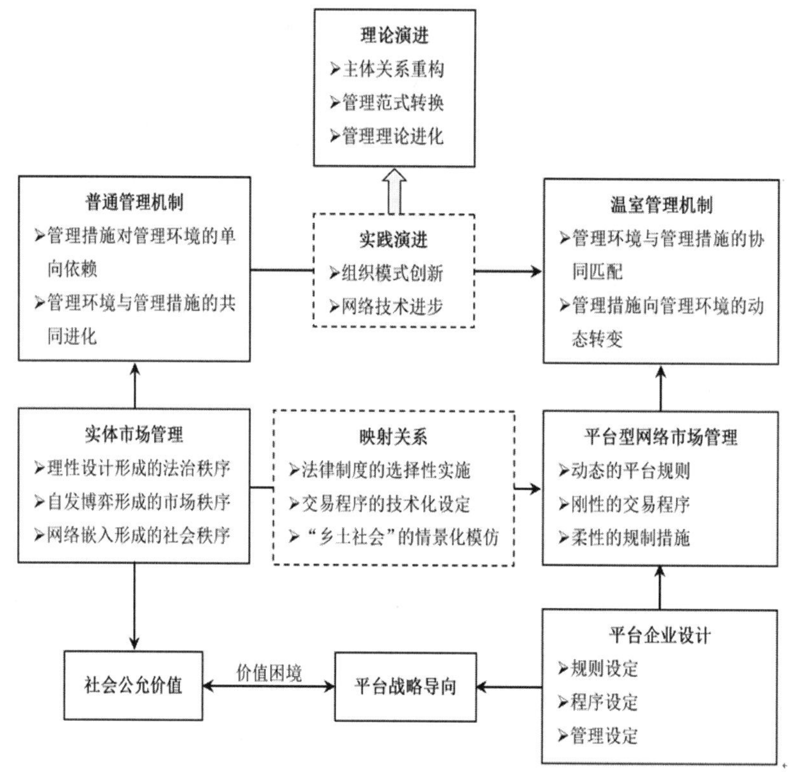

图2　温室管理模式的逻辑与机制

资料来源：作者绘制

（二）对策建议

1.平台型电商企业应该确保社会公允价值与平台战略导向的统一。一方面，平台型网络市场公共利益最大化是平台型电商企业个体利益最大化的基础，两者并不存在必然冲突，平台型电商企业可以在保证社会公允价值的前提下实现自身战略目标，这要求平台型电商企业选择正确的战略定位、履行应有的社会责任、践行“平台—政府”双元管理方式。另一方面，平台型网络市场公共利益最大化与平台型电商企业个体利益最大化可能存在一定的激励冲突，这要求平台型电商企业应该尽可能采用商业模式的渐进创新替代管理模式的激烈变革，采用市场逐级细分策略替代市场严格监管策略，采用管理环境的多元塑造替代管理措施的单边调整，在平台战略实施过程中完成对卖家规则的选择性改造，也即通过建构温室管理模式，将平台型电商企业与平台卖家的对立冲突可能造成的负面影响降低到最低限度。

2.平台型电商企业应该确保规则设定、程序设定、管理设定的统一。①平台型电商企业应该建构“规则设定—程序设定—管理设定”自上而下的管理模式建构路径与自下而上的管理模式调整路径，以此确保管理模式的合法性和动态性。②平台型电商企业不仅可以利用规则设定、程序设定、管理设定的层次性建构丰富的商业模式，也可以利用规则设定、程序设定、管理设定的集成性建构高效的管理模式，进而通过有效厘清层次性与集成性的关系确保商业模式与管理模式的一致性。③平台型电商企业既要确保规则设定对地方法律规定的坚守、程序设定对地方交易习惯的遵从以及管理设定对地方社会文化的适应，也要确保规则设定对平台战略定位的支撑、程序设定对平台经营策略的支持以及管理设定对平台商业文化的保障，通过自由裁量空间的筛选、新式交易习惯的培养以及网络社区文化的塑造，解决管理地方化与经营全球化之间的冲突。最终，通过规则设定、程序设定、管理设定的协同匹配与系统整合，建构完整有效的温室管理模式。

3.平台型电商企业应该确保管理环境与管理措施的统一。①平台型电商企业在设计温室管理模式过程中，必须确保管理环境与管理措施的协同匹配，主动剔除不符合管理环境甚至是冲突的管理措施，或者根据管理措施重新调整管理环境，提高管理环境对管理措施的支持作用以及管理措施对管理环境的保障作用，从而确保最优的管理效果。②平台型电商企业在实施温室管理模式过程中，应该主动引导管理客体适应管理环境，积极鼓励管理客体参与管理措施，实现管理主体与管理客体的步调一致和良性互动，从而确保最优的管理效率。③平台型电商企业在调整温室管理模式过程中，既可以通过管理环境与管理措施的同步调整实现“市场”的创新，也可以通过管理环境与管理措施的渐次调整实现管理的变革，还可以引导管理措施向管理环境的动态转变实现结构的优化，从而确保最优的管理效能和管理成本。

成果创造人：汪旭晖、张其林

【参考文献】

[1]汪旭晖，张其林．平台型网络市场“平台—政府”双元管理方式研究——基于阿里巴巴集团的案例分析[J].中国工业经济，2015，（3）：135-147.

[2]冯华，陈亚琦.平台商业模式创新研究——基于互联网环境下的时空契合分析[J].中国工业经济，2016，（3）:99-113.

[3]Grewal, R., A. Chakravarty, and A. Saini. Governance Mechanisms in Business-to-business Electronic Markets [J]. Journal of Marketing, 2010, 74(4): 45-62.

[4]高薇. 互联网争议解决的制度分析：两种路径及其社会嵌入问题[J]. 中外法学，2014，26（4）：1059-1079.

[5]Rochet, J. C., and J. Tirole. Platform Competition in Two-sided Markets [J]. Journal of the European Economic Association, 2003, (4): 990-1029.

[6]傅瑜，隋广军，赵子乐. 单寡头竞争性垄断：新型市场结构理论构建——基于互联网平台企业的考察[J]. 中国工业经济，2014，（1）：140-152.

[7]吴德胜．网上交易中的私人秩序——社区、声誉与第三方中介[J]．经济学（季刊），2007，6（3）：859-884.

[8]杨立新. 网络平台提供者的附条件不真正连带责任与部分连带责任[J]. 法律科学（西北政法大学学报），2015,33（1）:167-178.

[9]李海舰，田跃新，李文杰. 互联网思维与传统企业再造[J]. 中国工业经济，2014，（10）：135-146.

[10][美]道格拉斯. C. 诺斯. 制度、制度变迁与经济绩效[M]. 杭行译. 上海：格致出版社，2008.

[11]李维安等. 网络组织：组织发展新趋势[M]. 北京：经济科学出版社，2003.

[12]Luthans, F. Introduction to Management: A Contingency Approach [M]. New York: McGraw-Hill, 1976.

[13]Moore, J. F. The Death of Competition: Leadership and Strategy in the Age of Business Ecosystem [M]. Boston: John Wiley & Sons Ltd, 1996.

[14]Garnsey, E., and Y. Y. Leong. Combining Resource-based and Evolutionary Theory to Explain the Genesis of Bio-networks [J]. Industry & Innovation, 2008, 15(6): 669-686.

[15]Yin, R. K. Case Study Research: Design and Methods [M]. California: Sage Publications, 2009.

[16]Eisenhardt, K. M. Building Theories from Case Study Research [J]. Academy of Management Review, 1989, 14(4): 532-550.

[17]杜运周，尤树洋. 制度逻辑与制度多元性研究前沿探析与未来研究展望[J].外国经济与管理，2013，35（12）：2-10.

[18]席酉民，韩巍. 管理研究的系统性再剖析[J]. 管理科学学报，2002，（6）：1-8.

[19]张旅平，赵立玮. 自由与秩序：西方社会管理思想的演进[J]. 社会学研究，2012，（3）：23-47.

[20]李海舰，陈小勇. 企业无边界发展研究——基于案例的视角[J]. 中国工业经济，2011，（6）：89-98.

[21]孟凡新. 共享经济模式下的网络交易市场治理：淘宝平台例证[J]. 改革，2015，（12）：104-111.

[22]李海舰，郭树民. 从经营企业到经营社会——从经营社会的视角经营企业[J]. 中国工业经济，2008，（5）:87-98.

适应国资国企改革的国有企业管理体制和经营模式创新研究

国网能源研究院有限公司

前言

深化国资国企改革，是贯彻落实“四个全面”战略布局、促进经济社会发展的必然要求。十八届三中全会以来，国资国企改革顶层设计文件陆续出台，党和国家领导人多次在重要场合对国资国企改革提出明确要求。国资国企改革将对公司带来深远影响，国有企业管理体制和经营模式亟需按照改革要求，在重点领域持续完善提升，以更好地适应改革发展所需。

研究目标：一是跟踪国资国企改革形势与政策变化，对政策体系进行深入分析；明确影响国有企业管理体制和经营模式的关键政策。二是围绕公司制改制、混合所有制改革、完善法人治理、国有资本投资公司改组、业务分类管控、市场化选人用人等关键问题开展综合研究，提出符合深化改革要求、与国有企业发展相适应的应对建议。三是明确国有企业管理体制和经营模式完善提升的战略思路。

成果的基本思路如下：首先，全面梳理归纳国资国企改革政策体系和实施动态，通过深入分析，明确影响公司管理体制和经营模式的关键政策。其次，围绕公司制改制、混合所有制改革、法人治理、国有资本投资公司改组、分类管控、市场化选人用人等问题进行深入分析，明确重点，提出应对建议。最后，研究提出国有企业管理体制与经营模式完善提升的战略思路，包括核心问题、基本方向与实施路径。

一、国资国企改革政策的总体分析

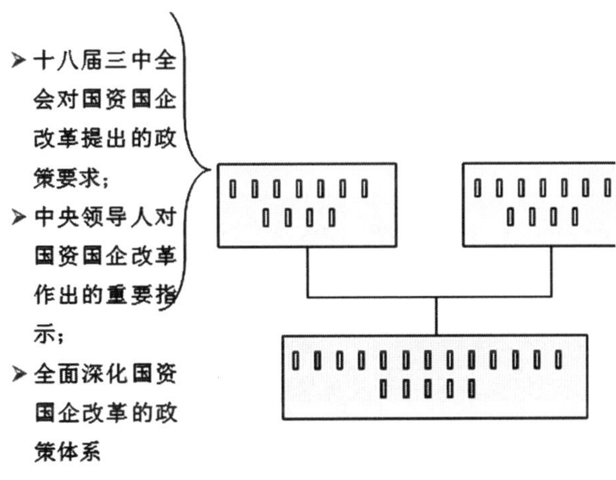

图1–1研究思路

通过系统梳理国资国企改革顶层设计及实施试点的具体部署，分析并明确影响国有企业管理体制和经营模式的关键政策，从而为后续研究奠定基础。具体研究思路如图1–1所示。

（一）国资国企改革的顶层设计

1.十八届三中全会对国资国企改革提出的政策要求

党的十八届三中全会通过了《中共中央关于全面深化改革若干重大问题的决定》，提出在发展混合所有制经济、改革国有资产管理体制、完善国资经营预算制度、实施国有企业分类改革、健全国企公司法人治理结构等方面推进国企改革。有关重点任务如表1所示。

表1　全面深化国资国企改革的重点任务

全面深化国资国企改革的重点任务
➢积极发展混合所有制经济。
➢完善国有资产管理体制，以管资本为主加强国有资产监管，改革国有资本授权经营体制，组建若干国有资本运营公司，支持有条件的国有企业改组为国有资本投资公司。
➢准确界定不同国有企业功能。国有资本继续控股经营的自然垄断行业，实行以政企分开、政资分开、特许经营、政府监管为主要内容的改革，根据不同行业特点实行网运分开、放开竞争性业务，推进公共资源配置市场化。
➢健全协调运转、有效制衡的公司法人治理结构。
➢建立职业经理人制度，更好发挥企业家作用。深化企业内部管理人员能上能下、员工能进能出、收入能增能减的制度改革。
➢建立长效激励约束机制，强化国有企业经营投资责任追究。
➢探索推进国有企业财务预算等重大信息公开。
➢国有企业要合理增加市场化选聘比例，合理确定并严格规范国有企业管理人员薪酬水平、职务待遇、职务消费、业务消费。

2.中央领导多次对国资国企改革做出重要指示

关于国有企业改革，习近平总书记曾多次做出重要指示，提出三个有利于的改革原则，并要求在加强党对国有企业的领导、防止国有资产流失、真正确立国企市场主体地位、把国有企业做强做优做大等方面全面推动国企改革。有关指示如表2所示。

表2　中央领导对国资国企改革的重要指示

要深化国有企业改革，完善企业治理模式和经营机制，真正确立企业市场主体地位，增强企业内在活力、市场竞争力、发展引领力。	2015年7月17日，习近平在长春召开部分省区党委主要负责同志座谈会
推进国有企业改革，要有利于国有资本保值增值，有利于提高国有经济竞争力，有利于放大国有资本功能。	
深化国有企业改革，要沿着符合国情的道路去改，要遵循市场经济规律，也要避免市场的盲目性，推动国有企业不断提高效益和效率，提高竞争力和抗风险能力，完善企业治理结构，在激烈的市场竞争中游刃有余。	
国有企业是推进现代化、保障人民共同利益的重要力量，要坚持国有企业在国家发展中的重要地位不动摇，坚持把国有企业搞好、把国有企业做大做强做优不动摇。	
把国有企业做强做优做大，不断增强国有经济活力、控制力、影响力、抗风险能力，要坚持党的建设与国有企业改革同步谋划、党的组织及工作机构同步设置，实现体制对接、机制对接、制度对接、工作对接，确保党的领导、党的建设在国有企业改革中得到体现和加强。	2015年6月5日，习近平主持召开中央全面深化改革领导小组第十三次会议
防止国有资产流失，要坚持问题导向，立足机制制度创新，强化国有企业内部监督、出资人监督和审计、纪检巡视监督以及社会监督，加快形成全面覆盖、分工明确、协同配合、制约有力的国有资产监督体系。	
要把国有企业改革和“双创”结合起来，抓住国家实施“中国制造2025”机遇，瞄准市场需求，努力推动装备制造业智能转型，提高企业核心竞争力。	2015年9月12日李克强辽宁考察
审议通过了《中央企业深化改革瘦身健体工作方案》，明确要求：一是着力推进结构调整，引导督促央企围绕和突出做优主业，着力提高核心竞争力。今明两年压减央企10%左右钢铁和煤炭现有产能。二是以创新促健体，发展新经济。三是压缩管理层级。四是推进降本增效。今明两年力争实现降本增效1000亿元以上。	2016年5月18日，李克强主持召开国务院常务会议

3.全面深化国资国企改革的政策体系

形成了以《指导意见》为引领、以配套文件为支撑的“1+22”政策体系（含18个专项意见及方案，4个工作方案）。如图2所示。

对比分析中发22号文与22项改革配套文件（其中4项正在审议过程中）可以看出：中发22号文系统构建了深化国企改革的整体架构，明确了改革的重点任务；各项配套改革文件则围绕22号文确定的重点任务展开，是对各项重点任务的细化落实，重在操作执行，以确保改革落实到位。

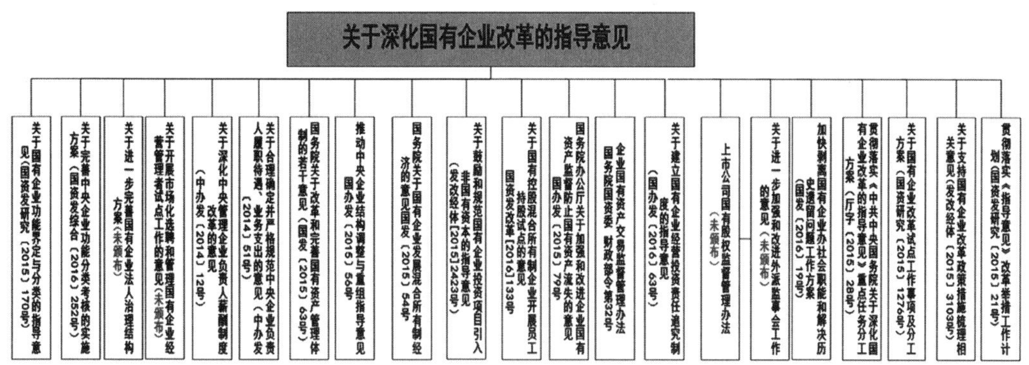

图2 全面深化国资国企改革的政策体系

其体系如图3所示

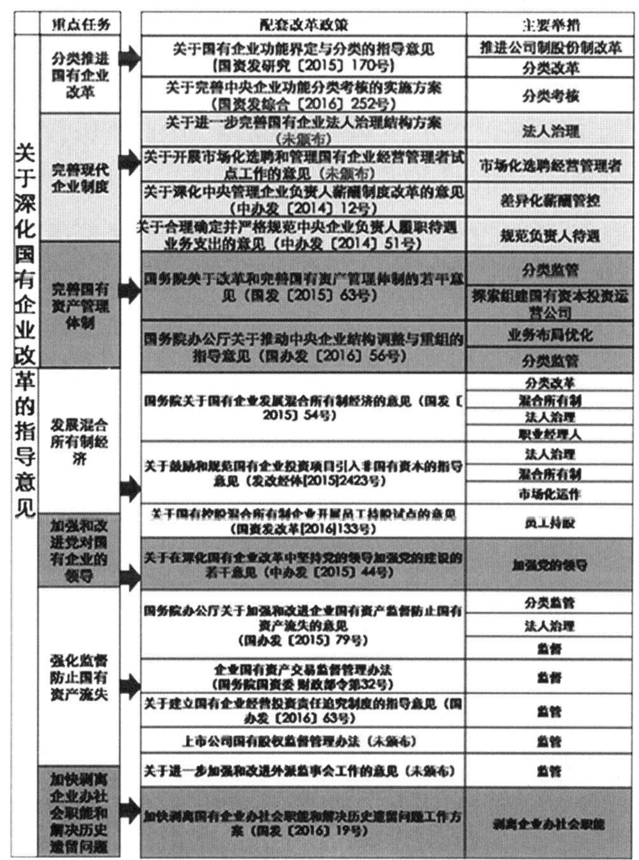

	重点任务	配套改革政策	主要举措
关于深化国有企业改革的指导意见	分类推进国有企业改革	关于国有企业功能界定与分类的指导意见（国资发研究〔2015〕170号）	推进公司制股份制改革 分类改革
		关于完善中央企业功能分类考核的实施方案（国资发综合〔2016〕252号）	分类考核
	完善现代企业制度	关于进一步完善国有企业法人治理结构方案（未颁布）	法人治理
		关于开展市场化选聘和管理国有企业经营管理者试点工作的意见（未颁布）	市场化选聘经营管理者
		关于深化中央管理企业负责人薪酬制度改革的意见（中办发〔2014〕12号）	差异化薪酬管控
		关于合理确定并严格规范中央企业负责人履职待遇业务支出的意见（中办发〔2014〕51号）	规范负责人待遇
	完善国有资产管理体制	国务院关于改革和完善国有资产管理体制的若干意见（国发〔2015〕63号）	分类监管 探索组建国有资本投资运营公司
		国务院办公厅关于推动中央企业结构调整与重组的指导意见（国办发〔2016〕56号）	业务布局优化 分类监管
	发展混合所有制经济	国务院关于国有企业发展混合所有制经济的意见（国发〔2015〕54号）	分类改革 混合所有制 法人治理 职业经理人
		关于鼓励和规范国有企业投资项目引入非国有资本的指导意见（发改经体[2015]2423号）	法人治理 混合所有制 市场化运作
		关于国有控股混合所有制企业开展员工持股试点的意见（国资发改革[2016]133号）	员工持股
	加强和改进党对国有企业的领导	关于在深化国有企业改革中坚持党的领导加强党的建设的若干意见（中办发〔2015〕44号）	加强党的领导
	强化监督防止国有资产流失	国务院办公厅关于加强和改进企业国有资产监督防止国有资产流失的意见（国办发〔2015〕79号）	分类监管 法人治理 监督
		企业国有资产交易监督管理办法（国务院国资委 财政部令第32号）	监督
		关于建立国有企业经营投资责任追究制度的指导意见（国办发〔2016〕63号）	监管
		上市公司国有股权监督管理办法（未颁布）	监管
		关于进一步加强和改进外派监事会工作的意见（未颁布）	监管
	加快剥离企业办社会职能和解决历史遗留问题	加快剥离国有企业办社会职能和解决历史遗留问题工作方案（国发〔2016〕19号）	剥离企业办社会职能

图3 全面深化国资国企改革的政策体系

（二）影响国有企业管理体制和经营模式的关键政策分析

国资国企改革政策提出了一系列改革举措。以中发22号文为核心，通过对各项政策有关内容及关联性进行归纳提炼，其中10项应当视为改革的核心举措，包括：加强党的领导、公司制股份制改制、法人治理、分类改革、混合所有制、改组国有资本投资运营公司、市场化选人用人、职工持股、监督监管、解决历史遗留问题等。

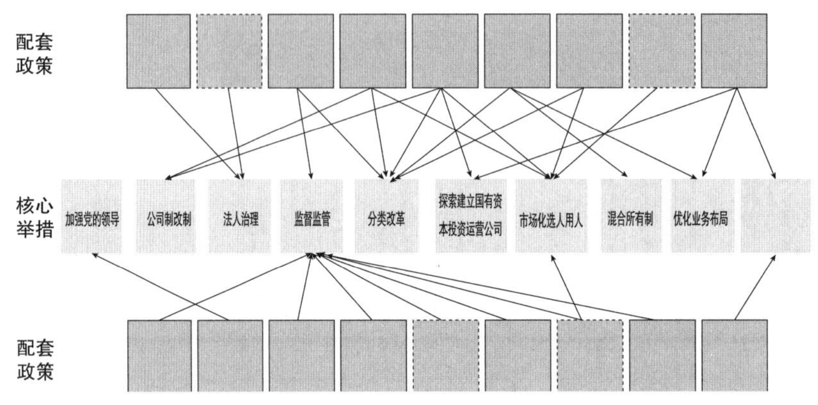

图4　配套政策与核心举措关联分析图

上述政策的关联性强，需要国有企业综合考虑行业特性及国有企业实际，充分发挥企业能动性，对有关问题进行系统深入的研究，探索切实可行的操作路径。因此，应当作为本成果研究的重点。根据有关政策要求，加强党的领导要与完善企业法人治理有机结合，而员工持股则是混合所有制企业强化对骨干员工进行激励约束的重要手段。由此，国有企业在落实有关核心举措时，可以将有关政策予以合并，进行统筹考虑。据此，影响国企管理体制和经营模式的关键政策有如下6大方面：公司制是现代企业的基本形式，规范的资本及股权结构是企业治理现代化的基础和前提。完善的法人治理是现代企业制度的基本要求，国有企业在健全法人治理的同时要进一步加强党的领导。基于对国有企业的功能定位和分类，差异化改革是本轮改革重点。改组国有资本投资运营公司，既是国有资产管理体制的重要创新，也是落实企业主体地位、转变发展方式的重要路径。通过市场化选聘经营管理者和职业经理人等机制建设，有助于激发国企发展的内生动力。

二、影响国有企业管理体制的关键问题分析

结合有关理论与实践，在前述6项关键政策中，推进公司制股份制改革、推进混合所有制、完善法人治理、探索建立国有资本投资运营公司等4项，对公司管理体制影响较大，本章就此开展分析。

（一）公司制改制有关问题分析

公司制改制主要在公司总部及子公司两个层面展开，目标是将现有全民所有制企业全部改制为依照《公司法》设立的公司制法人。其中，总部层面主要根据政策要求及中央部署，有序实施推进；子公司层面主要由国有企业进行顶层设计，统一部署推进。按照国资委要求，中央企业要在2017年底前完成该项工作。

1.改制形式的选择与股权多元化改革的衔接问题

有限责任公司：若采用国有独资公司形式，操作相对较简单，但如后续引入外部股东，手续将较为繁琐、复杂；若采用其他有限公司形式，可借机引入其他股东以实现股权多元，但如何选择合适的股东需慎重研究。股份有限公司：改制条件较为复杂，操作难度较大。采用股份有限公司形式是上市的必要前提。若未来考虑整体上市计划，则需在现有基础上，研究通过引入战略投资者等方式推进股份制改革的可行性等问题。

2.改制过程中的业务及资产重组与分类改革衔接问题

通过业务整合，一方面要使国有企业主营业务更加清晰，另一方面要为不同业务设立相应的发展、考核等差异化管理机制。关于资产重组，资产是业务开展的物质基础，在明确业务整合目标基础上就要对相应的资产进行重组。在此过程中，一方面要按照不同业务发展要求，合理配置有效资产，另一方面要妥善剥离和处置不良资产，减少其带来的影响。

3.疑难问题分析

资产清核问题。全民所有制企业进行公司制改制，必须首先进行清产核资和资产评估，以反映企业真实资产价值，重新核定企业国有资本金。来自地方的合作诉求。子公司的公司制改制离不开所在地方政府的协助。在此过程中，可能遇到来自地方国有企业或民营资本的股权或项目合作诉求。改制过程中可能面临的税费问题。考虑到各子国有企业资产总量大、人员数量多，在改制过程中面临的税费数额较高，需提前与中央相关部门沟通，积极争取减免或优惠。

（二）混合所有制改革有关问题分析

1.国有企业实行混合所有制的必要性分析

一般而言，企业尤其是国有企业实行混合所有制，有以下5方面的动因：引入战略投资者、有效改善治理、获得资金支持、打造产业生态圈、进入新业务领域。引入战略投资者：战略投资者通常指具有资金、技术、管理、市场、人才优势，致力于长期投资合作，谋求获得长期利益回报和企业可持续发展的外部投资者。通过引入战略投资者，企业可快速有效提升综合实力。有效改善治理：通过股权多元化引入外部股东，在董事会组建、经理层选任等方面发挥作用，可以实现改善公司治理的目标。获得资金支持：当企业面临资金紧张、融资困难等问题时，可通过引入财务投资者及时获得资金注入和支持，从而解决资金难题，进一步维持生产经营。打造产业生态圈：为实现产业链价值最大化，企业通过股权多元化策略可以与本产业相关的其他主体建立合作，形成有机互动的产业生态圈。进入新业务领域：当企业意图进入新业务领域时，为有效降低成本、减小风险，也会考虑采用股权多元化方式来实现。

2.国有企业实行混合所有制的可行性分析

混合所有制改革包括企业整体或所属子公司上市、引入其他国有资本和引入非国有资本3种实现形式。对国有企业而言，采用何种形式实现混合所有制，既要综合考虑各层级各单位的基础条件、目的诉求等，也要充分考虑不同实现方式自身的适用性。

表3　不同混合所有制改革方式比较

实现方式	机遇	挑战
上市	1.通过上市能够成为完全的公众企业，业务、运作公开透明，全面接受社会监督。	1.上市在向社会公开的同时，也将面临来自其他股东、监管机构、舆论等更大的压力和更多的诉求。
	2.通过在上市过程中对国有企业家底进行全面清理整顿以符合上市条件，能够显著提升国有企业运作规范化水平。	2.上市后将面临来自资本市场的波动和变化，对国有企业应对资本市场的管理能力提出了更高的要求。
	3.借由上市公开，有利于减少对自然垄断等问题的质疑。	3.上市条件严格，国有企业在准备上市过程中要做大量工作，同时也面临上市失败的可能。
	4.有利于树立国有企业积极推动改革的良好形象。	
引入其他国资	1.能够与其他行业领先的国企进行强强联合，取长补短，协同发展。	1.对塑造国有企业改革外部形象的力度较弱。
	2.同为国企的企业文化背景相近，合作更顺畅。	2.股东同质化，对治理等带来的变化有限，改革效应不强。
	3.更容易通过监管机构的审批。	3.可能引起新的国有交叉持股的社会质疑。
引入非国有资本	1.能够改善治理结构，了解和引入民企在经营管理等方面的差异化理念做法，形成多元融合。	1.与民资合作的过程透明度相对较低，容易引起国有资产流失等社会质疑。
	2.向民间资本放开，有利于树立改革形象。	2.民企与国企文化能否对接融合存在不确定性。

3.国有企业上市有关问题研究

（1）公司上市的利弊分析

表4　国有企业整体上市利弊比较

	有利方面	不利方面
1	成为公众企业，运作更加公开、透明、规范	须履行信息披露义务，上市公司及高管都要接受全方位的监督
2	拓宽融资渠道，降低融资成本	股权分散，对上市公司的控制力可能降低
3	树立积极参与改革的良好形象	外部股东可能要求委派董事，给上市公司决策带来变数
4	完善治理结构，提升管理水平	股价波动、股东要求分红等可能给上市公司经营带来负面影响
5	提升公司品牌价值和社会影响力	改制上市操作难度较大，成本较高，且存在上市失败风险

（2）国有企业上市的可行性分析

对国有企业而言，上市包括整体上市、分区域上市、分板块上市等三种形式：整体上市是指将公司系统全业务及资产进行重组整合后作为整体进行上市；分区域上市是指选取特定区域的若干子公司进行重组整合并予以上市；分板块上市是指将公司现有产业、金融、国际化业务按照不同板块进行重组整合后分别上市。3种形式的可行性比较如图5所示。从公司实际出发进行分析来看，分板块上市的可行性最高。

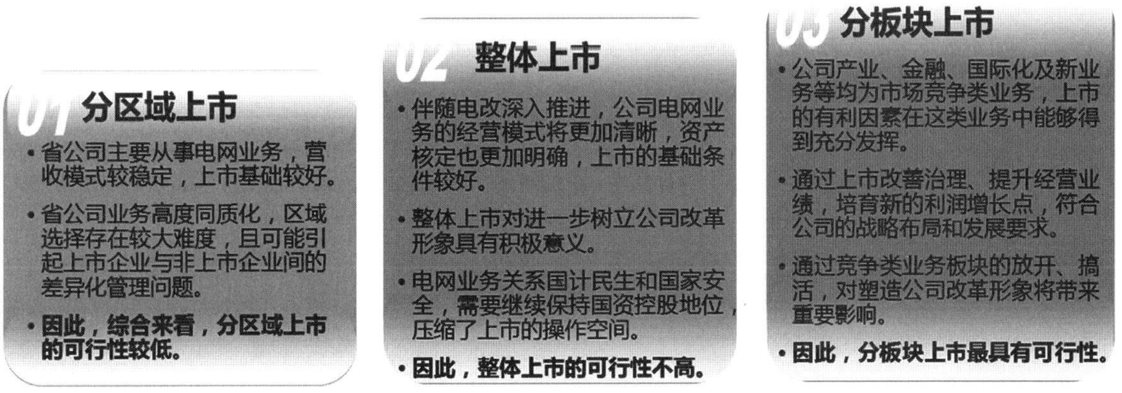

01 分区域上市

- 省公司主要从事电网业务，营收模式较稳定，上市基础较好。
- 省公司业务高度同质化，区域选择存在较大难度，且可能引起上市企业与非上市企业间的差异化管理问题。
- **因此，综合来看，分区域上市的可行性较低。**

02 整体上市

- 伴随电改深入推进，公司电网业务的经营模式将更加清晰，资产核定也更加明确，上市的基础条件较好。
- 整体上市对进一步树立公司改革形象具有积极意义。
- 电网业务关系国计民生和国家安全，需要继续保持国资控股地位，压缩了上市的操作空间。
- **因此，整体上市的可行性不高。**

03 分板块上市

- 公司产业、金融、国际化及新业务等均为市场竞争类业务，上市的有利因素在这类业务中能够得到充分发挥。
- 通过上市改善治理、提升经营业绩，培育新的利润增长点，符合公司的战略布局和发展要求。
- 通过竞争类业务板块的放开、搞活，对塑造公司改革形象将带来重要影响。
- **因此，分板块上市最具有可行性。**

图5　不同上市方式可行性比较分析

4.员工持股问题

（1）有关政策解读

2016年8月，国资委印发《关于国有控股混合所有制企业开展员工持股试点的意见》，对试点原则、试点企业条件、企业员工入股、企业员工股权管理、试点工作实施等做了规定。总体看，国家对国有企业推进员工持股持非常慎重的态度。

（2）国有企业推进员工持股可行性分析

根据《试点意见》，国有企业系统符合员工持股试点的单位需满足以下条件：①需为国有控股的混合所有制企业。②需为公司三级及以下单位。③需在企业分类、股权结构、公司治理、经营指标等方面符合规定条件。从现有进展来看，各方对推进员工持股均十分谨慎。

（三）国有企业完善法人治理有关问题分析

1.国有企业公司治理结构的完善思路

公司治理结构的完善包括两方面重点内容：一是完善治理机构设置，强化各层级董事会制度建设；二是在各层级进一步将加强党的领导同完善治理有机结合。围绕这两项重点内容，区分不同层级、不同业务，根据各自特点和需求，实行差异化、针对性的董事会组建和党建策略，形成分层分级清晰、同板块内统一、板块间适度差异的体系化、系统化的公司治理体系。

2.国有企业公司治理结构完善重点问题

作为大型中央企业，公司总部层面的董事会组建根据国资委统一部署展开。目前，公司已制定上报公司章程，其中明确了公司党组、董事会、监事会、董事长、总经理等的职责权限，以及公司治理运作方式。总体看，总部层面正以章程为依据，有序推进健全治理机构、规范董事会运作等工作。下阶段的完善重点，是探索将加强党的领导与完善现代企业治理结构有机结合的路径。

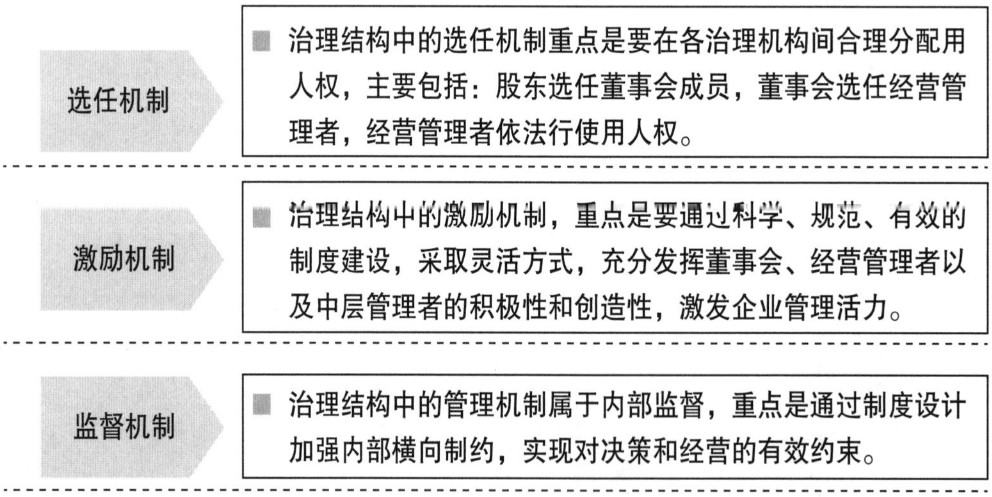

选任机制

■ 治理结构中的选任机制重点是要在各治理机构间合理分配用人权，主要包括：股东选任董事会成员，董事会选任经营管理者，经营管理者依法行使用人权。

激励机制

■ 治理结构中的激励机制，重点是要通过科学、规范、有效的制度建设，采取灵活方式，充分发挥董事会、经营管理者以及中层管理者的积极性和创造性，激发企业管理活力。

监督机制

■ 治理结构中的管理机制属于内部监督，重点是通过制度设计加强内部横向制约，实现对决策和经营的有效约束。

图6　系统法人治理结构情况

在规范完善的治理机构基础上，国有企业需进一步健全各项治理机制，理顺各类治理机构间关系，规范不同主体运作，真正使治理结构发挥作用。对国有企业而言，重点是要搞好内部治理机制建设，建立完善有关制度，有效增强企业内生活力，确保依法合规经营，有效适应外部监督和监管。具体完善内容如图6所示。

（四）国有资本投资运营公司有关问题分析

1.基本概念

国有资本投资运营公司可划分为国有资本投资公司和国有资本运营公司两类，前者同时承担着国有资本运作及发展相关产业的使命，后者以国有资本运作为主，不承担产业发展使命。如图7所示。

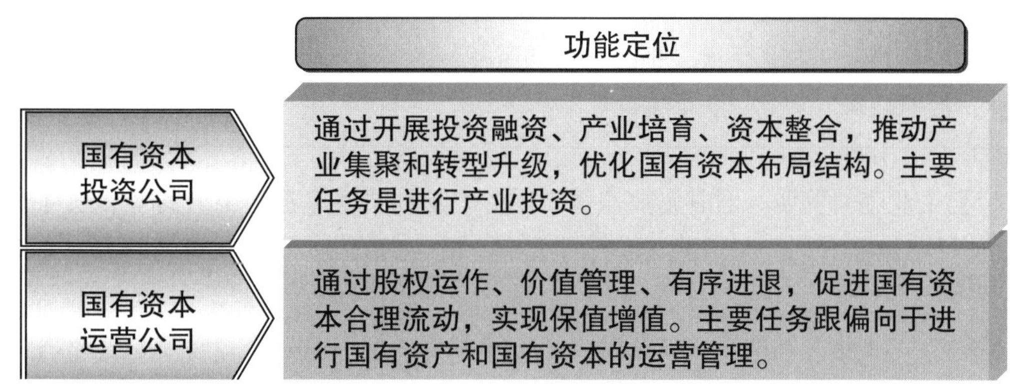

图7　国有资本投资公司与运营公司功能定位比较

2.试点情况分析

从试点单位实践来看，其具有以下共性特点：一是试点单位均为管理基础良好、持续推动改革、组织架构清晰、转型方向明确的央企。二是试点单位一类为长期从事国资投运业务的企业，一类为化解过剩产能的平台企业。三是试点单位均为主业处于充分竞争行业和领域的商业一类国有企业。

3.国有企业改组的必要性分析

（1）有利于争取更大授权和更多经营自主权。改组后，国资监管部门将以管资本为主，主要负责规则制定及监管考核，减少对具体经营事务的干涉；国有资本投资公司在经营者选任、战略规划、重组并购、重大投融资、证券发行等享有更广泛的经营自主权。

（2）有利于妥善解决国有企业主营业务范围界定问题。主营业务界定是关系到公司长远发展的关键问题。国有企业从事业务具有多元性，但在如何界定并进一步扩展主营业务方面，目前存在一定障碍，也容易引起社会误解和质疑。国资委允许试点单位自行确定1至3个新业务领域视同主业对待，这就为解决主业界定提供了良好契机。

（3）有利于加快完善国有企业公司治理及市场化体制机制建设。改组能够促使国有企业加快构建投资控股型管理架构，建立科学、高效的法人治理结构和治理机制，真正按照市场化要求“自上而下”全面推动自身体制机制变革，为推进兼并重组、管控模式、业务上市、子公司混改及治理、选人用人等领域改革创造良好条件。

（4）有助于国有企业塑造积极参与和推进改革的良好形象。通过改组，有助于积极响应中央号召，在国资国企、供给侧、混合所有制等多个改革领域取得进展，彰显国有企业主动承担政治责任和社会责任的负责任央企形象，营造更加良好的内外部发展环境。

三、影响国有企业经营模式的关键问题分析

（一）国有企业业务分类管控有关问题研究

1.国有企业业务分类的必要性

国资国企分类考核的客观要求。根据《关于完善中央企业功能分类考核的实施方案》，如果国有企业为商业二类企业，将接受两类考核：一般考核及特殊事项考核。一般考核包括：承担国家安全、行业共性技术或国家重大专项任务完成情况；经济效益指标和国有资本保值增值率指标。特殊事项考核：主要包括提供公共服务，发展重要前瞻性战略性产业，实施“走出去”重大战略项目等。

2.国有企业不同业务的分类发展

监管类主业业务发展。国有企业监管类业务将受到严格监督，倒逼其持续强化成本约束机制，所以针对监管类业务，探索以集约化管理、战略型管控、强化内部监管为主要特点的业务发展模式。

非监管类主业业务发展。针对非监管类主业业务，采用以战略型管控、公司制管理、授权为主要特点的发展模式。

市场竞争性业务发展。国资国企改革对市场化产业单位体制机制提出改革要求，针对市场竞争性业务，采用以板块化经营、战略型管控、组建若干业务集团/事业部为主要特点的发展模式。

战略性新兴业务发展。国资国企相关文件强调通过资本投资、科技成果转化、创新创业等多种渠道促进战略新兴业务创新发展。针对战略性新兴业务，采用专业化经营、战略管控、子公司制、授权为主要特点的业务管控模式。

（二）市场化选人用人机制

市场化选人用人是相对国有企业领导人员任命制而言，采用公开、竞聘等市场化的方式选择和使用经营管理人员。市场化选人用人包括市场化选聘经营管理者和职业经理人两部分内容。

1.市场化选聘经营管理者和职业经理人的必要性

提升治理效率。市场化选聘经营管理者和职业经理人制度明确规定了职业经理人应享有的决策执行、经营团队组建等权力，有助于进一步清晰界定董事会、监事会和经理层的权利边界，优化治理机构间的职权配置，有效提升治理效率。

激发人才队伍活力。通过引入市场化选聘经营管理者和职业经理人，有助于在企业内形成良性竞争，激发企业内部人才的活力，打通内外部两个“人力资源市场”，推动实现各类人才内外、上下的合理流动。

提升经营业绩。优秀的市场化选聘经营管理者和职业经理人通常具有丰富的企业经营管理经历和优良的过往业绩，通过聘请这些优秀人员，能够将先进做法和成功经验带入企业，帮助企业提升业绩，持续增强竞争力。

2.市场化选聘经营管理者有关问题

（1）市场化选聘经营管理者模式研究

以中国节能集团为代表的内部公开选聘模式。成立竞聘工作领导小组，集团公司董事长担任组长，党委书记、副董事长和总经理担任副组长。考察阶段，由国资委、集团党委、董事会提名委组成联合考察组，到考察对象所在单位了解其德能勤绩廉的各方面综合情况。审批阶段，由党委常委会对拟任人选集体研究，由总经理向董事会提名委员会书面提名，提名委员会会议研究同意后，提交董事会对拟任人选酝酿，并口头向国资委沟通汇报，之后召开董事会审议决定。

以新兴际华集团为代表的内部公开选聘模式。从集团高管人才库里推荐总经理人选，先由企业党委来推荐，通过推荐后交给董事会开展差额选聘，集团公司聘请相关专业机构及其他央企负责人组成综合考评团队。与选出的总经理岗位聘用合同和劳动合同，签订岗位聘用合同，完成对与市场接轨的业绩考核办法和薪酬管理办法。

以宝钢集团为代表的内外部相结合的选聘模式。经集团党委常委会研究推荐、总经理提名、董事会酝酿讨论并报国务院国资委审批同意，由集团董事会临时会议审议，聘请有关人士担任宝钢集团有限公司副总经理，试用期一年，约定聘期为三年，明确约定岗位职责、聘期、绩效目标、聘期评价、薪酬激励、双方的权利责任，强调契约化、从严管理。

（2）国有企业探索市场化选聘经营管理者的相关建议

持续完善国有企业各层级董事会建设。不断完善国有企业各层级董事会建设，优化董事会、经理层、监事会的权利制衡机制，加大外部董事职业化进程，为将来开展市场化选聘经营管理者奠定良好制度基础；

加快国有企业高层次经营管理人才队伍建设。加快国有企业高层次经营管理人才队伍规划和培养，制定高层次管理人才继任者计划，建立经营管理人才库，为将来开展市场化选聘经营管理者提供人才基础。

适时考虑参与相关试点工作。在加快董事会和高层次经营管理人才队伍建设的基础上，条件成熟时，主动参与落实董事会职权试点、市场化选聘经营管理者试点以及引入职业经理人制度试点，为国有企业探索市场化选人用人机制提供政策支撑。

3.引入职业经理人制度有关问题

（1）选择引入职业经理人制度的单位特征

行业性质上，率先引入职业经理人制度的央企或下属单位均处于市场化程度较高的行业，为应对外部高度竞争性环境或扭亏为盈，亟需推行市场化选聘职业经理人制度。管控模式上，中央企业优先在采取战略型管控或财务型管控为主、已经获得较大经营自主权的二级单位开展职业经理人制度建设。治理表现上，与企业集团内部其他单位或传统主业相比，中央企业优先选择在公司治理结构较为清晰、经营管理能力较强、组织架构较为合理的二三级单位引入职业经理人制度。业务类型上，中央企业同样倾向于选择在拥有新兴业务板块、与主业关联性较弱的业务板块、缺乏相应经营管理人才储备的二三级单位引入率先引入职业经理人制度。所有制形式上，央企优先选择采用混合所有制的、开展合资经营的二三级单位引入职业经理人制度，原因之一在于上述单位股权多元化程度较高，引入渠道更广，外部市场条件较为成熟。

（2）中央企业职业经理人制度的重点内容

身份转换机制。“去身份化”是实现中央企业经营管理人员从国家干部向职业经理人转换的关键途径。探索将职业经理人的档案放到以人力资源外包服务为核心业务的社会机构，实行委托管理、定期检查。

契约化管理与任期制。在科学确定并认同企业主要工作任务、管理目标、发展指标的基础上，以任职合同的形式约定职业经理人担任职务任期内的工作目标、指标和奖惩措施，以及在完成目标过程中契约双方的责权利，形成“能进能出、能上能下、能增增减”的基本格局。

业绩考核与薪酬机制。通过制定相关业绩考核办法和薪酬管理办法，不断完善“强激励、硬约束”的业绩考核与薪酬管理机制。明确双方权责、聘期、业绩目标、合同解除或终止条件和责任追究等内容。采取市场化原则确定薪酬激励水平，将职业经理人薪酬水平与市场对标，根据市场分位确定薪酬分位，实现“业绩升、工资升，业绩降、工资降”。

（3）国有企业引入职业经理人制度的相关建议

建立差异化的职业经理人选聘和引入制度。对于市场化产业单位，内部培养与外部引进并重；对于国际业务版块，可实行多元化的职业经理人选聘方式。

加强国有企业内部职业经理人的培育。探索以职业经理人的职业标准培育国有企业经营管理人才，完成国有企业内部经营管理人才从经理人到职业经理人的转变，不断提升经营管理人才规模和质量。

加大对国有企业下属单位董事会的授权力度，逐步完善二三级国有企业董事会在职业经理人选聘、薪酬、考核等方面自主权。包括探索二三级公司董事会对职业经理人实施个性化考核、适当放开工资总额、探索建立中长期激励机制等。

高度重视职业经理人在国有企业内部的发展，科学制定职业经理人的国有企业内部职业生涯发展规划，持续探索职业留人、事业留人、文化留人的留用机制。

四、国有企业管理体制与经营模式完善提升的思路

（一）国有企业管理体制和经营模式完善提升的核心问题

国资国企改革对国有企业管理体制和经营模式将带来深刻影响，国有企业在未来的管理变革与创新发展方面面临许多新要求、新任务。综合分析来看，最核心是要解决好三大问题，即：主营业务的边界问题、监管业务的股份制改革问题、市场化业务的差异化管控问题。

1.主营业务的边界问题

主营业务范围是国企分类监管的基本依据，关乎国有企业规范运作与长远发展。目前国有企业在争取主营业务扩展过程有必要把握改革契机，妥善解决业务边界认定问题，满足多元化发展需要。具体看，国有企业业务具有多元性，但对国有企业监管及舆论存在不同认识。目前，国有企业在与监管部门沟通主营业务扩展过程中遇到较大阻力。如不能明确核定主营业务

范围，将不利于业务的持续健康发展。

2.监管业务股份制改革问题

目前，国有企业产权结构高度单一化。此种产权结构在国资国企改革不断深入的新形势下，可能引起社会舆论对国有企业新的质疑。对此，中发22号文明确提出，“主业处于关系国家安全、国民经济命脉的重要行业和关键领域、主要承担重大专项任务的商业类国有企业，要保持国有资本控股地位，支持非国有资本参股”；“对需要实行国有全资的企业，也要积极引入其他国有资本实行股权多元化”。

3.市场化业务的差异化管控问题

市场业务既与监管业务间存在或强或弱的关联性，又要在市场竞争中求生存、求发展。因此，国有企业一方面要赋予这些业务板块适当的决策自主权，使其能够更加灵活、及时地应对市场变化做出调整，获得更大的市场生存和竞争能力；另一方面要通过有效的管控方式和手段实行必要监管，确保其依法合规、规范有序经营运作。核心是按照分类监管的原则，结合市场化业务特点及需求，优化调整市场化业务管控模式，建立起科学有效、不同于监管业务的治理和管理模式，管放结合、适度授权，真正落实企业的独立市场主体地位。同时，要重视发挥党组织的领导和监督作用，在差异化管控中要明确党组织的地位和职责，真正使党组织融入企业治理中。此外，要顺应市场化业务的差异化管控趋势，建立健全市场化选人用人机制，加强市场导向的激励约束机制建设，激发人才要素活力。

（二）国有企业管理体制和经营模式完善提升的基本方向

以中发22号文为核心的“1+22”政策体系，提出了一系列改革举措，勾勒出本轮国资国企改革的外部轮廓。而习近平总书记等中央领导的重要讲话，则深刻阐明了本轮国资国企改革的深层含义。据此，国有企业管理体制和经营模式的完善提升应坚持如下基本方向：产权多元化、治理现代化、决策自主化、管理市场化、党政协同化。

1.产权多元化

根据国有企业各层级各单位特点，有序推进国有企业系统的产权多元化，通过混合所有制，合理引入各类社会资本，借由杠杆效应放大国有资本功能，增强国有企业活力，打造开放包容的企业形象。

2.治理现代化

全面实行公司制股份制改制，去除全民所有制企业形式。按照现代企业制度要求，进一步完善各单位治理结构，健全治理机构，强化治理机制，并与加强党的领导有机结合，提升公司治理现代化水平。

3.决策自主化

以现代治理为基础，夯实国有企业市场主体地位，增强决策的科学、民主、公开，强化国有企业自主决策和自我管理能力。管放结合、权责对等、合理授权，适当增强各单位灵活度。探索改组国有资本投资运营公司的可行路径。

4.管理市场化

落实改革要求，对不同性质业务，根据其特性实行分类管理，增强竞争性业务市场化程度。

完善市场化选人用人机制建设，推进市场化激励约束。使国有企业内部环境更加适应市场竞争所需。

5.党政协同化

明确党组织在公司法人治理中的法定地位，建立健全党建工作责任制，坚持和完善“双向进入、交叉任职”制度，将坚持党的领导融入企业改革发展各项工作中，切实发挥各级党委的政治核心作用和领导核心作用。

五、结论与建议

（一）主要结论

1.影响国有企业管理体制和经营模式的关键政策主要有6项。立足国有企业实际，从中提炼影响国有企业管理体制和经营模式的关键政策，包括：公司制改制、法人治理（含加强党的领导）、分类改革、改组国有资本投资运营公司、市场化选人用人、混合所有制（含员工持股）。

2.公司制改制主要在国有企业总部及子公司两个层面展开，目标是将现有全民所有制企业全部改制为依照《公司法》设立的公司制法人。其中，国有企业层面主要根据政策要求及中央部署，有序实施推进，重点要做好改制方案与其他改革的协调衔接；子公司层面主要由国有企业进行顶层设计，统一部署推进，重点要选择适当的推进路径，妥善解决过程中的疑难问题。

3.国有企业应结合各层级特点，选取适当的方式有序推进混合所有制改革。一般来说，对于自然垄断类国有企业总部层面推进混合所有制改革的必要性及可行性均较低，其市场化业务则有必要通过引入其他国资、引入非国有资本、上市等多种方式推进混改。

4.公司治理结构的完善包括两方面重点内容：一是完善治理机构设置，强化各层级董事会制度建设；二是在各层级进一步将加强党的领导同完善治理有机结合。为此，重点要把握两个方面，即：强化治理结构，健全治理机制。区分不同层级、不同业务，根据各自特点和需求，实行差异化、针对性的董事会组建和党建策略，形成分层分级清晰、同板块内统一、板块间适度差异的体系化、系统化的公司治理体系。

5.综合国家政策要求和企业发展实际，改组为国有资本投资公司对国有企业具有重要意义，但也面临极大挑战。其意义主要体现在：①有利于争取更大授权和更多经营自主权；②可确定一定数量的新业务作为主营业务，有利于妥善解决国有企业主营业务范围界定问题；③有利于加快完善公司治理及市场化体制机制建设；④有助于塑造积极参与和推进改革的良好形象。其挑战在于：许多国有企业总部现有职能以主业业务而非以市场化业务管理为核心，若申请改组为国有资本投资公司，须对国有企业总部功能定位重新优化调整，以更好地适应多元业务发展需要。

6.依据政策，结合实际，国有企业应当明确不同类别业务的发展思路，对不同业务实行差异化管控，从而使各项业务更好地服务国有企业发展大局。在管控模式上，合理选择战略型、财务型、操作型等管控模式；在组织架构上，合理调整组织结构和组织运行方式，满足不同类型业务发展要求。

7.为适应监管要求及业务发展需求，国有企业应加快建立市场化选人用人机制。借鉴其他央企经验，着力推动市场化选聘经营管理者和职业经理人制度建设，不断提升人力资源管理的市场化程度。

8.国有企业管理体制和经营模式的完善提升，要以解决三大问题为核心，以“五化”为基本方向，力争实现改革综合效益最优。其中，三大核心问题是：主营业务的边界问题、监管业务的股份制改革问题、市场化业务的差异化管控问题。基本方向是：产权多元化、治理现代化、决策自主化、管理市场化、党政协同化。三线协同的实施路径是：统筹协调以差异化管控为主导的渐进式路线、以分业务板块上市为导向的开放式路线以及以国资投运公司为目标的改组式路线，整体推进完善提升工作。

（二）有关建议

1.协调统筹推进国有企业管理体制和经营模式的完善提升工作。影响国有企业管理体制和经营模式的6项关键问题，既各有侧重，又彼此关联，共同对国有企业管理体制和经营模式施加影响。建议国有企业在完善提升管理体制和经营模式过程中，统筹安排实施计划与进度，确保各项改革协调有序推进。

2.将国有资本投资运营公司及混合所有制改革作为下阶段的改革重点。这两项改革对国有企业股权结构、组织架构、管控模式等都将带来根本性变化。建议国企超前研究国有资本投资运营公司改组、混合所有制等改革的可行方式、实施方案，积极与国资委等主管部门沟通，争取有关部门的理解支持及有利于国有企业的配套政策。

3.按照市场化运作的要求对市场竞争类业务实行差异化管理。坚持管理市场化方向，基于业务分类实行差异化管理，对产业金融等竞争性业务进行适当授权，加快建立完善市场化选人用人机制，使之更好地适应市场竞争所需，着力培育国有企业新的利润增长点。

附件：研究成果社会评价与反响

1.学术成果的鉴定、获奖情况

（1）学术成果作为《公司深化改革和创新发展重大问题研究》研究成果的核心内容，获得国家电网公司2016年度软科学成果奖一等奖。

（2）依托成果研究成果，成果组主笔人作为国家领导人有关讲话稿起草组成员，承担部分文稿撰写工作，获国务院研究室工贸司和国务院国资委综合局领导肯定，其中获得国务院国资委表扬信1封。

2.权威评价与社会反响（理论观点的转引率、论著的发行量，相关评论等）

（1）2篇《央企智库专报》是该项目主要研究成果之一。

成果组成员撰写的《关于中央企业引入职业经理制度的有关建议》、《激发和保护国有企业领导人企业家精神的有关建议》等两篇智库研究专报，呈送至国务院国资委领导，为国务院国资委推动国资国企改革提供决策参考。

（2）3篇《研究专报》和2篇《国网内参》是该项目主要研究成果之一。

成果组成员撰写的《适应国资国企改革的管理体制和经营模式研究》《“两桶油”业绩显著分化原因分析及启示》《大型企业内部市场化典型案例分析》等三篇研究专报，《国有企业创新发展现状及公司的比较分析》《华为“以客户为中心”经营发展理念分析及启示》等两篇国网内参，呈送至国家电网公司主要领导，为国家电网公司深化国资国企改革提供重要决策参考。

（3）为国有企业推进管理体制和经营模式完善提升以更好地适应国资国企改革要求提供了重要的决策支撑。

有关研究成果在2016年公司年中工作会议报告中得到采纳和体现。研究成果在《国家电网公司全面深化改革工作实施方案》中得到采纳，有关成果上报国家电网公司领导，为公司党组决策提供支撑。

（4）成果组成员发表4篇核心期刊/会议论文和2篇报刊文章，在国资国企改革领域取得一定的学术影响力。

包括Research on the Innovation and Practice of E-commerce in the Power Grid Enterprise、中央企业引入职业经理人制度研究、激发和保护国企领导人的企业家精神、大型企业内部市场化实践及对电力企业的启示等4篇核心期刊/会议论文，国资国企改革的路径问题研究、中央企业实体产业集团模式解读等2篇报刊文章，在学术界产生一定影响力，对深化国资国企改革研究发挥积极作用。

成果创造人：柴高峰、张　勇、石书德、刘　进、张华磊、李浩澜、马云高、买亚宗、卢健飞、何　琬、左新强、刘小乐、张　园、张　倩、鲁　强、熊有坚

民机制造业主机厂组织机构改革研究

—— 以上飞公司成长期组织机构改革为例

上海飞机制造有限公司

中国商用飞机有限责任公司是实施国家大型飞机重大专项中大型客机项目的主体，也是统筹干线飞机和支线飞机发展，实现我国民用飞机产业化的主要载体。作为中国商飞的总装制造中心，上海飞机制造有限公司（以下简称上飞公司）承担着ARJ21新支线飞机和C919大型客机项目的总装制造任务，肩负着中国民机发展的重要使命。

为深入学习贯彻落实党的十九大精神和十九届三中全会部署，全面推进党中央、国务院关于全面深化改革的战略决策，以及中国商飞《关于印发<中国商用飞机有限责任公司2018年全面深化改革工作计划>的通知》的要求,上飞公司以中长期发展目标和“三个一”目标导向坚持改革创新，实施组织机构改革，以应对自身由导入末期步入成长期这一状态，满足“以产品研制为基础，逐步实现产品经营”的客观要求。通过创新管理机制，实现高效率研制、高质量发展；实现ARJ21新支线飞机批产提速、C919大型客机的研制交付；探索我国自主商业飞机制造产业建设，引领国内民机产业发展。

一、公司组织机构的定义、特征、分类及其调整影响因素

（一）公司组织机构的定义

组织机构是组织内部反映组织间关系和管理关系的结构框架，它是表现组织各个部分、各个单位和系统的空间状态、排列顺序、聚集和联系方式以及各要素之间相互关系的一种模式[1]。组织机构是动态的，是随着组织活动内容的不同、随着组织阶段目标的不同而不断调整变化的，其本质是在协调组织成员间的分工关系的同时实现组织的目标。

公司的组织机构是企业资源和权力分配的载体，是企业的骨架和“神经系统”，在新制度经济学理论看来，企业内部的组织机构则是一种制度框架和制度安排，它是规范企业内部资源配置和权利交割的游戏规则[2]。它在人的能动行为下，通过信息传递和相互作用，承载着业务流动，推动着企业发展进程。组织机构在企业中具有支柱性基础地位和非常关键的作用，企业的战略调整和每个发展阶段的调整，都从组织机构调整开始。企业组织机构随着时代及环境改变而不断加以调整和变化[3]。

企业组织机构一般可用组织机构图表示，主要包括部门构成、岗位设置、管理层级、组织关系、业务及管理流程等，并设定一定的权责关系、激励机制、协调与控制机制等。企业组织机构是完成企业战略、实现企业目标、保证企业良好运行的载体，组织机构是否合理、是否

科学直接影响着企业的运行效率和运营效果。

（二）公司组织机构的特征

公司组织机构的特征[4]有以下几点：

1.复杂性：指组织内各部门和各单位、组织机构内的各个要素都存在差异性，表现在组织的专业分工、管理层级设置、管理幅度设置和人员设置等方面；

2.规范性：指组织的标准化程度，表现在组织的各项规章制度、程序流程的标准化、规范化等方面；

3.集权与分权性：指组织内的权利分配，是组织决策的集中与分散程度。

以上这三个特征是组织机构外在表现形式的决定因素，直接决定着组织协调机制框架设计、调整以及改革。

（三）公司组织机构分类

从最初的直线制到今天的矩阵制机构和网络组织机构，不同时期的组织机构具有不同的特点，且各有优缺点，总结如表1所示。

表1　典型的组织机构及特点

类型	示意图	特点	优点	缺点
直线型	厂长 车间主任 车间主任 车间主任 班组长 班组长	最简单、最原始的组织机构形式，没有职能机构，是直线的领导关系，只接受一个上级的指令，各级主管对自己管辖范围内有绝对的指挥和管理权	权责分明、机构简单、指令统一，适合小规模的企业	要求企业负责人是复合型人才，不适合规模大、生产技术和业务复杂的企业
职能型	总裁 总裁办公室 职能部门 职能部门 职能部门 员工 员工 员工 员工 员工 员工 员工 员工 员工	按职能进行分工，各职能部门负责人直接对下级下达命令和指示，管理企业的生产经营活动，下级接受双层指挥和领导	能充分调动职能机构的能动性，减轻直线领导者的工作负担；它能实现部门内部的专业	职能部门之间横向沟通较差，办事效率低于直线制

类型	示意图	特点	优点	缺点
事业部制	董事会 董事长 参谋部门　总经理　研究部门 事业部　事业部　事业部　事业部　事业部　事业部　事业部　事业部	纵向划分出一个专门负责某项业务或某地区各种业务的事业部，事业部拥有相对独立的市场、相对独立的利润和相对独立的经营权	提高了组织的活力和创造性；使组织高层管理者能够更专心地决策；组织对外部环境的反应力加强；这种组织形式是培养训练管理人员的较好方式	组织机构重叠造成组织资源的大量浪费；各事业部门竞争有余而协作不足；各事业部内易产生本位主义
母子公司	集团公司 集团财务部　集团人力资源部 a子公司　b子公司　c子公司	子公司在法律上有独立的法人资格，母公司主要通过召开股东会、董事会任免董事长和总经理来控制子公司	母子公司分别运营，能够使双方获得更高机会成本的收益；可以降低经营风险	容易导致失控；双方的经营往来及盈利所得需双重纳税
混合型	集团公司 法律顾问　人力资源　研发　财务 a事业部　b子公司 生产　财务　人事　营销　生产　财务　人事　营销	一个组织的结构可能是产品、职能、区域不同的组合形式，这样包括两种或两种以上结构特征的组织机构	方式灵活，公司可以根据企业内部情况和所处的环境自由选择所需组织机构的组合；发挥了企业和人力资源的最大优势	容易造成企业管理混乱；信息流和沟通容易产生障碍；公司的制度不易贯彻执行
矩阵型	总经理 职能部门　职能部门　职能部门 项目组 项目组 项目组	由相互交叉的纵横两套管理系统组成的矩形组织机构，横向的为职能系统，纵向的为项目系统。这种组织形式强调了各部门间的协作	通过各部门间的通力合作，集中精力专攻组织的某个目标项目，充分利用组织资源	易发生权力争夺；成员受双重领导；项目经理相对部门经理具有职权差距

类型	示意图	特点	优点	缺点
多维组织机构	地区：亚洲、欧洲、美洲；利润中心：事业部A、事业部B、事业部C、事业部D；成本中心：财务、生产、人事、质量、营销	一般把组织机构分为三个维度：产品利润中心、专业成本中心和地区利润中心，并由这三个维度形成一个立体组织	协调了各部门间的矛盾，有助于及时进行信息沟通，集思广益而做出高质量的决策	决策缓慢、行动效率较低

（四）组织机构改革的影响因素

组织机构不会一成不变，当组织内部或者外部环境发生变化的时候，为了适应改变，就会有组织机构改革。

1. 环境变化

当企业组织面临不同的环境状况，为了保证组织的生存和高效运转，必须进行组织机构和管理体制的调整，建立起适应环境的组织运行机制。按宏、微观划分，可分为一般环境和特定环境；按与组织的紧密程度，可分为外部环境和内部环境。不论是一般环境还是特定环境，不论是外部环境还是内部环境，对企业而言，都必须重视，必须依据企业所处的环境进行组织机构的设计，针对环境的变化进行组织机构改革。

2. 企业战略

战略是影响企业组织机构设计的关键因素。企业战略的不同，决定了企业发展方向的不同，而不同的方向需要不同的组织机构形式来实现。企业发展过程中，当企业战略发生调整，为了保证战略落地，必须进行相应的组织机构改革。组织机构随着企业战略调整才能发挥效用，而不同的企业战略应配备不同的组织机构相适应。

3. 企业规模

布劳研究了组织机构与企业规模之间的关系，他认为企业规模是影响组织机构选择的最重要因素[5]。企业规模发生变化时，组织机构的分权集权机制也需要进行相应调整，以保证组织的决策和运作效率。企业规模较小时，集权管理机制能够实现企业的高效运转；当组织业务呈扩张态势，企业员工增加、管理层次增多，组织协调管理变得困难的同时还要管理层迅速做出决策，企业的分权式改革成为必要。

4. 信息系统技术

ERP系统、CRM系统、CIMS计算机集成制造系统、FMS柔性制造系统等新技术的能够实现企业高效的横向、纵向沟通，提高工作效率，有越来越多企业实施信息化战略；在企业实施信息化时，企业的管理流程、运营模式会发生变化，导致产生新的业务流程；新的业务流程带来部门职能定位和职责划分的调整，促使组织机构改革。

5. 企业生命周期

企业处于生命周期的不同阶段，其组织机构形式也不尽相同，企业的成长历程也是组织结构不断演进和优化的过程。从一般企业的组织发展规律来看，创业初期，企业大多采用传统的直线型组织机构；成长期，企业逐步采用集专业化与集权化为一体的直线职能型组织机构；成熟期，企业组织机构逐步向分权倾斜，事业部制和母子公司制成为大部分企业这一时期采用的组织机构；衰退期，为了提升企业竞争力，企业则需要进行组织机构变革以适应外部环境[6]。

6. 业务流程再造

业务流程再造是近年管理实践中对专业分工细化及分层制的一次深刻反思。这次管理革命要求企业重新审视管理思想和经营过程，对业务流程进行改造甚至重新设计，这将打破传统组织机构，建立全新的组织。也就是说，业务流程再造会改变管理惯性组织机构，推动组织机构改革。

二、上飞公司组织机构改革必要性分析

2018年2月28日，为适应新时代中国特色社会主义发展要求，党的十九届三中全会第三次全体会议审议通过《中共中央关于深化党和国家机构改革的决定》，中共中央、国务院简政放权，协同高效推进党和国家机构大部制改革。

中国商飞公司为发挥对中国民机产业发展的引领作用，提出“两个建成”奋斗目标和“三步走”总体安排，面对发展进入新阶段，明确了全面深化改革的新要求。

上飞公司全面贯彻落实党中央、国务院决策部署，按照中国商飞公司的总体部署和要求，提出中长期发展目标和建党百年“三个一”目标。面对新时代新任务提出的新要求，结合自身由导入末期步入成长期这一状态，上飞公司机构设置和职能匹配同实现战略目标，发挥对中国民机产业发展的引领作用，同统筹推进建党百年“三个一”目标还不能完全适应，主要体现在：

（一）组织机构设置过于庞大

组织机构设置过于庞大，资源得不到有效整合。部门太多，大量事务需多部门协调，一方面，因平级部门之间级别权力相当而无法有效推进实施该部分事务；另一方面，会导致大量的跨部门沟通、会签，流程冗长，效率低下。

（二）职能拆分过细

在调度计划、采购与供应商管理、设施设备、工装工具、工艺技术、质量管理等对业务进行直接支撑的管理领域，职能拆分过细。如调度计划方面，生产计划与项目计划同步存在；在设施设备方面，构建过程依据属地进行划分；质量管理方面，有四个相关部门；在采购管理方面，按照采购对象进行划分。一方面形成多头管理；另一方面，造成管理职位臃肿，带来巨大人力成本。

（三）职责界面不清晰，职权归属不明确

公司存在职责定位不清晰，权责归属不明确的问题。体现在以下几个方面：部分部门职能定位不清晰，部门之间职责交叉重叠、工作界面不清晰，导致部门之间推诿扯皮，渎职无为；部分部门职责集中，但是没有赋予相应的权利，权责利不对等，任务难以顺利推动。

（四）科层制模式导致部门间各自为政，协作效率低下

公司采用传统的科层制模式，自上而下垂直式管理。在这种管理模式下，容易形成职能条线管理，由部门职责构成的“金钟罩”会导致部门之间的隔离。一方面，跨部门问题在基层甚至中层得不到解决，需要决策者通过“顶尖沟通”来解决问题，使得决策者不能集中精力关注企业整体战略问题；另一方面，中高层领导在其位而不能谋其职，工作主观能动性受到打击，其潜能难以发挥。

三、国内外主机厂组织机构设置经验借鉴

（一）中航工业哈尔滨飞机工业集团有限责任公司

中航工业哈尔滨飞机工业集团有限责任公司（以下简称“哈飞”）是中国研制中、小型直升机和轻型运输机的主要基地，隶属于中航工业直升机有限责任公司旗下，是中航工业的大型骨干企业之一。公司创建于1952年4月1日，是国家“一五”期间156项重点工程之一。

哈飞采用的是典型的层级管理模式，主要部门如图1所示,有以下几点值得借鉴：

推行大部制。质量保证部包含体系建设、审核、检验、理化试验和计量职能，形成质量管理的统筹部门；经营管理部包括战略规划、经营计划的制定，形成规划计划的统筹部门；生产管理部统一调度生产，制定月、周计划，由车间调度分解为日计划；供应保障部总揽采购和物流相关职责，形成供应链管理的统筹部门。

放权考核。其旗下动力公司行政挂靠哈飞，但模拟事业部经营，独立核算；航修公司彻底独立，为经营法人，对外承揽业务。哈飞对以上两个子公司经营管理完全放权（包括采购、人事权），由经营管理部制定指标进行考核，驱动其提升管理水平和效益。

哈飞其他值得借鉴的机构职能设置包括：设施设备资产管理由设备管理部负责，原材料零件资产管理由供应保障部负责，资产登记管理的总归口在法律资产部；制度、流程管理由专门设立的经营管理部流程管理科负责，推行流程化管理。

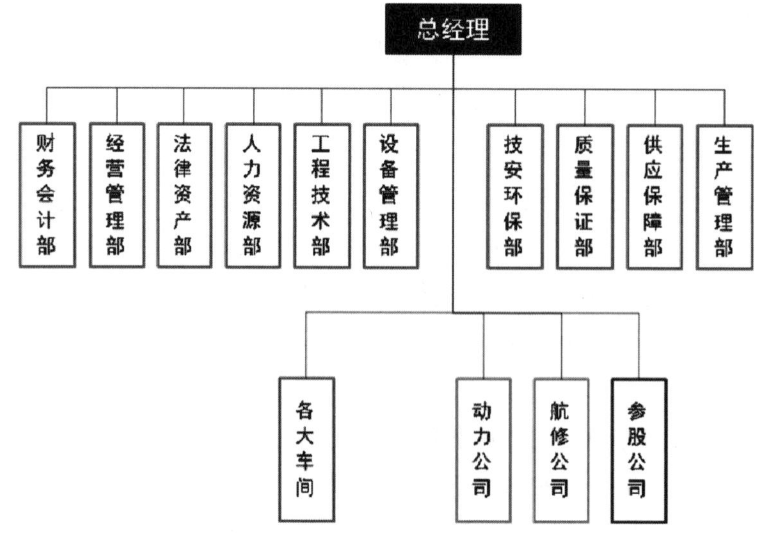

图1　哈飞组织机构图（节选）

（二）中航沈飞民用飞机有限责任公司

中航沈飞民用飞机有限责任公司（以下简称“沈飞民机”）采用的是层级管理模式，主要部门如图2所示,有以下几点值得借鉴：

推行大部制。综合计划部是规划计划的统筹部门，项目管理部是生产调度的统筹部门（有综合室协调各项目的生产资源冲突），质量管理部（包括审核、检验、理化、计量、适航职能）是质量管理的统筹部门，采购部是供应链管理的统筹部门，保障部是设施设备以及安全保障的统筹部门。

灵活的考核机制。沈飞民机从沈飞分离后，已没有项目型号研制经费。迫于经营压力，已部分采用由市场驱动的考核机制。其工人收入不依赖于额定工时，零件制造工人的报酬由标准工时按件计价，装配工人的报酬按合同利润的百分比给付。

建设共享中心。中航工业目前推行“统一岗位薪酬管理”，统一各下属单位的职位职级和薪酬标准。随后将各单位的人力资源管理、财务会计管理等职能一并回收，由总部统一管理，提高人员利用率，降低人力成本，加强专业化程度。

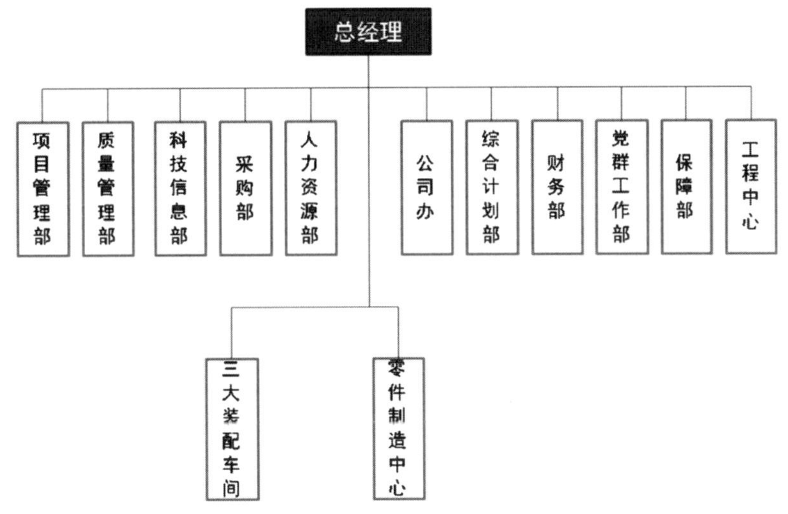

图2　沈飞民机组织机构图（节选）

（三）波音公司

波音公司成立于1916年，是全球最大的航空航天和防务产品制造商，其总部位于芝加哥，在美国境内及全球70个国家共有员工超过17万，波音公司形成了以事业部制为主，母子制公司相结合的混合型组织机构，如图3所示。

波音的组织机构共分为三个层级。第一层级为波音总部及其延伸机构，行使9大职能；第二层级是波音民机集团和波音防务、空间与安全集团两大事业部[ ]，以及波音的区域公司或办事处；第三层级是波音两大事业部下属的工厂和子公司。

1. 事业部制组织机构

事业部是一种企业界定其二级经营单位的模式，适用于规模庞大、品种繁多、技术复杂的大型企业，是国外较大的集团公司所采用的一种组织形式。一般按产品或地区设立事业部，每个事业部都有自己较完整的职能机构。

波音按事业部制设立二级组织机构，即按照民机和军机的产品分类分别设立波音民机集团和防务、空间与安全集团两大事业部，两大事业部都具有较完整的职能机构。波音实行事业部制组织机构，一方面有利于各部分独立核算，更好地发挥经营管理的积极性和组织专业化生产，另一方面事业部不单设法人，有利于波音总部对核心业务的管理和控制，以及实现两大事业部间的合作。

2.母子公司制组织机构

子公司具有独立法人资格，拥有自己的公司名称、章程和董事会，以自己的名义开展经营活动、从事各类民事活动，独立承担公司行为所带来的一切后果和责任，对于涉及公司利益的重大决策或重大人事安排，仍要由母公司决定。

从图3可以看到波音组织机构中的子公司主要集中在第三层级，业务多属于下游业务。针对下游业务采用母子公司制组织机构，一方面有利于子公司灵活运营，积极参与市场竞争，另一方面有利于减轻母公司的压力，让母公司把精力投入在最核心的业务上。

总的来说，波音公司采用的是以事业部制为主，母子公司制相结合的混合型组织机构。在最核心的业务上，采用事业部管理模式以增强核心能力；在下游业务上，采用子公司甚至孙公司管理模式以保持在各项专业分工上具备能力，并对核心业务发挥支撑作用。

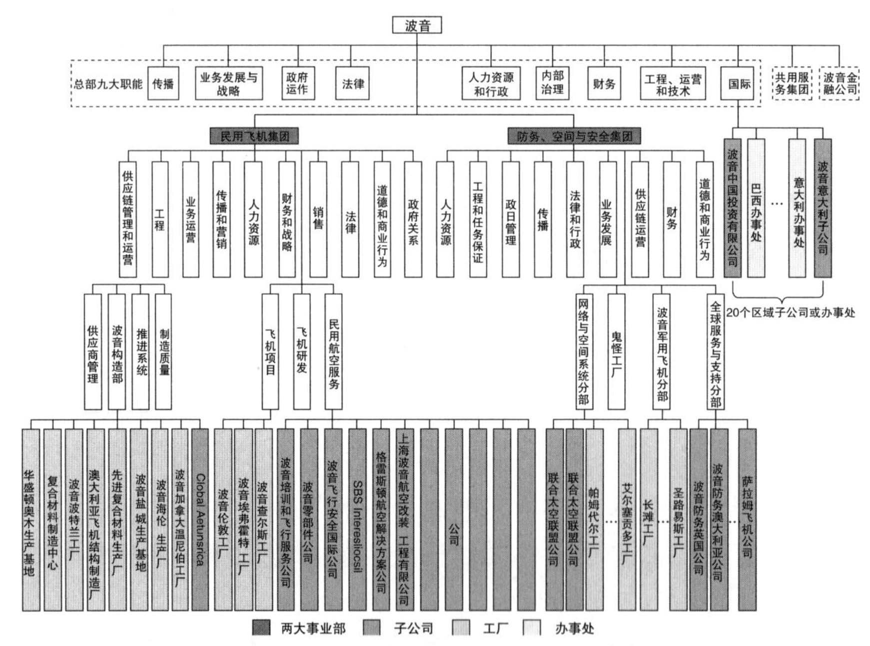

图3　波音公司组织机构

（四）空客公司

空客公司是一家全球性企业，空客现行组织机构如图4[7]所示。

空客采用母子公司制组织机构。首先，空客是空中客车集团的全资子公司。其次，空客本身又拥有多家全资子公司，包括空客的四个国家级子公司、空客四个区域子公司、空客自建或收购的其他子公司等。其中，空客的四个国家级子公司的情况又比较特殊，在股权结构上，空客法国公司是空客德国公司、空客英国公司、空客西班牙公司的母公司。最后，空客近年来还组建了多家合资子公司。

扁平化和网络化是空客组织机构的主要特点。

1.扁平化组织机构

扁平化是空客组织机构最大的特点。空客组织机构的扁平化并不是简单地压缩管理层级，而是“打通组织障碍”，即为了实现组织内部的沟通和交流，实现信息的畅通，并最终促进组织绩效的增长。Power8计划就是空客“打通组织障碍”，实现组织机构扁平化的重要举措。在Power8计划中，空客共推出了11条措施，这11条措施包括：①更简捷和节省成本的管理；②更短的开发周期；③精益制造；④精明采购；⑤实现现金最大化；⑥客户第一；⑦集中发展公司核心业务；⑧建立长期的全球合作伙伴网络；⑨整合飞机总装线；⑩组建4个跨国专业化优良中心；⑪与母公司EADS共享服务。通过实施这11条措施，既能强力地节约成本，也能集中资源于核心业务上，还能理顺工作流程。

2.网络化组织机构

密集的多边联系和充分的合作是网络型组织最主要的特点。空客作为跨国组织，四国公司之间的多边联系和充分合作是空客组织机构最主要的特点。空客飞机的生产由四国合作完成，为了能更好地实现四国公司之间的协同，空客曾尝试了多种组织形式，COE就是其中最典型的一种。

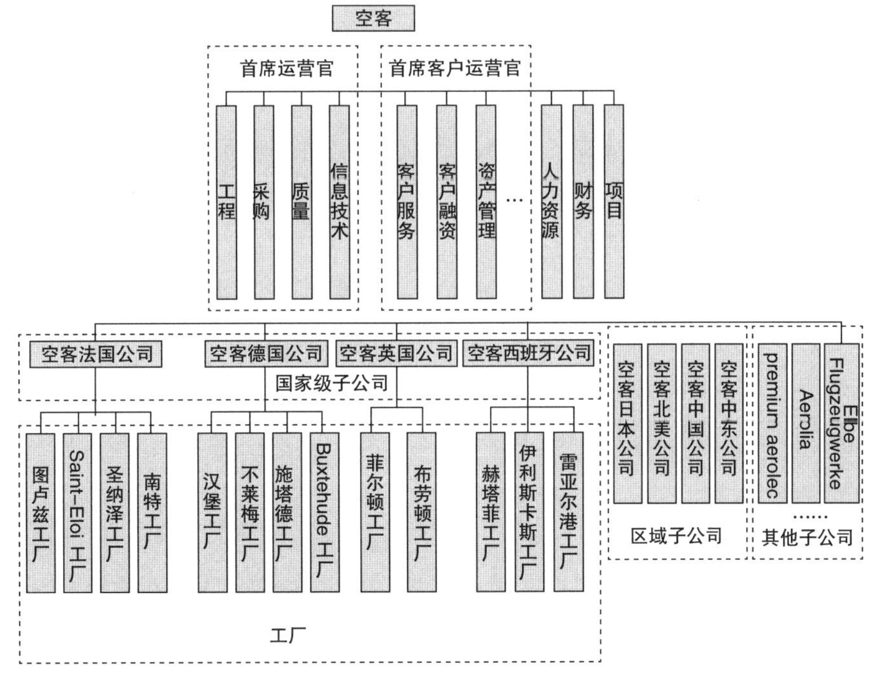

图4 空客现行组织机构简图

（五）小结

推行大部制改革，将职能相近、业务范围趋同的部门进行合并，形成某一领域的统筹部门，最大限度避免职能交叉、多头管理，从而提高效率，降低成本。

探索推行事业部制度，“集中决策、分散运营”。一方面，下放权利，驱动各事业部自主管理，更好地发挥经营管理积极性和组织专业化生产；另一方面，事业部作为公司内部虚拟公司，不单设法人，有利于总部对事业部核心业务的管控，也更能表达管理者意愿。

不论实行哪种组织机构，都要关注打通组织沟通障碍，保障组织内部的沟通和信息交流，实现组织高效运转。

四、上飞公司成长期内组织机构改革的积极探索

上飞公司在总结过去组织机构改革经验的基础上，结合内外部环境变化、公司战略调整，对标学习国内外优秀企业，总结并采纳机构大部制改革、职责管放结合、流程优化的成功经验，以有利于明晰权责、有利于简化流程、有利于提高效率、有利于效益提升、有利于创新发展作为改革基本原则，采取多种措施，尝试多种途径，逐步形成了“生产制造单位事业部制、业务管理部门大部制、职能支持部门一体化”的组织机构格局，更加有效地利用生产经营各方面资源，并集中力量在核心领域进行突破，以适应“以产品研制为基础，逐步实现产品经营”的客观要求，为上飞公司由导入末期跨入成长期提供组织机构保障，引领国内民机产业发展。

（一）上飞公司组织机构改革过程中的经验

1. 推进航空零部件转包生产业务混合所有制改革

上飞公司凯飞事业部承担公司航空零部件转包生产业务。近年来，产品交付质量逐步稳定，不断获取工作包，受制于生产资源和公司机制体制，市场业务拓展面临瓶颈。为获取发展资源、学习先进管理经验和技术，上飞公司与中航国际航空发展有限公司、英国吉凯恩航宇服务有限公司开展合资合作，明确成立“上海凯飞航空结构件制造有限公司”，并导入英方的精益制造与供应链管理体系，将合资公司打造为“盈利的、具有竞争力的、世界水平的飞机结构件一级供应商”，为国际飞机结构的零部件供应提供有竞争力的替代来源。

通过混合所有制改革，公司获取了发展资金，提升了管理水平和制造技术，机制体制更加灵活，获取了更多国际各民机主制造商工作包，市场份额扩大，实现了持续盈利。

2. 生产制造单元事业部改制

为加强生产单元、维修和创新团队的责任主体建设，激发各生产制造单元的经营活力，组建事业部。

考虑自身发展要求以及产品多样化的机构现状，为合理调配资源，发挥转包生产的独立性；模拟市场机制，让转包业务在机制和体制有所创新，更好体现多劳多得的分配原则，提高员工积极性，组建凯飞事业部。

为满足战略发展需要，减少协作界面，提升工装设计、制造、交付使用等全过程的整体效率，增强团队服务意识、经营责任和成本管控意识，提高应对生产任务波动的主动性和灵活性，持续提升工艺装备的设计制造专业能力和经营活力、经营业绩，撤销工装部、工装制造车间，组建工艺装备中心。

为适应公司“以产品研制为主”向“以产品研制为基础、逐步实现产品经营”格局转变的客观要求，更加有效地利用生产经营各方面资源，拟将总装车间、部装车间按ARJ21、C919飞机型号重组，成立ARJ21事业部、C919事业部。

为集中力量在核心领域进行突破，引领国内民机产业发展，拟整合上飞公司复合材料各方面资源，将复材胶接车间和航空制造技术研究所复合材料制造技术中心进行合并，组建复合材料中心。

为提高上下游生产计划协同性,提高生产效率，缓解交付压力；整合利用内部零件制造资源，降低生产成本；以点带面，逐步提升智能化生产水平；将钣金制造车间、数控机加车间、热表处理车间整合，组建零件加工中心。

随着维修、改装业务进入增长期，需加强配置组织资源，拓宽维修改装业务范围，推进产品制造与产品服务深度融合，提升飞机保障维护能力，将维修改装与内外场保障业务整合，组建维修改装中心，使得维修改装业务成为企业发展的利润增长点之一。

为贯彻落实发展新材料、新工艺、新技术、新装备的战略要求，攻克弯道超车存在的现实困难；打通制造技术研究成果转化最后一公里；加强组织建设，整合二、三级专业总师力量，强化航空制造技术研究，对航空制造技术研究所进行事业部改制。

通过事业部改制，各生产制造单元拥有更大自主经营权，通过配套考核机制，更多体现多劳多得的分配原则，员工工作积极性得以提高，各事业部内部潜力得以激发[8]。

3. 业务管理部门大部制改革

为明晰业务权责，减少职能交叉，完善运行机制，对制造工程、质量管理、采购三个业务板块实施大部制改革。

为深入推进飞机制造技术与信息技术的融合，建设智能上飞；适应批生产要求，发挥工业工程应有功能，不断优化OSC；不断优化工艺流程、布局，提升生产效率。将制造工程与信息化业务、工业工程业务整合，组建制造工程中心。

为贯彻落实质量振兴战略，建设品质上飞；加强内部质量监督体系建设；适应批生产要求，整合质量管理资源，全流程控制好飞机产品质量；创新质量管理模式、运用质量管理工具。将质量管理部和理化计量中心整合，组建质量管控中心。

为加强采购业务的顶层控制，构建从采购到配送一体化高效协同供应链管理体系；强化供应商的开发与管控能力。为提高入库效率，吸纳接收检验职能；同时明确物资采购以集中采购为主、部分领域适当放权的原则。将采购与供应商管理部和物流中心整合，组建采供物流中心。

通过业务管理部门大部制改革，减少了职能交叉，减少了职能界面，大幅度降低了沟通成本；整合了资源，能够实现资源的优化配置，集中力量办大事，实现核心业务领域的突破。

4. 职能支持部门一体化

为精简机构和人员、减少职责界面、提高工作效率，将功能相近、业务交叉较多的职能部门进行整合，实现职能支持部门一体化。

针对行政管理与后勤保障等业务，为减少职责界面、统筹利用资源、加快管理效率、降低运营成本，加强专业化管理能力，合并原公司办公室、行政保障部，统筹管理行政管理类事务，避免部门间业务交叉重叠，精简机构与人员。

针对设施设备构建与管理等业务，为优化职责界面、加快管理效率，不断加强设备动力、设施工程的专业化管理能力，调整原设施保障部、浦东基地建设现场指挥部，按管理对象划分界面，组建设备动力部负责机动设备、动力的全寿命管理，组建基建工程部负责设施工程的全寿命管理。

为推动战略落地，统筹公司发展战略与经营计划，将发展规划部与经营计划部重组，成立新的发展规划部。

通过职能支持部门一体化，上飞公司精简了机构与人员，降低了成本；理顺了管理流程、加快了效率，更加高效地支持现场一线的生产制造工作。

（二）组织机构改革成效

1. 有力保障了公司项目进度

组织机构改革实施后，明确了项目主要牵头责任部门，各方面生产资源均围绕其为核心进行配套保障。各项任务稳步推进，ARJ21新支线飞机项目于2017年7月实现107架机首飞，2017年8月完成试验试飞任务并取得国籍登记号；C919大型客机项目于2017年5月实现10101架机首飞、7月实现10102架机首次全机通电。以上工作，有力保障了上飞公司战略目标的实现。

2. 大幅度提高了员工劳动积极性与工作效率

通过绩效工资核算机制的建立与实施，将资源向一线员工倾斜，鼓励多劳多得。ARJ21事业部2017年6月完成装配定额工时相比5月增加23.5%，7月完成的装配大纲数量达到1月完成量的6倍，加快推动了生产提速工作。

3. 精简了职能部门机构与人员

实施组织机构改革后，精简了职能部门，裁减了效能低下员工，平均一个职能部门员工服务的一线员工数量有所提高，降低了运营成本，保障了上飞公司的持续健康发展。

五、完善组织优化配套核算机制

组织机构改革之后，组织机构形式已基本确定，必须配有合适的内部核算机制，才能起到调动主观能动性，降本增效的作用。

目前公司所有事业部中，凯飞事业部、工艺装备中心实行内部核算。两个事业部均采用以成本为导向的内部核算机制，虽然内部核算能影响年终奖励，会在一定程度上起到降本增效的作用，但却不能从根本上调动员工创造利润的积极性。

为激发事业部主观能动性，鼓励加快生产效率，有效控制成本，需要为事业部配置更加合理的内部核算机制。为此，上飞公司走访了浙江杰克缝纫机股份有限公司等3家企业，学习“阿米巴经营”等先进理念，探索事业部内部模拟市场核算机制，提出“阿米巴经营”在上飞公司实施的构想，解决事业部运转的动力问题。

“阿米巴”原是指一类单细胞动物，“阿米巴经营”是日本的著名经营管理学家稻盛和夫在总结京瓷成功经验时提出的。其核心理念在于，将企业划分为一些“小集体”——“阿米巴”（示例如图5所示），进行独立核算、自行制定计划、自主成长，依靠全员的智慧达成战略目标[9]。

“阿米巴经营”契合于大部制、事业部制这一组织机构形式，且能充分激发组织活力：将相关权利下发，只考核利润（或任务完成情况），对具体方式方法不加干涉，为职能部门瘦身，大大降低管理难度；对每个单位进行独立核算，建立以利润为导向的考核激励办法，追求利润最大化、费用最小化，能够将每一个单位打造成利润中心；强调员工是企业所有者，是企业真正的主人，员工的每一次行动都可以用指标量化，并影响自己的收入，能够充分调动全体员工的生产积极性[10]。

（一）阿米巴经营模式实施条件打造

1. 统一战略思想

内部市场核算机制的本质是在集权与分权的平衡中，向分权倾斜，通过外部激励机制激发内部潜力，提高效率。为了顺利实施阿米巴经营模式，需在整个公司内统一思想，认可整体战略方向上向效率倾斜，否则会导致独立核算流于形式。

2. 配套负责人管理机制

独立核算机制施行后，配套职业经理人管理机制，创新手段招聘管理人才，依据业绩对其进行考核，考核结果直接影响个人收入甚至合同续存，推动建成能上能下、能出能进的良性流动机制，提升核算机制的激励效果。

3. 不同发展阶段制定不同考核指标

随着业务从初步开展到逐步成熟，不同发展时期应设置不同的考核指标。业务开展初期，一般用任务完成率（或目标完成率）进行考核，使得员工容易达成目标，避免抵触情绪；随着业务成熟，逐步鼓励各单位降低成本，进而鼓励扩大收入来源，分别以利润、人均利润率等作为考核指标。

4. 建立完善的财务核算系统

为实现内部市场核算机制，财务部需建立完善的内部定价体系，明确每道工序销售到下一道工序的价格、测算实际产生的成本，明确内部交易、索赔、索酬机制，供内部核算使用。

总之，要提前布局，持续打造适合内部市场核算机制实施的环境，等到时机成熟时再大面积推广阿米巴经营模式。时机成熟指以下几个条件都满足：公司组织机构稳定；战略思想统一；公司内部的财务核算系统完整，内部定价、交易、索赔、索酬等方面的结算体系已建立并通过验证。

（二）阿米巴经营模式实施要点

1. 先试点，后推广

先选取部分事业部进行试点，小范围内实施内部市场核算机制，同步试错和积累经验；等到该模式运行成熟，各事业部对内部市场核算机制有了一定认可度时，再将其推广至所有事业部。

2. 不同类型事业部其经营目标各有侧重

图5杰克缝纫机的阿米巴组织示意图

每年通过年度经营计划下达经营目标，事业部类型不同其目标重点也不同：以研制产品为主的事业部，目标以任务完成进度和成本控制为主，其考核指标一般为任务完成率；生产成熟产品的事业部，目标以获取产品利润为主（产品按期交付、产品符合性均纳入利润核算），利润指标用产品人均利润率衡量，即：

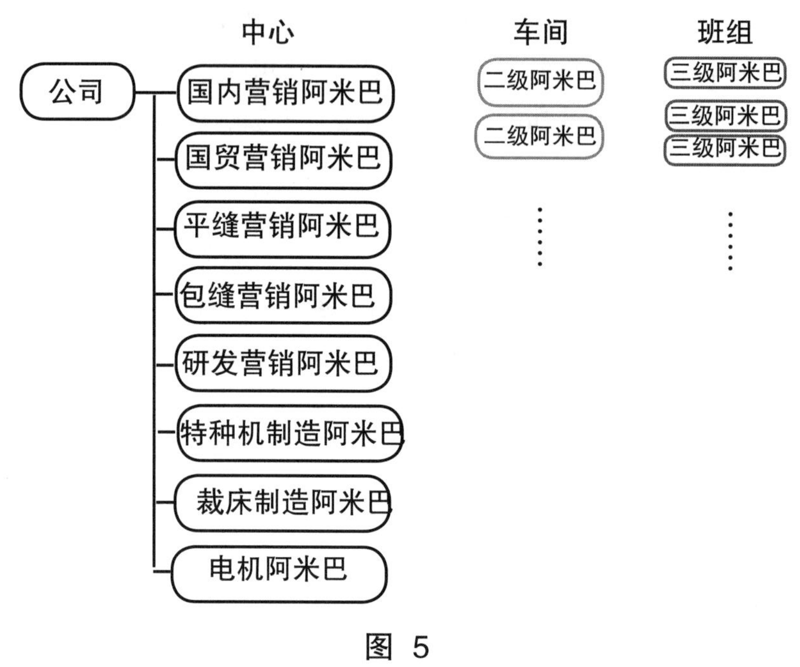

图 5

其中：

内部销售即为阿米巴“销售”所得收入，对于工艺装备中心，即为客户付款；对于零件事业部，就是核算的零件价格；对于型号事业部，即总部核定的内部销售价格。

内部购买，对于工艺装备中心，即为其委托零件事业部加工的产品价格；对于型号事业部，即为其委托工艺装备中心、零件事业部加工的产品价格；另外设施设备维修服务费也考虑在内。

直接成本，包括制造成本、阿米巴办公成本、阿米巴人工成本。其中制造成本，主要构成是采购成本、物流成本（必须包括原料和在制品库存成本）、质量损失成本、水电能源成本；阿米巴办公成本，包括差旅、文具、服装等部门经费，以及阿米巴资产的折旧，还包括所拥有资产的机会成本（按存款利率计算）；阿米巴人工成本，即为全部企业支出的人工成本。

分摊成本，即质量、供应链、技术等业务管理部门，以及人力、财务等职能支持部门的成本（主要是人工成本，少部分办公经费），按阿米巴人数比例，分摊到各个阿米巴中。

3. 每个阿米巴都有自己的报表

财务部每月滚动编制三个月的经营核算情况：回顾上月结果、重点核算当月、预计下月趋势。每个阿米巴都有自己的独立报表，报表数据供发展规划部、人力资源部考核，同时供公司管理层参考进行经营决策。

4. 利润率的目标完成情况影响绩效收入

利润率的目标完成情况（即实际利润/目标利润，而非利润率本身）与绩效挂钩，会影响组织的绩效收入、经理的奖金收入。对于研制产品，利润率的目标完成情况对绩效的影响因子小；对于批产和对外经营产品，其影响因子较大。

5. 随阿米巴建成情况调整分摊成本计算方式

初期建立“阿米巴经营”体系时，涉及阿米巴较少，先不摊销业务管理、职能支持部门成本；待各阿米巴基本建成，覆盖大多数业务领域后，可按人数比例分摊后台部门的成本（预计主要是人工成本）。

六、公司组织机构设置建议

组织机构是公司的骨骼，组织机构良好与否，直接影响到公司运营水平，进而影响公司经营成本和效益。优良的组织机构是公司可持续发展的有力保障，是公司高速运营的支撑架构。

组织机构不存在好坏、高低之分，能够匹配企业战略发展的组织机构，就是合理科学的。管理学中经常讨论的组织机构分权集权、管理层级多少、扁平化与否，都不是绝对的。通过实施组织机构改革，上飞公司积累了以下组织机构设置相关经验：

（一）公司战略决定组织机构（如图6）

战略是集团的核心，企业明确了发展战略，就会有相应业务组合来实现这个战略，而这些业务组合的实施则需要相应的组织机构来做支撑。组织机构的合理完善与否，在很大程度上决定了组织战略目标能否顺利实现。换而言之，组织机构改革实际上就是根据企业战略的变化，对组织机构进行有效的导向选择，从而与战略相匹配，促进企业的成长与发展。

不同的战略需要不同的产业布局、地域分布、经营管理工作来支撑，从而决定了组织机构中的部门设置、核心职能设计、岗位设置、权责利的分配等。当组织机构与战略匹配的时候，会对战略落地起到推进和支撑作用，反之就会起到阻碍和破坏作用。

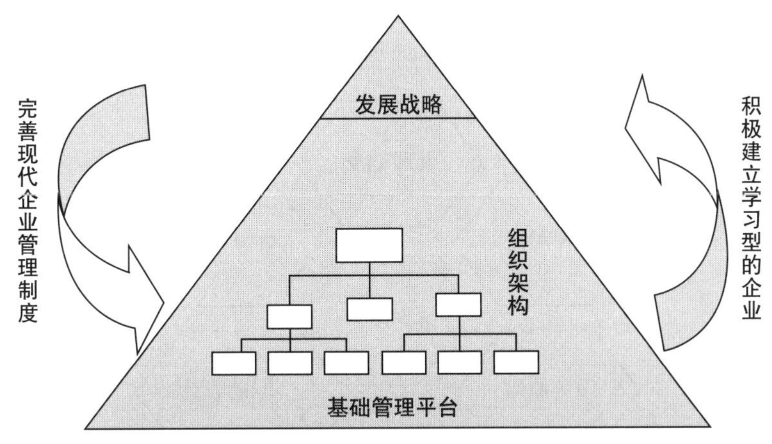

图6　公司战略与组织机构关系

（二）衡量利弊来决定使用分权制还是集权制

集权与分权反映了组织的纵向职权关系。集权是指把较多和较重要的经营管理权责集中于企业的高层组织，主要适用于中小型的、产品品种比较单一、生产技术发展变化较慢、外部环境比较稳定的企业；分权是指把较多和较重要的经营管理权责分散下放到企业的中下层组织中去，适用于品种多样化、各有独立的市场且市场环境变化较快的大型企业。分权的职能制包括事业部制和母子公司制。

任何企业进行高层与中下层之间的权责分工，都应保持集权和分权相结合的原则，使二者形成符合本企业特点的平衡状态。一般来说，事关企业发展大局的决策权要（如决定经营方针和投资计划、批准企业财务预算、确定企业发展战略等）配置给企业高层管理人员；企业的日常经营决策权要（如拟定各种具体的项目计划、控制现金流量、进行管理报告与分析、落实财务预算等）配置给企业的中层管理人员；对于一般成本费用的控制、采购方式的选择等日常活动，其权力可直接配置给基层有关从业人员。

（三）正确认识组织机构扁平化

扁平化管理是指通过减少管理层次、压缩职能部门和机构、裁减人员，使企业的决策层和操作层之间的中间管理层级尽可能减少，以便使企业快速地将决策权延至企业生产、营销的最前线，从而为提高企业效率而建立起来的富有弹性的新型管理模式。

组织机构扁平化不是一味追求管理层级的减少；扁平化过程中，减少层级的同时会带来管理幅度的增加，增加管理者负担；管理层级不是越少越好，层级数量在一定范围内，有利于组织高效运转的就是合理的管理层级；压缩层级只是手段，打通组织障碍，提高企业效率才是关键。

（四）组织机构设置要具备系统性

系统性表现三个方面：第一，组织机构既要规避职能缺失、职能分割和职能交叉，也要规避职能过多、过细。第二，集团企业规模越大，涉及行业和区域越多，其组织机构越要具备系统性。当企业面临市场变化、内部阻力，需要做组织改革的时候，越需要对组织机构的内在逻辑有切实的把握，做到有效控制。第三，组织机构要达成资源优化配置，实现组织内部各部分之间的协同效益。

（五）组织机构设置应符合组织设计的要求

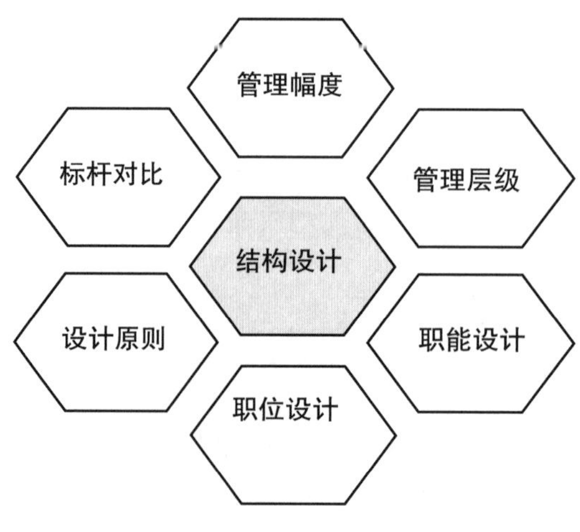

图7　机构设计思路

组织机构设置应符合组织设计要求：第一，要选择合适的集团管控模式。第二，要完善集团法人治理结构，进行集团总部的功能定位。第三，要根据集团的发展战略，合理划分业务群，确定集团实行母子公司制、总分公司制还是混合制。第四，要完善组织运行的保障体系，包括责权体系、核心管理流程及人力资源管理体系。

组织改革过程中，应根据集团的设计原则，与行业标杆企业进行对比后，确定集团的管理幅度和管理层级，在此基础上进行职能设计和职位设计。

成果创造人：张剑波、李蓉婷、吕　彬、张岚岚

【参考文献】

[1]林金忠.企业组织的经济学分析[M].北京：商务印书馆，2004.

[2]JayR.Galbraith.Competing with Flexible Lateral Organizations[M]. Addison- WesleyPublishingCompany，1994.

[3]李建设.论世纪之交西方企业组织机构变化的八大趋势[J].管理现代化.2001，3.出版社.

[4]达夫特著，李维安译.组织理论与设计精要[M].北京：机械工业出版社，2003.

[5]任建华.浅论组织结构的比较选择及创新[J].湖南工业职业技术学院学报,2004.

[ ]陆洋.基于企业生命周期理论的P公司组织变革研究[D].武汉：华中科技大学,2012.

[7]根据波音官网信息综合分析得出

[8]MBA案例：美国波音飞机公司的创建与发展，http://finance.sina.com.cn/managetrain/20041009/16041067455.shtml

[9]根据空客和空客集团官网综合分析得出

[10]梁学荣著,事业部制:大船变舰队的企业发展模[M].北京:企业管理出版社,2016.

[11]稻盛和夫.阿米巴经营[M].陈忠,译.北京:中国大百科全书出版社,2009.

[12]许彩霞.阿米巴模式在科技型中小企业实际运用中的困境及对策[J].吉林工商学院学报,2018,34(2):34-38.

安徽国有文化资产运营体制改革与文化金融体系建设研究报告

安徽省国有文化资产运营体制研究院

一、研究背景

（一）研究的可行性和紧迫性

1.完善国有文化资产运营体制及文化金融体系，是贯彻落实党的十八届三中全会精神的必然要求。

按照党的十八届三中全会要求，实施以管资本为主加强国有资产监管，建立和完善国有文化资本运营机构，可灵活运用文资公司运营管控模式，形成资产经营与资本经营相结合，实体经济和资本运营相结合，可充分发挥国有文化资本的引领作用和国有股本融资的四两拨千斤的放大效应。

2.全国已有国有文化资产运营体制和文化金融建设的成功案例，更有争相打造文化产业投融资平台的普遍趋势。

重庆市国有文化经营管理公司成立并运营已经八年了，实践证明效果很好，与党的十八届三中全会的规定不谋而合。在文化金融领域，自2009年以来，相继有上海东方惠金文化产业担保有限公司、重庆文化产业融资担保有限责任公司、云南文化产业融资担保公司等机构成立，填补了这些省、市文化金融领域的空白。

3.安徽省文化体制改革不断深化，倒逼文化产业投融资平台的构建。

安徽省属出版、发行、报业、演艺、广电集团经过近几年的快速发展，具备了一定的资金和投资实力，但囿于企业自身体量还不够大，专业领域不相同，对资源组织和市场号召方面的影响力还不够，迫切需要安徽省

牵头打造文化产业投融资平台。一方面通过吸纳存量资金，调剂投资项目资金余缺，另一方面把握投资发展机会，促进产业融合，共享发展成果。

（二）研究的重大意义与目的

如果说党的十六大、十七大的十年间从开启到深化的文化体制改革，其核心意义在于转企改制和体制、机制创新，那么党的十八大和十八届三中全会后所进行的新一轮文化体制改革，其核心意义不仅在于体制机制创新，还在于建立多层次文化要素市场，鼓励金融资本、社会资本、文化资源相结合；不仅要推动文化企业跨地区、跨行业、跨所有制兼并重组，还要面

向海外引进有利于中国文化发展的人才、技术和经营管理经验；不仅要把文化产业发展成知识密集性、技术密集性产业，还要发展成资金密集性支柱产业或主导产业。

课题组以党的十八届三中全会精神为指导，深入研究国内外文化产业发展动态和发展趋势，借鉴外省、市的先进做法，结合安徽实际，梳理和总结文化产业发展规律，站在新的历史起点上，研究如何抢抓发展机遇，以建立健全国有文化资产运营体制和文化金融体系为目的，积极发挥国有文化资本运营机构、国有文化企业和文化金融机构的龙头带动作用，使安徽省在新一轮文化体制改革中走在全国前列，为文化强省建设做出积极贡献。

二、国内国有文化资产运营体制与文化金融实践的调研与启示[1]

（一）安徽省省外国有文化资产运营体制的模式与评价

1.国有文化资产运营体制的主要模式

就调研的北京、上海、重庆、广东等省市国有文化资产运营体制而言，主要做法有两种：

（1）以重庆为代表的国有文化资产经营管理有限责任公司运营模式。

重庆文资公司由市政府出资组建并授权经营的国有文化投资公司。该公司受托对授权范围内所属国有文化企业，依法履行出资人职责。纳入监管范围的主要有重庆日报报业集团、重庆广电集团（总台）、重庆出版集团、重庆新华书店集团、重庆电影集团等五大集团和华龙网。

市文资公司在建立健全国有文化资产监管制度、实施重大项目带动战略、管理重大文化设施、构建文化产业投融资平台等方面进行了积极的探索，同时成立了重庆文化产业融资担保公司、重庆文化产权交易中心和重庆文化产业投资基金管理公司等。

（2）以上海为代表的文化企业集团和资本运营主体相结合的运营模式，北京、上海、广东、云南均属此类。

上海是把上海报业集团、文广集团、世纪出版集团三个文化企业集团和负责国有文化资本运营的上海精文投资公司作为宣传系统经营性国有文化资产主体。由这四家机构负责其所属经营性国有文化资产的资本运作和经营管理。

这种模式中，上海精文投资公司牵头开展资本运营，一是加强与金融机构战略合作，开展文化企业授信和协助融资服务；二是牵头搭建市（省）级文化产权交易平台；三是设立文化产业投资基金管理公司并管理投资基金；四是成立文化担保公司；五是促进国有文化企业股权结构多元化等。

需要指出，这两种模式的不同点在于，重庆模式中的文资公司是市委市政府授权的国有文化企业的出资人，与市属文化企业集团在股权上是母子关系；上海模式中的资本运营公司上海精文投资公司与市（省）属文化企业集团是并列关系。

2.国有文化资产运营体制的综合评价

从理论上讲，“文资办—国有文化资本运营平台—实体企业”三层架构将是国有文化资产管理与运营的主要形态。就国有文化资产管理职能而言，三中全会明确规定国有文化资产管理要做到“四管”统一。国有文化资本运营公司是在文资办和实体企业之间组建的专门从事国有文化资本经营的特殊形态的法人，其运营职能主要是履行出资人职责，专门以股东身份从事国有资本的经营管理与运作，不从事具体的产品经营活动。

在调研中，北京、上海、重庆、广东等省市在国有文化资本运营机构设立中做了有益的尝试，有的地方还有十分成功的案例。从长远来看，重庆模式比较符合十八届三中全会关于国有文化资产管理与运营体制的精神。

（二）安徽省省外文化金融服务体系的设立状况与评价

1.当前各地文化金融服务体系建设的基本情况

就调研情况来看，北京、上海、重庆、广东等文化产业发展较为先进的省份，均设有文化投资基金管理公司、文化融资担保公司和文化产权交易中心。

在金融体系与文化产业对接的背景下，各地均积极发挥文化金融对文化产业发展的促进作用。北京、浙江等地鼓励银行建立为文化企业服务的文化金融事业部、特色支行等机构；北京、上海、江苏等地在文化金融租赁方面进行了或正在进行有益探索。同时，北京、上海、广东、江苏等省市在集合债券、知识产权质押、应收账款质押、信用贷款等金融产品创新方面，为中小文化企业提供了有效的融资支持。

2.当前各地文化金融服务体系的综合评价

全国范围来看，服务文化产业发展的多层次、多元化的文化金融服务体系初步建立。然而，仍然存在依托商业银行开展间接融资的多，借助非银行金融机构或投资管理机构开展直接融资的少，大多存在着融资结构失衡问题，急需推进直接融资来服务文化产业。

安徽一些文化企业集团对构建国有文化资产运营机构和文化产业投融资平台热情很高，各集团经过近几年的发展，具备了一定的资金和投资实力，由于种种原因安徽一直没有搭建起从事国有文化资本运营的机构或投融资平台，建议要借十八届三中全会的东风，发挥机遇型后发优势，为建设文化强省高位整合资源。

三、国外著名投资、传媒集团发展模式的分析与启示

搞好国有文化资产运营，既要立足安徽省实际，也要兼具国际视野。他山之石，可以攻玉。通过考察世界一些相关跨国企业集团成功经验和运营模式，可以对安徽省的文化产业发展提供良好借鉴。

（一）淡马锡控股公司：国企盈利的全球神话

1.企业概况

淡马锡控股公司，是由新加坡财政部负责监管、以私人名义注册的一家控股公司，新加坡财政部对其拥有100%的股权。淡马锡公司有着优质的治理结构模式，拥有淡马锡100%所有权的新加坡财政部在公司内部起的作用很小，真正起到关键作用的是公司特殊的董事会构成，分层递进的控制方式和有效的约束机制。政府赋予它的宗旨是："通过有效的监督和商业性战略投资来培育世界级公司，从而为新加坡的经济发展做出贡献。"

2.主营业务

淡马锡公司掌控了几乎所有新加坡最重要、营业额最大的企业，据估算，淡马锡控股所

持有的股票市价占整个新加坡股票市场的47%左右，几乎主宰了新加坡的经济命脉。淡马锡控股除了投资新加坡本地市场外，也把亚洲市场和发达国家市场视为投资终点，大约一半的资产是在新加坡以外地区。

（二）贝塔斯曼集团：全球最具国际性的传媒集团公司

1.企业概况

贝塔斯曼集团在世界上50多个国家和地区开展业务。该集团是一家私人控股的股份两合公司，19.1%权益由摩恩家族直接持有，余下80.9%权益则由上述的家族透过贝塔斯曼基金会持有，换言之，摩恩家族是贝塔斯曼的唯一股东。其核心业务平台“兰登书屋”是全世界最大的图书出版集团，每年出版的新书有1.1万多种，包括精装书、平装书和电子书等，涉及17个国家和地区的不同语言，每年销售5亿多册图书。兰登书屋拥有众多世界上著名的作家，包括政治名人、诺贝尔奖得主和畅销书作家。

2.主营业务

广播电视（RTL集团），图书出版（兰登书屋），杂志出版（古纳雅尔），外包服务（欧唯特）和印刷（Be Printers）等。

（三）迪士尼公司：文化行业最长产业链条

1.企业概况

华特迪士尼公司是总部设在美国的大型跨国公司，动画电影是那个商业帝国立足起步的根基。1955年，洛杉矶迪士尼乐园的开幕，标志着迪士尼形成了“电影—电视电台—衍生产品—迪士尼乐园”的完整产业链。迪士尼以动画为源头产品，将影视娱乐、主题公园、消费产品等不同产业环节演变成一条环环相扣的财富生产链。美国广播公司（ABC）都是其旗下的公司（品牌）。迪士尼于2012年11月收购了卢卡斯影业。

2.主营业务

娱乐节目制作，主题公园，广播影视，玩具，图书，电子游戏和传媒网络等。皮克斯动画工作室，惊奇漫画公司，试金石电影公司，好莱坞电影公司，ESPN体育。

（四）启示

1.国资监管与运营方面的启示

从淡马锡公司成立的背景来看，与中国目前的情况较为相似，都是面临着政企职责分离的问题，都存在着以管股权（资本）为主加强国有资产监管的问题。安徽可以借鉴淡马锡的成功经验，以管资本为纽带，使政府与市场各就其位。成立类似淡马锡的国有资本控股公司，解决出资人问题，使得国家真正成为裁判员，行使监督权力。

2.文化企业发展方面的启示

分析世界知名文化企业的发展历程与成长模式可以得出以下几点启示：

一是做强做大主营业务和抓好品牌建设的同时，注重资本运作。二是注重跨媒体、跨行业、跨地区、跨所有制乃至跨国并购发展。三是突出主营业务，积极发展大文化传播（TMT）。四是完善产业链条，注重集团内部优势互补、共生共赢。

四、完善安徽省国有文化资产运营体制

按照前述五个层次“四统一”的理解，完善安徽国有文化资产运营体制，就是要建立以党委、政府及国有文化资产监管部门为调控杠杆，设立文资公司，培育壮大各类文化企业，建立健全文化金融体系。

（一）理顺国有文化资产管理机构与文资公司的关系

十八届三中全会的决定强调，按照政企分开、政事分开的原则，推动政府部门由办文化向管文化转变，推动党政部门与所属的文化企事业单位进一步理顺关系。清晰界定国有文化资产管理机构与文资公司的职能定位是理顺二者关系的关键。

安徽国有文化资产管理机构的职能定位是：根据省委领导和省委宣传部领导的提名，向国有文化企业推荐高级管理人员和监事会主席；国有文化企业重大投资事项和企业管理重大事项的审核把关；国有文化企业领导班子年度业绩和国有资产保值增值的考核；贯彻落实中央大政方针，确保正确导向的监督管理等。

（二）完善安徽省国有文化资产运营体制的方案选择

根据十八届三中全会精神，借鉴外省市做法，结合安徽省实际，提出完善安徽省国有文化资产运营体制的四种方案，供领导决策选择[1]：

1.省文资办→省属国有文化企业

这种方案主要考虑以资本关系为纽带，做实出资人管理机构。成立安徽省国有文化资产监督管理办公室，可考虑受省政府委托，履行国有文化企业出资人职责，按照管人管事管资产管导向相统一的原则，对省属国有文化企业实施综合管理。

此种方案，较易实施，但相对保守，未对现有国有文化企业提供投融资服务的金融机构做出安排，难以满足文化强省建设的融资需求。

2.省文资办→（省属国有文化企业+文资公司→文化金融机构）

这种方案的重点在于省文资办成立后，在对省属国有文化企业实施综合管理的同时，成立与省属国有文化企业平行的省文资公司。文资公司下设若干文化金融机构。这些机构以服务于全省文化产业的投融资需求为宗旨，通过文化资本的市场化经营和运作，促进文化投融资体制的建立和完善，加强资本在文化发展中的支撑作用，促进国有资产的保值增值，并按照文化体制改革要求和文化产业发展规律，稳妥有序地调整产业结构与布局，以形成发展优势产业、开拓新兴产业、收缩低效产业的整体格局。

就调研来看，北京、上海、广东等地均采用此种模式，该方案可作为安徽省“补课式”方案选用，补足我省国有文化企业出资人缺位和文化金融机构缺失的问题。

3.省文资办→文资公司→（省属国有文化企业+文化金融机构）

这一方案中，文资公司控股省属国有文化企业和文化金融机构。该方案中文资公司的战略定位是：省委省政府实施文化产业投资和转型升级的战略性工具和重要抓手；通过战略性投资，培育新兴文化产业公司、上市公司和世界级公司；推动省属文化企业实现“三跨”式兼并

重组和实施混合所有制，从而把文资公司打造成国内一流的资本运营公司。

拟组建的安徽文资公司，注册资本拟70亿元人民币。其资本来源于两部分：一部分来自于省政府出资和省委宣传部专项资金，另一部分来自于现有的省属文化产业集团的国有资本金划拨。

省出版集团、发行集团、演艺集团的国有股权全额划拨给文资公司。文资公司对省出版集团、发行集团、演艺集团持有100%普通股，为有利于业务联系较多的省出版集团与发行集团等企业的充分沟通及业务上的密切合作，他们彼此之间可适当交叉持股。

除了省属文化企业集团外，按照“统筹规划、分步实施、整合资源、注重实效”的原则，构建金融支持文化产业大发展的“五位一体”服务体系，即分步设立文化发展银行或**银行安徽文化分行、文化融资担保公司、投资基金管理公司、文化产权交易中心、文化金融租赁公司等五个方面的投融资平台建设。

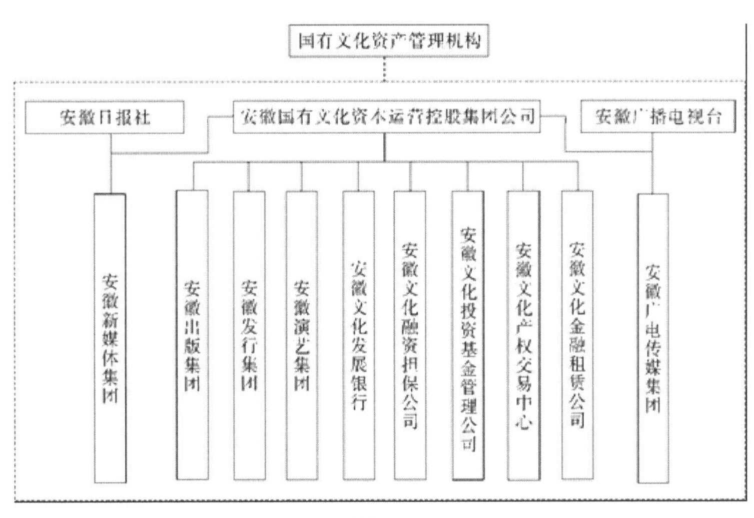

图 1

文资公司人员拟编制20人，设董事长、总经理各一名，副总经理3名，监事会主席一名。现省属文化企业集团的董事长兼任文资公司副董事长（文资公司正式成立并运营后新任命的子公司董事长不再兼任文资公司副董事长）。文资公司内设办公室、财务部、投资与股权管理部、产业发展部4个部门。

此种方案，与重庆模式相近，但又不是对重庆模式的简单模仿，而是有较大改进和超越。既做实了出资人机构解决出资人问题，又成立了文资公司以盘活存量，同时又成立了文化金融机构以做足增量，是一种较为符合十八届三中全会精神的方案，可有利于促进文化强省建设和抢抓机遇型后发优势。

4.省文资办→［省属国有文化企业+文资公司→（新媒体集团+广电集团+文化金融机构）］

这种方案与方案2较为相近，同时吸收了方案3的某些元素。此种方案实施的时间节点在于，省属国有文化企业今后为增强国有资本的控制力、影响力，提高国有文化企业的整体实力和竞争力，将通过股权转让或对外实施增资扩股等方式吸收外部股东，以推进“三跨”和混合所有制改革。为确保具有较强意识形态属性的文化企业的正确导向，文资公司对安徽新媒体集团、安徽广电传媒集团持有约30%的特殊管理股，其余普通股由安徽日报社、安徽广播电视台和社会资本乃至外资持有经营。

这一方案就下一步会推进“三跨”和实施混合所有制改革而言，具有重要意义，然而在目前国有股绝对控股和特殊管理股相关法规出台之前，实施此方案的现实必要性不紧迫。

（三）发挥文资公司的职能和体制机制优势

文资公司成立以后，可以充分发挥其职能和体制机制优势：

1.更好盘活、整合资源，促进国有文化资产的保值增值。

在文资公司框架下，可以更好地利用上市公司平台，对接市场上的产业资源，完善主营业务链，优化资源配置，扩大产业规模和效益；就文资公司乃至全省文化产业而言，对处于沉淀状态、与主业关联度不大、盈利能力较弱的资产，可选择合适的时机和方式通过市场运作盘活，进一步提高经营性文化单位的经营效益和融资能力，提高市场竞争力；可以加快推进产业板块资源整合，充分发挥宣传文化系统在新媒体、演艺娱乐、动漫游戏、艺术品经营等领域的优势，遵循上市规则和产业发展规律，推进国有文化资产的保值增值。

2.学习淡马锡控股，明晰战略定位、优化资源布局，培育一系列文化科技型骨干企业

文资公司一是突出所控股企业的主业定位和产业特色，做强做大文化科技主业；二是通过资本运作，重点投资控股新媒体、数字化集成、新商业模式等文化科技型企业，优化产业链，培育骨干文化企业。

3.利用特殊管理股制度，协助落实党管意识形态

为确保舆论宣传的正确导向，文资公司持股的安徽新媒体集团、安徽广电传媒集团等意识形态属性较强的媒体集团将实施特殊管理股制度，目的是省属文化企业在实行混合所有制后，以至于国家在持有其股份较低的情况下仍然保持导向的掌控力，如在采编、重要人事任免等重大事项和人事任命决策方面，文资公司在表决权上被赋予1票否决权，但在股份收益分配方面，仍然遵循同股同权。

4.为加快文化强省建设的步伐，文资公司通过体制机制创新，抢占文化发展的制高点，面向海内外吸引一流的文化科技人才、产业管理人才和金融人才，帮助被控股的成员企业抢抓发展机遇，当好各成员单位的管理顾问。

五、以文化强省建设为宗旨，建立健全安徽省省文化金融体系

金融是现代经济的核心，文化金融也是文化产业发展的核心支撑力量，可谓“一招棋活，满盘皆活”，所以建立多渠道、多层次的文化发展投融资体系已成当务之急。

（一）安徽省文化产业发展面临严峻的金融约束

1.安徽省文化产业面临融资约束十分突出，金融服务方面欠账很多

从调研的北京、上海、重庆、广东等文化产业发展较为先进的省份看，凡是文化产业较发达的省市，文化金融体系都比较健全。几个省市在五年前均先后成立了文化投资基金管理公司、文化融资担保公司和文化产权交易中心（所）。在文化金融体系与文化产业对接的背景下，各地均积极发挥金融体系对文化产业发展的促进作用。

在间接融资方面，商业银行在接受信贷服务时必须要提供可抵押的资产或提供担保机构，而多数文化企业的资产是以无形资产为主，缺乏可供用作银行贷款抵押的资产，而且文化企业多数是中小型企业，这在无形中又增加了的信贷融资的难度，所以成立融资担保机构就显得尤为迫切。

在直接融资方面，从近几年的实践来看，中国不仅文化企业，而且其他企业也都缺乏市场化的股本补充机制，致使企业债务过重，加重了企业融资难，降低了企业融资规模。去年底，中国企业负债总额已占GDP的比重达130%，处于亚太经合组织国家最高区间，也高于世界成熟经济体50%–70%的水平。发生次贷危机的美国，尽管政府的负债水平高达110%，但企业整体负债率只有40%左右。中国企业这么高的负债率，发生危机的可能性较大，值得警惕，故加快发展股权投融资机构，不仅是缓解企业融资难的有效措施，也是防范金融风险的根本之策。

发展股权投资基金，实施股本融资，这既是中小文化企业融资最需要的，又是安徽省文化领域最缺的。因此，设立文化投资基金管理公司，遵循基金运作规律，管理更多的股权基金或创业投资基金，既是健全文化金融体系和缓解中小文化企业融资难的重要任务，又是培育文化骨干企业的最有效措施。

2.安徽省文化产业发展面临着紧迫的专业人才约束

“专业的事，要由专业的人来做”，这是文化产业发展先进地区的普遍认识和做法。文化产业的全面、快速、可持续发展，离不开既懂文化产业经营管理，又懂金融的复合型专业人才的支撑。一方面，文化企业的管理者不仅要具备文化产业经营管理能力，也必须掌握一定的金融知识和熟悉金融运作规律，只有这样才能根据自己企业的特点和优势，有针对性地选择不同的金融产品和服务手段，为企业发展服务；另一方面，金融行业的工作人员不仅需要熟练掌握金融专业知识，还需要对文化产业有一定的了解，只有这样，才能用独特的金融专业服务实现文化产业与金融的无缝对接。

推进金融资本、社会资本、文化资源相结合，必须重视文化产业与金融的复合型专业人才问题。北京、上海等文化产业发展较好的地区，都十分重视文化产业与金融复合型人才的发掘与使用，如北京文化投资发展集团不惜成本从高盛、摩根士丹利等世界一流金融机构引进专业人才。目前，安徽省文化产业与金融的复合型人才相关激励机制还不完善，在文化产业发展的人才保障方面还有很多工作要做。

（二）建立健全安徽省文化金融体系的基本构想

本着“统筹规划、分步实施、整合资源、注重实效”的原则，建议设立文化发展银行或**银行安徽文化分行、融资担保、产权交易、投资基金管理、金融租赁等五大金融服务平台，着力构建起相互支撑、相互补充的文化金融服务体系，为安徽省文化产业大发展和文化强省建设奠定坚实的金融服务基础。

1.设立安徽文化发展银行，或成立**银行安徽文化分行

十八届三中全会提出允许具备条件的民间资本依法发起设立中小型银行等金融机构。这为非金融资本发起设立银行等金融机构开启了一扇门。

从理论上来说，非金融资本设立银行可由两种方式：一种是向中国银监会申请新设，另一种是以现金、换股或定向增发等方式收购一家市、县级农村商业银行。

就新设文化发展银行来说，银行注册资本拟50亿元[3]。可由省委宣传部主导，省文资公司牵头，在中国银监会安徽监管局和省金融办的指导下，省属文化企业、省内其他领域国有企业和相关民营企业共同出资组建。此举虽然存在一定难度，但可向上争取特事特办，作为全国文化金融发展的试点工程，在安徽省推动。

就收购或借壳一家银行来说，现省内83家农村信用社已有52家改制成农村商业银行。根据2014年中共中央1号文件“增强农村信用社支农服务功能，保持县域法人地位长期稳定”及中国银监会相关规定，收购一家农村信用社或改制后的农村商业银行存在政策障碍，近期看来难度相当大。

经统筹考虑，除上述两条路径外，建议在设立银行难度确实很大的情况下，或文化发展银行正式成立前，选择现有一家国内商业银行签订全面战略合作协议——成立**银行(如国开行等)安徽文化分行，此举为全国首创。同时在安徽省发展基础条件较好的《文化强省建设纲要》提到的30个文化产业园区（基地），成立一批文化创意或文化特色支行。

**银行安徽文化分行，首先为文化系统的企业提供存款、贷款、结算和综合创新业务，开展产业链金融、互联网金融、投资银行、财务顾问和资产管理业务等；第二，增创新优势，高效地推进融资加融智业务，增强竞争力和抗风险能力；第三，逐步建立并完善内控系统，制定营销策略，打造客户、服务、质量、信誉四者并重的全新经营理念；第四，完善赢利模式，增强盈利能力，加快技术创新、业务创新、管理创新和经营方式创新。

**银行安徽文化分行及文化创意或特色支行将作为安徽省以无形资产作质押贷款的试点单位，重点介入软件服务、动漫游戏、现代传媒、广告、艺术品、文化休闲旅游等文创行业，并对文创企业贷款实行高于平均标准（如1.5倍）的风险容忍度。重点开拓以版权质押融资、知识产权质押融资等文创类金融产品为主的业务，并逐步开发以成长性文创企业实际控制人的股权质押贷款，企业与买方签订有效订单后，以销货款为主要还款来源的订单贷等一系列符合文创企业发展特点的金融产品。同时，为文创企业提供开展发债、集合票据、私募等多种形式的融资配套服务。

同时，由文化产业园与**银行安徽文化分行合作成立文化产业统贷平台。文化产业园设立专项资金，统筹部分资金，对符合条件的文化企业客户给予适当贴息补助，银行给予统贷平台相应的授信额度（如20亿元），以“政府增信、组团担保、集合贷款”的模式，给予文化企业优惠利率、绿色通道、集体打包等金融支持。

2.成立安徽文化融资担保有限责任公司

注册资本拟10亿元。建议由省委宣传部主导，省文资公司牵头，省属文化企业参与，吸引社会资金参与组建。

主要经营业务：文化产业及相关行业的融资担保，包括票据证券担保、交易履约担保等。同时，针对文化产业及文化企业的经营特点，在政策允许的范围内创新融资担保方式和方法，为客户提供方便、快捷的贴身服务。

公司主要承担为中小微文化企业的发展提供信用担保的职能，撬动、放大、吸收更多金融资本、社会资本进入文化产业，为我省文化产业发展提供较为充足的资金动力。根据担保法规有关规定和国有担保机构信任度较高的状况，按担保放大8到10倍计算，该文化融资担保机构可从银行等金融机构，为安徽省广大中小微文化企业，筹集、撬动80到100亿元的信贷资金。

3.设立安徽文化投资基金管理公司[4]

为落实党的十八届三中全会提出健全多层次资本市场体系，抢抓股票发行注册制改革和新三板资本市场设立之机遇，多渠道推动众多文化企业的股权融资，拟成立文化投资基金管理公司，主要以参股或控股形式投资《文化强省建设纲要》提到的100家骨干文化企业，既能帮助文化企业补充壮大资本金，又能引导社会资本流向安徽省文化产业领域，起到四两拨千斤的重要作用。

安徽文化投资基金管理公司注册资本拟1亿元。建议由省委宣传部主导，省文资公司（持股比例45%，第一大股东）牵头发起设立[5]，联合2至3家国内知名投资基金专业机构等出资筹建。

基金管理公司业务范围：①发起设立投资基金和管理各类基金；②股权投资：对省内外有一定规模的高成长文化企业和重点文化产业园区内的中小型文化企业进行股权投资；③投资咨询：提供投资、收购、兼并等咨询服务；④管理咨询：为成长型企业提供管理咨询服务。

为促进更多的社会资本投资文化产业，安徽文化投资基金管理公司可组建引导基金和发起设立母基金，并进一步发起设立和管理多支文化产业子基金。根据安徽省现状，可继续由省委宣传部主导，省文资公司牵头，联合省内国有或国有控股文化企业共同出资成立首个4亿元的文化引导基金。文化引导基金资金来源构成：省文资公司、省属报业、出版、发行、演艺、广电传媒集团等占45%，金融机构及社会资金25%，省财政资金10%，争取国家资金10%，省属其他行业国有大型企业10%。再动员引导社会资本6亿元，共10亿元组成一个文化产业母基金FOF（专门投资子基金的基金）。

在国家鼓励发展的文化产业目录内，精选文化科技行业中市场前景看好的中小文化企业，根据投资进度，可依次设立10支子基金，每个子基金都由母基金做投资引导，吸引社会资本LP（有限合伙人）参与。每个子基金规模为10亿元（母基金1亿元，社会资本9亿元）。这样，4亿元引导基金，可引导100亿元以上的社会资本投入到安徽省文化产业领域。

第一支子基金主要投向出版发行、广电网络、影视制作、文化创意、动漫等文化产业领域，立足培育文化产业的骨干企业和新兴文化企业，推动安徽省文化产业的跨地区发展和跨媒体融合。

4.以重组方式组建安徽文化产权交易中心

欣闻省委宣传部发改办正在操作重组合肥市产权交易中心作为唯一股东的安徽文化产权交易所，这是一件可喜的事情。有了交易机构，全省广大文化企业的版权资产就有利于实现资本化，实现价值发现、价值增值和价值实现。

版权资产是文化产业及其产品的核心资产和价值载体，与股权、债权、物权等财产权利相联系，版权资产具有典型的所有权属性、财富属性和高附加值属性，这些属性使版权资产成为文化产业的重要生产要素和财富来源。然而，国内从事文化产业的企业将其所拥有的版权等无形资产更多地视为一种资源，而非一般意义上的资产，并且文化企业和金融业对版权等无形资产也缺乏有效的认识和管理。

实现文化产业与金融业的对接，需要持续推进版权等无形资产的资本化，但如何明确和严格保护无形资产权利归属和流转、如何评定和估算版权等无形资产的商业价值，这都成为文化产权交易中心所要解决的重要问题。鉴于此，吸引和引导资产评估师事务所、拍卖行、专业鉴定机构、会计师事务所和律师事务所等成为职能会员单位，成为搞活文化产权交易中心的重要一环。

安徽文化产权交易中心立足省内，面向全国，以文化科技园区和其他区域的文化企业、个人等为主要交易服务对象，着力构建以文化版权、物权、债权、股权等为主，兼顾专利权、商标权和其他交易品种的专业化交易平台，整合包括孵化、登记、展示、推介、交易、经纪、信息等在内的各类服务要素，提供高质量的产权交易服务、产权信息服务、投行融资服务和其它增值服务，以收取客户的交易佣金和职能会员单位的信息咨询费为盈利模式。

5.设立安徽文化金融租赁公司

金融租赁在发达国家已经成为设备投资中仅次于银行信贷的第二大融资方式。金融租赁公司是专门经营租赁业务的公司，通过提供客户所需要的租赁设备而定期向承租人收取租金，以“融物”代替“融资”。

由于租赁业具有投资大、周期长的特点，中国允许金融租赁公司负债经营，可以通过发行金融债券、向金融机构借款、外汇借款等，形成长期资金来源渠道；在资金运用方面，限定主要从事金融租赁及其相关业务。金融租赁公司成为兼有融资、投资和促销多种功能，是以金融租赁业务为主的非银行金融机构。

从长远来看，金融租赁公司在我国有着广阔的发展前景，为文化产业提供融资服务的潜力巨大，如图书、期刊、报纸印刷设备，广播影视设备，网络设备等，均可通过金融或融资租赁的方式获得，从而达到融资的目的。

成果创造人：范恒森、潘振球

【注释】

［1］国有文化资产管理体制是既定的，不在本报告研究范围内。

［2］“→”表示股权层级关系，“+”表示平行关系。

［3］2010年安徽省向中国银监会递交关于申请设立皖江银行的报告，至今未获批准。据了解，未获批准的原因是银监会认为安徽不缺商业银行。可见，设立一般性商业银行的难度相当大。

［4］我省现有一家安徽华晟投资管理公司，试图管理投资基金，但由于缺乏专职专业管理人才，管理的资本不多，投资的文化企业较少。

［5］《合伙企业法》规定，国有股低于50%的投资基金管理公司才允许做普通合伙人（GP）。

中国石化35年改革发展纪实（1983–2018）

《国资报告》 王倩倩

一、中国石化是改革开放的产物（1983–1998年）

1978年，党的十一届三中全会胜利召开。改革开放，开启了中国石化工业历史性转折。

转折的迫切性，源自另一个不容忽视的事实——新中国成立以来，随着大庆油田、胜利油田、大港油田等被相继发现，1978年我国原油产量已达1亿吨。当时，达到这一规模的国家不超10个。

中国已成原油大国，但是资源利用效率不高。据当时石油部规划小组研究数据显示，每1000美元国民生产总值的耗油量，中国为0.31吨，印度为0.26吨，日本为0.17吨，日本比中国少45%。中国1亿吨石油所创造的价值同工业发达国家相差甚远，造成巨大浪费。

石油化工与百姓的“衣、食、住、行、用”密不可分。如何用好1亿吨原油，提高经济效益，增加国家财政收入，成为关系国民经济发展的重大战略问题。

诊断症结，才能找到出路。1981年上半年，一篇名为《组织联合可以大幅度提高经济效益》的调查报告，介绍了上海高桥地区的石油化工企业因体制分割而资源不能共享的情况，如炼油厂、化工厂、化纤厂、合成洗涤剂厂、热电厂，分属石油部、化工部、纺织部、轻工部、电力部等几个系统管理，原料不能互相供应，资源综合利用效果难以发挥。

对此，国务院批示：“必须直接动手，突破一点。首先解决上海高桥地区的联合，取得经验，然后再着手搞第二个、第三个。”

1981–1982年，中国石油化工体制改革从地方开始搞“联合”，逐步破冰推进。

（一）30亿也干

改革，注定是一次利益格局的重新分配。中国石油化工行业改革之初，因反对者不少，变得阻力重重。

1981年，为了搞联合，时任石油部副部长侯祥麟带队，专门针对上海高桥地区几个厂的联合问题调查研究。经过几天的调查，各个厂仍然各执一词，各不相让。7月下旬，正好国务院领导到上海炼油厂，听取工作组有关筹办联合工作的汇报，侯祥麟把联合调查组的工作情况和各个部门的不同意见做了汇报，建议此事是否再做研究。

国务院领导同志当即表示：“不再研究了，定了，就是搞联合。”并当场指定时任上海市委副书记、常务副市长陈锦华负责筹办。

同样，国务院开始讨论在全国范围内对石油化工企业实行集中领导、统筹规划、统一管理，成立中国石油化工总公司（下称中国石化总公司）时，争论非常激烈。

一次会议上，当讲到成立中国石化总公司，国家财政可以增加100亿元的收入。对此，有同志就持反对意见，说“根本不可能，做不到。”国务院领导同志说：“80亿做得到做不到？”那位同志说：“50亿也不行。”

最后，国务院领导同志一锤定音：“30亿也干。”

改革之所以阻力大，对外经济贸易大学国际经贸学院教授董秀成分析认为，“当时，原油价格由国家进行管制，价格很低。对石油部而言，炼油、化工环节利润丰厚。成立中国石化总公司后，相当于石油部将原油卖给企业加工，这部分业务附加值较高。石油部（1988年，撤销石油部组建中国石油天然气总公司）因此会有不同声音。”

改革开放背景下，中国石油化工行业要发展，就必然要实现由高度集中的计划经济管理体制，向社会主义市场经济体制的转变。成立中国石油化工总公司，成为管理体制跨越的必然选择。

成立一个公司由党中央直接发文，这是前所未有的，1983年2月19日，党中央发文决定正式组建中国石化总公司。对全国原来分属石油部、化工部、纺织部等部门管理的炼油、石油化工和化纤企业，实行集中领导，统筹规划，统一管理，强调中国石化总公司“是部一级的经济实体，不同于一般的行政部门，它的组织形式和工作方式都应采取经济办法”。

在听取石化总公司筹备工作汇报时，中央领导同志语重心长地指出，“你们振兴了，我们国家也就振兴了”。

经过3个多月的紧张筹备，1983年7月12日，中国石化总公司在北京正式成立，李人俊任中国石化总公司董事长、党组书记，陈锦华任中国石化总经理。

在成立大会上，中共中央政治局委员、国务院副总理姚依林代表党中央、国务院致辞。他说：“为了实现党的十二大提出的到本世纪末全国工农业总产值翻两番的宏伟目标，针对我国年产1亿吨原油的使用不合理、经济效益不高的现状，党中央、国务院经过充分论证，下了最大的决心，把分散在各部门、各地区的39个大中型石油化工企业高度地联合起来，切断同条条块块的行政领导关系，组成全国最大的石油化工总公司，这是一项重大的决策。”

穿新鞋，走新路。中国石化总公司要少投入、多产出、快产出，首先把效益搞上去，为缓解国家财政困难雪中送炭的初心与使命，深深融入企业改革发展基因之中。

（二）承包尝甜头

按照改革要求，新成立的中国石化总公司，上收了分属20个省市自治区政府和3个部的39家企业以及下属单位。如何带领这些行政色彩浓厚的企业走好市场化之路，探索刚刚起步。

陈锦华清楚，最终目的不是完成企业上收，而是为了更好实现产供销、人财物、内外贸集中统一，为了实现用好1亿吨石油、多创效益。

抓住这一要义，中国石化总公司在管理体制改革上狠下功夫。

1983年，有关中国企业承包经营责任制改革的探索，还未大范围展开，但有关产量包干、价格双轨制等改革试水，正在石油化工行业悄然进行。

1981年，中国原油产量首次出现下降。为促进石油工业发展，1982年，政府提出了原油产量包干计划，即油田在完成原油产量包干后的超产部分，可以按照国际市场价格在国内销售，也可以出口。原油产量包干，一改之前国家对油田的统购统销局面，生产力伴随积极性的提高大幅提升。

勇于创新的中国石化总公司，突破性地将承包经营体制改革提升到更高层次。

从1984年4月上旬开始，中国石化总公司先后召开了3次经理（厂长）座谈会征求意见，并听取了中央组织部、国家计委、国家经委、国家体改委和财政部等部门的意见。5月下旬，拿出了中国石化总公司1985年到1990年的《进一步推行改革，提高经济效益的方案》，提出了以下放自主经营权，对国家实行总承包的"四定、四保、四包"方案（'四定'是国家定产出、定投入、定税种税率、定留利办法；'四保'是国家保原材料、资金、设备、人才；'四包'是石化总公司包财政上交、产品产量、技术、质量。）。

按照"四定、四保、四包"目标，中国石化总公司在1985年到1990年的6年内，累计完成固定资产投资300亿元，累计实现利税900亿元，1990年当年实现利税200亿元。

6年过后，这个被称为"三二九"的承包方案，最终实际完成投资440亿元，累计实现利税946亿元，投入和产出都超过了承包方案的目标。

此后，中国石化总公司又制定了第二轮承包方案，尽管在执行过程中一些情况发生较大变化，但仍然全面超额完成。

中国石化总公司较早地尝试承包经营责任制，为企业成立初期积累资金、扩大规模奠定了基础。更为重要的是，经此一役，中国石化总公司尝到了"市场经济"的甜头，改革意愿更加坚定。

（三）自筹资金振兴石化

中国石化总公司振兴石化首役就是把乙烯产量搞上去。

"乙烯是石油化工的基础产品，是一个国家、一个企业发展水平的代表性指标。有了乙烯就可以做成各种合成材料。一个国家石油化工是不是很发达，其标志就是它的乙烯产量。"中国石化总公司筹备小组正式召开第一次直属企业经理（厂长）会议上，国务院副总理万里的一番嘱托，让陈锦华铭记于心。

振兴石化，面临的首要问题就是建设资金不足。当时，中国石化总公司面临着两难处境：国内资金难筹集，利用外资没经验。

1984年，恰逢中国投资体制改革不断扩大和深化，预算内基本建设投资全部由拨款改为贷款，"企业债"试点等为中国石化总公司筹措资金建设开工，提供了良好的外部环境。

之后，陈锦华召集党组会议，决定首先立足国内，充分发挥社会主义制度可以集中力量办大事的优势，聚集一切可以集中使用的财力物力和人力特别是技术人才，一个一个项目打歼灭战。

在此背景下，中国石化总公司采取与地方合作筹资、用石化产品集资、"以产顶进"节省外汇、发行企业债券、利用国外贷款等多种方式，有效解决了建设资金困难问题。

向国外借款，便是企业的一次大胆实践。当时，由于借款涉及对国外银行、币种、利率、还款期限等利弊分析和优化选择，还要考虑当时人民币对美元大幅贬值和日元对美元大幅升值等不利因素，经过多种方案比较，中国石化总公司提出了利用外资、自借自还的设想。

这一过程中，中国石化总公司探索积累了利用外资建设大型项目的经验。大庆、齐鲁、扬子乙烯采用统借统还方式，外资占比分别达到52.9%、60.4%和56.5%；上海乙烯采用自借自还方式，外资占比达到26.3%。

尽管当时汇率、利率风险较大，中国石化仍做到如期还本付息，赢得了国际信誉。特别是西方国家1989年下半年以后对我国进行经济制裁，中国石化与日本等国银行签订银团借款合同，成为冲破经济封锁的成功之举。

中国石化总公司自筹资金的做法，成为我国投资体制改革的早期实践。

（四）不开放，死路一条

1978年秋，访问日本、新加坡汽车、电器等企业归来的邓小平，发表了《关于经济工作的几点意见》的重要讲话。他提出“研究财经问题，有一个立足点要放在充分利用、善于利用外资上，不利用太可惜了。”

此后，他又提出“必须改革开放。不改革开放，死路一条”的重要论断。

成立中国石化总公司已是改革开放的第五个年头，在中央批准设立4个经济特区、放宽利用外资政策、扩大地方外商投资审批权限等改革春风吹拂下，企业领导者敏锐地捕捉外资入华商机。

中国石化总公司在认识到中国石油天然气资源和技术、资金、人才短缺的基础上，提出以开放之道振兴企业，只有到国际上去找出路，才能抓到机遇，拓展发展空间。

此时，大洋彼岸的跨国能源巨头们正摩拳擦掌，亟待叩开中国市场的大门。中外双方一拍即合，中国石化总公司在原油、资本、技术等多个层面，展开交流合作。

合作意愿虽已达成，但合作步伐却异常艰难。我国自20世纪60年代初成功开发大庆油田以后，原油不仅可以完全自给，一度还可以大量出口，终于“把贫油国的帽子甩进了太平洋”。80年代却重提进口“洋油”，让陈锦华倍感压力。

面对国内原油紧缺的现实，企业不能被动等待。这一时期，陈锦华带领企业统一思想，决心承担风险和压力，打开进口石油的大门，开创利用国外资源的新局面。

自1988年起，中国石化总公司先后选择茂名、广州、镇海、大连4家企业试点。经国家批准，当年进口原油100万吨，为企业发展赢得了宝贵资源。这四家企业，为后期中国石化实现炼化基地化、集约化、一体化奠定了坚实基础。

开放炼化业务，合资建设乙烯厂是中国石化总公司引进来的又一探索。为充分利用两种资源、两个市场，中国石化总公司先后成立了扬子—巴斯夫苯乙烯公司、扬子江乙酰化工公司等合资企业，与巴斯夫、BP等公司签订了大型乙烯合资意向书，对外合资增长较快，合资项目趋向大型化。

1996年，企业参股并建成中法合资大连西太平洋石化公司，为今后中国石化进军国际市场建立了良好声誉。

“中国石化总公司自成立以来，引进外资、设备，建设大型炼厂、大量化工企业，说到底还是做了很多工作，如果单纯交给石油部，未必会重视这一块。”董秀成表示，中国石化总公司作为专业公司，有动力把主业不断做大，实践证明确实也做大了。

通过引进来扩大开放，中国石化总公司成功实现炼化装备、技术与国际接轨。

二、确立市场经济竞争主体地位（1998-2013年）

中国石化总公司的诞生，为中国石油化工业建立起一道市场与政府之间的屏障。通过充分利用和发挥市场优势，为企业改革发展赢得了宝贵资源。

不过，体制蕴含的深层矛盾，仍在束缚生产力的解放和发展。

1978年以来，社会主义和市场经济关系始终存在分歧和争议。企业市场主体地位，难以真正确立。

"计划多一点还是市场多一点，不是社会主义与资本主义的本质区别。计划经济不等于社会主义，资本主义也有计划；市场经济不等于资本主义，社会主义也有市场。计划和市场都是经济手段。"1992年邓小平南巡讲话，让中国经济体制改革，在思想认识和理论上迎来一次根本性突破。

同年，中共十四大明确提出："我国经济体制改革的目标是建立社会主义市场经济体制。"

在此基础上，1997年9月，中共十五大就建立和完善社会主义市场经济体制问题进一步提出了调整和完善所有制结构：加快推进国有企业改革；充分发挥市场机制作用，健全宏观调控体系等一系列重大理论和实践问题。

从计划经济到社会主义市场经济的根本转变，再到社会主义市场经济理论的形成和发展。社会主义市场经济，在改革指导思想上实现一次质的飞跃。

恰恰是此次飞跃，为1998年中国石油工业史无前例的一次大重组，注入了深层动力。

（一）前奏：东联探索

1997年11月19日，中国东联石化集团有限责任公司(简称东联集团)揭牌成立。东联集团隶属国务院,是由金陵石化公司、扬子石化公司、仪征化纤集团公司、南京化学工业集团公司四家企业和江苏省石油集团有限公司"强强联合"而组建成的特大型石化联合企业。被中外舆论誉为中国国有企业中的第一艘航空母舰。

东联集团的成立在国内外引起极大关注。它是在党中央、国务院的关怀和支持下组建的，是贯彻落实党的十五大对国企改革的重大举措，是"抓大放小"的生动体现。

它的建立，有效避免重复建设，优化资源配置，壮大规模经济。东联集团的几家成员企业都地处南京附近的长江沿岸，最远的距离也只有30来公里。由于历史的原因，条块分割，生产要素配置不合理。从发展规划的角度来看，他们都有自成体系的倾向，这势必造成重复建设。而组建东联集团后，可以从根本上解决这一难题，可以优化国有资产的配置， 提高国有资产的效益。同时，通过联合的形式组建大集团，可以使各个企业优势互补的潜力得到充分发挥,为进行结构调整、发展规模经济提供更大的空间，增强国际竞争力打好坚实的基础。

东联集团的改革试验是党中央国务院启动中国石油、中国石化两大公司战略性重组前的一次成功试验，是我国现代国有企业改革历程中的第一次重要尝试，也是中国石化35周年发展中的一个重要节点。

1998年7月，石油石化两大公司重组，东联集团整体并入中国石化。

（二）石化大重组

实行社会主义市场经济，就是要通过引入竞争机制，让大企业动起来，活起来。

改革开放近20年中，中国石油工业仍处在计划向市场的过渡期，企业之间相对封闭。企业竞争力、管理能力以及盈利能力，远不及世界石油“百年老店”。

先看中国石化总公司。因“用好1亿吨原油”而生的中国石化总公司，经过八十年代开拓振兴、九十年代内涵发展，不断沿着炼油和化工主业在演进。重组之前的1997年，公司原油加工量达到1.25亿吨，乙烯产量280万吨。

但1983–1997年这一时期，企业不生产原油量。为破解严重依赖原油的发展瓶颈，迫切需要向上游油气资源勘探领域进军。

再看中国石油天然气总公司（下称中国石油总公司）。1988年9月17日，根据中国国内市场经济发展的需要和政府职能转换的要求，国务院撤销石油工业部，以其所辖主要资源和资产为依托，成立中国石油总公司。

作为一家大型国有企业，中国石油总公司主要从事石油、天然气上游领域的生产业务，兼有部分政府管理、调控职能。

出于企业自身发展的需要，两家石油公司上游业务的竞争态势愈加激烈。

上游原油业务触角相互延伸，下游炼化壁垒也在不断打破。以统一管理和经营陆上石油天然气资源的勘探、开发和生产建设为主业的中国石油总公司，在大型油田基础上开设炼油厂，不断涉足石油炼化业。

两家石油公司业务趋同，同业竞争的局面已无法回避。既然社会主义市场经济鼓励引入市场竞争机制，人为割裂的产业链也亟须对接，一场石油石化行业国有资产大重组势必到来。

1997年9月23日，李人俊报送国务院副总理朱镕基关于成立两大石油石化公司的建议材料。

1998年3月，朱镕基出任国务院总理，成为石油石化大重组的推动者。

1998年3月10日，全国九届全国人大一次会议审议通过国务院机构改革方案，决定在原中国石油总公司、中国石化总公司的基础上，分别组建中国石油天然气集团公司（下称中国石油）、中国石油化工集团公司（下称中国石化）。按照“各有侧重、互相交叉、保持优势、有序竞争”和“上下游、产供销、内外贸一体化”原则，对石油开采、加工和成品油销售企业实行无偿划转。

以重组为起点，中国石化当务之急在于真正确立市场主体地位。

1998年7月27日，两大集团公司成立大会上，时任国务院副总理吴邦国强调，“要尽快理顺集团公司内部的产权关系和管理体制，不断深化改革，大胆进行体制创新，加快建立现代企业制度的步伐，按照现代企业制度的要求运作，尽快建成具有较强竞争能力，跨地区、跨所有制和跨国经营的特大型石油石化企业集团。”

十届全国人大常委会副委员长、原中国石化总公司总经理盛华仁曾感叹，“重组后的中国石化，政企分开，成为一个真正的经营实体和市场竞争主体，充满了生机与活力。”

（三）屹立南北

重组意在两大集团之间引入竞争机制，实现同台较量。但摆在眼前的现实是，中国石化和中国石油两家企业的“原始”基因不同，无法同赛道竞技。

“过去，中国石油天然气总公司只管油田，不管炼油和化工，上游的油田被它垄断了。中国石化总公司只管炼油和化工，中下游的炼油、化工企业就由它垄断了。两者之间不是竞争的关系。”陈锦华在《国事忆述》中回忆。

因此，如何打破原来的纵向分工，形成两大集团的平行竞争格局至关重要。

按照区域布局，北京以南的东部、南部地区的企业划归中国石化，北京以北的东北、华北的大部分地区的企业，以及西北、西南部分地区的企业划归中国石油。两家企业战略性调整，打破了原来的纵向分工，以南北划分，形成两大集团的平行竞争格局。

确定布局区域只是其中一步。此后，政策的进一步明确，为中国石化带来了深远的影响。

董秀成告诉《国资报告》记者，“重组的最大贡献在于，两家企业市场意识有所增强。但更重要的是，国家为了让企业PK成为现实，采取了一系列政策——全面实行上下游、产供销、内外贸一体化。”

两大石油集团要四肢健全、体魄健壮，才有条件成为参与国际竞争的市场主体。

著名石油史学家丹尼尔・耶金认为，从国际石油业的发展历程来看，石油业一直遵循着这样一条不变的经营法则——“不断地追逐最后的价值”。

原油不是最终产品，生产原油的石油公司只有向下游延伸才能保证“油路”畅通，加工原油的炼油公司只有向上游延伸才能得到稳定的“油源”。英国石油公司、道达尔、埃克森美孚、壳牌等石油公司，无不经历了这一演变历程。

为弥补上游短板，在政府主导下，有着大量石油和天然气资源的新星公司并入中国石化。同时，中国石化发挥老油田和新星石油融合的优势，持续加大勘探开发投入，储量产量稳定增长，呈现出“东部硬稳定、西部快上产、天然气大发展”的良好格局。

在销售端，政府将地方石油公司按照区域划分，分别并入中国石油、中国石化。从1999年下半年开始，中国石化通过收购、控股、参股联营、特许经营等方式，大量收购社会加油站和油库。时至今日，中国石化完善的成品油销售网络，拥有世界第二的加油站数量，正是源于这一改革的推动。

为统筹国内国外市场，中国石化在国家外贸体制改革背景下，逐渐通过成立联合公司的方式，涉足原油贸易、成品油贸易、LNG贸易及仓储物流等国际石油贸易业务。

中国石化重组成立后，充分发挥上下游、产供销、内外贸一体化优势，坚持炼油化工规模化、集约化、集体化发展，不断加强布局和结构优化调整，有力促进了我国石化工业向更高水平发展。

（四）资本市场“混”不进去

建立现代企业制度，实行股份制改造，是国有企业担负的一项重任。

仅在1997年至2000年间，中国移动、中国联通、中国石油等多家国有大型企业，接连登陆资本市场。这些成功范本，彰显了政府改革的力度和决心，为中国石化营造出十分有利的国际资本环境。

从企业自身来看，重组上市更是中国石化面对国外大公司找差距的结果。

“与国外大公司相比，差距很多，比如说产业结构、资本结构、技术进步、成本等，但最根本的是体制和机制上的差距。”时任中国石化总经理、党组书记李毅中表示。

通过整体上市，改革体制和转换机制成为中国石化下一步的改革目标，中国石化正式踏上长达两年的资本征程。

从1998年底到1999年7月，中国石化主要是提出整体上市思路，通过调查研究，制定方案，筹备上市工作。中国石化按照主业与辅业分离、优良资产与不良资产分离、企业职能与社会职能分离的原则，对业务、资产、债权债务、机构、人员等实施全面重组，集中主业和优质资产，独家发起创立了中国石油化工股份有限公司。

1999年7月，中国石化启动整体重组和改制上市。集中主业和优质资产设立的中国石油化工股份有限公司，先后于2000年10月和2001年8月，在香港、纽约、伦敦和上海四地上市。

上市成功让石化人兴奋不已。

“对于国际资本市场，我的第一个感受：它是严肃的，混是混不进去的。”李毅中谈上市感受，“投资者在选择你是不是可以进入的时候，必须经过它的严格审核。”

成功上市后，中国石化乘胜追击，完善一级法人管理体制。针对股份公司上市后内部产权结构仍然复杂分散的问题，从2002年开始采取资产回购、吸收合并、要约收购等方式，先后完成湖北兴化、燕化高新、中国凤凰、北京燕化、镇海炼化、齐鲁石化、扬子石化、石油大明、中原油气的整合。

同时，继2001年股份公司收购新星石油公司主业资产后，通过资产置换或收购方式，茂名乙烯、天津乙烯、中原乙烯、天津聚酯、洛阳聚酯、西安石化、塔河石化、海南炼化等资产先后进入股份公司。

整体股份制改革以后，中国石化股份公司在管理体制上与国际惯例接轨，实现了对外经营战略、重大投融资决策、资金结算、对外合作、重大科研、信息系统等方面的集中统一管理,克服过去多级法人、多层决策、分散投资的弊端,内部资源得到进一步的优化配置。

石油石化的大规模重组上市事实上承担了中国国有企业改革试点和探索的任务。中国石化股份制改革的成功，对于未来的改革与发展，对于中国石化股份公司的国际化经营，都将产生深远的影响。

（五）入世，上游

上市之后，中国石化面临的国际化挑战更为严峻。

“如果国际原油价格下跌到每桶20美元以下，油田企业怎么办？如果国外大公司与民营企业联手进入成品油销售市场，销售企业怎么办？如果国外大公司与国内化工经销商联手抢占石化产品市场，化工企业怎么办？”石化三问，引人深思。

为迎接入世挑战，中国石化做出“扎紧篱笆打好桩”的战略部署，从码头、炼厂、管线到油库、加油站等各环节落实措施，扎实构筑一个完整的营销网络。

特别是从1999年下半年开始，果断推进大规模新建、收购、租赁加油站，用两年左右的时间将加油站总数从8000余座增加到2.4万座，成品油零售市场占有率从15%提高到60%，极大增强了国有经济的市场控制力。

入世后，国内市场国际化趋势更加明显。相反，在全球化的市场竞争中，“大鱼吃小鱼、快鱼吃慢鱼、群鱼吃孤鱼”的市场竞争法则将会越来越突出和明显，市场开拓将会逐步告别小规模的和分散的游击形式，朝着规模化和整体化的方向发展。

对比分析中国三大石油公司，中国石油拥有中国大陆最为丰富的油气资源，海外重大合作项目规模较大。中海油于1982年成立以后，独自拥有中国海区石油的对外合作开采权，一开始就摆脱了国有企业发展的旧模式，走上了国际化发展的道路。与中国石油、中国海油相比，中国石化整体走出去较晚，整体上有些“上弱下强”，基础相对薄弱。

向海外油气资源上游进军，成了企业自身战略发展的需要。

2001年，中国石化国际石油勘探开发有限公司（下称国勘公司）成立。中国石化通过风险勘探、资产收购、公司并购等方式积极布局上游，在非洲、中东、南美、俄罗斯–中亚、北美等地区开发执行了一批油气投资合作项目，海外权益油气产量实现了快速增长。

与此同时，中国石化积极开展海外炼化投资机会研究，取得了较大进展，沙特延布炼厂、新加坡润滑油脂项目建成投产，俄罗斯丁腈橡胶和西布尔项目经营良好，阿联酋富查伊拉、荷兰VESTA仓储项目投入运行。

经过十余年的发展，中国石化在海外拥有50个油气项目，分布在26个国家。2012年境外权益油气产量近3000万吨油当量，全球资源投资格局初步形成。

在国际化浪潮中走出去，投资上游油气资源，是机遇，同样是挑战。由于海外油气资源投资环境复杂，且国际油价起伏跌宕，为中国石化海外收益出现波动埋下“种子”。

此后，中国石化积极谋求海外市场蜕变，走上一条全新的战略升级之路。

（六）科技“出龙”

科技创新，是中国石油化工自立自强的基石。

从1991年开始，中国石化针对带有共性、关键性和对自身发展具有战略意义的重大科技开发项目，将科研、设计、设备制造、工程建设、生产和销售等单位组织起来，形成了“十条龙”科技攻关机制并坚持至今。

“十条龙”科技攻关坚持“开发一批、转化一批、准备一批”的滚动发展方针，力求瞄准国家先进水平，解决一些共性的、关键性的技术难题，实现以点带面的推广，成为中国石化重大科技开发的代名词和富有石化特色的科技攻关组织模式。

科技“十条龙”攻关，作为中国石化走出的一条特色创新之路，截至2017年底，累计163项成套技术顺利“出龙”并实现工业转化。

乙烯，是中国石化的战略主业。技术“卡脖子”的问题，却始终制约企业发展质量效益的提升。与世界一流化工企业比肩，中国石化清晰认识到，缺少拥有自主知识产权的、国际领先的核心技术，显然不足以支撑企业进军世界一流队列。

在研究借鉴国外大公司经验的基础上，中国石化决定采用先进技术，消除装置“瓶颈”制约。

1997年，中国石化力排众议、主动承担风险，决定在大庆石化30万吨乙烯改扩建至48万吨工程中实施乙烯裂解气压缩机和丙烯压缩机产国化。

十余年的创新探索中，中国石化形成百万吨级乙烯成套技术，达到国外同类技术水平，可以依靠自主知识产权的技术设计建设百万吨级乙烯生产装置。拥有成熟的异丙苯、丙烯腈等有机化工成套技术，开发了大型气液法聚乙烯、第三代环管法聚丙烯、稀土异戊橡胶、溴化丁基橡胶、SBS、超高分子量聚乙烯纤维等合成材料成套技术。

油气资源勘探开发技术，是中国石化的重点攻关项目。自2003年勘测发现迄今为止我国规模最大、丰度最高的特大型高含硫天然气田——普光气田后，中国石化“十年磨一剑”，攻克高含硫气田开发世界性难题，这也是中国石化科技创新可持续发展的一个缩影。

仅在这一项目上，中国石化攻克了高含硫气田安全高效开发技术，自主创新形成了特大型超深高含硫气田高产高效开发，特大型高含硫气田腐蚀防护，高含硫天然气特大规模深度净化，特大型高含硫气田安全控制等技术，一举打破国外技术垄断。

掌握着一批核心技术和专有技术的中国石化，实现了从“跟跑”向“并跑”与“领跑”的重大转变。

三、建设世界一流能源化工公司（2013年–2018年）

1999年，中国石化第一次参加《财富》世界500强评定，以营业额340亿美元排名第73位。2013年，中国石化以4281.67亿美元营业收入，位居世界500强第4位。就发展规模和成长速度而言，已经深度嵌入世界能源化工市场格局的中国石化，不逊色于埃克森美孚、荷兰皇家壳牌、英国石油公司等一众老牌巨头。

紧抓30年的改革开放黄金机遇期，中国石化从步履蹒跚走向世界一流。

2013年，中国经济进入“新常态”，经济速度换挡期、结构调整阵痛期、前期刺激政策消化期“三期叠加”的局面仍将长期存在。美国经济增长迟缓，欧债危机不断恶化，国际油价剧烈波动，世界经济波诡云谲，石油石化行业变革日益加剧。

内外部环境的新约束与挑战，不断警醒中国石化：站上新起点，企业面临的最大问题不是规模和速度的问题，而是质量和效益的问题，提升发展质量、增加经济效益比以往任何时候都更加迫切。

以发展质量和效益作为企业发展的核心竞争力，是建设世界一流最本质的竞争能力，是企业全部工作的出发点和落脚点。

2013年以来，中国石化走上转方式、调结构的高质量发展之路，探寻世界一流能源化工公司的建设秘诀。

（一）调结构推动市场化改革

我国经济增长速度从高速增长转向中高速增长，经济结构中第三产业比重不断提高，以重化工为代表的第二产业比重逐步降低，直接影响就是石油石化产品需求增长放缓。传统靠投资拉动、粗放经营的增长方式已难以为继。过去，许多被世界经济和国际油价高速增长掩盖的结构和机制矛盾，开始暴露。

支撑企业增长的新动能究竟何在？党的十八届三中全会审议通过《中共中央关于全面深

化改革若干重大问题的决定》（下称《决定》），提出了“使市场在资源配置中起决定性作用”的重大论断。在党的改革纲领性文件指导下，中国石化将改革焦点直指市场。

“市场化运营的发展模式，就是既要按照打造国际国内市场竞争力的方向深化改革，又要使集团内部上中下游之间、各企业之间在资源优化、产品互供、技术分享、提供服务等方面遵照市场化原则运行，以便真实反映各业务主体的盈利能力、技术、管理水平和市场竞争能力。”时任中国石化董事长、党组书记傅成玉表示。

以提升发展质量和效益为目标，中国石化将调整结构作为加快转变发展方式的主攻方向。

国内上游业务，企业重点调整储量产量结构，强化效益观念，突出抓好经济可采储量，提高勘探成功率、储量动用率、油气商品率，严格控制成本，实现高效勘探开发；对于天然气业务，企业重点抓好资源、市场、管网设施的战略布局，推进产业链优质发展，努力提高在全国天然气产量、经营量中的比重。

境外上游业务，企业重点调整布局结构，慎重把握新项目收购，全力抓好已有项目的资源开发、运营管理和资产运作，实现增值创效。

炼油业务，中国石化立足老企业脱瓶颈改造，调整装置结构，解决炼油化工不匹配的问题，多产高附加值产品，提高出口能力；化工业务，在于重点抓好原料和产品结构调整，加快发展以煤制气为主的煤化工，加快境外天然气化工布局，及时关停无边际效益装置；油品销售业务，在于突出效益导向，提高加油（气）站的发展质量和单站销量，加快成品油管道布局和建设，推进非油品专业化、市场化发展。

石油工程和炼化工程技术服务，在于发挥重组整合优势，通过“收缩一批、退出一批、整合一批、发展一批”，不断减少中低端业务，加快发展高端业务，着力培育国际竞争力。国际贸易业务，重点加快境外仓储物流体系建设，促进贸易能力提升，做强做大国际贸易。矿区（社区）业务，本着有所为有所不为的原则，加快推进市政类、公益类业务社会化，逐项研究经营性业务专业化经营模式。

通过抓重点、补短板、强弱项，加快跨越产业结构调整关口，中国石化不断实现高质量发展、持续向价值链中高端跃升。

（二）转向管资本

经历重组上市，建立现代企业制度、改制分流等改革洗礼，中国石化在35年国有企业改革进程中，搭建起了趋于完善的公司治理机制和结构。

挺进世界一流能源化工公司队列，机制活力和治理能力现代化要求，为企业改革提出新的挑战——要大而强，快而优。

“前30年，应该改、可以改的基本都改了，今天的改革已经进入了深水区，牵一发而动全身，任何单项改革、单一领域的改革都无法单兵突进，都必须从总体上统筹规划、整体设计、协调推进。”傅成玉说。

党的十八届三中全会以来，深化国有企业改革全面推进。中国石化建立在以往改革的成果基础上，提出积极推动集团总部成为以股权为纽带、从资本层面对全资和控股企业的国有资产进行监管的控股公司。

2013年，炼化工程公司在香港成功上市，进入了国际资本市场，为下一步石油工程等业务改制上市摸索了经验，起到了示范作用。

2014年，中石化启动并完成油品销售重组引资工作，按照公平、公正、公开、透明的原则，采取公开竞价的方式，引入社会资本实行混合所有制经营取得实质性突破，打响了中央企业混合所有制改革第一枪。

集团层面从管资产转向管资本，内在要求公司按照市场机制建立企业的管理制度、运行制度、激励约束政策和制度。中国石化需要跨越公司治理关口。

“1998年以来，公司资产规模增长4倍多，但公司治理体系和治理能力建设滞后，既有国际上常见的大公司病，又有中国石化现阶段特有的问题。”中国石化总经理、党组副书记戴厚良说。

针对企业存在的总部职能定位不够清晰，企业责权利不匹配，管理层级多、机关臃肿，部门之间、上下之间沟通协调不够畅通，制度建设碎片化严重等突出问题，戴厚良将原因概括为“思想观念与激烈市场竞争不适应、僵化的管理模式与公司发展不适应这两大主要矛盾。”

改革奔着问题而去，中国石化从国际投资业务着手升级。为理顺管理关系，推进转型发展，2018年6月28日，中国石化整合国际和资本、金融业务，挂牌成立中国石化国际合作部、资本和金融事业部。

按照规划，国际合作部作为中国石化职能管理部门，将按照专业化发展、市场化运作和一体化统筹的原则，统筹归口管理公司国际化业务、对外合作、外事管理等工作；资本和金融事业部将积极探索新体制、新机制，对公司所有新兴产业的财务投资和各类金融服务业务进行集中、统一、专业化管理，主动谋划和推动从管资产向管资本转变。

（三）创新驱动成“火车头”

进入新常态，国内成品油消费增速、国内乙烯当量消费增速已连续多年下降，其中柴油消费去年开始负增长，加上车用燃气、电动汽车、生物燃料等替代能源和新能源快速发展，成品油需求增长空间越来越小。

市场变化加剧不断证明：石化行业产能过剩问题的严重性不亚于钢铁、水泥、玻璃等行业。

结构性产能过剩，需要结构性升级来化解。随着我国消费结构升级，个性化、多样化消费渐成主流，更多地需要高性能化工产品，以全球视野和战略眼光，加快新产业培育，企业向产业链中高端发展迫在眉睫。

创新驱动，根本在于科技变革。事实上，中国石化在30余年的发展过程中，已基本掌握了行业的全套技术，在个别领域还达到国际先进或领先水平，但总体上技术还是处在“你有我有全都有”“你干我干都能干”的水平，独门绝技仍然偏少。

2016年1月，时任中国石化董事长、党组书记王玉普在集团年度工作会议上，将创新战略推向新高度。他强调，“创新驱动战略，就是坚持把创新摆在公司发展全局的核心位置，强化创新链与产业链、价值链的结合，构建激发创新活力的体制机制，不断聚集发展新动能、释放发展新动力。”

以创新驱动作为引领公司发展的“火车头”，中国石化优化科技资源配置，实现协同创新和开放式创新；改进科研投入机制，突出科研投入的成果导向，提高科研投入产出效率；

加强新产品、新技术开发的体制机制创新，推进研发、设计、生产和营销等联合攻关，在新产品、新技术开发上走出一条新路；完善以科研能力和创新成果为导向的科研人员分类考核机制，探索建立创新成果利益分享机制，充分调动科研人员的积极性。

砥砺攻坚，中国石化科技创新结硕果，其中不乏一些独门绝技。

2016年1月，中国石化“高效环保芳烃成套技术开发及应用”项目荣获2015年度国家科学技术进步特等奖。

2017年，重大关键技术攻关取得新突破，涪陵大型海相页岩气田高效勘探开发等3项成果获得国家科技进步一等奖，烃类分子结构导向转化化工原料高效生产技术等2项成果获得国家技术发明二等奖。全年申请专利6798件，获得专利授权4239件，持续保持中央企业领先地位。

新时期，新能源生产和消费革命正在酝酿之中，必将对传统能源生产和消费方式带来巨大冲击。为创新赢得主动权，中国石化在地热能、生物质能、太阳能等领域进行了积极探索，地热开发利用处于国内领先地位，自主研发生产的1号生物航煤实现跨洋商业载客飞行，“变废为宝”的新一代生物柴油技术开发成功。

（四）资源统筹 开放合作

借力全球市场不断开放的东风，中国石化自2001年起，踏上了海外资产收购的快车道。

为弥补国内“先天不足”的资源短板，中国石化海外资产版图，已成功触及非洲、南美、中东、亚太、俄罗斯—中亚、北美等六大油气富集区，同20多个国家合作开发50个油气项目，2012年境外权益油气产量近3000万吨油当量，全球资源投资格局初步形成。

不过，企业投资经历了高歌猛进之后，规模与效益之间的矛盾开始大量凸显。

2014年以来，国勘公司陷入困境正是矛盾的集中写照。

国勘公司新一届管理团队上任之初，总结出了企业的三大矛盾：一是资产结构和质量不合理；二是财务压力大；三是体制机制僵化。“本质上还是企业的竞争力与规模、速度不匹配。”

显然，在更加强调投资效益和市场配置资源的改革背景下，投资回报率以及资产质量成为衡量企业核心竞争力的关键指标。为提高海外市场投资效益，中国石化采取了一系列切实举措。

管理机制方面，国勘公司提出“五做三能两化”为目标，即作准决策、做优机关、做强支持、做精海外、做实监督；职位能上能下，人员能进能出，收入能增能减；管理制度化、信息化。

海外资产方面，国勘公司一方面通过适时出售、购买优化现有的资源结构；另一方面，则要根据项目情况实施更加精准的一项一策管理。

压投资，提效益，中国石化海外市场改革根本目的在于稳扎稳打国际化。

优化存量，也要挖掘增量。当前，面对国内炼油和销售业务已经由“蓝海”进入“红海”，市场白热化竞争成为常态，中国石化亟待统筹国内国际两个市场、两种资源，充分发挥市场在资源配置中的决定性作用，在新兴市场攻坚战中赢得胜利。

自“一带一路”倡议提出以来，中国石化抢抓机遇，不断将优势资源带出国内，为企业建立海外优良资产，优化投资结构提供了重要支撑。

2017年，中国石化提出“4322”合作构想，全力融入“一带一路”建设，与沿线国家开展多领域、深层次的紧密合作。

截至2017年底，在“一带一路”沿线国家中，中国石化在10个国家有17个油气合作项目，俄罗斯UDM项目成为中俄油气合作典范；建成6个炼化和仓储项目，与沙特阿美合资的延布炼厂拥有世界领先的炼化设施；在21个国家开展石油工程技术服务，是沙特、科威特第一大钻井承包商；在11个国家开展炼化工程技术服务，承建的哈萨克斯坦芳烃项目是该国第一套现代石化生产装置，马来西亚拉比德炼厂渣油加氢项目是首个大型工程总承包炼化项目。

（五）党建铸就红色盾牌

“哪里有党员，哪里就有党组织，哪里就有党的工作。油田开发建设每向前推进一步，党的基层组织建设就跟进一步。”在中国石化胜利石油管理局，党建工作被提升至如此高度。

从加油站里的“胜利铁军”，到滨南采油厂明星创效大队，在这片有着57年建设历史的革命土地上，流传着一段又一段红色传奇。红色精神代代传承，胜利油田构筑起了中国石化“振兴石化”宏伟蓝图的坚强堡垒。

与胜利油田相同，中国石化还有千千万万的细胞因子。中国石化共有2.2万余个党支部、47万多名党员，绝大多数支部都建在基层单位，每一名党员都在支部里。筑牢红色堡垒，成为中国石化实现企业党的建设与企业经营管理的深度融合的“最后一环”。

近年来，面对严峻复杂的挑战，特别是安全、环保、稳定、拓市、创效的压力，中国石化党组要求各级党组织尤其是基层党支部发挥直接联系党员、联系群众的优势，找准服务生产经营、凝聚党员群众的着力点，建强基层班子、带好基层队伍，把基层广大党员和群众充分动员起来、组织起来，进一步转变观念、鼓舞士气，深化改革、攻坚克难。

2017年，中国石化按照党中央关于建设中国特色现代国有企业制度的部署和要求，完成了集团公司及8家境内外上市公司“党建入章”工作，党组织发挥作用进一步组织化、制度化、具体化。

“企业党建工作和生产经营是‘一体两面’的关系，是你中有我、相互融合的关系。”2016年，戴厚良在中国石化祝建党95周年暨党建工作会议上强调，“当前和今后一个时期，企业面临的挑战和困难很大，肩负的责任和任务很重。越是这种时候，越是要加强和改进党建工作，越是要推进党建工作和中心工作深度融合，努力在完成生产经营任务、推进改革发展稳定中发挥党组织的政治核心作用、战斗堡垒作用和党员的先锋模范作用。”

进入新时代，党的十九大发出了“培育具有全球竞争力的世界一流企业”的动员令。为此，中国石化更加明确突出党的政治建设、坚持融入中心抓党建、抓好领导班子和干部队伍建设、推进党风廉政建设和反腐败工作、实施人才强企工程，为实现公司战略目标、成为党和国家最可信赖的重要依靠力量发挥关键作用、奠定坚实基础。

成果创造人：王倩倩《国资报告》

关于国有企业集团层面混改的实践与思考

天津市国资委　洪全印

中央高度重视国有企业混合所有制改革。2016年，中央经济工作会议首次提出“将混合所有制改革作为国企改革的重要突破口”，党的十九大报告进一步明确，“要深化国有企业改革，发展混合所有制经济，培育具有全球竞争力的世界一流企业”。顺应中央的改革导向，天津市委、市政府及时做出加快推进国有企业混合所有制改革的重大举措，将混改层级提升到一级集团层面。不到两年时间，天津建材、药研院和天津建工3家市属企业完成集团层面混合所有制改革，混改后企业的体制机制得到根本转变，活力显著增强。本文力求回顾总结天津集团层面混改的有益做法，找出集团层面混改的实现路径，进而进行理性思考，理出集团层面混改的基本规律，尽可能为全国其他地区国有企业混合所有制改革，提供有益借鉴。

一、关于国有企业集团层面混改的实践探索

纵观这3家集团混改的历程，尽管各具特色，但都有规律可循，推进集团层面混改，必须把握好五个关键环节。

（一）夯实基础是前提，在“三个清”上下功夫。

集团层面混改前期有大量基础工作要做，各项基础工作包括基础数据都要精准，不能“大概其”和“裹”在一起，眉毛胡子一把抓。“我有什么”要底数清。无论是企业数量、职工人数，还是集团资产、资源和债权债务，都要全面精准掌握，底数清楚了才有底气。对一些不能纳入混改范围的事业单位、集体企业管理、老干部管理、文物、无法确权的非企业生产要素的房产土地、特定股权、确实无法审计评估的低效企业等特定要素，提前进行要素剥离，为下一步混改扫清障碍。“我要什么”要需求清。对企业缺什么、混改要什么、建立什么样的体制机制要做到心中有数。什么混改模式对企业有利，是存量引资、项目引资，还是出资新设、增资扩股、整体上市，心中要有一杆秤。“我怎么改”要程序清。对集团混改涉及多少个环节、多少道程序，天津国资委都进行了认真梳理和细化,形成了《关于国有企业混合所有制改革工作流程和操作指引》。坚持混改工作“审计为先”，混改实施方案要履行法务审核程序，律师事务所和企业法律顾问要出具法律意见书，确保混改按照程序办，依法合规推进。

（二）选准战投是核心，在“三个选”上下功夫。找到有战略远见的“真家伙”，

意味着混改工作成功了一半，直接关系到混改的质量高不高、混改企业的“基因”强不强。

坚持多家比选。选择战略投资者的过程，也是双方博弈的过程，要广泛吸引战略投资者，如果只盯着一家谈，讨价还价的余地不会大，一旦谈不拢，就可能陷入被动。坚持优中比选。选择战略投资者不仅看出价，更要看战投的质量。企业要根据自身行业特点和发展战略，科学设置战投的条件和标准。像天津建材集团在选择与北京金隅集团时，主要考虑到与金隅集团业务联系紧密，双方战略协同性好、业务契合度高、产品关联度高，产业、产品构成上下游关系，能够进行项目合作、资源整合，促进产业升级，延伸产业链。坚持综合比选。天津这次国企混改的一大特点，是“不搞简单的价高者得”。坚持公开透明与市场化操作原则，综合运用竞价、竞争性谈判、综合评议等多种方式，反复对比、综合权衡、优中选优，公开择优选择战略投资者，力求把真正的企业家和“真家伙”引进来。

（三）职工安置是关键，在“三个全”上下功夫。集团层面混改能否顺利推进，关键看职工能否得到妥善安置。

做好混改企业职工分流安置工作，既是经济问题，也是社会问题，更是政治问题，决不可掉以轻心。安置范围要全部覆盖。天津对混改企业的现有职工，原则上“人随资产走”，由混改后企业接收留用，劳动合同继续履行。对不参与混改、实施处置退出企业的职工，优先在集团内部予以安置，支持创业就业，确保“不丢一户、不落一人”。方案出台要全程监督。职工安置方案与企业混改方案同步制定，超前进行社会稳定风险评估，做好风险隐患排查化解和应对预案。职工安置方案经职代会审议通过，充分了解职工意愿和诉求。职工安置方案实行备案制，让市有关部门知晓，确保职工安置工作有序进行。具体运作要考虑周全。职工安置要依法运作、有情操作，推动混改企业设立职工安置风险保障基金，用于混改后职工解除或终止劳动合同的经济补偿，切实维护职工的合法权益，使职工心情舒畅、更加理解改革、支持改革。

（四）提质增效是目的，在“三个合”上下功夫。

混改不是目的，是手段，最终目的是加快发展。集团层面混改完成后，要把工作重点转移到加快发展上，着力提高发展质量和效益，做强做优做大国有资本。产业要加快整合。根据集团混改后的战略发展规划，加快推进混改企业与战投企业的产业协同和业务整合，用好引入的资金，充实企业资本金，改造提升现有产业，加大对新产业、新技术、新业态、新模式的投入力度，促进产业转型升级。资源要加快聚合。围绕重点发展的产业和新集团的主业，推进企业内部人才、技术、资本等要素向主业集聚，做强做优主业。剥离与集团主业关联度不高、盈利能力不强的非主业资产，以“轻资产、重智本”方式，充分发挥智力资本与社会资本集聚的混合效应。文化要加快融合。集团层面完成混改签约，只是不同所有制的融合迈出实质性步伐，文化的融合还有一个过程。文化是企业经营战略和持续发展的“灵魂”，不同企业文化能否实现融合，对集团混改能否成功至关重要。对于混改后的集团，要尽快统一价值观、经营理念和行为规范，形成共同的价值取向和精神追求，促进新型文化的建立，加快实现“1+1=1”的文化融合效应。

（五）党的建设是保证，在“三个强”上下功夫。紧紧抓住坚持党的领导、加强党的建设这个“根”和“魂”，坚持融入混改抓党建、抓好党建促混改的工作思路，以政治建设为统领，本着集团层面混改推进到哪里、党的领导和党的建设就加强到哪里的原则，同步加强国有企业党的建设，充分发挥党组织把方向、管大局、保落实的领导作用。

党建工作同步加强。坚持嵌入抓，在制定混改实施方案和签署战略合作协议时，明确将党建工作总要求写入公司章程。坚持同步抓，针对混改后国有绝对控股、相对控股和参股企业不同管理模式，在理顺党组织隶属关系的同时，同步优化党组织设置，实现基层党的组织和党建工作全覆盖，把党建工作优势转化为推进集团层面混改和高质量发展的工作优势。干部队伍建设同步加强。按照“对党忠诚、勇于创新、治企有方、兴企有为、清正廉洁”的标准，从“育、选、管、用”上同向发力，实行年轻化培养、市场化选拔、契约化管理和差异化薪酬，打造忠诚干净担当的企业领导人员队伍和高素质专业化的人才队伍。监督约束同步加强。强化纪检监察、外派监事会、审计等职能监督，充分发挥专家委员会的专业优势和“智库”作用。把好源头关，通过政府采购选聘信誉好、实力强的审计、评估等中介机构。把好评估关，在中介机构评估的基础上，组成国企混改审计评估专家组对评估结果进行论证。把好审计关，对混改程序、内容和合法性进行专项审计，对企业负责人进行经济责任审计。把好纪律红线关，明确各种混改方式的审核权限、操作程序、报送材料、关注要点、核心环节、红线底线，推进混改过程公开透明，防止职工利益受损，防止国有资产流失。

二、关于集团层面混合所有制改革经验的思考

集团层面全面混改，在全国没有先例。目前，仅在个别省市和个别省市的个别企业包括个别央企开展试点，主要源于集团层面混改的难度和复杂性。随着国有企业改革向纵深推进，集团层面混改是未来国企改革的深化方向。回顾总结天津市属企业集团层面混改的经验做法，可为全国国有企业集团层面混改提供天津智慧和天津方案。

（一）必须站位高点，顶层设计才能格局大气。

推进集团层面混改，党委、政府顶层设计是根本。天津市委、市政府把推进市属企业混改作为新一轮国企改革的重头戏，从2016年底到2017年初，相继召开市委十届十一次全会和进一步深化国有企业改革工作会议，出台了《关于进一步深化国有企业改革的实施意见》，对全市国企混改进行部署推动。市委、市政府成立了由市领导牵头、市有关部门参加的市深化国企改革领导小组，加强市属企业集团层面混改实施方案、重点任务、支持政策和问题破解“四个统筹”，建立了“1+30”文件体系，使集团层面混改始终在制度框架内规范推进。

（二）必须抓住时点，顺势而为才能有所作为。

中国特色社会主义进入新时代，必然带动国有企业改革进入新时代。当前，国资国企改革呈现几个显著变化：一是资源配置从发挥政府作用到市场的决定性作用。国有企业行政化色彩浓，集团层面企业负责人好多还保留行政级别，既是“企业家”，又是“官员”，“找市

长不找市场”的现象依然存在。混改之后，非公资本进来，不同所有制经济之间形成制衡，有利于落实企业的市场主体地位，有利于发挥市场在资源配置中的决定性作用。二是外来资本从追求短期获利到战略合作。以前，天津引入的外部投资者，都是在二级及以下企业，很多都是短期资本，能长期战略合作的并不多。这轮天津国企混改从集团层面推进，主要引入具备治理良好、战略协同、产业互补和有持续增资能力的战略投资者，而不是追求短期利益的财务投资者。混改后，新的股东将带来增量资本，进入公司治理，形成收益共享、风险共担的利益共同体。三是国资监管从管企业向管资本为主转变。“管资本为主”意味着要改变行政化管理方式，让国有资本投资运营公司更多承担并购重组、产业整合任务，更多参与混合所有制改革等事项，成为国有资本市场化运作的专业化平台。全面推出集团层面混改，是国资国企改革深化的结果，是发展趋势的必然。顺应这一趋势，加快推进集团层面混改，必将给国企注入新机制、增添新活力，必将给国资监管转方式、提效能带来根本性的变化。

（三）必须解决“痛点”，问题导向才能找准方向。

国有企业效率不高、活力不足，表面上看是经济问题，根子是体制机制问题。推进集团层面混改，要害是解决体制机制问题，激发制度动力和企业活力。着力解决“三个机制”：一是着力推进治理机制现代化。在股权设置上，要求非公资本股东所持股份达到一定比例，公司董事会中要有非公有资本股东推荐的董事，打破国有股“一股独大”，像已经混改的3家市属企业，混改后都变为国有参股企业，强化不同“东家”相互制衡，解决“内部人控制”问题。二是着力推进用人机制市场化。伴随混改，推进混改企业领导人员制式转换，市属集团混改后变为国有参股的不再作为市属企业，不再作为市管干部管理，全面推行职业经理人制度，企业领导人员的产生和管理按照合资协议和公司章程规定，由出资各方协商确定，像已经集团层面混改的3家企业领导班子成员全部转换身份，加快向真正企业家转变。三是着力推进薪酬机制差异化。打破“平均分配”，与企业领导人员制式转换同步推进薪酬制度改革，与市场接轨，与考核挂钩，考核优、薪酬高，考核劣、薪酬低。鼓励企业实行以增加知识价值为导向的分配政策，探索实行核心骨干持股、股权与分红激励等制度，打造利益共同体，充分调动核心骨干人员的积极性。

（四）必须找准“支点”，借助平台才能撬动起来。

集团层面混改，对上涉及党委、政府及有关部门，对下涉及集团公司及所属企业，对外要寻找战投和商务谈判，对内要“梳妆打扮”和剥离整合，千头万绪，纷繁复杂，必须找到一个“支点”，把各个方面贯通起来。天津在推进市属企业集团层面混改中，充分发挥国有资本投资运营公司市场化专业化平台作用，将市属企业国有股权注入平台公司，建立产权关系，让平台公司作为“操盘手”，通过市场化方式推动市属企业混改；让平台公司作为“运动员”，通过专业化平台推进国有股权有序进退，不仅避免了国资委“既当裁判员又当运动员”，而且解决了市属企业不能“自己改自己”的难题。

（五）必须破除“梗点”，形成合力才能提速加力。

天津市属企业集团层面混改，涉及市深化国企改革领导小组、领导小组政策协调组、领导小组成员单位和市属集团四级工做主体。要想上情下达、下情上传、高效快捷，必须建立协调联动机制，形成工作合力和快速反应机制。在这方面，天津创立了混改工作三层“直通车”机制。第一层，是市属集团与市深化国企改革领导小组成员单位直连。市属集团国企混改工作中遇到的问题，根据任务分工及时报请领导小组成员单位研究解决，领导小组成员单位结合职能研究解决问题路径和支持政策并保障落地。第二层，是领导小组成员单位与领导小组政策协调组直连。在推进市属集团国企混改工作过程中遇到政策障碍时，及时汇总问题并提出解决意见建议，报请政策协调组协调解决。第三层，是政策协调组呈报领导小组，经政策协调组协调，在短期内确实难以解决的问题，提请领导小组研究决定。通过“直通车”机制，使混改的市属集团能及时反馈混改工作遇到的本系统难以解决的问题，以及推动混改需要的工作支持与政策诉求，尽快化解工作难题，有力促进集团层面混改工作提速和任务落地。

成果创造人：洪全印　天津市国资委

基于产权-治权-红权配套协同的国有企业混合所有制改革路径探索

胡谷华　李家俊　任　宇

对于国有企业的重要地位和作用，习近平总书记多次做出包括“两个支柱”“两个基础”“六个力量”“三个排头兵”“顶梁柱”等的重要论述。关于“两个支柱”，总书记强调，国有企业特别是中央管理企业，在关系国家安全和国民经济命脉的主要行业和关键领域占据支配地位，是国民经济的重要支柱，在我们党执政和我国社会主义国家政权的经济基础中也是起支柱作用的，必须搞好。关于“两个基础”，总书记强调，国有企业是中国特色社会主义的重要物质基础和政治基础，关系公有制主体地位的巩固，关系我们党的执政地位和执政能力，关系我国社会主义制度。习近平总书记在十九大报告中强调，深化国有企业改革,发展混合所有制经济,培育具有全球竞争力的世界一流企业。《中共中央、国务院关于深化国有企业改革的指导意见》和《国务院关于国有企业发展混合所有制经济的意见》分别于2015年8月24日、2015年9月23日以党中央、国务院文件的形式印发，标志着深化国企改革，特别是国企混合所有制改革的集结号正式鸣响。

一、国有企业混合所有制改革的背景和意义

经过“中小企业全部退出”“大中型企业部分破产”和“大型企业改组”等20多年的改革，先后有10多万家中小企业、100万户集体企业、5000户大中型企业退出公有制序列，当前国有、国有控股企业不足全国企业户数的1%，国企（含集体企业）职工总数也由当初的1亿人减少到当前的4000万人，仅占全国职工总数的10%左右，但国企资产总额仍至少占我国资产总量30%，国有企业由劳动密集型向资本密集型和技术密集型转化特征更加明显。而在此期间，外资企业和民营经济等私有经济得到了长足发展，私营企业在吸纳就业方面作用更加突出。由一批国有企业通过改制发展而成的国有、集体、非公等各类资本交叉持股、相互融合的混合所有制经济也不断涌现，而且混合所有制经济也逐步被普遍公认为我国基本经济制度的重要实现形式。

国企混合所有制改革有五重意义：

一是经济意义。我国经济已由高速增长阶段转向高质量发展阶段，正处在转变发展方式、优化经济结构、转换增长动力的攻关期，需要通过深化国有企业混合所有制改革，提高国有资本配置和运行效率，优化国有经济布局，推动增强国有经济活力、控制力、影响力和抗风险能力，同时也在全社会营造大众创业、万众创新的新格局，激发社会活力，主动适应和引

领经济发展新常态，以供给侧结构性改革为主线，推动经济发展质量变革、效率变革、动力变革，着力建设现代化经济体系。

二是社会意义。当前社会舆论对国有企业诟病颇多，对国有企业的未来存在着一些不同的认识，在某些方面对社会融合有所割裂。当前对国有企业的诟病，来自如下方面：竞争者（私营企业或外资企业资本家，包括以美国为首的西方社会）因利而怨、所有者（全民所有的获得感和实现途径不清不强）因权而怨、消费者因价（说国企垄断价格）而怨、劳动者因腐而怨（国有企业中下层员工痛恨个别中高层管理者腐败行为，以及企业职工自身获得感不强），执政者（党政机关）因羡而怨！通过国企混合所有制改革，通过各种所有制资本取长补短、相互促进、共同发展，实现“国民共进、相互融合”，促进共享成果，有效消弭冲突，促进经济利益弥合与阶层和谐。

三是政治意义。当前国有企业用工总量仅占全国职工总量的10%，国企党员总量比例也逐渐减少，党通过国企直接控制的群众基础、阶级基础和政治基础遇到很大挑战（国有控制企业范围增大，党的强影响半径扩大），换言之，人本主义让位于物本主义（一定程度上是资本主义），国企吸纳就业能力越来越低，也就是人们常说的“体制内”力量已经薄弱，当国内外敌对势力利用媒体等工具集中攻击国企时，直接用于应战的声音不强，而通过国企混合所有制改革，不仅可以放大国有资本功能，以国有经济主导和对非公经济引导来确保中国特色社会主义方向，夯实社会主义基本经济制度的微观基础，也可以将更多的职工群众和人才资源直接纳入党直接控制的“体制内”，从而巩固发展党的执政地位。可见，发展壮大国有企业和国有经济，绝不只是一个纯粹的经济问题，更是一个重大政治问题，必须要有硬气、有底气，坚持国有企业在党和国家发展中的重要地位不动摇，坚持国有企业做强做优做大不动摇。国有企业和国有资产必须牢牢掌握在党的手中。

四是治理意义。通过不同所有制和不同投资主体的“混”，有利于促进国有企业完善治理结构、转换经营机制，形成股权多元化框架下，不同股东代表之间各为其主、不同所有制之间各尽其能的利益博弈和有效制衡机制。

五是品牌意义。在“走出去”中，国企目前成为欧美等一些发达国家故意刁难的对象。比如去年欧盟和美国议会拒绝给中国市场经济地位。今年美国发起以中国为主要攻击对象的贸易战，都对国有企业走出去不利。通过国企混合所有制改革，有利于淡化“国企”烙印和政府背景，化解“准入壁垒”，更好融入经济全球化。

二、国有企业混合所有制改革的范畴与目标

（一）范畴

推进国企混合所有制改革，必须什么是混合所有制及其范畴。我们从党中央国务院发布的“1+N”国企改革系列政策来看，中央倾向于广义的解读。《中共中央、国务院关于深化国有企业改革的指导意见》关于“发展混合所有制经济”中指出的“对通过实行股份制、上市等途径已经实行混合所有制的国有企业，要着力在完善现代企业制度、提高资本运行效率上下功夫”来看，“股份制”应属于国企混合所有制的形式，这当然包括不同国有企业之间出资设立

的股份制公司。而从《国务院关于国有企业发展混合所有制经济的意见》关于“引导公益类国有企业规范开展混合所有制改革”中指明的“推进具备条件的企业实现投资主体多元化”进一步来看，并没有限定于必须是不同所有制性质之间。

课题组倾向于《意见》所体现的“主体多元论”，国企混合所有制改革界定为：将国企由国有独资等形式向国有、集体、非公等不同性质所有者之间或在国有产权内不同投资主体（限定于投资主体不能来自同一个一级法人旗下——天然一致行动人）之间产权持续混合磨合融合过程。混合而成的目标企业从大的形式看，有公众公司（上市公司）、股份公司、有限公司等，而同样是股份公司，投资主体可能全是国有资本，也可能是国有资本、集体基本、非公资本、境外资本，同样是公众公司，可能是国有控股，也可能是国有参股，等等具体形式。

但国有企业混合所有制改革绝不是一“混”了之，其形式在“混”，但其路径在“合”，突破在“改”，关键在“制”。“合”，即优化配置对目标企业所有权、索取权、处分权、控制权、经营权、人事权、并表权设计和实施（强弱或有无）的配套组合；“制”，即使得上述组合配置体制化、机制化和规制化。

其中，所有权是企业产权所有人依法对自己财产所享有的占有、使用、收益和处分的权利。国有企业或混合所有制企业中国有资本的终极产权为中华人民共和国全民所有，目前的代理体制机制设计师由政府或委托国资机构或财政部门履行出资人职责。

一般而言，索取权、控制权、并表权、人事权是由企业所有权派生受所有权授权或决定的，但由于股权结构、治理结构、契约规定、业务需要等因素的影响，上述权力组合可能是不一样的。这些权限组合配置可依据国有资本在不同功能分类（公益、商业Ⅰ、商业Ⅱ类）领域的定位要求来设计、实施。

（二）目标

对于国企混合所有制改革的目标，《国务院关于国有企业发展混合所有制经济的意见》在“改革出发点和落脚点”中指出，“……需要通过深化国有企业混合所有制改革，推动完善现代企业制度，健全企业法人治理结构…促进国有企业转换经营机制，放大国有资本功能……”。

课题组理解为：国有企业混合所有制改革目标至少有三个：

1.以适当的混合形式扩大国有资本功能，国有资本布局结构得到优化，国有经济活力、控制力、影响力、抗风险能力得到提升；

2.以有效的治理模式完善现代企业制度，企业治理体系运转高效；

3.以科学的管理方式转换国企经营机制，经营业绩得以提升，国有资本得以增值。这也是检验国企混合所有制改革成功与否的重要标准。另外课题组认为，人才资源和人力资本保值、增值也应当在国企混改中得到重视和关注，这原本是我党的传统优势，属于“无形国资”的重要元素。

以上是课题组研究的重点，也是对重点典型公司实践所关注的切入点。

三、国有企业混合所有制改革的样本与特征

《国务院关于国有企业发展混合所有制经济的意见》也强调，“尊重基层创新实践，形成一批可复制、可推广的成功做法”。国有企业改革推进30多年来，一些企业在上级主管机构的推动下，在社会主义市场经济大潮中着眼于做强做优做大，由控制权改革向所有权改革逐步突进，通过混合形式–治理模式–经营方式的配套协同，在所有权（财产权）、索取权（分红权）、控制权（经营权）、人事权等方面配置组合，创造了一些值得关注的“混改范式”，值得我们研究和总结并创造性地借鉴、适应性地推广。

（一）国企混合所有制改革的典型范式。

按照国有资本权限特别是实际控制权情况分别介绍如下。

1.建材范式——“母鸡（国有绝对或相对控股且合并报表）护仔”型控制：母独子混、集合成团。主要有如下特点：

（1）“三层混合”。中国建材坚持以股权说话，不管占股多少，都只是企业平等的股东，不在《公司法》以外强加给企业其他东西，民营资本同样具有话语权，用公平实在的收益吸引重组企业加入，为发展混合所有制经济、实现“国民共进”奠定制度基础和实现路径。集团层面为国有独资。二三级企业混合面85.4%，比如母公司中国建材集团直接持有及通过下属公司持有中国建材（上市公司）合计44.11%的股权；又通过国建材持有北新建材52.4%的股权。中国建材在集团层面国有独资的基础上，内部已经形成三层混合结构：第一层，上市公司中，中国建材股份等公司吸纳大量社会资本；第二层，在中联水泥、南方水泥、西南水泥、北方水泥等四大水泥公司等大型业务平台上，把民营企业的一部分股份提上来交叉持股；第三层，在水泥生产企业层面，给原来所有者留30%左右的股权。“三层混合”确保了集团战略决策的主导地位（合并报表）、维持了控股地位，降低了资产负债。

（2）“三人融合”。一是利益融合。在和民营企业“混合”中，中国建材集团端出公平合理定价、给创业者留有股份、保留经营团队并吸引创业者成为职业经理人这“三盘牛肉”，其一，聘请专业机构，结合国际通行的定价模式评估民企资产，保证民营企业家的原始投资得到公平合理的回报，甚至可在公允价格的基础上给予其一定程度的溢价。其二，为民营企业保留30%的股份，使众多民企老总能够分享整合带来的效益以及企业发展的成果，与中国建材形成利益共同体。其三，聘请有能力、有业绩、有职业操守的民营企业家担任职业经理人，以此和国企员工形成“杂交优势”。二是文化融合。中国建材集团坚持“规范运作、互利共赢、互相尊重、长期合作”的“十六字”混合原则，寻求各方最大公约数，维护了国有资本权益、民营资本权益和小股东利益，实现了国民共进。在企业内部，坚持“以人为本”，建立了以融合为特质的“三宽三力”（待人宽厚、处事宽容、环境宽松，向心力、凝聚力、亲和力）的文化体系。优秀的文化对成功“混合”发挥了重要作用。进入中国建材集团的企业，不分先后，无一例外都有很强的归属感。三是管理融合。中国建材集团不断创新管理方法、管理措施和管理工具，建立起一整套符合集团特点的管控模式，确保了混合所有制改革扎实有效。“格子化”管控模式，包括治理规范化、职能层级化、业务平台化、管理精细化和文化一体化，推动企

业转变为规范的市场化运作的企业集团。“八大工法”，包括五集中（市场营销集中、采购集中、财务集中、技术集中、投资决策集中）、KPI（关键经营指标）、零库存、辅导员制、对标优化、价本利、核心利润区、市场竞合，通过外抓市场与内控成本，提升了企业竞争力。大力建设业绩良好、管理精细、环保一流、品牌知名、先进简约、安全稳定的“六星企业”，有效防范机构臃肿、人浮于事、士气低沉、效率低下、投资混乱、管理失控的“大企业病”，促进各级企业逆势而上，不断提升效益，防范经营风险。

（3）“三大成效”。第一，实现国资撬动。十多年来，中国建材联合重组了上千家民营企业，中国建材集团用220亿元国有权益控制了660亿元净资产，进而带动了超过3600亿元总资产，可以说，以国有资本吸纳、带动、激活了大量社会资本，放大了国有资本功能。通过发展混合所有制不断优化产业布局，实现了自身跨越式发展、水泥产能居世界第一，使产能严重过剩的水泥行业集中度从2008年的16%提高到2013年的53%，提升了国有资本控制力。第二，实现价值提升。坚持央企实力+民企活力=企业竞争力，营业收入和利润总额十年双双增长100倍，分别超过2500亿、120亿；连续四年进入世界500强，连续六年获中央企业负责人年度经营业绩考核A级。第三，实现央企市营。

中国建材混合所有制范式经验入选了哈佛案例。课题组认为“建材范式”要义：治理和管理层面，以混合所有制推动了企业所有者到位、治理规范化和激励机制到位；政治和经济层面，以混合所有制解决了国有经济和市场接轨、国有企业深化改革、社会资本进入国有企业部分特定业务的途径和国进民退、国退民进的长期纷争四个难题；改革和发展层面，找到了“央企的实力+民企的活力=企业的竞争力”这一两者优势融合点，而不是把传统国企常有的官僚主义和民企常有的非规范化结合在一起，导致混合所有制失败。

与中国建材同批列入国企混合所有制改革试点的中国医药集团，其模式大致与中国建材类似，其内部成员企业混合所有制企业数量、资产总额、营业收入占集团总数的比重也超过了85%。其主要特点是以多种方式推进与非公资本混合。

①有序引入非公资本。先后在医药商业、医疗器械、医药会展等三大业务板块有计划有步骤有选择地引入非公资本。比如医药商业板块与民营产业资本——复星医药作为战略投资者组建“国药控股”（由国药和复星按照51:49组建国药产业投资有限公司，占国药控股56.79%，公众股东占43%），形成国有资本、民营资本和公众资本有效制衡的公司治理结构。目前其市场占有率居于全国首位，拥有51个药品分销中心、12000家医院和3000多家门店，为全国最大医药零售连锁机构。

②主动入股非国有企业。比如在重要领域入股收购香港上市公司盈天医药，更名中国中药，作为产业发展和资本运作平台并购了同济堂、天江药业等知名中药企业，成为国内综合实力最强、产品线覆盖最全的一流中药企业。

③推动具备条件的成员企业上市。目前拥有6家境内外上市公司，以300亿的国有资本牵动了1000亿规模市值。

另外，对于国有企业集团层面，财政部和国资委近年来也作了一些混合所有制探索。比如商飞、南网、联通、广核等为国资委联合其他兄弟央企或地方国企共同持股，建立股份制，

贝尔由国资委和朗讯（已被诺基亚收购）按照各占50%合资（朗讯+1股）建立股份制，采取总经理由外方派出、董事长由中方派出的治理模式。

新组建的中国航空发动机集团有限公司也是由国务院国有资产监督管理委员会联合中航工业、中国商飞两大相关央企和北京国有资本经营管理中心四个股东混合。

中、工、农、建、交等五大商业银行改组为由财政部、中投等控股的上市公司等等，控制权仍在体制内。

2.中集范式——“双狮（两个国有相对大股，单独难以控制）控群”型控制：双股均衡、经营放权

中国国际海运集装箱有限公司于1980年，由招商局和丹麦宝隆洋行各占50%出资300万美元成立1987年，中远集团受让了宝隆的大部分股权，新的股权结构为：“中远”45%，“招商局”45%，“宝隆洋行”10%。形成了独特的“两股均衡”的法人治理结构。1994年4月，中集在深交所上市，成为国有控股的公众上市公司，招商局与中远集团依然均衡持股。2009年底，中集面向管理层和骨干员工推行股票期权激励计划。包括总裁麦伯良在内，187名高管和员工获得6000万股认购权，占总股本的2.25%。2013年，中集通过B转H股引进战略投资者联想弘毅。2014年，中集向管理层和核心团队增发H股，集团总部和主要子公司核心骨干团队80人合计出资19.28亿元，合计持股比例4.83%，公司投资主体进一步多元化。目前，招商局集团合计持股25.54%，中远集团合计持股22.75%，仍然处于均衡持股、联合持有48.29的国有相对控地位。

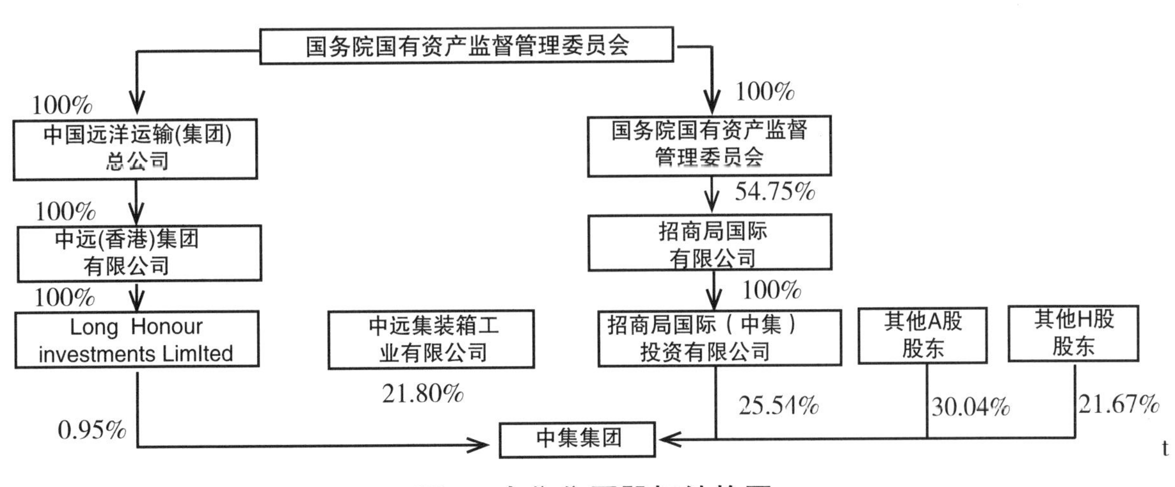

图1　中集集团股权结构图

基于这样混合所有制股权结构，中集得以呈现不同于传统国有企业的特质：

（1）政企分开。相对国有股东，中集业务、财务、人事完全独立，股东方通过董事会行使出资者权利，对日常经营不做任何干预。在两个国有股东体系内均不能按照国有控股企业管理。

（2）资本平等。董事会层面，确保平等对待国有资本与非国有资本，8个董事会席位，招商局2个，中远2个，经营层1个，独立董事3人（内地2人，香港1人）。董事会决策必须是四

方共识。任一股东和经营层都不能控制董事会。

（3）职业经理。中集高管团队是职业经理人，只对董事会负责。国有资本或行政单位不能通过人事任免权直接干预企业法人的经营权。职业经理人薪酬待遇与市场接轨，与国企高管的行政工资制度不同，不受股东单位工资总额限制。从历史严格看，　1992年，公司董事会做出决定，公司经营层应该是职业经理人，由董事会聘任；为保障经理人经营的独立性，各股东方不再派出干部，经营班子由总经理提名，董事会聘任。为保障这一制度的严肃性，总经理麦伯良辞去招商局集团职务，成为职业经理人，不再从属于任何股东方。麦伯良担任中集集团总经理、总裁至今，已有20余年，先后历经了五位董事长。以麦伯良为首的职业经理人团队在稳定中不断扩大，保证了公司经营思想的一致性和中长期规划的连续性，企业长远发展的战略可以通过职业经理团队一系列的管理措施加以贯彻实施，实际上控制着日常经营。

（4）强励严罚。中集董事会每年都会对经理班子提出目标责任，辅之以岗位年薪制。达到或超过目标者，领取年薪并给予奖励；当年未完成目标者则予以重罚；连续两年完不成岗位目标，就要让出岗位。2009–2014年，麦伯良的薪酬浮动范围在59–998万之间，充分体现薪酬与绩效的紧密相关。2013年，公司决定开始实施利润分享计划。即从集团当年超额完成的净利润中按照一定规则提取奖金并发放给集团执委会成员（含董事会聘任的公司高管）、集团总部职能部门负责人、集团总部业绩优异员工。中集的奖金提取办法和利润分享计划设计并不复杂，但起到了很好地激励效果，关键在于激励力度足够，上不封顶下不保底。

（5）有效控制。第一是授权控制，子公司没有投资权、担保权；第二是预算控制，子公司的资金用途用量受集团资金管理部严格的预算约束和监管；第三是职位监督，下属公司的总经理和财务经理由集团统一管理，他们由集团提名任用、考核业绩、发放薪酬，两个职位相互监督；第四是考核监督，每年由企管部主持并外聘专家，对各个工厂的管理状况进行实地考评；第五是审计监督，内部专设审计机构；第六是重大事件报告制度和信息披露制度；第七是董事派出制度，明文规定了派出董事责任，所在公司出了问题要按规定扣罚董事酬金，相关职能部门甚至集团总经理也要承担相应责任。

中集范式要义：国有双股均衡控股，授权经理日常经营，配套激励内控机制。特别是中集的股权结构很有特点，没有一股独大的问题。在这样的股权结构里，任何一方，包括任何一个股东、包括企业的经营者，都处在一种被制衡的状态中，谁都不能为所欲为，所以公司运作比较规范。中集模式体现的正是一种持续的制度效应，特别值得重视。近年来，受宏观经济形势影响，中集的发展速度有所放缓，企业转型升级压力较大，但在寻找新业务增长点的过程中，中集的治理结构和经营机制仍然发挥了积极作用，保证了企业的理性审慎决策和高效执行，显示了中集模式的持续生命力。

与中集范式类似、但股权配置组合不同的是绿地集团。其股权结构为：上海市国资委监管企业上海地产集团与中星集团持股25.82%、上海城投持股20.55%、深圳平安持股9.91%，平安创新资本、鼎晖嘉熙、宁波汇盛聚智、珠海普罗、国投协力五家财务投资人持股近20%。而由绿地集团董事长张玉良等43位绿地集团管理层人士组建而成的上海格林兰绿地管理层43人出资设立格林兰投资管理公司，作为上海格林兰投资企业（有限合伙）的执行合伙人。上海格林兰承继职工持股会在绿地的持股。由于持股员工多达982名，在现行法律框架下合伙企业合伙人不能超过50人，于是张玉良团队对982名员工的持股权益打成32包，成立了32个“小合伙”。“小合伙”再集中成上海格林兰持股28.79%，获得单方持股大股东地位。加之，上海国资系统两大国有股东尽管合计持股46.37%，但公告承诺不作一致行动人，且不参与企业的日常经营管理，上海格林兰背后的职工持股会实质管控上市公司仍是定局。绿地的实践则证明，在国有控股的体制下，坚持并创新灵活高效的市场化运营机制，实现管理模式、决策机制、用人机制、收入水平等方面的完全市场化，而且充分信任并充分发挥企业家（张玉良）作用，能够为企业不断做大做强提供异常广阔的空间和平台。

借鉴此模式，近年来，国资委对一些中央企业集团旗下主要上市公司的股权结构作了一些优化调整。比如2016年4月12日，国家开发投资公司将国投新集1.26亿股A股股份无偿划转给中国远洋海运，2015年12月29日中国远洋海运将8.56亿股A股股份（7.33%）分别无偿划转至国投公司和国新投资有限公司。

2016年6月17日中国石油集团通过无偿划转方式，将6.24亿股中国石油天然气股份有限公司A股股划转给宝钢集团。划转后，中国石油集团持有中国石油A股股份86.01%；宝钢集团将持有中国石油A股股份0.34%。

2016年6月21日，武钢集团将所持有的武钢股份5亿股无偿划转给中国远洋海运集团有限公司，股票过户后。中国远洋海运集团持股4.95%，武钢集团持股57.66%。

以上划转的股权比例虽小，但这是逐渐推广中集模式，一步促进上市公司股权多样化，在一定程度上优化上市公司股权结构的重要举措。

3.万科范式——“弱夫（国有小额大股）强妻型”（萍水夫妻，婚姻不稳）控制：国有大股，内部主导

万科企业股份有限公司是国内首批公开上市的公司之一，成立于1984年5月， 前身是深圳经济特区发展公司下属并由王石创建的“现代科教仪器展销中心”，1988年更名为“万科”。1989年初，在市政府强力推动下，万科抓住当时甚至退订国营集团公司系统推行股份制改造试点契机，作为深圳3家试点企业之一完成了企业发展历史上的重要一步，完成了股份化改造，成功募集到了2800万元资金，深特发股权占比由100%降到30%出头。1991年1月29日，万科正式在深圳交易所挂牌上市。1993年4月发行4500万B股，此后又多次扩股融资，深特发所占股份一降再降到8.11%的股份，1998年深特发最终退出万科股份，万科成为股权高度分散的公众公司。2000年年底，万科引入华润为“策略性投资者”——华润集团及其关联公司成为第一大股东，持有的万科股份占万科总股本的15.08%，此后经多次增减持目前仍拥有15.29%的股权，华润事实上已经成为万科的“单一优势股东”，万科的公司治理模式演变方向也从2000年以前的股权逐步分散下的创始人控制模式转变为股权重新集中的单一优势股东和初创人相对控制模式——到目前为止中国公司中最有创始人控制公司治理模式特色的公司。尽管万科的股权还并不是太分散，王石对万科经营上的控制权力在很大程度上来自于他与公司大股东华润之间的良好关系。自1984年万科成立以来，王石一直保持着对万科经营权的控制，还能“游山玩水”、攀登各大洲最高峰，成为中国公司中“最轻松、最潇洒”的董事长。

万科治理结构中，股东会由出资者组成是公司的权力机构决定公司的重大事项。董事会是公司的经营决策机构由股东会选举产生对股东会负责。监事会股东和公司职工组成是公司内部的监督机构。经理层是公司经营管理的执行机构在董事会领导下开展各项经营管理工作。体现在以下三个方面：

（1）分散的股权结构保证了较好的企业所有制关系。万科在大股东的选择上采取了选择具有极度专业化知识和丰富操作经验的股东——华润集团。华润成为公司第一大股东后，万科在相关的各项操作中，始终秉承公平、公正、公开的原则，按规范运作。万科与大股东在业务、人员、资产、机构、财务等方面一直是完全分开的，保证了公司具有独立完整的业务及自主经营能力。华润控股的华润置地在北京、深圳和成都等地与公司存在因原有市场关系而自然形成的同业竞争，但华润从未在万科的业务扩张和发展中提出过任何不利于公司发展的异议，也从未因同业竞争而出现对华润置地偏袒的情况。但万科股权结构历史上三度动荡："君安-万科之争"、事业合伙人机制、百亿回购计划（万科管理层联合华润与前海人寿控制权之争，华润超越前海再次成为大股东），这也是股权高度分散情况下经常面对的问题。

（2）职业经理人特别是初创人在企业内处于主导地位。在股权分散的所有制模式下，公司的运营过程中经理层拥有很大的发言权，最大股东也能给予经理层开展工作以最大支持和给予企业发展以最好的配合。这使企业一直运营在市场化、专业化的正确轨道上。万科的职业经理人是企业的主导性力量，企业在人力资源的建设上是围绕职业经理人的打造来进行的。万科通过职业经理人来建设团队通过考核团队中个体的能力来选择职业经理人并以完善的考核、薪资、福利及制度来回报人才。

（3）董事会与总经理之间合适的权力分界线既便于董事会控制公司的经营风险，又充分调动经理层的积极性。万科利用"增量—存量"投资决策管理模式，有效地控制了投资决策风险。"增量管理"指的是万科对新增投资、新设业务的管理，包括进入新的行业、投资新的项目、新设公司及增资扩股等。增量项目必须经过公司常设联席机构"项目论证委员会"论证，通过后再提交给公司董事会审议，必要时提请股东大会审议批准。"存量管理"则指预算内控制，也就是公司日常经营管理，其中包括调整业务结构、控制经营节奏、成本和质量控制、制订并实施经营计划等。"存量管理"是公司总经理的职责。"增量—存量"决策投资决策模式，简练地明确了委托人（股东）和代理人（经理层）之间的责权分界线，避免了项目重复审议或规避董事会审议等操作漏洞，同时也为企业设定了最低的风险警戒线。

万科范式要义：由地方国有全资公司逐步股权多元化并上市成为公众化公司，股权高度分散化，管理层操作或默认多次更换第一大股东，对董事会负责，但多年以来有绝对的发言权，即内部人控制，形成管理层-大股东-中小股东联合的三方博弈结构，管理层在协调大股东和中小股东利益中具有充分话语权。对国有资本（大股东）而言，有所有权（处分取、收益取）和部分人事权，但管理层具有所有权变更的实际权力，特别是拥有近乎绝对的经营控制权，因此宝能和华润指责其"内部人控制"。后来，管理层与国有股东华润、民营股东宝能、目标国有股东深铁的股权、控制权之争曾经精彩上演，当前深铁胜出。充分说明，同样是国有企业之间是有竞争的。

4. 航导范式（硅谷范式）——“搭乘便车”型控制：国有增值，人本共享

中航材导航技术有限公司作为国家高新技术企业、双软认证企业，主要从事民航航行情报系统软件开发和技术服务，现有员工45人中41人为技术研发和数据制作人员。是由中国航材技术装备公司对原北京中白羽科技有限公司实施战略重组，持有期45%的第一大股，李杰、孙大庆等原股东合计拥有25%的股份，30%技术团队持股，其中职业经理人实际运营公司。类似甚至程度更深的是诸如硅谷的高科技初创公司，其创投资本即使占局超半数的股权，但基于信任和对外来增值空间的预期，也一般同意将控制权由初创人或初创团队来控制，即并非“一股一权”，这也进一步增强了内部人控制，形成了“经理人雇佣资本”的格局。

航导范式要义：对高新企业、媒体企业、渠道企业等人力资本在企业发展中占有更重地位的目标企业，国有资本可（或联合其他资本）作为创投资本占大股，而代表人力资本的经营和技术骨干入股，分享企业发展成果，持股绝对比例不必过高，但又能在个人财产中占有重大比例，实现内部人力资本和外部创投股东利益真正捆绑；国有资本即使大股而放手人力资本团队，实为追求企业成长价值，使原投资本搭乘人智力资本创造的价值便车而增值。此类范式，若不考虑目标企业功能，可在（或进一步在创业板上市）企业增值后转让或减持，实现国有资本收益最大化。在欧美等发达国家，具有发展前景的初创高科技公司（如美国硅谷的很多企业）、媒体公司或平台企业中，占有较大股本比重的所有者出于对初创人信任和企业未来价值看好等因素，或者认为这些企业的人力资本等无形资产实际对公司影响很大，可能会以协约的方式放弃控制权、人事权等权力，只保留索取权或处分权，实际上也就是甘当财务投资人，共享企业价值增值的收益。

5.三星范式——“蜘蛛结网”型控制：交叉持股，以小博大

三星集团并非韩国国企，但在韩国国民经济中占据重要地位，影响力很大，对中国国企混合所有制改革有一定借鉴意义。在过去数十年间，韩国政府对财阀的支持，让三星集团等财团迅速实现了现代化。这些财团不仅让朝鲜战争后的韩国摆脱贫穷，而且也让韩国成为亚洲第四大经济强国。三星集团会长李健熙(Lee Kun bee)及李氏家族通过复杂的股权结构设计，编织出庞大的交叉持股网络，仅联合持有三星集团1.53%的股份，却持有该集团49.7%的控制权，并让其经营控制权远离外部影响，成为一家全球领先的涵盖智能手机、人寿保险等众多领域的金融、产业、商业混业经营企业。

三星集团旗舰事业三星电子超过一半的股权由国外机构及个人持有，李健熙、李在父子直接持股量不足5%。虽然三星电子是三星集团最大的子公司，但李氏家族的势力主要来自于三星爱宝乐园。三星爱宝乐园事实上是一家由李氏家族控股的公司，并拥有三星集团旗下电子、金融和贸易等各项业务的股权。举例来说，三星爱宝乐园持有三星人寿保险19.3%的股权，以及三星电子7.6%的股权。三星电子持有信用卡业务附属公司三星卡公司(Samsung Card Co.)37.5%的股权。换句话说，三星爱宝乐园间接持有了三星卡公司5%的股权。李氏家族当前完全控股三星爱宝乐园。李在镕持有该公司25%的股权;他的两个姐姐李富真(Lee Boo-Jin)和李叙显(Lee Seo-Hyun)则分别持有该公司8.4%的股份。李健熙本人持有该公司3.7%的股份。三星爱宝乐园剩余的绝大多数股份则被其他财阀友善的持有。市场分析师表示，三星爱宝乐园的非

李氏家族股东可能会在首次公开招股中进行抛售，这也让李氏家族完全控制三星爱宝乐园。

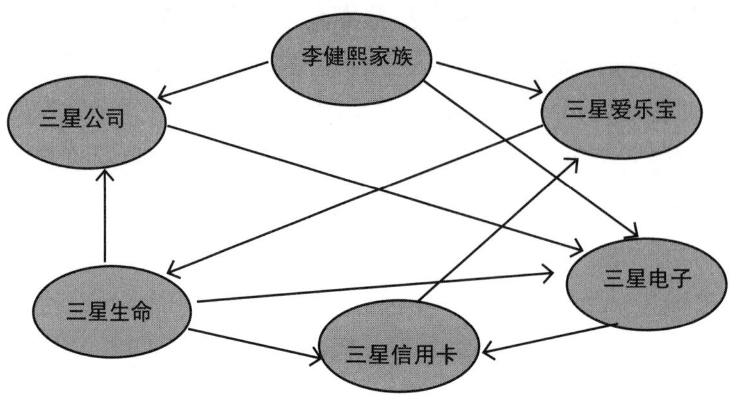

图3　三星交叉持股图（合并简化）

三星范式要义：所有者法人通过烦琐的交叉持股、循环持股设计，实现以较小的股权份额来实际控制整个企业集团的现象。通过金字塔与交叉持股，集团各子公司间紧密相连。交叉持股及复杂的金字塔结构使得创始人所有者在拥有有限股份的情况下，最大程度上控制整个集团，实现“小产权大控制”，同时，此复杂的结构可在一定程度上转移利润、规避税收，使其价值最大化。当然如果实行双层股权结构也可以实现小股权大控制。

6.民生范式——“无米巧妇”型控制：完全分散、国家主政

民生银行成立于1996年2月，由全国工商联负责组建，59家企业（48家民营企业）参与发起，注册资本13.8亿元，起初，最大股东持股比例仅为6.54%。成立不久，随着民生银行的业绩持续向好，59名股东之间的争斗之声不时爆出。在这一股权巨变中，股权趋向集中，逐渐形成了希望系、泛海系、东方系三大集体，成为民生银行的三驾马车。泛海系实际控制人为卢志强，泛海控股、船东互保协会及中色建设合计持股23.9%；希望系由刘永好领衔，与其女儿刘畅等合计持股17.05%；东方系的代表为张宏伟，持有民生银行2.5265亿股，与泛海控股并列为第二股东。内部三驾马车为争夺第一大股拼得你死我活，民生银行也成为外部各路资本觊觎的目标，如一大型外资银行曾提出入股19.9%的要求，GE金融公司也要求在合作汽车金融业务后可优先认购民生银行股权，都被民生银行股东及管理层拒绝。尽管民生股权争斗从未停歇，但事实上以希望系为首的三驾马车客观上形成了相互制衡的效果，刘永好、卢志强及张宏伟等常常争斗不断，股东们所持股份也曾多次变化，虽然泛海系提出金融控股概念，希望系和东方系也将民生银行当其金融链条中的重要一环，但各个股东持股比例从未超过10%的红线，民生银行因此赢得了近10年的黄金发展期。后来，安邦又加入股权之争，成为第一股东。当然现在安邦已经被保监会托管。

尽管高度分散的股权结构和全国性银行牌照及不菲业绩让各种诸侯逐鹿，但根据民生银行章程和银行业监管法规，特别是中国全国性银行管控的国情，实际控制权依然在一定程度上控制在“体制内”，比如其董事长、行长基本由有关部门提名，再由法人治理机构去酝酿、选举或聘任的。

民生范式要义：股权高度分散，股东博弈激烈，董事长、党委书记、行长等关键岗位的

控制权仍在政权体系。这是由当前中国国情决定的。在法德等发达国家，即使政权不持有股份，但对于关系国计民生的大企业，也将其列入重点关注企业名录，其股权、治权结构发生重大变化调整前或后需要向政权报备同意，体现政权对其控制权。

对于以上6种范式，国有资本所有权控制力大小的排序用（控制权/所有权）计量，则应为民生范式>三星范式（假定李氏家族为国有资本）>建材范式>中集范式>万科范式>航导范式。控制方式可分别形象比喻为：民生范式为用“杖”（权杖）投票，三星范式为用“指”（网状渗透）投票，建材范式为用“拳”投票，中集范式为用手投票，万科范式为“手、脚并用”投票，航导（硅谷）范式主要为用“脚”投票。

国有资本增值力和对应的风险大小的排序，航导范式理论上应最大，属于风险投资回报型，万科范式和中集范式载理论上为其次，属于财务投资回报型；其他属于产业投资回报型。

我们还可从上述范式可以看出，股权结构越集中，所有者拥有的上述权限越多、行权程度越深。也就是说，一般而言，股权决定治权（控制权）。比如在某股股权超过51%（绝对控股）的情况下，所有者法人可能对目标企业的并表权和按股比的索取权、处分权、完全控制权、人事权、经营权，甚至是资金侵占权。股权在34%以上（相对控股），则至少在控制上具有否决权。而在股权高度分散化的企业中，所有者股东则权限大大受限或影响力降低，有可能形成经理人或初创人实际控制着大部分董事席位等高管提名，使得经理人成为企业实际控制人，职业经理人逐步成长为企业家。这些企业则容易受内部人控制的制约（比如以各种理由杜绝向所有者分红），所有者股东有可能只享有所有权中的处分权——卖出股票或产权，此时所有者更看重企业价值，即现有所有权的增值权。

从国有资本流动性上看，上市公司比一般股份公司、有限公司流动性强，但在上市公司内，国有资本份额较少的万科范式、民生范式比较易于流动，处于创投目的的航导范式若在成功上市后也便于流动，其所有者代表适合为将来的国有投资、运营公司（最好是不同的国有投资、运营公司联合）。而建材范式属于产业投资型，不便于流动，而且流动后也容易影响控制力，其投资主体适合于现存的国有独资或控股企业。

7.另外，对于像交通银行（其他银行也类似）这样由财政部占26.53%实际控制，引进汇丰银行作为战略投资者的上市银行企业，政权对其控制力也是很高的，暂称作“借种生娃型”（引入战略资本的同时也引入西方发达国家银行业良好的治理和管理）。

8.对于铁塔公司等由国新代表国资委持股与中国移动、中国电信、中国联通等三大移动通信公司联合持股100%的股份制公司，政权对其控制力相比一般的国资委或财政部履行出资人职责的企业控制力要稍弱些，在控制上由四方股东管控，但国务院国资委在管理上一般通过企干二局来通知其参加中央企业相关会议，暂称作“兄弟合灶型”。

中国铁塔作为具有不同控制人的国有资本之间的混合所有制企业，也是供给侧结构性改革的重要试点之一。基于供给侧结构性改革的资源和产业整合模式有如下几种：

①基于要素协同的横向整合，强强联合：南车与北车组建的中车模式；②基于产业延伸的纵向整合，穿珠成链：招商局与外运长航的重组；③基于龙头辐射的径向整合，成龙配套：国机的大规模、多频次整合；④基于资源共享的专向整合，众筹共用：铁塔模式。中国铁塔

股份有限公司由国务院倡导于2014年成立，立足于共享三家电信企业剥离的基础资源，转变了多家自建、自维、自营的局面，由一家建设、维护、运营，多家共享同类资源，实现了共享共赢，解决了重复建设问题，比三家电信企业分别建设投资低57%。

9.再有，对于证金公司在股票市场参股的一些原来民营控制上市公司，其股权占比和控制力显得更小（暂称作“遍撒胡椒型”）。我们将其视作另外3种不同范式。将9种范式按照所有权和控制权两个维度来分析，强度分别计为3、2.1，则可有如下示意：

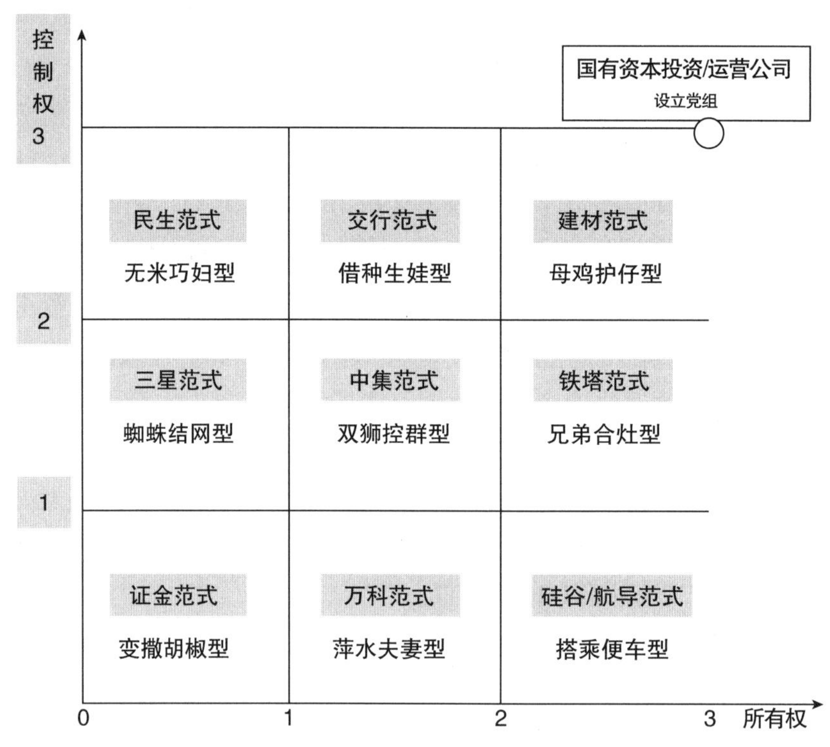

图4　国企混合所有制改革成功范式九宫格

九宫格中不同范式所代表的所有权与控制权组合，也是国有股本在混合所有制改革中的不同权责配置，应与企业功能定位有关。其中处于顶点位置的国有投资/运营公司，为国有独资，且按照中办发〔2015〕44号文设立党组，其所有权/控制权组合达到（3，3）最高值。

在同股同权规则下，需要进一步指出的是，我们认为，没有对企业的控制权，就无所谓有国有资本控制力，有了企业内部控制权，还应当考虑国有资本撬动力（同一企业内非国有资本与国有资本量比）。在同股同权情况下，企业内部国有股权越大，控制力越大，但撬动力越小。如何既保持内部控制力，又能撬动更多非国有资本，寻找二者的均衡，这也是我们需要关注的。

如果我们把某国有大股东股权占比设为X，那么，同一企业内非国有资本与国有资本量比就是（1–X）/X。从控制权上讲，X越大越好,但从国有资本撬动力看，（1–X）/X越大越好，即X越小越好。那么是否存在一个均衡点的X，既控制住企业，又能使国有资本撬动力最大呢？是并B点（X=0.5），还是A点（X=0.382）?或者其他点、区域？或者根本不存在呢，这也是我们另外需要研究的课题。

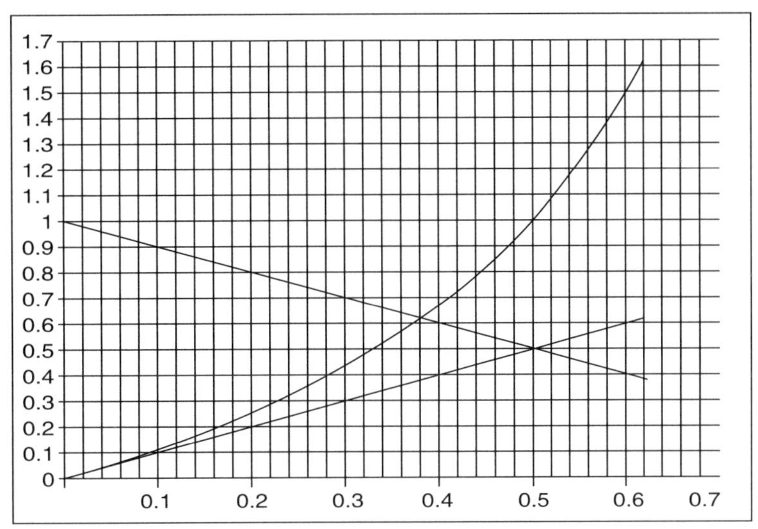

图5

是不是一混就灵？是不是不混不灵？我们认为需要慎重下结论。中石化和中海油前领导人傅成玉认为：国有企业搞不好，是人的问题，是体制机制的问题，和所有制没有必然联系。第一，要市场化的治理机制；第二，要市场化的运行机制；第三，要市场化的管理制度。

（二）国企混合所有制改革成功机理

从上述成功范式来看，在“混”中，有两个动力得以释放，其一是私有资本的天然的利益驱动机制，社会资本或者私营资本代表通过法人治理结构表达诉求，杜绝或降低任何单方面的股东想要独断专行可能性，其他股东参与公司治理的动力和热情会大大增加，这就从体制机制上保证了公司治理的有效制衡和规范决策。其二是国有投资追责机制，通过私有资本的利益诉求驱动所带，国有资本的责任诉求也得到激发。按照十八届三中全会决定强调的“强化国有企业经营投资责任追究”，使各种资本的委托-代理机制进一步厘清、理顺、强化、落实。从这个角度来说，国有企业实施混合经济，也就相当于从治理体制层面上引进更有效的监管与制衡，企业也就有了改善规范治理、健全优化管理从而提升经营水平的内生动力和内部活力。即使同是国有资本，但只要不是来自于同一个一级法人（含不同的国有投资、运营公司），其各为其主的利益诉求表达明晰化也比独资利益诉求完全趋同化对治理的制衡机制有明显的正向作用。比如中集范式的双控股股东机制，二者之间存在着竞争合作关系，从而激活了体制机制。这从万科股东华润与深铁之争可见一斑。

我们进一步从实证角度研究，混合所有制国企效率提高的四个原因是市场势力、政策优惠、优势协同和企业家作用，且市场势力是最为主要的因素。

1.市场的作用。有人曾做过量化分析，平均而言，市场势力对国有独资和国有控股企业生产率的贡献为14%。

2.混合所有制国企可以凭借国企地位获得更低的融资成本。2013年，国有独资企业和国有控股企业的平均债务融资成本分别为2.23%和2.56%，不仅明显低于私营独资企业的3.54%，也低于非国有内资混合所有制企业。在控制市场势力和投资–现金流敏感性指数后，国有资产比重对效率的正面影响被削弱，即国企股份的优势不再明显。此外，在其他条件相同的前提下，企业中非国有经济比重的提高则倾向于增进企业生产率。

3.公司混合可取长补短、形成协同。建材范式等案例表明，通过国有与非公经济混合所有制改革，既可发挥国资的优势，也可发挥私资、外资的优势，尤其可把国企的责任定力、管理内力、技术功力、信誉张力，与私企的思维潜力、逐利动力、渠道（市场）眼力和机制活力叠加起来，把国企这种擅长持久战、阵地战的集团军大稳韧优势与私企那种擅长速决战、游击战的特种兵小快灵特长协同起来。另外，员工持股，无论是以自然人形式或者集体形式参与，对于提升国有控股和参股上市公司的效率有一定的正面作用。计量回归分析表明，员工持股比例在国有控股和参股企业样本下对企业生产率有显著为正的效应，但在全样本下不显著。一种解释是，国有企业普通员工薪酬相对固定，使得股权激励成为更加有效的补充性激励手段。另一个实证就是由中科院计算所投资10万元、由柳传志等8人创立的联想，通过建立骨干股权池（根据退休、辞退、辞职、死亡等不同情况才有不同价格回收股权用于发放给新的骨干）来进行激励，最终发展成为国有参股（有一定控制力，由管理层控制）的全球性股份制公司，创造了民族品牌。

4.一些发展较好、市值较高的企业，还有一个重要特征是：企业家作用充分发挥，比如中国建材宋志平(曾兼任中国建材和中国国药两家央企集团董事长，为国资委成立以来第一人)、新兴际华刘明忠（曾兼任新兴际华集团和中国一重两家央企集团董事长，在中管央企中为第一人）、中粮宁高宁（已调任中化董事长）、中集集团麦伯良、万科企业王石、绿地集团张玉良、联想柳传志等等，他们基本是长期执政（10年以上），上级或大股东给其较为广阔的空间供其发挥才智，不仅带领企业取得不菲业绩，他们大多也被社会所认可，成为袁宝华企业管理金奖、CCTV年度经济人物等中国企业界或经济界的翘楚。

四、国有企业混合所有制改革的机遇和挑战

当前，国有企业混合所有制改革面临着难得机遇，也面临着诸多挑战。

（一）机遇：国企深化改革“1+N”系列政策出台为“混改”提供了指引和契机。

“四个全面”战略布局和“13·5”意见为“混改”明确了方向。“一带一路”为“混改”扩展了实践舞台和运行平台。工业制造2025则从产业端助推了“混改”。而“双创”战略特别是新常态下供给侧结构性改革调整则为“混改”注入了新动力和新支撑。特别需要强调的是，当前国有企业发展面临前所未有的困难，而这种困难将成为国有企业混合所有制改革的内外部动力。

（二）挑战：当前发展混合所有制经济面临着一些比较突出的矛盾和挑战。

1.国资监管与资产定价。但对于当前中央企业和地方国有企业而言，由于现有国资监管规定对于国有控股企业视同国有企业管理，并要求延伸到子企业，混合所有制企业难以独立运作；新设企业比较容易厘清与国有股东的关系，而历史悠久的传统国企子企业彻底摆脱集团影响比较困难；国有股东、非国有股东、核心团队的诉求可能差异较大，达成一致预期形成利益共同体比较困难；国有企业集团重视规模的导向决定了追求绝对控制和并表；国有企业管控机

制仍比较传统，缺乏能够以市场化方式参与公司治理的能力和人才资源。国有资产评估定价难把握、入股民企不能真正参与决策、股权退出的难度大等，有前发展混合所有制经济面临着与谁混、怎么混、混多少、保障机制如何完善等问题，这些问题都需要认真加以探讨和解决。

2.价值取向与舆论质疑。有企业混合所有制改革涉及面广、政策性强、社会关注度高。尽管中央重申坚持“两个毫不动摇”（毫不动摇巩固和发展公有制经济，毫不动摇鼓励、支持、引导非公有制经济发展）为导向推进国有企业混合所有制改革。但在此进程中，一些来自不同利益群体或阵营的声音政策内涵、目标方向对此有着不同甚至对立的解读和阐释，社会舆论莫衷一是，社会思想共识难形成，不仅导致混合方式难选择、市场主导难确定、运营管理难到位也为有效吸引广大人民群众了解和支持改革带来不少挑战。

3.法律配套与政策保障。国企混合所有制改革涉及产权改革、资本市场完善、政策保障和企业社会职能剥离等领域的配套联动，需要在立法、司法、释法和行政执法过程中，尽快配套完善。

4.党的领导与治理机制。党的领导如何体现在企业治理体系和管理机制中，并有效运转，实现党组织领导作用有效发挥和法人治理结构有效运转这两个有效，需要在实践上、特别是流程设计上做出探索。

五、国有企业混合所有制改革的建议与思考

基于上述研究分析，课题组对国企混合所有制改革有如下建议或体会。

（一）找准模板，创新借鉴

对于所列9种范式，可作适应性调整后作为国企分层分类推进混合所有制的参照系或借鉴范式。

1. 国有企业混合所有制分类改革可借鉴的范式。

（1）主业处于充分竞争行业和领域的商业类国有企业混合所有制改革，可考虑建材范式和中集范式，积极引入其他国有资本或各类非国有资本实现股权多元化，最终实现一个集团整体上市或分板块全部上市，成为真正的市场主体。

（2）主业处于重要行业和关键领域的商业类国有企业混合所有制改革，可考虑建材范式、铁塔范式或交行范式。其中重要通信基础设施、枢纽型交通基础设施、重要江河流域控制性水利水电航电枢纽、跨流域调水工程等领域，以及重要水资源、森林资源、战略性矿产资源等开发利用可借鉴建材范式；江河主干渠道、石油天然气主干管网、电网等，根据不同行业领域特点实行网运分开、主辅分离，除对自然垄断环节的管网实行借鉴铁塔范式；核电、重要公共技术平台、气象测绘水文等基础数据采集利用等领域，粮食、石油、天然气等战略物资国家储备领域，国防军工等特殊产业，从事战略武器装备科研生产、关系国家战略安全和涉及国家核心机密的核心军工能力领域，设立国有投资公司或借鉴铁塔范式。对其他服务国家战略目标、重要前瞻性战略性产业、生态环境保护、共用技术平台等重要行业和关键领域，可借鉴硅谷范式，逐步发挥国有资本引导和带动作用。

（3）公益类国有企业规范开展混合所有制改革，特别是水电气热、公共交通、公共设施等

提供公共产品和服务的行业和领域，根据不同业务特点，设立国有投资公司或可借鉴铁塔范式。

2.国有企业混合所有制分层改革可借鉴的范式

（1）子公司层面混合所有制改革可借鉴建材范式、中集范式。

（2）集团层面混合所有制改革，在国家有明确规定的特定领域，可借鉴交行范式；在其他领域，可借鉴中集范式或万科范式，逐步调整国有股权比例，形成股权结构多元、股东行为规范、内部约束有效、运行高效灵活的经营机制。

（3）地方国企混合所有制改革，可根据需要借鉴交行范式、中集范式、万科范式。

3.国有与集体、私有和外资资本相互进入改革可借鉴的范式

非公有资本参与国有企业混合所有制改革，特别是为形成产业、商业、金融一体化的联盟或集团，可借鉴建材范式和三星范式，以一定国有股权控制更多社会资本。其中外资参与国有企业混合所有制改革，可借鉴交行范式。国有资本入股非国有企业时，在公共服务、高新技术、生态环境保护和战略性产业等重点领域，以市场选择为前提，以资本为纽带，充分发挥国有资本投资、运营公司的资本运作平台作用，采用硅谷范式对发展潜力大、成长性强的非国有企业或国外上市公司进行股权投资。国有资本与非国有资本共同设立股权投资基金，参与企业改制重组中也可借鉴硅谷范式。在股票市场上，可采用证金范式对根据需要还有部分股权的上市公司进行适度持股，以达到收益或“护市”等功能。

4.混合所有制企业员工持股改革，可借鉴硅谷范式，适度学习联想经验，以增量为着眼点，在人才资本和技术要素贡献占比较高的转制科研院所、高新技术企业和科技服务型企业，面向对企业经营业绩和持续发展有直接或较大影响的科研人员、经营管理人员和业务骨干等开展持股改革。

表1

混改范围	参考范式
主业处于充分竞争行业和领域的商业类国有企业	建材范式和中集范式
主业处于重要行业和关键领域的商业类国有企业	建材范式、铁塔范式或交行范式
主业涉及基础设施、基础工程、重要资源等国有企业	建材范式
公益类国有企业 国有企业子公司层面	国有独资公司或铁塔范式 建材范式、中集范式或万科范式
国家有明确规定特定领域国企集团层面	交行范式
国家无明确规定特定领域国企集团层面	中集范式、绿地经验、新兴际华经验
公私混合为形成产业商业金融一体化的联盟或集团	建材范式和三星范式
中外混合为形成产业商业金融一体化的联盟或集团	交行范式
国有资本对发展潜力大、成长性强非国有或国外公司股权投资	硅谷范式
国有资本参与上市公司股权投资	证金范式
高科季类（平台类）员工持股改革	硅谷范式、联想经验

（二）优化结构，明细权责。

1.优化股权结构，理清所有权责。鉴于当前中国A股市场容量较小（截至2015年7月22日，在主板、中小板、创业板上市企业数量总和2800家，新三板挂牌企业2811家），国有企业混合所有制形式主要是股份制，目标是成为上市的公众化公司。混合股份制形式既可以是几家公有资本的均衡混合，也可是国有、集体、非公资本均衡混合，均应避免一股独大。其中国有资本在不同功能定位中采取不同股权结构。总结分析本课题所研究9种范式以及他人相关研究，我们进一步延伸解读，从股权角度看，混合所有制企业股权比例设定要合理，从业绩上看合适的股权集中度对公司治理的有效性意义重大。一是股权集中度与公司业绩之间存在一定的正相关性，只是这种正相关性不是单纯的线性关系，即当股权集中度保持在合理规模时，就会对公司业绩产生积极的促进作用；二是处于经济转轨过程中的国家，公司股权集中度与公司业绩之间呈现正相关性；三是当股权集中度过低或过高时，都会对公司业绩产生一定的消极作用，如股权集中度过高的副作用主要体现为控股大股东对小股东利益的侵占，这涉及企业内部的利益分配问题，并不是完全意味着股权集中度过高的企业没有较高的企业收益。根据国务院发展研究中心企业研究所副所长、国企研究专家张文魁等人的研究，当非国有投资者单股或与一致行动人多股占比达到33.4%，或者达到国有股比的1/2多一点时，国企的混合所有制才有效果。其研究研究发现，当非国有资本的股比从30%上升到40%的时候，混合所有制企业的公司业绩明显改善。中国建材董事长宋志平认为，理想的国企混改股权结构是：国有股权占40%左右，引入两名私有资本战略股东各占15%左右，其余股权由股票市场散户持有。从价值创造角度看，特别是对于企业价值提升空间大的目标企业，要充分考虑初创人、技术骨干等人力资本的无形价值及其在企业价值创造中的绝对地位。尤其是在当前全新融资模式特征使传统公司治理范式在互联网金融时代面临巨大挑战。随着互联网金融时代的来临，大数据的平台共享一定程度减缓了融资双方的信息不对称；而快速便捷的网络则有助于实现信息及时更新和合约动态调整，这使得合约不完全问题变得并不严重。投资者与消费者身份的重叠又使得资本的责任能力弱化许多，以往相对稀缺的资本退化为普通的生产资料。任何需要资金支持的项目可以借助互联网金融轻松实现外部融资，而不再受到资本预算瓶颈的限制。业务模式竞争背后更多反映的是“人力资本的竞争”。在“劳动（创新的业务模式）雇佣资本（通过互联网实现外部融资）”时代悄然来临情况下有效推进公司治理结构的完善与调适，国有资本入股这样的企业，即使占大股也可放手经理人经营，以求得增值价值。

需要说明的还有三点。

（1）要从中观层面上打通财政部系和国资委系的壁垒，在这两大出资人旗下企业之间的股权混合和合作。设立共同资金池对股权高度分散化但实际控制的上市公司，一旦遇到其他资本敌意收购以求控制，资金池就要出手，确保国有资本控制权。

（2）从宏观和长远角度看，国有企业既然属于全民所有，则应将统一的国资委由国务院择机上划为直接对全国人大负责，编制体制上与“一府两院”并列，由全国人大代表作为股东代表行使权力，同时要逐步强化各级人大中普通公民话语权的体现。

（3）从微观经济主体层面看，组建或改组中央国资投资运营公司后，对现有中央企业资产实施资本化，引入合作投资者，更多改制为整体上市公司或分业务板块上市公司。整体上市和分业务板块上市公司由国资投资运营公司或其持股的中央经营企业持股，分类打造中央国有独资、国有控股或国有持股的混合所有制企业。对中央国资投资公司和国资运营公司所持股的承担具体经营功能的中央企业进行绩效管理，对国有资本进行战略进退、战术流转。战术流转主要是指在不同国有投资运营公司或具体经营性中央企业之间进行流转。比如，借助基于绩效的行政手段，“华润投资”（假定名）旗下的医药上市公司在投资管理下未达到预算目标可流转到“新兴际华投资”（假定名）旗下进行投资管理。基于绩效，笔者建议可用EVA值和EVA率（EVA/净资产或其他指标）两个指标按照50%加权衡量。当然，也可以用产业链和价值链的基础上转会市场的手段，在不同的投资经营公司，主要是通过市场来确定资产的流转，投资商。

2.优化治理结构，规范控制权责。我国《公司法》为贯彻公司民主管理原则而承认同股同权、一股一票，具体表现在股东大会上或者股东会上，股东按照其所持股份或者出资比例对公司重大事项行使表决权，经代表多数表决权的股东通过，方能形成决议，这种民主表决方式即为“资本多数决”。由于控股股东持有股份多，因而拥有更多的投票权，在进行重大决策时，控股股东由此具有绝对优势，可以合法地通过有利于实现其利益的决议。且《公司法》中对于确定控股股东的义务方面的规定较少，控股股东缺乏一般性的法律义务，也缺乏各种复杂情况中具体而细节的规定。这样，资本多数决作为民主原则的体现就出现了异化，为控股股东滥用控制权的行为披上了合法的外衣。因此如果没有其他控制机制的制约，“资本多数决”就会成为控股股东伤害小股东利益的通行证。在这种情况下，“强者愈强、弱者愈弱”的问题没有解决，实力大于原则的现象也就在所难免的成为公司股权治理的根本问题之一。从治理机制来看，单一国有股东持股比例不能过高，既要体现国有资本的主体地位，又要避免一股独大带来的体制机制问题；具有资金或管理优势的非国有投资者股权比例应达到能够委派董事参与公司治理的水平，既能够制衡大股东防止一股独大，又能制衡管理层避免内部人恶意控制。研究发现，当非国有资本超过1/3时，非国有的股东才可以发挥实质性的制衡功能，参与公司的战略规划和日常管理，有效发挥其公司治理作用，从而有助于混合所有制企业的公司治理转型，促进企业的政企分开和依法行权。国内有专家从一般意义上研究我国上市公司后，认为存在最优股权结构：前五大股东最优股权集中度在44%附近、前十大股东最优股权集中度在52% 附近，第2～第5位非控股大股东最优股权比例在22%附近、第2～第10 位非控股大股东最优股权比例稳定在29% 附近。其中大股东比例不宜过高，应在20% 以内(控股股东为国家时应更低) ，这样保证大股东间分享控制权和互相监督、制衡。

对于不需要控股的业务领域，在推进国有企业混改中可以设立优先股或黄金股，在没有日常控制权的情况下获得财产优先清偿权或特定领域一票否决的权力。相反，对于通过股权基金投入的一些前景较好的项目，即使国有资本份额较大，也可将控制权放手给经理人或初创人，以获得项目增值收益。特别是要理顺风险–创新治理体系。在健全内部风险防范和外部监管的基础上，敢于实行“股权（所有权）、治权（经营权）、红权（收益权）”分离。一是借鉴美国风投资本参与高科技初创公司的经验，稳妥进入具有发展前景的私有高科技或大平台初创公司，在股权较大的情况下也可采取搭乘私有初创公司便车的方式，赋予初创人控制权，国有资本以获利为目标，不求“同股同权”；二是借鉴欧美国有资本与私有公司合作的经验，建立优先股（财务权保证）、黄金股（重大事项否决权保证）制度，日常经营放手由可信任的职业经理人控制；三是在特定区域或领域，即使在私有股权占比大但股权高度分散情况下，由国有资本或政权组织实际控制（如中国民生银行），或者出台重要领域非公企业管理名录，对非国有资本投资企业股权重大变化进行管控，以保证国家安全和经济命脉的控制。

从具体运行上看，在不同股东代表及出资人代表关系管理，要坚持四项原则：不忘合作初衷，优势互补；文化融合、心态调整；机制结合、互相信任；沟通协调、相互包容。

在治理体系设计上，尤其是中国特色社会主义背景下，治理结构中还需要融入委的领导作用机制或党组的领导核心作用机制，按照中办〔2015〕44号文和〔2013〕5号文精神，将法人治理的制衡与党的体系的平衡有机融合起来。我们建议，落实深化国企改革“1+N”配套文件精神，学习借鉴宝钢经验，把加强党的领导和完善公司治理统一起来，将党建工作总体要求纳入试点企业的公司章程，明确国企和国资独、控、参股企业党组织在公司治理结构中的法定地位。在一般中央企业集团建立“下派监事会+外部董事过半数的董事会+内部经理层+内部党委（党组）+内部职代会（工会）”，即公司法人治理（法人权力系统）与党组织政治（领导）核心作用（政治领导系统）、职工民主管理（劳动权益系统）三大体系融合化的中国特色现代国有企业制度。同时应当按照公司法和党章规定，确定法人治理结构和党组织权责、工作重点和决策重点及各组成部分的职责分工和运转机制（这是关键），编入《层级职责手册》，以《公司章程》条款或附则等形式予以法规化，以公司程序文件的形式予以实操化。对于以上分层分类改革后的国有独资、绝对控股、相对控股、大股实际控制、参股（黄金股）或财务投资入股后的混合所有制企业，其党的领导体系也相应适应性配置。其中，国有投资、运营公司设立党组，发挥领导核心作用，国有独资公司中公益类或关系国计民生防务等领域的设立党组，发挥领导核心作用，一般的设立党委发挥领导作用。控股和大股有控制力的，设立党委，发挥领导作用。其余的设立党委，发挥政治引领作用，但在董事会或经理层应有党组织代表（可与职工代表交叉）。

在治权改革中，特别是国企领导体制机制改革，有 “四大关键点”需要把握：完善国企外部董事制度是国企领导体制机制改革的“支点”；理清董事长和总经理权责体系，是国企领导体制机制改革的“难点”；党组织作用有效融入法人治理结构，是国企领导体制机制改革的“亮点”；充分发挥内部核心团队作用，是国企领导体制机制改革的“重点”。

3.优化经理结构，松绑经营权责。重点加强董事会建设，落实和维护其重大决策权、高管选聘权、业绩考核权和薪酬管理权，建立派出董事的行权规范，改进考核评价体系，同时保障经理层的经营自主权，切实发挥监事会的监督作用。坚持党管干部原则与董事会依法产生、董事会依法选择经营管理者、经营管理者依法用人权相结合，不断创新有效实现形式。在企业高管人员中推行职业经理人制度，以任期制和契约化管理为基础，建立市场化的选聘、激励、约束、流动退出机制和配套的培养、评价、绩效管理体系，实现职业经理人的能上能下、能进能出。特别要从职业经营者中大力培养和充分发挥企业家作用，将其视为重要资源盘活。同时，全面推行劳动合同管理，完善和落实市场化的劳动用工制度。

对非职业经理人，也要学习借鉴新兴际华经验和建材范式，推进全面实行身份社会化和职责契约化管理，依法签订《高级管理人员聘书》，责权利对等统一，严格任期管理、目标考核和审计评价，逐步健全完善与业绩考核机制挂钩的市场化退出机制，高管人员职务解聘后就只能到市场上找岗，真正实现“能进能出”。试点董事会选聘总经理的中央企业，经理班子应该落实经营管理权和依法用人权。2015年9月，依据《中共中央 国务院关于深化国有企业改革的指导意见》（中发〔2015〕22号）和《关于在深化国有企业改革中坚持党的领导加强党的建设的若干意见》（中办发〔2015〕44号）文件精神，在国资委党委领导下，新兴际华业集团总经理人选按照“5+2—4—2—1”的程序，即先由国务院国资委党委提名推荐5名人选（中国兵器、中国船舶、鞍钢集团、中煤科工、中国交建等5户央企副总）、该中央企业集团党委提名推荐2名人选（集团1名副总和1名党委常委）统一上国资委党委会研究，先期进行由该中央企业集团董事会成员（外部董事为主）、其他央企主要负责人、国资委企干二局主要负责人组成的选拔委员会的初选，遴选4人进行面谈，而后确定2名差额人选公示，最后提交董事会选聘，2015年10月15日已经正式聘任杨彬为总经理（原集团副总）。

对高级管理人员履责，以一套量表建立工作责任指南。《经营业绩考核责任书》作为“血肉”“落地”，实行刚性兑现。董事会与经理层每年签订经营业绩考核责任书，优化考核指标，突出发展瓶颈、经营短板，紧密结合中长期发展、企业改革、创新驱动。深化“三个挂钩”（考核指标与经营短板、社会责任、发展成果与职工共享挂钩，考核结果与薪酬分配挂钩、与聘任解聘挂钩），对连续两年未完成经营业绩考核要求的高级管理人员予以调整。

对高级管理人员激励，以两个办法构建考评体系。《高级管理人员业绩考核办法》和《高级管理人员薪酬管理办法》作为“骨架”“支撑”，推行激励与约束相统一，薪酬与风险、责任相一致的业绩考核与薪酬管理机制。

现阶段聘期制和契约化管理的高级管理人员的总薪酬，由董事会参照同行业、同规模、同职位、同业绩的职业经理人薪酬市场水平，合理确定限高幅度，逐步过渡到市场化薪酬。对于成员企业负责人薪酬考核，分为年期和任期两部分，逐步拓展为三部分逐步探索长期股权期权激励机制，按经营性净利润增幅的一定比例给予期权或股权，即“增量期权”。

4.优化管理结构，落实监管权责。建议实行资本监管与职能监管分开，组建一个国有资产监督管理机构（大国资模式）履行出资人职责，从管资本为主着力，统一监管4类143（截至2016年5月1日有106+33户）户中央企业和8000多户中央部门、部属高校所管企业，而对于其涉及的国计民生、国防军工、金融财税、文化舆论等管控职能，由有关部委协会通过职能监管、行业监管的形式予以施行，从而实现三个一视同仁：①加强社会主义市场经济体系完善，对国有企业、民营企业、外资企业等不同所有制经济类企业作为市场主体在整个社会主义市场经济运行中经济行为，通过经济手段一视同仁予以对待，发挥市场决定性作用。关键是要从破除地区壁垒、物流壁垒、政策壁垒和行业壁垒入手，建立统一性、开放性、公平性、竞争性、有序性的全国统一大市场体系，在此基础上融入全球一体化市场。②加强社会主义立法执法司法体系建设，对国有企业、民营企业、外资企业等不同所有制经济类企业作为企业公民在整个领土范围内的社会行为，通过政策手段特别是法律手段一视同仁予以监管，更好发挥政权职能，突出阳光操作和信息披露监管。③加强社会道德信用体系建设，纳入44部委《关于对失信被执行人实施联合惩戒的合作备忘录》，从“探索用《备忘录》共提出55项惩戒措施，对失信被执行人设立金融类机构、从事民商事行为、享受优惠政策、担任重要职务等方面全面进行限制，更大范围惩戒失信被执行人”入手，对国有企业、民营企业、外资企业等不同所有制经济类企业“内部人”和外部人道德信用做出评价和联网，以道德手段约束企业经营管理者，包括出资人代表、董监事等的行为，提升诚信度和自制力。

5.优化预算结构，落实分红权责。

全面全覆盖地落实《国务院关于试行国有资本经营预算的意见》。国有企业属于全民所有，那么全民收益权既体现在划转国有上市公司股权给社保基金，也应体现在每个公民收益上，可将国有资产视作全民股权池，分公民退休、死亡、犯罪等不同形式，按照不同额度折成现价从中变现，交其继承人继承或本人套现，由于人数较少，也不会造成国有股权分掉的乱局。今后犯罪的，即可剥夺政治权利，也可剥夺其经济权利，也就是公民收益权。若按死亡来支付兑现，从2015年7月24日，由中国社科院国家资产负债表研究中心发布的《中国国家资产负债表2015》显示，以及2016年6月30日，国务院国资委主任肖亚庆受国务院委托，就国有资产管理与体制改革情况向全国人民代表大会常务委员会做报告显示，截至2015年底，全国国有企业资产总额119.2万亿元、所有者权益40.1万亿元，其中，中央企业资产总额47.6万亿元、所有者权益15.9万亿元。那么中国非金融性国企净资产约40万亿元，人均3万元。若按每年死亡890万人计，每年需要兑现净资产2700亿元，这个无论是财政还是资本收益金均能支付得起。

（三）规范运作，配套保障。

国企混合所有制改革全社会关注，严格规范操作流程和审批程序。国有企业产权和股权转让、增资扩股、上市公司增发等，应在产权、股权、证券市场公开披露信息，公开择优确定投资人，达成交易意向后应及时公示交易对象、交易价格、关联交易等信息，防止利益输送。国有企业实施混合所有制改革前，应依据本意见制定方案，报同级国有资产监管机构批准；重要国有企业改制后国有资本不再控股的，报同级人民政府批准。方案审批时，应加强对社会资本质量、合作方诚信与操守、债权债务关系等内容的审核。要充分保障企业职工对国有企业混合所有制改革的知情权和参与权，涉及职工切身利益的要做好评估工作，职工安置方案要经过职工代表大会或者职工大会审议通过。健全国资定价机制。通过产权、股权、证券市场发现和合理确定资产价格，发挥专业化中介机构作用，借助多种市场化定价手段，完善资产定价机制，实施信息公开。健全多层次资本市场。加快建立规则统一、交易规范的场外市场，促进非上市股份公司股权交易，完善股权、债权、物权、知识产权及信托、融资租赁、产业投资基金等产品交易机制。建立规范的区域性股权市场；健全股权登记、托管、做市商等第三方服务体系。以具备条件的区域性股权、产权市场为载体，探索建立统一结算制度，完善股权公开转让和报价机制。加快建立健全法规制度。根据改革需要抓紧对合同法、物权法、公司法、企业国有资产法、企业破产法中有关法律制度进行研究，依照法定程序及时提请修改。推动加快制定有关产权保护、市场准入和退出、交易规则、公平竞争等方面法律法规。同时要加强国有企业混合所有制改革舆论宣传，做好政策解读，阐释目标方向和重要意义，宣传成功经验，正确引导舆论，回应社会关切，使广大人民群众了解和支持改革。另外，对于国有资本进入而没有控制权的混合所有制企业初创人、职业经理人无论是否党员，均可通过统战部门和工商联等机构将其作为重点统战对象进行联系，以使之其与党和政府同心同德。

总之，在国企混合所有制改革实践中，要着眼于形成股权结构多元、股东行为规范、内部约束有效、运行高效灵活的经营机制，坚持混合形式、治理模式、管理方式必须协同与匹配，通过产权伦理文明化、内外治理规范化、公司经理职业化、经营管理市场化，追求产权治权管权协同高效。其中，推进股权多元化，为完善现代企业制度奠定产权基础；建立规范的公司制和法人治理结构，即按照公司法规范央企的相关制度，使公司真正成为市场竞争中的法人主体，推行外部董事占多数的董事会运行机制，明晰董事会、经理层的责权利，实现行权顺畅。建立职业经理人制度，坚持董事与经理人社会化、市场化方式选拔，特别要主要充分发挥企业家作用，用人力资本撬动经济资本、用活劳动激活固化劳动，从而用市场化、契约化方式解决好企业经营委托代理的完整闭环；推进公司内部机制市场化，即用人用工及分配机制等方面与市场接轨。在此基础上，依照市场规律和经济运行规律，依法合规尊俗开展企业运营，实现国有、集体与私有、外资资本的共生共赢，为中华民族伟大复兴打牢经济根基。

成果创造人：胡谷华　中国铝业中国稀有稀土公司、李家俊
中国国机集团财务公司、任　宇　中国航材集团、王兴权　有研总院有研新材、
刘其先　新兴际华集团

军工总体院所科技创新体系化管理机制改革的实践与思考

中国电子科技集团公司电子科学研究院

中国电子科技集团公司电子科学研究院（以下简称电科院）位于北京西山，隶属于中国电子科技集团公司（以下简称集团公司），始建于1984年，拥有固定资产逾10亿元。电科院现有工程院院士3人、中央联系专家4人、国家青年千人计划3人、国家级专业组专家22人、百千万人才工程国家级人选4人、享受国务院政府特殊津贴专家27人、高科技武器装备建设重大贡献奖金质奖章获得者3人。拥有3个国家级测评中心以及社会安全风险感知与防控大数据应用国家工程实验室，是电子工业行业科技发展、经济发展、技术经济、管理科学应用研究及组织管理共性基础技术、前沿电子技术研究的科研机构。近年来，电科院面向世界科技前沿、面向经济主战场、面向国家重大需求，在践行创新上力争走在国家、集团战略的前列，通过总结历史经验，调研、走访、接洽科技创新先进院所、科技金融服务机构、地方政府等，初步形成以“开放创新、科技金融”为核心的科技创新改革构想，从而为军工传统产业提供新动力，为民品新兴产业打造新引擎，形成可持续发展的良好态势。

一、实施背景

为了充分发挥集团公司总体研究院龙头作用，实现“项目叠加驱动”向“战略发展导向驱动”的模式转变，做好电子信息系统发展的思想者、研究者、建设者和推动者，电科院意识到如果要在迅猛发展的信息技术领域赢得战略主动、引领科技创新、保持可持续发展，就必须以前瞻性和体系化的思想进行战略思考，改良已有的科技创新管理机制，以适应时代的发展和行业的变革。在信息技术日新月异和创新驱动发展的时代背景下，科技创新管理机制改革的紧迫性和必要性主要包含以下三个方面：

（一）实践创新驱动发展战略，打造信息电子龙头企业的必然选择

在世界范围内，正出现新一轮的信息科技革命和产业变革浪潮，新科技革命巨大能量不断积蓄，科技创新与产业变革正在深度融合。在创新和发展的新形势下，国家提出创新驱动的发展战略。《“十三五”国家科技创新规划》明确了人工智能、国家网络空间安全、云计算、大数据等重大战略发展方向。针对创新驱动发展的时代背景，作为从事电子信息技术行业的国家级电子信息系统研发基地，电科院迎来了前所未有的发展机遇和挑战。为适应创新发展的时代背景、抓住时代机遇、实现跨越发展，必须聚焦领域、开放创新、完善已有的科技创新管理机制，以适应时代背景、国家政策和企业发展的需求，实现企业科技水平的快速进步、产业结

构的优化升级和经济效益的持续提升。

（二）夯实传统领域技术优势，开拓前沿领域新型应用的迫切需要

在传统信息技术领域，电科院已经进行了多年的持续创新和项目实践，并拥有了较为完整的、涵盖多个领域的技术和产业体系。需要在信息科学技术发展与产业变革的新形势下持续进步、继续突破传统领域市场、升级并改良产业结构、保持领先地位。而在信息技术前沿领域，技术创新的发展速度正不断加快，也出现了多种可能改变行业格局的颠覆性技术。电科院需要优化人才结构、提供精准平台服务、构建科技创新生态，更好地适应科技创新新形势和成果转化的新特点，从而适应信息技术在前沿领域的发展特征，为企业未来的持续科技进步和发展提供有力的支撑。

（三）突破现有军工运作模式，构建新型创新管理体制的内在要求

随着科学技术的不断发展和外界环境的不断变化，信息技术领域涌现了众多全新的特征和趋势，传统军工运作模式的局限性正不断体现，并开始制约企业的发展速度和科技创新效率。党的十八大提出创新驱动发展战略，从“促进科技成果转化”“股权和分红激励”“离岗创新创业人员编制待遇”等方面给出了政策指导。各地方政府逐步构建创新创业政策体系，积极推动试点。集团公司制定了科技创新和成果转化的有关办法，并结合熠星大赛进一步创新了机制。在此背景下如何构建一套符合当前信息技术发展特点和企业实际情况的创新管理机制，是电科院转变思想，以新姿态、新角度迎接科技创新发展的必要任务。

二、内涵和主要做法

为落实国家创新驱动发展战略、提升企业核心竞争力，电科院结合军工总体院所总体设计要求高、技术领域覆盖广、军工传统项目多、成果转化渠道不完善等实际情况，以“建设科技创新型强企”为总体目标，以体系化思维方式建立并形成“技术、组织、评价、文化、支撑”五体系协同运行的新形势下科技创新管理机制。

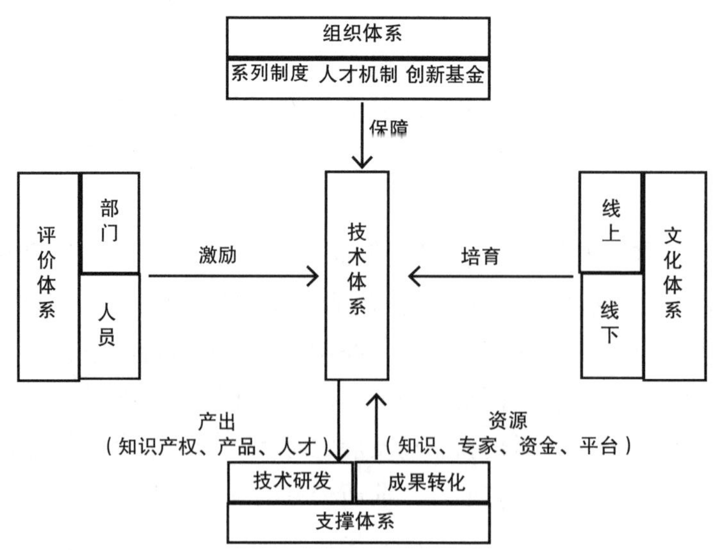

图1　五体系协同运行新模式

本成果的主要内涵是：

五体系协同运行的体系化科技创新管理机制，即在体系化协同运作理念的指引下，以技术体系为核心，协调传统与新兴领域同步发展；以组织体系为保障，加强人才培养，不断提升创新体系整体效能；以评价体系为准则，充分激活科技创新主体；以文化体系为土壤，打造科技创新氛围；以支撑体系为助力，为技术体系布局发展提供 “创意—实现—转化”的一体化支撑平台。通过“体系策划、整体统筹、协同运行”的科技创新管理新模式，充分释放军工企业巨大的创新潜力，推进创新产业布局升级，不断优化科技创新生态环境，实现自主创新能力的快速发展和企业经济效益的稳步提高。五体系协同运行新模式如图1所示。

主要做法是：

（一）统筹传统新兴领域发展，建立技术体系长效机制

1. 建立并实施“三结合技术体系管理模式”，明确传统与前沿协同发展方向

电科院以问题为导向，以提高自主创新能力和核心竞争力为主要目标，成立技术体系建设工作组，坚持“三结合”原则，即“组织管理与技术规划相结合、提升传统产业和发展前沿产业和相结合、重点突破和一般提升相结合”，在“技术体系建设领导小组”的领导和科学技术委员会的指导下，通过“管理组”和“论证组”共同推进建设。工作组组织结构如图2所示。

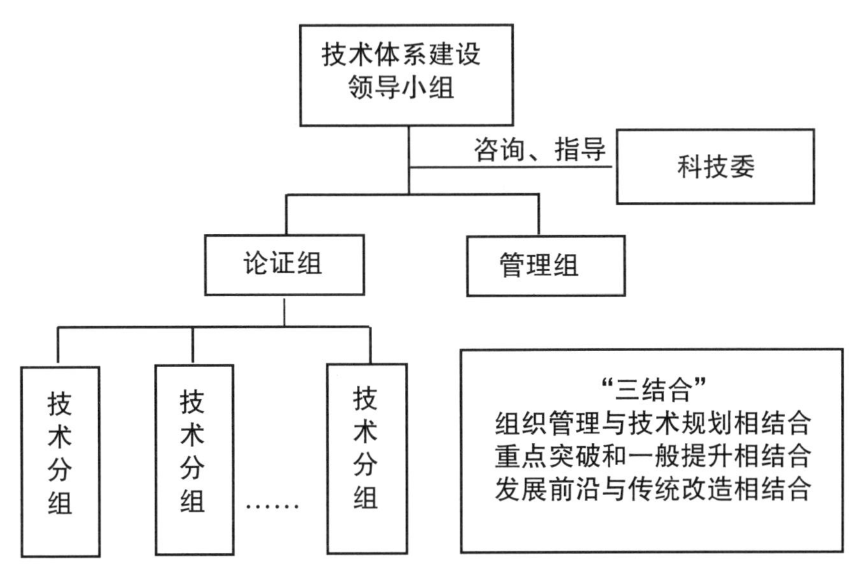

图2 技术体系建设工作组组织结构

通过“三结合技术体系管理模式”，形成技术体系建设长效机制，构建了一套涵盖6项一级技术、32项二级技术的技术体系，确定了4项核心技术、20项关键技术、14项一般技术，为促进自主创新能力奠定了基础。

2. 部署传统与新兴技术相结合的工程项目，推动全面技术发展

电科院对标《“十三五”国家科技创新规划》国家战略布局，以新理念谋划新发展，兼顾传统领域技术的延续和新兴领域技术的创新。在具有传统优势的网络信息事业方面，策划了天地一体化信息网络重大工程、网络空间安全、大数据工程和智能无人工程等项目，取得了显

著成果。一是开展天地一体化信息网络重大工程，该工程已列入科技创新2030重大工程，带动了集团公司7大类、29项关键技术群和体系、系统、装备、模块4层产品体系的多样化发展，工程总投资约为607亿，预计2030年市场总规模近千亿，将形成新的战略制高点和经济增长点。二是聚焦网络空间安全。牵头论证形成与国际比肩、适应我国网络空间发展且自主可控的网络空间全域态势感知技术体系，建立了网络空间资源探测系统、未来网络示范平台与赛博地球原型系统。预计在未来10年，产业规模将达到5000亿元。三是策划大数据工程。提出“无形之中心”“大数据之大数据”全新理念，得到国家发改委高度认可，同时瞄准多个新市场布局，预计将带动集团内外单位百余家企事业单位，实现签约30余亿元。四是构筑智能无人新体系。面向未来颠覆性作战概念以及智能无人作战重大战略需求，快速研发固定翼无人机网络化自主集群原型，刷新纪录，策划“网络化无人集群”等重大项目，带动集团内外40余个技术团队，牵引全链条的理论、技术、原型、产品、装备的成体系快速发展。

在新兴前沿领域方面，电科院聚焦前沿，以创新驱动的方式形成新能力和新增长点，在脑认知与类脑计算、虚拟现实、增强现实、大数据、云计算、网络空间安全、人工智能等领域进行布局，取得了重大进展。前沿技术布局如图3所示。

	数据采集 →	数据传输 →	数据存储 →	数据处理 →	数据展示
发展领域	智能传感	未来网络	数据中心文件系统	大数据 智能系统	虚拟现实
培育方向	网络空间测绘技术 新型物联网传感 微波光子技术	未来网络 网络协议分析技术	下一代数据中心	新一代数据中心 脑电大数据 机器学习	三维实景建模技术
承担项目	智能安全卡口 网络测绘	知识中心网络	深脑数据中心	深脑数据中心 知识中心网络	国家公共安全综合 保障大数据可视化

图3 前沿技术创新布局

通过以技术体系为核心的创新布局，电科院取得了一系列的成果和进步。在传统领域方面承担了国家和军委多个重大项目，继续保持了在军工网络信息领域的领跑地位。在新兴领域方面掌握了一系列核心技术与能力，具备了一定的技术优势，并形成了一批物化成果，得到军地各级领导的肯定。

（二）革新科技创新系列制度，强化组织体系有效保障

为了从根本上优化科技创新体系，提升总体科技创新水平与核心竞争力，电科院制定了包括科技创新机制、项目、技术、成果、人才和评价共六类12项科技创新系列制度（如图4所示），为院科技创新工作提供人才、机制和资源等全方位保障。

系列制度以《院科技创新实施细则》为总纲，提出了设立科技创新基金、设立创新特区、加大高层次人才引进、促进人才培养交流等十四条具体指导意见，围绕实施细则，在相关制度条款的设计制定上加强统筹考虑，使每条意见都有具体的制度条款进行落实，为科研人员开展创新工作提供了必要的“硬件”保障。

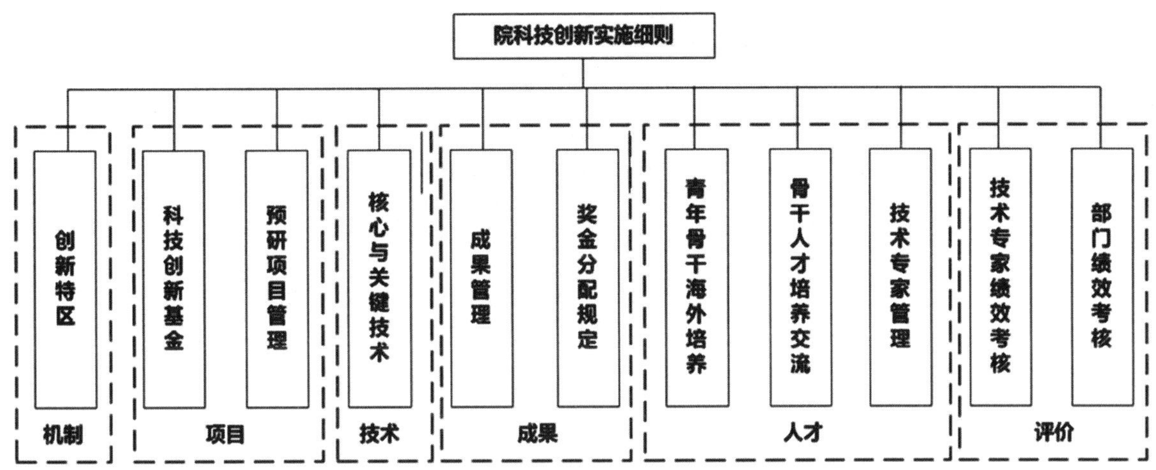

图4 科技创新系列制度

1. 引进优秀人才，打造多领域、全方位人才团队，加强人才保障

作为总体院所，电科院对人才水平的要求较高，科技领军人才和优秀青年人才较为短缺，且科研人员专业集中。为完善人才队伍建设，匹配人才队伍与技术体系，进一步提升创新能力，电科院在科技创新管理体系的实施过程中，一是坚持“一流人才成就一流事业”的人才理念，实施“333”人才工程，在已完成的一期工程中，用3年时间引进了30位优秀海外归国人才、30名国内高端人才和300为优秀国内博士，构建了多领域、全方位的人才队伍。二期工程计划用3年时间引进30名国家（青年）千人计划高端人才，并组建30个高水平创新团队。二是采用“引进+培养+选拔”的人才机制，在大力引进国内外优秀高层次人才的同时，坚持培养已有创新团队，同时选拔优秀人才给予扶持。青年骨干人才培养方面，电科院持续组织青年科技人才赴境内外知名高校和科研机构交流深造，以提升创新团队和青年科研人员的技术和科研实力。人才选拔方面，进一步加强青年人才选用力度，引导青年科技人才承担重大科研和创新项目。推进45岁以下总师选拔，提高40岁及以下副总师和35岁及以下总师助理的配备比例，从而挖掘青年科研人员的科研潜力，激发全体员工的创新热情和动力。三是建立多层级、流动化专家队伍，囊括中国工程院院士、集团首席科学家、集团首席专家、院首席专家、院一级专家等的专家队伍，指导科技创新发展方向，论证创新技术的可行性，推进科技成果转化。

2. 设立面向传统和前沿技术创新的多层次创新基金，完善资金保障

为支持前沿领域探索和关键技术突破、激发创新活力、孵化创新项目，设立了面向创新人才和团队的专有科技创新基金，分别对重大项目（任务）前期投入、基础核心技术攻关、前沿颠覆性技术研究、双创孵化四类项目进行多样化地支持，实现了项目从“创意孵化——技术培育——重点突破——成果转化”的全链条支持（如图5所示），并通过创新管理机制，提高自主创新能力和科技进步水平，具体为：在创新基金项目的管理上实施“差异化管理机制”。突破原有管理模式，从自身特色出发，根据不同项目特点实行“差异化管理”。其次在创新基金资金管理方面建立创新基金“蓄水池”机制。将创新基金孵化项目的收益纳入“蓄水池”管理，继续投入后续基金项目，实现持续稳定的基金运行机制和创新项目的稳步发展。

图5 “四大类”多层次基金支持

通过系列制度革新，电科院已经初步形成了一套高效、有序且充满活力的科技创新管理机制。通过各类基金的投入，完成了一批传统领域关键核心技术的突破，和一批信息前沿领域的技术研发与专利布局。

（三）设计差异化创新指标，实施全维度评价体系激励

1. 覆盖各部门全维度开展科技创新绩效评价，充分发挥主观能动性

建立覆盖全院技术部门和管理部门全维度开展的科技创新绩效评价体系。根据部门类型分别设置评价要素和权重，实行以增加知识价值为导向的评价体系和考核体系，从科技管理创新与技术水平创新双通道共同驱动科技创新发展。

在评价指标设计时，对于职能、市场和科研等不同部门，根据特点制定不同的考核标准，从而最大限度地发挥每个部门的特殊作用，实现其在科技创新体系中的价值。对于职能管理部门，鼓励其提出科技创新建设建议，创新管理机制，宣传科技创新活动和创新人物事迹；对于市场主管部门，鼓励其开展科技成果推介和转化，创新基金项目立项策划、积极参与并开展科技创新活动；对于科研部门，鼓励其引进高层次人才，组织青年科技人才赴知名高校及科研机构培养交流，形成知识产权，推动科技成果转化。

同时，将对各部门的评价纳入部门的年终绩效考核中，从而最大化地促进各部门管理层的主观能动性，为技术体系的有效运行提供良性的奖励和竞争机制，促进科技创新生态环境良性循环。

2. 设置多元化考核标准，激发全员科技创新积极性

为激励全员的创新热情，根据自身实际，制定了针对科技创新建设的考核工作细则，从而尽早识别具有潜能的员工，更好地发挥其创新特长。一是将科技创新指标作为申报职称的重要元素和得分项，合理鼓励员工，帮助其实现职业道路的发展，为管理层提供核心人才，实现企业的持续稳定发展。其中，对于管理类人才，积极鼓励其在管理制度、运行机制方面的创新思考；对于技术类人才，则积极鼓励其在前沿技术研究、论文和知识产权等方面的突破。二是开展“十大创新人物/团队评选”活动，对在科学、技术和工程领域取得重大创新性成就，创

新性地解决重大科学问题，突破关键核心技术，或产生重大社会经济效益的创新人物/团队进行奖励，从而以科技创新为导向发挥模范团队和人物的带头作用，激发和调动全体员工进行科技创新的活力和积极性。

通过推行差异化、全方位的评价标准，电科院已经形成一套多元化发展的部门、人员评价和激励体系，因材而用，拓展了人才的发展和上升空间，有效促进了创新成果的形成。

（四）打造协同创新平台，实现支撑体系有序循环发展

1. 孕育重量级科研支撑平台，助力产学研用深度结合

为了打破与外部资源的“信息壁垒”，电科院面向科学技术发展新趋势，紧抓新媒体飞速发展为科技企业创新建设带来的新契机，协同全球、全国资源共同构建协同创新平台。在国际合作方面，通过打造“大学习中心”，构建国际协同创新和人才流通机制、打造创新基础设施平台，探索富有竞争力的技术成果转移和输出模式。与马来西亚科技部等19家马方机构合作，推动在马建设数字经济研究院，建设推广平台、市场拓展平台和技术转化平台。在国内合作方面，联合相关单位共同成功申报“社会安全风险感知与防控大数据应用国家工程实验室”，形成一批具有创新性与应用价值的理论、技术成果与产品谱系，有效促进大数据技术在国家社会安全领域的深度应用及产业化发展。与之江实验室共建天地一体化信息网络联合创新中心；与银川市人民政府联合设立中国电科（银川）军民融合创新中心；与清华大学联合成立“清华大学网络研究院-中国电科电子科学研究院天地一体化信息网络联合实验室”；与宁夏大学共建　“一流网络安全学院”；与北京天坛医院、安定医院等签订战略协议，成立脑科学医工交叉实验室等。

通过打造各类协同创新平台，引导各创新项目之间的协同发展，为形成体系化科技成果集群提供有力支撑，有效提升了创新项目核心竞争力。

2. 建立内外联动信息共享平台，有效推进科技成果推广

为加强科技成果信息共享，加速推进科技创新成果的转化和应用，电科院建立并实施了院内局域网环境与开放互联网联动机制，如图6所示。

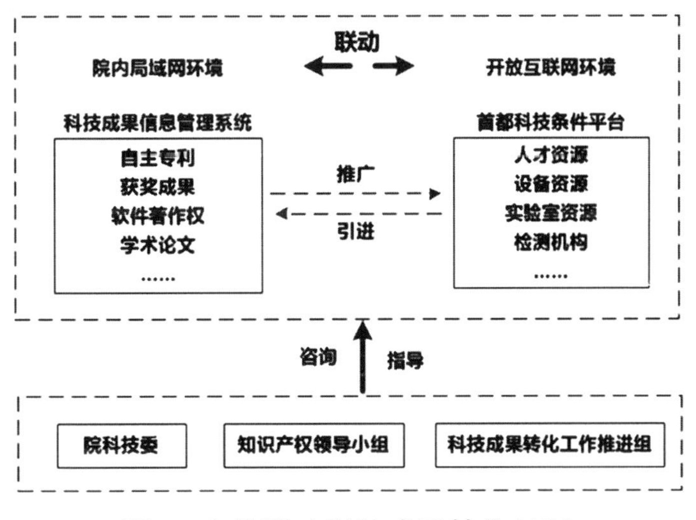

图6　内外联动科技成果转化机制

在内外联动科技成果转化机制的引导下，在院外建立了以电科院作为基地运营服务机构的首都科技条件平台中国电子科技集团公司研发实验服务基地（以下简称基地）。通过整合集团公司北京地区成员单位的科技资源，面向北京地区的企事业单位提供科技服务。电科院充分发挥平台的桥梁和纽带作用，依托“电子科学研究院系统电磁效能测试评估中心”“电子科学研究院信息系统软件测评中心”“国家保密局涉密信息系统安全保密测评中心系统测评（中国电子科技集团公司）分中心”3个国家级测评中心在咨询、研发、检测、认证和培训5大服务领域发挥科技资源优势，对接地方技术需求，对外提供科技服务，增强院科研实力，实现院内院外信息共享与联动机制。在院内创建了科技成果信息管理系统，用于加强科研专利、软件著作权等15类科技成果信息的查询共享等4类信息化管理流程，使各项成果统计数据面向科研人员“全透明”，有效促进院内各部门、人员之间的信息交流与合作。

此外，提出了以“九星计划”为抓手的科技成果转化实施方案，即在三年内，从不断增长的种子项目库中，孵化不少于9家公司实体。针对不同的项目方向，以电科院控股、创新团队控股和参股独角兽公司等形式，推进前沿科技创新成果的转化和落地。目前，以三维实景地理信息系统为核心的北京创新城市空间信息技术有限公司已经完成孵化。以 “水下仿生智能鱼”和“无人平台运输投送智能化管控系统”为核心的混合所有制公司也正在孵化中。

通过构建研发和转化相结合的支撑体系，实施“九星计划”，各部门、团队和人员的创新热情和潜力得到广泛的激发和挖掘，目前已有多个前沿科技创新项目实现技术突破，与新疆、宁夏等地建立合作关系，扩展了电科院在前沿信息领域的发展方向，优化了企业从传统到前沿的一体化产业布局。

（五）整合线上线下创新资源，厚植文化体系沃土

1. 构建多元化线上创新服务平台，培育创新文化，引导创新思潮

为促进院内各团队和人员之间的技术交流和协同创新，电科院构建了多元化的线上创新服务平台，实现直接的信息共享和无障碍交流。电科院一方面在院内办公网展现科技创新动态资讯。另一方面通过建立“网信科技前沿”“赛博地球”等微信公众号，依托新形势、采用新手段、利用新媒体，吸引前沿科技领域的决策者、研究者、投资者及爱好者，打造具有一定影响力的前沿技术发布及对外交流平台。

2. 对接多样化创新资源，形成“三链融合”体系化创新土壤

在“线下”方面，为进一步促进项目的孵化和落地，电科院以“三链融合”的思路开展了一系列推进工作。在创新链方面，通过组织“工业互联网攻防大赛”“新一代人工智能峰会”“网络空间纵横论坛”等活动，邀请创新创业榜样、著名科学家和行业领军人物到院以演讲和访谈，全面扩展和提升科研人员的知识面和技术水平。在资金链方面，通过举办项目路演活动，吸引来自全国各地的风险投资（VC）、私募股权投资（PE）、上市公司和政府产业基金等投资机构，向社会释放电科院积极落实和部署国家科技成果转化的信号，为进一步合作打下良好基础。在产业链方面，积极参加地方政府、高等院校、科研院所成果推广活动，通过“互联网大会”“数字中国建设峰会”“牵手浙江”“辽宁行”等活动，与宁波市、银川市等地方政府、高等院校、科研院所等加强信息共享，多方位展示科技创新成果，为后续科技成

果转化打下良好基础。

通过整合打造线上与线下多元化资源相结合的文化体系，有效促进创新链、资金链、产业链“三链融合”创新发展，电科院各部门和团队申报创新项目的数量得到显著增加。

（六）打造创新特区示范平台，探索科技创新新机制

在体系化协同科技创新管理机制的初步运行过程中，电科院认识到传统的军工总体院所管理运行方法和前沿技术研发管理运行方法存在显著差异。为在保持发扬传统优势的同时促进科技创新和前沿技术发展，通过设立创新特区的先行先试，以点带面，从而全面实现创新驱动发展。

以“权力下放、自主决策、宽容失败”为主要原则设立创新特区，鼓励科研部门聚焦未来网络、大数据、人工智能等领域，研究前瞻性、先导性、探索性、颠覆性技术。以半年磨合、三年培育、五年引领的规划，提高创新效率、释放创新活力，形成具有国际影响力的技术创新成果。创新特区的主要架构和运行机制如图7所示。

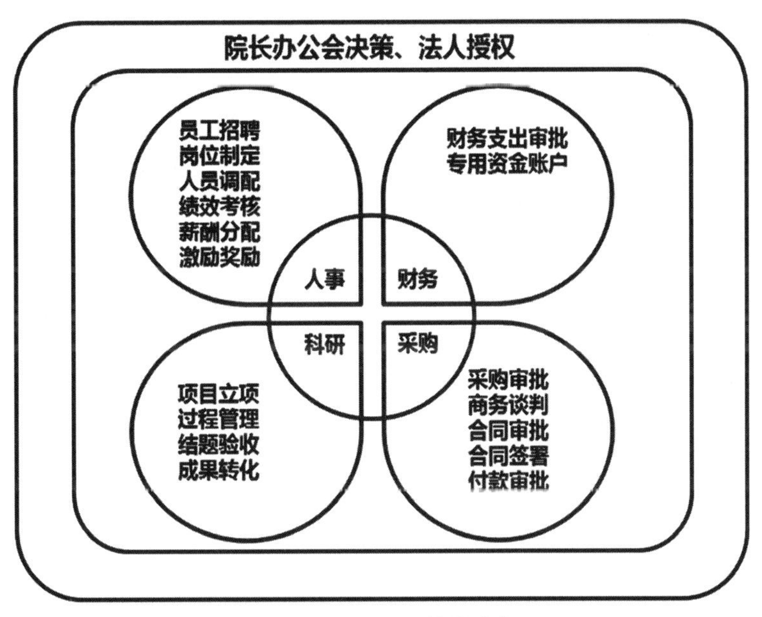

图7 创新特区管理机制

在创新特区的管理机制上，电科院提出以“圈里自主办，圈外优先办”为核心的主要原则，坚持“简政放权、面向服务”。即在院长办公会决策和法人授权范围内，充分给予创新特区在人财物方面的支配权和技术路线决定权：一是充分给予创新特区在批复招聘计划、员工招聘、岗位制定、人员调配、绩效考核、薪酬分配和激励奖励等相对独立的人事权；二是充分给予创新特区在批复的财务预算内享有财务支出审批权；三是充分给予创新特区在批复的财务预算和法人授权范围内享有以采购审批、商务谈判、合同签署为代表的自主采购权；四是充分给予创新特区在科研生产中的项目立项、过程管理、结题验收和成果转化等方面的自主决定权。在院长办公会决策和法人授权的范围外，专门设立快速通道，优先办理各项事务，从而优化政策环境，营造宽松的创新氛围。

通过设立创新特区，在短短两年时间，电科院创新特区从美国、新加坡等地引进多位资深学者担任学术带头人，吸纳毕业于国内外知名学府的博士组成了全面且有竞争力的科研团队。目前共有70人，其中3人入选国家青千计划。同时，创新特区还与国内外知名高校、企业的研究团队建立了常态性的人员互访和合作研究机制。拥有自主人事权后，创新特区人才决策减少了2个审批点，招聘了大量实习生，确保了科研工作的快速开展；拥有采购外包自主权后，采购工作减少了5个审批点，采购效率大大提高；拥有项目管理权后，项目合同签约时间同比减少了50%，运行效率显著提升。通过充分的政策支持，优选的人才队伍，自主的研发路线和优化的资源配置，创新特区的多个创新团队在网络空间、人工智能、混合现实、脑科学、三维地理信息、量子等前沿领域取得了多项关键技术突破和项目进展，极大地促进了前沿领域的快速布局与市场开拓。

三、实施效果

（一）规模和盈利能力稳步提升

通过构建与实施五体系协同运行的科技创新管理机制，电科院在企业规模和盈利能力方面获得了稳步的提升。2016年，电科院实现主营业务收入31.11亿元，利润总额超过1亿元，同比增长22.1%和24.5%；实现科技创新收入1.2亿元，同比增长140%。2017年，电科院主营业务收入35.9亿元，同比增长15.27%，利润总额1.36亿元，同比提高36.01%；2018年1至7月，电科院主营业务收入达到30.4亿元，同比增幅达到10.58%，企业利润达到4,178.81万元，同比增加8.38%。目前，新成立创新特区的总体规模达到2亿元，同时三维实景地图、网络空间测绘等项目得到成功转化，盈利共计5000万元。此外，创新特区还获得国家重点研发计划支持，项目规模达到3000万元。

（二）科技创新能力显著进步

通过科技创新制度体系，有效保障了院科技创新的良好循环与高效运作，促进科技创新能力显著提升。人才队伍建设方面，共引进高层次人才近50人，2人获得集团公司科技领军人才奖，1人获得集团公司青年拔尖人才奖；1人获“万人计划青年科技领军人才”称号，国家青年千人计划入选者3人。建立了多支专业化的，具有交叉学科研发实力的创新团队。通过创新大赛的开展和科技创新基金的设立，电科院共完成了赛博地球、网络测绘等40余项科技创新项目的立项，在相关的前沿创新领域取得了快速的进展和丰厚的成果。2016年至今，专利申请数量55项（占总申请量的78%），专利授权数量48项(占有效专利的52%)，软件著作权45项（占有效总量的43%），发表科技论文310篇，形成国家或行业标准8项。荣获国防科技进步奖6项、集团科技进步奖15项。此外，还荣获石景山科学技术一等奖、中国可视化及可视化分析挑战赛二等奖、迅雷第二届全景视频大赛优胜奖等奖项。新成立的创新特区在多个领域取得重要成果，参加了多次军队高层首长、地方政府高层领导调研展示并受到充分好评。

（三）成果转化的规模和效率协同提高

通过内外结合的科技成果转化促进措施的实施，电科院在成果转化的规模和效率方面都获得了极大地进步。在我国“一带一路”国家战略的重要窗口西部某地区开展社会安全防控信息化研究建设工作，组织集团内外13家单位形成5方面20类系统解决方案，涵盖80余种系统和新型装备，有力支撑了社会安全防控信息化建设工作，确立了集团公司在某地区的立体化治安防控体系中的总体地位。

同时，为改变目前央企内部科研成果被束之高阁的情况，通过“九星计划”，建立实现三种成果“去库存”机制：一是孵化创新创业公司；二是知识产权实施许可他人使用；三是软知识作价入股于独角兽创业公司，为主营业务护航。通过以上三种知识成果去库存机制，充分提高科研成果的使用率和市场转化能力。

四、思考与建议

通过五体系协同运行的体系化科技创新管理改革和创新特区的实践，在规模和盈利能力、科技创新能力和成果转化规模和效率等方面取得了显著成效。其中，独立的人事权、财务支出审批权、自主采购权、自主决定权有力地推动了创新特区的迅速发展；“333”人才工程的实施为电科院在传统领域和前沿领域的拓展和转型提供了有生力量；“九星计划”的实施在有效推进库存科技成果转化的同时，促进了前沿科技领域的创新。在未来，电科院将总结前期改革的经验和不足，深化改革，以前瞻性、战略性、开放性的思想作指导，破除固有思维模式，打造国际化、全球化创新中心，坚持解放思想、实事求是，大胆改革、率先实践，不拘一格汇聚使用国内外优秀科技创新领军人才，有效利用市场运作、金融杠杆、股权激励等方法手段，建立面向网络信息体系研究发展的前沿、开放、跨界、协同、汇聚、转化的创新平台，打造特色鲜明、机制领先、创新活跃、成果突出的电科集团品牌名片，引领电科集团创新技术发展，践行“军民领域网络信息系统总体单位”的使命定位。

成果创造人：张　龙、王　斌、王　莉、谢海永、卞　婧、廖　勇、任　勇、冯拓宇、程志强、韩天晓、李　琰、裴晨琛、拜丽萍、杨敬娴、丁文慧、黄河清、陈　茜

国家能源e购引领央企采购模式变革

国电物资集团有限公司

国电物资集团有限公司（以下称“国电物资集团”），成立于2003年，是国家能源集团（以下称“集团公司”）所属的大型专业化物资公司。现拥有7家分支机构、13家控股公司，注册资本9.85亿元。担负着集团公司招标代理、询比价、集中采购、电子商务平台建设和运维等业务，具备工程建设成果和中央投资成果两类招标代理机构甲级专业资质以及火力、水力、风力发电工程设备监理甲级资质，是中国设备监理协会副理事长单位、中国设备监理行业管理委员会副主任单位，中央企业电子商务联盟副理事长单位，中国物流学会产学研研究基地。国电物资集团利用十年时间，在五大发电集团率先构建行业领先的“集中采购、区域配送、物资超市”三级物资供应保障体系，创新采用“互联网+”、云计算、大数据等技术，先后建成国家能源e购“电子招投标、电子询比价、商城”三大采购平台。三大采购平台提供“安全、优质、高效、廉洁”的采购环境，服务于上千家采购企业和10万余家供应商，年均采购金额超过700亿元，实现了物资采购“100%集中、100%上网、100%公开”的目标。三大采购平台吸引中石油、大唐、华能、中铁物资等多家央企兄弟单位前来调研参观，为央企采购电子化起到了突出的示范作用。

一、成果背景

2003年，为缓解电能短缺的局面，各发电集团跑马圈地，电力基建进入一个5年的快速发展期。国电物资集团及时构建自己的采购管控体系，成功实施16台600MW机组的主汽、再热热段管道设备等的打捆招标采购。随后，国电物资集团成立专业公司，正式涉足集中采购业务，陆续开展四大管道、管件以及国产通用物资等13类物资、进口物资、52项火电基建主辅机设备和部分生产技改成果的集中规模采购，三级采购供应保障体系的第一级形成。

2008年起，国电物资集团利用在集团层面实施集中采购配送取得的经验和建立的批量专业化优势，在广州率先成立配送中心，对集团公司南方区域电厂通用物资实施集采配送，开启了区域物资配送服务新模式。先后组建12家配送中心（公司）和7个省级代表处，通过完善配送网络布局，优化资源配置，发挥整体规模优势，对区域内的电厂进行物资集中调度，统一配送供应，充分满足基建和生产需要。三级物资供应保障体系的第二级形成。

在建设第二级物资供应保障体系的同时，国电物资集团同步思考、探索解决电厂日常消耗品、办公用品、劳保用品等即时性需求采购问题，开创性提出实物物资超市模式，通过“代存、寄售”制，在各电厂所在地建成实物物资超市，三级物资供应保障体系的第三级形成。

随着互联网技术的飞速发展，国电物资集团致力于电子商务与物资物流产业的融合，在物资物流产业电子商务建设方面做了积极探索和实践。2013以年来，国电物资集团利用先进的互联网技术，对传统物资采购方式、运营模式进行改造和提升，努力转型发展，助力提质增效，筑牢廉政防线。以国家能源e购电子招投标、电子询比价、商城为三大支柱，基于即时制采购（JIT采购）理念，着力打造能源领域智能化采购体系。

二、全方位构建三级物资供应保障体系

（一）三级物资供应保障体系的基本情况

国电物资集团根据发展战略定位，积极探索物资管理的有效模式，历时十年建立健全以国电物资集团本部和在京公司为服务、经营中心，以区域配送中心为区域主供应渠道，以基层电厂“物资超市”等为补充的三级物资供应保障服务体系，这种以规模化、专业化为主导的集中经营管理模式，进一步拓宽了物资采购服务的广度和深度，全面提升了物资集中经营管理水平，提高了对集团公司发展的保障和支撑能力。

第一级是国电物资集团本部及在京专业公司的集中采购：按照集团公司物资供应战略和发展目标，利用规模优势、专业优势、品牌优势、资金优势、供应保障优势，实施物资集中采购，有效降低采购成本。负责成果招标代理、集团公司定标的大宗通用物资和设备集采配送、设备监造、备品备件联合储备等。

第二级是区域物资配送中心的区域配送：12家配送中心（公司）和7个省级代表处开展区域配送，不仅是国电物资集团服务区域基层电厂的窗口，更是子分公司加强物资管理、促进降本增效的责任主体，在三级物资供应保障体系中发挥着承上启下的桥梁纽带作用。负责区域范围内由分子公司定标的物资、询价采购物资和备品备件的集中采购、配送和区域储备，为集团区域公司物资供应保障和降本增效提供优质服务，是三级物资供应保障体系中的区域供应主渠道。

第三级是基层电厂“物资超市”：以电厂物资库存管理为基础，借鉴大型零售商业超市运营经验，对生产资料实行超市管理。统一招商准入、年底统一结算管理，通过“物资超市”来实现日常消耗类物资和备品配件的采购供应。

三级物资供应保障体系三个层级间界面清晰，又互相联系。按照发挥集团、区域规模优势和物资超市“零库存”优势设置业务范围，实现了基建、生产和相关产业领域服务全覆盖。三级物资供应保障体系建设经验在2014年1月国资委企业改革局组织举办的第一期“企业讲习所”上作了介绍。三级物资供应保障体系的建设荣获全国电力企业管理创新成果奖、2010-2013年全国电力行业企业管理创新五年经典案例一等奖等多个奖项。

（二）三级物资供应保障体系的主要业务

1.招标代理业务

国电物资集团的采购业务从招标代理业务起步，较早就组建了专业性的招标代理公司，推行计划、流程、标准、平台的“四统一”管理，利用引进来、走出去的方式，培养了一批从事招标代理业务的专业性人才，先后取得工程建设成果和中央投资成果两类招标代理机构甲级专业资质。2015年，原国电集团另两家招标代理机构业务和人员的整体并入国电物资集团，集团招标采购管控的力度进一步提升，国电物资集团实现招标代理业务在原国电集团的全覆盖。年招标规模最高达500亿元以上。

2.集中规模采购

2006年至2015年，国电物资集团不断摸索实践，集采专业化服务能力不断得到提升，先后开展四大管道、管件以及国产通用物资等13类物资、进口物资、52项火电基建主辅机设备和部分生产技改成果的集中规模采购，集采配送业务年规模达30亿元以上，集采的规模化优势充分显现，采购节资率平均达10%以上。

2015年起，原国电集团实施采购与物资集中管控，国电物资集团的集约化经营模式进一步升华，广泛开展集团级和区域级框架、长协、打捆采购，与供应商建立战略合作伙伴关系，签订集团级和区域级长协协议，协议物资统一通过国家能源e购商城铺货上架，基层企业下单进行采购，形成国能e购商城电力专区板块，进一步提升了集中规模采购的效率和效能。

3.区域配送业务

国电物资集团依托三大制造基地和集团公司骨干发电企业，组建南方、华中、华东、山东、西南、西北、华北、东北、内蒙古、大渡河等12家配送中心（公司）和河南、江西、浙江、福建、安徽、新疆、甘肃7个省级代表处，通过完善配送网络布局，优化资源配置，发挥集团公司的整体规模优势，对区域内的电厂进行物资集中调度，统一配送供应，充分满足基建和生产需要。

随着打捆招标、集中采购、统一配送的物资集中经营模式集中批量优势突显，2012年年初，长源电力主动联系国电物资集团，将其所属企业全部物资委托华中配送中心采购供应，部分人员也纳入配送中心管理。之后，全委托模式在华中、山东、东北、华北、甘肃、河南、贵州等7个区域陆续推广实施。通过实施全委托集中采购模式，国电物资集团区域配送业务快速增长，区域配送年采购规模达25亿元以上，降本增效能力更加突出，区域影响力持续提升。经测算，通过区域配送价格较市场价格下降15%，降本增效成效明显。

2015年起，原国电集团迎来采购集中管控重大变革，国电物资集团业务范围实现对原国电集团所有采购单位的全覆盖，实现了对物资、工程和服务全采购类型的覆盖，实现对招标和非招标采购业务的全覆盖，集团各采购单位的所有采购均通过国电物资集团实施。国电物资集团更多的转向向采购单位提供采购服务，不再签订采购合同，区域配送业务模式更多转向询价采购业务模式，国电物资集团正式定位为专业采购机构。

4.物资超市

物资超市是借鉴大型零售商业超市运营的模式，对生产资料实行超市化管理，开创性的生产资料流通的新模式。具体就是针对发电企业日常消耗的通用性物资，采取“代存、代售”的方式，即由电厂提供场地和货架，供应商存放被指定物资，物资被领用后再结算，实行“超市化”管理的采购供应模式。

国电物资集团在开拓区域配送业务时，同步部署开展电厂实物资超市的建设工作，制订超市建设的统一方案、验收标准和运营流程，指导各电厂开展物资超市的建设和运营，国电物资集团在各电厂所在地建成59家实物物资超市，彻底解决了基层电厂最后一公里采购的问题，大幅度降低了企业的采购流动资金占用，优化了企业物资库存，实物物资超市的运作规模平均年超过500万元。

近年来，随着电力企业即时性需求采购不断扩大，供应商垄断封闭思维逐渐打破，供应商主动寻求供应链协同的意愿愈加强烈，国内物流业的到达率显著提高，电力企业的采购主动性越来越强，实物物资超市的局限性逐步突显。国电物资集团提出建设虚拟物资超市的设想。2017年，国电物资集团通过严格的考察、论证，优选出六家大型电商，将其部分商品纳入国家能源e购商城，形成电子超市板块，解决了办公、劳保、数码3C、MRO类工业品的一站式采购问题。

（三）主要经验和做法

1.专业化服务是供应保障体系形成的基本保证

逢山开路、遇水搭桥，不断加强自身的专业化建设，是国电物资集团推行三级物资供应保障体系的生动写照。招标代理业务形成整套标准化工作流程；不断创新集约化经营模式，全面开展设备材料选型标准化，提高打捆效能；完成标准化配送中心建设，统一物资超市建设和运营标准；开展采购业务课题研究，突破前沿性、系统性问题，实现询价采购业务标准化；培养内训师队伍，推行采购业务人员持证上岗，先后组织开展三次全员性的采购业务培训，打造了一支专业化的采购业务队伍。正是因为专业化服务能力得到广泛认可，为三级物资供应保障体系顺利推行提供了基本保障，国电物资集团才赢得了专业采购机构的美誉。

2.提供全方位服务是供应保障体系建设的基本原动力

三级物资供应保障体系的建设，根本目的就是为了给采购用户提供全方位、立体化的采购服务。三级物资供应保障体系提供的采购供应保障服务，同时覆盖招标和非招标，覆盖用户所有采购，覆盖所有采购标的类型，为采购用户不同采购提供分类解决方案，为采购用户提供完全第三方的专业化采购服务，推动集团企业的专业化分工。提供全方位、立体化的采购服务，确保了采购用户的服务黏度，形成了采购服务的品牌效应，为承揽集团外企业的采购业务提供了基础平台。

3.区域配送中心建设是供应保障体系作用形成的关键

区域配送中心开展区域配送，为区域电厂提供贴身服务、现场服务、精细服务，掌握区域电厂第一手资料，是国电物资集团服务区域基层电厂的窗口，在三级物资供应保障体系中发挥着承上启下的桥梁纽带作用，是区域物资主要供应渠道，有着体系第一级不具备的诸多优势，是提高采购用户服务粘度，采购供应保障体系作用真正形成的核心关键一步。

三、创新性打造国家能源e购三大采购平台

三级物资供应保障体系是国电物资集团打造国家能源e购三大采购平台的基础，为其模式创新、组织实施、业务落地等提供强大的支持。国家能源e购三大采购平台是三级物资供应保障体系在“互联网+”时代的创新和发展，为其电子化、标准化、规范化提供广阔的空间，提高了供应保障体系的运作效率和效能，加速了各级体系间进一步形成合力，实现了彼此的融合、共生。三大采购平台建成是国电物资集团电子商务创新发展之路的里程碑。三大采购平台

实现采购交易的“可追溯、可评价、可审计”，提供“互联、开放、动态、适度竞争”的采购平台，搭建了“安全、优质、高效、廉洁”的采购环境，有效防范了采购风险，预计集团公司完成重组后，平台年采购金额将超1500亿元。三大采购平台的建成和高效运用，实现了集团采购三个“100%”的目标。

（一）国家能源e购电子招投标平台

2013年2月国家颁布《电子招标投标办法》，国电物资集团迅速组织力量，以办法为基准，以满足集团公司招标管理、行政监督需求为依托，高标准建成全流程电子招投标平台，在行业中发挥了典范作用。

电子招投标平台用于集团公司必须招标范围内的采购，包括：施工类单项合同估算价在400万元人民币及以上，物资类单项合同估算价在200万元人民币及以上，以及服务类单项合同估算价在 100 万元人民币及以上的采购。

1.实现全流程规范化、结构化、电子化

（1）将国家法规、集团制度固化于系统，减少人为因素干扰（通过设定招标文件发售起止时间、投标截止时间，超过发售期的成果一律无法进行招标文件的购买操作，超过截止期的成果系统也一律不再接收投标文件）；采用电子签名加密技术，解决信息安全的法律和业务风险（投标人在编完投标文件后，需要使用自己的CA电子钥匙进行加密、签名，并且将加过密的文件递交到系统中，不加密的投标文件系统一律不接收）；评标专家随机抽取（在线组建完成后，使用电子招投标系统可以完成评议、打分的全部工作），有效保障评标结果的公正性。

（2）招标文件模板化管理（编制时需选择套用的招标文件模板，系统会根据模板自动创建成功一整套结构化的招标文件。在自动生成的招标文件里，有固化的不可以修改的部分、也有可以根据本次招标成果的实际情况进行调整的内容），投标文件结构化编制（投标人需要按照规定好的标准格式进行商务、技术的响应，以及按照固化好的统一格式进行报价），通过招标文件、投标文件的结构化，系统可以自动实现对投标文件数据的提取、关键参数的比对；可以自动抓取专家的评议内容和打分，按集团的评标计算方法实现打分的自动汇总计算，形成首选、备选；并且可以按照标准化的评标模板自动生成评标报告。

（3）支持网上投标、在线澄清、网上开标（到达开标时间，投标人不必跑到现场，直接在办公室就可以参加网上开标。招标成果经理也可以同时开多个标，一个标3、5分钟即可开完）；（监标人在系统内对开标过程全程在线监督）实现招投标业务全过程动态实时记录；（招标成果结束后，招标全过程的二十几类文档资料，可以实现一键自动归档和移交）。

（4）与集团内、外多个系统无缝对接，实现了从招标计划、招评标过程、合同签订等全流程闭环管理。

2.平台实现四个“首创”

（1）国内首家完全按照《电子招标投标办法》要求建设的全流程电子招投标平台。平台创造性地解决了很多政策和技术难题，申请国家软件著作权8项，完全拥有自主知识产权。国家能源e购电子招投标平台为《电 子招标投标办法》的实施和落地树立了行业标杆。

（2）央企首家实现所有招标成果全流程电子化、全过程无纸化管理。平台覆盖集团公司所有招标成果，可同时支持9种工程类型，11种成果类型的全流程网上开、评标。招标文件、投标文件、澄清、中标通知书等所有过程文件，可网上存储，随时随地访问，实现了招标电子化、无纸化的跨越式发展。

（3）入选全国首批招投标领域落实国家“互联网+行动计划”试点单位。国电物资集团与中国招标投标协会建立了密切的业务往来，积极推进“互联网+招标采购”发展，为央企招标采购电子化起到了突出的示范作用。

（4）国内首家配套建设集网上开标、在线评标、视频远程评标、视频监控等功能为一体的综合性电子评标服务中心。（可以支持同一个成果的评标专家分别在不同的评标中心，使用统一平台实现异地、远程的评标协同。）各评审室部署高清视频监控系统，支持区域中心与主中心的联动、互动，实现异地同步在线评标，极大地提高了评标服务水平。

3.电子招投标平台运营成果

平台投运以来：共计挂网1.43万个包，共计投标6.58万人次、总计收到投标文件19.76万份，累计归档电子文件容量16T。累计注册招标人930家、供应商2.2万家；评标专家库内共有专家5800余人。平台的上线使用，极大降低了招投标各方的费用成本，每年可为招标人节省约12亿元采购成本，每年可为投标人节省2.4亿元投标成本，每年可为招标代理机构节约1150万元招标成本。

（二）国家能源e购电子询比价采购平台

2015年集团公司全面实施　“四个集中管控”，按照“统一计划、统一标准，统一流程、统一平台”的管理要求，创新建成电子询比价采购平台。

没有达到招标限额，不需要按照招标方式的采购，或虽然达到招标限额，但集团规定可以不采用招标方式的紧急和特殊要求的采购，为非招标采购，其主要形式为询比价采购。

建设的电子询比价采购平台就是解决集团非招标范围的所有的物资类、施工类、服务类采购。所有的询价信息和竞争性谈判信息在门户首页公开发布，并对所有的评审结果进行公告。单一来源计划在挂网前需进行两个工作日的公示,接受社会监督，防范廉洁风险。

1.电子询比价采购平台具有三个管控特点

（1）实现业务类型、采购用户、采购方式、计划类型四个全覆盖。成果单位可以进行月度计划上报，年度季度长协计划上报；计划属性分为物资类计划和施工服务类计划；设计了询价采购、单一来源和竞争性谈判三种采购方式，其中对单一来源和竞争性谈判采购计划，成果单位在上报计划时必须选择符合性条款，将非招标采购管理思想嵌入到系统中，确保符合采购条件。

（2）有效管控紧急采购、零星采购、长协采购。

一是设计成果单位紧急采购和规定额度以下的零星采购结果补录功能，解决了管控与生产经营急需之间的矛盾。

二是支持长协采购，一次采购，多次使用，有效发挥规模优势，促进降本增效。

（3）按照业务界面划分了成果单位、专业采购机构、采购管理机构、供应商等四种用户角色在采购过程中，成果单位负责上报采购计划、执行采购结果；采购机构负责采购实施；

管理机构负责计划审批、结果审定和过程监管；供应商负责报价和社会监督。形成了“分权设立、多方制衡”的管理格局，有效防控廉洁风险，四种角色相互制衡，有效防控廉洁风险。

电子询比价采购平台是同类型央企中：首家构建的集团级非招标采购集中管控平台；首家基于非招标采购业务配套建设远程视频评审系统（评审专家和成果单位评审人员全程参与，真正实现远程在线评审）；首家实现非招标采购全流程电子化（实现了采购计划上报、计划审批、采购发布、供应商报价、在线评审、结果审定、供应商确认全流程电子化线上操作，消除了管理死角）。

2.电子询比价采购平台运营成果

平台运行以来，累计注册供应商6.7万家，建设主、分远程视频评审室170个。全集团成果单位提报采购计划113.2万条，专业采购机构发布询价单28.3万项，采购金额246.5亿元。

（三）国家能源e购商城

2016年以来，集团公司物资集中管控全面落地，对采购效率和效能提出了更高的要求。但仍存在采购周期长、物资型号规格不统一、重复采购、结算渠道单一、无法实时比价、长协线下执行等问题。为提高采购效率与效能，国电物资集团于2017年建设国家能源e购商城。

1.国家能源e购商城是国内首家电力专业产品B2B垂直电子商务平台

2017年10月国家能源e购商城电子超市、电力专区两大板块相继试点运行，开启了电力物资采购新模式。电力专区主营商品为电力行业专用物资，主要包括电厂主机、主要辅机设备、备件，大宗通用物资和知名品牌等标准统一、普遍使用的物资，集中了全集团的需求量，对技术要求和产品选型进行标准化，采用集中长协采购方式选择铺货供应商，建立长期合作关系，在电力专区铺货。电子超市是通过严格的考察、论证，优选出六家知名、大型自营电商在商城铺货，主要包括办公劳保类商品、MRO类标准化通用工业品。

2.国家能源e购商城是央企首家全流程基于云计算技术打造的智能采购平台

云端部署、开放共享、互联互通，具有强大的可扩展性和全面推广性；多重容灾、整体防护、实时监控，确保系统高安全性；

采用分布式架构、集群负载、多核计算，确保高效运行和高可用性；支持多种业务类型，可敏捷构建业务流程、个性化功能和用户界面，有力支撑业务的高速发展。

商城采用最新物料编码方式。通过特征属性区分物资，摒弃了传统的物料编码方式，解决了错码率高、运维人员多、综合成本高、维护工作量大等问题。

3.国家能源e购商城对比同类型的电子商务平台，具有五大优势

（1）智能比选。商城设计不同商家的同类商品智能比选、同一商品精确比价功能，实现精准采购和高效采购。（点击商品图片进入商品详情页，详情中展示商品的图片、官网价格、销售价格、官网商品链接、来源电商、联系方式等信息。详情中显示精确比价、同配置商品推荐。精确比价区提供此商品不同供应商的销售价格对比，价格由低到高排序，方便用户选择。同配置商品推荐区会根据所选择商品的关键属性匹配度推荐类似商品，供用户参考。）

（2）高效便捷。实现各类商品的集中展示，满足一站式采购需要。现货商品从用户下单至到货验收1–2天即可完成，提升了采购的便利性与高效性。

（3）智能结算。商城采用先进的银行互联网智能收款和在线支付工具，实现收款与业务的自动匹配、准确收费、自动对账。以税控系统价税分离为基准，消除尾差，保证业、财、税一致性。实现业务账、银行流水账、财务明细账三账联动、自动更新，全程无人工干预，确保采购交易结算的时效性和准确性。实现采购单位实时对账、自主开票、预存款额度共享，有效提升了对采购单位的服务能力和服务水平。通过收款自动清分、快速对账、在线开票、自动稽核、数据同源、精准收费、账期实时管理、风险管控等措施，有效提升了商城的运营效率。支持供应商在线开票、缴费、对账，实现供应商业务的全方位深度协同。

（4）立体评价。建立供应商基础信息库、资质库、业绩库、价格库，对供应商进行全生命周期服务与管理。对接工商、法院，实现智能认证。加强对供应商统一注册、准入、评价、评级以及不良行为管理。实时掌握供应商履约情况，动态调整分级，保障采购活动“好中选优”。

（5）集成共享。实现与集团主数据系统、财务系统，物流、支付、税控、银行等系统的对接，实现物流、资金流、信息流三流合一。

商城充分融入智慧理念，实现了采购更高效、结算更便捷，技术更先进、管理更可靠，服务更精准、监督更到位。

2017年11月30日，商城正式上线运行，有效推动了集中长协采购的全面落地，东方电气、上海电气、哈电集团三大动力厂和ABB、施耐德等30多家供应商的集中长协采购总额达15.2亿元，商城累计上架商品170余万种。

四、国家能源e购产生的社会经济效益

（一）社会效益

国家能源e购三大采购平台建设，推动能源领域招标及非招标采购电子化、规范化发展，为中小企业参与电力市场竞争提供了一个公开、公平、公正的参与平台，有利于进一步规范企业采购业务，有效防控廉洁风险，实现降本增效。构筑全面融合、开放共享的价值平台，实现优势互补和资源共享，打造一个跨界交互、共生共赢的电商生态系统，发挥集聚效应，创造更大的社会价值。

（二）经济效益

国家能源e购三大采购平台在发挥积极社会效益的同时产生巨大的经济效益。经测算，通过电子采购系统的使用进一步促进了投标人竞争的充分性，可为招标人降低约3%的采购成本，如以国家能源集团1200亿元/年的招标额计算，每年可节省采购成本36亿元；投标人方面，可为投标人节约差旅、住宿及印刷等费用，约1.2万/投标人/次，如以集团公司12000个招标成果/年测算，每个成果平均5个投标人，全年可为投标人节省7.2亿元投标成本；招标代理机构方面，通过应用平台及控制费用成本，可使招标单包成本由之前的1.8万元降低到1.53万元，如以集团公司12000个招标成果/年测算，可为招标代理机构节省费用成本3240万/年。

通过平台发挥规模优势，可实现非招标采购平均节支率超过10%，以国家能源集团非招标采购300亿元/年计算，每年可节约采购成本30亿元。通过规范采购流程、优化供应链管理，可

实现采购效率的大幅提升、采购管理成本的有效降低，据统计可降低25%的采购管理成本，每年可减少采购管理成本3500万元。

五、总结

国家能源e购三大采购平台在国家能源集团和相关大型发电企业的（例如大型发电企业、煤炭生产企业、科技环保企业等）招标、非招标采购应用中，取得良好的实践成果。为中央企业集团级物资采购与电子商务融合发展，提供了全新的解决方案。在服务国家能源集团本部及所属上千家单位的基础上，也对外开展市场化服务。广州恒运集团、广东宝丽华电力公司、韶关市粤华电力公司、长江三峡设备物资有限公司等数家电力企业与国电物资集团签订三大采购平台应用合作战略协议，应用成效显著。三大采购平台应用实践成果，在华北电力大学全校公选课上被列为经典教学案例，得到师生好评。

国家能源e购三大采购平台是国电物资集团践行习总书记“社会主义是干出来”的重要体现，也是集团公司落实全面从严治党的重要实践。未来，三大采购平台将持续整合供需、物流、金融等多方资源，构建生态型供应链，顺应供应链管理全球化、敏捷化、绿色化和电子化的发展趋势，为能源企业提供更加优质的服务。国电物资集团将在“中国制造2025”“一带一路”国家战略统领下，不断驱动管理创新、业务创新和服务创新，助力中国制造走向世界，助力世界制造服务中国，为国民经济发展注入新动能。

成果创造人：韩方运 、闫吉庆、杨百兴

从“中国第一录”到“以信息产业为基础的新型科技文化产业集团”升级发展之路

中国华录集团有限公司

中国华录集团有限公司(以下简称“华录集团”)是国务院国资委直接管理的中央企业，成立于2000年6月，是专业从事音视频产品及相关应用技术研发、制造、销售的大型国有企业。华录集团的前身是1992年6月经国务院批准成立的中国华录电子有限公司，目的是为发展中国录像机产业，建设世界最先进的视频产品关键件生产基地，从事多媒体信息记录、存储、处理及应用，创造和满足人们的时尚生活。可以说，华录集团是诞生于中国改革开放，没有改革开放就没有华录集团。由于处于完全竞争的市场领域，企业紧紧把握产业发展方向，实施转型优化升级。多年来，华录集团成功实施几次产业转型优化升级，走出了一条从“中国第一录”到“以信息产业为基础的新型科技文化产业集团”升级发展之路。

一、改革背景

华录集团的前身中国华录电子有限公司诞生于中国的改革开放，通过全球招标的方式，引进了当时最先进的录像机生产线，并通过中外合资的方式引入了先进的管理模式。现在回头看，可以发现这二三十年是电子信息产业发展最迅猛的时期，电子信息产业也是最活跃的产业经济。技术的进步与变革、各种商业模式的创新都推动电子信息产业加速变革发展。这对华录电子或华录集团来说，既是巨大的挑战，也是难得的发展机遇。企业发展如逆水行舟，不进则退，只有因势利导的变革优化自身产业结构，并不断优化自身的体制机制才能乘风破浪，否则就会被市场无情的淘汰。由于从成立之初就处于完全竞争的市场环境之中，面对开放市场的无情冲击，企业较早就意识到以客户为中心，顺应市场需求的变革是企业的生存之道。下面是企业的几个主要产业转型升级发展阶段：

（一）从产品到产业升级发展之路（1998年到2005年）

面对着日益萎缩的国内录像机市场，华录开始苦苦思索未来的出路，并提出了全新的企业发展战略：一是由模拟技术向数字技术的转变；二是由国内市场向国内国际两个市场，并以国际市场为重点转变；三是由录像机单一产业向AVC综合产业的转变，打造一个全新的、世界一流的电子信息产品企业。

同时，面对国内市场上异军突起的VCD企业，华录做出了一个大胆的战略抉择，跨过VCD直接进入DVD产业。接下来华录对公司内部资源进行对应调整，不断减少对录像机业务的投入，大力开展DVD的技术研发与生产线建设。华录以强大的零部件生产能力成为国产DVD机芯的供应基地。2001年3月，华录又建成了出口北美的DVD整机生产线，并在短期内迅速成为美国市场的主导产品。截至2005年，全世界DVD每10台整机中有1台由中国华录生产，每6台中有1台使用华录生产的机芯，每4台中有1台使用华录生产的激光头，华录成为名副其实的“世界DVD工厂”。

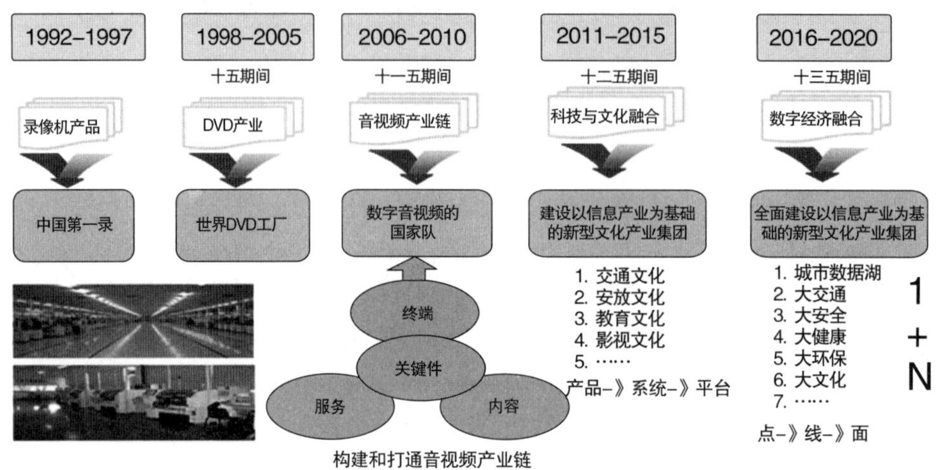

（二）从产业到产业融合发展之路（2006年到2010年）

2003年华录集团出口创汇3.42亿美元，然而这样的光景并没有持续多久。从2004年下半年开始，国外DVD厂商联盟开始大幅提高专利费的征收力度，每台DVD要缴纳20美元的专利费，而当时中国出口一台碟机的价格也不过30–40美元，包括华录在内的中国DVD企业立刻感到了生存的压力。2005年底华录的亏损达到6000万元，企业已经濒临破产边缘，华录集团开始了新一轮的战略转型。自2006年开始，华录集团将自己定位于“数字音视频产业国家队”，正式确立了“AV（音视频）四次方”发展战略，即以音视频关键件核心技术为驱动力，贯穿终端制造、系统服务、内容生产的完整产业链，并由终端带动整个产业链的发展，形成有机发展关联、产业价值相乘的增值效益。华录集团开始了从单纯的硬件制造向制造与服务并举转型，从单一的产品经营向多产业融合的产品与服务相结合转型；从主要依赖扩大投资、增加厂房设备的外延式扩大生产模式，向依靠增强自主创新能力、提高劳动者素质与设施使用效率为标志的内涵式扩大再生产模式的转型。

在终端制造方面，面对新一代高清电视、BD碟片、游戏机在国际市场上的出现，华录集团选择了蓝光播放机作为主攻产品方向，并通过自主创新增强自身科研实力，参与制定国际技术标准，结束了音视频专利长期被国外公司垄断的局面。2007年8月，华录集团正式成为国际蓝光光盘联盟有贡献级会员。 2009年1月国内首条蓝光光盘生产线在大连正式投产，并向北美市场出口100万台蓝光播放机；2009年3月DRA音频标准通过测评进入蓝光标准池，成为继杜比、DTS后的世界第三大音频标准，这是在音视频消费类电子领域中唯一贴有“中国标签”的国际标准，大大增强了企业对于产品成本的控制能力。

在服务方面，华录集团积极拓展智能交通、智能服务平台等方面的业务。在2006–2008年间，华录集团通过三次增资扩股逐步加大对智能交通领域的子企业的进行资本投入，使其注册资本金从800万元增长到5000万元。而经过持续的研发投入，涵盖了交通电视监视系统、交通流信息采集系统、交通违法行为监测系统、交通信号控制系统等交通管理主要子领域。软件产品在成熟度、标准化、规范化等方面均领先于国内其他企业。2006–2010年间，智能交通管理系统已在全国121个城市得以应用，业务遍及国内26个省市，营业收入年复合增长率达到36.60%，2010年公司的营业收入突破6亿元，综合毛利率达到33.96%。

在内容方面，华录集团建立了包括影视拍摄、影视编辑制作、发行销售在内的视频内容生产体系。华录集团加大影视产业公司的投入，对于电视剧产品从立项到制作发行的进行全流程质量控制，实现了拍摄的电视剧100%取得发行许可证并成功销售，而且几乎每年都有较高的艺术水准与观众收视率的代表作问世，比如2006年的《大工匠》、2007年的《双面胶》、2008年的《王贵与安娜》、2009年的《媳妇的美好时代》、2010年的《黎明之前》等。这些影视剧作品多次获得“五个一工程奖”“飞天奖”“金鹰奖”“白玉兰奖”等大奖，并有近20部700多集电视剧出口到全球各地，华录集团成为国家文化骨干企业和国家“文化出口重点企业”。

（三）从产业融合到科技文化跨界融合之路（2011年到2016年）

进入“十二五”我国经济总量已经成为世界第二大经济体，保持平稳健康发展，我国人均GDP已经超过了5000美元。联合国发展署的研究显示，当一个国家的人均GDP超过3000美金的时候，文化将成为人民的第一需要。“十二五”规划中均明确提出了“将文化产业培育成国民经济新的增长点”“推动文化产业成为国民经济支柱性产业”。为了抓住这一发展机遇，华录集团开始了新的转型优化升级。 华录集团立足于打造以信息产业为基础的新型文化产业集团，把自己建设成为中国新文化产业的领军者。

华录集团制定了“一个瞄准”“两大转变”“三大产业”的总体经营思路：瞄准国内外日益增长的数字高清、互动、网络、移动、新媒体市场用户物质和文化需求；实现以制造产业为主体的产业结构向“制造与服务并举”信息产业和文化产业融合的产业结构转变，实现以产品经营为主的经营模式向品牌经营和服务运营经营模式的转变；构建以文化内容服务为核心、信息产业为引擎、优势制造产业为支撑的有华录特色的产业体系。

华录集团自“十二五”产业转型优化升级以来，已经构建了数字音视频终端制造、文化内容、信息服务三大产业板块，打造了国内最完整的数字高清音视频产业链，拥有“中国高清第一品牌”“中国智能交通领先品牌”、获得国内影视剧“最优影响力企业”和“国家文化出口重点企业”称号。“十二五”期间，在智能交通和影视文化领域分别打造了一家上市公司。

（四）从跨界融合到数字经济融合之路（2016年到现在）

进入“十三五”时期，发展数字经济已上升为国家战略。在需求侧，激发数字经济产业应用是促进消费升级的重要手段。在供给侧，需要关注如何通过创新驱动解决产业经济向高质量发展。在数字经济新时代，为满足人们的信息消费与文化消费需求，满足人们对美好文化生活的向往，华录集团进一步提出要全面建设以信息产业为基础的新型科技文化产业集团。在产业内涵上，进一步聚焦核心主营业务，持续构筑自身产业核心竞争力，提出了“1+N”产业发展战略地图，即以城市数据湖为核心，聚焦加速开发“大交通、大安全、大健康、大环保、大文化”等重点产业板块。华录集团一方面始终关注产业升级的方向，另外始终关注自身核心竞争力的构筑。华录集团利用自身多年在蓝光存储领域积累的技术能力，以及在城市治理方面多年的市场开拓与行业洞察力，创新性地提出了城市数据湖总体解决方案，为每一个城市建设数字经济时代的城市信息服务基础设施。城市数据湖解决方案一方面可以帮助城市在数字经济时代提升自身的治理能力，同时也能够为交通、安防、健康、环保、公共文化等多个领域进行赋能，构建创新服务模式与孵化新业态。

华录已经在江苏徐州、泰州以及天津等地建设城市数据湖示范项目工程。同时，在大交通、大安全、大健康、大环保、大文化等领域加速产业布局，进行细分市场开发，构筑开放与共享的服务平台。在每个产业领域，充分利用大数据作为生产资料的价值，挖掘云计算提供的海量处理计算能力，集结多年在行业与用户服务中积累的算法经验与规则。同时，不断构建“创新与创业”的模式与体制机制，加速创新与创意的孵化，进而对接资本平台整合资源，把握数字经济与消费升级机遇，推动产业快速与可持续性发展。

“十三五”期间，2016和2017连续两年获得“中国文化企业30强”，2018年华录集团下属“易华录与北方华录”两家子企业入选国企改革“双百行动”名单等。“十三五”期间，集团将在公共文化、新媒体等领域继续孵化上市公司。

二、改革内涵

党的十九大报告指出，“要深化国有企业改革，发展混合所有制经济，培育具有全球竞争力的世界一流企业”。华录集团定位于产业集团公司，努力不断推动产业集聚和转型优化升级。企业改革一是紧紧把握产业发展方向，实施转型升级。二是把握技术发展方向，强化自主创新。三是按照现代企业制度，创新体制机制。

（一）把握产业发展方向，实施转型升级

每一个企业都是独立的市场主体，都需要解决生存与发展的问题。华录集团作为国家改革开放过程中，在激烈的市场竞争中孕育成长起来的企业，较早地感受到与体验会市场经济的残酷的竞争压力。由于没有垄断的资源，企业较早确立了以客户为中心，以市场为导向，以自身成长为依托的发展模式。华录的使命定位于“推动文化进步，创造幸福生活”，这个使命可以说将在较长时期内引领“华录人”进行奋斗的价值追求。面对技术创新与产业变革，“华录人”依然不能固守原有的产业与思维，需要通过不断的“破与立”，面向客户与扎根市场不断调整自身的发展战略，促进企业可持续健康发展。华录集团发展经历的几个重要里程碑阶段，可以说是不断创造性超越自己的过程。企业成立之初，打造了“中华第一录”填补了国内录像机产业的空白，实现了“由无到有”的发展。随着传统家用电子产业被新兴产业的取代，华录集团没有固守传统的产业，实现了“由有到无”；并进而通过产业结构优化升级与战略调整，构筑了以关键件为核心的音视频终端、服务与内容一体化的产业链，再次实现了“由无到有”；并在数字音视频基础上，逐步建设以信息产业为基础的新型文化产业集团，从而实现了“由有到优”。华录集团这些年可说就是在坚守自身的使命与初心的基础上，不断根据市场与产业的变革，主动调整优化自身的产业结构，面向未来孵化具有成长性的战略新兴产业。

当今，面对数字经济新时代，技术升级与产业变革的急速更是日新月异。面对未来二三十年在智能商业时代的到来，以及中华民族伟大复兴的征程中，华录集团可以说是再一次站在了新的历史起点，这是时代赋予企业的新机遇与新挑战。华录集团作为唯一一家科技文化中央企业，要在中华文化大繁荣的过程中要有新作为、新担当。进入新时代后，满足人们对美好生活的向好，为人们提供更多高质量的精神文化食粮，这既是华录集团新的发展机遇，更是华录集团的使命与责任。随着国家实力的持续增强，人们生活水平的快速提升，消费升级更多体现在智能科技与文化生活领域。华录集团将进一步立足自身使命，面向未来优化自身的产业结构与战略布局，打造具有国际竞争力的科技文化产业集团。

（二）把握技术发展方向，强化自主创新

在数字经济时代，产品与服务演化的速度愈来愈快，产品与内容的生命周期在缩短。企业靠一两款打天下的日子一去不复返，企业需要持续的创新体系与创新能力。华录集团在科技文化领域，也深刻感受到这种趋势带来的变化与挑战。企业发展积累的重要经验就是强调自主创新、掌握核心竞争力。信息文化产业是这些年发展最快、最具活力的产业。没有工业革命，就没有好莱坞；没有信息技术，就没有现在的传播渠道、没有自媒体的产生。所以，文化和科技的融合，是必须要走的路。华录集团紧密跟踪技术的发展方向，强调自主创新。华录集团围绕“以信息产业为基础的新型文化产业集团”定位，加强科技和文化的深度融合，打造出一条从内容制作、渠道传播到终端消费的完整科技文化产业链。

华录集团建立了高清图像从采集、传输、存储、分析和显示的完整产品体系，并为正在蓬勃发展的智慧城市、智慧社会、平安中国、数字中国的应用提供了完整的产品和全面的解决方案。华录集团紧紧把握城市治理创新需求，应用物联网、云计算、大数据、人工智能、光磁一体化存储等技术，开发了“城市数据湖”解决方案，已在天津、江苏等多地成功实施多个示范工程，正为城市智慧运营打造新一代城市信息基础设施。

（三）把握用户服务需求，大力开拓市场

华录集团多年来在产业变革的实践中，一个重要价值遵循就是强调以客户为中心，通过持续的技术与产品研发为顾客创造价值。企业持续加大产业和产品结构调整，在新产品和新服务基础上做好消费市场同时，大力开拓国内外政府市场和行业市场。构建合作渠道、整合优质的产业资源，在智慧城市、交通、安防、文化综合体等领域成为领先服务商。已为国内300多个和海外20多个“一带一路”国家与城市提供整体解决方案与运营服务。在影视剧和内容领域，已经奠定精品内容提供商地位，与主流的电视台、新媒体公司建立了长期的战略合作关系。媳妇的美好时代等精品影视剧不仅在国内，在非洲、东南亚等几十个国家成为家喻户晓的经典生活情景剧。

贯彻落实国家战略，融入区域经济开发。主动融入“一带一路”沿线国家和非洲“三网一化”战略，全力推进巴基斯坦、埃塞俄比亚、肯尼亚、加纳、白俄罗斯、澳大利亚等海外项目实施，加速开拓国际市场，加大与国际企业的合作力度，推动智慧城市、文化综合体、中华优秀文化“走出去”，探索适合集团“国际化”战略路径的发展模式。

（四）按照现代企业制度，创新体制机制

从企业成长角度，始于初创团队，但企业要做强做大、长治久安，更需要不断优化的管理体制机制。华录集团多年来在产权体制、经营机制、管理模式等方面都进行了实践探索。全面深化改革和依法治企，坚持以提高质量和效益为中心，注重以战略规划引领发展方向。健全现代企业制度，不断完善和优化3个体制和3个机制来支撑企业健康、可持续发展。“3个体制”是产权上的混合所有制，以董事会为核心的管理体制和集团公司经营资本、子公司经营产业的双层经营体制。“3个机制”是灵活的用人机制、严格的考核机制和合理的分配机制。通过有效地配置资源，调动股东和员工的积极性，将各市场主体的活力激发出来，不断优化现代企业治理能力。华录集团由于国家设立之初就是中外合资的混合所有制，同时产业又是处于竞争最激烈的消费电子和科技文化领域，因此在二十多年的发展历程中，一直在不断地实践混合所有制模式的探索。企业通过多种模式探索，不断的引入多方社会资源，建立激发企业领军人才和经营队伍的机制与文化氛围，使得企业在激烈的市场竞争和行业的飞速变革中，紧紧依靠员工价值创造的活力进行开拓创新。

三、改革举措

在企业深化改革中，始终坚持党的全面领导，确保改革方向不偏离。认真贯彻学习新时代中国特色社会主义思想以及党中央、国务院各项决策部署。华录集团基于企业长期使命愿景，围绕企业中长期发展战略，动态跟踪产业环境变化，从产业结构优化调整、核心技术开发与体制机制变革等方面不断深入推进改革。

（一）围绕企业中长期发展战略，持续深化产业布局结构调整与优化

华录集团从“十二五”开始提出“建设以信息产业为基础的新型文化产业集团”，通过依托“文化传媒-信息服务-终端制造”完整的音视频产业链优势，打造“产品+系统+服务+运营”的平台型企业。通过科技和文化融合发展，继续深化产业结构调整，实现从“产品层面”经营全方位向“平台层面”经营的转变，在制造产业、信息产业和文化产业三个主要产业方向深耕细作，牢牢聚焦主业、持续构筑差异化、可持续发展的核心产品竞争力和运营模式。近几年来，集团进一步聚焦打造“数据湖+N个子产业（大交通、大安全、大健康、大环保、大文化）”产业集群，充分将集团多年来在大数据与相关行业的实践经验进行深度的产业整合、产品升级与模式创新。

1.贯彻落实国家战略，融入区域经济开发。华录集团主动融入国家发展战略，推动智慧城市、文化综合体、中华优秀文化“走出去”，探索适合集团“国际化”战略路径的发展模式。多年来华录集团积极加强与国家部委、中央企业对接合作力度，提前谋划布局，培育战略领先竞争优势。当前华录集团正以党十九大指引的文化产业发展方向，发挥文化央企的优势，坚定不移地积极传承和发扬中国优秀传统文化、革命文化和社会主义先进文化，与集团目前的产业布局相结合，以供给侧结构性改革为主线，不断提高全要素生产力。

2.加速整合产业资源，推进制造业优化升级。华录集团深入落实制造强国战略和建设“数字中国”战略，积极推进《中国制造2025》并以“智能制造”为着力点，深入实施“互联网

+”行动计划，建设“数字企业”、“智慧企业”，推动实体产业向数字化、网络化、智能化转型。继续优化整合制造资源，推进制造业板块整合，积极培育新兴高端制造产业，在信息与文化融合产业发展方面形成规模效益优势，探索实施制造业混合所有制试点。多年来华录集团持续加大核心技术产品研发投入和市场营销投入，后续将继续推进“制造”向“互联网+制造+服务”深度转变，在新一代RGB三色激光投影、光盘库集成系统、高端音频系统、卫星广告发行系统、智能化应用、植物工厂系统、智慧环保交易服务系统等领域，组建制造业创新中心，着力打造系统级、平台级、整体营销和运营能力。

3.加速新兴产业培育，努力构建新的增长点。华录集团多年来紧紧围绕国家战略方向、下一代激光显示、文化综合体、新媒体、微影院、健康养老、版权衍生品开发等产业领域持续加大核心技术开发与产业培育。持续把技术、人才、资金等资源向优质主业集中，推进传统业务与新兴业态的加速融合，增强核心业务的盈利能力和市场竞争力，打造好样板工程，形成全国性示范效应。在信息消费与文化消费创新产业领域，计划将在未来五年内将正在孵化的2到3家子企业打造成上市公司。

（二）实施创新驱动发展战略，提升企业核心竞争力。

多年来华录集团努力把握新一轮世界科技革命和产业变革的机遇，提高创新能力和水平，促进新旧动能加速转换。紧扣国家重大战略部署和需求，持续加大研发投入，发挥技术积淀优势，加强智能交通、大数据、智能制造等行业关键核心技术的研发和突破，发展具有前瞻性、原创性、颠覆性的新技术，抢占行业竞争制高点。华录集团已经推动搭建“双创”平台和众创空间，吸引中小微企业成为创新共同体，加速科技成果转化和产业化推广应用，完善科技创新机制建设，建立开放高效的技术创新体系，提高创新效率和水平。

华录集团积累的重要经验就是强调自主创新、掌握核心竞争力。电子信息文化产业是这些年发展最快、最具活力的产业。华录紧密跟踪技术的发展方向，强调自主创新。特别是在蓝光高清和大数据技术方面，已经在产业链层面打通，尤其是在高清音视频编解码芯片、模组和关键件、大数据安全存储、卫星传输发行、激光光源高清显示设备等方面处于行业前列。华录集团重视科技创新，是国家认定的企业技术中心。从磁鼓录像机到蓝光DVD，从高清摄像机到光端机，从磁性存储到大容量海量蓝光存储，从智能交通到大屏显示，建立了高清图像从采集、传输、存储、分析和显示的完整产品体系，并为正在蓬勃发展的智慧城市、智慧社会、平安中国、数字中国的应用提供了完整的产品和全面的解决方案。

（三）优化机制体制创新激发企业经营活力。

华录集团近年来坚持全面依法治企，按照现代企业制度，创新体制机制。通过实施弹性灵活的双层经营体制，解放企业发展活力。从2006年开始，华录集团开始实行双层经营体制，明确集团总部和下属子公司的权责与经营范围。集团总部经营战略性资源，子公司发展所需要的资本资金、人才储备、基础技术开发、整体市场规划由总部来经营，促进各个产业链所需的资源彼此协调衔接，实现资源的优化配置；下属各子公司经营专业性资源，应用性技术开发、行业市场拓展、生产产品、提供服务是各子公司的责任。为了落实双层经营体制，华录集团积极实施四化战略：第一，企业经营目标化，主要包含产业目标和价值目标，产业目标明确做什么，价值目标明确做到何种规模和效益；第二，目标实施组织化，将目标分解成不同的任务，将任务分配给不同的组织机构去实施并对组织结构体系进行变更；第三，组织运行制度化，构建“一体两翼、九大制度”体系，分别是以科学决策为核心的组织领导体系、以持续发展为核心的战略研究体系、以市场需求为核心的业务拓展体系、以现金流量为核心的财务控制体系、以人尽其才为核心的人力资源体系等。第四，经营业绩考核化，对各下属企业的业绩进行考核和对应激励相匹配。

四、改革效果

华录集团在充分竞争的激烈的市场中打拼，犹如逆水行舟不进则退。这十多年来，在信息与文化消费领域，面对最为急剧的技术与商业变革，在华录集团管理团队与员工队伍的努力下，华录集团保持了稳健、快速的发展。在积极面对问题，推动企业改革发展的过程中，在产业结构优化、核心竞争力构筑、体制机制优化、组织人才队伍建设等方面都取得了改革效果。

（一）经济指标稳健增长，产业结构布局持续优化。

1.经济指标运行保持稳健增长，运行质量持续提升。华录集团自“十一五”以来，积极主动调整产业布局，优化经营质量，多年来“终端制造、信息服务、文化内容”三大产业板块均保持盈利和稳步发展。尤其是随着“十二五”末期，经济进入新常态以来，在宏观经济总体下滑的情况下，华录集团依托技术创新与市场开拓保持了平稳的增长。其中，2015年–2017年期间，华录集团实现了收入、利润均两位数增长，增长率位居中央企业前列。同时，华录集团的资产负债率多年来一直维持在40%以下，带息负债率维持在20%以下；企业的成经营质量和成本费用率等指标一直处于行业的优秀水平。

2.积极推进转型升级，逆势构建产业新格局。华录集团在制造业行业结构性衰退、市场持续萎缩的大环境下，通过产业资源整合助推转型升级，由单一的制造业务加大向信息服务与文化传媒领域转型。华录集团于“十二五”初期成功孵化易华录（300212）和华录百纳（300291）两家上市公司，实现信息服务与文化传媒产业从无到有，产业规模逐年攀升。2017年，信息与文化产业收入占比达到64.8%，利润占比66.6%。三大产业结构正趋于均衡发展，企业单一依靠制造业发展的产业结构已发生根本性改变。同时，华录集团在“十三五”期间，正在公共文化与新媒体领域积极孵化新的上市工作。

（二）创新驱动成果凸显，核心竞争力持续构筑。

华录集团重视科技创新研发投入，尤其是在高清音视频领域与大数据领域持续加大投入。截止到2017年，华录集团拥有专利796项，其中发明专利158项。参与形成国际标准1项，国家、行业标准14项。拥有国家级企业技术中心1个、博士后科研工作站2个、双创空间1个、国际科技合作基地1个、重点实验室1个、研发中心8个。华录自主研制的三色激光投影电视，成为国内激光显示领域的先行者。华录集团通过激光投影关键件、整机等一系列产品的研发实施，正在构建业内最完整的激光投影产业平台，在创新的中高端显示领域打造“中国创造”。华录集团积极践行“网络强国”、“数字中国”战略，充分聚焦自身优势，发挥产业协同效应，抢抓信息服务经济新机遇。光存储研究院已建立中国大数据光存储产业联盟、蓝光存储工程技术研究中心、大连市光存储技术创新中心。大容量、低功耗光存储产品和服务广泛应用在工商银行、国家气象局、公安部、南航等大型企事业单位，这将为我国发展数字经济、大数据产业提供关键、基础能力。

（三）体制机制持续优化，为企业发展提供动力保障。

体制机制持续优化，是企业持续健康发展的动力保障。华录集团通过机制体制创新优化，进一步营造了创新创业环境。截至2018年6月30日，华录集团已经完成了对全级次控股子企业的功能界定与分类工作。华录集团及下属57家控股法人子企业中，商业一类企业53户，公益类企业4户。华录集团积极大力推进企业公司制股份制改革，健全公司法人治理结构，不断完善现代企业制度，着力完善国有资产功能。目前，华录集团57家控股子企业中，全部为公司制企业，其中股份制（上市）公司1家。混合所有制企业占比达到59.6%。华录集团积极稳妥推进压减工作，提升企业整体运营效率，企业法人层级控制在4级以内。

华录集团始终坚持围绕企业经营加强党的建设，秉承党建工作抓实了就是生产力，抓细了就是凝聚力，抓强了就是战斗力的工作出发点。一方面党委（党组）发挥领导作用，把方向、管大局、保落实；另外发挥各级党支部的战斗堡垒作用，使其成为华录集团各级企业稳定的维护者，企业矛盾的化解者、诚信文化的塑造者、员工活力的激发者。

华录集团成立26年来，沐浴着改革开放的春风，成功实现了几次重大的转型与升级，每一阶段在推进国企改革，转方式、调结构，实现转型升级发展都取得了一些重要成果。在未来，华录集团要在习近平新时代中国特色社会主义思想指引下，全面深化供给侧结构性改革，按照高质量发展的要求，深入实施产业结构调整，加快实施创新驱动发展；并着力加强风险管控，全面从严加强党的建设，进一步提高国有资产保值增值水平。通过积极布局战略性新兴产业，构建以文化内容服务为核心、信息产业为引擎、优势制造产业为支撑的产业体系，继续深入加快推进转型升级发展。在新时代，牢牢把握产业、技术与用户需求升级方向，努力打造具有国际竞争力的一流企业，通过全面建设以信息产业为基础的新型文化产业集团，满足人们对美好文化生活的需要，牢记企业初心，始终践行“推动文化进步，创造幸福生活”的企业使命。

成果创造人：陈润生、张黎明、韩建国

传统物业转型升级探索与实践

——基于互联网的“1+N”管理运营模式创新

北京首华物业管理有限公司

北京首华物业管理有限公司成立于1953年，前身形成于中央在西柏坡时的后勤基建服务单位，新中国成立后一部分更名为中央房屋修缮队，是专门为中央服务的队伍，主要承接中央国家机关及中央首长在京房屋的修缮管理工作；是北京房地集团有限公司的子公司，隶属于北京市国资委，是北京市唯一的非经营性资产接收处置市级平台。公司始终秉承“为中央国家机关用房服务、为国资国企调整改革服务、为首都市民安居服务、为维护古都风貌服务”的理念，是建设部首批授予物业管理壹级资质的企业。

首华物业公司60多年以来不断发展壮大。是军委机关事务管理总局“军民融合”战略合作单位、北京市市级行政事业单位物业服务定点政府采购项目入围企业、中央国家机关物业服务定点采购入围单位；通过质量管理体系、环境管理体系、职业健康安全管理体系认证及北京市信用AAA级企业评定；公司业务范围涉及物业服务、供暖服务、非经及“三供一业”管理、资产管理、房屋大中修、工程施工、机电设备安装、锅炉安装改造、房地产经纪等；拥有中央国家机关部委应急抢险队、北京市住建委直属防汛抢险队等多支专业队伍；同时还是北京市市级供热应急抢修抢险单位、中国物业管理协会常务理事单位、北京物业管理行业协会常务理事单位、北京市供热协会副理事长单位；企业从业人员达到5000余人，具备中高级职称、教授级高工70余人，一级、二级建造师和造价师20余人，物业管理师27人，物业项目负责人94人。

一、传统物业转型升级探索与实践背景

（一）时代的要求

1.党的十九大指明社会民生事业发展方向

党的十九大工作报告指出“带领人民创造美好生活，是我们党始终不渝的奋斗目标。”“增进民生福祉是发展的根本目的。”“保障和改善民生要抓住人民最关心最直接最现实的利益问题，既尽力而为，又量力而行，一件事情接着一件事情办，一年接着一年干。”党的十九大报告系统完善地从多方面阐述民生话题，处处体现着中国共产党对人民群众幸福生活的深切关怀，站在“两个一百年”目标历史交汇点，以人民为中心的发展思想，对涉及民生问题进行了全面布置，为增进民生福祉、实现全国人民共同繁荣发展奠定了坚定的基础，也为进一步推进社会民生事业发展指明了方向。

2.“十三五”规划布局人民生活新需求

“十三五”时期是全面建成小康社会的决胜阶段，是信息通信技术变革实现新突破的发

韧阶段，是数字红利充分释放的扩展阶段。信息化代表新的生产力和新的发展方向，已经成为引领创新和驱动转型的先导力量。围绕贯彻落实“五位一体”总体布局和“四个全面”战略布局，加快信息化发展，适应把握引领经济发展新常态，着力深化供给侧结构性改革，重塑持续转型升级的产业生态。加快信息化发展，构建统一开放的数字市场体系，满足人民生活新需求，增强文化软实力和国际竞争力，推动社会和谐稳定与文明进步，让互联网更好造福国家和人民，已成为我国“十三五”时期践行新发展理念、破解发展难题、增强发展动力、厚植发展优势的战略举措和必然选择。

3.政府工作报告掀起创新发展新浪潮

2014年9月，国务院总理李克强在天津的夏季达沃斯论坛上公开发出“大众创业、万众创新”的号召，几个月后，国务院又将其写入了2015年政府工作报告予以推动。在2015年6月4日的国务院常务会议后，“双创”再度吸引了人们的注意，该次会议决定鼓励地方设立创业基金，对众创给予优惠；创新投贷联动、股权众筹等融资方式;取消妨碍人才自由流动、自由组合的户籍、学历等限制，为创业创新创造条件；大力发展营销、财务等第三方服务，加强知识产权保护，打造信息、技术等共享平台，掀起了创新发展的新浪潮。

（二）行业的要求

物业管理是房地产经济市场化和房屋商品化的客观需要和必然产物，它既是房地产经营管理的重要组成部分，又是现代化城市管理的重要一环，事关千家万户，直接影响着社会、经济、环境等各方面。

物业管理的开展有力地促进了房地产业的发展，带动国民经济的持续增长。好的物业管理，给人以良好的居住、工作或经营环境，并能改善物业的功能，增强物业的适应性，延长物业的使用寿命，提高其市场价值；随着我国国民经济的发展，人民生活实现了解决温饱和从温饱到小康的两大历史性跨越。居民消费需求由追求基本生活资料的满足，逐步向注重生活质量提高转变，向更高生活水平迈进。居民住房需求进入面积增加与质量提高并重，从单纯的生存型需求向舒适型需求转变的新阶段。好的物业管理改善了人居环境和工作环境，相应地也改善了市容市貌，促使人们安居乐业，改进人们的精神面貌，促进人际关系融洽、社会稳定；随着社会经济体制的转型，社区建设越来越受到社会各界的关注，成为城市建设与管理的基础性工作。物业管理是社区服务的重要组成部分，通过整合资源，可以推进物业管理与社区建设的协调发展，形成推进社区建设的整体合力，既有利于为居民创造良好的居住环境，也有利于促进社区安定和社区精神文明建设。

另一方面，随着社会需求的变化及技术的发展，传统物业管理模式效率低，难以满足业主日常生活中的碎片化需求，服务质量的提高缺少有效工具和途径，无法适应社会服务发展新趋势。并且随着社区开放的要求，互联网产品及社区O2O的发展不断挤占物业服务内容。因此，我们建立“物业+互联网”的模式，通过建设智慧社区平台，将现有的传统物业管理模式转型为“以技术作为基础，满足终端客户需求作为核心”的新型物业管理服务模式，挖掘住户潜在需求，把物业服务企业打造成有一技之长的服务企业，更好地服务于业主、商家，从而也使企业在服务大众的同时，实现自身的发变革和发展。

（三）企业的要求

作为国有大型企业，首华物业一直把社会责任和企业责任作为自己的使命，为企业增加收益，为社会创造价值。李克强总理的“互联网+”战略，为物业这个传统行业指明了方向。

在“买房一阵子，物业服务一辈子”理念得到验证后，业主对物业服务的要求越来越高。众所周知，物业管理行业其传统的劳动密集型、粗放型的服务模式限制了行业的发展，使很多物业企业入不敷出甚至陷入困境。在这样的大背景下，“互联网+”的到来给物业管理行业带来了全新的商业模式与管理模式的机遇与挑战，转型升级已经成为一个全新的发展课题。

北京首华物业管理有限公司是国有独资企业，从房管起家，60余年的发展历程，见证了首都物业发展的历史，目前正致力于探索物业管理的转型升级。公司提出：顺势而为，探索开展社区O2O业务，物业服务借助“互联网+”转型升级，发挥国企在服务业转型升级中的主力军作用，实现提高物业管理水平，增强物业市场拓展能力，打造术业专攻的国企物业！

目前正在推进的市属企业非经营性资产接收工作及在全国全面推进的国有企业(含中央企业和地方国有企业)职工家属区供水、供电、供热(供气)及物业管理(统称“三供一业”)分离移交工作迫在眉睫。“三供一业”移交项目优先要移交给有实力、信誉好的国有企业，由专业化企业实行社会化管理。这对于我们首华物业公司来说，既是机遇也是挑战，说机遇，是因为我们有历史、有品牌、有实力，有北京市非经管理经验；说挑战，是因为它体量大、要求高、时间紧。但是，改革的大幕正在拉开，只有直面挑战，迎难而上，才能拥抱机遇、赢得未来。特别是作为北京市最大最有实力的物业企业，更要在物业改革的大潮中，挺立潮头，体现出应有的担当意识和奉献精神，为助推央企改革和北京市的物业行业发展做出应有的贡献。

二、传统物业转型升级探索与实践内涵

首华物业将传统的物业服务与快捷的互联网服务结合起来，进行“物业+互联网”创新。我们定制研发了微信公众号“老房管快修”及app“老房管”。线上线下联动，秉承一根针捅破天精神，让首华维修服务插上网络的翅膀，为管内管外居民全面提供专业便利的服务；进而增加和引入更多服务项目，逐步打造未来的智慧社区。“老房管”让居民生活更方便、物业服务更高效、社区环境更和谐，同时也让首华物业服务上一个新的台阶，为企业带来新的增长点。

业务是龙头、技术是支撑、服务是导向。我们立足于首华自身优势，即在管区域广、专业队伍强、服务网点密、群众信赖高、社会口碑好，依托线下资源和线上平台，为居民开展社区服务，实现物业服务效率的提升和创收渠道的拓展。我们兼顾居民、企业、员工，实现多赢局面，让业务可持续发展，可组合升级。

（一）业务是龙头

首先是打造物业+互联网大平台，创建互联网+社区生活模式

面向全国大中小型物业公司提供网络技术支持服务，推动传统物业迅速转型升级，打造覆盖全国的物业+互联网大平台。与此同时，通过将物业的各项基础服务在平台上整合起来，并植入更多人性化的物业增值服务，为社区用户提供统一的在线物业服务平台，颠覆以往传统

的老、旧、新社区生活形式，改善物业及业主的相处模式，营造更融洽的双边关系，创建现代化、便捷化、安全化、智能化的互联网+社区生活。

其次打造以维修为核心的互联网+社区服务，整合服务社区的垂直供应商

以社区维修为切入点及服务核心，基于“老房管”物业+互联网平台，向物业公司自主运营的社区及周边广大区域内的非自营社区用户，提供完善便捷的即时上门服务。借助维修运营的丰富经验，逐步拓展更多的互联网+社区服务，打造完整的社区服务链，并以维修为核心向外延伸，整合服务于社区的垂直供应商，如社区门禁、停车、巡检等智能硬件设备垂直供应商，快递柜、早市、垃圾分类等便民设施垂直供应商，为业主提供便捷智能的社区生活。

再者整合第三方服务，为社区居民的生活需求链提供统一的即时服务

创建第三方社区服务模式，将装饰装修、房屋租售、开锁换锁、家居保洁、养老助残等生活服务，接入“老房管”在线物业服务平台。针对所有第三方服务，为用户提供统一的即时性上门服务，充分满足广大社区用户在各个生活领域的实际需求，打造完整的“社区生活需求服务链”。不仅拓宽了用户社区生活需求范围，同时也快速的帮助第三方服务商进入社区市场、更大地节省了物业公司第三方服务运营成本，完美地实现了社区业主、物业公司、第三方服务商三方互利共赢局面。

（二）技术是支撑

传统产品设计时划分的模块内聚度低，耦合度高，系统冗杂，模块关联性复杂，导致修改一个功能时，往往回溯该功能需要的修改点就需要很长时间，更别提修改带来的不可预知的影响面。

“老房管”通过DDD（领域驱动设计）建模，使复杂的业务模型的范围边界清楚，业务拆分合理，通过微服务架构，将各业务独立运营，减少相关性。开发人员可以只关注整个结构中的某一层，很容易的用新的实现来替换原有层次的实现，降低层与层之间的依赖，有利于标准化并利于各层逻辑的复用。

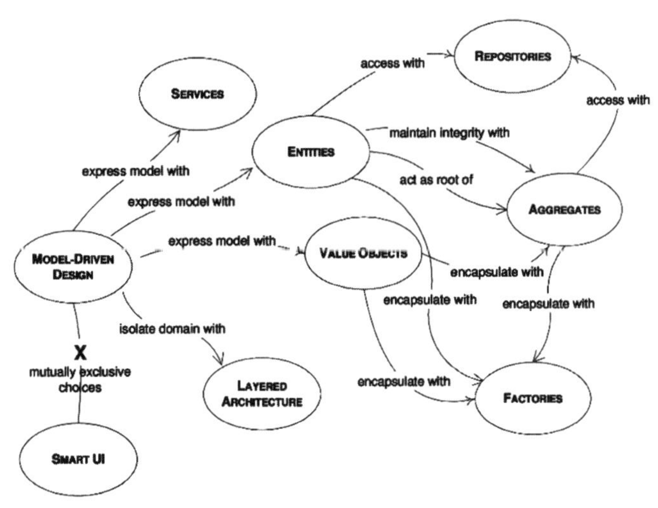

图1　领域驱动设计模型关系图

“老房管”设计中引入了“中台”概念，将一些共用的模块（如支付、短信、会员、订单、营销活动等）提取出来，汇聚与中台，统一为各个业务提供支撑。通过中台的引入，平台

具备多方面优势：

一是加快新业务开发速度。在“中台”支持下，新业务只需要开发特有的流程，而对于基础的功能直接调用“中台”功能即可，不用对每一项业务重新发明“轮子”；

二是降低业务之间的耦合程度。在中台中的模块只包含其必需的功能，相对独立，也相对稳定；与业务相关的特殊需求保留在业务模块中，业务之间耦合度很低。进行业务调整时，也不必过度考虑对其他业务的影响；

三是提升业务之间的融合程度。通过中台将基础数据打通，可以综合各个业务灵活实施多种营销活动，实现多元化业务混合运营，增加用户的黏性和活跃度。

（三）服务是导向

社区O2O服务涉及用户、物业、第三方服务商、平台，相关环节分别发生在线上和线下，其中平台功能的完备和对相关环节管理的完善是关键。“老房管”力求通过平台实现线上信息流、资金流和线下流的统一，形成完整闭环，给用户最佳体验。下面以快修为例说明。

物业维修是与小区用户关系最为密切的一项基本服务，“老房管”为从根本上提升小区用户的物业服务感受，在“四台”的基础上搭建了一整套的服务监管、维修工评价和培训体系。结合用户评价、周期性考核刺激，在给用户带来更好的服务感受的同时，实现物业人员的优胜劣汰，能者多得。

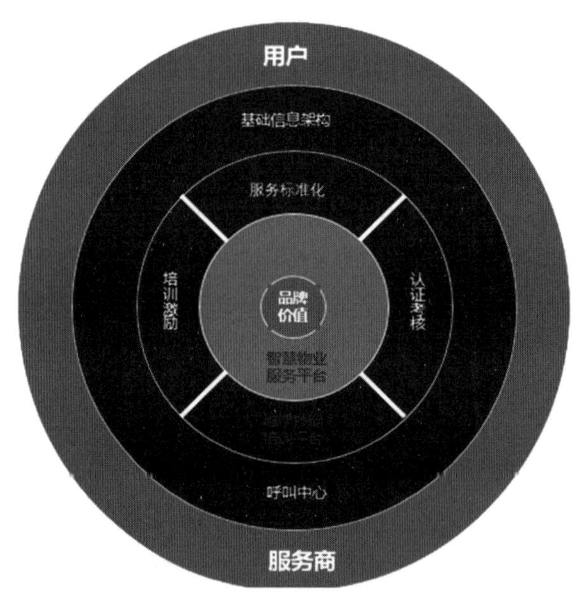

图2

三、传统物业转型升级探索与实践措施

我们建立“一个呼叫中心+N个维修中心”。呼叫中心统一一个电话，分配维修任务。一个维修中心，设立一名维修总监，其职能有：一是保证前期平均一户年产生两百元以上人工费这个目标，同时挖掘新项目；二是接到呼叫中心派单，第一时间与用户沟通，答复业主关注的问题；三是分配工人工作及收入。每个维修中心10-15人，工种齐全，负责半径1公里范围

的维修，覆盖了3平方公里。600人、50个维修中心就将覆盖150多平方公里的维修。由于APP是口碑相传，如果我们的维修得到了用户认可，那么这半径一公里范围内，不是我们服务的小区，也会有下载我们的产品，这样也增强了物业市场拓展能力。

（一）“1个呼叫中心”建设

1.系统简述

呼叫中心系统使用智能云平台系统。服务商集中建设呼叫中心平台，用户无须投资软硬件，只需按需租用，即可通过网络，远程使用呼叫中心。系统具备如下特点：

智能化：通过开放平台模式，将呼叫中心的各项功能深度整合进企业的业务系统和应用流程，通过自动语音，实现各种智能化的应用，帮助企业实现业务创新、低成本、快速地扩张业务。

易扩展：座席可以根据公司业务发展，实现灵活扩展。

2.技术实现模式

平台集中部署：运用先进的通信和计算机技术集中构建了大型、高并发处理能力的呼叫中心系统。

多种座席接入形式：数据通过IP网络接入，电话采用直线电话、点对点专线、互联网专线等方式接入。

多用户管理和远程座席：分租给不同地点不同企业。

拓扑图如下：

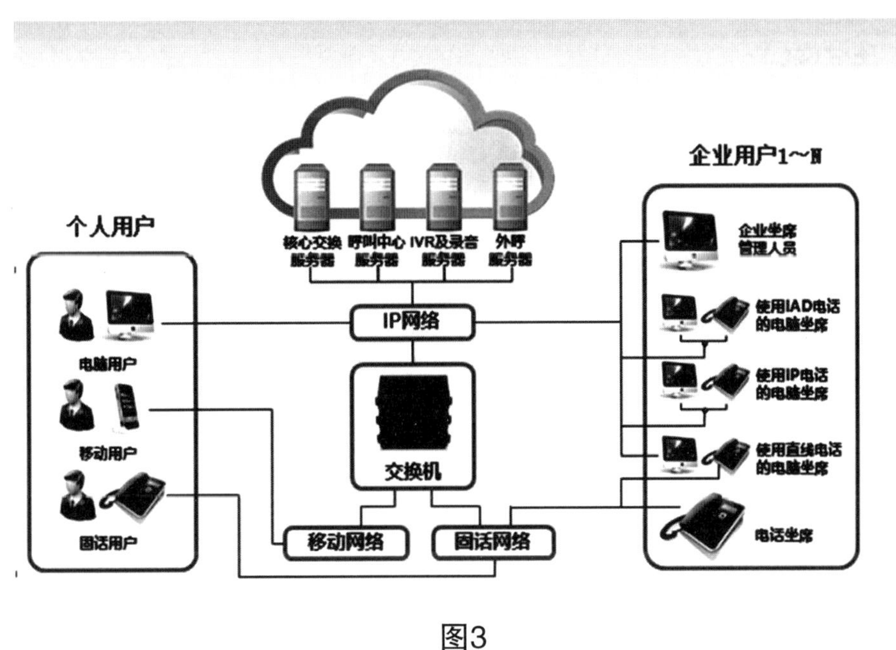

图3

3.云架构平台

SaaS　座席端应用：功能全，能满足灵活定制化需求，多种对接业务系统手段CRM / 工具条。

Peas 各类对接接口：接口丰富，全面，简单容易对接。

Ioas 提供号码，电路和话务资源服务：大容量统一调配系统，计费系统，监控系统。

拓扑图如下：

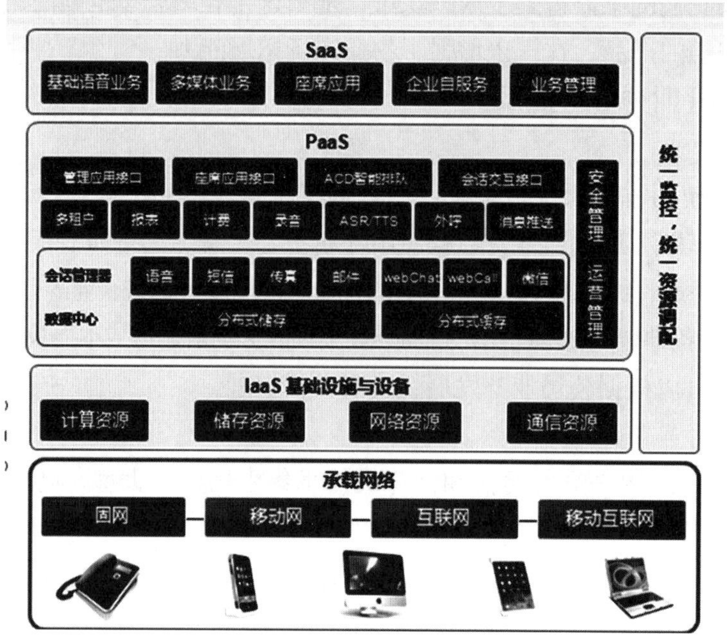

图4

4.典型功能

主要接口

来电弹屏接口	技能接口	黑白名单接口
来电事件推送	座席管理接口	发送短信接口
来电通话记录接口	电话组	客户管理接口
咨询转移三方挂断接口	队列座席状态	满意度调查接口
外呼通话记录	后台管理（座席、队列）接口	平台监控接口
查看外呼任务接口	获取企业当前在线空闲座席	网上回呼接口
第三方外呼调用	获取企业IVR清单接口	企业语音管理接口
热线号码查询企业编号接口		

图5

语音导航：高度智能，交互丰富，可自定义。

图形化导航：互联网时代呼叫中心导航工具，流程可视化，呼叫一键直达。

呼入路由：智能，时间，地区，主叫灵活，针对中继，多个路由目的。

座席队列管理：复杂管理要求，技能分组分配策略灵活，顺序、轮选、平均、随机、技能优先、VIP优先。

来电弹屏：分布式座席弹屏，不受地理限制，关联客户资料，通话记录，业务记录。

客户资料管理：高度自定义。

记录查询：多样化查询，自定义查询，关联客户资料，录音。

统计报表：类型丰富，字段详尽。

微信呼叫中心：最近通话，座席管理，手机拨号。

质检与监控：全方位，座席、队列。全手段，监听、耳语、三方、强拆、抢线。

5.呼叫中心职能

接待处理客户的电话报修、咨询及投诉问题。

客户线上报修订单的分配及处理。

客户的报修回访。

防汛应急抢险电话的接待及处理。

供暖报修、咨询及投诉。

收集“老房管快修”使用中的问题，推进产品优化。

（二）N个维修中心建设

1.以维修为切入点，一根针捅破天

提升物业管理水平，是改变物业管理方式，实现由人管到技术手段管理的升级。

用什么来提升物业管理水平？要有手段，有抓手。物业管理主要包含“四保、一管、一巡查”六项工作内容，即：保修、保安、保洁、保绿（四保）；停车管理(一管)；小区巡检（一巡查），这六项内容都与缴费相关。我们要提升物业管理水平，就要以这六项内容为抓手，以网络应用为手段，扭转原有靠开会、靠人去监督员工的管理现状，实现以下网络高效快捷的管理变革：

保修，以入户有偿维修为切入点，打造“维修120”，使用户有需求时就会想到你。我公司有600余名维修工，需要挖掘出更多的维修项目，未来要建立“线上抢单”的激励机制，把维修抢单、服务评价搬到线上，公司与业主之间建立了需求与利益平衡状态。这里面要补充的是，仍需坚持原有的免费项目，去挖掘不免费项，满足用户未被满足的需求。这就是：“以维修为切入点，一根针捅破天”！

举例：“四保”中的保安岗。我们把保安分为三种岗位：门岗保安、监控室保安、巡更保安。鼓励业主用APP截图，将保安人员不规范的现象截图上传到考核中心，由考核中心对发现者予以奖励。这样既提高了业主的自身参与度，又使保安人员感觉到网络的无盲点监督及即时考核，必须提高敬业程度，相应提升了物业管理水平，同时用户成为产品一部分，用户成为产品的一部分才是真正互联网化。

举例：设计停车管理、共享软件：如果我们将停车管理做成软件，中心可以随时查看各停车场的停车情况、收费情况，收入自然就会增加。其次，闲时车位可以面向社会出租，实现车位共享。可向业主提取管理费，即响应了政府号召，又增加了业主收入，也解决了一部分人的燃眉之急，同时，提高了公司的知名度和美誉度，可谓一举多得。

2.惠及覆盖小区，达到经营多元化

以用户刚需为切入点，一根针捅破天，但毕竟是一个低频次的事情。所以，我们可以引进如“二商”“京粮”知名品牌商家进入我们的管理小区卖生鲜、粮油等生活必需品，我们可以用我们的APP，在商家进社区之前，发布预告，用户打折可以预订，我们再收取商家的平台费。我们向商家提供广告服务，帮助其实现精准营销，增加利润。我们链接品牌商家，每增加一个用户，我们的总成本是不变的，这就使边际成本趋于零，这就是我们的平台功能。实现这个的前提，是我们线上要有流量。我们可以利用维修工、收费员进行地推，使用户上线，再利用契机，产生用户活跃度。所有的平台功能，都要以满足用户需求为前提，突出“便民”两字。我们可以从中提取平台费，达到商家满意、我们创收、用户受益相互依托的良好局面。

3.培育技术人才，打造术业专攻的物业企业

如今“物业+互联网”企业铺天盖地，但是真正成功的凤毛麟角，大家都在路上。我们作为物业公司，我们有什么？目前物业业务根据需要不能排除外包，物业公司就是一个集成商，随着物业门槛不断降低，如果没有自己的东西，那么有一天百度、阿里、腾讯（BAT）做这个平台，我们就会被跨行秒杀。所以，我们要打造术业专攻的企业，以自有物业服务人员及服务对象为主，使O2O线上线下都有资源，另一方非专职维修岗位人员尽可能招收有维修技能的兼任，储备充足技术人员，充分利用职工闲散时间满足业主需求，进而提高个人收入。公司很大一部分人员是技术工人，这就是我们制胜的武器。

（三）“物业+互联网”平台建设

开展创新业务，所有的业务围绕平台展开，同时又在运营中不断对平台进行丰富。平台根据公司战略方向进行规划、设计、实施，并在运营中不断进化。平台主导着业务的选择和方向。在平台建设方面“老房管”在以下几个方面取得了一些成果。

1.“四台”联动

经过运营、打磨，“老房管”从一个单纯的报修产品发展为一个融合了物业、用户、服务商、呼叫中心的O2O服务综合体，围绕这4个主体，我们打造了4个平台实现信息互联互通，做到真正的“四台联动”。

物业平台：以首华物业的在管小区为基础，我们借助GIS服务，打造了面向全行业的SAAS化物业平台，实现了在管房屋、人员、资源、执行的可视化与标准化，提升物业整体管理水平，提高小区居民的物业服务体验。对于那些没有研发能力的中、小型物业公司，我们提供公有云服务进行方便快捷的部署；对于较大的物业公司，我们也可以提供定制化私有云或混合云服务；甚至对于维修或相关能力缺失的物业公司，我们也可以就近提供相关的线下能力支持。

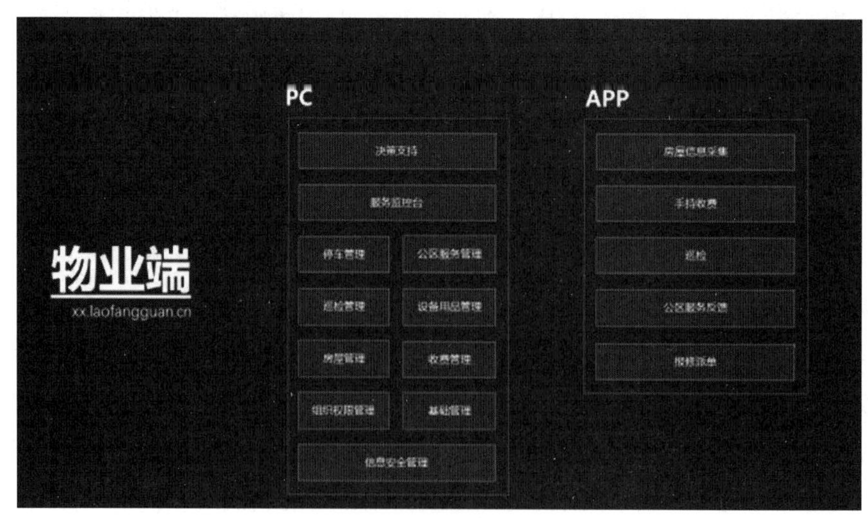

图6

用户平台：一切以用户服务为中心，为满足居民在小区及周边的生活需要，“老房管”为用户倾心打造智慧社区，汇聚门禁、电子通知、缴费、停车、报修、材料购买、早餐机、充电、储物、保洁、资源回收、养老等各项服务，打通所有数据，构建会员体系，以各种营销活动穿插其中，真正形成居民的线上生活圈。

图7

服务商平台：对于甄选的多家服务商，平台对商家进行派单结算的同时，也通过服务评价体系，对服务、服务商、服务人员全方位监管考核，优胜劣汰，保障小区居民的生活品质。同时，平台也可以入驻第三方维修队，对于不在物业报修范围内的小区居民提供相关服务。

呼叫中心平台：为了保证用户权益，我们建设了呼叫中心，同时匹配了信息平台进行技术支持。

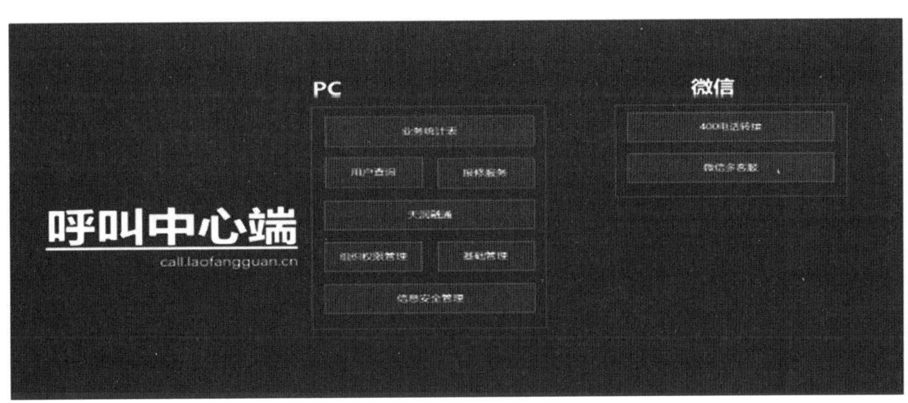

图8

2.技术支撑

“老房管”平台是典型的互联网运营平台，不仅仅在性能上要求高并发、高可用；而且在业务要求支持不停服升级、不停服增加新业务；同时在故障上要求出现时用户无感知、恢复时用户也无感知。为了适应上述要求，“老房管”全面采用最新云计算技术，从基础设施、技术栈、部署架构、运维方案等多方面入手，强力支撑业务的稳定运营与持续发展。

一是架构

“老房管”采用成熟的云计算IAAS和PEAS技术，选择适应自身业务需要的ISSA组件，以EDAS为线索，将“老房管”的SaaS服务部署其中，形成一套基于云计算的技术架构。EDAS是一个围绕应用和微服务的PaaS平台，提供多样的应用发布和轻量级微服务解决方案，帮助用户解决在应用和服务管理过程中监控、诊断和高可用运维问题；提供Spring Cloud和Dubbo的运行环境，微服务解决方案提供负载均衡、容错重试、租户隔离、权限控制、配置推送、推送轨迹、任务调度、容灾转移等功能。

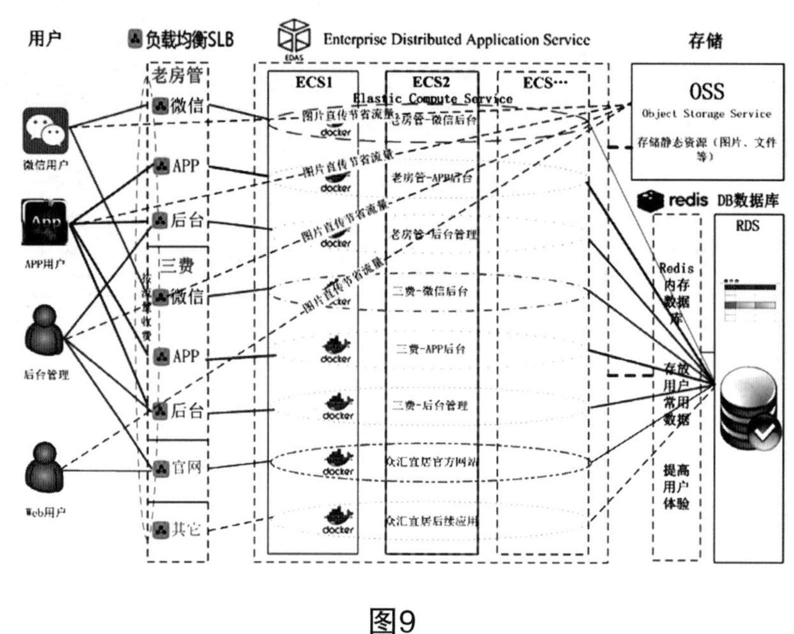

图9

对比传统架构，采用此套架构具备以下优势：

消除单点故障：在该架构中，任何组件都至少有两个实例。其中任何一个实例发生故障后，系统自动感知，将用户请求只转发到正常运作的实例，等待故障实例恢复后再自动将之纳入相应请求的行列。

去中心化：在该架构中，不存在业务必须流转的中心。没有业务压力的性能瓶颈点，也不存在业务集中的逻辑复杂耦合点。

容器化：在ECS中“老房管”采用业界先进的Docker容器部署应用，一方面可以将一个ECS计算资源分配给多个应用使用，确保经济性；另一方面，依托与Docker的隔离性特点，让多个应用完全独立，实现“舱壁”效果，确保隔离性。在这种模式下，不会出现传统单服务器多应用部署模式中，应用故障或者压力过大，抢占其他应用计算资源，甚至造成其他应用故障的情况。

弹性计算：在该架构中，“老房管”实现了弹性计算的云计算方式。在业务量暴增超过平台处理能力80%（该指标可以自行设置）时，平台自动增加几台ECS（云计算资源）、自动将相应业务模块复制到新ECS中、自动将ECS接入SLB（负载均衡），业务处理能力自动得到提升。在业务量回落低于当前平台处理能力40%（该指标可以自行设置）时，平台自动将几台ECS从SLB中摘除、自动释放这几台ECS。这些增加而又释放的ECS，按照使用的时间计费。通过弹性计算的方式，实现了平台处理能力和经济性的平衡，也促进了整个生态云计算能力的共享。

二是开发

在开发过程中，将需求划分为不同的模块，分别开发。各模块采用无状态设计模式，可以在云计算架构上方便部署。

开发选用主流java语言，采用Spring作为开发框架，Mybatis作为DAO解决方案，数据库采用Mysql 5.6，并采用+Redis作为缓存，提高系统访问效率。

目前Spring是业界主流的框架，其具备六大优点，可以简化和优化项目的开发：

低侵入式设计，代码污染极低

独立于各种应用服务器，基于 Spring 框架的应用，可以真正实现 Write Once，Run Anywhere（一次编写，到处运行）的承诺

Spring 的 DI 机制降低了业务对象替换的复杂性，提高了组件之间的解耦。有了 Spring，用户不必再为单实例模式类、属性文件解析等这些很底层的需求编写代码，可以更专注于上层的应用。

Spring 的 AOP 支持允许将一些通用任务如安全、事务、日志等进行集中式管理，从而提供了更好的复用。许多不容易用传统 OOP 实现的功能可以通过 AOP 轻松应付。

Spring 的 ORM 和 DAO 提供了与第三方持久层框架的良好整合，并简化了底层的数据库访问。

降低 Java EE API 的使用难度。Spring 对很多难用的 Java EE API（如 JDBC，JavaMail，远程调用等）提供了一个薄薄的封装层，通过 Spring 的简易封装，这些 Java EE API 的使用难度大为降低。

三是发布

具备上述在开发和架构上的基础，“老房管”可以实现蓝绿部署和灰度发布，满足不中断业务实现新功能发布的能力。

蓝绿部署：是最常见的一种无停机部署的方式，是一种以可预测的方式发布应用的技术，目的是减少发布过程中服务停止的时间。蓝绿部署是通过冗余来解决问题。通常生产环境需要两组配置（蓝绿配置），一组是active的生产环境的配置（绿配置），一组是inactive的配置（蓝绿配置）。用户访问的时候，只会让用户访问active的服务器集群。在绿色环境（active）运行当前生产环境中的应用，也就是旧版本应用version1。当你想要升级到version2，在蓝色环境（inactive）中进行操作，即部署新版本应用，并进行测试。如果测试没问题，就可以把负载均衡器／反向代理／路由指向蓝色环境了。随后需要监测新版本应用，也就是version2是否有故障和异常。如果运行良好，就可以删除version1 使用的资源。如果运行出现了问题，可以通过负载均衡器指向快速回滚到绿色环境。

灰度发布：是指在黑与白之间，能够平滑过渡的一种发布方式。AB test就是一种灰度发布方式，让一部分用户继续用A，一部分用户开始用B，如果用户对B没有什么反对意见，那么逐步扩大范围，把所有用户都迁移到B上面来。灰度发布可以保证整体系统的稳定，在初始灰度

的时候就可以发现、调整问题，以保证其影响度。

四是运维

“老房管”完全采用云部署方式，运维工作具备集中化、自动化特点。

由于基础设施都部署在云端，运维在任何一点接入可以远程监控状态。云平台对于各种组件的运行指标随时监控，在异常时平台会自动通知运维人员知晓，便于及时跟进进行相应的处理。

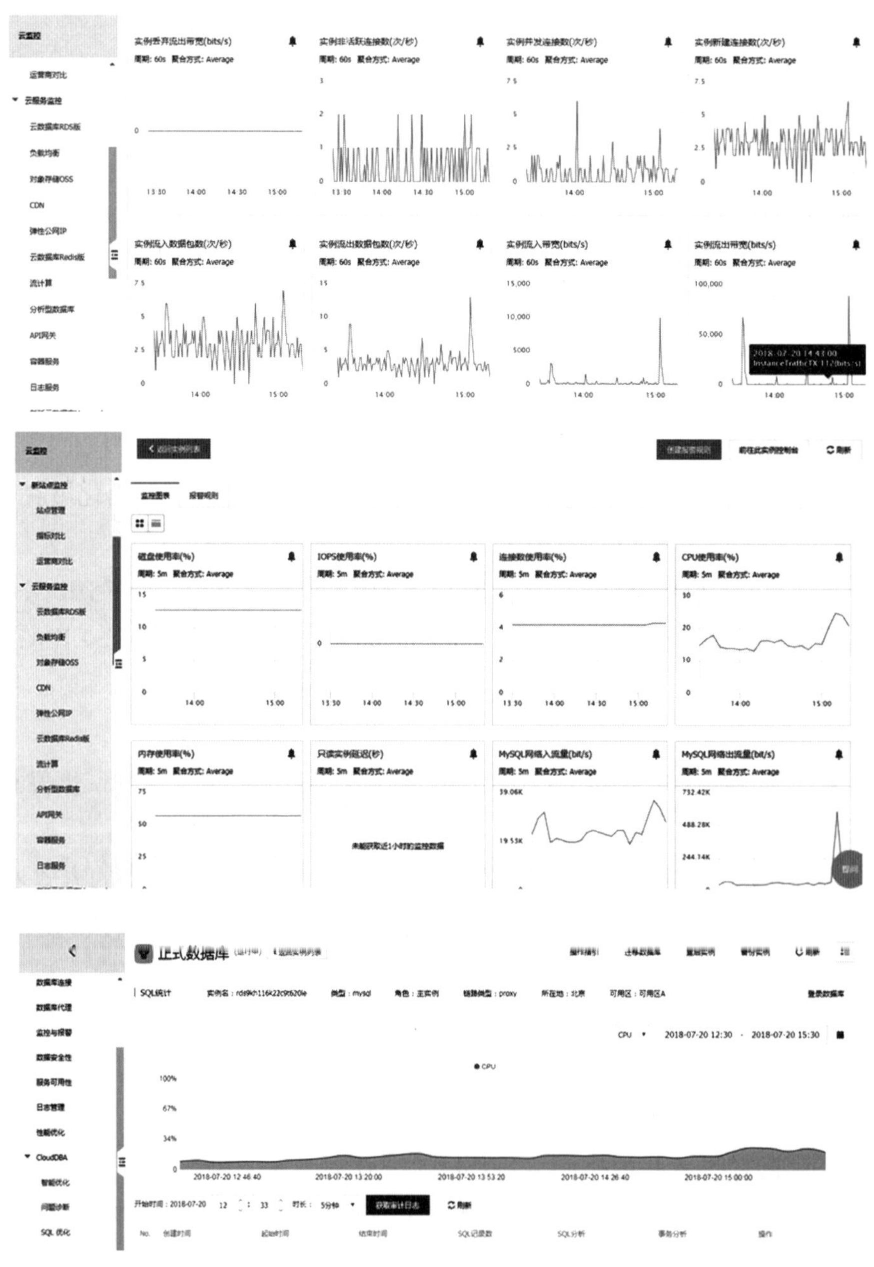

图10

此外“老房管”将业务各应用日志通过云平台日志服务集中管理，运维和运营人员可以随时查看这个平台的业务运行状态，处理业务异常。

四、传统物业转型升级探索与实践效果

公司以“做物业行业的先锋，做多种业态规范化管理的典范，做物业行业盈利模式的创新”为企业愿景，探索“物业+互联网”管理模式和商业模式，实现从传统物业管理到满足业主多元化需求的转型，通过建立 “1个呼叫中心+N个维修中心”的互联网维修服务模式、开通4000659797全国统一服务热线、推出“老房管快修”微信公众号及“老房管”app，提供入户维修、缴费、智能停车管理、智能巡检管理及智能安防管理的在线实施，提高物业管理效率，让业主享受到更加高效、便捷、人性的服务。

（一）社会效益

公司紧跟时代步伐，为客户提供优质服务，凭借优异的业绩，荣膺“物业管理综合实力百强企业”，展现出强劲的实力和发展态势；公司先后获得多个市优、国优项目称号，我们所管理的供暖锅炉房被授予“北京市供热节能改造示范锅炉房”称号，物业项目被授予“青年文明号”、“工人先锋号”以及“北京市青年安全生产示范岗”等称号。公司还喜获“北京市就业创业工作先进集体”称号，该奖项是经市政府批准，由北京市社会保障和就业工作领导小组办公室、市工商业联合会、市人力资源和社会保障局、市总工会联合发起的，表彰在就业创业工作中做出突出贡献的单位；公司还首批获得北京市供热行业二级安全生产标准化达标单位称号；在物业管理综合楼宇项目二级安全生产标准化评审中，我公司所管“中国华侨历史博物馆”顺利达标。

（二）经济效益

我们的“1+N”社区服务平台于2016年6月上线运行， 2017年公司营业总额超过10亿元，是国有独资企业中最大的物业企业，也是国资系统唯一获得国资支持的企业；截止2018年6月30日，“老房管快修”微信关注人数10.43万人。各城区建立维修中心50个，覆盖社区 659个，覆盖17.63万户42万人，上线维修工661人，完成在线报修10.35万单，维修人工收入3，288万元。

（三）市场拓展

目前我公司管理物业、供暖面积2000多万平方米，服务覆盖北京市16个区县40多万用户，公司物业业态不断丰富，涵盖了公建和住宅。

公建：涉及有文化产业类、院校类、银行金融系统类、医疗健康类、政府办公类等等。

住宅：上到副国级、省部级领导住宅，仅管理的部级宿舍就超过1200套。下到保障性住房、商品房住宅小区、街巷准物业、老旧平房等。

公司还拥有颇具影响力的项目：

有以国务院办公厅机关办公区、全国政协办公楼、丰台区政府丽泽办公区、国家开发银行数据中心、北京市质监局等为代表的办公楼物业。

有以北京奥林匹克塔、中国华侨历史博物馆、北京汽车博物馆、中国园林博物馆等为代表的博物馆物业。

有以北京奥林匹克塔、中国疾病预防控制中心、北京科学中心、中国中医科学院等为代表的公建物业。

有以北京舞蹈学院、北京青年政治学院、对外经贸大学、北京大学等为代表的高等院校物业项目。

有以东北证券、申万宏源、中投证券、中国结算为代表的金融街写字楼物业。

有以中央警卫局宿舍区、中国人民解放军63961部队宿舍区、总后宿舍区为代表的军队大院物业。

有以馨港庄园、新街坊、佳兴园、天润香墅湾1号为代表的众多居民住宅小区物业。

还涉及国家机关中混宿舍、市级统管公房、非经住房管理等多种业态。

五、结束语

“路漫漫其修远兮，吾将上下而求索”，经过2年多的转型升级探索，首华物业公司在业务、产品和技术方面都取得了很大的成绩，但是距离物业企业和广大居民的需求还存在着不小差距。我们将继续在线下和线上不断努力求索，让“老房管”更好地服务于更多的企业和用户。

我公司将继往开来，与时俱进，在首都的物业市场上勇立潮头，将业主放心选择作为追求，以一流的业绩创造企业的辉煌，与您携手，共创辉煌！

成果创造人：李　忠　公司全体人员

大型建筑企业项目融资模式创新

——以聊城棚改二期项目为例

中国葛洲坝集团三峡建设工程有限公司

中国葛洲坝集团三峡建设工程有限公司（以下简称葛洲坝三峡建设公司或公司）是中国葛洲坝集团股份有限公司（以下简称集团股份公司）的全资子企业，是一家以水利水电、公路、市政、房建及现代物流为主业的国有大型建筑企业。三峡建设公司是我国水利水电工程施工领域的标杆企业，以承建三峡、溪洛渡、向家坝、白鹤滩、乌东德等国家重点水利水电工程和印尼、柬埔寨、安哥拉等地的国际水电工程而享誉全球；也是国内PPP业务的开拓先锋，先后承接了重庆巴南区龙洲湾市政工程、山东聊城东昌府区改造安置工程、四川巴中至万源高速公路等多个PPP项目；在公路、铁路、市政、房建等非电建筑领域发挥着央企王牌军的引领作用。

一、实施背景

（一）突破PPP业务发展瓶颈的需要

2017年国资委下发了《关于加强中央企业PPP业务风险管控的通知》（国资发财管〔2017〕192号），进一步规范了PPP项目运作，坚决遏制隐性债务风险增量，对央企参与PPP项目实行总量控制，强化了对央企PPP业务的管控力度。一系列关于规范和改善建筑业经营环境的政策措施，倒逼行业改革。在PPP业务竞争形势更为严峻、建筑央企参与PPP项目运作难度进一步加大的新形势下，如何在建筑行业高标准、严要求的寒冬中寻求曙光，巩固PPP业务领军地位，促进企业发展质量的提升，是当前的一项重大课题。

（二）抢抓发展机遇的需要

2017年，住建部发布了《建筑业发展“十三五”规划》，提出将促进大型企业做优做强，这为已经实现华丽转身的我们提供了新的机遇。

《关于进一步规范地方政府举债融资行为的通知》（财预〔2017〕50号）明确鼓励地方政府以单独或与社会资本共同出资方式设立各类投资基金，依法实行规范的市场化运作，按照利益共享、风险共担的原则，引导社会资本投资经济社会发展的重点领域和薄弱环节，为有效缓解地方政府债务限额管理与新型城镇化进程中投资需求持续旺盛间的矛盾指明了新的道路。近年来产业基金发展迅速，其具备门槛低、效率高、资金量充裕的特点，能优化融资结构，改善项目治理模式，符合地方政府的各项需求。各级政府有强烈的意愿通过引入社会资本，扩大引导基金规模，同时委托专业投资管理机构，更加市场化的方式运作引导基金。这为公司创新商业模式，抢抓发展机遇提供了政策支持。

（三）企业转型发展的需要

2017年以来，国内PPP业务政策环境进一步收紧，PPP项目运作难度进一步加大。与此同时，各大央企大力参与PPP业务，竞争环境异常激烈，公司已有成熟的PPP项目运作模式和经验已无法满足PPP项目管理需要。公司亟须适时调整战略战术，积极应对PPP新政。因此，公司深入研究国家政策，充分利用自身积累的政策把控能力、创新能力、品牌影响力强等竞争优势，为聊城棚改二期项目设计了“产业基金+EPC”模式，引导政府发起设立了聊城百亿规模城市建设发展基金，创建政企合作融资新平台，创新升级商业模式，推动公司向高端方向转型发展，加快了实现向“基础设施综合服务商”转变的步伐。

二、主要内涵和做法

（一）主要内涵

公司在山东省聊城市东昌府区棚户区改造项目（二期）中，探索了“产业基金+EPC”的模式与政府开展项目合作，通过引导政府发起设立产业基金（母基金），以葛洲坝集团名义受让母基金10%优先级份额，实缴2亿元，安泰公司实缴2亿元作为母基金劣后级，引导资金投资人（金融机构）设立子基金募集20亿元，成功获取了项目总投资102.21亿元的项目，成功解决了项目资本金筹措难题。

（二）棚户区改造项目实施情况

1.项目基本情况

董付北、付大门等12个片区属聊城市东昌府区辖区内成片城市棚户区，在国家相关文件规定的棚户区改造范围内，通过积极争取被纳入了山东省2017年棚改规划。

政府城投公司将全部片区整体打包进行一次性EPC工程招标，中标后，确定公司为EPC工程总承包人，双方签订《项目合作协议》。优先实施条件成熟的棚改片区，并在单个片区实施前签订《补充协议》。

EPC工程建设内容包括董付北、付大门等12个片区，规划用地面积100余万㎡，总建筑面积约 200余万㎡。合同总金额102.21亿元，单个片区建设期3年。

EPC工程结算价格由政府城投公司委托并经合作双方认可具有相关资质的造价事务所审核，依据工程量实际发生额进行确认，由政府城投公司按月结算。

2.项目实施情况

基于聊城市东昌府区政府为按照住建部等7部委关于2018-2020年棚户区改造计划总体要求及王卷帽、董付北等12个棚户区改造片区建设的工作任务，通过沟通联动，公司拟具体采用“整体打包、一次招标，分期实施”原则进行运作，并确定了“产业基金+EPC”方式合作实施本项目，从而达到科学设计投融资模式、高效运用国家政策性银行贷款资金的目的。

由区政府通过单一来源采购方式确定安泰公司为政府购买服务承接主体，并授权区住建局与民安公司签订政府购买服务协议，民安公司采用公开招标的方式确定公司为项目的EPC总承包方。同时，区政府报经聊城市政府同意，委托安泰公司发起设立产业基金（政府引导基金）作为母基金。

同时，区政府报经聊城市政府同意，委托安泰公司发起设立产业基金（政府引导基金）作为母基金。公司受让母基金10%优先级份额，实缴2亿元，安泰公司实缴2亿元作为母基金劣后级，引导资金投资人（金融机构）设立子基金，共同募集20亿元。子基金20亿元以增资扩股的形式注入民安公司作为项目资本金，民安公司将政府购买服务对应的应收账款作为抵押申请棚改低息贷款，从而解决项目全部资金需求。

项目实施结构如下图所示：

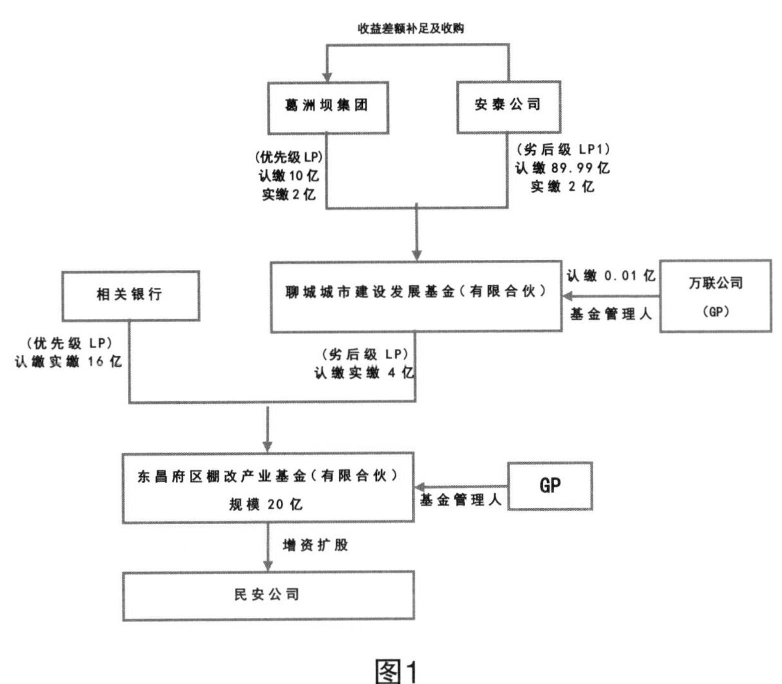

图1

（三）创新实践

1.转变思路创新商业模式

棚户区改造涉及土地的一级、二级开发，政府通常委托企业代为开发建设。常见的模式为一二级捆绑招标，在这种模式下，政府将项目一二级开发权打包交给同一家企业完成，政府与企业通过谈判确定一个收益率范围，超额收益政企共享。企业的利润来源主要为二级开发的收益，政府几乎无投入，程序简单且能够获得一定的收益，但项目可控性差。对企业而言，资金需求量大，项目周期长，资金链易断裂。聊城市东昌府区在2015年前主要采取此种模式，与多家房地产开发企业签订了开发协议，并拆迁了十多个片区，然而受房地产政策变化及金融环境影响，这些开发商的资金链都出现了较大问题，导致大部分项目停工，政府不得不支付巨额的拆迁安置费用，并承担极大的维稳压力。2015年公司通过融资代建的方式，将现有已完成征拆的片区整体打包，一次性实施，即聊城一期棚改项目。通过两年的建设，聊城一期棚改项目合作范围内的安置房基本已达到移交入住条件。东昌府区政府成功解决大量拆迁户的住房问题，安置房的建设及配套设施的完善也极大提升了周边土地的市场价值，政府通过出让土地获取了极大的收益，并且城市建设及整体环境得到发展和改善，棚户区改造开工完成率、货币化安置率、群众满意率等指标稳步上升。

聊城一期棚改项目的模式得到地方政府的充分肯定和认可，但随着政府棚改工作的推进，棚改片区的征拆费用逐步增大，并且东昌府区作为聊城市主城区，棚改任务重，所需资金量较大。为了继续深化与政府的合作，只有转变思路创新融资模式，才能帮助政府解决棚改项目资金难题。

公司充分整合资源，联合金融机构及基金管理公司，针对聊城二期棚改项目，提出以政府为主导发起设立产业基金方式，充分吸收社会资本以股权方式介入城投公司，解决前期征拆资金不足及城投公司资产负债约束等问题。该合作方案得到政府的高度认可和支持，在政企双方推动下，于2017年3月签订《聊城市东昌府区棚户区改造项目合作协议》和《聊城城市建设发展基金框架协议》，并顺利以"产业基金+EPC"方式成功运作本项目。目前，王卷帽、董付北等12个棚户区改造片区的建设资金已陆续到位，项目合作各方履约良好。

2.合法合规选择项目合作主体

为了合法合规地运作本项目，科学选择了民安公司为项目的合作主体。

一是王卷帽、董付北等12个棚改片区立项主体为民安公司，并通过完善基础工作，及联同民安公司积极向政府争取，逐步申报省级棚改计划。根据《关于坚决制止地方以政府购买服务名义违法违规融资的通知》(财预〔2017〕87号）关于棚改和易地扶贫搬迁项目可采用政府购买服务的规定，12个棚改片区全部纳入了山东省级2017年度棚改计划，为公司与民安公司合作奠定了坚实基础。二是民安公司符合《政府购买服务管理办法（暂行）》（征求意见稿）中承接主体应具备的资质和条件，保障了政府购买服务的主体资格合规，顺利推动了政府以单一来源采购方式确定民安公司为项目承接主体。三是民安公司为国有控股企业，满足山东省政策性银行所要求的棚改项目贷款人基本条件，可顺利以民安公司的名义向政策性银行申请棚改专项资金贷款。四是民安公司为安泰公司的控股子公司，在安泰公司收购其他基金方所持有的基金份额、实现其他基金方退出后，民安公司的股权结构保持不变。

3.科学设计母子基金交易架构

聊城二期棚改项目充分发挥母子基金的杠杆作用，成功实现了小额出资撬动大额投资。

政府委托安泰公司代为出资设立聊城城市建设发展基金（母基金），安泰公司出资2亿元作为劣后级，公司受让其10%优先级份额，实缴2亿元，共同筹集母基金首期资金4亿元，并按照1：4比例引导金融机构出资16亿元，募集子基金资金20亿元，以增资扩股方式投资民安公司，用于解决东昌府区棚户区改造项目资本金不足问题。

（1）母基金

①组织结构

聊城城市建设发展基金规模为100亿元，组织形式为有限合伙企业。万联天泽公司作为GP认缴0.01亿元，安泰公司认缴99.99亿元。公司受让安泰公司10亿元份额作为优先级LP，实缴2亿元；安泰公司89.99亿元份额作为劣后级LP，实缴2亿元。安泰公司对公司提供收益差额补足及份额收购。

②基金存续期

基金存续期为合伙企业成立之日起10年，基金募集资金到位之日（收益基准日）起3年内为投资期，投资期届满至基金存续期限届满的期间为退出期。

③治理结构

基金内部治理机构由合伙人大会和投资决策委员会两部分组成。

合伙人大会由全体合伙人组成，主要职权范围：改变合伙企业的名称；审议批准合伙人入伙、退伙、合伙人资格继承；决定合伙企业亏损分担的方案等事项，各项表决须经全体合伙人一致同意方可通过。

投资决策委员会由五名委员组成，其中一名由执行事务合伙人委派，两名由安泰公司委派，两名由公司委派。主要职权范围：审议合伙企业拟投资项目；审议通过项目投资方案和项目退出方案；审议通过基金收益分配方案等事项。各项表决须经投资决策委员会超过三分之二委员一致同意方可通过。

④收益分配

合伙企业可分配收益首先向优先级LP进行收益分配。在投资期，每年按照6%支付预期收益。在退出期，每年分别按照实缴出资额5%、10%、10%、15%、20%、20%、20%的比例支付本金，并支付预期收益。按照差额补足及份额收购协议，当公司年预期收益率不足6%时，安泰公司提供差额补足，并逐年按相应比例进行回购。

（2）子基金

母基金以首期募集的4亿元出资作为子基金劣后级，引导资金投资人（金融机构）出资16亿元作为优先级，组建子基金。子基金存续期限与母基金一致，收益分配原则由基金合伙人协商约定。

子基金通过增资扩股方式进入民安公司，解决本项目资本金。

（3）退出方式

公司退出路径：第一步，子基金在收到民安公司支付的投资收益及本金后，按照约定的基金收益分配顺序向各有限合伙人（优先级资金投资人、劣后级母基金）进行收益及本金分配，实现有限合伙人退出。第二步，母基金在获得子基金分配的本金和收益后，按照约定的基金收益分配顺序向公司、安泰公司进行收益及本金分配。第三步，由安泰公司对公司的本息收益不足部分提供差额补足，并按照约定对公司持有的基金份额进行回购。

母子基金清算：基金存续期满时，成立基金清算小组对基金资产进行清理和确认，基金清算后的全部剩余资产扣除清算费用后如有余额，向普通合伙人进行分配。

4.把握基金核心要点

（1）政府引导基金模式

2017年11月17日，国家“一行三会一局”发布《关于规范金融机构资产管理业务的指导意见（征求意见稿）》，拟按照资产管理产品的类型制定统一监管标准，同时明确创业投资基金、政府出资产业投资基金另行规定。聊城城市建设发展基金（政府引导基金）经聊城市政府批准先于《资管新规》设立，充分借鉴“湖北省长江经济带产业基金”母子基金“1+N”的模式，由财政资金联合社会资本共同发起设立引导基金。

这种模式通过引导基金的杠杆作用，实现两次放大，快速做大政府引导基金规模，最终带动社会投资。通过设立政府引导基金，一方面可以借助基金管理机构的专业投资管理力量，发现本地具有发展潜力和竞争优势的企业或投资项目，增加社会资本对企业的投资，帮助其做大做强。另一方面可以通过产业基金的引导和服务，帮助本地城投企业“走出去”参与更大的市场，或在全国范围招引一批战略性新兴产业落户本地，推动地域经济发展。

（2）优选基金合伙人

①选择区属国有企业安泰公司作为产业基金劣后级LP，并作为回购优先级份额的主体。

按照《国务院关于加强地方政府性债务管理的意见》（国发〔2014〕43号）中关于“剥离融资平台公司政府融资职能，融资平台不得新增政府债务”的规定，经与政府方反复沟通，选择了已剥离政府职能的安泰公司作为基金合伙人。安泰公司2016年底资产总额92亿元，全年利润总额2.9亿元，银行授信评级AA，经济实力良好。北京金诚同达律师事务所对安泰公司进行了法律尽调，认定其完全有能力保障公司安全退出。

②选择万联天泽资本投资有限公司作为普通合伙人及基金管理人，保证基金规范运作和基金资产安全。

万联天泽公司成立于2015年，注册资本10亿，为广州市属全资国有上市证券公司万联证券的全资直投子公司，具有自有资金投资、股权投资、受托管理股权投资基金等相应能力，在“投融管退”方面具有较强的专业性。

（3）以一票否决权实现资金闭环

公司向母基金出资2亿元、母子基金募集资金、申请政策性贷款、支付EPC工程结算款的全过程，构成本项目建设期完整资金流。因公司在新合伙人入伙和基金投向等重大事项决策上具有一票否定权，可完全控制基金投向的具体项目。在项目资本金和配套资金流入民安公司后，公司通过办理EPC工程结算获得资金回流，保证了公司承担EPC工程项目的全部资金需求，也实现了资金闭环。

（4）积极影响政府购买服务协议设置

政府购买服务协议对应的应收账款是基金投资项目的底层资产，应收账款的合规性和充足的未来现金流均是基金投资的关注点。

在项目运作过程中，公司积极协助政府工作，促进政府购买服务协议的最终签订。一是完善项目基础合规文件，完成确定政府购买服务项目、采购主体和承接主体等法定流程；二是将基金的年限和预期收益与政策性银行棚改贷款相结合，合理策划政府还款计划，并完成财政承受能力测试，通过财政预算审批和人大决议；三是形成期限、金额、付费方式完备的政府购买服务协议，在政府采购公示期满后由区住建局与民安公司正式签订。

5.加强基金风险防控。

（1）防范认缴出资风险

公司聊城城市发展基金中认缴10亿，实缴2亿，有限合伙人以认缴规模承担债务责任。为了杜绝公司承担认缴出资风险，采取了两方面的风险防控措施。

①对于公司需认缴实缴2亿元基金份额进行了严格风险防范。一是约定基金定向投资公司承建的棚改项目，棚改项目属民生工程，付费资金纳入政府财政支出责任，且可申请占总投资

80%的政策性银行贷款，资金来源有保障。二是通过基金协议条款设计，由项目法人民安公司支付投资收益及本金，且安泰公司（AA银行评级）负责收益补足及份额回购。三是公司承建棚改项目产生的施工利润可观，能完全覆盖2亿元出资。

②对于公司需认缴的剩余8亿元份额，若公司后续无意愿参与其他项目，约定由安泰公司无条件收购。如安泰公司未按时收购则承担相应违约责任，完全免除了公司认购剩余基金份额的义务。

（2）防范基金投向风险

公司参与基金的核心目的是为聊城二期棚改项目筹集项目资本金。基金投向即为资金的投向，一旦募集而来的资金未用于董付北、付大门等12个片区，则不仅造成片区项目缺少项目资本金而无法申请政策性银行贷款，还造成公司承揽的棚改片区因资金链断裂导致无法建设。

为了控制基金具体投向，一方面严格限制了基金投向于董付北、付大门等12个片区；另一方面对基金治理结构进行了严密设计，审慎设置了合伙人大会和投资决策委员会的职权范围和表决机制条款，确保了基金具体投资范围。

并且，为了避免二期项目因征地拆迁等客观原因长时间不能开工的影响，还约定了若在一定时间内未开工，则由安泰公司回购公司所持全部基金份额，实现公司提前退出。

（3）防范退出风险

公司从基金中安全退出并获取预期收益，是决定投资基金成败的关键点。通过与基金参与方沟通，共同协商制定了合理的退出机制。

一是科学设计了收益分配方式和顺序，将基金每年还本比例和预期收益与政府还款计划相匹配，并约定基金投资收益首先向优先级LP（公司）分配、剩余收益再向劣后级LP（安泰公司）分配。二是要求安泰公司对公司所持基金份额和预期收益承担回购和补足的责任，充分保障了公司的优先级利益和安全退出。三是基金亏损先由劣后级LP（安泰公司）以其认缴出资额承担，最后由GP（万联公司）和优先级LP（公司）以其认缴出资额承担。

三、实施成效

（一）以小额出资撬动大额投资

公司通过实缴出资2亿元参与认购基金份额，与政府平台公司共同筹集4亿元，按照1:4比例引导金融机构融资16亿元，撬动低成本的政策性银行贷款80亿元，资金杠杆撬动比例大。目前公司承揽的投资建设项目体量均较大，通过单一的融资途径难以解决资金需求，利用母子产业基金模式很大程度减少了公司自有资金的投入，降低了负债规模，做到了表外融资，发挥了杠杆作用。

（二）高端项目实现新突破

2017年葛洲坝三峡建设公司成功签约山东聊城二期棚户区改造项目，市场开发再添102.21亿元新签约，全年共实现高新项目市场签约165.48亿元，助力了公司提质增效、转型升级。

（三）短期及长期经济效益显著

本项目可预计本项目2018年实现营业收入7.74亿元，2019年和2020年将达到产值最高峰，经初步测算，本项目房建施工利润率可达12.02%。

（四）创新了高端项目商业模式

通过加强与地方政府合作，设立城市建设发展基金方式，创建了合作发展新平台，创新了高端项目运作实施模式，为项目融资提供了切实可行的新思路。

（五）提升了企业品牌形象与影响力

公司项目管理实力和投融资运作能力深受地方好评，继聊城一期棚改后又开展了聊城二期102.21亿元的棚改项目合作。良好的履约能力和优质的建筑产品，在山东棚改行业逐步积累了企业的知名度，形成了良好的对外辐射力，进一步提升了公司品牌形象与影响力，为实现山东区域市场深耕细作，滚动开发奠定了坚实的基础。

（六）促进政府职能转变，节约了社会成本

通过运用产业基金有效引导了资金区域流向，促进了区域经济协调发展，优化了资金配置方向，推进了国家产业政策的落地，促进政府转变职能；另一方面通过引导社会资金集聚，促进了资本供给效应的形成，同时资金可持续循环利用，实现了财政资金杠杆放大效应，有效节约了社会成本。

成果创造人：周建华、李国建、王行仁、杜　平、程　倩

大型建筑企业规章制度建设创新

中国葛洲坝集团第三工程有限公司

中国葛洲坝集团第三工程有限公司（以下简称葛洲坝三公司或公司）是中国葛洲坝集团股份有限公司（以下简称葛洲坝集团）的全资子公司，是葛洲坝集团的核心成员企业，是葛洲坝集团践行“一带一路”倡议和“走出去”的领军企业。葛洲坝三公司于2013年11月由原葛洲坝新疆工程局（有限公司）和中国葛洲坝集团股份有限公司西北分公司重组成立，注册地位于中国西安。

葛洲坝三公司在“弱弱联合”中艰难起步、在巨额亏损中负重前行，在葛洲坝集团《指导意见》和“新规新法”的引领下，历经4年的系统化建设，照章执行、依规运行的格局基本形成，彻底扭转了组建时的困局，大力推进了规范运行和健康发展。

一、实施背景

葛洲坝三公司重组时，在沉重历史包袱、薄弱运行基础、混乱管理状态的交织作用下，举步维艰的窘境让公司上下众说纷纭、士气低落，纷繁复杂的局面让管理团队无从下手、不知所措。

（一）历史教训惨痛

葛洲坝三公司前身，历史包袱沉重、管理状态混乱、运行基础薄弱。一是在市场经济和水电建设寒冬的双重洗礼下，市场开发饥不择食、项目管理因循守旧、故步自封，生产经营极其惨淡；二是项目管理链条长、总部管理弱、基础管理差，规范管理无从谈起；三是无章可循、有章不依、违章不究。惨痛的历史教训给予警醒：企业没有规矩不行，靠“人治”也不行。

（二）公司起步艰难

葛洲坝三公司刚刚重组时，历史包袱不堪重负、发展思路亟待梳理、薄弱基础举步维艰。一是矛盾迅速发酵，问题接踵而至，管理漏洞百出；二是面临两难两弱的困境，获取项目难管理项目更难，总部管理弱基层管理更弱；三是历经多轮重组，经营理念、管理思路、用人导向均存在巨大差异。起步的艰难予以警示：修修补补是不行的，必须有“壮士断腕、刮骨疗伤”的勇气，有“休克疗法”的决心，用“系统的方法”解决问题。

（三）以往制度弊端

总结历史之教训和起步之艰难，让葛洲坝三公司陷入困境、不能自拔的根本原因是管理之乱、“人治”之殇而导致的制度失位，进而导致运行之难。一是制度管理层级多、涉及行业多、划分专业多，企业内部制度体系纷繁复杂；二是制度缺乏执行条件、执行环境和执行意志，形同虚设；三是制度修订无价值、不及时、不系统，直接导致执行不力。以往制度的弊端给予反思：必须系统化构建制度体系，强力推进制度执行。

二、主要内涵和做法

饱受历史教训之煎熬、重组起步之艰难，葛洲坝三公司在痛定思痛中期待改变、谋求改变。在坚定不移推进战略实施、找准发展方向的基础上，葛洲坝三公司期待通过系统化的制度建设夯实运行基础。

（一）秉承建设初衷

悲惨的历史不能重演，窘迫的现实亟待改变，美好的未来希冀创造，葛洲坝三公司唯有与时俱进、开拓创新、励精图治，才能在泥潭中拔地而起、在困境中华丽转身、在笃行中脱胎换骨。

1.探索一条新路子。不以规矩不成方圆。面对顾此失彼的管理困境和众说纷纭的思想动态，葛洲坝三公司以守规矩、促规范为准绳统一思想、厘清思路，以制度建设为抓手重整行装、重新上路。

（1）管理制度化：通过管理的制度化建设，将行为贴上制度“标签”、将管理引上制度“轨道”、将权力关进制度“笼子”，依制管理、以制治企，有章可依、有章必依、违章必究。

（2）制度流程化：通过制度的流程化建设，科学设计各业务领域、专业管理的运行流程，分类设计生产经营、运行管理事项的决策流程，合理设计各层级、各专业的授权体系。

（3）流程表单化：通过流程的表单化建设，将运行流程、决策流程、授权体系“表单化”诠释，固化流程路径和决策通道，实现流程可视、衔接顺畅、管理可追溯。

（4）表单信息化：通过表单的信息化建设，对业务管理要素、决策输出文件“模板化”设计，借助机构代码体系和信息化平台，实现决策流程的自动识别、自动流转，提高运行效率。

（5）信息智能化：通过信息的智能化建设，推进“数据化”管理，实时监控生产经营情况和业务发展状况，准确评估运行管理质量，为经营管理、战略发展提供决策支持。

2.建设一个好制度。好的制度让“坏人”变好、让企业变好，坏的制度让“好人”变坏、让企业变坏。针对规范运行之需要、以往制度建设之弊端，葛洲坝三公司先破后立，高起点、高标准、高质量推进制度建设，用“好”制度寻求突破、追求卓越。

（1）起点立高远：站在“统一员工思想、厘清管理思路、推进战略实施”的高度，推进制度新构、流程再造，以制度建设促进高效规范运转、依法合规经营、健康可持续发展，以制度文化为核心推进企业文化建设。

（2）标准求统一：遵循“标准统一、内外兼修”原则，通过对制度功能的界定、业务领域的划分、专业管理的细化，分类分级建设制度。通过制度的标准化建设，确保同类同级制度、制度平行章节的管理维度一致，确保各业务领域、专业管理的涉及深度一致，确保所有制度的管理口径、制度语言一致。

（3）执行当唯一：在制度建设时，首先对国家、行业的法律法规和上级单位的规章制度进行系统梳理和消化吸收，然后将适用自身的管理要求全部融入制度体系，让所属机构只需按总部制度执行即可满足国家、行业和上级单位的管理要求。

3.实现一次真改变。牢固树立“依法治企、依规管理”理念，按制度管控、按制度运行，彻底扭转管理乱局，推进从“人治”向“制度治企”方向蜕变。

（1）制度成体系：按照“矩阵式”的管理思路，横向分类、纵向分级，构建横向到边、纵向到底的制度体系，破除各自为政、政出多门的桎梏，改变防不胜防、顾此失彼的窘境。

（2）管理无盲区：通过“系统化”的制度建设，实现党建与行政、经营与运行、总部与基层、国际与国内管理的全覆盖，事事有规矩、人人守规矩，改变“无章可循、有章难行、违章难究”的局面，构建“照章操作、照章执行、照章管理”的格局。

（3）运行有章法：按照“逻辑化”的运行思路，对各业务领域、专业管理的运行机制进行科学设计，目标明确、职责清晰、流程顺畅，做到凡事有策划、有执行、有监督、有评价、有改进，促进员工规范高效履职、机构规范高效运转、公司规范高效运行。

（二）构建制度体系

总结以往制度建设之弊端，根据制度建设初衷，经统筹策划、科学设计，葛洲坝三公司构建自上而下、环环相扣、“金字塔”式的制度体系，力求制度成体系、管理无盲区、运行有章法。

1.构建系统化体系。按照“类别分明、层级清晰、架构合理”的原则，分类、分级、分层构建制度体系。

（1）分三类建立：一是“产权制度”（是企业的财产制度，是对企业财产的组织形式和经营机制的决定），由《公司章程》构成；二是“组织制度”（是企业组织的基本规范，是对企业的组织治理体系、机构职责权限、运行管理规则和员工的行为准则的基本规定），由《治理结构》《运行规则》和《员工守则》构成；三是“管理制度”（是对企业管理活动的制度安排，是企业管理组织以及各业务职能领域活动的规定，是企业员工在生产经营活动中必须遵守的规定和准则的总称），“管理制度”按分级方式建立。

（2）分四级建立：一是“管理规定”（是对各业务领域管理工作做出的全面的、系统的、指导性的制度安排，是对主要决策事项的流程设计，是总部管理和处理问题的强制约束性法则）；二是“管理办法”（是对各业务领域管理工作中某一方面的专业管理工作做出的操作性的制度安排，是对“管理规定”的补充、完善和细化）；三是“实施细则”（是对专业管理工作的具体开展、实施操作做出的说明性的制度安排，是对“管理规定”或“管理办法”的补充、完善和细化）；四是“规程规范”（是指设备操作、施工作业或业务办理的具体程序、实施步骤和方式方法，也可称为“企业标准”）。

（3）分两层建立：一是总部按“管理规定、管理办法、实施细则、规程规范”4级进行管理制度建立；二是所属单位按“管理办法、实施细则、规程规范”3级进行管理制度建立。

2.策划一条主脉络。以《运行规则》为主脉络，上承《公司章程》和《治理结构》，下启“管理制度”，外延《员工守则》，统筹衔接，将制度体系融为一个整体。

（1）统筹职责分工：通过《运行规则》对组织机构进行类别、层级设计，并赋予机构代码；按治理结构和专业划分对公司领导和专业委员会统筹进行职责分工，按“矩阵式”方式对职能部门统筹进行职能定位。所有管理制度中不再阐述机构设置和职责分工。

（2）统筹管理架构：通过《运行规则》划分业务领域，并策划各业务领域的基本管理原则、管理模式、管理体系、管理范畴及专项管理原则，建立管理架构（详见附件2），统领“管理制度”建设。

（3）统筹决策体系：通过《运行规则》对需总部决策事项进行系统性梳理，分业务领域、专业管理统筹策划决策流程（包括发起机构、输出文件、决策流程和授权体系设计）。所有管理制度中不再阐述决策流程。

3.实现体系全联动。通过系统化的制度体系构建，在“主脉络”的统筹衔接下，制度体系环环相扣、融会贯通。

（1）行动联动：制度建设打破职能部门界限（即，任何一项管理制度不专属某个部门、一个部门也难以单独完成一项制度的运行），以业务领域和专业管理要素为主线进行管理流程设计，用管理流程“串联”职能部门，在行动上联动。

（2）监督联动：在逻辑化设计管理流程的基础上，通过横向的履职监督和纵向的专业监督，构建全体系、全方位、全过程的内控体系，促进各项工作按战略、按计划、按制度、按流程规范运行、稳步推进，用内控体系“并联”职能部门，在监督上联动。

（3）导向一致：按照“PDCA”方式策划管理流程，所有业务领域和专业管理的评价结果通过绩效考核、评先推优、预设奖励方式最终与员工薪酬挂钩，员工薪酬又与公司业绩挂钩，形成“责任共担、收益共享”的联动机制。

（三）明确建设路径

在制度体系的框架下，站在夯基垒台、固本培元、积厚成势的高度，系统推进制度建设。

1.集中式制定制度。紧紧围绕“系统化”的制度体系构建，按照“先策划、后编制”方式，整合资源、集思广益、精益求精，严把制度制定标准、严控制度制定质量。

（1）统筹策划：根据制度体系构建需要，策划编制《制度建设（制定）方案》，规划、明晰制度制定的目标、计划、规则、流程和标准，统一部署、统一路径、统一标准。

（2）集中编制：成立以主要领导为组长的制度建设小组，采用“专业负责、归口复核、集中审查”方式进行制度编制。首先，由各职能部门进行相关管理制度的初稿起草（《公司章程》《治理结构》《运行规则》由战略发展部起草，《员工守则》由党委工作部起草），提请业务分管领导组织评审后，提交战略发展部；然后，由战略发展部组织相关职能部门进行制度初审和体系复核后，提交制度建设小组；最后，由制度建设小组组织相关业务分管领导和职能部门全体员工，对所有制度进行逐字、逐条、逐章审查，并对制度间的衔接关系、决策事项的决策流程进行系统梳理后，提交决策。

（3）集中发布：为便于制度执行，自上而下、分级编制，对一个级次的所有制度一次性编制完成、一次性提交决策、一次性发布实施，确保制度的完整性和执行的连贯性。

2.严格地执行制度。在集中编制、集中决策、集中发布的基础上，多措并举，强力推进制度执行。

（1）创造执行条件：为提高制度的可操作性、可执行性，在制度系统化构建的基础上，通过《制度执行导引》逐步延展制度体系，对管理制度进行流程化编译、对决策事项进行表单化诠释、对输出文件进行模板化设计、对决策流程进行信息化运行，深入推进制度流程化、流程表单化、表单信息化建设。葛洲坝三公司分别颁布实施了初版《规章制度》配套的101项管理流程、393项管理表单和364项管理模板，并对主要决策流程实现了上线运行。通过《制度执行导引》建设，让制度执行流程化、可视化、可追溯化，便于员工理解、执行制度，提高制度执行效率和效果。

（2）坚定执行意志：制度执行在很大程度上取决于公司领导尤其是主要领导的坚定意志。葛洲坝三公司由主要领导牵头、整整花了一年时间进行制度建设，本身就是一种坚定意志的体现。高水平的制度建设让公司领导在痛定思痛中重拾了“走出困境、彻底改变”的决心和信心，身体力行、率先垂范、共同维护制度的严肃性和权威性，大力促进公司规范高效运行。

（3）形成执行氛围：在领导的坚定推动下，通过集中宣贯、解读释义、执行导引，加深员工对制度的理解，逐步形成执行的自觉。所有制度一旦发布实施均必须严格执行，制度面前人人平等，执行制度没有例外、没有理由，“制度至上”氛围逐步形成。

3.系统性修订制度。系统化的制度建设需要系统性的修订方式，方能保证制度体系的稳定性和完整性、制度执行的逻辑性和连贯性，也才能持续增强制度的适宜性和生命力。

（1）体系相对固定：在制度执行中，除上级单位管理要求、业务范畴或自身角色发生重大变化外，原则上不对体系本身进行调整，尽量保持制度体系的相对固定，但可根据管理提升和管理深化需要，通过《制度执行导引》的细化不断延展制度体系，通过《规程规范》的横向拓展和纵向深入不断丰富制度体系。

（2）过程实时更新：在制度执行中，对上级单位管理要求的调整或补充，或对公司制度和管理流程的局部调整或补充，采用《通知》方式（相当于“打补丁”）进行实时更新，尽量避免对制度本身进行修订，待制度系统性修订时一并完善。

（3）系统修订完善：在制度执行中，通过内控监督，跟踪测评、综合评估制度的合法性、引领性、时效性、适用性、完整性和严谨性。当上级单位管理要求、业务范畴或自身角色发生重大变化，或制度补丁较多，或制度体系和制度本身存在系统性问题时，参照制度制定流程，先策划编制《制度修订方案》（明晰修订目标、计划、规则、流程和标准），再集中组织系统修订，并按新版方式集中发布实施，旧版《规章制度》全部废止。

三、实施效果

历时4年，凭借科学的发展理念、坚定的改革意志、系统的创新思维，不步人后尘、不走寻常路，葛洲坝三公司高起点、高标准、高质量完成了制度系统化建设。4年来，在依制治企的主导下、在系统思维的推动下，公司的运行管理基础日渐夯实，呈现出持续向好的发展态势和螺旋上升的发展趋势。

（一）保障了公司运行管理

全方位、全级次的制度建设，系统地解决了运行规则“从无到有”的问题，强力地推进了规范高效运转、科学高效决策、依法合规经营，奠定了坚实的运行基础。

1.引导了员工履职。通过制度的系统化建设和流程化、表单化、信息化拓展，员工履职在有章可循的基础上，按图索骥、照单操作、化繁为简，在规范履职的基础上提升了履职效率。

（1）流程化促高效：通过对管理制度的流程化编译，让各业务领域、专业管理的操作流程清晰可见，员工只需按照流程一步一步操作、推进即可规范履职，避免了员工对某项工作“边探索、边操作、边改进”的杂乱与无章，在规范中见高效。

（2）表单化促高效：通过对管理制度的表单化诠释、模板化设计，让决策事项的流转路径清晰、节点固化，输出文件格式统一、标准明确，员工“依葫芦画瓢”，只需照单操作、照章履职，而不需要自行设计路径、设计格式，在标准中见高效。

（3）信息化促高效：通过对管理制度的信息化运行，一方面借助决策流程的上线运行，突破了时间和空间限制，员工可随时随地在移动客户端进行操作、处理；另一方面，借助编码系统的自动识别，实现了流转节点的自动、实时跳转，减少了人为干预，节省了流转时间。在便捷中见高效。

2.规范了机构运转。在员工高效履职的基础上，借助制度的明晰、界定、导向作用，系统推进了机构的规范运转。

（1）职责清晰促规范：通过《运行规则》整体策划、清晰界定各机构的职责分工，既避免了管理盲区、相互推诿，又避免了职能重叠、相互羁绊，清晰的职责促进了机构的规范运转。

（2）衔接顺畅促规范：通过以业务领域、专业管理为主线的流程设计，明晰了主责机构和配合机构，厘清了机构间的衔接关系，在相互配合、相互支持中促进了机构的规范运转。

（3）导向明确促规范：通过制度评价体系，建立以业绩为导向的激励机制、以规范为基础的约束机制，并以《责任制》为载体，明晰机构责任目标和行为标准，通过逐级的绩效考核实现公司绩效与员工薪酬直接挂钩，通过“连坐式”绩效考核培养员工团队意识。严格的标准、明确的导向促进了机构的规范运转。

3.保障了公司决策。在机构规范运行的基础上，通过《治理结构》和《运行规则》，构建了制衡、规范、高效的决策机制，有力保障了科学决策。

（1）流程清晰促科学：根据《治理结构》和依法合规经营需要，在对各业务领域、专业管理需总部决策事项进行全面系统梳理基础上，分类、逐项设计决策流程，科学、合理设计授权体系，以明细的决策事项、清晰的决策流程保障决策科学。

（2）依据充分促科学：在正向管控和横向联动的基础上，对需总部决策事项，由发起机构按照输出文件模板确定的格式、内容、标准编制输出文件，为公司决策提供充足、准确、可靠的依据，便于公司做出科学合理的决策。

（3）规则严谨促科学：通过《治理结构》分别制定、明晰了各类决策平台的议事规则（

包括议事内容、议事方式和决策程序），以严谨的规则保障决策的科学。

（二）成了健康发展利器

全体系、全过程的制度执行，“防不胜防、顾此失彼”的难题得到成功破解，“头痛医头、脚痛医脚”的局面得到根本改变，“强身健体、固本培元”的发展之路愈加坚定。

1.秉承了系统法则。在以系统化的制度建设促进公司规范高效运行的过程中，“始终秉承系统法则”的治企方略逐步形成，“系统方法、系统推进、系统发力”成为公司上下的广泛共识。

（1）矩阵式设计：对制度体系的矩阵式设计，构建了“横向到边、纵向到底”的运行管理体系。通过“横向”的职责分工“并联”各职能部门，让各业务领域、专业管理有策划、有执行、有监督、有评价、有改进；通过“纵向”的管理流程“串联”总部和基层单位，形成分工明确、衔接顺畅、运转有序的有机整体。

（2）系统化建设：打破职能部门界限，以《公司章程》为准则、以《治理结构》为基础、以《运行规则》为统筹，以业务领域为主线，以专业管理为重点，形成了“系统化”制度体系，构建了“制度成体系、管理无盲区、运行有章法”的管理格局。

（3）多维度创新：遵循“照章执行、依规运行”原则，以正向管控和横向联动为抓手，不断创新运行机制，有效促进了“矩阵式”管理、逻辑化运行和信息化建设；以业绩为导向，以《责任制》为载体，以绩效考核为主线、以预设奖励和评先推优为拓展，不断创新激励机制；以制度约束为基础，构建全方位、全过程、全专业的监督保障体系，不断创新约束机制。通过机制创新不断提升运行效率、约束员工行为、激发员工活力。

2.培育了系统思维。在执行制度的过程中，员工通过学习、理解系统化制度制定的思路，感受、认同系统化制度执行的效果，在潜移默化中逐步养成了系统思维的习惯。

（1）如何看待问题：面对重组时惨痛的历史教训、沉重的历史包袱、混乱的运行管理，葛洲坝三公司清醒地认识到，造成这些问题的根本原因是规矩的缺失、“人治”的影响，决定用“制度治企”的方式告别过去、重获新生。这一痛苦历程，让广大员工感悟到“如何透过纷繁复杂的现象看待问题、抓住本质、寻求改变”，培育了员工用系统思维看待问题的意识与习惯。

（2）如何分析问题：面对起步时的艰难，葛洲坝三公司清醒地认识到，在“百病缠身、千疮百孔”之时，“头痛医头，脚痛医脚”只能缓解一时之疾，必须以发展的眼光、系统的方法解决问题。这一艰难历程，让广大员工感悟到“面对错综复杂的局面，如何去分析问题，找出问题的关键”，培育了员工用系统思维分析问题的理念与视角。

（3）如何解决问题：面对以往制度建设之弊端，如何让制度成为根本遵循，让葛洲坝三公司走上“制度治企”的道路，公司从制度制定、执行、修订3个层面进行了系统策划、系统建设，最终以制度建设推进了公司的深刻改变。这一漫长历程，让广大员工感悟到“如何去打破陈规、革除弊端、破解难题，从根本上解决问题”，培育了员工用系统思维解决问题的方式与能力。

3.增进了系统发力。面对错综复杂的外围环境和层出不穷的经营风险，葛洲坝三公司通过“以不变应万变”的方式，以系统化的制度建设，系统推进公司生产经营和运行管理，逢山开路、遇水架桥。

（1）正向管控：在制度系统化建设的基础上，以《项目管理策划》为统筹，大力实施正向管控，深入推进职能部门从“收集、统计、汇总”向“正向策划、正向部署、正向监控”方向深刻转变，让总部管理直达基层单位。通过正向管控，职能部门对项目现场的“画面感”明显增强，总部管控的“切入点”和针对性明显增强，总部对基层单位的监督、指导、服务力度和效果明显增强。

（2）横向联动：根据制度体系和职能定位，紧紧围绕总部建设目标，对每个职能部门从“职能履职、重点任务、创新方向”3个维度进行系统梳理，重塑专业管理，重构专业管理体系；通过“矩阵式”管理，大力加强职能部门间、专业管理间的横向联动，并逐步向“市场开发、项目管理、监督保障、创新驱动”四大体系方向整合、发展，促进体系联动、专业协同。

（3）水到渠成：在正向管控和横向联动的持续、系统、强力推进下，不断拉近了总部与基层单位的距离，逐步打破了职能部门、专业管理间的壁垒，沟通衔接更加顺畅，各类各级机构系统发力，生产经营和运行管理水到渠成。

（三）奠定了文化治企根基

通过系统化的制度建设，葛洲坝三公司逐步实现了从“人治”向“制度治企”的蜕变。随着“制度至上”观念的不断强化、制度文化氛围的不断浓郁，正朝着“文化治企”方向蝶变。

1.推进了文化融合。历经多轮重组，面对巨大的文化差异，葛洲坝三公司以制度建设、系统法则为引领进行文化融合。

（1）统一了经营理念：葛洲坝三公司以制度建设推进战略落地，坚定不移地实施“国际业务优先发展、国内业务优化发展”战略，协调推进市场开发和项目管理，系统推进生产经营和运行管理，牢固树立“合作共赢”理念，追求健康可持续发展。

（2）理清了管理思路：葛洲坝三公司通过系统化的制度建设，坚决摒弃“江湖义气”和“行政命令”，严格靠制度运行，严格执行集体决策制度，严格按规则推进生产经营。

（3）明确了用人导向：葛洲坝三公司通过系统化的制度建设，破除“论资排辈、任人唯亲”的陈规陋习，形成“优者上、庸者下、劣者汰”的用人导向，重点选拔培养“作风正派、敢于担当、奋发有为”的干部队伍。广纳贤才、唯才是用、才尽其用。

2.引领了文化建设。在“制度治企”的强力推进下，葛洲坝三公司以制度文化为核心，向两端延伸、催化，推进了企业文化建设。

（1）形成了制度文化：通过系统化的制度建设，广大干部职工自觉遵守制度、运用制度、维护制度，“用制度管人、按制度办事，制度至上”外化于形、实化于行、内化于心，制度管控文化和制度执行文化逐步形成并落地生根。

（2）延伸了行为文化：在制度文化的引领和推动下，员工在生产经营、培训教育、体育娱乐和人际交往中的文化形象不断提升，公司的经营作风、精神风貌、人际关系发生深刻变化，干部职工的行为逐步规范，行为文化建设深入推进。

（3）催化了精神文化：通过制度文化的深入践行，葛洲坝三公司呈现出良性发展态势，员工尊严越来越强，健康可持续发展成了企业和员工的共同价值追求，催化了企业精神文化建设。

3.衍生了特质文化。随着“制度治企”的螺旋上升，无论是公司的治企理念还是员工的价值追求，均在发生潜移默化的变化，逐步衍生出符合公司特征、引领公司发展的特质文化。

（1）奠立了“严谨规范”：在制度建设的推进下，葛洲坝三公司逐步形成了制度严谨、运行规范的格局，员工逐步养成了严谨做人、规范做事的习惯，“严谨规范”逐步奠立。

（2）承启了“开放包容”：在“讲规矩、守规矩”基础上建立了开放包容、海纳百川、求同存异、和衷共济、自我革新、自我提高、自我完善的企业文化。

成果创造人：冯兴龙、胡　勇、祁　斌、蔡得全、赵　力、罗　斯、潘　蕾、李　钊

新时代国企混改机制创新与路径探索

中国科创金融联盟　葛培健等

2013年，党的十八届三中全会提出积极发展混合所有制经济，2015年，国企改革“1+N”顶层设计文件——《中共中央、国务院关于深化国有企业改革的指导意见》出台，2016年中央经济会议提出“混合所有制改革是国企改革的重要突破口”，围绕“完善治理、强化激励、突出主业、提高效率”的总要求，截至目前已有三批国企混改试点。混改实践模式多样，央企中国建材“央企市营”，端出“三盘牛肉”，改组民企上千家，混改后“无一反水”；东航混改“梅开二度”引发社会广大关注；地方国企海螺集团与绿地集团“员工持股”混改成果明显，“白药控股”推行职业经理人可谓特色鲜明。

一、新时代国企混改的特点

（一）联通混改的标志性意义

去年8月落地的联通混改，成为中央推进混改的标志性案例。对于联通混改，可用三句话总结：一是“意料之外”，联通混改呈现出几大突出亮点：混改放在上市公司层面进行，凸显联通混改实施层次之高；混改的领域（电信行业）处于“垄断行业”，表明联通混改力度之大；混改的股权占比趋于分散，国有股与非国有股平分秋色，表明联通混改力求实效；混改中员工持股倾向明显，限制性股票开垄断性企业之先河；混改方案推出了国企经理人市场化选聘、契约化管理和激励机制，直击国企治理软肋。二是“情理之中”，重新梳理国企改革线索可知：联通混改是回归1993年提出的现代企业制度改革方向的路径探索；是结束2004年“郎顾之争”后重启国企产权改革的逻辑演绎；是推动2013年十八届三中全会以来中央国企改革制度集成落地的样板;是中央推进混改“抓大放小”战略的引领之作。三是“有待观察”，从目前联通公布的混改结果来看，尽管机构数量和人员编制较大幅度下降，但从涉及国资管理体制、国资监管方式等几个深层次问题而言，联通混改的效果仍有待检验：方案尚未配套国资管理体制改革，可能由于国资改革滞后影响国企混改目标；方案未触及国资监管方式转变，混改的成效有待检验；新一轮国企改革把党建工作写入公司章程，公司治理可能迎来新的挑战；联通混改的实效是否体现目标导向，有待观察。

（二）国企混改的三种思维模式

混改实践中在一些地方或一些企业仍然是推而不动、质量不高。综观目前的混改，国资监管依然习惯“老板+婆婆”，部分央企或地方国企“形混而神未混”，一些国企领导人员“不求无功、但求无过”，民企或外资参与混改“迟疑不决、望而却步”。究其原因，一方面对于推进混改仍然“思想游离”，另一方面执行混改的“操作路径”仍然步履不一。争议最大的主要来自于三种声音，即三种思维模式：一是纠结于思考国企民企“谁来控股”的问题？二是停留于争论“国进民退”还是“国退民进”的问题？三是焦虑于等待“实施细则”，不敢轻举妄动。操作路径上，把混改等同于“股权多元化”，搞“腾笼换鸟”“利益输送”“跟风”“贪腐”等问题屡见不鲜。

问题背后，是对于混改到底“为谁而改”“为何而改”“改什么”“怎么改”等问题始终缺乏足够的思考和机制安排。

（三）国资监管的体制性矛盾

国资监管机构，作为老板，管得过宽；作为婆婆，又管得过细。国资多头管理、监管职责不清，国企领导人“行政选拔”和“行政级别”现象严重，以“行政化干预”代替“市场化决策”情况普遍。

1.“计划+行政”的双重控制

长久以来，央企、部分地方国企通常是国有股一股独大，国资监管部门（或国有控股股东）拥有对企业的绝对控制权，国企受国资监管或控股股东行政干预普遍严重。有研究发现，国有控股上市公司中，显著受其控股集团或国资部门的干预和管控（比例占69.31%），反映两者存在利益侵占与支持关系的较为普遍（比例占40.59%），国有上市公司（包括董事长）在重大事项决策时，显著受其控股大股东的影响。[1]

2.沉迷于“管人、管事、管资产”

管人，以“行政化任命”代替“市场化选聘”。国有独资公司领导人通常由国务院和地方党委、政府及其部门、机构直接任命，国有控股公司领导人则由控股股东推荐、委派，还有的是由集团领导直接兼任上市公司董事长等。有研究表明，53.92%的国企上市公司领导人仍由组织部或国资委任免和管理，具有行政级别。[2]

管事，审批事项过多、耗时较长、事无巨细。有评论认为，国企被赋予了外交、扶贫、救急等38项非市场职责。在2017年出台《国务院国资委以管资本为主推进职能转变方案》之前，包括对央企重组改制中离退休和内退人员费用、住房补贴、子企业股权分红、组织技能大赛、经营层成员选聘与业务考核等四十三项职能直接受国资委管理。

管资产，管理全方位、审批较保守。现实中，对于企业的对外投资、国企领导人薪酬考核、股权激励等审批较为保守；对于企业一些日常具体事务也干预不断；甚至有时不合理干预企业经营或重组。管理上审批程序冗长、繁杂，而且经常是“外行指挥内行”。

（四）央企、地方国企的选择性矛盾

从前两批试点看，不少央企、地方国企领导人焦虑于等待混改“执行标准”和“实施细则”，对于要不要混改、怎么混改往往处于矛盾状态：一方面，迫于政治和业绩压力，必须混改；另一方面，担心混改会踩雷犯错，又不敢“轻举妄动”，正所谓“不求无功、但求无过”。

1.混改与国资流失的矛盾

国资流失风险永远是国企领导人员最在意的那道线。2015年出台的三份重量级文件均直指国资流失问题。《中共中央、国务院关于深化国有企业改革的指导意见》提出，“改革要依法依规、严格程序、公开公正，切实保护混合所有制企业各类出资人的产权权益，杜绝国有资

产流失。”《国务院关于国有企业发展混合所有制经济的意见》指出，“在国有企业混改中，要坚决防止因监管不到位、改革不彻底导致国有资产流失。”《国务院办公厅关于加强和改进企业国有资产监督 防止国有资产流失的意见》提出，“以国有资产保值增值、防止流失为目标，坚持问题导向，立足体制机制制度创新，加强和改进党对国有企业的领导，切实强化国有企业内部监督、出资人监督和审计、纪检监察、巡视监督以及社会监督，严格责任追究……”

除了政策红线，舆论压力也使国企领导人们在改革时担惊受怕。当前，围绕混改性质是不是国资“私有化”等话题仍争议不停。回顾2004年的“郎顾之争”[3]，给一时的人们内心震撼极大，并阻碍了当时国企改革的推进，从中也反映出混改的制度规范和法治缺失给改革带来的尴尬。对于国企领导人们，十多年来“郎顾之争”的故事仍警钟长鸣，而“国资流失风险”就像一把悬在国企领导人们头上的达摩斯之剑，而永远不知道什么时候会掉在自己头上。所以，在标准没出台之前，宁可“抱残守缺，裹足不前”，也不想“轻举妄动，伤其自身”。因为国企领导人们都默认一点，最重要的是保证“政治正确”，最安全的就是不做不错。

2.混改与业绩压力的矛盾

经营业绩考核始终是国企领导人们绕不过的那睹墙。国企经营效率低下曾被社会纷纷“吐槽”。数据显示，我国国有企业的净资产收益率从2007年的15.6%下降到了2017年的7%，资产回报率从7.8%下降到2.8%；而对比我国民营企业，净资产收益率在2014年后就超过了国有企业，2017年达到8.1%，反映出国企资本和资产在不断膨胀，但经营利润增长却与之相反。[4]另外，截至2017年底，据案例搜集的300家上市国企的总负债额是其10年前的四倍。[5]利润低、负债率高成为我国国企发展面临的两大问题。2017年据有关媒体披露，在2016年已披露的业绩预告中，亏损额最高的五家上市公司均为央企，合计亏损额近500亿元。审计署2014年6月20日发布11家中央企业2012年度财务收支审计结果公告，中核建海外盲目投资导致亏损5131.18万元；大唐集团未批先建、违规投资、违规招标，投资多伦煤化工项目投资额超概算61.79亿元；中国铝业重大决策事务损失数十亿等。长期以来，国有企业特别是央企亏损不止已是常态。

（五）民企、外资参与混改的心理性矛盾

民企、外资无疑是参与混改的重要组成部分。[6]政策推动下，混改，对民企为代表的非公有制企业、资本可能意味是掘金的大机遇，但也可能是不小的危险——“鸿门宴”。

1.参与混改与担心丧失话语权的矛盾

对于参与混改的非国有股份而言（尤其是民企），如缺乏有效的制度设计和法制保障，混改后公司仍然国资一股独大，会遭受国有股内部人控制，难以起到股权制衡，侵害中小股东风险会加大。中国社会科学院经济所研究员赵农认为，混改中“当民营资本不能占主导地位的时候，就是羊入虎口。”国务院发展研究中心研究员张文魁认为，“对很多民营企业来说，你让他参与混合所有制，对他来说是一个陷阱，他们非常害怕关门打狗。”民企三胞集团董事长袁亚非认为，“在很多国有资本、民营资本共同参股的混合所有制企业，民营资本往往没有话语权。”民企最担心的就是混改后丧失话语权。

2.不参与混改与难以获取平台资源的矛盾

国企在土地占有、财政投资与补贴、贷款、资源占有、公司上市、利润分配等方面享有“政策偏饭”，使得国企与非国企之间地位不对等、实力不相称、竞争不公平。国有企业的垄断很大程度上是行政垄断。在国资委的文件中，已经明确规定了在涉及国计民生的军工、煤炭、电网电力、民航、航运、电信、石油石化等七大行业内，国有企业要保持绝对控制力，在其他许多领域也要保持“相对的控制力”，以行政方式保证和保护的国企垄断地位。[7]

2018年《财富》杂志发布世界500强榜单，中国入选的120家企业中，能源企业几乎为央企、国企所“垄断”，包括国家电网、中石油、中国石油天然气等在内的13家央企占比54%，而民企仅有1家，占比4%。在金融领域，国企更是占据大量金融资源，严重挤压民企和创新企业的生存空间，数据显示，2016年国企占据78%的新增企业贷款，而民企只占新增贷款的17%。[8]国企占据了社会大量的资源，与之相反，而民企却要承担更多的社会责任。据不完全统计，民营企业目前贡献了50%以上的税收，60%以上的GDP，70%以上的技术创新，80%以上的城镇劳动就业，90%以上的企业数量，对于当前经济发展起着重要作用。[9]因此，面对有限资源和垄断竞争的民企，需要更多的发展空间，迫切需要与占据有利资源的国企“分一杯羹”。

二、国企混改的制度性瓶颈

（一）国资监管政企不分

经历80年代的放权让利、90年代的抓大放小，进入20世纪以来的股份制改造和国企上市等大手笔改革，国企改革阶段性使命已完成，而面对新的使命再出发。

1.监管体制难以适应环境变化

政企不分依然是困扰和束缚改革的制度性瓶颈。传统监管体制机制未适应监管环境变化，国资监管通常体现为“雾里看花、水中捞月”，经常是“思路常变、循环反复、不接天线。”所谓“思路常变”就是没有始终坚持现代企业制度目标导向，国企改革的一些体制机制设计缺少一线调研，许多思路不接地气；所谓循环反复主要体现为朝令夕改，比如实施董事会试点，一拍脑袋在某一国企设立了董事会，没过一年取消了，导致国企改革无所适从；所谓不接天线就是典型的外行指挥内行，一刀切，既当运动员又当裁判员，今天要求国企这样明天要求那样，没有建立一种让真正懂企业的人去改革、管理企业的运行机制。

2.监管模式难以找准职责定位

国资监管“迷茫”的前提和根源就是政企不分。正如国资专家陈清泰所言，为改变政企不分，国资监管试图在政府管企业的框架内找到一种管而不死、放而不乱的度，在漫长的二十多年间，政府不知发了多少文件、出台了多少政策，一直在“放”与“收”之间徘徊，未能摆脱“一放就乱、一管就死”的顽症。[10]政企不分为何“一直在谈，一直未改”？原因在于国企改革近30年，一直没有解决好两个问题，即国企经营方式市场化与国企体制机制的市场化，即三个“位”，即政府如何定位、企业需要换位、监管不能缺位。政府要当好“婆婆”，不该管的不要管；企业要懂得换位思考，当好“媳妇”，不该做的不能做；外部监管不能“走马观花”，该怎么做就怎么做。[11]

（二）央企、地方国企现代企业制度未健全

2018年上半年，中央企业通过产权市场、股票市场，引入的社会资本超过880亿元。不少国企已混改，包括已上市、国有控股上市公司超千家，大量的国有资产已在混合所有制企业。[12] 截至目前，三批试点混改企业涉及资产超过万亿元，安徽、辽宁、广东、山东、山西、云南、上海等省市均已试水，已涌现出一批具有标杆意义和示范作用的混改试点项目。面上看，混改广度、深度、影响均与以往不同，混改取得积极成效。但实践中也出现一些混改质量不高等问题，典型表现就是一些企业仅是完成了资本层面的“形混”，而未形成制度层面的“神混”，即企业真正市场化、健全现代企业制度。

一是浮于表面，混改犹如一阵风。自2013年十八届三中全会提出积极发展混合所有制以来，除被列为“混改试点”的个别企业有所作为以外，主动参与混改、有勇气在集团层面、花大力气改善企业股权结构的企业少之又少，央企中甚至还有一些产能过剩、效率低下的“僵尸企业”是等着被兼并、重组、处置，而调研中“出于宁可少做少错，不可多做犯错”的企业仍不占少数。

二是流于形式，股权结构未动刀。一些地方国企对于混改的做法，仅是通过改制或投资新建方式，清理一批又成立一批，做“腾笼换鸟”，或是通过融资平台变向发债，以旧还新，根本上未改善企业股权结构和公司治理结构，仍停留于过去“圈地圈钱圈人”的模式。[13]

三是未见实效，改革措施未落实。一分部署、九分落实。实践中一些企业跟风不断，国企领导人脱离实际，照搬照抄“混改经验”，认为混改就是股权多元化，而没有在自身体制机制上下功夫，老问题仍在，新问题不断，为“混”而“混”。[14]

（三）央企、地方国企领导人员动力不足

本质上看，一些地方（或企业）混改推而不动、质量不高源于央企、地方国企领导人员思想上缺乏动力，具体而言是匹配企业改革的容错机制未形成，激励奖惩措施未发挥。

一是激励不足，心有余而力不足。表面上，混改推而不动的原因是在企业，而实质上，是对企业领导人的激励不足。长期以来，中国的国企高管薪酬“左右为难”：薪酬太低，不能激励高管，甚至推动高管走上腐败和寻租之路；薪酬太高，又会引发体制内的横向不公平，甚至引发寻租。[15]2014年，民企复星集团董事长郭广昌在谈及时任央企中粮集团董事长宁高宁发出疑问：“像老宁这样的人可以激励下面的人，谁来激励老宁呢？”激励不足，容易诱发道德风险。近年来众多国企高管因贪腐落马，有统计显示，自十八大以来，至少有115名国企高管落马，仅2018年，倒在国企关键岗位上的省管干部就多达30余名。[16]

除了薪酬以外，政治责任也是影响国企领导人推动混改的主要因素。2017年全国两会期间，原中石化董事长、资深国企高管傅成玉表示，调研中听到比较普遍的反映是：“干得好的没认可，干得不好有考核；有了争议没保护，出了问题要追责；干得多的毛病多，不干事的最快活”，在这种外部环境下，国企内部形成了“干的不如看的，看的不如提意见的”这种不正常现象。原国务院国资委研究中心主任楚序平也谈到，对国有企业来讲，要防止国有资产流失，没必要用心去逐步推进混合，要保证国有资产不流失，保证不犯错误，保证政治正确。

二是约束不足，不见棺材不掉泪。另外，混改中“散漫混乱”的原因是对领导人“内部人控制”“利益输送”“不作为”等缺乏问责和制衡。由于政企难分、现代企业制度不健全，国企高管特别是“一把手”的权力集中、缺乏有效的制衡、监督，导致贪腐行为层出不穷，一些人贪腐上亿元，如原中石化总经理陈同海。[17]陈同海案发后，中石化领导班子成员反映他朝纲独断，企业是他个人的独立王国，数千万、上亿元的项目，他经常一支笔批示决定，重大工程的招投标形同虚设，党组成员谈工作要排队求见。这可谓典型的国企一把手体制、内部人控制。一些国企实际上由少数人掌控、企业内部人控制包括贪腐问题严重，如央企一汽集团、中移动集团出现腐败窝案，一些人贪腐额过亿元。

另外还有一些占据重要资源和有利位置的国企领导人员，改革中舍不得放弃原来的职务待遇、资源网络等既得利益，不作为、不改革，甚至阻碍改革者，由于缺乏监督和问责，这部分国企领导人通常是“改不动”“不想改”。

三、联动推进国资监管体制、企业经营机制的改革思考

青山遮不住，毕竟东流去。混改不在“混”，而在“改”；混改到底应该改什么？对于企业而言，痛点是要改机制，寻求经营机制创新；对于国资监管机构而言，重点是要推动自身的改革，聚焦监管体制和模式的转变；对于参与混改者而言，难点是追求多元化股东成分的“合”，并探索建立劳动与资本相结合的新公有制。

（一）重点是国资监管机构自身的改革

推动国资监管机构自身改革，核心是解决政企分开。破解政企不分，关键在于去行政化、走市场化、促规范化。政府要放权，要回归到社会管理和公共服务领域，将资源配置的决定权和企业的经营权归还给市场与企业，要正视以管资本为主的监管体制改革，以建立现代企业制度为核心的公司制改革，要推动以混合所有制为核心的产权改革。推进改革的方向是坚持去行政化，推动改革的动能是坚持走市场化，保障改革的关键是坚持促规范化。破解行政与市场体制机制冲突的关键是要实现三者的有机统一。

2013年，十八届三中全会提出国资监管以管资本为主，成为国资监管的历史性大变革。2017年，国务院办公厅印发《国务院国资委以管资本为主推进职能转变方案》，要求加快实现以管企业为主向以管资本为主的转变。2018年，《中共中央国务院关于完善国有金融资本管理的指导意见》发布，指出更好地实现以管资本为主加强国有资产管理的目标。

对于国资监管机构，今后改革的挑战将主要来源于两个方面：监管体制上，能否实现由“行政化管控”转向“市场化决策”；监管模式上，能否实现由“管人、管事、管资产”转向“管资本”，这就看我们的监管部门是否有“壮士断腕”的勇气和“只争朝夕”的政治智慧。

（二）痛点是国企人才的流失

对于国企人才流失的切肤之痛，近年已有不少迹象印证：大型央企中国建筑第五工程局原总经理莫斌跳槽后入职知名房企碧桂园，上海两大国有集团高管——上汽集团原副总裁张海亮曾跳槽转投乐视，光明食品集团原副总裁葛俊杰曾中途离职……上海某国有控股上市公司在

近两年期间相继有两名高管、五名中层干部被民企挖走，团队核心战斗力大大损失。国企骨干人才流失现象频现，高管跳槽呈“大势所趋”，国企已成民企挖墙脚的“黄埔军校”。人才流失，尤其是领军人才和优秀经营人才的流失，对国企而言，不仅是核心战斗力的大大削弱，更是团队整体士气衰败的主要原因。

国有资产的最大流失是人才的流失，人才流失的最大问题是没有用当其时。归结起来，导致国企人才流失的主要原因有以下三点：一是容错纠错机制与国资监管政策不匹配。自中央八项规定和国企“限薪”制出台以来，对央企、国企领导人员的行政监管和纪律约束不断强化，一些国企高管逐渐缺乏了原先干事创业的热情，却多了怕担风险、不做实事、不敢出错的顾虑，或是想干事却担心受过错的矛盾心理。而同时习总书记提出的“三个区分开来”所体现的容错精神没有在国资监管中充分体现，导致部分国企高管选择性离职。另外，受种种非市场的限制，让国企高管们的创业创新意识、能力、成就、经济上的收获、成绩感等大打折扣，这对个人及企业可持续、高质量发展是巨大的负能量。二是绩效考核体系与薪酬分配体系不匹配。就国企内部治理而言，一些垄断类行业国企仍沿用传统人事管理方式，绩效考核还停留于“走形式”、“走过场”、“大锅饭”等倾向，考好考坏一个样，薪酬分配平均大锅饭，分配机制丧失激励性，导致部分优秀人才选择自动离职。国务院国资委研究中心有研究表明，国有企业领导层整体的收入只是其他所有制企业的三分之一；从内部分配本身来讲，国有企业存在严重的大锅饭现象；从分配的收入结构来讲，当期收入过高，中长期激励过低。[18]例如，就收入而言，国企与民企在一些行业中相同的岗位，民企有可能是国企的几倍、数十倍；碧桂园实施“成就共享计划”和“同心共享计划”跟投机制后，其区域老总级别管理人员有六、七名年薪在亿元以上。近年一些国企骨干、高管乃至董事长因为薪酬、作用发挥受限、成就感等原因离职，转入民企，获得更大的发展。三是机关官僚文化与人才上升通道不匹配。一些国企尚未完全脱离行政机关属性，造成较强的“行政依赖”。一方面，企业内部“科层制”“部门化”“小团体”文化盛行，相互之间讲背景、讲人情关系，国企表面一团和气，内部却混乱不堪，内耗严重，造成一些人才的“挤出效应”；另一方面，“三铁”思想作祟，内部存在“无过便是功”、“不犯政治错误就不会被干除”等心态，导致溜须拍马的人得以重用，而真正优秀的人才失去上升空间，最终成为许多优秀人才选择辞职的最重要恶疾。另外，国企常被诟病企业“效率低”，人才使用“按资排辈”，干部使用“能上不能下”，员工聘任“能进不能出”。欣慰的是，中央高瞻远瞩发现了这一问题，并在今年5月出台了《关于进一步激励广大干部新时代新担当新作为的意见》，我们希望能重新点燃国企干部的激情，让我们拭目以待。

（三）难点是建立劳动与资本相结合的新公有制

20世纪60年代，美国经济学家舒尔茨和贝克尔创立的“人力资本理论”认为，人力资源是一切资源中最主要的资源，人力资本应视同为一种投资，这种投资的经济效益远大于物质投资的经济效益。因此，应将企业中的人作为资本来进行投资与管理。对企业人力资本投入而言，只有让被投资的人首先实现了自身价值，才能为企业带来回报的价值。

混改不是目标，而是手段。新时代下，国企混改的主要目标是建立“共建、共治、共享、共荣”的同心共享市场化运行机制，并追求多元化股东成分的三个“合”，即战略要合，形成产业协同效应；管理要合，形成体制机制优势互补；多元文化要合，形成企业价值趋同。

四、国企混改的路径突破

千淘万漉虽辛苦,吹尽黄沙始到金。新时代，混改怎么改？答案在人。而人性背后，是靠利益驱使，动机决定行为。因此，改革唯有明确目标，聚焦问题，找准症结，理清思路，进而转变方法才能有效施策。

（一）劳动与资本关系的转变

马克思原著《资本论》曾对劳动与资本的关系做出深刻揭示，认为“资本雇佣劳动”构成了企业生产关系。数百年来，资本雇佣劳动是全球主流的劳资关系模式，股东掌握控制权也是全球主流的公司治理模式。企业的改革发展以资为本，甚至人沦为工具。

1.资本雇佣劳动向劳动与资本结合转变

后工业化时代进入人力资本时代，资本雇佣劳动的模式正向劳动与资本结合转变。现代企业的改革发展，最终是回到“以人为本”，并促进人的全面自由发展。在企业中，员工是企业重要的利益相关者，并且是最核心的生产要素，在一些人眼中其重要性超过股东。例如，阿里巴巴董事局主席马云曾多次提出：客户第一、员工第二、股东第三；阿里巴巴合伙人制度正是这种运营思想的体现。华为的核心价值观是“以客户为中心，以奋斗者为本，长期坚持艰苦奋斗”。

2.企业吸引人才向人才吸引企业改变

现代人才的应用场景正逐渐颠覆传统认知，有时不仅是资本雇佣劳动向劳动与资本结合转变，甚至是向劳动雇佣资本转变。国企传统体制机制下，容易导致人才流失，尤其是国企高管的人才流失，有时是一个人带走一个团队。近年来，杭州、南京、武汉、成都等多个城市在内，纷纷大尺度出台“引才策略”，国内一度上演“抢人大战”。众多知名外资、民企也不惜花“大价钱”，从世界各地“引进高知”，在人工智能、物联网、大数据、半导体、医药健康等领域更是尤为频现。就人才方面，挖了国企人才的碧桂园很有启发意义。近年来，碧桂园董事局主席杨国强曾豪掷30亿，在全球招募600多个职业经理人，包括把央企中国建筑五局的原总经理莫斌，担任过山东济宁市原市长、华大农业原董事长的梅永红等高级人才挖去担任公司副总裁。为了引才、用才可谓不惜代价。风云变换，人才就是中心，人才决定一切！

（二）建立“共建、共治、共享、共荣”的同心共享市场化运行机制

探索劳动与资本相结合的新公有制，核心是要建立“共建、共治、共享、共荣”同心共享市场化运行机制。为此，应进一步提高全社会对人力资本收益递增规律的认识，积极实施“人力资本强企战略”；高度重视和不断增加人力资本投入，探索人力资本与国有资本的有机结合；不断探索和创新人力资本的培育、组织、管理、积累和运用方式，以实现企业竞争力的内生性提升与倍增性发展。

1.推进员工持股改革

推进员工持股改革，促进人力资本与国有资本的有机结合。企业一定要有真正的主人。通过实施有力度的员工持股，让企业家领衔核心员工与企业形成深度的利益、命运共同体，

成为企业真正的“主人”。2015年，国务院国资委研究中心对2788家企业的研究表明，在混合所有制企业中，员工持股效率最高。通过海螺集团（如今实现A+B股同时上市、中国500强企业）[19]、绿地集团（如今的世界500强企业）[20]多年来的“员工持股”改革探索结果也表明，员工持股是推动公司发展的利器。而且，长远看，来自企业内部的员工持股激励可能强于引入外部资本的激励作用。借助较大力度的持股和股权激励，可以将企业发展动力内化为激发管理层及员工的行为长期化。

华为从“以人为本”到“以奋斗者为本”的激励制度也是最好例证：一是工者有其股。激励机制公开透明，奖金及时兑现，取消了企业的年终奖，变成季度奖，奖金不分职级，不看资历，只看贡献，13级员工有可能拿到23级总裁级别的工资收入。二是经营企业就是经营人性。老板要做的就是懂分钱、分好钱，让员工先成为百万、千万富翁，企业才能成就辉煌。三是坚持“以奋斗者为本”。敢为人才花钱。[21]华为真正牛的地方，不仅在于给钱多，在于给得公平。[22]一套牛的考核机制，奖惩分明，绝不让真正的奋斗者吃亏，保护每一位贡献者的合法利益。一套股权激励机制，让员工摇身一变成为“老板”，参与企业利润分红，为了华为发展玩命儿干。华为之所以能成就，多年来，就是因为这家公司承载了17万人的梦想，也激励着17员工共同推动企业走得更远，更高。

2.探索中长期激励

改革薪酬激励机制，建立“基本薪+绩效薪+中长期激励”等薪酬结构，是激发管理团队和员工积极性和主动性的有力手段。有效的例证是腾讯实施的“股权激励计划”。

腾讯每年向核心员工授股，用于激励员工，人均获利30万元。[23]2013年7月，腾讯宣布将扩大股份奖励范围，由中高层向基层管理者扩展，用了7个月时间花2.77亿元人民币回购股份以奖励员工。2014年7月，腾讯控股发公告称，将发行约1952万股新股用于向5000名员工发放奖励，总价值约人民币19亿元，平均每人获股权价值达38万元。2015年7月，腾讯董事会向5839名非关联人士赠15,858,040公司新股，总价值预计高达23.6亿港元，人均价值约合33万元人民币。2016年7月，腾讯发布公告称，董事会决议向7068位受奖励人士授予14,931,760股奖励股份，市值约26亿港元。正是靠如此，成就了世界500强中估值最高之一的中国民企公司。

3.实施项目跟投

“合伙人”时代，引入“股权激励”“项目跟投”“职业经理人制度”等市场化经营机制，有利于国企形成具有产业协同效应和领先竞争优势的经营管理体制。在项目操作层面，实施管理团队跟投，促进合伙人回报与项目业绩挂钩，打造最具凝聚力、战斗力和竞争力的经营团队。[24]碧桂园实施的“同心共享计划”值得国企借鉴。

2014年10月，碧桂园推出的“同心共享”制度中明确，新获取的项目均采取跟投机制，项目经过内部审批定案后，集团投资85%以上，员工跟投不超过15%的项目股权，共同组成项目公司，同股同权，“成就双享”。“同心共享”的本质就是对超额利润实施激励——项目跟投机制，目的就是“股权留人”“金手铐留人”。一是总部高管组建基金，由总部高管共同组成一个基金，对每个项目进行平均跟投，股权比例约在5%。二是区域平台平均跟投，区域平台对区域内的每个项目平均跟投，比例在5%以内。三是项目团队跟投，项目团队跟投所管的项目，比例在5%以内。资金来源主要是员工自筹资金，集团公司为员工提供一定额度贷款或帮助申请贷款。2016年，碧桂园实行同心共享的项目达583个，开工310个。实施“同心共享”制度以来，各项指标有显著改善和提升。依靠“项目跟投”机制，2017年碧桂园超越万科、恒大，成就中国第一。

（三）匹配与改革相对应的企业文化与制度环境

国企传统机制中，最令人丧失斗志的激励制度就是：干多干少一个样，干活不如不干好！造成这一问题的最主要根源是：未能建立与市场相匹配的人才管理体制机制，导致在现有体制框架下，企业人力资本激励机制的长期失灵。具体表现为，一方面，受“薪酬待遇”等硬指标所影响，导致人员心理选择性动摇；另一方面，受“价值实现”等软环境所限制，造成人员干事创业的激情不足。人才靠什么驱动，归根结底，除了靠一些“看得见、摸得着”的东西，还须配备让其放得开手脚、自觉大胆干的机制和氛围。

1.激励机制保障

缺乏激励，改革步伐通常“半路而终”。如何建立激励相容的企业内部机制？

一方面，薪酬分配要跟上市场，目标受激励导向。推进改革的动力来自哪里，说到现实根上就是领导人员的薪酬问题。“高薪养廉”可以是国企干部管理的必要条件，但“限薪”通常是造成国企领导人员“不作为”的直接因素。曾先后带领京瓷、日本第二电信（KDDI）两家公司进入世界500强的“经营之圣”——稻盛和夫，曾把人分为“可燃型”“不燃型”和“自燃型”三种。第一种是点火就着的“可燃型”的人；第二种是点火也烧不起来的“不燃型”的人；第三种是自己就能熊熊燃烧的“自燃型”的人。[25]通过市场化的激励方式无疑能“点燃”企业管理者干事创业的热情，让想干事、能干事、会干事的企业领导人匹配市场化的薪酬，就自然使他们能够处于“漩涡中心”，并影响整个团队，起到良心循环。

另一方面，推行职业经理人制度，由市场选聘经营管理者。市场是配置资源最有效的方式，只有市场才知道什么样人适合什么样的位置。为此，应把国企经营管理人员的任命权交还给企业董事会、股东会，并畅通好企业经营管理者身份转换渠道，让想脱离“行政依赖”“敢于下海”的领导人员有办法转换身份。近年发生在“白药控股”的混改就是由市场选聘经营管理者、推行职业经理人制度的典型案例。

2016年12月29日，云南白药控股股东白药控股通过增资方式，引入新华都实业集团股份有限公司进行混改，云南白药实际控制人云南省国资委、公司控股股东白药控股及新华都签订了《云南省人民政府国有资产监督管理委员会与新华都实业集团股份有限公司关于云南白药控股有限公司股权合作协议》，约定新华都对白药控股单方进行增资，以取得白药控股50%股权。[26]而混改后，云南白药董、监、高组成人员全部由股东会选举、董事会聘任。2017年4月20日，云南白药公告称，其控股股东白药控股已完成董事、监事及高级管理人员的改选，股权协议中达成了“去行政化”条款，即一次性“买断”云南白药高管的行政性职级——免去原有企业高管的行政性职级，不再保留省属国有企业领导人员身份和相关待遇，使其成为彻底的职业经理人。[27]这次董事会选举以后，白药控股高管都不再保留省属国企领导身份和职级待遇，而按市场化方式选聘，成为职业经理人，白药控股的“混改”由此画上了阶段性句号。

2.约束机制保障

缺乏约束，改革推进会“散漫混乱”。1960年，美国管理心理学家麦格雷戈在其所著的《企业中人的方面》曾提出“XY理论”[28]，基于两种完全相反的人性假设，两种理论类型的人会做出两种完全不同的行为，从而对企业产生不同的影响。对于符合Y理论型的企业管理人员，应该通过正向激励的方式让其发挥积极作用；而对于符合X理论型的部分国企领导人，则应采取软硬兼施的“胡萝卜+大棒”举措。为此，除了正向激励，改革中还须匹配内外结合的监督约束机制，这有利于破除传统机制中“干多干少一个样，干活不如不干好”“宁可少干不错，不愿多干多错”的体制弊病。

外部而言，完备的法律法规是制度保障。一是利用好党纪国法进行监督，杜绝借“混改之名”行“个人之实”的违规行为，杜绝利益输送和腐败，目前来看国企行之有效。二是加强法律规章建设，保证改革操作中的透明和规范，这有利于维护好外资、民企作为混改参与者的利益诉求。三是加强信息披露和公众监督，让混改参与者和股东方有权监督改革操作过程，让操作更加公开、透明、规范。

内部而言，完善的公司治理是关键。一是强化董事会决策作用，尤其是强化独立董事的内部制衡作用，对于防止决策失误能起到前置限制作用。操作中很多决策不能是“一个人、一支笔”说了算，决策科不科学，人员怎么使用，要问董事会；当然，这要建立在合理的股权结构上。二是强化监事会的作用。可以参考独立董事模式，引进独立监事机制，或者引入中小股东代表，并辅以相应的市场化薪酬激励制度，使监事在履行监督职责时，更加“独立化”、“人格化”。三是促成监事会制度和独立董事制度“无缝对接”，目前这两项制度是我国上市公司维护公司法人治理结构、实现内部监督的基本模式。

3.改革容错机制保障

2017年9月，中共中央、国务院发布《关于营造企业家健康成长环境弘扬优秀企业家精神更好发挥企业家作用的意见》明确指出，企业家是经济活动的重要主体。改革中国企领导要有干事创业的创新使命感、勇于探索不畏失败的冒险精神。国企领导人担负的使命和责任与民营企业家不可同日而语，如果没有容错机制，往往会束缚住国企领导人的手脚。为此，要有对勇于推进混改的国企领导人容错改错纠错的保障机制：

一是探索设立改革综合试验区，联动推进国资监管、企业集团、国资投资运营公司三项改革，分头试点，协同推进。二是探索分类与分层改革结合，推进主业处于充分竞争行业的商业类国企改革，同时深化重点领域的改革试点；引导子企业层面改革，同时探索在集团公司层面推进改革。三是探索混改正面清单与明确混改负面清单，明确民资、外企进入的正面清单，扩宽民资空间，同时明确国企混改的负面清单，鼓励国企创新突破，并对改革中遇到的政策瓶颈进行专题研究、专项指导、专项突破。

五、结论与展望

混改的痛点不在“混”而在“破”，核心是破除国企传统“薪酬分配”制度，突破体制机制束缚，激发企业家创新精神。混改的重点不在“混”而在“改”，推动国资监管机构自身的改革，改善企业经营机制，完善公司法人治理。混改的难点不在“混”而在“合”，旨在追求三个“合”：即战略要合，形成产业协同效应；管理要合，形成体制机制优势互补；多元文化要合，形成企业价值趋同。如国企混改的焦点没有找准，改革举措则难求实效。

触动利益比触动灵魂难，未来改革依然任重道远，需要一种“咬定青山不放松”的韧劲。习近平主席今年6月在山东考察时强调，国企改革抱残守缺不行，彰显改革信心和决心。国务院国资委近日也下发《国企改革“双百行动”工作方案》，包括央企和地方国企在内的400家企业入围，国企混改由上至下、由点及面将逐步铺开，有如势如破竹之势。

路不难，难得是敢不敢走。国有企业激励机制的改革需要“冰冻三尺非一日之寒”的战略定力，但也需要国企主管部门或国企领导人拿出“如欲平治天下，当今之世，舍我其谁也？”的气魄。不求立竿见影之功效，但愿市场化企业“同心共享”版的成功经验，能有助于国有企业在推进激励机制方面“平步上青云”。

成果创造人：葛培健 中国科创金融联盟、丁同庆、黎 阳 上海张江高科技园区开发股份有限公司

【注释】

［1］葛培健著.破解国企领导人双重身份决策难题[M].南京：江苏人民出版社.2018-01-01

［2］葛培健著.破解国企领导人双重身份决策难题[M].南京：江苏人民出版社.2018-01-01

［3］2004年8月9日，香港中文大学教授郎咸平在复旦大学逸夫楼为中美财经媒体高级研修班做了一次题为《格林柯尔：在“国退民进”的盛宴中狂欢》的演讲，直批时任格林柯尔董事长的顾雏军使用多种伎俩侵吞国有资产，引起了全国国资流失的大讨论。结局是顾雏军2005年被捕，2008年因虚报注册资本罪、违规披露、不披露重要信息罪、挪用资金罪获刑10年、并处罚金680万元，顾雏军长期喊冤，至今让众多民企对入股国企有顾虑。2017年12月和2018年6月，最高人民法院决定再审顾雏军虚报注册资本、违规披露、不披露重要信息、挪用资金案。

［4］《日本经济新闻》对我国2007到2017年300家上市国企的经营数据进行了分析，得出经营效率差、资产负债高我国国企改革面临的两大问题。

［5］例如，中石油其净资产收益率已经从2013年的10%下降到了2017年的2%，净利润从2013年的1362亿元下降到2017年的227亿元；中国中车集团2015年年底有企业员工超过18.6万人，2017年这个数字虽下降到17.6万人，但是需要支付企业年金的人数却增加了8万。

［6］2013年，十八届三中全会《决定》指出：“鼓励非公有制企业参与国有企业改革，鼓励发展非公有资本控股的混合所有制企业。”国家发改委2018年4月发文《引入民资外资 完善治理结构 国有企业改革向纵深推进》：“推进国有企业混合所有制改革，推动企业积极引入民营资本、外资等非公有资本，实现产权主体多元化，取得了重要成效。”

［7］陈功.国企改革的“安邦构想”[J].战略观察.2012-07-17

［8］刘胜军.国企改革：请不要再一次浪费表情[J].刘胜军微财经.2018.8.21

［9］2018年8月20日，刘鹤在主持召开国务院促进中小企业发展工作领导小组第一次会议上的讲话

［10］引自陈清泰2017年在首届中国企业改革发展论坛上的演讲。

［11］葛培健.打破政企不分的制度性瓶颈[J].董事会.2018(7)

［12］2018年1月31日，国务院国资委在中央企业混合所有制改革进展情况通气会上通报，2017年中央企业新增混合所有制企业超过700家，其中通过资本市场引入社会资本超过3386亿元。2012年至2017年6月底，央企控股上市公司从378户增加到390户，央企控股上市公司资产总额、净资产、营业收入、利润总额分别占整个中央企业的63.7%、60.8%、61.1%、84.8%；到2017年底，中央企业各级子企业，包含98家中央企业集团公司，基本上完成了公司制改制。

［13］中国建材集团宋志平（2014）曾称，“过去搞股份制的改革不太成功，是因为只解决了从市场募集资金的问题，并没有把市场机制真正引入企业，还给企业戴着‘国有控股’的帽子，按国有企业的管理的老办法‘参照执行’，企业没有焕发出应有的市场活力。”

［14］时任交通银行董事长牛锡明（2014）曾说，“尽管我国商业银行在股权结构上已有混合所有制之‘名’，但尚未完全达到混合所有制之‘实’，离充分市场化、商业化的现代商业银行运行机制尚有较大差距。比如在公司治理上，商业银行普遍存在董事会的决策功能不足、内部制衡机制不够健全等问题，需要通过改革进一步加以完善。”

［15］刘胜军.国企改革：请不要再一次浪费表情[J]. 刘胜军微财经.2018.8.21

［16］包括中管干部有中国船舶重工集团总经理孙波和中国华融董事长赖小民。2018年，中国华融原董事长赖小民被爆出私藏现金约3吨，约合2.7亿元，刷新了中国官员贪腐纪录根据财政部《中央金融企业负责人2016年度薪酬信息披露》，赖小民的年薪只有82.35万元，中国华融2017年总资产1.87万亿、净利润266亿。

［17］北京市第二中级人民法院经审理查明，1999年至2007年6月，陈同海利用其担任中石化集团副总经理、总经理和中石化股份公司副董事长、董事长的职务便利，在企业经营、转让土地、承揽工程等方面为他人牟取利益，收受他人钱款共计折合1.9573亿余元。

［18］引自楚序平2017年3月30日在中国人民大学2017中国宏观经济报告会上的演讲《国企改革“四惑”》。

［19］海螺集团原是一家传统行业的地方国企，1993年，其领导人郭文叁带领企业实施员工持股，49%的股份属于内部职工通过职工持股会持股，51%国家持股，经历　15年时间，实现企业经营资产增长300倍，受到著名经济学家、清华大学李稻葵教授的高度称赞。

［20］绿地集团是上海市属国企，1992年，在其领导人张玉良的带领下，通过员工持股改革，经过12年的时间，将其打造成为中国500强，后来成为世界500强企业。

［21］据2015年的数据，华为年入100万的超过1万人，年入500万的超过1000人。

［22］在华为的体系中，无论是科学家，管理者还是技师，都有各自不同的激励方式：科学家，高薪跟自由研发的空间他就能留下来；新招的管理者，要先让他“下放”到团队中，培养兄弟感情之后再任命；技师要去市场上对标，只要做到高质量，可以高工資。

［23］腾讯董事会筹措资金认购腾讯发行的新股或从二级市场购买股票，建立股票池，当员工满足一定条件时，就可以无偿获得股票。

［24］有数据显示，截至目前，百强开发商已经有40%左右在推行跟投制度。

［25］稻盛和夫在其著作《干法》中认为，“自燃型”的人通常有坚定的目标，勇于提出问题、解决问题。这样的人才能永远工作在“漩涡中心”，也是解决公司问题的关键。想要成就某项事业，就必须成为“自燃型”的人，在热爱自己工作的同时，必须持有明确的目标。

［26］后2017年6月，云南白药又引入民企江苏鱼跃，形成云南省国资委、新华都集团及江苏鱼跃分别持有白药控股45%、45%、10%的股权构架。

［27］2017年4月22日，云南省政府下发免职通知，免去王明辉的云南白药控股有限公司总裁职务，不再保留省属国有企业领导人员身份和相关待遇。

［28］麦格雷戈的X理论认为，多数人天生懒惰，尽一切可能逃避工作；多数人没有抱负，宁愿被领导批评、怕负责任，视个人安全高于一切；对多数人必须采取强迫命令，软硬兼施的管理措施。Y理论的看法则相反，

它认为，一般人并不天生厌恶工作，多数人愿意对工作负责，并有相当程度的想象力和创造才能；控制和惩罚不是使人实现企业目标的唯一办法，还可以通过满足职工爱的需要、尊重的需要和自我实现的需要，使个人和组织目标融合一致，达到提高生产率的目的。

【参考文献】

[1]葛培建.破解国企领导人双重身份决策难题[M].南京：江苏人民出版社,2018-01-01.
[2]稻盛和夫. 干法[M]. 上海：机械工业出版社,2015-06-01.
[3]卡尔马克思.资本论[M]. 北京：人民出版社,2018-04-01.
[4]楚序平.新常态下国企改革的四个新特征[N].中国航天报,2014-12-31(003).
[5]陈清泰.政企不分的体制性顽疾[J].经济学原理,2017-02-24.
[6]陈功.国企改革的“安邦构想”[J].战略观察,2012-07-17.
[7]刘胜军.国企改革：请不要再一次浪费表情[J].微财经,2018.8.21.
[8]葛培健.国企争一流核心在人才[J].董事会,2017(11):29-30.
[9]葛培健.重塑国有企业家精神时不我待[J].董事会,2017(10):42-44.
[10]葛培健.“同心共享”国企版路在何方?[J].董事会,2017(09):100-101.
[11]葛培健.打破政企不分的制度性瓶颈[J].董事会,2017(08):90-91.
[12]葛培健.国企巨亏警示公司治理痛点[J].董事会,2017(04):68-69.
[13]陈欣,刘泉红,葛培健,高明华.激发中国特色企业家精神:如何释放新活力?[J].董事会,2017(10):36-37.

汽车行业发动机工厂建设“六个维度6个零”管理创新实践

北京奔驰汽车有限公司

北京奔驰汽车有限公司（简称北京奔驰）成立于2005年8月8日，是北京汽车股份有限公司与戴姆勒股份公司合资，集研发、整车及发动机生产为一体的中德合资企业，截止到2016年12月，有职工超过一万一千人，主要生产的产品有奔驰全新一代C级轿车、全新一代E级轿车以及GLC SUV、GLA SUV等车型。

“北京奔驰新发动机工厂项目”作为梅赛德斯-奔驰德国本土外的首家乘用车发动机工厂，是北汽集团与戴姆勒集团深化合作、发力十三五的第一个重点项目，是“北戴合”后续项目成功的关键。从2011年6月28日在中德两国总理的见证下签署协议开始，2011年7月9日工厂奠基，2013年11月18日发动机一期装配线及3C机加工线竣工投产；2015年7月9日工厂二期在一期运营的过程中也顺利实现投产。四年时间，发动机项目团队以“零基础”起步，建设了一座产能达46万（四缸发动机基准），产品包含整机及3C核心零部件加工，生产能力不仅满足北京奔驰整车需求，并向福建奔驰及德国戴姆勒体系分别供应整机、出口3C零部件的世界级发动机工厂。2016年，两期项目共同投入序列化的第一年，发动机工厂更代表北京奔驰参加“全球卓越运营最佳工厂”奖项的角逐，并一举拿下了这一世界级奖项——“工业界的奥斯卡”。

汽车行业发动机工厂建设“六个维度6个零”管理创新实践项目（简称“六个零管理创新”）与2011年7月发动机项目的规划和建设同步启动，在实践过程当中不断形成完善，至2016年底建设项目关闭创新实践与理论成果也得以实现和落地，通过总结、提炼，形成在行业中,特别是在中国建设梅赛德斯-奔驰体系发动机工厂可以广泛借鉴、应用的管理方法。项目团队对发动机工厂建设的过程管理从“安全零事故”“清关零滞纳”“质量放行零障碍”“序列化生产零阻碍”“预算控制零风险”和“里程碑零高风险”这六个维度进行归纳和阐述，锁定了项目提前两个月投产以及项目投资节省超8亿元人民币等重要经济成果的实现，并带来了先进技术落地、管理技术传承、人才培养、社会就业等多方面的立体效益。

一、汽车行业发动机工厂建设“六个维度6个零”管理创新实践的背景

（一）国内外市场需求紧迫

梅赛德斯-奔驰，作为拥有一百三十年历史的汽车发明者汽车品牌，以其世界领先的技术研发水平，顶尖的外观与内饰设计，卓越的质量与品质控制得到了全世界汽车爱好者的称道。随着北京奔驰汽车有限公司的成立和不断发展，奔驰品牌在中国汽车市场上的销量逐渐有了起

色，面对快速增长且充满变化的中国市场，如果没有足量的“高品质”国产发动机进行匹配，将奔驰的“核芯”技术拿在手里，北京奔驰整体的发展仅依靠发动机整机进口必定将会步步受限、举步维艰。另一方面，随着全球市场的快速发展，130年来从未在德国本土外投建过发动机工厂的奔驰品牌也遇到了动力总成供应的资源紧缺。全球市场正急切的需要一座新的发动机工厂能够快速投产，以助力奔驰品牌夺回世界第一的宝座。

（二）工艺与质量要求严苛

北京奔驰自成立以来，一直秉承着“做就做最好”的质量管理理念，以“同一品牌，同一品质”严格对标梅赛德斯-奔驰全球质量标准。而发动机作为汽车的心脏，其生产制造工艺和质量的要求更是达到了极致，一根头发丝大小的偏差（0.5个微米），就可能导致发动机整机抱死，造成车辆和驾驶者的严重损失。

奔驰品牌对发动机工厂的要求更是极其严苛，除了装配和机加工生产线对生产工艺和设备近乎完美的要求，工厂的环境同样必须做到精准无误——恒温恒湿的车间环境和正压控制的厂房设计，都被用来确保车间生产、测量的绝对精度与洁净度，这也对工厂规划和建设团队提出了极高的技术要求。

（三）技术人才队伍亟待建设

梅赛德斯-奔驰在德国本土外首家发动机工厂的建设，“是整车制造核心技术向中国市场转移”的重要标志。而人才队伍建设不仅是北京奔驰长期战略发展的关键，也是中国制造业核心部件技术发展的关键。发动机项目面对团队90%的人员为新招聘大学生的现状，需要在和戴姆勒合作的过程中提升技术能力，更需要在实践中通过融合和管理方式的思考，形成即适应本地化要求又满足奔驰体系标准的发动机工厂。

图1 人员结构分析

二、汽车行业发动机工厂建设“六个维度6个零”管理创新实践的内涵

汽车行业发动机工厂建设“六个维度6个零”管理创新实践，是发动机项目团队在“北京奔驰汽车有限公司新建发动机项目（一期规划两期建设）”实践过程中，通过充分总结5年工厂规划建设过程当中遇到的困难和逐渐形成并完善的现代化创新管理方法，抽丝剥茧而出的管

理创新。充分基于现代化建设项目的管理思路——“以结果为导向”，紧扣工厂建设项目的三大核心指标——即“时间”（里程碑）“质量”“预算”，结合汽车行业合资公司发动机工厂建设的独有特点——即“现场同时施工供应商多”“海外进口设备多”及“生产与项目建设同时进行”，创新性地识别出三大核心指标外的三大过程影响因素——即“安全”“设备运输清关”“项目对序列化生产影响”，提出以“精准规划，精细管理，精确实施”为方式，通过在项目实践过程中不断利用“标准化，流程化，文件化”对实施过程及管理方法进行梳理夯实，最终实现了在“安全”“设备运输清关”“质量放行”“预算控制”“项目对序列化生产影响”“时间里程碑”六个核心维度上六个零的管理目标，确保工厂建设项目的优质实施。

图2 “六个维度6个零”管理创新

三、汽车行业发动机工厂建设“六个维度6个零”管理创新实践的主要措施

在北京奔驰发动机工厂建设的5年过程当中，发动机项目组通过不断探索与实践，总结出了具有创新性又可复制的“六个零管理创新”。为了将这个管理创新成果以及具体的工作方法进行传承，为行业同类型工作提供可借鉴和参考的经验指导——《奔驰发动机项目规划标准及执行流程指导手册》应运而生。

该手册顺着项目建设的思路，通过从“项目规划总体概览”“项目工艺规划”“设备免税和海关清关”“工艺设备安装调试”“PT及质量放行”“生产爬坡”六个章节进行展开，利用超过90张图表和近100页的文字，对整个项目实施阶段中归纳升华出的管理方法进行了细致的阐述，确保了在“六个维度”上“零”风险管理创新所带来的优秀项目建设成果，成为可以复制的科学管理方法。

2016年初，北京奔驰发动机项目三期（新项目组）成立并开始工作，通过依据指导手册与原项目组成员就“六个零管理创新”方法进行交流并传递经验，目前这个首次由北京本地团队领导的项目进展顺利，并在已经完成的PT1试装中取得了全球唯一绿色放行的阶段性优秀成果，验证了“手册”的指导作用与“管理方法”的可复制性。

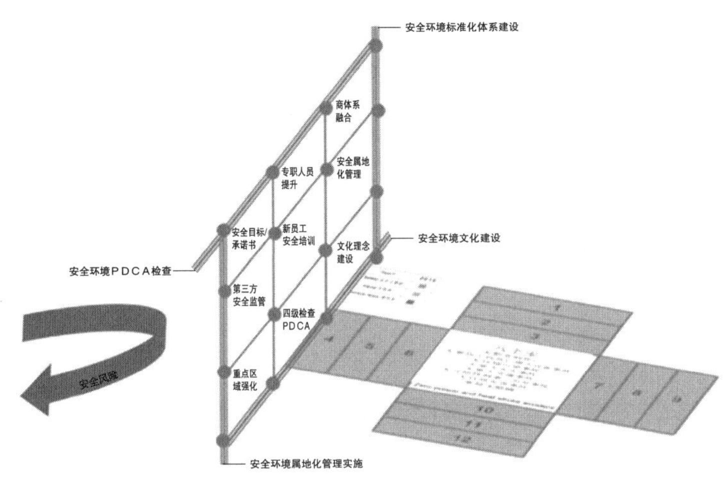

图3　安全管理网络

如果说六个维度是“项目手册”的拓扑思想，那么各维度的实施手段则是各维度成功的核心抓手。我们在传统方法的应用上结合北京奔驰发动机工厂建设的实际情况，在工作中对实施方法进行不断探索并总结，形成了具有行业普遍借鉴意义的管理方法。

例如在“安全管理”方面，针对项目阶段现场情况复杂和外来人员多的主要特点，我们将公司资源和属地资源分别定义，创新性建立“属地管理”制度与“直线责任”体系相结合的管理模式，并将多方建设/规划者网络化，将“五同时”和“轮值安全员”管理思路灌输项目建设全过程，密织安全网，实现安全零风险。

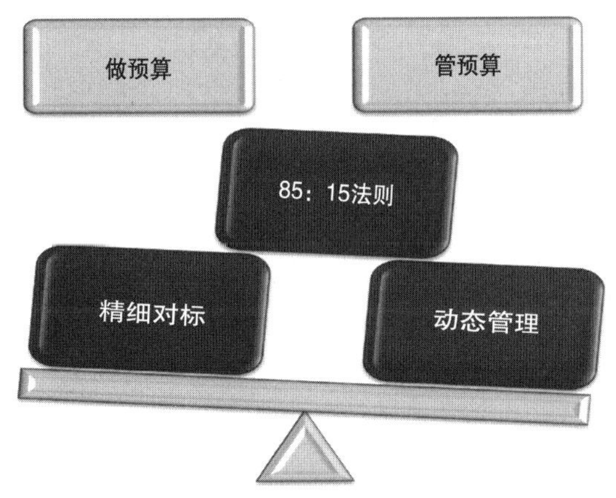

图4　预算管理法则

再例如在“预算管理”方面，项目组创新性的提出了“85：15”的管理原则，即通过先期准确的“安全环境、工艺技术和产品质量”标准的对标和确定，确保实现规划建设和投产的预算执行精准化（85%）。同时成立项目预算动态管理组织机构，以“工作包”形式进行预算的动态管理，通过流程化有效将戴姆勒不断发生的工程、产品变更控制在15%的安全警戒线以内，通过不断地在“精细对标”与“动态管理”中互相平衡实现最终的预算控制“零”风险。

除此以外，在其他的四个维度上，项目组也都创新性地提出了以国际贸易理论和海关政策为基础，“高精度”清关实践的管理创新方法、以独创“六大检查点”为管理手段，结合“绿色放行”质量目标管理，实现质量放行实践的管理创新方法、“以纵横平面信息流促和谐人机交互的序列化生产与项目投产管理实践创新”方法以及以“双导向分层级”管理方法，形成纵横交互滚动式双层里程碑管理创新实践方法。以上创新方法将会在后续的具体做法章节中进行具体阐述。

奔驰发动机项目规划标准及执行流程指导手册

北京奔驰汽车有限公司
中国·北京
2016年5月

图5　项目管理手册

（一）“安全零事故”管理创新实践

1.“属地管理”与“直线责任”相结合，实现安全网络全覆盖

属地管理安全责任：实行安全环保区域责任制。每个区域人员明确自己属地管理职责，确保建设项目每一个区域内的每一件设备、设施、工具在不同的状态下均属于受控状态。

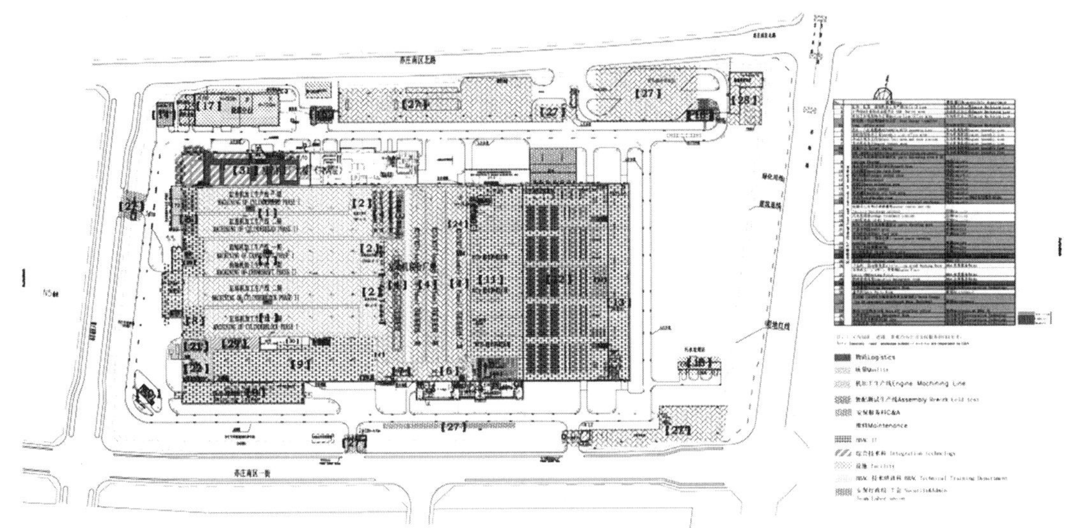

图6 发动机厂区属地划分图

区域划分规则：按照工厂各区域规划用途和各部门管理职责，界定对应责任部门、管理范围及对应的负责人。同样的区域，根据项目建设不同阶段确定区域内相关单位职责，作为属地管理的主体文件和管理依据。

表1 发动机厂区属地责任（交付生产使用后）

生产车间	设备维护中心	制造工程——规划	制造工程——设施	安全环保科
1.履行本国间日常安全环保业务职责	1.在移交手续完成的前提下，承担移交后，承担冲压春节安装设备的日常维护保养	1.在属地内施工时，作为业务主管部门，承担《北京奔驰建设项目工程相关方安全管理细则》明确要求的项目主管部门	1.负责发动机厂房、附属动能及设施的维护保养、关于设施、动能的维护范围和职责；建立设施管理、投备维护中心、车间三方认可的业务范围说明文件	1.承担公司级安全业务，并对车间安全工作的业务指导、审核工作
2.在属地内，对于非车间主管的工作业务，配合主管业务部门承担支持、监管职责	2.关于投施、动能的维护中心、设施管理、车间三方认可的业务范围说明文件	2.对冲压工艺设备的改造、更新应符合国家安全技术标准及公司安全标准化要求	2.对于消防设施的运行管理范围和职责，建立公司安全管理部门、设设施管理、车间三方认可的业务范围说明文件	2.实施对车间安全工作的抽查，提出隐患整改要求，并对车间自行日常检查发现的隐患整改难点及工艺部门工艺、设备改造发现的安全项提咨询服务
注：对进入车间开展相关业务的单位，建立车间属地安全管理规则及配套流程	3.对于需要由第三方进行维护的设备（特别关注特种设备），起到北京奔驰业务主管部门监管职责			3.监督隐患整改责任单位完成隐患整改。
	4.遵守在属地内进行作业的属地部门安全要求			4.对于消防设施的运行管理范围和职责，建立公司安全管理部门、设施管理、车间三方认可的业务范围说明文件
部门： 负责人	部门： 负责人	部门： 负责人	部门： 负责人	部门： 负责人

直线责任安全管理：明确各部门业务中涉及的安全环保工作，并将各部门安全环保工作与公司级安全工作对接，实现安全管理贯穿公司所有组织机构。

“属地管理”与“直线责任”责任判定原则：当属地管理和直线责任在安全环保工作内

容上发生冲突或发生责任判定时，属地管理服从直线责任。

表2：“属地管理”与“直接责任”的区别与联系

管理关系	描述	管理职能和责任	
		属地单位	直线单位
属于 （横向概念）	承担属地单位涉及的安全业务应履行的职责；并承担对应的安全责任	本属地内，根据不同的时期，履行前期安全参与、现场安全监督、检查及过程控制的职责，并承担对应的安全责任	承担安全管理主体责任
直线 （纵向概念）	承担本单位工作业务中涉及的安全业务应履行的职责；并承担对应的安全责任	1.对于属地内，责任同上； 2.对于非属地内，履行支持、配合参与的职责，并承担相应的责任	全过程安全管理，承担安全管理主体责任

2.落实轮值安全员制度，确保施工建设“五同时”

（1）落实轮值安全员，提升全员安全意识

提高安全意识是做好项目建设现场安全工作的关键。通过建立轮值安全员制度，定义轮值安全员职责职能，摒弃以往由安全员管安全的被动方式，改由每名员工轮流担任一天安全员,达到人人参与安全管理的目标，让员工从“要我安全”到“我要安全”意识彻底改变。每一名员工从执行制度逐步形成行为规范，从被动上升到主动来指导安全工作，做到及时预见、消除隐患。

（2）五同时法则

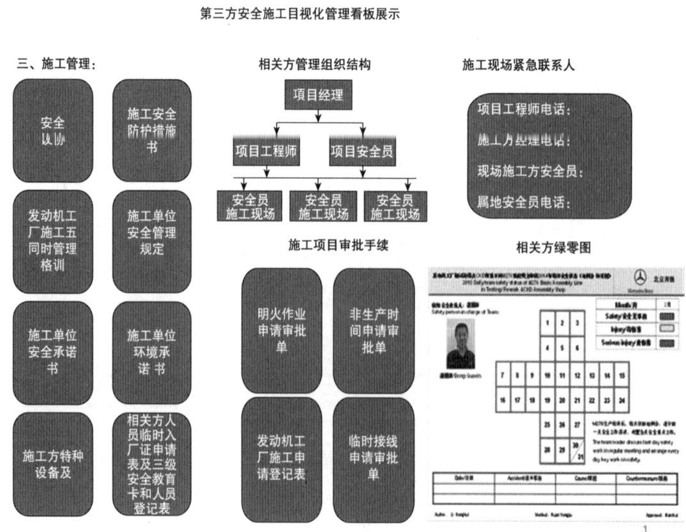

图7　第三方安全施工目视化管理看板

项目安全环境组联合公司安全环保科成立安全属地化管理小组，建立“五同时法则”：

●施工方施工同时建立安全组织机构和专/兼职安全员。

● 施工项目规划工程师要同时负责项目安全。

● 施工区域属地管理安全员同时负责施工安全。

● 发动机工厂安保组同时负责施工项目安全。

● 公司安保科与项目安保组同时进行施工方案备案、施工方案安全评估、施工人员安全交底与安全培训、施工现场目视管理及重点区域重点监管。

从五个方面同时对同一区域的施工建设进行安全管理，建立五位一体的安全生产保证体系，搭建施工现场安全生产的管理平台，为项目的顺利开展保驾护航。

（二）“清关零滞纳”管理实践

1.全面夯实国际贸易理论和进出口流程，狠抓免税和清关文件质量，确保免税及报关“零”误差。

整个项目过程中，项目组选用DAP条款，由北京奔驰人员进行清关工作，将清关成本控制在最低，同时最大保障清关的时效性。为确保设备能准确按照时间节点进行，需要对相应进出口贸易流程熟练掌握和应用，分析流程所注意事项。设备经过原产国海关出关过程中流程归纳如下。

表3 设备出关要点及要求

序号	要点	注意事项及要求
1	报价	发动机项目设备价格昂贵，均采用CIF（成本加运费）报价，以减少风险。
2	合同	含商品名称、规格型号、数量、价格、包装、产地、装运期、付款、结算、索赔、仲裁等。
3	付款方式	采用信用证付款，通过信用证开户银行转寄单据，有效降低风险。
4	备货	货物质量、数量、规格、发运逐一落实。
5	包装	含IPPC码、合同号、毛重、箱数、港口等。
6	出关手续	含箱单、发票、报关委托书、出口结汇核销单、出口货物合同副本、出口商品检验证书等。
7	装船	采用整装集装箱方式，降低设备损坏风险。
8	提单	根据信用证所提要求份数签发，一式三份。
9	结汇	根据信用证递交银行办理结汇手续。

根据不同进口类型，所需材料不同，紧迫程度也不同，在清关过程中为避免免税或清关文件的不合格而导致时间延误，项目统一明确了免税和清关文件类型，确保其一次性通过。同时，项目对免税及关文件质量也做了统一要求。

表4　免税和清关文件清单

材料／清单／清关方式	发票	箱单	提单	报关通知单	合同及供货范围	减免税说明	图文	分批发运概述	到货清单	技术协议	系统说明
口岸报关	EX	EX	EX	IM	IM	—	—	—	—	—	—
押保	EX	EX	EX	IM	IM	IM	EX	IM	EX	EX	IM
免税	EX	EX	EX	IM	IM	IM	EX	IM	EX	EX	IM
说明：EX 表示供应商提供；IM 表示 BBAC 提供；-表示不需要，但这些文件都有 BBAC 统一汇总给报关员											

表5　免税及清关所需文件要求

序号	要点	注意事项及要求
1	发票	国外供应商需在办理完出口手续后立即提供货物发票，发票需为打印并人工签字确认。
2	箱单	包括集装箱编号、尺寸及包裹数，且信息需与实际装货无任何偏差。
3	提单	确保货物的信息物权凭证有效。
4	免表	海关关税科开具的征税或免税依据，如无特殊情况，需在到港前获得。
5	合同与供货范围	确定所发货物符合合同及供货范围要求，如不符合，将导致严重的清关问题。
6	其他	设备减免税说明、设备照片、报关通知单、分批发运说明，严格按照海关要求进行编制。

在实际清关过程中，根据实际情况的紧急程度灵活选用通关类别，确保在非常时刻准确、快速清关。其通关类别包括口岸报关、押保、免税三类，具体特点如下所示。

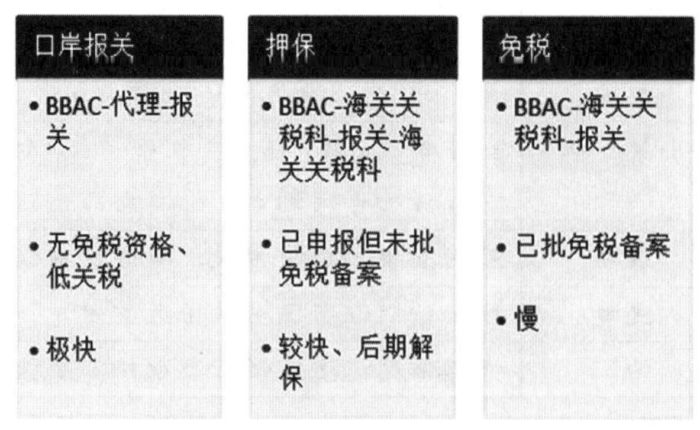

图8　常用通关类别

2.精准执行海关实时政策，严控清关非必要费用，确保清关和安装“零”滞纳

在办理相关流程和申报时，严格遵守并执行《发改委免税备案》《鼓励进口技术和产品

目录》《进口不予免税的重大技术装备和产品目录》，以防操作有误。

根据海关相关章程，分析费用产生环节，严格区分必要和非必要费用。必要费用包括增值税、关税及各类杂费；非必要费用包括滞报金、滞纳金、滞箱费等。必要费用方面，为确保设备的快速清关、离场和转运，增值税和关税费用由财务部门直接电子支付，清关杂费由代理公司代付，提高了清关效率。非必要费用方面，项目针对清关流程做了相应时间规定和指导，确保不产生非必要费用，见下图所示。

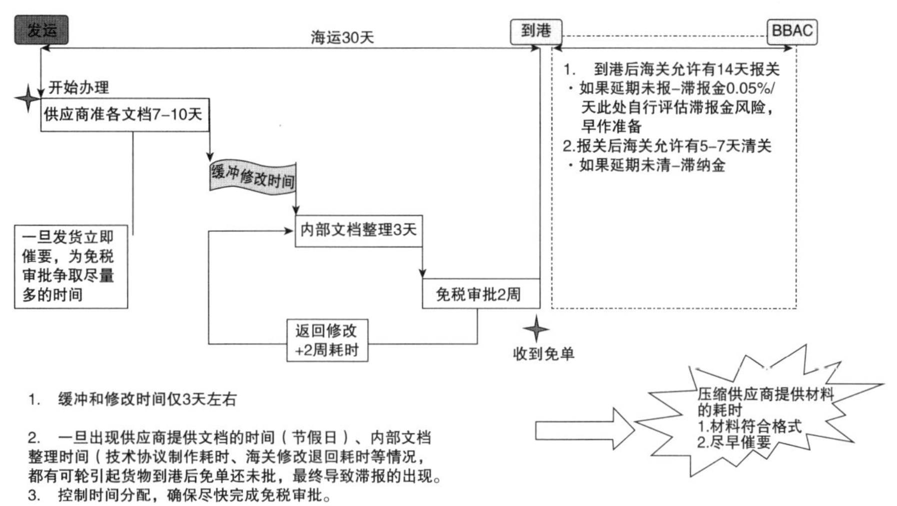

图9　设备清关流程图

除此之外，项目统一强化了供应商设备发运具体要求。例如，避免属零部件单独发运，造成额外征税及3C证明等。再者，需严格核对离港港口、箱数、包裹数、重量、原产地、价格明细、发运批次号，同时获取放单代理、货运代理、卸货代理的联系方式，以便跟踪。

（三）“质量放行零障碍”管理创新实践

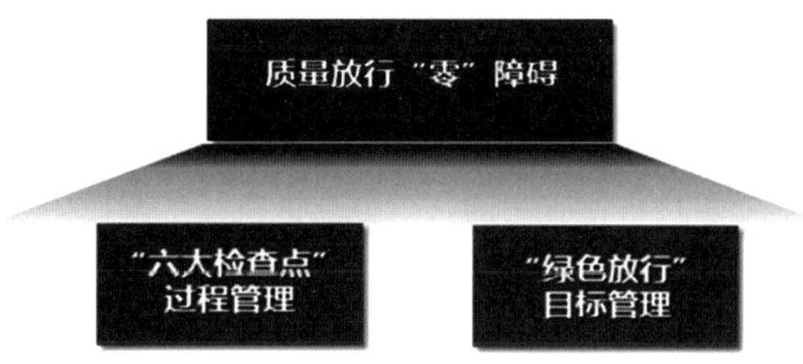

图10　质量放行管理法则的两个支点

1.以梅赛德斯MDS和北京奔驰PDS为基础，建立北京奔驰发动机项目质量过程控制系统

戴姆勒集团经过多年积累，开发出MDS系统（Mecerdes Development System），北京奔驰项目管理团队基于实际应用情况也总结归纳出北京奔驰工厂开发系统BBAC PDS – Plant Development System，BBAC PDS采用“控制门（Control Gate）”的概念，用来确保所有的接收标准都顺利实现。

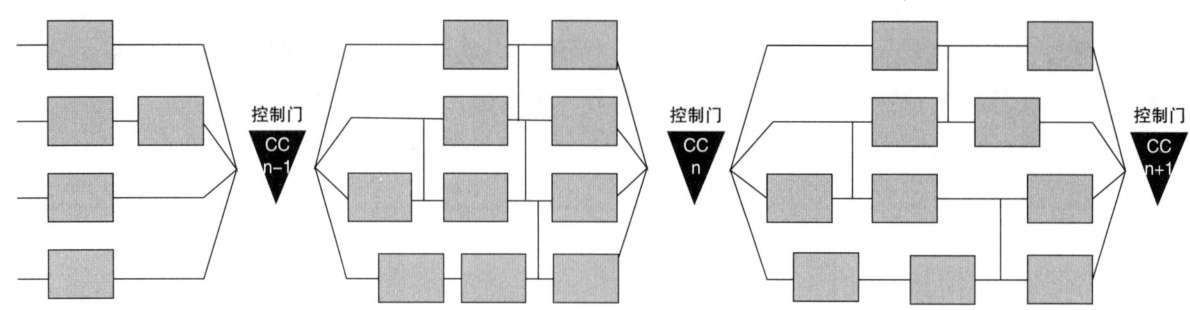

图11　BBAC PDS控制门流程图示例

控制门是项目管理委员会（PMB）进行的一系列综合性评审。完整的北京奔驰工厂开发过程共有11个控制门，这11个控制门同时也是整个工厂开发过程的关键里程碑节点。

在此基础上，北京奔驰发动机项目质量过程控制系统应运而生。该控制系统由6个质量控制点组成：规划阶段、设计阶段、设备制造、预验收、安装调试、终验收 。

图12　北京奔驰发动机项目质量过程控制“六大检查点”

对项目整体六大检查点的具体分项检查点采用评审会放行制度，每项交付物设定具体的放行依据、调整措施，有效做到项目执行中的过程控制。为质量放行“零”障碍提供强大过程保障。

2.建立“PT Green绿色放行”质量目标管理，实现项目质量放行无障碍

在项目管理中，以避免红色评价为目标的管理结果，就是在PT阶段不会出现全绿色放行。北京奔驰发动机项目“PT Green绿色放行”质量目标管理，指的是项目过程中，对全部质量放行考核分项以绿色放行为目标，重新梳理所有工作的时间规划。

发动机项目团队对质量放行检查表的每个分项进行详细解读，明确绿色放行及黄色放行的指标区别，并针对绿色放行标准，制定相应工作的时间计划。如原本需要在PT2前完成CMK的放行，PT1没有完成仍可以得到PT1黄色放行。而在“绿色放行”的质量目标管理体系中，CMK需要在PT1前完成。

“绿色放行”的目标管理，其效果是有效规避项目执行的时间风险，质量放行更加顺畅，发动机项目二期更是完成了各生产线PT试生产一次性通过的目标。

（四）“序列化生产零阻碍”管理创新实践

1.构建“项目+序列化”核心团队，纵横构架“零”距离生产信息流，保障序列化生产“零”障碍

发动机工厂项目二期建设，时间和空间上与发动机工厂一期的序列化生产工作并行。以

曲轴线为例。一期项目投产8个月后，二期项目开始进入规划阶段。二期项目需要在一期生产线进行几乎不间断序列化生产的情况下，在共用的物料自动化传输系统上进行硬件添加，不得不造成一期停产。

通过构建核心团队，相关部门（生产计划部、生产部和二期项目部）专人参与的作战屋模式将上述两类信息进行整合并破解制定出完美的首尾相连无接缝工作计划。生产部在设备安装之前进行“打储”，以降低产线日产量，为项目施工提供额外一小时停机。项目部则充分利用该停机时间进行总成安装工作。通过生产计划部和生产部的共同协作，在不影响一期序列化生产的产量和合理库存的前提下，项目部按时完成所有部件的安装。利用纵横的信息流构架实现了生产计划与项目计划的对接，保障了序列化生产“零”障碍。

2.系统化经验法促和谐人机交互，保障安装调试“零”耽误

（1）MPS精益生产管理手段的精细化人员工位分配法

二期项目根据一期项目现有人员结构运用MPS精艺生产系统中借助HPU（单车工时）优化方法对人员数量以及工作内容进行精细化分析。精简了对各个生产线整线人员需求的数量并优化了各工位的岗位职责（图13），最终实现了科学的工位分配。

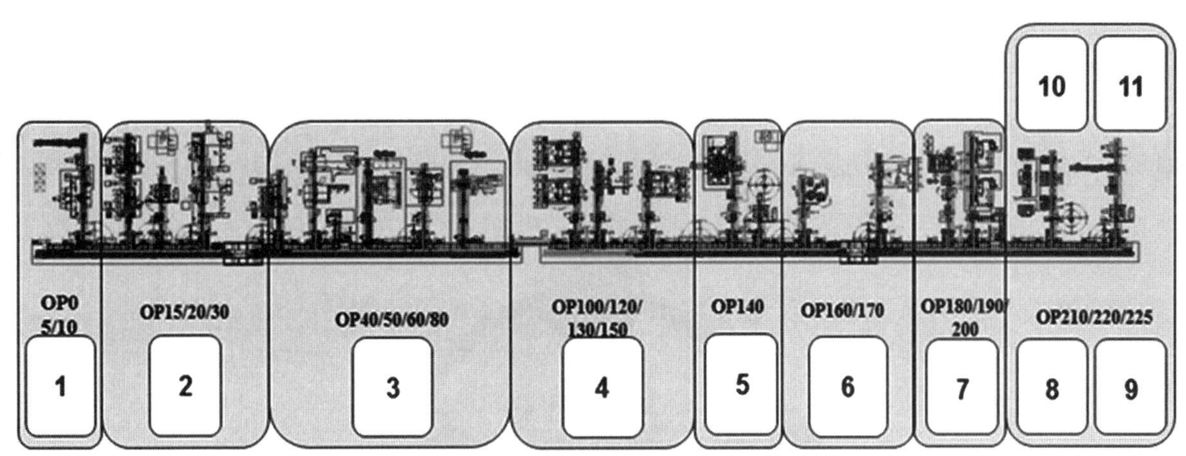

图13 精细化的产线人员工位分配

（2）建立“四个明确”的培训体系

基于项目前期清晰精细化人员定岗定责，确立项目中后期和序列化生产培训中的四个明确，即：明确岗位职责，明确培训内容，明确培训目标以及明确的考核制度。

利用现有外专和老员工的资源对新员工进行一对一的专人培训。在此，由外专与员工签订师徒协议并完成周期性自评和互评。同样，在工厂新老员工之间亦采取员新老工师徒制（图14）实现了技术、精神的双传承。

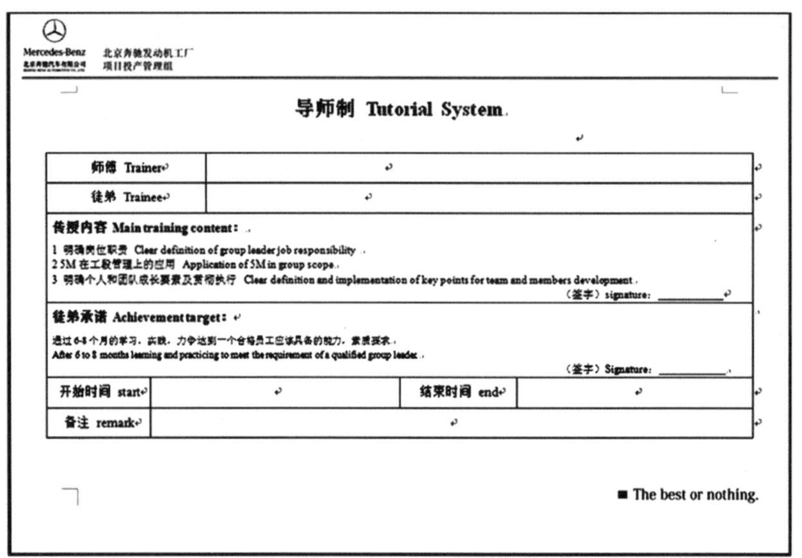

Mercedes-Benz 北京奔驰发动机工厂 项目投产管理组

导师制 Tutorial System

师傅 Trainer	
徒弟 Trainee	

传授内容 Main training content：

1 明确岗位职责 Clear definition of group leader job responsibility

2 5M在工段管理上的应用 Application of 5M in group scope

3 明确个人和团队成长要素及贯彻执行 Clear definition and implementation of key points for team and members development

（签字）signature: ________

徒弟承诺 Achievement target：

通过6-8个月的学习，实践，力争达到一个合格员工应该具备的能力，素质要求。

After 6 to 8 months learning and practicing to meet the requirement of a qualified group leader.

（签字）Signature: ________

开始时间 start		结束时间 end	
备注 remark			

The best or nothing.

图14　本地导师制师徒协议

（3）体系工具助设备安装调试“零”风险

设备问题追踪列表LOI的应用加强了对不同阶段设备问题的持续追踪解决和改善。在此应充分应用戴明环PDCA的方式对问题进行闭环式管理。

设备故障模式影响分析FMEA（图15），是针对设备运行过程及设备停机状态中的实效模式进行分析，确定失效效果、失效原因，预防、探测手段，然后进行改善措施。

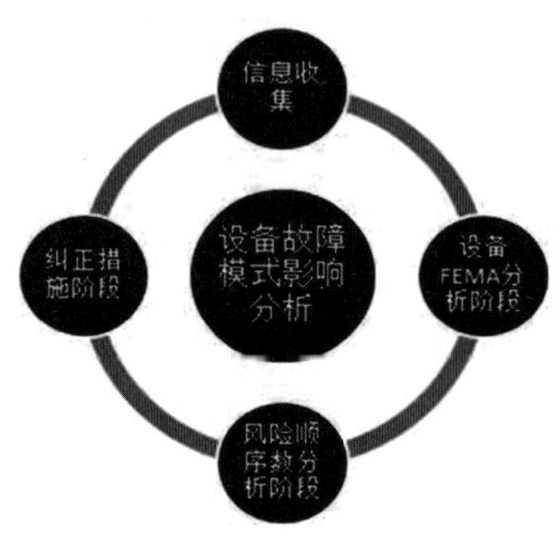

图15　设备故障模式影响分析步骤

（五）“预算控制零风险”管理创新实践

1.预算管理的“85：15法则”

受时间要素的制约，规划内容无法在项目规划初期做到100%精准，项目总经理提出精准规划的理念，即各工作包需把预算范围首先锁定在能准确规划的主要内容上（85%以上内容），保障了预算的准确性，为项目实施过程中有效控制预算打下了坚实基础。剩余15%预算用于覆盖项目各阶段可能出现的变更及不确定内容。

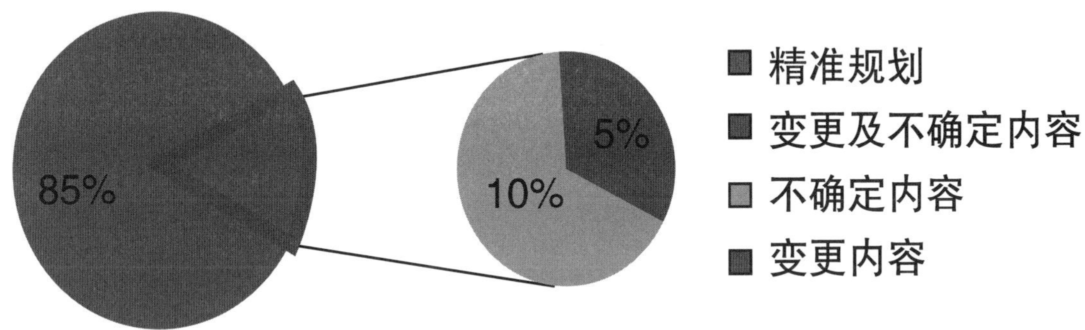

图16 项目预算“85:15法则”

2.“精细对标”与“动态管理”结合的管理实践

通过项目规划阶段的精细对标，虽然保障了项目初期预算的准确性，但无法避免长周期项目进行过程中不断出现的厂房、设备、产品、技术变更，对预算进行螺旋式动态管理是项目团队在预算管理的又一种创新尝试，内容主要包括：

（1）成立项目预算动态管理的管理组织机构

成立包括项目总经理、预算控制专员和各工作包负责人在内的项目预算动态管理工作委员会，对项目各阶段过程中由于受到项目外部、内部等环境影响下的预算动态问题进行提前预警、准确判断和及时解决。预算控制专员协助项目总经理和组织包括各工作包负责人在内的项目预算动态管理研讨会，研讨会不仅有效监控了各工作包的预算动态状态，并高效统一地制定了应对项目预算风险的动态对策。

（2）落实工作责任

项目总经理对项目预算负总体责任，并按照项目预算管理流程对项目实施过程中的预算偏离做出决策，是整个项目预算动态管理的主导者；预算控制专员负责项目预算的整体编制、优化和控制，协助项目总经理组织预算讨论会优化预算，并协调各工作包负责人进行项目预算的管理和流程审批；各工作包规划团队负责人为本工作包预算动态管理活动的具体实施人，全面负责本工作包预算管理问题动态管理工作。

（3）各工作包“零障碍”协作

各工作包负责人围绕预算控制“零”风险这个目标，立足本工作包，协助相关工作包认真查找问题原因，分析解决措施，对问题的提案迅速组织实施。对非本工作包问题和提案，在实施过程中相互支持，密切配合。

（4）建立项目预算动态管理流程

流程的主体思路采用项目总经理直线管理各工作包预算状态与工作包负责人横向细化和追踪各工作包内预算细节相结合的方式，保障在项目实施的动态过程中的预算分类有主次层级，预算控制有交叉管理，预算变更有流程支持的局面。在项目实施各个阶段，随着进度的开展预算管理同时也按照螺旋式的形状进行有效控制。

（六）“里程碑零高风险”管理实践创新

1.以“双导向分层级”管理方法，形成三个层级的高度统一

双向分层级管理方法是发动机项目实施过程中的重要举措。发动机项目采用双向制方法对项目时间进度进行管理和把控。首先是明确项目时间里程碑链，识别出项目时间里程碑的重要等级；其次是创建项目时间里程碑分级管理导向机制，稳固各层级管理重心，提高资源调配的效率。

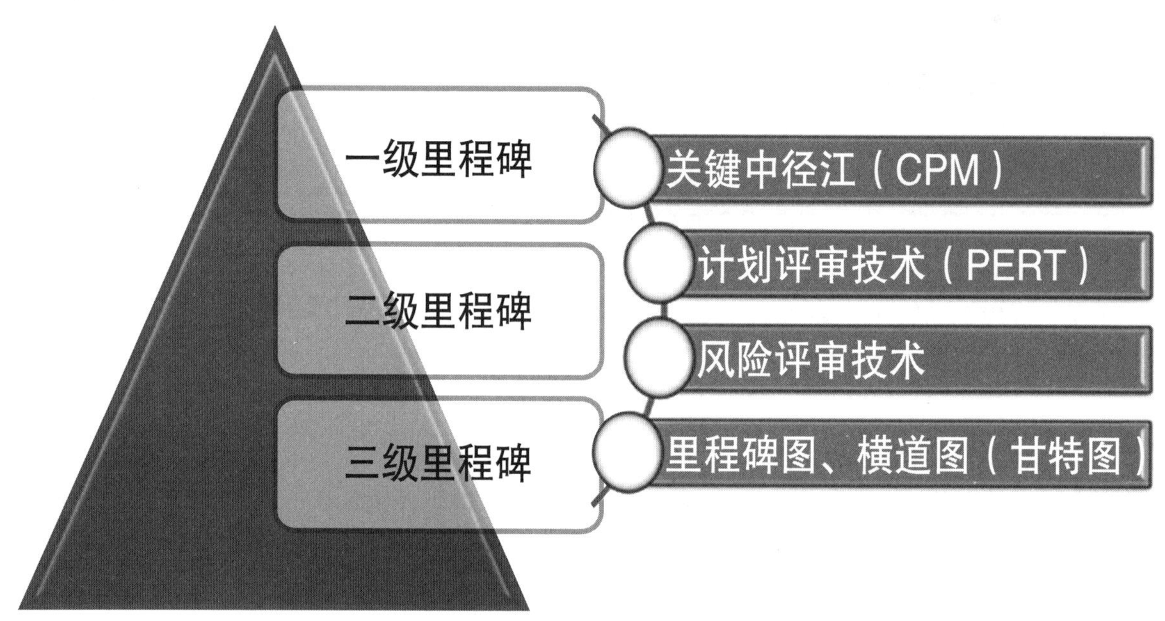

图17　里程碑管理法则

（1）项目时间里程碑分层级识别

通过项目团队的讨论，将项目时间里程碑分为三个等级：

● 一级里程碑基于戴姆勒标准化的项目开发模型，以客户为导向，基于具有“重要输出”的标准进行筛选。“重要输出”主要指预示着本工作包任务对其他工作项目有重大影响的输出，一级里程碑包括装配线试生产时间节点、装配线投产时间节点以及整车车型投产时间节点。

● 二级里程碑为一级里程碑的支撑项，二级里程碑的“客户”为发动机项目内部客户。二级里程碑以一级里程碑为目标，使用关键路径法对工作任务进行分割，再将主要工作任务进行扁平化分配。

●三级里程碑是二级里程碑的数据基础，由每个工作包的负责人负责组织编制，详细地记录了每个工作包的工作任务。

三级里程碑采用甘特图进行绘制，并对关联点之间进行了关联。

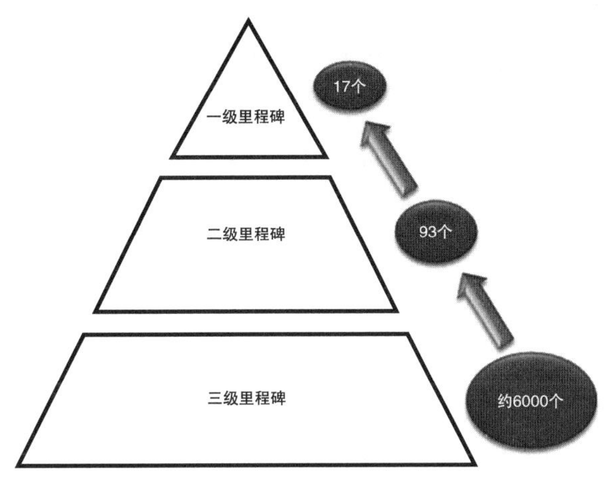

图18　项目时间里程碑分级模型

（2）项目时间里程碑分层级管理

对于不同级别的里程碑，项目内部对其的管理职责和问题上升通道进行了分级部署。

● 一级里程碑作为最高级别的里程碑需要向董事会汇报。项目组需汇报一级里程碑的风险状态、进展以及需升级的问题。一级里程碑的任何变更需由董事会批准。

● 二级里程碑的风险状态和进展需要定期向发动机项目最高负责人汇报，由项目管理负责进度管理的人员对所有二级里程碑进行综合评估，二级里程碑的变更由项目最高负责人进行批准。

● 三级里程碑的风险和进展由各个工作包的负责人进行统一的追踪和管理和控制。

2.纵向管理、横向支持，交互滚动式双层网格化铺开管理

发动机项目构建了一套纵横时间进度管理的模型，纵向载体为生产管理需求，横向载体为各支持部门提供的支持项，纵横交叉形成时间进度管理风险预警网格。

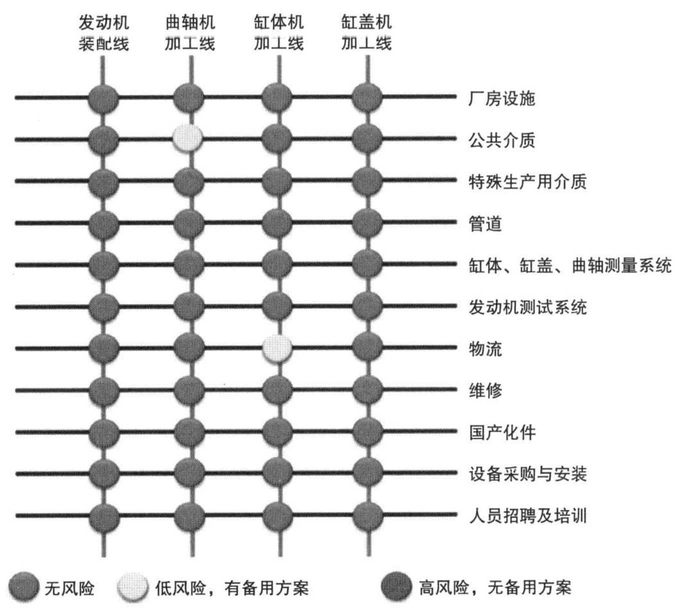

图19　纵横时间进度管理模型

发动机项目有80%的供应商来自欧洲。为了进行有效沟通并建立问题上升通道，发动机项目建立并启动了一组强化会议制度网络。纵向为各工作包的会议安排，包括早会、周白板会等；横向为项目内部例会和公司高层例会，包括董事会（BOD）、PPP会、周例会等。各个工作包的管理例会制度和项目管理的例会制度形成交叉网络，层层过滤和递进，形成地毯式铺开滚动管理，能够及时发现潜在风险和调用资源。

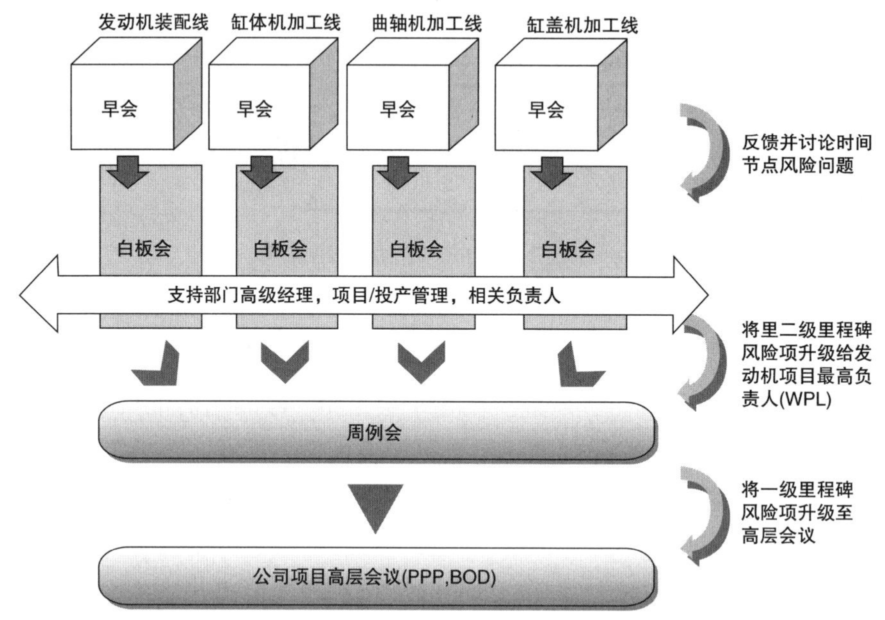

图20　发动机项目会议制度网络

四、汽车行业发动机工厂建设“六个维度6个零”管理创新实践的实施效果

2011年至2015年的四年时间里，北京奔驰发动机项目组以“高标准”“高品质”为目标，以“高速度”规划建设投产了一座世界级的发动机工厂，至2016年爬坡完成项目关闭，赢得了德国人口中的“中国奇迹，北京速度”赞美，也树立了北汽集团与戴姆勒集团内部发动机工厂建设历史上的一座里程碑。汽车行业发动机工厂建设“六个维度6个零”管理创新实践，则是这座戴姆勒德国本土外首家发动机工厂建设取得成功的重要保证和管理创新精华，是打破文化差异融合文化精华的硕果，是中德技术和管理团队合作取得成功的典范，也是“北戴合”项目为中国汽车产业创造的又一内涵丰富的宝贵财富。

（一）经济效益

发动机项目经过5年时间分两期（项目一期、项目二期）顺利实现了年产能46万台整机（四缸发动机基准）及3C核心零部件的工厂建设，经过对项目流程和管理方法不断优化，整个项目从开始到结束比戴姆勒标准项目周期缩短了整整9个月时间，也比原规划投产时间提前了整整2个月，确保了北京奔驰多款战略性车型顺利投产上市。

通过科学的创新实践，精益的规划设计以及精准的项目过程控制管理，发动机项目一期节约投资约2.8亿元，项目二期节约投资约5.3亿元，合计超8亿元人民币。

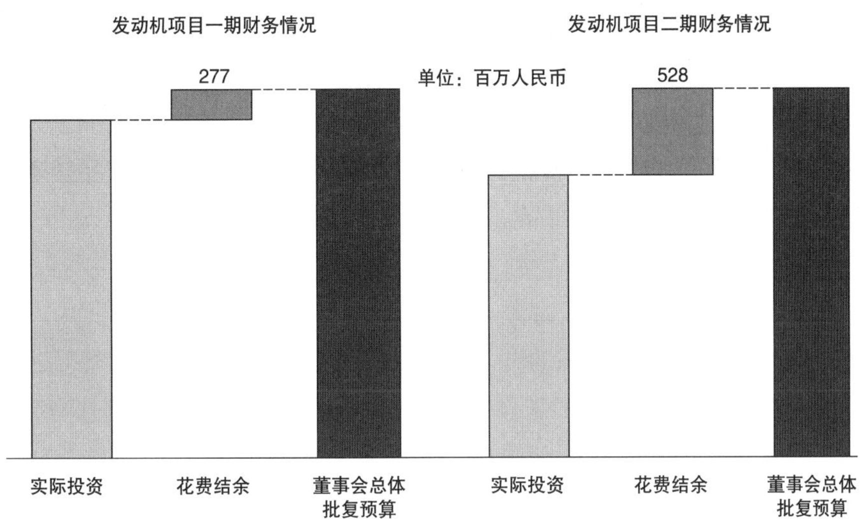

图21 发动机项目投资节省

随着北京奔驰发动机工厂的正式投产，国产发动机对比进口发动机为北京奔驰带来的产品利润率上的优势也随着发动机厂的产量快速爬坡而显得尤为巨大。通过不断在全作业链价值链上实施精细化的成本管理，国产发动机对比进口发动机单台实现35%以上的成本优势，为北京奔驰持续发展提供强大的动力支持。

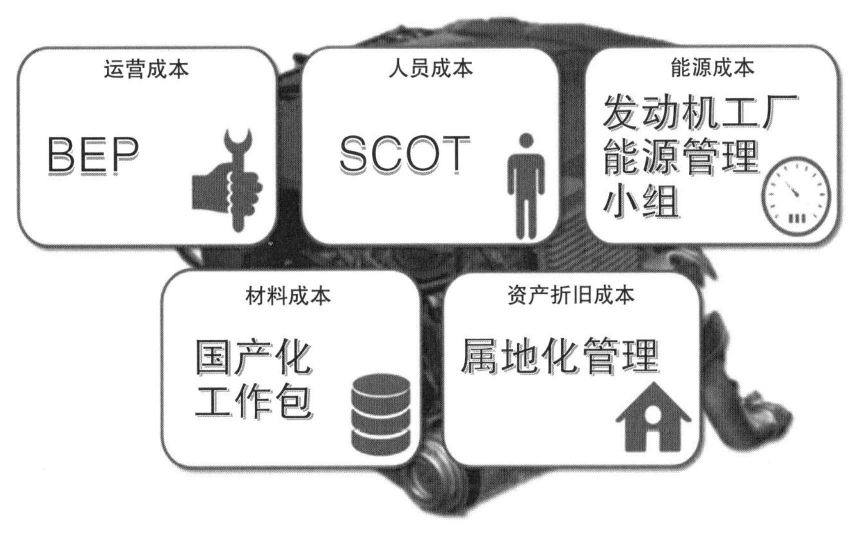

图22 精细化的成本管理模式

（二）先进技术落地与人才培养

1.先进技术落地

发动机工厂对标并引入德国最先进的设计理念和生产制造技术，其中机加工线实现了95%以上的自动化率，配有智能化生产控制、测量和反馈系统，可以将生产制造过程参数和质量控制监控在“云端”形成局部的闭环和互联，通过大数据整合自动快速为生产过程中出现的问题提供分析基础和解决方案，初步具备德国工业4.0的雏形，为与中国制造2025的对接打下坚实基础。

另外，在北京奔驰发动机工厂投产的最新一代梅赛德斯-奔驰M274、M270和M276系列发动机，是奔驰品牌在全球范围内最主流的发动机产品，其中包含的先进产品技术，为本地化技术骨干的快速成长提供了难得的知识平台。

2.人才培养

随着先进技术的落地，本地化人才培养的成果也走上了快车道。截至2017年，发动机项目建设投产4年共培养出了白领技术管理干部54名，蓝领高技能技师43名，高级技师9名，北京市首席技师1名，成立北京市首席技师工作室1个。项目负责人荣获“全国五一劳动奖章”“北汽集团专业技术带头人”“北汽集团优秀创新人才”等荣誉，培养出的员工获得在历届北京市汽车装调工大赛和北京市“数控加工中心操作”大赛中屡创佳绩（2016年分获第一名和第六名，2014、2015均闯入前5名），为工匠精神的传承开拓了新的平台，为北汽集团和国产发动机核心技术的进步突破提供着强有力的人才队伍储备。

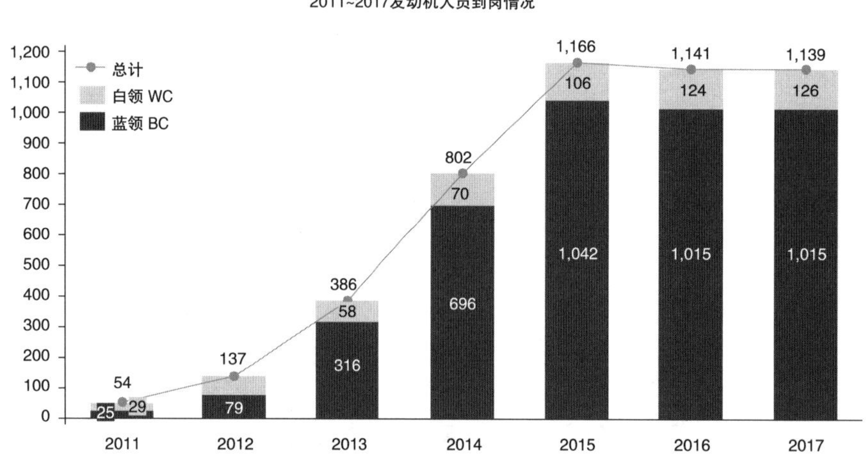

图23　人才培养成果

（三）社会效益

发动机项目不仅为北京奔驰和北汽集团带来了经济效益的巨大收获，也加速了大兴区现代制造产业的发展升级，推动了北京汽车产业自主创新能力，利于汽车整车工业对零部件业和第三产业的拉动作用，间接地促进厂区及周边地区的配套工业、金融业、服务业、物流运输业、建筑业等相关产业的发展。也有力地促进地方经济和社会的发展，为大兴区当地增加财政收入、税收收入，促进当地政府利用地方增收资金发展基础设施建设和教育等社会公益事业。

成果创造人：刘西欣、赵海燕、丁　冬、包宏强、冯　源、金　勋、王　威、胡小燕、贯凤海、杨　柳

新能源汽车企业基于新分享经济下的全价值链运营战略实施

北京新能源汽车股份有限公司

北京新能源汽车股份有限公司（以下简称北汽新能源）成立于2009年，是由世界500强企业-北京汽车集团有限公司（以下简称北汽集团）控股的子公司。公司总部位于北京经济技术开发区,现已形成立足我国、辐射全球的产业布局，业务范围覆盖新能源汽车及核心零部件全产业链的研发、生产、销售和服务。截至目前，公司员工总数近4,500人，是国内首个获得新能源汽车生产资质、首家进行混合所有制改造、首批践行国有企业员工持股、首家登陆资本市场（A股）的新能源汽车企业。

北汽新能源近几年不断通过改革创新，在国家供给侧结构性改革的大背景下，紧抓互联网环境下分享经济历史机遇，创造性地把分享经济这一学术理论发展为企业的运营理念，提出了以用户为中心、从研发到服务的五大中心发展战略，为公司的快速发展提供了有力支撑，更为国企改革实践、供给侧改革模式探索了一条新路。

通过战略实施，2016年10月，北汽新能源主打车型eu260销量超过特斯拉、宝马、日产，当月成为全球最畅销的纯电动乘用车；2017年，公司全年完成销量新能源汽车10.32万辆，居全国销量第一，连续5年领跑国内纯电动乘用车市场的同时，一举击败特斯拉，夺得全球纯电动汽车市场冠军，创造了中国新能源汽车历史上最好成绩。作为行业领军企业，北汽新能源致力于打造首都高端制造业的典范，大大提高了自主创新、资源利用效率、产业结构、质量效益等能力与水平。

一、新能源汽车企业以分享经济为战略理念的全价值链运营体系实施的背景

（一）加速制造型企业转型升级，满足供给侧改革要求

“十二五”末期，中国经济由高速转向中高速发展的新常态。新常态下，宏观经济下行压力明显，对我国经济发展、税收增长、扩大就业起到“定海神针”作用的制造业进入了调整期。作为制造业的支柱，整车制造业自从2008年全球金融危机以来，开始面临产能过剩、技术水平升级缓慢和成本持续上升等一系列挑战。

为适应新常态，创造经济发展新动能，谋求新发展，中央提出了“释放新需求，创造新供给”的供给侧改革新思路。在投资、消费、出口三大传统经济驱动因素增速放缓之时，供给侧结构改革成为我国“十三五”时期发展的新动能。与传统经济的三驾马车相对应，供给侧结构改革的三大驱动因素是科学投资、新增劳力与效率提高。对于汽车行业来说，只有不断优化产

业结构、提高产品自主创新能力、提高产业发展质量，方能摆脱为欧美车企马首是瞻的困境。

（二）适应产业竞争趋势，满足行业“弯道超车”需要

目前，我国汽车行业正在面临“大而不强”的瓶颈，行业普遍把新能源汽车当作我国自主汽车产业“弯道超车”的最佳机会。然而，曾经一片蓝海的新能源汽车市场已经步入红海。

一是传统汽车制造企业纷纷转型，参与新能源汽车市场竞争。2015年来，国内外传统车企陆续将新能源汽车作为他们未来转型升级的切入点，诸如国内的长安和吉利，国外的奔驰和宝马，都瞄准了新能源汽车细分市场。二是源于“老年代步车”的低速电动车生产企业强烈的产业升级意愿。2016年，我国低速电动车市场规模约为120万辆到150万辆，近三年年均增长率在50%以上。但是，如此巨大的市场和日益严格的政策法规要求之间的巨大矛盾，使得低速电动车企业的产品升级迫在眉睫，这也再次提高了正规电动汽车市场的集中度。三是互联网企业的涌入，也对新能源汽车产业产生深远影响。乐视汽车在美国召开发布会，发布旗下首款量产车FF91。蔚来汽车也于2016年底在英国发布了旗下电动超跑车EP9以及电动车品牌NIO。这些互联网造车企业的频繁大动作，使其对传统造车企业的威胁从潜在变为现实。

（三）打造全新运营模式，满足互联网时代用户体验新趋势

用户体验是一种纯主观在用户使用产品过程中建立起来的感受，以及人们对于所使用产品、系统或者服务的认知印象和回应。随着互联网向各行业的不断渗透，特别是大数据、云计算和定制化手段的应用，都对用户体验进行了革命性的推动。

关注用户、整合资源，把用户变成创业者共同创造价值，是互联网时代的新商业模式。分享经济通过互联网平台，把大量的“闲置”资源重新配置或重新加以利用。这显然顺应了绿色消费、绿色生产和可持续发展的大趋势。

新能源汽车企业以分享经济为战略理念的全价值链运营体系的内涵

以传统制造型企业的价值链运营模式为基础，传统汽车制造产业链运营模式如下：

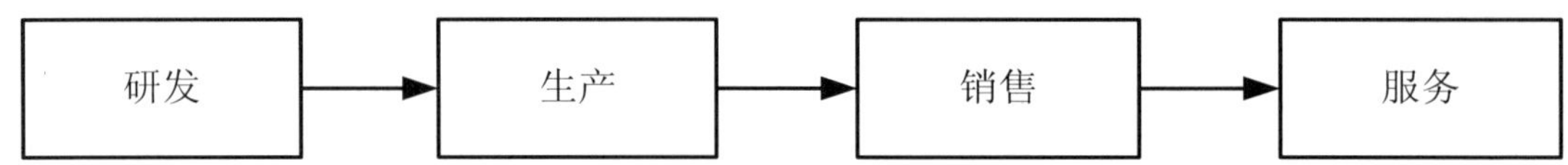

图1　传统制造型企业产业链运营模式

本成果以分享经济指导理论，并进行了内容的充实。一般意义上的分享经济是一种公众将个人闲置资源，通过社会化平台与他人分享，进而获得收入的经济现象，其意义主要在于需求侧的平台搭建与成本的降低。2014年以来，北汽新能源以北汽新能源在此基础上，把分享经济从一种经济学理论扩展成了公司的经营理念，形成了以用户为中心的，连接研发、生产、销售、服务的，立足于供给侧和需求侧双端发展的“新分享经济全价值链运营模式”，具体如图2：

为了该模式的有效实施，北汽新能源制定了五大中心发展战略，形成了以分享经济为核心理念的全价值链运营体系。五大中心战略紧贴用户需求，在用户的教育引导、参与创造、智能制造、需求满足和使用反馈五个维度，全面建立了全媒体互动、产品与品牌体验、科技创新、

分享化制造与营销服务五大业务中心，形成了完整、闭合、高效的作业方法，如下图所示：

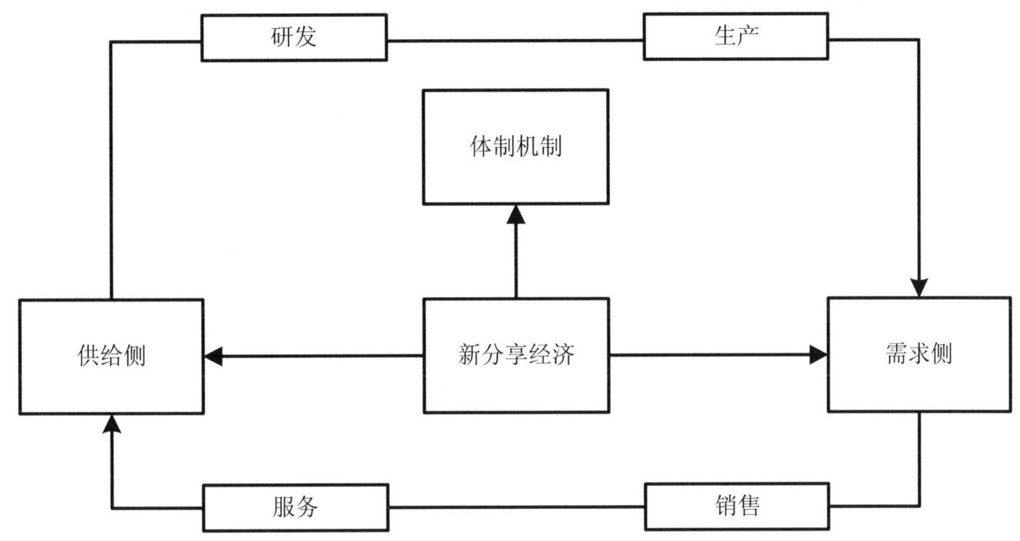

图2　新分享经济下的全产业链运营模式

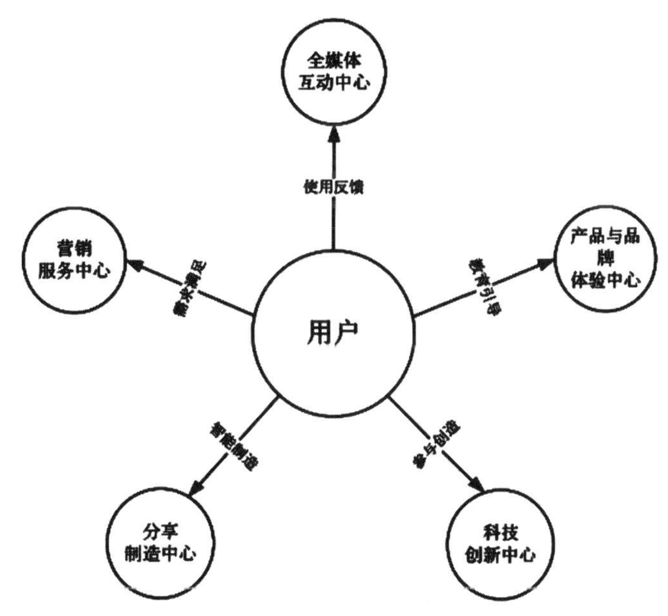

图3　北汽新能源五中心产业链模型

1.扩展分享经济范围，服务供给侧结构改革

本成果将分享经济进行了多维度和多层次的拓展。在北汽新能源以分享为理念的全价值链运营体系中，可以分享的不仅是收入，更是全价值链的资源、信息、技术与文化。

例如，北汽新能源公司在产品的研发时采用“众创”模式，在生产阶段引入智能制造体系，在营销、用户体验、售后服务等方面发力，提高用户的全方位用车感受，将新能源汽车的价值深置于客户内心。这些举措将传统的分享经济内涵进行了拓展，将行业内企业生产经营的全价值链资源进行了整合优化，快速扩大供给效率与需求总量，在产品市场地位不断上升的同时，适应了新常态下供给侧结构改革的新要求，推动了汽车制造业供给侧改革。

2.以体制机制作为保障全价值链运营的基础

本成果以体制机制创新举措为保障。北汽新能源提前谋划，在行业内率先完成了股份制改革（2014）、首个实现了混合所有体制（2015）、首批实现了国有控股中大型企业的员工持股（2017），实现了体制机制上的“分享化”。

体制机制的大胆创新、不断优化的股权结构、逐步完善的运营模式，加快了产业布局与转型升级的整体进程。特别是作为北京市首批国有企业员工持股试点单位，北汽新能源在此战略实施工作中最大程度上激发了企业的发展潜力，保障了全价值链战略的运营基础。

3.实施五大中心业务战略，构成产业布局生态圈

北汽新能源实施的“五大中心”业务战略，是全价值链运营创新的核心。通过战略实施，公司将新能源汽车企业的供给侧改革创新理念进行具体化，把管理创新落到实处。

同时，“五大中心”整合了保障企业未来持续领先发展的核心资源，拉动了产业上下游快速发展。通过实施本成果，北汽新能源实现了从概念设计、研发创新、生产制造、营销推广到租赁服务等全价值链的联盟化布局，建立了良好的产业协作发展战略伙伴关系。从长期来看，探索了多种适宜新能源汽车产业发展的商业模式，为长期推动新能源汽车产业发展及持续保持领先优势奠定了良好基础。

二、新能源汽车企业以分享经济为战略理念的全价值链运营体系的主要措施

（一）全面深化体制机制改革，保障五大中心发展

1.推动股权多元化，科学设计法人治理结构

分享经济需要协同与合作，个人与组织的关系正面临着重构。在未来，个体与公司的关系将从传统的雇佣关系向民事主体之间的协作关系发展。

北汽新能源自成立以来，持续通过改善企业市场化程度，朝向“分享化”发展。2009年，北汽集团新能源业务筹备组提前谋划，组建了国内第一家独立运营的新能源汽车企业。2014年3月，北汽新能源完成股份制改革，在原有单一股东–北汽集团的基础上，引入北京工业发展投资管理有限公司、北京国有资本经营管理中心、北京电子控股有限公司进行增资，正式开启了北汽新能源的国有体制改革创新之旅。2016年3月，北汽新能源进行A轮融资，从供应链、市场运营、研发、资本领域引入共计22家投资者，增发12亿股股份，募集资金30.72亿元，使北汽新能源从国有股份制公司转变为我国汽车行业中的首家混合所有制整车公司。2017年，公司实行B轮融资，募集111.18亿元资本，刷新了新能源汽车行业单笔融资的最高额。

通过体制改革，北汽新能源股权结构逐步多元化，法人治理结构日益健全，自主经营权大大提升，为加速产业布局升级转型，提高整体盈利能力，以及适应新时代的全价值链运营奠定了基础。

2.完善分享机制，调动员工创新积极性

一是建成市场化用人机制。北汽新能源通过引入市场化竞争模式，顺利推进企业经营模式的变革。通过人才选聘机制，对外面向市场选聘各层级优秀的职业经理人，对内开展干部公开竞聘。通过跨领域对标国际优秀企业，破除大锅饭，北汽新能源设计并实施了以岗位价值和市场对标为基础的市场化薪酬与职级体系，真正实现了薪酬与业绩挂钩和干部的能上能下机制。

二是完善激励制度。自2014年引入平衡记分卡管理工具，公司通过财务、客户满意、内部运营、学习与发展四个维度对各部门进行指标分解，每个维度下设一到多个子指标，并分配一定权重，分解至个人，通过个人绩效考核推动组织绩效落地。

三是进一步完善国有控股科技型企业自主创新和科技成果转化的激励分配机制，推进员工持股工作，以增强公司对核心技术和管理人才的吸引、激励与保留。2016年，根据《关于深化国有企业改革的指导意见》《国有控股混合所有制企业开展员工持股试点的意见》等文件精神，北汽新能源在完成企业混合所有制改革的基础上，成功成为北京市国企改革的试点单位，在严格贯彻国家相关法律法规的条件下，开始展开员工持股工作。北汽新能源以B轮融资后总股本的1%为份额，综合结合员工的岗位价值、人才稀缺程度及个人贡献，向96名的科研人员、经营管理人员和业务骨干进行定向增发认购，实现员工利益与公司长远发展更紧密地结合，达到激励对象与股东的利益共享、风险共担、责任共当、事业共创的目的，进一步释放体制机制改革红利。操作方式方面，通过员工本人通过自筹资金、成立合伙平台的形式购买公司股份，成为公司股东，让公司的核心骨干更加关注公司的长期利益、更加关注个人与公司的长期发展，真正形成分享式的同盟关系。

搭建跨部门委员会体系，系统提高经营效率

为了更好地适应外部环境，抓住市场机会，打破“部门墙”，公司于2014年下半年建立了跨业务委员会决策机制。跨部门委员会体系由北汽新能源总经理发起，接受总经理办公会的指导，下设管理革新科、发展研究室和督查室作为协调办公室。

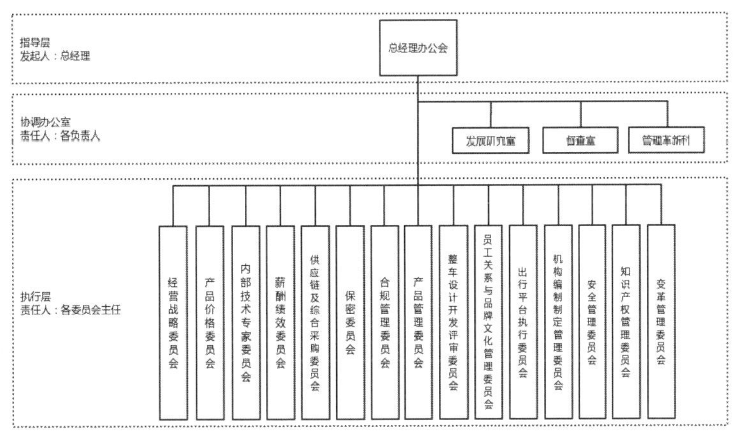

图4　北汽新能源跨部门委员会体系架构图

管理革新、发展研究与督查三大业务协调办公室职责分工各有不同。发展研究室侧重于战略情报，主要负责组织对公司未来发展的战略性、综合性、前瞻性、系统性问题进行研究，提出预见性建议和意见，为公司决策提供对策建议。管理革新科侧重于管理提升，如组织与流程的搭建、单一业务（如个性化制造、产销协同优化、产品创造业务等）的优化与革新。督查室侧重于经营保障，其成立是保证公司当期各项业务、项目高效执行效率的重要举措。

自2014年实行跨业务委员会机制以来，北汽新能源通过逐步细分业务板块、梳理业务、明确职能职责、优化组织，先后设立了经营战略委员会、产品价格委员会、内部技术专家委员会、薪酬绩效委员会等15大决策委员会。跨业务委员会的设立，助力北汽新能源全面优化、调整业务流程，补充缺失流程、去除冗余、固化纠错方案、有效保证了端到端的战略落地与实施。

（二）打造全媒体互动中心，实现企业与用户的双向沟通

新分享经济全价值链运营的起点，不再是传统产业链的研发与制造，而是用户。对于转型升级中的制造型企业，多渠道倾听用户声音并及时做出互动，将用户需求实现并转化为增值效益，将是新分享经济模式下新的核心竞争力所在。

为此，北汽新能源基于原有车辆监控平台，于2014年升级成为全媒体客户互动中心（以下简称全媒体互动中心），下设呼叫平台、CRM大户关系平台、大数据监控平台、车联网运营管理四位一体业务平台，形成需求与反馈双向沟通体系，各项工作的效率和效果明显提升。

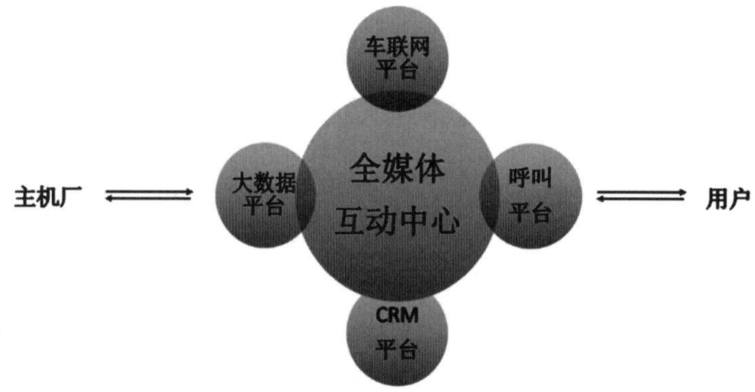

图5　北汽新能源全媒体互动中心的双向沟通

大数据平台方面，全媒体互动中心可同时监控10万辆电动汽车，为国内规模最大，能力最强。每辆车可监控多达250个指标，以10秒为频次上传更新。数据一方面用于客户运营的故障预警，另一方面用于产品质量的优化、售后服务的精准诊断和救援，以及客户体验的提升。截至目前，该监控平台已监控车辆突破26.5万辆，总监控里程达38亿公里，追踪用户数据超过200T。

呼叫平台方面，全媒体互动中心以师徒制度，快速提升团队专业能力。2017年，客户互动中心全年处理电话58.8万个，电话接听率95.6%（目标≥90%），CSR满意率98.7%（目标≥95%），远超行业平均水平。同时，针对用户沟通的特点，客户互动中心增设了微信、微博、百度知道等网络“微客服”，为客户提供24小时的立体贴身服务，3年蝉联CACSI“新能源汽车满

意度指数”第一名。

CRM客户关系平台方面，全媒体互动中心制定了《客户抱怨闭环管理办法》，对所有的抱怨进行分类、分级、分流程、分人管理，使得2017年的3252起客户抱怨关闭率达到100%（年度目标值90%）。工作机制上，北汽新能源基于JDPOWER满意度调研体系和北京现代执行标准并结合电动汽车的使用特性搭建了《北汽新能源客户满意度管理体系》。 2017年，针对45,589名消费者样本和29,905份成功问卷的调研结果显示，北汽新能源的客户满意度年度均分高达9.1分（10分制）。

车联网运营平台方面，全媒体互动中心通过整合车机娱乐系统、大数据监控平台、DMS、呼叫服务平台等各系统中包含的客户车辆使用、出行轨迹、居住位置等内容，用以分析客户车辆使用行为、出行偏好、娱乐休闲等多维模型，为客户车辆使用习惯分析、传播精准投放、销售定点推广、服务网店规划、充电桩选点等提供精准的决策依据。目前，公司已经利用以上监控数据，开发了OBD大数据研究模型及体系，分析出了北京、上海、深圳、海口、常州、青岛、天津、武汉8个城市的“客户生活热点地图”，为营销提供了强有力的支撑和保障，也成为了公司商业模式服务化转型创造了平台基础。

图6 北汽新能源用户OBD大数据挖掘信息示意图

今后，客户互动中心还将通过监控数据分析客户驾驶行为，不仅可以获知客户的日常行驶里程，还可以分析得出客户是否具有良好的驾驶习惯、车辆的保养状况等，从而判断该名客户的出行风险并为客户定制UBI出行保险、电动二手车费率等。

在全媒体客户互动中心的客户需求与使用反馈的双向沟通体系的带动下，2017年10月中国质量协会的行业测评中，北汽新能源荣获新能源汽车客户满意度第一，其中客户综合满意度和抱怨率分别居于新能源汽车行业最优。

（三）建设产品与品牌双体验中心，教育引导用户需求

新分享经济时代，引导消费需求的抓手是用户体验。在此方面，北汽新能源选择了品类体验与品牌体验两步走的策略。2012年，北汽新能源公司与我国国家科技部、北京市政府通过“

部市共建”项目，共同建设了全国第一个新能源汽车科普体验中心。2016年，北汽新能源又在北京三里屯建立了首个品牌体验中心，进一步刺激需求。

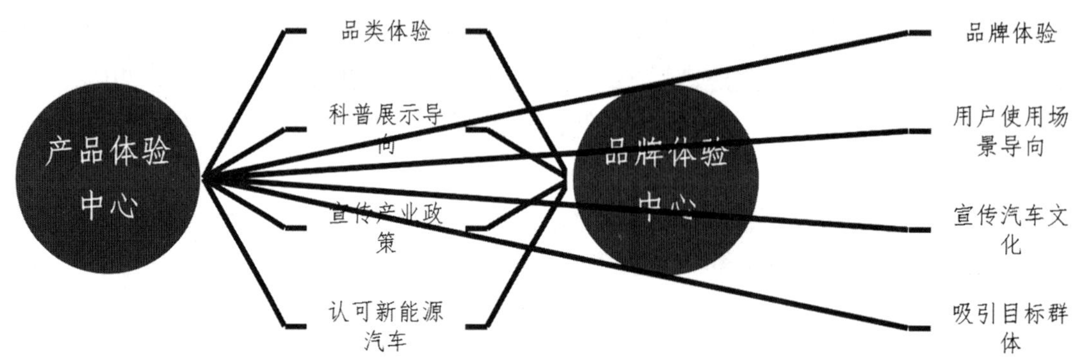

图7 北汽新能源双体验中心对比

2012年建立的产品体验中心通过平面展板、视频短片、实物、模型、声光电、增强现实（AR）系统等展示方式与观众互动，在新能源汽车被确定为战略新兴产业初期，率先向公众普及新能源汽车相关知识。通过建设能源展区、新能源汽车发展史展区、现状及世界主要车型展区、汽车未来展区四大部分，让公众系统性地了解什么是新能源汽车、为什么要发展新能源汽车、了解新能源汽车的制造过程、工作原理及新能源汽车使用特性，同时宣传节能环保理念与国家产业政策，让消费者从不了解新能源汽车到熟悉和接受乃至购买和使用新能源汽车，支持新能源汽车的发展。

北汽新能源体验中心的建设，对促进我国新能源汽车产业发展具有极为重要的意义，也成了北京市政企联合建设的典范。北汽新能源产品体验中心自2012年7月份成立至今已形成完善的接待流程、管理机构及管理制度。截至目前累计接待来宾2,810余批次，参观人数近100,000人，得到各级领导及中外参观游客的好评。

随着新能源汽车不断被大众认可，北汽新能源于2016年发布了旗下高品质、年轻化的时尚品牌——ARCFOX。该子品牌面向新生代用户，提供更加时尚、个性的专属产品体验，从而吸引、聚集更多更时尚的新生代主力消费人群。

在产品体验中心运营经验的基础上，北汽新能源经过对用户出行的大数据挖掘与分析，结合品牌定位、未来目标客户群体消费特征及潮流风尚趋势判断，于2015年末开始筹备全新品牌体验中心事宜。新品牌体验中心——ARCFOX SPACE选址于多文化交融的年轻人聚集地——三里屯商业圈，为新生代客户提供沉浸式深度品牌体验空间，以体验品牌文化及我们倡导的生活态度与理念。

2016年8月，ARCFOX SPACE品牌体验中心正式对外运营，成了我国首个纯电动汽车生活体验馆。馆内在展车、VR、声光电、视频等手段的基础上，增加场景化用车展示方式，让潜在用户真实直观地体验到人、车、出行、生活的魅力，感受ARCFOX “独一无二”的品牌理念。同时，通过在体验中心内跨界搭载诸如下午茶、High Tea、红酒品鉴等消费体验，在主营业务服务化拓展的同时，通过品牌的深度体验实现与消费群体的文化趋同。

（四）成立科技创新中心，拉动产业链自主创新能力提升

在北汽新能源成立伊始，其产品工程院主要负责北汽集团的传统燃油车的电动化改造工作。随着纯电动车成为技术路线趋势，小而全的研发模式已经不能满足要求，公司于2015年12月组建了包含整车中心、电池工程中心、电驱动工程中心、智能网联工程中心、轻量化中心、造型工程中心、联合开发中心、整车验证中心和大数据中心共9个核心研发中心的科技创新中心，并在其中的关键领域设立了海外研发机构。图示如下：

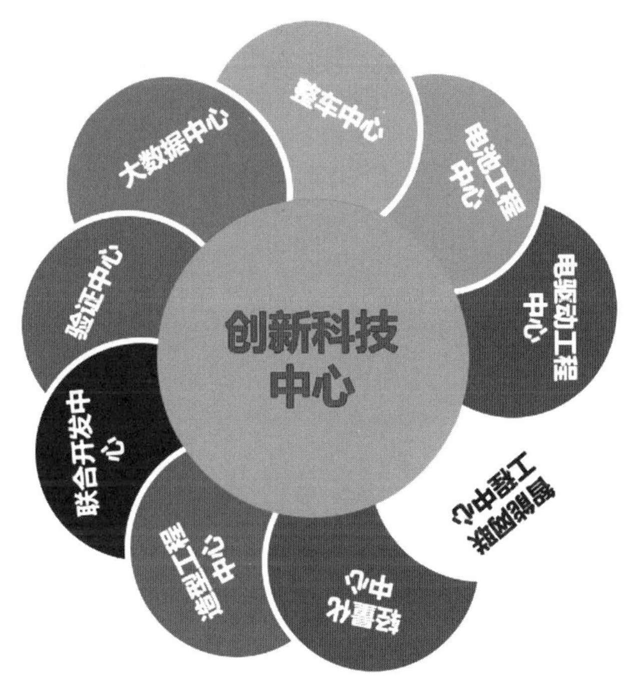

图8 北汽新能源科技创新中心架构

整车中心主要负责整车集成、车身内外饰开发、电子电器开发、底盘设计开发及整车性能开发等工作；电池工程中心主要负责现有电池的系统性能提升，以及未来全固态锂电池、燃料电池产品的研发工作；电驱动工程中心主要负责电驱动产品的设计与研发及试验试制业务；智能网联工程中心则通过构建开放式V2X互联平台（操作系统），为分享经济出行提供完整的一体化体验；轻量化中心通过轻量化新材料甄选、检测，轻量化零部件设计开发及优化，样件成型加工及验证，零件制造及规模应用；造型工程中心负责整车造型的前瞻研究、内外饰创意工作；整车验证中心负责整车开发验证、核心技术研究与验证、零部件检测、道路试验和整车装调试制、新材料车身试制、核心部件试制；大数据中心通过挖掘分析车辆实时监控数据，提供车辆的远程控制与诊断工作；联合开发中心则通过联合国内外的高校、科研机构、上下游企业，构建全产业、全价值链合作平台，实现整车与关键零部件齐头并举的能力提升。

为了加快技术进步，北汽新能源在9大职能中心的关键业务上设立了硅谷、亚琛、底特律、巴塞罗那、德累斯顿、东京（筹）、慕尼黑（筹）七个海外研发机构。具体如下：

表1 北汽新能源海外研发机构及职能定位一览表

	整车	电池	网联	电驱动	轻量化	造型	验证	大数据	联合开发
硅谷		√	√						√
底特律				√					√
亚琛				√					√
德累斯顿					√				
巴塞罗那	√								√
东京（筹）						√			
慕尼黑（筹）						√			

自战略实施以来，北汽新能源公司利用拥有的新能源汽车创新技术和平台，专注于新能源汽车关键核心技术研发，掌握动力电池、电机、电控三大核心技术和整车集成的关键技术，开发出了具有国际竞争力的纯电动汽车产品，实现了目标市场的全方位覆盖。

在2016年北京车展上，北汽新能源发布了科技创新中心成果-蜂鸟计划，即以纯电动为主攻方向，着力打造情感设计（Emotion Design）、超级电驱技术（e-Motion Drive）、超级轻量化技术（LighTech）及超级智能网联技术（i-Link）等应用于其涵盖协同开发平台与全新开发平台的全产品线产品爆点。

图9 发布于2016北京车展的北汽新能源蜂鸟计划

以蜂鸟计划的超级电驱动技术为例。应用该技术的电池“比能量密度”近130wh/kg（C50EB），远远高于比亚迪E6.宝马i3.日产聆风等竞品车型的电池产品（约100-110wh/kg）；应用超级智能网联技术的产品成功实现了软件功能的快速迭代，率先集成语音控制、APP预约充电、定时充电、充电桩查询导航、电动车智能导航、人工售后服务热线、违章查询/代驾、车辆环保行驶信息显示等，涵盖日常用车的方方面面；搭载北汽新能源德累斯顿研发中心轻量化技术的全新平台产品C11，在整车尺寸、配置高于国际先进车型smart的同时，整车密度减重15.9%，综合轻量化水平达到国际一流水准。

同时，北汽新能源在电池系统、驱动系统、轻量化系统、动力性能、智能系统和车联网系统方面取得了一系列技术进步。截至目前，公司专利申请数达到3843件（包括发明、实用新型和外观设计），专利授权440件。

北汽新能源科技创新中心以众享搭建提高核心技术的方式，为打造首都高端制造经济，建成具有全球影响力的新能源汽车创新型产业集群提供了全新思路。

（五）搭建分享化制造中心，实现跨区域轻资产生产模式

随着市场对新能源产品的不断认可，北汽新能源的产能需求不断提高。与此同时，传统燃油汽车增速显著放缓。为了在满足新需求的前提下尽可能降低供给成本，北汽新能源在2015年制订　了“1+N+I+P”的产能战略布局计划，尽可能利用现有资源，以分享化制造中心的方式，实现跨区域轻资产生产。

“1”指的是采育本部制造基地；“N”指的是由北汽新能源投资建设的北汽新能源青岛分公司、常州子公司等京外生产基地，“i”即“inhouse”，是北汽集团内部传统生产基地，“p”即“partner”，是国内合作伙伴制造资源。

在业务操作阶段，一是北汽新能源与兄弟单位–北汽股份共同完成了新能源车辆生产大纲的编制工作，平衡传统车与新能源车产能分布；二是规范北汽新能源与北汽股份下属生产单位的契约关系；三是建立产销存平衡工具和预备会议管理机制，完善北汽新能源与北汽股份月度产销平衡会机制；四是针对多基地生产，完成制造系统指标的月度报告发布、跟踪评价，并对未达指标确立课题重点攻克。

手段方面，基于大数据互联支持下的分享化制造中心，通过将北汽新能源DMS订单管理系统与北汽股份MES生产管理系统直接对接，同时共享ERP资源管理系统，公开透明了制造基地的选择标准，解决供需双方的距离需求不对称问题，打破公司边界、实现了设备、制造、技术、资源的高效分享与制造资源的合理配置。

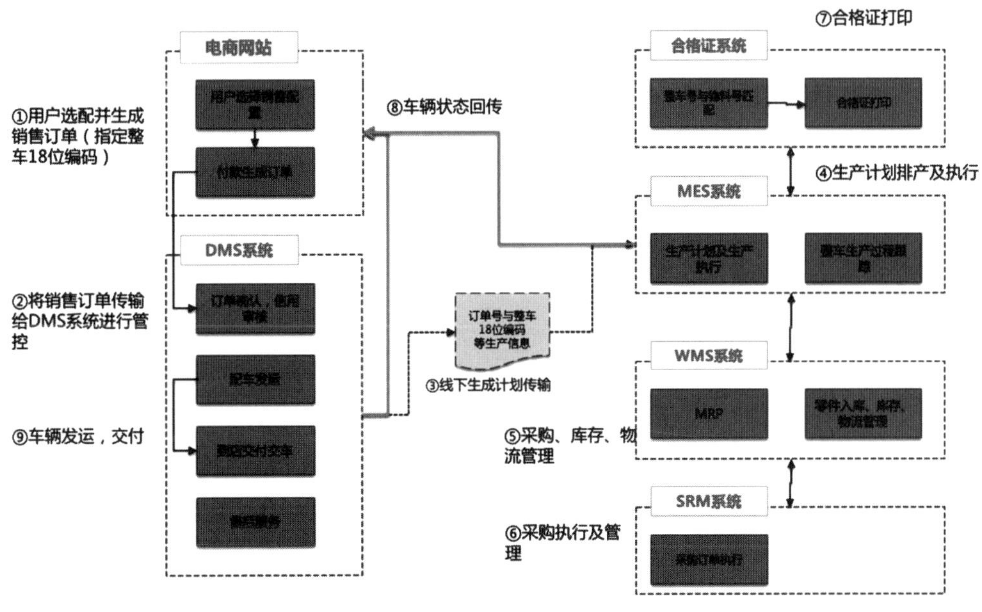

图10　北汽新能源分享化制造中心系统流程

分享化制造中心的轻资产生产模式，达到了以下效果：一是布局响应快。北汽新能源销量从2013年的1628台，快速增长到2017年的103199台，在四年内翻64番，传统自建工厂的方式根本无法满足迅速上升的市场需求。二是生产精益化，集中北汽新能源公司的内部资源，用最精益的排产方式，使其制造及运输成本最小化，实现资源整合。三是实现了个性化生产，从客户订单定制来实现生产制造，最大程度地满足客户需求。四是降低制造成本，合理安排各地制造资源，统筹安排，实现单车成本最优。五是标准化，各基地建设了统一的标准化体系，各基地统一管理，实施统一的产品和统一的质量标准，提高产品质量的稳定性。

北汽新能源继续按照轻资产的模式和“1+N+I+P”的产能战略布局计划，到2020年将形成最大年产40万辆的生产能力。

（六）整合营销服务中心，实现以用户为中心的供给侧优化

在五大中心运营战略中，新能源汽车营销服务模式的供给侧优化势在必行。而商业模式、渠道布局与服务管理是其中三个最为核心的要素。北汽新能源通过建设营销服务中心，实行从亲密层到小众层，逐步扩展到大众层的营销升级，实现销量的快速增长和用户口碑的树立。

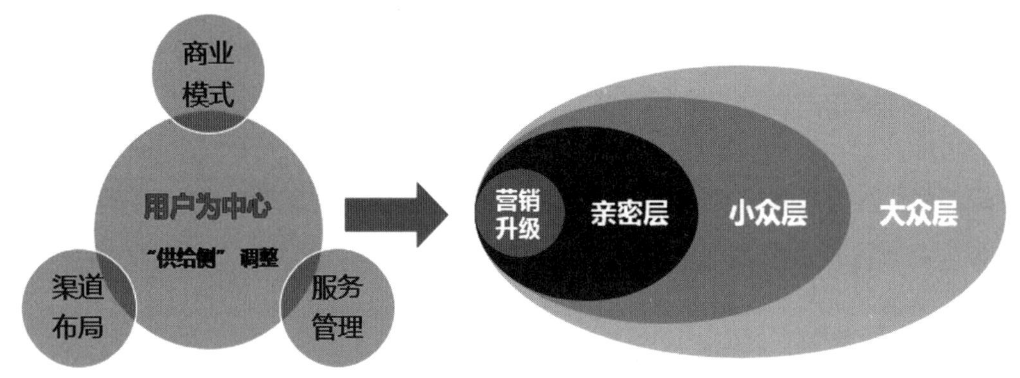

图11　营销服务供给侧优化示意图

1.商业模式设计“供给侧”优化

（1）卫蓝行动——体验创新。卫蓝行动是北汽新能源开展的公益营销活动，通过提高用户体验，培养用户消费习惯，形成客户黏性。卫蓝行动计划有三大阶段：卫蓝行动1.0——卫蓝先锋征集活动，全面打开北京私人市场。1.0活动以“新世界、深呼吸”的公益口号开启市场，面向北京征集500名热心公益和环保的精英人士加入行动计划，为北京电动汽车私人市场的全面打开奠定基础。卫蓝行动2.0——“十城千辆、一元体验”活动，全面打开京外重点市场，让更多的消费者零距离接触新能源汽车，让京外重点市场感受新能源汽车，为全国市场的开拓打下结实基础。卫蓝行动3.0——卫蓝众创活动，全民创新征集，布局全国市场。智慧出行生态系统的发布，是“卫蓝众创”的重要成果。1.0时代是单向面对消费者，2.0时代聚焦于产业链上下游的企业端，3.0时代的生态即是整合跨领域、跨行业的企业并引入消费者与创客的参与，为消费者提供智慧便捷的出行方案。

（2）网约车分时租赁——出行创新。网约车分时租赁是“产品服务化”的分享经济。北

汽新能源通过在汽车共享领域的规划布局，成了北汽集团制造服务型企业转型的典型示范。先后成立了国内首家电动汽车分时租赁合资公司（2014），国内首家服务于政府公务出行的分时租赁合资公司（2015），同时管理着国内唯一汽车制造商自主研发设立的网约车服务平台（2016）。

在分时租赁领域，北汽新能源通过合资或代管方式，持有三家公司。在个人出行分时租赁上，北汽新能源与全球著名OEM厂商—鸿海科技集团合资成立了北京恒誉新能源汽车租赁有限公司（品牌“绿狗租车”）。作为第一家规模性开展分时租赁的企业，“绿狗租车”通过两年多的专业运营，已在北京市个人出行分时租赁行业内建立起标杆品牌效应。在中直机关政府公务出行上，北汽新能源与国内大型汽车营销企业庞大集团合资成立北汽绿行，主要服务中央部委驻京机构的公务出行。在北京市公车改革工作中，为促进北汽集团由传统制造型企业向制造服务型企业的战略转型，北汽新能源管理着北汽集团“互联网+交通出行”社会化服务平台——北京出行。北京出行公司现已成为全国车辆规模最大的、专业的政府公务出行服务企业。

2017年，北汽新能源整合旗下分时租赁业务，推出“轻享”出行平台，进一步升级此项业务。目前，北汽新能源自有分时租赁车辆规模已达到行业规模的70%以上，网点规模超过行业的35%。同时还与多家分时租赁公司展开合作，如易卡、清华有车、Evcard等。目前自有分时租赁企业车辆规模超过16,000辆，合作单位运营分时租赁车辆30,000台。

（3）换电运营——协同创新。换电运营是一种基于新能源汽车核心零部件层面的分享经济。该模式针对目前行业内普遍存在的电动汽车续航里程不足、充电时间较长等问题，通过对车用电池的快速更换（3分钟实现换电），提高车辆运营效率和出行便利保障。

换电商业模式有四大价值主张：

一是无须等待充电，这给效率至上的运营车辆提供了解决方案。换电车辆可用运营时间是直充车辆的1.25倍以上。直充模式下，车辆每日工作10小时，需要快充2次，每次1小时，每日为运营8小时（快充单次充满80%）；换电模式下，车辆每日工作10小时，每日需要换电2次，每次仅需3分钟，每日运营可达9.9小时。

二是无须建设充电桩。目前，北汽新能源通过与中国石化北京石油分公司合作，共同布局建设换电站，每座换电站可支撑起300辆换电车辆的运营与革新。截至2017年底，共建设完毕并投入运营106座（其中北京52座，厦门1座），同时北京持续有30座在建。

三是极大降低购车成本。通过车电分离、电池租赁模式，可降低车辆及电池的购置成本，回归电池的使用属性。通过对电池进行全生命周期管理，实施电池梯度利用，降低运营成本。

四是社会综合成本低。在占地面积方面，同样满足300车次/天的能源补给，换电站的占地面积是同等规模快充站的1/30。在能源利用方面，服务同样数量的车，换电模式的功率需求仅是快充运营模式的1/4至1/2，对电网的冲击较低。

2017年，北汽新能源推出换电模式2.0——“擎天柱”计划，无缝对接光伏可再生能源，实现跨行业、跨领域协同发展。截止至2017年底，北汽新能源已在北京投放3,200辆换电出租车并投入运营，并在兰州、厦门等城市也快速复制快换出租模式，分别完成390辆与162辆的车辆投放，为后续大规模全国推广打下了坚实基础。未来，北汽新能源加速在电池标准化和电池技术共享等领域的推进，普及换电模式，扩大充换电站服务半径，让更多普通用户受惠于换电模式。

（4）动力电池梯次利用与回收——可持续的发展创新。动力电池的梯次利用是基于新能源汽车的核心动力电池资源再利用的分享经济。梯次利用通过资源复用，改变电池使用主体，提高全生命周期的使用效率。电池回收通过对已经无法充放的电池进行拆解，进行无污染、无排放的化学处理，回收其中的金属元素，再次利用，形成循环经济模式。

2016年，北汽新能源通过与价值链核心伙伴普莱德新能源科技开展了动力电池的梯级利用合作，将新能源汽车替换下来的动力电池重启系统组合，再应用到光、风路灯储能，基站储能和电动叉车的项目上，发挥电池的最大效用，最大提升电池残值，提高产品保值率。同时，北汽新能源与赣州豪鹏公司开展合作，在河北黄骅市合资建立动力电池回收材料利用公司，进行废旧动力电池的元素资源回收处理。2017年，北汽新能源与合作伙伴共同成立的北京匠芯电池科技有限公司，将专注动力电池的回收利用，为动力电池的梯级利用及回收奠定了技术和资质方面的基础。

2.渠道体系“供给侧”优化

北汽新能源在渠道体系的供给侧优化上，全面针对私人用户需求及消费特点，开展北汽新能源网络渠道体系的规划与设计，紧密配合全价值链运营，从渠道体系规划上完成由制造型企业向服务创新型企业的转型。

（1）三网并进的分销渠道布局。结合公司产品规划，北汽新能源创新式提出“A+B+C”式的三网管理渠道发展策略，有效完成渠道网系的完整规划，为中央及地方财政补贴退坡、政府行政扶持力度减小等扶持力度的减少做好了充分的准备。A网是与燃油汽车共平台产品销售的渠道网络。利用共平台经销商优势，充分发挥终端渠道在地方市场的优势资源，深耕挖掘私人用户。B网是微型车产品的渠道网络。利用国民车EC180产品“质优价廉”的特点，结合山东、河北、河南区域市场的经济特点及用户消费习惯，完成渠道下沉的整体布局，为国民车EC180产品的热销打下坚实基础。C网即ARCFOX体验中心的模式复制。通过ARCFOX系列产品的细分市场，针对年轻消费群体在一线城市加深用户体验及品牌认知，实现北汽新能源的渠道完美进化。

在渠道终端管理上，北汽新能源通过触点情景管理，完成用户接触的全过程管理。从售前、售中、售后进行全方位的服务管理，为用户提供极致体验的同时，进行全生命周期用户管理，新能源汽车用户从被动接受、产生兴趣、体验感知、深入了解、购买使用、细节体验、忠诚粉丝到形成口碑效应的每个环节，北汽新能源均设置触点，让用户感受触点环节的极致服务，产生粉丝效用，最终形成BJEV粉丝社群。

3.服务体系“供给侧”调整

（1）智・惠管家品牌售后服务。为了解决客户的“痛点”，打消他们对于新产品续航里程、电池寿命等因素的顾虑，北汽新能源通过联合建设、资本投资及战略协同等模式，打造了全方位的智・惠管家服务品牌，为消费者提供实时全面的服务保障。现在，智慧管家服务品牌下的近100家服务站，在主要城市提供24小时免费救援服务。与传统汽车服务领域的驻点式服务不同，北汽新能源的管家式服务集主动、被动服务于一身。客户遇到问题时，可以主动向厂商和服务店寻求帮助，管家式服务也将在客户可能需要帮助时主动搭建完善的服务保障体系。同时，北汽新能源提出3年免费充电、核心部件6年/15万公里质保、免费道路救援等十项服务承诺。

（2）“五位一体”充电保障解决方案。在充电保障领域，北汽新能源创造性地引入“充电宝”和“移动充电模式”方式，并借助合作资源向用户提供五位一体充电解决方案。近4年来，建设私用、公共充电桩超11万个，极大地缓解了用户里程焦虑及充电担忧。以私人消费者、出租车和公务车为初期业务切入点，以“直流快充为主”建设城市级充电基础设施网络，满足不同用户的充电需求，拉动公共领域充电桩超49,000个。同时积极参与其他推广领域，如公交、单位班车等用车领域，配套进行新能源汽车充电基础设施网络的建设运营，实现“智能充电、手机支付”的充电服务。

（3）二手车置换解决方案。卫蓝“换燃E新”二手车置换活动，首创行业置换政策，解决私人用户“置换”和“残值”痛点。2016年8月12日，北汽新能源发布了“卫蓝行动”的第四季活动——换然E新。此次活动针对北汽新能源的第一批车主推出了置换车辆的优惠措施，保证老车主能够以优惠的价格将手中的老款车型更新为北汽新能源的最新款车型。鉴于目前新能源电动车的二手车评估、置换在全行业范围内还没有成熟的体系的规范，北汽新能源目前正在积极推动这一标准、规范的建立，“换燃E新”活动不仅为老客户提供的置换方案，解决了老用户的痛点，提升用户忠诚度，同时为电动二手车的流通问题给出了一个方向，逐步建立新能源汽车行业置换标准。

三、新能源汽车企业以分享经济为战略理念的全价值链运营体系的实施效果

（一）探索新能源汽车商业模式，全面提高自主创新能力

五大中心战略实施了不同维度的创新举措：通过全媒体互动中心的双向沟通机制创新、体验中心的品牌文化创新、科技中心的核心技术创新、营销服务中心的商业模式创新以及分享制造中心的协同创新，带动产业升级，盘活存量资产、优化产业结构，大大提高了北汽新能源的自主创新能力、拉动了我国新能源汽车全产业链的发展质量，树立了新能源汽车行业自主创新标杆。

（二）全面打开市场局面，创造世界级企业

自创新成果实施以来，北汽新能源取得了市场销量的全面突破。2017年，以销量达到103,119辆，5年蝉联国内新能源纯电动汽车销量冠军，销量增速为行业平均水平的2.2倍，并一举击败特斯拉，成为全球纯电动车市场销量冠军。

技术研发全面布局。“蜂鸟计划”实现技术全球资源整合，海外建立7家研究中心的布局，将产品和技术做到世界领先级，通过做消费者能接受和有需要的产品，塑造新能源的国际形象。2018年3月，北汽新能源牵头建设的国家新能源汽车技术创新中心正式揭牌，将整合行业内外的国际顶尖智力资源、打造国家级科研创新平台，助力我国新能源汽车产业的技术升级

和革命。

（三）为国有制造型企业供给侧改革提供新思路

短期来看，北汽新能源公司通过实施以分享经济为战略理念的全价值链运营体系，有效支撑了北汽新能源的市场地位，驱动企业发展。长期来看，通过机制体制的分享化举措，也为国有制造型企业的供给侧改革带来了全新思路。

在企业内部价值链上，通过股份制、混合所有制以及员工持股方案的创新试点改革等举措，不断提高了企业经营的市场化程度与内部价值链的凝聚力，为我国国有中大型企业的体制机制创新积累了大量实操经验。在企业的外部价值链上，实现了供应商及经销商在供给侧的投资、劳力与效率的有效调整，提升全价值链的运营质量。

此外，北汽新能源公司以供给侧与需求侧双端打造的全价值链运营体系，以及该体系下的五大中心运营战略，不仅找到了适应我国新能源汽车产业发展的商业模式，也为深层次挖掘轻资产运营，整合资源、搭建平台，为国有制造型企业的“供给侧”结构调整提供了全新思路。

成果创造人：郑　刚、于利国、田雨时、陈　靖、文　霞、贾洪涛、孙　豹、吴兰英、陈　哲

新时代科研院所职能部门组织机构改革探索与实践

中国航发沈阳发动机研究所

一、成果背景

中国航发沈阳发动机研究所（以下简称“所”）建所五十余载以来，根据所的定位、战略、业务发展、管理水平的不断变化，适时对所组织架构及部门职责进行调整，支撑了所各项科研生产任务的顺利完成以及运营管理工作的落地实施，为所的战略发展提供了有力的组织保障。当前，中国航空发动机事业面临着蓬勃发展的新格局，新格局带来新形势，新形势意味着新挑战，新时代科研院所发展环境面临的挑战主要包括以下几个方面：

（一）国家改革需求

1.“十三五”开局以来，党中央、国务院陆续印发《关于深化国有企业改革的指导意见》《中央企业深化改革瘦身健体工作方案》等文件，对国有企业深化改革工作提出了明确的要求。国有企事业单位应当围绕提质增效升级，积极投身新经济发展，在推动新动能培育和传统动能改造提升方面走在前列，实现品质和品牌新的跃升，坚决打好打赢提质增效攻坚战，需要所下决心瘦身健体，苦练内功，努力向技术创新要效益，向深化改革要效益，向结构调整要效益，向管理改善要效益。

2.2016年，中国航空发动机集团有限公司完成组建，国家将航空发动机产业发展提升为国家意志和国防战略的高度。集团总部组织架构的制定原则为“保障需求、精简高效，聚焦主业、突出特色”，各成员单位组织机构应与集团总部相对应，保证集团总部战略意志的有效承接；同时要求各单位积极推进岗位结构和人员编制的优化工作，即通过组织架构的变革，精简管理层级，完善定岗定编，优化岗位结构。中国航空发动机集团的组建，使所的定位发生变化，需要所在发动机研制的整个产业链中更好地发挥“主机所”的职能，从“主机所”和“战略发展”的角度，强化对业务流程上下游相关单位的协同管理。

（二）行业发展需求

1.2016年作为所的“机关作风建设年”，所党委提出从机关职能梳理、机关定岗定编、机关人才培养、改进机关工作作风四个方面着手下大力气整顿机关作风。所领导对于机关组织架构及职责的梳理工作也提出了明确要求：要基于系统工程推进实施，研究一下所需要一个什么样的组织架构，现行架构中存在有哪些职能不清晰、职能重叠及不合理的地方，基于问题开展机构调整与优化工作，最终要形成一支“职能清晰、运转协调、精简高效、风控有力”的职能队伍。

2.所的发展愿景是要成为具有世界先进水平的大中型航空发动机和燃气轮机研发中心，从机构设置角度需要对标国外先进的航空发动机企业（如GE、R&R等），从而进一步提高所的管理、运营效率，提升核心竞争力，迎接国际竞争与国内潜在竞争的挑战。

（三）自身提升需求

面对前所未有的发展机遇与挑战，我们也清晰地认识到，所组织架构是随着各项业务发展逐步衍化形成，符合传统事业单位特点，满足所持续发展的要求，但也存在着部门设置整体缺乏系统性、部门定位不明晰、部分部门职能错位、重合、相似以及职责缺失、弱化的问题，主要体现在以下几个方面：

1.流程维度

所业务流程框架不完善，端到端业务流程体系不健全，部分流程有待改进。

2.组织维度

所职能机构多，职能管理人员队伍庞大，职责界面不清晰，存在着传统国有企事业单位官僚化、行政化、多头化等“大企业病”。

3.资源维度

对多项目协同运作模式支撑力度不强，资源统筹合理性较差。

4.信息维度

缺少顶层策划与管理，信息化推进工作结合较差。

5.活动维度

机构多导致沟通与协调工作成本高、难度大。

为系统解决以上几个方面的问题与不足，提高风险预防和处置能力，改善管理水平与成熟度，最终实现所核心竞争力的持续提升，必须下决心瘦身健体，苦练内功，通过职能部门组织优化改革工作，实现向深化改革要效益、向管理改善要效益。

二、成果内涵

为响应党中央关于深化国有企业改革的指导意见，在新的历史发展机遇与挑战下，根据所的战略发展需求，依据所的业务流程框架，开展内、外部环境分析，考虑集团公司总部组织机构设置的原则及所组织机构与之对应关系，深入分析当前职能部门组织架构及职责、流程中存在的问题与不足，识别工作难点与风险点，经过调研与论证，确定所职能部门组织机构改革原则，运用基于业务流程的机构设置方法，制定所职能部门组织机构改革方案，并完成机构改革、部门职责梳理与发布、领导干部调整、一般员工随动调整等相关工作。

通过本次机构改革工作，所职能部门由25个（如图1所示）精简至15个（如图2所示），完成新机构部门职责审批发布，调整领导干部72人，470余名一般员工随职责调整至新岗位。职能部门组织机构改革方案得以有效落地，降低了部门间的沟通协调成本，促进了所业务流程优化，并在此基础上开展了定岗定编定员，推进岗位结构和人员编制的优化，职能部门一般管理职位定员280余人，占所在岗职工比例为9%左右，达到精减人员、提升效率的目的，实现了所管理效能的进一步提升，保障了所的发展战略有效落地实施，促进了所核心竞争力的持续提高。

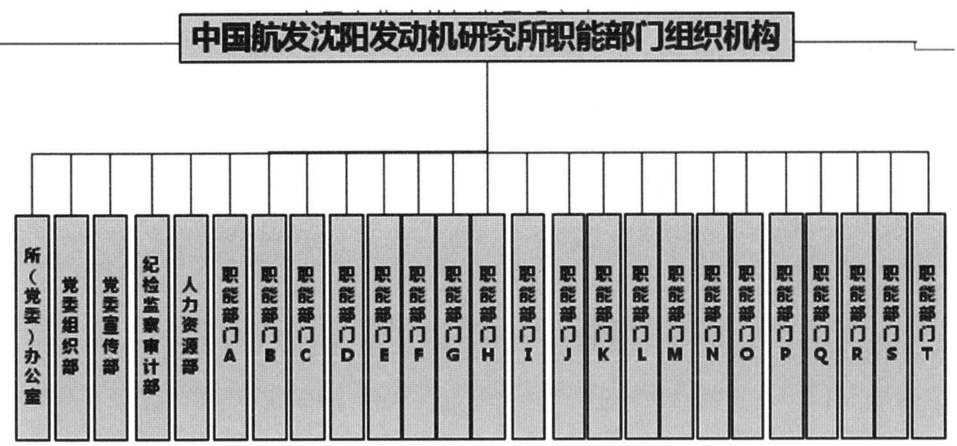

图1　机构改革前职能部门组织机构示例

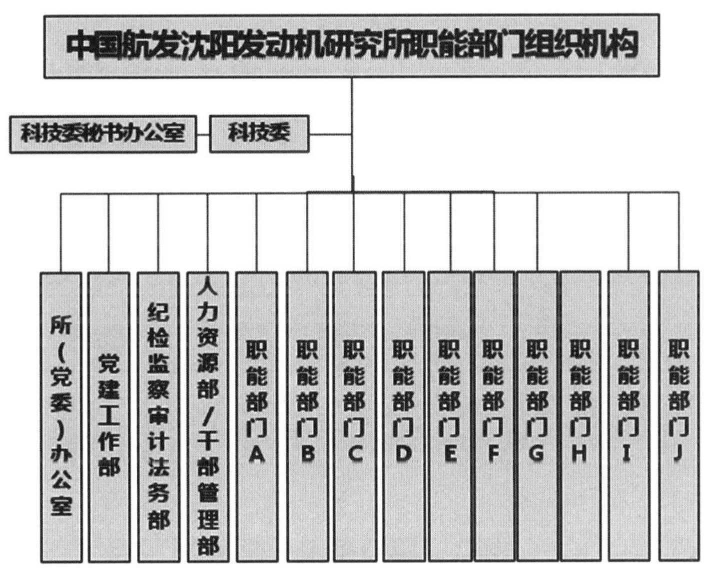

图2　机构改革后职能部门组织机构图

三、主要措施

所机关/职能部门组织机构改革的关键过程可分为策划论证、方案设计、全面实施、深化应用四个阶段，各重要阶段都紧密结合所的业务实际，引入外部专业咨询团队，利用先进管理理念、方法与工具，借鉴行业成功经验，针对职能部门机构及职责中存在的问题与不足，以战略为导向、以发展为牵引，开展组织机构优化改革工作。

（一）策划论证阶段

1.从国家对于国有企业改革的要求、中国航发组建、对标国际先进航空发动机企业（如GE、R&R）等角度，开展外部环境分析，从所的整体定位、机构设置现存问题、机关工作作风整顿等方面，开展内部环境分析，系统论证职能部门机构优化改革的意义与目标。

2.基于所的业务流程（如图3所示），从战略、运营流程、管理与支持等角度分析，旨在提高所整体管理效率，从而促进所全面提升整体运营效能和质量。

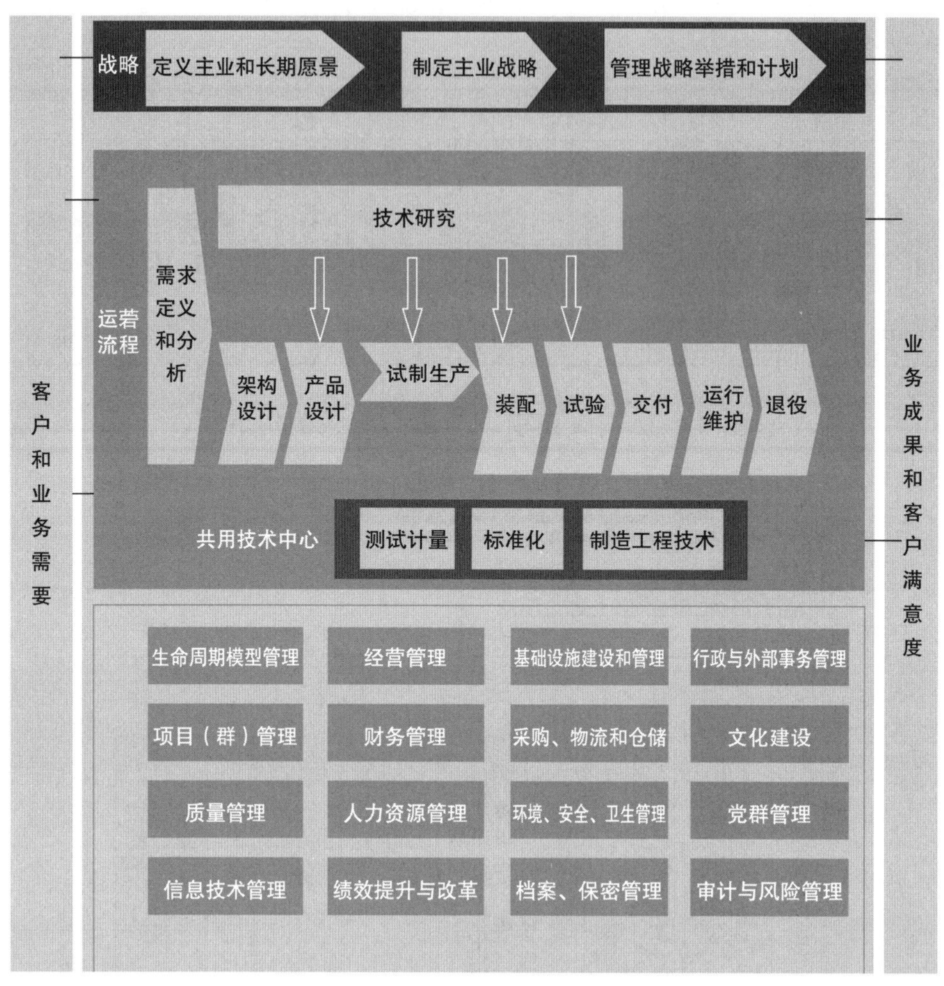

图3　所业务流程框架图

3.面向全体所领导、部分副总师与中层领导开展专项访谈工作，汇总分析当前职能部门架构存在问题。

4.开展行业兄弟单位调研学习，对中国航发动研所、中国航发动控所、中国航发涡轮院、沈阳飞机设计研究所、成都飞机设计研究所发函调研机构设置情况，走访调研中国航发动研所、中国航发南方、航天三院组织机构变革情况。

5.收集1985年以来所职能部门组织机构变化情况、中国航发集团总部组织机构及职责、中省直企业工委组织架构及职责、上级机关部门设置要求。

（二）方案设计阶段

1.依据所的发展战略以及前期论证分析结论，明确以下几项设计原则：

（1）以战略为导向：遵从所的整体战略，支撑所运营优化；

（2）流程高效原则：有助于所运营的效率提升，支撑所科研生产发展；

（3）扁平化原则：设置尽量精简，管理层级少、扁平化，减少部门内部沟通壁垒；

（4）专业性原则：按照工作业务相关度进行归集，体现分工的专业性；

（5）前瞻性原则：能够满足所未来发展需要；

（6）适应性原则：能够有效对接中国航空发动机集团相关管理功能，满足法律法规和国家监管相关要求；

（7）区分性原则：职能部门和业务部门分开分设。

2.采用大部制设置方式，将部门配置重新整合，理顺部门间关系，削减职能相似与交叉的部门，达到精减机构、提升效率的目的。

3.运用基于业务流程的机构设置方法，梳理职责，厘清流程，融合资源，从以职能为中心转变为以业务流程为中心。

4.为降低部门内部沟通成本，提高部内运转效率，结合上级机构设置要求及所实际情况，以最少化原则，在部分部门内部设置二级机构。

5.为保证方案的科学性与合理性，在设计过程中，向所人力资源管理与考核薪酬委员会、党政联席会、战略研讨会进行多轮沟通、汇报。

6.专业咨询公司运用组织机构设计理论方法，对标先进企业实践经验，开展系统方案设计工作。

（三）全面实施阶段

经访谈分析、调查学习、资料研究、可行性论证、外部咨询、汇报决策等关键过程，形成所机关/职能部门机构改革方案，将原本按职能划分的职能部门组织机构变革为按照工作流程需要设置部门的机构，整合职责和资源，确保所战略落地实施。

召开全所干部大会，宣布所机关/职能部门机构改革、领导干部调整及一般工作人员随动方案。

1.组织机构调整

（1）完成职能部门组织机构调整方案确认与发布，启动职能部门机构改革工作，机构更名3个，组建8个，撤销20个，机构职责变更3条，按照最小化原则下设二级机构，分离出一个业务部门(采购物流中心)。所职能部门数量由25个精简至15个，其中6个部门内共下设17个二级办公室。

（2）明确职能部门定位，按业务流程系统梳理、分析职能部门职责领域，围绕职责领域细化职责表述，确保职责描述全面无冗余，用词清晰准确无遗漏；搭建工作标准体系框架，会同通用技术中心共同编制《工作标准编制的标准化规定》，制定部门职责标准编制模板，完成标准审批、发布。

2.领导干部调整

（1）依据机构优化调整方式，严格按照中层领导干部选拔任用制度，充分结合中层领导干部年度综合考核以及领导力测评结果，同步完成72名领导干部调配工作。

（2）召开全所中层及以上领导干部大会，对职能部门组织机构进行调整和领导干部任职情况进行公示，为领导干部快速完成角色转换打好基础。

3.一般工作人员随动

（1）依据《职能部门组织架构及职责设置方案》总体思路与方案制定原则，为保证在机构改革期间所各项运营工作顺利开展，在新机构设立后，相关一般工作人员随职责变动调整至新部门。

（2）本次职能部门组织机构改革涉及随动一般员工共计500余人。

（3）确定一般工作人员随职责变动的基本原则，梳理人员岗位与职责现状，完成人员随动方案发布、结果确认及审批工作，在机构改革结果发布后，470余名正式在岗一般员工随动至相应部门，保证了所各项运营工作有序开展。

4.配套工作

人力部牵头组织各相关部门协同跟进，办公场所、办公系统、各类账户等配套工作快速调整到位。

（四）深化应用阶段

根据《中国航空发动机集团人才队伍建设“十三五”发展规划》（航发人[2016]499号）精神，到“十三五”末期，所在岗职工中管理人员所占比例降低至15%（领导干部比例控制在5%左右）。在优化调整机构工作基础上，所进一步整合资源，开展机关/职能部门定岗定编定员相关工作，推进岗位结构和人员编制的优化，达到精减人员、提升效率的目的，确保所战略的落地实施。

1.目的和意义

机关/职能部门定岗定编定员工作对所长远发展的关键意义，主要体现在以下几个方面：

（1）有效承接所的发展战略与规划；

（2）从机构到职位职责清晰，组织协调运转；

（3）工作任务得以合理分配，全面提升管理效率；

（4）进一步提升各项管理工作的规范性；

（5）控制管理人员比例及人工成本，促进人岗匹配；

（6）促进人才梯队建设与人员能力培养；

（7）实现能力盘点，激活员工工作动力。

2.工作原则

（1）遵循公平、公正、公开的原则，依据客观真实，标准科学统一，程序公开透明；

（2）采用科学有效的评估方法，运用测评与答辩相结合的方式，全面考察竞聘者的职位胜任力，选拔有能力、有潜力的优秀人才；

（3）保持机关/职能部门工作平稳运转，不对科研工作产生明显的冲击，确保定员工作高效达成；

（4）采取竞聘与选配相结合的方式，实现人岗匹配、人尽其才。

3.工作过程

本次机关/职能部门定岗定编定员主要分为策划准备、定岗定编、定员三个主要过程，各过程时间节点、各阶段关键成果物如下表所示：

表1 “三定”工作主要过程及关键成果

关键阶段	工作内容
策划准备	1. 明确“三定”工作的内涵、原则
	2. 确定“三定”工作的思路、计划和步骤
	3. 制定“三定”工作方案
	4. 制定所“三定”工作方案，完成汇报审批
	5.组织召开“三定”工作宣讲会，宣导工作思路、方法，组织相关部门开展前期准备工作
	6.组织召开“三定”工作动员会，宣导所“三定”工作方案
定岗定编	1. 与15个机关/职能部门分别开展二轮沟通，确定部门岗位设置与编制，共确定91个一般管理职位、291个编制
	2. 组织编制91份职位说明书
	3. 编制定岗定编结果汇报材料，并完成汇报,集体决策
定员策划	1. 确定定员竞聘方法、策略，制作工具、模版
	2. 确定测评服务供应商，完成商务手续
	3. 细化定员竞聘程序，开展人员与风险分析
	4. 编制定员竞聘实施方案，完成汇报审批
	5. 完成定员竞聘实施方案发布
定员竞聘	1. 完成首轮竞聘报名、审查与公示
	2. 组织完成竞聘员工网上测评
	3. 组织完成280人次竞聘答辩
	4. 与15个部门开展首轮结果沟通与反馈
	5. 完成首轮竞聘结果确认与发布
	6. 发布次轮竞聘通知
	7. 完成次轮竞聘报名、审查与公示
	8. 组织完成新申报人员网上测评
	9. 组织完成36人次竞聘答辩
	10. 与涉及12个部门开展次轮竞聘结果沟通
	11. 与相关部门沟通未上岗人员选配工作
	12. 完成次轮竞聘结果确认与发布
后续工作	1. 完成定员结果审批
	2. 发布确认文件
	3. 启动人员调动
	4. 组织配套手续（办公软硬件、涉密事项、岗前培训等）

4.关键方法论及成果

（1）定岗方法论及成果

所机关/职能部门一般管理职位设置的基本原则包括以下几个方面：

①因事设置原则

着眼于所现状和未来发展需要，按照所组织机构及核心业务流程中的各部门职责范围来规划和设置职位。

②整分合原则

在所整体规划下实现各职位的明确分工，并在分工基础上有效协作，明确各职位职责又保证业务流程上下游之间同步协调，以发挥最大效能。

③精简高效原则

在保证工作正常开展的前提下，最大限度控制职位数量、管理幅度和层级，每个职位的工作量要饱和，并尽可能地缩短职位之间信息传递的时间，提高所整体效率。

④规范化原则

统一职位命名规则及职责范围，职位名称体现工作内涵，符合行业惯例。

依据职位设置的基本原则，兼顾职位工作量饱和度、工作内容丰富性、职业发展高度、员工工作任务阶段性调整的便利性等因素，所机关/职能部门共设置91个一般管理职位。

（2）定编方法论及成果

所机关/职能部门定编工作应借鉴行业定编工作经验，结合集团要求和所机关/职能部门业务实际，因地制宜，综合选用定编方法共确定291个一般管理职位编制。

表2　机关/职能部门定编选用方法示例

	职责分析法	人员配比法	标杆对照法	德尔菲法	
序号	机关/职能部门				
1	发展计划部	●			○
2	科研管理部/重大专项工程部	●			○
3	质量管理部	●			○
4	人力资源部/干部管理部	●		●	○
5	党建工作部	●	●		○
6	纪检监察审计法务部	●	●		○
7	财务部	●		●	○

（3）定员方法论及成果

人员选用方法

1.机关/职能部门一般管理职位的类型一般分为：事务型职位、专业型职位、专业型同时兼具科研型的职位三种类型

2.本次申报人员申报管理职位的形式分为：报原职位、部门内转报和跨部门报名三种方式

3.本次定员人岗匹配二维分析模型如图4所示：

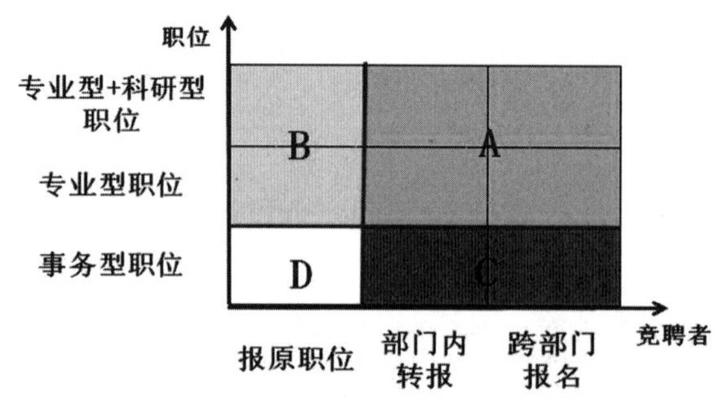

图4　人岗匹配二维分析模型图

结合模型，明确A、B、C、D四种人岗匹配类型的考察方向和考察要项，具体下表所示：

表3　人岗匹配考察要素

<table>
<tr><th rowspan="2">人岗匹配类型</th><th rowspan="2">对申报人员考察关注方向</th><th colspan="4">重点考察匹配要项</th><th rowspan="2">其他参考因素</th></tr>
<tr><th>a. 职位胜任力评价</th><th>b. 专业能力评价</th><th>c. 关键素质评价</th><th>本次定员总成绩</th></tr>
<tr><td>A</td><td>职位能力+发展潜力</td><td>√</td><td>√</td><td>√</td><td>√</td><td rowspan="4">➢ 过往工作经历；
➢ 过往突出业绩；
➢ 素质测评成绩；
➢ 年龄等</td></tr>
<tr><td>B</td><td>职位能力</td><td>√</td><td>√</td><td></td><td>√</td></tr>
<tr><td>C</td><td>关键素质</td><td></td><td></td><td>√</td><td>√</td></tr>
<tr><td>D</td><td>关键素质</td><td></td><td></td><td>√</td><td>√</td></tr>
</table>

人员选用匹配性及匹配度判定标准

匹配性决定了申报人员是否胜任申报职位，而匹配程度则决定了申报人员对申报职位的胜任程度。申报人员的匹配程度依据以下判定标准：

表4　匹配度判定标准

<table>
<tr><th>序号</th><th>分数段</th><th>匹配程度</th><th>匹配程度说明</th><th colspan="2">上岗建议情况</th></tr>
<tr><td>1</td><td>85≤总成绩≤100</td><td>非常匹配</td><td>过往工作经历与职位非常匹配且业绩突出；准确理解职位工作内容和工作职责；个人能力特质能够很好满足所竞聘职位要求。</td><td>上岗</td><td>若人数大于编制数，则成绩高者上岗</td></tr>
<tr><td>2</td><td>75≤总成绩<85</td><td>匹配</td><td>具有丰富的相关工作经验和明显的业绩表现；较好理解职位工作内容和工作职责；过往工作经历与竞聘职位相关度较好，能够胜任竞聘职位要求。</td><td>上岗</td><td></td></tr>
<tr><td>3</td><td>65≤总成绩<75</td><td>基本匹配</td><td>过往工作成效较好，有一定的业绩表现；基本理解职位工作内容和职责；以往工作经验及专业经验背景与竞聘职位基本契合，基本满足竞聘职位要求。</td><td colspan="2">可做调配选择</td></tr>
<tr><td>4</td><td><65</td><td>不匹配</td><td>在过往工作中工作表现一般，没有突出的工作成效和明显业绩表现；对职位工作内容和职责的认知有偏差；过往工作经历与竞聘职位的经验要求有差距、相关度较低，与竞聘职位不匹配。</td><td colspan="2">不上岗</td></tr>
</table>

人员选用程序

本次人员选用工作程序包括统计分数、匹配度确定、确定拟任用人员、确定正式任用名单、结果发布等五个步骤。各阶段开展的工作步骤如下：

1.统计分数

在监督小组人员的监督下，由工作小组以部门/职位为单位统计所有申报人员（包括申报竞聘职位和意向职位的所有申报人员）的单项成绩和总成绩。

2.匹配度确定

结合上述人员选用匹配性及匹配度判定标准，工作小组根据对所有申报人员进行匹配性和匹配度进行判定。

3.拟任用人员确定规则

工作小组首先根据本次定员各项成绩，提出初步拟任用人员建议名单。初步拟任用人员建议名单按如下规则提出：

原则上匹配程度为非常匹配、匹配以及基本匹配的申报人员均被认定为满足人岗匹配要求，直接确定为初步拟任用人员；

如果匹配的申报人员数量≤职位编制数，则确定所有申报人员为初步拟任用人员；

如果匹配的申报人员数量>职位编制数，则由分数高低依次确定为初步拟任用人员；

对满足匹配条件的申报人员未能在竞聘职位上岗的，同时意向职位有空编的情况下，优先安排确定为意向职位的初步拟任用人员；

其他满足匹配条件的申报人员未能在竞聘职位上岗的人员进入调剂待定。

4.人员调配考虑因素

工作小组根据初步拟任用人员建议名单，进一步按照人岗适配的原则进行合理调配，并确定本部门拟任用人员名单。在人员调配的过程中，需要重点关注以下关键因素：

过往工作经历和关键工作业绩表现；

团队成员的能力梯次搭配的合理性；

团队成员之间的性格匹配的合理性；

A、B、C类型的申报人员的年龄因素（可多考虑40岁以下人员）；

C、D类型的申报人员，可多关注各项测评成绩。

5.确定正式任用名单

工作小组将拟任用名单提交领导小组审议，审议通过后确定正式任用人员名单。

6.结果发布

工作小组发布所有职位正式任用人员名单和空编情况。

定员总体结果

表5　定员竞聘人员总体情况

	原机关/职能部门			科研单位
	本职位	部门内跨职位	跨部门	跨部门
上岗人数	215	24	15	15
合计	254			
比例	84.65%	9.45%	5.91%	
申报人员	263			24
比例	81.75%	9.13%	5.70%	62.50%
总人数	287			
比例	74.91%	8.36%	5.23%	5.23%
职位轮换比例		18.82%		

本次定员竞聘（首轮+次轮）共290余人参与，依据人员选用规则，共上岗269人，其中原

机关/职能部门254人（263人参与竞聘），科研单位15人。上岗人员中，申报本职位215人，部门内申报其他职位24人，跨部门申报30人（含科研单位15人）。5.定岗定编定员总体成果

（1）组织机构调整后，机关/职能部门人员减少90余人；

（2）确定三定工作范围，并对360余人实施定岗定编；

（3）明确技能岗位，剥离技能工人50余人；

（4）确定机关/职能部门一般管理职位2017年编制数量为291个；经过两轮定员竞聘后，共上岗287人，空余编制4个，一般管理人员占比9%左右，达到集团要求控制目标。

四、机构改革成绩与成效

本次职能部门组织机构优化改革，范围之大、影响之大，在所的发展历程中前所未有，在推动航空发动机事业发展、顺应所的战略发展、保证两机重大转向平稳实施、全面提升所的运营管理水平等多个方面意义重大。集团公司高度关注所本次机构改革工作，实施过程已得到集团的认可与赞扬。

（一）突出特点

1.工作内容新

1985年以来，所首次针对机关/职能部门整体架构开展“系统化的顶层设计”工作。

2. 工作方法新

开展问题诊断，基于战略和业务流程进行组织机构设计；运用现代人力资源管理理念与方法，首次开展定岗、定编以及定员竞聘工作。

3.推进模式新

各项策略有理有据，稳步实施注重风险防控；人力资源与考核薪酬委员会、工作组（内部工作人员、外部咨询顾问）联合推进，关键里程碑节点集体决策。

（二）改革成绩

1.精简组织机构

机关/职能部门机构由25个精简至15个，其中6个部门设置共17个二级机构。

机构设置与集团公司总部对接，减少沟通壁垒与协调成本；发布机构改革文件，明确部门定位与关键职责，推动质量体系、制度体系优化完善；进一步梳理业务流程，流程更加精简、清晰。

2.完善职位体系

在职位管理体系建立成果基础上，进一步梳理完善机关/职能部门职位体系，设立91个一般管理职位，并形成《职位说明书》，保证部门职责得以传递、承接。

运用现代人力资源管理理论与方法，首次开展定编工作，共设置291个一般管理编制。

3.优化人才队伍

280余名员工通过定员竞聘上岗，机关/职能部门一般管理人员队伍结构得以优化，通过人员随动及竞聘上岗，工人身份员工由170余人缩减至20余人。人才梯队更加合理，人岗匹配度进一步提高，员工更加珍惜自身岗位，激发了潜在动力，提高了工作效能。

（三）改革成效

1.机构改革方案平稳落地

在经过长期论证、策划、方案制定工作后，所高效完成职能部门机构改革实施，保证了所科研生产活动及管理运营工作有序开展。

2.机构调整过程平稳有序

快速有序完成新部门组建、明确定位、理顺职责，避免管理真空；与集团总部机关形成清晰对应关系，有力承接所的发展战略及重要管理举措。

3.人员调整工作平稳过渡

（1）对72名领导干部进行职务调整，将合适的人选配到合适的岗位上，努力打造人尽其才、才尽其用、能上能下、能进能出、富有生机与活力的选人用人机制。

（2）针对在岗一般员工、劳务用工等人员，开展随动结果确认与疏导，员工无思想波动，平稳随动至新岗位。

4.经营管理工作平稳运行

机构改革一年来，面临管理举措新、工作质量要求高、创新型任务多、工作节拍快等新形势、新挑战，机关/职能部门领导干部及员工发挥主观能动性，强化管理与服务职能，承接所年度关键指标约360项，完成工作计划2300余项，加班时数达到近11万小时（较2016年增长39%），较好地支撑了所各项科研生产任务及经营管理活动完成。

5.新时代职能队伍初步形成

（1）职责清晰

确定部门的定位与关键职责，各部门关注并参与部门职责管理。

①剥离非管理职能，成立业务中心，机关管理职能得以强化；

②发布文件，明确各机关/职能部门关键职责，推动质量程序文件修订与完善，职责“灰色地带”得以澄清；

③部门内划分职责领域，落实至二级机构、班组及岗位，职责得以层层落实，战略得以层层传递；

④编制并不断完善《职位说明书》，领导及员工对职责认知清晰、准确。

（2）运转协调

依据并支撑所业务流程架构，促进所各项管理流程的优化与完善。

在机构改革基础上，开展流程梳理，分析所流程体系的结构层次、展开方式及体系内容，经过多轮迭代，发布《中国航发动力所管理与支持类流程框架》（V0.5版），涉及23个单位、160项业务域、2090项业务单元。

（3）精简高效

精减机构、人员，减少沟通过程中的壁垒。

①依据业务流程需要，将流程相关、职责相似的部门进行合并，并以最小化原则设置二级机构，切实做到精减组织机构、减少管理层级、降低协调成本的目的。

②若一项业务流程共涉及n个部门，则部门间最大协调工作量为n+n（n–3）/2。例如，组织机

构改革前，25个职能部门间最大协调工作量为300，机构改革后最大协调工作量降为91。

（4）风控有力

开展风险分析与防范，提高管理工作风险防控能力。

①2017年，从战略、研制与开发、生产与供应链、党建与监察、企业文化等14个维度、200多个方面开展内控排查，共梳理内控缺陷7项，提高所运营管理工作风险识别与防控能力

②以“系统、合规、规范、高效”为目标，对全所400余项规章制度进行深度清查，新编制或修订规章制度238项，职能部门管理工作依法依规性进一步提高。

6.方法固化与经验推广

（1）编制管理

①首次建立编制管理理念，发布《领导干部职位与职数管理办法》《机关/职能部门一般管理职位与编制管理办法》，编制管理深入人心，加强用工管理；

②激发员工积极性与创造性，机关工作作风转变，整体工作效能提升。

（2）方法固化

①机构改革方法论得以固化，组织机构管理工作得到丰富、完善；

②定员竞聘工作方法及成果借鉴至招聘、内部调配等多个业务领域，促进管理水平提升。

（3）经验推广

①机关/职能部门机构改革经验对科研单位机构优化具有借鉴价值；

②中国航发航材院、中国航发黎明等多家单位来所现场调研，中国航发涡轮院、沈阳飞机设计研究所等多家单位与交流，机构改革工作经验在行业内得以借鉴推广。

五、结语

所基于业务流程的职能部门组织机构改革探索与实践取得了阶段性成果，但仍存在机构管理流程有待进一步明晰、制度流程管理深度和广度不够等不足，未来将从以下三个方面持续改进：一是加强建章立制，构建制度体系，编制并发布组织机构管理办法，完善管理机制；二是自上而下优化流程框架，完善文件标准，优化流程管理办法，提升规范性，建立要素间关联关系；三是进一步规范和完善所机关/职能部门一般管理职位人员考核聘用管理制度，建立能者上、平者让、庸者下的竞争机制和长效流动机制，并系统思考并开展一般管理人员培养工作，促进员工快速成长，提升整体管理效能。

在航空发动机及燃气轮机重大专项的实施过程中，所将立足新起点，找准新定位，顺应新要求，着力深化组织机构改革，巩固新成果，开拓新思路，探索新机制，进一步发挥设计牵头纳总的关键作用，以新担当新作为推动航空发动机事业的发展。

成果创造人：徐庆泽、刘宏伟、司荣宁、丁红明、王相平、李藏玉、车啸飞、王　亮、张佳媛、温　鹏

以空间工程技术研发为引领的军民融合体系建设

贵州群建精密机械有限公司

贵州群建精密机械有限公司(以下简称：群建精密）是中国航天科工集团第十研究院下属军民融合型有限责任企业,坐落于遵义市航天高新技术产业园。公司长期致力于精密齿轮传动部件及精密机械产品的设计、制造、销售和服务，是中国航天系统齿轮传动专业制造企业。拥有武器装备生产资质。是中国机械通用零部件工业协会齿轮分会副会长单位、CGMA小模数齿轮工作委员会副主任单位，建有贵州省高端齿轮传动技术工程研究中心、贵州航天高新技术产业园热处理中心，是贵州省高新技术企业。公司承担了国家空间工程重点项目及航天航空防务领域重点型号产品精密传动装置的研制生产任务，为神舟系列、天宫系列空间实验室成功交会对接以及“玉兔”月球车探月科考做出了突出贡献，群建齿轮被誉为“中国飞得最高的齿轮”，公司先后荣获“贵州省优秀企业”“省级文明单位”和中华全国总工会“全国五一劳动奖状”，中国通用零部件协会“中国齿轮行业50强，最具创新企业”等荣誉。

一、以空间工程技术研发为引领的军民融合体系建设实施背景

（一）适应国家空间探测工程发展战略的需要

空间探测是对地球高层大气和外层空间进行的探测。开展空间探测是人类探索宇宙奥秘、寻求长久发展的必然途径，随着航天技术与空间科学的飞速发展，人类认识宇宙的手段越来越广，对地球高层大气和外层空间开展的探测活动更深更远更广阔，目前，空间探测已基本覆盖太阳系各类天体，成为人类航天活动的重要方向。进入21世纪以来，基于推动科学发展和技术进步、争取国家权益和保障国家安全的战略需要，世界各主要航天国家和组织纷纷制定各自的空间探测发展规划，积极规划各自在行星科学、空间科学和航天活动等方面的发展蓝图。我国的空间探测立足于现有科技、经济发展水平、航天技术基础和发展能力，遵循“整体规划，分步实施，循序渐进，持续发展”发展思路，坚持“大航天”理念，从1970年4月24日，中国第一颗人造地球卫星东方红一号发射成功，到神舟、天宫系列空间实验室成功交会对接，“嫦娥”系列月球探测器的成功发射，中国航天技术和空间科学得到长足发展，中国航天已驶入空间发展的快车道，迎来重要的战略机遇期。

（二）积极响应国家军民融合深度发展的战略指引

党的十八大以来，党中央把军民融合发展提升为国家战略，是着眼长远与全局的整体谋划，关系国家安全和经济社会发展的全局，是推进经济建设和国防建设协调发展、平衡发展、兼容发展，是实现富国和强军相统一的内在要求和必由之路，是应对复杂安全威胁、赢得国家

战略优势的重大举措。“十三五”规划也明确提出“实施军民融合发展战略，形成全要素、多领域、高效益的军民融合深度发展格局”，党的十九大报告将军民融合发展战略作为坚定实施的七大发展战略之一，明确要求更加注重军民融合，形成军民融合深度发展格局，构建一体化的国家战略体系和能力。

在党和国家的号召及政策支持下，军民融合整体推进步伐加快，融合范围进一步拓展，融合层次进一步提升，政策环境逐步优化，军民融合深度发展进入了一个新阶段。公司所在贵州省，也先后发布了《深入推进军民融合产业发展意见》《贵州省军民融合产业发展“十三五”规划》，并设立100亿元军民融合产业发展基金，支持军民融合产业发展。

（三）公司结构调整、转型升级的需求

公司作为中国航天系统唯一齿轮传动专业制造企业。五十年来，专注于精密齿轮传动部件及精密机械产品的设计、制造、销售和服务，产品涉及军用、民用和外贸领域。随着市场竞争的日趋激烈，受民用产品附加值低，军用市场总量不足，外贸市场复杂多变，企业生产经营成本和人工成本持续上升等多重因素挤压，企业盈利能力下降，产业高端化和产业链高端环节发展不足，高附加值、高技术含量的产品比重过低，创新能力不强等问题凸显，企业发展后劲不足，面对国内外经济下行压力加大，经济增长速度放缓的经济态势，需要不断提升核心技术优势，推进军民技术转化，加快产品结构优化，推动产业结构调整转型升级，促进战略性新兴产业发展，助力企业全面提质增效。

二、以空间工程技术研发为引领的军民融合体系建设的内涵和主要做法

军民融合是世界航天发展的必然趋势，公司作为航天系统齿轮传动专业企业，依托军工技术，站在国家发展战略的高度，主动适应和把握时代发展特征及趋势，积极推进体制改革，建立了现代企业制度，组建了产权清晰、权责明确的国有控股公司，将军民融合与航天发展理念相结合，制定企业发展战略，确立发展目标，并贯穿企业发展全过程。公司坚持走“专、精、特、新”的发展道路，聚焦精密齿轮传动，积极参与“载人航天”“探月工程”“火星探测”国家空间领域的重大项目精密传动装置的研制生产任务，走自主创新发展道路，解决了研制中的许多前沿性和关键性技术难题，通过高端精密齿轮和总成发展推动转型升级，不断地提升融合发展水平，为国家“载人航天”“探月工程”“火星探测”及航天航空防务领域重点型号产品精密传动装置提供可靠保证，为航天事业贡献力量，以航天品牌为名片，快速拓展军用、民用和外贸市场开发，促进军民融合产业升级，逐步形成产品、技术、产业、人才、市场、体制机制的全要素军民深度融合的发展格局。

（一）实施体制创新，激发企业活力，为产品结构调整和产业升级奠定基础

公司前身是国营群建机械厂和国营群岭机械厂，于1968年响应国家三线建设号召，由上海第一机床厂、上海机床齿轮厂、上海量具刃具厂、上海第二机床厂、上海组合夹具厂、上海星火模具厂等6家单位承建的国有军工企业。20世纪90年代，随着国家计划经济体制向市场经济体制转型，同绝大多数的国有军工企业一样，体制不顺，机制不活，管理僵化等矛盾凸显，生产经营举步维艰，经济效益严重下滑，企业从1995年开始出现亏损，1999年被国家经贸委确

定为国家重点脱困企业，2000年，企业根据党的十五届四中全会关于国有企业改革和发展若干重大问题的决定，依据现代企业制度，组建产权清晰、权责明确国有控股公司——贵州群建齿轮有限公司，2004年完成规范改制，2008年更名为贵州群建精密机械有限公司。通过体制改革，企业实现了由工厂制管理模式向公司制管理模式的转变，解决了制约企业发展的深层次矛盾，通过员工持股，使员工与企业形成更紧密的利益共同体，提高了员工工作积极性，通过建立科学、合理、有效的考核体系和规范化管理，极大地激发企业创新活力，为企业参与国家重点航天工程研制，拓展竞争激烈的民用和外贸市场，实现产品结构调整和产业升级奠定基础。

（二）制定企业发展战略，明确发展目标

公司以航天科工集团"六个一"战略为指引，制定"遵循专业原则，拓展核心业务，创新支撑品牌，服务全球经济"的企业发展战略，明确了"1234"转型升级发展思路，即以"创新驱动军民融合内外并进合作共赢"为一条总体思路，聚焦"精密齿轮传动，智能节水灌溉"两大产业板块，以"技术创新、管理创新、商业模式创新"为内涵的"三创新"为抓手，践行"价值导向，精益管理、长短结合，高端集成"四条发展路径。通过不断优化产品结构，提高产品技术含量，实现产品价值链由低端向高端的转型，构建军用、民用、国际化经营产业均衡发展格局，深化军民融合，强化创新实践，提升公司价值创造力、核心竞争力。公司坚持走"专、精、特、新"的发展道路，聚焦精密齿轮传动，积极参与"载人航天""探月工程""火星探测"国家空间领域的重大项目，发展弹上舵机驱动系统精密传动装置、武器地面装备齿轮传动系统装置等核心产品，拓展飞机齿轮零部件应用，加快精密齿轮及减速器在兵器、无人机等领域的应用。巩固与拓展现有的系列谐波齿轮减速器、发射车过渡齿轮箱、载人航天工程对接机构齿轮系、探月工程、火星探测计划齿轮传动机构、航空齿轮零部件及减速器配套市场,通过高端精密齿轮和总成发展推动转型升级，促进军民贸各业务板块协同发展、深度融合，实现产业结构优化，提升企业抗风险能力及综合竞争力。"十三五"目标："成为航天防务系统齿轮传动产品研发生产核心制造商，商用车发动机高端齿轮部件重要制造商，新能源汽车精密减速器、工业机器人关节减速器的制造商。把企业建成专业特色突出，具有核心竞争力的科技型公司，成为基础件领域OEM/ODM国内知名企业"。

（三）建立和完善组织架构，制定相关激励制度

从空间探测发展历程看，由于距离远，未知因素多，任务周期长，环境复杂，与近地航天活动相比，往往具有更高的风险，是一项任务周期长，技术难度大的工程。公司自2002年开始相继承担中国载人航天工程对接机构中精密齿轮传动零部件、月球车驱动机构精密齿轮传动部件、火星车移动分系蜗轮蜗杆减速器的研制生产任务，为了确保每一次航天工程项目的顺利完成，公司设置了研究开发组织机构，成立了由董事长、党委书记、总经理任组长，分管技术和项目的总工程师为副组长，相关部门负责人任成员的工作领导小组，主要负责对重大航天空间工程项目立项论证管理。建立了高端齿轮技术研究中心，按照"逐级设置、合理分工"的原则，在公司内建立相应的科技机构，各司其职。技术研究中心重点制定了技术创新战略，围绕空间工程项目开展新材料、新工艺、新技术、新产品进行攻关，逐年加大科技开发投入，技术创新投入占到公司销售收入的5%，近五年，公司累计投入项目的研发费用6431万元，为项目

实施提供充足的资金保障。

为了适应自主创新能力建设和航天空间工程项目开发的要求，公司完善了对广大科技人员的激励奖励制度，制定了《科技管理办法》《技术创新管理办法》《技术人员岗位晋升通道》等，对有突出贡献的科技人员给予颇有竞争力的重奖，极大调动了技术人员的积极性。

（四）走自主创新发展道路，坚持科技创新

空间工程涉及地球高层大气和外层空间太阳系大小行星等诸多天体，科学目标复杂多样，任务周期长，风险性高，从产品选材、设计、工艺，到生产和制造、可靠性等全过程上都存在较大难度，公司自承接航天重大工程精密齿轮传动零部件研制生产以来，充分发挥军品制造优势，坚持走自主创新的道路,不断进行科学技术创新与验证，解决了研制中的许多前沿性和关键性技术难题，取得了突破性进展，为我国的空间探测事业做出突出贡献。

2002年公司承担中国载人航天工程对接机构中精密齿轮传动零部件的研制生产任务，经历了齿轮材料选取、工艺流程设计、关键技术攻关、产品验证等过程的反复试验，通过大量试验攻关，突破了关键核心技术，解决了太空条件下各种小模数齿轮所承受的瞬间冲击、齿轮零件薄壁和不对称结构的齿轮的设计、材料选择的关键技术，攻克了硬度高、脆性大、变形大、传递精度严重下降的难题，避免了在对接过程中易崩齿而存在的潜在危险，形成了满足我国空间条件下对接机构齿轮长寿命、高可靠、高强度、抗冲击、防腐蚀和高低温度能力的齿轮及传动机构冷、热加工核心技术和空间对接机构传动部件深冷处理前沿技术，最终成功完成了9大类126个品种的齿轮传动部件的研制任务，圆满完成神舟八号、神舟九号、神舟十号以及天宫一号对接机构中精密传动部件高可靠性的需要，群建齿轮被称为“中国飞得最高的齿轮”。

2009年公司承担月球车几十个品种，几百个精密齿轮的研发任务。月球表面恶劣的气候环境对产品性能提出了更严格的要求，为了提高产品在极度高、低温下的耐热和耐寒性能，以及月球表面月壤尘埃对齿轮机械部件的耐磨和抗腐蚀性要求，公司先后引进深冷处理、真空炉淬火、高温渗氮、渗碳等先进设备。由于没有现成加工工艺可以借鉴，一个产品需要十几次上百次的试验，最终掌握了探月工程极端环境-180C° ~150C° 下齿轮驱动机构齿轮表面硬化和强化工艺技术，攻克了深冷处理对齿轮系统组织与传动精度变化的关键技术和外太空特殊环境下齿轮机构高可靠度的制造技术，具备了齿轮传动零误差的制造加工、检测、装配、调试能力，形成了齿轮微处理对镀膜润滑影响的突破性观点，解决了研制中许多前沿性和关键性的技术难题，顺利完成了月球车驱动机构整套精密齿轮传动系统，为‘太空之吻’‘玉兔漫步’提供有力保障，群建齿轮成为“第一个登上月球的中国齿轮”

随着国家探月工程的推进，2015年公司又承担了“火星探测”火星车移动分系蜗轮蜗杆减速器的研制任务，该机构相对于已经成功发射的月球车来说是新增的全新机构，再加上未知的火星环境，产品的设计和试验验证都存在较大的难度。公司凭借多年航天精密齿轮加工研制生产经验，仅用了两年时间，自主研发成功火星车系列减速器，解决了啮合间隙连续可调的蜗轮蜗杆的加工和装配技术，随组件、整机圆满完成了环境、力学等试验项目以及鉴定试验，产品性能、功能、可靠性满足要求，全面验证了设计方案及研制技术流程的可行性，如期完成了项目阶段研制任务。设计顺利通过评审，公司被纳入中国航天空间技术研究院合格供方名录，为后续开拓该领域的市场奠定基础。

（五）依托航天技术，促进战略性新兴产业发展

农业物联网智能节水灌溉系统，是现代农业技术发展方向，也是公司转型升级的主攻目标之一。该系统通过使用无线网络及传感器，按照作物的需要精准的供给水、肥，并足不出户的监测农田信息，实时显示土壤、温湿度等数据，并通过视频实时观测作物生长情况，实现科学监测、科学种植，属促进现代农业发展方式转变的战略性新兴产业。公司利用航天远程控制技术和系统集成化能力，加快智慧产业关键技术及产业应用，通过自主研发，经多次试验、应用、改进，掌握了微电阀执行系统和信息远程控制核心技术，解决国外同类产品在我国使用时易堵塞、低水压无法开启的难题，在微电阀执行系统、自组网络、联网管理平台等方面形成核心技术，获专利授权15项，软件著作权5项。公司借力航天空间工程项目中形成的航天品牌优势，在我国西北、西南、东北等地得到大规模推广应用，取得良好的经济效益和社会效益。2016年航天科工集团积极落实国家智慧产业发展战略，整合各院涉农产业，以群建精密智能节水灌溉系统技术和团队为基础，成立贵州航天智慧农业有限公司，群建精密公司将智能节水灌溉项目生产技术所有权评估3000余万元进行转让，目前，该项目年产出2亿元，到“十三五”末期规划达到10亿规模，公司依托航天技术，在取得一定经济利益的同时，为航天十院培育出新兴战略性产业做出贡献。

（六）全力争取项目资金支持，做好知识产权保护

为确保航天工程项目顺利研发成功，公司积极向国家发改委，省发改委、省国资委主动联系，汇报，争取政府对航天工程项目建设的资金支持。公司相继获得航天工程保障建设项目资金1725万元。

在市场竞争日益激烈的今天，知识产权保护成为保护企业的核心竞争力，企业创新源动力的重要环节。公司在承担国家空间工程重大专项项目时，提前做好前沿创新知识产权布局，在开展中国航天载人工程、探月工程、深空探测等领域的传动系统项目论证、攻关的同时，做好知识产权工作策划，开展知识产权布局，鼓励技术人员开展专利申请。目前在载人工程对接机构传动系统、探月工程月球车传动驱动、火星探测着陆巡视器传动系统中已申请发明专利3项，实用新型专利6项，抢占新技术新产业发展主动权与制高点。

（七）推进数字化柔性制造，提高生产保障能力

为了满足航天工程项目多品种、小批量、研制快速响应、批产按需交付的要求，公司将新一代信息技术与航天先进制造技术深度融合，推进航天数字化柔性机加生产线建设，将DNC服务器通过网络和数控机床的RS232接口或RJ45接口，实现了FANUC、SIEMENS、HEIDENHAIN等类型的数控机床与计算机之间的双向通信，利用网络信息化实现了生产设备及产品的远程监管监控和工艺流程的规范化管理，提高了设备产能和过程质量控制能力，缩短了生产周期缩短，有效提升了航天工程项目产品生产保障控制能力。

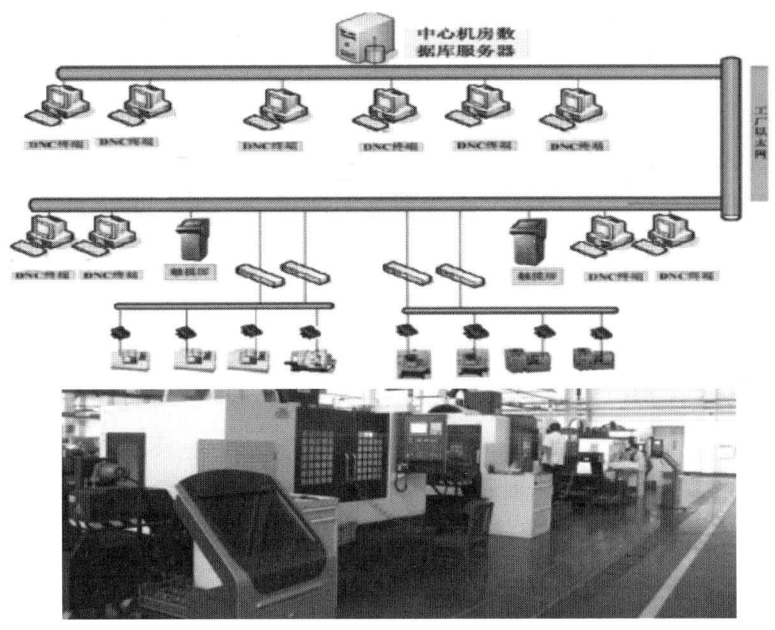

数控生产线

图1

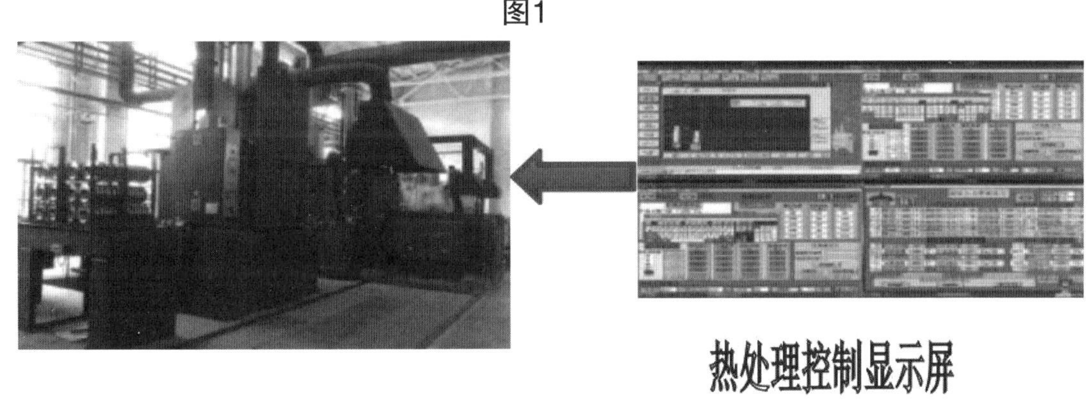

热处理控制显示屏

图2

四、以空间工程技术研发为引领的军民融合体系建设实施效果

（一）科技队伍整体能力得到提升

公司通过承担国家“载人航天”“探月工程”“火星探测”空间对接机构精密齿轮传动零部件的开发和研制工作，使公司研发团队得到长足的锻炼和成长，练就了一批精干高效、创新能力强的设计、工艺、管理生产研制队伍。公司的齿轮设计制造水平提升到新的高度，在齿轮修形降噪、精密耐蚀磷化、深层高硬度氮化、微变形渗碳、高精度硬齿面加工、小模数齿轮极端制造等高端精密齿轮制造方面具有很强工艺能力，在少齿数齿轮传动、多头蜗轮副传动、精密丝杠传动、无侧隙齿轮传动、谐波减速器设计制造等方面拥有多项核心技术，获得专利授

权129项，在国内小模数齿轮行业处于领先水平。公司总工程师因在“探月工程”中做出突出贡献，享受国务院津贴专家。公司齿轮研发团队荣获“中国航天科工集团公司优秀发明创造团队”荣誉称号。

（二）品牌效应促市场竞争力提升

公司自成功助力“天神对接”“玉兔漫步”等国家重点空间探测工程后，群建齿轮被誉为“中国飞的最高的齿轮”“第一个登上月球的中国齿轮”，2012年，航天英雄杨利伟亲莅公司参观指导，2016年，公司有关领导作为贵州航天人代表之一，获习近平等党和国家领导人接见。群建品牌在业界牢固树立了良好口碑，为公司进入国内外民用航空市场，拓展军用、外贸市场创造了良好条件。2017年，公司与商用飞机大型客机项目、国产支线飞机项目、美国GE宇航公司等航空齿轮零部件进入合作阶段；与中航工业的128厂，185厂，　126厂、188厂合作开发的国内军机用重要传动部件和特种传动装置进入试样阶段；与航天33所、31所、206所深度合作，订单激增，为打造航空高端齿轮零部件研究生产配套基地奠定基础；与上汽菲亚特合作开发出口齿轮销产品顺利通过现场审核，形成批产，为公司国外市场拓展起到很好的支撑作用。

（三）企业数字化生产线建设能力得到提升

公司通过研发和承制航天工程项目产品，建立了航天数字化柔性机加生产线，将程序编辑、仿真、管理等生产任务在计算机终端快速高效地完成，把技术部门，管理部门和机床操作者有机地联系起来，有效利用生产线内资源进行加工快速响应和柔性化制造，最大限度地提高机床的有效利用率，形成了能够适应多品种、小批量、满足用户交付要求的生产和管理模式，在管理水平得到有效提升的同时，加速推进了传统产业与信息技术深度融合，为建设成为OEM/ODM企业奠定基础。

（四）产业发展由传统向高端转变，转型升级稳步推进

公司以空间工程技术研发为引领，坚持科技创新与体制创新“双轮驱动”，树立“自主创新是企业灵魂”的思想，通过自主创新和优化管理，解决了研制中的许多前沿性和关键性技术难题，提升了公司科研生产能力和在国内高端齿轮设计制造的知名度，创造了品牌效应，构建了军用、民用、国际化经营三大产业板块协同发展、深度融合的发展格局，产业发展由传统单一的精密齿轮生产逐渐向微型滚珠丝杆副、机器人关节谐波减速器等总成类价值链高端产品转变，实现了产业结构优化，提升了企业抗风险能力及综合竞争力，企业转型升级稳步推进，生产规模快速增长，经济运行质量持续向好，为实现“十三五”规划目标,建设专业特色突出，具有核心竞争力的科技型公司打下良好基础。同时，公司在行业地位得到进一步提升，2017年公司成为中国机械通用零部件工业协会齿轮分会副会长单位。

成果创造人：母庚礼、余　泳、申曙光、肖文滨 、罗天元、佘洪强、

龙见炳、李　强、李　蓉

基于体系工程思维的提升供给能力的央企集团化运营管理模式构建

中国电子科技集团公司发展战略研究中心

中国电子科技集团公司（以下简称中国电科）成立于2002年，是以原信息产业部直属电子研究院所和高科技企业为基础组建而成的国有大型企业集团，是中央直接管理的十一大军工集团之一，是国内唯一覆盖电子信息全部领域的大型科技集团。主要从事国家重要军民用大型电子信息系统的工程建设，重大装备、通信与电子设备、软件和关键元器件的研制生产，先后在预警机、联合指挥系统等大型装备和军用信息系统，以及网络安全、公共安全、智慧城市、智能交通、新能源等新型电子产品和民用信息系统等方面取得了一系列重大成果，圆满完成多个国防重要攻关任务，以骄人的业绩，为国防和国民经济建设做出了重要贡献。自成立以来，中国电科人拼搏奋进，勇于创新，经营业绩实现连续多年的快速增长，是在国资委考核中连续14年保持A级的8家中央企业之一。

一、实施背景

资产联合或契约纽带基础上形成的大型企业集团在当前世界经济中发挥着尤为重要的作用，由于集团内部的秩序关系复杂，远非层级关系所能涵盖，传统聚焦于单个系统的相对稳定、静态、低开放性的管理模式在企业集团中的适用性较低，怎样提升企业集团的管理效率成了一个亟须解决的问题。相对于单个企业作为独立系统存在，由多个企业组成的企业集团则是作为“系统的系统”即体系存在，主要特点为集成的目标或任务、不明确的边界和资源、系统之间存在沟通障碍、需解决问题模糊、需求多变等，体系工程管理的目标，就是要有效实现大规模的、复杂的、相互独立且异构系统的高效运作。

我国大型央企集团在经历一系列改革后，逐渐由受市场力量影响相对较小的封闭体系转变为与市场联系紧密的开放体系，在承担稳固国民经济命脉、引导国民经济发展、代表转型中社会主义市场经济特征等多重功能之余，还要应对日趋激烈和动态的市场竞争，这就对央企集团的管理能力提出了更高的要求。鉴于此，有必要在中国经济转型的关键时期结合央企发展现状和背景，构建基于体系工程思维的运营管理模式来提升大型央企集团的管理能力，为国有企业做强做优做大提供可借鉴的参考。

（一）提升央企供给能力，建设具有全球竞争力世界一流企业的需求

习近平总书记在十九大报告中明确指出，必须坚持质量第一、效益优先，以供给侧结构性改革为主线。这是针对我国经济在供给侧存在的结构性问题提出的根本解决之道，也是国有企业成长为具有全球竞争力的世界一流企业所要遵循的路径。央企集团在中国经济转向高质量

发展的阶段，需要主动转换思路应对转变，采用强调“动态演进”的体系工程思维来构建运营管理模式，提升业务布局和经营决策灵敏性，实现经营效能动态性演进以提升企业供给能力，从而有效保障国家经济战略的实现。

（二）深化国有企业改革，推动央企集团化治理体系形成合力的需求

推动国有企业战略性重组是国有企业尤其央企改革发展的主要方向之一，集团化转型是其重要实现手段。但国有企业的集团化进程主要由行政力量推动，央企集团公司的下属单位不仅有子公司、分公司等常见的组织形式，还包括科研院所、事业单位、国有企业原行政主管部门等相关单位，各央企集团内部成员单位之间在组织架构、资产结构、地域分布和发展水平等方面呈现出显著差异。引入强调“分布经营”和“自治发展”的体系工程思维运营管理模式，有利于打通由集团公司总部到成员单位在经营活动链条上的关键环节，充分调动集团公司总部和成员单位两个层面的积极性，促进全集团的战略协同和资源统筹，确保集团计划实施和战略落地。

（三）提高市场竞争能力，发挥全产业链优势拓展新产品市场的需求

央企集团作为国民经济建设的重要力量，有责任、有义务成为推动落实国家经济战略的主力军，更应当充分发挥长期积累的产业布局优势，聚焦产业重要领域和关键环节，带动和牵引传统行业转型，积极拓展新的发展领域，推动形成全要素、多领域、高效益的产业竞合格局，形成发展新动能。以“开放协作”为特点的体系工程运营管理模式，能够有效保证企业内部系统和外部系统的连通性，促进形成完善的产品体系和整体解决方案，打造高效的产业生态系统，不断提升市场竞争能力。

（四）应对产业技术升级，引领科技创新发展构筑核心竞争力的需求

中央企业处于关系国家安全和国家经济命脉的关键领域，其创新能力和水平在很大程度上代表着国家的创新能力和水平，直接关系到经济发展的总体质量，更应该始终坚守“以应用促基础”的科技创新发展理念，支撑国家重大战略需求。这对中央企业的科技创新能力和模式提出了新的要求，因此亟须引入能够保证多系统同时执行的高效率管理模式。引入能够实现创新“涌现效应”的体系工程运营管理模式，能够推动创新资源优化重组和统筹开发利用，推进新产业生成和成果孵化，构筑中央企业核心竞争力。

二、基于体系工程思维的大型央企集团运营管理模式内涵和主要做法

（一）基本内涵

体系工程思维聚焦于解决多个复杂系统为实现共同目标协同作业所带来的设计、操作与优化问题，运用这一思维方式有利于体系化地解决央企集团在业务布局、资源配置和集团管控等方面的问题。中国电科基于旗下多家子集团、专业公司、科研院所统筹运营的特点，围绕自身供给侧结构性改革，坚持集团化企业化市场化国际化转型发展，建立了基于体系工程思维的运营管理模式以提升供给能力，加速构建世界一流创新型领军企业，切实成为党和国家可以信赖的“大国重器”，其内涵主要包括：

以法人关系为纽带，建立起多层次、跨行业、跨地域、跨所有制的企业集团，并通过设置

等级架构与权力分置，提高集团总部战略引领、公共服务与市场开拓的能力，实现“集团主导、所为基础”的发展模式；

以分类授权管理为原则，给予子集团、专业公司一定自主经营决策权，提升决策效率与质量，从容应对信息技术快速迭代和产业竞争加速等挑战，实现各经营主体在市场竞争中的动态演进发展；

以协同合作机制为基础，整合集团公司内外各类资源，完善以市场需求为导向的科技创新机制，推动涵盖客户、竞争者与合作者的产业联盟建设，营造开放协同的竞合态势，实现新经济增长点的持续培育；

以全面覆盖、分类设置的激励考核体系为支撑，跟踪监测集团公司内外部组织环境和经营情况，突出目标导向和价值创造导向，鼓励组织成员快速发现响应市场机会与威胁，实现集团整体战略掌控能力与风险防御能力的同时提升。

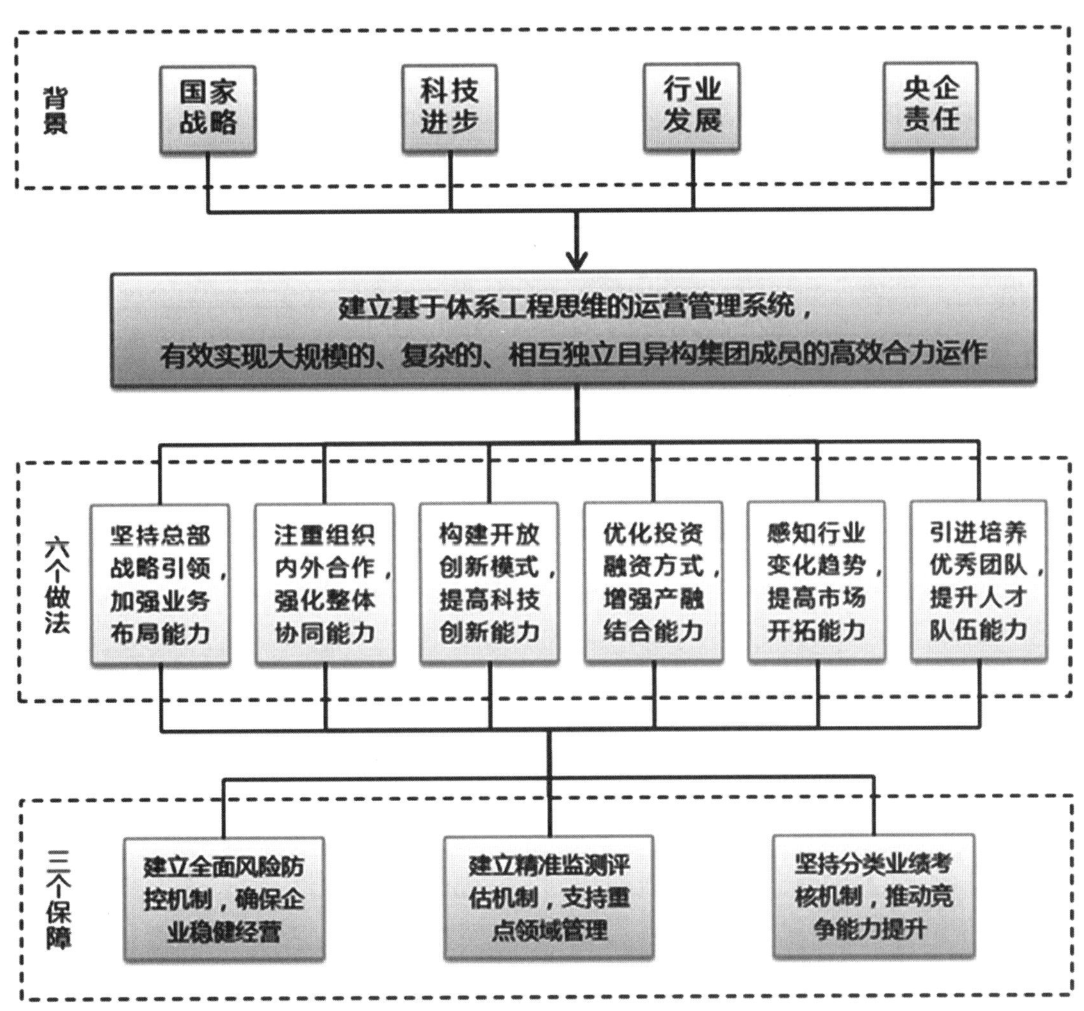

图1 基于体系工程思维的运营管理模式

（二）主要做法

1.坚持总部战略引领，加强业务布局能力

中国电科坚持围绕国家战略方向和市场发展趋势，发挥总部“司令部”作用，系统分析军工和民用两个市场，从供给侧和需求侧两方面矩阵式推动网络安全与信息化、网络信息体系、军民融合、智能制造、自主可控“五大工程”，制定专项行动计划，大力推动重点成果，从“成果经济”为主向“成果经济”与“产业经济”并重发展。

一是围绕国家战略加强顶层设计。中国电科从推动供给侧改革的角度出发，提出“促进需求，加强合作，提升供给、产融结合”的发展思路，集团总部凝聚和团结内外部资源和力量，从主导市场入手，开展规划的制定和执行、产业业态体系研究、产业技术体系研究等相关工作，以分规划和重点专项规划的发布和行动编制为基础，促进主营业务结构优化，为集团公司提升供给能力提供有力保障。

二是基于新动能矩阵法布局业务。以建设创新型世界一流领军企业为战略出发点，中国电科创建新动能矩阵法，为业务布局发展提供规范性的指导，帮助集团公司和成员单位更好地理解自身的业务发展情况。新动能矩阵从市场领域和业务能力两个纬度出发，通过精确掌握集团公司不同市场和不同能力的变化情况，开创性实施业务布局和能力塑造的体系化分析，使得集团公司既能在优势领域不断巩固发展自身能力，又能应对市场需求填补自身能力空白，打造跨业务线横向联合、集团公司成员单位纵向联动的矩阵式业务布局，培育集团公司发展新动能。

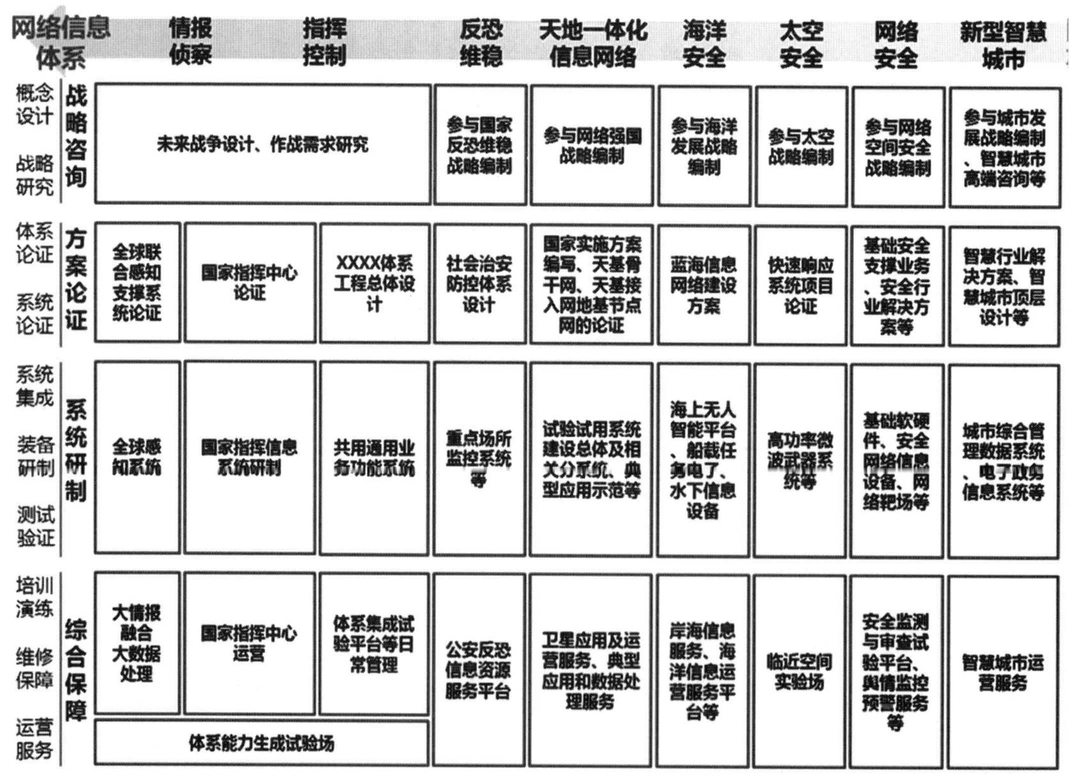

图2 中国电科新动能矩阵法

三是推进重大工程成果体系化管理。中国电科以党和国家战略为牵引，在矩阵式推动业务布局的过程中，将重大工程成果管理作为重中之重，按照重大工程成果和集团工作流程的特点，运用体系思维进一步明确职责和分工合作，解决重大成果复杂性、动态性、演化性、交互性等特点带来的工程管理困难，通过集团产业链的协同形成综合竞争优势，确保天地一体化、蓝海信息网络等重大成果工程安全、高效推进，满足国防和国民经济发展需要。

2.注重组织内外合作，强化整体协同能力

中国电科紧紧围绕增强协同的观念，用新理念引领新发展，推动持续形成有利于发挥各方协同效应的机制，为新形势下中国电科破解发展难题、增强发展动力、厚植发展优势提供战略指引，建设以网络信息体系建设为主业的“大国重器”，在国防军工和经济建设中统筹部署，为从“尖刀连”向“大兵团”作战转变提供保障。

一是加快集团组织协同优化。中国电科将子集团建设作为集团公司真正实现“三层架构、两级经营”的关键环节，充分发挥市场配置资源的主体作用，以资本为纽带，加快子集团实体化经营，推进15家已建成、已批复子集团建立相应运行管控体系，同时整合子集团内部专业优势资源，跨所、跨地域构建专业事业部，使其真正成为具备独立作战、联合作战能力的“兵团”，成为整体方案的提供商和服务商。

二是加强中央部委支撑协作。中国电科充分发挥大型信息系统顶层设计和综合集成的优势，落实中央推进建设网络强国、数字中国、智慧社会的决策部署，加强与中央部委的联系沟通，深度参与相关成果建设。例如，与最高人民法院共同打造类案智能推送系统，实现类案快速查询和智能推送；联合司法部共同打造司法信息化3.0，主导执法管理、政务管理等四大平台的建设，推进司法信息化建设。

三是强化央地合作共谋发展。中国电科坚持“协作共赢、共同发展”，积极寻求与各地方政府的交流协作，通过战略合作协议固化合作模式，与多个省市形成了基础、重要、长远的合作关系，为地方产业转型升级和经济社会发展贡献了巨大力量。例如，与上海市共同打造“物联、数联、智联”三位一体的数字经济服务体系，共同推进七大创新中心建设。与海南省聚力打造中国电科海南总部基地，持续加快南海信息网络体系建设，助力政府治理体系和治理能力现代化。

四是推动国际合作取得实效。中国电科主动布局和利用海内外优势资源，积极融入全球产业体系和创新体系，务实推进与德国、俄罗斯、澳大利亚等国家相关企业和科研院所在元器件生产与研发、仪器仪表等方面业务的合作，切实推动国际大科学工程计划、关键技术合作和引进、产业合作等国际合作取得实效,加快海外研发中心建设，打造国际领先的开放研究平台，提升全球竞争力。

3.构建开放创新模式，提高科技创新能力

中国电科改变传统研究所的科研创新模式，用开放式创新模式构建自己的“创新生态”，通过市场需求引领科技创新投资与研究方向，立足占领网信领域核心关键技术制高点，加大原始创新支持力度，提出集团必须占据的核心技术领域，遵循“压强”原则，举集团之力、整合资源加大投入和攻关力度，从而有目标地管理知识流，使知识透过企业边界自由流入和流出，提高创新对主业发展贡献率，优化关键领域主航道、主战场的布局，从推广技术应用向攻关核心技术转变，从科技投入型创新驱动向“科技投入型与产业投资型”双结合的创新驱动模式转变。

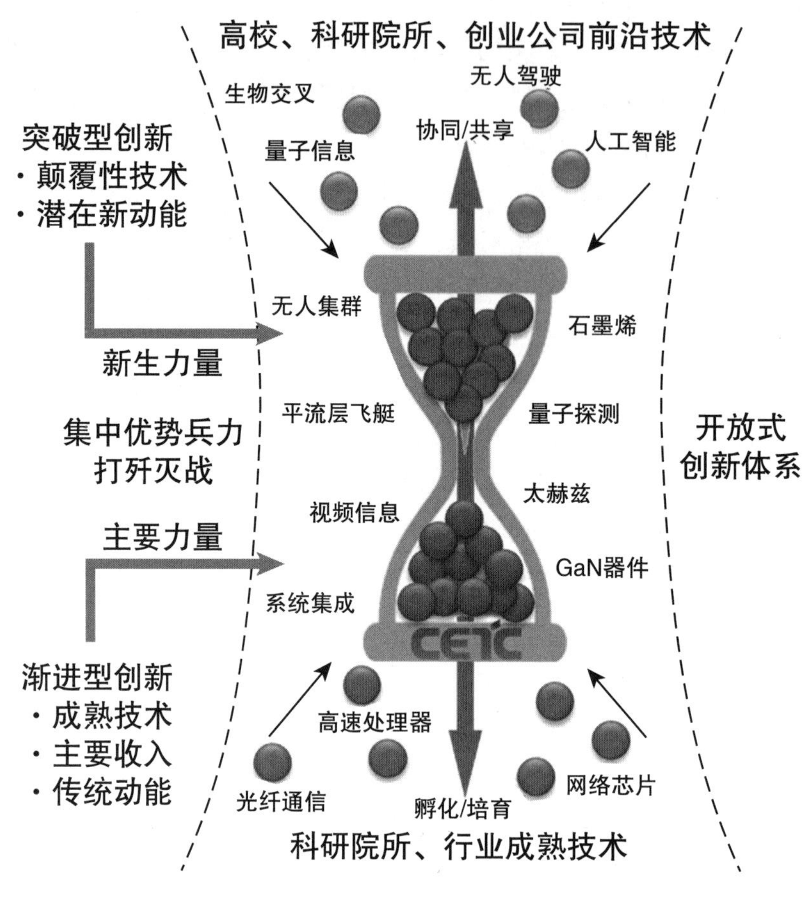

图3　中国电科开放式创新模式

一是搭建开放创新平台。中国电科围绕无人智能、新型智慧城市、物联网、网络空间安全、社会综合治理安全五大网络信息领域，开展示范重大应用工程建设。基于线上网络化、智能化的双创平台和线下载体的支撑，中国电科致力于深化网络信息技术领域科技创新与双创结合，组建了围绕“物联网”“新型智慧城市”等的26个联盟平台，通过重大工程引领相关新型产业的技术发展，打造与民营企业形成优势互补、协同呼应的合作模式，累计吸引中小企业上千家，形成一批优秀的技术产品，以开放式创新生态带动全要素创新与跨界融合。

二是推进核心技术的自主可控突破。中国电科面对新一代信息技术快速以及我国关键技术缺失带来的挑战，加大对新一代信息技术的投入，攻克核心技术高地，推动网络安全和信息化事业的发展。中国电科针对关键元器件和集成电路产品和技术重点布局，提出先进计算、射频与光电器件、微系统、电子制造装备、半导体工艺、共性支撑六大领域专业布局和15项重点任务，260余项细化任务。

三是打造从核心到外围的科技成果转化模式。中国电科坚持技术推动和市场需求双重牵引，改良研究所的封闭式科研模式，向外部知识源开放从而使自身技术加速走向市场，弥补内部研发技术差距，降低创新成本，通过创新获得知识产权反过来推动知识产权市场正常运转，使企业技术外部转移获得收入。同时，通过参股不控股的方式，吸引创业团队与优质社会资本加盟成立混合所有制公司，把握稍纵即逝的市场机遇，既符合国有企业削减法人户数的政策导向，也能够通过技术成果授权获得利益，以股份的形式激励核心团队。

4.优化投资融资方式，增强产融结合能力

中国电科积极贯彻落实国家相关政策，优化投资融资方式，吸引社会资本进入共谋发展，破解军工科研院所资产证券化难题，增强产融结合能力推动业务升级优化，做强做优做大国有资本。

一是推动产业和金融资本结合。中国电科以放大国有资本功能为方向，围绕战略性新兴产业和核心主业，引入金融“活水”，发挥产业与金融的协同效应，推进结构调整、提升竞争优势、增强发展活力。与中国太平、华融、天津海河等筹建军民融合发展基金，目前确定出资金额已达310亿元，推动南京轨道、红太阳光电、航电飞机制造等一批重大产业股权融资成果完成融资路演并在产权交易所挂牌。

二是打造运作优质上市平台。加快“中国电科系”上市公司建设，通过把上市企业资源合理配置到最有价值的业务上，实现国有资本保值增值和股东价值最大化。中国电科通过加强上市公司价值管理，让价值创造与提升理念贯穿于上市公司战略与管理执行各个环节。华东电脑等上市平台投融资功能得到充分发挥，为新一代信息基础设施等重点产业发展筹集资本，上市平台建设计划也得以顺利实施，完成了天奥电子首次公开发行股票、中电力神对中国嘉陵资产重组。2017年初至2018年6月底，中国电科集团旗下八家上市公司市值从2200亿增加到4100亿左右。

三是加快事业资产证券化。中国电科将军工事业单位中主业清晰、兼顾军民融合、业务相对独立且规模较大有盈利的业务板块逐步从研究所剥离，推进通信子集团、13所、14所、55所等单位相关军工事业资产企业化经营，逐步实现资产资本化、证券化。推进了2所、13所、24所等9家事业单位所涉及的碳化硅材料、MEMS、模拟集成电路等30.82亿元军工事业资产资本化。

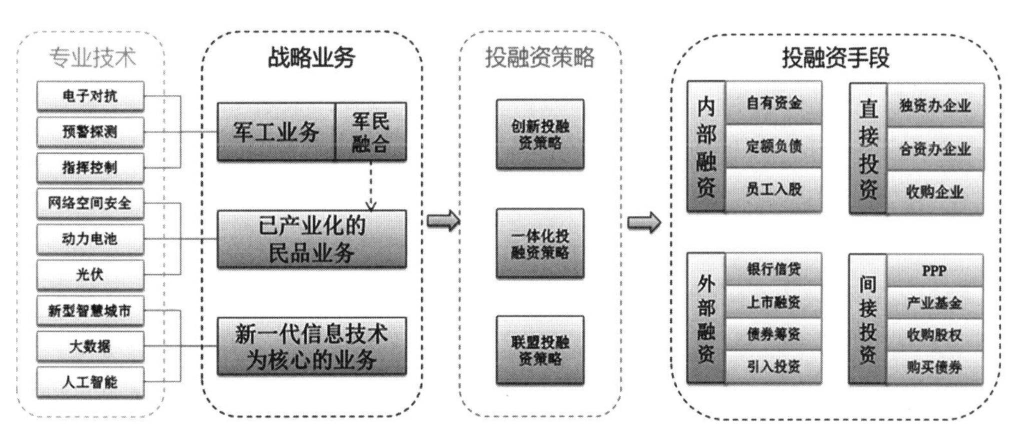

图4　中国电科基于业务升级的投融资模式

5.感知行业变化趋势，提高市场开拓能力

中国电科按照系统规范、面向市场、瞄准重点的原则，建立了完备的统计指标体系评估分析外部环境和内部经营变化趋势，以研判结果为基础体系化开拓市场，做到及时发现问题，随时提出应对措施，随时协调解决困难。

一是加强市场研究应对新变化。中国电科在企业内部智库（发展战略研究中心）设立战略管理研究部，定期收集整理宏观经济数据、电子信息产业市场环境、政策法规环境、行业动态等，每周编辑经济动态，以供集团参考应用。同时，针对宏观经济走势、重点业务发展趋势、市场竞争态势等进行专题分析与研判，对集团公司五大工程可能涉及的新市场、新产品、新技术、新领域开展深入研究，定期形成研究专报，为经营管理层提供决策支持。

二是感知内部状态把握企业经营情况。中国电科加强对科研生产经营情况和集团主导成果全过程监测，及时预警经营中存在的重大风险。战略实施管理部门汇总各业务领域经营情况，对全集团的重点单位经营情况、重点成果推进情况、重点能力建设情况、负面事件应对情况等进行系统分析和评估，剖析存在的重点难点问题，定期形成月度经济运行分析报告和季度经济运行评估报告，向总经理办公会报告，便于集团公司经营层及时了解掌握各业态、各单位、各专业等方面运行情况和问题，及时采取有效措施，解决科研生产中的重大问题，为经营层战略实施、经营决策和计划调整提供支持。

三是体系化联合开拓市场。在敏锐感知行业变化趋势的基础上，中国电科将成员单位体系化的联合起来，加强市场协同能力，共同谋划大市场和大成果，形成“大兵团”作战的态势，营造各领域总体单位和参战单位合作共赢的良好氛围，总体单位在各单位的支持下成为行业引领，抓大系统、抓大市场，在细分领域、细分市场，发挥各成员单位作用，形成分兵把手、协同推进的态势。在2018年，中国电科通过全面的市场调研论证，创造性发布了新一代信息基础设施理念，并与上海市达成战略合作，整合内外部优势资源，布局开展新一代信息基础设施建设服务，服务网络强国、数字中国、智慧社会建设。

6.引进培养优秀团队，提升人才队伍能力

中国电科高度重视人才队伍建设，通过创新构建符合军工科研院所和电子信息行业的人才激励、人才引进和人才培养模式，激发了人才活力，增强了对高级技术人才的吸引力，推动了集团整体经济效益的提升。

一是构建市场化人才激励机制。中国电科持续完善与市场化相适应的薪酬激励机制，深化收入分配改革，逐步完善按要素分配的机制，建立包括股权激励、分红权激励、员工持股以及科技成果转化奖励等中长期激励体系，调动核心专业技术和骨干管理人员的积极性和创新创业热情，激发企业发展的内生动力与活力。按照中国电科“创新二十条”和科技成果转化要求，积极谋划科技成果转化成果，2018年在太赫兹团队的基础上，批准电科院、电科通信、国基南方（55所）等8家单位申报的新型智慧城市、物联网、大数据信用体系、水下智能平台等9个科技成果转化员工股权激励成果，同步配套市场化运营机制，激发员工创新创业活力，探索改革发展新路径。

二是积极引进全球优秀人才。中国电科牢牢把握人才这个第一资源，落实党的十九大关于建设高素质专业化干部队伍的要求，形成集聚高层次人才的“强磁场”。一方面引进国内外优秀人才，坚持全球化配置优秀人才，每年都在欧美召开海外高层次人才联谊会，与清华大学、北京大学、中国科学院等国内一流高校和科研机构建立长期合作关系，构建人才资源网络；另一方面通过良好的体制机制留住人才，抓住职工最关心最直接最现实的问题，搭建事业发展平台，拓展职业发展通道，用好工资总额的杠杆作用，做好增量调节，坚持工资收入向核心一线员工倾斜，实现经济发展与员工幸福感互促共进，增强员工归属感。

三是构建人才教育培训平台。为进一步整合中国电科内外部教育培训资源，提升教育培训能力，培育与中国电科业务发展相匹配的干部人才素质和能力，中国电科经过精心筹划和积极准备，建立了中国电科统一的教育培训平台——中国电科大学，开展人力资源政策理论研究，分级分类实施各类人才培训，健全研究生教育培养和人力资源任职资格体系，形成一系列成熟的培养课程。

四是充分发挥高端人才团队作用。中国电科围绕业务布局，培养造就具有国际水平的战略科技人才、科技领军人才和企业家团队。颁布实施《集团公司关于充分发挥院士作用的指导意见》，为院士配好团队，发挥院士培养高端科技人才的引领作用，开展院士培养工程，为院士后备人才提供事业舞台；倡导院士、首席科学家、首席专家要远学袁隆平、近学王小谟，在重大工程、重大成果中“率队攻关、带兵打仗”强化对首科、首专的履职考核，凡是连续两年以上没承担重大成果的就要适当调整；推出具有中国电科特色的企业家培养工程，为企业家构建成长的土壤和发展的空间，鼓励各级领导干部当好主攻手，不能当二传手。

（三）保障措施

1. 建立全面风险防控机制，确保企业稳健经营

有效防范风险是企业保持健康发展的关键“兜底保护网”。在管理实践中，中国电科建立起了全面风险管理责任制度，明确风险管理职责，形成了覆盖全员、全流程、全机构和各类风险的全面风险管理责任制。

一是重视风险预判能力。中国电科紧密围绕企业发展战略，加强对国内外未来中长期所面临风险的全局性、趋势性研判，准确定位风险管理工作方向和重点，切实为企业实现经营目标提供支撑和保障，认真总结企业内外部发生的风险事件和典型案例，从中汲取经验教训，杜绝类似事件在本企业重复发生。

二是建立全过程风险管理机制。紧密围绕企业战略目标和当期经营目标开展风险评估，将风险管理与日常经营管理有机融合。建立健全风险管理报告制度和考核制度，强化风险管理信息沟通机制，完善风险责任追究机制，确保风险信息传递准确、顺畅，处理及时、有效。为营造良好的风险管理文化氛围，中国电科还加强对企业风险管理政策的宣贯力度，建立风险管理工作宣传和培训常态化机制，倡导将风险意识和风险管理思想融入日常经营管理活动中。

三是对风险管控实行权变管理。在战略、财务、市场、运营、法律等五大风险分类的基础上，中国电科根据风险成因和影响结果，结合集团公司实际情况，细化风险分类，形成风险分类总目录，发布《中国电子科技集团公司全面风险管理体系框架》（电科法〔2017〕190号）等官方文件统一具体风险的定义和术语。充分考虑成员单位经济规模、业务特点、风险大小等方面，将成员单位进行分类，对每类单位采取不同的风险管控措施，层层分解风险责任，

分级落实到管理层级、业务单元和全体员工，真正做到防控风险人人有责、责任层层落实、压力层层传递。

四是对重点难点问题和风险突发问题的管控。重点难点问题是企业的日常运营中通过对经营数据和过程的分析能够反映的问题，针对这部分问题，中国电科采用聚焦问题剖析原因的方法，根据实际需求加强资源调配，避免类似问题反复出现。风险突发问题则是在经营过程中无法预见的问题，针对这类问题，中国电科则通过有效管控，建立起应急机制，对风险管理做到随时调度、随时反应、随时应对，持续关注、持续应对，实现“支撑全面、遂行突发”。

2.建立精准监测评估机制，支持重点领域管理

监测评估集团公司各项任务计划的实施过程和效果，是保障集团战略目标实现的有效手段。中国电科以合理的组织架构、科学的机制设计和严谨的指标设计为支持，监督、评估集团公司、各主营业务、各成员单位的运行状态，提出有效应对措施提升评估成效，推动集团战略任务的顺利完成。

一是建立了统一决策、分级管理的监测评估组织体系。中国电科在发展过程中形成了全级次的管控组织。各层次主体对职责范围内的事项和下一级提交的事项调度管控，其权限随着层级的降级逐渐减小，决策、考核和执行的内容则愈加具体，从而保证各个层级业务的评估和实施工作都能够落实到具体部门。

二是建立了一系列的工作机制，以实现有效的监测评估。主要手段包括召开定期会议、实行专项检查和“11230”工作制度计划等，其中定期会议的作用在于保证对经济形势和生产经营情况进行沟通汇总，以对管辖范围内的事项进行调度管控，实现了集团总部调度管控的常态化；专项检查则通过建立全系统的重大成果专项检查制度，对主营业务进展情况进行检查分析；“11230”工作制度计划是按照不同工作任务的性质，要分别在1周、1个月、2周、2个月和3个月之内反馈任务部署和基本落实情况，“0”即所有事项都要跟踪到底、销号清零，做到件件有结果。

三是以统一的经济运行数据指标为基础构建集团经济运行数据库。中国电科在采集集团公司经济运行数据的基础上，以量化总部与成员单位之间的钩稽关系为核心，重点关注了集团的经济运行效益和经济质量、经济竞争力、可持续发展能力和经营风险控制等方面的数据。同时，中国电科以统一定义的统计变量内涵、组成、计量、核算方法，破除各业务板块之间、各成员单位之间的信息孤岛，制定了集团公司经济运行分析数据词典，使得所有数据在一个体系下归集、运算和使用，实现评估效果的横向可比，为精准评估提供丰富可靠的数据基础。

3.坚持分类业绩考核机制，推动竞争能力提升

完善的考核激励机制是引导员工行为、提升组织效能的重要手段。中国电科遵循目标导向、效果显现、有机衔接、精准有效的原则，通过应用绩效考核和强化过程监控，建立了相对完整的绩效评价体系，有效地促进了集团公司价值创造最大化。

一是建立全面覆盖、分类管理的业绩考核体系。中国电科建立了“纵向到底，横向到

边”覆盖全员的全面经营管理绩效考核体系，同时结合单位规模、地区、发展阶段等特点，综合考虑单位性质、战略定位、业务布局、利润贡献度等因素，分类设置不同的KPI指标。指标内容既涵盖经营业绩等经济运行性指标，也包括改革任务等保障约束性指标，从而全面牵引集团公司的经营管理绩效目标，提升经营管理水平的科学性。

二是突出业绩和价值创造导向，实行分类考核。把集团公司经营目标、重点任务以及重点关注事项，通过经营目标责任书落实到总部和各成员单位，进一步压实经营发展的主体责任；以经营目标责任书为依据，加强了成员单位和总部的考核力度，针对完成预期目标存在一定困难的单位和部门及时沟通、协调资源、解决问题，使其努力完成预期目标。考虑到所处网信行业的特殊性，中国电科加大了技术创新在经营业绩考核中的比重，对技术投入和产出进行分类考核，形成鼓励创新、宽容失败的考核机制，有效支撑了科技行业央企集团薪酬激励的精细化管理要求。

三、应用效果

中国电科通过构建和实施基于体系工程思维提升供给能力的运营管理模式，系统性地提高了集团化经营管理水平，科学地推动了自身供给侧结构性改革的实施，有力促进了企业快速持续健康发展。

（一）科学保障了国家战略的落地实施

通过提升基于体系工程思维的供给侧管理能力，中国电科完成了综合电子信息系统、预警机、网络信息体系等一系列装备的研发，圆满完成了国防和军队电子信息装备科研生产及保障任务，并通过“天地一体化”“蓝海信息网络”等工程，在太空、海洋、网络空间三大战略空间主动布局，提升了国家在太空、海洋、网络空间的“制信息权”战略能力，积极为网络强国、海洋强国等建设贡献力量。通过聚焦政府治理关键能力提升和重点行业信息化，在云计算、大数据、人工智能等领域谋划布局一系列科技创新和产业发展成果，在交通、制造、气象、医疗等方面进行了卓有成效的工作，为国家党政信息化和行业信息系统建设做出了重要贡献，培养了一支网信领域忠实的“国家队”，切实成了党和人民可以信赖、依靠的“大国重器”。

（二）切实提升了经营管理能力

中国电科统筹考虑跨地域分级结构、专业分工、能力层级、大协同下的个体竞争等典型特征，在战略目标的引领下，围绕主营业务发展需要，因时制宜、因势制宜、因地制宜，逐步将体系工程思维与企业管理相结合，创新性地构建了可进化、可负担和可持续的开放式复杂经营的运营管理模式。这一模式有力地保障了集团公司战略落地，有效实现了成员单位自治发展，使各级经营管理系统在具有一定自主性选择目标的同时，共同推动整体体系高效发展；推动了集团总体演进能力，提升了业务布局和经营决策的灵敏性，实现经营效能动态性演进；完善了整体业务布局，借助全产业链优势，跨地域、跨领域的开展协作集成，提升自身稳健经营能力；促进了开放协作，向产业上下游开放平台和标准，在丰富的产业生态系统中形成高效竞合状态；强化了涌现效应，在“联合起来办大事”的过程中，通过结构和过程的融合和优化，形成了“1+1>2”的效果。

（三）有力推动了供给侧结构性改革

中国电科紧紧抓住电子信息技术由配套从属向主导引领地位转变的重大战略机遇期，紧扣国家战略、军工电子装备和电子信息产业发展方向，通过运用基于体系工程思维的提升供给能力运营管理模式，推动自身供给侧结构性改革。各类资源向重点业务领域倾斜集中，有效助力了主营业务发展，牵引全系统根据集团整体发展战略优化业务结构，推动了业务布局由“大而全”向产业链关键环节和价值链高端集聚，进而打造核心竞争优势，形成发展新动能。

（四）有效保障了企业平稳高速发展

通过构建和实施基于体系工程思维提升供给能力的运营管理模式，集团公司及时跟踪宏观形势发展，定期研究成员单位经营情况，及时发现问题，第一时间拿出有效的措施办法予以应对，集团总部对全集团的经营情况始终做到心中有数、手中有策。2017年至今，中国电科始终保持了良好的经营绩效，保持了优质高效的发展态势，在《财富》2018年世界500强企业中位居第388名；在国资委2017年度经营业绩考核中连续第14次获得A级，是仅有的连续保持A级的8家央企之一。

四、思考

央企的发展关系国家安全和国民经济命脉，代表国家综合竞争力和中国力量。由于多年来在主营业务领域的全产业链布局，多数央企的具体业务相对分散，在组织形式上采用了集团企业的方式，相对于管理独立的法人企业，大型集团企业的管理涉及的问题更多、难度也更高。在经济转型的大背景下，央企面临从追求规模到重视质量的转变，要兼顾发展规模、速度与效益、质量与风险的平衡，转变增长模式，实现做强做优，更是对央企的管理带来了新挑战。在新形势下，央企集团企业应当转换思路，从关注单个系统的有效运行转向关注多个系统协同运作的体系工程管理，在强化战略协同和风险管控的前提下，注重资源配置优化和运行质量提升，提高集团整体的供给能力，实现市场竞争力的有效提升。

成果创造人：刘烈宏、朱德成、胡一东、罗欣伟、胡　煜、王　丹、李欣欣、张　丹、赵凰吕

军工企业基于一体化信息平台的精准化战略管理体系

中国电子科技集团公司第二十八研究所

中国电子科技集团公司第二十八研究所（简称“二十八所”）又称南京电子工程研究所，始建于1964年，是主要从事军民用信息系统顶层设计及总体论证、军事指挥信息系统及民用信息系统研制生产、共性及应用软件设计开发、系统专用设备设计制造与装备集成、信息系统装备联试与集成验证的大型骨干研究所，控股南京莱斯信息技术股份有限公司等5家公司。

二十八所业务全面覆盖军品、民品和外贸三大市场领域。军品方面以军事指挥信息系统为核心业务，是我国军事指挥信息系统研制建设的开拓者和主导者。民品方面已逐渐形成了民航空管系统、智能交通系统、应急指挥通信系统、民用机动承载平台及专用车四大核心业务，在同行业中技术、产品持续保持领先地位，同时逐步培育了智慧城市、船舶交通管理、网络舆情监控等业务。国际化经营方面产品已远销亚、非、拉三大洲，具备与欧美领先厂商同台竞争的实力。

建所以来，共获得包括国家科技进步特等奖在内的百余项重要科研成果，受到党中央、国务院、中央军委的多次表彰和嘉奖，多次被授予重大技术装备技术奖、高技术装备发展建设工程重大贡献奖、全国五一劳动奖状等多项荣誉称号。

一、军工企业基于一体化信息平台的精准化战略管理体系实施背景

（一）顺应国家战略，打造“精准化管理”企业，构建有国际竞争力的现代国有骨干企业的需要

近年来，国家大力推进体制机制改革，坚定不移把国有企业做强做优做大，培育一批具有自主创新能力和国际竞争力的国有骨干企业，更好地服务于国家战略目标。军工企业作为国有企业的代表，责任重大。同时，国家全面推进创新驱动发展战略，经济社会发展从主要依靠土地、资本和劳动力等要素推动转变为主要通过科技进步、劳动者素质提高及体制机制创新等要素推动上来。

在这种背景下，二十八所顺应国家全面深化改革和创新驱动发展战略，以打造具有卓越运营管理能力、强大自主创新能力和国际竞争力的现代国有骨干企业为目标，履行国家使命，打造“大国重器”，近年来积极开展体制机制改革和管理创新，推动打造“精准化管理”企业，逐步从精细化管理走向精准化管理，从而更好地服务和支撑国家战略。其中精准化管理的核心是通过制定精准的战略规划，并精准地进行目标分解和实施，精准地获得效益，力求通过精准管理，把握方向、谋定方略、精准发力，从而推动企业高品质发展。它是科学管理发展到较高

阶段的产物，是在基于数据的精细化管理基础上的进一步提升。

（二）抓住军队体制机制改革机遇，引领军工行业发展，更好推进国防信息化建设的需要

面对当前国际国内安全形势，国家全面开展军事体制机制改革，加强各方向各领域军事斗争准备，加强国防科技和装备发展建设，着力提高基于网络信息体系的联合作战能力，并在“十三五”末基本完成国防和军队改革目标任务，基本实现机械化，信息化取得重大进展，构建能够打赢信息化战争、有效履行使命任务的中国特色现代军事力量体系。

军工行业是国家安全的支柱，承担着国防科研生产任务的重任。二十八所作为国内军事指挥信息系统的引领者和主导者，承担着全军各级各类指挥信息系统的研制和生产任务，责任使命重大。如何抓住军改这次机遇，消除军改带来的不利影响，并实现二十八所的持续快速增长就成为非常迫切的战略问题。在这种情况下，二十八所亟须非常精准地研判形势，制定有效的战略和规划，引领二十八所抓住机遇，获得更强的竞争能力，取得更大的发展空间。

（三）克服军工规划难题，发挥规划引领作用，提升企业科学决策和管理水平的需要

战略规划是企业发展的引领，战略管理的水平决定着整个企业的发展与管理的水平。而战略规划能否起到引领作用的关键是其精准性，能否精准地规划和精准地实施。过去军工企业规划往往是靠拍脑袋、摸着石头过河，加上军工企业面临的特殊环境使得很多传统的规划模型和方法在军工市场难以适用，同时军工保密性使得规划缺少必要的数据支撑，因而战略规划往往成为“挂在墙上的鬼话”。

二十八所所处的军工行业，过去由于军工市场相对的封闭性，加上行业壁垒的存在，任务承研单位来源往往比较单一，因此市场结构比较简单，市场的不确定性较小，容易预测。但近年来军工市场预测面临新的挑战。一是军队体制机制改革、信息系统向一体化转型、新技术新应用等带来的需求侧市场的不确定性和结构性变化；二是军民融合的深度推进使军工市场供给侧也发生结构性变化，这对军品市场竞争环境与竞争格局造成结构性影响，造成很多传统的规划模型和方法在军工市场难以落地，再加上军工的保密性，使得公开的数据很有限，给军工行业战略规划的精准制定带来很大的困难。

在这种背景下，二十八所急需突破军工市场信息的局限性，形成对军工信息化行业发展的比较准确和可信的预测，指导形成企业比较精准的战略规划目标，并通过战略绩效管理达到精准的实施落地，同时带动全所市场开发、科研生产、科技创新以及职能管理等方面的全面精准化管理，从而推动全所管理水平全面向基于数据的精准化管理迈进，为企业战略目标的实现打下坚实的基础。

二、军工企业基于一体化信息平台的精准化战略管理体系内涵和主要做法

为打造现代化的、具有卓越运营能力和国际竞争能力的国有骨干企业，成为“国内卓越、世界一流”的信息系统整体解决方案提供商和服务商，成为信息系统技术的引领者，瞄准精准化管理型企业构建的核心——精准化战略管理，构建了以军工企业发展战略目标为引领、以一

体化的信息化平台为支撑，以军工行业精准化市场预测模型和目标制定方法为核心，以精准化的战略实施管理为抓手的精准化战略管理体系，实现了军工企业战略规划的精准化制定和精准化实施，大幅提升了战略规划的牵引作用，企业决策能力和科学管理水平得到显著提升，有效抓住了军改的机遇，经济效益实现稳步较快增长，企业核心竞争能力得到大幅增强，为推进国防信息化建设提供了更为坚实的支撑。

主要做法如下：

（一）明确战略管理体系发展目标，建立精准化战略管理体系框架

1.明确战略管理“三步走”发展目标，推动战略管理水平不断升级

为推进战略管理水平的不断提升，在经历了起步阶段后，制定了战略管理“体系化、精准化、智能化”的“三步走”发展路线。力争在“十二五”中期达到精细化，实现战略管理要素齐全、功能完备、初步科学；在“十三五”初期达到精准化，实现精准规划、精准决策和精准实施；在“十三五”末初步达到智能化，实现智能辅助战略规划、智能决策、智能跟踪与评估，并在“十四五”中期实现高成熟度的智能化战略规划体系。在“三步走”的目标中，精准化是关键，是承上启下，既是战略管理体系化的进一步提升，也是达到智能化的必经之路。二十八所在“十二五”中期走过了战略管理的体系化阶段之后，经过近几年的探索、实践和积累，目前已基本达到精准化的阶段，建立了比较成熟的精准化战略管理体系，为“十三五”末基本达到智能化阶段奠定了坚实的基础。

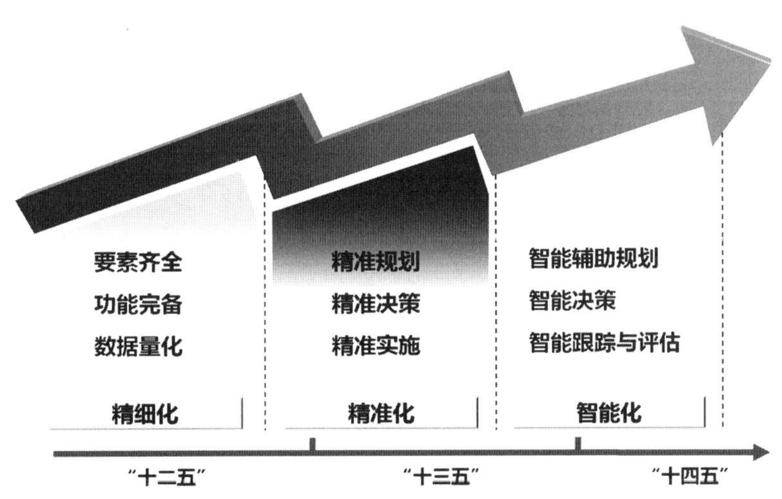

图1　战略管理体系“三步走”发展路线

2.建立精准化战略管理体系框架，确保战略规划体系的一体化构建

针对战略管理发展目标，在“十二五”中期已建立的体系化战略管理体系的基础上，进一步突出数据的准确性、模型化、信息化和落地精准化，力求通过常态化的数据和信息的收集和研究、适合军工市场背景的战略规划模型和方法的构建、精准化的推进实施策略以及支撑战略管理的信息化平台的打造来达到战略规划的精准化制定和精准化实施，切实提升战略管理的效益，为引领企业战略目标的实现打下坚实的基础。近年来，结合“十二五”末及“十三五”的

发展环境和条件，通过顶层设计，形成了精准化战略管理体系框架。该框架以军工企业发展战略目标为引领、以精准化战略规划制定的模型和方法为核心，以战略规划精准化实施为抓手，以一体化的信息化平台为支撑，以体系化的战略规划组织和规章制度为保障。具体框架如下图所示：

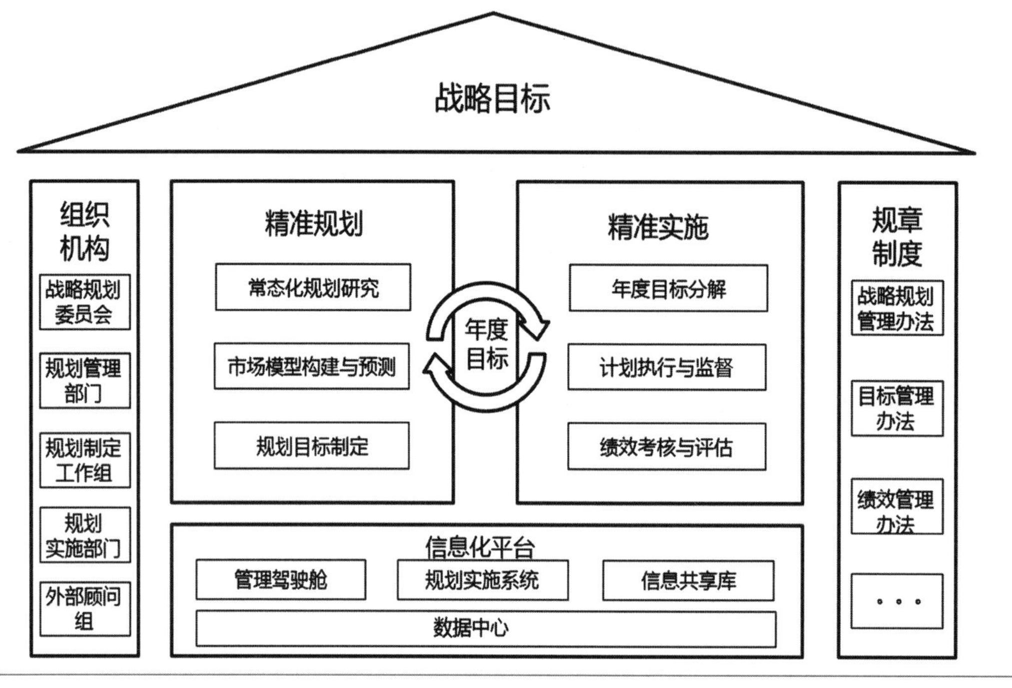

图 2　以精准规划为目标的战略管理体系框架

（二）优化调整战略管理组织机构，建立精准化战略管理规章制度

1.建立多层次的战略管理组织体系，提供坚实的组织保障

围绕实现精准化规划和有效落地，建立了多层次的战略规划及战略管理组织机构。一是在企业领导层由单位一把手亲自负责战略规划，其他领导负责各分管领域发展规划及实施。二是充分发挥各级领导和各专业专家的作用，成立了以所长为委员会主任，其他所领导、首席专家、副总工程师以及职能部门领导和研究部、下属公司领导的战略规划委员会，全面负责规划的制定和推进实施。三是成立了战略管理的专职部门，建立了战略管理的专业队伍，专职牵头政策研究、改革发展、规划制定、年度目标策划、重大目标推进实施和规划实施评估。四是在所有层面、部门层面以及下属公司层面成立了若干个规划论证工作组，将规划组织落实到每个业务领域，“把红旗插在连队上”，发挥全员的参与性。五是明确规划实施部门责任，将规划实施与部门职责绑定。六是引进外脑，通过聘请高校教授、咨询公司顾问、军队顾问等方式，建立了一支专业的外部顾问队伍，提升规划专业水平，为战略规划的制定和推进实施提供了强有力的智力支持。

2.制定体系化、流程化的战略管理制度，提供全面的制度保证

围绕建立精准化的战略管理体系，制订了一系列的规章制度。其中，《战略规划管理办法》是全所战略管理的总纲，明确了战略规划的组织体系、文本体系、流程体系和保障体系。

其中的规划文本体系将规划分为所总规划、业态分规划（具体包括军工规划、产业规划、国际业务规划、科技创新分规划、资产经营与资本运作规划）、职能分规划、各业务领域和子公司子规划等，从而形成了一套自上而下，分层分类、相互钩稽的规划体系。流程体系建立了包括各类规划的制定流程，以及从规划到目标、计划、预算、分析预警到考核评估的战略管理闭环流程，通过流程化、表单化大幅提升了规划的质量及落地的质量。保障体系规定了战略管理相关的研究机制、信息化平台、人才保障和资金保障等。另外，围绕战略管理的主流程，制订了相关的支撑管理制度，包括《综合管理目标计划管理办法》《全面预算管理办法》《经济运行管理办法》《部门绩效考核评价管理办法》等。通过战略管理制度体系为战略规划制定和落地提供了坚实的保证。

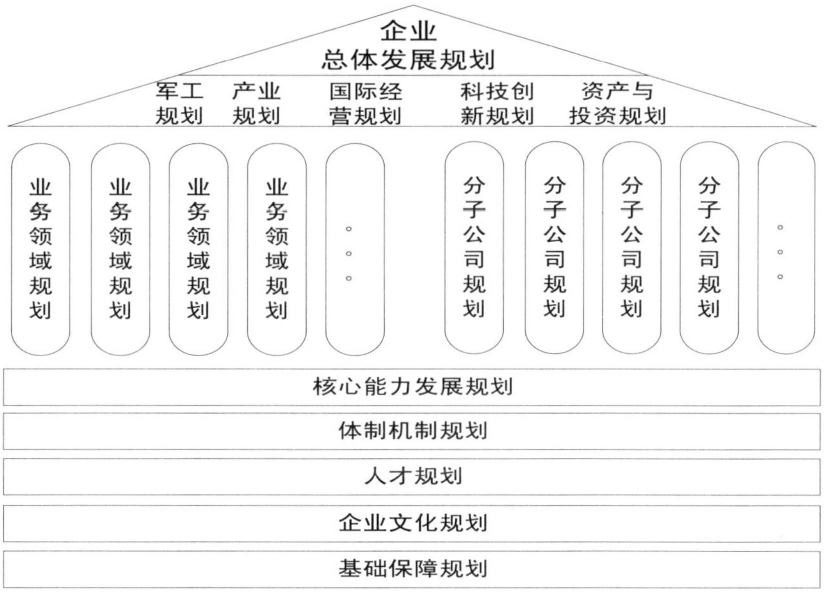

企业
总体发展规划
军工规划
产业规划
国际经营规划
科技创新规划
资产与投资规划
业务领域规划
业务领域规划
业务领域规划
业务领域规划
。。。
分子公司规划
分子公司规划
分子公司规划
分子公司规划
。。。
核心能力发展规划
体制机制规划
人才规划
企业文化规划
基础保障规划

图3　规划文本体系

（三）建立精准化战略规划模型方法，全面提升战略规划精准性

1.建立常态化政策和行业研究机制，提供规划依据支撑

为给精准化的战略规划制定提供依据、信息及数据支撑，建立了常态化的政策与行业研究机制，在明确政策和行业研究的相关责任组织的基础上，全面开展内外部环境因素识别、监视、分析、研究和应对，及时把握发展机遇，降低发展风险。其中外部环境因素研究包括宏观政治经济环境分析、法律法规研究、技术发展研究、行业动态研究、全球防务市场研究、军事发展研究、资本市场研究、竞争对手研究、国际国内军工行业标杆研究等；内部环境因素研究包括经济运行态势、市场发展态势、科研生产态势、技术创新情况、流程制度建设情况、人力资源状况等研究。识别主要渠道包括上级文件、媒体、网络、出版物、行业协会、国际国内会议、展会、客户沟通，以及内部例会、研讨、报告、非正式交流等多种渠道。研究成果的主要表现形式包括以国际国内宏观形势和政策环境为主的政策研究报告、以面向行业市场发展现状和趋势为主的行业研究报告、以技术发展现状和趋势为主的技术发展报告等。发布的载体主要

包括所《管理参考》、防务简报以及内部刊物等。通过持续强化的政策研究、行业研究，对军改的持续跟踪，并对美国、俄罗斯等国家的国防信息化发展不断深入的研究，有效获得了对军改、国家和行业发展以及市场的深入认识，为制定战略和规划、市场策略制定等提供了非常坚实的支撑。

2.构建精准化军工信息化市场预测模型，突破市场信息约束

针对军工规划精准化的核心——市场预测，面对军工市场变化大、数据难获取情况下的市场预测难题，基于政策、行业研究和标杆研究，采用自顶向下的方法，由国防预算预测逐步分解到对指挥信息系统市场的预测，基于数学建模，形成了一套有效的军工信息化市场预测模型，使得通过国家公布的国防预算及历史有限数据，实现对未来指挥信息系统市场容量、行业平均增长率等方面的有效预测。

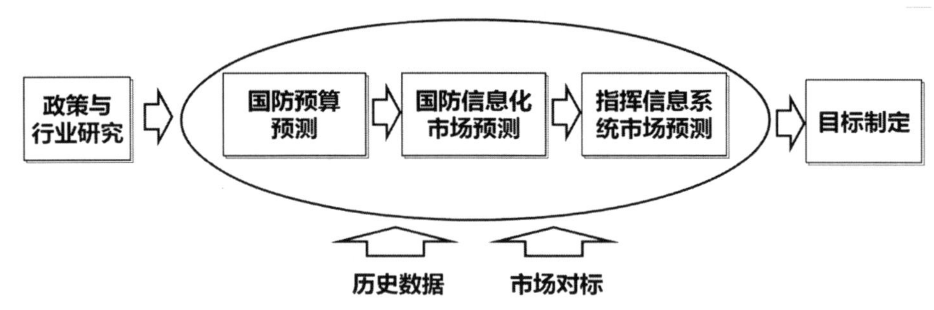

图4　精准化军工信息化市场预测模型框架

基于该模型框架，对军工信息化市场预测的具体模型和步骤如下：

（1）国防预算预测模型

根据最近几年国家公布的中国国防预算数据计算出国防预算总额近年来的增长变化情况，并结合国家政策和未来发展形势分析，确立未来几年增长趋势变化系数及其变化区间，并由此建立未来几年的国防预算增长预测模型，在此基础上实现对未来几年中国国防预算总额的有效预测。

（2）国防信息化市场预测模型

在国防预算预测的基础上，基于国家公布的最近几年中国国防信息化预算数据计算出信息化占国防预算的占比及其增长变化情况，并结合国家推进国防信息化的政策分析、国防信息化行业分析、国外国防信息化市场对标分析等，确立未来几年国防信息化市场增长趋势变化系数及其变化区间，建立未来几年国防信息化市场预测模型，由此推测出未来几年中国国防信息化占比估值及国防信息化市场容量情况。

（3）指挥信息系统市场预测模型

对于指挥信息系统领域，在国防信息化市场预测的基础上，结合我国指挥信息系统的发展情况及其趋势预测、并对标美国等其他国家的指挥信息系统行业情况，建立了国内指挥信息系统市场预测模型，在此基础上，基于过去几年国内指挥信息系统的市场数据，通过指挥信息系统支出在中国国防信息化预算占比估值，比较精确地计算出我国指挥信息系统市场容量及行

业增长率（根据预测，“十三五”期间预计行业平均增长率在14%-22%左右）趋势，从而为后续制定规划目标提供了坚实的依据。

以上市场预测模型采用自顶向下的预测方法有效降低了对数据的依赖性，同时也降低了市场局部变化的影响；通过不同国家相似市场的对标、将政策分析和行业研究融入数学模型，进一步提升了数据的准确性，从而有效地克服了不确定市场、数据难获取条件下的市场容量预测和目标制定的难题。

3.建立量化目标制定方法，确保目标精准可行

（1）量化的经济目标制定原则

结合军工市场的特点，基于前期长期的军工市场研究，提出了经济目标制定的原则，将军工业务分为存量领先性业务、存量发展型业务、创新孵化型业务和大型工程型业务。针对存量领先性业务，以继续保持领先为目标，以高于参考行业增长率和市场占有率持续提升为原则；针对存量发展型业务，以追求领先地位，增长率不低于行业增长率相应倍数为原则；针对创新孵化型业务，以确保成果成功，数倍于行业增长率为目标原则；对以军工大型成果为主的领域，以获得的成果的数量为目标原则。基于以上量化的经济目标制定原则，在市场分析和预测的基础上，根据不同业务领域的特性，确定不同业务的经济目标，相对于以往基于经验的估计方法，在目标的合理性、可行性和说服力方面有着本质的提升。通过对市场的精确分析和预测，二十八所在“十三五”发展规划中确定了到2020年实现主营业务收入160-180亿元的战略目标，平均每年增长15%-20%，并制定了支撑目标实现的业务体系化发展、组织重构和研发模式转型的发展战略。

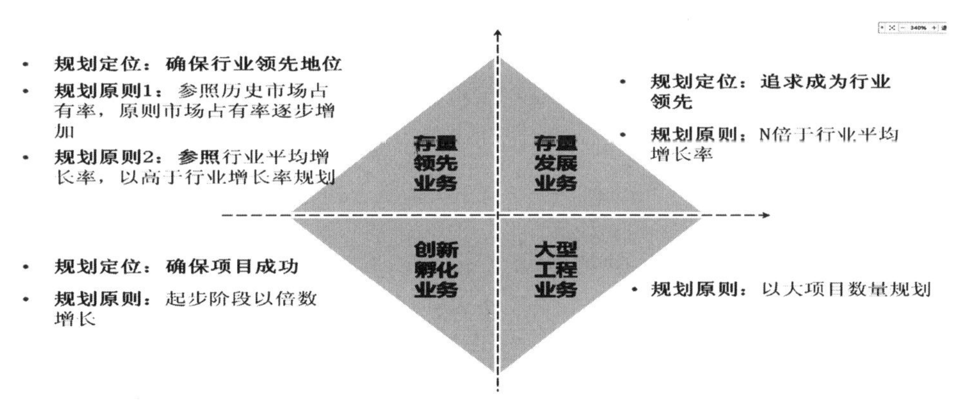

图5　量化的目标制定原则

（2）基于平衡记分卡的量化的战略规划目标体系

基于平衡记分卡，结合经济目标的制定，进一步建立战略规划目标体系。根据企业发展战略及发展阶段，将规划目标落地到包括财务、客户/市场、内部运营、学习与成长等四个维度、十五个小类、五十多项量化的重点指标体系。同时，在此基础上，建立每个业务单元和每个职能部门的目标指标体系（具体在总规划、分规划和子规划中体现）。从而不仅实现了战略目标到具体目标的量化落地，也实现了与不同业务单元和部门的对接落地，为后续的落地实施

提供了坚实的支撑，摆脱了以往目标难量化、战略难落地的难题。

4.建立规划评估和修订机制，确保精准规划的可持续

为了确保精准规划的可持续，建立了规划评估和修订机制。一是常态化进行行业发展动态扫描和评估，在技术发展、客户需求、市场竞争、产品发布、行业政策等方面对行业进行跟踪，对于行业重大变化通过周、月、季度、年度报告等形式及时进行反映；二是结合管理驾驶舱等实时对企业运行情况进行监督；三是根据行业重大变化及企业运行情况适时进行规划评估，分析识别影响规划的重大变化要素，提出应对措施。四是根据规划评估情况按年度或在必要时启动规划的修订程序，开展规划的修订。从而实现了规划与外部环境、企业运行情况的实时匹配，进一步保证了规划的精准性。

（四）建立精准化的战略规划实施体系，实现战略规划的精准落地

1.构建从战略规划到考核评价的闭环管理机制

根据战略规划的目标体系，结合下年度重点工作，每年年末形成年度工作目标，将规划精准落地到年度工作目标。同时，根据年度工作目标和全所各部门签订年度经营业绩责任书，明确每个部门承担的工作任务、业绩指标和预算，将全所工作目标精确分解到各部门和重点岗位，并基于综合计划管理系统逐项分解到季度和月度计划、具体实施责任人进行精确管理。在目标执行过程中，通过管理驾驶舱、科研生产管理系统以及综合计划管理系统等信息化平台，对计划执行情况进行实时、精确地跟踪和监督。按照季度对目标执行情况及经营业绩责任书的实现情况进行量化的考核评价，形成对各部门的考核结果，发现问题及时跟踪处理。并在年末形成全年的评价考核结果。同时，执行的结果反馈至战略规划管理部门，为规划的滚动修订提供基础支撑。

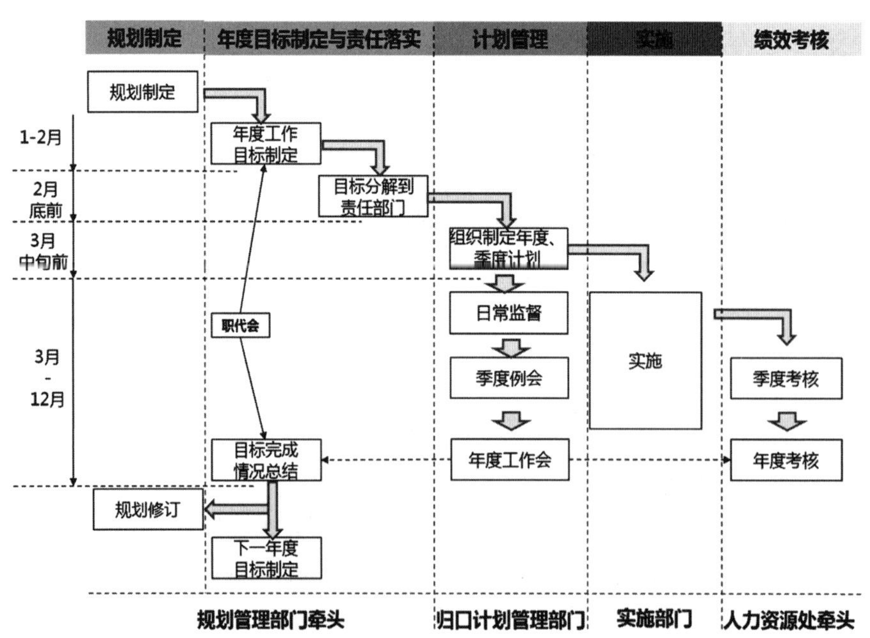

图6　闭环的战略规划实施体系

2.构建精准化的责任落地与目标、资源、考核激励一体化的机制

在目标分解过程中，将目标科学、合理地分解到各责任主体（部门和重点岗位），形成覆盖全所各部门和重点岗位的业绩责任书（“一部门一张表、一重点岗位一张表”），通过一张表（责任书）全面反映部门和重点岗位的主要工作和关键绩效指标。同时建立目标、资源、考核一体的管理机制，从“事后考核”到“事前双向承诺”，在部门和重点岗位的一张表（责任书）中，明确指标、目标、权重和衡量方法，通过双向承诺，实现目标任务、资源、绩效考核的一体化，确保了目标的责任落地。

（五）构建一体化的信息化平台，为精准化战略管理体系落地提供支撑

1.构建管理驾驶舱，打造精准化战略管理平台

近年来，在企业信息化架构下，构建了管理驾驶舱，有效提升了科学决策和全局管控能力。管理驾驶舱与科研生产管理系统、综合管理系统、财务系统、人力资源系统、市场信息库等进行数据对接，并建立了相应的数据体系和数据采集点。管理驾驶舱在自动、实时、广泛收集企业各类系统数据的基础上，通过统计和分析，以图表、文本等形式及时、精准、直观地展示全所运行态势，包括目标推进进展、经济运行态势、市场发展态势、科研生产态势、人员态势等等，并及时对可能存在的问题进行早期的预警和实时的监测，对推进战略管理的精准化提供了坚实的平台支撑，这些数据也为后续实现智能化的战略管理提供了坚实的基础。

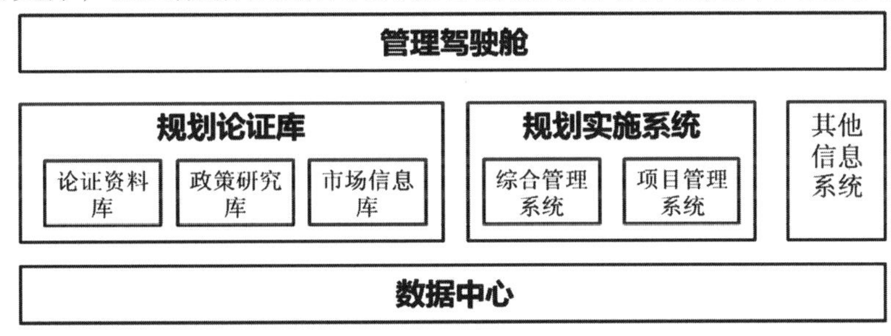

图7　一体化的战略管理信息化平台

2.打造规划论证库，为战略规划制定提供坚实的信息支撑

近年来，基于规划论证的需要，打造了面向论证和规划信息收集与发布的论证资料库、面向国际国内政策和管理动态的企业管理信息共享平台、面向行业市场发展动态、客户情况和成果进展的市场信息库等。结合规划论证库的建设以及相应信息收集、分析、分发和应用管理机制的建立，有效提升了信息的全面性、及时性和有效性，对战略规划的研究、市场的理解、发展动态的掌握等提供了坚实的信息化平台支撑。并通过信息的传播、分发和推送，有效提升了员工对规划的认同感、参与感和思想的一致性，为推进战略的制定和实施提供了支持。

3.建立规划落地实施系统，实现规划落地的全程透明和可视

近年来，建立了基于量化管理的科研生产管理系统以及支撑年度工作目标推进实施的综合计划管理系统，并将数据与管理驾驶舱进行数据对接，实现了规划到计划以及细化到成果每个过程的全程实时、透明和可视管理。其中科研生产管理系统基于成果进行管理，既能反映成果层次的成果运行情况，包括进度、成本、质量、趋势等，也能反映全所层面的成果运行情

况，包括成果完成率、成果总态势等。综合计划管理系统则是基于年度工作目标进行管理，包括目标的计划分解、执行和跟踪等，对每个工作目标的进展状况进行跟踪和预警。从而通过科研生产管理系统以及综合计划管理系统，有效实现了从战略规划到支撑规划的每个成果、每个年度计划的精准化管理，确保了规划的精准落地实施。

4.建立统一的数据中心，为数据的一致性和精确性提供平台支撑

基于科研生产与企业管理的需求，自主研发和构建了军民用数据中心，企业的系统研发环境和管理系统都基于数据中心建立，从而使得在数据层面，无论是研发的数据，还是管理的数据都基于一个平台，确保了全所数据的一体化和一致性。同时，通过统一的数据中心，彻底打通了研发和管理之间的数据互通，研发和管理不再是相互独立的运行系统，研发的过程数据，比如开发代码行数、缺陷个数、测试效率等能够实时反映到管理系统，反过来，管理系统能够精确跟踪和指挥到研发的过程，确保研发过程的可控，从而为战略规划精确落地到每个成果的过程提供了平台支撑。

三、军工企业基于一体化信息平台的精准化战略管理体系实施效果

（一）推动了企业精准化管理，科学管理水平得到大幅提升

通过实施以精准规划为目标的战略管理，二十八所的战略规划质量和战略管理有了质的飞跃，目前已基本达到精准化规划和精准化实施状态，为后续向智能化的战略管理发展奠定了坚实的基础。通过精准化的规划和管理，为各级领导科学决策和科学管理提供了重要的支撑，从过去基本靠经验决策和管理，将二十八所的科学管理水平提升到一个更高级的发展阶段，也带动了全所在市场开发、科研生产、科技创新以及职能管理等方面的全面精准化管理，有效抓住了军改机遇，市场地位显著提升，平均利润率接近10%，全年计划完成率达到95%以上，重点任务完成率100%，全员劳动生产率得到持续提升，到2017年达到35.76万元/人年。在此过程中，也培养了一批懂规划、精数据的复合型人才。从而推动全所管理水平全面向基于数据的精准化管理迈进，向实现企业战略目标迈出了坚实的一步。

（二）引领了企业的高速发展，经济效益显著提升

通过精准化的规划及战略管理，二十八所规划的牵引作用显著增强，通过市场的精准化预测和目标的精准化安排，有效树立了市场开拓的目标，提升了市场开拓的针对性，并对合理安排科研生产及相关的保障措施起到了重要的统筹和推动作用，同时合理、可行、达成共识的规划目标对激励全所实现目标提供了极大的支持。按照过去根据常规经验进行规划，每年的增长率大致为10%左右。而通过精准化的规划，“十二五”每年的增长空间20%，十三五每年增长空间超过15%，这极大地调动了全所的积极性和实现目标的干劲。从实际运行来看，二十八所的经济发展和规划目标基本一致，近三年平均增长率超过17%，2017年收入过百亿，为2020年二十八所达到160–180亿元的战略目标奠定了坚实的基础，而这些目标的树立和实现对以前传统经验化的战略规划来说基本不可想象。

（三）提升了军工行业竞争力，为国防建设提供了更为坚实的支撑

通过精准化的规划及战略管理的不断推进，通过二十八所市场开拓能力、科研生产能力、科技创新能力以及管理水平的不断提高，二十八所行业竞争力得到显著提升，在国防信息

化建设中的地位持续加强，在军事指挥信息系统的引领地位得到进一步巩固，对国家国防信息化建设的支撑能力不断增强，近年来出色完成多项国家重大军工科研生产任务和重大保障任务，获得国家“高技术武器装备发展建设工程重大贡献奖”、国家科技进步一等奖等多个重大奖项，对推进国防信息化建设起到了越来越重要的作用，真正履行“大国重器”的担当。

（四）发挥了行业示范效应，形成了显著的社会效益

在战略规划质量方面，二十八所“十二五”和“十三五”规划评审均名列集团公司最前列，被誉为集团战略规划的标杆，作为重要经验在集团层面进行交流，并有多家集团内兄弟单位来所调研和交流学习。该成果可推广到其他军工企业，能够有效提升国家军工企业的核心竞争力和发展能力，进而推进国家的国防科技建设。同时，面向军工领域的精准化战略规划方法也已推广应用到民航空管、智慧城市等民用行业领域的“十三五”规划。二十八所在精准化战略管理的实践，对推动行业在战略管理领域的发展起到了积极的引领和示范作用，推动了行业的发展，为军工企业提供了一套打造“精准化企业”的范例。

成果创造人：毛永庆、潘建群、张江涛、缪　鑫、王　旭、陈育谦、李苏宁、庄国献、刘　慧、崔文茂

大型军工科研院所企业化管理探索与实践

中国电子科技集团有限公司

中国电子科技集团有限公司（以下简称中国电科）为实现建设世界一流创新型领军企业的战略目标，按照中央关于军工科研院所分类改革、国有企业改革、供给侧结构性改革、科技创新体制机制改革等部署，以“企业化、市场化、集团化、国际化”为改革方向，以破除研究院所体制机制障碍为重点内容，积极探索推进所属研究院所企业化转型，推动研究院所在未转制条件下最大限度实施企业化管理和市场化运作，为后续转企做好准备，引导研究院所转企后真正成为市场竞争主体、创新主体和投资主体。

一、实施背景

（一）外部环境变化推动研究院所向企业化转型

1.军民深度融合战略及军队采购机制变革为军工企业带来机遇与挑战

党的十八届三中全会提出“推进军民融合深度发展”重大战略，为军队武器装备建设指明方向。在此背景下，伴随军队体制机制改革，国防科研生产管理和武器装备采购体制机制发生重大变化，逐步建立武器装备采购信息发布和竞标制度，在打破原有军品各行业壁垒的同时，引导优势民营企业进入军品科研生产和维修领域，军品市场从相对封闭性市场逐步向竞争性市场转变，军工企业、民营企业将在同一个舞台开展竞争。迫切要求传统军工科研院所转变思维，发挥优势，提升效率，快速成长为竞争市场环境下具有强大核心竞争能力的主体。

2.中央全面深化改革系列部署为军工科研院所改革提供推动力和政策机遇

党的十八大以来，中央关于国有企业改革、科技体制改革、供给侧结构性改革等政策出台，要求加大国有企业公司制改革力度，建立权责明确、管理科学的公司治理结构；要求加快资本证券化，积极推进混合所有制改革，引入各类投资者，实现股权多元化，资源整合市场化，通过资本市场推动企业做强做优做大；鼓励核心人员持股，优先支持人才资本和技术贡献较大的转制科研院所、高新技术企业、科技服务型企业开展员工持股，充分激发科研院所人员活力，实现治理效率和经营效率的双重提升。改革政策为军工科研院所转制、建立现代企业制度、全面提升市场竞争能力提供良好环境和政策机遇。

3.信息化成为国民经济发展的带动力和驱动力

当前，全球电子信息产业保持平稳增长态势。国家加快推进工业化和信息化深度融合，以“中国制造2025”、“互联网+”行动计划为代表的一批重大战略举措密集出台，进一步巩固电子信息产业在国民经济中的战略、基础、先导和支柱地位。电子信息产业正在不断拓展产业边界，重塑国民经济各行各业，为中国电科提供前所未有的发展机遇。但同时，信息技术发展日新月异，电子信息产业竞争异常激烈，各种商业模式层出不穷，传统商业模式正在受到颠覆和打击，迫切需要中国电科所属研究院所改革体制机制、创新商业模式，加快占据产业主导地位。

（二）内部管理现状要求军工科研院所实施企业化管理

1.事业单位体制存在一定发展障碍

当前，研究院所在业务开拓和内部管理方面已不同程度实现企业化运营，但管理体制上仍属于事业单位，与建立现代企业制度的企业相比尚有较大差距，运行机制方面存在制约发展的突出障碍。从定位特点看，事业单位以完成国家任务为使命，由国家配置资源，承担国家指令性计划。企业以盈利为目的，通过市场配置资源，是依法自主经营、自负盈亏、自担风险、自我约束、自我发展的独立市场主体。从思想观念看，事业单位计划经济色彩犹存，市场竞争意识有待强化。从营利模式看，事业单位按照政策享受财政补助收入，企业主要通过满足市场需求获取收益。从运行机制看，事业单位与企业在财务会计、劳动人事分配、资产管理等方面遵循不同的制度体系。

2.产业经营能力有待提升

长期以来，传统研究院所普遍存在科研型思维、产品型思维、项目型思维。具体表现在：一是以多品种、小批量、定制化的项目模式为主，导致规模化、产品化能力先天不足，难以将企业做大；二是市场营销、研发设计、生产制造、系统集成、运营服务等产业价值链割裂，导致一体化经营产业链能力不足；三是基于技术领域的专业化分工，导致各自分散经营，带来同质化竞争，难以形成高效的产业链；四是通过资本运作整合产业链能力不足，研究院所主要精力放在如何通过技术将产品做好，而面向产业打造内部价值链、主动对接资本市场、推进产业链整合能力不足。

3.“以市场需求为导向”的创新投入与动力不足

一是技术创新投入长期依赖国家，对外部市场变化和趋势洞察不够敏感，技术创新与市场需求存在脱节现象，产品创新、技术创新与发展目标结合不够紧密，导致竞争能力不足。二是创新自主投入不足。世界上众多优秀企业重视自主创新投入，如GE，年度研发经费中集团内部上下游企业投入占比50%，集团总部投入占比33%，外部合作伙伴关系及政府资助投入占比17%。研究院所现有自主投入比例不足10%。三是创新动力不足，创新成果转化缺少市场化的定价、孵化和激励机制，创新驱动发展能力尚未完全形成。

4.市场化协同机制不足

目前，研究院所内部及院所之间仍以行政计划协同为主，尚未建立市场化协同机制。研究院所内部及研究院所之间的权益关系不清，缺乏市场化有偿转让和服务机制、利益共享机制等，难以有效实现“联合起来办大事”。存在重复研究、重复建设现象，难以通过市场化手段整合资源，导致资源浪费。内部存在同业竞争现象，在降低经营成本、获取有效竞争力方面难以形成合力。

5.精细化财务核算能力有待提升

精细化财务核算动力不足，成本控制能力相对薄弱。研发经费大部分来源于国家，精细化财务核算管理动力不足，能力也有待提升，难以支撑划小核算单元独立核算、市场化运作，使得岗位分红、项目收益分红等激励机制的实施缺乏基础，经费使用效率不高。研究院所执行事业单位会计制度，与国内外一流企业无法真正对标。

6.人员发展通道及激励机制较为单一

受事业单位体制影响，研究院所内部行政管理氛围浓厚，人员发展通道相对单一；对于高层次领军人才及核心骨干，缺少中长期激励机制。

7.资本运作能力有待加强

资产证券化率不高，利用资本优势快速弥补短板的外延式发展能力不足，划拨资产尚未纳入资产使用成本核算，知识产权等无形资产管理水平有待提高，尚未形成“创新+资本”双轮驱动发展的能力，从资产管理到资本经营转型升级意识薄弱，尚未成为市场化的投资主体。

研究院所企业化管理，能够有效利用市场化的利益机制、竞争机制、风险机制，调动研究院所及员工的积极性，最大限度地激活各生产要素的活力；能够通过价格和需求关系的变化，正确引导物资、资金、技术、人力等要素的合理流动，使有限的资源合理配置；能够优化研究院所内部市场化协同运营管理，理顺管理职能，优化组织结构，再造业务流程，将传统的行政管理模式调整为价值链协同运营管理模式，依靠机制的作用，使研究院所内部各级经营管理者及员工的责权利实现相对统一；能够通过市场-研发-产品-技术-服务全生命周期的自主经营，快速培养既懂技术又懂管理的高级经营管理人才。可以说，研究院所内部企业化管理是全面推进研究院所转企的重要途径。

二、成果内涵

（一）按照现代企业管理的发展趋势进行设计

近年来，现代企业管理在组织模式、管理方式、管理理念、商业模式等方面都发生了较大变化。

1. 组织模式灵活化

适应经营环境变化、产业规模扩张、激发人的活力等实际需要，当今企业组织模式从不断得到突破、创新和应用。一是适应项目/产品和职能双重发展的需求，组织模式从传统的职能制或直线制组织模式向两维、三维、甚至多维的矩阵式组织发展；二是适应快速响应市场需求，划小核算单元、培养自主经营主体，组织模式向事业部模式、阿米巴模式等转变；三是适应产业规模不断扩张的需求，组织模式向集团化、平台化组织、生态化组织等发展；四是适应互联网快速发展条件下全球化配置资源的需求，组织模式向企业联盟、无边界组织、虚拟化组织等发展。

2.经营管理授权化

为解决管理层级过多、员工活力不足、资源配置效率低、市场响应慢等问题，现代企业经营管理由传统的集权式管理向分权式管理转变。通过划小财务核算单元，将收入、成本、利润的责任主体细化到各类业务单元，并充分授权，赋予业务单元相应的用人自主权、资源支配权、考核分配权等。授权可通过在组织架构设计同时分配权利、在工作中授权等方式实现。分权式管理与经营管理授权可充分发挥中低层组织的主动性与创造力，将领导层精力从常规管理解放到例外管理、资源调配、风险管控、全局利益关系调整等工作中，有效解决审批环节多、流程链条长、决策缓慢等“大企业病”，提高资源配置效率和市场响应速度。

3.研发模式体系化

越来越多的高新技术企业，不断提升科研管理水平，通过引进集成产品开发IPD（Intergrated Product Development），以市场需求为核心，将产品开发看成一项投资，通过共性货架产品、跨部门的团队和全流程多项目质量管理，精确、快速、低成本、高质量地推出产品，建立“市场-产品-技术”一体化全价值链，实现研发模式由以往单项目、单领域独立定制向“市场中心、规划引领、创新驱动、随需定制”的全价值链精益研发管理转型。

4.财务管理精细化

财务管理对企业的经营与发展有着至关重要的作用。现代企业管理在财务方面呈现两大趋势，一是加强预算管理，推动战略预算与年度预算，财务预算与业务预算的深度融合。通过全面预算管理将战略目标与经营计划分解并下达到各业务单元中，通过精细化过程监控和决算对计划执行情况进行分析预警，并为决策提供支撑。二是财务管理精细化。精细化程度的增加可有效地控制成本、提升风险的管控能力，并为岗位分红、项目收益分红、股权激励等分配激励机制提供依据。

5.人力资源管理市场化

人力资源管理逐渐由以往以身份管理为基础，转变为以岗位管理为基础、合同管理为核心的契约化、市场化用工管理机制。同时，针对科技人员的分配激励方式日趋多元化。国家先后出台了一系列“以增加知识价值为导向”的分配激励政策，针对科研院所及国有科技型企业，激励方式包括岗位分红、项目收益分红、股权激励、科技成果转化收益等，旨在充分调动广大科技人员积极性、主动性和创造性。

6.资产证券化

现代企业正逐步从资产管理方式向资产经营方式转变。资产经营的重要特点是资产证券化。企业通过上市融资、私募股权融资、收益权信托、收益权债券等形式实现存量资产证券化。目前，除自有资金外，我国军工企业的主要资金来源是财政拨款及银行贷款，融资途径较为单一，融资成本较高，军工资产很难实现有效配置，也为政府增加财政负担，制约了军工企业市场化运营管理模式的建立。军工企业资产证券化有利于资产评估与界定，为资产交易尤其是无形资产交易提供便利，有利于建立中长期激励机制，将员工利益与企业利益捆绑，是打破行业壁垒、建立现代企业制度、拓宽融资渠道、降低融资成本、吸引社会优质资本参与国防科技工业建设的有效途径。

现代企业发展趋势和管理特点为军工科研院所转企改革提供借鉴，军工科研院所企业化管理措施主要按照上述趋势进行设计，旨在解决管理粗放问题。

（二）研究所内部企业化管理主要内容

研究所内部企业化管理主要以国家和上级单位相关政策为指引，按照企业管理基本原则，研究分析并借鉴国内外先进企业实践经验，探索实施适合军工科研院所内部企业化、市场化管理变革的关键举措，“十三五”期间，全面完成研究院所内部企业化管理改革，研究院所内部企业化管理关键举措完成试点并推广。关键举措包括：一是快速响应市场需求，试点推行自主经营、独立核算的事业部制；二是拓展增量业务布局，建立高效的创新创业产业孵化机制；三是优化财务核算体系，推进精细化的财务核算机制；四是实现人力资源合理配置，完善企业化的岗位与薪酬管理机制；五是激发员工活力，涉及市场化的分配激励机制；增强研发营销能力，建立健全市场化的运营管理体系；六是实现资本有效运营，推动资产管理向资本经营的升级；七是推动事业单位向企业转型，打造治理有效、管控科学的子集团、专业公司。

三、主要措施

（一）试点推行自主经营、独立核算的事业部制

在研究院所统一管理下，针对部分专业化业务领域，探索实施“经营授权管理、资源有偿使用、财务独立核算、考核兑现奖惩”事业部制管理模式。关键举措如下：

1.明确事业部试点选取原则

优先选取包括研发、生产、市场、售后等全过程价值链的，市场能力较强的，业务相对独立的，财务核算边界清晰的业务单元，试点运行事业部制。

2.研究院所及事业部责权利分配

一是划小核算单元，内部挖潜，提质增效，推动事业部对收入、成本、利润负责，针对业务发展阶段，将不同类型的事业部定位为“利润中心”或“成本中心”；二是坚持责权匹配，推行“放管结合”管控模式，从研究院所整体利益出发，适度下放经营权，使事业部成为真正的市场竞争主体；三是优化激励政策，对超额完成经营业绩的事业部，给予超额奖励，充分调动研究部开拓市场、研发创新的积极性；四是调整服务职能，推行“管理承诺制”，确保资源围绕一线市场、研发、管理等人员进行协调保障。

（二）建立高效的创新创业产业孵化机制

建立高效的创新创业产业孵化机制是一系列关于增量业务的、以创业方式进行的顶层设计及制度安排，该过程旨在保障新产业成功培育和成长。主要依托集团公司重点实验室、国防重点实验室和国家重点实验室等创新研发平台，打造创新创业孵化机制，实现创新驱动和引领。关键举措如下：

1.建立典型的孵化公司发展路径

以市场需求、客户需求为导向，建立创新项目、孵化公司、成长性公司。通过科研创新项目进行创新投入和产业培育。建立内部创新基金，研发团队通过申请专项基金，进行项目开发，取得知识产权收益和项目收益。当创新项目发展成重点产业化项目时，引入外部天使投资、风险投资，通过估值作价，进入孵化公司，原承担任务的部门和相关人员将以知识产权在公司中享有股份。孵化公司通过独立上市或被并购实现其价值，一方面瞄准产业市场获取收入，一方面瞄准资本市场获取估值。孵化公司发展壮大过程中，伴随着技术的进步成熟和公司规模的扩大，可能出现多次股权融资，原有股东的股权逐步被稀释。一个典型的孵化公司发展路径如下图。

2.构建孵化公司股权结构

在军工科研院所孵化公司的股权结构中，科研院所、产业下游公司、执行团队是必要的，财务投资者选择的是对资金需求大的孵化公司。

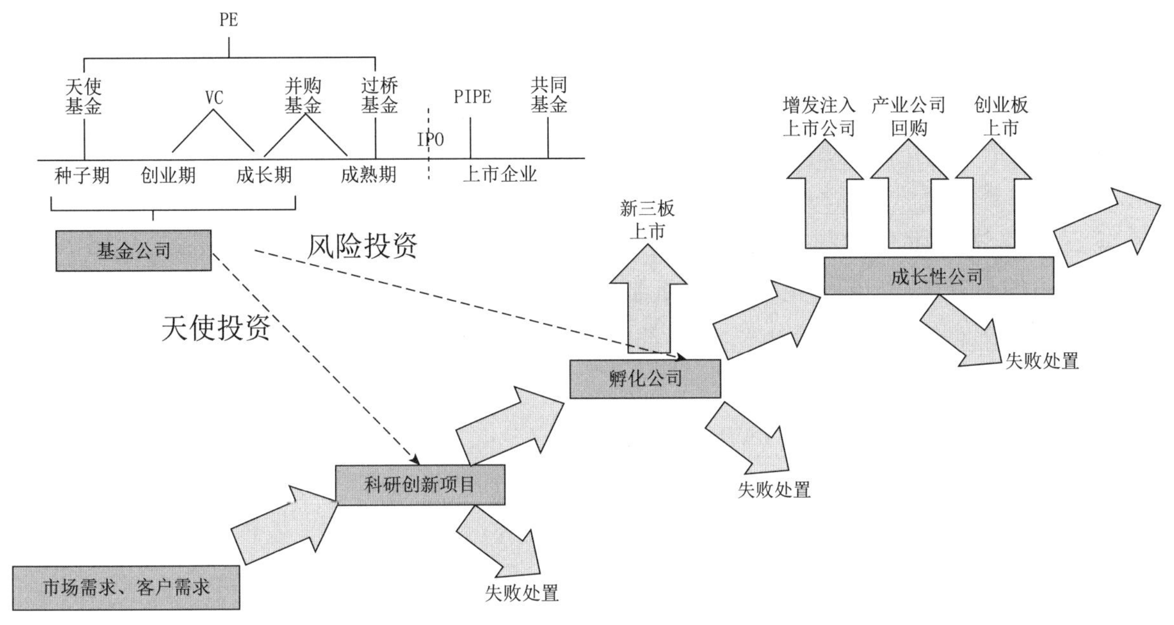

一个典型孵化公司的股权结构

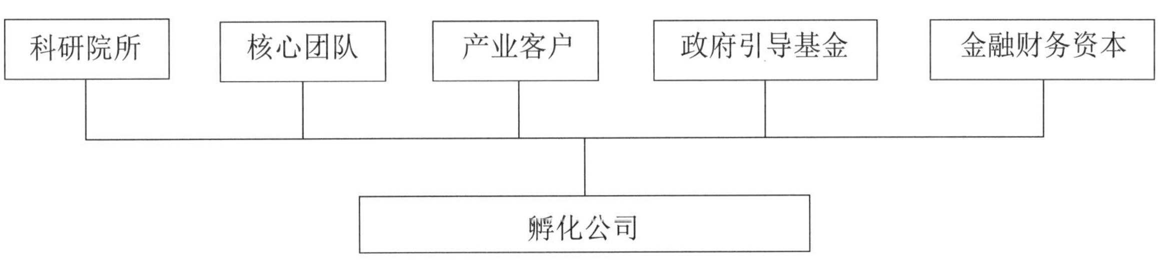

图1　创新创业产业孵化示意图

3.强化完善军转民协同与激励机制

完善和明确军转民的价值分配机制，探索建立科研成果内部机构间市场化有偿转让的模式，其中，有偿转让的基础是无形资产估值；充分利用军品技术研发优势，实现技术市场价值最大化。

4.探索建立创新孵化项目经理负责制

对于创新孵化项目，探索建立“项目经理负责制”，创新孵化项目内人、财、物相对独立运作，市场化内外部协调资源，全成本核算，优胜劣汰，通过市场倒逼创新孵化成果和团队的快速成熟，培养大批有市场意识和能力的经理人才。

5.混合所有制员工持股试点

对于创新孵化公司，积极探索建立所本部控股、战略投资者参股、研发团队和业务骨干持股的混合所有制企业行股权和分红激励，调动技术、管理人员的积极性和创造性，推动高新技术产业化和科技成果转化。

6.试点科研成果转化收益等激励模式

通过知识产权/科技成果“作价入股、授权使用、直接转让”等多种形式，探索建立科研成果转让收益分成机制，预先制定量化到个人的分配办法，确保公平公正公开，对科技创新人员以及产业孵化人员进行长期激励。

7.建立科研成果孵化或创业的风险投资机制

建立创新孵化基金，支持内外部创新成果快速转化；同时，用基金方式整合和协同产业链相关资源，实现对产业链的布局和掌控。

（三）推进精细化的财务核算机制

优化与细化基于企业化的财务核算机制，按照企业会计制度进行会计核算，划小核算单元，推行产品全生命周期成本管控、事业部财务核算和管理，提高资金管理水平和资源利用效率。关键举措如下：

1.完成基于企业财务会计制度的模拟核算，建立企业会计制度核算体系

按照企业会计制度，调整收入成本确认基础、资产减值处理、固定资产折旧、无形资产摊销、人力资源成本，模拟企业化运营结果，与国内外一流企业对标，发现问题，寻找差距，优化形成适合研究院所的企业会计核算体系。

2.划小核算单元，建立内部交易机制

对业务部门、科研项目、孵化项目等进行全成本核算，按照市场化机制配置资源，建立内部交易机制，调动发展活力和动力。

3.优化基于项目的精细化全成本会计核算体系

建立覆盖产品全生命周期的成本管理系统，并加强项目和产品成本的策划规划，实施定额成本、目标成本预决算管理，推进科研项目成本、生产成本、费用的分类成本管控。

4.强化资源有偿使用机制

对划拨土地、水电等公共平台、知识产权纳入成本进行核算，提升资源使用效率。

（四）完善企业化的岗位与薪酬管理机制

从以身份管理为核心转化为以岗位管理为基础、合同管理为核心的契约化、市场化人力资源管理机制，逐步实现人员能进能出，干部能上能下，收入能增能减。关键举措如下：

1.优化岗位设计与权责分配

根据业务发展需要科学合理地梳理并优化现有岗位设置。一是遵循专业化原则，根据业务流程需要，在必要节点设置相应工作岗位，限定岗位职能，缩减功能重复的、结构冗杂的不必要岗位，优化人员使用，保障业务开展通畅。在岗位设计过程中，按照功能进行细分，提高岗位工作效率。二是明确职责分工，优化岗位职责与权利分配，避免职责重叠和责任“空白地带”，提升决策效率与管理有效性。

2.建立科学的岗位序列与任职资格体系

岗位序列根据各部门岗位工作性质与内容进行类别划分。在原管理岗位、技术岗位、生产与保障岗位三个岗位序列基础上，根据业务能力要求细化岗位序列。如管理类,包括市场总

监、项目经理、技术总监、人力资源总监、财务总监等；专业类，包括技术研究员、软件设计师、人力资源专员、高级营销人员等，专业类可根据业务功能模块不同划分成不同子类，如营销类、IT类、财务类、人力资源类等；操作类，包括生产组长、技术工人等。在完善市场化岗位设计需求的同时，依据岗位序列构建任职资格体系。任职资格体系对员工能力评价由基本条件、能力标准、行为标准等组成。任职资格标准与岗位绩效作为人员提拔与岗位晋升依据。

3.设计有效的岗位发展通道

依据岗位序列及相应任职资格设计各类岗位的职业发展通道。所有人员可根据自身特长和业务需要按照通道发展。建立和打通员工的职业生涯发展通道，在完善管理职位通道之外，为非管理人员或各专业人员建立专门的专业发展通道。在管理职种中，职位直接与任职资格挂钩。对于跨职类、职种的选拔与任用，在其他条件相同情况下，将优先从原任职资格具有较高级别的人员中选拔和任用，任职资格级别相同则参照绩效考核结果确定。对于任职的新职种，试用期内需要进行新职种的任职资格评定，达不到新职种任职资格要求的，予以调换岗位或回到原职种岗位。对于具有双职种或多职种任职资格的人员，在选拔和任用时，公司将优先予以考虑。

4.完善薪酬体系

构建与现代企业制度相适应的岗位绩效工资制度；建立相对统一、科学规范、能增能减的岗位工资+绩效工资+津补贴+福利+中长期激励的“五元”薪酬结构为主体的薪酬体系。依据职工岗位序列、岗位层级、岗位职级，明确正式岗位薪级和岗位工资标准。

（五）设计市场化的激励约束机制

为充分激发全体人员的积极性，释放发展内生动力，重点实现“五元”薪酬体系在集团公司全级次成员单位全覆盖，并针对军品和民品、存量和增量、科研和孵化、全资和参股等不同类别的业务主体，探索建立岗位分红、项目收益分红、科技成果转化收益分配、股权激励等中长期激励机制。关键举措如下：

1.探索建立对存量业务的激励机制

主要针对成熟的业务领域，在当前分配激励模式的基础上，探索岗位分红、项目收益分红方式，充分激发人员做大做强存量业务的积极性。

2.探索对增量业务的激励机制

主要针对创新孵化项目团队或新设公司，在当前分配激励模式的基础上，采取科研成果转让、股权激励等方式，对项目团队及个人进行激励。

3.探索对科技创新研究主体的激励机制。

针对科技创新研究主体，在当前分配激励模式的基础上，进一步采取科技成果转化收益等激励模式，衡量科研成果转化到存量业务和增量业务的价值和收益，按照一定的比例激励到科技创新研究部门及创新研究团队/个人。

（六）建立健全市场化的运营管理体系

借鉴华为等优秀企业引入IPD的成功实践经验，建立以市场为核心的一体化的运营管理模式和机制。关键举措如下：

1.强化市场组织并建立市场营销体系

转变市场开拓模式，强化主动“技术营”的市场能力，“营”和“销”相对分离，逐步实现对客户的引领和市场重组，形成企业核心竞争能力和差异化竞争优势。一是建立市场需求管理机制。成立市场需求管理团队，有目的、有计划、多渠道收集市场需求和分类管理，为市场、产品和技术规划提供支撑。二是成立市场和产品规划部门或团队。开展客户需求研究，通过市场分析确定目标细分市场，进行产品策划，形成产品路线图和市场开发路线图，实施产品、原型或方案的前期开发，通过展览、向客户汇报和客户体验等方式进行推介，使其逐步纳入客户规划或计划；三是通过市场打通销售和研发的一体化。基于市场和产品规划需求，进行新产品/共性货架产品和技术的统一规划，为形成一体化从市场-技术-产品的价值链，并基于价值链提前开展新产品/共性货架产品和技术研发，为后续形成面向用户的产品提供有力支撑。

2.优化并建立分层的创新研发体系

以市场为中心，建立一体化的创新研发体系，包含技术-产品-工程三类创新研发部门（业界参考比列为1：10：100）为主体的创新研发组织架构，实施项目经理负责制和跨部门的研发团队的组织，确保创新研发工作的组织落实。

一是在核心技术（含基础技术）研发层面，紧紧围绕企业核心产品发展的市场需求，以技术规划和路线图为输入开展新技术和基础技术的研究工作，为新产品/共性产品研发部门和用户产品集成部门提供核心技术的支撑。

二是在新产品/共性货架产品研发层面，以“用户产品集成”的新产品/共性货架产品需求为输入，依托核心技术研发机构提供的关键技术，研制面向各个应用领域的新产品/共性货架产品。

三是在面向用户产品研发层面，以客户为中心，为客户提供整体解决方案、研发和交付，是面向客户并交付研发项目的责任主体部门。基于新产品/共性货架产品研发部门提供的产品和技术研发部门提供的核心技术，开展系统分析、设计和集成、测试、验证、交付。

3.建立创新研发的评价体系

借鉴国际上已建立的比较成熟的评价体系TR:（Technology Readiness Level,技术就绪水平）9级指标体系（TRL 1-3：概念研究阶段；TRL 3-5：新技术研发阶段；TRL 5-8新产品开发-工程研制阶段；TRL8-9：用户系统集成/生产部署阶段），通过TRL水平决定新技术研发与新产品开发的转换，解决了不同层次、不同部门间创新成果的衔接问题，从而形成完整的“市场-技术-产品-工程”价值链，整合资源，明确分工，确立利益关系，实现资源利用的最大化，确保“市场-技术-产品-工程”全价值链的有效落地。

4.建立协同创新机制

建立基于企业内部全价值链的市场化创新项目形成机制和合同机制，实施创新研发项目的核算定价体系，并进行技术创新的投资回报分析，以此作为立项重要依据；创新项目实行项目经理负责制。建立责、权、利相一致的项目管理机制，项目经理在课题提出、研究人员选择、项目经费使用等方面，有充分自主权；建立和创新项目投资回报率相对应的创新人才考核和激励政策、机制，充分激发研制人员的活力和积极性；建立企业外部的技术合作和协同创新机制，充分利用社会上的创新资源，降低研发风险。

5.建立一体化研发流程和制度体系

建立市场、产品、技术规划和开发等新流程，整合拉通现有流程，建立一体化研发流程和制度，将产品研发作为主线，同时将市场、采购、研发生产、营销、财务管理和项目管理、质量管理和绩效管理等活动融合，实现全流程、全要素统一管理，实现端（市场需求）到端（项目交付和服务等）全生命周期的一体化运营管理和流程重组，并在统一的研发管理信息系统中落地。

（七）推动资产管理到资本经营的升级

以市场化的运作方式，通过企业全部资本与生产要素的优化配置和产业结构的动态调整，对企业的全部资本实行有效运营。完成由资产管理向资本经营转型升级，以价值管理为特征，充分利用军工研究院所资本，实现资本增值的最大化。关键举措如下：

1.完善存量资产管理

建立完善的国有资产管控体系和资产价值管理流程，严格投资项目的受理、审核、批复、实施、监督及评价程序，清产核资、盘活存量，逐步将净资产回报率作为关键指标进行组织考核，发挥存量的杠杆作用，为未来资本运作打下基础，实现国有资产保值增值。

2.加强无形资产管理

加强军工研究院所内部资产管理，重点是规范对无形资产的产权界定与评估，建立科学的无形资产管理制度，为科技成果的转让和转化，以及相应的激励机制提供支撑。

3.引进金融人才，培养管理层资本运营意识

加强资产经营与资本运作人才队伍建设，招募并培养一批有资本运营能力的经济、金融、投资等相关专业背景人员或具备相关从业经验的复合性人才，打造资本经营的专业化团队并成立相关组织部门。同时完善院所内具有针对性的培训体系，加强中高层干部、经营管理人员的资本运营意识。同时与资本经营相关专业机构形成战略合作，打造上市平台、多元化融资手段，规范资本运作能力。

4.积极推进资产证券化

在资本市场上市或挂牌，推进军工研究院所市场化进程。汇聚和整合优质业务，利用主板、中小板、创业板和新三板等各类资本市场，积极探索优势民品产业的资产证券化，打造上市公司融资平台，为核心业务领域板块的发展提供有力支撑。根据国家政策，适时推动军品业务上市和子集团整体上市。充分利用资本优势，产融互动，逐步推动企业的市场化和规范化，形成产业优势、品牌优势、人才优势，实现企业快速成长。

5.通过资本运作实现产业布局

充分利用资本优势构筑产业优势，推动产业整合，实现企业快速成长。利用上市及多元化的投融资，扩大资本运作能力。建立产业基金，通过兼并收购、投资控股等方式实现产业链的布局。同时，针对新兴产业发展机遇，建立风险投资基金，推进产品和技术的快速孵化

与引进，不断提升竞争力，最终实现引领市场的能力。

（八）打造治理有效，管控科学的子集团、专业公司

推进成员单位以事业单位为主体向以企业为主体转型，将具备条件的研究院所直接打造为子集团和专业公司，重点推进治理模式和组织体系改革。关键举措如下：

1.打造子集团和专业公司，形成产研互动的组织体系架构

围绕主营业务布局，以研究院所为主体组建子集团和专业公司，真正建立企业化、集团化运作的基本框架。一是依托研究院所控股公司成立子集团或专业公司，逐步将军工电子资源向子集团、专业公司转移，通过内部资源整合、外部并购、业务培育等方式，逐步实现产业链核心环节的全覆盖，打造世界一流高科技企业集团。二是将基础性、前沿性和共性关键技术研究业务单位保留事业单位体制，名称沿用研究院所机构名称，按照国家公益二类事业单位或企业内部事业单位进行管理，将其作为集团公司或子集团的创新中心，开展技术创新和产业孵化业务，实现产研互动，成为支撑未来子集团和产业发展的技术创新平台。

2.建立规范管理、有效制衡的法人治理结构

一是基于子集团和研究所并行经营架构，按照公司法和现代企业制度要求，建立健全“两委（党委、纪委）、两会（董事会、监事会）、一层（经理层）”，构建党委领导下的高效有序、合理制衡的法人治理结构；二是优化以所务会、党委会为核心的研究所管理体制，并由子集团进行托管。

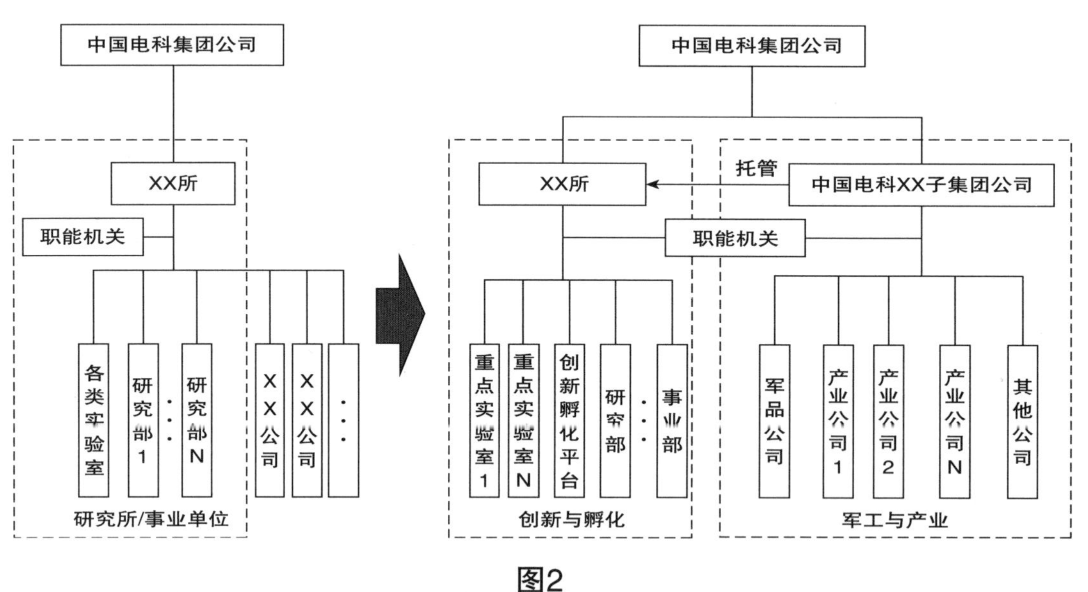

图2

3.建立集团化管控模式

强化集团总部的战略引领能力、子集团/专业公司对战略业务单元的规划管控能力、三级及以下成员单位业务运作能力。

集团总部：战略规划、控制和协调；财务预算和控制；高层管理人员的人力资源发展、业绩考核；大型投资项目的决策；战略业务单元的经营目标审核等。

子集团/专业公司：战略业务单元的发展战略规划、监控实施与资源协调；战略业务单元

的财务预算和控制；人力资源发展、绩效评定和激励机制；集团战略规划的实施和控制；子公司/分支机构运作的管理和控制。

三级及以下成员单位：具体业务的年度计划、预算及实施战略业务单元的规划；业务运作；业务人员的业绩考核和激励。

针对子集团/专业公司所述的控股公司或事业部，一是要优化对控股公司的管控模式，在方向明确、业绩可期、风险可控的前提下，不断提升控股公司的经营自主权，充分发挥控股公司的能动性。二是推进控股公司或事业部独立运行，自负盈亏。作为市场经营的主体，控股公司或事业部集产供销、人财物、安全效益于一体，应对自身经营业绩负责。三是在充分放权的同时，建立健全风险管控体系，对控股公司或事业部进行财务监管、审计监督、风险控制、纪检监察，提高风险管控能力。

4.打造价值型子集团、专业公司总部

优化完善总部职能部门职责，打造价值型总部，不断提升子集团、专业公司战略管控和专业服务能力。子集团、专业公司创建初期，职能部门与子集团职能部门为一套班子，总部对下属单位实行管控。总部核心功能初步定位为建立财务管控和战略管控相关管理功能，包括战略管理、资本运作、财务管控、干部管理、共享服务等。总部核心职责见下图。

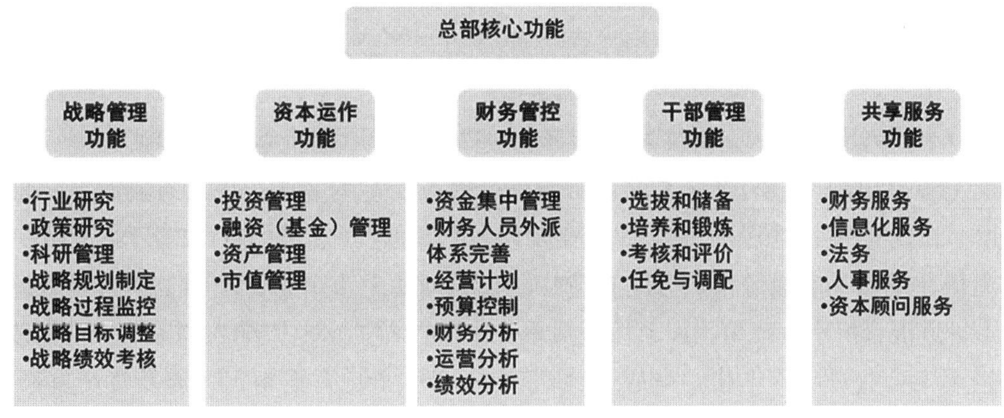

图3

5.完善集团管控配套流程及信息化平台建设

全面规划设计符合集团管控的业务流程，建立统一的信息化管理平台，遵循信息化标准规范及安全保密两套规范，建设涉密专网、非密内网、互联网三张网络，提升基础服务能力、经营管理能力、产品研制能力、数据分析与决策支持能力等四种能力，有力支撑集团公司、子集团/专业公司、控股公司多种管控需求。

四、实施路径

（一）实施原则

研究院所内部企业化管理转型是一个漫长艰巨的过程，在实施过程中，要坚持以下原则：一是总体设计、分步实施。找到问题根源，有计划的逐步实现各阶段转型目标；二是坚持创新、稳步推进。循序渐进优化，避免“断崖式”整改引起短期组织的分工混乱、责任不明晰；三是坚持市场化导向原则。从经营理念与思维模式上彻底转变引导管理转型工作的开展；四是体制变革与人才培养结合原则。加大人才引进与人才培养的力度，保障转型的顺利实现。

（二）实施路线图

上述八项举措是研究院所企业化管理运行体系的核心内容。实际操作中，可结合各研究院所的实际情况和改革进程，分阶段选择不同举措相关模块进行试点运行，条件成熟后全面实施。近期目标，形成各研究院所企业化管理实施方案，形成顶层设计方案和步骤；中期目标，分阶段选取八项举措的相关举措进行试点、推广；远期目标根据改革发展进程，优化并完善事业部机制、创新创业孵化机制和激励机制等的实施和推广，逐步推进治理模式的改革。

五、实施效果

按照上述企业化管理思路和举措，中国电科积极推进企业化、市场化、集团化、国际化改革，重点领域取得突破。

（一）推进内部资源整合，构建“三层架构、两级经营”主营业务体系

以打造主营业务板块龙头企业、提升整体核心竞争力为目标，围绕核心业务整合内部资源，积极构建适应现代国有企业制度运行的子集团和专业公司。截至目前，已整合内部30家研究所组建13家子集团和9家专业公司，基本形成以母子公司、“母分公司”体制为基本模式的“三层架构、两级经营”主营业务组织体系。

（二）推进公司制股份制改革，有序推进军工科研院所企业化转制。

全面实施公司制，中国电科本部及所属成员单位已基本完成全民所有制改革；推进上市公司建设，在现有8家上市公司基础上，2018年新增天奥电子、厦门雅讯2家上市公司，“十三五”期间拟在锂离子电池等重点方向打造10家左右新的上市平台，增强上市公司资源集聚能力；试点推进混合所有制改革，以二级成员单位中电仪器为示范，纳入国家第三批混改试点；探索推进军工事业资产资本化，完成9家研究所资产资本化方案制定，涉及资产总额30.82亿元；按照国家事业单位改革总体部署，积极稳妥推进军工科研院所改革，正式启动首批4家研究所企业化转制工作。

（三）规范建设法人治理结构，探索建立中长期激励机制

探索加强党的领导和完善公司治理统一的有效路径，创造性提出现代国有企业“1+3”权责表，按照事权、财权划分70余项管理类事项和80余项金额类经济事项，理顺党组、董事会、经理层权责关系；推动考核分配机制改革，建立以“业绩为导向”的考核评价机制，实施成员单位分类考核；全面实施“五元薪酬”体系，建立多元激励协同动力机制，试点实施企业年金、科技成果股权激励、岗位分红权激励、员工跟投机制等，在工资总额内开展重大工程核心关键人员项目转产收益分享，激发员工活力。

（四）利用高科技企业优势，推进科技创新体制机制改革

在人才、平台、机制等方面制定实施中国电科“科技创新二十条”，着力突破现有科研院所创新体制不灵活、成果转化率低等难题，探索科技成果转化。第一，实施人才激励，每年评选十大科技领军人才、青年拔尖人才、创新团队，给予每个人才、每个团队科研经费支持。第二，针对投资周期长、高回报高风险的创新业务，鼓励员工出资进行业务跟投。如在“智能仓储机器人”等5个创新业务领域实施3000多名核心员工跟投，营业收入实现超过20亿元。在太赫兹领域探索开展无形资产作价入股奖励核心团队，并引入战略投资者和社会基金组建混合。第三，试点实施科技成果转化收益股权激励，首批涉及智慧城市、物联网、大数据信用体系、水下智能平台等领域9个项目，可转化科技成果总价值约1.84亿元，激发职工干事创业热情。第四，利用市场化手段配置创新资源。连续三届举办“熠星”创新创意大赛，搭建资本、市场、技术融合转化平台，累计投资意向金额达6.9亿元，探索出一条开放、灵活、高效的双创之路。

成果创造人：吴永亮、潘建群、刘　慧、赵爱晶、马立诚、郭　兴、高　奇

大型煤炭企业以培育新型高端现代煤化工2.0版为特色的转型升级

山西潞安矿业（集团）有限责任公司

山西潞安矿业（集团）有限责任公司（以下简称潞安集团）是山西省属重点煤炭集团，是国家重要的优质动力煤和喷吹煤生产基地。总部位于山西省长治市。其前身是成立于1959年1月的潞安矿务局，2000年8月整体改制为潞安矿业（集团）公司，2007年重组新疆哈密煤业（集团）有限责任公司，2010年重组山西天脊煤化工集团。目前已成为一个以优势煤炭产业为基础，新型高端现代煤化工为主导，绿色生物健康、光伏新能源、高端装备制造等新兴产业协同发展的跨地区、跨行业的国有大型现代化企业集团。从2013年开始进入世界500强企业行列。在煤炭企业全球竞争力排名第15位，在全煤行业50强中排名第8位。

一、大型煤炭企业以培育新型高端现代煤化工2.0版为特色的转型升级背景

众所周知，“富煤、贫油、少气”是我国资源禀赋的显著特征。发展现代煤化工对于保障国家能源安全，促进煤炭清洁高效利用和煤炭产业转型升级、培育新的经济增长点，具有十分重要的战略意义。

（一）保障国家能源安全的需要

国际公认，原油对外依存度的警戒线为50%，突破这个数字意味着一个国家的能源供应进入极度不稳定状态，随时可能因为外部环境的变化而导致石油供应的中断。《中国油气产业发展分析与展望报告蓝皮书（2017-2018）》显示，2017年原油净进口量继续较快增长，全年石油净进口量约为4.2亿吨，同比增长10.7%。原油对外依存度达到 68.6%，较上年提高2.9个百分点。《蓝皮书》预测，2018年我国原油进口将继续增长，石油对外依存度将逼近70%。而且高端润滑油品、特种油品几乎全部依赖进口，更加剧了我国能源安全的危险局势。

这样的能源供给结构，不利于国家的能源安全，必须要调整。通过煤化工开发石油、天然气替代产品和提供基础化工原料,实现部分进口油品替代，把我国的原油对外依存度控制在50%以内，可有效缓解因富煤缺油给我国能源安全带来的挑战，有利于保障国家能源安全，促进经济的可持续发展。可以说，国家最初发展煤制油产业就是出于能源战略安全的考量。

（二）实现煤炭清洁高效利用的需要

能源资源禀赋决定了我国以煤为主的能源消费结构。虽然煤炭在我国一次能源消耗的比例逐步下降，但在相当长一段时间内仍将是第一大能源，其绝对用量仍然十分巨大。

煤炭作为高碳能源，其开发利用的高碳排放一直为人们所诟病。国际上，2016年我国正式签署《巴黎协议》，将承担更多的碳减排国际义务。国内，每年秋冬季节的雾霾天气导致国

内“去煤化”声音此起彼伏，不绝于耳。煤炭产业发展面临着巨大的环保压力和舆论压力。因此，煤炭的洁净高效利用对我国仍然是极其重要的、不能避开的要求。如果不走清洁高效利用的路子，煤炭产业发展的空间将越来越小。

以煤制油为代表的现代煤化工是煤炭消费方式的重大变革，与直接燃烧等传统利用方式相比，煤制油有利于减少二氧化碳、氮氧化物、粉尘、有害重金属等污染物的排放，大幅提高煤炭转化效率和产品附加值，更符合煤炭绿色、高效、低碳的利用方向。同时，发展现代煤化工也有利于带动传统煤化工结构调整和优化，低效落后的煤炭利用方式将逐渐淘汰，清洁高效转化的比例将进一步提高。

（三）推动供给侧结构性改革的需要

习总书记提出能源革命的战略思想，对煤炭人来说首先要“煤炭革命”，当前及今后一个时期，煤炭产业面临产能严重过剩、市场持续低迷的严峻形势，国家正大力实施去产能和供给侧结构性改革等一系列政策措施。但从根本上讲，化解煤炭产能过剩，不应仅限于在产能供给侧做减法，还应在产能需求侧做加法，大力推进煤炭清洁高效转化利用，通过培养新的消费热点，增加煤炭有效需求。只有这样，煤炭企业才能真正实现脱困突围和转型升级。

同时，我国传统煤化工产业产能严重过剩，产业装置开工率普遍不足。近年来，以煤制油等为代表的现代煤化工产业迅速崛起，引领了世界煤化工产业发展的潮流。然而，现代煤化工产业大规模低水平重复建设和产品高度雷同化也给产业发展带来产能过剩的隐忧。因此，大力推进差异化和高端化发展，实施错位竞争，实现从现代煤化工到新型高端现代煤化工的转变，更是推动煤化工行业供给侧结构性改革的需要，将有利于克服我国现代煤化工产业结构单一、低水平发展的矛盾。

（四）企业转型升级的需要

随着清洁化石能源（天然气、页岩气、煤层气、可燃冰等）开采技术、新能源技术（太阳能、生物质能、地热能、风能、水能等）以及核能技术的发展，煤炭还有20年左右的“窗口期”，这是煤炭企业转型发展最后的机会。如果不能在窗口期成功实现转型发展，对煤炭企业来说将是灭顶之灾。煤制油品及化学品作为现代新型煤化工的重要内容，具有技术含量高、管理要求高、布局门槛高与产业链地位高的特点，其产业的发展必将有利于煤炭企业产业结构、布局结构、组织结构和技术结构的全面调整与进一步优化升级。

潞安集团未雨绸缪，提前布局，从2005年开始，将发展煤基合成油品及高端精细化工产业作为战略发展的重大抉择和转型升级的主要方向，以科技创新为引擎、以高端产品为标志、以重点项目为载体，走差异化、高端化、规模化、国际化转型升级之路，着力打造自主创新的示范、循环发展的典范、转型升级的样板，为煤炭企业转型升级探索出一条新路子。

二、大型煤炭企业以培育新型高端现代煤化工2.0版为特色的转型升级内涵和主要做法

潞安集团作为山西省属国有重点煤炭企业，勇于担当能源革命排头兵的政治使命、国家

使命，在践行煤炭人的“中国梦”中争当引领者、示范者。

近年来，潞安集团对标南非萨索尔，以战略规划为导向、以技术突破为引领、以高端产品为核心、以创新平台为支撑、以循环园区为承载、以重大项目为抓手、以深化改革为动力、以整合营销为手段、以人才培养为保障，着力走好“五条路径”，持续深耕煤基精细化学品，深入推进“三个转变”，不断延伸高端精细化学品产品体系，推动具有潞安特色的煤制油1.0版向煤基精细化学品2.0版转型升级，打造了新型高端现代煤化工产业。

主要做法如下：

（一）以战略规划为导向，强化顶层设计，准确定位产业发展目标和重点

潞安集团坚持战略导向、科技引领，创造性地走出一条区别于现代煤化工的新型高端现代煤化工产业发展之路。潞安新型高端现代煤化工产业的发展定位与主要特征，概括为“瞄准一个目标，坚持四化定位，推进三个转变”。

“瞄准一个目标”：率先推动煤基合成油1.0版向煤基高端精细化学品2.0版转型升级，实现高端转型、深度转型。

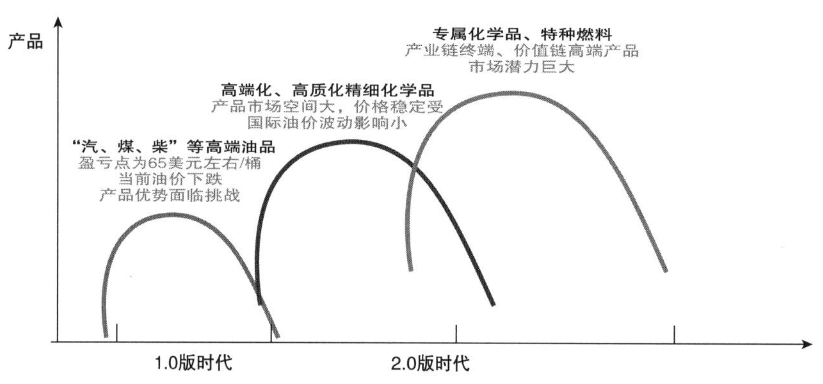

图1　潞安煤基合成油1.0版向煤基高端精细化学品2.0版转型升级示意图

“坚持四化定位”：即差异化、高端化、规模化、国际化的发展定位。

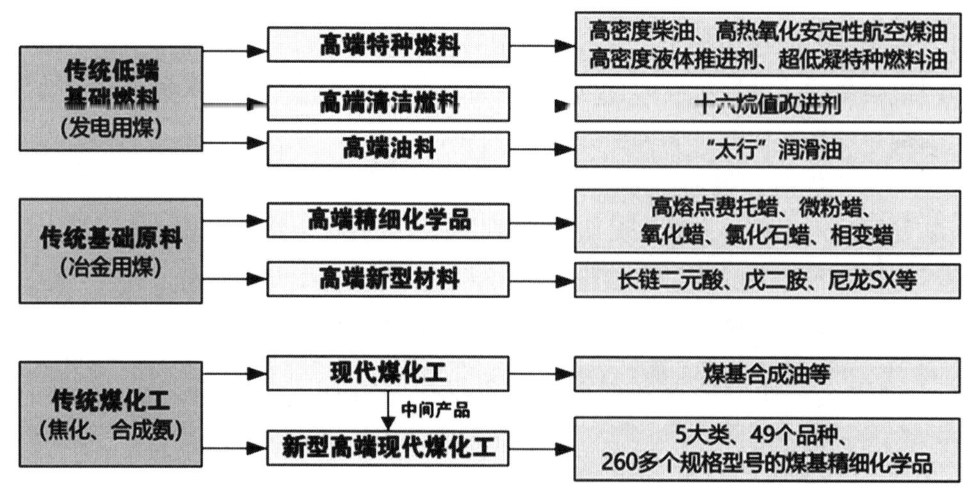

图2　潞安新型高端现代煤化工“三个转变”示意图

“推进三个转变”：一是传统低端基础燃料向高端特种燃料、高端清洁燃料、高端油料转变。二是传统基础原料向高端精细化学品、高端新型材料转变。三是传统煤化工向现代煤化工、进一步向新型高端现代煤化工转变。

（二）以技术突破为引领，深入推进关键技术创新，形成“三个一批”技术开发格局

潞安集团坚持“创新是第一动力”，深入推进关键技术创新，培育低碳技术群，形成“三个一批”技术开发格局，为煤炭绿色清洁高效利用和资源型经济转型提供持续动力源泉。

1.应用推广一批。

一是钴基固定床费托合成技术。潞安集团和中科院山西煤化所联合研发的钴基固定床费托合成技术，历经16年，先后推出了3代4型催化剂，进行了长达6年的工业化放大试验，于2014年成功在潞安建成并投产一套12万吨/年示范装置（甲醇装置改造项目），连续运行时间超过20000小时，于2016年实现单台反应器满负荷运转，达到国际先进水平，具备了大规模商业化推广条件。

二是高熔点费托蜡生产技术。潞安是继萨索尔、壳牌后全球第三家、国内第一家采用自主专利技术生产高熔点费托蜡的企业。该技术（发明专利号：201410217632.3），生产的60#、70#、80#、90#、105#、115#高熔点费托蜡产品可以完全替代现有所有进口产品，销往全球20多个国家和地区，争取用2–3年左右时间打造成全球最大的高端蜡供应商。

三是无芳碳氢环保溶剂生产技术。潞安利用费托合成原料优势，通过专利技术得到无芳烃的系列烷烃溶剂油（发明专利号：201410752401.2），芳烃含量低至0ppm，完全替代进口产品，销往国内知名气雾剂和化妆品企业（枪手、彩虹、欧莱雅、联合利华等）。2018年总产能将达17万吨，占国内高端溶剂油市场份额的60%。

四是高密度燃料生产技术。潞安已经发出高密度柴油、高热氧化安定性航空煤油、高密度液体推进剂等3个品种10个规格24个牌号的特种燃料产品，具备了工业生产条件。2018年20万吨/年军用特种柴油生产装置具备投料试车条件，2020年达到30万吨/年。

五是甲烷二氧化碳重整技术。潞安与中科院上海高研院、壳牌联合研发了甲烷与二氧化碳干重整技术，首次实现了二氧化碳资源化利用的突破。目前正积极组建技术公司。利用重整合成气嫁接巨鹏生物公司（瑞士英力士生物公司）的发酵技术制备燃料乙醇并联产人造蛋白，2018年建成投产2万吨/年示范装置，2019年建成投产20万吨/年工业化装置，打造第一个二氧化碳资源化利用+生物燃料乙醇、人造蛋白示范基地。

六是超细煤粉燃烧技术。潞安与上海高研院联合研发了超细粉生产工艺，采用超细粉进料，燃烧温度比现有炉型降低100–150℃，可减少30%以上的氮氧化物排放，节煤30%、节电20%、节水10%，燃料效率可由当前90%左右提升至99%以上，为煤炭清洁利用开辟了全新的技术路径。2018年将建成投运35吨/时工业示范装置，2019年完成400吨/时工业示范。

2.储备开发一批。

一是煤制α烯烃技术。潞安集团和中科院上海高研院联合研发的钴基浆态床合成α烯烃技术取得了重大突破。其区别于现有的MTO、MTP技术，直接合成高碳数α混合烯烃，可直接用于烯烃加成反应、聚合反应生产高碳醇、高碳烷基化产品、高档润滑油基础油（PAO）等，能效提高36%，烯烃选择率大于95%，具备工业化试验条件。2018年将完成5000吨/年中试，建成投运全球第一套FTO装置。

二是茂金属PAO聚合技术。潞安是全球第一家采用煤炭为原料生产茂金属PAO的企业，同时也是继美国美孚、雪佛龙之后全球第三家掌握茂金属催化体系的企业（前两家采用石油基路线）。目前年产2万吨高黏度PAO工业化装置已实现稳定运行，正在建设年产1000吨茂金属PAO(mPAO)工业示范装置。

三是蒽醌法制双氧水技术。2017年，潞安与中科院大连化物所合作，启动科技项目立项及中试装置设计工作。2018年，1000吨/年中试项目开工建设。2019年，1000吨/年中试项目投入运行；启动1万吨/年工业示范项目的设计与规划。“十三五”末，实现该项技术的商业化推广。

四是高碳醇合成技术。潞安与中海油天津院联合开发的煤制α烯烃+环氧法制二元醇技术，具备了建设工业示范装置条件。2019年将建成2000吨/年高碳醇工业示范装置，替代进口。

3.攻关研发一批。

一是羰基合成技术。潞安与美国陶氏集团合作，利用潞安煤基合成的α烯烃为原料，经过羰基合成技术生产高碳数醛、高碳数混合醇等。目前该项目正在小试实验中。

二是微波热解技术。微波反应器用于煤基合成产品的裂解，可以自动调整和控制反应过程，达到准确的温控效果，确保反应的均匀性和一致性，能够高效、定向地获得目标产品：三烯（乙烯、丙烯、丁烯）、三苯（苯、甲苯、二甲苯）。与传统石脑油热裂解（反应温度650℃，烯烃收率25%）反应相比，该项技术反应温度200℃，烯烃选择性高达90%以上，产率高、能耗低，具有很强的竞争力。

三是微通道反应技术。微通道反应器是一类新型反应设备，其内部由各种类型的微通道构成，当反应物通过微通道时与负载在微通道壁上的催化剂进行接触反应，生成目标产品。由于微通道反应器精密的通道特征，具有非常高的传热、传质效果和很高的反应效率。可大幅度降低传统反应器的体积和占地。

四是碳泡沫技术。煤基碳泡沫体是一种新型的多功能结构材料，具有多种优异特性。潞安集团与解放军防化研究院联合研发的煤基碳泡沫技术，于2015年完成了实验室小试工作，具备建设中试装置条件。

（二）以高端产品为核心，开发出系列煤基高端精细化学品，走出“五条产品路径”

潞安集团将煤基合成油作为中间产品，进一步延伸产业链，在现代煤化工的基础上，引领了新型高端现代煤化工发展，在高端转型、深度转型上取得了重大成果。目前已开发出5大类、49个品种、260多个规格型号的煤基精细化学品产品系列。其中，煤基PAO、煤基III+基础油、二氧化碳干重整等多种产品和技术全球领先或填补国内空白。

高端合成蜡产业已开发出高熔点费托蜡、氧化蜡、微粉蜡、相变储能材料（相变蜡）、长链氯化石蜡等5个品种12个规格36个牌号产品，可取代进口同类产品，满足不同行业需求。全球第三、国内第一套费托特种蜡工业化装置已于2014年6月份投产。1.5万吨/年微粉蜡工业化装置已于2015年10月份建成投产。

高档润滑油基础油和高端润滑油产业开发出低黏度PAO、高黏度PAO、S-GTL基础油、环保节能型车用油、工业用油等4个品种10个规格50个牌号产品。全球第一套煤基合成PAO工业化装置于2015年6月份投产。全球第一套煤基合成III+基础油商业化装置将于2017年底建成。采用自主研发技术的茂金属mPAO装置于2017年开工建设，是继美孚之后全球第二家实现工业示范的企业。

高端特种燃料产业开发出高密度柴油、高热氧化安定性航空煤油、高密度液体推进剂等3个品种10个规格24个牌号产品，不仅满足民用市场，同时可满足军用特殊需求。2016年1月底，已将第一批0.80g/cm^{3}高热氧化安定性航空煤油样品送往国内专业机构进行部件试验，为产品进入军工系统奠定了基础。

高端无芳碳氢环保溶剂油产业开发出单烷烃溶剂油、异构烷烃溶剂油等2个品种7个规格44个牌号的产品，涵盖工业级、食品级、医药级、化妆品级等不同行业应用需要。2万吨/年异构烷烃溶剂油工业化生产装置于2014年9月投产。采用潞安专利脱芳烃技术生产系列无芳溶剂油处于国内领先水平。

新材料及特种化学品产业开发出长链二元酸、尼龙5X等2个品种2个规格5个牌号的新型尼龙材料和合成酯、合成醇两种化学品。10万吨/年新型尼龙材料产业化项目由潞安和上海凯赛合资建设，即将投产。5万吨/年合成酯项目正在筹建，计划2018年建成投产。

（四）以创新平台为支撑，构建“一中心、十平台、五基地”高端开放创新体系，打造持续创新能力

当今企业的竞争是平台的竞争。潞安坚持产学研用一体化推进，构建了“一中心、十平台、五基地” 高端开放创新平台，打造了涵盖基础研究、技术中试、工业示范和技术集成与商业化的产学研用一体化技术创新体系，在创新链的上游、中游和下游均实现了新突破。

“一中心”，即国家煤基合成工程技术研究中心，是科技部在煤基合成领域布局的国家级工程化技术研发机构。中心于2014年开始筹建，2018年7月通过科技部验收，目前是山西省唯一一家国家级工程技术研究中心。

“十平台”：①与中科院山西煤化所合作建设煤基多联产应用基础研究平台；②与中科院上海高研院合作建设低碳转化科学与工程研发平台；③与中科合成油技术公司合作建设铁基浆态床合成技术研发平台；④与中科院上海有机所合作建设先进润滑材料及清洁燃烧研发平台；⑤与天津大学合作建设高密燃料研发平台；⑥与上海凯赛生物科技公司合作建设生物化工与煤化工耦合发展平台；⑦与大连化物所合作建设醇醚技术研发平台；⑧与太原理工大学合作建设煤科学与技术研发平台；⑨与中海油天津化工院合作建设煤基高碳醇技术研发平台；⑩与厦门大学合作建设醇醚酯化工清洁生产平台。

“五基地”：①煤基合成油工业试验基地；②百万吨级高硫煤清洁利用油化电热一体化示范基地；③利用钴基F-T合成技术改造甲醇装置生产精细化学品示范基地；④天脊集团硝基

化工示范基地；⑤“一带一路”沿线布局新疆天然气化工基地。

图3　“一中心、十平台、五基地”高端开放创新平台

潞安以高端开放创新平台为支撑，大力推进标准化战略，积极参与国家、行业标准的制定。目前，参与制定的《煤基费托合成 柴油组分油》《煤基费托合成 液体蜡》《煤基费托合成 混合烯烃》《煤基费托合成 润滑油基础油》《煤基费托合成 精制蜡》等5项国家标准已发布，正申报国家标准2项；《煤基柴油组分油》《费托石蜡》等7项地方和企业标准已发布，正申报地方和企业标准16项。进一步提升了潞安在煤炭高端转化、深度转化技术领域的话语权。

（五）以循环园区为承载，构建三大循环经济园区，促进要素资源集聚

紧紧抓住山西省优化营商环境、开发区“整合、改制、扩区、调规”和长治市成为国家首批转型升级示范区机遇，对接政策、优势嫁接，在长治境内布局三大现代煤化工循环经济园区，使先进生产要素和创新资源向园区集聚。

1.高硫煤清洁能源与精细化学品循环园区。园区地跨襄垣、潞城两县（市），占地8023亩，总投资330亿元，全部建成后，年销售收入201.3亿元，利润34.8亿元。园区包括180万吨高硫煤清洁利用油化电热一体化示范项目、30万吨甲醇改精细化学品项目、焦化产业项目等三大项目。园区的发展定位是，打造发展新型高端现代煤化工高技术集成、高效能循环、高品位展示的产业化示范园区。

2.余吾煤炭资源综合利用循环园区。园区位于屯留县境内，占地1800亩，总投资80亿，年生产总值40亿，利税20亿；园区主要由传统循环区和高端循环区两部分组成。园区的发展定位是，打造成为发展新型高端现代煤化工的技术孵化基地、新产品开发基地和人才培育基地。

3.天脊硝基化工循环园区。园区位于潞城市，已经建成45万吨合成氨、108万吨硝酸、24万吨硝铵、100万吨硝基复合肥、20万吨复混肥、25万吨硝酸铵钙、26万吨苯胺装置，正在规划建设20万吨丙烯、5万吨橡胶防老剂、10万吨尼龙66等装置，最终建成产能300万吨的天脊特色硝基化工园区。园区的发展定位是，打造以硝基肥料为主，集硝基化工、精细化工为一体的特色煤化工园区。

（六）以重大项目为抓手，快速高效推进项目建设，打造转型升级新标杆

项目是转型升级的总抓手。通过强有力、快速度、高质量推进项目建设，加快产业转型发展。

1.以重大项目为抓手，先后建成投产了三大煤制油项目

一是16万吨煤基合成油示范项目。该项目是国家“863”和“973”高新技术项目、中科院知识创新工程重大项目。2005年10月立项；2008年12月钴基固定床装置产出我国第一桶钴基合成油；2009年8月铁基浆态床费托合成装置生产出合格的柴油和石脑油产品；2012年8月通过国家科技部“863”课题验收。目前，项目实现了长周期安全稳定运行。

二是甲醇改精细化学品项目。利用具有自主知识产权的钴基费托合成技术对原30万吨甲醇装置进行改造，生产油蜡制品，一举盘活了闲置多年的甲醇装置。建设规模为12万吨/年油蜡制品联产12万吨/年合成氨。目前一期6万吨/年油蜡制品装置和12万吨/年合成氨装置已经建成投产。二期6万吨/年油蜡制品装置正在筹建。

三是高硫煤清洁利用油化电热一体化示范项目。该项目是山西省重大转型标杆项目，占地4300亩，项目总投资236.7亿元，建成后，年销售收入136.4亿元，利润29.7亿元。示范项目分两期建设，一期工程已于2017年底建成投产，正在消缺提负荷，二期工程正在积极筹建。

2.以创新项目为抓手，瞄准高端细分市场，满足差异化需求

一是高端精细化学品项目。利用费托合成产品的优势和特色，先后规划建设了山西潞安精蜡化学品有限公司6万吨/年费托合成蜡和3万吨/年氯化石蜡项目，山西潞安纳克碳一化工有限公司2万吨/年高黏度聚α烯烃（合成基础油）和2万吨/年环保溶剂油项目，山西潞安天诗合成蜡有限公司6万吨/年特种合成蜡（3万吨/年精制蜡、1.5万/年吨调和蜡、1.5万/年吨氧化蜡）项目。

二是10万吨/年高端润滑油项目。利用优质的润滑油基础油原料优势，建设了10万吨/年高端润滑油项目，目前正在试车。

（七）以深化改革为动力，深入推进体制机制创新，充分释放发展活力

1.实施专业化重组

潞安集团深入推进新型高端煤化工战略性重组、专业化管理、国际化对标、一体化发展，今年2月28日，正式挂牌成立了潞安化工公司。从4月份开始，正式启动对潞安集团旗下资

产的整合，当前已有13家子公司完成股权划转，潞安化工公司已囊括了潞安集团旗下最核心的煤化工资产和最主要的未上市煤矿资产。未来将以潞安化工公司为平台，改造提升传统煤化工、培育发展高端化工，打造具有全球竞争力的世界一流化工企业，打造“中国萨索尔”。

2.深化股权多元化改革

一是增量项目实行优势嫁接的股权多元化。所有新上重大转型项目，全部实施优势嫁接的股权多元化合作。潞安与美国雪佛龙、上海纳克、李振山团队、南京天诗、上海凯赛、中科院山西煤化所、中国院上海高研院等开展了股权合作，组建了潞安精蜡化学品公司、潞安纳克碳一化工公司、中科潞安能源技术公司、高潞绿碳公司、FTO技术公司等多家高新技术公司。

二是存量项目积极引进战略投资者，深度优化资产结构。深入推进股权多元化改制。对已设立的煤基清洁能源公司、煤基合成油公司、太阳科技公司等推进股权多元化改制。

3.构建完善激励机制

一是试点推进员工持股。推进太行润滑油公司员工持股试点，推进中科潞安能源技术公司、精蜡化学品公司等试点推广员工持股，最大限度地激发核心管理人员、关键技术人才和主要业务骨干的积极性。

二是探索建立增量收益分红激励机制。每年从增量利润中提取一定比例，以分红的形式奖励做出突出贡献的管理层、核心技术人才等。

（八）以整合营销为手段，构建多产业联动大营销格局，实现了营销收益和边际效应最大化

1.完善提升大营销体系。强化煤基高端精细化学品与煤炭、化肥等产品营销一体化布局，构建了优势互补、平台共建、资源共享的立体化营销网络，实现协同效应最大化。

2.统筹优化配置营销资源和要素。打破区域界线、体制制约，统筹优化各类营销资源，统一管理、统一配置、统一调度，确保营销资源价值最大化；牢固树立“人人都是营销员”理念，从战略层面对生产营销进行结构性调整，增加营销人员比重，实施“营销优先”战略，推进全员营销，形成从干部到职工“层层抓营销、人人谋市场”的良好局面。构建网络营销、新媒体营销、平台营销、品牌营销等现代营销网络，形成线上线下一体化大营销格局。

3.完善营销激励机制。通过改革创新，完善营销激励机制，制定营销考核办法、激励政策和评价办法。提拔干部重点向营销型干部倾斜，新提拔干部要经过市场化历练，营销业绩突出、掌握“互联网+现代营销”的干部重点培养、优先提拔，构建完善与营销业绩挂钩的差异化激励机制，充分调动干部职工市场营销的积极性、主动性。

（九）以人才培养为保障，加大创新人才开发培养力度，建设多层次人才队伍

坚持以“打造创新型企业、培育智慧型员工”为主线，通过构建具有竞争力的人才制度，使人才活力竞相迸发、创新源泉充分涌流，为转型升级提供强大的动力和智力支撑。

一是完善人才培养、引进、评价、激励、流动、保障等工作机制，着力培养创新创业领军人才和具有“工匠精神”的高技能人才；二是创新“项目+人才”“平台+人才”等引才机制，在现代煤化工领域引进海外高层次人才，建立完善具有竞争力的高端人才、急需人才引进制度；三是探索高端人才市场化选聘、任期制契约化管理和职业经理人制度，推进核心人才持股、技术入股制度；四是健全后备干部管理体系，完善人才专项基金制度，设立“优秀人才突出贡献奖”，“人才工做贡献奖”。五是整合优化培训教育资源，建立“潞安大学”高端教育培训平台，大力培育高素质的管理团队和技术技能型人才，实现了人才工作与企业转型升级协调推进、一体化发展。

三、大型煤炭企业以培育新型高端现代煤化工2.0版为特色的转型升级实施效果

（一）推动现代煤化工产业发展进入新阶段

通过成果的实施，以科技创新为引领，推动煤炭产业高端转型、深度转型，开发出5大类、49个品种、260多个规格型号的煤基高端精细化工产品，走出一条与石油基差异化、可替代进口的发展之路，在高附加值、终端产品层次实现了煤炭的清洁高效转化利用。在全国率先推进煤基合成油1.0版向煤基精细化学品2.0版转型升级，打造了新型高端现代煤化工产业，“中国版萨索尔”雏形初步形成。

（二）现代煤化工产业创新发展取得新成效

一是高端开放创新平台得到拓展提升。成功申报国家煤基合成工程技术研究中心，并顺利通过科技部验收，成为山西省第一家也是唯一一家国家级工程技术研究中心。与上海高研院合作筹建上海高潞低碳绿色公司，形成从工艺包、中试，到商业化运营的新模式；参与上海低碳产业技术研究院的建设和发展；联合在泰国曼谷共建先进润滑油实验室，作为首批输出技术进驻中科院曼谷创新合作中心。与山西省资源型经济转型促进会联合成立煤炭转型升级综合创新研究院，搭建了企业高端智库平台。

二是重大科技创新取得新成果。成功中标山西省重大国际科技合作项目“煤基合成精细化工产品关键技术联合研究”，获得山西省科技厅5000万元科研经费资助，是单批资金最大的科技项目。其中，高品质润滑油基础油技术研发获得1800万元的专项资金支持。“潞安煤基油化电热一体化示范项目”入选“首批煤炭行业科技创新示范工程”；“基于煤基合成油研制的高质量等级全合成柴油机油项目通过成果鉴定”入选 “煤炭企业十大新闻”；潞安太行润滑油公司成为国内首家具有两项煤基合成新产品企业技术标准的单位，全合成型高档柴油机油产品填补国内高档润滑油空白。

（三）企业转型升级取得重大进展

一是潞安新型高端现代煤化工产业实现新突破。百万吨级高硫煤清洁利用油化电热一体化示范项目取得国家发改委核准，顺利建成投产，实现高效运行；与上海纳克、山西煤化所、壳牌公司、道达尔公司、雪弗龙公司等合作规划形成2大类5个品种19个规格的高端产品体系；60万吨/年异构脱蜡项目和30万吨/年烯烃分离项目进展顺利，即将建成投产。“太行”润滑油实施品牌战略成效显著，通过了国家石油燃料质量监督检验中心测试，获得企业信用评定“AA级”。

二是现代煤化工带动传统煤化工产业转型升级取得新成效。以具有自主知识产权的钴基费托合成技术对甲醇装置进行改造，不仅成功盘活了闲置多年的甲醇装置，而且装置以焦炉煤气为原料，带动了潞安焦化园区216万吨焦炭产业健康发展；同时装置利用富余氢气联产的

12万吨/年合成氨为下游产业发展提供了丰富而廉价的原料。按照目前的市场价格核算，甲醇改造项目形成12万吨精蜡和12万吨液氨产能后，年增收将达到3.77亿元。探索出了一条改造低端、做好终端、走向高端、“减法”变“加法”的模式，对于当前化解产能过剩、推进供给侧结构性改革极具示范效应。

同时，利用钴基费托合成技术优势，同陕西燃气集团签订了合作协议，启动了新疆新业集团20万吨/年天然气转化项目、新疆荣泰集团10万吨/年天然气转化项目，潞安新型高端现代煤化工形成了以长治为核心区、以国内为扩展区、以“一带一路”沿线国家为战略区的“三区”布局。

成果创造人：李晋平、游　浩、肖亚宁、刘俊义、郭成刚、王　巍、于清泉、孙志强、栗进波、马军祥

基于提升公司战略执行力的机构改革实践

中材节能股份有限公司

中材节能股份有限公司系上海证券交易所A股上市公司（股票简称：中材节能，股票代码：603126），注册资本61050万元，注册地为天津市北辰区。2017年营业收入近17亿元，利润总额1.7亿元，总资产近33亿元人民币。

中材节能以节能减排专业化技术服务为主业，坚持“大节能”发展战略，在工业节能、建筑和市政节能、可燃固废等领域为客户提供技术、工程和投资服务，形成了节能工程、节能投资、节能装备制造和新型节能建筑材料等专业发展平台。特别是在水泥、钢铁、冶金、化工等工业余热、余压、余气资源综合利用等领域，可提供包括工程设计、设备成套及技术服务、关键设备制造与销售、工程总承包、项目投资、合同能源管理、能耗诊断等专业技术服务，业务遍及全球20余个国家和地区，成为国际市场先行者，国际余热发电市场份额占比40%左右。

中材节能拥有余热发电等相关领域的设计、对外贸易经营以及对外工程总承包等各类经营资质，组织或参与主编多项国家和行业技术标准，拥有数十项余热发电及相关领域系列专利核心技术，2016年被认定为国家级企业技术中心。

一、基于提升公司战略执行力的机构机制改革实践背景

（一）贯彻落实国家政策要求的需要

《中共中央、国务院关于深化国有企业改革的指导意见》要求，“适应市场化、现代化、国际化新形势，以提高国有资本效率、增强国有企业活力为中心，继续推进国有企业改革，切实破除体制机制障碍，做强做优做大国有企业，不断增强国有经济活力、控制力、影响力、抗风险能力”。作为央企，中材节能提升整体竞争力的机构机制改革正是践行国家战略的具体体现。

（二）应对国际国内形势带来的机遇和挑战的必然要求

从国际看，世界经济整体复苏乏力，增长疲弱低迷且不平衡。中材节能业务市场主要分布在新兴及发展中经济体，潜在需求巨大，但受宏观经济影响，整体经济增速持续下滑，导致部分拟投资和规划的项目放缓。国际原油价格持续下跌，导致各大工业集团逐步转向燃气或重油自备电站，很多有意向开展燃煤自备电站的业主都取消或延迟了项目招标，给国际市场开拓带来不利影响。另一方面，随着国际市场能源结构调整进一步深化，非化石能源比例持续提

高，周边国家互联互通、非洲“三网一化”，以及 “一带一路”战略的持续推进，节能环保市场前景看好。

从国内看，我国经济进入新常态，经济增速和工业企业利润下滑的态势还没有根本好转，需求不足、产能过剩、价格下滑和成本刚性增长的矛盾以及经济发展过程中长期积累的结构性矛盾突出，资源环境约束带来成本上升。水泥、钢铁、玻璃等行业面临产能过剩和需求放缓的双重压力，且随着技术成熟和公开度的提高，传统余热发电业务已经进入了成熟期，竞争日趋激烈、毛利率下滑。

在这种机遇和调整并存的形势下，实现市场国际化、多元化，对营销机构、机制和理念提出了新要求。

（三）原有组织结构和管理机制难以适应企业战略和发展的需要

中材节能原有组织结构属于职能型组织结构，这样的组织结构权利相对集中，适用于业务单一、管理层级简单、机构数量较少、横向协作难度小的企业。经过数年的发展，业务范围逐渐扩大，分支机构数量逐渐增多，板块相对独立不兼容，原有组织机构和运行机制逐渐显露出一些弊端。原组织架构见图1

以经营目标为导向的经济责任未落实，配套经营管理机制未建立。管理粗放，营销和执行割裂。应收账款清欠不重视、不系统，现金流受到较大影响。考核和经济运行监控流于形式，目标、成本、风险意识淡薄，吃大锅饭。技术创新能力薄弱，采购成本居高不下，基础管控能力不足，企业活力、动力和竞争力受限。

战略决定结构。随着战略的调整，原有组织结构难以适应企业战略前瞻性，也不利于战略落地。

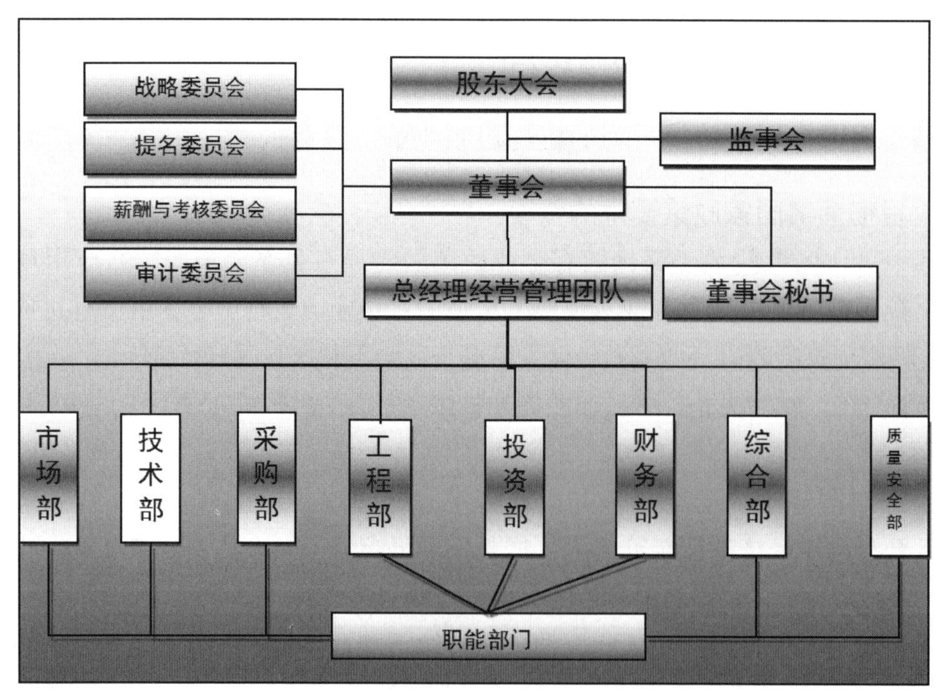

图1

（四）登陆资本平台后业务快速扩张的要求

中材节能2014年7月31在上海证券交易所挂牌，正式登陆资本市场。随后完成南通万达锅炉有限公司收购，业务扩展到锅炉装备。增资菲律宾控股子公司，首推海外节能投资。成立中材宜昌节能新材料有限公司，布局节能新材料。设立中材北京建筑节能科技有限公司，加快推进建筑节能产业化。随着业务的快速扩张，作为公众化上市公司，对法人治理、公司架构等提出更高要求。

二、基于提升公司战略执行力的机构机制改革实践内涵和主要做法

中材节能坚守“效益优先、效率优先”原则，坚持产业化集团化发展思路，以资源整合、流程再造为抓手，运营监控、绩效考核为有效途径，“内部资源市场化、项目经理负责制”为手段，主动践行集团“创新、绩效、和谐、责任”核心价值观，落实“早、精、细、实”。创立事业部制结构，创新经营机制，完善管理技术平台建设，落实各项责任，提高基础管理能力和运营管理效率，提升整体竞争力。具体做法如下：

（一）确定工作思路

1.调整战略，明确方向

结构追随战略。中材节能调整了企业战略，提出了不断深化改革的“十三五”发展规划，确定了改革发展具体目标：以增强企业发展活力、提升企业竞争力为核心，加大内部资源整合调整力度，优化组织结构设置和资源配置，稳妥、规范、有序推进考核、分配机制改革。

2.确定工作方案

结合生产经营实际情况，围绕“保增长、细管理、促发展”中心任务，制定了机构机制改革专项工作方案，从工作目标、主要任务、实施路径、保障措施方面进行了部署。

（二）建立事业部制组织架构和服务平台，理顺内部管理流程

1.整合优化组织架构，落实组织保障，强化战略支撑体系

本着提高责任意识和企业发展活力的原则，在严控风险的基础上，简政放权，建立以利润为中心、责权利匹配、管理跨度适当、激励与约束更加合理的事业部制组织结构。按传统水泥等领域工业节能工程，燃烧电站、生物质发电等传统工业节能以外工程，传统工业节能等领域投资及合同能源管理划分各事业部，各事业部职责主要是经营指标分解落实、业务规划、市场开拓、项目执行、运营管理等，采用非独立法人准子公司式管理，实行责任指标绩效考核，工程板块实施项目经理负责制，激发项目部的热情和积极性，提高项目经营效率和业务发展动力。各事业部充分发挥内部资源优势，在市场和业务实施上相互竞争、协同联动发展。

强化基础管控，加强管理体系建设，持续完善技术创新体系。整合各项资源，创建目标考核与运行管理、技术、采购系统平台，组织结构进一步扁平化，形成了集团式管理平台化发展模式。

机构改革后组织架构见图2。

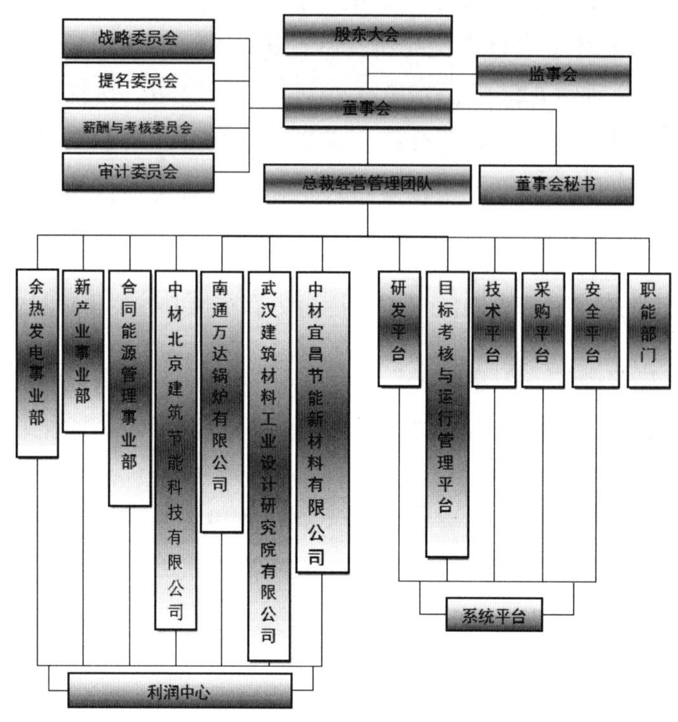

图2

2.理顺内部管理流程

以考核目标为导向，将业务规划、市场开拓、项目管理、设计研发、采购物流、费用控制、调试培训、资源调配、绩效分配等权利下放到事业部，创建以市场营销和项目执行为中心的工作机制。生产经营重心下移，事业部生产经营自主权扩大，内部协同联动高效运转。各平台及职能部门支撑利润中心，提升管控水平和服务能力。

（三）建立有效的目标及考核管理体系，完善绩效管理机制

为了确保企业目标实现，落实经营和管理责任上肩；同时合理评价成果，建立不断完善的绩效管理机制，以促进生产经营过程中企业、部门和业务板块绩效提高，增强企业目标实现能力。中材节能整合了原各部门资源，新组建运行考核部门，并以运行考核部门为主体，各部门、各业务板块为依托，建立了目标及考核管理体系。

1.推行业绩主导型目标管理，责任上肩

根据与集团签订的年度经营业绩责任书，成立经营业绩目标分解小组，接收各业务板块报送的预算表和支撑资料。双方经反复沟通核实，依据往年的经济运行数据库、上年完成情况，考虑战略发展规划、考核要求、业务、生产经营情况、资源配置、盈利能力、历史原因、劳动生产率等进行测算、调整、分解、平衡。结合企业工资总额和分解目标，测算绩效分配系数和薪酬总额。与决策层沟通酝酿，编制年度经营目标分解方案。

分解方案经批准，目标分解小组编制业务板块经营目标责任书、业绩考核指标、KPI考核指标解释及考核实施细则，对目标、定义、计算办法、考核评分标准、考核程序、绩效薪酬兑

现办法等进行了明确，并组织企业负责人与各业务板块签订经营目标责任书，作为考核依据。

目标责任书签订后，各业务板块内部对责任书上的目标二次分解到各部门，策划实施具体指标、内容、目标、细则、权重、分值、解释，并与薪酬总额和分配调整系数直接挂钩。各部门再进一步分解到个人，“一竿子插到底”。

经专门设计，将企业整体目标逐级分解，转换为各业务板块、各部门、各员工的分目标。在目标分解过程中，责任上肩，权责利三者明确对称。这些目标方向一致，环环相扣，相互配合，形成协调统一的360。目标体系。

2.目标过程检查，保证目标完成

密切监管企业、各部门、各业务部门目标执行情况，及时发现目标执行过程中的偏差，提供建设性意见。研究财务数据和生产经营数据之间的关系，加强对主要经营指标完成情况预测，提高目标执行的预见性。当发现目标实现有较大偏差并在过程检查中经过分析判断，发现有严重影响总体工作目标实现的因素存在，要求相关部门制定纠偏措施，提交运行考核部门审核判断可行性，同时跟踪检查纠偏进展情况，确保年度目标完成。

3.强化考核管理，优化绩效管理机制，完善分配体系

成立专门考核部门，负责各部门、业务板块考核管理，指导各部门、业务板块内部开展考核工作。各部门、业务板块盘点KPI目标完成情况并自评，考核部门复核、评分，形成《考核分析报告》和考核结果，结合考核问题形成《管理改进建议书》。阶段性考核结果，作为目标过程监控和生产运行管理决策参考；年度考核结果，作为工资发放和绩效兑换依据。

为确保考核体系正常运转，优化绩效考核机制，做到考核指标和经济效益、考核结果与薪酬绩效直接挂钩。完善分配体系，明确权责利，奖惩分明，鼓励创新和先进。深化职业发展体系建设，健全员工晋升和发展通道。扎实推进“干部能上能下、人员能进能出、工资能增能减”，形成内部竞争和流动的良好氛围，提升发展活力。机构、岗位、人员瘦身，提高全员劳动生产率。

（四）完善运营监控及项目风险管理体系

1、强化项目成本管控，防范重大风险

建立整体层面监控、微观层面控制的项目成本管控体系，防范重大风险。

报价及合同签约阶段，常规项目报价及合同评审事业部负责、运行考核部门备案；非常规项目，事业部微观审核、企业宏观评估，出具评估报告或评审意见供决策参考。

实施策划阶段，项目经理组织专业人员提供资料，领导费控经理制定项目成本控制指标，并将其逐级分解为各分项工作的费控指标，作为项目在实施过程中各分项工作的费用控制依据。常规项目运行考核部门备案，非常规项目由运行考核部门对项目成本控制指标编制思路、范围、内容、规范性、完整性、风险等进行评估，指导项目切实开展成本控制工作。

工程实施阶段，项目部根据现场形象、采购、签证等情况，报送完成的建安工程、采购等价值给事业部，事业部根据项目成本指标、财务内部报表、项目周报月报等，对照实际成本，对项目成本指标执行偏差、原因、风险、异常情况进行分析反馈，形成成本动态控制报告和异常情况报告报运行考核部门。运行考核部门汇总各事业部成本动态控制报告，对项目成本

指标执行偏差进行汇总分析，将生产经营数据转化为能够识别的财务数据，结合本部分摊费用预测项目总成本、毛利和风险，提出建议和对策。实时监控项目成本变化，督促开源节流，防范重大风险。

工程竣工阶段，事业部办理完分包结算后，编制项目成本分析报告，总结项目经营经验和教训，连同项目整套竣工结算资料报送运行考核部门。运行考核部门整理分析竣工结算资料，建立项目量价数据库、成本数据库和技术经济参考指标，宏观指导项目报价、指标编制、成本监控和风险防控。

2.强化以经营指标为导向的经济运行分析，提高经营质量

以完成经营指标为第一要务，各业务板块每季度梳理主要指标完成、市场开拓、项目执行、运营、两金、采购、法人压减等情况，找出存在的问题、原因和面临的风险，提出改进措施，安排下一阶段工作。

运行考核部门搜集整理各部门、业务板块资料，每月编制《经济运行简报》，每季度编制《经济运行报告》。对企业合并及母公司利润总额、销售收入、两金、新签合同额等11项主要经营目标完成情况进行同比和环比分析，对成本费用总额占销售收入比值、净资产收益率、流动比率进行同比分析，对营业收入、营业成本、毛利率分产品、分地区、分行业进行同比分析；对集团下发的目标完成情况、合同保有量进行分析；对各板块采购和市场开拓情况进行统计分析，对各板块利润总额等主要经营目标总体完成情况和上年同期情况进行横向对标分析；找出偏差，发现亮点和短板，提出管理性建议，供生产经营管理决策参考。

运行考核部门每季度组织召开经济运行分析会，各业务板块、基础平台、决策层参加。运行考核部门对当季重要经营指标进行分析，对合并、母公司及各业务指标完成情况对标检查；各业务板块结合当季各项经济指标完成情况，总结当季经济工作中的经验和不足，计划和安排下一季度工作；决策层总结当季经济工作，对下一季度工作重点进行布置和要求。市场开拓、项目管理、两金、法人压减、投融资重大议题，则专项会议解决。

3.加强项目风险管理

编制《工程项目风险管理规定》，明确项目风险辨识的范围、原则、过程和风险评价结果的运用，细化项目风险评价方法、标准、过程以及风险控制对策。有效辨识项目从签署到执行全过程中项目风险因素，从中找出不可接受风险，并采取措施，以便不可接受风险能够得到有效控制，实现项目收益最大化。

收集各业务板块的周报、月报、会议纪要等信息，以合同和投资协议为依据，分析实际执行情况，是否在安全、质量、进度、两金、成本、运营、国际物流、诉讼等方面存在风险因素。同时，根据项目实际进度、实施效果、社会环境、自然环境和政治环境变化等信息，对项目风险进行动态监控和管理，预警重大风险；存在较大风险的项目，提出规避措施和合理化建议。

（五）健全以营销为中心工作机制，推行项目经理责任制，精细化管理

1.统筹协同资源，以营销为中心，开拓新思维，创新市场业务模式

中材节能将原分属几个部门完成的市场开拓工作整合到一个事业部内，以新签合同额为

目标导向，形成一个营销为中心的有机整体，增强了责任和协作，消除了部门隔阂，提高了工作效率。在工程总承包、备品备件、检修、改造市场，各专业人员通力合作，取长补短，减少了项目跟踪过程的盲区，成功拿下巴基斯坦fauji、阿联酋Ras al khaimah、泰国SCG检修及备品备件、山东东华技改多个项目。

树立“羊圈”理念，引进工业园、产业园概念，积极与政府开展合作，尽最大可能在项目产业链条的各个环节为业主提供服务。中材北京建筑节能科技有限公司就与河北新乐市政府签订了中材–新乐建筑节能产业园项目合作协议，推动集团第一个被动式建筑产业链为核心内容的产业基地建设。

坚持“以市场带动项目、由项目促进市场”的营销思路，基于已投产电站的优异运行状态，在传统领域深耕细作。巴基斯坦ICI和CCCL项目都已经成功开拓到第三期。

充分利用上市平台，创新市场开拓模式，积极与民生银行、工行、中信保等金融机构合作，采用出口卖方信贷融资，成功签约加纳LNG改造及余热发电项目。

加大与集团内兄弟单位、集团外战略合作伙伴的合作力度，协同开拓市场。例如，新产业事业部与南通万达锅炉有限公司合作分别获得南通屋顶光伏发电项目和北京煤改气锅炉供货大订单，拓展了新领域；余热发电事业部与苏州中材组成联合体签约泰水泥越南VCM/SG两个项目。

2.以项目为主体，推行项目经理责任制

积极探索工程总承包项目管理模式，推行项目经理责任制，明确项目经理部的组织形式、项目经理的责任和权利、项目考核管理方式、薪酬分配和绩效奖惩办法。

项目经理部管理模式为平衡矩阵式管理，项目经理对外代表企业全面履行合同规定的企业的权利和义务，对内是项目目标的第一责任人，与销售收入、毛利润、两金、薪酬总额等挂钩。提倡效率优先，聚焦时间成本，实现项目目标管理、考核分配和风险防范。

推行项目经理责任制以来，项目经理能统筹规划、充分利用项目资源和支撑平台，以项目经营目标为导向，更加重视收入的及时确认、成本控制、降两金等。

3.管理精细化

加强运行电站的对标管理，全面提高电站的运行质量；加强业务相近板块间的对标管理，提高业务板块管理水平和盈利能力；开展与外单位、同行业、业绩良好的上市公司对标，查短板，学长处，提高企业管理水平和盈利能力。

强化全员、全要素、全过程的成本管控，严格控制各类费用支出。项目成本指标固定人员+随机人员背靠背审核、面对面沟通，层层分解后作为采购工作限额指导。建立成本动态控制OA信息系统，在这个计算机工作平台上，成本执行偏差及异常情况、原因等及时反馈，为设计优化、采购模式、项目管理提供降低成本切入点。

成立降两金工作小组，制订专项方案。加强客户信用管理。各业务板块成立专职清欠小组，安排专人负责对应收款项的清欠工作，特别是超过三年的应收账款制订针对性措施，对历年完工项目存在问题及时研究解决。加快项目进度，及时与业主确认和结算。提高物料计划编制的准确性和库存材料周转率。定期清查仓库，盘活库存积压物资。建立稳定的供应商队伍，保证需求物资的及时供应。

（六）打造技术和采购公共服务平台

1.建设技术平台，提升自主创新能力

围绕国家级技术中心建设，创建技术服务平台，大力实施创新驱动战略，构造技术新优势，提升核心竞争力。整合优化研发、设计资源、职责和流程。市场开拓阶段加大搜资、技术方案、投标报价、合同谈判力量，项目实施阶段着力设计优化改进、现场技术服务、INVENTOR、PDMS、LUMION等三维软件和ORC有机工质超低温余热利用、孤网运行控制等技术推广应用。基于技术平台，主动对接和服务各业务板块，相互交流、资源共享，创新技术，促进技术进步。

2.创建集中采购信息平台，全面优化供应链

以原设备材料采购资源为平台，整合其他部门和业务板块建安分包、调试保运培训、备品备件、检修改造运营、办公劳保用品等采购业务，创建以设备材料采购、建筑安装分包、调试物流等为工作重点的总部直接集中采购和备品备件、检修改造运营、办公劳保用品及子公司授权集中采购并监管的集中采购体系。

梳理采购流程、需求，优化供应链，搭建了采购电子平台，电子评标，无纸化办公，全过程追溯。建立阳光、快捷、高效的采购机制，实行合格供货商分级管理和滚动评价，建立准确、可靠、细致、高效的采购数据库，深入开展战略框架采购，建立战略伙伴关系。

三、基于提升公司战略执行力的机构机制改革实践效果

中材节能经过上述历程，企业资产和经营规模不断壮大，为进一步加快发展创造了有利条件。

（一）企业的管理水平迈上新台阶

全体员工的主体责任加强，积极性和成本意识大大提高，各项成本控制有效，主要经济指标超额完成。三大事业部均超额完成利润总额年度目标值，对公司利润总额贡献率达到81%，是企业利润总额的主要贡献者。6000多万成年老账得以回收，两金增速大幅下降，低于收入增长速度。采购效率、质量和透明度有所提高，非生产性支出大幅下降，集团化发展基础进一步完善，企业管理水平进一步提高。

（二）企业的业务模式得到极大的拓展，业务领域也更加丰富

公司结合国家政策导向和市场需求，不断创新主营业务模式，现已拥有余热发电工程设计（E）、余热发电工程设备成套（EP）、工程总承包（EPC）、节能装备制造，以及采用“建设–拥有–运营–移交”（BOOT）和合同能源管理（EMC）的多种节能服务模式，极大地满足了客户需求，提高了公司的核心竞争力。

立足于水泥行业余热发电的基础上，公司已将余热发电技术成功应用于碳素、焦化、钢铁、有色金属、其他建材等工业行业，并从工业节能发展到建筑节能、可燃固废处理等多领域。

（三）平台搭建工作成果显著，协同效应更加促进了公司的快速发展

形成了“四大发展平台”——总部工程总承包平台、总部节能投资平台、南通节能装备

制造平台、武汉节能新材发展平台 。平台之间的协同作用开始显现，市场和工程管理等经验得到分享，提升了公司整体的运营水平。

（四）完成国际市场产业布局，国际产能合作仍然是公司重要的发展方向

公司在国内同行业企业中最早进入国际市场，在国内同行业企业中国际市场排名第一，是国际市场的先行者。公司积极践行国务院国资委“走出去”战略，通过与国际高端客户的合作，成功进入了东南亚、南亚、欧洲、非洲等发展中经济体和地区，并与多个国际及当地知名企业建立了良好的项目合作关系。并在菲律宾投资建设了第一个余热发电项目。目前，公司已初步完成了国际市场产业布局，成为国内同行业企业中在境外拥有最大市场份额和最高品牌知名度的专业化节能服务公司。

（五）技术不断创新，为新一轮发展提供引擎

持续不断的技术创新是中材节能赖以生存的法宝。2016年，企业主编或参编3项国家标准、2项行业标准，获得专业授权19项，其中发明专利2项。

以国家级企业技术中心为契机，在径流ORC机组、一键启机、全自动负荷调节、干式蒸发器ORC系统负荷调节、钢铁烧结冷却系统改造及余热回收、液环式抽真空装置、烟风管道优化、智能交通照明系统等方面成果显著，部分已试运行。在“建材行业第19次和20次优秀工程设计”评选中，4个项目获奖，其中沙特YCC项目设计获得一等奖。

成果创造人：张　奇、刘习德、刘雯雪、吴苏军、李　彤、简细勇、方海坤、郭　鑫

中国建材赞比亚工业园的建设实践与研究

中材水泥有限责任公司

中材水泥有限责任公司（以下简称“中材水泥”或“公司”）成立于2003年11月主营水泥、水泥辅料、混凝土产品及水泥制品，集水泥熟料生产基地、水泥粉磨生产基地为一体，实现了在商品混凝土、外加剂、机制骨料等业务领域的产业链延伸和可持续发展。公司总部位于北京，目前拥有10家水泥企业共15条新型干法熟料水泥生产线，1家科研院所。水泥年产能2500万吨，混凝土年产能130万方，机制骨料年产能500万吨，混凝土外加剂年产能3万吨。

公司是国内首家全部生产线通过行业准入和全部实现脱硝工程改造的集团型水泥企业。公司目前的发展思路是：完善资源，发展上下游产业链，推进环境友好和国际化战略。

一、成果产生背景

从2014年下半年开始，国内水泥产能呈现全局性、长期性过剩、区域行业竞争异常激烈的局面。短时期内，国内水泥行业产能过剩的形势不会出现根本性改变，为投资寻找新方向、新出路，已成为水泥企业的必然选择。近几年，国内已有部分水泥企业尝试将目光投向海外市场，在国外投资水泥项目，并初步取得了成功。另一方面，中国政府近年来提出的“一带一路”国家级战略对整个中国全方位对外开放新格局、促进地区均衡性发展影响深远，对水泥企业也有着重大的指导意义。“一带一路”的沿线国家基本都是新兴的发展中国家，传统的水泥产品将成为这些国家未来经济建设、基础设施建设必不可少原材料，这为中国水泥“走出去”提供了广阔的市场空间。纵观世界，经济全球化已成为世界发展最鲜明的特点，在这样的时代和行业大背景下，水泥企业“走出去”也成了顺应形势和自身结构调整的需要的重要选择。

集团经过长期的探索和实践，通过大量境外工程项目实施，培育和锻炼了一批了解全球经济情况，熟悉国际市场规则的复合型人才，积累了丰富的国际化经验。集团在海外工程总承包等方面取得了较为突出的成就，但作为集团主业的水泥行业，国际化尚处于探索阶段，迫切需要加快“走出去”步伐。作为集团水泥板块的重点单位，近年来通过不断的探索和实践，公司已经建立起一套相对成熟现代化的管理模式，形成了以“责任”为核心的企业文化，在技术装备、企业运营、成本管控等方面都处于行业领先地位，具备了实施海外发展战略的能力。公司从2014年起正式启动国际化战略工作，指导思路是以收购、独资或合资等多种方式稳健推进，在水泥需求旺盛的新兴经济体及发展中国家、“一带一路”沿线国家、水泥装备落后的国家及地区，新建生产线或粉磨站，以系统成本作为考量项目的总原则，打造低成本的核心竞争力，不盲目追求区域领先，稳步提升公司的国际化经营水平。

二、成果主要内容

（一）理论依据

早在20世纪80年代开始，全球化的概念就开始在西方国家流行起来，到90年代初期，中国才开始逐渐融入国际社会，全球化发展也逐渐在中国社会内被普遍认同。随着国与国之间不断建立新的经济联盟体，对于要发展的企业来说，实施国际化发展是顺应时代发展需要的。企业实施国际化，就不同于在已有市场范围内开展的销售和服务活动，而是进一步扩张到海外市场领域，来开展经营、销售和服务活动。国内具备实力的企业，在面对现有已饱和的市场环境，已开始把目光投向境外具备发展潜力的新兴市场。

企业之所以会选择“走出去”发展，也是市场经济发展结果的体现，是企业自身发展的需要。任何一个市场，都是有最大限度的增量，国内市场也不例外，此外国内很多行业的市场都已经接近饱和或出现过剩，导致产品在市场价格持续下滑，且处于较低的水平，经营压力变大，而发展机会也很少。企业若想持续发展，扩大市场是必需的选择。所以，企业的国际化发展，是国内企业转型升级，创新发展的首选。

中国建材赞比亚工业园的建设实践，以企业国际化战略相关理论为依据，面对国内水泥行业发展的拐点，而现有区域可采取的措施有限且相对被动，考虑自身的发展特性和需求，选择了与国际化发展进行有效结合，且不局限于单一产业的发展，而是上下游延伸并行发展的走出去模式，通过进一步建立、强化、延伸、集成企业系统优势，从而降低境外投资综合风险。选择国际化发展对于水泥企业，尤其是集团型水泥企业来讲，是一个比较合适的发展方向，也符合国家的宏观政策。该工业园的模式也是在经过我们有目的性、针对性、指引性的研究后所得出的成果，对水泥行业企业乃至其他建材行业企业，实施国际化战略都具有较强的引领和借鉴作用。

（二）中国建材赞比亚工业园战略思路

1.工业园项目愿景

以集团“创新，绩效，和谐，责任”价值核心为指导，坚定不移的履行集团“绿色化、智能化、高端化、国际化”的发展理念，坚持以先进技术和优势产能支持“一带一路”建设，打造海外投资“升级版”，以优质建材服务“一带一路”基础设施。坚持合作共赢，融入赞比亚文化，做好环保工作，建设绿色丝绸之路，坚实履行央企社会责任，为中赞友谊谱写新篇章。

2.工业园概况

位于首都卢萨卡东南19公里，目前用地面积约400公顷，配矿山可开采面积107.99平方公里，石灰石远景储量超过4亿吨，此外水泥用其他辅料资源和烧结砖生产原料，均可由此矿区供应。工业园一期计划投资超过2亿美元，包括年产一百万吨水泥（熟料）生产线，6000万块烧结砖生产线，20万立方混凝土生产线，70万吨骨料生产线。二期计划投资300万平方米硅酸钙板生产线、水泥制品及其他高科技建材产品、建材产品国际贸易。累计计划投资5亿美元，直接或间接创造就业机会2000到3000个。

图1 位于赞比亚首都卢萨卡的中国建材赞比亚工业园

3.工业园亮点

（1）循环经济、资源综合利用

优质石灰石作为水泥原料，剥离土（弃土）用来生产中高档烧结砖，品位较低的石灰石生产骨料，并增加了机制砂和石粉的生产工艺，机制砂可缓解卢萨卡河沙资源匮乏的局面，石粉可作为改善当地酸性土壤的石灰类产品，最大限度地实现了资源综合利用，形成系统成本优势。

（2）国际产能合作——抱团出海

项目建设总承包方为中国建材集团所属中材国际，资源勘探、设备采购等全部来自广东总队、中材矿山、中材装备、西安凯盛、深圳南华、武汉建材院等集团内部单位，在集团内部实现了全方位、系统地“走出去”，实现了集团内部优势资源的最大化利用。工业园所用设备的国产率高达99%，整个工业园内配合设备制造的厂家、建设单位、中介机构等超过百家，较好地带动了国际产能合作。工业园的落地，带动了国内多家企业抱团出海，加快了“走出去”步伐，为“一带一路”建设添砖加瓦。

（3）绿色发展，打造环境友好工业园

工业园致力于打破对于基础建材行业高耗能、高污染的传统印象，将生态文明理念融入园区建设，突出绿色建材、绿色发展的新内涵。工业园从建设期到运营期都严格执行当地的环保标准，采用低能耗设备和低温余热发电、密闭式生产等节能环保的生产工艺，严格控制粉尘等污染物排放，同时注重园区的绿化工作，致力于建设森林中的工厂，打造中国企业“走出去”的绿色品牌。

（4）建材产品系统集成服务

在园区规划方面，由水泥、烧结砖、骨料、石粉等产品生产线构成基础材料园，后续使用预留发展用地建设建材科技园和建材贸易园，用于引进集团内部高附加值建材产品及发展招商贸易等业务，实现建材产品的系统集成服务，创新“走出去”的模式。

（三）创新成果操作运行程序

从2014年9月开始，公司先后派员到莫桑比克、赞比亚、津巴布韦、刚果（金）、尼泊尔等国对投资机会进行实地调研，经过调研、反复论证和果断推进，赞比亚日产2500吨熟料水泥生产线项目率先实现了在投资环境、建设条件、投资准入等可行条件上成熟，并于2015年5月9日与合作伙伴非洲兄弟公司签订了合作谅解备忘录，正式启动项目前期筹备工作。

1.落实项目建设条件

先后取得了探矿权批复、环评批复、地契和投资许可证，完成了在当地的工商注册，与赞比亚发展署签订了《投资促进与保护协议》（IPPA），同时积极推进项目用电、用水及工程勘探、方案论证工作。国内方面，完成在集团内部、商务部、发改委的备案。2016年5月，由中国建材自主设计、自主建设、自主运营的首期日产2500吨熟料水泥生产线破土动工。对于境外投资项目来说，在不到一年的时间，就完成了从筹备到正式开工，这在中国企业尤其是国际化投资水泥领域是很少见的。

2.接洽项目合作伙伴

2016年5月与合作方正式签订合作备忘录（MOU）；于2016年8月25日确定总承包方并签订EPC合同，同时先后获得母公司3400万美元及国开行1.6亿美元项目借款，较好地保障了项目所需资金。

3.搭建境外投资平台

利用半年时间，完成了“中国——香港——毛里求斯——赞比亚”投资路径的设立。为梳理外汇路径、优化税务筹划、提升管理效率等工作打下了基础。

4.推进现场施工进度

图2 2018年7月26日赞比亚共和国总统埃德加•伦古出席中国建材赞比亚工业园竣工投产庆典并宣布项目正式竣工投产

2015年10月举行奠基仪式和新闻发布会，赞比亚总统亲自接见了集团领导。目前水泥生产线已全面开工，目前项目整体工程进程完成近70%；2016年11月，商品混凝土生产线建成投产并供应于工业园的建设；年产70万吨骨料生产线和与其配套的骨料、机制砂生产线预计2018年4月份投运；年产6000万块高品质烧结砖生产线已完成EPC合同谈判，于2017年6月份开工建设，2018年5月试运营，2018年7月正式投产。硅酸钙板、水泥制品项目将在水泥生产线投产后择机建设。

5.履行社会责任

作为国家“一带一路”战略的践行者，不仅仅要考虑投资，更要体现出社会责任和央企形象，项目每年都会投入一定比例的公益基金。赞比亚建材工业园征用了卢萨卡郊区CHIYEYA村的土地，经过项目部和合作方的慎重考虑、经过上级单位同意，先后投资150万美元为村民新建了学校、医院和清真寺，大大提高了当地居民的医疗和文化教育水平；在项目推进过程中利用工余时间为周边村民义务打井十余口，解决其生活用水问题；对村道进行修缮，解决了困扰居民数十年的出行难题，得到了当地政府官员到普通百姓的一致好评。

（四）关键问题及解决措施

1.竞争对手问题及解决措施

在项目启动前期工作之前，先后有五家竞争对手均对该项目表达了投资意向并开展前期工作，竞争非常激烈。

公司在确定该投资机会之后迅速实施，多管齐下开展前期工作，从第一天踏入赞比亚到项目全面开工，不到一年的时间内完成了项目批复、环评、合作协议、拆迁补偿、地契办理、初步设计及方案论证、总包谈判等一系列的重要工作，从开始的第六到现在第一，大部分竞争对手已放弃在赞比亚的投资，成功抢占了市场先机。

2.地方关系及文化融合问题及解决措施

来到一个新的国度投资，最大的难度和风险都是对新环境的认知。赞比亚整体发展水平较低，政府部门工作普遍存在朝令夕改的问题且效率低，加上项目建设所需要的核心资源往往掌握在酋长、政府官员等人士手中，地方关系维护和文化融合程度往往直接影响到项目的成败。

对此，公司一方面，对工业园项目的建设、运营及发展做充分规划，坚持融入当地，谋求经济效益和社会效益的统一，以积极开放、合作共赢的态度与相关方做充分沟通；另一方面，充分利用合作方在当地的优势资源，有效利用外力杠杆，减少了不必要的沟通成本；此外，项目注重培养政府部门、酋长传统、中介服务等人脉关系，也逐步摸索了办事规律和对当地员工的管理技巧，提高了国际化战略的实施效率。

3.人力资源问题及解决措施

由于公司尚处于国际化发展的起步阶段，迫切需要打造一支有能力、有经验、有激情的国际型人才队伍。

对此，公司一方面，深挖内功，先后成立国际化战略推进办公室和海外项目专项工作小组，吸收各部门、各企业的骨干成员群策群力，共同参与项目筹备及管理工作；另一方面，在赞比亚首都卢萨卡购置土地建设管理中心，作为公司国际化人才锻炼、培养的基地，为今后赞比亚工业园的运营及在东南部非洲的业务拓展打下基础。

（五）经济社会效益

1.紧贴市场、经济效益可观（以下数据取自《赞比亚2500t/d新型干法熟料水泥生产线项目可行性研究报告》、《赞比亚年产6000万块烧结砖生产线可行性研究报告》）

水泥生产线财务内部收益率17.12%，投资回收期为6.98年（含建设期），投资收益率21.18%。烧结砖生产线项目财务内部收益率19.94%，投资回收期：5.86年（含建设期)，投资收益率36.87%。

2.用“中国速度”提升当地经济水平

面对集团和股份的殷切期望，公司和施工方中材建设多方论证、多方研判，决定在确保建设质量的前提下，将工期提前。原定在2018年8月份建成的项目（合同签署工期为23个月），将于2018年3–4月份建成，比原定工期提前近5个月，这也将创造集团海外工程项目同等规模生产线建设的记录！

中国驻赞比亚大使称“为中资企业树立了榜样，创造了中国速度”，赞比亚副总统也用“惊讶”来评价项目的推进速度。工业园的建设实施将大力改善赞比亚当地落后的工业水平和技术设施建设水平，为当地经济的发展添砖加瓦。宋志平董事长对工业园调研时说，整个项目从规划设计到落地实施，克服了重重困难，也凝结了中国建材集团的优势和中材水泥全体员工的汗水和智慧，令人感动，“做一流的产业，做一流的项目”，在央企“走出去”的道路上，赞比亚工业园极具特色，其经验值得总结和推广。国务委员王勇出访赞比亚时视察该工业园时指出，“一带一路”是国家级的战略部署，中央企业是国家品牌，要把中国建材赞比亚工业园打造成为中国项目的样板，合理布局、长期耕耘、深化合作、互利共赢。要统筹经济责任、组织责任和社会责任，坚持绿色发展、融入当地社会，助力赞比亚经济发展、改善民生，充分展现中国标准、中国质量、中国效率、中国水平和中国正能量。

3.融入当地、统筹社会效益

短期方面，工业园目前现场雇佣当地员工超过600人，累计已为当地创造就业机会超过2000个；项目尚未开工就修建了多条村道、水井、学校、医院等基础设施，大大改善了附近的生活条件，提高了当地医疗教育水平。

长期方面，工业园的建设与运营都需要赞比亚当地员工的大量参与，有助于传播国内先进的技术和管理经验，促进当地国民素质的提高；工业园一期工程参与设备、材料制造、银行、中介机构及施工安装的企业超过100家，有效地拉动了赞国内企业的运营和项目周边地区经济的发展，为赞比亚国家和当地人民带来长久的福祉。

（六）项目实施体会

1.划定重点区域，拓展海外市场

非洲是全球投资回报率最高的地区之一，市场潜力巨大，这里自然资源和劳动力资源丰富，大部分国家政局走向稳定，为振兴基础设施建设，纷纷致力于建设更友好的投资环境，以赞比亚工业园建设为契机，有集团在建材领域的集成优势，我们在非洲东南部区域发展水泥、钢材、石膏、玻璃等建材行业大有可为。

2.多管齐下、快速决策、提高效率

在目前以市场为主导的国际竞争体系下，投资机遇转瞬即逝。因此对于经审慎考虑后选择的项目，应果断快速予以推进，对于项目前期调研、合规性手续、合作方洽谈等前期工作应成立专项工作小组同步推进，加快落实项目建设条件，才能领先对手抢占市场先机。

3.因地制宜，灵活选择海外市场进入策略

经过项目前期的市场调研和分析，我们发现非洲国家普遍经济体量较小，自身造血功能不高，市场需求有限，不适合发展大规模的单一产品，而最好的方式就是创造与以往工程总包、投资单一项目不同的建材“走出去”新模式——建设综合型的建材工业园，选择多产业协同发展，打出组合拳，相比单一主业发展，多产业共同发展能创造出“1+1>2”的效应。这也正是这个自主投资、自主设计、自主承建和自主经营项目的最大亮点。

4.提高认知、少走弯路

来到一个新的国度投资，最大的难度和风险都是对新环境的认知，在合作方及中介机构的配合下，通过对赞比亚传统文化和制度的接触和了解，在一定程度上熟悉了赞比亚的政治环境、法律环境、经济环境、人文环境等；培养了政府部门、酋长传统、中介服务等人脉关系；也逐步摸索了办事规律和对当地员工的管理技巧，取得了当地政府、酋长及村乡各级村干及村民的理解和信任，在较短的时间内办理完成了项目用地的土地购买谈判、搬迁补偿、合法地契办理等工作，为项目的早日开工奠定了基础。

5.融入当地、互学互鉴

“走出去”不仅仅意味着技术输出、国际产能合作，投资也不仅仅意味着经济收益，而是要看能否和当地人民的生存需求相适应，能否和当地政府的民生政策相融合，唯有展现大国胸怀和央企责任，所做的一切才会更加踏实，也才更具意义。

（七）项目评价

目前阶段，国内水泥企业“走出去”，大部分还仅停留在单纯的开辟新市场、化解国内产能过剩的被动选择阶段，中国建材赞比亚工业园主动选择从市场融合、产能合作、技术交流的高度开展综合性战略分析，实现更为宏观和系统的战略发展布局。

目前，我国海外产业园区正处于据点式扩张、规模化建设、多样化合作的发展阶段，但由于企业运作园区经验欠缺、对相关风险预估不足以及很难获得国家层面政策统一协调，致使许多已建成的海外产业园区存在着发展功能比较单一、开发成本偏高、经营方式粗放、相关配套设施不完善、与国内产业衔接不紧密等问题。中国建材赞比亚工业园另辟蹊径，定位于建设实践国家战略意图、综合功能突出、服务配套完善、市场化运作、平台型组织形式的高水平海外产业园区，成为打造中央企业“走出去”名片中的典范。尚在建设期中的工业园项目已经在海内外受到广泛瞩目和一致肯定，赞比亚卫生部部长、卢萨卡省省长、当地酋长等赞比亚高级官员及传统领导均到访过项目现场，对我们企业的管理水平和工作效率表示了高度的赞赏。同时，国务委员、中国驻赞比亚大使、商务参赞等国家及政府部门领导，也先后到项目现场实地调研并对该项目给予了高度评价，并赋予殷切期望。在工信部举办的水泥行业走出去战略课题验收会上，中国建材赞比亚建材工业园项目作为典型受到了重点推介，专家表示，工业园项目的商业模式和推进速度为水泥行业走出去提供了思路、树立了标杆。

成果创造人：隋玉民、满高鹏、张元慈

基于门径管理的科研管理机制革新之路

北京低碳清洁能源研究院

北京低碳清洁能源研究院（以下简称“低碳研究院”）成立于2009年12月，既是隶属于国家能源集团的研发机构，也是国家级海外高层次人才创新创业基地。低碳研究院致力于清洁能源及相关领域先进技术的开发，并通过技术创新支持国家能源集团实现建设具有全球竞争力的世界一流能源集团的战略目标。2015年，为了实现低碳研究院整体范围内的无边界合作，提高管理的透明度和有效性，最大限度地促进员工的发展和成长，低碳研究院建立了矩阵式的组织架构，同时通过改进科研管理流程，实现了研发效率的显著提高。进行改革后的三年间，低碳研究院新开展科研项目达80余项，新申请专利近500件，同时还有一批技术进入了成果转化阶段。

低碳研究院通过充分整合已有资源，革新科研项目管理机制，建立了一整套项目及项目集的评价体系与评审规则，短时间内推广了项目管理新文化，提高了研发人员的紧迫感与使命感，提高了项目组合的影响力与项目的执行力。同时，根据自身特点建立了一套全生命周期门径管理信息系统，实行集中透明、有效、有序的项目管理模式，得到了业内广泛认可。作为机制改革的探路者，低碳研究院在科研管理方面的创新经验或可为其他国有企业带来新的启发。

一、自上而下实现整体布局，充分整合研发资源

2015年，低碳研究院通过对组织架构自上而下的改革，实现整体布局，充分整合人、财、物各类科技资源，为科研工作的蓬勃发展提供了丰富的资源依托。

（一）汇聚国内外高端人才，形成合理的人才梯队

为了响应中央提出建设创新型国家的号召，借助中央大力引进海外人才的契机，低碳研究院通过系统化的招聘流程及标准，不断在全球范围内吸引高端人才。目前仅北京本部的在岗“千人计划”专家就达18人（全部为全职在岗工作），分别在各研发平台、科研中心作为技术带头人领导一至两个研发团队。同时，低碳研究院在京科研人员300余名，其中硕士以上学历占比近90%，博士达160多位，多数有海外留学和工作经历。北美中心在职员工20人，硕士以上学历占比近90%。德国方面在职员工130人，有120余人分布在专业技术生产岗位工作，研究生及以上学历超过半数。

低碳研究院发展至今，已形成了结构合理的人才梯队，通过汇集的近20位各领域的千人计划专家，500余名青年博士、硕士及其他各方面的优秀人才，建立起了一支高素质、具有竞争力的研发团队，全面开展了在绿色煤炭、功能材料、新兴能源和环境保护等领域的技术研发和创新，为科研项目的全面、持续发展带来了源源不断的动力。

（二）调整组织架构，整体布局开启新局面

低碳研究院自成立以来，一直在探索行之有效的创新机制及管理模式，自2015年5月，低碳研究院开始实行矩阵型管理，院长负责全院的整体布局和发展，整体把握技术平台、科研和技术商务中心、行政部门，以及分支机构。技术平台包括项目研发的七大平台和科研管理办公室，七大平台分别为分布式能源、催化技术、水处理、氢能源、煤洁净转化利用、煤基材料、先进技术。技术平台设有技术总监，首席技术官与技术平台负责低碳研究院各战略领域的研发布局和监督工作，统筹规划所在研发项目的立项、执行、经费的管理及成果的交付；科研中心主管研发人员发展、团队建设，以及项目执行情况；技术商务中心紧密配合研发团队探寻快速实现技术孵化的适合方式，帮助研发团队实现成果转化和技术推广；行政部门从财务资产、人力资源、企业传播及公共关系和运营支持四大方向为科研团队提供全方位的支持；同时，低碳研究院还发展成立了北美中心、光伏公司、新材料公司三个分支机构。通过矩阵式组织架构，低碳研究院实现了组织协同效应，加强了团队间的合作，提高了管理的透明度，从而为人才发展和资源的整合利用提供了一个更加有利的平台。

（三）积极联合海外科研力量，不断推动全球化布局

在集团的大力支持下，2016年在美国成立了北美清洁能源研究中心，目前正在开展包括页岩气湿气组分制芳烃、智能能源管理系统应用、煤气化燃料电池发电系统开发、二氧化碳高效利用及转化、高能量密度锂离子电池、加氢站系统集成在内的前沿研发。2017年初，完成了对德国曼兹公司薄膜太阳能业务的并购，成立了低碳研究院控股的光伏研发合资公司，并以此建立了欧洲太阳能研发基地，使集团公司的薄膜太阳能技术进入世界先进行列。欧洲太阳能研发基地和北美研发中心，为低碳研究院北京本部提供了与北美和欧洲形成国际化研发互补的全球化布局条件，在例如加氢站系统集成技术和CIGS薄膜太阳能电池等方面已经展开了密切的科研合作。随着海外合作的开展，低碳研究院在海外专利方面也进行了积极布局，已有多项技术获得国外专利授权。

与此同时，低碳研究院积极依托由三位诺贝尔奖得主及近二十名美国、欧洲和澳大利亚院等国院士组成的学术技术委员会为低碳研究院的发展出谋划策，使低碳研究院的研发工作与世界接轨。

（四）拥有一流的分析测试平台，统筹提供学术资源和设备设施支撑

除此之外，低碳研究院拥有世界一流的分析测试仪器，低碳研究院目前拥有近百套分析表征仪器设备，其中先进大型仪器包括：球差矫正透射电镜、扫描电镜、X-射线光电子能谱仪、小角X-射线衍射仪，粉末X-射线衍射仪、X-射线荧光光谱仪、激光显微共聚焦拉曼光谱仪、固体核磁共振仪、高分辨质谱仪等，为低碳研究院的科研创新奠定了良好的分析表征基础。分析测试团队的成员拥有多年工作经验，在新型材料表征、煤炭分析、催化剂表征、聚合物及油品分析等不同领域积累了丰富的经验，能够为低碳研究院的各科研项目提供高质量的分析表征技术支持。为了促进实验室高效、科学运作和规范化管理，分析测试中心还引进了实验室信息管理系统（LIMS）。目前已实现了设备资源、样品分析流程和实验数据等的有效管理；其中网上预约功能的实现，大幅度地提高了分析表征设备的利用率。

除了保障中国知网的使用，低碳研究院还尝试过多种外文数据库，比如提供iThenticate的试用，并基于数据库使用情况统计，保留了ACS Publication和ELSEVIER的Science Direct和Scopus，同时为研发人员提供购买数据库以外外文文献的预算。

为了整合与优化低碳研究院固定资产实物的管理，掌握固定资产的构成与使用情况，提高固定资产使用效率，发挥固定资产效益，结合低碳研究院的实际情况，低碳研究院对固定资产进行统筹管理并撰写了一系列的管理办法，并有专门的管理团队为研发人员提供固定资产使用、升级、改造和购买的建议，从而提高了设备的利用率。同时对实验室和中小试基地统筹协调，为研发团队有效提供科研场地支撑。

二、紧跟组织结构改革脚步，结合自身特点革新科研项目管理模式

配合低碳研究院组织架构改革的脚步，科研项目管理模式也进行了大刀阔斧的革新，最大限度的实施无边界沟通、管理与优化。结合近几年的发展经验，低碳研究院实施了多渠道立项、分类管理的科研管理模式：根据项目不同阶段，除集团项目外，设置了中心基金、平台基金和重大项目基金。全面推行根据低碳研究院特点量身定制的“Stage-Gate”（门径）项目管理流程，保障项目有效实施。在科研管理办公室革新后的三年内，已经组织了92场门径评审，资助了75个项目立项，对其中的约280个里程碑和交付物进行了细化，累计进行了超过200个小时的培训，参与人次达到650以上。

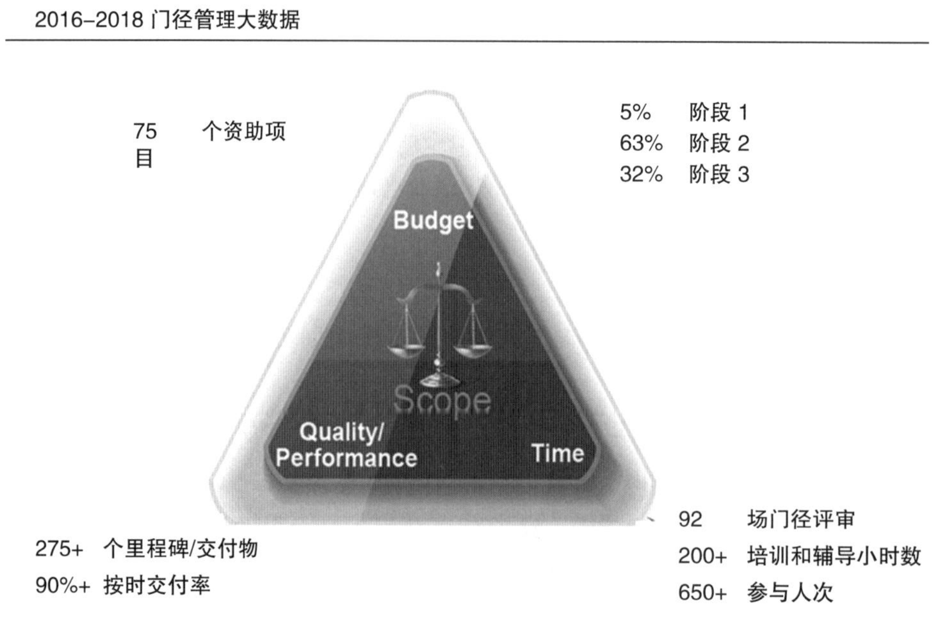

2016–2018 门径管理大数据

75 个资助项目

5% 阶段 1
63% 阶段 2
32% 阶段 3

Budget
Scope
Quality/
Performance
Time

92 场门径评审
200+ 培训和辅导小时数
650+ 参与人次

275+ 个里程碑/交付物
90%+ 按时交付率

图1 低碳研究院2016–2018年门径管理大数据

（一）采用门径管理模式：正确地做事，做正确的事

门径管理流程是指导一个新产品项目从创意的产生到产品上市的全过程路线图。它允许组织利用管理决策关卡将新产品开发的工作量划分为几个阶段。在获得批准进入下一个阶段之前，负责给定阶段的团队必须成功地完成该阶段内预先定义的一系列相关活动。

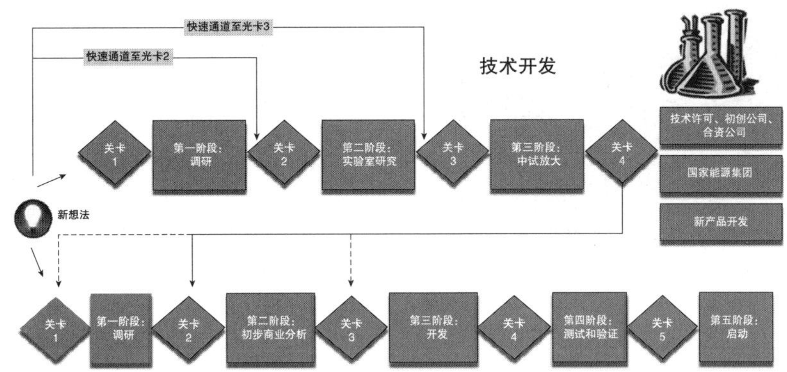

图2 门径管理流程

1.结合自身特点设置门径管理阶段（Stage）

低碳研究院结合自身实际情况，设计了技术开发和新产品开发两种门径管理过程，通过门径管理系统将发展过程都切分为几个不同的阶段。每个阶段包含一套平行活动，由不同部门的人员同时进行，并提供了一套对开发有利的标准和要求。每个阶段在设计上都提供必要的信息，以使方案得以进展至下一个关卡或决策点。

图3 制定标准明确项目预期

2.监管项目开发进展，设置关卡（Gate）进行门径评审

关卡可提供对新产品或技术的项目质量评估，确保企业的开发进展使用了正确的方案，并以正确的方式运作，通过关卡的决策来进行资源分配。关卡设置有过关/淘汰/暂缓/回收再准备四种状态，通过门径评审会议对上一阶段的项目成果进行检查，同时对下一阶段中活动计划进行商议，确定包括人力、时间、经费在内的来源和分配，以及排定时程和设定下一阶段的成果、关卡日期。门径评审会议的决策者由院长、首席技术官和分别负责技术、资源、管理的领导等组成，不同阶段设置有不同的决策者范围，根据每个关卡列出的标准进行项目评审，审核项目是否完成了前一个关卡评审时设定的本阶段成果，及时排除不良项目，并且决定项目优先级，同时让项目组了解管理层的期盼。

图4 监管项目检查成果

3.门径管理带来科研发展新气象

门径管理的基本思想就是正确地做事，做正确的事。通过调研和沟通确定项目市场，在项目开始前做好准备工作，同时按照项目需求跨部门组建团队，把项目做正确。同时，对科研项目进行严格的筛选和组合管理，做正确的项目。通过门径管理，低碳研究院在项目立项、计划、实施、变更和交付验收过程中，采取集中透明、高效有序的项目管理模式，运用技术门径管理及优先排序方法，同时运用信息化管理手段实时地对项目进行以全人工成本为模式的资源管理、各种变更管理和风险控制，提高科研项目管理的透明化、高效化和规范化，使不同角色人员可以及时高效地掌握项目执行情况，令科研“早出成果、多出成果、出好成果”。

通过门径管理，低碳研究院领导层能够从战略高度对项目实施有效的管理。经门径评审会议立项的项目需与集团公司的战略定位一致并紧密连接，并且能够在低碳研究院的六大技术聚焦领域内清晰地定义项目目标，将创新的想法变为商业现实，助力国家能源集团实现建设具有全球竞争力的世界一流能源集团的战略目标。同时，通过门径管理能够充分利用组织资源库，支持或管理项目群，从整个组织的角度划分项目优先级，并协调多个项目，使其与低碳研究院战略目标保持一致。

（二）协调多部门共同运行，多方面共同成长

通过门径管理方法，由平台进行技术创新，为低碳研究院带来效益。具体地可以从财务、业务和员工成长三个方面进行衡量。

1.财务方面

推广了新的预算机制，将研发项目预算分为全人工成本、设备和费用三项，以优先保障重大项目预算为原则，按照一定比例，将全人工成本和费用预算分配到各平台，将设备预算分配到各中心，然后再由平台和中心进行相应的预算控制。同时制定并推行全人工成本管理及

评审打分表等机制；全人工成本预算在全院内通过项目优先级进行竞争分配，先按照一定比例进行平台项目、机动及不确定和中心项目全人工成本预算分配，并剩余10%作为竞争用的全人工。人员在项目上的工作量以及对应的全人工成本可实时地在科研项目全生命周期门径管理系统中查看。

通过项目预算与实际成本地实时比较，例如项目设备预算与实际设备花费对比、项目全人工成本预算与项目实际工时对比等，可以看出项目是否可用更低的预算和资源来按时高质量地完成，新的项目管理模式能够更合理的分配和使用研发资源，提高了各方面的研发资源利用效率。

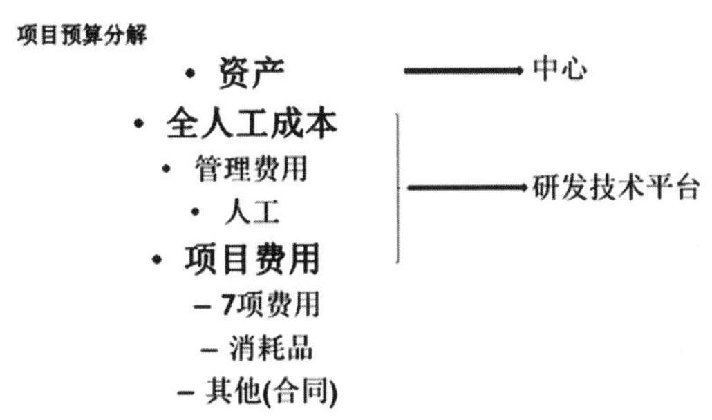

图5　新推行的预算机制

2.业务方面

通过新的科研项目管理办法，借助科研项目全生命周期门径管理系统，引进国外先进的技术门径管理理念，分阶段进行项目立项与审批，不仅可以及时让所有干系人了解项目进展，还可随时根据市场情况调整技术创新方向，与此同时也大大节省了项目成本；同时，优化与改进业务方面的流程，缩短了会议、审批时间等，也一定程度上减少了项目总成本，进而在同样的预算条件下可以批准更多的项目，尝试更多的技术创新，在低碳清洁能源方面贡献更多的力量。

3.员工成长方面

在低碳研究院内提供项目管理初级、中级和高级培训，以“掌握项目管理工具及方法”“规范低碳研究院项目管理行为”“统一低碳研究院项目管理语言”“培养内部项目管理讲师”和“提高低碳研究院项目管理水平”为目的，为员工提供了一个学习项目管理的机会。同时培养了有资质的、合格的项目管理内训师，这为低碳研究院内部项目经理团队做好了人才储备，对低碳研究院科研项目的可持续发展起到了重要作用。

与此同时，科研管理工作遵循尊重、公平和诚实的基本行为准则。科研项目管理工作以门径管理为基本模式，在工作过程中鼓励和珍视不同的观点和意见，不使用管理权力来影响他人的决定或行为，尊重他人的知识产权；在制定决策过程中体现公平性和透明性，并且需要不断地检视自身立场，保证公平和客观，适当时采取纠正措施；在沟通和行为中及时了解实际情况，以诚实的方式行事。在项目管理中树立服务意识，明确了能够为科研工作者提供的服务，通过建立项目管理体系，为低碳研究院的发展创造无形价值与效益，并充分利用科研管理办公室的沟通枢纽地位，尽可能地协调各方面的关系和资源，为项目成功提供有力的支持。此外，低碳研究院推行“3T文化”下的“RESULT”行为准则，科研管理办公室及时配合协调安健环、财务资产、人力资源、企业传播及公共关系和运营支持中心的各项工作，将科研管理工作融入低碳研究院的整体运行发展之中。

三、响应中央企业信息化工作，建立科研项目全生命周管理系统

随着门径管理模式给低碳研究院带来的变化，急需一个能够统筹低碳研究院全部科研项目、从不同层面和角度对各研发项目、项目集、项目组合进行进度跟踪、项目管理与决策支持的信息管理系统，实现对全院项目全面和实时的了解、跟进，实现项目管理的规范化、标准化、透明化。科研项目全生命周期管理系统（PPM）不仅要能够解决日常项目管理中已存在的问题，统筹管理全院的科研项目，还要将低碳研究院矩阵管理模式和业务流程、人员组织等有效地融合，能够辅助领导层，全面、多角度的提供项目、项目集和项目组合的信息，并对各种数据进行分析解读，便于领导层更好地把握低碳研究院研发重心，随时对低碳研究院的科研发展方向进行审核、纠偏，为领导决策提供有效支撑。

（一）深入分析研究，构建信息化管理思路

低碳研究院深入研究科研管理中的重要因素，以科研项目管理为主线，从组织管理模式、流程管理模式、人力资源及财务管理等全方位进行分析研究，实施构建了面向未来，满足敏捷创新科研管理的信息平台，实现从不同层面和角度对研发项目、项目集、项目组合进行有效管理。

PPM系统包括从想法到交付的科研项目全生命周期管理，包括管理决策模块、集成项目组合管理、门径管理、财务管理、资源管理、时间管理、交付物管理等模块，实现低碳研究院科研项目型组织的集成化管理，满足科研人员、项目经理、技术平台总监、研发中心主任、院领导等不同角色不同角度的管理需求，为领导实时决策提供有效支持。PPM系统的引入，提高了企业敏捷性、提升团队产能、提高项目组合可预测性以及提高项目管理的整体效率。

（二）结合实际需求，构建PPM系统关键功能

1.门径管理流程

PPM系统将门径流程管理融入系统中进行线上自动化管理，并创新性引进敏捷管理，项目申请人初步填写构思后，技术平台总监可选择跳到第二或者第三阶段的敏捷管理。

2.全人工成本管理

在PPM系统中制定低碳研究院全人工成本计算模型，能够在系统中看到项目上的人员数量、实际工时、剩余资源情况等。并对人员的全人工成本、资源利用率，应用劳动比率等数据进行汇总展示。中心主任、资源经理通过图形或报表等多个维度掌握人员的分配及使用情况，合理利用资源并提高资源利用率。

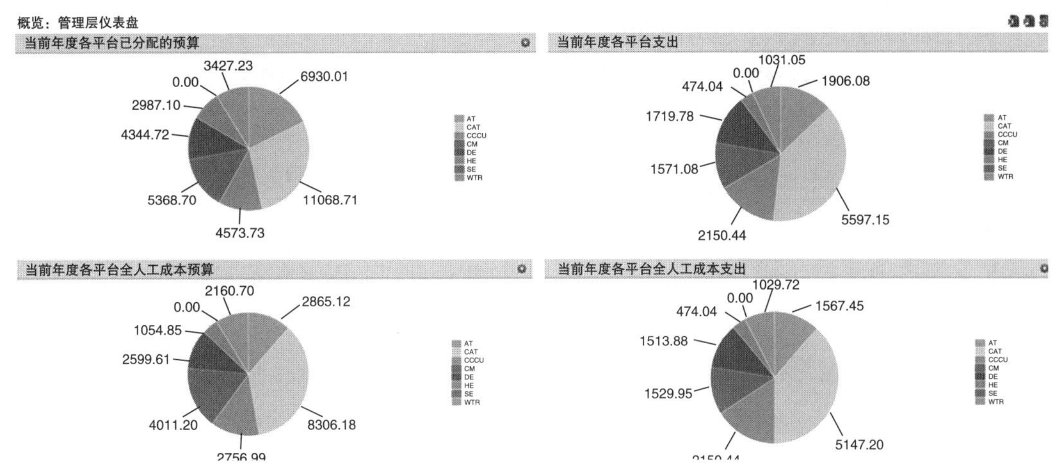

图6　全人工成本及预算花费图

3.项目组合管理

项目组合管理设计理念：对项目打分进行整体排序，可以分阶段、分平台、分领域；组合内部包括四个维度：预算、成本、风险、进度；组合对象可抓取，获取深层次详细信息；项目组合有分析水线，可以拖动，对资源的使用情况进行分析查看。

项目组合管理关注点：对于项目进行总体（全院范围）排序，分阶段、分平台、分领域排序；整体预算经费阈值把控：总体预算经费监控，包括总体已用费用，剩余预算各分项预算费用监控，包括：7项费用、人工成本；容量和需求分析：全人工成本的预算和费用跟踪；用人情况的容量和需求分析。

通过对低碳研究院内各项目项目组合管理数据的自动提取，形成多种形式的项目组合管理，并通过各类图形化视图的展示，为各级管理人员提供统一的数据展示平台，保证数据的原始性和共享性。

（三）精准定位，确立PPM系统管理实施目标。

1.管理规范化

借助规范的项目管理理念和实践经验，实现项目管理、项目组合管理、资源管理、任务管理、风险问题变更管理，工时管理等项目管理模块；为低碳研究院的项目管理从需求、创建、管理到关闭整个生命周期建立一套标准化流程，规范项目管理工作，提供高质量的服务。

2.平台统一化

通过PPM系统记录日常科研项目管理，以此为基础规范的科研管理工作，为新产品开发等相关服务提供有力技术支撑。

3.系统集成化

实现与低碳研究院现有的人力资源系统、内网门户等系统的集成，发挥信息整合和联动优势。

4.管理可视化

有效监控和分析项目管理运行的效率，产生有效的项目管理信息视图，实现对项目管理规范的不断改进和提升。

（四）助力管理模式，发掘创新视角

PPM系统的运行可以降低碳研究院的组织架构和门径项目管理模式有效融合，同时提高项目、项目组合和资源状态的可见性，使管理人员具有足够的洞察力来确保项目和资源符合组织的业务目标，有效的使用和分配资源。此外，低碳研究院一直用技术创新支持国家能源集团的核心业务，目前研发人员可随时在PPM系统中提出创新点，并由系统自动通知至领导层。这在一定程度上极大地激发了研发人员创新的积极性和主动性。PPM系统主要从以下几个方面为低碳研究院新的管理模式提供了帮助：

1.协助矩阵式组织机构降低管理风险

根据研发领域多、人员类型多的特点，2015年实施矩阵式研发组织架构，设置研发中心和技术平台，对研发人员与项目双线管理，中心与平台横向协作，资源灵活分配，更好地发挥组织协调效能。PPM系统将研发中心和技术平台有效结合，技术平台负责项目相关信息，研发中心负责资源的分配信息，项目和资源通过项目中的任务无缝地结合在一起。同时，各种可视化图表供管理层及时并准确地掌握项目、项目集、项目组合的全生命周期信息和资源分配状态。两条渠道共同管理人才及项目，信息更加透明，降低了管理风险。

2.助力门径项目管理模式的有效实施

根据矩阵式组织机构，结合近几年发展经验，实施多渠道立项、分类管理的科研管理模式。在PPM系统中，依照门径管理模式，项目立项后，分阶段和子阶段进行预算、任务、人员的管理，每个阶段均有把关者对上个阶段的交付物进行审核、验收及电子化打分，并决定是否进入下一阶段。与管理模式相对应，系统中分为重点项目、平台项目和中心项目，并且提供相应的可视化汇总表供管理层审核并决策。

3.成功运行全人工成本的资源管理模式

低碳研究院已经逐渐形成自己的企业文化和行为准则，企业的凝聚力和向心力逐步提高。低碳研究院引进了很多高学历人才，充分调动员工积极性，有效调配利用好人才资源，对低碳研究院“出成果、出人才”的推进至关重要。为了充分发挥千人计划专家的优势和专长，并充分调动员工积极性，低碳研究院全面推行“全人工成本”管理。本着提质增效的原则，通过调动员工的积极性和紧迫感，做到责任与任务落实到人，最大限度的优化人员资源配置，并已通过PPM系统成功运行。PPM系统中项目中的人工预算和人员实际填报工时可进行实时对比，此外，人员在项目上的工作量分配状态透明地展示给管理层。这在一定程度上避免了员工吃“大锅饭”局面，激发了员工工作的主动性和积极性。

4.创新积极性得到极大的激发和鼓励

低碳研究院作为国家能源集团的研发机构，又有国家级海外高层次人才创新创业基地的有利条件，致力于高效地收集研发人员的创新点并将其快速孵化。PPM系统的使用，不仅可以高效管理已立项项目，也能够协助研发人员随时将新构思或创新点及时反馈给领导层。对于符合集团及低碳研究院战略的新想法，领导层一致通过后该创新点可以很快通过PPM系统进行项目立项。这种敏捷管理方式有效地鼓励了研发人员的创新积极性。

四、科研管理机制大胆革新，管理模式探索初现成效

低碳研究院通过组织架构调整，协调多方统筹管理后，充分整合了科技创新资源，发挥了海内外多层次、多领域人才的主观能动性，同时创造性地将基于门径管理的PPM系统应用于科研项目管理工作中，管理创新的综合效益初现成效。

（一）经济效益显著

从业务方面看，近两年通过PPM系统对将近6亿的项目预算分阶段地分配至约120个项目中，通过对项目进度和成果的有效管理，保证了各类科研投入的成果产出。同时通过项目门径管理，加速结题或终止项目约31个，节省约5000万元项目经费用于聚焦新的技术方向研发。另外从财务方面看，通过将项目预算与实际花费实时比较，衡量项目是否可用更低的预算和资源来按时保质完成，及时调整项目预算，保证重要项目得到更有效支持。近两年，根据项目实际花费进行调整的直接项目经费约1500万并用于更多的新技术开发。

（二）管理提升、机制创新显著

低碳研究院作为央企研发的试验田，高端人才的聚集地，机制改革的探索者，吸引并培养了大批清洁能源领域的人才。PPM系统在低碳研究院的成功应用，促进了项目研发与人才培养的有效管理，有效支持绩效管理和机制改革，帮助建设人才能上能下、能进能出的新文化新思路。同时，通过新的科研管理机制，领导在战略决策方面获得了有效支撑。通过科研管理的信息化，将低碳研究院矩阵管理模式和业务流程、人员组织有效融合，便于领导层更好地把握低碳研究院研发重心，随时对科研发展方向进行审核、纠偏。此外，人才是科研工作发展的核心，通过建立全人工成本概念，研发人员的有效工作时间利用率大幅增加。PPM系统通过项目工时和人员职级等信息，进行人员使用率统计及全人工成本核算，及时掌握研发人员在项目上参与率，避免了“大锅饭”的情况。该系统上线后大幅增加了员工的紧迫感和责任感。

（三）科研项目成果显著

门径管理模式和科研项目全生命周期门径管理系统的结合，通过对科研项目从构思、立项、执行、验收等的透明和高效管理，项目完成率得到很大改善，项目成果显著，在煤的清洁转化利用、催化技术、煤基功能材料、水处理技术、分布式能源、氢能及应用六大聚焦领域开发出一批国内外领先的技术，尤其是SCR全生命周期解决方案、TPO管材及复合材料、交联聚乙烯、水处理系列技术、特高功率电池、智能纳电网、调频系统和高效太阳能电池等在内的一批成果正在以不同的形式进入产业化阶段。低碳研究院的科研人员和项目以及科研管理工作获得了国内外的广泛认可，例如“央企熠星创新创意大赛一等奖”“中央企业侨联优秀创新成果奖”“煤炭工业协会科学技术一等奖”“美国化学英雄奖”“全国煤炭青年科技奖”“中国滚塑大奖最佳技术专家奖”“全国粉煤灰行业杰出贡献人物”“刘源张质量技术人才奖”“PMI（中国）项目管理大奖”等等。

当然，在机制改革探索的路上也存在问题。科研管理面临的问题主要有两点，一是怎样进行科研成果转化机制的发展和完善，二是科研激励机制的导向性不够清晰。随着近两年科研

成果的显现，如何快速有效地进行成果转化成为亟须解决的问题。低碳研究院事业型研究单位的性质，为技术转化带来了操作层面上的困难。与此同时，对科研成果转化缺乏经验，加上以往几年对商业化的不够重视，技术商务团队的工作面临重重困难。低碳研究院领导层正在积极探讨各种技术商业化模式的可行性，协助技术商务团队的快速成长。同时，现有科研激励机制没有经过系统的梳理和规划，存在激励导向性不清晰，奖励没有区分度的问题。低碳研究院已经针对奖励导向性和区分度制定更系统的科研奖励方案，希望能够进一步激发研发人员的积极性。

在矩阵型组织架构结合项目门径管理的新模式下，低碳研究院的科研管理机制正在成为央企研发的试验田，相信这种紧跟时代、大胆创新的模式能够为更多的央企研发机构带来机制改革的启发。

成果创造人：徐文强、金　虹、卫　昶、刘红英、冯琦瑶、赵　蕊、郜丽娟、吕雪婷、王艳菊

电力勘察设计企业
以转型升级为目标的组织机构优化变革

中国能源建设集团江苏省电力设计院有限公司

一、电力勘察设计企业组织机构优化变革的背景

(一)顺应世界能源建设发展潮流的需要

随着全球电力消耗不断升高、新能源发电运用越来越广，发达国家电力系统更新需求增多，各国政府对智能电网的投资逐步加大，世界能源建设向着节能化、智能化发展。在这样的趋势下，能源建设模式也逐步发生着深刻的变化，以前传统的由不同企业来进行投资、设计、采购、建造、运营的方式已不能适应市场快速的需求，能够将E（设计）、P（采购）、C（建造施工）结合在一起的建设模式逐渐成为当前世界能源建设发展的趋势。这种趋势，也倒逼相关企业纷纷转型，向着融合投资、设计、采购、建设于一体的工程公司转变。在世界能源建设的这种趋势下，国内的电力勘察设计企业要“走出去”，在“一带一路”战略引领下取得业绩的突破，必须要适应这种趋势，整合内部的资源、吸取外部的经验，从此前业务单一的设计咨询型企业向着投资、EPC一体的综合型的工程公司转变，这样的转变，需要电力勘察设计企业尽快优化内部生产组织方式，变革组织机构设置。

(二)适应勘察设计行业激烈竞争的需要

随着国家经济转型和产业结构调整，我国电力工业将由高速成长期逐渐转向成熟期，电力需求的增长幅度逐年下降。电力工程投资增速放缓和电力发展方式的转变将影响电力勘察设计企业未来的市场空间，国内电力勘察设计行业产能过剩问题逐步显现。同时，国务院国资委实施了电力体制主辅分离改革，将隶属于电网公司旗下的设计企业剥离出电网企业。脱离了此前垄断保护的市场，直接进入完全市场化的竞争环境，电力勘察设计企业此前的区域保护被打破，相互间的竞争态势逐渐升级。在这样的环境之下，伴随着改革的进程，电力勘察设计行业市场化程度愈来愈高，必须尽快适应市场、提升企业的综合实力，向着综合性的工程公司转变，才能在新环境中生存并进一步发展。

(三)实现企业转型升级战略目标的需要

江苏院面对世界能源建设模式的转变，面对电力勘察设计行业的激烈竞争，需要完成自身的转型升级，通过组织机构的优化变革、管理模式的改革创新，实现企业的突破和发展。而当时的江苏院存在经营与生产脱节、设计与总包脱节、考核与激励脱节等问题，首当其冲的就是管理模式、组织机构与转型升级为“具有国际竞争力的工程公司”的战略目标不相符合，

突出表现在工程总承包生产组织不顺畅，经营责任高度集中，全员营销难以落地，激励政策模糊、导向不顺等方面，改革管理模式，激发组织活力，是江苏院实现跨越发展的关键。同时，江苏院的上级主管部门中国能源建设集团自2011年成立以来，为了在强手如林的建筑类央企中取得突破，制定了快速进入世界500强的目标，江苏院作为其重要的下属骨干企业，也必须取得营业收入的突破和飞越,助力集团公司战略目标的实现。

二、电力勘察设计企业组织机构优化变革的内涵和主要做法

江苏院在明确组织机构优化变革的思路和原则的基础上，通过生产经营的一体化，增强了企业内部市场开发的活力，各项经营指标明显提升；通过设计总包的一体化，提升了企业项目管理的管控能力，真正发挥了以设计为龙头的总承包建设的优势；通过考核激励一体化，将生产经营效果与分公司整体绩效奖励有机结合，提升了各分公司进行市场开发和成本控制的积极性。

主要做法如下：

（一）制定战略目标，明确优化变革原则

随着企业竞争环境的日益动态化，现代企业战略分析理论逐渐由静态分析方法转向了动态分析方法，除了运用SWOT、波特五力模型等手段对企业面临的静态环境进行分析外，更加注重对企业资源要素，特别是对企业战略与组织结构之间的影响进行分析。

当前的勘察设计市场竞争环境非常激烈，各类政策、市场环境、企业机制等要素变化很快，因此江苏院在制定2013–2015年战略规划时，有效运用了“结构跟随战略”的方法，将企业的战略目标与解决组织结构的问题进行了结合与分析，提出：要进一步研究组织机构的调整，分析设计企业向工程公司过渡的组织机构形式，规划科学的组织架构，合理配置资源，以适应“科技型、管理型、现代化”工程公司发展的需要。通过对业务流程仔细梳理，江苏院明确了组织机构优化变革的方向，即通过对组织机构设置的调整、项目管理模式的优化，着重解决经营与生产脱节、设计与总包脱节、考核与激励脱节的三大问题，从而实现向“科技型、管理型、现代化”工程公司转型升级的战略目标。

在明确了战略目标的基础上，江苏院明确了此次组织机构优化变革的主要原则：在合理分工和管控的基础上，各部门加强协作与配合，在优化变革工作中做到集权与分权相结合、稳定和适应相结合，确保各项工作顺利开展，稳定有序地完成了组织机构优化变革工作，并通过变革达到扩大业务范围，提高公司效益的效果。

（二）确定调整方案，找准优化变革方向

组织机构设置的调整是整个组织机构优化变革工作的核心，调整生产关系以适应生产力的发展，建立最优的内部组织机构体系，才能顺利推动管理模式的变革，才能真正落实向具有国际竞争力工程公司转型升级的目标。

1.成立专门机构，加强组织领导

江苏院的组织机构优化工作作为一项“量身定制”的工作，充满了企业自身个性化的分析和需求，因此，江苏院从确定了优化思路以后便决定由企业内部力量来组织调研、分析和实

施。与此同时，为了加强组织领导和协调组织机构优化的各项工作，江苏院专门成立了由董事长担任组长、所有领导班子成员均为成员的机构改革领导小组，以及副总经济师为组长，相关职能部门主任为成员的机构改革协调工作组。其中，领导小组的职责为负责领导公司组织机构改革各项工作，审议相关方案，裁定各协调事项；协调工作组的职责为在机构改革领导小组的领导下，具体负责协调和处理机构改革过程中的有关事项。

2.深入研讨论证，寻求最优方案

协调工作组经过深入研究与广泛调研，初步确定了三种机构设置结构：综合部模式、分公司模式和专业部模式（矩阵式管理）。

综合部模式是国内传统勘察设计企业通用的模式，设置职能部（包括办公、人资、财务、经营等）和生产综合部（包括该业务涉及的各个专业）。该模式适用于业务来源相对稳定饱和的情况，以完成任务为主要目标。

分公司模式是企业为应对不断变化的环境而划小经营生产单元的常用方式，设置职能部（包括办公、人资、财务等）和分公司（包括业务市场开发和生产组织）。该模式适用于市场空间大、竞争激烈的情况，是企业走向国际化的典型模式，有利于企业快速做大规模。

专业部模式是国际上通用的项目矩阵式管理，设置职能部（包括办公、人资、财务、经营等）、项目管理部和各专业部。该模式适用企业规模较大，业务领域较为集中，各个业务间有较大的相关性，即各业务之间技术、人才等资源重合度较高的情况，但企业层面在市场资源、技术资源、财务资源整合上必须有较强的能力，通过技术品牌整合资源开拓市场。

国内传统勘察设计企业大多为综合部模式，随着业务的扩张，企业转型方向主要为：经营生产一体化的分公司模式和矩阵式管理的工程公司模式（专业部模式）。通过对这两个主流模式进行分析，结合江苏院的实际情况和战略定位，工作组提出2个方案，其中方案A为分公司模式、方案B为专业部模式。

方案A：

（1）调整职能部，成立企业发展部，专注于企业战略、投融资和业绩考核。科技、信息、安质环的职能作局部调整。撤销物资部，保留招标中心（挂靠市场管理部），物资合同签订、合同执行等下放各分公司。

（2）组建分公司，将经营权完全下放到各分公司，生产经营一体化；撤销工程总承包部，将总包业务划入各分公司，设计总包一体化。

方案B：

（1）调整职能部，成立企业发展部，专注于企业战略、投融资和业绩考核。科技、信息、安质环的职能作局部调整。经营权集中在公司市场开发部和国际业务部。

（2）重组生产部门，撤销工程总承包部，电源业务采用专业部制，输变电、新能源、勘测等短平快的业务采用综合部制，设立矩阵式和综合部制相结合的结构。

对两个方案进行比选研究，由于职能部设置差异不大，重点比选市场开发和总包生产组织两个关键要素，如下表所示。

表1 方案比选表

分类		方案A（分公司模式）	方案B（专业部模式）
市场开发	优点	经营的权责下发，传递经营压力，有效化解生产与经营的矛盾	集中营销，利于开发大型项目
	缺点	营销资源分散	经营部门的压力大，不利于全面市场开发。生产与经营的矛盾难以化解
EPC生产	优点	总包与设计由分公司一体化运作，指挥有力、管理协同，能发挥设计龙头作用，可降低管理成本	生产部门按照矩阵式管理，利于资源调配，强化项目经理负责制
	缺点	项目管理队伍分散，项目管理能力短期内有所削弱，需要加强培养	生产部门按照项目管理和专业部设置，内部协调和协作的工作加大，难以及时有效应对外部变化。对短平快的输变电、新能源项目的生产组织影响较大

通过分析，结合江苏院的实际情况，并通过职工代表大会的一致评议，最终确定选用方案A。该方案采用分公司模式，生产经营一体化，总包设计一体化，全员营销，快速响应，便于开发市场，化解生产组织与市场开发的矛盾、总包与设计的矛盾，同时，优化了职能部职责配置，适应分公司管理需要。

（三）开展机构调整，夯实优化变革基础

1.组织实施开展，落实调整方案

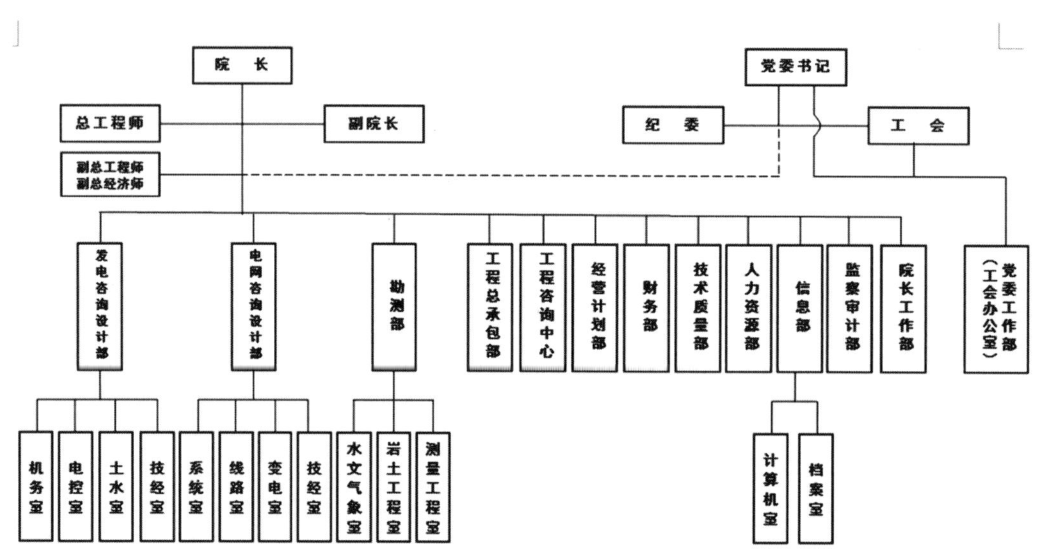

图1 旧组织机构图

科学有效地组织好机构调整的实施工作，是实现调整方案目标的基础。江苏院在正式组织实施机构调整之前，充分研究并强调了近代组织理论中关于“人”的因素以及权变管理的核心思想。工作组按照现代组织理论的这种核心思想将企业所有的业务流程和管理流程按照“战略决策、生产经营、资源保障、监督改进”四大部分进行分割和梳理，一方面充分考虑“人”

的因素，将江苏院此时较为薄弱的市场开发能力、项目管理能力进行分权，通过适当的分权，调动“人”的积极性，促进这些能力的提升，同时通过一定的考核激励来实现保障功能；另一方面，充分考虑权变管理，对于急需解决的设计业务与总包业务整合的问题，设置总部管理和分权管理两条线，通过总部管理来保障总包项目的流程合规、质量可控，通过分权管理来实现设计业务与总包业务的有效结合，提高总包管理效率，提升相关能力。根据这样的理论思想，江苏院确定了生产经营一体化、设计总包一体化、考核激励一体化的组织机构设置指导思想，将功能和机构进行了重新地排列组合，按照此前确定的分公司制的调整方案，组织实施了具体的调整工作。

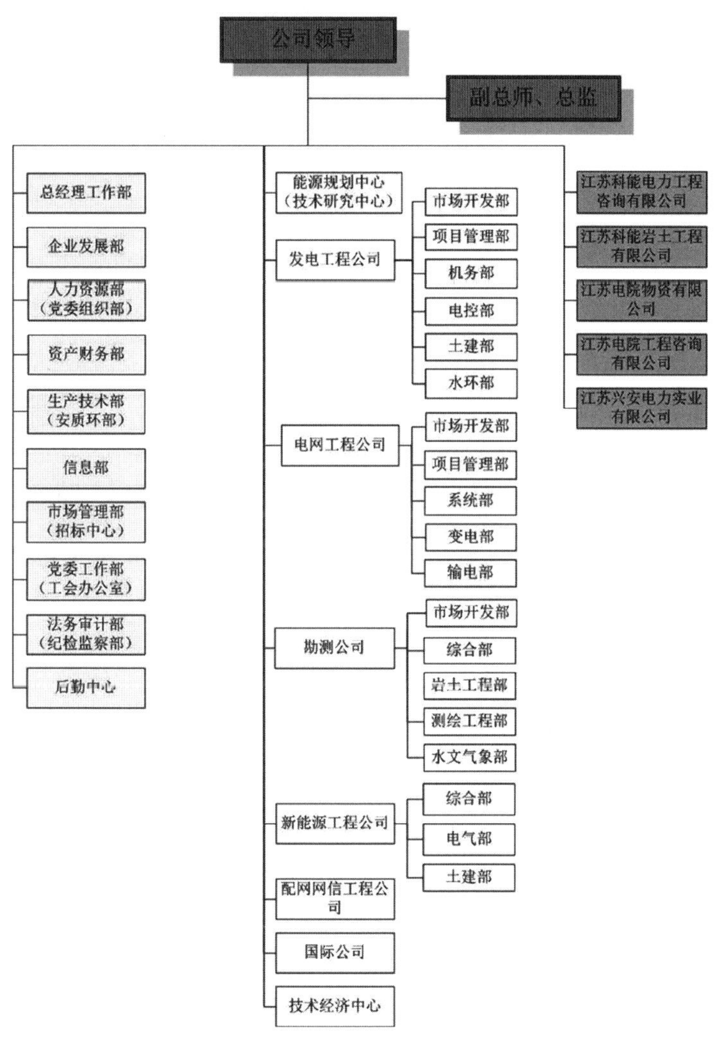

图2 新组织机构设置图

具体的调整工作主要包括以下内容：将此前作为事业部门的发电部、电网部、勘测部、新能源部等部门全部改为分公司，独立核算与考核，同时撤销了此前掌握经营职能的经营计划部，将经营职能分散至各个分公司中，通过此项改变，实现了经营生产一体化；撤销了此前归口公司总包建设业务的工程总承包部，将部门内的项目管理人员安排至各个分公司，由分公司自行开展总承包业务，通过此项改变，实现了设计总包一体化；成立企业发展部，归口管理体制改革、计划统计管理、绩效管理等业务，通过这一设置，实现了考核激励一体化。

经过调整，主要变动机构的职责如下：

表2 主要变动机构职责

序号	部门	主要职责
1	企业发展部	战略管理、体制改革、组织绩效管理、对标管理、计划管理、综合统计、资质管理、投资管理、标准化等。
2	市场管理部（招标中心）	国内业务经营协调、市场监督、合同管理、招标管理、各办事处管理等
3	各分公司	◆国内工程咨询设计、总承包的市场营销、合同执行等； ◆配合国际业务的市场营销，负责该业务合同执行； ◆围绕本公司核心资源的非电业务的市场营销、合同执行等。
4	国际分公司	◆国际工程咨询设计、总承包的市场营销、前期咨询、投标和合同签订、国际业务总承包工程采购贸易等； ◆协助国际业务合同执行。

2.改进项目管理，推动业务改进

江苏院开展组织机构优化变革的重要目的是顺利实现由设计企业向工程公司的转型，而工程公司支柱业务是工程总承包业务，因此，在开展组织机构设置调整的同时，对项目管理模式也进行了优化。

目前主流的总包项目管理模式有四种：总承包项目管理部模式、总承包事业部模式、总承包事业管理部模式和总承包管理部模式（PMO）。江苏院的总承包项目管理组织模式此前经历了两个阶段：2006-2008年，为总承包项目管理部模式，集中全企业力量办理专项的总包业务，设计业务与总包业务并行管理；2008-2014年，为总承包事业部模式，有专门的、功能完整的总包业务部门，其他设计部门提供技术支持，不负责总包业务实施。

由于江苏院在由设计企业向工程公司转型的过程中，承接的总承包业务越来越多，工程总承包部不论是业务能力，还是人力资源已远远跟不上要求。因此，组织机构优化协调组根据江苏院总包业务发展的阶段，结合此次组织机构调整后撤销了工程总承包部，将工程总承包职能分散至各个分公司的实际情况，决定选用总承包管理部模式（PMO）作为江苏院总包业务的主要开展模式，通过三级管理的方式来解决设计总包一体化的问题。

图3 总包项目三级管理结构图

总包项目三级管理的构想可以通过两个步骤予以实现：第一步是总包设计一体化管理，即将将总包项目实施归入各分公司，由各分公司负责总包项目的市场营销和合同执行；第二步是在分公司内部再实行小矩阵管理，即在各分公司内部成立项目管理部和专业部，按照矩阵式管理模式，项目经理负责制，实施工程管理、控制管理、安质环管理等。通过两个步骤，实现了总承包项目经营期、建设期一体化的管理，优化了总承包项目管理流程，提升效率。

（四）修编管理制度，做好优化变革保障

1.梳理业务范围和流程，做好调整工作衔接

在完成了新的组织机构设置后，为了做好各项工作的衔接，确保相关业务版块能够快速地开展新的业务，组织机构优化协调组在制定机构调整方案时，同时编制完成了一系列的配套文件以及主要业务流程设计，在正式公布组织机构调整方案后立即发布。针对各分公司的生产、经营及行政等工作事项编制了《分公司经营活动及行政办公授权》《分公司业务范围划分》《分公司间合同划分及内部交易定价》《分公司经营指标说明》，以明确各分公司的办公授权、业务范围、合同划分、经营指标等事宜；编制了《一级薪酬分配暂行办法》《二、三级薪酬分配指导意见》以指导企业各级薪酬分配；针对考核问题编制了《考核指标及其评价内容》；此外针对历史遗留合同的问题编制了《历史遗留合同的划分界定》。针对企业主要业务编制了《生产管理流程》《合同管理流程》《工程项目总承包投标决策及报价商议流程》《科技项目管理流程》《内部物资和服务采购流程》《总承包工程物资采购流程》《总承包工程分包采购流程》等流程设计文件。

通过发布一系列的配套文件和主要业务流程设计，保障了江苏院在正式完成组织机构调整后，各项业务能够顺利衔接，特别是对各个事业部门成为分公司后，面临指标和考核的压力，如何开展营销活动、如何进行生产组织、如何进行营收划分、如何推动考核激励等核心工作，起到了指引作用。

2.修编管理标准和制度，提供调整工作支撑

新的组织机构开始运行后，短时间内出现了一些管理职责不明确、管理流程不清晰、管理要求难以落实的状况，对企业的生产经营及风险管控工作造成了不利影响，针对这一情况，各分公司、职能部门迅速对相关标准和制度进行梳理，启动新一轮标准化修编工作，以适应新组织机构运行的要求。

为了全力保障组织机构优化工作的正常开展，此次管理标准的修编活动采用了签订责任书的形式，将该项修编活动成果直接列入对各部门、分公司的年终考核指标中。经过半年的修编活动，共完成了388本标准的新编、修编，保障了企业组织机构调整后，各项业务按照要求顺利开展。

（五）完善考核分配方案，提升优化变革动力

实现了组织机构的调整，厘清了总包项目管理模式，从根本上解决了经营生产一体化和设计总包一体化的问题，若要保障以上两个一体化能够顺利运行，获得效益，则需要真正实现考核激励一体化。

由于此次组织机构优化变革后，更加注重对各个分公司在市场开发能力、总包组织能力

和成本控制能力方面潜力的释放，因此江苏院决定尽量加大各个分公司的自主性，对其开展考核依据关键绩效指标（KPI）来开展，按照“二八原则”梳理出企业最为关心的核心目标以及对各分公司提出的核心要求，抓住考核主体。按照这样的核心思想，通过对企业战略目标进行分解、对绩效可控部分进行衡量两大步骤。将二级机构分为经营性和功能性两大类别，并设置了不同的考核指标，具体设置见图4：

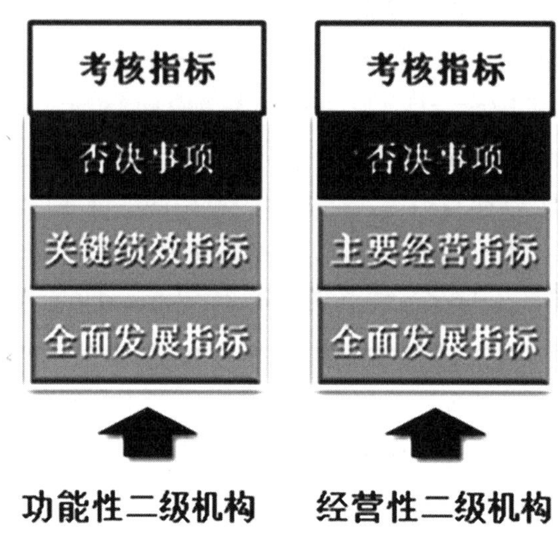

图4　江苏院考核指标体系

对于功能性二级机构，否决事项主要包括安全、违纪、重大投诉等事项；关键绩效指标则是按照各个部门职能的不同，将其主要的业务转变成考核目标；全面发展指标包括队伍建设、信息化、党群工作等事项。

对于经营性二级机构，否决事项与职能板块相同，经营指标则是很明确地设置为新签合同额、合同收费额、营业收入、利润四个指标；全面发展指标在职能板块的基础上，增加了产品与服务质量、技术提升两个指标。

在完善薪酬分配方面:新的业绩考核方案的设置，实现了企业对部门/分公司考核激励的一体化，但部门/分公司若要实现公司的考核目标，必须将各项业务优化配置到每个员工，并对员工做好考核激励一体化工作。机构调整协调组在优化了业绩考核方案的设置后，紧接着便开始了薪酬分配方案的优化。此次薪酬分配优化的思路主要包括两个方面：一是做好“一级分配”，就是根据集团工资总额预算管理的要求，对各分公司实行工资总额预算管理，其中职能部根据部门职级总数和分公司平均水平确定分配量；二是做好“二、三级分配”，即员工工资采用“基本工资+考核浮动”的结构。

（六）升级信息管理平台，确保优化变革运转

根据优化变革后的组织机构、人员安排、业务范围、工作流程、管理制度、绩效分配等方面的调整，江苏院迅速开启了配套升级改造公司信息化综合管理平台（以下简称MIS系统）的工作，从而保障优化变革后各类业务能够顺利运转。MIS系统此次升级改造主要包括以下内容：

在设计业务MIS调整方面：此次组织机构优化变革后，各事业部门改为分公司，但传统的设计业务开展模式变化并不大，因此，设计业务MIS系统在生产流程方面主要是开展了大量的数据迁移工作，共完成电子文件迁移数万项。由于事业部改为分公司后，需要对其进行独立的核算和考核，因此，在MIS系统中开发了产值管理与分配系统，从而保障了考核数据的准确性与有效性。

在工程总承包项目管理系统（PIP）方面：由于此次机构调整后，将此前集中管理的总包业务拆分至各个分公司中，因此MIS中的PIP系统相应进行了调整。通过设置总包业务公司/分公司分级管理的功能，完成了流程表单、角色名称职能的调整，完成适应新总包业务管理模式的改造；同时进一步增强了财务管理功能，包括资金计划、保函登记、开票登记等。

在职能管理MIS调整方面：针对人资管理系统完成了薪酬管理模块的完善开发和投用；持续优化财务管理NC系统，根据公司组织机构和流程的调整，完善预算、报销管理功能；根据江苏院新组织结构调整和科技项目管理模式的变更，制定了科技项目管理系统2.0升级改造方案，开展2.0系统的升级开发；完善此前的知识管理系统，从而完成职能门户框架搭建，便于各类标准规定的查找和应用；针对采购管理职能的整合，结合新版合同管理办法和领导授权，完成了采购管理和招标管理系统的调整；同时，针对调整后的部门、分公司，以及新成立的部门，分别建立了部门网站。

通过对信息管理平台一系列的调整和优化，确保了组织机构调整后，各项业务能够在信息管理平台中顺利运行。

（七）创新企业文化内涵，保障优化变革稳定

江苏院此次的组织机构变革和管理模式优化的牵涉面广、影响人员数量多，因此在开展优化变革的同时，通过开展多项企业文化活动，践行江苏院长久以来“和合、务实、创新、为民”的核心价值观，“以人为本”的理念，使广大员工理解此次改革的必要性和重要性，并协助企业共同完成转型升级之路，实现“现代工程公司，时尚美好家园”的共同愿景。

江苏院在开展组织机构优化变革的同时，以文化为引领，教育为根本，致力于职工思想道德建设，创建了“聚焦一项品牌、打造两大平台、服务三类群体、坚持四方联动、着力五种方式”的特色化“道德讲堂”，为企业发展注入了强劲的推力；以“勤于当下，赢在未来”为主题，针对广大青年员工尤其是新员工开展了“青年大学堂”活动，建造了凝聚青年骨干、培育青年精英的基地，提高青年员工综合素质和业务能力，增强团队战斗力和企业凝聚力；通过丰富多彩的文体活动，活跃了职工的业余文化生活，增进了员工间彼此间的交流和沟通，营造了“快乐工作、健康生活”的内部氛围，从而对企业发展有了更强的认同感。

在做好凝心聚力企业文化创建的同时，江苏院十分重视宣传引导工作。通过网站、微信等现代化信息手段，定期向员工公开组织机构优化变革的进展情况，做到企务公开、信息透明；通过召开职工代表大会的机会，向全体职工进行公司“十三五”战略规划的宣讲，使职工能够感受到来自市场的压力、能够了解公司转型升级的目标。

通过一系列企业文化活动的开展和企业文化品牌的创建，有效凝聚了人心；通过对企业“十三五”战略规划的详细说明和宣讲，使广大职工深刻体会到了开展组织机构优化变革的

意义。江苏院“以人为本”企业文化理念的践行，成为此次组织机构优化变革顺利开展的重要保障和支撑。

（八）保持动态总结调整，促进优化变革完善

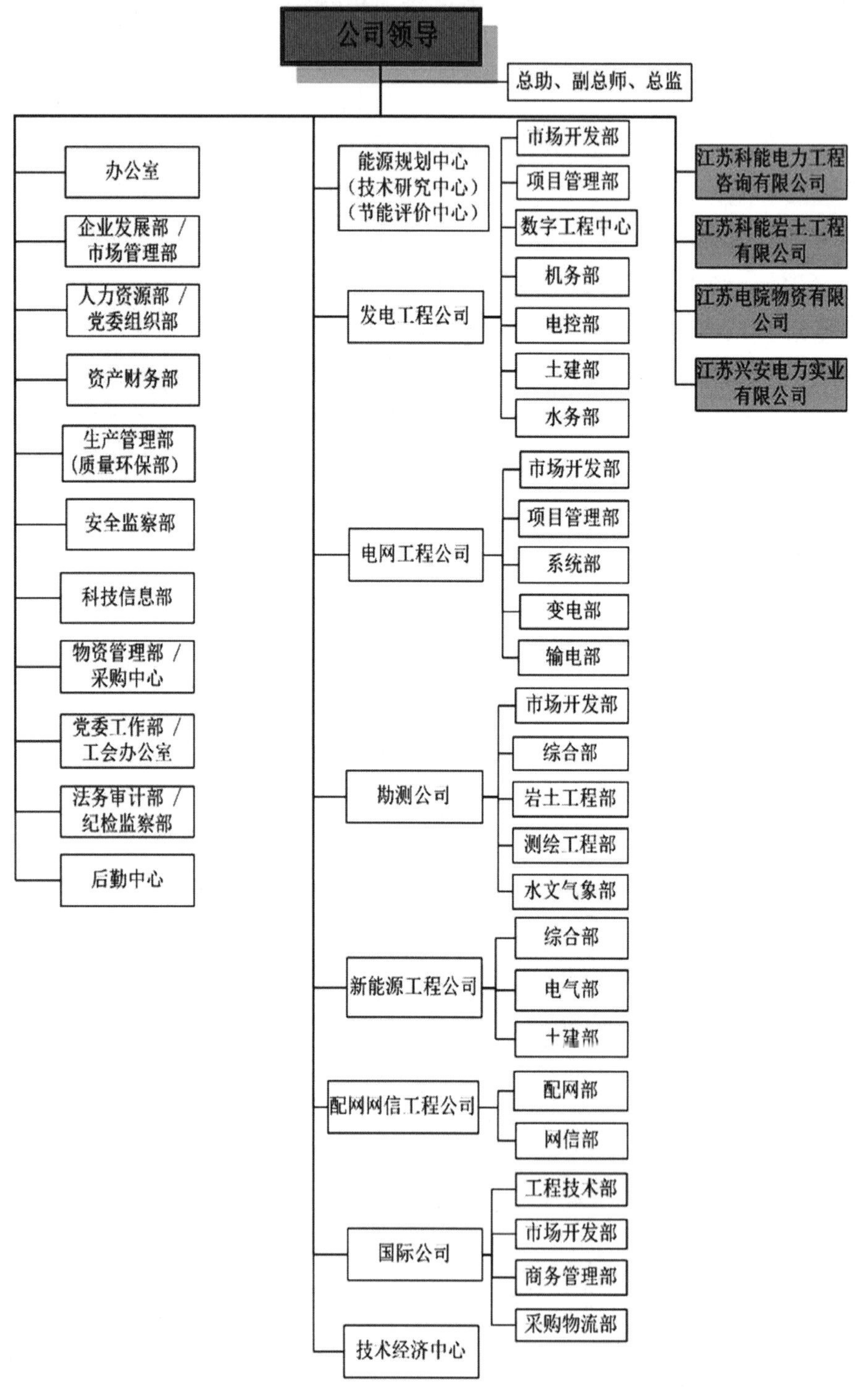

图5　2017年进一步优化后的组织机构

2017年，江苏院开展了组织机构调整“回头看”活动，对新的组织机构运行情况进行阶段性的后评价和考核。通过核算经济指标、各级领导和员工的访谈等方式可以发现，公司基本实现了“生产经营一体化”“设计总包一体化”和“考核激励一体化”等预定的阶段目标。经过外部调研和内部征求意见，最终研究决定对组织机构进行进一步优化调整如下：

成立安全监察部，负责企业安全生产管理；成立科技信息部，撤销信息部；成立生产管理部（质量环保部），撤销生产技术部（安质环部）,原“生产技术部（安质环部）”的安全生产管理和科技管理职能分别划入新成立的安全监察部和科技信息部；成立物资管理部（采购中心），负责公司物资归口管理、集中采购和招标管理工作，撤销招标中心；市场管理部调整为与企业发展部合署办公；成立办公室，撤销总经理工作部。调整后的组织机构图如图5所示。

通过开展组织机构优化“回头看”活动，总结了组织机构优化的阶段性成果和经验，同时及时的发现了运行不顺畅的地方并予以纠正，保障了组织机构不断完善，实现了优化活动的闭环管理。

三、电力勘察设计企业组织机构优化变革的实施效果

（一）企业经济效益稳步提升

经过组织机构的优化变革，企业的主要生产经营指标实现了飞跃式的增长，2014~2017年营业收入年均增长16.06%，利润总额年均增长12.66%；新签合同额、全员劳动生产率等指标也有明显提升。

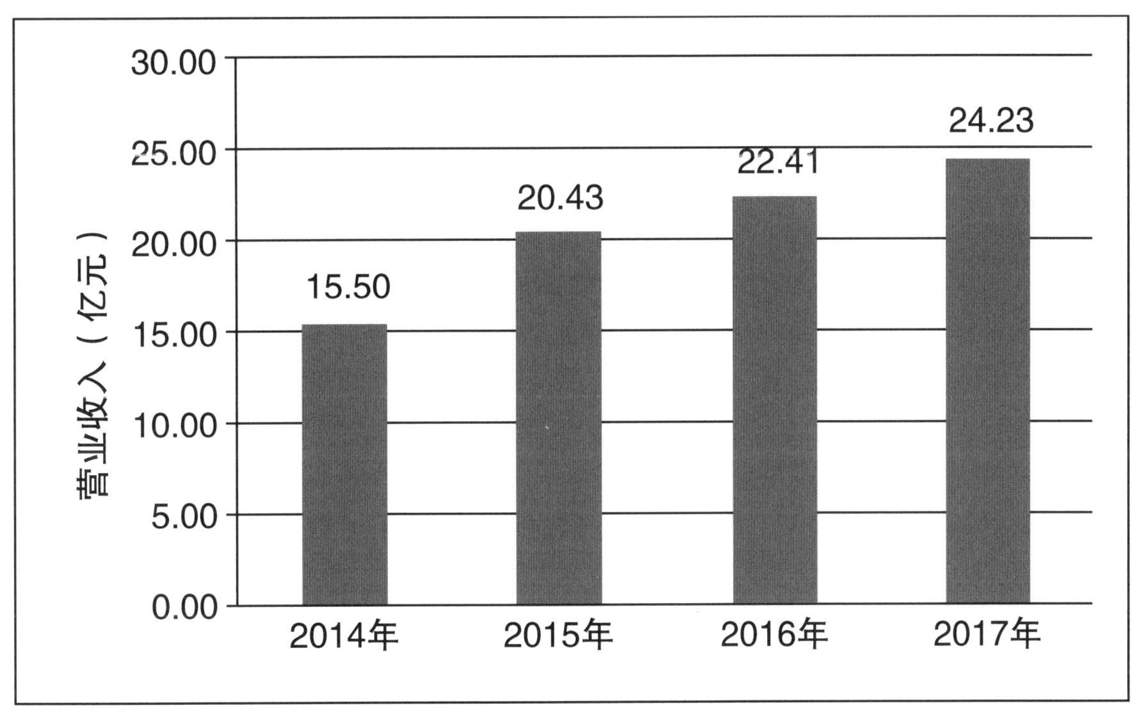

图6　2014~2017年营业收入对比图

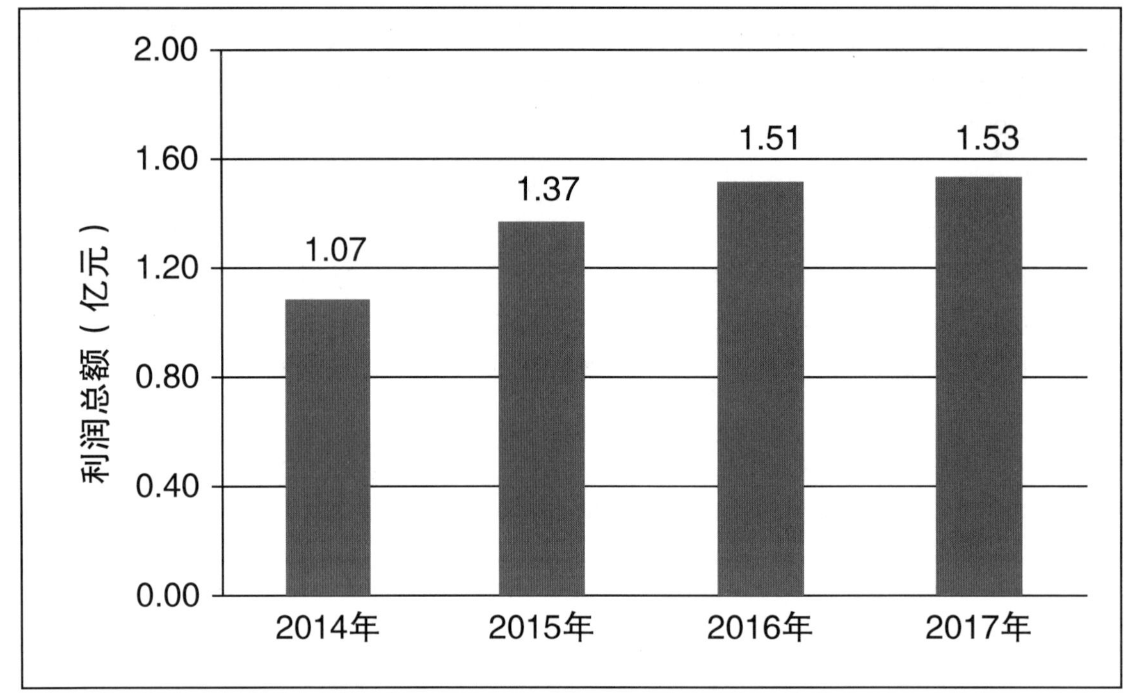

图7　2014~2017年利润总额对比图

（二）企业综合管理水平显著提高

市场开发效果显著：事业部门改为各分公司运作后，面临指标考核的压力，在做好传统业务的基础上，更加重视市场开发，加大了市场开发人员的投入，市场营销更加积极主动，工作更加深入更加聚焦，市场开拓取得了明显效果；同时，营销资源的分拆配置，也使得各分公司有能力开展市场开发工作。

成本管控能力增强：对各分公司进行考核的指标中，利润指标占据较大比重，因此各分公司较此前的事业部时，更加注重对自身成本费用的控制。组织机构优化变革后，企业的主要管理成本得到压降，各类应收款项及保证金清理工作更加有效。

项目管理水平提高：通过对项目管理模式的优化，总部层面建立的项目管理中心，组织开展了各类项目管理制度建设、流程梳理、监督改进工作，提升了项目管理的管控能力；在分公司层面，由于设计业务与项目管理得到有机结合，真正发挥了以设计为龙头的总承包建设的优势，各类总包项目的建设成本得到有效控制。

（三）企业综合实力明显增强

通过组织机构的优化变革，江苏院科技研发、市场运营和生产组织能力都得到了激发和创新，近三年获得各类科技奖21项、工程咨询奖125项（其中国家级11项），在省级设计企业中名列前茅；连续获得ENR/建筑时报中国工程设计企业60强、全国勘察设计行业工程项目管理和工程总承包完成额排名百强、江苏省勘察设计企业综合实力排序第一名、全国电力行业实施卓越绩效模式先进企业等荣誉。2017年，江苏院更是荣获第五届“全国文明单位”荣誉称号，这是组织机构优化调整后，对于企业综合实力提升的有力证明。

（四）社会效益及推广意义显著

江苏院将科技创新和产业发展相结合，通过总包模式的推广，提升了电力行业发展效率，通过大力推进清洁能源发电、节能减排等领域的项目建设，有效减少了环境污染，具有显著的环境效益与社会效益。

江苏院开展的组织机构优化变革活动，本身也具有一定的示范和推广效应。由于此次组织机构优化变革是在认真分析了勘察设计行业所面临的趋势、总结了勘察设计行业普遍运行规律的基础上开展的，因此对于国内具有一定规模的勘察设计企业均有推广意义，江苏院组织机构优化变革后，已有多家国内知名的电力行业及其他行业的勘察设计企业前来调研和学习。

成果创造人：蔡升华、李　刚

对我国啤酒行业现状及其发展趋势的分析与展望

《酒·饮料技术装备》杂志社

近年，我国社会持续发展进步。在蓬勃发展的大背景之下，啤酒行业在产量、装备、会展等方面实现了骄人的业绩。但是相比一些发达国家，在行业集团化、工厂大型化、设备高效化、精酿繁荣化发展等方面，还有一定差距。我国有巨大的人口基数，加之日新月异的社会进步，如果充分发挥后发优势，把握第四次技术革命机遇，在产量大国的基础上，定能稳步建成全球啤酒业强国。

一、我国啤酒行业的发展现状

（一）规模产量

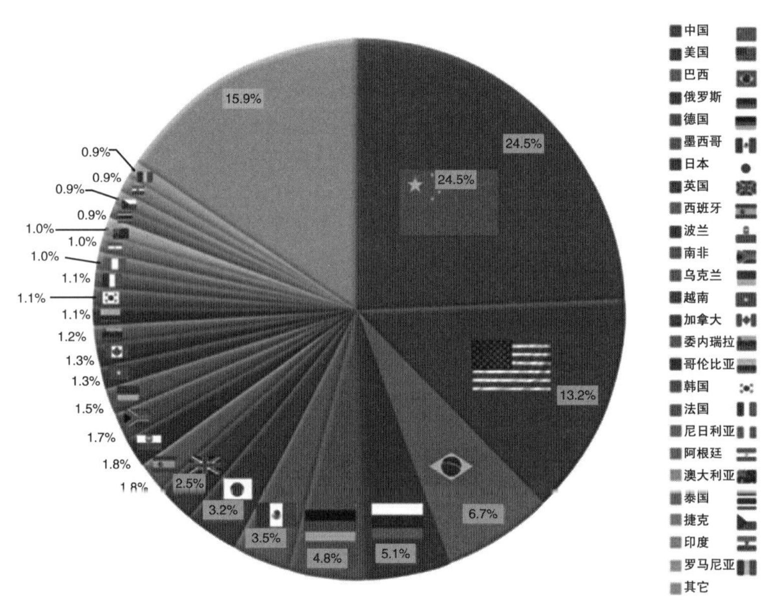

图1 世界各国啤酒产量占比示意图

2017年我国全行业规模以上企业产量约4600万吨，销售收入约1800亿，利润约130亿。取得如此成绩，实属不易。1900俄罗斯人在哈尔滨建立首个啤酒厂，1903年德国人在青岛建了一个，这是啤酒生产在中国的开始，此时欧洲已经有了几百年的啤酒酿造历史和大批企业。至1949年，再加上烟台、广州、北京等地，全国一共有小啤酒厂七八个，全年合计产量7千多吨。全国平均下来，每人只消费十多克，不到一小口，几乎可以忽略不计。新中国成立后，引进了一些技术、培养了一批人才、建设了若干工厂，但是发展缓慢，到1978年产量才41万吨。

之后乘改革的春风，迅猛发展，1988年全国业界规模以上企业产量650万吨，在美国、德国之后，位列第三。1992年突破1000万吨，超过德国。2002年以2400万吨成为全球第一，树立了一座新的里程碑。随后几年仍保持较高发展速度，直到达到并稳定在这几年的4500至5000万吨，已经把产量第二名的美国远远地甩在后面。

（二）装备制造

改革之初，我国业界的设备制造能力几乎空白。各类设备几乎都要进口，一批拆卸自日本、德国甚至东欧的已经使用多年的二手设备都大受欢迎。业界企业从测绘、仿制轴套、垫条等最简单技术起步，装配组件，进而组装简单的设备，发展到现在的几乎全产业链的自主研发、制造。高速灌装、在线检测，这两块技术短板，这几年也明显补上。诞生并崛起了一批优秀企业，达到数亿元的销售收入，最大的几家已经上市，并发展到10亿元的销售收入。精酿设备已经达到全球先进水平。国产设备已经基本替代了进口，并以较高的性价比，拉开了大量出口的序幕。

相反，美国由于产业空心化，早在20世纪80、90年代就退出啤酒装备领域。受我国企业竞争压力，一批欧洲、日本企业逐步萎缩并退出国际市场。另外，因市场潜力等因素吸引，全球重点企业基本上都在中国或独立或联合设立了工厂，从事修配服务，组件组装，到一些种类的整机生产，不断加大加重在中国的业务。

取得巨大成绩的同时也要看到，阀门、传感器、电器组件等基础件，质量不如国外品牌。创新能力、综合实力，与克朗斯、KHS等全球顶尖企业还有较大差距。

（三）装备集群

装备制造能力突飞猛进的同时，产业集群化趋势明显。安徽绩溪的链条、链板，河北景县、山东德州的塑料配件，浙江杭州的过滤设备和滤材，浙江温州的泵、阀、管、管件，浙江象山、山东济南的糖化、发酵和精酿设备，江苏南京、广东广州的灌装设备及配件，占有很大的比重。这些地区已经形成明显的产业集群，有十几家、 几十家相关企业聚集，发挥了明显的协同效应。

（四）设备展会

1995年，中国国际酒、饮料制造技术及设备展览会（CBB）在北京应运而生，展商120家，面积6000平方米。我国啤酒和技术行业有了专业展会和大型国际交流平台，从此技术进步明显提速。展会每两年一届，展览面积以每届近1万平方米的速度增长，展商及观众数量等指标也同步增长。为便于比较集中于江浙等经济核心地带一带的展商，从2016起移至上海新博览中心。2018年已发展成9万平方米、30个国家的展商900家、70个国家观众6万人次的全球业界第二大展会。虽然第一大展会慕尼黑drinktec历史悠久，有很强的影响力，但是规模多年没有明显增长，大体稳定在13万平方米。二者的差距，越来越小，我们还需10至15年，即可赶超。

（五）协会院所

中国酒业协会啤酒分会、中国食品工业协会啤酒专业委员会、北京大学、清华大学核能物理研究所、江南大学、山东齐鲁工业大学中德啤酒技术中心、湖北轻工职业技术学院中德啤酒学院，中科院生物研究所、中国食品发酵工业研究院、中国计量科学院、北京轻工设计院，大型集团的国家技术中心等一批相关机构、院所，对调查、研究，数据统计、发布，论坛、座谈、研讨，培训、教育、资格鉴定，品鉴、评奖，理论研究、技术交流等，做了大量卓有成效的工作。发表了一批高水平的研究成果。每年大批学生毕业，加入到我国业界。

（六）技术杂志

虽然纸质媒体整体形势不乐观，多家国际同行业杂志停刊，但是《酒·饮料技术装备》（中国联合装备集团有限公司主办）、《啤酒科技》（中国酒业协会主办）、《中国啤酒》（中国食品工业协会啤酒专业委员会主办）、《今日啤酒》（广东啤酒协会主办）、《啤酒酿造》（山东啤酒协会主办）等杂志，多年来以深度的分析、前沿的技术获得业界赞誉，为推动中国业界进步和中外技术交流做出了应有贡献。但是原创投稿来源不够广泛，质量有待提高，采访地基本局限在国内，与德国《BRAUWELT》等知名杂志的国际性影响力相比，还有一定差距。

（七）原料基地

近年，新疆、曲蒙古古等地的大麦、酒花等原料基地建设，成效显著。但规模化和效率方面，还需要向美国的同行借鉴学习。以美国华盛顿州亚基玛酒花公司为例，公司是三四十个农场的联合体。其中一个私人酒花农场占地7000亩，年产酒花6000多吨。正式员工只有十多个，最忙的时候需再雇两百多个临时工即可。采选、烘烤、打包等均为机械化，近期又投资2000万美金更新了全部主要设备。亚基玛酒花工厂将旗下各农场的酒花制成各种成品，销往全球。

（八）降耗减排

欧美日等西方国家，市场久已饱和，所以大量精力注意于降耗节能，因环保要求高，也非常重视减排。粮、煤、水、电等降耗，酵母、二氧化碳、热能、沼气、废水、冷凝水、炉渣、酒糟、瓶渣等回收再利用方面水平非常高，有些已经做到接近理论极限。我国一些高起点新建的大型工厂相关指标能达到国际较先进水平，但对于大多数工厂来说还有一定的差距。

（九）工艺创新

目前生产的纯生、黑啤、白啤、无醇、小麦、IPA、烟熏、冰啤等品类，技术基本上都是从国外引进的。相关企业也研发了人参、苦瓜、玫瑰等口味新型产品，以及荔枝等一些果味类的，但是市场表现大多不佳，没能大规模生产。现在各企业尤其是大型企业越来越重视产品创新，相信会不断推陈出新，推出市场认可的创新产品。

（十）节日庆典

青岛、燕京、大连、哈尔滨、西安、天津、广州、上海、沈阳、淄博等啤酒节，百花齐放，助推了当地经济发展，丰富了群众生活。但是比起德国慕尼黑、美国丹佛、英国伦敦等三大国际性啤酒节，从规模到影响力，差距还较大。尤其是慕尼黑啤酒节有200多年历史，每届有全球600万游客，现场感受“啤酒王国”的魅力。

（十一）文化建设

欧洲是现代啤酒的发源地，啤酒文化底蕴深厚。美国因早期英国、德国等欧洲移民较多，啤酒文化得到较好的继承。这方面是我们的欠缺，现在国内大型啤酒集团已经形成共识，开始着手啤酒的品类文化的建设，立志要建设中国特色的啤酒文化体系。

（十二）博物场馆

青岛啤酒、珠江啤酒、哈尔滨啤酒等企业利用老旧厂房兴建的啤酒博物馆，融知识、趣味、休闲等为一体，比国际知名的荷兰喜力啤酒博物馆不相上下。因建设较晚，充分借鉴了喜力啤酒博物馆等场馆经验，在历史文物保护、展示，啤酒品鉴、纪念品购物等方面或略有胜出。

（十三）品牌扩张

百威、米勒、康胜银子弹、喜力、嘉士伯等品牌风靡世界。尤其是百威在中国业务全面扩张，占据中国高档啤酒市场较大比例。而中国啤酒只有少量出口美国，就是因为经过多年的激烈竞争，这些国际公司有很强的品牌能力。近年各类进口啤酒大幅增长，2017年达71万吨，布满各大超市，相比于2012年增长了十多倍。这也需要注意。

（十四）行业集团化

行业集团化、工厂大型化、设备高效化，这是啤酒强国的3个重要指标。紧密相关、相互促进，很大程度上决定了人均产量、人均利润、吨酒成本、节能减排等其他多项指标。

我国行业集团化进程已经进行了30年。目前，五大集团合计产量3200万吨，占比全国的70%。前十大集团合计3600万吨，占比约80%。各大集团的优势区已经明晰，集团化大体完成。

目前，全国有规模以上生产厂500个，五大集团占有其中的300个。工厂大型化也在不断实现，平均产量不断提高，从30年前平均1万吨，到目前已经达到10万吨。大集团的主力厂大多为二三十万吨以上，且在沈阳、青岛、平度、蒙阴、北京、桂林、四平、莆田、武汉、广州等地，出现了产量60万吨以上的生产厂。即便如此，与美国大型啤酒生产企业的规模相比，差距还很大。

各大集团主力厂一般糖化设备为60至100吨，发酵为300至600吨，较为合适。但是包装差距明显，大量3.6万，甚至2.4万瓶/时玻璃瓶线使用，明显落后。

（十五）精酿发展

虽然精酿企业规模较小，产量占比有限，但是精酿繁荣发展能极大地丰富口味，促进啤酒文化建设，也是啤酒强国的重要指标。美国精酿根据产量等标准，分成小型啤酒厂、微型啤酒厂、啤酒坊三类，进行相应的税收优惠。目前共约4500家，合计产量200万吨，占比美国总产量的12.7%。因美国从事酒类生产等，需要酒牌（营业许可），所以精酿协会能进行准确统计。我国因达不到2000万元的主营业务收入，不算规模以上企业，所以没有精酿酒厂的准确数据。只能大致估计，目前大约有1000多家。合计产量约为四、五十万吨，大致占比行业总产量的1%。还有较大发展空间。我国精酿啤酒得到规范化监管并取得市场地位之后，将迎来繁荣大发展，这一天不会太久。

二、世界啤酒产业领先国家的发展路径

行业高度集团化、工厂大型化、设备高效化，加之精酿繁荣化，这四项是全球业界的共同趋势，也是啤酒强国的主要指标。为了准确预测我国业界走势，需要以全球的视野，了解先

进国家的行业演化过程，以及经济全球化大背景下全球业界的大致走向。美国是当今最大的发达国家，虽然总产量已被中国超越。但这四个方面均做到了极致，树立了样板，成为我们乃至全球各国学习的最好榜样。了解美国的业界演化过程，有助于我们理解行业发展规律，指导企业建设。

20世纪后半叶，大致是美国啤酒业完成集团化并实现工厂大型化的五十年。1946年，二战后第二年。AB、米勒、康胜、柏斯特蓝带等前几大公司达到了二十多万吨产量，在当时全美各地八百家啤酒厂中，展开并购。拉开全美范围内行业大规模并购的序幕。这也是全美各行业，乃至全球各行业并购的先河。初期主要是在经济富裕、人口密集的东部沿海地区。大量小型企业被淘汰或被并购。有价值的小厂被收购殆尽后，各集团在改扩建的同时，开始在全美范围内选址建新厂，优化行业布局。有些实力较强的子公司还建立了孙公司，整个局面是互相交错，为争夺市场，大型集团都努力地形成自己的优势区，以提高效益。集团之间的并购，亦时有发生。

到1986年，各大型集团的优势区域明晰。前五大集团占比2000万吨总产量的80%，前十大集团占比93%，集团化基本完成。这时各大集团感到经营不利、地理位置不利的小厂，如果在别人的势力范围内无利可图，如果在自己的势力范围内则不利于提高效率，于是大量关闭。大型工厂迅速膨胀规模，填补市场。数目减至30多座，平均产能50多万吨。那时，中国还是800个工厂各自为政、各自为战，规模大多为几千吨，最大的也才10万吨，5万吨级别的就可以进入前十名。面对美国如此格局，中国业界只能望洋兴叹。

随着集团化发展，最后几次集团之间的大规模兼并完成。1999年，第四大集团柏斯特蓝带将密尔沃基总厂在内的几个工厂，一并出售给AB，退出行业。AB、米勒、康胜三大集团垄断了全美97%的产量。高度集团化实现，工厂格局基本定型。

2008年，AB公司被英博以520亿美元现金并购，成为百威英博的美国部分。不久，米勒、康胜联手，将北美业务合并为米勒康胜以应对。从此，美国进入百威英博、米勒康胜两大巨头垄断的时代。

21世纪初，大型工厂减少至20座，这一格局也已经达到极致，今后也不会再有大的变化。这20个工厂位于圣路易斯、纽约、丹佛、休斯顿、洛杉矶、杰克逊维尔、密尔沃基等大型城市郊区，一般距市区30至50公里。这些城市分别是美国中部、东部、西部、南部、西南、东南、东北的最大城市。除洛杉矶地区两大巨头各有一座工厂外，真正做到了200至300公里销售半径之内没有第二家大型工厂。这20个工厂共计年产量1800万吨，平均90万吨，平均员工500人。规模最大的是米勒康胜集团的丹佛工厂。丹佛工厂始建于19世纪70年代，目前年产220万吨，员工1200名。在2010年墨西哥萨卡特卡斯300万吨工厂建成前的数十年时间内，丹佛工厂一直是全球最大工厂。

大型啤酒工厂是典型的重资产行业。高资产、高效率、低用工。设备配置在很大程度上决定用工数量、人均利润、各项消耗、占地面积等。美国大型工厂各有千秋，但是对设备的配置，大同小异，都是大型、高速、高自动化的。不算销售，人均产量一般可以达到2千吨，最高可达3千吨，以70万吨的米勒洛杉矶厂为例，员工460人。糖化为130吨，发酵为500至1000

吨。包装是3条瓶装、1条桶装、3条罐装线。其中1条330毫升易拉罐线已经使用多年，为12万罐/时。青啤二厂同等规模，为800人，还有一定差距，这已经是国内较好水平。有些国内工厂则需要两三千人。人均利润更是可想而知。差距还是不小的。

20世纪80年代，美国人普遍认为，大集团旗下的大型工厂最终垄断全行业的产量。这种格局能将全行业的运行成本降到极致，这是最完美的，也是最终的定型格局。这种观点基本正确，虽然精酿的兴起修正了格局。美国政府出于增加就业、丰富市场等考虑，20世纪80年代放宽了行业门槛，小型、微型啤酒厂，尤其是啤酒吧大量创立。美国人敢于创新，他们尝试了各种材料、工艺，创新出了大量新口味，并根据历史记载，复活了许多早已停产的风味。许多小酒厂以独特的风味，占据着越来越大的当地市场，其中一些规模不断扩大，有几家已经达到了5万吨级别的水平，出口全球，取得了很好的经济效益。一些美国精酿酒厂，甚至到德国、比利时、英国等传统啤酒强国开设分厂。在这些美国精酿榜样的带动下，这十多来年，精酿小厂在全球各地兴起。目前，目前美国精酿零售额240亿美元，占比近1000亿美元总零售额的23.4%。精酿产量达到200多万吨，占比总产量的12.7%，这些年把大型工厂的产量，平均每家挤掉了10多万吨。目前新开张的和倒闭的已经大体持平，也就是说，美国精酿的发展已经接近上限，达到了极致。精酿繁荣化的进程已经在美国结束，但正在其他各地重演，不计其数的精酿工厂在全球各地开张，甚至在一些偏僻山区和偏远岛国。

美国业界高度集团化的进程已经结束，但是其全球放大版，正在形成。几大集团基本垄断全球产量的终极格局，雏形已现。随着经济全球化的深入发展，不计其数的业界并购在全球各地发生，规模越来越大，金额越来越多。一系列的大规模跨洲并购已经完成。以下是其中比较知名的并购案例。

1999年，布哈马收购南极洲，组建为南美第一、全球第五大集团安贝夫。

2002年，南非酿造集团（SAB）出资56亿美元，并购美国米勒，组建为SAB米勒。

2004年，比利时英特布鲁与巴西安贝夫合并，组建为全球第一大集团英特布鲁安贝夫，简称英博。

2005年，美国康胜与加拿大摩森合并为摩森康胜。

2008年，英博以520亿美元现金兼并美国AB，组建为AB英博（中文翻译为百威英博）。2008年，SAB米勒和摩森康胜将北美业务合并为米勒康胜。

2015年，第一大集团百威英博以1055亿美元并购第二大集团SAB米勒后，营业收入达到550亿美元，其中南美占比33%，北美29%，亚太14%，非洲9%，欧洲8%，墨西哥7%。其在全球各地的300多座工厂完成产量5000多万吨，占比全球1.9亿吨产量的30%。息税折摊前利润210亿美元，占比全球的46%。

整个啤酒行业的全球发展史，就像是无数的小溪，穿过各种地形不断改道、蒸发、交汇。最终汇成几条宽广的大河，缓缓地汇入经济全球化的浩瀚海洋。

三、我国啤酒行业的结构调整

这30多年，我国业界几乎是将美国行业集团化的过程重演了一遍。1996年前后，前几大企业的产量达到二三十万吨规模，销售覆盖全国。在当时800多家小厂中，华润并购了大连渤海啤酒厂、青啤并购扬州啤酒厂、燕京并购华斯啤酒厂，AB并购武汉中德啤酒厂。这四次并购标志着中国啤酒行业的并购大幕拉开，集团化进程开启。

大量并购、扩建、新建事件让人目不暇接，大量中小企业被淘汰或被收并。随着这些年集团化推进，哈尔滨哈啤、深圳金威、四川蓝剑、甘肃黄河、江苏大富豪、新疆乌苏等企业集团先后被并购。

在集团化的同时，大批工厂改建、扩建。城镇化的同时，一大批工厂退城入园，搬迁至郊区工业园。一大批规划完备的20万吨级别以上工厂拔地而起。

行业集团化其实质是原有的小、散、乱的行业格局，被大型集团整合后，在总部的集中统一管理之下，将产能逐步集中于人口集中、水源丰富、交通便利的大型工厂，配以以大型、高效、高速设备，优化配置供应、生产、销售、品牌、人事、资金、物资、技术等要素，以统一的经营管理机制、理念、模式、文化形成合力，规范行业运行，降低运行成本，最终利益消费者。

我国大型集团充分发挥总部的协调作用，统一旗下多个工厂的管理，已经产生了明显的协同效应。

统一采购。各总部对大宗原料、物资和设备等集中采购、统一调拨。更有甚者，近期青啤集团总部正在进行大量的细致的梳理工作，在此基础上尝试对零散备品、备件以及辅料等的集中采购。

统一定价、市场定位和划分，共享市场信息和销售网络，解决市场重合问题。燕京广东公司初期运转不畅，由漓泉公司统筹运作两广市场后，产量由2006年的3万吨，上升到2009年的30多万吨，单厂增速创行业纪录。

统一商标管理与使用，塑造市场形象，共享品牌。几大集团策略略有不同。华润前些年强力打造雪花品牌，使其占比集团90%的份额，打造出了千万吨级别的单一品牌，令全球惊叹。虽然近期，在新的品牌策略下，华润或加重培养另一些品牌。青啤则是保留了大部分并购企业品牌，在市场竞争激烈之处，让这些小品牌冲锋在前，低价倾销，不惜自毁。给予对方品牌一定杀伤之后，地方主力品牌杀入。最后是青啤品牌进入。燕京则是主推燕京品牌，目前占比超过60%，加上漓泉、惠泉、雪鹿三个辅助品牌，合计占比超过93%。

统一高管调配，人才培养，轮岗培训。统一生产计划。统一资金使用。

统一调整工艺。解决技术问题。成立技术推广小组，提炼各厂先进技术、经验，迅速推广。这是原来诸多小厂各自为政时期，行业召开技术推广会，所不可能达到的速度。

目前华润雪花、青岛啤酒、燕京啤酒、百威英博(中国)、嘉士伯（中国）等前五大集团占比产量的70%。加上珠江啤酒、金星集团、蓝带啤酒、生力啤酒、艾尔酒业等，前十大集团集团化占比全国80%，我国行业集团化已经基本实现。

四、对我国大型啤酒企业的发展分析

集团化发展过程中，企业分布混杂交错。以广东佛山为例，目前中国前四大集团均设有生产厂。且相距不远，竞争激烈程度，可想而知。更有甚者，燕京昆明公司和嘉士伯昆明公司，同在嵩明杨林工业区内。竞争激烈，可见一斑。

（一）华润雪花

华润雪花集团是央企，有雄厚的实力和资金以及前瞻性的战略意识。集团成立于1994年，专业生产、经营啤酒。总部设在北京东城。目前，营业额近300亿元。旗下90多个工厂，完成产量约1200万吨，占比中国啤酒市场约26%。近年明显加大了对设备的更新力度，已经安装十余条KHS 12万罐/时易拉罐灌装线，每条产能为30万吨。玻璃瓶线大多已经更新为广二轻5万瓶/时，每条产能为15万吨。集团下设天津、甘青藏、贵州、黑吉、湖北、江苏、晋陕、山东、浙江等区域公司。

生产厂设在北京平谷，天津北辰，河北廊坊三河、秦皇岛，山东滨州邹平、聊城、烟台、郑州新郑、商丘、漯河、安阳汤阴、驻马店，山西大同、晋中、运城，湖北武汉、黄石、天门、宜昌枝江，辽宁沈阳、大连、鞍山、朝阳建平、丹东、铁岭、辽阳、阜新、葫芦岛兴城、盘锦、朝阳，黑龙江哈尔滨、伊春、依兰、尚志、齐齐哈尔，吉林吉林、通化、农安，曲蒙古古呼伦贝尔、兴安盟乌兰浩特，甘肃兰州，宁夏银川永宁，陕西西安，四川成都、邛崃、达川、西昌、德阳什邡、遂宁、广安、乐山、绵阳、南充、内江、自贡，贵州贵阳、凯里、黔南龙里、遵义，广西贺州富川，湖南岳阳、娄底、湘西，西藏昌都，广东佛山、汕头、深圳、东莞，福建泉州，上海宝山，江苏南京、泰州、常州、苏州、无锡，浙江杭州、萧山、台州玉环、湖州、嘉兴、宁波、温州，安徽六安、芜湖、舒城等地。辽宁、黑龙江、吉林、四川、江苏、浙江等地为优势区域。

（二）青岛啤酒

青岛啤酒历史悠久，有深厚的技术积淀。是中国名牌的象征之一。1903年，青岛啤酒厂由英、德商人创办，生产设备、原材料均从德国进口。1949年，青岛啤酒年产量仅为1200吨。1993年，青岛啤酒股份有限公司成立，股票分别在香港和上海上市，募集的雄厚资金为快速发展奠定了坚实的基础。1997年，青岛啤酒集团成立。集团总部位于山东省青岛市市南区。目前，营业额260多亿元，净利润近13亿。旗下70多个工厂，完成700万吨产量。

工厂位于北京、密云，河北石家庄、宣化、廊坊，山东青岛、平度、济南、菏泽、德州平原、潍坊、寿光、枣庄、滕州、日照、威海荣成、临沂蒙阴、淄博沂源，河南省洛阳，辽宁鞍山，黑龙江哈尔滨、鸡西，山西太原，陕西西安、宝鸡市、汉中、榆林，甘肃兰州、武威，湖北黄石、随州、应城，湖南省长沙宁乡、郴州市，四川成都、泸州，广西南宁，广东深圳、揭阳、佛山、韶关、珠海，福建福州、厦门、漳州，浙江省杭州建德、台州，安徽马鞍山、芜湖，江西省九江市，江苏苏州昆山、连云港、扬州、宿迁、徐州，上海市闵行、松江、杨浦等地。山东、陕西、江苏、上海等地为优势区域。

（三）燕京啤酒

燕京啤酒的发展是中国业界快速发展的缩影。1980年，燕京啤酒厂由北京顺义区创建，是年产万吨的小厂。此后，每年增产1万吨，至1988年达到8万吨成为中型厂。之后，每年增产5万吨，至1993年达到20多万吨，成为大型厂。之后，每年增产10万吨，至1997年成为40万吨大型厂。1997年进入资本市场，在香港红筹股和深圳A股上市。上市后，获得大笔融资，开始全国并购，至2013年，每年增产30万吨。集团总部位于北京顺义。目前旗下有40多个工厂，完成产量约500万吨，销售收入近200亿元，利税总额40亿元。与有着一百多年，甚至二三百年历史的国际巨头并肩，成为全球名列前茅的巨型企业集团。

图2 燕京啤酒集团在国内40多个工厂布局示意图

工厂位于北京顺义，河北邢台、沧州献县，河南焦作、驻马店遂平，山东济宁曲阜、邹城、烟台莱州，山西省晋中祁县、塑州，辽宁沈阳，曲蒙古古呼和浩特市、通辽、赤峰、宁城、巴彦淖尔、包头、乌兰察布丰镇，新疆石河子、阿拉尔，四川南充，广西桂林、玉林，贵州贵阳，云南昆明，湖南长沙、衡阳、湘潭，湖北仙桃、襄阳，广东佛山，福建宁德、泉州惠安，江西赣州、抚州、吉安，浙江丽水等地。北京、广西、曲蒙古等地为优势区域。

（四）百威英博(中国)公司

总部位于上海市黄浦区。目前，集团旗下40多个工厂，完成产量400多万吨。工厂位于河北保定、唐山，河南新乡、河南信阳，黑龙江哈尔滨、大庆、绥化海伦、鹤岗、佳木斯、牡丹江，辽宁大连、营口、锦州，吉林长春、延吉，湖北省武汉、孝感、荆门市、宜昌市当阳，湖南长沙、邵阳，江西南昌、吉安吉水，四川资阳，广西南宁，广东佛山，福建三明、漳州、莆田，江苏南京、南通、启东、盐城，浙江省温州市、乐清、平阳县、台州天台、宁波鄞县、金华、衢州等地。黑龙江、湖北、福建、浙江等地为优势区域。

（五）嘉士伯（中国）公司

总部位于广东广州天河区，集团旗下20多个工厂，完成200多万吨。近年并购了重庆啤酒集团、黄河啤酒集团和乌苏啤酒集团等。工厂位于云南大理、昆明，甘肃省兰州、酒泉、天水，青海西宁，江苏常州溧阳，广东惠州，重庆市合川、梁平，浙江湖州德清，广西柳州、浙江宁波宁海、江苏盐城、四川宜宾，新疆塔城、阿克苏、哈密、喀什、库尔勒、伊宁等地。云南、重庆、新疆、甘肃等地为优势区域。

（六）珠江啤酒集团

总部位于广东省广州市，是一家以啤酒业为主体的大型国有企业，1985年建成投产5万吨产能。目前产量约120万吨，营业收入约36亿元，利润约1.6亿元。虽然近年上市，但是并购最佳时期已过。除河北、湖南两处，工厂基本都在广东。生产厂位于广东广州、从化、梅州市、阳江，河北石家庄鹿泉，湖南湘潭等地。广东为优势区域。

（七）金星啤酒集团

总部位于河南省郑州市，是1995年以河南金星啤酒公司为核心组建的。集团按照“独资建厂，自我复制、小步快跑”的模式扩张，近年发展较快。但是对先进设备的投入，还需加大。目前有旗下工厂16个。工厂位于河南郑州、安阳内黄、漯河、南阳邓州、三门峡、周口郸城、信阳，山东临沂郯城，山西临汾洪洞，陕西咸阳，甘肃庆阳镇原，贵州安顺，云南昆明、西双版纳，四川省成都市，广东省中山等地。河南为优势区域。

五、我国啤酒行业发展分析展望

目前我国人均年消费量33升，只略高于全球平均水平，还有一定的增长空间。日本因为饮用清酒较多，啤酒大约人均40升，法国因为葡萄酒饮用较多，啤酒大约人均30升。其他主要西方国家，这些年虽然人均消费量都略有下降，但都能稳定在七八十升。甚至发展中国家巴西，都已升至60升。考虑我国白酒文化底蕴深厚，饮用量较大。啤酒人均消费按最保守估计，可达40升。

20年后，我国人口将达到并至少稳定在15亿。相应地，产量将至少能稳定在6000万吨，约是美国的3倍。另一人口大国印度，起点低，虽然发展也较迅速，目前产量达到300万吨。但是因贫困人口基数大，因宗教原因不饮酒的人亦占比很大，所以增长受限。在可以预见的很长一段时间内，我国都将是啤酒产销量第一大国。

20年后，精酿按最乐观估计，能占比总产量15%，约为1000万吨。按每十五万人一家的乐观估算，将有1万家遍布全国。平均每家1000吨，少数大的可达几万吨，小的只有几百吨，甚至一两百吨。近期看，按目前大约40%的产量年增幅。两三年后，将达到140万吨，占比总量的3%。如果有关部门放宽政策，饭店、酒吧自酿啤酒只能局限在本店消费的禁锢松动，一批酒吧将明显扩大规模。

德国是现代啤酒的发源地，德式风味的下面发酵啤酒风靡全球，我国几大集团的主流风味都是德式的。德国有大量千吨级、万吨级小厂。许多小厂有上百年的，甚至两三百年的历史传承。悠久的历史、精湛的工艺、迥异的口味，深厚的文化，让各国游客痴迷，被誉为啤酒王国。正是因为工艺精湛，历史悠久，各地的小厂有自己的当地传统市场，没能够实现高度的集团化和工厂大型化，没能出现大型企业集团。几大国际性集团中百威英博起源于比利时，喜力起源于荷兰，就连几百万人口的小国丹麦也发展出个嘉士伯。德国不但没有一家大型啤酒集团，反而在国际巨头的冲击下，啤酒企业大量倒闭。20世纪80年代后期，全德有3000多家从业企业。到21世纪初，只剩下1000家。而且其中规模较大的前几十家，均被国际性啤酒集团并购，其中包括贝克、比特博格等知名企业。

我们应当深刻吸取德国的经验教训，加速推进集团化进程。要进行前瞻性顶层设计，全面整合文化、品牌、市场、技术等各项经营要素，真正形成合力，以应对即将到来的与国际巨头的终极对决。后发国家有多种后发优势，可以充分利用。但也要认识到，必然有多方面的后发劣势不可避免。啤酒行业的后发劣势之一，就是全球各地的有价值工厂，大多已被先行者并购。我国的相关企业形成合力，才能在稳住国内市场的基础上，以强大实力伺机出击东南亚、非洲等地的空隙，展开并购，逐步实现在相关区域的持续发展。

20年后，按乐观估计我国业界高度集团化进程结束，届时5000万吨产量相对集中于几家集团。在此过程中经营不善、位置不利的中小型生产厂将成批关闭。主力工厂的规模将明显扩大。竞争最残酷的阶段即将到来。我国经济发展不平衡，95%的人口居住于昆明、兰州、张家口、齐齐哈尔一线以东。至多20个巨型工厂就完全可以覆盖中东部这一半的国土。

20年后，这20个巨型工厂将全部形成，平均产量达到250万吨。行业主体格局定型。届时，全球200万吨以上的巨型工厂，除了北美、西欧各有一两处之外，其他20座将全部出现在我中华大地。这20个工厂主要坐落在重点大型城市郊区，尤其是人口集中，经济发达的长三角、珠三角、环渤海地区。这里的大型城市郊区或城市群之中，将会出现三四百万吨的超巨型工厂。全球最大的工厂，一定是出现在我国。要对这些工厂的设备进行的现代化前瞻配置，根据多年的经验，糖化设备应选择100吨的。过大，将增加过滤等控制难度。发酵设备选用600吨左右，过大，则不利于温控。易拉罐便于携带，是发展趋势，应优先考虑12万瓶/时的高速线。玻璃瓶线应考虑5万甚至6万瓶/时的，甚至两条5万瓶/时线并联。也可参考萨卡特卡斯工厂2006年一期工程上马时对高速线的配置，4台大型卸箱机并联，3台4.8万灌酒机并联，下游也是3台4.8万贴标机并联，最后是4台大型装箱机并联，输瓶链道宽约一米五。合计为14.4万瓶/时，年产30万吨。应大量使用激光导引无人运输车，以及自动立体库。屋顶应多敷太阳能光伏板。

20年后，我国业界必将实现高度的行业集团化，打造出规模宏大的巨型工厂和撼人心魄的超强制造能力，还有百花齐放的精酿酒厂。到那时，我们这些啤酒战线从业人员，就可以无比骄傲地说，从一穷二白起步，几代人自强不息、不懈奋斗，无数心血、汗水、眼泪付出。我们，已经将伟大祖国啤酒行业建设成为了全球的领军者。

成果创造人：申　洪、丁建业、马　强

创建96139智能云平台
实现传统物业企业服务模式创新

北京天岳恒房屋经营管理有限公司

企业简介

北京房地集团有限公司（后简称北京房地）是北京市国资委独资公司，注册资本金8亿元人民币。定位“为中央国家机关用房服务，为国资国企调整改革服务，为首都市民安居服务，为维护古都风貌服务”，建立国内领先的非经营性资产接收、管理、处置、运营平台，积极推进物业管理、建筑工程、房地产开发、新兴产业投资等业务板块的协同发展，是一家拥有下属二级企业12家，三级企业29家的大型国有集团公司。

集团具有房屋建筑工程施工总承包壹级、建筑装饰装修工程设计与施工壹级、园林古建筑工程专业承包壹级、钢结构工程专业承包壹级、机电设备安装工程专业承包壹级、文物保护工程施工壹级、房屋拆迁壹级、物业管理壹级等资质和信用等级AAA认证。管房总面积目前已达1720.7万平方米，管理电梯1696部，供暖面积1536.21万平方米。

北京天岳恒房屋经营管理有限公司（后简称天岳恒）成立于1976年，是首都第一家从事高层住宅楼宇管理的单位，现为北京物业管理行业协会副会长单位，为北京房地全资子公司，注册资本金2150万元。主营业务为物业管理和供暖服务。目前房屋管理面积273.08万平方米，其中直管公房102.3万平方米，托管房屋36.71万平方米，商品房96.67万平方米，自管房2.9万平方米，非经房屋34.5万平方米。供暖管理面积616万平方米。

北京房地和天岳恒都通过了质量、环境、职业健康安全、工程质量管理规范、能源管理及碳排放六体系认证。

一、创建96139平台实现传统物业企业服务模式创新的背景和必要性

（一）96139平台的服务模式创新是物业管理行业向现代化转型的需要

1.2016年1月党中央和国务院《中共中央国务院关于进一步加强城市规划建设管理工作的若干意见》明确提出小区“去围墙”，“去围墙”后小区的绿化保洁保安等都会社会化专业化，传统的物业企业发展必须实现战略转型。

2.《2015年物业管理行业发展报告》显示，受成本急剧上涨、价格调整机制缺失、人才匮乏的影响，相当数量的物业管理公司面临生存困境。物业管理公司的盈利能力持续减弱，P100 企业净利润率由 2013 年的 5.6%下降到 2015 年的4.5%。在全国物业管理行业的 7 万余家企业中，企业经营模式单一、管理水平低、盈利能力差、员工收入低等问题比较突出。尤

其是中低端住宅物业的员工，平均收入更是远远低于北京平均薪资水平，造成了“收入低-工作能力低”的恶性循环，从而制约了多数物业管理公司的良性发展。

3.北京有物业资质的公司合计3125家，除去一级资质155家、二级资质412家、三级资质2558家，还有3000多处社区无物业管理。而中小物业企业服务能力普遍较低、服务品质较差，这在北京房地接收的点多、面小全的非经营性资产上尤其突出。

4.在物业服务的各项内容中，保洁、绿化、秩序维护、专业设备的维护保养已基本实现社会化，其价格和质量在市场化过程中也得到了确定。唯独居家零维修这一联系业主和物业公司关键纽带的服务还未走出传统的发展模式，效率极其低下。居家过日子都会遇到“水电瓦木油”的事情，零维修服务内容是相当广泛的。但一方面因限于物业公司控制人工成本，各工种人员无法配置齐、另一方面因物业公司的服务无法满足广大业主的需求，业主不愿找物业公司进行维修，使居家零维修始终未发展起来。与此同时，物业维修人员工作量随之减少、技能下降、收入降低，如此恶性循环也加剧了居家零维修的窘境。

另，统计显示物业维修人员入户服务的频次普遍在每人每日一件左右，这也是制约物业企业良性发展的一个核心问题。

5.当前住宅服务物业企业还存在收费难、业主交费不便等问题。

（二）96139平台的服务模式创新是达成公司和集团经营目标的需要

1.北京房地是市国资委直管的53家国企中唯一被定位为物业为主业的企业。按照国企改革的指导思想，主业就要做大做强。做大做强首先要“健身强体”，提高自身管理能力，提高物业经营水平，包括创新服务模式，加强自身能力建设。

2.十三五期间北京房地被市政府确定为接收、管理和处置非经营资产的一个平台，承担市属国企2600万平方米、央企在京2800万平方米的物业供暖任务。2007年至今，接收非经资产涉及20个控股公司，107个单位，非经面积411.36万㎡，电梯185部，水泵273台。其中供暖180万㎡，53处锅炉房、190台锅炉、188蒸吨。对于非经任务，北京房地向市国资委承诺：“兜得住、消化得了”，这就需要建设好自身的物业承接能力。

3.北京房地为了打破物业发展瓶颈、大量接收非经营性资产，积极搭建了“非经营性接收平台”，同时支持天岳恒立项开发实施96139智能云平台（后简称96139），让其从物业服务一线着手，抓住服务核心，化解制约物业服务企业发展的瓶颈问题，提质降耗，提质增效。

以天岳恒管理的非经为例，面积34.5万平方米，项目29处，分布在北京四六九城且每处还需配置齐全的人员，若按照传统的物业服务模式，每万平方米需配备4名维修工、万平方米则需138名维修工，平均每处配备维修工4.76人，各工种配备不一定齐全。这极大地增加了人员成本支出和人员管理难度；而96139平台可有效整合维修人员、组建统一的维修中心进行派单，维修人员通过使用移动终端也由原来的定点服务拓宽到区域服务。2008年曾建设有供暖接报修平台，承担该创新项目具有一定的基础，创新96139智能云平台助推物业企业承接非经资产，助推物业企业实现服务升级转型具有典型性和示范性。

图1　天岳恒物业供暖区域散点分布图

二、创建96139平台实现传统物业企业服务模式创新的内涵及主要做法

（一）内涵

建设一个能服务5000万平方米业主社区的，集呼叫、调度、数据分析功能为一体的共享经济96193智能云平台中心，下设成百上千的维修、服务站，管理几万名维修、服务人员，用移动互联工具，快速、安全便捷地为成千上万的业主提供居家维修和服务的平台。

让所有物业服务区域的报修、投诉、服务信息通过96139汇集派单调度，实现维修、服务人员上门移动可视、劳动工作可计量、可追溯、可评价、可考核。提高服务质量，降低维修、服务人工成本，提高一线工作人员收入，扩大物业企业有偿服务收入。

通过96139整合物业区域周边聚集的游商走贩，让打洞、开锁、空调清洗、移机、加氟、油烟机清洗、理发、室内装修等各种专业服务有序安全为业主提供服务。

96139与物业服务软件、供暖服务软件对接，实现手机微信、APP、网页查询和缴纳物业费、供暖费。降低收费成本，提高收缴率。

96139采用SarS构架，实现平台共享，方便中小物业企业安全、低费用、快速接入使用，实现设备扫码巡检、入户维修服务、各项收费收缴工作 。

96139与社区居委会合作，服务于社区网格，广泛应用于社区居家养老、车辆保养、访客服务、配送服务，提高社区服务能力。让社区退而不休的有劳动技能的人员加盟可实时结算，实现社区服务需求和劳动力的就地对接，广泛的物业服务人员加盟，一方面方便组织维修、服务人员，一方面实现失业人员就地再就业，还能缓解城市交通拥堵。

（二）主要做法

1.概述

物业维修报修服务平台针对物业项目分散、管理服务要求多样的特点，抓住物业服务业主满意度中的核心——维修服务，采取集约化、标准化接报修派单、回访的方式，快速响应满足业主需要。改变传统的交换式报修维修方式，利用互联网技术形成交互式为业主维修服务的模式。改变以原物业地域限制，以客户为中心建立“地域有限，客户无限”的新的服务方式。

天岳恒公司旨在顺应“互联网+”经济发展的浪潮、突破传统物业发展模式、解决“去围墙”趋势带来的生存危机，于2015年通过市国资委优秀创新团队立项。听取北京市社工委网格办、社区处、信息化处的指导，组建了由集团技术质量部、物业部、非经管理部、办公室和天岳恒几十名人员组成的开发团队，并依托于四邻科技专业化的软件开发团队展开了平台建设工作，在物业服务领域引入了“互联网+移动终端”服务模式。该项目在2015年年底获得国资委50万元国有资本金支持，2016年年初获得房地集团100万元国有资本金支持，目前总投资528万元。2016年5月项目上线运行，期间经过不断完善，到2017年5月达到了预期目标。

96139平台在项目确立和设计思想上，借鉴了当前领先互联网公司的技术架构体系和产品设计思路，结合天岳恒现有资源情况和集团发展目标，力求打造物管行业领先的基于分享经济模式的创新服务平台。真正体现“科技是第一生产力”的具大作用以及充分利用社会闲置资源的创新服务模式，主要做法分为硬件建设、软件开发、维修服务流程再造及整合社会闲置资源，创造多元化收益。

2.硬件建设

以科技为本，敢于创新拥抱互联网，用互联网思维重塑公司的管理流程和服务模式。互联网+就像当初IT来改造传统产业一样，就是将互联网与传统行业相结合，促进各行各业产业发展。互联网+代表一种新的经济形态，充分发挥互联网在生产要素配制中的优势和集成作用，而移动互联网和云计算这两个技术是互联网+最根本的基础。

（1）对原有的供暖呼叫中心配套硬件升级

投入78万元改造装修，与四邻科技签订话务员托管协议，年话务人员费用79万元。下图为装修配置一新的96139中心。

图2　96139中心

将呼叫中心原统一呼入号码63052588升级为96139短号码，将原数字交换机的模拟中继线升级改造为30B+D数字中继线。

为预防突然断电导致呼叫中心数据丢失，添加UPS应急电源，并配套安装16组电池模块的应急供电柜。保证在断电情况下可持续运行5小时以上。

更换呼叫中心呼叫座席电脑16台，对现有老旧电脑升级8台，达到24个座席。

（2）维修中心配套硬件升级

为下设的调度中心购置派单用电脑一体机8台及针式打印机7台。并为维修人员配备用于接单智能手机112部。

（3）数据安全改造

表1 96139报修平台项目支出（硬件部分）

序号	摘要	金额（元）	类别
1	支付报修平台UPS不间断电源费用	14250	硬件
2	购买紫旭分公司前泥洼管段报修平台电脑一体机及打印机各1台	4448	硬件
3	购买报修平台用手机16部、用于前泥洼、前门、泰华物业管段	10880	硬件
4	采购2台1U服务器	21800	硬件
5	购买报修平台用手机12部、用于玉林供热管段	7896	硬件
6	购买报修平台用电脑7台、打印机6台、内存4条	29362	硬件
7	购买报修平台用手机84部	56112	硬件
8	支付电话数字交换机安装费用及设备款（30B+D）	38000	硬件
9	支付呼叫中心联通光纤通信费	1800	硬件
10	呼叫中心系统采购安装合同	88066	硬件
11	购置呼叫中心家具	33990	硬件
12	电话、交换机	3363	硬件
13	购置呼叫中心电脑	52784	硬件
14	购置呼叫中心5匹格利空调	9480	硬件
15	购置呼叫中心拼接屏	90000	硬件
16	玉林调度站联想一体机	3159	硬件
17	支付前门管段报修平台购置手机费用（24部）	16776	硬件
18	呼叫中心装修	780000	
19	支付俯角中心托管合同	790000	
	合计：	2052166	

为提高服务器的安全性及稳定性，并避免突发情况带来的数据中断，将物业服务项目点上应用的中科华博物业软件、热联科技供暖运行软件、能效检测平台及数据运行服务器托管到联通IDC机房。96139报修系统托管在阿里云，租用阿里云24台服务器。

3.基于移动互联网和云计算架构96139平台

表2 96139报修平台项目支出（软件部分）

序号	摘要	金额（元）	类别
1	呼叫中心升级合同	55000	软件
2	支付物业管理软件二期第一次费用	38431	软件
3	支付热联科技报修平台使用及服务费，其中：标准服务费27000元，软件技术服务费20000元	47000	软件
4	呼叫中心升级合同的费用	55000	软件
5	支付物业服务系统补充协议的费用	20000	软件
6	申请微信订阅号、服务号、企业号费用	900	软件
7	支付物业管理软件二期第二次费用	38431	软件
8	支付物业软件微信软件接口调试费	23000	软件
9	支付公司网站域名费	5178	软件
10	网站功能增加服务合同	4000	软件
11	天岳恒公司96139云平台呼叫中心、调度站及APP项目合同书（四邻科技招标合同）	120000	软件
12	支付96139平台呼叫中心调度站及APP项目二期费用	200000	软件
13	支付《供热收费平台、及办公系统》使用款	32000	软件
14	天岳恒公司96139云平台呼叫中心、调度站及App项目（II期），中期费用	100000	软件
15	行业短信预存款	5250	软件
16	微信在线考试应用	300	软件
17	OA系统及内部自用工程管理招投标系统	99000	软件
18	四邻科技96139网站项目	150000	软件
19	四邻科技工单系统项目	250000	软件
20	四邻科技共享经济系统项目	900000	软件
21	四邻科技96139系统二期合同（第三次）	40000	软件
25	支付96139服务平台产品手册印制费用	490	其他
26	支付96139服务平台宣传牌制作费用	22550	其他
27	支付96139与平台软件二期合同首付款	60000	其他
28	支付96139与平台软件一期合同尾款	80000	其他
29	支付96139服务平台对账接口费用	10000	其他
30	支付96139服务平台对账接口费用	10000	其他
22	网站功能增加服务合同（第二次）	4000	软件
	合计：	2370530	

“移动为王、云端制胜”，现在已经进入移动互联网的时代，用互联网这个工具有效提升工作效率和再造业务流程已是大势所趋。

（1）先进的平台技术架构

业务系统以面向服务的架构为核心，遵循统一的技术标准进行系统开发，同时集成元数据技术、应用中间件技术、GPS定位技术、地图影像服务引擎技术、虚拟化中间件技术等多种技术手段。业务系统采用模块化服务定制和多层次软件技术体系，包括：基础设施层、数据存储层、支撑层、服务层、应用层和用户层组成的多层架构体系以及贯穿各层次的标准管理和信息安全体系。

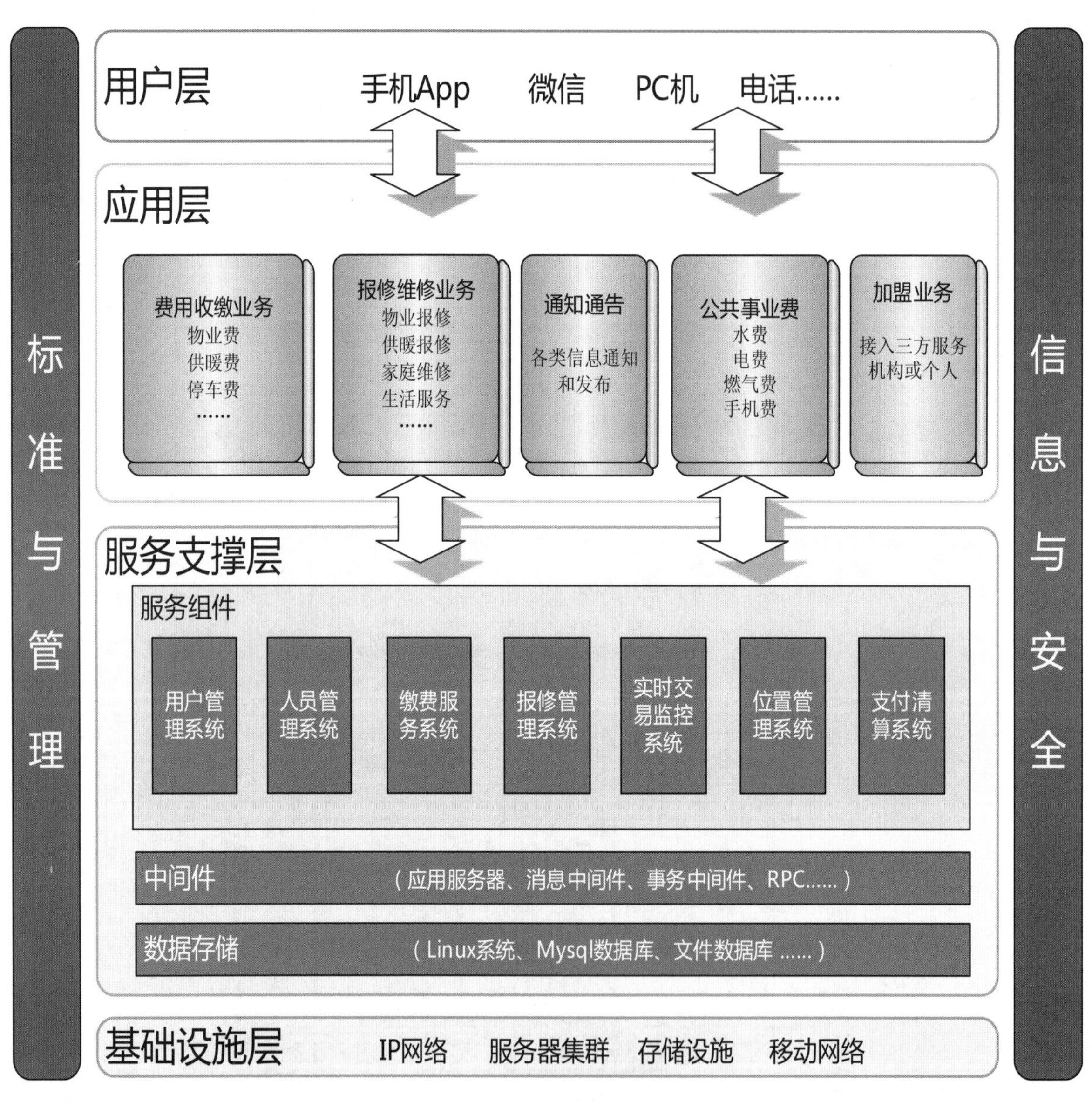

图3 系统技术架构

基础设施层主要包括IP网络、服务器集群、存储设施、移动通信基础设施等；

数据存储层从技术角度主要包括关系型数据库存储和文件系统数据存储，存储集中在中央云平台；

支撑层主要包括消息队列中间件、RPC框架、应用中间件、分布式一致性框架、元数据中间件、虚拟化中间件等内容。

服务层采用SOA架构思想，提供支撑应用系统业务功能的多种服务，主要包括业主信息采集服务、报维修信息识别、缴费数据管理服务、用户信息同步服务、物管人员调度服务、产品制作发布服务、位置智能提醒服务、费用信息查看服务、自动缓存服务、信息推送服务、数据库管理服务、资源监控服务、运行支撑服务、业务展示服务等。

应用层采用多种技术开发手段，建设统一的移动终端应用和桌面端应用软件，支持各级各部门业务人员开展用户报修、派工、维修、完工、评价及用户数据采集监控、补充完善等业务工作。系统还支持第三方维修人员或第三方服务公司加盟平台。

用户层通过手机APP、微信、96139网站、电话呼叫等终端使用业务软件开展业务工作。

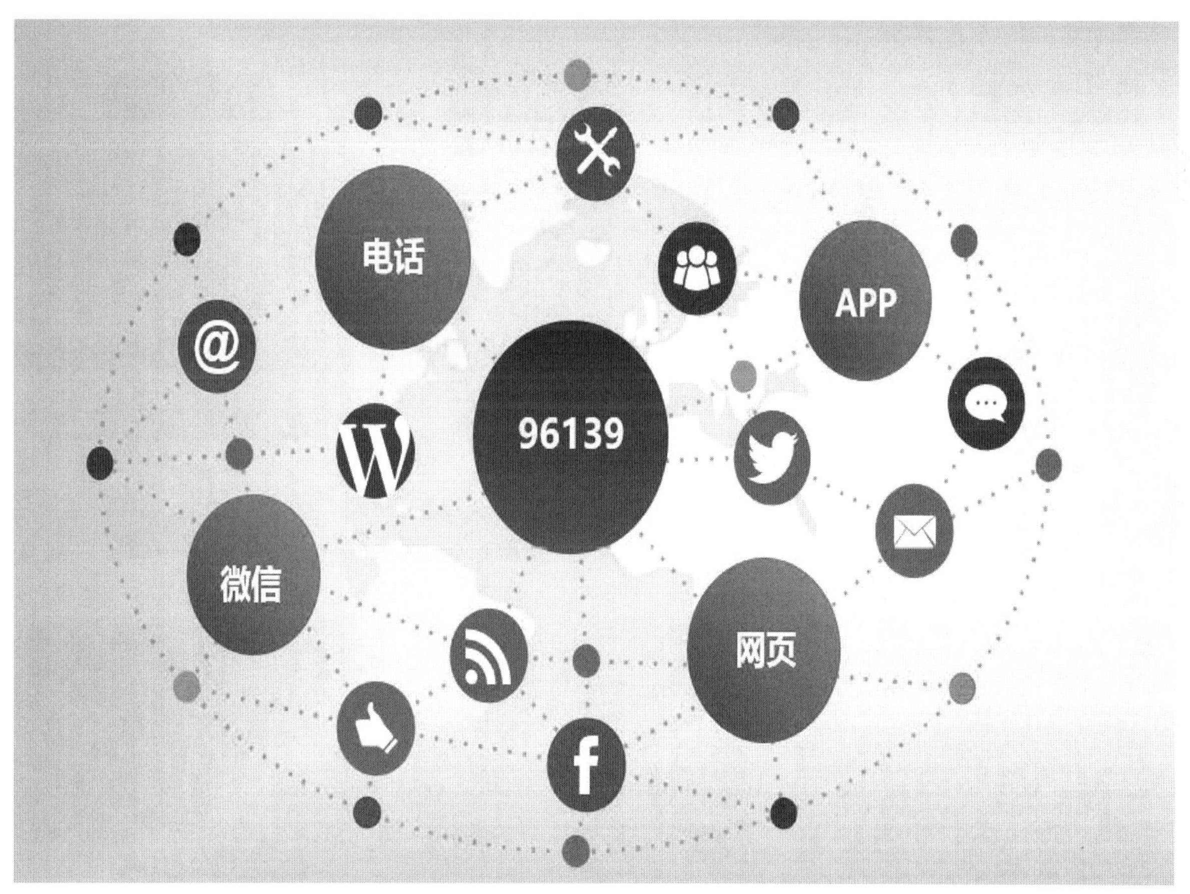

图4 多渠道接入通道

（2）完善的平台系统功能

业务系统包括业主管理子系统、物管人员管理子系统、综合缴费子系统、综合报修子系统、维修人员调度子系统、特约服务加盟管理子系统、通告信息发布服务子系统和业务保障子系统等8个子系统；业主App客户端、维修人员App客户端、物管App客户端、PC后台管理端等4个客户端软件。总体功能设计如下图所示：

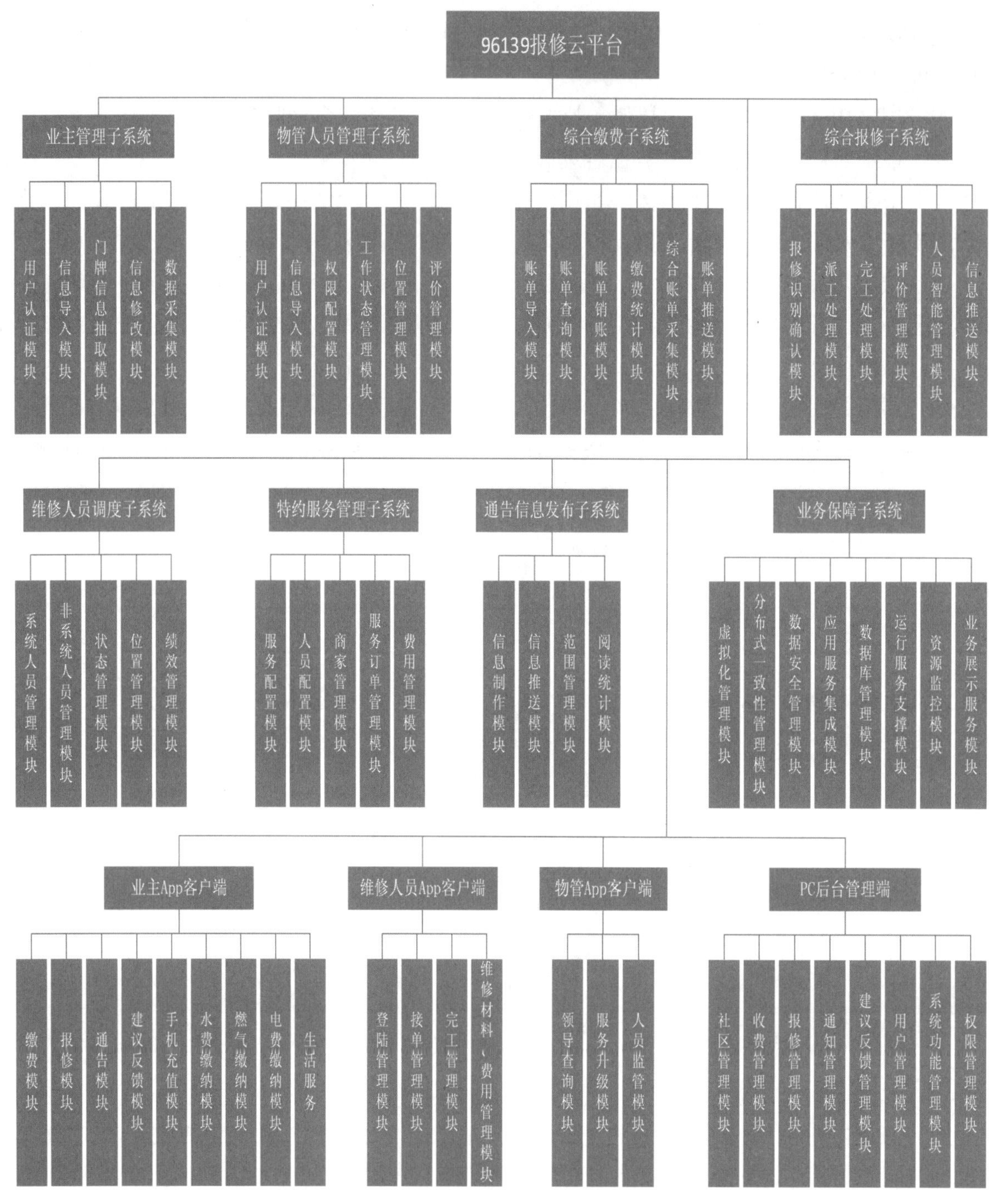

图5　系统功能结构图

业主管理子系统包括：用户认证模块、信息导入模块、门牌信息抽取模块、信息修改模块、数据采集模块等功能；

物管人员管理子系统包括：用户认证模块、信息导入模块、权限配置模块、工作状态管理模块、位置管理模块、评价管理模块等功能；

综合缴费子系统包括：账单导入模块、账单查询模块、账单销账模块、缴费统计模块、综合账单采集模块、账单推送模块等功能；

综合报修子系统包括：报修识别确认模块、派工处理模块、完工处理模块、评价管理模块、人员智能管理模块、信息推送模块等功能；

维修人员调度子系统包括：系统人员管理模块、非系统人员管理模块、状态管理模块、位置管理模块、绩效管理模块等功能；

特约服务加盟管理子系统包括：服务配置模块、人员配置模块、商家管理模块、服务订单管理模块、费用管理模块等功能；

通告信息发布子系统包括：信息制作模块、信息推送模块、范围管理模块、阅读统计模块等功能；

业务保障子系统包括：数据安全管理模块、应用服务集成模块、数据库管理模块、运行服务支撑模块、资源监控模块、业务展示服务模块、分布式一致性管理模块、虚拟化管理模块等功能；

业主App客户端包括：缴费模块、报修模块、通告模块、建议反馈模块、手机充值模块、水费缴纳模块、燃气缴纳模块、电费缴纳模块、生活服务等功能；

维修人员App客户端包括：登录管理模块、接单管理模块、完工管理模块、维修材料、费用管理模块等功能；

物管App客户端包括：领导查询模块、服务升级模块、人员监管模块等功能；

PC后台管理端包括：社区管理模块、收费管理模块、报修管理模块、通知管理模块、建议反馈管理模块、用户管理模块、系统功能管理模块、权限管理模块等功能。

（3）开发完成的软件界面

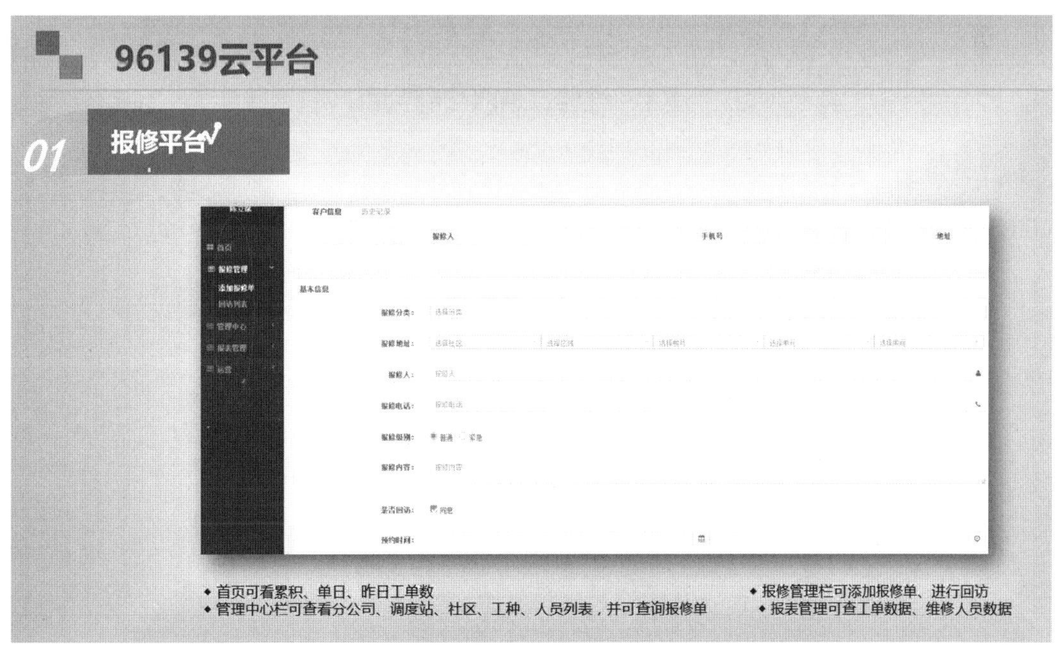

图6　报修平台界面

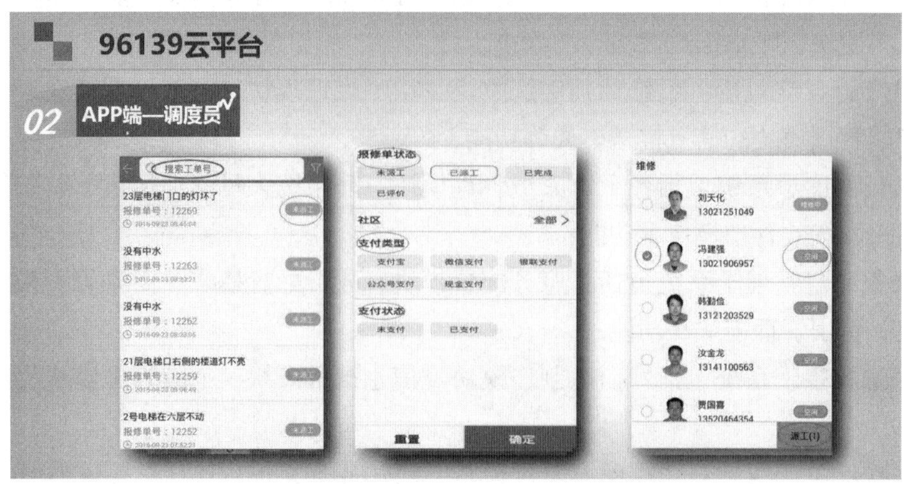

图7　调度员APP端界面

图8　维修工APP端界面

图9　管理员APP端界面

图10　业主APP端界面

图11　业主微信端界面

设备管理模块

图12　设备管理巡检

4.维修服务流程再造

（1）改造前的维修服务队伍调查分析

天岳恒对2015年业主报修量、报修时间段及人员配备三大类数据分析如下（表3–表8）：

表3说明业主报修量，在不同项目表现不一。万平方米报修量是配置维修工的重要指标。万平方米报修量与业主满意度负相关。维修及时率与业主满意度正相关，及时率高可以减少重复报修，减少总报修量。

表3　业主报修量统计表

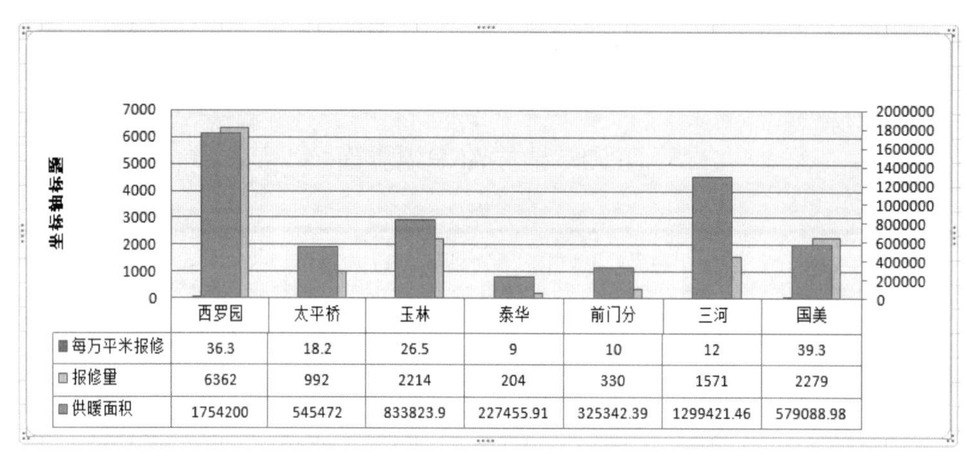

	西罗园	太平桥	玉林	泰华	前门分	三河	国美
每万平米报修	36.3	18.2	26.5	9	10	12	39.3
报修量	6362	992	2214	204	330	1571	2279
供暖面积	1754200	545472	833823.9	227455.91	325342.39	1299421.46	579088.98

表4是三个供暖区域的图表，在总得报修量下，供暖报修具有明显的尖峰时间区间。这就要求，按总量配置维修人员的同时，要考虑峰值峰谷人员不足和人员过剩的问题。

表4　供暖锅炉房报修量统计表

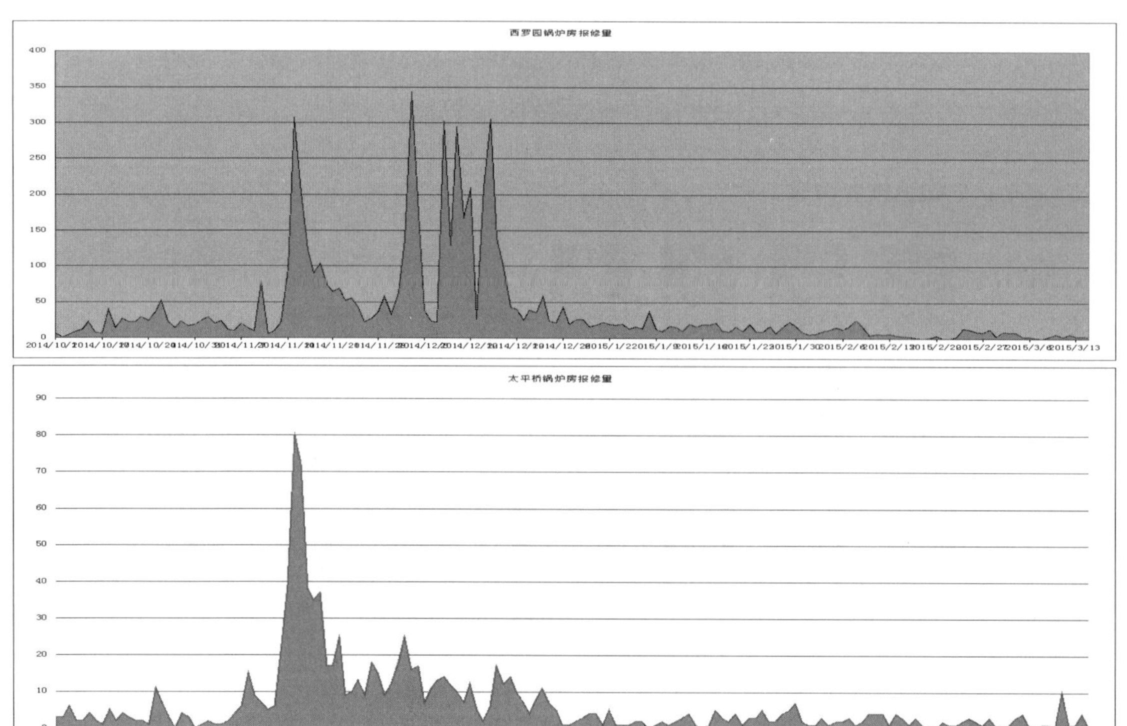

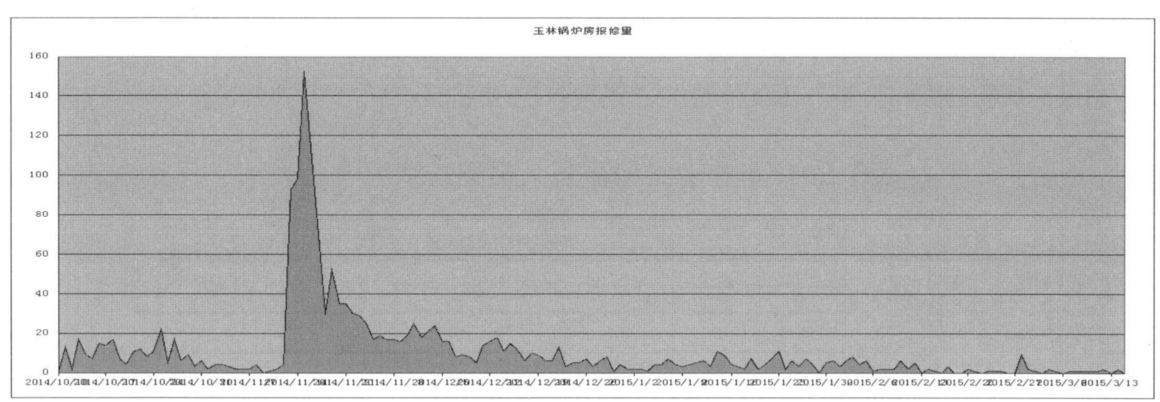

表5表明，报修渠道多样，而报修统计不完全，会造成信息失真，尤其是不通过报修平台的自行报修，统计数量会严重缺失，这会严重影响人员配置的决策。因此，建立报修中心后，要求所有渠道报修，都必须实时反馈到96139。

表5 2015年度各分（子）公司报修量统计表

项目名称	物业报修总量（个）	物业室内（个）	物业公共（个）	其他（个）	日报修量（个）	通过报修平台接报	自行报修	备注
前分	2127	1538	585	4	6	2126	1	
泰华	1871	1611	245	15	5	237	1634	
紫旭	1743	986	757			3	1740	
国美	24537	11999	9167	918	67	24537		其中2453为供暖报修
东亚	357	125	232		30		357	
华典	1875	422	1453		5		1875	
合计	32510	16681	12439	937	113	26903	5607	

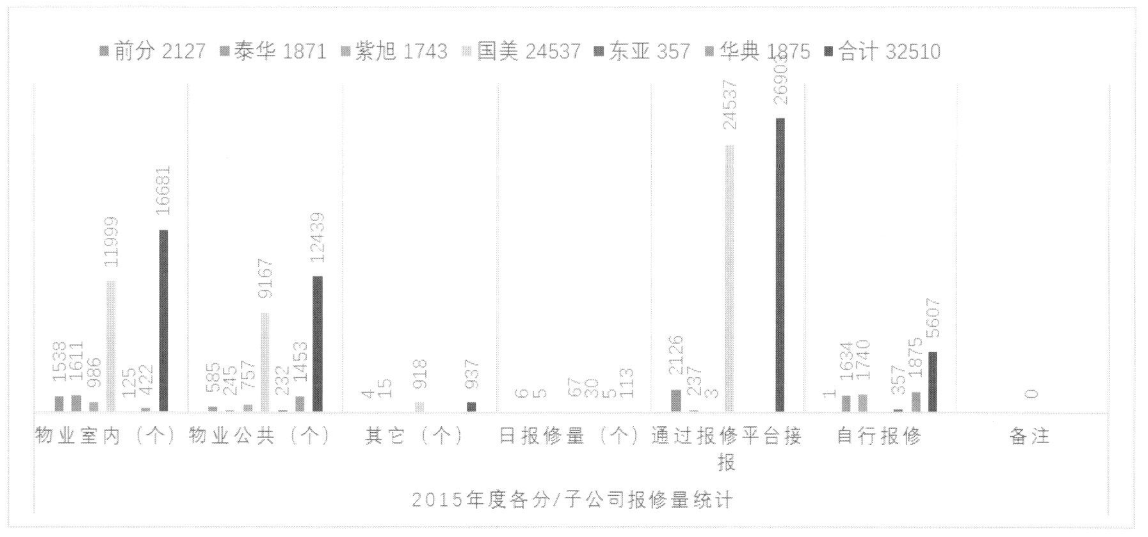

表6是天岳恒公司323万平方米物业服务区域维修工配置情况：万平方米配置维修工约0.5人。但是，单个项目面积小于5万平方米，万平方米配人一般就要大于1人，各个工种照顾不周全；相反，面积越大，万平方米配人越少，规模效应越明显。

表6 2015年物业维修服务人员配备情况一览表

公司	分公司	物业项目名称	管理户数（户）	管理面积（m²）	维修班组	维修人数	水暖工（个）	电工（个）	水电综合维修工（个）
天岳恒公司（25个物业项目）	前门分公司（8个项目，7个维修点）	前西	2121	157079	前东维修中心	11			11
		前东	2660	184170.2					
		新文化街	723	58447	新文化街维修班	5			5
		安定门	536	37658.6	安定门维修班	5			5
		惠新	961	62269.34	惠新维修班	5			5
		西坝河北里	768	70731.84	西坝河维修班	9			9
		花园桥	1325	84350.67	花园桥维修班	5			5
		中信	548	40000	中信维修班	4			4
	泰华分公司（9个项目）	宣武门	2537	170244.24	宣武门维修班	6	4		2
		西便门	1369	95659.8	西便门维修班	5	4		1
		茂林居	1551	119460.05	茂林居维修班	8	5		3
		太平桥	3202	223458.72	太平桥维修班	10	8		2
		榆树馆	451	33220.23	榆树馆维修班	4	1		3
		安贞	521	33564.66	安贞维修班	3	2		1
		于家坟	396	28980.19	于家坟维修班	2	1		1
		角门	1155	78936.87	角门维修班	7	6		1
		小马厂	763	42693.98	小马厂维修班	2	1		1
	紫旭分公司（4个项目）	莲花桥	339	33336.09	莲花桥维修班	3		1	2
		蒲黄榆	150	8394	蒲黄榆维修班	2			2
		右安门	984	57838.08	右安门维修班	2			2
		东城地税	0	12743.01	地税维修班	8		4	4
	国美分公司（4个项目）	国美2号院	3358	419684.35	2号院工程部	7	4	3	
		国美3号院	3079	341704.83	3号院工程部	7	4	3	
		华典	559	80463.03	华典工程部	3	1	2	
		东亚	2133	124864.32	东亚工程部	4	2	2	
合计				3230000	24个	127	43	84	

表7表明：2015年供暖锅炉房总计20个（含外埠三河公司），由6个分公司分管（前门、泰华、西罗园、太平桥玉林、国美、三河），供热面积为616.31万平方米，由114名正式工和56名季节工执行维修任务。

表7 供暖维修服务人员一览表

	分公司名称	户数	面积（m²）	人员
20个锅炉房 6个分公司	前门	3892	325342.39	20
	泰华	2676	227455.91	9
	西罗园	22513	2394200	正式37 季节32
	太平桥玉林	17043	1337607.68	正式21 季节3
	国美	5905	579088.98	10
	三河	10861	1299421.46	正式9 季节21
总计		62890	6163116	正式114 季节56

以上两表合计2015年共29个站点254名维修工。反映出维修站设置较多，人员配置过

多，承担的维修任务人均量较少，存在较大的资源浪费。

（2）调度中心建设

对此，通过充分调研与四邻科技达成战略合作开发建设新一代云报修平台，做了如下工作：

首先，重组调度站，精简维修人员：由原来的29个维修站重组合并为12个维修中心；维修工由254名缩减为216人，减少了38人；形成了一个呼叫中心（96139），几个管理中心（企业），几十个调度中心（项目部），成百上千的维修站，成千上万用户群体的业户端，实施新的维修服务模式。

表8 93139运行后人员配备表

序号	公司	调度站及维修人员
1	泰华物业分公司	泰华物业（40人）
2		泰华供暖（10人）
3	紫旭分公司	紫旭（14人）
4	太平桥玉林供暖分公司	玉林（12人）
5		太平桥（10人）
6	西罗园供暖分公司	西罗园（23人）
7	三河分公司	三河（12人）
8	前门分公司	前门（45人）
9	第一物业分部	国美（40人）
10	第二物业分部	华典（4人）
11	第三物业分部	东亚三环（6人）
12	北京房修一建筑工程有限公司	房修一（4人）
合计：7个分公司，1个加盟公司 12个调度站，一共220人		

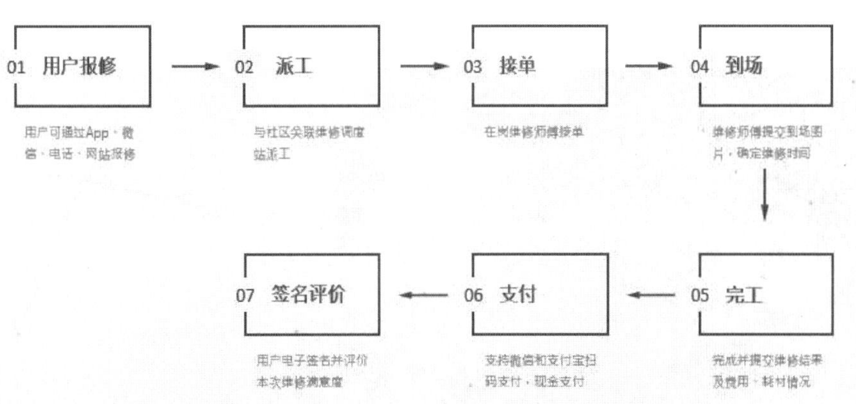

图13 报修流程图

其次，统一应用96139：由呼叫中心统一接报修、调度站统一派单到维修工、维修工通过移动终端入户维修。精简了派工流程，实现了维修单的可追溯性。

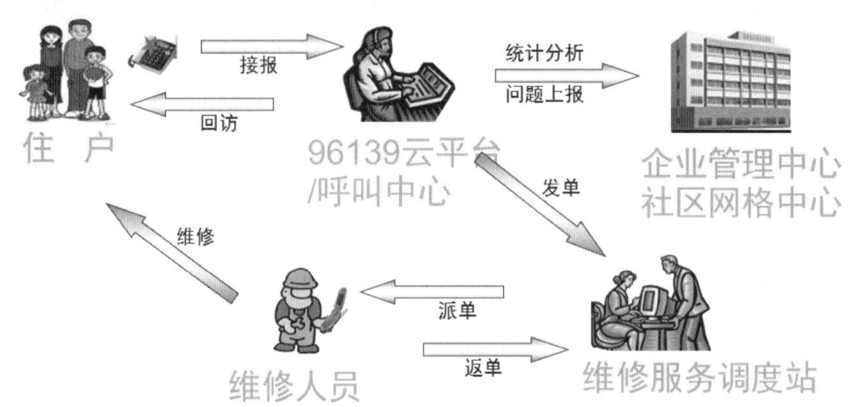

图14 报修流程示意图

第三、通过96139业主满意度反馈情况，对维修工进行了计件考核及服务质量考核，极大了提提升了维修工的服务质量和业主的满意度。

第四、在以上三个环节中，对维修服务人员进行多次培训，使其熟悉掌握软件和客户端的使用方法，掌握服务流程，着装统一；为其配备专业维修工具，统一收费项目清单；同时制定维修调度中心核算办法，及时使用软件对其维修工作量进行结算。以上措施保证了96139在报修维修服务中的畅通运行。

图15 统一着装

图16　专业维修工具

图17　统一维修服务清单

上门维修服务人员佩戴胸卡，业主报修APP/微信客户端显示的维修服务人员照片，可进行人员身份核实，确保服务的安全性；业主可以通过客户端定位获取维修服务人员上门时间。

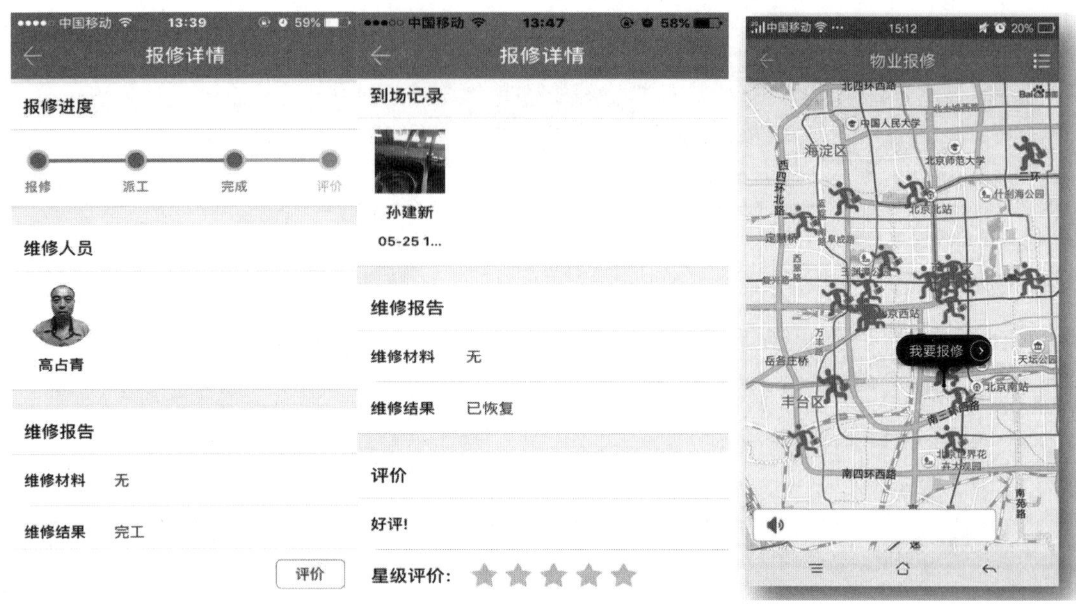

图18　维修服务人员定位及照片比对、服务进度

第五、应用工单管理系统，服务无死角，解决重大、疑难问题。工单系统用于客户帮助支持服务，客户售后服务，企业IT支持服务，呼叫中心等，用来创建、挂起、解决用户/客户/合作伙伴或企业内部职员提交的事务请求。规范化，统一化和清晰化的处理和管理事务。一个工单系统就像一个问题追踪器，能很清晰的追踪，处理和归档内外的问题事务请求，标准化服务追踪用户。

工单管理的作用：客户服务流程化、规范化、标准化。

a.企业人人都是客服

工单链接企业与客户，企业人人都可以扮演客服的角色，客户驱动企业运营。

b.快速响应

工单通过网络瞬间送达目标服务台，客服人员可随时随地响应客户请求。

c.智能分派

工单不仅可以人工分派，还可以根据渠道来源，服务目录、预设工作流、忙闲状态智能分派到对应的人或组。

d.跨部门协同

工单串联企业所有部门，客服部解决客户的使用问题，研发/生产部解决产品缺陷问题，产品/设计部发现并满足新的业务需求。

e.客户满意度是衡量工作的唯一标准

以工单为线索，每一个请求都得到响应，每一个问题都可以追踪，每一位客户都被呵护。

f.SLA指数，为客服质量把关（服务等级协议 Service level Agreement）

制定SLA指标，在各个优先级下，承诺客户会在多长时间内响应或是解决问题，保障服务质量，并要求和衡量团队工作。

g.自动化程序 简化客服工作 提高效率

根据企业业务实际需要，灵活配置规则，一旦触发，该规则就会自动执行，如设置用户欢迎工单、某个时间内自动关闭工单、SLA超时或用户投诉时自动发送警告等。

h.工单记录日志，了解事件处理全过程

工单从头到尾，无论是来自PC还是移动端，所有客户服务记录将被完整保留，对任何事件都可以回溯查询。

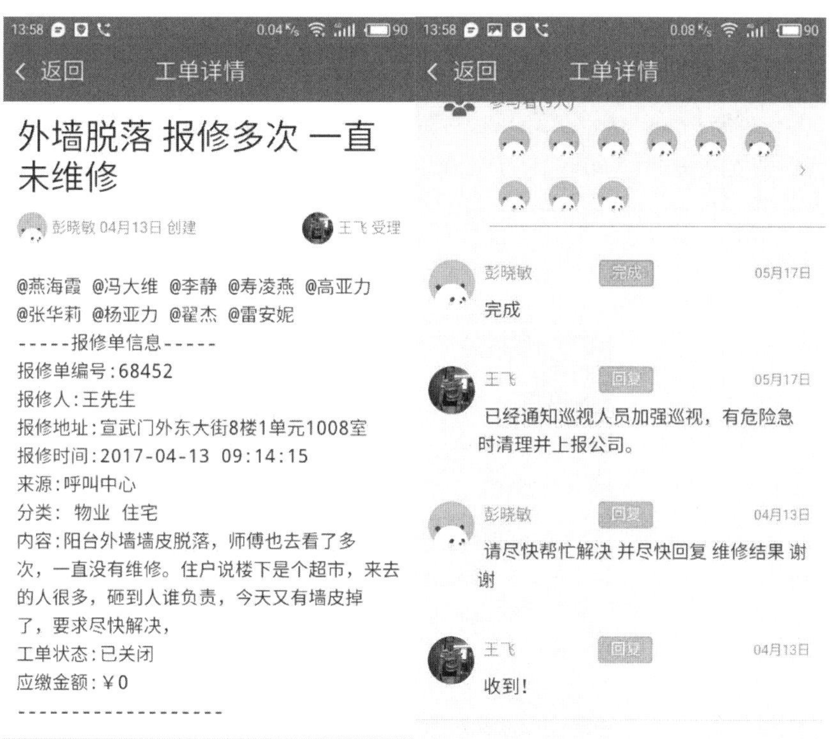

图19　协同作业的工单系统

5.整合社会闲置资源，创造多元化收盈

利用科技手段向现代物业管理转型中，强调以下几个方面：

（1）物业公司不仅是服务的供应者，还应成为服务的组织者，是服务的集成商；

（2）服务的对象不应仅局限于所管辖小区内的业主，还包括：建筑开发商、购房者、游离于社会中的服务供应商；

（3）利用的资源不应仅限于本公司专业技术、设备、管理人员，还包括信息和知识，信息和知识成为重要的资源；

（4）在提供“机能性”服务的基础上，还应给予业主提供“情感性”服务，创造良好社区文化氛围，为开发商和自身品牌创造价值，同时也使业主的物业有更大升值。

分享经济领域已经出现了类似滴滴出行、Airbnb等细分领域龙头企业，从整体来看，中国分享经济正步入发展黄金期。市场巨大，资本追捧，政策给力，从产业发展角度来看，分享经济在中国已经步入了黄金期。当下，有的细分领域开始萌芽，有的细分领域高速成长，有的领域面临爆发期，这些现象意味着分享经济未来有巨大的发展空间。

基于以上社会环境的快速发展和变化，打造基于分享经济的96139，积极整合社区有技能人员和社区周边各位专业服务提供商，极大扩展物业服务的广度和深度。比如：公司原维修服务90余项，现在已经在试点单位拓展到500余项。具体采用了如下做法：

（1）从运作机制上保证利益分配和可持续发展

为充分调动基层维修人员的积极性，公司给予50%入户零维修提成。并对维修工自行找来的装修项目给予额外奖励提成。

（2）入户宣传，狠抓落实

天岳恒投入资金围绕96139开展宣传活动，与项目负责人签署责任书，实行包楼制推广关注微信和下载手机APP软件。印制10万张业主专属ID的冰箱贴，组织动员收费员、巡检员、维修员上门逐户发放。同时印制宣传册，在五一劳动节、五四青年节及服务员活动当中，积极进社区广泛宣传。

图20　业户专属冰箱贴

（3）容忍失败

在新服务项目的拓展中，明确责权利，鼓励一线员工拓展新服务项目，天岳恒成立维修基金，承担起步阶段造成的可能损失，一线员工轻装上阵，很快掌握和熟练各项技能。对于初次入户清洗油烟机、空调加氟、移机等发生损坏的情况，不让维修服务人员承担责任，而由基金支出，保护维修服务人员的积极性。

（4）拓展供热散热器更新市场，增加新的收入项

在对96139报修平台的供暖数据分析发现：影响居民用热体验的主要原因是住户私自移动

管道及散热器位置致使塑料熔化后在管壁内结成肿瘤堵块，形成截流，造成局部的循环不畅，从而影响了楼上楼下整体的供热效果。通过自身行业的认知及互联网上用户的口碑，引入了3家散热器厂商提供散热器元器件，在供暖区域内全面推广散热器更换服务。与零售商及外包安装公司相比，优势突出：

供热运营企业对管网的情况更加地了解；作为国有企业，百姓更加信任与放心；天岳恒有10年以上从业经验的专业水暖师傅负责安装散热器，可以最大限度避免因跑冒滴漏等问题造成的个人财产损失；价格透明（同尺寸规格对比京东、建材城等专营店），让利30%，惠民于业主；安装维护及时，住户通过拨打96139，可享受采购安装售后一条龙服务，“省心”，有问题随叫随到；散热器厂家投有保险，自产品交付之日起产品售后保修期为5年。这项服务一经推出，立刻得到业主的热烈欢迎。

图21　散热更换户外展厅

（4）推进社区网格

大胆引进社会闲置服务能力，制定合理规范和约束机制。与街道网格办积极接洽合作，为社区闲散人员提供就业机会。

该平台应用于社区网格管理对提高服务社区能力发挥巨大作用。解决就地就业，让社区有一技之长的退而不休人员加入维修工作送餐送菜等居家服务；提高社区志愿者工作的计量考核能力，更有效的实现了社区治安维护工作水平。比如在右安门社区4平方公里范围之内，把1.2万户注册的有居家养老需求的家庭和在社区注册的3000名社区志愿者对接起来，极大地提高了送菜、送餐、救护的及时性。

96139便于中小型物业企业、社区快速接入部署应用，整合周边资源。应用该平台，费用低廉，不需要投资软件开发和硬件设备的购置。

三、创建96139平台实现传统物业企业服务模式创新的实施效果

（一）经济效益

96139一年多的运营，运行情况如下：截至到2018年8月30日，通过96139平台累计接收工

单18.8万余单，其中物业接报修12.2万余单，有偿维修收费122万余元；供暖接报修4.98万余单，有偿维修收费30万余元。

2016年度通过96139微信平台缴费2059单，收费金额3892217.19元。

2017年度通过96139微信平台缴费5886单，收费金额10962346.92元。

1.维修工作减员增效。公司原有维修工254人，整合后维修人员减少到216人，人工费减少：38*50000元/年=190万元/年。

2.腾退出维修办公室、材料房屋12间。办公室房屋出租增加收入：12*50000元/年=60万元/年。

3.收费工作减少收费员。推广使用维信和APP客户端交费，目前已经减少8名收费员，8*50000元/年=40万元/年。

4.使用微信交费比传统的POS机交费税率差0.5%，节约支出14854564.11*0.5%=74272.82元。

5.96139通过楼栋报修量大数据分析应用，及时进行供热管网热输配的调节，有效减少了热损失，目前统计约有0.5%节能量，年度节约天然气支出费用为：3300万立方米/年*0.5%*2.28元/立方米=37.62万元/年。（96139大数据分析应用详见附件：《2016–2017采暖季天岳恒报修数据统计分析》）

以上合计每年增收节支190+60+40+7.42+37.62=335.04万元。

另外维修工工作量由原来的每人每天维修1–2件，增加到了5–6件，劳动生产率提高了3倍–5倍。一线维修工收入由原来的4000元提高到了8000元左右，翻了一番。

（二）管理效益

通过信息化的全面实施，使天岳恒精简了组织机构，优化了业务流程，提高了工作效率。如在物业及供暖的费用收缴上，实现了业主可通过手机App、微信公众号、网站和线下网点的全渠道随时、随地缴纳，并通过中国银联支持所有银行卡支付、支持微信支付、支付宝等主流第三方支付渠道支付。

在报维修服务上业主可通过手机App、微信、网站和电话报修，可以实时查看维修人员接单和处理过程，并对维修情况给予客观评价。整个报维修流程实现了标准化、规范化、流程化的科学管理，同时，利用移动互联网、GPS/网络定位、实时拍照、电子支付、电子签名等技术有效监控服务过程。

对于服务中出现的疑难杂症及各种投诉，平台开发工单系统，实现跨组织跨部门的协同，通过SLA管控问题的流转和实施，让问题告别推诿和不了了之，极大提升用户满意度。

同时对于北京房地现阶段面临大量的接收非经资产，96139可以快速部署人员，接入非经接管相关资料，缩短接收准备时间。

96139开发的基于人工智能的客服机器人，依托全新优化的语义分析算法，客服机器人能更准确的理解客户问题，并进行精准的业务回答，即便在出现错别字、拼音甚至干扰词的情况下，也可以确保高达96%以上的回答准确率，为客服挡掉高达85%的重复问题和热点问题，帮助企业节省大量的人力成本。

同时该信息系统使客户服务、维修服务、费用收缴与其他专业职能管理等信息得到有机集成，实现了企业管理信息整合、促动沟通、求真务实、信息畅通、职责分明等目的。使企业管理真正由经验管理逐步转变到科学管理的轨道上来，使企业的管理手段和管理水平产生质的飞跃，跟上信息时代的步伐。

96139能实时、科学、准确、直观地反映出公司费用收缴、报维修进度、管辖社区房屋、设备维护情况以及人力资源等各项业务管理的实际情况，并及时监控和把握相关各部门的经营运作，极大地提高了天岳恒的整体基础管理水平，从而全面提升了天岳恒公司的市场竞争力。

（三）社会效益

96139的分享经济模式的成功应用填补了国内物管行业的一个空白，不仅对行业发展将会带来显著成效，而且实现了重要的社会效益：

该项目可以解决物业服务企业面临的“去围墙”趋势带来的生存危机。未来小区没有围墙，保安、保洁、绿化等都社会化了，但是物业从业人员可以通过该平台，从事社区居民家居服务。

解决社区失业人员就地就业问题，同时让退而不休人员有再就业发挥余热的平台，缓解外地务工人员进京的人口压力，减少上班族区域流动从而缓解交通压力，引导社区文化，传播正能量，提高社会动员能力。

通过大平台支付系统和移动端软件系统，让维修工、保洁员、秩序维护员、社区联防员、收费员、楼管员，包括社区业主，等等基础服务人员，实现实时结算，实现电商、企业、社区基层组织收入二次分配，调动各方服务基层的积极性，把各项服务基层的意图落地。

同时，该项目在北京房地内部整合加入房修一物业西罗园地区物业项目，实现快速建立部署调度站、数据对接，和现有的平台进行了很好的融合。在对外市场经过一年的努力，已经与市网格办、西城区房屋管理局建立合作意向，主要解决市属范围内还无人管理不提供物业服务的老旧小区及平房区域。

2017年天岳恒应邀参与了第二届首都国企开放日，在市国资委131条线路里天岳恒排名位居16，得到广大人士的高度认同。

成果创造人：黄朝阳、冯大维、燕海霞

国际化经营、生产运营与提质增效

服务外包中创新能力的测量、提升与绩效影响研究

——基于发包与承包双方知识转移视角的理论探讨与实证研究

对外经济贸易大学

一、引言

中国已经成为继印度之后的第二大服务外包大国，服务外包已成为推动我国经济发展、产业结构升级、提升自主创新能力和解决就业问题的重要途径。据统计，“2013年中国服务外包产业总规模已接近1.7万亿元人民币，占国内生产总值（GDP）的比重为2.97%；服务外包产业直接就业536.1万人，间接就业1780万人，占城镇就业人口的6.1%”①。然而，不少中国企业更多的是承包传统低附加值的业务，如数据录入、呼叫中心和业务流程等服务。随着中国劳动力成本的上升，人口红利正在消失，承包低附加值业务的企业将面临更多的压力和挑战。服务外包业如果能在数字化革命到来之际向产业链高端发展，更多地承包高新技术相关业务如研发服务、行业解决方案服务、产品工程服务和商业智能服务等，这将加强企业在全球市场上的竞争力和话语权②。不少承包企业努力提升创新能力向上游服务发展，如IBM作为信息服务业务的承包商，每年投入50亿美元进行自主研发并消化吸收外部新技术，致力于高端服务的打造③；中兴通讯作为ICT（信息和通信技术）服务的承包商，一方面不断投入大量资金进行研发，另一方面不断地进行流程和管理创新等，以对资源进行有效整合，努力实现盈利模式的突破。

服务外包是社会化分工专业化和精细化带来的结果。发包方为了降低成本，将业务外包给外部专业公司来完成。但是随着企业间边界越来越模糊，外包已经不单单是将业务直接交给承包方来做，而是双方之间进行紧密的沟通和合作的过程（Kohli & Grover, 2008）。承包方在接包的过程中不仅仅单纯地去满足发包方的要求，而且会在与发包方的交互中进行学习，以积累并提升企业的创新能力（Alcacer & Oxley, 2014；张慧颖 & 王江平，2012）。如英业达公司（Inventec Corporation）是台湾较大的笔记本制造商，它向惠普和东芝提供电脑组装业务，在和国际大公司合作的过程中，英业达公司逐步积累了自己的创新能力，后来开始销售自己开发的品牌（Khanna & Palepu, 2006）。台湾宏基公司同样经历了这样的历程，即在外包中积累了创新能力并将业务向价值链高端移动（Alcacer & Oxley, 2014）。实际上，国内外均有研究也表明：服务外包是促进企业能力快速积累的重要途径之一（Alcacer & Oxley, 2014; 张慧颖 & 王江平, 2012）+，而创新能力的提升可以促使企业成功转型，还可以增强企业核心竞争力。同时，企业创新能力构成了国家创新能力的重要基础，企业创新能力的提升将促进中国梦更快更好地实现。然而，迄今为止，我们仍然迫切地需要为下列问题找到答

案：服务外包中创新能力到底应该如何科学地进行评价？如何通过承包外部业务来提升承包企业的创新能力？

综观现有文献可知，目前对创新能力的内涵和分类较为零散，存在不一致性，而本成果在对已有研究进行全面回顾的基础上开发出创新能力的测量模型。目前围绕创新能力内涵与界定的研究主要分为三大类：第一类认为创新能力是从创新性出发的，主要强调创新的新颖性和创新的文化（Calantone et al., 2002; Hurley & Hult，1998）。在这类研究中，创新能力主要是立足于单维视角进行研究的，结果在某种程度上忽视了创新能力自身的丰富内涵；第二类是从创新程度入手进行研究的，如变革式和激进式、连续型和模仿型创新能力等（Subramaniam & Youndt, 2005; 吴晓波等, 2007）。这类研究多强调创新的新颖性和创新的程度，对创新内容和创新能力提升的研究还十分有限，难以为企业提供有效具体的指导；第三类是从创新能力内容视角进行研究的，如技术、营销、产品、流程等方面的创新能力（Lin et al., 2010; 吕一博 & 苏敬勤，2009），但这类研究目前对创新能力的分类较为分散，存在明显分歧，在指导企业实践方面相当有限。

特别地，立足于服务外包业情境对接包方创新能力的研究更是凤毛麟角。虽然有一些研究认识到能力积累在服务外包业中的重要性，但这类研究重点是对发包方的能力进行探讨，如外包能力、管理能力和技术能力等（Ranganathan & Balaji, 2007），或者强调发包方知识管理和知识传递的过程（Teo & Bhattacherjee, 2014）。相对而言，对承包企业能力积累的相关研究却十分匮乏。但中国外包业面临的现实是：在从传统向新型服务外包业转型的过程中，创新能力的积累是企业解决转型之痛的重要途径，从而进一步对服务外包中创新能力的相关研究提出了更为迫切的需求。

此外，在泛泛的能力提升方面，现有研究多从企业内部来探讨如何积累能力，或者单从知识接受方或知识分享方来探讨企业能力的提升机制，从而使得相关研究过于关注内部而忽视了外部的变化。实际上，知识的学习和能力的积累应该从“师-徒”（teacher-student）视角来进行分析，不仅仅要关注企业内部能力的积累，而且要关注如何借助外力向外部企业学习（Lane & Lubatkin，1998）。这在供需双方合作双赢的时代，显得尤为重要。实际上，正如Easterby-Smith等（2008）所指出的：能力的形成要从企业内部和外部两个方面进行系统研究。而且，知识的学习和转移不仅仅需要知识传授方有动机、有机会和有能力贡献知识，而且也需要接受方有动机、机会和能力接受知识并形成自己的能力（Easterby-Smith et al., 2008; Larsson et al., 1998）。在实践中，对于发包方来说，他们需要在“制造”（make）和“购买”（buy）中做出权衡，而外包则属于后者——“购买”决策。然而，在当今的合作制胜的双赢时代，双方已经不再仅仅是“买和卖”这样的一次性交易，而是需要进行密切的沟通、联系与合作（Li et al., 2008），这无疑为承包方的知识转移和能力积累提供了重要机会。

正是在这种背景下，本成果在遵循科学程序开发了服务外包企业创新能力测量模型的基础上，借鉴和利用著名的“动机（Motivation）、机会（opportunity）、能力（Ability）”（MOA）框架，对承包方从内部和外部两个渠道获取知识和提升创新能力的机制进行了系统的理论探讨和实证分析。首先，本成果在深入文献回顾与综述的基础上，对创新能力的构成进行了深入探讨，并开发了具有信度和效度的测量模型，为今后的相关实证研究奠定了基础；然后，本成果率先利用上述 MOA 框架，从知识转移的视角，立足于知识转移方和知识接受方两个视角，分析探讨并论证了MOA 各个因素对创新能力形成的差异性影响，并利用配对调研数据展开了实证分析。此外，本成果还创新性地深入探讨了MOA 各个因素之间的交互作用对创新能力的影响，从而进一步丰富和弥补了国内外相关研究的不足，为我国外包企业的创新实践指导奠定了坚实的基础。

二、理论背景

（一）创新能力的构成

创新能力是指企业采取和执行新实践的能力（Lin et al., 2010）。不少研究将创新能力作为单一的整合维度，如创新性（innovativeness）（产品或方法等的新颖程度）（吴晓波等，2007）进行探讨，没能兼顾创新能力的丰富内涵；也有研究按照创新的程度或创新的类型来研究创新能力，但相关研究中对创新能力的认识和分类还十分零散，没有形成一致的结论（Crossan & Apaydin, 2010; Damanpour, 1991）。例如，吕一博和苏敬勤（2009）将创新能力分为学习能力、战略管理能力、资源支持能力、研究与开发能力、制造能力、营销能力和组织能力，张鹏和付佰灵（2009）则将其分为创新投入能力、研究开发能力、生产能力、市场营销能力和创新管理能力，Subramaniam和Youndt（2005）将其分为激进式和渐进式创新能力。显然，目前多样化的创新能力分类、相对零散的创新能力研究和千差万别的创新能力测量方法，不利于我们对创新能力形成更为深入的统一认识，制约了科学有效的实证研究的展开，也无法在实践中对创新能力进行有效的测评，从而无法有效地指导企业的创新管理实践。在服务外包行业中，更是如此。因此，有必要围绕服务外包情境，对创新能力进行系统的研究和探讨，开发出具有信度和效度的科学量表。

实际上，创新能力主要是为了促进和反映企业持续进行创新并获取利润。所以对创新能力的认识，可以从对创新的类型与创新内涵的研究开始。表1是现有代表性研究中有关创新类型与创新内涵的梳理结果。

表1 创新类型的相关研究

文献来源	产品创新	流程创新	管理创新	技术创新	市场创新	制度创新	商业模式创新
林如海和彭维湘（2009）			√	√		√	
谢洪明等（2007）			√	√			
秦佩恒等（2014）	√	√		√			
饶扬德（2008）			√	√	√		
苏敬勤等（2013）	√		√				

魏江等（2008）	√	√	√		√		
Prajogo和Ahmed（2006）	√	√		√			
Crossan和Apaydin（2010）	√	√					√
Damanpour（1991）	√	√	√	√			
Becheikh等（2006）	√	√		√			

注：√表示研究中包括的创新内容（创新类型）。

从表1可以看出：第一，现有研究多倾向于认为创新包括产品创新、流程创新、管理创新、技术创新、市场创新、制度创新、商业模式创新等几种类型。其中，产品创新是指对产品或服务的引进、改进和开发（Becheikh et al., 2006; 秦佩恒等, 2014）；流程创新是指对生产、制造和作业等流程的改进和创造（Damanpour, 1991; Prajogo & Ahmed, 2006）；管理创新是对组织架构和企业内部管理流程的改进和创新，如包含人力招聘程序、财务、营销规程以及工作方法等的改进和创新（Lin et al., 2010; 谢洪明等, 2007）；技术创新是指企业各种技术方法的改进和创新的能力，包括产品、流程、运营等信息技术方面的创新以及研发上的投入（Becheikh et al., 2006; 林如海 & 彭维湘, 2009）；市场创新是指与外部顾客的关系和营销手段的改进和创新，以及对新市场的挖掘和探索（饶扬德, 2008; 魏江等, 2008）；制度创新是指为了适应企业自身和外部市场的变化而对现有制度的改进和替代（林如海 & 彭维湘, 2009）；商业模式创新是指企业向顾客创造、销售和传递价值的过程的创新（Crossan & Apaydin, 2010）；第二，现有研究中有关创新的分类主要集中在产品、流程、管理和技术四个方面。因此，本成果基于上述创新的分类，并结合服务外包情境提出了创新能力的分类，主要包括产品创新能力、流程创新能力、管理创新能力和技术创新能力。其中，在服务外包业中，随着外部环境的动荡和竞争的加剧，承包方产品或流程创新能力使得企业可以有效地应对内部和外部需求的不断变化（Calantone et al., 2002）。同时，服务外包作为高附加值的产业之一，如何在提升自身技术的同时更好地应用IT技术来布置战略计划也显得尤为重要（Plugge et al., 2013），即技术创新能力使企业在技术迅速发展的今天保持着持续的竞争力。此外，对企业内部的管理，如人力、绩效和制度的创新与改进，也是外包企业自身能力得到提升的重要表现之一。无疑，产品创新、流程创新和技术创新是服务外包企业创新能力的重要组成部分，构成了创新能力中的硬要素。然而，产品、流程和技术往往是可以被模仿的。这时，管理创新能力就显得至关重要了，它构成了创新能力中的软要素，它与上面三类创新能力交织在一起，就形成了以隐性知识为主、难以被模仿和复制的、构成企业核心竞争力的重要内容——创新能力。

（二）创新能力的提升机制研究

如何提升创新能力是实践界和学术界共同关注的重要问题，现有研究较多基于资源基础理论、组织学习理论和知识管理理论，从企业内部资源和管理视角来探讨创新能力的提升机制。例如，Damanpour（1991）和Crossan和Apaydin（2010）发现冗余资源和资源分配是促进企业创新的重要因素；Hurley和Hult（1998）以及Calantone等（2002）指出企业的市场导向和学习导向是创新能力的重要源泉；张小娣等（2011）指出内部知识集成和外部知识集成促进了技术和管理创新能力。

然而，在网络高度发达的今天，企业并非一个封闭的组织，他们需要和外部建立各种关系，以便更有效地获取各种信息和知识，并积累自己的能力。而且，外部知识与企业内部知识并非“非此即彼”的替代关系，他们之间需要形成较好的互补关系，才能更有效地促进企业创新能力的形成（Caloghirou et al., 2004）。因此，如何将外部知识转化为企业内部能力的关键就集中在：知识接受方能够有效地学习和吸收外部的知识——企业间的知识转移（Chang et al., 2012; Lee et al., 2008）。

（三）企业间的知识转移

企业间的知识转移是指知识从有知识的一方向知识接受的一方传递（Easterby-Smith et al., 2008），它跟组织学习一道，共同构成了企业积累能力的重要途径。虽然大量研究认为知识转移和组织学习通常发生在合资企业、联盟企业、母子公司等具有长期稳定关系的企业之间（Chang et al., 2012; Lee et al., 2008），但最近也有研究发现知识转移也会发生在企业交易之间、共同合作项目之间以及外包商和承包方的交易之中（Li et al., 2008; Zhou et al., 2014）。实际上，随着技术的发展和合作双赢商业模式的普及，组织之间的边界正变得越来越模糊，不同组织之间往往不再单单是一次性的“买”和“卖”关系，而是经常存在着深入而密切的合作（Yli-Renko et al., 2001）。企业间的知识不仅仅包括明确的知识（如在合同中提到的技术和管理知识），而且也包括存在于双方的关系和沟通合作当中的隐性知识，正是这些知识构成了企业能力积累的重要源泉（Fang, 2008; Li et al., 2010; Li et al., 2008）。因此，如何更有效地从合作者那里获取外部知识进而提升自身的创新能力，正变得越来越重要。

不过，组织之间的学习和知识的转移并不是畅通无阻的，企业在分享知识的时候通常会存在着很多顾虑：例如，把知识泄露给对方，可能会使对方拥有更多的话语权，从而弱化了自身的权力（Zhou et al., 2014）。同时，在组织之间的学习中，合作的一方如果学习速度更快，则会占主导权，即存在学习速率（learning race）的不对等性而引发权力不对等问题的风险（Larsson et al.,1998）。因此，在组织学习中，总会存在着知识传授方和知识接受方，也就是教和学的过程（teach vs. learn），进而不可避免地涉及了学习与分享动机与意愿的问题以及学习机会和自身的学习能力问题，它们对知识转移的效果具有重要影响（Larsson et al., 1998）。然而，现有的大量研究只是从知识传授方或接受方某个方面单独进行的。显然，将“教和学”隔离开来分别进行研究，不利于对组织间的知识转移形成更为深刻的认识和理解。正基于此，本成果拟利用著名的“动机、机会和能力”框架进行分析和探讨。

（四）动机（Motivation）、机会（opportunity）与能力（Ability）（MOA）框架

前人有关动机（Motivation）、机会（opportunity）与能力（Ability）（简称为MOA框架）的研究与应用主要集中在组织行为、消费者行为以及知识共享等领域（Chang et al., 2012;

Reinholt et al., 2011; 陈可 & 涂平, 2014; 张光曦, 2013）。近年来，MOA框架也被应用到跨边界的组织之间，如一些学者探讨了母子公司之间、联盟企业之间或交易企业之间的知识转移（Chang et al., 2012; Norman, 2004; Wang et al., 2013）。在服务外包情境中，发包方和承包方之间的知识转移是承包方积累创新能力的重要途径，这不仅会受到传授知识的动机、机会和能力等相关因素的影响，同样会受到接受知识的动机、机会与能力的影响，仅仅依靠单方难以完成知识的传递（Larsson et al., 1998）。其中，动机是指从事一种实践的意愿；机会是指是否有一定的资源或者外界条件来从事一种实践；能力是指是否有知识、技能和经验来从事一种实践（Blumberg & Pringle, 1982; Chang et al., 2012）。

在本成果的研究情景中，对发包方来说，知识传授方的动机是将知识传授给承包方的意愿，本成果运用与承包方的长期合作导向来描述知识传授的动机。如果发包方愿意与承包方长期合作，他们之间就会有较好的信任关系（Ganesan, 1994），从而表现出强烈的意愿向承包方分享知识，进而促进承包方创新能力的积累；机会是指是否有机会将知识传授给承包方。本成果把发包方和承包方的关系互动——发包方参与——视为学习与知识分享的机会。其中，发包方参与是指顾客（发包方）作为信息提供者或者共同开发者参与到产品的开发与制造中来（Fang, 2008），这为双方知识转移提供了条件和机会；能力是指是否有一定技能将知识传授给承包方。本成果重点关注知识传授方的重要能力，即发包方创新性，指尝试并改进学习风格的程度（Azadegan & Dooley, 2010）。发包方如果持续不断地去改进方法进行创新和学习，往往会拥有较强的创新能力，从而既为知识转移提供了可能，即提供知识的一方拥有可供转移的能力和知识，也为承包方树立了学习的标杆。

与此同时，对承包方来说，创新能力的积累在一定程度上取决于他们是否有动机从发包方那里获取知识，是否有机会从外部获取知识以及是否有能力从外部学习知识。具体而言，学习意愿是指承包方是否愿意进行学习，它描述的是企业知识获取和能力积累的重要动机（Norman, 2004）；学习的机会是从机会寻求角度来加以体现——机会寻求，强调企业去冒险进行创新和学习，努力寻求各种创新与学习机会（Hull & Covin, 2010），它构成了企业创新能力提升的重要前提和条件。最后，承包方的吸收能力是企业进行能力积累和知识转移的重要因素。其中，吸收能力是指识别、获取、处理和应用外部知识（如外部新技术信息）的能力（Chang et al., 2012; Cohen & Levinthal, 1990; Lichtenthaler, 2009）。

三、概念模型和研究假设

如前所述，在文献综述和企业访谈的基础上，本成果构建了服务外包企业创新能力的测量模型，并运用知识转移理论，基于MOA框架系统地探讨了创新能力的提升机制。具体而言，基于组织间知识转移理论和MOA框架，本成果研究了知识传授方和知识接受方的动机、机会和能力如何转化并提升创新能力的具体过程。同时，为了研究的完整性，本成果还探讨了创新能力对企业绩效的影响，如图1所示。其中，承包方创新能力是一个包括产品创新、流程创新能力、管理创新能力和技术创新能力的二阶四维建构。

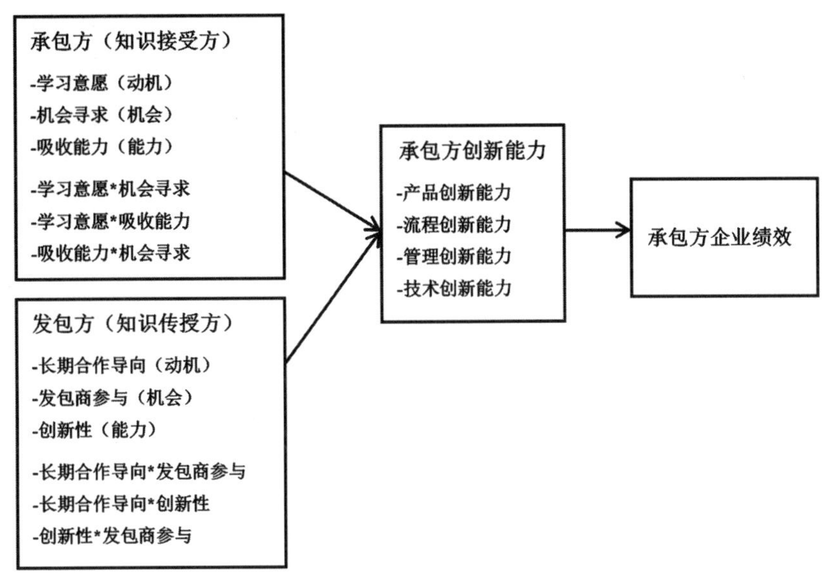

图1 概念框架

（一）发包方的动机、机会和能力（MOA）与承包方的创新能力

知识转移是指知识从有知识的一方向合作方进行转移的过程。然而，跨边界组织之间的知识转移并非畅通无阻的，这可能受到权力不均衡、机会主义以及不对称学习等因素的阻碍（Zhou et al., 2014）。由此，知识转移方在转移知识的时候往往会比较犹豫，跨边界的知识转移是有黏性的（Szulanski, 1996），能否有效进行知识转移往往需要双方企业的共同努力，而不是通过单方企业的努力就可以完成的。

对知识传授一方的企业（发包方）来说，他们分享的动机、机会和能力会影响到知识转移的过程以及接受方的能力积累。也就是说，知识接受方的能力积累不是被动的、单独的学习过程，而是与知识分享方进行交互式学习，最终形成难以复制的创新资源或能力（Lane &Lubatkin,1998）。现有研究已经表明：知识转移主要取决于两个要素，一是知识的透明性（transparency），二是接受方的接受能力（receptivity）（Larsson et al., 1998）。在本成果中，知识的透明性主要是通过发包方的MOA来体现的，接受方的接受能力则通过承包方的MOA来描述的。

首先，知识分享的动机促进了知识分享方向合作者公开知识，并持续传授知识（Reinholt et al., 2011）。当发包方愿意与承包方进行长期合作时，他往往会在很大程度上信任承包方，认为对方有较低的机会主义倾向，这将会对知识的分享有重要的促进作用。由于企业间知识存在着黏性，知识的转移往往无法轻而易举地实现，同时知识的转移也需要合作各方投入大量的时间和精力（Chang et al., 2012），所以如果发包方没有意愿同合作方进行长期合作，那么它们可能并不愿意向合作方泄露企业的相关信息，特别是与创新相关的信息，从而使得知识难以传递至承包方。

其次，知识分享的机会则为知识分享提供了平台。在确保存在着知识分享意愿的情况下，知识分享的机会就显得格外重要了。在本成果中，知识分享的机会是通过发包方参与产品开发与制造来体现的。在参与的过程中，发包方作为需求信息提供者和共同开发者 （Fang, 2008）参与到服务外包合作中来，合作双方可以进行更为密切的沟通和交流，从而为隐性知识的转移提供了机会和可能。也就是说，发包方参与促进了同承包方的沟通和频繁的互动，演绎着现实版的“师傅带徒弟模式”，从而有利于它们对同一事物达成一致的观点和认识 （Brown & Duguid, 2001），切实提升承包方的创新能力水平。在这一过程中，有些知识没有必要通过明细的书面形式表达出来，承包方可以通过自己的观察以及同发包方的密切互动交流来学习那些难以表达的隐性知识，从而促进承包方创新能力的提升。

最后，知识分享的能力为知识分享与获取奠定了坚实的基础。知识分享的意愿和机会，仅仅代表着知识分享的一种可能和潜力。要把这种可能和潜力转变为实际的转移行为和切实提升转移效果，知识分享能力就显得尤为重要了。一方面，发包方是否引进新思想和新方法，是发包方创新能力的主要体现 （Calantone et al., 2002），这可以视为发包方的知识基础和知识存储（Wang et al., 2004），构成了承包方学习的知识源泉。另一方面，如果发包方有足够的能力进行分享，它也将扮演着较好的示范作用，知识转移才有可能实际发生。若发包方是技术落后、没有创新知识的企业，那么发包方也不会有什么新知识可以向承包方转移。实际上，正是知识分享方MOA这三类因素使得知识更加开放，促进了隐性和粘性知识的转移，进而为知识接受方创新能力的提升创造了良好的外部条件（Chang et al., 2012）。由此，可以提出如下假设：

假设1：承包方的创新能力与知识传授方（发包方）的（a）长期合作意向（动机）、（b）参与（机会）和（c）创新性（能力）呈正相关关系

知识的转移不单单取决于MOA中的单个因素，而且取决于这些因素之间的组合（Blumberg & Pringle, 1982）。首先，如果发包方只有知识分享的动机，若没有知识分享的机会，那么知识往往仍然难以进行转移。在本成果中，若发包方只有意愿和承包方长期合作，但是双方如果不能进行有效地沟通和互动，那么也是很难将隐性知识进行转移的。同样地，如果发包方深入地参与到承包方的产品开发与制造中来，但却总是对自己的知识有所保留，不愿意向承包方公开与分享，那么知识的转移也一定不是最有效的 （Chang et al., 2012）。所以，如果发包方有意愿和承包方进行长期的合作，同时双方企业之间经常进行沟通，保持较好的关系，往往会更有效地促进隐性知识的转移和承包方创新能力的积累。

类似地，知识分享方的能力和知识分享方的动机也是需要紧密结合的。若知识分享方拥有能力时，对知识的接受方来说，由于隐性知识的存在，这种能力也不一定是开放的、透明易学的 （Larsson et al., 1998）。只有当知识传授方有意向对合作者公开知识的时候，知识分享方的知识和能力才更有可能进行有效的转移（Hamel, 1991）。在本成果的研究情景中，当发包方和承包方有意向进行长期合作时，它就会拥有更强的动机向承包方公开自己的知识。同时，发包方如果有较强的创新能力，又有强烈的动机来进行分享，势必更为有效地促进隐性知识从发包方向承包方转移。因此，知识分享的动机和能力的组合，会促进承包方的创新能力提升。

最后，发包方的能力和机会同样需要组合起来才可以更为有效地促进隐性知识的分享和转移 （Blumberg & Pringle, 1982）。当发包方具有较强创新能力的时候，无疑为知识转移奠定了基础。但如果没有转移的平台和机会，知识转移也将受阻。在本成果中，发包方的参与促进

了双方关系的形成，使得承包方有更多的机会去认识和了解发包方，而发包方也可以有更多机会去了解承包方及其能力水平，进而有针对性地采取更为有效的知识转移方法，从而最终促进发包方创新能力的提升。这样可以提出如下假设：

假设2：发包方的动机、机会和能力之间的交互，即（a）长期合作意向与参与（动机和机会），（b）长期合作意向与发包方的创新性（动机和能力），（c）发包方的创新性与参与（能力和机会），与承包方的创新能力呈正相关关系。

（二）承包方的动机、机会和能力（MOA）与承包方的创新能力

如前所述，知识转移不仅仅需要知识分享方来分享知识，而且也需要知识接受方有效地吸收和转化知识。因此，遵循MOA框架，承包方的创新能力提升也必然与承包方自身的动机、机会和能力密切相关。

其中，接受方（承包方）的动机表明了接受与吸收知识的意愿、方向和强度 （Chang et al., 2012）。如果承包方具有向合作者学习的意愿，那么其主动性和投入程度都会提高，也就会愿意投入更多的时间和精力去学习合作者的知识 （Wang et al., 2004），从而有利于外部知识向企业内部转移 （Hamel, 1991）；类似地，如果承包方努力寻求创新和学习的外部机会，则可以更有效地为企业内部创新能力的提升创造条件。具体而言，如果承包方具有强烈的创新与创业导向，那么它往往就会倾向于采取主动态势，同时具有冒险精神，并努力追求创新机会（Lumpkin & Dess, 1996）。这种创新与创业导向为机会的创造、机会的发现和机会的执行奠定了基础 （Zahra et al., 2006），从而确保知识接受者可以更有效地去获取创新知识和提升创新能力；当然，如果接受方有较强的能力去吸收外部知识，往往可以更为有效地吸收和转化来自外部的粘性知识，并对其加以有效利用，从而促进创新能力的提升 （Chang et al., 2012）。一般而言，企业的吸收能力往往有助于企业更有效地认识外部环境、获取外部知识，并促进外部知识的内部化，进而提升企业的创新能力 （Lewin et al., 2010）。由此可见，承包方的MOA较强地促进了企业内部的知识接受能力，进而提升了企业间的知识转移效果，并对企业的创新能力提升产生重要影响。这样可以提出如下假设：

假设3：承包方的创新能力与承包方的（a）学习意愿（动机）、（b）机会寻求（机会）和（c）吸收能力（能力）呈正相关。

与发包方的MOA类似，承包方的MOA要素也需要组合在一起时，才可能更好地促进企业创新能力的提升 （Blumberg & Pringle, 1982）。首先，学习的意愿和机会寻求需要组合起来，才能更有效地促进承包方创新能力的提升。学习的意愿表明了企业的学习动机、方向和强度，但这并不意味企业一定能把这种意愿转化为现实。在实践中，这种意愿的实施，往往离不开相应的学习机会或学习平台等外部条件（Blumberg & Pringle, 1982; Siemsen et al., 2008）。如果企业能够发现并利用创新机会，往往可以为企业创新提供更好的方向，为企业采取创新行动提供平台 （Hull & Covin, 2010）。也就是说，只有把承包方的学习动机和机会寻求组合在一起的时候，才有可能更有效地促进企业创新能力的形成。

同样地，学习动机也需要与吸收能力密切地结合起来，以便更有效地促进企业创新能力

的提升（Larsson et al., 1998）。其中，吸收能力是以过程为基础的一种能力，它可以帮助企业持续地识别、吸收和利用外部知识（Lichtenthaler, 2009）。如果承包方有动机向发包方学习各种知识，这时吸收能力就构成了企业实现这些动机的“助力剂”和坚强的能力基础。如果企业吸收能力较弱，不能对外部的知识进行吸收和整合，那么即使承包企业有较强的意愿进行学习，这些意愿也只能成为“美好的愿景”——一种梦想。

最后，吸收能力也需要与机会寻求组合在一起，才能更有效地促进承包方的创新能力。企业的吸收能力越高，有可能会过于强化企业内部的技术知识，造成“能力陷阱”，从而忽略外部环境的变化（Lichtenthaler, 2009）；而对外部机会的寻求，则往往有助于企业更好地了解外部环境的最新变化，以便获取更好的机会进行创新（Hull & Covin, 2010）。这样，有一定吸收能力的企业可以通过发现和把握机会而实现对外部的创新机会的整合和利用，进而促进承包企业创新能力的提升。因此，可以提出如下假设：

假设4：知识接受方的动机、机会和能力之间的交互，即（a）学习意愿与机会寻求（动机和机会），（b）学习意愿与吸收能力（动机和能力），（c）吸收能力与机会寻求（能力和机会），与承包方的创新能力呈正相关关系。

（三）创新能力与企业绩效

企业的创新能力具体表现在产品、流程、技术和管理方面的创新，这一方面有助于企业对现有资源的挖掘和利用，提高现有资源的利用效率，进而提升企业的利润和投资回报率（Calantone et al., 2002; Hurley & Hult, 1998; Prajogo & Ahmed, 2006）；另一方面，创新能力也有助于企业有效应对外部动荡的环境（包括顾客的动态需求），以获取并整合外部资源，提高企业的市场份额和销售量（Huang & Wang, 2013），进而提高企业竞争力（李婧等, 2010）。因此，可以提出如下假设：

假设5：承包方的创新能力与其绩效水平呈正相关关系。

四、研究方法

本成果通过问卷的方式收集数据，以承接服务外包业务的企业（承包方）为研究对象，将问卷发放给在北京、深圳、无锡、东莞、广州等地的外包企业。在正式发放问卷之前，本研究首先对5家外包企业的项目经理和战略经理进行了访谈，了解承包企业的创新能力构成及其形成机制，据此设计和开发了调研问卷。然后，在预调研和问卷修正的基础上，向选定企业的外包项目经理和战略经理分别发放了271份配对问卷。最终回收199份问卷，除去缺失值较多的无效问卷，最终获得174份配对的有效问卷，有效回收率为64.21%。在这些样本中，有112家民营企业，占比64.37%；62家非民营企业，占比35.63%；有78家成立5年或更长的企业，占比44.83%；96家成立不足5年的企业；有75家接包信息技术相关业务的企业，占比43.10%；有99家接包非信息技术相关业务的企业，占比56.90%。在承包方和发包方的合作年限方面，合作2年至5年的较多，有73家，占比 41.95%。

为了检验未回复偏差，本成果又根据一些客观数据对回复和未回复的样本企业的所有权、企业承包业务的类别以及企业成立的年限等进行了T检验，发现并不存在未回复偏差问题。另外，本成果为了避免同源方差问题，本成果的数据分别来自于承包企业的外包项目经理和战略经理。具体来说，自变量、因变量和控制变量（发包方和承包发的MOA因素以及承包方企业绩效等）来自外包项目经理，中间变量（创新能力）来自战略经理，这在很大程度上避免了同源方差问题。

（一）控制变量

创新能力的提升会受到各种因素的影响，如承包企业的所有权、年限、承包的业务以及承包企业和发包企业之间的合作年限等（Calantone et al., 2002; Fang, 2008; Lin et al., 2010）。在承包企业中，大部分企业为民企，因此本成果将民企视为1，其他性质的企业视为0。同国企以及合资企业等相比，民企更有可能有创业精神，并努力进行创新。企业的年限通常也是影响创新能力主要的因素，本成果将其视为二分变量，5年及以上的企业视为1，其他视为0。企业年限越久，可能积累更多的知识和能力（Calantone et al., 2002）。最后，和发包企业的关系年限也会影响承包企业的创新能力（Fang, 2008）。

（二）创新能力的测量模型及其开发

本成果严格遵循了Churchill（1979）量表开发的8个步骤，在对创新能力的范畴进行界定和分析的基础上，基于文献形成了创新能力的测量条目池。为了获得具有理论意义的因子结构，本成果首先使用SPSS软件对174份来自战略经理问卷的创新能力条目进行了探索性因子分析，如表2所示。在分析中，本成果采用正交法进行旋转同时采用主成分分析法，最终析出了四个因子。如表2所述，所析出的四个因子的对应的因子载荷都在.50以上，且不存在显著的交叉载荷，所有题项可以解释67.49%的方差。

然后，在上述探索性因子分析的基础上，本成果又基于来自外包项目经理的问卷数据，运用M-plus 6对创新能力的测量条目进行验证性因子分析，并计算出相应的平均提取方差与综合信度系数（如表2所示）。各建构的验证性因子的载荷大部分都大于.7，其综合信度系数和平均提取方差也都大于门槛值.70和.50，这表明创新能力的量表有很好的信度水平。而且，四因子模型显示了较好的拟合度，如$\chi2$（d.f.）=592.30（224）、TFI=.88、CFI=.89、SRMR=.05、RMSEA=.09。

表2　创新能力：潜变量及其测量条目与信度等

问项	CFA 载荷	EFA 载荷	综合信度系数	平均方差提取
产品创新能力				
我们公司经常开发出深受市场欢迎的新产品与新服务	.67	.74	.91	.62
我们公司很大一部分利润都来自于所开发的新产品和新服务	.80	.79		
竞争对手常常会模仿我们公司所开发的新产品和新服务	.70	.59		
我们推出新产品和新服务的速度往往比竞争对手要快	.89	.75		
我们在产品/服务研究与开发方面拥有比竞争者更强的实力	.84	.73		
我们一直努力开发可以把老产品改进为新产品的创新技能	.79	.68		
过程创新能力				

我们公司不断获取新技术以便改进生产流程或服务流程	.81	.66	.82	.60
我们公司可以设计开发出更有效的制造流程或作业流程	.80	.80		
我们采用的制造流程或工艺总是会引起竞争对手的模仿	.71	.51		
管理创新能力				
我们的财务管理制度可以有效地监控绩效与目标之间的差距	.75	.69	.93	.63
我们公司在新员工的招聘中特别强调创新与创造能力	.72	.70		
我们公司的新员工招聘制度不仅效率高，而且效果明显	.77	.76		
我们的绩效评价方法有助于部门主管了解公司目标实现情况	.75	.75		
在决定用什么方法实现目标方面，我们比竞争者更有创新性	.84	.78		
在推出新制度或信息系统管理方面，我们比竞争者更有创新性	.83	.69		
在探索实现公司目标的新途径方面，我们比竞争者更有创新性	.83	.69		
在工作内容更新/方法改进方面，我们比竞争者更有创新性	.83	.63		
技术创新能力				
在产品技术与开发新产品方面，我们比竞争者有创新性	.86	.61	.91	.68
在流程技术和开发新生产流程方面，我们比竞争者更有创新性	.86	.59		
在经营中采用新技术方面，我们比竞争者更有创新性	.84	.58		
我们在利用信息技术方面，表现出比竞争对手更大的创新性	.78	.61		
在发挥高水平研究与开发职能方面，我们比竞争者更有创新性	.78	.74		

注：CFA是验证性因子分析，EFA是探索性因子分析

此外，为了进一步验证创新能力四维度测量模型的有效性，本成果还设计了一系列高阶备选测量模型，并进行了比较，如表3所示。例如，在模型的设计和比较过程中，本成果假设某一对因子可以合并为一个因子（三因子），然后将新的6个三因子模型同创新能力的高阶四因子模型的拟合优度进行比较。如表3所示，同高阶四因子模型相比，$\triangle\chi^2/\triangle d.f.$ 都有显著的变化，表明不同的测量模型有着显著差异。在综合比较分析的基础上可以看出，高阶四因子测量模型为最优模型，表现出与数据更为高度的匹配性。因此，在服务外包企业的创新能力测量模型中，四维二阶模型是最优模型。

表3　备选模型比较

高阶模型	χ2（d.f.）	△χ2/△d.f.	CFI	TFI	SRMR	RMSEA
三因子模型						
产品创新=过程创新	664.66（227）	68.40	.87	.85	.06	.11
产品创新=管理创新	850.49（227）	254.23	.81	.79	.07	.13

产品创新=技术创新	779.92（227）	183.66	.83	.82	.06	.12
过程创新=管理创新	673.88（227）	77.62	.87	.85	.06	.11
过程创新=技术创新	640.65（227）	44.39	.88	.86	.05	.10
管理创新=技术创新	729.63（227）	133.37	.85	.83	.06	.11
四因子模型	596.26（226）		.89	.88	.05	.09

（三）建构的信度与效度

本成果的测量都尽量从已有文献中获取，使用的是7分值李科特量表，具体测量以及文献来源如表4所示。

1.信度与内敛效度

首先，本成果进行了验证性因子分析，并计算出相应的平均提取方差与综合信度系数。从表4可以看出：各建构的载荷基本都大于 .70，且在.001水平上显著；同时，各建构的综合信度系数也都大于.70，平均提取方差也大于 .50，从而表明本成果所用量表具有很好的信度水平和内敛效度水平。

表4　验证性因子分析：潜变量及其测量条目与信度等

问项	标准化的因子载荷	综合信度系数	平均方差提取
长期合作导向（动机）（改编于Ganesan, 1994）			
发包方（关键顾客）认为与我们的合作是长期关系的一部分	.87	.94	.76
发包方（关键顾客）愿意投入时间和精力来发展与我们的关系	.88		
发包方（关键顾客）会考虑与我们进行长期合作	.89		
我们合作双方努力维持一种长期互惠关系	.84		
我们合作双方密切合作	.88		
发包方参与（机会）（改编于Fang, 2008）			
发包方（关键顾客）积极地把相关信息传递给我们的产品开发/制造团队	.82	.86	.60
发包方（关键顾客）经常向我们提供有关其需要和偏好的信息	.82		
在产品开发/制造中，发包方（关键顾客）的努力和帮助起到了非常重要的作用	.74		
发包方（关键顾客）的参与或贡献是新产品开发/制造中十分重要的组成部分	.72		

发包方创新性（改编于 Calantone et al., 2002）			
发包方反复试验一些重要的新创意和新方法	.69	.91	.62
发包方经常会提出一些挑战常规思想的新创意	.81		
发包方想方设法提高效率	.73		
发包方精于提炼或改进现有技术	.83		
发包方经常会改进现有的程序、规则和政策	.78		
与竞争对手相比，在过去三年里来自全新产品的销售收入占销售总额的比重较高	.86		
承包方学习动机（动机）（改编于 Norman, 2004）			
我们企业具有很强的意图从合作伙伴那里学习有关信息系统的高级知识与技能	.79	.94	.75
我们企业具有很强的意图从合作伙伴那里学习有关一般管理的高级知识与技能	.90		
我们企业具有很强的意图从合作伙伴那里学习有关研究与开发的高级知识与技能	.89		
我们企业具有很强的意图从合作伙伴那里学习有关市场营销的高级知识与技能	.87		
我们企业具有很强的意图从合作伙伴那里学习有关生产与运营流程的高级知识与技能	.88		
承包方机会寻求（机会）（改编于 Chang et al., 2012; Hull and Covin, 2010）			
相对竞争对手而言，我们公司特别强调不断尝试新的机会	.79		
相对竞争对手而言，我们公司常常表现出积极进取的大胆姿态	.88	.89	.68
相对于竞争对手而言，我们公司具有较高的冒险倾向	.85		
相对于竞争者而言，我们公司具有很强烈愿望去识别新的机会	.77		
承包方吸收能力（能力）（改编于 Chang et al., 2012; Lichtenthaler, 2009）			
员工会定期拜访外部机构以便获取技术知识	.75		
我们常常抓住各种技术获取机会来吸收所需要的技术	.81		
我们会定期评估如何把新技术融入新的产品创意之中	.82	.92	.65
我们可以快速地识别出新技术知识对现有知识的意义或用途	.85		
我们经常考虑如何把技术应用到新产品开发/制造中去	.83		
我们持续地思考如何更好地利用自己的技术	.79		
承包方创新能力			
产品创新	.89		

过程创新	.87	.94	.78
管理创新	.86		
技术创新	.92		
承包方企业绩效（Huang and Wang, 2013）			
在过去三年里，我们公司很好地实现了既定的利润目标	.73		
在过去三年里，我们公司的利润水平超出了行业平均水平	.78		
在过去三年里，我们很好地实现了既定的市场份额目标	.89		
在过去三年里，我们公司的市场份额高于主要的竞争对手	.87	.95	.70
在过去三年里，我们很好地实现了既定的销售量目标	.87		
在过去三年里，我们很好地实现了既定的销售额目标	.86		
在过去三年里，我们公司的投资回报率高于行业平均水平	.82		
在过去三年里，我们公司的总体绩效高于行业平均水平	.86		
在过去三年里，我们公司的销售增长高于行业平均水平	.85		

2. 建构效度

为了检验判别效度，本成果将平均提取方差与各相关系数的平方进行了比较（Fornell & Larcker, 1981）（单变量如企业的所有权、年限、接包的业务以及接包企业和发包企业之间关系年限除外），发现平均提取方差均大于各相关系数的平方，也即各变量之间具有较好的判别效度，如表5所示。

表5 相关系数矩阵

	1	2	3	4	5	6	7	8	9	10	11
1.企业绩效	1.00										
2.创新能力	.44**	1.00									
3.长期合作导向	.33**	.43**	1.00								
4.发包方参与	.28**	.34**	.50**	1.00							
5.发包方创新性	.35**	.48**	.32**	.67**	1.00						
6.学习意愿	.43**	.56**	.46**	.42**	.54**	1.00					
7.机会寻求	.50**	.54**	.44**	.37**	.39**	.60**	1.00				

8.吸收能力	.50**	.56**	.48**	.36**	.40**	.68**	.73**	1.00			
9.合作年限	–.09	.05	.00	–.02	–.06	.01	.03	.03	1.00		
10.接包IT业务	.01	.18**	.15**	.06	.11	.20**	.09	.10	.04	1.00	
11.企业年限	–.06	.09	.12	.03	.07	.07	–.04	.01	–.02	.15**	1.00
12.民企	.17**	.07	.05	.04	–.06	.00	.06	.14	.05	–.03	–.22**

**p < .05

五、研究结果

（一）直接效应的检验

本成果使用Smart pls2.0对主效应进行分析，路径系数如表6所示。结果发现，在发包方MOA中，发包方长期合作导向和创新性促进了承包方的创新能力（β = .08, p< .1； β = .24, p< .01），即H1a与H1c得到支持。不过，发包方参与并没有对承包商创新能力产生显著影响（β = –.06, p> .1），即H1b没有得到支持；在承包方MOA中，三个因素都对承包方的创新能力产生了积极的显著影响（β = .18, p< .01； β = .18, p< .01； β = .20, p< .01），即H3a, H3b, H3c得到支持。最后，为了研究的完整性，也验证了创新能力和绩效之间的关系。承包方创新能力显着地促进了企业的绩效水平（β = .45, p< .01），即H5得到支持。

表6　路径系数

路径模型	路径系数β	方向	T值	假设是否支持
假设				
知识传授方MOA—承包方创新能力				
H1a：长期合作导向→承包方创新能力	.08*	+	1.89	支持
H1b：发包方参与→承包方创新能力	–.06	–	1.63	不支持
H1c：发包方创新性→承包方创新能力	.24***	+	6.30	支持
知识接受方MOA—承包方创新能力				
H3a：　学习意愿→承包方创新能力	.18***	+	4.29	支持
H3b：　机会寻求→承包方创新能力	.18***	+	3.80	支持
H3c：　吸收能力→承包方创新能力	.20***	+	3.62	支持
承包方创新能力R2=.458				

承包方创新能力-企业绩效 H5：承包方创新能力→企业绩效	.45***	+	10.37	支持
企业绩效R=.186				

注：*p < .10, **p < .05, ***p < .01

（二）交互效应的检验

本成果使用层次回归模型来验证交互效应，如表7所示。为了减少多重共线性，本成果在检验交互效应之前，率先对主效应变量和调节变量进行了“去心化”处理。同时，本成果也对每个模型进行了VIF检验，发现VIF值都小于2，这表明并多重共线性并不是严重的问题。

首先，模型1分析了控制变量对创新能力的影响；然后，在模型1中加入了主效应——发包方和承包方的MOA，构建了模型2，分析结果与上述结构方程模型中的结果基本一致，发包方创新性、承包方学习意愿、机会寻求、吸收能力都对创新能力产生了显著影响（β = .26, p< .01；β = .15, p< .1；β = .19, p< .05；β = .18, p< .1），而长期合作导向和发包方参与对承包方创新能力没有显著影响（β = .06, p> .1；β = –.08, p> .1）。在此基础上，本成果分别把发包方的MOA因素的两两交互效应分别纳入了模型，构建了模型3.模型4和模型5，检验了它们对承包方创新能力的影响。具体来说，模型3检验了长期合作导向和发包方参与（发包方动机与机会）的交互效应对承包方创新能力的影响（β = .13, p< .05），模型3同模型2相比，因R^2变化的$F_{(1,162)}$值显著（p< .05）；模型4检验了发包方创新性和发包方参与（发包方机会与能力）的交互效应影响（β = .14, p< .05），同模型2相比，因R^2变化的$F_{(1,162)}$值显著（p< .05）；模型5检验了发包方创新性和长期合作导向（发包方能力与动机）的交互效应影响（β =.12, p<.1），同模型2相比，因R^2变化的$F_{(1,162)}$值显著（p<.1）。

类似地，模型6到模型8分别检验了承包方MOA因素两两交互效应对承包方创新能力的影响。具体来说，模型6检验了承包方学习意愿和机会寻求的交互效应对创新能力的影响（β =.11, p< .05），同模型2相比，因R2变化的F（1，162）值显著（p< .05）；模型7检验了承包方吸收能力与学习意愿的交互效应的影响（β = .09, p< .1），同模型2相比，因R2变化的F（1，162）值显著（p< .1）；模型8检验了承包方吸收能力和机会寻求的交互效应影响（β = .11, p< .05），同模型2相比，因R^2变化的$F_{(1,162)}$值显著（p<.05）。

表7　层次回归模型表

	模型1		模型2		模型3		模型4		模型5		模型6		模型7		模型8	
	β	s.e.	β	s.e.	β	s.e.	β	s.e.	β	s.e.	β	s.e.	β	s.e.	β	s.e.
常数	3.02***	.12	.54*	.28	.43	.28	.41	.28	.42	.28	.37	.28	.40	.29	.36	.29
控制变量																
合作年限	.05	.10	.06	.08	.06	.08	.07	.08	.09	.08	.08	.08	.07	.08	.07	.08
接包IT业务	.23**	.10	.10	.08	.11	.08	.11	.08	.13	.08	.12	.08	.11	.08	.12	.08

企业年限	.11	.10	.09	.08	.09	.08	.08	.08	.07	.08	.08	.08	.08	.08	.08	.08
民企	.13	.11	.09	.09	.09	.08	.08	.08	.08	.08	.09	.08	.08	.08	.09	.08
主效应																
长期合作导向			.06	.07	.08	.07	.10	.07	.04	.07	.06	.07	.06	.07	.06	.07
发包方参与			-.08	.09	-.10	.09	-.09	.09	-.04	.09	-.06	.09	-.07	.09	-.06	.09
发包方创新性			.26***	.09	.25***	.09	.23**	.09	.28***	.09	.27***	.09	.26***	.09	.28***	.09
学习意愿			.15*	.08	.14*	.08	.15*	.08	.15*	.08	.13*	.08	.15*	.08	.15*	.08
机会寻求			.19**	.08	.21**	.08	.19**	.08	.19**	.08	.18**	.08	.19**	.08	.19**	.08
吸收能力			.18*	.10	.18*	.10	.19*	.10	.14	.10	.21**	.10	.19*	.10	.17*	.10
交互效应																
长期合作导向 x 发包方参与					.13**	.06										
发包方创新性 x 发包方参与							.14**	.06								
发包方创新性 x 长期合作导向									.12*	.07						
学习意愿 x 机会寻求											.11**	.05				
吸收能力 x 学习意愿													.09*	.05		
吸收能力 x 机会寻求															.11**	.05
R^2	.050		.450		.464		.470		.460		.466		.460		.464	
$\triangle R^2$					.014**		.020**		.010*		.016**		.010*		.014**	
因$\triangle R^2$引起的F值变化					4.23（1, 162）		6.11（1, 162）		3.00（1, 162）		4.85（1, 162）		3.00（1, 162）		4.23（1, 162）	

注：*p < .10, **p < .05, ***p < .01， s.e. 是指标准误

六、结果

（一）讨论

本成果通过对服务外包企业创新能力的深入探讨，开发了服务外包企业创新能力测量模型，并从发包方与承包方双方知识转移的视角，系统地识别出影响承包方创新能力提升的关键要素，揭示了承包方创新能力的提升机制及其绩效影响，从而为服务供应商（承包方）提升创新能力提供了有益指导，进而为我国企业如何提升自主创新能力和成功实现产业结构升级和制造业的服务转型提供了重要参考。

本成果发现：在服务外包企业中，创新能力包括产品、流程、管理和技术四个方面的时候是最理想的模型，已有创新能力的相关研究较多地将其作为单个维度进行研究（Calantone et al., 2002; Hurley & Hult, 1998; Liao et al., 2007），这不可避免地致使其失去了创新能力的丰富内涵，也难以为企业提供细致有效的指点。

本成果从发包方和承包方双方的MOA角度探讨了创新能力的提升机制，发现这两组因素都会影响到创新能力，但影响力度是有差异的，从而在很大程度上丰富了服务外包和知识转移管理的研究。而且，实证研究结果与不少人坚信的所谓"常识"不同，我们发现发包方的参与并没有直接促进承包方创新能力的提升，可能的原因在于：在服务外包业中，发包方来自世界各地，发包方如果只是通过网络形式提供一些显性的知识信息，这必然会弱化面对面沟通和参与中隐性知识转移的效果。同时，实证结果也发现：发包方和承包方MOA的其他因素对创新能力有促进作用。首先，这从一定程度上丰富了服务外包业的相关研究。已有的服务外包研究中，大多数都更加关注发包方外包决策的选择、外包战略、外包中遇到的困境等（Barth é lemy & Adsit, 2003; Gonzalez et al., 2006; Lacity et al., 2009），对承包企业方的研究则十分有限（Plugge et al., 2013）。而本成果对承包方能力积累的因素和提升机制的研究，对已有服务外包领域的相关研究是十分重要的补充。

同时，本成果也在很大程度上丰富了知识转移的相关研究。知识转移的大量研究多从知识的接受方来探讨如何获取知识，或者从知识的传授方来分析如何促进它们分享知识。但在实践中，知识的成功转移不仅仅取决于知识传授方是否愿意并能够公开知识，而且也取决于知识接受方的接受能力（Larsson et al., 1998），但目前从双方角度进行的实证研究还十分匮乏。本成果从发包方和承包方双方的视角，基于MOA框架把相关的重要因素统一在一个研究框架中进行探讨和分析，这在国内外尚属首次。本成果实证结果发现：虽然知识传授方中某些因素（如发包方参与）并不能影响接受方创新能力的积累，但是当和发包方其他因素（发包方的长期合作意向和发包方的创新性）同时存在的时候，它们之间将形成不可忽视的交互作用，进而对促进承包方的创新能力做出重要贡献。类似地，我们也发现，承包方MOA因素中的两两因素交互作用，也都较强地促进了承包方创新能力的积累与提升。

（二）实践启示

首先，在服务外包业中，尤其对承包企业而言，它们可以在向发包方提供服务的时候，向它们学习并积累自己的创新能力。企业在积累创新能力的时候，要从产品、流程、管理和技术四方面全面发展。

其次，在服务外包业中，企业创新能力的积累不仅仅应该关注企业内部的因素对创新能力的影响，而且要从知识传授方加以识别并进行学习。具体来说，承包企业如果要进行创新能力的积累，他们应努力识别有动机、有能力和有机会进行知识转移的发包方，如长期合作导向、发包方的参与以及发包方的创新性。对于这样的发包方，承包企业应该努力和它们进行深入互动并保持长期合作，以便提升其创新能力。

最后，但却是十分重要的，这些因素都不是独立存在的，它们彼此之间存在密切的交互作用，只有使它们有机地形成一个整体，才能更好地发挥作用（Blumberg & Pringle, 1982）。尤其对知识传授方来说，传授的动机、传授能力和传授机会需要相互结合才可以更有效地促进发包方创新能力的积累与提升。由此，承包企业若旨在提高创新能力，则需要有计划地寻求和选择有能力、有动机和有机会传授知识的发包方。同时，作为承包企业，它们也应该首先建立一系列创新机制和文化，以便有意识地学习外部知识、持续寻求外部创新机会并不断提升自己的吸收和应用能力。只有这样，才能更有效地全面提升企业的创新能力。

（三）局限和未来的研究方向

本成果主要通过服务外包企业来探讨承包企业创新能力的构成以及形成机制，但是还存在一些不足，指出局限才有利于未来更好地展开新的研究。

首先，服务外包中创新能力是个长期积累的过程，本成果虽然基于横截面数据从承包方和发包方角度在一定程度上探讨了创新能力的形成机制，但是如果能采用时间序列数据进行分析则可能更有效。未来研究可以利用时间序列数据进行一些验证。

其次，本成果主要探讨发包方和承包方的MOA如何影响创新能力的形成，未来研究可以探讨针对知识传授的发包方提供的外部知识，承包方如何通过自己的吸收能力转化为自己的创新能力。另外，未来可以通过限制因素模型（constraining-factor model）限制并排除一些因素来探讨其他因素对能力积累的影响，如 Siemsen等（2008）通过限制因素模型发现没有机会和能力，只有动机去分享团队知识是没有效果的，未来研究可以尝试通过这种模型来探讨能力的积累。

最后，本成果主要探讨了创新能力的形成机制，而对不同创新能力如何影响企业绩效并没有太多探讨。如何将能力转化为企业绩效以及竞争优势也尤为必要，未来研究可以更细致地探讨哪些创新能力在哪些情景下相对更重要，这样将为承包方提供更细致地指导。

成果创造人：王永贵、马　双

【注释】

［1］张旭东.中国服务外包产业从业人员达559万，http://chinasourcing.mofcom.gov.cn/c/2014-06-17/170748.shtml，2014-05-17

［2］曲玲年.中国服务外包企业最新发展模式研究，http://chinasourcing.mofcom.gov.cn/c/2013-08-07/155133.shtml，2013-08-07

［3］曲玲年.打造中国“高端服务”，http://chinasourcing.mofcom.gov.cn/c/2013-08-07/155113.shtml，2013-08-07.

【参考文献】

［1］Alcacer, J. and Oxley, J., 2014, "Learning by Supplying", Strategic Management Journal, 35（2）, pp. 204-223.

［2］Azadegan, A. and Dooley, K. J., 2010, "Supplier Innovativeness, Organizational Learning Styles and Manufacturer Performance: An Empirical Assessment", Journal of Operations Management, 28（6）, pp. 488-505.

［3］Barth é lemy, J. and Adsit, D., 2003, "The Seven Deadly Sins of Outsourcing", The Academy of Management Executive, 17（2）, pp. 87-100.

［4］Becheikh, N., Landry, R. and Amara, N., 2006, "Lessons from Innovation Empirical Studies in the Manufacturing Sector: A Systematic Review of the Literature from 1993 - 2003", Technovation, 26（5 - 6）, pp. 644-664.

［5］Blumberg, M. and Pringle, C. D., 1982, "The Missing Opportunity in Organizational Research: Some Implications for a Theory of Work Performance", The Academy of Management Review, 7 （4）, pp. 560–569.

[6] Brown, J. S. and Duguid, P., 2001, "Knowledge and Organization: A Social–Practice Perspective", Organization Science, 12 （2）, pp. 198–213.

[7] Calantone, R. J., Cavusgil, S. T. and Yushan, Z., 2002, "Learning Orientation, Firm Innovation Capability, and Firm Performance", Industrial Marketing Management, 31 （6）, pp. 515–524.

[8] Caloghirou, Y., Kastelli, I. and Tsakanikas, A., 2004, "Internal Capabilities and External Knowledge Sources: Complements or Substitutes for Innovative Performance?", Technovation, 24 （1）, pp. 29–39.

[9] Chang, Y.–Y., Gong, Y. and Peng, M. W., 2012, "Expatriate Knowledge Transfer, Subsidiary Absorptive Capacity, and Subsidiary Performance", Academy of Management Journal, 55 （4）, pp. 927–948.

[10] Cohen, W. M. and Levinthal, D. A., 1990, "Absorptive Capacity: A New Perspective on Learning and Innovation", Administrative Science Quarterly, 35 （1）, pp. 128–152.

[11] Crossan, M. M. and Apaydin, M., 2010, "A Multi–Dimensional Framework of Organizational Innovation: A Systematic Review of the Literature", Journal of Management Studies, 47 （6）, pp. 1154–1191.

[12] Damanpour, F., 1991, "Organizational Innovation: A Meta–Analysis of Effects of Determinants and Moderators", Academy of Management Journal, 34 （3）, pp. 555–590.

[13] Easterby–Smith, M., Lyles, M. A. and Tsang, E. W. K., 2008, "Inter–Organizational Knowledge Transfer: Current Themes and Future Prospects", Journal of Management Studies, 45 （4）, pp. 677–690.

[14] Fang, E., 2008, "Customer Participation and the Trade–Off between New Product Innovativeness and Speed to Market", Journal of Marketing, 72 （4）, pp. 90–104.

[15] Fornell, C. and Larcker, D. F., 1981, "Evaluating Structural Equation Models with Unobservable Variables and Measurement Error", Journal of Marketing Research, 18 （1）, pp. 39–50.

[16] Ganesan, S., 1994, "Determinants of Long–Term Orientation in Buyer–Seller Relationships", Journal of Marketing, 58 （2）, pp. 1–19.

[17] Gonzalez, R., Gasco, J. and Llopis, J., 2006, "Information Systems Outsourcing: A Literature Analysis", Information & Management, 43 （7）, pp. 821–834.

[18] Hamel, G., 1991, "Competition for Competence and Interpartner Learning within International Strategic Alliances", Strategic Management Journal, 12 （S1）, pp. 83–103.

[19] Huang, M.–H. and Wang, E. T. G., 2013, "Marketing Is from Mars, It Is from Venus: Aligning the Worldviews for Firm Performance", Decision Sciences, 44 （1）, pp. 87–125.

[20] Hull, C. E. and Covin, J. G., 2010, "Learning Capability, Technological Parity, and Innovation Mode Use", Journal of Product Innovation Management, 27 （1）, pp. 97–114.

[21] Hurley, R. F. and Hult, G. T. M., 1998, "Innovation, Market Orientation, and Organizational Learning: An Integration and Empirical Examination", Journal of Marketing, 62 （3）, pp. 42–54.

[22] Khanna, T. and Palepu, K. G., 2006, "Emerging Giants: Building World–Class Companies in Developing Countries", Harvard Business Review, 84 （10）, pp. 60–69.

[23] Kohli, R. and Grover, V., 2008, "Business Value of It: An Essay on Expanding Research Directions to Keep up with the Times", Journal of the Association for Information Systems, 9 （1）, pp. 23–39.

[24] Lacity, M. C., Khan, S. A. and Willcocks, L. P., 2009, "A Review of the It Outsourcing Literature: Insights for Practice", The Journal of Strategic Information Systems, 18 （3）, pp. 130–146.

[25] Lane, P. J. and Lubatkin, M., 1998, "Relative Absorptive Capacity and Interorganizational Learning", Strategic Management Journal, 19 （5）, pp. 461.

[26] Larsson, R., Bengtsson, L., Henriksson, K. and Sparks, J., 1998, "The Interorganizational Learning Dilemma: Collective Knowledge Development in Strategic Alliances", Organization Science, 9 （3）, pp. 285–305.

[27] Lee, R. P., Johnson, J. L. and Grewal, R., 2008, "Understanding the Antecedents of Collateral Learning in New Product Alliances", International Journal of Research in Marketing, 25 （3）, pp. 192–200.

[28] Lewin, A. Y., Massini, S. and Peeters, C., 2010, "Microfoundations of Internal and External Absorptive Capacity

Routines", Organization Science, 22 （1）, pp. 81–98.

[29] Li, J. J., Poppo, L. and Zhou, K. Z., 2010, "Relational Mechanisms, Formal Contracts, and Local Knowledge Acquisition by International Subsidiaries", Strategic Management Journal, 31 （4）, pp. 349–370.

[30] Li, Y., Liu, Y., Li, M. and Wu, H., 2008, "Transformational Offshore Outsourcing: Empirical Evidence from Alliances in China", Journal of Operations Management, 26 （2）, pp. 257–274.

[31] Liao, S.–H., Fei, W.–C. and Chen, C.–C., 2007, "Knowledge Sharing, Absorptive Capacity, and Innovation Capability: An Empirical Study of Taiwan's Knowledge–Intensive Industries", Journal of Information Science, 33 （3）, pp. 340–359.

[32] Lichtenthaler, U., 2009, "Absorptive Capacity, Environmental Turbulence, and the Complementarity of Organizational Learning Processes", Academy of Management Journal, 52 （4）, pp. 822–846.

[33] Lin, R.–J., Chen, R.–H. and Chiu, K. K.–S., 2010, "Customer Relationship Management and Innovation Capability: An Empirical Study", Industrial Management & Data Systems, 110 （1）, pp. 111–133.

[34] Lumpkin, G. T. and Dess, G. G., 1996, "Clarifying the Entrepreneurial Orientation Construct and Linking It to Performance", The Academy of Management Review, 21 （1）, pp. 135–172.

[35] Norman, P. M., 2004, "Knowledge Acquisition, Knowledge Loss, and Satisfaction in High Technology Alliances", Journal of Business Research, 57 （6）, pp. 610.

[36] Plugge, A., Bouwman, H. and Molina–Castillo, F.–J., 2013, "Outsourcing Capabilities, Organizational Structure and Performance Quality Monitoring: Toward a Fit Model", Information & Management, 50 （6）, pp. 275–284.

[37] Prajogo, D. I. and Ahmed, P. K., 2006, "Relationships between Innovation Stimulus, Innovation Capacity, and Innovation Performance", R&D Management, 36 （5）, pp. 499–515.

[38] Ranganathan, C. and Balaji, S., 2007, "Critical Capabilities for Offshore Outsourcing of Information Systems", MIS Quarterly Executive, 6 （3）, pp. 147–164.

[39] Reinholt, M., Pedersen, T. and Foss, N. J., 2011, "Why a Central Network Position Isn't Enough: The Role of Motivation and Ability for Knowledge Sharing in Employee Networks", Academy of Management Journal, 54 （6）, pp. 1277–1297.

[40] Siemsen, E., Roth, A. V. and Balasubramanian, S., 2008, "How Motivation, Opportunity, and Ability Drive Knowledge Sharing: The Constraining–Factor Model", Journal of Operations Management, 26 （3）, pp. 426–445.

[41] Subramaniam, M. and Youndt, M. A., 2005, "The Influence of Intellectual Capital on the Types of Innovative Capabilities", The Academy of Management Journal, 48 （3）, pp. 450–463.

[42] Szulanski, G., 1996, "Exploring Internal Stickiness: Impediments to the Transfer of Best Practice within the Firm", Strategic Management Journal, 17 （Winter Special Issue）, pp. 27–43.

[43] Teo, T. S. H. and Bhattacherjee, A., 2014, "Knowledge Transfer and Utilization in It Outsourcing Partnerships: A Preliminary Model of Antecedents and Outcomes", Information & Management, 51 （2）, pp. 177–186.

[44] Wang, P., Tong, T. W. and Koh, C. P., 2004, "An Integrated Model of Knowledge Transfer from Mnc Parent to China Subsidiary", Journal of World Business, 39 （2）, pp. 168.

[45] Wang, Y., Wu, J. and Yang, Z., 2013, "Customer Participation and Project Performance: The Mediating Role of Knowledge Sharing in the Chinese Telecommunication Service Industry", Journal of Business–to–Business Marketing, 20 （4）, pp. 227–244.

[46] Yli–Renko, H., Autio, E. and Sapienza, H. J., 2001, "Social Capital, Knowledge Acquisition, and Knowledge Exploitation in Young Technology–Based Firms", Strategic Management Journal, 22 （6–7）, pp. 587–613.

[47] Zahra, S. A., Sapienza, H. J. and Davidsson, P., 2006, "Entrepreneurship and Dynamic Capabilities: A Review, Model and Research Agenda*", Journal of Management Studies, 43 （4）, pp. 917–955.

[48] Zhou, K. Z., Zhang, Q., Sheng, S., Xie, E. and Bao, Y., 2014, "Are Relational Ties Always Good for Knowledge Acquisition　Buyer – Supplier Exchanges in China", Journal of Operations Management, 32 （3）, pp. 88–98.

[49] 陈可、涂平.《顾客参与服务补救:基于moa模型的实证研究》.《管理科学》, 2014年第3期.

[50] 李婧、贺小刚、茆键.《亲缘关系、创新能力与企业绩效》.《南开管理评论》, 2010年第3期.

[51] 林如海、彭维湘.《企业创新理论及其对企业创新能力评价意义的研究》.《科学学与科学技术管理》,2009年第11期.

[52] 吕一博、苏敬勤.《基于创新过程的中小企业创新能力评价研究》.《管理学报》, 2009年第3期.

[53] 秦佩恒、赵兰香、李美桂.《企业创新能否推动节能技术的运用?》.《科学学研究》, 2014年第1期.

[54] 饶扬德.《市场、技术及管理三维创新协同机制研究》.《科学管理研究》, 2008年第4期.

[55] 苏敬勤、林海芬、李晓昂.《产品创新过程与管理创新关系探索性案例研究》.《科研管理》, 2013年第1期.

[56] 魏江、陶颜、陈俊青.《服务创新的实施框架及其实证》.《科研管理》, 2008年第6期.

[57] 吴晓波、胡松翠、章威.《创新分类研究综述》.《重庆大学学报 》, 2007年第5期.

[58] 谢洪明、王成、罗惠玲、李新春.《学习、知识整合与创新的关系研究》.《南开管理评论》, 2007年第2期.

[59] 张光曦.《如何在联盟组合中管理地位与结构洞? ——Moa 模型的视角》.《管理世界》, 2013年第11期.

[60] 张慧颖、王江平.《基于接包方视角的服务外包企业创新能力实证研究——以天津滨海新区为例》.《技术经济》, 2012年第10期.

[61] 张鹏、付佰灵.《企业创新能力和绩效评价的关系》.《科研管理》, 2009年第ZK期.

[62] 张小娣、赵嵩正、王娟茹.《知识集成对企业创新能力影响的实证研究》.《科学学与科学技术管理》,2011年第8期.

持续推动精益管理
全面提升重组整合企业综合竞争力

南方水泥有限公司

一、公司简介

南方水泥有限公司（简称南方水泥）是世界五百强中央企业中国建材集团有限公司水泥业务板块的核心企业之一，2007年9月5日在上海浦东注册成立，注册资本为100亿元人民币，其中，中国建材占注册资本83.1%的股权。截至2018年6月底，公司拥有水泥企业142家，商混企业125家，熟料产能1.2亿吨，水泥产能1.6亿吨，商混产能2亿方，水泥、商混综合产能位居全国第一，市场范围覆盖浙江、上海、江苏、安徽、湖南、江西、福建、广西壮族自治区等省（市）。

南方水泥成立以来，在中国建材“善用资源、服务建设”的企业使命、“创新、绩效、和谐、责任”的核心价值观指引下，通过创造性的联合重组、管理整合、优化升级，实现企业从无到有、从小到大、从弱到强。十一年间，公司以优良业绩实现了国有资本保值增值，累计实现营业收入3162亿元、利润总额261亿元、归属母公司净利润178亿元、总资产906亿元。同时，公司也为过剩行业的结构调整和转型升级做出了积极贡献，带动我国水泥行业集中度从2006年的15%提升至2017年底的62%，行业利润也极大幅度提升。可以说，南方水泥不仅实现了自身的跨越式成长，更推动了水泥行业的健康发展，为我国供给侧结构性改革探路前行。

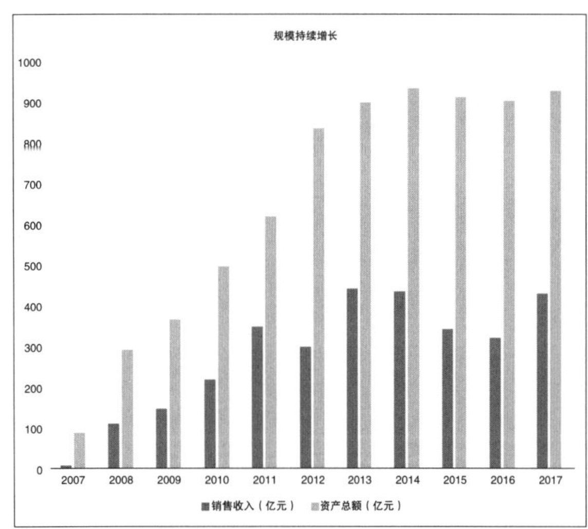

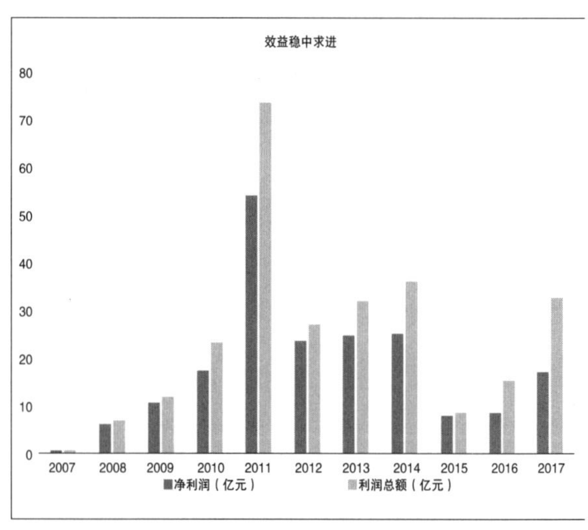

图1 南方水泥十年来取得的经济效益

二、实施背景

（一）行业背景

水泥是一种粉状水硬性无机胶凝材料，广泛应用于土木建筑、水利、国防等工程，被誉为建筑的“粮食”。水泥行业是我国国民经济发展的重要基础原材料工业，其产业链上游是石灰石等原料，中游是熟料和水泥产品，下游是商品混凝土，期间还贯穿了骨料和环保产业。在现今社会，水泥不但能产生良好的经济效益，还能够通过协同处置垃圾、固体（危险）废弃物等，产生社会效益。

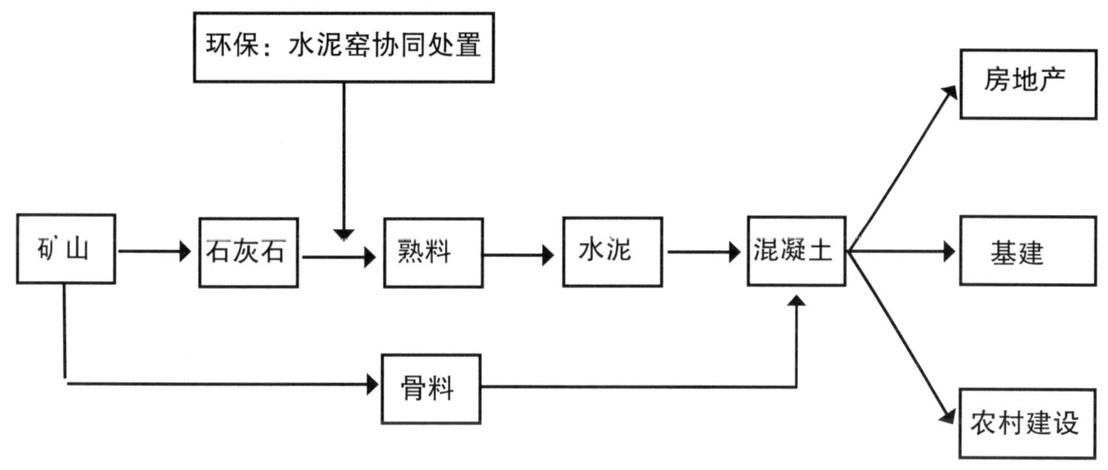

图2 水泥产品上下游产业链

自1985年起，我国水泥总产量便开始一直位于世界第一的水平，2014年达近25亿吨，占全世界总产量的60%。同时，中国不仅成为一个水泥生产的大国，而且已经开始向水泥强国迈进，目前已经形成了教学、科研、设计、情报信息和标准设计制造等较完整的工业体系。

水泥行业的特性，基本是由水泥产品的特性所决定的。总的来说，水泥产品及水泥行业具有以下五大特点：一是同质化，不同企业之间生产的同标号水泥差异微乎其微，竞争的核心点位在成本和价格；二是重资产，作为资本密集型行业，进入此行业所需的固定资产投资数额动辄以十亿元计，存在很高的进入壁垒和退出壁垒；三是区域性，水泥产品价格低、体重、量大，运输费用会在价格中占较大比重，销售半径就十分有限，区域布局就显得至关重要；四是高能耗、高排放，整体而言对环境不友好，成为国家从环保等层面重点关注的行业；五是供需不确定性，供给端难以长期贮藏、追求即产即销，需求端受宏观经济、政策环境、投资拉动水平甚至于自然环境变化，供给端的时效性和需求端的机会性使供需形势很难被推断或确定下来。这些特点，导致水泥行业成为一个竞争极为激烈、对管理水平要求很高的行业。

（二）企业现状

精益管理是提升企业竞争力和企业效益的行动法则。对于南方水泥所在的传统制造业而言，精益管理的意义更大于其他产业。没有颠覆性的技术革新（不同于日新月异的互联网行业），没有差异化的产品品质（水泥、商混都是同质化产品），所有竞争力都源于对成本指标、对管理水平、对工艺细节的极致追求，一处落后，处处受制，唯有全方位实现精益求精，才能在市场上立足。而南方水泥又是通过联合重组起来的企业，先天条件要求南方水泥必须付出比他人多得多的努力才能达到同样的效果。这些因素综合起来，才倒逼南方水泥披荆斩棘、奋勇前行，走出一条精益管理之路。

2007年9月26日，南方水泥在上海浦东挂牌成立，当时的南方水泥正在推动大规模联合重组，上百家成员企业被重组进来，空间上分布在七省一市，来自不同的背景，有着不同的企业性质、企业文化与管理机制，管理基础薄弱，且成员企业仍处在整合前各自为战的状态之中。这样的状况，在全世界都不多见，没有合适的先例可以学习和借鉴。

据麦肯锡的统计，世界上有近70%的并购最后以失败告终，而其关键问题就在于没有实施良好的整合。南方水泥在这样一个节点上也同样面临着大规模重组企业寻求良好整合、进而立足于行业并实现可持续发展的挑战。基于此，如何实现先进有效的标准化管理成了一个十分严峻而复杂的课题。

2008年5月，南方水泥有针对性地召开了联合重组报告会，正式提出公司的工作重点由联合重组转向管理整合。在这次会议上，南方水会将集中、统一、标准化管理的理念正式固化，也拉开了打造独具特色的、能解决自身固有问题的管理体系的序幕。

2012年，南方水泥企业总经理培训首次导入精益管理，标志着精益管理正式向纵深推进。同年，公司启动了第一批企业总经理赴日研修和第一批4家成员企业精益管理试点。2013年起，在中国建材启动“管理提升年”活动的同时，南方水泥通过学习精神和融会贯通，在全公司层面陆续形成了较为完善的以“精益生产、精简精干、精细管理”为核心内容的精益管理体系。相继启动了第二批和第三批企业总经理研修和成员企业精益管理试点，使试点企业扩充至31家，并在其他非试点成员企业逐步铺开。

三、体系机制

（一）总体思路

中国建材南方水泥的精益管理体系，是中国建材长期推行并不断完善的“精益生产、精简精干、精细管理”的统称，更是中国建材“创新、绩效、和谐、责任”核心价值观、“提质增效、转型升级”指导思想、“坚持效率优先效益优先、坚持主业突出专业化、坚持精细精简精干、坚持价本利经营理念、坚持整合优化、坚持数字化”经营管理原则的具体体现。

中国建材南方水泥的精益管理有如下内涵：“精益生产”就是通过导入精益生产理念，运用精益生产工具，实现全员参与、持续改善、消除浪费、降低成本、提高效率，不断提高生产运行质量和效益；“精简精干”就是通过持续地组织优化和机制创新，实现机构精简、人员精干，不断提高组织效率和组织竞争力；“精细管理”就是通过全面预算管理和产、供、销、物流全过程精细化管理及人、财、物全面精细化管理，实现管理的系统化、标准化、精细化、数字化和信息化，并通过精准对标总结、完善和持续优化改进，从而不断提高企业的整体经营质量和效益。

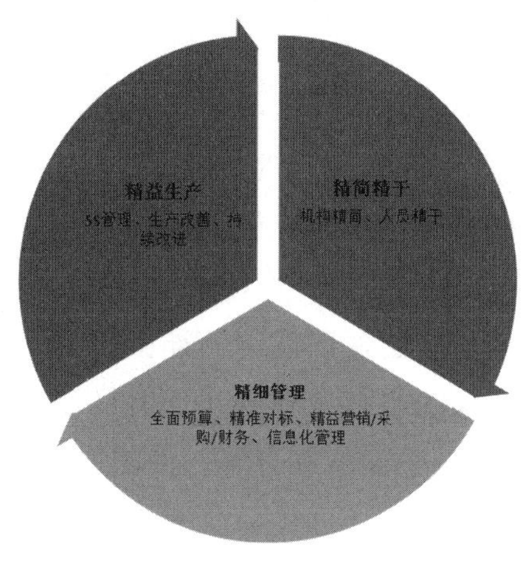

图3 南方水泥精益管理的“三精”

通过精益管理，南方水泥希望实现这样的目标：将一个大规模的、重组整合而成的、起点相对较低的水泥产业集群，通过分层次、分步骤、试点先行、以点带面、先进更先进、后进学先进的方式，全面导入并固化“精益生产、精简精干、精细管理”的模式，逐步取得成效，并最终打造成具有综合竞争力的行业领军企业。同时，这套精益管理模式要可复制且易于复制，从而能够为中国建材集团内部乃至世界范围内其他面临同样难题的企业提供有益借鉴。

（二）组织设计

组织设计是精益管理的实施基础。南方水泥的精益管理组织机构设有三级，层层部署，确保权责明晰。

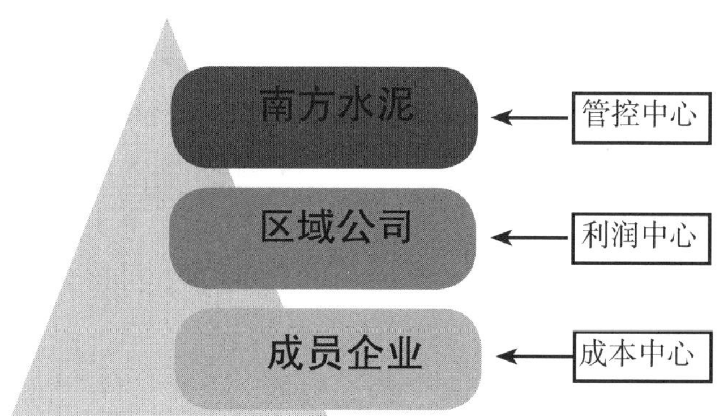

图4 南方水泥精益管理架构

公司总部层面，作为“管理中心”，南方水泥设有精益管理领导小组，由总裁亲自担任组长，领导班子中分管人事、财务、企管和技术的成员为副组长，各区域公司负责人为成员，负责统筹、部署、把关精益管理的总体推进工作，确定方向，制定原则；领导小组下辖工作小组，设在公司技术部，由公司分管技术的班子领导和部门领导任正副组长，人事、财务、企管的职能部门领导和各区域公司对应职能的副总裁为组员，负责精益管理在各级企业的具体组织实行，细化任务，下达目标。

区域公司层面，作为“利润中心”，各区域公司相应建立领导小组和工作小组，职能与总部类似，将实施精益管理的工作逐级细化、责任向下传导。

成员企业层面，作为“成本中心”，各成员企业同样建立领导小组和工作小组，落实上级总体要求，并且扎实开展精益管理的具体工作。

三级组织除了纵向的管理关系外还存在横向的连接关系，各个机构之间打造“比学赶帮超”的机制，从而充分发挥南方水泥的平台和规模优势，使区域公司间、成员企业间精益管理、业绩提升的经验和成果得到很好的交流和分享，使之产生更大的经济效益，提升区域公司和成员企业整体管理水平。

（三）规划目标

南方水泥的精益管理是以目标为导向、以成果为标准的管理模式。要有效推进和取得实效，必须开展科学的规划；要确定目标和衡量成果，必须制定精准的关键业绩指标（KPI）。

1.总体规划

精益管理绝非一朝一夕可成之功。南方水泥精益管理总体规划是结合企业实际的，是保持稳中求进基调的，以五年为单位长远规划，切实具有指导性和可操作性。

第一个五年（2008-2012）的主题是“构建体系，试点先行”：一是建立组织机构和运行机制，确保整个体系得以标准化、系统化运转，并在总部、区域公司层面率先贯彻精益思想，优化组织架构和管理模式，最大限度减少浪费。二是在水泥企业进行试点，优先选择管理基础较好、管理层对精益管理了解较深入的企业，一家一家部署、培训和跟进，最终覆盖20%左右的水泥企业，同时注重总结经验，为全面推广打下基础。

第二个五年（2013-2017）的主题是“打造标杆、分类推进”：一是切实将精益管理试点企业打造成行业标杆，确保这些企业在各自的优势点具备世界一流水平，在综合实力上具备中国建材领先水平，从而让其他成员企业有可以全面学习借鉴的地方。二是对南方水泥的成员企业进行分类，根据各自实际情况（所处行业、外部环境、企业规模、设备情况、管理基础、人员配置等）制定几套计划，时间节点、目标任务各不相同，并力争在这五年实现精益管理在先进成员企业的全面落实和后进成员企业的全面启动。三是在区域公司层面进一步完善体制机制、管理构架，并做好精简精干和精细管理的各分项内容。

第三个五年（2018-2022）的主题是“因企施策、全面实行”。通过结构调整和优化升级，南方水泥的成员企业将会变得更加先进、智能、精简、集约，也就具备了精益管理全覆盖的条件。承接第二个五年的计划，在第三个五年，南方水泥的精益管理要因企施策、分类管理、交流互助、全面推进，在所有成员企业取得成效，不留死角。

三个五年计划之后（2023-）的主题是“精益求精、力争卓越”。这体现了精益管理“无止境地追求完美”的内涵。精益管理是一个持续改善的过程，只有不断地创新，不断地进步，不断地优化，减少一切浪费，追求效益最大化，才能做到精益管理要求的“精益求精”、“尽善尽美”，也才能够将南方水泥真正打造成具t有综合竞争力的行业领军企业。

图5 南方水泥精益管理“三五规划”示意图

2.滚动规划

南方水泥精益管理的滚动规划，以三年时间为跨度开展。每年初，南方水泥精益管理领导小组会将中国建材集团和中国建材股份的年度工作任务细化分解，同时秉承“逐年赶超行业先进水平”的目标自我加压，二者结合，形成未来三年的长期规划、一年内的中期目标和各季度的短期任务。

如2018年，南方水泥三年目标的关键业绩指标为“在95%的成员企业全面推行精益管理；60%的成员企业达到精益管理样板工厂水平；产品可控成本每年下降2元/吨；劳动生产率每年提升8%”等。在关键指标下细分子项，覆盖生产经营的各个方面，诸如“熟料标煤耗每年下降1公斤/吨；熟料综合电耗每年下降1度/吨（含余热发电）；水泥粉磨工序电耗每年下降1度/吨”等，细化到每一个关键经营环节。年度任务以三年目标为纲获得，季度任务则通过分解年度目标形成。

这些目标在确定后并非一成不变，会由南方水泥精益管理领导小组按季度根据宏观经济形势、行业运行情况等进行调整，但每一次目标调整都要提出充分的理由并经过专业的研判。

（四）机制保障

“人”是精益管理的核心因素，在精益管理中发挥着主动性、决定性的作用。因此，实施精益管理要从“人”上下功夫。只有让员工充分参与到精益管理的全过程中来，用有效的考核激励等机制调动干部员工的积极性和主动性，同时不断提升干部员工的综合素质，企业才能通过精益管理提高效益，创造出更大的价值。

1.激励机制

南方水泥初步制定了较为完善的激励机制，以绩效考核为主，专项奖励为辅，确保广大干部员工对精益管理的开展保有主动性和持续性。绩效考核中，每个人，无论总经理、部门经理、班组长、基层员工，都至少为3个精益管理KPI负责，有一定的考核权重与精益管理挂钩（视不同企业情况权重往往设定在10%–20%之间，向上奖励不封顶，向下扣完为止）。专项奖励从目标完成情况和项目开展情况两个维度落实，目标完成情况每季度奖励一次，项目开展情况年终集中开展一次，既是数额不低的现金奖励，更是一种荣誉的体现。对于员工来说，如果能够得到企业的认可和重视，可说是最能提高其工作积极性的方法。

2.培养机制

南方水泥秉承“全员求精益”的理念，以“基础管理提升、人员素质提高”为目标，每年分批次、分层次开展培训与宣贯，由总部组织精益管理交流和“总经理特训营”，由区域公司和成员企业组织精益生产学习和操作技能培训，围绕精益管理理念、精益工具应用、行为规范、技能素质等内容，让全体干部员工理解、认同精益管理方式、理念，通过培训让大家了解、学习精益工具，把精益管理融入日常工作中，逐步转变公司干部员工的思想观念，提高干部管理素养、提升员工技能水平，进一步打好精益管理的基础。

四、主要内容

（一）精益生产

1.5S管理

5S是日语中整理（Seiri）、整顿（Seiton）、清扫（Seiso）、清洁（Seiketsu）和素养（Shitsuke）这5个词的缩写，是指在生产现场对人员、机器、材料、方法等生产要素进行有效管理，要求工作场地安全、清洁、有序，工作形式精确、迅速、安全。

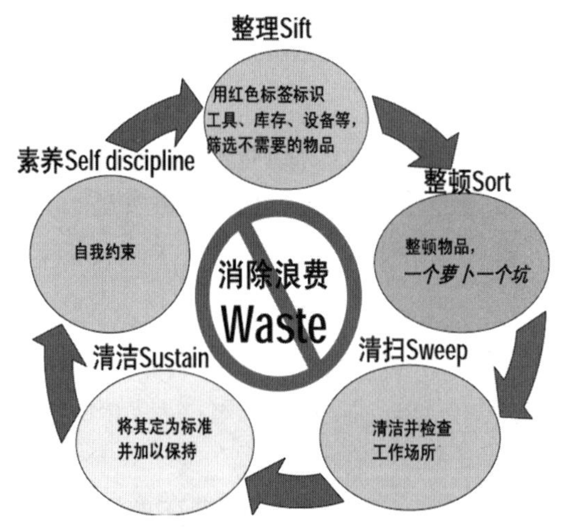

图6 南方水泥“5S”管理内涵

南方水泥推进的5S管理的方法大致包括以下内容：

（1）整洁工厂创建

南方水泥的整洁工厂创建活动，从5S管理的理念出发，要求清除不必要的物品、分类安排有用的物品、保持现场清洁、工作环境有序稳定、人员自觉清洁整理和保持现场。为实现目标，南方水泥制定了一套完整的整洁工厂创建评比体系，如水泥企业的整洁工厂评比涵盖了矿山、生料磨、窑系统、磨系统等14个工段（现场），从日常活动、环境卫生、定制管理三个维度进行评比对照，鞭策企业对现场进行不留死角的整顿清扫和改进提升。在企业层面，南方水泥的导向是先易后难、分步推进，重点突破、以点带面，注重改善、持续提升，即先从整改难度小、投入少、容易完成的岗位着手，从全厂选择脏乱差较严重的一些岗位着手整治，看到进步，提振全厂开展整治工作的信心；再总结经验，扩大整治范围，大范围解决“跑冒滴漏”、改善现场环境、减轻劳动强度；最终因企施策，制定现场监督管理检查机制，常态化改善并实施，确保整治效果长期保持、年年提升。通过几年来的整洁工厂创建工作，南方水泥评比出了一批五星整洁工厂，其中水泥熟料企业槐坎南方、水泥窑磨企业湖州南方、新杭南方等的整洁工厂建设已达到行业顶尖水平，运行状况节能低耗，现场环境一尘不染，且常态化保持并不断进步。

南方水泥企业月度整洁工厂检查公示栏

（2）标准化管理

标准化管理是组织内部制定相关术语、原则、方法、流程并予以推广运行的一个动态过程，目的在于实现稳定,从而获得一个增长与改进的基础。南方水泥的生产管理，无论是水泥还是商混，均符合“生产以人的动作为中心、生产作业为反复作业”两个前提条件，因此适合于将标准化管理、标准化作业进行全面规范和推广。

图7 工具摆放标准化

南方水泥的标准化管理包括生产标准化、安全标准化等一系列内容。生产标准化要求采取一致的操作和方式、使用一致的机器和工具、进行一致的摆放和收集，且一切流程均记录和张贴，对于水泥和商混生产而言，较为固定的模式使得每一道工序的标准化都能最大限度提高效率、提升质量，例如运行时中控室各个参数需要保持在什么区间、水泥出库、封袋、装车各环节需要几秒钟等都有明确的标准，但这并不是说标准是一成不变的，只要工作人员发现更好更有效率的方法，就可以变更标准作业，目的在于提高生产效率；安全标准化则是套用国家标准向下一以贯之的标准体系，建立安全生产责任制，制定安全管理制度和操作规程，排查治理隐患和监控重大危险源，建立预防机制，规范生产行为，使各人（人员）、机（机械）、料（材料）、法（工法）、环（环境）、测（测量）处于良好的生产状态，并持续改进，不断加强企业安全生产规范化建设。

图8 安全标准化建设

（3）目视化管理

目视化管理是指以视觉信息显示作为基本手段，通过信息的显现化、公开化、透明化让谁来都能看得见，明白无误地理解意图，确保做到位。

南方水泥经常用到一些目视化管理的形式，包括横幅、展板、照片、实物展示，文字描述，颜色的运用，线条的运用等。利用这种模式能更直观地展现标准，让员工得到及时的提示和警示，员工很容易去遵守、调整、比较、判断、区分，方便相关干部和职能人员对现场作业状况进行监督，也便于对大家进行培训，所以在现场要经常利用目视管理的方法。

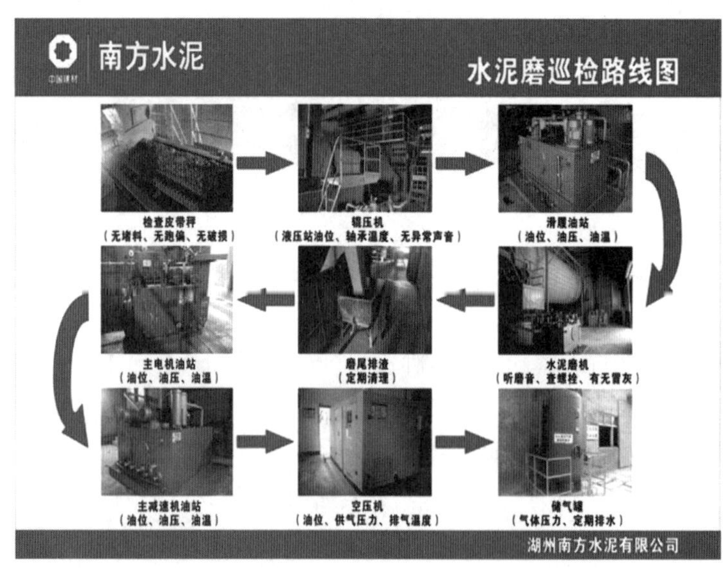

图9 南方水泥企业可视化巡检路线图

南方水泥在实施目视化管理时确保实现四大要素：内容人人可见；要求人人一致；内涵和理解保持一致；状态容易把握，过程看得见，结果看得见。南方水泥众多成员企业均践行了目视化管理，而这也从细节层面巩固了“5S管理”的成果。

2.生产改善

生产改善是一个较大的范畴，注重运用精益管理思想，对生产系统各个环节开展持续科学的优化改进，并由需求拉动生产，由下游驱动上游。在具体操作层面，南方水泥主要将5种模式宣贯到基层，并让全体干部员工以此为目标，改善生产，精益求精。

（1）现场改善

现场改善，即通过激励机制激发全员参与，在各自的工作区域内进行小规模的、持续的、增值的改进，尽力排除任何一丝材料、人力、时间、能量、空间、程序、运搬或其他资源的浪费，即排除生产现场的各种不正常与不必要的工作或动作时间人力的浪费。一般操作步骤为：由一线员工在现场发现问题，分析找到产生问题或浪费的源头；收集数据，确定预计结果，制定改进方案；实施方案并评估，如未达到效果则调整方案重新实施，如达到效果则将方案标准化，固化改进成果。

图10 企业石灰石破碎机现场改善前后

（2）看板拉动

看板拉动是服务准时生产方式（JIT）的控制现场生产流程的工具。精益生产要求需求拉动生产，则为确保信息流的自下游向上游传导和生产活动的自上游向下游传导能够高效、顺畅，不浪费时间，不出现错误信息和需求，看板这一工具就尤为重要。南方水泥的看板拉动一般通过固定区域的墙面看板实现，旨在传达“何时，何品种，生产多少量，以何方式搬运”的信息，并备注一些当天注意事项。通过看板，南方水泥重造了生产流程，重视后端，“逆向”去控制生产数量，不仅节省了库存成本（矿石、煤、辅料等均努力实现零库存），更重要的是将流程效率化。

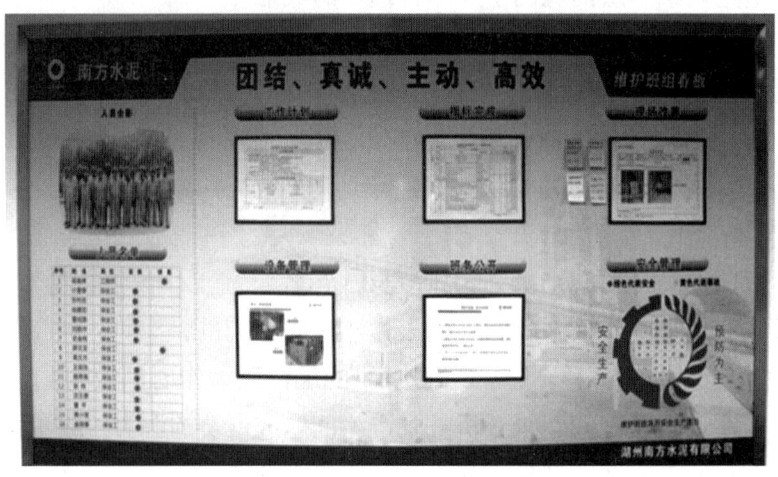

图11 南方水泥企业班组看板

（3）全员生产维护

全员生产维护（Total Productive Maintenance），即以全体人员参与为基础，以提高设备综合效率为目标，以全系统的预防维修为过程的设备保养和维修管理体系。这一体系注重发挥人的作用，通过机制建立、技能培训等措施，将以往水泥行业过度依赖大修、中修的传统观念扭转过来，确保设备通过日常的自主维护保养长期处在最佳运行状态。全员生产维护的特点就是三个“全”，即全效率（设备寿命周期费用评价和设备综合效率）、全系统（生产维修系统的各个方面都要包括在内）和全员参加（设备的计划、使用、维修等所有部门都要参加，尤其注重的是操作者的自主小组活动）。

表1 南方水泥TPM活动内容

阶段	活动步骤	活动要点
导入准备阶段	1.最高经营者决定导入TPM	TPM公司内部会议上宣言
	2.TPM导入教育和宣传	干部：各阶层集体进修；一般：干部转训
	3.TPM的推进组织和编制样本的构筑	委员会编制样本
	4.TPM的基本方针和目标设定	研讨会和目标效果预测
	5.TPM展开的长期计划制作	导入准备开始PM颁奖到审查为止
启动准备	6.正式启动TPM活动	以宣传（发表会、招待会等）形式宣告活动启动
实施阶段	7.自主保养 活动展开	提高工厂管理水平；提高自主保养 意识和水平
	8.员工提案活动展开	为营造改善气氛、促进全员参与，开展提案活动。
	9.计划保全活动展开	定期维护、预知维护
	10.生产效率化活动展开	开展以提高效率、降低成本为目的的课题活动
巩固阶段	11.活动成果总结	成果总结、报告
	12.自主管理体系的建立	持续自主推进改善活动

3.持续改进

（1）业绩提升计划

业绩提升计划，是南方水泥各级根据中国建材集团的总体要求，自上而下牵头形成的指导性持续改进计划，其终端作用于成员企业。业绩提升计划内涵丰富，可细分为成本费用节约计划、经营活动优化计划、技术改造提升计划等子项，涵盖了企业生产经营的方方面面。

业绩提升计划在成员企业的具体实施步骤和内容主要有三点：第一是生产经营现状分析。企业通过总结生产经营状况，包括KPI指标完成情况、生产体系运行情况、周边环境及市场形势等，利用SWOT分析企业存在的优势、劣势、机会和威胁。第二是明确目标。根据长期（三年内）和中期（本年度）企业经营任务目标，企业将目标细化分解至各相关部门。第三是制定行动计划。区域公司与成员企业管理人员根据现状分析情况，利用鱼骨图、雷达图等生产精益管理工具，多角度查找原因和差距，制定出详细的改进措施，将各指标细化至各相关岗位和负责人，切实提高企业经济效益。

（2）精益改进

要实现企业的精益管理，必须聚焦最了解具体情况、最清楚问题所在的人员所提供的信息，而这些人都是最基层的一线员工。提升他们的参与程度，增强他们对企业的归属感，让他们把企业的发展当作自己的事业一样来对待，去发现问题、解决问题，才能够让企业真正上下一心，实现精益管理。

在精益改进这一环节，南方水泥所倡导的方式是大范围、高频度召开成员企业和部门的一线人员“头脑风暴”会，全体骨干员工本着“知无不言、言无不尽”的精神，结合自身的工作实践经验，提出在工作中看到的问题，并针对节能降耗、降低成本、压减费用等目标以及管理细节、技改创新等内容提出持续改进意见建议。成员企业精益管理小组汇总提炼后，会形成详细的精益管理改进计划行动方案，并将其与业绩提升计划有机结合，在其中明确时间、落实到人，对执行效果进行PDCA（计划—实施—检查—改进）跟踪回顾，并将个人贡献（提出建议和解决问题均视为贡献）与绩效奖励挂钩。这样的方式不但充分调动了全体干部员工的积极性，更最大限度避免了员工创造力和智慧的浪费。

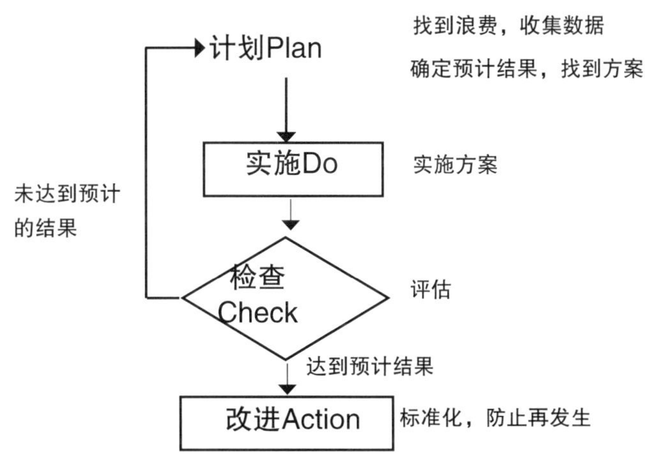

图12 南方水泥“PDCA”工作流程

（3）定向帮扶

南方水泥的定向帮扶脱胎于中国建材“八大工法”的重要组成部分“辅导员制”。辅导员制的核心在于利用“集团作战”的人才优势、技术优势和规模优势，采取人才有效交流的方式先进带后进，根据具体情况复制成功经验，帮助被辅导企业提高管理水平，提升经营效益。

在南方水泥，定向帮扶大致通过2种形态运用：第一种形态一是总体统筹的点对点专业定向帮扶。在浙江南方，定向帮扶由区域公司牵头，直接从先进企业抽调专业人员组成帮扶小组到落后企业开展为期一年左右的专业业绩提升帮扶工作（一般聚焦一项具体业务，可以是产、供、销、行政、人事、财务等等），落后企业也相应派出人员组成学习小组到先进企业工作学习，帮扶期满后双方人员各自回归原企业，同时区域公司专业化帮扶管理小组对帮扶结果进行评估和激励。第二种形态是自行组织的以点带面小区域内交流帮扶。在上海南方，定向帮扶在统一的原则下分区块自行开展，一般由几家相邻企业组成的小区域管委会牵头，管委会以小区内各单项最优秀的企业作为标杆，在内部合力研究攻关，通过先进企业以点带面辐射落后企业，并以人员交流、集体会诊、现场交流等形式，将先进的管理理念、管理手段复制到落后企业，在较短时间内有效提升企业的管理水平。

定向帮扶可以快速改善和提高企业生产技术指标和管理水平，并确保帮扶成果具有可复制性和可持续性，是持续改进中不可或缺的组成部分。

（4）最佳实践共享

为加强成员企业间经验、成果的交流和共享，使一些原本专属单一企业或少部分企业的“法宝”“秘诀”能够推广到更多企业，产生更大的经济效益，南方水泥启动了最佳实践共享的试点。其内容即要求各成员企业将日常生产经营过程中的改进、创新、提升的内容进行提炼总结，并形成“最佳实践”项目。对于能够运用到本企业的降本增效、节能减排、整洁工厂、安全管理等活动中的项目，在产生了实际效果后，企业以“最佳实践共享”项目申报。南方水泥统一筹划，将“最佳实践”和“最佳实践共享”项目汇总和发布，形成资源共享的互动平台，供成员企业相互学习和改进，每年往往有近百项成果出炉。这些共享项目可大可小，大至窑系统和磨系统的改造、危废处置控制系统的优化，小至一块挡板的改造优化、一个开关的设置、一个仪表的安装，只要有成果，见效益，都可以是最佳实践共享。每年年底，对于效果好的、被共享学习和复制实践多的项目，公司还会给予专项奖励。

（二）精简精干

1.机构精简

机构精简是一种组织优化形式，究其根本是要为公司的战略目标服务，产生实效，实现组织资源价值最大化和组织绩效最大化。在南方水泥，精益管理思想下的组织优化做法主要有区域一体化的组织整合、主体精简化的管理合并和效率最大化的机构变革3部分内容：

（1）组织整合

组织整合落实在省一级的区域公司层面。成立以来，南方水泥主要开展了3轮大规模整合。

第一轮整合发生在成立之初的2007年，公司根据市场规划，将新进入的上百家企业打散并重新划分，再造管理秩序，组建成了九大区域公司和一大管理片区，并推行了统一的机构设置、人员配置，职能定位。

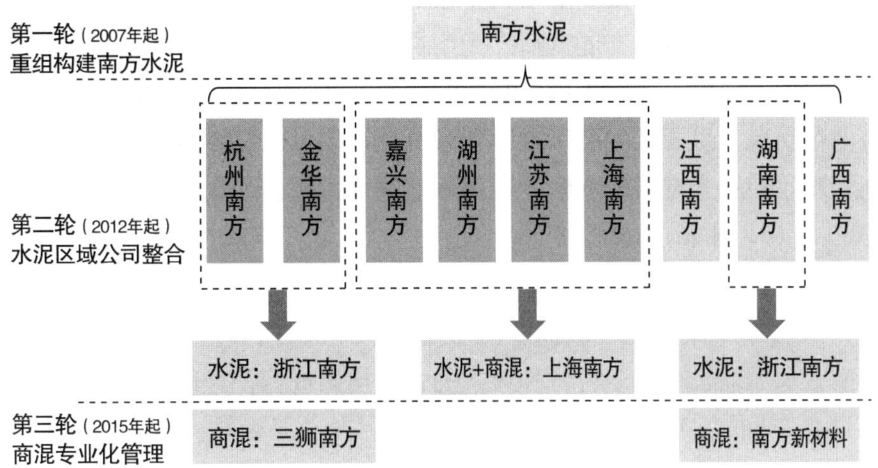

图13 南方水泥的三轮组织整合

第二轮整合始于2012年，南方水泥启动的整合将湖州南方、嘉兴南方、江苏南方、上海南方4家公司合并为新上海南方，将杭州南方、金华南方2家子公司合并为浙江南方，将安徽片区按市场布局拆分到各区域公司。通过两轮整合，公司在减少一半管理平台和近50%区域公司层面管理人员的情况下，管理效率却全面提高，成本费用大幅下降，盈利能力也逐步提升。

第三轮整合始于2015年,将湖南、浙江两地的商混业务剥离出来，形成区域公司，实现专业化运营：原湖南南方（水泥+商混）拆分成湖南南方（水泥）和南方新材料（商混），原浙江南方（水泥+商混）与三狮集团进行有机整合并拆分成浙江南方（水泥）和三狮南方（商混）。实施剥离之后，南方水泥的管理线条更为清晰，水泥、商混业务得以在更适合自身的两套机制下运行，在控风险的前提下发挥出了活力，为南方水泥创造了更好的效益。

（2）管理合并

图2 南方水泥管理合并减少法人统计表

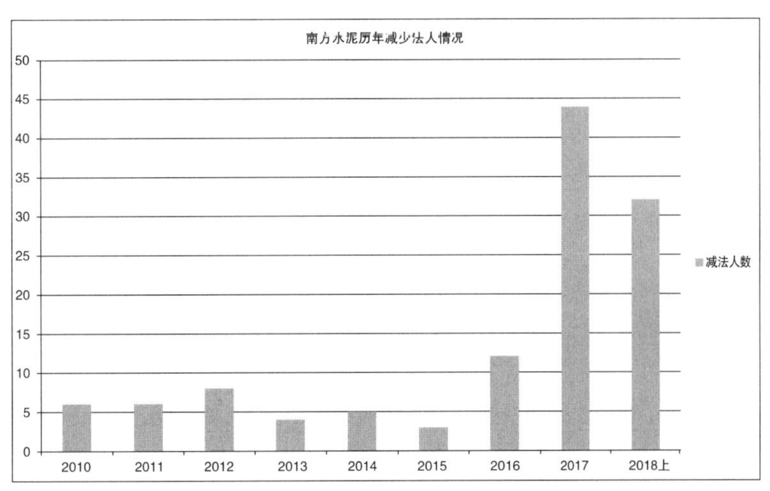

管理合并落实在局部区域的各家成员企业层面。南方水泥按照相邻距离和市场区域等因素，通过调查摸底和制定计划尽量集中管理力量和减少管理单位。优先减少法人，首先对无实际资产和经营业务或因主辅分离设立的法人直接实施清理或注销、对层级复杂的企业进行梳理和股权上移；其次对经营困难、产能落后、无生存空间的企业实施“关停并转”；最后对同一税务辖区、距离临近的成员企业择机推动吸收合并。无法减少法人的，推动管理合并，在小片区内将部分企业车间化，班子及中层形成一套人马分管多家合并企业，其核心目的均是精简管理主体、提高管理效率和实现降本增效。通过不断的优化整合，南方水泥十年间减少法人单位超过120家，减少管理主体超过150个。

（3）机构变革

机构变革落实在单个成员企业层面。对于南方水泥而言，每一家企业在重组前均有各自的组织构架，南方水泥取长补短，将各种形式的企业构架进行符合经营实际标准化和统一化，其目的是切实减少车间、工段和班组的管理层级，减少干部职数，并为减员工作打下组织基础，最终提高工作效率和劳动生产率。具体操作中，南方水泥推行“大部制”，将机构部门扁平化设置，整合并消除车间、工段的概念，使生产部门简化为运行管理、维护管理、中控管理三个功能模块，并持续优化岗位。通过这样的机构变革，成员企业普遍能减少30%以上的中层、基层管理人员，并相应减少新机构设置下冗余的基层员工。

2.人员精干

成立十年来，南方水泥在业务规模不断扩张的同时，员工总数从完成整合时的4.5万人下降到2.9万人，向着高效简约的目标不断迈进。

表3 2013年-2017年南方水泥人员精干完成情况

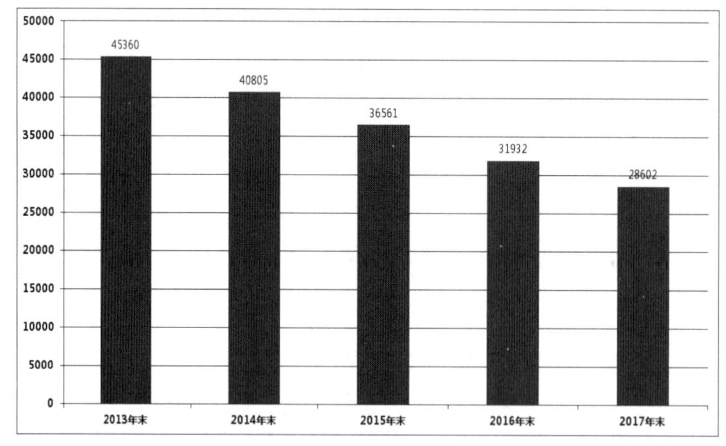

（1）三定机制

三定即定机构、定职能、定编制，在前期确定机构、职能的背景下，定编制成为了三定的核心。南方水泥总部严格执行“50+N”定编方案、区域公司全面推行“30+N”定编（N均为经营班子数），在成员企业则根据实际情况一企一策（如5000t/d全能水泥企业平均设置280人目标，先进水平确保在220人以内），以区域公司牵头为企业核定本年度减员优化指标和三年减员目标，分阶段实现减员增效。在具体进度上，每年的减员计划根据行业形势和竞争压力进行布置安排，一般设定在5–8%。

落实到具体做法上主要有三点：第一，压减编制。做好岗位撤销、岗位合并、岗位调整等工作，模糊岗位概念，实现集中巡检、生产一体、机电岗位一体、后勤职能合并，产生一部分冗员。第二，分流安置，促进用工总量的减少。部分工厂富余人员通过新建项目转移安置；对关停企业实施政策性安置；在区域公司范围内对管理层人员、中层管理人员、关键技术人员实施内部调动安置；保持自然减员，企业员工主动离职或退休后，尽可能少补或不补人员。第三，严控招聘。员工招聘和工资管理的权限上收至区域公司，除生产一线急需岗位外，原则上只出不进，从而严格控制人员新增。四是规范劳务用工。南方水泥通过将劳务用工合同签订、费用支付的审批权上收至区域公司，杜绝了通过“转劳务”方式“假减员”的现象。

（2）发展通道建设

南方水泥的发展通道（职级体系）分管理（Management）序列、专业技术（Professional）序列、操作技能（Skill）序列3条线。管理序列定义为从事管理工作并拥有一定职务的职位，往往承担计划、组织、领导、控制等职责；专业技术序列定义为从事工艺、机械、电气、质量、发电、矿山、安全、环保等与生产运营直接相关的专业技术岗位人员；操作技能序列定义为在成员企业从事生产运行组织、设备维护保养等与生产运营直接相关的工作岗位人员，包括中控操作，岗位巡检，机电仪维护人员。3个序列在同一条坐标轴下共用一套职级，职位和待遇横向比较在同一职级上没有差异。

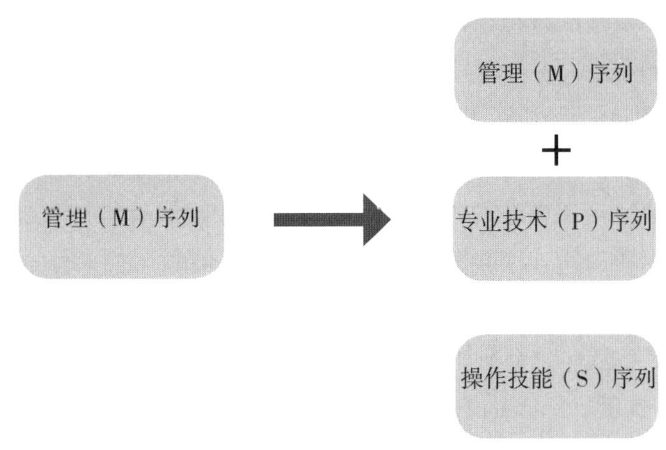

图14 南方水泥人才发展的三个序列

通过发展通道建设，南方水泥一方面解决了各类别员工激励、晋升的系统性问题，为公司制定了标准、留住了人才；另一方面鼓励员工提升技能，努力打造一专多能的复合型人才，为企业进一步推动一岗多能带动的精简精干工作奠定了基础。

（3）薪酬体系优化

薪酬体系优化是与三定机制和发展通道建设相配套的体系。在体系建立之初，各家企业沿袭了重组前因历史沿革、地区差异等因素而大不相同的薪酬水平与薪酬结构。全部人员完成套级后，在统一的职级体系下，同一级的人员薪酬水平各异，最高值和最低值往往差距在2倍以上，要消除原有的差距不能够简单地一刀切。南方水泥为每一职级设定薪酬带宽作为缓冲，并以五年为目标让薪酬水平落后的企业有计划赶上，最终套入到统一的薪酬标准中来。

在统一薪酬绩效管控模式下，南方水泥让薪酬优化与三定实施充分联动，实行三定范围内增人不增资、减人不减资政策。在企业向三定标准努力的过程中，工资总额、人工成本均实现逐年下降，而员工平均收入每年增长8%左右，充分调动企业减员积极性，使实现人员精干的目标具备了内驱力。

（4）信息化/智能化改造

南方水泥按照“高端化、智能化、绿色化、服务化”的业务结构升级要求，加快实行创新发展，向产业链的中高端迈进，而贯穿其中的信息化、智能化、自动化改造，也成了实行精益管理特别是推动人员精简精干的一大关键要素。在南方水泥，其主要体现在两方面：一方面是用信息化、智能化改造提升人的工作效率，使得原本需要多人花大量时间完成的管理层面数据控制、统计、计算和信息传递、处理、分析等变成只需要少量人在可控时间内完成的工作。另一方面是使用自动化设备和小型智能化改造取代简单、重复、低效的岗位劳动（如增加中控操作的中小型设备控制职能、应对堵料问题的攻关技改、地磅无人值守、视频监控应用），通过实现机器换人，减少人力资源配置。

（三）精细管理

1.全面预算管理

全面预算管理是指企业在战略目标的指导下，对未来的经营活动和相应财务结果进行全面预测、筹划、监控、调整的过程，可以帮助管理者更加有效地管理企业和最大限度地实现战略目标。

南方水泥的全面预算管理开展得十分扎实，覆盖了生产、供应、销售、财务、行政、人事各具体业务板块的每一个具体指标（区域公司31个、水泥企业282个、商混企业225个）。预算工作每年11月初启动，在预算准备阶段进行业务调研和数据收集，形成预算假设，向下传达分解任务后，逐级、逐项沟通，最终向上反馈汇总确定。在这个过程中，任务传导的流向是“公司总部->区域公司->成员企业”，沟通反馈的机制是“区域公司&成员企业沟通会->公司总部&区域公司沟通会->公司总部班子及职能部门最终决策会”，有时候为了确保沟通充分，还会进行2轮。这样的机制，一方面有助于公司从上到下人人都理解目标、明确导向、形成合力，另一方面让全体干部员工都直接或间接参与进来，充分吸取了各方意见，既达成了全面共识又根据最贴近一线的信息优化了决策。

2.精准对标管理

精准对标管理是南方水泥践行中国建材绩效文化的重要方式。其核心内容是以行业和内部优秀企业为标杆，以KPI为核心，发挥大企业的规模优势和平台优势，定期集中对比主要经济技术指标，找出企业间的差距，做出有效改进。

南方水泥的对标管理之所以称为精准对标，是因为其对标体系是基于一个个相对集中的局部区域，无论是企业的地理环境、市场环境、资源环境、人文环境等内外部环境都比较相近，企业自身条件也差异不大，对标的精准性、可比性、针对性、指导性更强。通过精准对标，各家企业的KPI都透明公开，互相参照之下，既是一种激励，又是一种鞭策，大家你追我赶，互相学习借鉴，形成“比学赶帮超”的氛围。

3.精益营销

精益营销，是以占有有效市场为目标，采用细分市场、聚焦关键、快速反应等策略建立根据地市场和战略性区域市场的精细化管理模式。几年来，公司逐步建立、健全市场营销精益管理体系。对外，实践供给侧结构性改革，淘汰落后去产能，错峰生产去产量，缓解供需矛盾。同时，发挥引领作用，开展立体竞合、精细竞合，各级主要负责人坚持在一线、跑市场，整合市场、细分市场，准确研判供需关系和市场行情，实行差异化营销，精准操作，全面提升销量、销价。对内，以市场为导向，持续开展管理整合，优化布局，以营销标准化为平台，推进营销全业务、全过程、全要素标准化管理，构建营销动作标准化、管理流程规范化、过程管控精细化的精益营销体系。完善价格、政策、计划、流向等关键业务管理细则，分市场、分流向、分市场部细化价格、销量、费用和机构、人员管理；建立营销中心/营销部、销售部、服务部等不同部门营销标准化；细化大型终端、基础市场、重点工程等不同业务类型销售标准化；细化销售部负责人、销售员等不同岗位销售标准化；规范价格审批、信控审批、合同审批等不同管理流程销售标准化；推动营销绩效管理、人员管理、品牌管理等销售标准化。通过精益营销的实践和推广，全面提升工作效率和质量。

4.精益采购

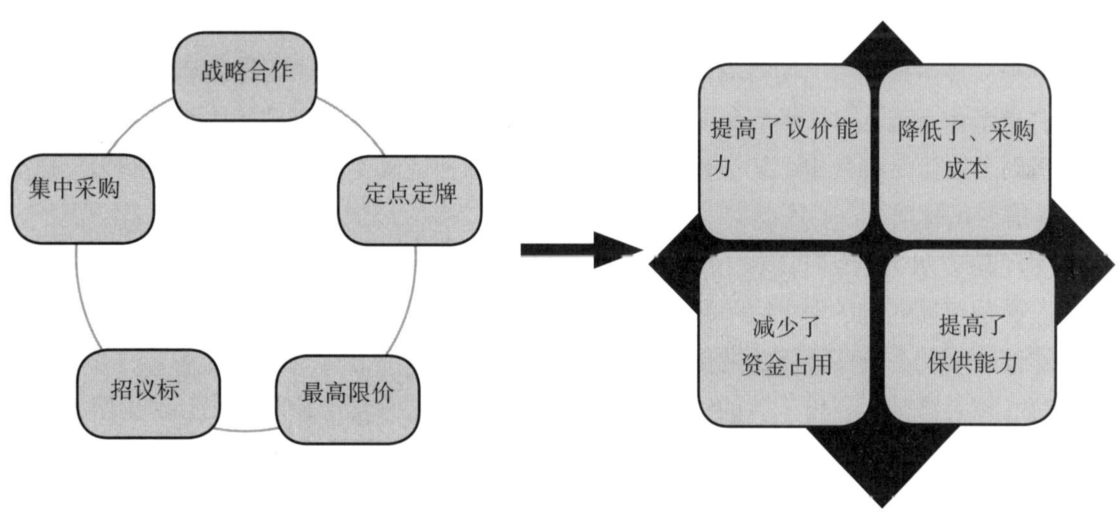

图15 南方水泥精益采购模式

精益采购就是运用精益思想，以采购成本治理为切入点，通过规范企业的采购行动，实施科学决策和有效控制，以质量、价格、技术和服务为依据，在需要的时候、按需要的数量采购符合需要的质量的物资，杜绝采购中的高价格和一切浪费。在中国建材采购集中管理体系下，南方水泥逐步建立、健全“采购全过程”（贯穿计划制定、招标管理、采购订单、发票校验、交易管理、合同管理等）精益管理体系。精益采购重点关注性价比及质量指标，强化集中管控，发挥规模优势，准确研判市场，通过战略合作、集中采购、招议标结合、最高限价、“定点、定牌”等手段，优化供应商和渠道，实行采购价格、单位产品采购成本双控管理，使采购工作规范化、制度化，建立透明决策机制，防止暗箱操作。同时，适时开展采购协同，倒逼市场，使采购价格降至最低。通过持续推动精益采购，南方水泥的主要原材料采购价格均实现低于市场涨幅、跑赢同行的目标。

5.精益财务

精益财务，就是在企业财务管理活动中，消除和减少无价值的活动，以最小成本取得最大价值，杜绝任何形式的资金浪费。南方水泥作为联合重组打造的企业，财务的统一、集中管理几乎可说是整合过程最为必要的保障工作。

为打好精益财务的基础，南方水泥以财务集中管理为切入点，完善资金集中、核算集中等各项工作，并通过信息化建设手段，将财务体系构建成一个整体，既实现高效管控又对业务形成有力支撑。其中，资金集中包括在全南方水泥导入资金预算管理，构建高效资金管理信息化系统；实行筹融资及担保集中管理；整合核心企业上下游金融资源，以核心企业闲置的金融机构授信额度转换为企业经营的额外利润；制定以收定支、定时支付等资金收支管理制度，推进资金管理标准化和营运资金的集中管控；以承兑汇票集中管理为重点，加速资金周转；以整合数据为核心，提高资金使用效率；充分发挥总部资金的运筹调配作用，建立总部和区域互通互流、统一调配的资金池。核算集中包括全层级统一部署NC系统，做到会计业务集中处理、会计信息集中管理、会计报表集中编制；将公司三级会计核算主体实行扁平化管理，集中在总部和区域公司两个核算平台内进行；推进会计核算中心建设，核算中心设在区域公司，行使所辖成员企业会计核算与会计监督职能，成员企业保留财务机构，主要行使财务管理职能；建设财务业务共享信息平台，使得集团内部信息传递更加准确、及时，为运营管理提供支撑；开发财务共享影像系统，解决核算集中后财务单据传递问题，实行全区域集中核算。这些做法一方面使得财务真正做到集中、统一管控，另一方面让财务能够更加贴近业务，更有力支撑业务。

6.信息化管理

对于南方水泥这样一家规模庞大的企业集团而言，将管理效率提升到极致仅靠人力远远不够，必须借助先进的信息化手段。南方水泥是一家高度重视信息化管理的公司，自成立之初就以“统一规划、分步实施、业务主导、试点先行”为指导方针，逐步构建了“系统管控、业务支持、运行维护”三位一体的信息化管理体系，为精益管理的持续深化打下了坚实基础。

在系统管控层面，南方水泥的信息化从集中管理的角度出发，全方位无缝对接总部、区域公司、成员企业三级架构和管理权限，总体可归纳为“一个平台，两个系统，三流合一，四控一体”：一个平台是指公司财务、业务、行政、人力平台均统一至财务业务一体化（ERP）平台，建立南方水泥具有全局性、可扩展的办公和业务协同架构，涵盖决策分析与企业门户；两个系统是指财务业务一体化包含财务系统、业务系统；三流合一是指信息化平台将资金流、信息流、业务流融为一体；四控一体是指用流程对业务、资金、财务、风险实施有效管控。在业务支持层面，南方水泥的信息化管理系统涵盖了生产管理、销售业务、采购业务、成本核算、财务管控、报表业务、人力资源7个方面，全方位、标准化支撑业务高效、合规开展。在运行维护层面，南方水泥采用了“大运维”体系：自身主导、规划与管理；选择技术能力与资源协调能力较强的服务团队进行实施；依靠各合作伙伴在行业中的技术与人力资源优势撬动与之相关的技术力量。这一套运维体系，使得南方水泥在有限的资源下最大化保障了信息化管理系统的稳定运行和持续升级，具有很好的借鉴意义。快速、精准、高效的信息化管理全覆盖体系，从技术角度实现了精益管理的闭环，并让南方水泥全方位、无死角落地精益管理由不可能变为可能。

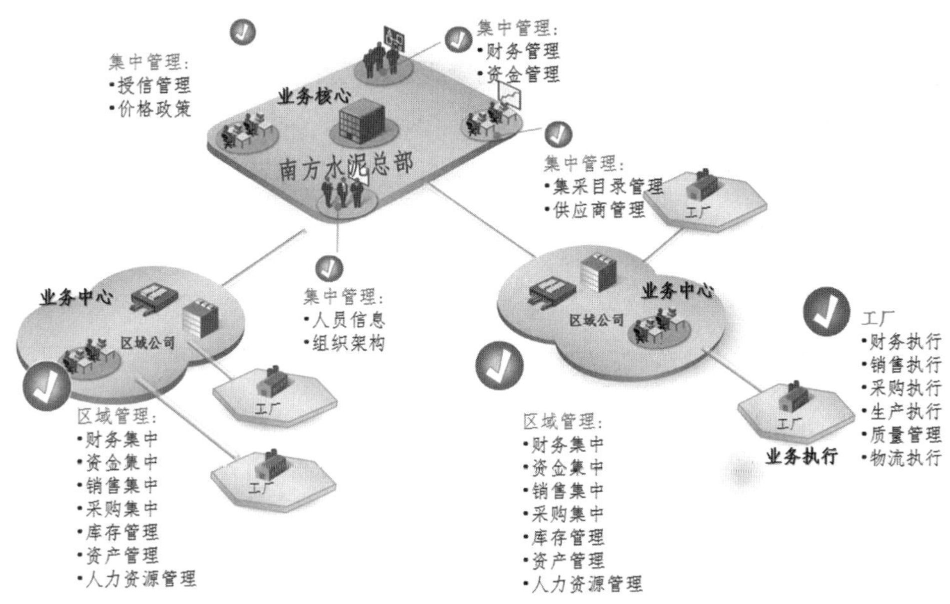

图16 基于南方水泥管理权限的信息化管理架构

五、实施成果

南方水泥的精益管理工具多样，内涵丰富，也在企业经营管理的方方面面发挥着重要作用并取得了显著成效。具体来看，南方水泥精益管理的具体实施成果主要体现在经济效益、生态效益、社会效益三方面。

（一）经济效益

十年间，围绕精益管理核心理念，南方水泥全盘规划、建立机制、培训提升、交流总结、实践探索、持续创新，实现各项指标不断优化、管理水平日益提升：效率提升方面，最为直观的劳动生产率这一指标提高了66.38%，水泥生产中最体现“内功”的熟料标准煤耗、熟料综合电耗和水泥综合电耗分别下降7.7kg/t、8.27kWh/t和4.54kWh/t，上海、浙江两家省级区域公司的成本管理已整体达到行业顶尖水平；效益提升方面，自2012年精益管理试点启动起，每年公司通过精益管理节约的费用都在3亿元以上，2018年公司也有望通过成本竞争力的提升等因素，实现历史最好效益。

（二）生态效益

南方水泥通过长期的精益管理实践，在提升单位产品能耗的同时，也实现了节能减排。据统计，通过精益管理和技术改造，南方水泥相对于重组初期，年可节约标准煤7.2万吨、节电6300万度以上，减排氮氧化物10.7万吨，减排二氧化硫4.3万吨；同时，企业通过整洁工厂建设等模式，实现清洁生产，杜绝水体污染，大幅减少扬尘，致力打造“环境友好型”企业。

（三）社会效益

南方水泥通过十年的精益管理与改革发展，实现了良好的社会效益：为股东创造了优异回报，累计股东分红88亿元，股东享有权益218亿元；累计上缴税费、支付利息529亿元；为近3万人创造了就业岗位。在自身快速发展同时，也为过剩行业的结构调整和转型升级做出了积极贡献，带动我国水泥行业集中度从2006年的15%提升至2017年底的62%；推动了市场竞合、行业自律持续深入，大幅改善了行业利润，使行业健康化发展。

通过践行精益管理，南方水泥整合存量资源，提高发展质量，不仅推动了重组整合而成的大型企业集团迅速打造综合竞争力，更前瞻性契合了我国供给侧结构性改革的核心理念，可说是为之探路前行的典范。

成果创造人：曹江林、肖家祥、赵旭飞、林国荣、蒋德洪、石珍明、潘晓萍、符　林、付神进、贺　誉

中国建设制造强国的核心驱动因素研究

中铁高新工业股份有限公司　李建斌等

制造业是国民经济的主体，是立国之本、强国之基。制造业质量是一个国家综合实力和核心竞争力的集中体现。党的十八大以来，以习近平同志为核心的党中央将做强实体经济、继续抓好制造业作为国家的重大战略选择，着力推动我国由制造大国向制造强国转变。中铁工业作为高端制造业的领军企业，深刻领会习近平总书记关于先进制造业的战略思想，按照党的十九大提出的总体要求和战略部署，主动应对其他国家的“再工业化”战略，加快建设制造强国，不断提高经济发展质量和效益。

唯有制造强国才能变身世界强国。2008年全球金融危机爆发后，越来越多的国家认识到以制造业为核心的实体经济才是保持国家竞争力和经济持续健康发展的基础。美国、德国、英国、法国、韩国等发达国家先后实施了“再工业化”战略，抢占高端制造市场并不断扩大竞争优势。巴西、印度等新型工业化国家也在加快谋划和布局，利用劳动力成本优势，打造新一代的“世界工厂”。党中央、国务院总揽国际国内发展大势，站在增强我国综合国力、提升国际竞争力、保障国家安全的战略高度提出了“中国制造2025”战略规划，着力推进制造强国建设。中国要成为制造强国不是一个口号，而要有具体的内涵，并清楚自己的现状短板，进而明确发展方向和路径。

一、目标内涵

一个国家制造业的“强”“弱”是与他国比较而言的，目前国内外对制造强国的概念和内涵没有统一的描述。中国工程院会同工信部等多部委共同进研究了《制造强国发展战略研究》并提出，“制造强国”的内涵包括以下三个方面。

第一、规模和效益并举。从美国、德国、法国、日本等制造强国的发展历程来看，制造业强大的过程也是其工业化逐步完成的过程。工业化最基本的特征就是制造业规模日趋壮大，产业质量高。因此，具有规模较大、结构优化、产业质量高的制造业是制造强国的重要内涵。

第二、在国际分工中地位较高。目前一些典型的制造强国多数已处于后工业化时期，即服务业比重上升，而制造业中高技术产业明显上升的阶段，以创新为驱动力，劳动生产率较高，在国际分工中大多处于产业链高端地位，尤其是信息技术的应用使其拥有无法轻易撼动的核心竞争力及掌控能力。

第三、发展潜力大。“由弱变强”“由大到强”“强者恒强”是制造业处于不同发展阶段的国家所追求的不同目标。不论是既有的制造强国，还是具有后发优势的“潜在”强国，都要求具有良好的发展潜力。以强大的自主创新能力实现资源节约、环境友好、绿色发展的制造业，其发展趋势无疑是最为持久的。

中国制造业从制造大国迈向制造强国，要经过大约三十年的不懈努力，到本世纪中叶，中国制造业成为名副其实的制造业强国。通过制造业强国评价指标体系的构建，以各工业化国家工业化进程的历史数据和中国制造业的相应数据进行比较和测算，以历年各国的制造强国综合指数值进行制造业强弱程度的对比分析，结果表明，美国制造业最强，日本、德国其次，中国第四。就强而言，中国与美日德三国的制造业还有相当大差距。为此，中国制造业要用十年的时间，即到2025年，进入世界制造强国行列；再用十年的时间，进入世界制造强国行列的中位；再用十年的时间，到本世纪中叶，进入世界制造强国的前列。

为实现这一目标，必须心无旁骛、持之以恒、不懈努力，沿着正确的路径，有力、有效地实施相关行动计划。以体现信息技术与制造技术深度融合的数字化网络化智能化制造为主线；切实实现由要素驱动向创新驱动转变；由低成本竞争优势向质量效益竞争优势转变；由资源消耗大、污染物排放多的粗放制造向绿色制造转变；由生产型制造向服务型制造转变。实现这一目标，是实现中国梦的组成部分，也是实现中国梦的重要支撑。实现这一目标，我们清楚地认识到，要克服很多障碍，要解决不少瓶颈，要持续不断创新、发展，尤其是增强软实力。

二、主要差距

中国制造业概括为：大而不强。

中国为什么能成为制造大国？

一是具有门类齐全、独立完整的工业体系。中国是世界上唯一拥有联合国产业分类中全部工业门类的国家，小到螺丝钉等基础零件，大至航天、高铁等工业“塔尖”产品，中国制造都能够生产。完整的工业体系以及产业集聚，催生出强大、高效的产业组织协调能力，确保中国能够牢牢占住自己在世界市场中不可替代的地位。

二是拥有丰富的人力资源优势。改革开放40年，中国众多基本技能娴熟的基层劳动者对推动中国经济腾飞功不可没。如今，中国已经渡过“刘易斯拐点”，人口红利有所弱化，但人口教育素质红利在中国经济由要素驱动转向创新驱动过程中日益凸显。工业的智能化将使人担当更有挑战性的角色，知识型员工需求大幅上升，中国天然是人力资源的“富矿”，人口红利推动中国制造业做大，“工程师红利”则会推动制造业升级和做强。

三是自身市场对中国制造的强力支撑。中国在扮演拥有完整、灵活高效产业链的“世界工厂”同时，还是世界最大的消费市场。这一世界最大市场还在保持两位数高速扩张，消费需求正在升级，这意味着世界制造业中心与最大消费市场合二为一且将持续互动。

中国制造业是中国国民经济的基础和主干，在未来相当长的一个时期里，制造业将依然是中国经济和社会发展的重要支撑。经过几十年的发展，中国制造业已跻身世界制造大国前列。

中国制造与世界制造强国的差距到底在哪里？

改革开放四十年来，中国制造业积极融入全球经济体系，发挥自身优势，承接产业国际转移，发展取得长足进步，但距离制造强国还有很大差距。

我们的工业规模是世界最大的，工业产值也是最大，工业品的出口量和出口额也保持世界第一，但是，我们的工业品质量始终难以达到世界一流，产品的附加值也达不到工业强国的水平。近年来，我国制造业供需结构性失衡问题比较突出，低端供给过剩、高端供给不足，在一些行业存在产能严重过剩的同时，大量关键装备、核心技术和高端产品还不能满足需求。这已成为影响制造业发展的主要矛盾，背后则反映了我国制造业发展的深层次问题。主要表现在：创新能力整体偏弱，以企业为主体的创新体系尚不完善，产业共性技术的研发和产业化主体缺失等问题突出；基础配套能力不足，先进工艺、技术标准和知识产权保护等基础能力较为薄弱，关键材料、核心零部件成为瓶颈，严重制约了整机和系统的集成能力；部分领域产品质量可靠性亟待提升，突出体现在产品可靠性、稳定性和一致性等方面；品牌建设滞后，产品档次不高，缺少一批具有国际影响力的品牌和领军型企业。

强的内涵是“又大又强”，中国制造与工业化先发国家的差距不断缩小，但尚处于大而不强的境地。这一现状也可通过一组数据体现：

从经济效益看，2017年入围世界五百强的企业中，中国企业平均营业收入比美国企业高11%，但平均利润却低了30%。

从核心技术看，中国80%的集成电路芯片制造装备、90%的通用计算机CPU和基础软件都依赖进口。

从产品质量看，中国通用零部件产品寿命一般为国外同类产品寿命的30%到60%，模具产品使用寿命一般较国外先进水平低30%到50%。

“推动中国制造向中国创造转变，中国速度向中国质量转变，中国产品向中国品牌转变”，习近平总书记2014年5月在中铁工业成员企业中铁装备考察时的这一指示为中国制造强国建设指明了方向。实现由大到强的转变，成为中国制造面临的重要使命。

三、机遇挑战

制造业持续快速发展是我国40年取得伟大成就的关键所在。我国的工业化历程是世界奇迹。改革开放40年来，制造业持续快速发展，我国已成为世界第一工业大国和第一制造大国。在500多种工业产品中，我国有220多种产量居世界第一，工业制成品出口约占全球1/7，是全球最大的工业制成品出口国。这是我们的优势。

我国制造业处于发展的重要历史关口，机遇大。挑战更大。中国制造业犹如逆水行舟，不进则退。后有巨浪涌，推着中国制造业往前；前有强流吸，拉着中国制造业提升。而中国制造业自身由于资源、环境的约束日益强化，已到了不能不转型升级的时候了。处在历史交汇期的中国制造业，基于多年形成的基础，基于对新技术革命的敏锐，基于捕捉市场机遇的能力，借后浪推前浪之势、驾云帆济沧海之力，力争成为浩浩荡荡世界大潮中的弄潮儿。

当前全球制造业正处于一个剧烈动荡、变革加速、重组频繁的时期。在全球范围内“制造业回归”浪潮中，发达国家高端制造“回流”与中低收入国家中低端制造“流入”同时发生，对我国形成“双向挤压”。同时，国际贸易中围绕高端制造业的博弈正在加强。较早实现工业化的发达国家，前几年提出再工业化，回归到工业化时期对制造业的重视，并注入融合新技术，迅速提升其制造业。正在工业化的国家，从工业化历史进程的规律看，发展制造业是这些国家必然的选择。中国制造业正处于世界这两股潮流之间，正处于发展的关键阶段和提升的重要时期。

国际金融危机后我国工业及制造业比重下降偏快。伴随经济发展进入新常态，工业增速合理回落总体上是合乎规律的，但也要看到工业占比回落过快所表征的“脱实向虚”倾向。“1991—2000年，我国工业年均增长13.6%，到2016年降为6%，增速回落一半多。工业增速下降的同时，我国工业及制造业比重自2006年开始下降。2006—2016年，工业占比10年间由42%降至33.3%。与发达国家走过的历程相比，降速显然过快。制造业占比与金融保险和房地产业占比的差距，1990—2008年在23个百分点左右，2016年缩小为11个百分点。2013—2016年，工业就业人数占比连续下降，从30.3%降至29%左右。”当前我国工业相对地位下降，既有加快经济结构优化、转向服务主导型经济的正面因素，也有做实业太难、金融服务不到位等负面因素，必须保持警惕。

国际贸易中的制造业博弈对我国构成现实挑战。在国际贸易中，贸易是标，制造是本。当前国际贸易中出现的保护主义、单边主义，实质上是围绕制造业展开的一场博弈。发达国家试图通过实施贸易保护主义政策，长期保持制造业高端领域的竞争力，遏制后发国家跻身高端制造领域。这对我国正在由制造大国迈向制造强国、从贸易大国迈向贸易强国的进程，所构成现实挑战很大。

四、核心因素

制造业是实现工业化和现代化的主导力量，也是国家综合实力和国际竞争力的体现。习近平总书记在党的十九大报告中指出，要把我国建设成制造强国，实现中华民族伟大复兴的中国梦。同时也多次强调指出，我国装备制造业要占领世界制高点，掌控技术话语权，推动中国制造向中国创造转变，中国速度向中国质量转变，中国产品向中国品牌转变。习近平总书记的报告和讲话，吹响了我国向制造强国进军的号角，我们要深刻理解和贯彻这一重要讲话精神实质，在建设制造强国的进程中贡献积极的力量。

中国制造的核心竞争力何以如此脆弱？中国该如何从制造大国迈向真正的制造强国？

根据在装备制造业的多年工作经历和思考，认为建成制造强国的核心驱动因素尤其要注重三个方面：一是创新能力强且形成创新体系，二是品牌众多，三是具有高度的制造文明。创新能力强大表明掌握着关键核心技术和引领技术，在科技成果转化中具有先导性，体现了制造强国建设的深度；品牌众多表明产品在市场中的认可度高、市场竞争力强，体现了制造强国建设的广度；具有高度的制造文明则表明整个国家形成了共同的价值理念、工匠精神、文化氛围和行为自觉，体现了制造强国建设的高度。

这三个因素从三个方面构成完整体系：创新能力着眼于技术方面，重在提升物质上的支撑；品牌塑造着眼于社会方面，重在提升精神上的品位；制造文明着眼于文化方面，重在提升道德上的培养。

（一）创新能力是提升制造业综合实力的基础

近年来我国科技创新取得了显著成就，但关键核心技术受制于人的局面仍然没有得到根本改变，大量的关键零部件、系统软件和高端装备基本都依赖进口。与发达国家相比，我国制造企业开展技术创新的动力不足、活动不够活跃，尚未真正成为技术创新的主体。我国基础研究投入不足，是缺乏重大突破性、颠覆性创新的重要原因之一。

统计表明，我国基础研究比例不足5%，仅仅是发达国家比例的1/4。原隶属于各工业部门的院所改制为企业之后，更多的资金、人力和管理开始从共性技术领域转到应用技术和商业化领域，不再从事共性技术的研发，产业共性技术的研发和产业化主体弱化。同时，高等学校、科研院所与企业拥有不同的评价机制和利益导向，各自创新活动的目的严重分化，科研成果转化率仅为10%左右，远低于发达国家40%的水平，产学研合作创新的有效机制尚未形成。由于创新能力不强，我国在国际分工中尚处于技术含量和附加值较低的“制造—加工—组装”环节。

“世界强国的兴衰史和中华民族的奋斗史一再证明，没有强大的制造业，就没有国家和民族的强盛”，在新一轮科技革命和产业变革机遇前，各个国家都在加大科技创新的力度。“基础不牢，地动山摇”，没有科技创新能力，我们就无法在全球化的产业分工中居于一席之地，就无法掌握制造业发展的命运。

创新是科技振兴和经济发展的内在动力，解决两个方面的重大问题：一是引领发展。凡是先进的新产品都是由创新而来的，凡是制造业强国都是通过创新掌握了关键核心技术的；创新解放和发展了生产力，加速了制造业发展进程，改变了我们的生产和生活方式，让效率至上、精益求精的工业价值观得以普及；二是补强短板。凡是有短板的产品要么消亡，要么经过创新而焕发新生转为优势，创新是企业提升竞争力的内生动力；同时，创新也是企业延续品牌的最好方式，创新力不足的企业无法获得持续竞争力，也就无法最大限度满足市场的需求，品牌的忠诚度自然不断下降直至消解。

落实创新驱动发展战略。创新是引领发展的第一动力，也是打造国有企业发展新动力、培育国有企业竞争新优势的关键。一是把科技创新摆在推动国有企业高质量发展的突出位置。紧紧抓住科技创新这个“牛鼻子”，加大科技创新投入力度和人才队伍建设力度，更好发挥科技创新对实现国有企业高质量发展的支撑作用。二是持续引领行业技术进步。牢牢把握新一轮科技革命和产业变革机遇，集中攻关掌握一批关键核心技术和具有核心竞争力的前沿技术，抢占引领未来发展的科技制高点。三是完善科技创新体制机制。完善激励和保障机制，充分激发科技企业、科研人员和技术人员的科技创新潜力和积极性，坚持产学研用相结合，优化创新要素配置，推进协同创新，大幅提升国有企业科技创新能力。

制造业是技术创新的主战场，加快建立以企业为主体、需求为导向、产学研深度融合的技术创新体系是制造强国的基础要素。美国在新的制造业工业互联网下，开始创新，制造业的创新网络建设计划，已经建设了九个制造业研究院。德国产学研创新体系非常完善。英国的创新中心建设也非常成体系。聚焦战略性资源，形成中国制造业技术创新体系，是我们走向制造强国的必然选择。

近年来，中铁工业领军的中国掘进装备产业后来居上，成功跻身世界第二，成为中国制造业的创新发展的一个典型。究其原因就在于修好了“创新”这门功课，在掌握核心关键技术后开展创新引领，先后研发出世界最大直径的矩形盾构、世界最小直径硬岩掘进机、世界首台马蹄形盾构等一大批具有开创性、奠基性和产略性产品，从而抢占了世界掘进机技术制高点、掌握了技术话语权。

（二）打造知名品牌是增强市场竞争优势的关键

世界品牌是指在国际市场上知名度、美誉度较高，产品辐射全球的品牌，它是企业的世界名片，代表了企业在世界市场的影响力。一个国家的世界品牌数，就是该国的软实力和国际影响力。

在经济发展的转型关键阶段，面对更大的消费升级机遇，越来越多的企业开始认识到品牌的力量，尽管如此，但诸多企业似乎对于如何才能建立并维持自身品牌竞争力并不擅长，如何才能让品牌竞争力得到持续增长、从众多制造企业中突围而出成了摆在企业家面前的首要难题之一。

我国制造业竞争力不强，缺乏世界知名品牌，领军企业发展不足，在有些国家和地区，“中国制造”已成为质量低劣的代名词，严重损害了国家信誉和形象。

一是我国产品质量和技术标准整体水平不高。国家监督抽查产品质量不合格率高达10%，出口商品长期处于国外通报召回问题产品数量首位，制造业每年直接质量损失超过2000亿元，间接损失超过万亿元。

二是我国企业在品牌设计、品牌建设和品牌维护等方面投入严重不足，品牌化发展滞后。

三是标准体系整体水平不高。据统计，我国主导制定的国际标准占比不到0.5%，标准更新速度缓慢，“标龄”高出德、美、英、日等发达国家1倍以上。

四是我国行业领军企业发展水平与我国的制造业大国地位也很不相称，领军企业对工业增长的贡献远低于工业发达国家的平均水平。

建设制造强国，需要我们国家位居全球产业链和价值链的中高端，形成具有较强国际影响力的产品、公司和产业集群，这是提高市场竞争力的必要条件。企业的终极竞争是品牌的竞争。我们所说的品牌包括两部分，即企业品牌和产品品牌。企业品牌就是在市场的不断竞争中，逐步形成的公司商誉，这种商誉主要来自于消费者的充分信赖感，比如同仁堂就是企业品牌，这种企业品牌就是口碑，就是信任。产品品牌就是产品本身在市场对比中最有竞争力，最受客户喜欢的，比如海尔洗衣机、格力空调就是产品品牌，这种产品品牌就是品质、可靠、安全、环保。拥有知名制造业品牌是建设制造强国的必要条件：就是说制造强国必须拥有许许多多的产品品牌或企业品牌，小到螺丝，大到飞机，品牌是衡量制造业水平的重要指标。当我们谈及工程机械、日用品、电子设备甚至是螺丝时，自然会将美国、德国、日本的知名企业和产品作为对比和参考，这就体现了品牌的力量。

我们国家近几年也越来越注重品牌的培育，无论是“中国品牌日”的设立还是国家品牌战略的实施，都说明品牌培育成为国家行为。企业作为市场竞争的主体，如何培育品牌呢？我认为主要应从产品品质和企业文化两个方面着手，这是培育制造业品牌的基础。

“中国品牌日”从中铁工业走出，这是多年来我们对品牌价值坚定认识的结晶。品质是产品的灵魂，没有品质就没有品牌；品牌可能会消亡，但品质则会形成长久的影响力。著名的赵州桥已经屹立一千多年，尽管建造桥梁的团队早已消失，但赵州桥的品质一直被人传颂。同样地，在世界制造业序列中，像卡特彼勒、奔驰等公司，之所以能够成为知名品牌，最根本的就是其产品具有最佳的品质，能够最大限度满足消费者的需求，这种品质感能够带给消费者一如既往的信赖感，经得起时间的考验，使得消费者始终愿意使用该公司产品，并以使用该公司产品获得美好的体验，产生优越感。所以品质带来的是市场的信任和企业的自信。而让消费者成为品牌的拥趸者，不单单需要产品品质的优越性，还要公司进行价值理念的输出和共享，这就需要企业文化发挥作用。企业文化作为企业经营准则、企业精神、发展理念、道德规范等的总和，展现了企业在处理企业与客户、企业与员工、企业与社会关系的追求和愿景。一个没有优秀企业文化的企业，无法凝聚企业员工的智慧和力量创造出优质的产品，无法带给消费者充分的信赖感，自然也无法获得市场和社会的尊重。当前，越来越多的企业通过发布社会责任报告来阐述企业文化，通过雇员报告、环境报告、质量报告、慈善报告等内容树立企业可持续发展的形象。

（三）制造文明是建设制造强国的精神内核

工业革命所建立起的工业文明不仅从根本上提高了生产力，而且带来了政治、经济、文化以及社会结构等生产关系的变化，这种文明具有注重创新、劳动分工、规模化生产等突出特点；工业革命催生了工业文明，工业文明又发挥“反哺”作用，反过来持续推进科技进步和经济发展。在制造强国建设中，我们的“软实力”也有待提升，必须培育与品牌和创新相匹配的制造文明，以此实现“硬件设备”和“软件系统”的兼容。

工匠精神不仅是对技术的坚守，更是创新，并将创新和精益求精的思维完美融和起来。制造企业不仅要有创新思维，抓住市场的新需求，还要有精益求精的工匠精神，追求细节和质量，用实干与可靠的技术、发明来扎扎实实地解决人类面临的难题、中国经济发展的困境、产业技术进步的瓶颈。因为工匠精神是对品牌与口碑的坚守，包含着对用户的诚信、对高品质的执着以及对百年老店的孜孜追求。工匠精神还意味着对法律和规则的敬畏，尊重契约精神，严守职业底线，严格执行工序标准。现如今中国制造业在转型当中，工匠精神已经成为贯穿于现代生产制造中，并从个体化的“工匠”行为演变为群体性的制造文化，成为推动现代制造业发展的灵魂所在。

所以，“工匠精神”既是呼唤一种全新的生产理念，更是重塑中国的现代制造文明。制造企业必须从粗放走向精准，从规模走向定制，从低端走向品牌，朝着数一数二的“世界制造强企”目标迈进。

纵观历史上德日精良制造之席卷全球，横看今日的美国科技创新领先世界，除了经济投入多、制度促进的原因之外，一个很重要的基础是这些国家在市场经济发展过程中形成了相对先进的制造文化。是文化为制度指明方向，而制度又强化了文化，并促成了人们的行为习惯，使得人们自然而然承担责任、追求完美的生产，精益求精的创造。这正像德国学者马克斯·韦伯所说的：经济不仅需要一种能力，还需要一种气质。

缺失的制造文明是中国制造的最大痛点。关于什么是制造文明，目前尚无统一标准的定义。在我看来，制造文明是制造业的价值观，是制造者精神与内心至高无上的追求。制造文明是工业文明的重要组成部分，具备工业文明的典型特征，就是更加注重产品的创新创造，更加注重产品品质，更加注重市场引领和创造需求。在建设制造强国过程中，我们要进一步遵守制造文明的精神追求、价值理念和秩序规范，在制造业中深植创造精神、工匠精神和服务精神。

由于历史原因，我国的制造业起步较晚，基础薄弱。同制造强国相比，我国的制造业在产品研发设计阶段存在着原创设计不足、工业设计落后、迭代更新缓慢等问题，这些问题源于缺乏以人为本的设计理念、缺乏哲学、美学和艺术在产品设计中的运用、缺乏对产品更优化的不断追求，归根到底，缺乏的是创造精神和人文情怀，本质上是没有形成优秀的制造文明。制造业培育创造精神，要体现“以人为本、以器为用”，也就是要在研发设计中体现对消费者需求的满足和对痛点的解决，通过创造性的设计带来功能性与审美性的深度融合，不断对现有产品进行优化和迭代升级，进而实现对消费者需求的创造。在这方面，智能手机制造走在了行业前列，开发新的功能、改变原有样式、提升使用体验，等等措施让整个行业保持着快速地更新换代频率，吸引消费者为寻求更佳的体验而不断更换手机，进而推动整个行业的快速发展。

近些年，工匠精神作为政府工作报告和党的十九大报告的重要内容，成为社会广泛关注的热点，说明国家已经开始从精神和文化层面开始推动制造业的高质量发展。工匠精神最主要的特质在于精益求精和对品质的信仰，就是制造业制造者表现出的认真与自我苛求，当工匠精神成为企业员工认可的价值追求，企业的质量建设将会由制度要求变为行为自觉，由此形成的高品质产品将会坚定地支撑起企业的品牌；当工匠精神成为国家制造业从业者共同的价值追求，制造业将更好更快完成由“中国速度向中国质量转变”，进而重新赋予“中国制造”崭新的国际形象。

在培育制造文明的过程中，除了需要倡导统一的价值追求，还需要明确基本的价值底线，进而形成一种信仰。尊重劳动和劳动者、尊重市场、尊重用户，更要尊重自己的产品，树立契约精神，最大限度保障客户权益、信守承诺及合约，这些都应当成为制造业共同的信仰。

如果说企业文化是公司属性，那么制造文明就是社会的属性，制造文明在空间上比企业文化更高。制造文明虽是抽象概念，应成为制造业发展自律和价值追求，也是制造业最伟大的精神产品。我们在技术上向制造强国追赶的时候，我国的制造业者应该共同打造和培养中国的制造文明。呼唤更多制造企业、企业家和全社会共同关注和重视，并从企业制度、国家法制和社会倡导方面形成合力，培育中国特色的制造文明。

制造业的发展实践证明，世界制造强国的竞争，不但是技术、产品和形象的竞争，也是制造文明的竞争、国民道德的竞争，硬实力和软实力缺一不可。在建设制造强国的进程中，需要我们更加尊重品质、敬畏市场，将创新、品牌和制造精神深入骨髓，将制造文明转化为一种民族信仰，我们才能在全球制造业的竞争中挺立潮头！

伴随中国制造向中国创造、中国速度向中国质量、中国产品向中国品牌加快转变，提炼中国制造的文化精髓，涵养中国特色的制造文明，成为我国制造业由大国迈向强国的当务之急。在制造业播撒文明的种子，必将盛开魅力之花！

成果创造人：李建斌、韩军超　中铁高新工业股份有限公司

页岩气开发投资成本管控体系创建与实施

中国石油集团经济技术研究院

为适应国内天然气快速发展需要，破解国内页岩气开发成本难题，根据中石油页岩气发展规划和开发部署，由中国石油集团规划计划部组织协调，中国石油集团经济技术研究院具体承担，多家油气田企业、钻探公司参与配合，在中石油的主要页岩气开发项目上，开展了“页岩气开发投资成本管控体系的创建与实施”活动。

这项管理现代化创新活动，以学习曲线方法为基础，以构建标准化、制度化、流程化的页岩气开发投资成本管控体系为重点，以科学降本增效为目的，内容涉及指标设定、数据管理、成本预测、投资预算、目标管理、考核激励等多个模块。主要是通过科学揭示页岩气钻完井成本变化规律并预测未来成本走势，确定投资预算、目标成本，建立循环传导倒逼机制，突出降本关键点，完善监督约束与考核激励机制，实现有计划、有重点、有措施的降本增效。自推广应用以来，中石油的页岩气开发成本下降了20%，累计节约投资数十亿元，部分页岩气项目实现了盈利。

一、实施背景

（一）加快我国天然气产业发展，必须破解页岩气开发投资成本高的难题

天然气是一种优质低碳、清洁高效的化石能源，是国内外推动能源转型的现实选择。近年来，我国天然气产业发展迅速，市场需求增长强劲，呈现出巨大的供应缺口：中国天然气消费量由2010年的1069亿立方米增加至2017年的2352亿立方米，而产量仅从960亿立方米增加到1480亿立方米，不得不大量进口天然气，对外依存度已高达40%，迫切需要增加国内天然气产量。

页岩气作为储量巨大的天然气资源，具有极大的发展潜力。近年来，美国页岩气革命推动了天然气产量的爆发式增长：2006年美国页岩气的产量还仅有284亿立方米，到2016年，就超过了3000亿立方米，占到全美天然气总产量的50%以上，使美国由天然气进口国骤然转变为出口国。北美页岩气革命的成功实践引起了世界各国的高度重视，欧洲、拉美和亚洲诸国竞相效仿。自2009年12月中国第一口页岩气井开钻以来，我国页岩气也经历了快速的发展过程。2012年，中国页岩气产量仅有2500万立方米，2013年就超过2亿方，2014年达到13亿方，2015年实现了45亿方。主要是，中石油在四川盆地的长宁、威远、昭通等地，中石化在涪陵等地，加上部分地方国企、民企等参与，开展了国内页岩气示范区开发，并使我国成为世界上第三个实现页岩气商业性开发的国家。

但是，页岩气开发面临着复杂的地质条件、地面环境以及更高的技术装备要求，投资

成本过高是制约其发展的主要瓶颈。以中石油为例，主要页岩气项目一直受困于低效无效难题，2015年大部分页岩气开发仍处于亏损状态。以昭通示范区为例，2015年就亏损了1.7个亿，主要原因就是单井成本过高。目前，中石油页岩气建井成本虽然已经由最初的1亿元降至6000万元左右，但仍明显高于北美的水平。在国家大力发展天然气、国际油价低位运行、公司盈利压力增大的背景下，中石油面临推动页岩气开发上产和缩减投资成本的两难境地，迫切需要通过结合技术、资源等因素对页岩气单井成本进行深入剖析，建立系统性经济评价方法，摸清成本变化规律，预测成本走势，寻找降本空间，使投资决策、预算管理及降本措施更具科学性和可操作性。

（二）在信息化、大数据的时代，充分利用数据信息资源开展模型分析，是构建页岩气开发投资成本管控体系的有效途径

美国页岩气革命的成功，既得益于技术创新，也得益于管理创新，特别是充分利用信息化、大数据优势，开展方案优化、模型分析、科学预测等，形成了强有力的决策支持。早在20世纪八十年代，美国阿莫科石油公司首次将学习曲线的概念引入钻井行业，对2000多口井的数据进行统计分析，作业区域涉及美国、加拿大、中东、北海，建立了钻井周期学习曲线。通过学习曲线分析，定量评估作业者和服务商的管理能力和技术水平，找出钻井作业过程中存在的问题。

近年来，大数据分析技术取得了突飞猛进的发展。如果将北美2005年~2014年经历的页岩气革命称为“1.0版”，其推动力主要是以水平井分段压裂为代表的作业技术，而未来“页岩革命2.0”的主要推动力将是以大数据为代表的先进数据分析技术。中石油经历几年的页岩气开发后，积累了丰富的页岩气井技术指标及成本数据，在此基础上利用数据资源开展基于学习曲线的模型分析，可以有效地指导投资决策，制定合理的降本措施方案，提升管理现代化水平。

（三）针对页岩气开发参与主体较多的实际，需要建立各方协同一致的投资成本管控体系

对于国内企业来说，页岩气开发依然是新生事物，不仅体现在开发技术的应用上，更体现在管理工作的方方面面。从组织管理角度来看，在过去几年的页岩气开发中，集团总部、油田公司、钻探公司等多个主体视角不同，利益未能协调统一。集团总部需要控制和压缩投资，油田公司需要压缩工作量和成本，钻探企业则需要多争取工作量、增加收入等，各方利益循环传导、相互制衡，需要寻找最大公约数。同时，目前国内企业尚没有一套针对页岩气开发的投资成本管控体系来指导页岩气的投资预算、目标成本设定、降本措施实施等。因此，迫切需要构建实施各方协同一致的页岩气开发投资成本管控体系。

二、内涵与主要做法

（一）内涵

页岩气开发投资成本管控体系，主要是在页岩气开发中，应用学习曲线方法，借助大量生产数据，揭示钻完井成本变化规律并预测未来成本走势，科学确定投资预算、目标成本，建立循环传导倒逼机制，突出降本关键点，完善监督约束与考核激励机制，实现有计划、有重

点、有措施的降本增效。在管控体系的构建与实施过程中，坚持标准化、制度化、流程化，建立完善指标设定、数据管理、成本预测、投资预算、目标管理、考核激励等多个模块，明确成本驱动要素，量化降本空间，制定可行方案及配套措施，形成闭环式管理。同时，建立"四位一体"的协同工作机制，保障页岩气开发投资成本管控体系的平稳运行。

（二）主要做法

1.广泛开展国内外调研，明确总体思路、工作重点及突破口，做好顶层设计

针对国内页岩气开发成本难题，组织开展广泛的国内外文献调研及实地考察，明确构建页岩气开发投资成本管控体系的思路及框架，为整个创新实践活动做好了顶层设计。

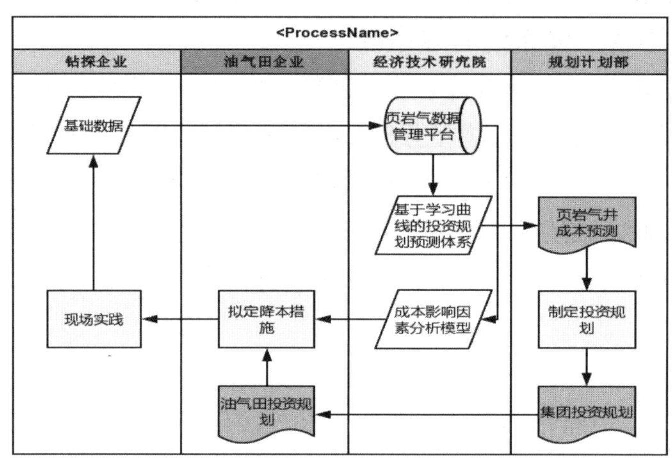

图1　基于学习曲线的投资成本控制管控流程

学习曲线又称经验曲线，是一种可以显示单位产品生产时间与所生产的产品总数之间关系的曲线。任何一个新生事物都有学习曲线。页岩气的学习曲线是指开发时间或钻井数量与气田产量之间的关系。学习曲线越陡或完成学习曲线的时间越短，则表示学习能力越强，生产成本下降趋势越明显。

美国的阿莫科石油公司最先将学习曲线理论用于石油行业，认为当某一区块或区域进行一系列井身结构和作业步骤类似井的钻井工作时，钻井周期可以用学习曲线进行拟合。通过对学习曲线的分析，可以评估作业者和服务商的管理能力和技术水平，描述钻井作业遇到的问题，拟合的钻井周期学习曲线公式为

$$y=C_1*e^{C_2(1-x)}+C_3$$

式中：y 为第x口井的钻井周期，天；C_1为钻井周期附加工期，天；C_2为学习效率；C_3为最优钻井周期，天。

在此基础上，形成了规范化的实践流程，如图1所示。通过开展基础研究，建立了基于学习曲线的投资预测体系和成本影响因素分析模型，通过综合各单位需求，构建了页岩气数据管理平台；钻探企业在施工过程中及时将相关技术和成本指标数据上传至数据管理平台；利用学习曲线方法分析总结页岩气井成本的下降规律并预测未来单井成本，规划计划部以此为依据制

定集团公司页岩气投资规划；经济技术研究院利用成本影响因素分析模型开展页岩气井动态经济评价管理，找到降本突破口并针对性地提出降本增效的建议，油气田和钻探企业据此拟定具体的降本增效措施并开展现场实践。

2.开展指标设定和数据管理，为构建页岩气开发投资成本管控体系提供基础信息

（1）构建数据指标体系，统一数据采集口径

数据追踪分析是加速学习曲线的必要手段。目前，国内各公司关注生产环节多，对数据分析关注较少，且各类数据分散在钻探公司、油田公司、施工作业单位等多个主体手中，给数据统计分析带来较大难度。为此，在创新活动启动之后，根据中石油页岩气井开发实际，在大量调研、分析的基础上，设定了页岩气井技术数据和成本构成数据指标体系，如图2所示。其中，技术数据包括开钻时间、完钻时间、钻井周期、压裂周期、垂深、井深、水平段长度、非生产时间、阻停、井身结构、钻头用量、钻遇率、压裂段长、压裂段数、压裂液用量、加砂量、初始产量、测试产量、目前日产气等共计19项；成本构成数据包括钻井成本（套管、尾管、钻头、人员费、设备折旧、测井和其他服务、水泥、钻井液、燃料、其他）、完井成本（管柱、井口、封隔器、支撑剂、压裂液、压裂、设备租金、射孔、返排液处理、其他）、其他成本（基建与设备费用，细分为：道路建设、地面工程、场地准备、其他）共计三大项23小项。

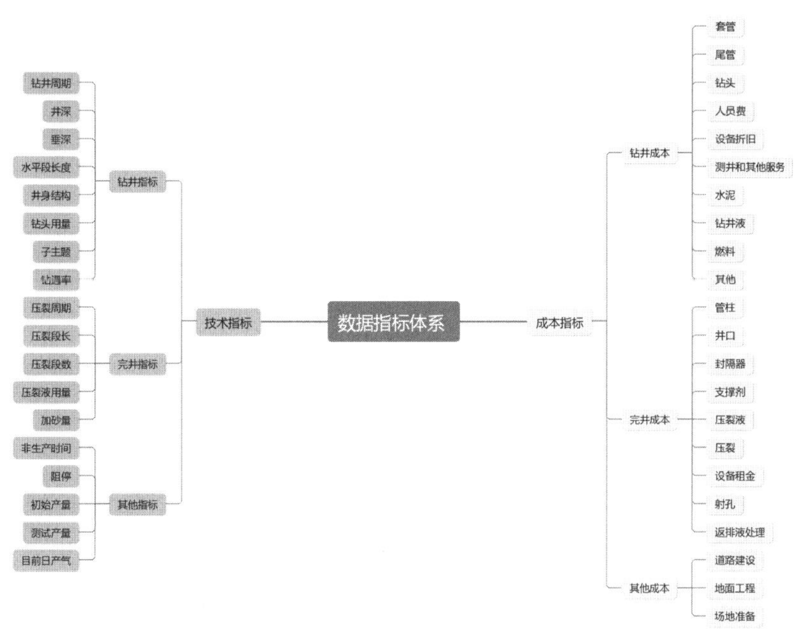

图2　页岩气井数据指标体系

（2）构建数据信息管理平台，提高数据收集、利用效率

随着数据量的增大，常规的数据管理软件已经无法满足数据管理和分析的需要。通过统筹各家单位需求，依照制定的页岩气井技术指标及成本数据模板，建立了页岩气井数据信息管理平台，如图3所示。各钻探企业及其二级单位及时将钻完井及成本数据进行收集整理并上传，系统维护人员定期统计考核各家单位数据上传情况，确保数据的全面、准确。

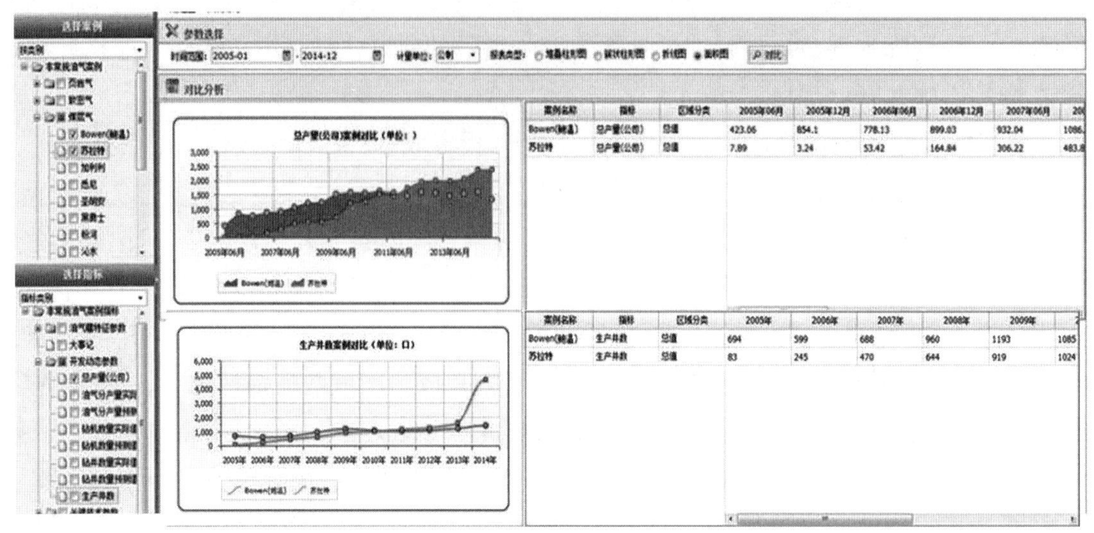

图3　中石油页岩气井数据信息管理平台

该数据库包括了美国5大盆地及四川地区3大作业区，共5万余条数据信息。与常规的成本分析不同，该数据库不仅聚焦财务指标、也聚焦技术指标，从油田公司和钻探公司两个方向分析成本，使分析结果更具真实性。研究分析不仅关注经济效益，更关注管理模式，使提出的措施建议更具可操作性。该数据库为后续页岩气井数据分析奠定了基础。

3. 建立投资成本预测模型，科学指导投资预算编制

本次创新实践基于学习曲线方法建立了一套投资预测体系，在实际应用中取得了较好的效果。

（1）利用学习曲线方法预测页岩气开发投资成本

在借鉴国内外经验的基础上，结合页岩气开发的实际，建立了多因素学习曲线成本预测模型

$$y=C_1*e^{(C_2-x)C_3}+C_4$$

式中：y为第口井的钻井成本；为钻井成本附加值，为曲线上第一个点所对应的值，即第一个数据点；为学习效率；为最低钻井成本。

C_1表示曲线上第1个点钻井成本比最低钻井成本多出的费用。C_3表明作业者和承包商的管理水平及总结学习经验、优化作业程序的能力。C_3越大，说明作业者组织作业的能力越强，能够适应作业环境，及时总结作业经验，更新优化作业程序和计划。C_4为在某一特定区块进行作业时可实现的最低钻井成本，表明以现有的技术水平和装备能力能够达到的最高效率。它与工艺水平、装备能力、井身结构、套管程序、地质构造（可钻性）有关。

通过建立学习曲线模型对中石油近三年来页岩气井的单位进尺钻井成本、单位水平段完井成本、钻速、钻井周期、压裂强度等各项指标进行量化分析，根据页岩气井学习率测算其未来的单井成本。在此基础上建立了页岩气开发投资成本分析预测系统，并取得软件著作权，如图4所示。

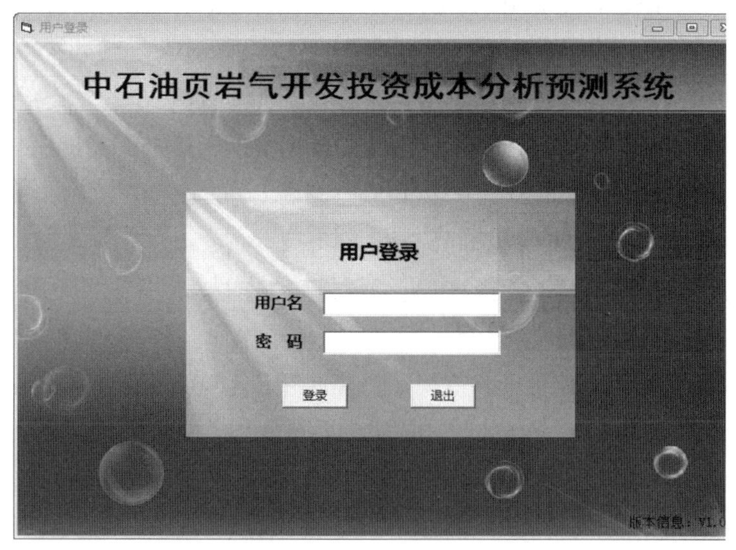

图4 中石油页岩气开发投资成本分析预测系统界面

（2）结合生产经营实际，合理制定页岩气单井指导价标准

①财务处概算部门全面测算单井投资需求，依据集团公司投资管理、造价管理规定，结合现场调研情况，对每一口井的井身结构、套管规格型号、用量、录测井实施项目等逐项进行设计与施工过程核对，确保了造价数据的准确。经过现场实践，再详细测算钻井、录井、测井、固井、套管等项目费用，制定“指导价”，以此指导单井投资成本预算管控。

②勘探及工程监督部门，对控制页岩气单井投资可行性进行论证，调研典型井工程和地质资料，反复进行技术论证，优化了钻井工程设计，确定每一口井的井身结构方案、套管强度方案，在保障钻井工程施工安全，努力提高钻井工程质量的前提下，提出钻井投资控制措施，增强了降低钻井工程投资的可实施性。

③开发与财务部门密切配合，探索页岩气生产规律，预测页岩气操作成本水平，形成倒逼机制控制单井投资。抓住影响页岩气开发经济效益的三个关键因素，产量、成本、单井投资，根据已投产单井生产曲线，预测递减率、EUR、首年平均产量，优化排采制度，最大限度提高单井产量，预测评价期内平均成本水平。在现有气价下，测算页岩气开发项目经济效益，得出在集团公司规定的基准收益率下的单井极限投资。

（3）加强项目评价，及时开展投资清理

加强项目评价和优选工作，确保投资效益最大化。严格遵循效益优先的原则，新建产能建设项目依据不同情景下的效益评价结果进行优选，对达不到效益标准的项目，坚决不立项、不安排、不实施，不列入投资计划。加大对投资建设项目经济评价方案的审查把关力度，力求经济评价的客观性和独立性。

开展投资清理，精细页岩气单井投资管控。注重基础资料收集，整理页岩气单井结算数据，逐项分析比对钻前、钻井、测井、固井、压裂等各项实际钻井投资构成费用与单井市场化指导价差异，查找存在问题，总结经验做法，提出管控建议，强调投资计划、过程控制。

4.建立目标成本管理，形成降本增效的闭环运行对于未开钻的井，根据计算的市场化指导价设定目标成本并按照成本构成对各成本项进行细化；对于已完钻的井，依托数据管理系统及时地对成本构成数据进行分析，主要包括成本变化相关性分析以及钻完井成本构成影响因素，以此开展页岩气井的动态经济评价。对于未达到成本目标的井，通过分析及时找到降本突破口，量化降本空间，为井队针对性地提出降本增效建议，从而指导其在下一口井的施工中达到成本目标，实现有效的闭环管理。

（1）注重成本影响因素分析，找准降本突破口

开展成本影响因素分析时考虑到各作业区页岩气井的技术指标各不相同，对井成本构成数据进行均一化处理，随后进行数据统计，分析其分布规律。如图5所示，根据数据分析结果可以得出某一成本构成项的平均值（P50）、最高水平（P1）、最低水平（P99）、较高水平（P10）以及较低水平（P90）。在剔除分布概率较低的P1和P99之后，将P90作为某区块该成本构成项的最佳实践，而P10则为成本控制较差的典型。

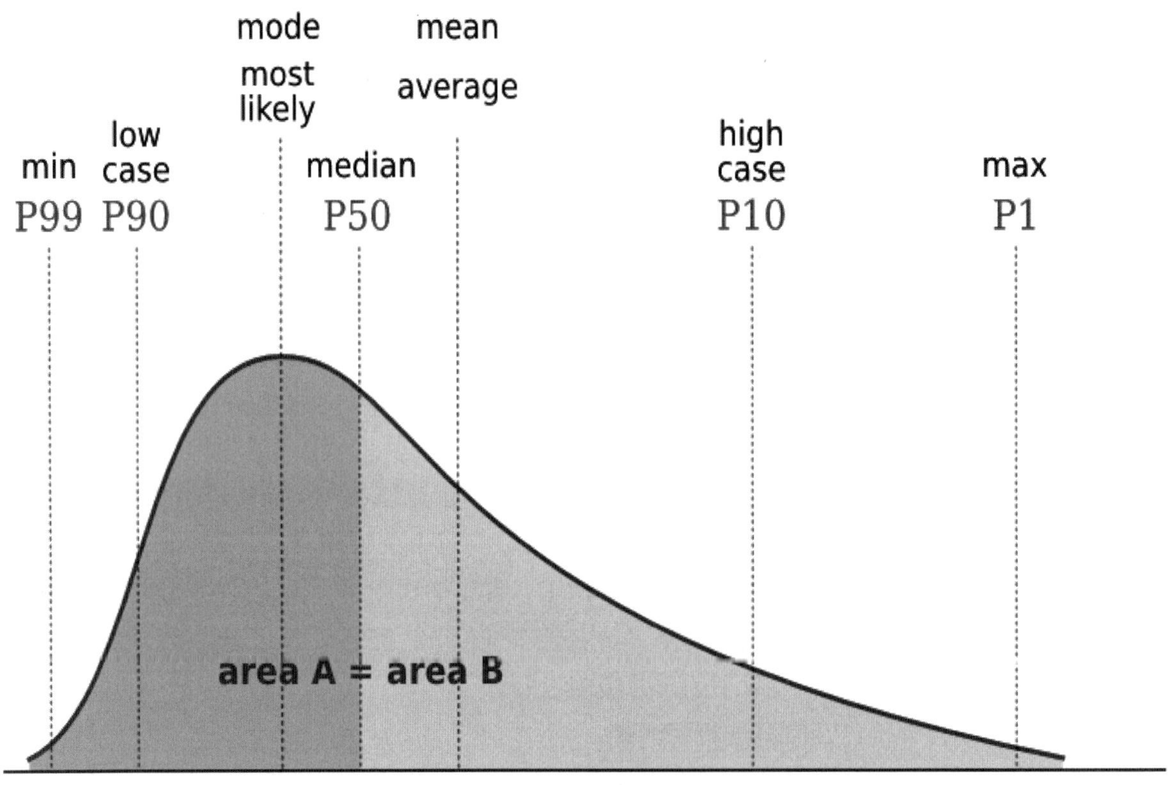

图5　数据统计分析示意图

根据各成本构成项的统计分析结果，做出成本构成影响因素分析图。图6为川庆钻探在长宁区块钻完井成本构成影响因素分析图，图中线段的最低点为P90，最高点为P10，线段中圆点则为平均值。可以看出，设备折旧、燃料、人员及支撑剂费用的成本跨度较大，表示在这几个方面成本费用下降空间较大。由此提出了推广地质工程一体化、一趟钻、水基替代油基钻井液、石英砂替代陶粒压裂、电代油、简化井身结构、压裂液再利用等一整套降本增效措施建议并量化了各环节降本空间，如表1所示。

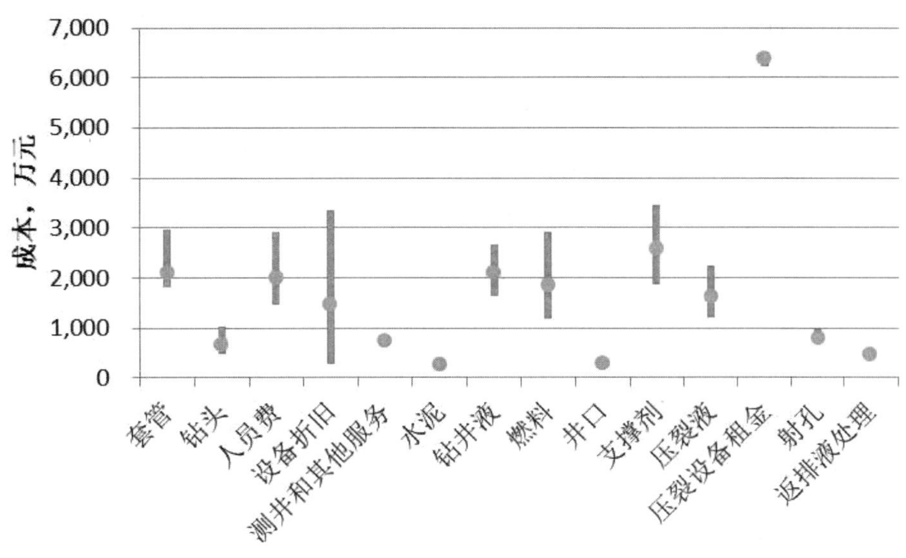

图6 钻完井成本构成影响因素分析

表1 各环节降本空间

降本项目	目前成本（万元）	降本策略	节约成本（万元）
钻机日费	1000	钻井提速，减少非生产时间和起下钻时间，钻井周期从目前的50天缩减至35天，减少15天，钻机日费15万/天	200
减少事故复杂		减少事故复杂	50
钻井液	500	水基替代油基，循环利用，减少成本10%	50
定向服务	400	部分国产替代，降低成本25%	100
套管及水泥	600	优化井身结构、自采套管及压缩采购成本，降低成本15%	100
压裂技术服务	1000	优化生产组织，提高压裂效率，由1段/天提升至3段/天，降本20%	200
支撑剂	500	石英砂代替陶粒，缩短裂缝长度同时增加簇间距，节约成本30%	150
燃料费	250	电代油，降低40%	100
其他		压裂液循环利用、阻工等停费等	50
共计压缩成本			1000

（2）注重技术创新，树立优化方案是成本控制源头的理念

各油田及钻探公司在页岩气开发过程中抓住重点突破点，实施技术降本，推行以产量为导向的逆向设计、正向施工的一体化钻压采总包模式，在资源重复利用、工程质量控制、储

层压裂改造方面不断优化施工方案。目前，浙江油田页岩气单井钻井费用1800万元，同比下降16.5%，压裂单段费用92万元，同比下降28%，微地震监测64万元，同比下降20%，长距离压裂供水7.82元/方·公里，同比下降24%；通过提高标准化、撬装化、模块化程度，平台建设投资、土地征用面积下降，同等规模平台节约投资200万元，每个平台井站征地面积减少356平方，优化水套炉、分离器，节约投资200万元。

5.建立协同工作机制和激励约束机制，保障管控体系平稳运行

（1）建立“四位一体”的协同工作机制

在页岩气投资成本管控体系的实施中，建立了总部机关、直属研究院、油气田企业和钻探企业的“四位一体”协同工作机制，有效实现了资源整合。规划计划部负责组织协调、制定投资计划等；经济技术研究院负责建立数据管理体系以及投资预测体系，并为其他单位提供决策支撑；西南油气田和浙江油田是落实集团投资计划的主体单位，负责制定和实施单井投资计划；长城钻探和川庆钻探是降本增效的主要实施单位。

在“四位一体”的协调同机制下，通过抽调各单位规划计划、财务、概算、生产等部门相关人员进行现场办公，同时多次组织交流协调会，并赴长宁、威远、昭通等现场调研，摸清了单井成本中的主要构成因素和关键因素，以及各单位的运行模式、效益情况等。

（2）完善页岩气投资计划管理

针对页岩气投资成本管控的需要，强化降本增效、提质增效、创新增效的理念，修订完善相关投资计划管理办法，规范投资项目（预）可行性研究、初步设计、最终投资决策、实施、竣工验收、统计、后评价、审计、监督与考核等全过程管理流程，明确各单位和部门投资管理职责，严格项目审批，坚决杜绝计划外项目和超投资项目，严禁未经批准的概算超估算、预算超概算、竣工结算超预算现象发生，建立量化评分体系，加强投资考核力度，严守投资管理红线，严肃投资管理纪律。

（3）加强绩效考核管理

将绩效管理理念引入到页岩气投资成本管控之中，一改过去单纯以钻井进尺论英雄的做法，将钻井队奖金由进尺奖改为效益奖，并在成本管控上进行大胆创新，将单井作为成本管控基本单元，引入定额机制和考核机制，形成单井成本绩效考核体系。通过加强定额管理，钻井队对每项成本计划消耗一目了然，有利于及时纠正消耗过多的成本项，大大增强了钻井队自我管控能力。

钻井队与所属班组签订全要素绩效考核合同，将每个人的劳动价值、成本和利润直接与单井结算挂钩，由此倒逼钻井队、员工算好成本账。钻井队以定额为参照系算效益账，打效益井；项目部和机关部门强化“事前、事中、事后”全过程管控，为单井成本绩效考核保驾护航。特别是针对在燃料消耗、设备折旧等方面成本较高的问题，井队通过标准化核算，对每天的各项物料消耗进行记录、跟踪和对比，完善进出料等成本控制流程和规定，严把柴油、泥浆等材料的进出口关。同时，进一步加强设备维护保养，严格交接班和巡回检查制度，杜绝跑冒滴漏现象。各班的司钻对本班成本运行情况及时进行分析把关，最大限度地减少柴油机造成的浪费，把好能耗控制关等。

三、实施效果

（一）有效控制和降低了页岩气开发投资，实现了油气田与钻探企业共同降本增效

基于页岩气开发成本数据库，应用学习曲线方法和成本分析预测模型，提出了未来四年作业区单井开发成本的预测结果，直接用于指导中石油2018~2020年页岩气开发方案编制和论证审批。通过建立单井投资逐年梯度下降的页岩气开发计划，节约投资20%，折合96.7亿元，为中石油在低油价时期实现页岩气规模有效开发发挥了重要的作用。

构建实施页岩气开发投资成本管控体系，也使油气田和钻探企业双方共同受益，协同降本增效成果显著。比如在长宁地区，单井平均成本已从2014年的8000万元下降至2017年的5500万元，预计2018年底将降至5000万元。其中2017年已为长宁页岩气示范区带来效益40980万元，当年效益贡献率为15%。在昭通地区，2016~2018年，页岩气的开发成本呈现了5000万元、4500万元到4200万元的阶梯式下降，使页岩气项目从2015年的亏损1.75亿改变为2016年的盈利1500万。2017年，页岩气项目为浙江油田产生了7950万元收益，相当于为该油田减亏5549万元。同时，川庆钻探公司开展页岩气作业的内部收益率也已从过去的低于7%，提升到2017年的9.6%。

（二）形成了一套具有推广价值的降本增效方法体系，为实现页岩气科学降本奠定了良好基础

针对制约页岩气开发的成本难题，必须采取科学的管理方法实施降本增效，像对标管理、精益管理、六个西格玛、学习曲线等都是有效的现代化管理方法。通过构建实施页岩气开发投资成本管控体系，引入学习曲线方法，借助大量生产数据，揭示钻完井成本变化规律并预测未来成本走势，科学确定投资预算、目标成本，建立循环传导倒逼机制，突出降本关键点，完善监督约束与考核激励机制，做到了有计划、有重点、有措施的降本增效。在整个创新实践活动中，探索形成了一套标准化、制度化、流程化的操作系统，做到了从指标设定、数据管理、成本预测，到投资预算、目标管理、考核激励等多个模块的一体化、闭环式管控。同时，探索形成了“四位一体”的协同工作机制，使整个管控体系的运行平稳有效。

目前，该项成果已经在中石油内部从事页岩气开发的油气田、工程技术服务企业中获得推广。通过专业培训，形成了一支骨干队伍，并在实际作业中，及时总结经验，打破企业成果、数据壁垒，提高学习效率。采取集体学习、集团化应用模式，定期召开专题分析会，多家相关企业参加，技术与经济结合、工艺与定额结合，多部门、多专业联合分析，共享工艺优化、成本分析和管理创新成果，促进了各单位之间的相互学习借鉴。

（三）提炼形成了具有一定理论水平、学术价值及社会影响力的管理创新成果，增强了国内对加快页岩气发展的决心和信心

在管控体系构建和实施的两年里，经多方共同努力，页岩气建井成本大幅下降、建立速度快速提升、产量大幅提高，充分展示了页岩气产业发展的活力和潜力。基于丰富的创新实

践，以经济技术研究院为依托，同步开展了一系列理论和方法研究，并公开发布多份研究报告、发表多篇学术论文，相关成果先后获得国家能源局软科学成果二等奖、经济技术研究院优秀成果一等奖等，有关研究人员多次受邀到国内外页岩气论坛上做专题报告，产生了一定的社会影响，加深了社会各界对页岩气开发的了解和认识，增强了参与和支持页岩气产业发展的信心和决心。

另外，该项成果不仅可以应用于致密油、致密气、煤层气等其他类型非常规资源开发，而且对常规油气田挖掘成本潜力，乃至推动整个油气行业实现科学降本增效，也都具有一定的借鉴意义。

成果创造人：吕建中、李华启、刘　嘉、郭晓霞、杨　震、刘玉贵、邱茂鑫、展恩强、杨　虹、张珈铭、刘　颖、张焕芝、杨金华、孙乃达、郝宏娜、焦　姣、王晶玫、刘知鑫

企业与非政府组织国际会议平台建设及高层次合作交流机制探索

国网能源研究院有限公司

前言

随着经济全球化快速发展，国家高度重视企业“走出去”步伐，扩大开放领域，优化开放结构，提高开放质量，完善安全高效的开放型经济体系，形成参与国际经济合作和竞争的新优势。在落实“一带一路”倡议背景下，我国企业及社会组织“走出去”战略意义重大，“走出去”过程中则更应注重国际影响力与话语权的提升。

2016年，国家电网公司发起成立全球能源互联网发展合作组织（以下称合作组织），这是首个由我国发起成立的能源国际组织，旨在推动构建全球能源互联网，以清洁和绿色方式满足全球电力需求，推动实现联合国“人人享有可持续能源”和应对气候变化目标，服务人类社会可持续发展。为实现这一宏伟目标，需要加快“一权两力”国际一流组织建设。以大型国际性会议和高层次交流为载体，搭建能源领域有影响力的对话与合作平台，建立与国际机构、政府、企业、社会以及会员的沟通渠道，是提升话语权，推动落实全球能源互联网的必要举措。需要深入研究各类先进国际性组织会议平台建设与高层次交流合作机制，具有前瞻性地对国网公司及合作组织的会议平台和高层次交流合作进行明确定位和合理规划，形成长期的、规范的、国际化的运作体系，全面提升国网公司及合作组织的全球影响力与话语权。

一、会议平台建设与高层次合作交流面临的问题

（一）会议平台

缺乏针对性。合作组织目前处在国际会议平台建设的起步阶段，尽管中国会议产业近年发展较快，但会议平台建设及运作的成功案例较少，缺乏相关可借鉴的经验。品牌塑造、管理意识不强。我国目前的会议推广仍然局限在推式策略，即依靠调动大规模的人力资源来宣传会议，因此成本支出巨大，且容易出现供给与需求之间的错位。市场化经验不足。目前中国还没有形成完整的会议市场化体系。国内的会议企业和服务机构虽然在数量上已经达到了相当的规模，但这些企业还没有达到会议组织者的标准，或者说他们仅仅处于会议服务产业发展的初级阶段，更多地从事会议现场的服务组织工作。

（二）高层次合作交流

交流网络体系尚未健全。虽然合作组织已经在国际交流方面取得了引人瞩目的成绩，与

联合国及其下属机构、各种国际组织、重点国家政府等开展了多次交流活动，但与联合国、国际组织，外国政府部门，国内相关部委及机构之间尚未形成定期会晤与交流机制，且覆盖面还有待扩展，交流网络体系尚处于建设中，有待进一步完善。

重点合作对象尚未明确。全球能源互联网发展已由理念形成阶段进入到战略实施阶段，需要切实挖掘主要地区的跨国跨洲电网联网需求、推进跨国跨洲电力联网项目的研究与实施。在这一过程中，亟须加快梳理合作组织与相关各方（当地政府、当地研究机构、当地能源企业等）的合作需求、积极明确未来的重点合作目标对象，优势互补，提高合作活动的针对性、提升合作效果。

交流合作的内容、方式、方法有待创新。合作组织对外交流合作的方式主要有联合召开研讨会、参加重要国际会议并发表主旨演讲、构建联合工作组等，结合未来的发展形势，还需要进一步拓宽合作方式与内容、方法，更加多元化的开展合作组织的交流合作活动，增强交流合作效果，提升合作组织在国际上的影响力。

尚未树立合作品牌。有影响力的权威出版物是开展学术交流、推进理念统一、加强研究合作的重要基础和前提，合作组织还未形成有影响力的示范项目，需要加强提升口碑和品牌效应。

二、企业与国际组织会议平台建设

（一）会议平台建设的意义与作用

“平台”主要是指一家企业或机构创建特定的网络环境，以供某类产业链的成员或者某类人群在其中开展互通信息、业务等。会议作为群体面对面交流的一种方式，一开始就带有一定的平台性质。会议平台可通过多种途径提升会议组织方的影响力及品牌建设：提供信息互通渠道；提供高层社交途径；进行业务洽谈重要场合；进行理念传播；促进会议平台所在地经济发展。

（二）著名国际组织会议平台建设

通过对世界能源理事会、达沃斯世界经济论坛、博鳌亚洲论坛等著名国际组织会议平台建设的调查研究，总结其会议平台建设及运营的成功经验如下：

注重推广与公关。世界能源大会的推广工作通常交由专业性强的销售及公关公司承担，负责为期推广的鲲领公关公司是全球领先的致力于提供公共关系服务的传播公司。

代表的广泛性。世界能源理事最高权力机构为执行理事会，在伦敦常设秘书处，该理事会有94家国家委员会，组成的网络代表着3000多家会员组织，包括政府、产业和专家机构。

研究成果的重要性与权威性。世界能源理事会通过举办高级别的活动、发布权威性的研究、通过广泛的成员网络来推动世界能源政策对话，向全球提供能源战略信息。剑桥能源周会议在世界能源行业领袖和专家面前，为高质量的、影响深远的研究成果提供发布平台，供其迅速得到全球能源领域的关注，进而不断吸引更多更好的成果借由平台进行推广。

多种形式的会议参与。剑桥能演周会议的形式包括部长级对话、战略对话、专题早餐和晚宴、剑桥专家简报和领导社交圈，为有意向加深合作的各方提供正式和非正式交流的契机，也为持不同观点的各国、各能源公司以及专家学者提供当面对话和讨论的平台，发挥平台的重要作用和巨大价值。

名人效应。比如丹尼尔·耶金在剑桥能源周品牌建设过程中发挥了重要作用。其是能源、国际政治和经济领域的权威专家，多年以来的专著和成果在世界范围内得到广泛的认同，具有权威性和号召力。

商业化的资金运作模式。达沃斯世界经济论坛在瑞士注册的是非营利组织，但一直坚持商业化的运作，在没有政府资金的支持下，仅靠非营利组织自身的运作，不仅自身发展良好，还有盈利，克服了许多非营利组织难以逾越的障碍。

包容性。博鳌亚洲论坛采用会员制，通过广泛的会员基础，不断推进论坛在不同领域的影响。论坛形成了群雄并起、百家争鸣、思想激荡的自由交流场面，这种包容性使得论坛不仅对亚洲各国开放而且对世界各国开放，不仅对大企业开放也对中小企业开放，推动了亚洲乃至整个世界的经济、环境等方面的发展。

注重议题设置。博鳌亚洲论坛论坛年会议题，由中国（海南)改革发展研究院组织国内一流经济问题专家，围绕经济发展这一核心议题，立足论坛宗旨和使命，充分契合时下热点问题，根据亚洲国家的热点、焦点问题经过讨论提出若干专题和对议题的建议。

（三）会议平台建设战略举措

1.明确战略定位

明确的战略目标是会议平台建设成功的前提条件，需对战略目标进行细化、量化，制定清晰、可操作性强的实施规划。

（1）品牌整合运营阶段（2016–2020）。实现合作组织内部业务整合协同，并就国际会议平台建设广泛建立国内外合作网络，探索国际化、市场化的运营模式。

（2）品牌跃升阶段（2020–2030）。在实现业务高度协同的关键时期，通过深化品牌传播，提升品牌美誉度和忠诚度为核心，来强力支持国际会议平台建设。在此阶段，要深化合作组织国际会议平台品牌传播，实现品牌跃升，突出“专业、创新”品牌内涵，强化国际化品牌形象，坚持“内外并举、深化传播”的传播策略。

2.增强品牌意识

推动会议平台全方位品牌化。日程的品牌化。就是把会议每个项目的命名、形式及内容固定化，使受众听闻品牌名称即刻建立起与品牌类别之间的关联，形成关于品牌的整体形象，有利于受众进行品牌联想，提升受众的品牌意识。把大会的日程安排项目加以规范并固定化，加强会议日程品牌化建设，有助于提升受众品牌意识，增强受众的品牌认知，并为品牌传播做好准备。 会议组合的固定化，增强品牌实力。主题大会可作为战略性品牌，即主品牌，分会议或活动可作为其支撑品牌，即副品牌。通过主品牌受众能够全方位把握品牌内涵及价值所在，各副品牌则为受众提供更为细致化、专业化的服务平台，适应了不同受众的需求，提升受众的品牌美誉度。合作组织可对其会议进行主品牌与副品牌的组合并固定化，如下图所示：

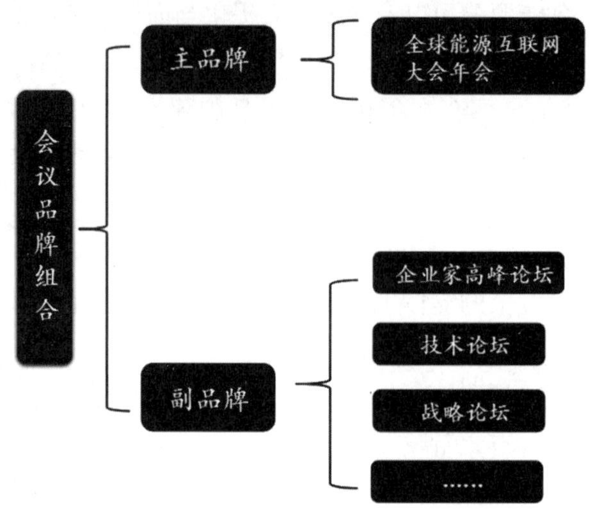

图1 合作组织会议平台品牌组合事例

树立优质品牌和形象。国际会议平台品牌形象的建立分为两个阶段：初始品牌形象建立阶段和长期品牌形象培育阶段。品牌建设初期一般需要耗费大量的人力、物力与财力。会议平台建立初期，论坛主讲者、参会者的影响力，参会人数往往是公众能判断会议层次的重要因素，影响该论坛在公众中的初始品牌形象。会议平台能否持续成功，要看能否为其会员或参与者带来关键利益，从而“锁定”一批关键支持者。

3.合理设置议题，注重理念传播

围绕“全球能源互联网”这一核心议题，结合行业研究前沿及热门话题，论坛设立议题设置全球中心，充分调动资源，及时、全面、准确地在全球收集热点问题，建立专家研讨确定合理议题的机制形成年会和高峰会要商讨的内容，经过会员们的充分酝酿，最终形成年会、高峰会等会议的主题。

会议议题选择的原则：当前热点的话题；区别于竞争对手的信息内容；以行业内共同关心的问题为主题；以行业内存在争议性的问题为主题。会议主题框架：论坛确定主题框架需要和论坛的活动结构相吻合；论坛确定主题框架应做到主次有序,一般活动的议题不宜喧宾夺主；会议确定主题框架还应注意分议题间的平衡和联系。议题数量和次序的安排：依据议题的类型来排序；依据议题的逻辑顺序来排序；按照议题的重要性来排序；按照议题的紧急程度来排序；按照议题的利益相关度来排序。

注重理念传播。议题设置的主要目的为理念传播，从而促进会议平台的品牌化。理念的传播重在渗透；要使传播的理念体现出高度和深度的结合；找准会议组织需求和参会者需求的契合点；理念传播宜集中化以增强传播效果。即合作组织宜以构建全球能源互联网、推动绿色低碳的全球能源治理格局为向受众传播的核心理念。通过大量的、有效的传播，吸引不同国家组织机构参与，赢得支持。

4.统筹利用国内外资源

合作组织应特别重视与具有全球影响力的知名机构建立合作关系，在会议平台建设过程中充分利用其影响力进行品牌塑造。这些机构主要包括联合国能源相关机构、国际组织、行业类非政府国际组织以及世界著名高校、权威智库等。可通过将其纳入会员机制或咨询机制等与其建立机制性联系。为确保与其合作的稳定性与深度，也应与其签订具有约束力的合作协议，明确其权利与义务。

会议服务。合作组织已在美洲、欧洲、亚洲、非洲等成立了分部，其应充分调研各地区的会议产业、会议市场，与合作组织会议举办地国家的本土化会议服务公司建立稳定的合作关系。

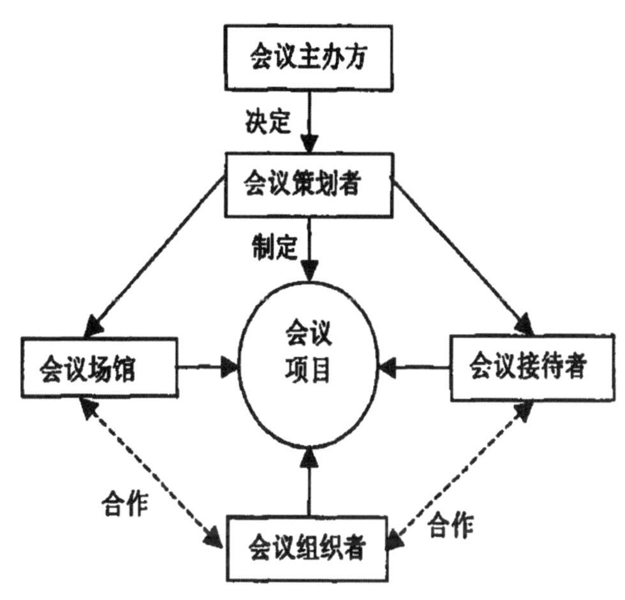

图2　会议项目合作方示意图

宣传推广。论坛的媒体宣传是建立品牌的重要途径。最理想的传播管理结构应该是合作组织直接负责公共关系，由组织自身的公关部门协调各个职能部门，统筹会议平台的宣传推广工作。而在制定宣传推广策略和方案时，应与专职的公关公司进行密切合作。具体方案的落实需选择合适的媒体。首先，国际会议平台的宣传推广应大与国际知名、有影响力的国际化媒体合作。其次，在品牌传播的初期，可以选用影响力较大的国际化媒体。选择合作媒体通常会从量和精准两方面入手,除与发行量大的报纸以及点击量大的门户网站合作以外还会根据论坛涉及行业及人群选择一部分行业杂志及网站进行合作。

5.建设权威研究成果发布平台

加强和完善全球化的智力支撑网络。应与行业内国际著名大学、科研院所保持密切的联系和合作，形成数量庞大的知名专家学者组成的智力网络。可采取多种方式的研究合作，如联合研究、资助研究等。

多样化的知识成果。这主要包括基础类、前沿性类以及排行类知识成果。基础类注重全球能源互联网相关的基础数据、市场动态、国家战略等方面的综合分析。前沿类知识成果主要全球相关的热点问题，注重知识成果的深度。基础类与前沿类的知识成果既要对合作组织自身的研究成果进行发布，还要吸引全球行业内代表国际先进水平的高质量研究成果的发布。排行类知识成果更能体现会议平台的权威性，并能在更广范围内进行传统，吸引眼球并快速引起重视。

6.固定化、多样化会议形式

固定化。年度会议的会期、会址固定化，利于品牌形象塑造。会议形式的固定化指的是会议平台主会议品牌的固定化，子品牌的会期、会址可根据现实需要进行灵活调整。合作组织国际会议平台在品牌初创阶段，会址可固定化在北京，而不固定具体的举办场馆。

会议形式多样化。根据会议目标及嘉宾的需求安排多样化的会议形式，尤其注重为高层级领导、专家的需求量身定做会议形式。细分会议受众。会议受众细分对会议品牌管理的重要意义。许多国际知名会议平台均注重对会议市场的受众进行细分。在对受众进行细致调研的基础上进行分解，对不同受众的需要进行差异化管理，进而设计出有区别的会议项目和会议流程。“走出去”办会，扩大国际影响力。充分利用合作组织在各大洲的驻外机构在各大洲建立举办国际会议的合作伙伴网络，每年配合年会在各大洲举行相关论坛。“闭门会议”。闭门会议往往能引起高端人群的兴趣。

7.国际化、市场化运作

国际化。打造更为开放、包容的公共外交平台；会议组织方将更多地推行国际化的办会方法，这主要表现在高效、务实、节俭、数字化等方面，另外会议接待、礼仪等方式遵循国际通行惯例；采用人才本土化的战略。合作组织在各国的办公室招聘当地优秀人才进行运作，当调整传统的工作内容与工作方法，吸收本土人才的有益的工作经验；参与国际合作，尤其是参与国际公益性活动以提升影响力。

市场化。精准的目标客户群定位对会议组织者尤为重要；市场化的资金运作。一般来说会议平台的资金来源包括会员会费、会议赞助费、参会费等；满足受众需求。会议平台能否持续成功,要看能否为其会员或参与者带来关键利益,满足各类受众的需求。论坛给参与者带来的常见利益包括建立融资网络、提供前沿科技与政策信息交流平台、提高企业知名度和品牌价值等。满足受众需求同样不能忽视后续服务和增值服务的重要作用。

（四）会议平台维护思路

1.受众的过滤

首先是确定不良受众。对理念反对者受众进行细致的甄别以确定不良受众。一是全面了解在其他会议上影响会议声誉的参与者情况；二是对合作组织以往的会议进行分析，甄别出对会议声誉造成影响的受众；三是对合作组织理念持反对态度，曾公开表示抨击且观点明显有失公允者应特别注意；最后应就上述经过甄别的不良受众建立黑名单。

其次是全方位过滤。一方面是在会议参会者邀请以及会员吸纳过程中进行过滤，这均是由会议组织者占据主导与主动，可根据建立的黑名单直接进行过滤；另一方面是大型的会议平台往往会建有相应的网络及移动端平台，以供受众获取相关信息或进行互动等。

2.平台参与方的区别对待

会议平台的市场化运作要求对受众进行收费，而会议平台各类受众的利益、需求、能力以及对平台的支持度不尽相同，为吸引、锁定更多的支持者，会议组织者可以选择补贴某类受众群体，促进其使用者数量的增长，进而吸引另一类受众群体在不脱离对平台支持的同时支付更多的费用。补贴就是会议平台对于某一方群体提供免费或者普遍低于市场价格的服务，借以吸引该群体的成员入驻平台，并以此为筹码，转而吸引另一方群体。在会议平台的成长期及成熟期均应对确定“付费方”及“被补贴方”进行战略考量，这是影响会议平台获利与成长的关键要素。

3.增强受众归属感

情感认同构建。增强受众归属感需要平台与受众的密切往来，在反复的各取所需的合作互动中构建情感认同。赋予受众权限。受众群体只有在意识到自己对身处的环境能够发挥影响力，才可能对该环境产生依附感。针对会议平台的发展、运作及维护，赋予会议平台参与者一定的权利，在不违背会议平台主要利益的前提下尽可能满足平台参与者在平台使用方面的合理需求，使其具有主人翁意识。比如，可以考虑给予会议参与者邀请其他参会方以及组织安排特定的小规模讨论会等权利。

（五）效果评价

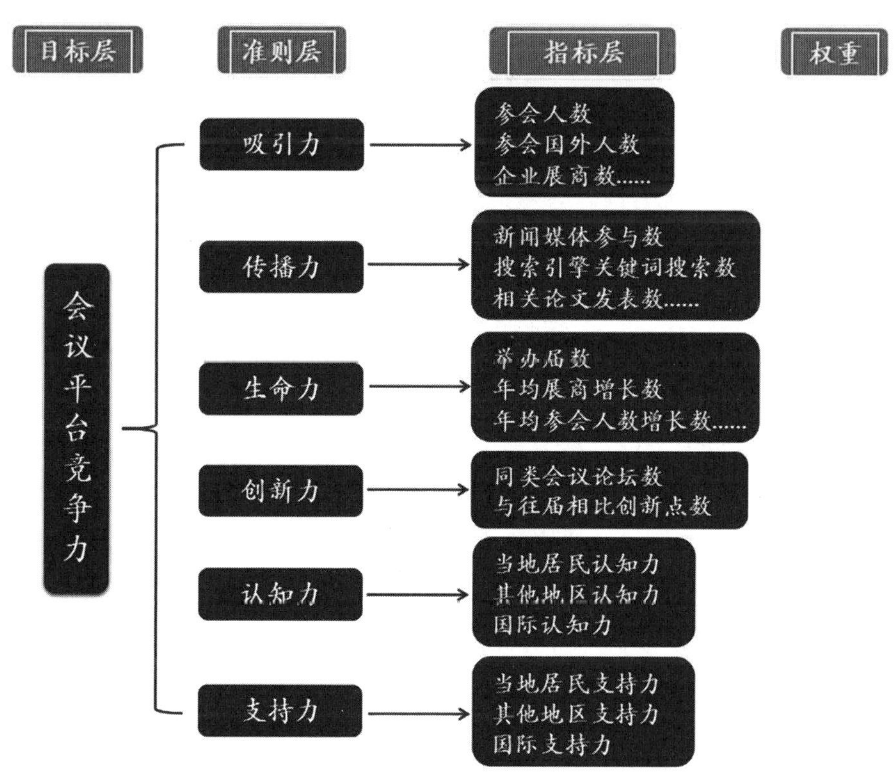

图3　会议平台竞争力评价指标

问卷调查分析。问卷可分五部分。第一部是对会议参加者对会议服务质量感知情况的调查，由会议参加者根据会议服务体验,对会议服务的质量进行评价。第二部分是对会议参加者对会议服务项目重要程度的认知情况的调查。第三部分是会议参加者对会议的国际、国内影响力的认知与评价。第四部分是对会议参加者总体满意程度、是否产生积极的消费情感和是否形成重游的意向的调查。最后是会议参加者描述性信息和分类性信息的调查,包括性别、年龄、参加会议次数等问题。对收集的问卷调查结果需进一步进行分析，以最终得出会议效果。一般来说，问卷调查结果的分析应包括描述性统计分析、信度分析、方差分析、相关分析及回归分析。

构建会议平台竞争力评价指标体系。一般认为，品牌竞争力可划分为八大层次：品牌核心力、品牌市场力、品牌忠诚力、品牌辐射力、品牌创新力、品牌生命力、品牌文化力和品牌领导力，从核心力向领导力依次延伸递进。参考品牌竞争力，结合合作组织会议平台建设的战略目标，可选取吸引力、传播力、生命力、创新力、认知力、支持力等为会议平台竞争力原始指标，并进一步采用专家调查法建立评价指标体系。将原始指标发给相关领域专家，要求专家选出和补充对会议平台竞争力影响较大的指标，最后得出较为完善的竞争力指标。

三、高层次交流合作机制

（一）高层次合作交流思路与目标

1.总体思路

把握全球可再生能源大发展与电网互联互通发展大趋势，抓住热点地区与热点问题，把握全球能源领域相关各方的优势与诉求，充分挖掘利用国内国外资源，在现有的交流与合作基础上，进一步充实交流与合作的内涵，提升交流与合作的水平和质量，在日常交流、高端会晤、合作规划、联合研究等方面实现交流合作数量和质量的双提高，形成更宽领域、更深层次、更高水平全方位交流与合作机制和新格局，为提升合作组织话语权、影响力和执行力，壮大会员队伍，加快构建全球能源互联网做出重要贡献。

2.发展目标

到2020年，建立起一张覆盖联合国及其下属机构、政府间与非政府间国际组织、区域性国际组织、重点国家政府、经济能源领域著名国际研究机构、国内外知名高校和研究院等的畅通高效的对外交流合作联系网络，建立稳定的定期交流沟通机制；积极拓展对外交流合作模式，建立与IEA的人员交流与项目合作，建立与WEC的合作关系；在主要国家和地区设立驻外办；年平均高端交流次数超过30次，高质量合作成果年均10个以上，形成对外交流和对外合作的系列化项目和品牌。

到2030年，每年发布国际影响力的出版物3~5本，形成有一大批有广泛影响的合作研究项目、跨国跨洲联网项目，合作组织工作人员在各类知名国际机构担任重要职务、获得头衔；建立覆盖政策、科研、技术、标准、装备等领域全面的对外交流合作交流网络，合作组织全面交流合作格局完全形成，实现合作组织对外寻求交流合作到外方上门寻求合作的转变，交流合作成效明显，成果丰硕。

（二）高层次交流合作实践路线研究

1.国内交流合作机制与网络建设

加强与政府相关部委的交流，取得支持与帮助。依托国家政策和文件，通过各种渠道建立与中央办公厅、外交部、民政部、发改委、能源局、商务部等政府相关部委的交流网络，定期或不定期、积极向各部委汇报合作组织发展战略与规划、重要对外交流合作活动设想及开展情况，争取获得各部委的支持与理解，给予政策与行政审批便利。

加强与外交部的联系，争取获得外事便利权，获得外交部、民政部对申请联合国经社理事会全面咨商地位的大力支持；积极与外交部、国家发改委、国家能源局交流与沟通，争取将构建全球能源互联网纳入“一带一路”建设的框架；加强与国家商务部、科技部合作，在非洲开展1–3项扶贫和援助活动；与部委下属研究院、智库等等建立关系，广泛开展项目研究，撰写全球能源互联网相关课题报告；与各部委核心司局建立交流沟通网络，形成畅通、高效的沟通渠道，及时获取政府发布的最新政策与文件、信息等。

积极参与各部委主持的重要的国际合作项目，并在其中扮演重要角色，尽力使全球能源互联网相关事务在国家相关政策、文件中得以高度体现。

加强与能源领域重点企业的交流合作。采取签署战略合作协议、签署合作框架（MOU）等方式，与国内能源领域重点企业建立交流合作关系，信息共享、资源共享、互相支持，共同面对走出去的机遇与挑战，共同把全球能源互联网的理念及相关的中国制造技术与装备传播到世界各国。

到2020年，与国内50%的发电、设备、信息通信等能源领域相关基础设施重点企业建立长期良好的交流合作机制，争取获得企业的相关实物及技术支持；到2030年，与国内90%以上的发电、设备、信息通信等能源领域相关基础设施重点企业建立长期良好的交流合作机制，并获得企业的相关实物及技术支持。

加强与高校研究机构的合作，继续深化理念研究与推广。国内高校与研究机构是开展理论研究的重要骨干力量之一，具有理论功底深、学术影响力大、知识传播快等特点，加强与高校和研究机构的合作，对于深化全球能源互联网研究、推广全球能源互联网理念、丰富全球能源互联网战略规划具有重要意义，也是提升全球能源互联网合作组织影响力的重要工作之一。

到2020年与国内50%的高校、研究机构建立长期良好的交流合作机制：定期举办全球能源互联网相关的专题论坛或讲座，为高校、研究机构提供课题研究项目及师生实践渠道等。

到2030年，与国内90%以上的高校、研究机构建立长期良好的交流合作机制：共同深化全球能源互联网的理念，研究建立更加健全的知识网络，将理念传播到世界各国。

2.国际交流合作机制与网络建设

发展与联合国及其下属机构的紧密合作关系。到2020年完成与联合国经济与社会事务部、联合国亚太经社会、联合国开发计划署、工业发展组织、联合国扶贫开发署、联合国拉美经委会、全球契约组织分别签署合作备忘录。与亚太经社会、拉美经委会合作，在地区联网规划方面完与1–3项区域规划合作项目。到2030年，具备在联合国及其下属机构担任重要职务，如应对气候变化或可持续发展特使/高级代表等条件，与联合国及其下属机构领导人之间建立不定期会晤机制。

取得政府间国际组织的政策支持。到2020年基本建立与欧盟、非盟、东盟、阿盟、南美洲国家联盟、20国集团组织等政府间国际组织的直接联系渠道，在上述1–3家组织中，推动实现全球能源互联网纳入区域可持续发展的政策框架或者成为重要议题，与部分组织建立高层会晤机制。到2030年具备成为上述组织能源行业高级顾问和重要支撑机构的基本条件。

发展与非政府间国际组织的支持与协作关系。到2020年完成与世界可持续发展工商理事会、气候议会等分别签署合作备忘录，双方在参会、共同课题研究等方面开展合作。到2030年实现双方互派工作人员到对方机构任职，实现建立高层不定期会晤机制。

推动与行业性国际机构开展全面合作。到2020年合作组织与世界能源理事会、国际能源署、国际可再生能源署、21世纪可再生能源政策网络分别签署合作备忘录，联合开展课题研究，发布研究报告。与国际电工委员会、国际大电网组织、电气和电子工程师协会分别签署合作备忘录，开展全球能源互联网标准研究及制定工作。到2030年合作组织与上述机构实现互派工作人员到对方机构工作，在领导层面建立不定期会晤机制。

寻求各国政府能源电力主管部门、驻外使团支持。到2020年与蒙古、俄罗斯、韩国、日本、巴基斯坦、孟加拉、缅甸；老挝、柬埔寨、印度、摩洛哥、突尼斯、埃塞俄比亚、沙特、巴西等国能源电力（水利）部以及驻华使馆建立联系并签署合作备忘录，合作完成1–3个跨国联网规划或落地项目。到2030年合作组织基本具备成为上述政府机构高级顾问的条件，双方在区域电网互联项目上建立密切合作关系。

密切与国内外学术性机构交流合作。到2020年完成与彭博新能源财经、哥伦比亚大学、地中海能源研究、国家发改委能源研究所、中国社科院签署合作备忘录，双方开展联合研究，发布研究成果。到2030年完成国内外宣讲超过500场。与波士顿大学、哥伦比亚大学等联合开展人才培养与培训工作实现新突破。

加强与国际多边金融机构交流合作。到2020年与世界银行、国际货币基金组织、亚洲开发银行、非洲开发银行、亚投行、非洲开发银行等知名金融机构建立密切联系。申请成为全球基础设施互联互通联盟成员，探索将能源行业分会设立在合作组织。到2030年与上述机构在全球能源互联网落地项目上建立长期融资合作关系。

成果创造人：代红才、张　栋、毛吉康、孔维政、徐晓阳、赵芸淇、赵留军、汤　芳

大型水电企业创建一体化平台助力高质量发展实践研究

华能澜沧江水电股份有限公司糯扎渡水电厂

一、实施背景

华能糯扎渡水电厂办公一体化信息服务平台（以下简称：一体化平台）是糯扎渡电厂根据糯扎渡电站管理运营工作实际，将管理制度体系和业务工作与信息技术融合，按照管理制度化、制度表单化、表单信息化要求，创建在基本网络平台上进行业务流程管理、岗位考勤管理、信息资料共享为主的高易用性、高扩展性的一个虚拟内部管理平台。一体化平台2016年4月正式启动研究、开发、创建工作，2016年8月上线运行，整个开发创建过程，始终以糯扎渡电厂管理工作特点和需求为出发点，以问题为导向，以提高工作效率为目标，满足新时代糯扎渡电厂高质量发展需求。

（一）顺应信息化发展趋势的必然要求。

以信息技术为代表的新一轮科技和产业革命蓄势待发，全球互联网智理体系变革进入关键时期，我国更是把信息化建设提高到前所未有的高度。党的十九大强调要建设网络强国、数字中国、智慧社会，推动互联网、大数据、人工智能和实体经济深度融合，发展数字经济、共享经济，培育新增长点、形成新动能。《国务院关于积极推进“互联网+”行动的指导意见》提到“推进能源生产智能化”“支撑电厂和电网协调运行”“提高能源利用效率和安全稳定运行水平”等内容。华能集团提出建设“信息化企业”和“数字华能”的战略构想，明确要求将信息化作用从服务生产经营扩展至支持科学决策、推动科技创新、促进内涵式增长上来。澜沧江公司也指出要充分利用信息化手段，推动数字化电站+智慧电站构建。进一步利用信息技术进行电站生产运营管理是大势所趋，任何组织和个人不顺势而为，甚至拒绝改变，等待他的只有落后甚至被淘汰。糯扎渡电厂审时度势，应势而谋，主动有为，立足管理实际需求，统筹谋划一体化平台创建，是贯彻落实上级精神和号召的有效举措，是顺应信息技术发展趋势的必然要求。

（二）推动电厂高质量发展的内在要求。

过去，由于电厂行政、党建等信息化管理模块的空白，导致与之相关的大量业务工作需要通过“纸质表单，线下审批”的方式进行。纸质表单意味着流程“可退回但不能修改”，只能从头开始，线下审批意味着经办人会将大量时间浪费在寻找审批人及等待审批上。所以，这样的审批方式往往伴随着大量纸张与经办人时间的浪费。“纸质表单，线下审批这一陈旧的管理方式严重制约着糯扎渡电厂的发展。随着经济发展步入新常态，面对用电需求持续放缓，市场竞争日趋激烈的严峻形势，要想在市场竞争中立于不败之地，要想获得稳定高效的盈利能力，要想确保电力基业长青不衰，电力企业就要顺应电力市场形势，加快推进精细化管理模式，全要素深挖降本增效空间，推动电力企业高质量发展。而利用先进的信息技术手段提高生产经营管理水平是推动电力企业高质量发展的重要有效途径。一体化平台正是利用“互联网+”等新兴信息化技术搭建的业务管理、交流互动和信息共享平台，它与华能集团已建的OA办公系统、SAP系统、电子商务、风控系统、法务系统、人资管理系统等信息化管理系统形成互补，实现行政管理、党建工作、生产管理、安全管理等工作信息化管理全覆盖，并将所有信息化管理工作统一在一体化平台上进行集约化运行，可以更方便地获取岗态等信息和材料，更为快捷的进行业务流程审批，最大限度满足糯扎渡电厂实际管理工作需要，实现无纸化办公，降低工作成本、节约工作时间，提高工作效率，是利用信息技术提高管理水平推动高质量发展的有益实践。

（三）创建国际一流水电厂的本质要求

未来的国际一流水电厂必将是一个信息化和工业化高度融合的电厂，必将是一个以信息技术为支撑的智慧电厂，进行信息化建设是创建国际一流水电厂的重要组成部分。以水电行业信息技术发展为支撑，糯扎渡电站在建设时期，已经为机电设备操控运行、大坝安全监测等建立了完备的信息管理系统，但是在行政办公、党建工作、生产管理等实际管理工作上信息化管理相对较为滞后，“纸质表单，线下审批”等陈旧的管理方式制约着创建国际一流水电厂的发展。糯扎渡电厂站在信息化建设是创建国际一流水电厂重要举措的高位，结合信息化建设新形势、新要求和新特点，抓住“台塑”经验学习转化运用之际，统筹谋划信息化建设工作，力争在管理信息化上取得突破。一体化平台创建正是管理信息化的重要一步和重要抓手，利用一体化平台将糯扎渡电厂制度的关键流程、主要控制点和表单进行信息化转化和固化，逐步实现管理制度化、制度表单化、表单信息化，从而实现管理信息化，加快创建国际一流水电厂步伐。

二、内涵和主要做法

（一）一体化平台成果内涵

一体化平台的创建是糯扎渡电厂推行“互联网+”的大胆尝试，是华能集团基层单位学习“台塑”经验的成果应用，也是央企践行“提质增效”、“绿色发展”、“依法治企”理念的实际行动。一体化平台的主要创新点归结为：创建一个平台，进行两个融合，拓展多种应用，实现业务工作信息化管理全覆盖。

1.创建一个平台。不是建设一个管理系统实现一个业务面的信息化管理，而是创建一个信息服务平台，按照“一体化平台+”的理念，将糯扎渡电厂所有业务工作纳入一体化平台进行统一、集中、一体式的信息化管理，使管理更集中更高效。

2.进行两个融合。一是一体化平台与糯扎渡电厂管理体系相融合，按照“管理制度化、制度表单化、表单信息化”要求，将制度体系融入一体化平台，实现管理信息化。二是一体化平台与工作实际相融合，根据集中轮班等工作特点和需求，在一体化平台上针对性的创建轮班岗

态管理系统、合理化建议管理系统等功能模块，更大限度满足实际工作需要。

3.拓展多种应用。创建一体化平台的目标是将糯扎渡电厂所有业务工作全部进行信息化管理，所以在创建时就注重功能的扩展性，糯扎渡电厂拥有一体化平台70%数据源代码知识产权，糯扎渡电厂信息化技术人员可根据需要，随时完全自主的进行功能拓展和系统完善，不断让一体化平台+多种应用，让其应用覆盖面更广，真正实现业务工作信息化管理全覆盖。

目前，糯扎渡电厂11个方面业务工作涉及的142个流程管理均已上线运行，岗态管理、车辆管理、会议管理等5个管理系统上线运行，实现OA、电子商务、南网调控中心等17个已建信息系统一键登录，可以进行短信全厂群发、内网个人网盘、个人日程、即时通讯等多种便捷辅助办公应用，5个原创功能模块取得了软件著作权。一体化平台创建彻底改变了传统管理工作模式，有效提升了管理水平，让全体员工切身感受到了信息技术与管理工作创新有效融合带来的效率提升和工作便捷，极大转变了思维模式，激发了创新热情，为打造“智慧电厂”、推动糯扎渡电厂高质量发展提供源源不断的创新驱动力。

（二）一体化平台创建。

办公一体化平台建设的总体目标是以先进的网络信息技术为主要手段，以实现电厂日常办公应用信息化、无纸化、高效化为导向，搭建一个覆盖办公管理各业务领域的自动化办公信息平台。通过网络技术，实现电厂内部办公业务流程及痕迹资源共享、高效协同的处理机制，为糯扎渡电厂日常管理建立一个即时有效、便捷透明的信息交流通道，建立高质量和高效率的信息网络，为广大员工提供一个方便有效、公开透明的办公、生产事务流程跟踪和监督手段，实现办公自动化、信息资源化、传输网络化和人性化管理。致力于打造一个集合信息共享、流程审批、数据储存分析、沟通交流的立体化平台。一体化平台的搭建按照以下五个原则：

1.融合电厂管理体系原则。

糯扎渡电厂作为基层发电单位，在日常工作中存在着许多自身的特点，日常管理过程中各业务都有其所遵循的制度规范，形成了“行政党建管理体系、安全生产管理体系、应急管理体系”三大管理体系，一切业务的进行都需要依照“三大体系”，这就需要一体化平台能够将“三大体系”制度要求与线上业务开展进行协调整合；另一方面，各业务部门开展工作的类型、要求、模式等均有差别，需要一体化平台能够将其有机结合在一起。将管理体系与一体化平台无缝对接，将日常业务工作特点融入其中，是首要考虑的原则。只有完全契合糯扎渡电厂管理体系，满足个性需求的平台，才能真正实现系统建设初衷。

2.注重员工操作体验原则。

建设一体化平台的目的在于为员工提供效率快捷、方便实用的服务系统，因此一个操作简单、界面美观的系统必不可少。员工可以通过可视化界面，快速查找到所需办理的业务，并通过清晰明了的指示，完成整个流程的填写处理和提交，使线上业务开展直观明了。一体化平台电脑客户端-糯电精灵注重员工使用体验，提升系统人性化水平，缩短员工操作适应时间，降低使用上手难度，更加易于今后的使用推广。

图1　一体化平台登录主界面

“糯电精灵”logo寓意：蓝色的水精灵，舞动红色的翅膀飞向高空，转化为绿色电力，飞进千家万户。

图2　一体化平台电脑客户端-糯电精灵主界面和图标

3.突出智能便利优势原则

运用信息网络的便捷优势，将员工劳动力从烦琐、耗时的办公流程中解放出来，也是开发、推广一体化平台的初衷之一。而坚持“以人为本”的内部管理理念，亦要求我们必须转变角色与思维，在管理中以服务员工为主要目标。将自动智能优势充分转化为改进工作方式的推动力，正是强化服务意识、提升工作效率的体现。系统操作的方便、友好，就是“服务化”意识的具体体现，一个使用便捷、外部美观的系统平台，就是体现服务意识式企业文化的充分展示。例如流程需要进行下一步时的短信提醒，出差补贴时的自动计算，每月考勤的自动汇总、岗态信息实时查询等等，将便利化的优势融入工作中的每一小细节，舍去了烦琐的工作细节，体现了电厂的以人为本，增进了员工对一体化平台的好感度。

图3　一体化平台新建工作界面

4.保留后期可开发性原则

糯扎渡电厂以功能需求指引技术应用，同时又以可行技术实现功能需求，在坚持循序渐进、实用为主、知识共享原则基础上，最大限度地运用现有技术实现业务功能信息化需要。一体化平台是一个实现办公自动化、信息资源化、传输网络化和人性化管理的可开发平台，适应糯扎渡电厂管理发展、制度需求，而管理要求和制度不是一成不变的，这就要求一体化平台不能是一个刚性的固态系统，应该是一个可开发、可拓展的、可持续深化应用的智能平台。在项目合同签订过程中就明确要求，一体化平台数据源代码70%对电厂技术人员开放，这样一体化平台就具备后期可开发性，电厂人员可根据实际需要，不断添加、修改、优化业务流程，拓展一体化平台功能。

5.依托自主拓展开发原则

为推进一体化平台拓展应用开发，电厂利用自身技术力量坚持自主研发，这样更能切实满足电厂实际工作需求，更有利于一体化平台后期的完善和维护。建设初期安排专人全程参与平台的搭建和开发工作，自主掌握一体化平台开发技术，后期二次开发完全由电厂自主完成。2017年4月，电厂一体化平台拓展应用开发攻关小组正式成立，电厂领导、中层干部任领导小组成员，设党建管理需求、生技管理需求、安全管理需求、财务管理需求、运维管理需求、水库管理需求、基建管理需求7个需求攻关小组和1个技术攻关小组进行二次开发，以需求为导向、信息化转化为手段，将各方面管理需求在一体化平台上进行表单化和流程化转化，实现满足实际工作需要、提供便利快捷服务的信息化管理目标，自主开发了11个模块，共计120个业务流程，节约开发费用60万元。

（三）一体化平台系统结构

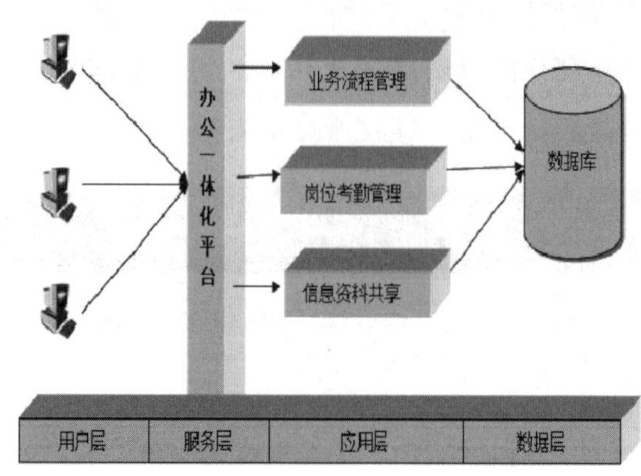

图4　糯扎渡办公一体化平台系统结构图

一体化平台主要依据Internet/Intranet建设原则，在基本网络平台基础上，使用“客户/WWW服务器/应用服务器/数据库服务器”的结构来构造单位内部的信息化管理平台，客户端采用应用窗口和浏览器模式使管理系统易用性更强。

目前，一体化平台总体功能包括三个大类：业务流程管理、岗位考勤管理、信息资料共享。其中，11个业务流程管理模块涉及行政办公、党建工作、生产管理、后勤服务及接待工作等共计142个业务申请或审批流程；岗位考勤管理模块3项，包括休假排班、岗态查询、考勤统计；信息资料共享模块7项，包括即时消息、车辆信息、会议日程等消息传输与分享功能。其他辅助办公应用包括工作日志、个人日程、个人网盘、短信群发、投票管理、在线考试等功能应用。

随着一体化平台的持续开发和完善，其功能应用不断拓展，信息化管理覆盖面越来越广。

图5　一体化平台主界面菜单

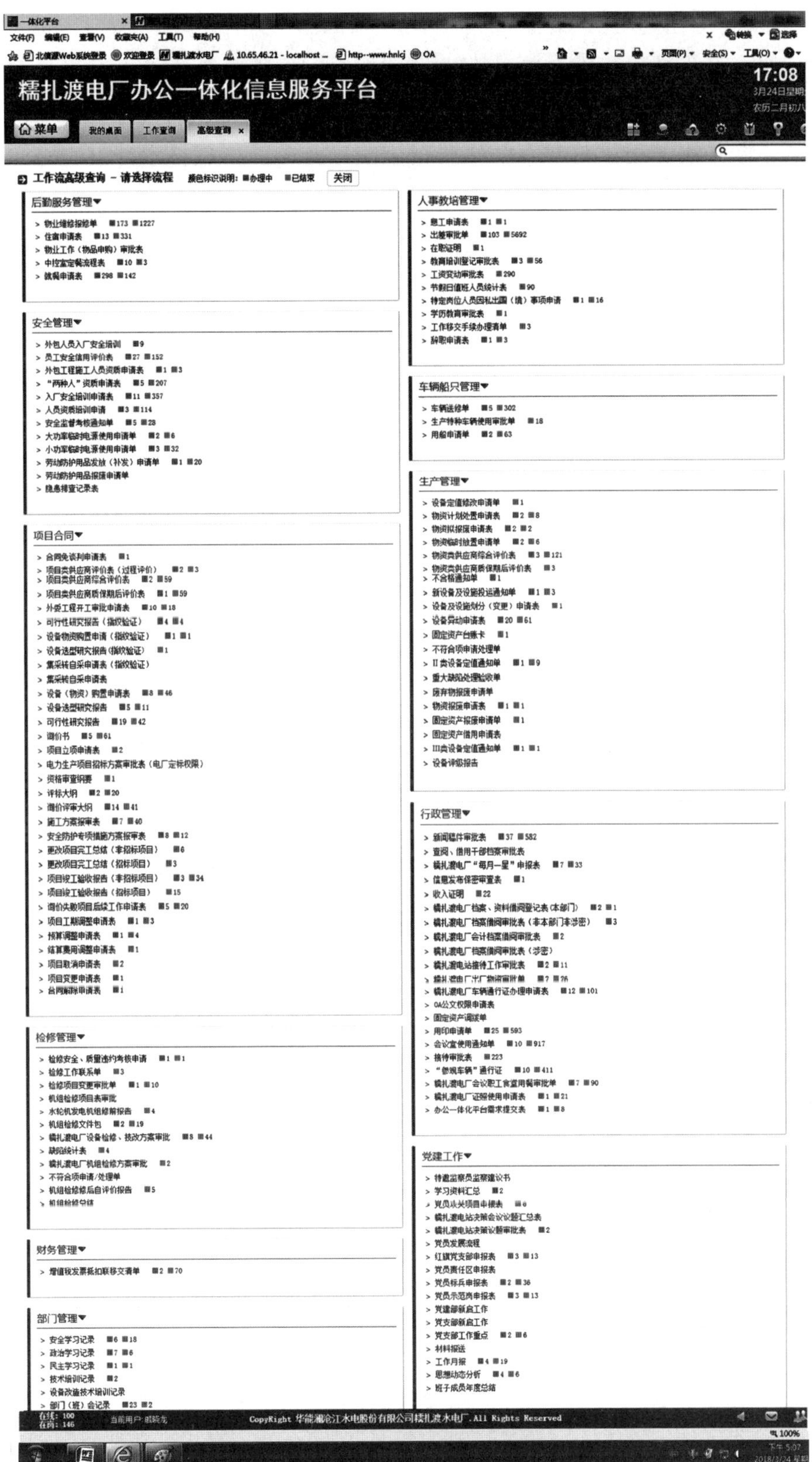

图6　一体化平台功能模块表

（四）一体化平台色

从一体化平台开发建设至今，糯扎渡电厂数据整理取得显著成效，数据从源头采集、自动化采集的程度显著提高，信息孤岛、数据冗余逐步消除。办公一体化平台的有效建立，移动应用覆盖范围不断拓展，员工日常办公体验得到明显改善，信息技术统筹管理水平进一步优化，工作业务效率不断提高。

无纸化办公、远程操控、信息实时共享、信息自动统计功能是一体化平台相较于传统工作方式所具有的显著优势。推行无纸化办公既清洁环保，又可有效节约办公成本，方便各类历史数据查询，进一步提升现代化管理方式应用；远程操控和自动化事务管理功能使得各类流程办理、审批更加快捷、高效，员工无须携带审批表格单据奔走于领导及各业部门之间，大大节省了员工时间和精力，办公管理更加人性化、便捷化；信息实时共享则有效提升了信息资料分享时效性，实现了文件传输、消息发送、群组聊天、个人网盘存储等多渠道、多类型的信息共享方式。一系列以平台技术为依托的办公手段，使得降低成本、提升效率的管理要求在电厂管理中得到切实体现。

1.办公信息共享平台

一体化平台将各项业务流程透明化，实现公务车辆安排、岗态信息、会议信息、活动信息的实时共享。信息的共享使员工可以通过系统查询整个业务处理状态、上传分享各类形式资料，这样既可以明确业务开展责任、流程步骤，也实现了工作信息的透明、共享。会议管理平台，通过图形化的视图，实时显示出会议室的使用状态，方便会议室的申请和会务人员的工作。

图7　一体化平台会议日程查询

派车系统通过图形化的界面，显示出车辆资源的实时状态，拼车管理模块更加强化了资源优化及整合思路，将个人信息孤岛的问题通过系统功能整合起来，起到节能减排的重要举措。通过一体化平台，打通信息阻碍，员工可以提前网络预约出车，可视化的界面，可以更方便更快捷查询车辆的安排信息，提升了员工效率，节约了电厂资源。

图8　一体化平台派车查询界面

岗态管理功能融入平台后，员工可以便捷查询他人的在岗、休假等情况；与出差、休假功能相匹配的工作替代功能，则避免了职责不明，相互推诿的情况。清晰准确的岗态信息也为后勤工作带来了便利，之前食堂每天提供的饭菜量总是不准确，在月初月末等在厂人员较多时饭菜不足，在月中员工休假高峰时期，饭菜会剩余很多，造成浪费。传统管理模式下，后勤管理人员无法对每天用餐人数进行准确的统计。一体化平台实现了假单线上审批，自动更新岗态信息，后勤人员可一键查询每天在厂人数，再安排食堂饭菜数量，避免了盲目安排导致的浪费。

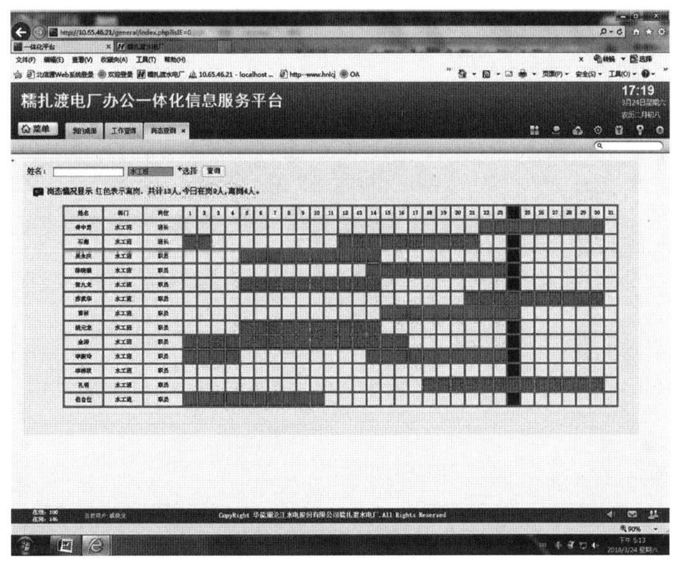

图9　一体化平台岗态信息查询

员工休假时通过填报出差审批单进行业务办理，通过流程各个步骤的审批，真正实现“工作有交接，领导有审批，出差有记录”，对应电厂对考勤的制度要求，实现了出差休假业务审批“办理无漏洞、审批无死角、记录无空白”，切实做到业务制度化、表单化、信息化。一个出差审批单涵盖工作考勤信息、用车申请统计、航班信息、工作交接等等，一个表单的完成，同时考勤、用车、航班、工作交接也同时完成。

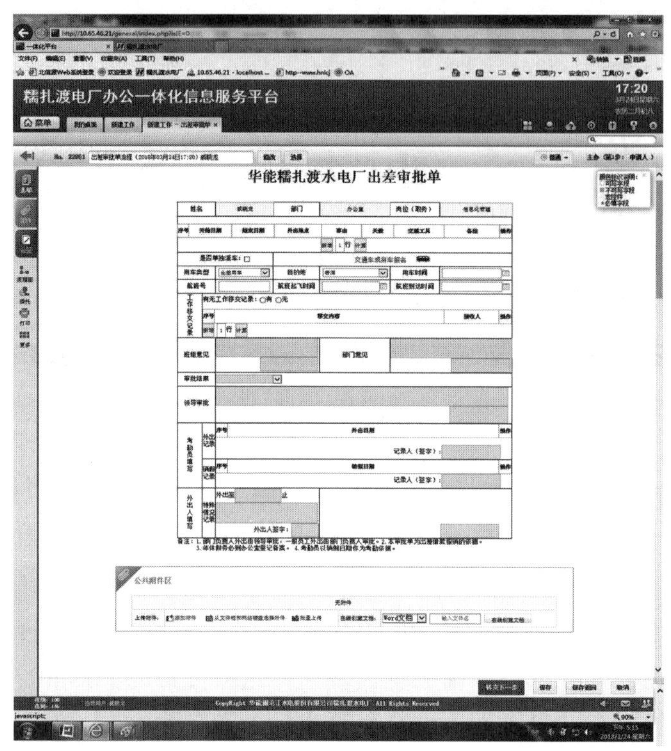

图10　一体化平台出差审批单

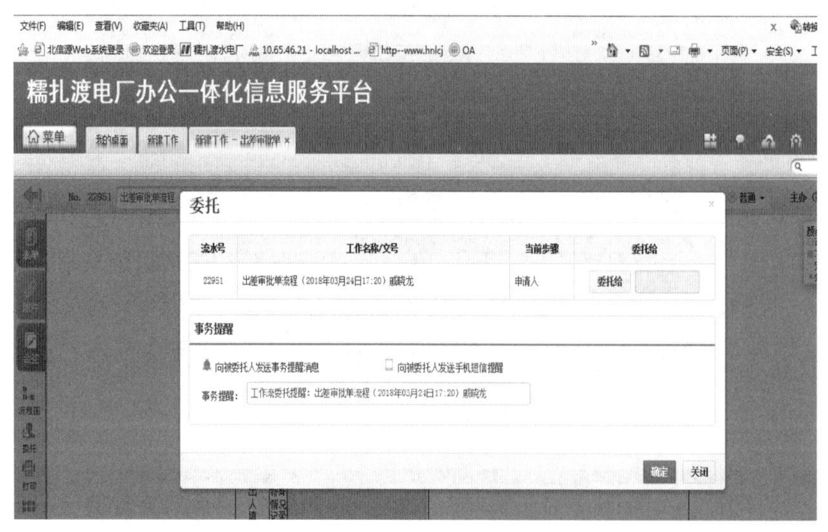

图11　一体化平台工作委托功能

流程开始（流水号：22530）		
第1步	序号1：编写	[illegible] 主办[已办结，用时：58秒] 开始于：2018-03-12 10:35:36 结束于：2018-03-12 10:36:34
第2步	序号2：校核	[illegible] 主办[已办结，用时：2分钟30秒] 开始于：2018-03-12 11:22:28 结束于：2018-03-12 11:24:58
第3步	序号3：审核1	[illegible] 主办[已办结，用时：21小时18分钟57秒] 开始于：2018-03-12 11:25:25 结束于：2018-03-13 08:44:22
第4步	序号6：审核2	[illegible] 主办[已办结，用时：2小时44分钟2秒] 开始于：2018-03-13 11:51:03 结束于：2018-03-13 14:35:05
第5步	序号4：审定	[illegible] 主办[已办结，用时：7小时40分钟15秒] 开始于：2018-03-13 14:35:08 结束于：2018-03-13 22:15:23
第6步	序号5：批准	[illegible] 主办[已办结，用时：8秒] 开始于：2018-03-14 08:46:20 结束于：2018-03-14 08:46:28
流程结束		

图12　一体化平台审批流记录

2.业务流程审批平台

该平台将制度关键流程和主要控制点嵌入一体化平台，逐步实现管理制度化、制度表单化、表单信息化。例如出差类的工作流，制度规定不同的休假单需要不同的人员进行审批，所以在流程的开发设计过程中也根据实际要求设计不同的判断条件，流程的流转根据实际要求自动流转到不同的审批人员手中，真正实现管理制度化、制度表单化、表单信息化。

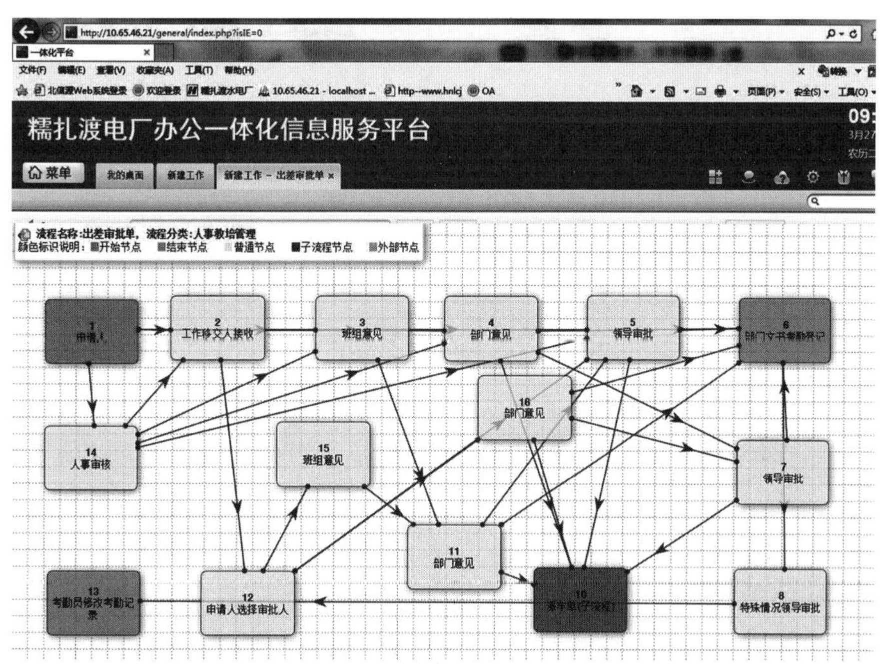

图13　一体化平台员工出差审批单流程

党员发展是糯扎渡电站党委的一项重要工作，存在“业务周期长，办理步骤多”的特点，之前的线下流程审批，由于信息不对称，申请人不清楚流程审批程序，不确定各个环节的对应负责人，不明了所需准备的纸质材料，进而造成申请人没有效果的忙碌。借助新一代信息化技术，将各个业务管理系统进行集成，员工可以通过可视化界面的操作，使申请方与管理方在一个系统内形成了有效的联系。员工可以清楚查看业务处理流程，知晓需要提交的材料，节省来回往返时间与沟通成本，真正实现通过简单的网络操作进行办公跨越时间与空间的限制。针对党员发展业务的特点，一体化平台在后期开发过程中，结合相关制度要求，将每一步流程都详细说明，使人员在提交、办理流程时对每一步要求、每一项材料都一目了然。该流程的上线运行标志着党建工作信息化在电厂的首次尝试，也顺应央企推动数字化党建、落实中央全面从严治党管党的创新举措。

图14　一体化平台党员发展审批单

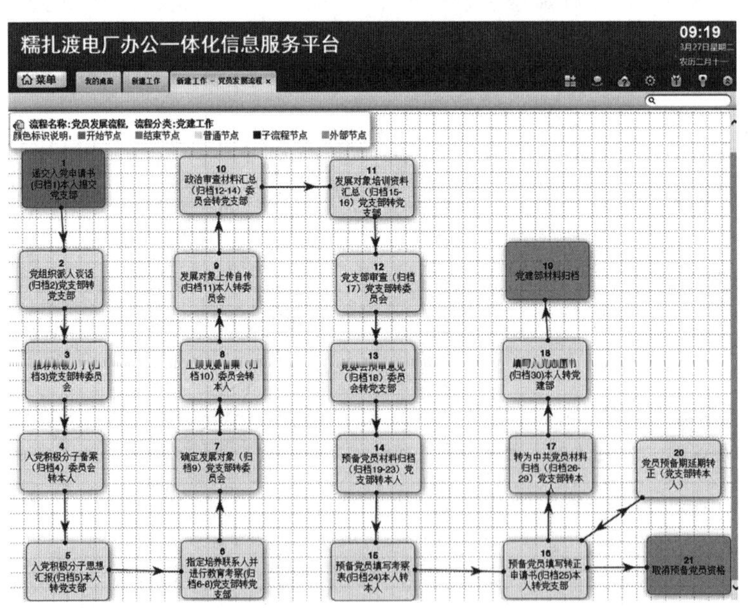

图15　一体化平台党员发展审批流程

3.数据储存分析平台

随着办理项目的日益增多，所需存储的数据也成倍增加，数据存储，查询便成为一个棘手的问题。一体化平台可以从根本上解决问题，节省空间成本与人力成本，在做好数据积累的基础上，作为数据储存载体的一体化平台将在更多方面发挥意想不到的作用。以新闻稿费统计为例，在一体化平台还没启用前电厂的新闻稿费都需要相关责任人每个月耗费大量的人力和时间进行计算，且人工计算数据量过大时可能会出现错误，现在一体化平台流程走完直接可以一键完成稿费的统计和计算，同时图片数量，文字数量，发表的地方也一目了然，也方便后期的查询。

稿费月度明细表

单位	糯扎渡电厂		月份	2018.02						
部门	班组	姓名	稿件标题	稿件类型	图片数量	图片提交人	主页			
							电厂	公司	集团(内)	集团(外
运维部	运维一班	王哲	维一、三班组织学习集团公司电力安全生产奖惩办	新闻消息（小于500字）			on			
党建部		杜号	糯扎渡电站召开党委理论学习中心组学习会议	新闻消息（小于500字）	1	史玉梅	on	on		
办公室		刘顺琴	厂开展2017年度技术技能带头人聘期工作完成情	新闻消息（小于500字）	1	郑海涛	on	on		
安监部		彭坤	综合管理第二党支部开展1月份学习活动	新闻消息（小于500字）	1		on			
运维部	计算机班	郭梦颖	班召开2017年安全生产总结会和2018年安全生产动	新闻消息（小于500字）	1		on			
生技部		王选凡	糯扎渡电厂9号机组发电机转子安全顺利吊出	新闻消息（小于500字）	6	史玉梅	on	on		
党建部		王丽云	电站召开党委（扩大）会学习贯彻公司巡察总结会	新闻通讯（大于500字）	1	王丽云	on	on		
生技部		李健春	生产技术部组织召开年初工作会	新闻消息（小于500字）	1	李健春	on			
运维部	运维一班	王英利	运维工会组织开展篮球友谊赛	新闻消息（小于500字）	2	王英利	on			
办公室		飞若力	糯扎渡电站召开2018年党建暨党风廉政建设工作会	新闻通讯（大于500字）	3	史玉梅	on	on		
办公室		飞若力	糯扎渡电站召开2018年工作会议暨三届一次职代会	新闻通讯（大于500字）	4	史玉梅	on	on		
水库部	水库班	简云忠	水库部认真开展2018年春节前安全生产大检查	新闻消息（小于500字）	2		on			
水库部	水库班	普源	水库党支部组织开展党风廉政建设专题学习	新闻消息（小于500字）	2	胡旭敏	on			
水库部	水库班	李永明	部到库区黑河库尾段跟踪了解思澜高速公路建设	新闻消息（小于500字）	1		on			
办公室		史玉梅	电站2018年职代会预备会滚动图片新闻	新闻消息（小于500字）	10	玉梅 飞若	on			
办公室		史玉梅	2018年工作会分组讨论会滚动图片新闻	新闻消息（小于500字）	15	玉梅 飞若	on	on		
党建部		张煌埔	度电站召开2017年度党支部书记抓党建述职评议考	新闻通讯（大于500字）	3	史玉梅	on	on		
办公室		史玉梅	电站2018年工作会侧记（新闻图片）	新闻消息（小于500字）	26	若力 史玉	on			
办公室		史玉梅	电站2018年职代会侧记（图片新闻）	新闻消息（小于500字）	12	若力 史玉	on			
办公室		史玉梅	2018年党建暨党风廉政建设工作会侧记（新闻图	新闻消息（小于500字）	16	玉梅 飞若	on			
办公室		史玉梅	2017年度党支部书记抓党建述职评议考核会侧记（	新闻消息（小于500字）	15	玉梅 飞若	on			
运维部	运维二班	义仁学	扎渡电厂机械专业组开展专业组巡检内容优化讨论	新闻消息（小于500字）	1		on			
水库部	水库班	朱润	水库管理班开展“四风”问题专题学习	新闻消息（小于500字）	1		on			
办公室		杨凯	电厂开展春节前信息及交通安全检查	新闻消息（小于500字）	3		on			
水库部	水工班	李栋秋	水库部开展溢洪道流道外观缺陷及物探检查工作	新闻消息（小于500字）	1	李栋秋	on			
安监部		赵津华	召开国家级安全文化建设示范企业申报材料收集	新闻消息（小于500字）	1		on			
安监部		飞若力	糯扎渡电厂开展春节前安全生产大检查	新闻消息（小于500字）	7		on	on		
水库部	水库班	杨关发	水库部开展春节前安全专题学习	新闻消息（小于500字）	1		on			
运维部	计算机班	郭梦颖	运维部开展运行数据分析系统操作培训	新闻消息（小于500字）	1		on			
水库部	水库班	普源	水库部开展党风廉政专题学习	新闻消息（小于500字）	1	朱润	on			
运维部	运维一班	徐淘	运维一、三班组织开展安全学习	新闻消息（小于500字）	1		on			
运维部	运维四班	王远巧	运维二、四班开展党风廉政建设学习	新闻消息（小于500字）	1		on			

图16　一体化平台新闻稿费一键统计

以考勤统计为例，之前未应用一体化平台时，糯扎渡电厂各个部门需要对纸质假单进行登记，月末再计算个人考勤，每个月都耗费大量的纸张、人力，且人工计算数据量过大时可能会出现错误。自办公一体化平台投入使用，将平台中出差审批单、岗态、考勤实现关联，员工填写假单之后，岗态自动更新，每月考勤系统一键计算，且系统电子表单比纸质表单易保存易查找，节省了大量的人力、物力、空间。

出差统计表

部门 运维一班　　月份 2018.02

部门	姓名	开始日期	结束日期	外出地点	事由	天数	补贴标准	补贴金额	备注	交补标准	交补天数	误…贴…
运维一班	吴清珊	2018.02.01	2018.02.13	糯扎渡电站	出差	13	100.00	1300.00		0.00		
运维一班	吴清珊	2018.02.25	2018.02.28	糯扎渡电站	出差	4	100.00	400.00		0.00		
运维一班	邓行知	2018.02.01	2018.02.04	糯扎渡电站	出差	4	100.00	400.00		0.00		
运维一班	邓行知	2018.02.13	2018.02.28	糯扎渡电站	出差	16	100.00	1600.00		0.00		
运维一班	李曙光	2018.02.01	2018.02.04	糯扎渡电站	出差	4	100.00	400.00		0.00		
运维一班	李曙光	2018.02.12	2018.02.28	糯扎渡电站	出差	17	100.00	1700.00		0.00		
运维一班	蒋加军	2018.02.01	2018.02.12	糯扎渡电站	出差	12	100.00	1200.00		0.00		
运维一班	蒋加军	2018.02.24	2018.02.28	糯扎渡电站	出差	5	100.00	500.00		0.00		
运维一班	熊新宇	2018.02.01	2018.02.07	糯扎渡电站	出差	7	100.00	700.00		0.00		
运维一班	熊新宇	2018.02.20	2018.02.28	糯扎渡电站	出差	9	100.00	900.00		0.00		
运维一班	严杰	2018.02.01	2018.02.13	糯扎渡电站	出差	13	100.00	1300.00		0.00		
运维一班	严杰	2018.02.25	2018.02.28	糯扎渡电站	出差	4	100.00	400.00		0.00		
运维一班	高寒	2018.02.01	2018.02.09	糯扎渡电站	出差	9	100.00	900.00		0.00		
运维一班	高寒	2018.02.21	2018.02.28	糯扎渡电站	出差	8	100.00	800.00		0.00		
运维一班	董智磊	2018.02.01	2018.02.20	糯扎渡电站	出差	20	100.00	2000.00	运行倒班	0.00		
运维一班	李自龙	2018.02.12	2018.02.28	糯扎渡电站	出差	17	100.00	1700.00		0.00		
运维一班	黄剑波	2018.02.01	2018.02.09	糯扎渡电站	出差	9	100.00	900.00		0.00		
运维一班	黄剑波	2018.02.21	2018.02.28	糯扎渡电站	出差	8	100.00	800.00		0.00		
运维一班	崔威风	2018.02.01	2018.02.12	糯扎渡电站	出差	12	100.00	1200.00		0.00		
运维一班	崔威风	2018.02.24	2018.02.28	糯扎渡电站	出差	5	100.00	500.00		0.00		
运维一班	卫琳	2018.02.01	2018.02.13	糯扎渡电站	出差	13	100.00	1300.00		0.00		
运维一班	卫琳	2018.02.25	2018.02.28	糯扎渡电站	出差	4	100.00	400.00		0.00		
运维一班	季和平	2018.02.09	2018.02.27	糯扎渡电站	出差	19	100.00	1900.00		0.00		
运维一班	王英利	2018.02.01	2018.02.14	糯扎渡电站	出差	14	100.00	1400.00		0.00		
运维一班	王英利	2018.02.26	2018.02.28	糯扎渡电站	出差	3	100.00	300.00		0.00		
运维一班	罗光辉	2018.02.09	2018.02.27	糯扎渡电站	出差	19	100.00	1900.00		0.00		
运维一班	吕维川	2018.02.03	2018.02.21	糯扎渡电站	出差	19	100.00	1900.00	2018年03	0.00		
运维一班	林丹	2018.02.01	2018.02.28	其他	产假	28		0.00				
运维一班	沈泽	2018.02.01	2018.02.05	糯扎渡电站	出差	5	100.00	500.00		0.00		
运维一班	沈泽	2018.02.16	2018.02.20	其他	年休假	5		0.00				
运维一班	沈泽	2018.02.21	2018.02.28	糯扎渡电站	出差	8	100.00	800.00		0.00		
运维一班	孙贵勋	2018.02.12	2018.02.28	糯扎渡电站	出差	17	100.00	1700.00		0.00		
运维一班	李俊恒	2018.02.01	2018.02.01	其他	年休假	1		0.00				
运维一班	李俊恒	2018.02.02	2018.02.14	糯扎渡电站	出差	13	100.00	1300.00		0.00		
运维一班	李俊恒	2018.02.26	2018.02.28	糯扎渡电站	出差	3	100.00	300.00		0.00		
运维一班	王章	2018.02.01	2018.02.04	糯扎渡电站	出差	4	100.00	400.00		0.00		
运维一班	王章	2018.02.17	2018.02.20	其他	年休假	4		0.00	2月17日-			

图17　一体化平台考勤天数、出差补贴一键统计

4.仓储智能管理平台

一体化平台在优化调整库存结构，实现库存精细化管理，推进“数字化仓库”建设方面也发挥了重要作用。之前糯扎渡电厂的仓库存储管理采用纸质表单登记出入库及库存，登记台账繁多，不利于查询，出入库办理手续复杂，无法实时对库存数量种类进行更新，导致数据落后，大量的纸质登记表不利于查询、统计等业务办理。糯扎渡电厂办公一体化平台加强了库存仓储的智能管理，开发了工器具管理模块，研究制定仓储库房及货位编码标准规范，完善单位库存指标考核管理体系，核定备品备件安全库存数，实行存量管制，实现单位库存指标达到同行先进水平，探索建立二级、三级区域化备品备件联合储备管理，构建属于电厂自己的线上虚拟联储仓库，合理布局线下实物联储仓库，规范了联储工作流程，扩大了联储物资范围。

图18　一体化平台智能仓储管理界面

5.沟通交流联系平台

一体化平台注重博采众议，听取员工意见，成了一个全体员工的线上聚集媒介，是一个多方位的文件传输、即时通讯、意见交换平台，同时支持多文件和大文件在线和离线发送。一体化平台使员工之间可以方便传输各项文件，免去楼上楼下奔波的问题。各种类型文件的无障碍传送，也可以使员工更加方便交换工作资料，提高团队整体业务水平。即时通讯使员工之间更为方便沟通交流，消除员工之间的误解，在沟通中相互理解，在交流中增加友谊。意见交换为上下级之间建立了良性沟通的桥梁。

图19　一体化平台电脑客户端-糯电精灵即时通讯交流界面

合理化建议模块，将合理化的建议收集并且实时对归口部门进行反馈，归口部门责任人和办理时间都可以直接查询，强化企业内部凝聚力，提升企业竞争力。手机短信为群发短信提供了便利，实现一键全厂信息发送，避免了之前手机发短信一个个输入号码的不便。投票管理、活动报名、合理化建议、新闻发布……多种多样的沟通渠道大大减少了沟通成本，增进了员工与员工之间的沟通。

图20　一体化平台合理化建议查询

推进、实现信息化办公是一个循序渐进、逐步深入的过程，不仅需要相关专业技术及硬件条件的支持，也需要糯扎渡电厂全员转变工作思路，努力适应新方式、新理念，重新定义信息化管理在日常工作中的作用与地位，提升自身知识结构、信息化运用能力及管理创新能力。

糯扎渡电厂打破了部门业务间的壁垒，将行政管理、机组检修、项目合同、党建工作、财务工作等多个业务模块集成于平台之中，真正做到了“办公一体化”，各部门各岗位人员充分体会到信息化办公所带来的便捷与高效，使员工运用信息技术进行管理、创新工作方式的理念内化；运用大数据思维，主动学会从业务数据资产的创造者、维护者，转变为数据增值服务的使用者、受益者，使一体化平台成为提升工作质量的重要工具，内化成为办公管理工作不可或缺的一部分。

三、实施后效果

一体化平台的创建，实现了网络信息技术在糯扎渡电厂管理工作中的实践运用，实现了管理工作的无纸化、规范化和便捷化，实现了管理信息化全覆盖，进一步提高了工作效率，进一步提高了管理水平，进一步促进了电厂高质量发展，进一步加快了创建国际一流水电厂的步伐。

（一）管理更加规范

全面从严治党、依法从严治企对工作规范化提出了更高要求。通过一体化平台创建，将糯扎渡电厂覆盖所有管理工作的行政党建管理体系、安全生产管理体系和应急管理体系3大制度体系共计233个管理制度，进行制度表单化、表单信息化转化，将业务工作的流程、关键控制点和表单在一体化平台上进行固化，业务工作必须按照固定的统一表单和流程逐一进行审批，表单不可随意更改、流程也无法跳转，通过填写说明和流程图可明确填写要求，通过条件判定也可避免漏填、错填，业务工作管理更加规范，制度的执行力和刚性约束进一步得到提高。业务工作资料在一体化平台自动存档，已经自动存档业务资料300G，确保资料可追溯、可查阅，切实提高痕迹管理和规范管理水平。

（二）工作更加便捷

著名管理学大师彼得·德鲁克在其名著《卓有成效的管理者》中揭示的，个人对组织的贡献在于以最快的速度去创造和满足用户的需求，而组织为个人所提供的工具，就是要支持其实现这一速度。一体化平台就是提高工作速度的一个工具，将线下打印、逐一上门签字转为线上自动签批流转，极大提高了流程审批速度，同时一人也可同时发起多个业务审批流程，工作效率极大提高。目前，一体化平台上线一年多已经完成了22818个流程审批，按照一个流程平均需要3张A4纸和节省20分钟审批时间，累计节约6.8万余张A4纸和7600多工作小时。同时，考勤统计、出差补贴计算、台账汇总等各种数据的自动统计计算，更是极大解放了劳动力，使管理工作更加便捷化、人性化，真正达到了让数据多跑路、员工少跑腿，让系统多分析、工作更高效的效果。

（三）沟通更加畅通

实现信息共享、打破信息壁垒是提高工作效率和管理水平的重要手段。一体化平台是一个内部信息高度开放、高度共享的平台，每一名员工的在岗状态（在岗还是离岗）、每一天通勤车和出差用车安排的派车信息、每一天的会议日程和工作任务提醒等内部信息，在一体化平台实现实时更新和查询，有效减少信息获取的时间。根据人员在岗状态，业务流程审批时自动转交在岗人员，避免流程审批人不在岗影响审批时间。即时通讯为工作沟通和交流提供了一个除电话、微信等外的另一个有效沟通渠道。合理化建议管理系统是员工参与电厂民主管理、民主监督的有效途径。通过会议日程管理系统可避免信息不对称导致会议安排冲突的情况。通过一体化平台实现信息共享，使糯扎渡电厂内部管理沟通更加顺畅便捷，资源利用更加充分高效。

四、主要成果展示

糯扎渡电厂一体化平台着眼于企业效益，增强管理能力、降低经营成本、提高工作效率，将传统管理模式与互联网信息技术深度融合，创新应用“一体化平台+”理念，成为实践“互联网+电厂管理”的一大创新。从一体化平台建设至今，“糯电精灵”商标已获得商标登记证书，前后有5个功能模块取得软件著作权，其中“一体化平台会议日程管理系统”是由完全由糯扎渡电厂信息化人员自主开发成功申报软件著作权的功能模块。得益于一体化平台的在信息化管理上的强大助力，糯扎渡电厂于2017年9月获得由中国信息化联盟电力专业委员会授予的“第六届中国电力信息化标杆企业”荣誉称号。2018年，一体化平台荣获电力企业信息技术应用创新优秀成果二等奖。

成果创造人：冯　嘉、谢　军、杨　凯

价值工程在电厂配煤掺烧工作中的运用

华能国际电力股份有限公司上海石洞口第一电厂

前言

华能上海石洞口第一电厂（以下简称“石洞口一厂”）是国家“七五”期间重点工程建设项目，1985年7月破土动工，规划安装4台国产第一批300MW亚临界燃煤机组，1987年12月第一台机组投产，1990年5月四台机组全部建成投产，是上海第一家超百万容量火力发电厂，成为当时上海开始建设高参数、大容量机组的领跑者。

4台机组投入运行后，由于设计、制造等多方面的先天原因，造成机组锅炉“四管”泄漏频繁。为彻底改变机组非计划临修居高不下、调峰性能差等严重问题，电厂分别在1997年至2009年份两轮先后对4台机机组进行了锅炉改造和增容改造。

由于原适燃的贫瘦煤资源紧张，煤价大幅上升，为适应燃煤市场的变化，同时提高锅炉效率，降低供电煤耗，达到节能减排目的，电厂在2009年至2011年分别对4台锅炉实施贫煤改烧烟煤工程，节能减排效果明显。为了顺应新形势，电厂近十年先后进行了脱硫、脱硝及超低排放改造，现排放符合国家要求。作为国内首批，上海市首家进行配煤掺烧研究的电厂，掺烧技术在全国保持领先水平。

一、早期配煤掺烧介绍

（一）设备概况

华能上海石洞口第一电厂四台机组配套锅炉系上海锅炉厂生产的亚临界、一次中间再热、固态排渣、直流Π型燃煤锅炉，采用四角切圆燃烧技术，原设计煤种为贫煤。四台锅炉分别于2009年至2011年完成改造性大修，制粉系统由钢球磨中间储仓式改为中速磨直吹式，设计煤种由贫煤改为烟煤，采用微油点火，保留了二层重油枪。燃烧器采用引进型（阿尔斯通）的摆动式四角切圆燃烧技术，炉底出渣设备改用干式排渣系统。

鉴于电厂锅炉设计煤种为贫瘦煤，由于该煤种资源短缺，煤价持续高位运行，电厂盈利空间受到严重“挤压”，经华能国际电力股份有限公司决策，于2009年至2011年分别对4台机组进行了贫煤改烟煤的技术改造。

(二)掺烧经济煤种设想

虽经“贫改烟”改造，但相比其他烟煤机组，锅炉结构存在热负荷过于集中等先天制约条件，采购煤炭时，若直接选用改造后的设计烟煤品种，煤源无法保证，而改用其他烟煤又面临易结焦，SO_2排放过高等问题。创新燃料管理便成为电厂确保安全稳发、经营效益、节能环保的重大课题。基于改造前锅炉燃用贫煤时，电厂曾尝试小比例掺烧烟煤，并取得了一些成功经验。电厂总结了历年“贫煤掺烧烟煤的典型流程”（见图1）控制经验，面对锅炉改造后设计煤种为烟煤的新局面，2011年开始电厂设想并尝试了烟煤小比例掺烧低热值经济煤种，并逐步科学、稳妥、合理的提高掺烧比例。

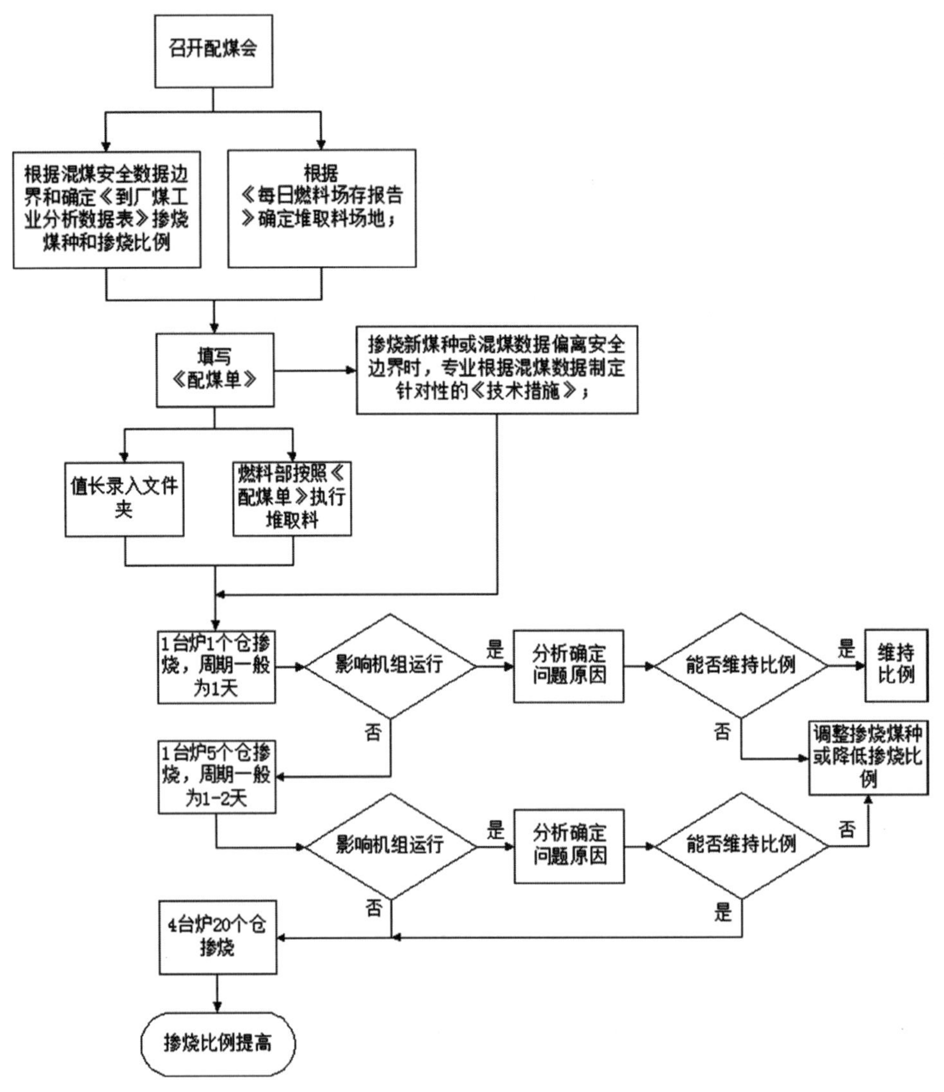

图1　配煤掺烧流程图

（三）煤种数据

1.经济煤种简介

经济煤种是收到基低位发热量较低（一般<4000kcal/kg），且标煤单价与主力煤炭有一定价格差的煤种的统称。市场上主要经济煤种有褐煤、进口煤（印尼、俄罗斯、澳洲、菲律宾等）。

2.经济煤种掺烧概况

2012年1月至2013年2月，石洞口一厂采用与烟煤掺烧的经济煤种有褐煤、印尼煤、俄罗斯煤和菲律宾煤四种。期间共采购电煤456.5万吨，其中褐煤、印尼煤共来采购210.6万吨，约占采购总量的46%。2013年3月至2013年12月，经过实际掺烧情况跟踪筛选，对来煤结构进行调整，经济煤种选用范围缩小至仅印尼煤和褐煤两种，且掺烧经济煤种总量提高至62%。

3.经济煤种特性

图1.配煤掺烧流程图经济煤种是收到基低位发热量较低（一般<4000kcal/kg），且标煤单价与主力煤炭有一定价格差的煤种的统称。市场上主要经济煤种有褐煤、进口煤（印尼、俄罗斯、澳洲、菲律宾等）。

4.经济煤种掺烧概况

2012年1月至2013年2月，石洞口一厂采用与烟煤掺烧的经济煤种有褐煤、印尼煤、俄罗斯煤和菲律宾煤四种。期间共采购电煤456.5万吨，其中褐煤、印尼煤共来采购210.6万吨，约占采购总量的46%。2013年3月至2013年12月，经过实际掺烧情况跟踪筛选，对来煤结构进行调整，经济煤种选用范围缩小至仅印尼煤和褐煤两种，且掺烧经济煤种总量提高至62%。

5.经济煤种特性

表1　经济煤种到厂煤收到基数据（2012年1月至2013年2月平均值）

项目	全水份(%)	挥发份(%)	灰份(%)	固定碳(%)	全硫(%)	低位发热量(MJ/kg)	低位发热量(kcal/kg)
褐煤	35.76∧	25.42	9.71∨	29.10	0.39∨	14.48∨	3464∨
印尼煤	31.69∧	32.23∧	5.56∨	30.50	0.42∨	16.94∨	4053∨
设计煤种(大同烟煤)	9.80	23.72	23.01	55.46	1.07	21.37	5112

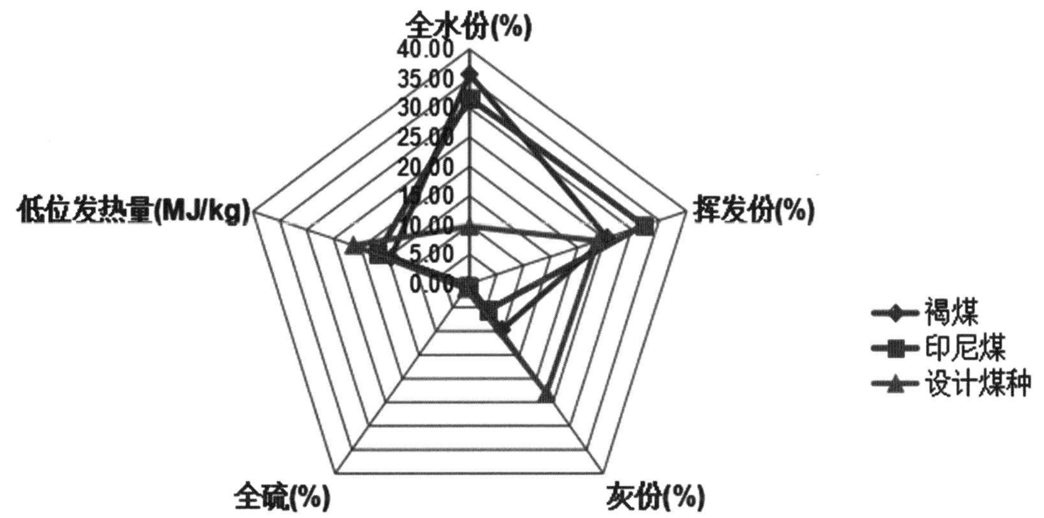

由上表可见，经济煤种的工业分析数据与设计烟煤均有不同程度的偏差，燃用必须选择合理的掺烧比例。

表2　经济煤种到厂煤收到基数据（ 2012年1月至2013年2月极限值 ）

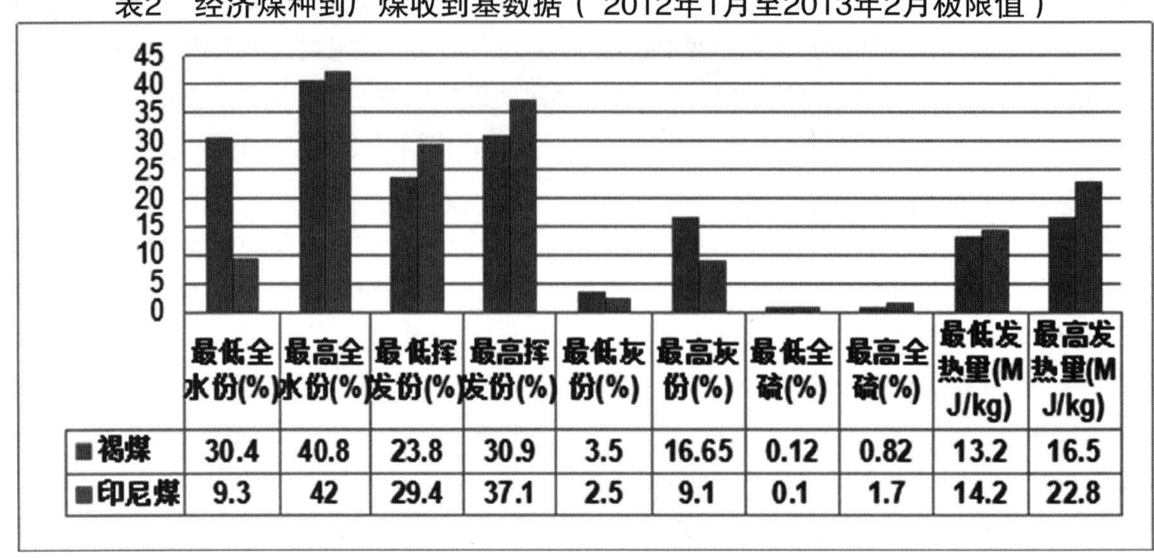

通过极限值可以发现经济煤种的不稳定性。褐煤的特性相对较稳定：热值低（3100～3900kcal/kg），硫份低（0.1～0.8%），水份高（30～41%）。印尼煤的特性波动较大：挥，水份不稳定（9～41%），灰份低(3～9%)。

表3　经济煤种到厂煤收到基数据（ 2012年3月至2013年12月平均值 ）

	全水份(%)	挥发份(%)	灰份(%)	固定碳(%)	全硫(%)	低位发热量(MJ/kg)	低位发热量(kcal/kg)
褐煤	31.57	27.09	9.85	31.50	0.35	15.85	3793
印尼煤	34.61	31.62	5.01	28.76	0.32	15.86	3795
设计煤种(大同烟煤)	9.80	23.72	23.01	55.46	1.07	21.37	5112

经过对煤源的控制，所采购的印尼煤特性趋于稳定。如上表，极限值范围较2012年的统计周期均有缩小，这给进一步稳定提高经济煤种掺烧比例提供有利条件，具体极限值为：挥发份（28.7～33%），热值（3200～4600kcal/kg），硫份（0.3～1.1%），水份（25～42%），灰份(4～7%)。

（四）经济煤种掺烧介绍

2011年全年共采购烟煤209.3万吨，经济煤种40.1万吨，经济煤种掺烧比例约20%（实际高于20%，因#3/#4炉于2011年完成改造，故一部分烟煤用于#3/#4炉改造前的贫煤掺烧）。

2012年全年采购煤炭402.1万吨，其中经济煤种187.5万吨，烟煤214.6万吨，经济煤种掺烧比例47%。2013全年采购煤炭415万吨，其中经济煤种258.6万吨，烟煤156.4万吨，经济煤种掺烧比例62%。

二、面临的新问题

在2016年9月到2017年7月这11月中到厂煤主要有4种，烟煤分为国产烟煤和进口澳煤，经济煤种分为国产褐煤和进口印尼煤，其中褐煤只有2017年4月到厂一次，共计4.7万吨，到厂煤价为393元/吨，标煤价格为809元/吨，略高于当月印尼煤标煤价格796元/吨，进口澳煤于2017年7月到厂2次，共计3.4万吨，到厂煤价为595元/吨，标煤价格为833元/吨，标煤价格明显高于当月国产烟煤标煤价格740万/吨。褐煤和奥煤的燃料成本都高于印尼煤和国产烟煤，从价值分析的角度来看，应该减少或停止对这种煤种的使用，当然从采购量来看，其也只占2017年我厂燃料总采购量的5%而已，国产烟煤和印尼煤是占绝对主导地位的。

（一）经济煤种价格优势不再

2012年年累计到厂国内煤折标煤单价919.45元/吨，经济煤种（进口煤、褐煤）标煤单价803.96元/吨，标煤单价差为115.49元/吨。2013年年累计到厂国内煤折标煤单价 793.00元/吨，经济煤种（进口煤、褐煤）标煤单价710.15元/吨，标煤单价差为82.85元/吨。2016年全国煤炭去产能超过2.9亿吨，2017年计划去产能1.5亿吨以上。这两年来国内煤炭行业的大规模去产能，2016年下半年开始国内煤价开始上涨，至今煤价一直处于高位，火电厂运营成本不断加剧。而在进口经济煤种方面，由于国内掺烧经济煤种的火电厂陆续增多，对印尼煤的需求巨大，而印尼当地的产能不足，供给不平衡，进口煤价格也呈上升趋势。表1给出了2016年9月到2017年7月，国产烟煤和印尼煤的到厂价和标煤单价的变化。

表4　2016年9月至2017年7月燃料采购表

时间	国产烟煤到厂价(元/吨)	国产烟煤标煤单价(元/吨)	到厂量（万吨）	印尼煤到厂价(元/吨)	印尼煤标煤单价(元/吨)	到厂量（万吨）
2016.9	486	636	5.76	304	553	16.81
2016.10			0	301	579	21.2
2016.11	692	952	5.62	302	578	10.82
2016.12	580	772	5.2	421	765	21.96
2017.1	573	788	5.61	389	739	20.52
2017,2	615	778	10.08	383	702	16.16
2017.3	569	772	14.92	323	719	10.09
2017.4	598	815	4.46	393	796	11.48
2017.5	593	779	5.73	390	785	15.85
2017.6	551	756	10.01	374	693	5.23
2017.7	525	740	9.6	390	809	15.06

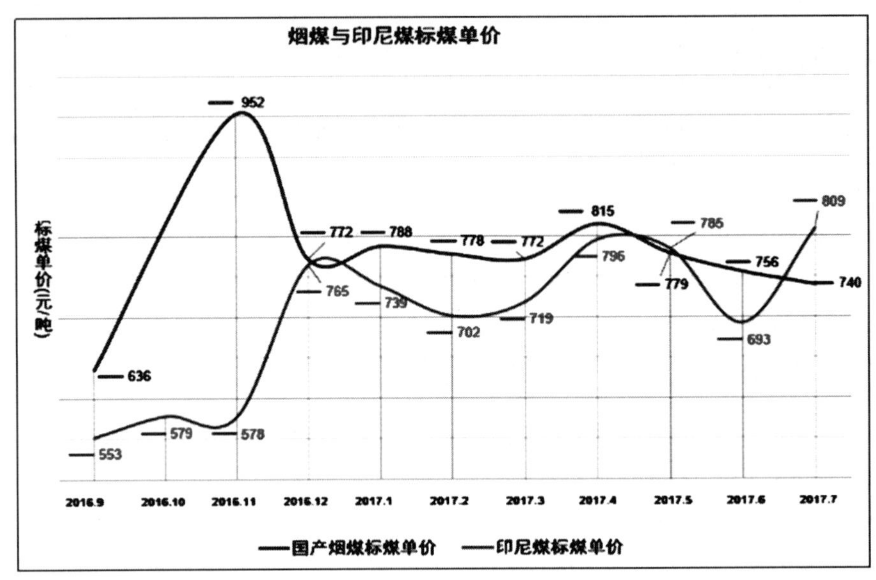

图2　印尼煤与烟煤标煤单价/差价比较

（二）环保排放要求日益严峻

根据《上海市环境保护和生态建设“十三五”规划》的要求，深化燃煤污染控制，落实燃煤电厂大气污染治理工程，电厂自2017年9月1日起必须满足公用燃煤发电锅炉执行标准所规定的排放限值。新排放标准对炉前煤的硫分配比要求更高。

表5　燃煤发电锅炉大气污染物排放限值（mg/m^3）

序号	污染物项目	限值	监控位置
1	颗粒物	10	烟囱或烟道
2	二氧化硫	35	
3	氮氧化物（以NO_2计）	50	
4	汞及其化合物	0.03	
5	烟气黑度/级	1	烟囱

三、价值工程分析

我厂已经进行掺烧经济煤种多年，在大比例配煤掺烧方面积累了宝贵的经验，同时也为我厂带来了良好的经济收益。然而近两年来，由于国内煤炭行业较大规模的去产能，进口煤航运成本的增加等因素，标煤单价日渐走高，目前一直处于高位。本文基于价值工程的相关理论，对我厂多年以来在配煤掺烧中的工作进行分析，以应对今后复杂多变的煤炭市场和发电形势，严控燃料成本，提升企业竞争力。

（一）价值工程的原理

价值工程，也称价值分析，是指以产品或作业的功能分析为核心，以提高产品或作业的价值为目的，力求以最低寿命周期成本实现产品或作业使用所要求的必要功能的一项有组织的创造性活动，有些人也称其为功能成本分析。价值分析自1947年由美国人麦尔斯提出以来，经过半个世纪的应用和发展，得到了各行业的公认并广泛应用，在提升企业管理水平，提高企业经济效益方面的作用明显，是行之有效的科学方法和管理技术，现已发展成为一门独立的应用技术学科[1]。价值工程涉及价值、功能和寿命周期成本等三个基本要素，其基本思想是以最少的费用换取所需要的功能。其基本公式如下：

V=F / C　　　式（1）

在式（1）中， V为价值系数，是一种评价事物有益程度的尺度；F为功能系数， 反映研究对象满足某种需求的程度，C为成本系数，反映研究对象所投入的资源。表1为提高价值的基本途径：

表6　提高价值的基本途径

序号	功能（F）	成本（C）	价值（V）	综合关系（V=F/C）
1	提高	不变	提高	V↑=F↑/C→
2	不变	降低	提高	V↑=F→/C↓
3	提高	降低	大幅度提高	V↑↑=F↑/C↓
4	大幅度提高	适当增加	提高	V↑=F↑↑/C↑
5	适当降低	大幅度降低	提高	V↑=F↓/C↓↓

（二）价值工程的实施

价值工程的特点是以功能分析为核心的管理技术，重视技术与经济，功能与成本的相对关系，强调以提高价值为目标，表7为价值工程一般工作程序[2]：

表7　价值工程的工作程序

阶段	步骤	对应的价值工程问题
分析阶段	选择对象	这是什么？
	收集数据	它做什么用？
	功能分析	它的成本是多少？
	价值分析	它的价值有多大？
创新阶段	创造方案	其他方案可实现此功能吗？
	概略评价	新方案成本如何？
	方案细化	新方案能满足功能要求吗？
	调整完善	
	详细评价	
实施阶段	提案、审批、实施	偏离了目标吗？
	价值工程成果评价	

（三）主要做法

1.成本分析

以我厂2017年4月到厂煤价为例，经济煤种相对于传统烟煤大部分属低热值、低硫、低灰、高水份，然而受国内动力煤价格影响，近来进口煤价格持续走高。

表8 烟煤与经济煤种价格对比

序号	到厂日期	煤种	合同热值（千卡/千克）	港建费（元/吨）	运价（元/吨）	到厂价（元/吨）	到厂标煤单价（元/吨）
1	2017/4/5	印尼煤	3400	5.6		387.6	798.00
2	2017/4/11	烟煤	5500		33.5	641.5	816.45

表9 烟煤与经济煤种参数对比

		收到基					
取样日期	燃料名称	全水份(%)	挥发份(%)	灰份(%)	固定碳(%)	全硫(%)	低位发热量(MJ/kg)
2017.4.10	印尼煤（5AB机械采样）	40.90	30.35	2.70	26.05	0.05	13.91
2017.4.13	烟煤（5AB机械采样）	14.50	27.51	15.16	42.83	0.70	21.31

假设掺烧比例为A，A=[0,1]，则混煤的到厂标煤单价Mb为式（2）：

Mb=798*A+816.45*（1-A）=816.45-18.45A　　式（2）

混煤的热值Q为式（3）：

Q=13.91*A+21.31*（1-A）=21.31-7.4A　　式（3）

联立式（2）、式（3）得混煤到厂标煤单价Mb=2.493Q+763.32 （元/吨）

2. 功能分析

电能作为一种特殊的产品，也有其品质差别。一是输电可靠性，即火力发电厂在向电网输送电能的同时，要保证机组安全、稳定、可靠运行；二是电能品质，即电能质量需满足电网一次调频、AGC、无功调节等功能。三是环保排放，近来环保指标日益严苛，火电厂排放问题受到关注和重视。用01评分法对我厂生产电能的功能要素进行分析：

表10 电能功能要素

	01评分结果									
功能要素	安全	稳定	可靠	AGC响应	除尘	脱硝	脱硫	工业三废	功能得分F1	功能重要性系数f1
安全	X	1	1	1	1	1	1	1	8	0.22
稳定	0	X	1	1	1	1	1	1	7	0.19
可靠	0	0	X	1	1	1	1	1	6	0.17
AGC响应	0	0	0	X	0	0	0	1	2	0.06
除尘	0	0	0	1	X	0	0	1	3	0.08
脱硝	0	0	0	1	1	X	0	1	4	0.11
脱硫	0	0	0	1	1	1	X	1	5	0.14

工业三废	0	0	0	0	0	0	0	X	1	0.03
合计									36	1

由于近年来受政策面影响，火力发电厂负荷率较前几年有明显下降，我厂受机组服役时间长、装机容量小等限制，综合供电煤耗与高参数大容量的机组相比较高，根据现行的煤耗排序发电机制，我厂机组满出力运行的情况不常见，市调对我厂AGC响应速率的要求不高。

根据最新火电厂排放标准，火电厂排放中氮氧化物含量小于50mg/Nm³，二氧化硫含量小于35mg/Nm³，粉尘含量小于10mg/Nm³，为保证脱硫吸收塔进口烟气中二氧化硫含量小于1500mg/Nm³，要求炉前煤的硫份小于0.8%。同时，硫份与脱硝装置在低负荷运行下产生的副产物硫酸铵或硫酸氢铵，不仅增大空气预热器压差及烟道阻力，还会影响催化剂活性，使催化剂中毒失效。而即将执行的新的环保政策，对脱硝的考核从原本的130MW以上更改至全负荷段，更是对启动配煤的硫份有着苛刻的要求，因此在考虑混煤的功能时，硫份的权重大大提高。

为了保证脱硫设备的正常运行，要求脱硫吸收塔进口烟气中SO_2含量小于1500mg/Nm³，这样便要求炉前煤的硫分含量要尽可能不到于0.8%。我厂到厂烟煤的硫分含量一般都大于0.8%，而印尼煤大部分硫分含量都在0.1%以下，通过配煤掺烧可以很好地控制炉煤的硫分含量，烟煤/印尼煤配煤比在1/1的情况下可以将硫分含量控制在0.6%~0.7%，当配煤比在1/3时，炉前煤硫分含量可以小于0.3%。1月份采用烟煤和印尼煤1/3混合的配煤方式，但是可以看到4台机组脱硫入口月度二氧化硫平均浓度都很高，主要是因为当月进厂烟煤的硫分高，为1.42%，导致炉前煤的硫分在0.6%。为了保证机组在运行过程中，脱硫设备的运行仍有余量，应该加大印尼煤的掺烧量，如果只能保证1比1的配煤比，应在采购硫分量尽可能低的烟煤。

表11　2017年脱硫入口月度二氧化硫平均浓度表

月份	配煤比	脱硫入口月度二氧化硫平均浓度（mg/m³）			
		1号机组	2号机组	3号机组	4号机组
2017.1	1:3	1247.49	1218.76	1227.99	1371.86
2017.2	1:3或1:1	1357.99	1318.94	1323.32	1333.06
2017.3	1:1	1177.09	1179.02	1188.39	1195.82
2017.4	1:2	1122.88	1295.22	1088.85	1273.32
2017.5	1:3	全月停运	全月停运	728.37	763.81
2017.6	1:2	全月停运	机组停运	865.05	1024.43
2017.7	2:1或1:1或1:2	1153.94	1434.64	1338.20	1460.07

通过以上功能分析及成本分析，我厂价值分析的思路为，以电能的安全、稳定、可靠为最重要的要素，同时确保各项环保指标合格的前提下，寻求配煤掺烧的最佳盈利点，提高价值创造。

3.价值分析

价值工程在火电厂应用的核心就是以最低的发电成本满足电能的品质。目前我厂的燃料成本占总成本的80%以上，减少发电所需燃料成本成为我厂效益最为重要的因素。根据价值工程原理可知，作为生产成本的燃料价格和作为使用成本的机组供电煤耗，一定存在一个最佳点，此点供电成本达到最低。

以我厂1号机组75%左右负荷率为例，查阅生产日报后得相关数据：

表12　1号机组入炉煤热值/综合供电煤耗关系表

时间	负荷率	入炉煤热值（MJ/Kg）	掺烧比例	综合供电煤耗（g/Kwh）
2010年5月	74%	20.7	纯烟煤	332
2012年3月	76%	18.7	40%掺烧经济煤	336
2013年5月	75%	17.8	50%掺烧经济煤	343
2016年12月	75%	17.2	66%掺烧经济煤	345

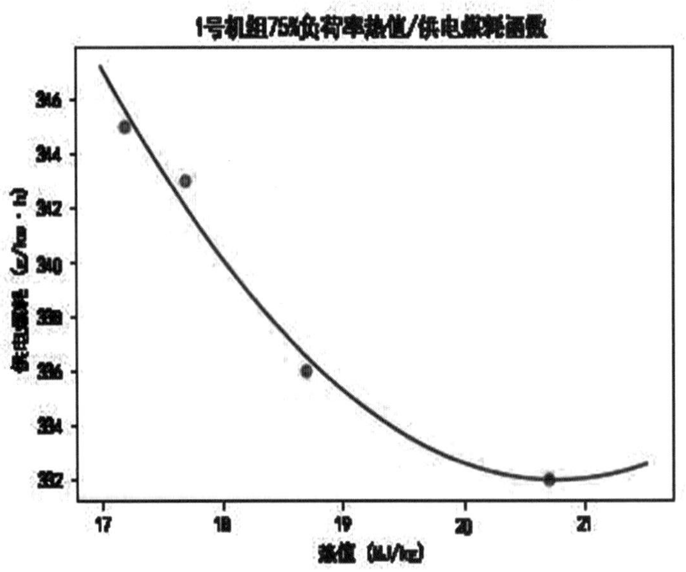

图3　1号机组75%负荷率热值/供电煤耗函数

利用R软件进行二次回归分析，获得1号机组75%负荷率下入炉煤热值与供电煤耗数学关系为式（4）：

$bg=1.075Q^2-44.65Q+795.431$　　　　式（4）

则单位燃料成本=供电煤耗*标煤单价=bg*Mb　　单位：元/kwh

$=(1.075Q^2-44.65Q+795.431)*(2.493Q+763.32)/10^{-6}$

$=(2.68Q^3+709.26Q^2-32099.24Q+607168.39)/10^{-6}$　　　　式（5）

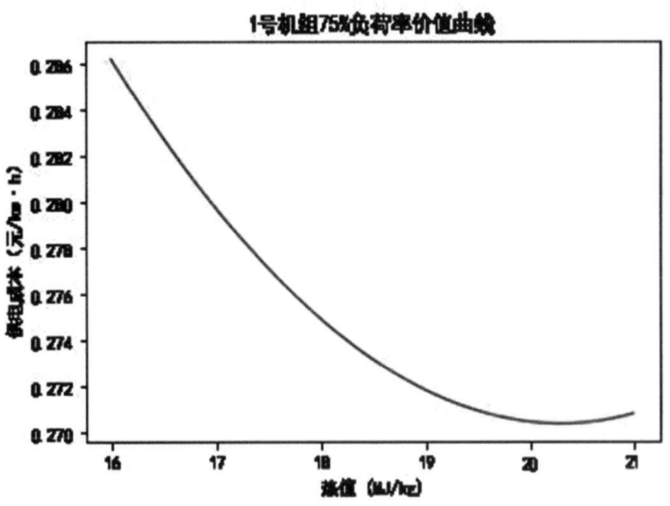

图4　1号机组75%负荷率价值曲线

由式（5）函数特性得知，连续函数一阶导数存在极值。

对式（5）求导，得

$$8.04Q^2+1418.52Q-32099.24=0$$

$$Q=20.4$$

对应最佳掺烧比例A=12.3%。

再以2016年9月到厂煤种为例（烟煤：标煤单价636元/吨；低位发热量22.2MJ/kg；印尼煤：标煤单价553元/吨；低位发热量15.9MJ/kg），同上方法计算得最佳掺烧比例A=82.39%，而当月我厂以烟煤：印尼煤=1:3方式配煤掺烧，基本符合价值工程理念。当烟煤和印尼煤的到厂标煤单价差价增大，最佳掺烧比例增大明显，本文数学模型基本可靠。

根据函数和曲线可得结论：

（1）以1号机75%负荷率，烟煤（5AB机械采样/2017.4.13/到厂标煤单价816.45元/吨），印尼煤（5AB机械采样/2017.4.10/到厂标煤单价/798.00元/吨）为例，掺烧比例在12.3%时，可获取盈利最大点。

（2）由价值工程理论可知，在煤炭的价格及热值确定的条件下，根据机组热值/供电煤耗函数关系，总能找到最佳掺烧比例，使得盈利最大化。

（3）由于环保排放在功能评价中价值较高，因此配煤掺烧必须考虑到环保排放指标合格，实际配煤掺烧过程中，受硫份限制，印尼煤比例依然较高。

（4）高价位印尼煤掺烧已经没有经济优势，需考虑其他更经济的煤种代替。

（四）实际运用

习近平总书记强调，推进供给侧结构性改革，要从生产端入手，重点是促进产能过剩有效化解，促进产业优化重组，降低企业成本，发展战略性新兴产业和现代服务业，增加公共产品和服务供给，提高供给结构对需求变化的适应性和灵活性。供给侧结构性改革须用“创新、协调、绿色、开放、共享”五大发展理念来引领，因此电厂在新形势下，进行配煤掺烧工作的深入探索。

火力发电厂对于煤种的要求，仅仅满足成本最低是不够的，还需满足安全和环保要求，电厂始终坚持：

（1）掺烧前，依托数据确定合理掺烧比例编制技术措施；

（2）掺烧中，各环节严格执行；跟踪工况，出现问题及时调整；

（3）掺烧后，调整混煤数据安全边界，总结经验，维持或提高比例。

掺烧流程具体实行方式为：

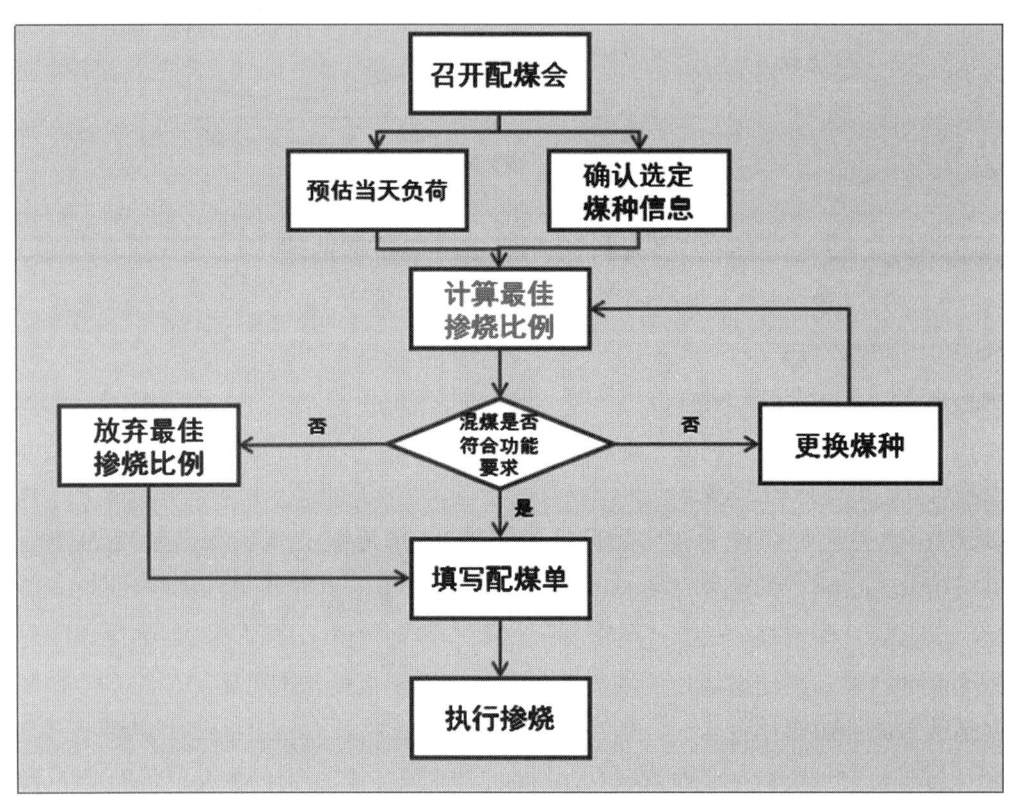

图5　掺烧流程

其中：

1.根据煤种《到厂煤工业分析数据表》确定掺烧比例；

2.根据《每日场地存煤报告》、《配煤单》确保掺烧煤种和比例正确；

3.专业根据经济煤种工业分析数据和掺烧比例制定针对性《技术措施》；

4.出现问题后及时进行技术攻关。

四、配煤掺烧中遇到的困难

（一）掺烧问题原因分析

在提高掺烧经济煤种比例过程中，我们遇到一系列问题，通过系统性逐条分析，汇总问题及原因分析如树图，其中蓝色框内为末端因素。

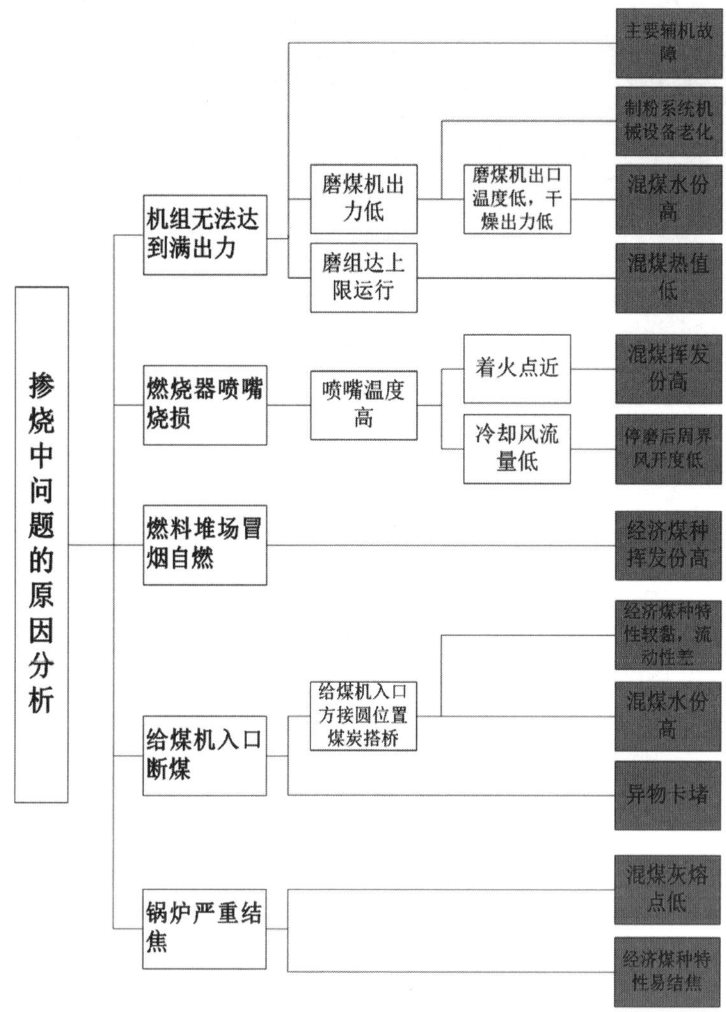

图6 掺烧问题树图

针对原因分析中的末端因素，逐项进行数据收集、统计，现场分析和探讨研究，确认主要原因如下红色框。

1.机组无法达到满出力

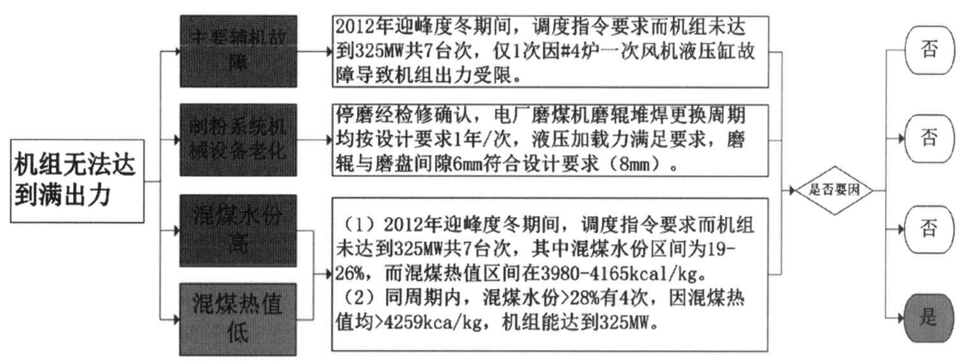

图7 机组无法满出力运行分析树图

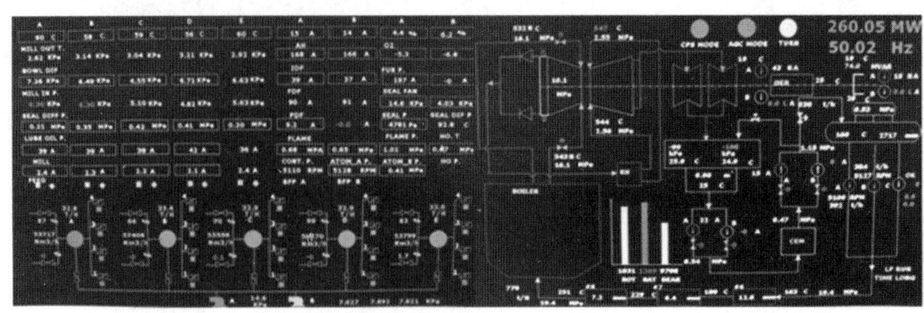

上图为：2012年2月15日#3机组因混煤热值低约3980kcal/kg（全水份20.4%），导致机组负荷260MW时，制粉系统已接近出力上限运行，制粉系统出口温度低、压差大、一次热门调门近开足。

图8　机组无法满出力运行

2.燃烧器喷嘴烧损

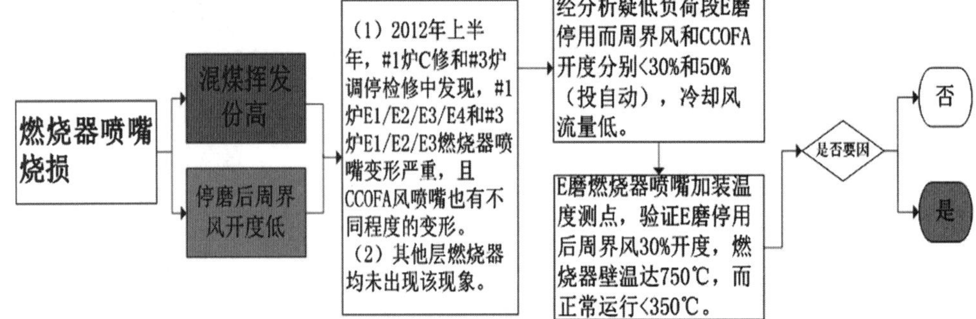

图9　燃烧器喷嘴烧损分析树图

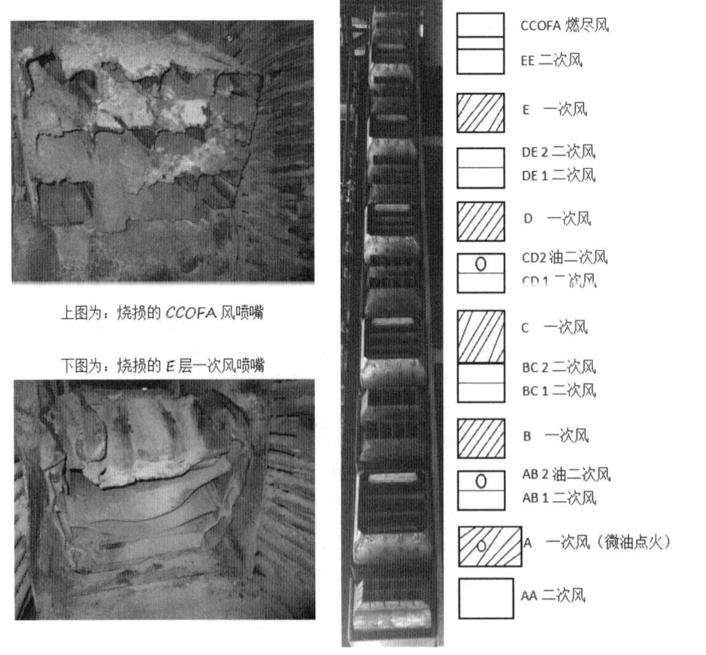

图10　燃烧器喷嘴烧坏

3.燃料堆场冒烟自燃

图11　燃料堆场冒烟自燃分析树图

上图为：燃料场存的印尼煤自燃冒烟　　上图为：燃料场存烟煤的正常堆放

图12　燃料堆场冒烟自燃

4.给煤机入口断煤

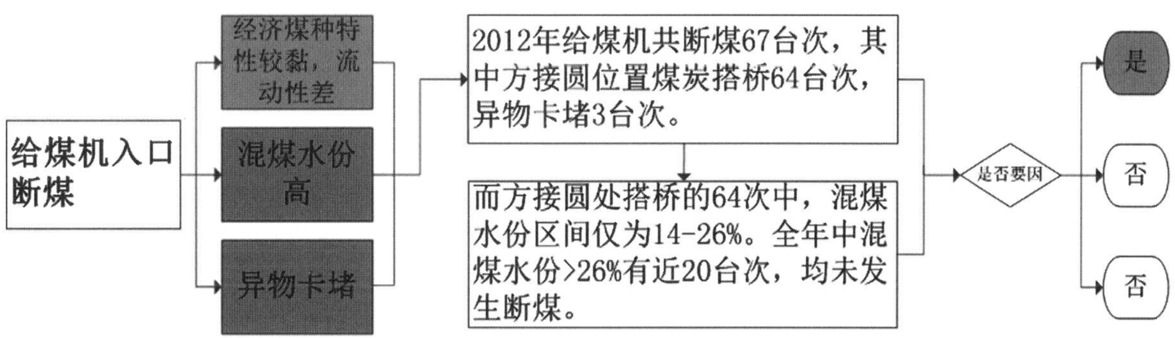

图13　给煤机入口断煤分析树图

上图为：易发生煤炭搭桥的给煤机入口方接圆

图14　给煤机入口断煤

5.锅炉严重结焦

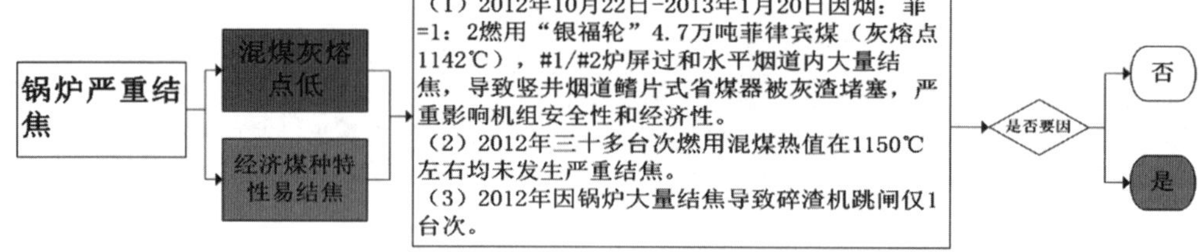

图15　锅炉严重结焦分析树图

上图为：燃用银福 1022 菲煤后，电除尘和炉竖井烟道省煤器内耙出的灰渣

图16　锅炉严重结焦

（二）制定对策（具体见以下对策表）

序号	要因	对策	目标	措 施
1	混煤热值低	1）配煤环节控制； 2）运行辅助调整。	全年各台机组均能达到325MW	1）严格控制掺烧比例，确保混煤热值>17.55 MJ/kg； 2）运行调整提高磨煤机出力。
2	停磨后周界风开度低	1）提高周界风开度； 2）加强温度监测。	燃烧器喷嘴不再烧损	1）联系热控调整停磨后周界风开度内设值至80%； 2）煤粉燃烧器喷嘴加装温度测点。
3	经济煤种挥发份高	1）喷水阻燃； 2）减少场存时间； 3）固定堆放场地； 4）落实防火措施。	减少50%的冒烟次数	1）堆取料机加装喷淋； 2）场地存量煤“先到先取”； 3）与其他煤种有明显分界线； 4）保证巡检质量。
4	经济煤种特性较黏，流动性差	1）配煤环节控制； 2）保持煤道畅通。	减少50%的断煤次数	1）个别磨组掺烧黏湿特性的经济煤种； 2）断煤后、启磨前及时铲仓。
5	经济煤种特性易结焦	1）采购环节控制； 2）配煤环节控制； 3）运行辅助调整。	减少锅炉严重结焦次数至0	1）停止采购易结焦特性煤种； 2）长周期少量掺烧已采购的易结焦煤种； 3）加强吹灰效果。

按对策实施:根据已制定的对策表，实施具体的对策内容。

要因	对策	对策实施过程和内容
混煤热值低	1）配煤环节控制	每日配煤例会→控制掺烧比例和煤种，确保混煤热值>17.55MJ/kg→填写《配煤单》→燃料部加仓严格执行→值长跟踪工况→发现问题→调整掺烧方式。
	2）运行辅助调整	专业制定技术措施→设置一次风压风量的正偏置，适当降低分离器转速，提高磨煤机出力→混煤热值低时运行人员执行。
停磨后周界风开度低	1）提高周界风开度	确定停磨后周界风开度合理值→联系热控人员→修改组态→停磨后周界风开度内设值调整至80%→运行人员跟踪。
	2）加强温度监测	提出合理化建议→联系热控及机务人员确定测点数量、位置及要求→机组检修→煤粉燃烧器喷嘴各加装温度测点（如右图）→运行人员加强现场巡检和DCS监盘。
经济煤种挥发份高	1）喷水阻燃	提出技改建议→燃料部可行性研究→确定技改方案→停用堆取料机→加装喷淋→喷淋投用→燃料人员跟踪效果。
	2）减少场存时间	提出合理化建议→纳入《配煤掺烧管理规范》→每日配煤例会→以场地存量煤“先到先取”为原则→燃料人员执行→值长跟踪→发现问题→调整掺烧方式。
	3）固定堆放场地	每日配煤例会→确定经济煤种堆放场地，与其他煤种有明显分界线，确保堆取料不与其他煤种混淆→燃料人员执行。
	4）严格防火措施	专业制定防火措施→保证巡检频度→及时清理积煤和场地周围的绿植等可燃物质→必要时可喷水阻燃。

<table>
<tr><td rowspan="2">经济煤种特性较黏，流动性差</td><td>1）配煤环节控制</td><td>每日配煤例会→要求个别磨组或小比例掺烧黏湿特性的经济煤种→填写《配煤单》→燃料执行→值长跟踪→发现问题→调整掺烧方式。</td></tr>
<tr><td>2）保持煤道畅通</td><td>断煤后、启磨前→联系工程队→对给煤机入口方接圆位置铲仓→运行人员跟踪。</td></tr>
<tr><td rowspan="3">经济煤种特性易结焦</td><td>1）采购环节控制</td><td>对非煤编写《运行措施及分析》→显示掺烧该煤种的危害→要求燃供部停止采购易结焦特性煤种。</td></tr>
<tr><td>2）配煤环节控制</td><td>每日配煤例会→控制掺烧比例和煤种，确保混煤灰熔点>1150℃；同时亿结焦煤种→填写《配煤单》→燃料部加仓严格执行→值长跟踪工况→发现问题→调整掺烧方式。</td></tr>
<tr><td>3）运行辅助调整</td><td>专业制定技术措施→运行人员巡检监盘发现严重结焦→提高吹灰频次和压力→加强吹灰效果→运行人员跟踪→专业统计各台炉吹灰情况→完善吹灰方式。</td></tr>
</table>

五、获得成效

习近平总书记指出“中国明确把生态环境保护摆在更加突出的位置，我们既要绿水青山，也要金山银山。宁要绿水青山，不要金山银山，而且绿水青山就是金山银山。我们绝不能以牺牲生态环境为代价换取经济的一时发展”，近几年来，电厂履行社会责任，先后进行脱硝改造、MGGH改造，随着配煤掺烧工作的成熟，电厂已制定出一套完整的措施及响应机制，近两年在经济煤种掺烧总量达到70%的情况下，依然能够实现机组环保改造后的安全运行。

（一）注重研究，电厂配煤掺烧科学化分析

自开展配煤掺烧工作以来，电厂对掺烧情况进行长期的跟踪及分析，然而逆水行舟不进则退，电厂始终坚持在原有的基础上不断研究，不断改进：

时间	负荷率（%）	烟煤热值（KJ/Kg）	烟煤价格（元/吨）	印尼煤热值（KJ/Kg）	印尼煤价格（元/吨）	掺烧率（%）	混煤硫份（%）
1月	59	21.4	788	15.3	749	75	0.48
2月	62	23.4	780	15.8	706	60	0.35
3月	63	21.6	775	13	726	50	0.46
4月	62	21.3	819	13.9	796	57	0.33
5月	机组停役						
6月	机组停役						
7月	65	20.7	762	14.6	734	59	0.39
8月	64	21.7	789	14.8	706	73	0.5
9月	64	20.5	766	15.1	752	73	0.21
10月	62	23	768	15	816	72	0.22
11月	60	23	768	15.1	794	75	0.2
12月	57	21.1	822	15.8	730	73	0.23

图17　电厂1号机组月生产日报总结

对生产日报进行分析：根据报表数据，1号机组在配煤掺烧优化后，利润可以增加300万元。

时间	实际掺烧比例（%）	最佳掺烧比例（%）	经济性评估	建议掺烧比例（%）	硫份评估（%）	收益（元/Kwh）
1月	75	79.3	经济	——	——	——
2月	60	98	不经济	75	0.26	0.2617→0.259
3月	50	41.5	基本经济	——	——	——
4月	57	28	不经济	40	0.47	0.2892→0.2882
5月	机组停役					
6月	机组停役					
7月	59	36.1	不经济	40	0.47	0.2682→0.2674
8月	73	100	经济	——	——	——
9月	73	21	不经济	40	0.29	0.2735→0.2706
10月	72	0	不经济	40	0.26	0.2881→0.2784
11月	75	0	不经济	40	0.24	0.2834→0.2751
12月	73	100	经济	——	——	——

图18　电厂1号机组最佳掺烧分析

（二）历经考验，展现电力人的风采

1.机组工况日趋优化

在掺烧过程中，各煤种的到厂时序、结构调配和合理库存也是需要重点考虑的因素。特别是每年迎峰度夏、迎峰度冬，在连续高负荷的考验下，机组在关键时刻拉得足、顶得上，担起了支撑电网的重任，履行了央企的社会责任。

以2013年为例，上海高温日超过四十天，在此期间（6～8月）经济煤种采购比例达到57.2%。机组在连续高负荷运行中，高比例配烧印尼煤与褐煤未发生结焦现象，使机组安全稳发得到有效保障，进一步证明了目前的煤种结构非常适合电厂锅炉燃用。

2016年电厂1号机组810天长周期运行创华能集团最高纪录，获全国同类型机组可靠性评比第一名，对于这座在上海服役30年的老厂实属不易。

2.企业经营效益显著提高

在经济煤种掺烧比例增长最快的2012年和2013年，电厂经济效益分别为1.30亿元和1.16亿元。掺烧经济煤种比例不断提高的过程中，电厂实际单位供电燃料成本逐步下降，2011年至2013年依次为308.6元/兆瓦时、261.12元/兆瓦时、224.58元/兆瓦时，电厂多年来在华能集团公司下水煤电厂中标煤单价位居最低，节能的经济效益逐步显现，2012年实现利润4.18亿元，2013年完成利润6.62亿元，创历史新高。

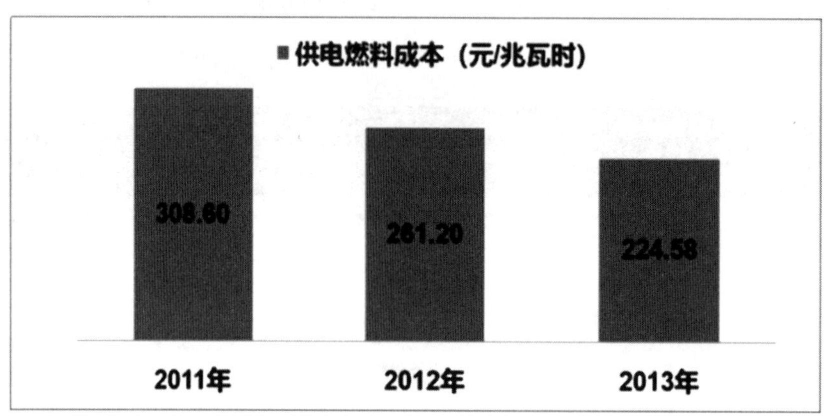

图19　电厂年度供电燃料成本

3.环保工作

受益于经济煤种低硫、低灰和改造锅炉低NOX同轴燃烧系统的特点，在经济煤种掺烧比例增长最快的2012年和2013年，在发电量逐年上升的前提下，二氧化硫、氮氧化物及烟尘排放量均环比下降，掺烧对环保排放的改善效果明显。

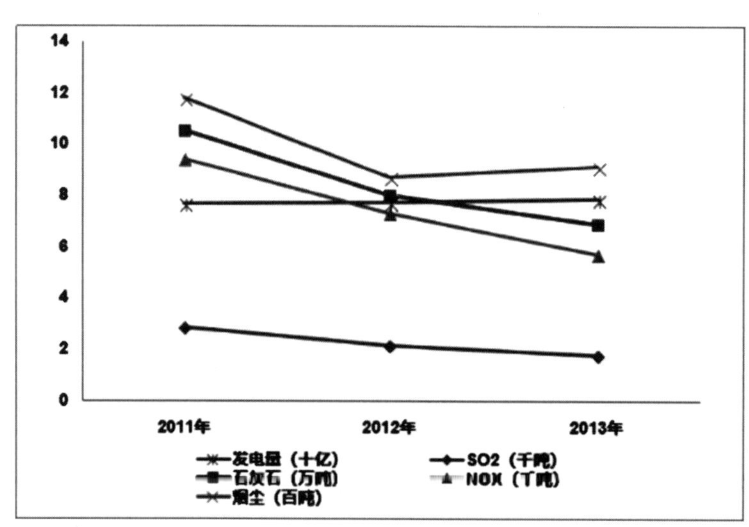

图20　电厂污染物排放

六、总结

2018年政府工作报告提出，要深入推进供给侧结构性改革，继续抓好“三去一降一补”，坚定不移去产能，打好蓝天保卫战，华能上海石洞口第一电厂积极、主动应对市场变化，结合实际生产需求，深入研究配煤掺烧工作，在客观、准确、持续总结经验的基础上，对行之有效的方法不断加以完善，实现降本增效，节能减排，实现企业生产经营管理的多赢。

经过多年的经验积累，电厂大比例掺烧经济煤种方案已经比较完善。电厂2014年标煤单价685.67元/吨、2016年标煤单价535.87元/吨、2017年标煤单价759.47元/吨，获得了集团公司下水煤电厂标煤单价最低的好成绩，取得了较好的经济效益。而电厂1号机组810天长周期运行创华能集团最高纪录，获全国同类型机组可靠性评比第一名，更是证明配煤掺烧安全可靠。

针对当前煤炭价格居高不下的形势，引入价值工程概念，则是在原有的基础上，精细化燃料管理，以综合经济效益为先的原则，科学掺烧，为企业增效和完成公司下达的各项目标任务做出更大更新的贡献。

成果创造人：胥　可、陆　俊、韩　垚、刘叶盛

基于“全方位对标”的绩效考核管理体系构建与实施

中国华电集团有限公司山东公司

一、前言

中国华电集团有限公司山东公司（以下简称“华电山东公司”）成立于2009年5月，截至2017年底，资产总额600.23亿元，发电装机容量1768万千瓦，供热总面积1.3亿平方米，是集团公司装机规模较大的区域公司；管理10家燃煤发电企业、1家新能源企业、5家热力企业、5家专业公司、1家分布式能源企业和1家港务企业，现有员工1.25万人。

构建科学完善的绩效考核管理体系是现代企业管理体系中的关键环节、企业人力资源管理的核心内容，是企业实现长远发展的战略基础，对有效激发员工工作热情，增强凝聚力，推动企业战略目标实现具有十分重要的意义。近年来，华电山东公司以建设可持续发展能力强、盈利能力强、管控体系优、品牌形象优的一流区域公司为目标，坚持战略统领、业绩导向，构建并不断完善以全方位对标为手段的绩效考核管理体系，有力调动了广大干部员工的积极性和创造性，为推动企业战略目标的顺利实现提供了坚实支撑和保障，具有的较好的借鉴作用和推广价值。

二、“全方位对标”绩效考核管理体系的实施背景和理论基础

（一）实施背景

近年来，随着华电山东公司转型发展加快、区域“做实”深入推进，燃机、风电、分布式、生物质以及供热等产业结构呈现多元化发展，管理链条不断延展，管控难度愈加复杂。绩效考核方面，关键绩效指标与战略目标联动不足，考核指标精准度不高、过程考核实时性不强、激励约束作用发挥不够明显等弊端日益凸显，原有按照责任制目标年度兑现的绩效考核模式在一定程度上已经不能适应公司新时期高质量发展的要求。如何运用好全方位对标这一手段和绩效考核这一管理工具，使得关键绩效指标与战略目标相联动，绩效考核与职能管理相融合，绩效评价与员工职业发展相结合，构建更加科学、完善的、以质量效益为导向的绩效管理考核体系，最大限度发挥绩效管理支撑战略实施的杠杆作用，为公司实现更高质量、更有效率的协调发展提供支持，是山东公司人力资源管理所面临的战略性任务之一。

（二）内涵

对标管理，又称标杆管理，是指企业持续不断地将自己的产品、服务以及管理实践活动与最强的竞争对手或行业领袖的企业的产品、服务以及管理实践活动进行对比分析的过程。对标管理基本构成可以概括为两部分：最佳实践和度量标准。最佳实践是指行业中的领先企业在

经营管理中所推行的最有效的措施和方法，度量标准则是指能真实客观地反映经营管理绩效的一套指标体系以及与之相应的作为标杆用的一套基准数据，如顾客满意程度、单位成本、周转时间以及资产计量指标等等。

将全方位对标引入绩效考核管理，目的是要以经营改善和效率提升为重点，统筹市场竞争、成本控制、企业发展等因素，紧盯外部市场，从目标完成、区域对标和自身改善等多个维度将对标理念应用到绩效管理全过程；通过加强区域内和行业内的对标发现自身不足，并通过绩效考核把企业发展的压力和动力按照管理链条和业务流程层层分解，自上而下传递，引导企业和个人采取措施、改进管理、降本增效，在与竞争对手博弈中获取相对优势，努力做到本区域、本行业内相对最好，从而有效提升企业的相对竞争力。

三、“全方位对标”绩效考核管理体系的构建

立足战略统领，坚持质量效益原则，突出问题导向，强化短板考核，构建起以全方位对标为标尺、以价值贡献度为依据、与企业发展战略相匹配的“全方位对标”绩效考核管理体系。在考核评价机制上，突出质量效益这个中心，突出效率优先这个重点，突出主观努力这个要素；在权重设计上，加强了与华电集团发展战略的协同，加大了转型发展和重点改革任务的考核力度；在指标设置上，强化对标机制，统筹关键业绩指标，引导基层单位更好地将集团和公司的各项工作部署落实到位。

（一）持分层分类，构建制度体系

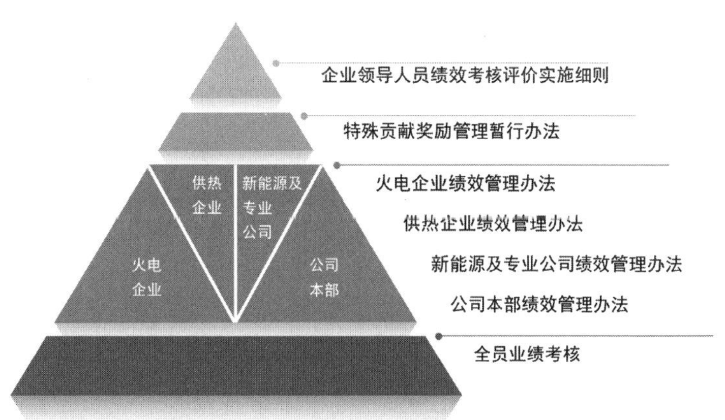

坚持“动态有效”原则，先后制定《华电山东公司所属单位企业领导人员绩效考核评价标准》《华电山东公司领导班子副职业绩考核管理办法》《华电山东公司特殊贡献奖励管理暂行办法》以及公司本部、火电、供热、新能源及专业公司4类绩效管理办法；按照全员全覆盖要求，出台《华电山东公司全员业绩考核工作推进方案》，指导各基层单位制定各自的企业绩效管理办法和全员业绩考核办法，建立了与公司发展战略相衔接、激励与约束相统一、纵向涵盖从本部到所属单位、横向包括火电、供热、新能源及专业公司等各产业的绩效考核制度体系，为全面激发和调动广大干部员工的积极性、推动公司战略实施提供了有力的制度保障。

（二）选取三个维度，科学确定标杆

以企业自身改善值、华电系统对标值和行业先进标杆值为标尺，按照不同管理层级、考核主体和任务目标，按照内部对标、竞争性对标和行业对标三个口径，采取纵向递进、横向改善、定额对标等方式，建立多维绩效指标体系；结合宏观经济形势、行业运行态势、企业实际发展状况，在有效控制风险的基础上，确定年度绩效目标值，通过持续改善绩效目标，逐步达到标杆企业的先进水平。

如厂用电率、煤耗、设备可靠性等技术性指标以纵向标杆值递进对标为主；利用小时、标煤单价等在市场竞争中发挥重要作用的指标以同地区企业竞争性对标为主；成本费用等内部管理指标主要以内部横向和与定额对标为主。

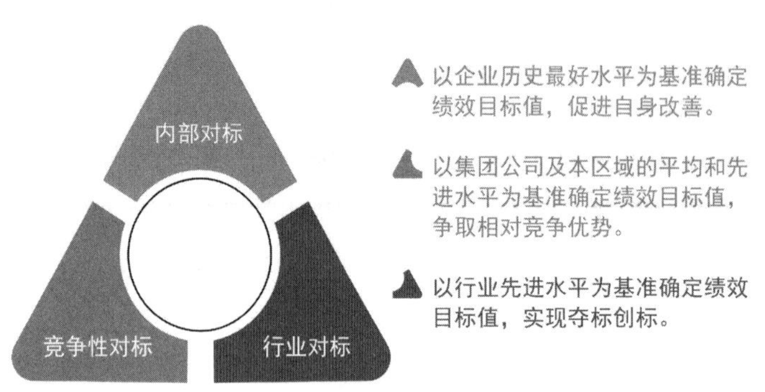

（三）突出关键指标，细化五类绩效

以年度预算为统领，以反映战略目标的关键业绩指标为主要构成要素，区分不同产业板块特点、以及不同企业的战略定位、发展阶段等，把发展、效益、管理、党建和安全五大类绩效考核指标细化分解，设立差异化指标体系和考核权重，并按月制定阶段性考核目标；按照关键指标优先原则，重点强化财务、市场营销、生产效能、安全、燃料等等影响效益的关键业绩指标的业绩对标和短板考核，以增强考核的针对性、准确性和有效性。如火电企业绩效指标体系，根据年度预算值和月度控制值，将五大类绩效考核指标细化分解为3级40类专项考核指标，并设置不同KPI权重，通过加强绩效考核过程精益化管控，促进公司管理全方位、各环节协调运转。

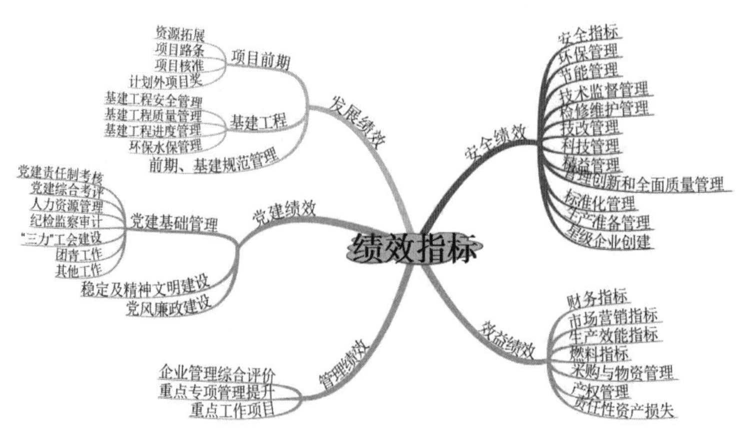

四、“全方位对标”绩效考核管理体系的实施和成效

（一）坚持战略统领，关键绩效指标与战略目标相联动

体现动态原则，把公司战略目标量化分解阶段性易量化、可衡量、能实现的绩效目标，并随公司战略目标的发展演变而实时调整；每年初都对各层级的绩效管理办法进行修订，围绕关键战略节点和年度重点工作任务，加大对“提质增效”“转型发展”“管理创新”等相关重点工作完成情况的考核激励力度，督促基层企业逐级细化分解，实现考核层层落实、责任层层传递、激励层层链接，确保日常各项工作与公司战略目标同频共振、保持一致。结合市场形势变化和绩效管理运行中存在的问题，抓好相关绩效指标的实时动态调整，不断优化绩效体系运行管理。例如在大力推进经济运行优化调度过程中，及时对相关电量考核指标进行调整，既保证了电量转移双方绩效目标的合理性和准确性，又确保了公司整体利益最大化，2017年累计优化电量70.51亿千瓦时，增加效益2.66亿元。

（二）突出过程管控，绩效考核与职能管理相融合

强化绩效考核与职能管理相融合，将年度、月度及日常重点工作完成情况全部纳入公司本部各部门考核，进一步加强绩效过程管理，促进了本部职能作用有效发挥。改变过去年底算“总账”的管理模式，实行月度考核与年度考核相结合的方式，按月考核、按月通报、按月兑现，增强了绩效考核的时效性。加强对重点关键指标的全过程跟踪管理，以年度目标分解和月度工作计划为龙头，以月度考核为抓手，将发电量计划兑现率、三同利用小时、非停、煤价及资金管理等影响效益的关键指标纳入到基层单位的月度考核。针对各项工作及指标完成情况，尤其是对暴露出的工作不足和短板问题，及时向企业反馈预警、督促整改，并实施精准考核、短板考核，注重“短平快”，力求时效性，确保立竿见影。

（三）坚持分层分类，实施差异化考核

根据公司所属各单位的功能定位、管理定位，以及企业所处的发展阶段、管理重点和产业特点的不同，完善差异化考核。一是分层考核。对公司领导班子副职的考核，由公司主要负责人根据分管业绩及年度表现提出考核意见，经党委会批准后实施；对企业领导班子正职，重点考核其经营业绩完成情况和价值创造能力；对副职按照定量考核与定性考核相结合的原则，依据企业业绩、岗位业绩、素质能力、安全指标确定岗位职责系数，与班子正职提出的奖惩考核系数综合考核，拉开收入差距，体现激励导向；对公司总部员工实施定量与定性相结合，根据个人职业素质、工作态度和工作质量等进行综合评定。二是分类考核。对运营发电企业主要加强效益、安全、管理、党建四大目标的考核；对基建企业主要加强工程建设的质量、进度和造价的考核；对新划转管理的专业公司，根据功能定位及业务特点，着重加强对效益、管理、党建等方面的考核。通过分层、分类考核的实施，保证了考核指标的科学性和针对性。

（四）强调主观努力导向，精准发力促进业绩提升

充分发挥绩效管理的“指挥棒”作用，不断丰富完善激励手段，增强企业的市场意识和竞争意识，促进公司整体经营业绩持续提升。强化运营改善考核激励，提升相对竞争力。鼓励

企业创新市场营销与挖潜增效的方式方法，深化煤价、利用小时等的全方位对标考核，根据指标排名情况，加大考核奖惩力度，促进企业持续推进营运改善。2017年，公司完成发电量856亿千瓦时，火电利用小时完成5119小时，在山东省各发电集团中排名第一，区域发电企业全部盈利。在华电集团2017年度综合对标工作中，公司生产、经营、安全、环保、管理、信息化各项得分均位列前茅，综合得分率排名第一。设立经营管理专项奖励，促进企业降本增效。牢牢抓住价值创造的关键环节，对在提质增效、政策争取、项目发展等方面贡献突出的企业，给予特殊奖励，鼓励企业进一步拓展效益空间。2017年，通过加大低价长协煤进煤力度，争取电煤奖励电量18.92亿千瓦时，占全省电煤奖励电量的47.3%，高于容量比16.7个百分点。密切跟踪、努力争取电量、电价相关有利政策，2台机组被列为山东省首批可再生能源调峰试点机组，利用小时较统调平均增加10%。加大政策研究，落实财税费优惠政策争取方案，取得各项财税奖励资金3亿元。加大项目拓展专项考核，新开工电源项目96万千瓦，核准225万千瓦，全部为清洁能源项目，燃机项目实现一年“三核准”，超前实现“泛济青烟新旧动能转换综合试验区”燃机战略布局。加大市场营销激励力度，提升市场竞争能力。以“突出重点、正激励为主”为原则，制定《市场营销单项奖励办法》，2017年累计奖励1765万元，充分调动了基层企业的积极性，全年共争取市场电量300.84 亿千瓦时，高于公司容量占比3.88个百分点。

（五）实行全员绩效管理，激发员工干事创业活力

深入推进全员绩效考核，把业绩考核与干部员工岗位晋升、薪酬收入、选拔任用等更密切地挂起钩来，实现逐级分解、逐级负责、逐级考核、逐级联动，建立起“工作有标准、管理全覆盖、责任无盲区、奖惩有依据”的全员绩效管理体系，逐步形成“业绩升薪酬升、业绩降薪酬降”的绩效考核管理新格局。完善“三横四纵”体系。根据企业战略目标，以业绩和贡献为导向，完善“三横四纵”绩效考评体系，“三横”即中层干部、管理人员、一般员工，全员参与绩效考核，“四纵”即分检修、运行、管理、多经后勤四个系统，按照不同的考核细则和标准进行考核，实现多角度、全方位的绩效管理。丰富指标考核内涵。科学制定职工综合量化考核评分表，细化“德、能、勤、绩”四大要素综合考核类目，量化具体分值，细化分档标准，多指标多角度综合评价职工个人绩效，增强了绩效考评的准确性和科学性。扩大考评体系外延。对企业中层干部和一般管理人员，在综合评价“德、能、勤、绩”四要素的同时，增加“廉”“学”两项考核内容。除每月进行业绩考评外，每年通过职工代表评议、中层干部互评、部门民主测评相结合的方式开展中层干部测评工作，对业绩考核和年度测评成绩较差的中层干部分别进行诫勉谈话，有效提升了中层干部的危机意识，激发了工作责任心和积极性。严格绩效督导检查。组织开展全员绩效考核数字化试点，对全员绩效考核的实施情况进行全面监控。同时，绩效考核结果在政务公开栏公开，定期对政务公开和绩效考核开展情况进行检查和测评，确保做到绩效考评结果及时公开、刚性执行。强化全员绩效考核应用。将全员绩效考核结果与开展职业生涯规划管理、拓宽人才发展通道、岗位公开竞聘、强化“师带徒”培养模式等相挂钩，形成全员全覆盖的长效机制和制度体系。各基层单位结合自身实际，纷纷出台相关激励机制，对关键技术岗位、专业技术带头人、技能人才、岗位标兵、首席技师、首席工程师建立动态津贴制度，增强了关键人才、岗位骨干的荣誉感和认同感，激发了广大员工“比、学、赶、帮、超”的工作热情，员工队伍整体素质明显提升，公司选手在行业各类技能大赛中屡获佳绩。

五、关于“全方位对标”绩效考核管理体系的几点启示与思考

（一）必须坚持以战略为引领

科学的绩效考核管理体系是企业实现长远发展的战略基础。公司始终坚持以企业战略统领绩效管理体系建设，以战略目标确定绩效考核策略，将各级绩效考核指标与公司战略实施紧密结合、协调一致，绩效考核的激励约束作用充分发挥，有力地推动和支撑了企业战略目标的实现。

（二）必须坚持以业绩为导向

创造价值是企业的根本使命，而绩效水平的高低则是组织和个体价值创造力的具体表现。公司始终坚持以业绩为导向，将绩效考核和企业效益紧密结合，根据不同岗位人员的贡献度大小，以价值创造为准绳评判业绩高低，切实将“绩效识才，竞争择优，酬显其绩”的理念落到实处，广大干部员工的积极性和主动性得以充分调动，才智活力激情竞相迸发，促进了经营业绩持续提升。

（三）必须坚持以实现员工价值为依托

人力资源是企业的第一资源，科学的绩效考核管理体系对于吸纳、维系和激励优秀员工，使其在推进事业发展中实现个人价值，从而推动公司战略目标实现至关重要。公司始终坚持以人为本，将绩效考核管理与企业愿景、企业文化、企业战略有机结合，与员工职业发展相挂钩，激励员工立足本职、敬业奉献，广大员工的职业自豪感和对企业的归属意识不断增强，与企业形成了密不可分的利益共同体，实现与公司共同发展。

（四）必须坚持以持续创新为动力

绩效考核管理是一项长期、复杂、需要不断优化过程的工作，绩效考核管理体系是个不断完善的系统。公司始终坚持管理创新，以同业全方位对标为基础，实施绩效考核差异化、精益化管理，时刻做到与战略目标相统一，与中心工作目标相合拍，与市场竞争相适应，为持续提升企业相对竞争力、加快建设“两强两优”一流区域公司提供了坚强的管理支撑。

成果创造人：王正良、张春河、宋如云

军工企业以提质增效为目标的经营状况评估改进体系构建与实施

中国航天科工集团第十研究院

（中国航天科工集团第十研究院)（简称十院）的前身为〇六一基地，是1964年经中央专委批准，1965年开始建设，1970年建成投产的地空导弹武器系统科研生产基地；2015年经中央编办批复，转型升级为中国航天科工集团第十研究院。十院辖有17个企业（含1个上市公司）、6个事业单位，资产总额181.8亿元，在职职工1.5万人。十院涉及机械、电子、电器、化工、冶金等行业，拥有地空导弹武器系统总体、指挥控制、导弹总体、制导控制、发射控制等核心专业，在电源、微特电机、伺服机构、惯性器件、继电器、电连接器、特种方舱等产品的研制生产领域具有较强的优势和协作配套能力。作为大型军工集团军民融合企业，近年来，十院以习近平新时代中国特色社会主义为指引，围绕高质量发展的要求，以技术创新、管理创新、商业模式创新为抓手，以提高经济发展质量和效益为中心，积极创新管理方法和理念，持续加大改革调整力度，推动企业提质增效、转型升级。

一、军工企业以提质增效为目标的经营状况评估改进体系构建与实施背景

（一）新时代发展背景下，增强企业竞争力的必然要求

党的十九大报告指出，我国经济已由高速增长阶段转向高质量发展阶段，正处在转变发展方式、优化经济结构、转换增长动力的攻关期，必须坚持质量第一、效益优先，以供给侧结构性改革为主线，推动经济发展质量变革、效率变革、动力变革，提高全要素生产率。作为大型军工集团军民融合企业，近年来，十院以“三创新”为抓手、以“四个化”为导向，深入推进军民融合发展战略实施，积极探索军民融合深度发展的央地合作新模式，经济发展质量、效率和动力稳步提升。但随着市场竞争的加剧，部分军工企业传统管理粗放、效率低下的体制弊端日益显现，不仅不满足高质量发展的要求，还成为制约企业健康发展、增强竞争力、保障战略和经营目标顺利实现的重要瓶颈，使企业面临经营困难的窘境。因此，在新时代下，十院应积极推进企业管理体制机制创新，激发企业发展活力，增强企业竞争力。

（二）转型升级的严峻形势下，促进管理提升的迫切需求

近年来，十院在集团公司的正确领导下，深入推进供给侧结构性改革，续写了转型升级、二次创业的新篇章，同时，也指导院属单位制定了转型升级方案，帮助企业提质增效，但企业间发展不平衡、不充分的矛盾依然存在。对部分经营管理基础较差、高端人才缺乏的

企业，虽然十院派遣人员进行了“点穴式”帮扶指导，但短期内还是难以改革脱困、提质增效，亟须开展全面深入的诊断排查，并提出针对性改进措施。外部管理咨询公司由于其较为成熟的理论模型，专业化、模块化的评价手段，在一定程度上可以帮助企业改进提升，但外部管理咨询也存在不了解企业实际，对企业问题泛泛而谈、就现象谈现象等问题，且即使发现了问题，也往往是根据经验主义，提出方向性改进建议，不能精准施策，开出针对性强的“药方”，提出问题改进的时间表、路线图，部分措施甚至会“水土不服”，难以真正落地；此外，管理咨询公司对企业后续整改情况跟踪不足，且咨询费用较高。十院是大型军工集团军民融合企业，人力资源丰富，拥有一批懂经营、善管理的人员，可以组建自己的专家团队，深入企业一线，为经营发展较困难的企业提供定制化、特色化管理咨询，并持续跟踪改进提升。

（三）精细化管理趋势下，提升企业诊疗水平的内在需要

为促进对企业的考核评估，近年来，十院持续丰富完善专项评价制度，探索实施创新管理机制，如建立了以目标为导向的人才开发管理机制；不断修订完善企业经营业绩考核办法，考核的指标更加丰富、内容更加全面，对所属企业的指导性进一步加强。但专项评价制度和专题创新管理机制仅针对个别领域、覆盖面不全；经营业绩考核主要为事后考核，是以目标为导向。虽然十院根据企业经营范围的不同，将企业分为A（总体设计单位，1家）、B（承担型号总装总调及重要分系统配套任务单位，6家）、C（承担一般分系统及配套任务单位，4家）、D（以民品生产经营业务为主单位，7家）、E（以现代服务业为主的单位，5家）五大类进行分类考核，但除A类企业外，其余均以考核营业收入、利润总额、经济增加值等经济指标为主。经济指标考核是“一刀切”，对具体企业指导性不强，与企业的实际状况会存在差距，且指标过于笼统，不能及时揭露企业经营中存在的深层次问题和问题的轻重缓急，不能反映企业的切入点、弱点和发力点，也不能及早预防转型升级中需要关注的事项，更缺少指导企业改进提升的具体措施；此外，还存在企业绩效考核与员工个人绩效脱钩的现象。在创新融合发展的新趋势下，仅通过企业绩效总体指标考核，已不能满足十院对所属企业的管控要求，不能有效驱动所属企业核心能力的自我提升和核心资源的优化配置，更不能助力企业解决眼前的迫切问题，实现提质增效。

因此，十院亟须建立一套设计科学、执行有效、覆盖面全、推广性强，既能评估企业经营现状，又能查找企业提质增效薄弱环节和管理漏洞，引导企业持续改进提升的系统诊断方法和指标评估体系，弥补企业绩效考核的不足，打通企业绩效与员工绩效的关键环节。在战略层面，可以指导企业有效分析战略制定、人力资源配置的合理性；在战术层面，可以指导企业加强市场拓展、加大科技创新力度；在操作层面，可以优化企业管理流程，提高企业生产质量和基础管理水平。

二、军工企业以提质增效为目标的经营状况评估改进体系构建与实施内涵

十院企业经营状况评估改进体系的内涵是：针对部分面临较大转型升级压力、处于提质

增效关键阶段的企业，中国航天科工集团第十研究院（简称“十院”）在开展帮扶指导实践的基础上，运用信息化等手段工具，对平衡计分卡等管理方法进行了综合应用和适应性改进，构建了企业经营管理状况评估改进体系，从优化指标体系、做实诊断建议、确保措施落地三方面发力，开展企业薄弱环节的查找，剖析存在的问题，提出针对性改进措施，细化员工任务分解，督促整改落实；形成了“企业业绩-系统评估-全面诊断-重点提升-员工绩效”五维联动的闭环管控模式，有效打通企业经营从宏观（企业业绩考核）到中观（具体业务的评估改进）再到微观（员工个人绩效考核）的各环节，促进企业提质增效、转型升级（见图1）。

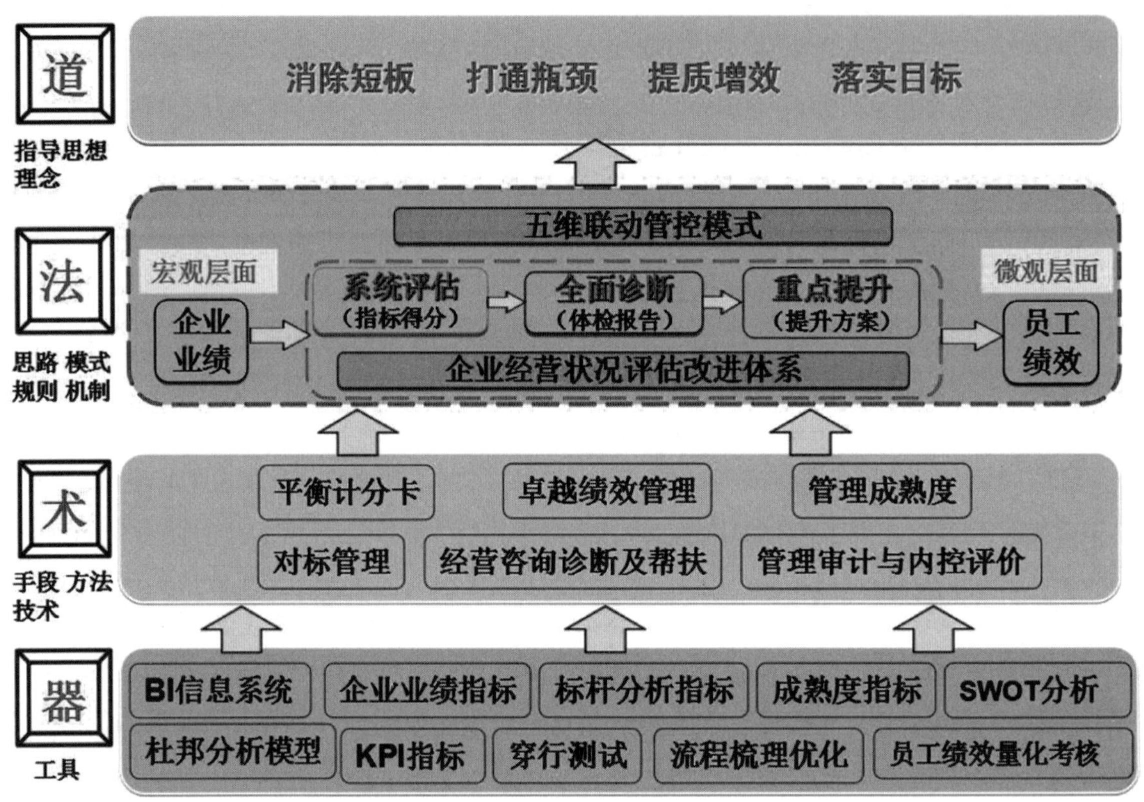

图1 十院企业经营状况评估改进体系内涵图

系统的企业提质增效经营状况评估改进体系在军工企业内尚属首例，在其他大型央企、地方国企中也缺乏可供借鉴的经验。十院于2016年着手军工企业提质增效经营状况评估改进体系的构建工作，并逐步引入到企业经营管理中，后经企业经营管理实践，不断修订完善，确定了评价体系的现有模式、指标参数和评价标准。

三、军工企业以提质增效为目标的经营状况评估改进体系构建与实施措施

（一）强化顶层设计，制定提质增效工作方案

近年来，十院狠抓原〇六一基地转型升级为十院的历史机遇，紧盯建设“军民融合、国际知名、国内一流的航天技术研究院”的目标，着力推动企业提质增效。2016年3月，十院制

定了《中国航天科工集团第十研究院2016年提质增效工作方案》，明确了主要目标、实施路径、重点任务和保障措施，成立了由院主要领导任组长、分管领导任副组长的提质增效工作领导小组，统筹推进各项工作落实。《方案》指出，“坚持一企一策，逐户分析诊断，研究制定困难企业管理提升方案，从加强班子建设、优化产品结构、强化基础管理等方面对症下药”。同时，十院党委也高度重视院属单位的提质增效工作，多次召开专题会议进行研究部署，并明确由发展计划部牵头，各部门密切配合，指导院属企业制定提质增效工作方案，建立专门领导机构，将提质增效的工作要求层层专递，做到横向到边、纵向到底，切实指导企业提升管理水平，实现提质增效。

（二）系统开展绩效分析，甄别评估改进重点企业

为系统帮助院属单位提质增效，十院利用企业经营业绩考核这一手段，从营业收入、利润总额等规模性指标和成本费用总额占营业收入的比重等效率性指标出发，对企业经营状况进行了分析，并与规划目标进行了对标分析。对经营业绩考核连续三年排名靠后的企业，十院进行了财务绩效评价，从反映企业盈利能力、资产质量、债务风险和经营增长等四个方面的八个基本指标和十四个修正指标，通过给予不同的权重和采用一定的计算方法，对企业财务会计报表所反映的经营绩效状况进行了综合评价，甄别出与十院平均水平差距较大，依靠自身力量难以实现改革脱困、提质增效、亟须评估改进的企业。

（三）开展专家调研帮扶，初步形成企业体检机制

1.加强组织领导，成立对口帮扶专家组

按照十院党委的安排部署，2016年6月，十院从院内抽调一批懂经营、善管理的部门及三级单位厂所领导，组成对口帮扶专家组，采取蹲点指导的方式，到提质增效最困难的A公司开展了为期一个月的蹲点帮扶指导工作，组长由院长助理担任。专家组的职责是：通过广泛深入的调查研究、深入细致的分析，全面诊断企业经营发展中存在的问题，提出针对性改进措施和工作建议，形成可推广复制的经验，打造帮扶工作模板，为院内其他经营困难单位的帮扶指导提供借鉴，助推企业提质增效、加快转型升级步伐。

2.深入企业一线，广泛听取干部职工心声

为全面摸清蹲点帮扶企业经营状况，十院专家组首先将工作重心放在生产一线，先后走访了企业所有二级处室和生产车间，详细了解企业战略制定、生产管理、财务绩效、产品研发、市场开拓、人力资源等各方面的情况。期间，围绕处室、车间、公司发展中存在的问题和建议等内容，开展员工单独或小范围访谈100余人/次。为充分发现企业提质增效遇到的问题、征集员工对企业发展的建议，十院专家组结合前期了解的情况，从人力资源、生产质量管理、企业发展战略三大方面出发，精选了与企业发展密切相关的60个问题，编制了调查问卷，并采取抽样的形式在公司领导、中层干部、研究所人员、车间班组长及部分基层管理人员等140人中发放，问卷样本占公司总人数的1/3。同时，对员工反馈的问题，十院专家组及时与公司领导班子进行了沟通，累计开展访谈或问题沟通反馈20余人/次。通过员工访谈、实地查验和调查问卷，编制完成了《人力资源调研报告》《6S管理调研报告》《科研生产能力分析评估报告》《质量工艺专题改进报告》《科技创新调研分析报告》《市场营销调研分析报告》等系列诊断分析报告。

3.坚持数据指引，深挖财务指标潜在动因

数据是企业经营管理最直观的外在表现。为全面深入揭示企业提质增效存在的问题，十院专家组对企业盈亏平衡、两金管控、资金管理、成本管理等方面进行了专项分析，形成《盈亏平衡分析报告》《两金情况分析报告》《资金情况分析报告》等系列分析报告。同时，还查找了企业在会计队伍建设、财务制度建设、库房管理与产品价格管控等基础管理工作方面存在的不足。

4.创新诊断方法，强化业务管控流程梳理

企业产品价值实现过程管控的优劣，不仅影响产品研制生产的质量、周期、效率，还能反应企业经营管理水平。针对蹲点帮扶企业的产品研制生产特点，十院专家组利用审计中穿行测试的方法，抽取军品型号、应急救援装备、总后/武警、外贸中12份典型合同案例，按照价值实现的过程，对合同执行各环节进行了诊断，对产品实现流程进行了系统梳理，形成一级流程12项，二级流程55项。流程梳理以计划管理为牵引，以质量管理为监控手段，从预先研究到售后服务，贯穿企业价值链各环节，重点查找了实际执行过程中影响成本控制和计划执行的薄弱环节。A公司产品价值实现过程流见图2所示。

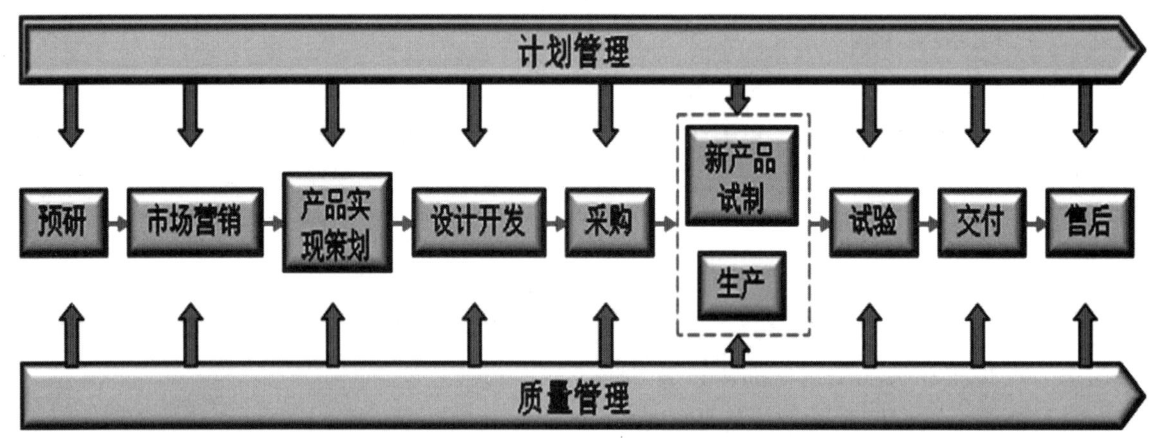

图2　A公司产品价值实现过程流

5.系统总结提炼，形成经营管理“体检报告”

十院专家组对各调研分析报告进行了系统梳理，形成企业经营管理“体检报告”（见图3），并对在个别访谈、调查问卷、专题讨论、穿行测试、实地查验、抽样和比较分析以及编制评价打分表中发现的问题进行了总结提炼，形成问题整改清单（见表1）。其中，“体检报告”由1个主报告和16个分报告组成，对企业经营的各方面进行了深入分析、体检，共计20余万字；问题清单涉及企业战略管理、基础管理、人力资源、财务管等八方面108项问题，十院专家组对每个问题发现的过程、产生的原因、呈现的现象都进行了详细描述，并分别提出了针对性建议或措施，指导企业改进提升。“体检报告”和问题清单为评估改进体系的构建奠定了坚实的基础。

▶ 管理创新 ▶ 企业经营"体检报告"

编辑(E) 查看(V) 工具(T) 帮助(H)

包含到库中 ▾ 共享 ▾ 刻录 新建文件夹

名称	大小
体检报告之1-1——调查问卷.docx	24 KB
体检报告之1——调查问卷分析报告.doc	1,249 KB
体检报告之2——A公司人力资源调研报告.doc	458 KB
体检报告之3——A公司6S工作调研报告.doc	62 KB
体检报告之4——A公司科研生产能力分析评估报告.doc	98 KB
体检报告之5——A公司质量工艺专题改进报告.doc	350 KB
体检报告之6——A公司生产管理调研分析报告.doc	130 KB
体检报告之7——A公司科技创新调研分析报告.doc	109 KB
体检报告之8——A公司市场营销调研分析报告.doc	74 KB
体检报告之9——A公司基础管理调研评价报告.doc	121 KB
体检报告之10——A公司SWOT分析报告.doc	40 KB
体检报告之11.1——A公司南财务绩效评价报告.doc	187 KB
体检报告之11.2——A公司盈亏平衡分析报告.doc	64 KB
体检报告之11.3——A公司两金情况分析报告.docx	51 KB
体检报告之11.4——A公司资金情况分析报告.doc	109 KB
体检报告之11.5——A公司成本分析报告.doc	80 KB
体检报告之11——A公司对口帮扶财务工作总结报告.docx	38 KB

图3 十院企业经营状况"体检报告"

表1 A公司经营管理问题清单

A公司企业经营问题清单

本清单涉及公司战略管理、基础管理、人力资源、财务管理、市场营销、产品研发、生产管理、质量管理等八方面，共计108个问题。

序号	存在问题	问题描述	建议或措施	备注
1	战略管理			
1.1	战略分析			
1.1.1	市场分析缺乏有力支撑	在查阅公司"十三五"综合规划时发现，公司在进行市场环境及竞争力分析时，市场容量及公司市场占有率缺乏有力的数据支撑，如没有文件能说明军队应急救援装备车辆年需求达3000台，也没有数据能够支撑公司市场占有率能达20%。	加大情报收集力度，认真专研国家、地方、行业有关文件及政策，摸清各行各业具体市场容量，识别出可以重点突破的市场方向，紧跟客户需求。	
1.1.2	对企业核心竞争能力论证不充分	在查阅公司"十三五"综合规划及与员工座谈时发现，公司在制定规划目标时，对自身生产能力、人才队伍等核心能力没有开展深入的论证分析。如根据公司规划目标，到2020年公司方舱、载车及应急救援装备产量将达2000台套，但据预测，公司搬迁昆山后，第一阶段产能仅能达到1200台套，对实现2000台套的产能缺乏有力的数据支撑。	从生产能力、人才队伍、技术储备等要素着手，对企业自身的优势和不足进行深入分析，查找出影响规划目标实现的短板，并及时采取补救措施。	
1.2	战略实施			
1.2.1	年度计划与战略目标脱离	通过查阅资料发现，公司部分"十三五"规划目标在年度计划中没有得到有效落实，如2017年营业收入规划目标为4亿元，实际责任书申报目标为3.5亿元。通过与员工访谈发现，规划目标中原定于2017年前完成的整车涂覆生产线建设、工艺流程再造和信息化建设均难以按时完成。	在年度计划中，加大对规划重点任务的分解落实，进一步明确规划目标的路线图和时间表，并建立动态监控机制，对目标偏离程度进行预警。	
1.2.2	战略纠偏不及时	对偏离规划目标的事项，如2016年的营业收入、净资产收益率、资产负债率等指标，未开展绩效评估及考核，也未制定科学合理的纠偏措施，导致完成值与规划目标的偏离度逐渐增大，如营业收入指标。	及时与规划目标对标，对于偏离目标的指标及任务，深入查找原因，采取纠正措施，并适时对战略目标进行滚动预测及调整。	
1.2.3	国际市场开拓资源需求不明确、配置不足	通过查阅资料，公司在应急救援车辆领域确定了"推动外贸市场发展，将成套流动医院推广至发展中国家，逐步形成援外项目的主体"的国际市场拓展思路，并确定了到2020年形成2亿元外贸车辆收入、外贸出口产品占公司收入20%以上的目标。但企业在战略实施过程中并未针对国际市场开拓明确与目标相适应的资源需求，配置相应的技术和人力资源，不利于战略目标的实现。	针对前期国际市场开拓成果，总结公司在国际市场的竞争优势，查找企业在市场、技术、产品等方面的短板，多方面收集国际市场需求信息，明确资源需求，投入相应的技术、人力、财力，不断开拓国际市场。	
2	基础管理			
2.1	机构设置			
2.1.1	部分机构设置不合理，既当"运动员"又当"裁判员"，不利于生产任务的推进	查阅《苏州江南各部门工作职责》发现，生产处职责涵盖了规划计划、生产调度、物资供应、库房管理等九方面管理职能，几乎包括了生产经营单位供、产、销的全部业务，职责范围过宽、权利过大，造成自己下达所有计划，又由自身进行考核的局面。当发生影响生产进度的情况时，不利于查找真正的原因，容易大而化之，掩盖矛盾，导致问题久拖不决。	建议优化机构设置：把规划、计划、统计、任务考核及组织实施管理信息化等业务职能剥离出来，设立单独的综合计划处或综合发展处，作为统筹公司宏观经营发展的部门，是生产处的前/后端，即业务输入和督促、检查、考核的权力部门；对外代表公司签订销售合同、牵头组织售后服务等增值业务；同时负责公司所有内部职责分工不明的业务工作（党务工作除外）。	

（四）聚焦提质增效目标，明确评估体系构建原则

前期广泛深入的经营诊断、企业调查研究，为十院企业经营状况评估改进体系的构建积累了丰富的指标、大量的数据和实践经验。考虑到该评估改进体系是对军工企业整体经营状况的诊断评价，促进企业提质增效。因此，在构建体系时，十院明确了以下基本原则：

——全面覆盖与重点突出相结合。在全面评估企业经营状况的基础上，重点关注对企业经营管理影响较大的环节，力求用较少指标、简单方法实现企业经营状况的诊断评价。

——整体评价与专项机制相结合。重视对企业的综合性评价，共享前期专项评价机制的成果，相互补充，形成企业经营管理评价的“航空母舰”。

——缺陷查找和行为引导相结合。既能够作为企业查找问题的标准，科学发现缺陷，又能够指导企业自我对标，摸清现状，精准定位薄弱环节，明确持续改进方向，还能识别出可以重点突破的环节。

——普遍适用与灵活变通相结合。重视顶层设计的科学性、前瞻性和普适性，针对不同工业企业，指标体系具有通用性，评估标准可以灵活选择。

——指标定量与结论定性相结合。重视指标量化准确，能力评估科学，问题定性客观，实现评价结果的客观、真实，可量化、可比较。

（五）科学选择理论工具，建立企业经营状况评估改进体系

1.搭建理论基础稳定的模型框架

（1）选择适用的理论工具

目前，对企业经营管理评价的方法很多，包括目标管理法、年度综合考核、关键绩效指标、平衡计分卡等，其中最常用的是平衡计分卡。平衡计分卡（Balance Sore Card,BSC）不仅是一种有效的战略计划和管理系统，还是一种战略管理思想，主要从财务、顾客、内部业务管理、学习与成长四个方面评价组织绩效，并用因果关系将四个方面的指标联系起来，突破了传统财务指标为绩效考核标准的短期行为，侧重于制定组织战略、如何将目标分解为具体的指标，以及提取关键业绩指标。因此，十院在构建企业经营状况评估改进体系时，选择以平衡计分卡为基本理论依据。

（2）搭建多维度的模型框架

企业经营管理是一门极其复杂的学科，不同类型的企业，有不同的管理内容，同类型企业，管理重点也各有侧重，按照职能或者业务功能划分，企业经营管理一般包括：计划管理、生产管理、采购管理、销售管理、质量管理、仓库管理、财务管理、项目管理、人力资源管理、统计管理、信息管理等方面。

结合军工企业转型升级阶段的特点，十院在构建评估改进体系时，优化了平衡计分卡复杂的评价指标，重点选择了战略管理、市场营销、科技创新、生产管理、质量管理、人力资源、基础管理等七方面，形成评估体系的七个组成要素（见图4所示）。其中，战略管理要素聚焦战略分析、战略制定和战略实施；市场营销要素聚焦市场营销策划、新品营销、合同管理和售后服务；科技创新要素聚焦产品的研究开发、设计和条件保障；生产管理要素聚焦生产计划管理、采购管理、库存管理、生产现场管理和生产保障能力；质量管理要素聚焦质量基础与过程质量管理、产品质量、技术基础、标准化、工艺、6S管理；人力资源要素聚焦人才的引、用、育、留；基础管理则包括公司组织架构、规章制度及工作流程、风险管理、信息化水平、成本管理等内容。各要素下设置若干个一级评价指标、二级评价指标、三级级评价指标，三级评价指标也叫评价内容。

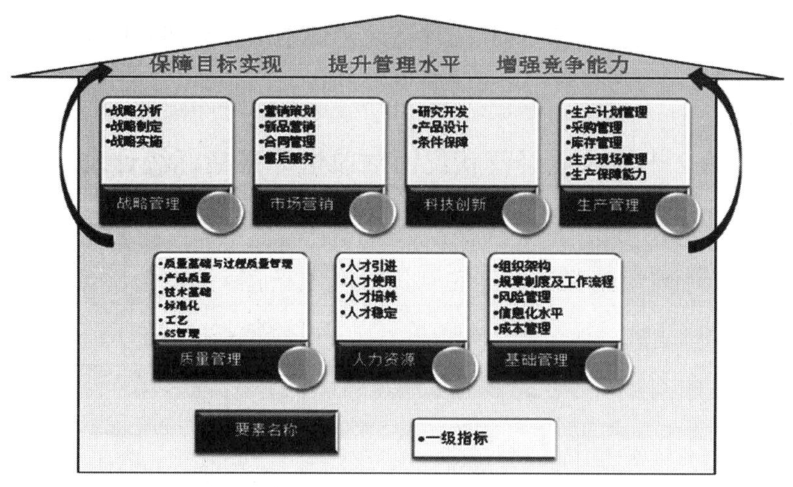

图4　十院企业经营状况评估改进体系模型

2.设置权重系数

（1）要素权重系数

考虑到各部门在企业经营管理中有不同的分工，对企业经营发展的影响程度也不尽相同，因此，七个评价要素在十院企业经营状况诊断评价体系中的权重系数也不一样。为获得各要素在体系中的权重，十院采用了权值因子判断法：首先将行因子与每列因子相互对比，形成一个对称矩阵，采用四分值制，非常重要的指标为4分，比较重要的指标为3分，同样重要的指标为2分，不太重要的指标为1分，相比很不重要的指标为0分；然后对各位专家所填的权值因子判断表进行统计，并填写权值统计计算表；最后将统计结果这算为权重。各要素在评价体系中的权重系数见图5所示。

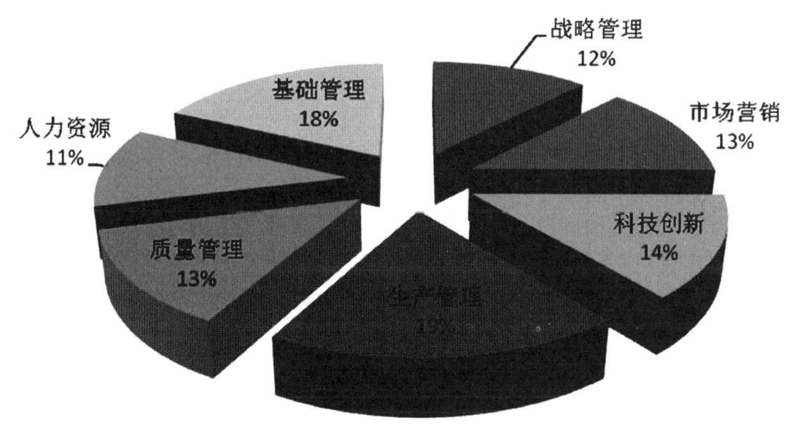

图5　十院企业经营状况评估改进体系各要素权重系数

（2）指标权重系数

对各要素的评价，十院采取三级指标评价机制，指标层级越低，对评价内容的描述越细。

其中，一级指标是对各要素的总体评估，二级指标对评估内容进行了细分，三级指标力求评估企业经营的关键环节。在十院企业经营状况评估改进体系中，共构建一级指标30个，二级指标113个，三级指标181个。各要素指标组成情况见表2所示。

表2 十院企业经营状况评估改进体系指标统计表

序号	要素名称	一级指标（个）	二级指标（个）	三级指标（个）
1	战略管理	3	15	21
2	市场营销	4	16	16
3	科技创新	3	14	14
4	生产管理	5	13	25
5	质量管理	6	24	41
6	人力资源	4	15	17
7	基础管理	5	16	47
合计		30	113	181

各指标的权重系数，由十院专家组商议加权得出。由于十院评估改进体系各要素均采用百分制，总分为100分，故反映到评估指标上，指标分值就是其所占的权重系数（见表3）。

表3　十院企业经营状况评估改进体系部分指标表

			战略管理评价指标						
序号	一级指标	二级指标	分值	评价内容（三级指标）	评价标准				
					5	4	3	2	1
	合　计		100						
1	战略分析	小　计	15						
		外部环境	2	宏观形势分析	□与企业贴合度非常强	□与企业贴合度比较强	□与企业贴合度一般	□与企业贴合度较差	□没有开展宏观形势分析
			3	产业形势分析	□与企业贴合度非常强	□与企业贴合度比较强	□与企业贴合度一般	□与企业贴合度较差	□没有开展宏观形势分析
			2	经营环境及主要竞争对手分析	□非常到位	□比较到位	□一般	□较差	□没有开展
		内部条件	2	内部资源分析	□非常全面	□比较全面	□一般	□不全面	□没有开展
			3	企业支撑性能力分析	□非常全面	□比较全面	□一般	□不全面	□没有开展
			3	核心竞争力分析	□非常全面	□比较全面	□一般	□不全面	□没有开展
2	战略制定	小　计	35						
		企业愿景	2	是否高度概括企业长期的前景、发展方向、目标和目的	□非常全面	□比较全面	□一般	□不全面	□没有企业愿景
			2	是否对全体员工具有激励和导向作用	□非常强	□比较强	□一般	□不强	□没有企业愿景
		战略目标	2	中长期目标是否具有前瞻性	□非常强	□比较强	□一般	□不强	□没有中长期目标
			2	短期目标是否准确、可行	□非常准确、可行	□比较准确、可行	□一般	□不准确、可行	□没有短期目标
		业务战略	10	专业发展对战略目标的支撑性	□非常强	□比较强	□一般	□不强	□没有专业发展规划
			5	专业发展方向是否先进、合理	□非常先进、合理	□比较先进、合理	□一般	□先进但不合理	□不先进、合理
		时间战略	8	年度目标分解与企业发展阶段的匹配度	□非常强	□比较强	□一般	□不强	□不匹配
		风险评估	2	对战略目标风险识别是否全面、准确、科学	□非常全面、准确、科学	□比较全面、准确、科学	□一般	□不全面、准确、科学	□没有风险识别
			2	风险防控措施是否到位	□非常到位	□比较到位	□一般	□较差	□没有风险防控措施

生产管理评价指标

序号	一级指标	二级指标	分值	评价内容（三级指标）	评价标准				
	合计		100		5	4	3	2	1
1	生产计划管理	小计	15						
		计划组织	4	生产计划按时完成率=按时完成计划数/下发计划数×100%	□90%<R≤100%	□80%<R≤90%	□70%<R≤80%	■60%<R≤70%	□R<60%
			4	生产准备状态检查率=已开展检查的项目数量/本年开展的项目数量×100%	□90%<R≤100%	■80%<R≤90%	□70%<R≤80%	□60%<R≤70%	□R<60%
		进度协调	3	突发事件及时解决	□及时处理且效果很好	□处理稍慢，效果好	□一般	■处理慢且效果不好	□未处理
			4	月度合同任务履约率=按期完成的合同任务数/计划交付合同任务数×100%	□90%<R≤100%	□80%<R≤90%	□70%<R≤80%	□60%<R≤70%	■R<60%
2	采购管理	小计	15						
		采购计划的实现	10	采购计划完成率=计划期内实际完成的采购项目数/计划期内采购项目数×100%	□90%<R≤100%	□80%<R≤90%	■70%<R≤80%	□60%<R≤70%	□R<60%
		供应商交货进度	5	供应商准时交货率=准时交货的合同数/采购合同数量×100%	□90%<R≤100%	□80%<R≤90%	□70%<R≤80%	■60%<R≤70%	□R<60%

基于前面介绍的计分规则，十院企业经营状况评估改进体系亦是100分制，根据要素权重系数和各要素得分，就可测算出评估改进体系的得分，计算公式如下：

$$T=\sum_{i=1}^{7}X_iY_i$$

式中：

T—十院企业经营状况评估改进体系测评得分；

X_i—各要素权重系数；

Y_i—各要素测评得分。

3.划分评判标准档级

为更准确、科学、合理地描述企业经营状况总体情况和各要素领域的具体情况，减小因各要素领域评价标准不一致而导致的评判误差，十院制定了统一的评判标准档级，通过对各档级的定性描述，给出了评分系数参考区间，也为企业查找差距和开展对标提升提供了方向。评价档级见图6所示。

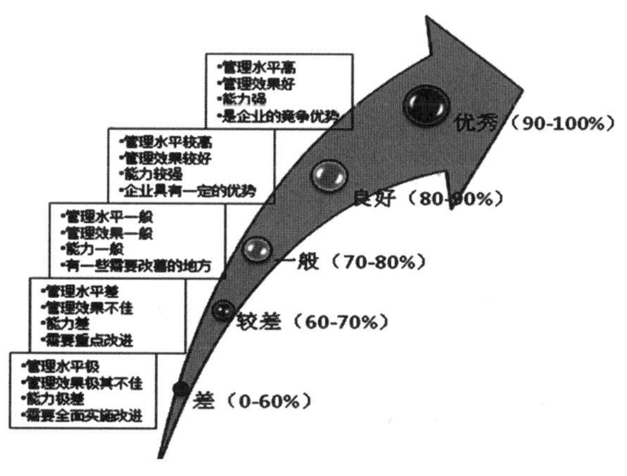

图6　十院企业经营状况评估改进体系档级示意

（六）深入开展诊断评估，形成经营管理提升方案

1.对企业经营状况开展系统评估

根据十院企业经营状况评估改进体系明确的评价内容和建立的评价标准，十院应用该评估体系对蹲点帮扶企业的经营现状进行了评估打分，定量查找企业提质增效存在的短板和薄弱环节。如经测评，A公司获得62.15分，处于“较差”档级下游，说明企业经营管理总体水平差、效果不佳，有诸多需要重点改进的地方。从各要素情况看，得分率从高到低的要素领域依次为市场营销（72.5分）、质量管理（66.53分）、战略管理（64.2分）、人力资源（62.5分）、科技创新（62分）、基础管理（61.2分）、生产管理（51.6分）（见图7所示），除市场营销处于“一般”档级外，其余要素皆处于“较差”及以下档级，是企业经营管理的薄弱环节，其中生产管理得分率仅为一半左右，处于“差”的档级，是A公司企业经营的短板，需引起高度关注。

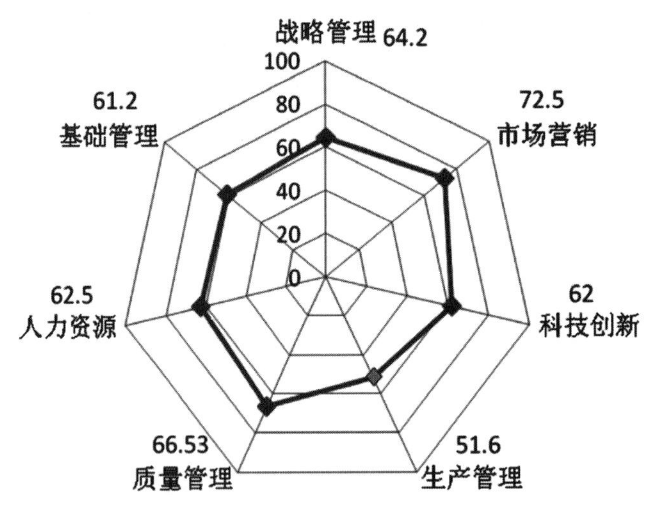

图7　A公司经营状况评估雷达图

2.对管理短板和薄弱环节进行重点诊断

十院专家组以“钉钉子”“刨根问底”的精神，对得分率较低的指标进行层层剖析，直至查找出问题的根源。如针对A公司生产管理这一短板要素，不论是生产计划管理、生产保障能力、生产现场管理，还是采购管理、库存管理等二级指标，都处于“差”的档级，反映了企业科研生产管理混乱、产品计划完成率低、成本管控失效，与前期十院专家组蹲点帮扶中发现的问题基本一致。在前期蹲点帮扶中，十院专家组调查发现，A公司未建立生产资源计划管理协同平台，生产管理缺乏信息化手段；生产计划按时完成率低，无法满足合同履约要求，生产周期一拖再拖；生产现场管理不规范，相对粗放，控制不严；物资采购管控能力不足，造成采购成本高、质量问题多、按时到货率不高；有外购库、外协库、中央零件库等库房，但库存管理基础薄弱，四定三相符等库房管理规定执行不到位。A公司生产管理要素各项标评估得分见图8所示。

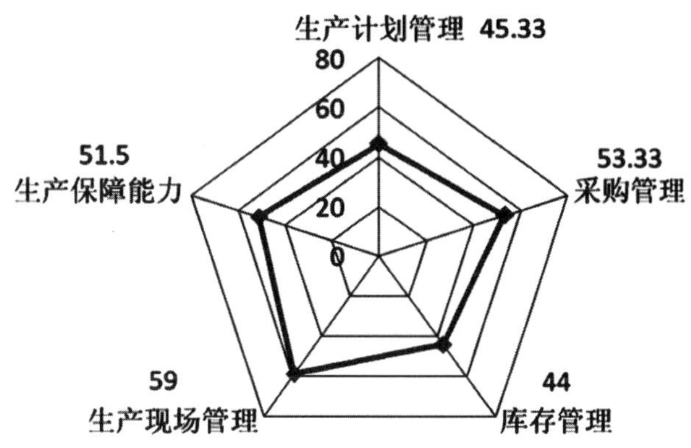

图8　A公司生产管理要素评估雷达图

3.形成管理提升工作方案

评估诊断只是促进企业提质增效的手段，改进提升才是真正目的。十院对企业经营评估中发现的问题进行了系统梳理，并提出针对性整改措施，形成企业经营管理提升方案，报院党委审定后，下发企业推进实施。如在对A公司的对口帮扶过程中，十院专家组编制完成了《A公司经营管理提升方案》，不仅深入剖析了企业战略引领、基础管理、科技创新、人才机制、市场营销、生产保障、质量管控等方面存在的问题，还对七方面分别提出了改进建议，同时，还充分利用专家的平台，向十院党委提出了在企业提质增效、转型升级过程中，需要十院重点关注和协调解决的事项（见图9）。

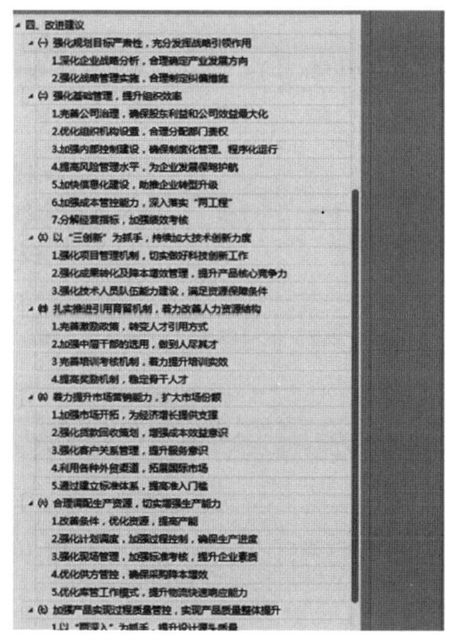

四、改进建议
(一) 强化规划目标严肃性，充分发挥战略引领作用
1.深化企业战略分析，合理确定产业发展方向
2.强化战略管理实施，合理制定纠偏措施
(二) 强化基础管理，提升组织效率
1.完善公司治理，确保股东利益和公司效益最大化
2.优化组织机构设置，合理分配部门责权
3.加强内部控制建设，确保制度化管理、程序化运行
4.提高风险管理水平，为企业发展保驾护航
5.加快信息化建设，助推企业转型升级
6.加强成本管控能力，深入落实"两工程"
7.分解经营指标，加强绩效考核
(三) 以"三创新"为抓手，持续加大技术创新力度
1.强化项目管理机制，切实做好科技创新工作
2.强化成果转化及降本增效管理，提升产品核心竞争力
3.强化技术人员队伍能力建设，满足资源保障条件
(四) 扎实推进引用育留机制，着力改善人力资源结构
1.完善激励政策，转变人才引用方式
2.加强中层干部的选用，做到人尽其才
3.完善培训考核机制，着力提升培训实效
4.提高奖励机制，稳定骨干人才
(五) 着力提升市场营销能力，扩大市场份额
1.加强市场开拓，为经济增长提供支撑
2.强化货款回收策划，增强成本效益意识
3.强化客户关系管理，提升服务意识
4.利用各种外贸渠道，拓展国际市场
5.通过建立标准体系，提高准入门槛
(六) 合理调配生产资源，切实增强生产能力
1.改善条件，优化资源，提高产能
2.强化计划调度，加强过程控制，确保生产进度
3.强化现场管理，加强标准考核，提升企业素质
4.优化供方管控，确保采购降本增效
5.优化库管工作模式，提升物流快速响应能力
(七) 加强产品实现过程质量管控，实现产品质量整体提升

A 公司经营管理提升方案

十院对口帮扶专家组编制

2016 年

图9　A公司经营管理提升方案

4.指导企业经营状况全面提升

一分部署、九分落实。管理提升方案制定后，一方面，十院督促企业狠抓整改措施的落地，细化措施，形成《经营管理提升措施的报告》，并每季度向十院党委报告工作推进情况；另一方面，对需要院层面协调解决的问题，十院进一步细化分解到相关院领导和主管部门，形成具体的精准帮扶工作计划，双管齐下推动企业经营状况的全面提升。如为帮助A公司快速提升经营管理水平，十院不仅指导A公司进一步理顺了内部管理机制，优化了部门职责；修订完善了营销考核办法，加大了市场开拓力度；优化了生产经营流程管控，规范了过程质量管理；还指导A公司开展了基于卓越绩效的精益成本管理，将诊断评估中发现的问题、企业经营目标传递到每一位员工身上，并重点加大对管理短板和薄弱环节的指标分配，实现企业经营指标和改进提升措施由公司领导、部门领导和员工个人的有效衔接，形成“企业绩效-系统评估-重点诊断-全面提升-员工绩效”五维联动的闭环管控模式。A公司员工目标责任分解见表4所示。

表4　A公司员工目标责任分解表

A公司2018年度绩效合同						
第一部分 个人基本情况						
姓名	XXX	职位名称	党委副书记、纪委书记	负责领域		党群、人事
第二部分 关键绩效指标						
类别	KPI/KPT	计算方法/任务内容	权重	基础值	目标值	挑战值
基础性指标	人事费用降低率	上年人工成本总额/上年销售收入-当期人工成本总额/当期销售收入	20%	3.50%	4.00%	5.00%
	中高级职称评定	技能：通过外部职称评定	5%	2	3	4
		技术：通过外部职称评定	5%	8	9	10
		其他：通过外部职称评定	5%	2	3	4
	企业文化建设	员工认同度测评（干部及骨干）	20%	70.00%	80.00%	90.00%
	骨干流失率	骨干人员离职人数/骨干总人数	15%	10%	5%	0
	工作计划完成率	（当期公司计划实际完成项/当期公司计划应完成项×0.4+当期专项计划实际完成项/当期专项计划应完成项×0.3+当期部门计划实际完成项/当期部门计划应完成项×0.3）×100%	10%	75%	100%	100%并受到公司领导表彰
	全员劳动生产率	（本期全员劳动生产率-去年同期全员劳动生产率）/去年同期全员劳动生产率×100%	20%	15%	20%	25%
类别	KPI/KPT	计算方法/任务内容	设定目标			
			基础值	目标值	挑战值	
发展性指标	硕士生引进	引进人数	3	4	5	
	管理人员总数控制	当期管理人员总数/当期职工总数-去年同期管理人员总数/去年同期职工总数	-10%	-15%	-20%	

<table>
<tr><th colspan="7">A公司2018年度绩效合同</th></tr>
<tr><td colspan="7">第一部分　基本情况</td></tr>
<tr><td>部门名称</td><td colspan="2">综合管理部</td><td colspan="2">管理者姓名</td><td colspan="2">XXX</td></tr>
<tr><td colspan="7">第二部分 关键绩效指标</td></tr>
<tr><td>类别</td><td>KPI/KPT</td><td>计算方法/任务内容</td><td>权重</td><td>基础值</td><td>目标值</td><td>挑战值</td></tr>
<tr><td rowspan="5">基础性指标</td><td>工作计划完成率</td><td>(当期公司计划实际完成项/当期公司计划应完成项×0.4+当期专项计划实际完成项/当期专项计划应完成项×0.4+当期部门计划实际完成项/当期部门计划应完成项×0.2)×100%</td><td>30%</td><td>75%</td><td>100%</td><td>100%并受到公司领导表彰</td></tr>
<tr><td>可控费用增长率</td><td>[（本年可控费用-上年可控费用）/上年可控费用*100%]/[（本年营业收入-上年营业收入）/上年营业收入*100%]</td><td>20%</td><td>60%</td><td>50%</td><td>40%</td></tr>
<tr><td>企业管理规范、改进项目数量</td><td>每季度按业务流程或系统领域组织管理规范或改进创新项目数量</td><td>25%</td><td>3</td><td>6</td><td>9</td></tr>
<tr><td>6S工作计划完成率</td><td>（当月完成计划节点/当月计划节点）×100%</td><td>10%</td><td>80%</td><td>90%</td><td>100%</td></tr>
<tr><td>政务信息报送</td><td>上级采纳数</td><td>15%</td><td>10</td><td>12</td><td>15</td></tr>
<tr><td rowspan="2">类别</td><td rowspan="2">KPI/KPT</td><td rowspan="2">计算方法/任务内容</td><td colspan="4">设定目标</td></tr>
<tr><td colspan="2">基础值</td><td>目标值</td><td>挑战值</td></tr>
<tr><td rowspan="3">发展性指标</td><td>6S管理改善</td><td colspan="5">完成创铜牌工作加0.5分</td></tr>
<tr><td>企业管理制度建设</td><td colspan="5">完成制度修订汇编加0.5分</td></tr>
<tr><td>综合类信息报送</td><td colspan="5">被集团公司采用，加0.5分</td></tr>
</table>

5.对企业改进效果再评估

企业经营管理提升是一个动态过程，也需要适时开展效果评估。在指标体系构建后，十院强化整改效果的跟踪，定期开展后评价。如经过一年的改进提升，2017年6月，十院专家组又用该指标评估体系对A公司经营状况进行了评估，获得72.84分，比改进前提高了10.69分，评价档级由“较差”提升至“一般”，经营管理成效初显。其中，市场营销、生产管理、质量管理、基础管理都分别提高了一个档级。但由于战略规划中期调整才刚开始，A公司新厂房搬迁致使部分人才流失，还处于管理提升的阵痛期，战略管理、人资资源等评价要素变化还不太明显（见图10所示）。

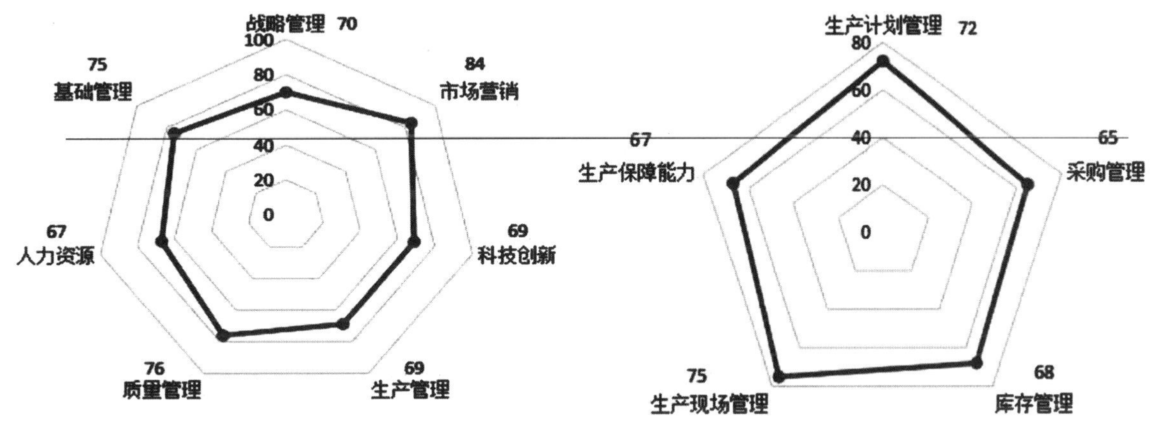

图10　A公司改进效果再评估雷达图

（七）持续完善评估体系，提炼成熟经验并推广复制

为充分发挥十院企业经营状况评估改进体系的作用，十院对经营困难企业帮扶过程进行了固化，对评估改进体系进行了改进提升。2017年，十院将该评估改进体系推广应用于十院所属另外三家军工企业，帮助企业提质增效、转型升级。三家企业主要经济指标实现两位数增长，改进效果正在持续发挥。通过在企业经营中的反复诊断评估和推广应用，又进一步丰富完善了评估改进体系的内涵，提高了体系的通用性，使评价标准更加科学、合理。依托该指标评价体系，今年，十院进一步改进提升，形成了《中国航天科工集团第十研究院管理审计指标评价实施细则（试行）》，并在部分企业中试运行。

四、军工企业以提质增效为目标的经营状况评估改进体系构建与实施效果

（一）提质增效效果明显，提高了经济发展质量和效益

十院对所属企业通过系统的经营状况诊断评估，及时发现并改进企业经营管理中存在的短板和薄弱环节，不断提升各环节关键业务活动的健全性和执行有效性，促进了生产经营管理的整改闭环，使企业的战略引领作用进一步发挥，组织管理效率进一步提升，技术创新力度进一步加大，人力资源结构进一步优化，产品市场份额进一步扩大，生产管理能力进一步增强，产品质量进一步改善。通过企业经营评估改进体系的实施，企业经营管理更加规范、部门职责更加优化、竞争力持续增强，产品声誉、企业信誉和顾客满意度也稳步提升。2017年，推广应用评估改进体系的四家企业新签合同同比增长23.89%，营业收入同比增长11.8%，利润总额同比增长12.89%。其中，A公司摆脱常年低迷不前，进入高速发展阶段，新签合同同比增长45.35%，利润总额同比增长129.75%，成本费用利润率同比提高0.78企业绩效考核由连续三年的“达标”升级到“良好”档级；B公司市场拓展取得重大突破，其中“农作物精华萃取项目”获得集团公司和贵州省主要领导的高度肯定，主要经济指标实现两位数增长；C公司精细化管理取得巨大成效，质量效益大幅提升，主要经济指标实现两位数增长；D公司摆脱持续亏损的状态，初步实现改革脱困。

（二）理论与实践相结合，丰富了企业评估改进的方法

十院积极探索军工企业的管控模式，将个别访谈、调查问卷、财务绩效、专题讨论、穿行测试、实地查验、抽样和比较分析以及编制评价打分表等多种诊断方法同时应用于企业的经营管理中，建立了内部管理专家蹲点帮扶指导企业改进提升的体制机制，固化了企业经营状况诊断流程，形成企业经营系列“体检报告”。重点针对军工企业的提质增效过程，通过信息化等手段，依托平衡计分卡等有效管理咨询工具，建立了企业经营状况评估改进体系模型和指标，规范了评价内容和评价标准，解决了以往企业绩效考核评价简单、滞后，全面性、客观性和科学性不足的问题。评估改进体系虽然是针对转型升级的军工企业建立，但其可推广于工业企业的经营管理提升，助推企业跨越发展。试点单位中，3家企业成为十院重点打造的小巨人企业，2家企业获批国家高新技术企业，2家企业获批国家重点研发计划，以过硬的质量和服务赢得客户赞誉，顾客满意度持续提升。

（三）创新企业管控模式，提升了企业经营管控的能力

十院通过企业经营状况诊断评价，全方位对标中央、国资委、集团公司的有关要求和兄弟单位的先进管理经验，聚焦短板和漏洞，量化差距，明确经营管理改进的目标和途径，将粗放式的低效管理，转变为精细化的高效管理，有效推动了企业经济发展质量变革、效率变革、动力变革，提高了全要素生产率。并引入卓越绩效管理，将目标任务递到每一位员工身上，形成“企业绩效-系统评估-重点诊断-全面提升-员工绩效”五维联动的闭环管控模式，解决了传统企业绩效考核与员工个人绩效脱钩的问题，将企业发展与员工个人利益紧密结合在一起，使其从单纯的“治病”上升到具备“保健”和“强身”功能。同时，提升了十院本部战略决策中心、资源统筹中心和经营管控中心的作用，强化了对所属企业经营业绩考核和业务管控，实现由“财务管控+战略指导”型向“战略管控+重大业务运营管控”型的管控模式转变。

成果创造人：张兆勇、唐　哲、吕　虓、黄　禹、黎宏德、吴琼凤、吴高登、张天然、郑晓彬、孙潇潇、杨　勇

以创新创业为导向的军工企业绩效评价体系构建

中国航天科工集团第三总体设计部

中国航天科工集团第三总体设计部（以下简称三部）成立于1960年，是我国军工领域重要的总体设计单位与产品研发基地，牵头抓总飞航武器、水下作战和信息装备三大业务领域，强力支撑无人作战平台、空天飞行领域，承担相关产品的总体设计、系统集成、试验验证以及相关的保障服务。现有正式职工1334人，其中博士学位166人。下设飞行器总体、导航制导与控制等18个特色专业，拥有可靠性工程中心、海鹰仿真中心、精确制导技术国防重点实验室、先进综合突防技术试验室、600万亿次高性能计算中心、虚拟样机中心等一批国内一流的研试平台，初步形成了以北京云岗地区为核心、河北涞水地区为外延的配套完备的研发格局，为企业转型升级奠定了坚实基础。

建部58年来，三部坚持“基本型、系列化”的指导思想，走出了一条“仿制改型-自行设计-自主创新”的发展之路，先后研制出多型国家急需的飞航高科技产品，成功填补了我国武器装备系统的6大空白。自1985年以来，三部共获得国家级、省部级科学技术进步奖近300项（其中国家科学技术进步特等奖3项），被授予载人航天贡献奖、全国五一劳动奖状、全国文明单位、全国质量奖、国家级企业管理现代化创新成果一等奖等多项荣誉，为推动我国国防现代化建设做出了突出贡献。

一、以创新创业为导向的军工企业绩效评价体系构建的背景

（一）落实国家创新战略的客观要求

党的十八大提出了加快建设“以企业为主体、市场为导向、产学研相结合”的国家创新体系，对企业创新工作的开展提出了新的要求。三部依托于具体的产品项目，开展了大量的创新实践，支撑了新产品的开发。但是由于缺少一套系统的、导向明确的绩效评价体系，三部的创新工作也存在着创新主体积极性不高、创新方向不聚焦、创新成果不突出、转化利用率不高等问题，没有真正起到孵化新的产品项目、驱动企业持续发展的作用。为此，建立一套以创新为导向的绩效评价体系，切实推动以技术创新、管理创新、商业模式创新为主要内容的自主创新，既是三部提升核心能力、引领行业发展的必然选择，也是三部落实国家创新战略、服务经济社会发展的客观要求。

（二）应对激烈竞争态势的迫切要求

新时期，国防科技工业从计划经济向市场经济转轨快速推进，军工领域的扩张、渗透和

竞争趋势日渐激烈。三部长期占据主导地位的飞航领域受到其他军工企业和民营企业日益猛烈的冲击，甚至由于可替代产品技术性能的快速提升，整个飞航领域都面临着被挤压的威胁，业务拓展的必要性日益凸显。三部由于缺少一套系统的、激励明显的绩效评价体系，业务拓展的工作成效总是差强人意，新产品主要局限在飞航领域，业务之争更多的是针对具体产品或项目的竞争，真正跨领域的项目、抢占新领域战略制高点的项目并不多，对经营收益和事业发展的支撑作用不够明显。为此，建立一套以创业为导向的绩效评价体系，积极推动产品领域拓展，培育新的经济增长点，是三部应对激烈竞争、促进自身可持续发展的迫切要求。

（三）提升战略管理绩效的现实要求

“十三五”以来，三部提出了更加明确、聚焦的发展愿景——立足军用产业、军用领域拓展与军民融合产业，通过长期不懈的艰苦奋斗与创新实践，努力成为具有较强产业聚合力、价值创造力、创新驱动力、社会影响力的国际领先的武器装备和体系解决方案提供商。但是由于缺少一套系统的、相对量化的绩效评价体系，三部的战略绩效评价工作不够深入，导致战略行动计划的执行效果不佳，最终影响战略目标的全面实现。为此，建立一套以创新创业为导向的绩效评价体系，将战略目标科学分解，有效传递发展压力和动力，一方面促进自主创新，助力核心技术积累，巩固主业战略地位，另一方面提倡创业精神，鼓励领域拓展，提升横向发展实力，是三部提升战略管理绩效、推动战略目标实现的现实要求。

二、以创新创业为导向的军工企业绩效评价体系构建的内涵与主要做法

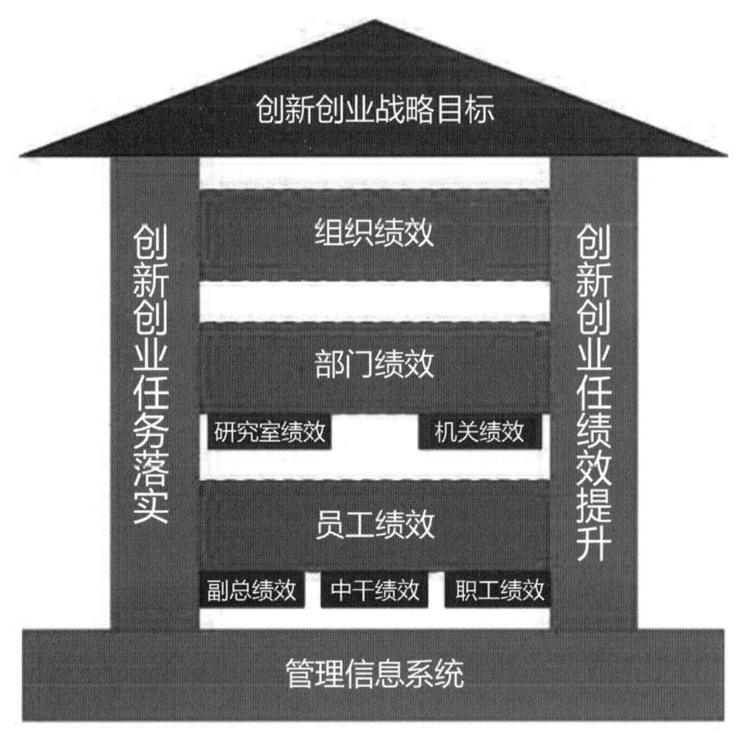

图1　以创新创业为导向的军工企业绩效评价体系构建内涵示意图

以创新创业为导向的军工企业绩效评价体系构建的内涵是：牢牢把握国家创新体系建设

要求和三部转型升级的发展需求，以创新创业任务落实和绩效提升为主线，构建以组织绩效为牵引、以部门绩效为主体、以员工绩效为根基的三级绩效评价体系，借助管理信息系统改造升级，持续开展创新创业活动测量分析与改进，推动主业战略地位不断巩固、领域拓展能力持续提升、创新创业活动蓬勃开展，为达成“国际领先的武器装备和体系解决方案提供商”发展愿景提供有力支撑。

（一）统筹现行机制和管理体系，开展绩效评价体系总体设计，确保体系建设平稳推进

军工企业构建以创新创业为导向的绩效评价体系，首先需要解决行业机制刚性约束、现行管理体系惯性限制等问题，三部分析了军工行业的特殊性，论证提出了自身开展创新创业的主题，明确了绩效评价体系建设主线，梳理了绩效评价体系各组成模块，分析了创新创业关键影响因素，详细策划了建设实施过程，调动全员参与绩效评价体系构建和迭代优化，保证了绩效评价体系建设平稳过渡，提高了绩效评价制度的认可程度和执行效力。

1.提出军工企业创新创业主题，明确绩效评价体系建设主线和模块构成。

为解决战略行动计划执行效果不佳、战略绩效评价工作不够深入的问题，三部决定建立一套战略绩效体系。伴随我国2008年至2012年密集发布国家创新体系、中国创新指数、国家创新型企业评价指标体系，三部所在的航天科工集团公司2010年提出“二次创业，跨越发展”重大决策，三部的战略目标逐渐聚焦到创新创业方向。相应地，三部将战略绩效体系建设的任务调整为构建以创新创业为导向的绩效评价体系；将绩效评价体系建设的主线，确定为创新创业任务落实和创新创业绩效提升。

三部认为：创新，就是站在新技术应用的前沿，培育新兴技术方向，推动飞航产品性能提升；创业，就是把握新军事变革的趋势，孵化新兴产业方向，促进军用产业领域拓展。三部创新的主要抓手和目标是“完善飞航产品核心体系，确保在国内飞航产品技术领域的绝对优势地位”，创业的主要抓手和目标是“壮大军民融合产业规模，做强做优飞航发展生态，打造市场前景广阔的业务板块”。

战略目标达成的必要条件是战略任务有效分解落实，因此三部针对性地梳理了战略任务的落实途径。在组织级，三部是承接战略任务的主体，因此将“十三五”规划明确的任务按照年度进行分解，形成组织年度任务。在部门级，三部下设各部门是开展创新创业活动的主体，因此将组织年度创新创业任务在部门之间进行分解，同时继承惯有的责任令任务、管理类任务，综合构成部门年度任务。在员工级，三部管理的员工按照职责不同分为负责项目实施的副总师（总师助理、调研员）、负责部门管理的中层领导、负责具体任务落实的普通职工，因此将部门任务进一步分解为三类员工岗位任务，同时考虑复杂任务对跨岗位协作的要求，任务分解时初步明确不同员工的任务协作要求。

对应战略任务落实的途径，三部将绩效评价体系分为组织、部门、员工三级，各级绩效的提升均以下级绩效提升为支撑。在员工级，三部按照员工分类分别开展副总师（总师助理、调研员）、中层领导、普通职工岗位工作评价，并结合岗位协作情况组织360°评价。在部门级，员工绩效汇总形成研究室综合绩效和本部综合绩效。在组织级，各部门绩效汇总形成组织年度绩效，各年度绩效综合构成战略绩效，战略绩效支撑了战略目标达成。

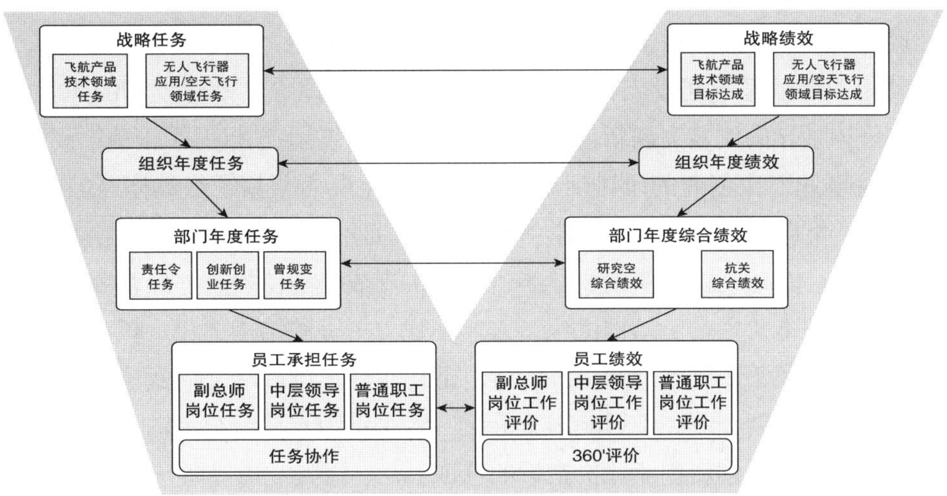

图2　绩效评价体系建设主线和模块构成

2.采用组织绩效和员工绩效系统建设先行方法，策划绩效评价体系建设过程。

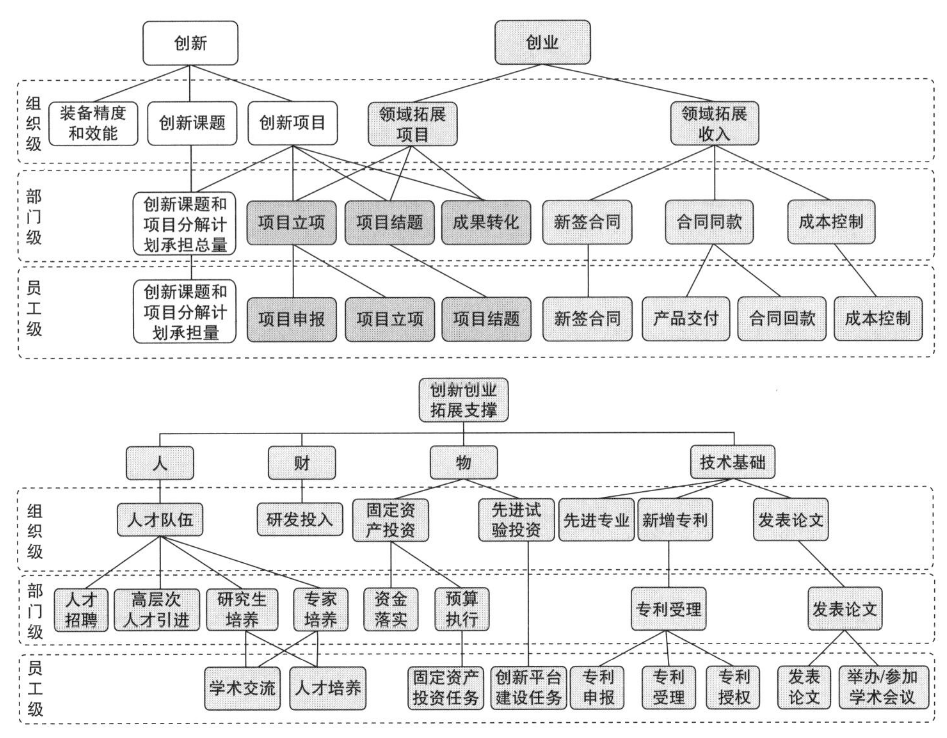

图3　创新创业关键影响因素分析

以创新创业为导向的绩效评价体系构建和实施过程，既是对传统思想观念的强烈冲击，也是对现行管理体系的重大调整。三部制定了组织绩效和员工绩效系统建设先行的策略，充分借助科技革命趋势和国家、行业政策形势，寻找绩效评价体系与企业文化的结合点，制定明确的组织绩效指标，使员工切身利益与部门绩效考核得分绑定，调动全员参与绩效考核制度的协调完善，促进组织、部门、员工三级绩效评价体系迭代优化。

在推动组织绩效系统建设先行方面。一是解决绩效评价体系建设期的文化认同问题，三部将绩效评价体系导向调整为创新创业后，迅速组织开展了在新时期如何传承发扬航天传统精神、推动飞航事业二次创业的研讨活动，从企业文化层面凝聚了继续坚持自主创新、艰苦创业的共同认知，配合自查诊断、培训学习等活动，激发了围绕技术研究的创新热潮和面向领域拓展的创业激情。二是制定创新创业具体目标，实现战略地位提升、经营收益改善、产业（业务）结构优化、资本（资产）结构优化、人才（智力）资源结构优化、核心技术发展、商业模式创新、管理体系完善、资源配置合理，将三部初步建成国际领先的武器装备和体系解决方案提供商。三是开展创新创业关键影响因素分析，将关键因素从组织级向部门级、员工级进行分解，有效指导了各层级创新创业评价指标的选取。

在推动员工绩效体系建设先行方面，三部使员工绩效考核得分与所在部门绩效得分关联，将建设和优化过程分为三个阶段。第一阶段，在创新创业战略目标的清晰导向下，员工在年终考核自评时陈述多种促进部门创新创业的贡献类型，为部门绩效考核制度建设提供丰富的素材。第二阶段，按照员工绩效自评提出的贡献类型改造自评表格模板，梳理研究室和本部主要任务类别，开始在每年年初组织各类任务策划，年末根据任务完成情况针对性地评定部门绩效。第三阶段，依据历年绩效评定积累的数据，组织制定量化的部门和员工绩效得分计算方法，发动员工就绩效得分计算方法进行讨论和协调，实现量化评价方法的优化和收敛。

（二）对接创新创业任务和上级考核要求，构建组织绩效系统，确保内部规则与外部要求协调

三部分析了组织绩效的决定因素，对接科技部发布的国家创新型企业评价指标体系，借鉴中国企业联合会组织开发的全国企业竞争力指标体系，综合采用了价值链分析等方法，创新性运用平衡计分卡工具，建成组织级绩效评价系统。组织绩效系统搭建了上级考核工作、三部战略目标和内部价值创造活动之间的桥梁，使组织绩效目标既满足上级要求，又符合自身创新创业追求和内部价值链运行规则，强化了上级考核、三部战略目标对年度工作的牵引作用。

1.梳理必选指标和自选指标，完成组织绩效指标初步拟定。

首先是根据内外部发展要求，明确组织绩效必选指标。一是承接上级单位考核指标，对照落实上级明确的综合考核、任务考核、其他基础管理指标，确保年度工作符合上级考核要求。二是承接三部战略绩效指标，对“十三五”规划目标按照年度进行分解，并纳入到组织绩效指标中，更好地促进战略落地。

其次是做到理论性与实用性并重，进行指标分解优化。一是开展对标分析，依据科技部发布的国家创新型企业评价指标体系和中国企业联合会组织开发的全国企业竞争力指标体系，构建组织绩效指标选取的样本集；二是以质量管理体系、职业健康安全和环境管理体系中各程序文件为基础，进行三部内部价值链分析，梳理预先研究、设计开发、外包、生产、试验、服务保障等6项基本活动和其他支持性活动的关键环节，详细选取组织绩效指标。

2.进行组织绩效指标综合管理，建立组织级绩效考核系统。

采用平衡计分卡工具，对已选定的组织绩效指标进行分层归集，并根据指标之间的支撑关系进行指标增删调整和分解优化。由于三部肩负科技强军、航天报国使命，不以实现经济效益作为唯一目标，而是追求经济效益和社会效益平衡，因此在采用平衡计分卡设计组织绩效指标体系时，三部将顶层设置为社会效益层，形成包括社会效益、经济效益、顾客市场、流程运作、学习成长5个层面共37项指标的组织绩效评价指标体系。

表1　组织绩效评价体系

指标分类	关键成功因素	指标项
社会效益	科技强军	装备精度
		综合效能达到国际先进水平的型号数量
	航天报国	带动产业链实际产值
		公益事业投入金额
经济效益	收入	主业收入
		领域拓展收入
	利润	利润总额
	成本	成本费用占经营收入的比例
	股东收益	经济增加值（EVA）
	资金链	盈余现金保障倍数
顾客市场	顾客关系	顾客满意度
	产品领域	产品市场占有率
流程运作	预先研究	预研与科技创新课题数量
	项目立项	新立项项目数
	设计开发	设计一次成功率
	外包	配套产品合格率
	生产	科研生产计划完成率
	服务	试验成功率
		售后服务满意度
	质量管理	软件研制能力等级
学习成长	人力资源	集团级以上专家数量
		人均劳动生产率
		人均薪酬
	技术能力	达到国内领先水平的专业数量
		新增专利数量
		发表论文数量
		研发投入比
	研试条件	固定资产投资额
		达到国内先进水平的试验设施数量
	管理水平	卓越绩效自评分数
		规章制度体系自评分数
		综合绩效考核平均得分
		信息化水平评级
	企业文化	员工满意度
		对外媒体宣传上稿数

根据创新创业关键影响因素，选取装备精度、综合效能先进程度、预研与科技创新课题数量、新立项项目数作为创新评价指标，选取主业收入、领域拓展收入、飞航产品市场占有率、承担集团以上技术攻关数量作为创业评价指标，选取集团级以上专家数量、达到国内领先水平的专业数量、新增专利数量、发表论文数量、研发投入比、固定资产投资额、达到国内先进水平的试验设施数量作为创新创业基础支撑评价指标，共计16项指标，占总指标数的42%，其中顶层（社会效益、经济效益、顾客市场）指标中创新创业指标占50%，突出了创新创业对组织整体绩效的贡献度（见表1）。

（三）兼顾任务完成评价和目标达成考核，构建部门绩效系统，确保考核空间与考核时间连贯

三部按照绩效体系建设的两条主线，既对创新创业活动进行任务归集，又针对创新创业绩效进行指标分解，并根据部门特点分别由研究室和本部进行承接，对研究室实施以创新创业任务完成数量和质量

为核心的考核方法，对本部实行创新创业目标达成、过程管控、协作效果并重的考核方法，形成部门级绩效评价系统。部门绩效系统在空间上连接了组织绩效和员工绩效，在时间上连接了年度考核和季度考核，进一步增强了绩效考核的关联性和创新创业导向的一致性。

1.突出创新创业任务完成数量和质量考核，建立研究室绩效考核系统。

研究室是价值创造活动的主体，其任务完成情况直接决定了组织绩效达成的效果，三部对创新创业任务进行归集并由研究室进行承接，分类进行任务完成效果评价，对研究室的绩效考核以任务完成数量和质量评价为中心，制定实施了“1+4”《三部研究室综合绩效考核办法》，“1”即1个综合考核办法，主要解决研究室任务完成质量评价问题，“4”即4个专项考核办法，主要解决研究室任务完成数量评价问题。

其中综合考核办法对接组织绩效评价指标体系，针对研究室经济效益、顾客市场、流程运作、周边绩效指标、过程管控5个方面进行评估，前4方面评估按照年度开展，过程管控评价按照季度进行，年度评价和季度评价得分按照70%和30%的贡献率合计构成研究室综合绩效系数。在年度评价中，针对研究室承担责任令任务的实际情况，设置计划完成类指标；由于跨部门协作量较大，设置本部协作指标、跨室协作指标；根据创新创业关键影响因素，设置创新项目、创新成果、创业3类指标，保证创新创业指标在总指标数中的占比达到56%（见表2）。研究室综合绩效系数计算公式为：

研究室综合绩效系数=[年度业务综合评价得分×70%+季度责任管理考核得分×30%]÷100

表2　研究室年度业务综合评价指标体系（年度评价部分）

指标分类	指标项	
经济效益	创业指标	合同回款率
		成本控制率
顾客市场	创业指标	新签协外合同额
		客户满意度
流程运作	计划完成指标	院发重点调度计划完成率
		部重点计划完成率
		部月份计划完成率
	创新项目指标	项目立项评价指数
		牵头论证类项目数量
		项目评审优秀率
		项目成果数量
	创新成果指标	专利受理数量
		学术论文评价指数
周边绩效	本部协作指标	与本部工作配合度
	跨室协作指标	主动性
		工作协同性

三部对创新工作进行分解，针对具有创新孵化作用的课题研究工作设置创新发展任务，针对已明确集团级以上项目经费支持的研究工作设置创新任务，形成军品责任令、创新发展、创新、创业4类任务，4个专项考核办法分别围绕4类任务，从完成数量、部门贡献率、任务难

度系数等维度进行评估，形成研究室年度任务完成量基数；4个专项考核办法的实施，在制度层面明确了三部研究室所有活动的价值只能通过4类任务的完成予以体现，将以往研究室对军品基业贡献和创新创业成效的宽泛、定性评价，转化为对4类任务工作量、难度系数、部门参与程度的集中、定量计算。研究室年度任务完成量基数计算公式为：

研究室年度任务完成量基数=军品责任令任务得分+创新发展任务得分+创新得分+创业得分

三部认为研究室任务完成绩效，应当是任务完成数量和质量相互作用的结果，因此研究室年度综合绩效得分等于年度任务完成量基数与综合绩效系数之积，综合绩效得分从整体上衡量了研究室对组织绩效做出的贡献，计算公式为：

研究室年度综合绩效得分=研究室年度任务完成量基数×研究室综合绩效系数

2.坚持目标达成、过程管控、协作效果评价并重，建立本部绩效考核系统。

三部本部主要发挥管理、支持和服务作用，对主管业务的年度绩效负有主要责任，同时本部完成日常业务工作的质量对企业日常运营发挥着重要作用，且本部协作效果对其他非主管业务的绩效具有重要影响，因此对本部的绩效考核重点关注其主管业务的目标达成情况，其次关注过程管控质量和跨部门协作效果。根据本部绩效要求目标达成、过程管控、协作效果并重的特点，提出三类工作绩效叠加评价的考核办法，制定实施了《三部本部综合绩效考核办法》，办法规定本部年度绩效考核得分由关键绩效指标得分、过程管控得分、协作评价指标得分按照50%、30%、20%的贡献率构成，计算公式为：

本部年度综合绩效考核得分=关键绩效指标得分×50%+季度责任管理指标得分×30%+协作评价指标得分×20%

关键绩效指标全面承接了组织绩效指标，并结合创新创业关键影响因素，按照部门考核粒度粗细对组织绩效指标进行分解，根据主管业务范围在各本部之间进行分配，保障各本部承担的关键绩效指标中创新创业指标占比约为10%-80%（见表3），促使本部对主管业务范围内的创新创业绩效负责，因此关键绩效指标得分反映了本部以创新创业为导向的主管业务目标达成情况；过程管控得分由季度考核结果决定，从整体上对本部过程管控质量进行评价；协作评价指标得分由高层领导评价和本部互评得到，从整体上对本部跨部门协作效果进行评价。

表3　本部关键绩效指标（以部分本部为例）

部门	指标项	
部办公室	经营指标	管理成本
	管理指标	部重点基础管理工作分解计划完成率
		部综合行政管理计划完成率
		督办事项完成率
		院责任令任务（信息化）完成率
		院重点调度计划（信息化）完成率
		部创新发展任务（信息化）完成率
		部综合计划（信息化）完成率

<table>
<tr><th>部门</th><th colspan="2">指标项</th></tr>
<tr><td rowspan="12">科技处</td><td rowspan="5">经营指标</td><td>营业收入</td></tr>
<tr><td>协外合同回款率</td></tr>
<tr><td>新签协外合同额</td></tr>
<tr><td>科研成本</td></tr>
<tr><td>管理成本</td></tr>
<tr><td rowspan="7">管理指标</td><td>院责任令任务（科研）完成率</td></tr>
<tr><td>院重点调度计划（科研）完成率</td></tr>
<tr><td>部创新发展任务（科研）完成率</td></tr>
<tr><td>部综合计划（科研）完成率</td></tr>
<tr><td>科技创新项目立项数量</td></tr>
<tr><td>专利受理数量</td></tr>
<tr><td>顾客满意度（科研相关）</td></tr>
<tr><td rowspan="9">人力资源处</td><td>经营指标</td><td>管理成本</td></tr>
<tr><td rowspan="8">管理指标</td><td>新建劳动关系人数占员工总数比例</td></tr>
<tr><td>人才引进计划完成率</td></tr>
<tr><td>新建劳动关系高层次人才（高工及以上职称人员）占比</td></tr>
<tr><td>人员非期望流失率</td></tr>
<tr><td>集团及以上专家推荐通过率</td></tr>
<tr><td>教育培训计划完成率</td></tr>
<tr><td>研究生培养合格率</td></tr>
<tr><td>学术论文评价指数</td></tr>
<tr><td rowspan="9">科研保障处</td><td>经营指标</td><td>管理成本</td></tr>
<tr><td rowspan="8">管理指标</td><td>立项国拨资金</td></tr>
<tr><td>落实国拨资金</td></tr>
<tr><td>财政预算执行率</td></tr>
<tr><td>院责任令任务（固定资产投资）完成率</td></tr>
<tr><td>院重点调度计划（固定资产投资）完成率</td></tr>
<tr><td>部创新发展任务（固定资产投资）完成率</td></tr>
<tr><td>部综合计划（固定资产投资）完成率</td></tr>
<tr><td>计量设备检定率</td></tr>
</table>

3.强化过程管控，完善季度责任考核系统。

部门年度综合绩效的实现离不开强有力的过程管控，为支撑研究室和本部年度绩效考核中“过程管控”项的计分要求，三部在分析借鉴传统的季度考核办法基础上，修订了《三部责任管理考核办法》，围绕职责任务、质量管理、基础管理进行监控，针对职责任务选取过程性指标，针对质量管理及基础管理选取合规性指标，既呼应了研究室绩效以任务完成情况评价为中心的主题，又适应了本部绩效要求目标达成、过程管控、协作效果并重的特点，杜绝任务执行和日常管理出现较大偏移或重大违规。季度责任管理考核得分计算公式为：

季度责任管理考核得分=职责任务得分+质量管理得分+基础管理得分

（四）突出压力传递和差异化考核，构建员工绩效系统，确保一线执行与战略部署统一

三部按照绩效体系建设的两条主线，既突出对部门创新创业任务的承接，又强化与部门创新创业总体绩效的关联，形成员工级绩效评价系统。员工绩效系统使创新创业的价值导向和任务压力进一步传导，保证了一线执行与战略部署统一，促进了全员团结一致，共同致力于提高创新创业绩效。

1.梳理员工分类和绩效评价依据，建立员工绩效考核系统。

从员工类别维度分析，三部员工分为副总师（总师助理、调研员）、中层领导干部、普通职工三类。从员工绩效评价的依据维度分析，三部员工绩效可分为三方面：一是员工推动部门绩效提升情况，二是履行岗位职责情况，三是跨岗位协作效果。在员工推动部门绩效提升评价方面，三部初期主要针对个人年终自评材料组织评估，随着部门综合绩效考核制度的完善，后期副总师（总师助理、调研员）、普通职工根据承担部门分解任务情况计算得分，并统一归入岗位工作评价；中层领导干部岗位职责的核心是保证部门绩效提升，因此其履行岗位职责情况硬性关联所在部门总体绩效。在员工履行岗位职责情况评价方面，三部在内部价值链分析基础上组织开展了业务流程梳理，将业务流程涉及的工作任务分配到各部门、各岗位，各岗位任职人员结合实际工作开展情况进一步完善岗位职责，汇编形成新版《部门及岗位说明书》，作为员工履行岗位职责情况的评价依据。在员工跨岗位协作效果方面，三部采取了360°评价方式进行打分。整合上述三类员工分类、三大评价依据，形成了“3×3”的员工绩效考核模型。

依据上述员工绩效考核模型，三部制定了《三部副总师（总师助理、调研员）绩效考核管理办法》《三部中层领导干部绩效考核管理办法》《三部职工绩效考核管理办法》，对三类员工进行分类考核。

2.针对员工岗位特点，实施差异化考核。

针对副总师（总师助理、调研员）实施项目制考核，偏重于从具体项目任务完成维度进行评价，同时考虑副总师（总师助理、调研员）对专业技术发展的重要作用，从岗位工作中单列出专业建设项进行评价，其考核得分包括岗位工作评价、专业建设评价、跨岗位协作效果三项。岗位工作评价中设置基础项目和增益项目，基础项目主要包含责任令任务（及其分解计划）完成率和完成质量指标，增益项目主要包含创新指标和创业指标（见表4）；专业建设评价主要考察咨询把关、学术交流、人才培养等专家作用发挥的情况（见表5）；跨岗位协作效果由360° 评价得出。其中岗位工作评价的增益项目部分和专业建设评价的指标，主要参照创新创业关键影响因素进行选取，创新创业指标占总指标的65%，充分体现了副总师（总师助理、调研员）在创新创业工作中的中坚作用。

表4　副总师（总师助理、调研员）岗位工作评价指标

<table>
<tr><th>指标分类</th><th colspan="2">指标项</th></tr>
<tr><td rowspan="6">基础项目</td><td rowspan="4">任务完成量指标</td><td>院责任令任务完成率</td></tr>
<tr><td>院重点调度计划完成率</td></tr>
<tr><td>部重点计划完成率</td></tr>
<tr><td>部重点计划偏离度</td></tr>
<tr><td rowspan="2">工作质量指标</td><td>质量过程管控问题数</td></tr>
<tr><td>质量问责数</td></tr>
<tr><td rowspan="8">增益项目</td><td rowspan="4">创新指标</td><td>新立项项目级别和数量</td></tr>
<tr><td>战略及前沿课题级别和结题数</td></tr>
<tr><td>部级创新任务完成数</td></tr>
<tr><td>创新平台建设贡献率</td></tr>
<tr><td rowspan="3">创业指标</td><td>新签协外合同额</td></tr>
<tr><td>新签合同成本支出控制率</td></tr>
<tr><td>型号成本支出控制率</td></tr>
<tr><td>兼职指标</td><td>岗位兼职数</td></tr>
</table>

表5　副总师（总师助理、调研员）专业建设评价指标

<table>
<tr><th>指标分类</th><th colspan="2">指标项</th></tr>
<tr><td rowspan="2">咨询把关</td><td rowspan="2">咨询把关指标</td><td>技术咨询、审查的级别和次数</td></tr>
<tr><td>指导技术人员发表航天报告、标准规范次数</td></tr>
<tr><td rowspan="7">学术交流</td><td rowspan="3">知识产权成果指标</td><td>出版专著数量</td></tr>
<tr><td>申报专利数量</td></tr>
<tr><td>发表期刊/会议文章级别和数量</td></tr>
<tr><td rowspan="2">学术会议指标</td><td>发起组织学术会议级别和数量</td></tr>
<tr><td>作学术会议主题报告的级别和数量</td></tr>
<tr><td rowspan="2">信息通报指标</td><td>发表专家意见数量和对专业发展贡献度</td></tr>
<tr><td>发表科技委工作信息数量</td></tr>
</table>

指标分类	指标项	
人才培养	人才培养指标	培训讲座的级别和数量
		作为研究生导师\帮学导师培养人才数量

针对中层领导干部考核突出关联所在部门总体绩效，其考核得分包括所在部门绩效考核得分、跨岗位协作效果，其中所在部门绩效考核得分即本部门年度绩效考核结果，采取这种硬关联的指标设计，促使中层领导干部必须严格按照部门绩效指标设置，坚决贯彻组织创新创业战略意图；跨岗位协作效果由360° 评价得出。

针对职工考核强调对部门创新创业任务的承接，其考核得分包括岗位工作评价、跨岗位协作效果。其中岗位工作评价主要考察职工完成工作任务的数量和质量，对接部门承担的责任令、创新发展、创新、创业任务分类，结合创新创业关键影响因素，选取了11项创新发展、创新、创业指标（见表6），通过创新创业绩效指标进行压力传递，促使员工根据承担任务类别和工作量大小控制自身的精力投入，推动组织创新创业的各项战略部署得以最终实现；跨岗位协作效果由360° 评价得出。

表6　员工岗位工作评价指标

指标分类	指标项	
型号研制与保障	型号研制指标	方案设计与论证任务数量和完成质量
		系统抓总与协调任务数量和完成质量
		文件图纸任务数量和完成质量
	小型产品研制指标	自研产品研制任务数量和完成质量
		外协产品研制任务数量和完成质量
	试验与保障指标	试验与保障任务数量和完成质量
项目开拓	创新指标	创新项目申报、立项、结题数
		专利申报、受理、授权数
		学术论文评价指数
	创新发展指标	部级创新课题结题数
		部级创新发展任务数量和完成质量
		固定资产投资项目申报、立项、结题数
	创业指标	协外项目合同签订、产品交付、合同回款量
		新签合同贡献度
基础管理	略	

（五）依托管理信息系统改造升级，实现绩效评价体系高效运行，确保任务落实与绩效提升协同

以创新创业为导向的军工企业绩效评价体系包含大量的组织、部门和员工绩效指标，且指标信息跟随任务执行情况适时变动，绩效监测、分析、评价和考核需要进行大量的数据统计和计算。为支撑绩效评价体系运行，三部结合已完成的内部价值链分析和业务流程梳理工作，升级了原有管理信息系统，依托管理信息系统推进绩效评价体系运行，保障了创新创业任务落

实和绩效提升，促进了绩效评价体系自身的诊断和优化。

1.针对信息获取及数据分析需求，完成各类信息平台建设。

以创新创业任务落实和绩效提升为主线的绩效评价体系，与核心价值创造活动及管理支持活动密切关联，为支撑绩效评价过程中基础信息获取和数据分析过程，三部对管理信息系统进行了建设完善。

一是完善创新创业活动基础信息源，改造原有的设计分析、试验、制造、保障系统，在TeamCenter架构基础上，开发形成数字化设计分析、数字化试验、数字化制造、数字化保障系统，贯通三部内部价值链涉及的预先研究、设计开发、外包、生产、试验、服务保障等6项基本活动，使创新创业活动可以基于统一的平台持续运行。

二是完善基础管理信息源，改造原有的人力资源、客户关系、预算、合同、物料等分散的管理系统，依托SAP架构建设形成ERP系统，有效整合各项管理业务，使管理支持活动高效协同。

三是自主开发多项目管理系统，对军品责任令、创新发展、创新、创业4类任务和资源配置进行整合管理，形成职责任务和质量管理信息源，具备对3年内各类任务执行情况、质量问题、资源调度、经费收支等情况的挖掘分析能力，对部门绩效和员工绩效的监测评价提供有力支撑。

四是建设绩效考核管理系统和决策支持系统，综合运用上述信息系统数据及统计分析结果开展三级绩效评价，依据绩效达成情况进行管理决策。

通过建设完善管理信息系统，三部使相互联动的战略管理、组织运营和绩效管理自动化运行，确保绩效评价体系通过各个系统建设真正落地，实现了绩效评价相关数据实时传递，明显提高了绩效管理效率。

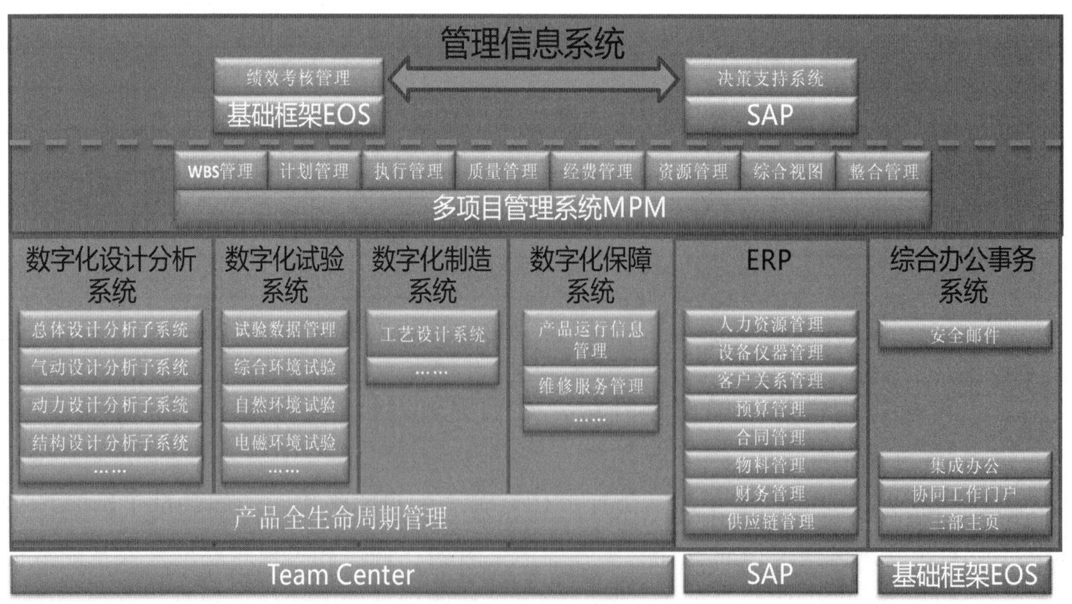

图4　三部管理信息系统架构

2.同步推动工作完成与绩效监测，促进业务改进和绩效评价体系优化。

三部在已经建设形成的绩效评价体系和管理信息系统基础上，持续开展监测分析和评价改进工作，积极推动实现优秀的创新创业绩效，同时促进了绩效评价体系运行优化。

一是做到工作策划与绩效指标调整同步进行。每年年初启动年度工作策划，综合上级下达的任务、战略规划分解到年度的任务，梳理明确年度创新创业重点工作和组织绩效目标值，编制工作报告和各部门工作要点，进一步分解形成军品责任令、创新发展、创新、创业年度工作计划和重点基础管理工作计划，依据计划内容对部门绩效指标项进行更新，按照《研究室综合绩效考核办法》和《本部综合绩效考核办法》，将研究室分为成本、专业、效益、保障4类，将本部分为综合管理、科研生产、资源配置、基础保障4类，根据职责分工将绩效指标项、目标值和工作计划在部门之间进行有所侧重地分配。

二是保证对过程绩效进行实时监测。在各项任务执行过程中，通过TeamCenter对成果交付物进行管理，通过ERP系统和综合办公事务系统实现管理信息交互，通过多项目管理系统对任务进展情况进行实时监测。

三是及时开展绩效分析并采取工作措施。各部门对主管业务数据进行日常分析，并以月度、季度为周期开展统计分析，三部召开月度、季度例会对过程绩效进行通报和协调，按照进度偏移情况采取工作措施，实施资源调配。

四是促进创新创业工作持续改进。三部每年年末按照绩效评价体系，对组织绩效进行测算，对部门、员工绩效进行考核，根据本年度绩效测算和考核结果，指导下年度绩效指标优化和创新创业工作改进。

五是推动绩效评价体系运行优化。三部调动全员参与到体系的协调完善过程中，通过管理信息系统、各类定期举办的会议、高层领导调研等途径，全方位收集绩效评价体系运行情况和改进建议，组织对各项绩效管理制度制修订20余次，推动绩效评价体系科学性、适用性、有效性不断提高。

三、以创新创业为导向的军工企业绩效评价体系实施的效果

（一）取得了丰硕的科技创新成果

通过构建以创新创业为导向的军工企业绩效评价体系，三部战略目标得到有效落实，引领飞航事业创新发展的能力得到增强，核心技术能力进一步夯实。三年来，三部牵头完成战略研究、体系论证、发展规划等多项论证成果，飞航产品体系逐步完善，深入开展了面向4大客户群、8个产品领域、30余个技术领域的规划论证，一大批重点产品/项目脱颖而出，牵头承担了国防科工局、集团、三院100余项专题战略研究课题，有力地牵引了产品与专业技术发展；三部已经建设起完善的产品体系和技术体系，24型产品性能指标处于国际先进水平，12个专业获得总装共性技术项目支持，6项核心技术达到国际先进水平，3项技术接近国际先进水平，三年合计自主投入科技创新经费5000余万元，全面支撑了76项科技创新项目和200余项部级创新发展任务研究；创新平台建设取得重要进展，先进制导控制技术国防科技重点实验室挂牌成立，环境可靠性实验室荣获国家/国防实验室认可证书，三部作为成员单位的集团量子技术研

究分中心挂牌成立；三年来共计取得199项各类专利授权，荣获首届国家科学技术进步奖（创新团队），获得国家科技进步二等奖2项、各级国防科技进步奖共28项，引领我国飞航技术快速发展。

（二）促进了重大领域的拓展

通过构建以创新创业为导向的军工企业绩效评价体系，三部组织活力明显提升，员工开创事业的积极性明显增强，实现了一系列重大领域拓展。三部重点布局的新领域研发实力显著增强，孕育形成两个总体研究所；任务规划领域拓展取得重大进展，打造形成国内首型自主可控通用任务规划研发平台，并将其推广到近40型航空平台任务规划系统研制中，在4大客户群10余个项目中占据了有利地位；保障训练领域拓展获得重要突破，拓展了12个保障训练项目，确立了在保障训练领域的优势地位；试验服务领域拓展开创了良好局面，与多家单位建立了稳固的协作配套关系；初步构建了产品与技术服务体系，新开拓领域已经成为三部经济增长的重要支柱。

（三）实现了良好的整体绩效

通过构建以创新创业为导向的军工企业绩效评价体系，三部核心竞争能力的显著增强，在经营管理、人才培养以及基础管理等方面取得了优异成绩。近三年三部累计实现营业收入41.4亿元，年均增长14%，实现利润总额3.63亿元，年均增长率达到17%，实现经济增加值（EVA）2.3亿元，全面超额完成了上级下达的各项经营指标；人才培养成果丰硕，三年来共培养出中国青年科技奖获得者1名，享受政府特殊津贴人员3名，航天基金个人奖获得者10人，各级各类专家24名，引进3名“千人计划”专家，为事业的发展不断凝聚中坚力量；基础管理水平与科学管控能力明显提升，先后获得全国企业管理现代化创新成果奖、全国文明单位、全国模范职工之家等多项重要荣誉，践行管理创新取得丰硕成果。

以创新创业为导向的绩效评价体系，具有鲜明的时代特点和军工行业特色，兼顾了创新创业价值追求和军工行业体制机制要求，在军工行业体制机制刚性约束下，成功实现创新创业任务驱动和绩效评价体系建设有效衔接，成为三部落实上级考核要求、推动战略落地、提升核心能力、促进领域拓展、提高整体绩效、打造高效团队的重要支柱，为三部的平稳快速发展注入了不竭动力，为达成“国际领先的武器装备和体系解决方案提供商”发展愿景提供了有力支撑。

成果创造人：张红文、施　毅、王长青

国际型工程公司整合产业链、协同走出去的架构和路径设计

中国能源建设集团广东省电力设计研究院有限公司

中国能源建设集团广东省电力设计研究院有限公司（简称中国能建广东院）成立于1958年，现有在职员工2500余人，是具有国家工程设计综合甲级、工程勘察综合甲级、工程咨询综合甲级资质的国际型工程公司。2000年以来，中国能建广东院大力发展以设计为龙头的总承包业务，积极主动“走出去”，得到了国务院、省委省政府、社会各界的关心和支持。与全球五大洲近40个国家和地区建立了业务往来关系，已签订的海外项目合同金额累计约300亿元人民币，海外项目分布在俄罗斯、意大利、土耳其、波黑、印度、巴基斯坦、越南、孟加拉、印尼、马来西亚、哥斯达黎加等20余个国家和地区，企业国际竞争力逐步提升。

2015年初，李克强总理到中国能建广东院考察，对广东院为中国技术、标准和装备在世界上亮出“中国名片”给予了高度评价，并寄望广东院进一步带动中国装备、技术、服务、标准、资金共同“走出去”。为了更好地落实总理嘱托，中国能建广东院不断优化国际业务发展模式，形成了一套快速响应市场的自适应组织架构，设计并执行了一条整合产业链上下游、协同走出去的路径。

一、国际型工程公司整合产业链、协同走出去的架构和路径设计的背景

（一）探索行业转型升级路径的需要

2000年以来，我国勘察设计行业中，勘察设计企业来自工程承包收入的比重在逐年增长，从2000年的15%上升到2016年80%，增长迅速。由此可见，工程总承包业务的发展与成熟是在市场自由驱动下的必然结果，面临着巨大的机会，石油、化工、冶金、交通等领域的勘察设计企业都逐渐转型为国际型工程公司。然而在电力行业，大多数勘察设计企业仍然采用“成本中心”管控模式，这种模式下，各成本中心往往不考核营业收入和利润，随着电建行业国内市场环境竞争加剧和走出去需求日益迫切，“成本中心”管控模式存在造成规模不经济、导致责任主体不明、损害生产集约化等弊端，已经越来越不适应市场的需要。

因此，中国能建广东院通过改革把“市场”提升到资源配置的决定性高度，对企业内部的经营、生产项目管理等资源进行重新分类和匹配，在电力勘察设计行业内率先推行以利润为中心的自适应组织架构，同时依托全专业优势积极与产业链上下游企业对接，是企业主动适应新的行业环境，引领电力勘察设计行业转型升级的需要。

（二）整合产业链开拓国际市场的需要

国际工程市场的价值取向遵循发达国家市场经济中质量、服务、价格规律，而发达国家的人力成本一直居高不下，相比较而言，中国人力成本在国际工程市场范围内占有绝对的优势，增加了竞争获胜的机率，同时也意味着有较高的利润空间。近几年国际电力工程市场上，公开竞争项目中，咨询服务合同国外公司的取费是中国公司的5–10倍，土建施工是中国公司的1.2–1.8倍，机电工程是中国公司的1.4–1.8倍，而议标项目、融资项目的利润更高。随着国内工程建设行业普遍追求“大土木”格局，使得竞争领域重叠率较高，而中国工程公司的技术水平和工程业绩正在提高，已能够满足国际业主的资格要求。

因此，中国能建广东院发挥自身设计为龙头的综合优势，整合窗口公司、设计企业、施工企业、装备制造企业等全产业链资源，以及金融、保险机构等资金供方，是整合产业链上下游企业拓展国际市场并获取更高利润的需要。

（三）以利润为导向实施企业变革的需要

经过50多年的发展，中国能建广东院已经进入规模化发展阶段，院内部有诸多相对独立的部门，以往对下属各部门基本按照“成本中心”进行管理。全院只有一张“损益表”，经营部门只能单独对“合同额、收费”负责，其他部门只能单独对“成本、费用”负责，难以核计各业务片的损益情况，更无法准确核计海外业务的损益情况，导致全院整体缺乏奖勤罚惰的心理气候，难以树立国际型工程公司“以利润为导向”的思想氛围和主观能动。特别是随着电建行业国内市场环境竞争的加剧和“走出去”需求的日益迫切，“成本中心”管控模式存在造成规模不经济、导致责任主体不明、损害生产集约化等弊端，已经越来越不适应市场的需要。

因此，中国能建广东院打破原先成本中心管理模式下的“各守藩篱”，实施责权利明确的、以利润为中心的集团化管控，着力打造规模经济优势和多元化利润增长极，是以利润为导向实施企业自身变革的需要。

二、国际型工程公司整合产业链、协同走出去的架构和路径设计的内涵

2014年初，中国能建广东院改革形成了以利润为中心的自适应组织架构，在此架构的基础上，设计了整合产业链、协同走出去的具体路径，其内涵是：首先，根据企业自身的战略定位、业态布局、市场环境、客户资源、行业特征等多种因素改革建立符合企业集团内部特质和外部约束的组织机构以夯实基础。接着，根据不同业务的资源相关度和发展阶段选择不同的管控模式并健全制度体系以强化支撑。继而，依托全面预算管理和全成本核算实现了院总部对各利润中心的精细化管理。最后，坚持以“走出去”为导向，规划“四条路径”，培育“六项能力”“四条路径”之间相辅相成，“六项能力”始终贯穿于路径之中并不断得到积淀，“四条路径”和“六项能力”共同构成了整合产业链、协同走出去的战略闭环。如图1所示。

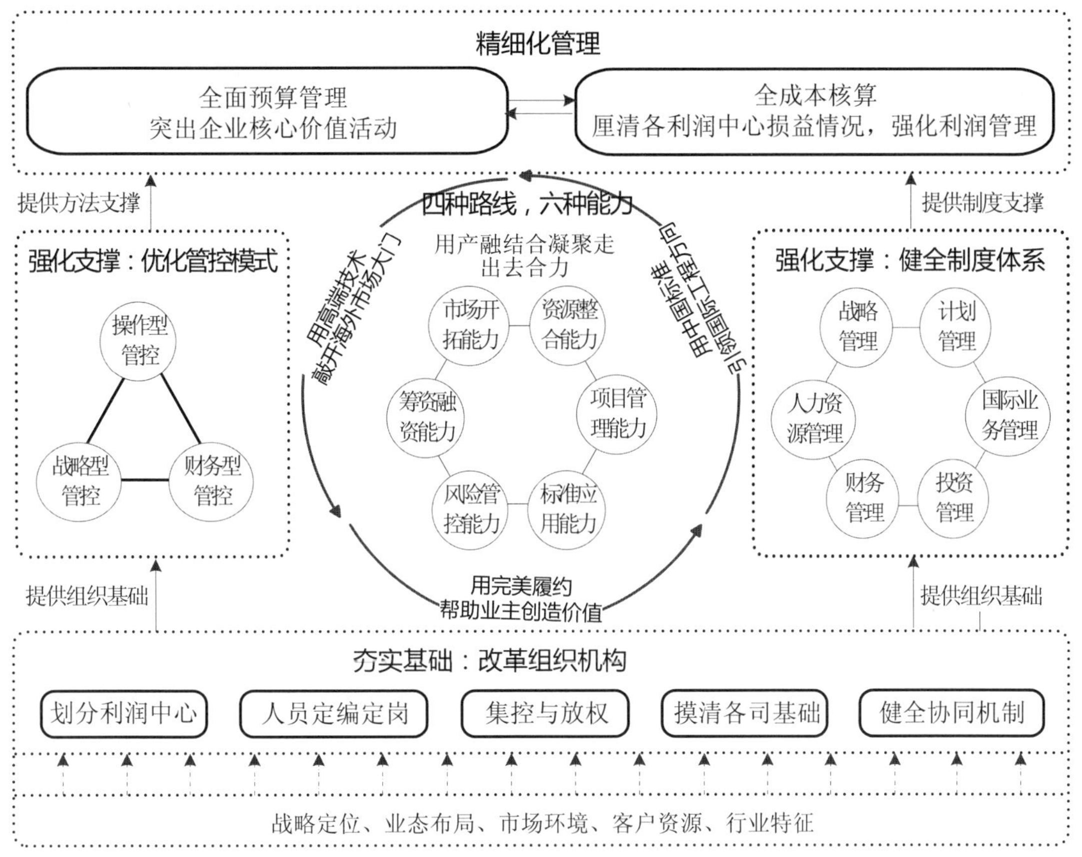

图1　中国能建广东院整合产业链、协同走出去的架构和路径示意图

三、国际型工程公司整合产业链、协同走出去的架构和路径设计的措施

（一）明确各业务板块的管控模式

中国能建广东院通过对3个关键指标的评估，即战略地位、资源相关度和发展阶段，最终确定院总部对下属业务板块的集分权关系和管控模式。

1.对各业务板块作战略地位分析

确定下属业务板块在整个企业中所处的战略地位，是从需不需要的角度确定院总部和下属业务板块之间的集分权关系。战略地位越高，越倾向于采用集权的管控模式。

中国能建广东院首先展开广泛深入的市场调研，结果显示：在电力勘察设计行业中，近三年，平均市场占有率一般是5%左右，中国能建广东院的市场占有率约8%，市场占有率方面稳居行业前两位。特别地，在火电百万机组和核电领域，中国能建广东院占有绝对领先优势，在全国已投产、处于设计阶段和处于可研阶段的百万机组中，中国能建广东院占有22.3%的市场份额，参与的核电常规岛设计及咨询项目，占全国核电开工容量的60%以上。另外，在系统规划、输变电、网络信息等领域，中国能建广东院占有广东省内90%以上的市场份额，正开始拓展全国市场。

接着，中国能建广东院运用波士顿矩阵模型判断各业务板块的市场定位，见图2。

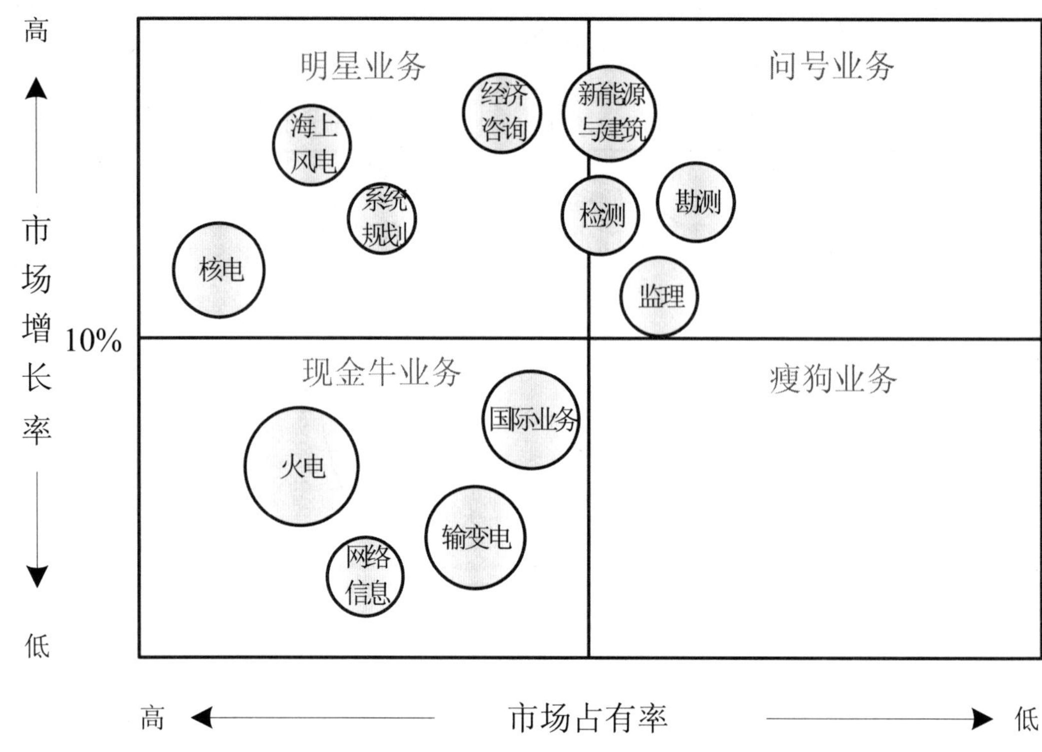

备注：1、模型中的“市场”均指“全国市场”；
2、圆圈大小代表该业务板块占全院整体营收的相对权重。

图2　基于波士顿矩阵的中国能建广东院的各业务板块市场定位

对于“明星”业务，虽然市场增长率较高，但总体市场规模不大，对其定位是战略重点，发展策略是：积极扩大经济规模和市场机会，加强科技投入和标准研发，以提高未来市场占有率，加强竞争地位。

对于“现金牛”业务，作为市场中的领导者，该类业务享有规模经济和高边际利润的优势，因而是企业重要的财源，对其定位是战略核心，相对投入较多的资源。

对于“问号”业务，对其定位是战略重点，主要是采取选择性发展战略，如优化风电、光伏发电、光热电厂等新能源设计手段，拓展空间信息、环境工程、海洋工程等新领域以延伸勘测产业链。在一段时期内给予扶持并列入企业中长期计划中，努力提高市场占有率，使之转变成“明星”业务。

2.对各业务板块进行资源相关度分析

资源相关度是指院总部所掌控的资源与下属业务板块所需资源的关联程度，该指标是从能不能够的角度确定院总部和下属业务板块之间的集分权关系。资源相关度越高，越倾向于采取集权的管控模式。

中国能建广东院从政府资源、供应链资源、市场资源（品牌、客户关系、经营网络等）、技术资源、人力资源等方面来考虑，综合评估下属业务板块在现阶段和未来发展过程中，与院总部在上述资源方面的内在相关性，划分为高相关度、一般相关性与低相关度等3种类型。

就中国能建广东院而言，火电、核电、输变电、系统规划、网络信息等业务属于“老本行”，在帮助业主进行项目核准、路条审批、征地迁移等前期工作中与政府行政主管部门建立了良好的政企关系。与下游的施工分包商、设备制造商等建立了长期、良好的合作关系。客户也主要集中于两大电网公司、五大发电集团，客户关系和营销网络长期而稳定。院内在这些业务板块的技术和人才优势明显。因此，这些业务板块与院总部的资源相关性高；而国际、新能源与建筑、经济咨询、勘测等业务相对来说目前院里拥有的资源能力还不是很强，客户和营销网络较为分散，所以这些业务板块与院总部的资源相关性一般。

3.对各业务板块自身发展阶段进行分析

该分析从应不应该的角度确定院总部和下属业务板块之间的集分权关系。下属业务板块越处于发展的早期阶段，越倾向于采取集权的管控模式。就中国能建广东院而言，火电业务基本上进入了成熟阶段，系统规划、输变电、网络信息业务虽然占据广东省内90%以上的市场份额，但在广东省外则刚刚步入成长阶段，核电、国际、勘测业务处于成长阶段，新能源与建筑、经济咨询基本上处于起步阶段。

依据战略地位、资源相关度和发展阶段这3个关键指标，中国能建广东院对下属各业务板块的集分权关系及所采取的管控模式，见表1。

表1　中国能建广东院对各业务群的集分权关系和管控模式

业务板块	战略地位	资源相关度	自身发展阶段	集分权关系	管控模式
系统规划	战略重点	高	成长	集权	操作型
火电工程	战略核心	高	成熟	集权	操作型
核电工程	战略重点	高	成长	集权	操作型
海上风电工程	战略重点	高	成长	集权	操作型
输变电工程	战略核心	高	成长	集权	操作型
国际业务	战略核心	一般	成长	集权	操作型
网络信息	战略核心	高	成长	集权	操作型
新能源与建筑	战略重点	一般	起步	分权	战略型
经济咨询	战略重点	一般	起步	分权	战略型
勘测	战略重点	一般	成长	分权	战略型
监理	战略从属	一般	成熟	分权	财务型
检测	战略从属	一般	成熟	分权	财务型

（二）基于管控模式改革组织管理体系设置

组织管理体系设置需要提高运作效率、促进生产绩效、协同业务流程并有利于平稳过渡。中国能建广东院为了加快建设具有核心竞争力的国际工程公司，于2014年初，根据院总部对各业务板块的管控模式，从决策层、控制层、实施层三大层次来思考，改革企业的组织管理体系，见图3。

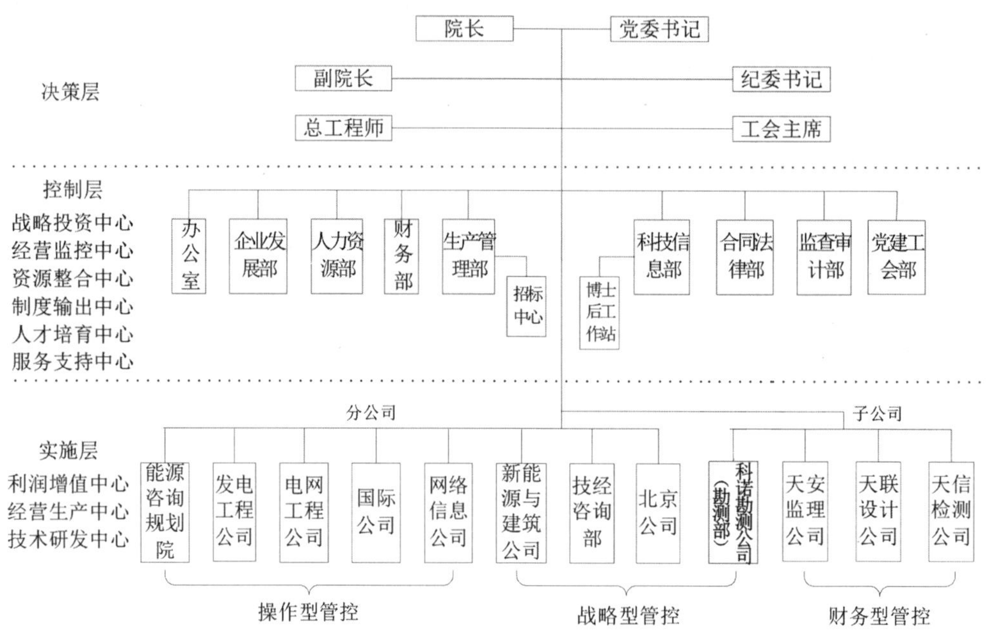

图3　中国能建广东院组织架构及其与管控模式的关系

图3所示为中国能建广东院集团化管控下，院领导构成决策层，办公室、企业发展部、人力资源部、财务部等职能部门构成控制层，各分子公司构成实施层。实行的是总分公司和母子公司并存的体制，基本形成了院总部–各分子公司的两级垂直化管控体系，实施集团化运作，两级责任主体是根据在集团中所处的层次和定位不同，有各自不同的侧重点：院总部作为战略投资中心、经营监控中心、资源整合中心、制度输出中心、人才培育中心和服务支持中心，主要负责全院总体发展战略和中长期规划的制定和实施，实施战略层面上的资本运营，掌控重要人事、重大投资等方面的决策；作为二级责任主体的分子公司，主要负责落实全院发展战略，顺应集团化管控进行内部管理提升，完成年度经营生产任务和利润增值目标，承担共性技术研发。

（三）明确总部定位，重设责权体系

1.总部定位

中国能建广东院院总部致力于全院各业务板块的价值集成、战略协同与资源整合，定位为战略投资中心、经营监控中心、资源整合中心、制度输出中心、人才培育中心和服务支持中心。

作为战略投资中心。院总部开展行业研究，制定战略规划，批准有战略意义的投资决定。进行投融资管理，协调企业在资本市场的运作；关注净资产回报率，实现利润最大化。

作为经营监控中心。院总部借助经营月报、财务月报、半年一次的经济活动分析会材料等，对分子公司的经营指标进行设定和监控，确保经营目标的达成。建立分子公司工资总额与

业绩相挂钩的动态考核体系。在全院范围内对各个运作层次实施审计监察工作。对全院相关分公司协同开展国际业务进行必要的指导与协调工作。

作为资源整合中心。院总部统一资金管理，根据企业内部转移价格调剂资金余缺，合理分配资金，提高资金使用效率。建立高级人才派遣机制，通过内部轮岗等形式培育项目管理人才、国际人才，为分子公司提供人才支持。

作为制度输出中心。院总部通过对标与标准应用，提高分子公司对先进管理制度的吸收能力以及其对自身制度不断完善与提升能力，实现管理制度与国际先进管理水平的接轨与创新化发展。

作为人才培育中心。院总部进行储备式培育，将某些具有相当专长水平的人作为未来战略型人力资源进行培育与储备，定期对分子公司相关高级人员进行培训管理。

作为服务支持中心。院总部相对分子公司而言，更有条件进行大范围内的专家聚集与利用，因此，院总部积极地为分子公司的发展提供必要的专业咨询服务，如工程技术、法律服务、公共关系等服务支持功能。

2.责权体系设计

表2　中国能建广东院总部与分子公司的责权体系划分

责权主体	责权事项		院领导企业发展部	职能部门							分子公司		
				人力资源部	财务部	生产管理部	科技信息部	合同法律部	监察审计部	操作型管控	战略型管控	财务型管控	
院总部	战略与计划管控	战略管理	4	2,6							5	5	4,5
		计划管理	4	2,6		1					5	2,5	4,5
		投资管理	4	3,6		1					5	2,5	2,5
		经营考核	4	5	1								
	财务管控	预算管理	4	1		3,6					1,5	2,5	2,5
		资金管理	4			3,6					1,5	2,5	2,5
		工程财务	4	1		6	1				1,5	2,5	4,5
	人力资源管控	招聘培训	4		3,6						5	5	2,5
		薪酬管理	4		3,6						5	5	2,5
		员工考核	4		5								5
	质量与安健环管控	生产管理	4	1			3,6				1,5	2,5	4,5
		安全管理	4				3,6				1,5	2,5	4,5
	其他管控	科技管理	4					3,6			2,5	2,5	4,5
		合同管理	4						3,6		2,5	2,5	4,5
		内部审计	4			1				5			
分子公司	经营生产		4	2,6		1	2		2		5	2,5	4,5
	利润增值		4	2		2,6					5	2,5	4,5
	技术研发		4					2,6			5	2,5	4,5
	国际业务协同		4	2,6			2				5	2,5	4,5
注：知情权1，建议权2，审核权3，决策权4，执行权5，监督权6													

中国能建广东院实施集团化管控之初，面临的主要问题在于院总部和各分子公司责权界

定不明，越权和职能缺失现象时有发生，主要表现为对分子公司的“多头管理”和某些职能“无人负责”的状况，另外责权不对等，没有从制度层面上加以规范。其解决思路如下：

其一，将需要各职能部门及各级知情、建议、审核、决策、执行和监督的事项划分清楚。

其二，根据院总部定位，将总部各职能部门决策的事项确定在必需的范围之内，使其免于陷入日常事务，而转为集中于宏观管理。

中国能建广东院主要通过战略管控、计划管控、财务管控、人力资源管控、质量与安健环管控等五个主要管控职能实施集团化管控，在这五大管控职能中，财务和安全发挥了比较大的管控力度，而战略管控、计划管控则相对分权程度比较高。分子公司作为经营生产实体，既要控制成本，又要增加收入，核心责权是努力提高利润并享有利润超额完成为其带来的业绩增长奖收益。见表2。

实施集团化管控之初，在责权体系中就赋予多家分公司国际业务经营生产权限，要求各分公司快速响应国际市场信息和业主需求，以精益生产不断提高国际项目的合同质量和执行效率。同时，设立国际公司作为全院国际业务的归口管理机构，牵头负责全院国际业务核心能力的培养。

（四）围绕集团化管控，在分子公司实施内部管理提升

分子公司为顺应集团化管控体制和运行机制，必须进行内部管理提升，内部管理提升由三个方面内容构成,即结构形式、流程和制度。

1.优化分子公司内部的组织结构

分子公司内部的组织结构是指实施管控的依托对象，中国能建广东院在分子公司内部实行以项目为主的强矩阵组织结构：一方面，设立总承包项目组，由分公司指派项目经理或设计经理，并通过特定的资源提出和确认程序，集中项目管理资源，在业务上归口分子公司，同时在行政上接受院总部相应职能部门的指导，完成项目管理任务；另一方面，在分子公司内部根据各自的业务范围设立相应的专业部门，集中生产设计资源，这些专业部门不仅从事自身公司的生产设计任务，还积极为全院其他分子公司提供技术支撑。

2.量化分子公司经营生产流程

流程是指导分子公司经营生产遵循的路线，包括管理流程与业务流程，分子公司的收入和成本都在流程中产生。基于这点思考，中国能建广东院力求把流程模型化和数字化，边探索边实施基于战略和价值链分析的全面预算管理。

中国能建广东院的全面预算管理细化分为四个阶段，即战略和价值链分析、预算编制及指标分解、预算执行及控制、全面预算考评等，这四个阶段构成不断优化调整的持续过程，最终形成了战略和价值链导向下的全面预算循环系统：首先，院总部从经营、财务、资金、投资和人力资源等层面加以综合考虑，以便确定合理的战略目标和核心价值点；接着，以全院的战略目标为起点，将战略目标和考核指标分解至核心价值活动，依此编制并执行预算；随后，根据预算反馈信息和外部环境变化对价值链进行调整，重新整合纳入预算系统并对其调节控制；最后，院总部调整企业资源向核心价值活动倾斜，以与核心价值活动有关的关键业绩指标作为考核重点。这样，整个全面预算管理系统便形成一个有机循环系统。

3.细化分子公司核算与考评制度

中国能建广东院为督促下属各公司切实有效地执行既定的发展战略和重点考核指标，推行全成本核算，本着“谁使用、谁受益、谁负责”的原则，根据成本费用产生的责任主体将部分成本的管控职责下放至各公司，传递成本管理责任，体现激励机制，实施以利润为导向的成本管控，实现对各利润中心收入和成本的全方位考察、全过程控制、全维度核算。还进一步健全了各公司工资总额与重点考核指标相挂钩的机制，促使工资总额与指标相互耦合促进，各分公司要想相对提高工资收入，就得合理地去“抢”指标并努力地去实现才能在年终考核时予以兑现，最终形成了“可上可下”的薪酬调整体系，以激发各公司的内在发展动力。

（五）强化企业走出去自身能力建设

1.巩固高端技术和标准应用，掌控硬实力

为巩固高端技术优势并扩大在发达国家市场的影响力，中国能建广东院提出“二三四”技术创新策略：紧抓技术创新人才培育和科技创新体制建设；发挥“3个中心”的平台优势，打造科技创新的孵化器（“3个中心”分别为中国能建广东院牵头成立的中英广东CCUS产业促进与学术交流中心、国家电力规划研究中心南方分中心、广东省能源咨询规划研究中心）；紧抓“四个百万”核心技术创新（百万千瓦级核电、百万千瓦燃煤机组、百万特高压输变电、百万千瓦级海上风电）。在“二三四”技术创新策略的指引下，中国能建广东院集中优势、突破重点，持续推动科研成果转化为核心技术能力，保持高端技术领先的竞争优势，以高端技术敲开海外市场大门。

标准应用方面，中国能建广东院不断提升企业对于国际先进标准的应用能力并掌握目标国标准体系，实现国际总承包业务全方位的对标，从设计、采购、施工等方面，根据各个方面的惯例标准与欧美的设计、材料、设备、质量、健康、安全、环境等国际标准、国际惯例进行对标，以实际项目为依托，逐步建立了应用国际标准、依照国际惯例进行独立完成全厂设计、采购、施工的能力。

2.加强市场开发和项目管理，把握软实力

市场开拓方面，中国能建广东院按照“一国一策”的国别开发策略，利用政府间合作框架，积极从国际市场目标国的国家电力规划咨询入手，充分发挥在电力规划和前期咨询方面的优势，引导利益相关方参与，培育潜在的业务市场。2014年以来，中国能建广东院已先后开展老挝、缅甸、泰国、东盟、南非等国家和地区的电力规划项目，将规划引领高端经营的发展思路应用于开拓国际市场，持续寻求海外项目。

项目管理方面，中国能建广东院建立“以费用管理为核心、以合同管理为基础、以QHSE为底线”的核心项目管理体系，搭建了合理的项目管理构架并配置足够的项目资源，明确了授权范围并实行有效的责任监督和激励约束。项目执行过程中，始终坚持项目经理负责制，注重项目实施前的计划性及实施过程中的监控、巡查，加强成本管控、招标采购等重点环节的管理，防范和预控重大风险。同时，完善采购管理平台，实现物资采购全过程信息化管理。

（六）整合产业链拓展协同走出去路径

1.用产融结合凝聚走出去合力

中国能建广东院以自身能力为依托，联合省内规划设计、金融、制造、工程等企业，通过资源共享、互惠互助，在海外树立中国企业品牌，带动中国装备、产品、技术、标准、服务和文化“走出去”，发起成立了广东省“走出去”能源基础设施产业联盟，其发展路线图见图4。

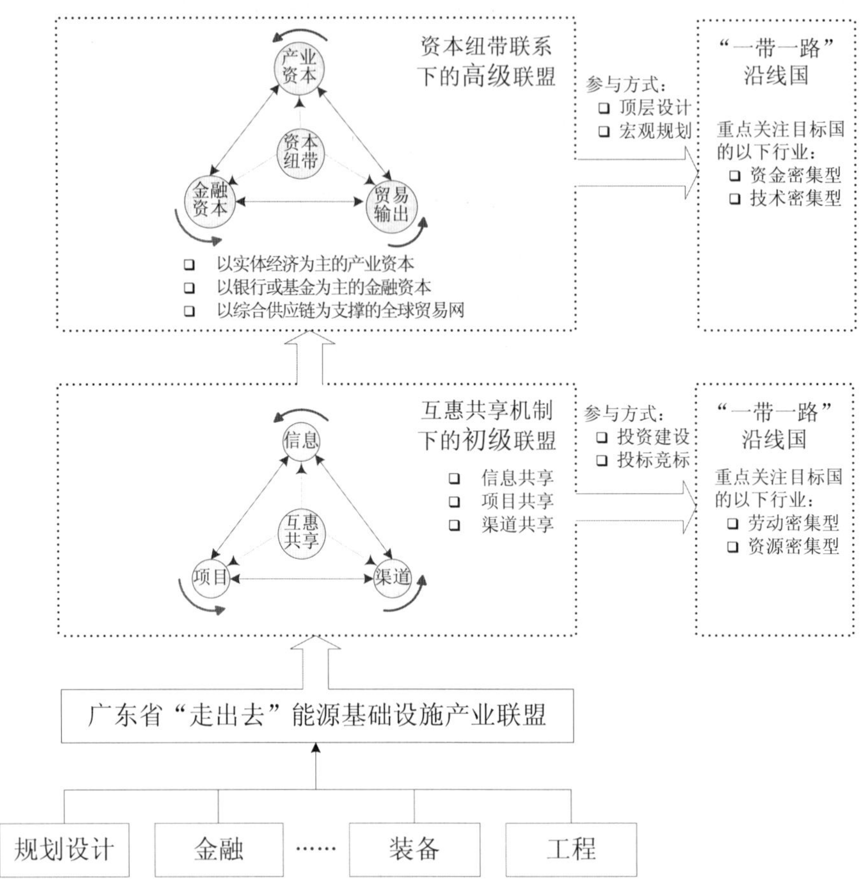

图4　广东省“走出去”能源基础设施产业联盟

图4所示的，中国能建广东院发起成立的广东省“走出去”能源基础设施产业联盟的发展大体需要经历两个阶段：

第一阶段，初级联盟阶段。建立互惠共享机制，促进信息、项目、渠道等资源共享。该阶段主要是市场导向型发展模式，即联盟成员根据各自利益自发结合，互惠互利，以完善产业链协同为目标推动联盟发展。初级联盟通过建立面向“一带一路”沿线国的产业链合作模式，明确联盟成员在产业链合作中的定位及分工，形成从科研、工程、制造、物流、商贸、金融支撑的完整产业链，通过投资建设、投标竞标的方式，重点关注“一带一路”沿线国的劳动、资源密集型的初级产业，如基础设施建设等。

第二阶段，高级联盟阶段。建立资本纽带关系，设立合作银行或基金，逐步打造全球贸易网络，促使产业资本与金融资本融合，建立以综合供应链管理为特征的物流体系，设立强大的信息情报搜集系统，拥有丰富的社会关系网络和公关手段，搭建产融结合平台，为联盟企业中的金融资本寻找优质的产业项目，为产业企业提供较好的金融支撑。

2.用高端技术敲开海外市场大门

中国能建广东院依托自身积累的高端技术（四个百万），瞄准高端市场区域（如东欧、南美）、高准入门槛的项目，有侧重地筛选市场区域，甄别业主和项目，以“中国技术、中国制造”为切入点，联合三大主机商，基本采用具有我国自主知识产权的技术与国产设备，在获取高质量国际项目的同时带动国内技术和装备的出口。如：中国能建广东院通过技术攻关解决了欧洲褐煤燃烧、高效率指标、高排放标准等发达国家重点关注的环保问题，中标了波黑Tuzla火电站总承包项目，合同额换算成人民币约70亿元，中标了土耳其KONYA ILGIN 1×500MW CFB超临界燃煤电厂总承包项目，合同额换算成人民币约40亿元。中国能建广东院依托高端技术将市场拓展到欧洲腹地并取得了较大的经济效益。

3.用完美履约帮助客户创造价值

中国能建广东院已签订的国际项目分布在俄罗斯、意大利、土耳其、波黑、印度、巴基斯坦、越南等20余个国家和地区，国内项目北达辽东、南抵西沙、西至新疆、东进闽浙。面对分布广泛的国内外项目，中国能建广东院通过精细管理，坚持效益优先，推进管理体系和组织流程优化，确保项目执行职责明确、流程清晰、安全高效。充分发挥设计的龙头作用，合理优化，以高标准的管理、高质量的建设、高水平的服务，确保签约项目的完美履约并提高项目的盈利，帮助业主创造更大价值。

4.用中国标准引领国际工程方向

中国能建广东院承接国际项目时，以非洲、南美洲、东南亚等区域的发展中国家为重点进行突破，因为这些国家是我国基础设施投资建设企业走出去的重要市场，这些发展中国家最有可能率先接受、采纳中国技术标准和工程规范。中国能建广东院通过技术创新和输出，使中国技术标准和工程规范为国际业主认可，还将电建行业的中国技术标准和工程规范翻译形成英文体系，进而促进中国技术标准和工程规范能够在目标国市场得到普遍认可。如：在越南沿海总承包项目中，业主方对于工程规范要求十分严格，中国能建广东院沿海项目部将满足电厂设计的84本主要中国标准和规范全部翻译成英文，进而提出基于中国标准同时又达到欧标要求的设计优化方案，获得了业主认可。该项目的实施带动中国设计标准、装备制造标准和建设标准共计80多份向越南市场输出，为后续装备出口提供了良好的条件。

四、国际型工程公司整合产业链、协同走出去的架构和路径的实施效果

（一）行业内示范带动效应明显

中国能建广东院通过建立自适应的组织架构，整合产业链、协同走出去，更加直接面对业主，使得产业链上下游企业“拼国际”的主观能动性更强，对国际市场响应更加快速，更加有效地跟踪业主信息和需求的动态变化，生产人员反馈的市场信息也不断增多，另外，技术创新工作更注重反映业主诉求，赢得了国内外良好的社会口碑和示范带动效应。如：中国能建广东院作为牵头总承包方承接的越南永新燃煤电厂，于2018年7月正式投入商业运营，该工程是中越经贸合作的重点项目，先后得到《人民日报》等权威媒体的多次报道，已成为“一带一

路”建设的工程典范。该项目作为中国产能输出最多的单个项目，带动了一整条产业链，中方参与了从投融资、规划、设计、采购、施工、安装、调试、运营、维护的全过程，电厂所采用的三大主机、主要辅机和绝大部分材料都来自中国，而中国能建广东院作为永新一期项目总承包方，在项目设计、建设过程中完全采用中国标准，真正实现“中国制造”，带动了中国国内融资、设计、装备、施工“走出去”金额在87亿元人民币以上。另外，中国能建广东院设计的337/305兆瓦双燃料联合循环电厂荣获孟加拉总统颁发的发电最高奖项——“最佳发电项目”，在口碑效应的带动下，又拿下了孟加拉国第一批利用中国出口买方信贷实施的电站项目。

（二）本企业经济效益显著提高

中国能建广东院通过建立自适应的组织架构，整合产业链、协同走出去，公司上下齐心协力、直面时艰，增收节支效果明显，全院经营生产、行政管理等效能大力擢升，仅用一年时间，便迅速走出改革的阵痛期，多项指标连年创历史新高：近三年，全公司新签合同额年均增长17.4%，其中国际签约额年均增长29.4%，营业收入年均增长16.68%，利润总额年均增长16.40%，上缴利税年均增长14.58%。连续三年获得央企业绩考核A级。值得强调的是，中国能建广东院通过技术攻关相继拿下了波黑Tuzla火电站总承包项目，土耳其KONYA ILGIN 1×500MW CFB超临界燃煤电厂总承包项目，合同额换算成人民币共计约110亿元，将市场拓展到欧洲腹地，并辐射至周边市场，形成了优势区域的滚动开发的良好局面。

（三）产业链联合互补更加紧密

中国能建广东院已形成若干利润中心（分子公司），明确了总部定位和全公司责权体系，本着适当分权、合理授权的原则，对分公司下放经营权限和职责，各分公司都直接面对市场，充分发挥其能动性去整合资源，既夯实了向国际工程公司转型升级的组织基础，又带动各个业务板块产业链上下游企业的联合互补，为产业链上下游企业“走出去”开辟了更多的道路。如：中国能建广东院与华为公司共同开拓智慧能源业务，既带动了华为公司在高端制造领域的产品出口，又促进了中国能建广东院在技术服务领域的标准输出，双方合作在南美洲拿下的第一个项目的合同额就达到10亿元。另外，在共性技术研究方面，由中国能建广东院发起，与英国爱丁堡大学、英国碳捕集研究中心、香港清洁化石能源公司合作，旨在促进碳捕集与封存技术、清洁煤技术等的产业化推广，直接孵化的已中标的碳捕集项目合同额近3亿元，承建了亚洲首个燃煤电厂碳捕集测试平台项目，项目建成后，将每年减少20000吨二氧化碳排放。

成果创造人：罗必雄、黄志秋、夏文波、梁汉东、余　平、郁静红、伍广俭、梁慧玲、雷之光、高　洋、朱海成、田　帅

“重组整合、专业管控、价值回归”重塑区域商混行业新格局

南方新材料科技有限公司

南方新材料科技有限公司（以下简称南方新材料）是中国建材集团有限公司（以下简称中国建材集团）旗下南方水泥有限公司（以下简称南方水泥）的核心企业，成立于2015年3月，通过前期联合重组，下属商品混凝土（以下简称商混）企业90余家，分布在湖南省内11个地市，商混产能1.15亿立方，员工3000余人，是湖南省最大专业化商混及制品的生产、研发及销售集团。南方新材料经历了联合重组、商混与水泥协同发展、商混业务分立经营三个发展阶段，作为中国建材集团混合所有制改革的试点单位，积极践行“央企市营”模式，推进“管理创新、机制创新、技术创新”，通过“重组整合、专业管控、价值回归”重塑区域商混行业格局，为区域商混行业结构调整、转型升级探索了新路径。

一、推动行业重组整合，提高区域行业集中度

（一）混凝土行业重组整合的背景

混凝土是各类工程建设中不可或缺的重要基础原材料，湖南省混凝土行业历经二十余年发展，已形成年工业产值逾400亿元的大产业。2011年，湖南省商混企业约290家、商混产能约2.7亿立方（其中无资质非法商混企业约50家），商混企业基本覆盖省内每个县（区），整体产能利用率仅20-25%，低于全国35-40%平均产能利用率，远低于江浙区域45%产能利用率。湖南省商混行业存在企业多、规模小、产能严重过剩等问题，加之行业缺乏具有市场导向力的龙头企业，混凝土企业受上下游产业的多重挤压，导致市场恶性竞争、应收账款高位运行、行业没有话语权，企业效益严重下滑，部分企业破产倒闭。

湖南省城镇化率仅45.1%，低于全国平均水平6.2个百分点，远低于浙江省城镇化率59%、江苏省城镇化率55.6%。根据《湖南推进新型城镇化实施纲要》的计划，将建成长沙、衡阳、株洲、湘潭、岳阳、常德6个特大城市和郴州、益阳、永州、邵阳、娄底、怀化6个大城市，并大力推动县城和中心镇的提速发展，随着湖南社会经济的快速发展及城镇化进程加快，后续商混需求将逐步增长。在经济发展新常态下，商混行业正处于结构调整、发展转型的瓶颈期。

1.面临的突出问题

（1）企业散、小、乱，准入门槛低、产业集中度低，产品同质化现象严重，落后产能并存、市场恶性竞争，企业效益低迷。全省混凝土企业平均产能利用率在20%左右，其中长沙、

株洲、湘潭地区核心市场平均产能利用率在25%以下，企业间相互低价抢单、无序竞争、垫资赊销，市场协同极其困难。

（2）行业普遍采用垫资营销模式，应收账款居高不下，存在巨大的经营风险。据初步统计，湖南省混凝土企业累计应收账款约400亿元，单体企业应收账款在8000万元以上，个别企业超2亿元，且应收账款呈逐年叠加抬升态势，企业经营步履维艰，部分企业负债倒闭。

（3）砂、石等原材料价格逐年大幅上涨，部分地区暴涨至130元/吨以上，加之国家严格环保督查，砂石供应十分紧张，原材料保供难以到位、供货质量差，导致混凝土企业不堪重负，存在安全、环保及产品质量隐患。

（4）物流运输方式主要为企业自营、个人车辆及社会车辆参与，搅拌车、泵车的资产约占混凝土企业投资总额的70%（土地除外），但实际贡献的利润仅为企业利润总额10%左右，存在运营成本高、管理难度大、资产利用率低、保供服务受限、安全风险高等问题。

2.行业的发展趋势

（1）行业正从“大乱”向“大治”发展。混凝土行业经历简单、快速、无序增长后，产能严重过剩，市场需求逐渐萎缩，不断净化市场，向“高质、低速”发展；随着城市不断外扩，混凝土企业逐渐搬迁，向“减量提质，整合土地”发展；企业间恶性竞争不可持续，应收账款高、砂石资源紧张、环保压力大，向“行业自律”发展；装配式建筑、商混制品化等技术革新，挤占传统混凝土市场，向“延伸产业链”发展。参考发达国家混凝土行业发展经验，混凝土企业逐渐向上、下游行业发展，形成多业务支撑的产业集团。

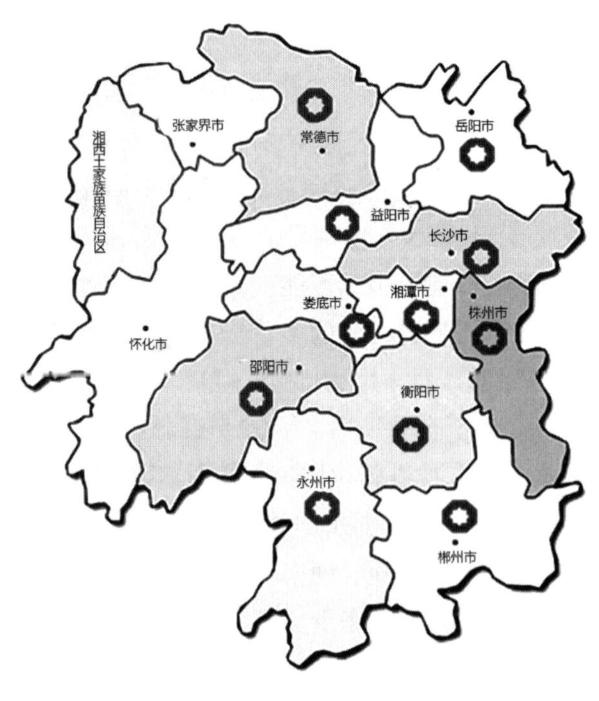

图1

（2）企业正从“低质”向“高端”发展。混凝土企业散、小、乱的形态，向“规模化、基地化、绿色环保”的清洁工厂转变；简单、粗放的生产方式，向“信息化、智能化、精细化”的生产管理转变；松散、垫资的销售模式，向“风险受控，现金或月结”的销售模式转变；分散、低效的物流运输，向“资源整合、互联网+、高效增值”的专业化转变；同质化、低端化的产品与服务，向“骨料、商混（砂浆）、制品一体化、竞争差异化、服务增值化”转变。国内大型混凝土企业如中建西部建设依托建筑行业以技术研发为发展动力，南京中联大力推动绿色环保、信息化建设，北京金隅等大型水泥集团将商混业务分立经营。

面对房地产去库存、新建项目萎缩、中央政府强力清收地方债务、地方政府主导的重点工程停滞、国家严格环保督查、建筑业技术革新带来严重冲击等形势，根据混凝土行业的发展规律和国家产业政策的要求，开展联合重组、优化市场格局、提升行业价值、引导行业健康发展势在必行。

（二）快速有序实施联合重组

2009年，中国建材集团根据“联合重组、优化布局、管理整合、市场协同、技术创新”的原则，大力推进实施水泥企业战略性联合重组，组建了南方水泥有限公司，创造了水泥行业联合重组、企业整合的经典范例。湖南南方水泥集团有限公司（简称湖南南方）是南方水泥有限公司的子公司，在湖南省内有水泥企业23家，水泥年产能3500万吨，是湖南省水泥行业规模最大的龙头企业。

2012年，湖南南方按照中国建材集团“商混化、制品化、特种化和高标号化”的总体规划要求，坚持“区域化、市场份额优先，水泥、商混一体化”发展原则，在巩固水泥业务既有核心利润基础上，重点推进商混业务联合重组。在水泥业务覆盖区域，以周边县(区)为重点，推进重组整合、建立核心利润区，逐步推进中心城区商混企业重组整合。

短短半年时间，湖南南方快速联合重组了如长沙中煌、华建、兆星等一批业内影响力强的优质商混企业103家，商混产能迅速跃增至1.15亿方，占湖南省商混总产能45%（其中长沙、株洲、湘潭地区占总产能60%），显著提升了行业集中度，湖南南方成为湖南省规模最大的水泥、商混生产及销售集团，形成了水泥与商混业务互动发展、互为支撑的新局面。

大规模联合重组获得成功，得益于国家对水泥、商混等过剩产业的政策支持，鼓励大型企业推动兼并重组，提高产业集中度和规模效益；得益于中国建材集团、南方水泥对行业现状的充分认识，和对未来发展方向的清晰判断，以及“区域化、盈利优先、保护支持水泥销售渠道、构建核心利润区”的商混业务发展策略与经营定位。

二、推动商混业务深度整合，建立专业化管控体系

（一）商混业务整合背景

为有效推动商混业务的整合与管控，湖南南方本部设立商混运营管理中心（混凝土事业部），下辖14个区域运营中心（非法人管理机构，地级市内5家以上商混企业、年产能300万方以上组建区域运营中心），推进“人力资源、财务、市场销售、物资采购、生产技术”五集中管理，逐步规范各项管理制度与流程，开展预算对标与绩效考核，严控应收账款，推动行业自律。前期联合重组虽然快速整合了产能，但对大型商混业务的经营管理还处于摸索阶段，国内外也缺乏可供借鉴的成熟管理模式，尤其是面对复杂的内、外部经营环境，商混业务亟待

进一步深度整合，商混业务的经营管理存在以下问题：

一是定位不明。联合重组初期仅将商混企业作为水泥企业的销售渠道，商混企业定位不明逐渐丧失市场竞争优势。

二是机制僵化。未建立适应商混经营的管理模式，未有效整合“产、供、销、人、财、物”等资源，出现“一管就死、一放就乱”的现象，优秀人员大量流失，企业失去竞争力。

三是发展受限。对商混业务缺乏深入的研究与分析，加上内部审批流程长、业务管理不精细、流程相对固化等因素，企业发展转型滞缓，行业影响力不强。

四是观念冲突。干部员工队伍来源复杂，各种观念杂糅和冲突，各自的经营理念不同，尤其是“老板”文化盛行，导致中国建材集团的企业文化未完全落地，团队执行力不强，部分关键环节管控不到位。

（二）商混业务经营分析

1.商混行业经营分析

（1）混凝土、水泥行业的差异

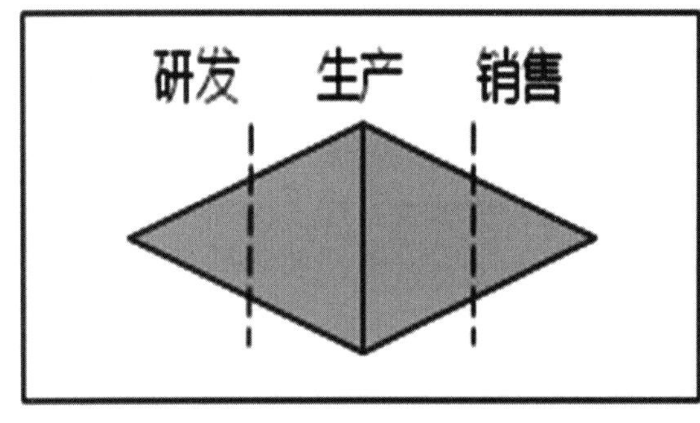

图2 水泥行业的特点

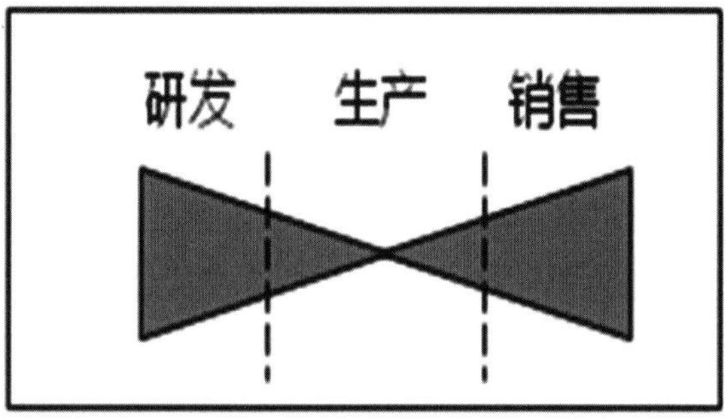

图3 混凝土行业的特点

水泥企业的特点呈“菱形”，重生产、轻研发与销售；混凝土企业的特点呈“梭形”，重销售与研发轻生产。

行业属性：水泥企业属典型的生产制造业。混凝土企业隶属于建筑行业，由于其生产经营的特点，兼具加工与服务的双重特性。

产品特点：水泥行业历经百余年发展，生产工艺与管理较为成熟，产品标准化程度高。混凝土是即时生产、即时发货、限时使用的半成品，根据客户的需求进行配置。

市场营销：水泥企业投资规模较大，新增产能短时间内难以形成，销售半径150公里左右，市场控制能力及价格主导能力强，营销模式为中间商代理、现金结算、大客户授信，基本没有应收账款。混凝土属于“短腿”产品，市场半径一般为20公里左右，营销模式为垫资赊销，营销手段主要是靠关系、拼价格、比垫资，存在回款周期长、垫资风险高、中间环节费用高的特点，具有明显的地域特征。

关键要素：水泥企业“资本、装备、生产管理、矿山资源”是核心竞争力，生产成本是关键因素，重“围墙”内的管理。混凝土企业“配合比、销售、风控”是关键，销售更是重中之重，除“围墙”内的管理外，更重“围墙”外的服务。

（2）商混企业全流程分析

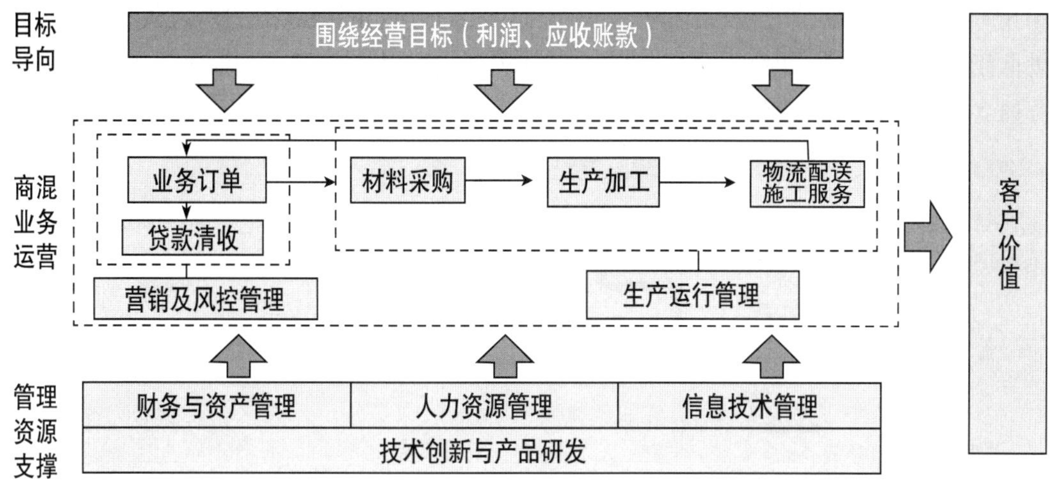

图4

商混企业围绕利润、应收账款等经营目标，根据业务订单完成材料采购、生产加工、物流与服务、货款清收等业务流程，通过财务、人力资源、信息技术、产品研发等管理资源支撑，重点把握好营销、风控、生产运行管理，才能实现客户价值、创造经营效益。

（3）商混全产业链分析

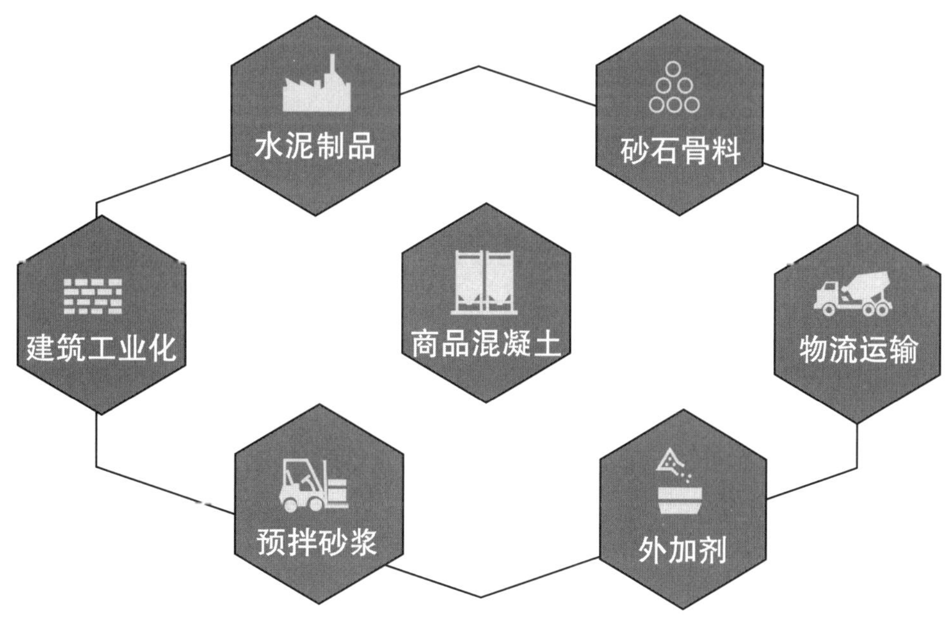

图5

商混全产业链包括商混生产制造、物流运输，及砂石骨料、预拌砂浆、外加剂、建筑工业化等上下游产业，围绕商品混凝土核心业务有效拓展相关产业，将实现效益增值、相互支撑、协同发展的产业体系。

2.南方新材料经营分析

（1）关键因素分析

销量对利润的影响。在考虑市场综合单价的前提下，如南方新材料产能发挥率低于15%、月销量低于 100万立方将出现亏损，月销量在150万立方以上单方净利润为30元/立方以上（有利于分摊各项成本费用），因此拥有“市场”和营销“手段”，才是真正的关键与核心。

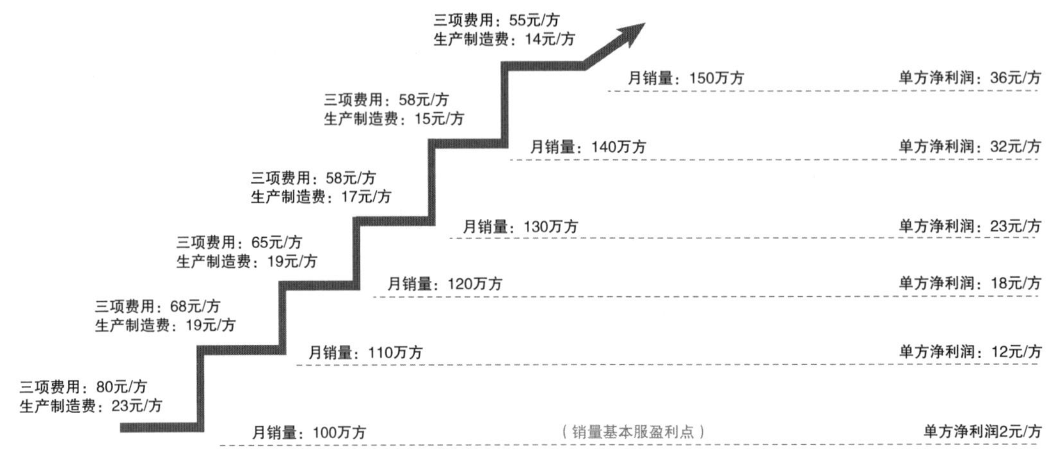

图6

成本对利润的影响。骨料、水泥等原材料占总成本73%，骨料为垫资采购将影响混凝土成本10-20元/立方；销售业务剥离了接单泵送施工服务，泵送施工服务剥离造成8-10元/立方的服务增值流失。如整合商混业务产业链增值服务，改变骨料采购方式、实现物流（含泵送）专业化管理，将提高20-30元/立方的利润。

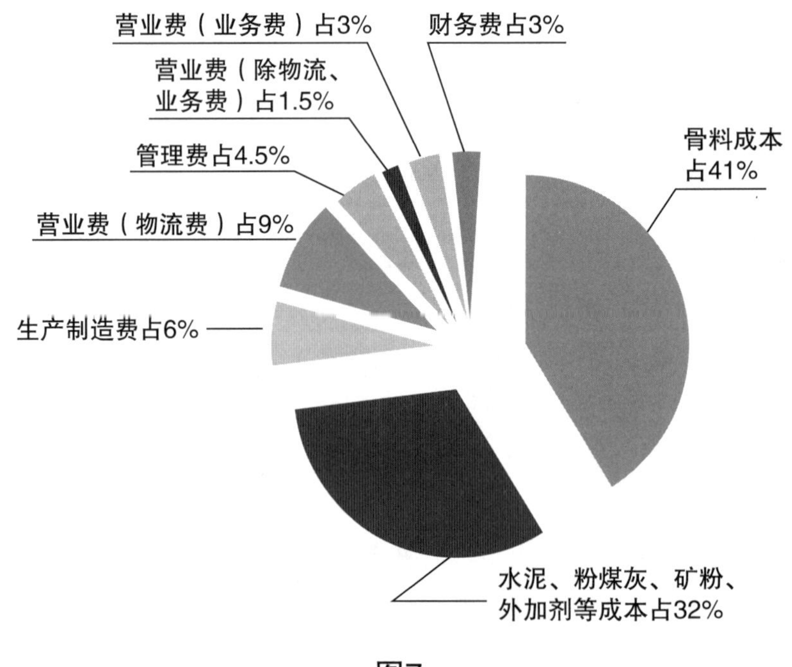

图7

应收账款对利润的影响。目前商混行业采用垫资营销，垫资能力影响市场拓展，因此应收账款既是一种负担，也是一种有效的杠杆资源。只有垫资销售所获的利润大于资金成本，并快速收回应收账款，同时有效管控应收账款风险，才能获得盈利及业务增长，因此缩短应收账款账龄是增加利润、控制风险的重要手段。

质量与安全对利润的影响。安全是企业经营发展的保障，质量是企业生存之本，重大质量事故不仅带来巨额经济赔偿，企业还将被取消生产资质。

（2）管控要素分析

人。需要综合管理能力强、有责任心和社会资源的“人”，重点要选好企业总经理同时加强后备干部的培养，核心骨干职业化、专业化、年轻化，要打造一支“狼性”销售队伍。

市场。重点是“销量”，没有销量就没有市场份额、价格主导权及行业话语权，要坚持营销为龙头的经营理念，全面优化配置营销资源。

成本。重点是“采购成本”，与大型供应商战略合作获得最优惠采购价及支付方式，以低于市场价格向各商混企业配送原材料，实现统购统付，通过自有骨料基地实现保供，并建立完备的物流体系。

风险。重点是“全过程风险”，包括企业应收账款、质量、安全等风险。应收账款风险，包括呆坏账、价格差异及供需双方对质量事故认识差异导致的应收账款；质量风险，包括混凝土质量事故及质量损失；安全风险主要是物流运输的交通安全、企业安全生产。

体制机制。重点是“搞活”，落实经营管理主体责任，优化管理体制、经营机制、市场策略及分配机制，处理好集中管控与授权管理。

（三）商混业务专业管控

混凝土行业与水泥行业是两个完全不同的行业，而混凝土行业更有其独特的经营特性。基于商混全价值链分析，通过专业化管理、市场化经营，能大幅提升商混业务的盈利能力；基于全过程风险管控，坚持“对外确权、对内确责”的原则，能有效规避应收账款风险；构建完整的“骨料-商混-构件制品”混凝土工业体系，是提升竞争力、实现可持续发展的必然趋势。

2015年，按照国务院国资委混合所有制试点部署，中国建材集团将湖南南方的商混业务分立，成立南方新材料科技有限公司，探索建立商混专业化管控体系。南方新材料根据混凝土行业的经营特点、地域特征，根据商混业务“全价值链、全过程风险管控、全产业链经营”分析，通过“专业化管理、市场化经营、产业链延伸”，紧抓“人、市场、风险、成本、体制机制”关键点，提升企业运行质量、增强企业发展活力、厚植企业可持续发展基础，努力建设“业绩优秀、技术领先、管理一流、品牌知名”的新材料公司。

1.专业化管理：向全面精细化管理转变

（1）压减整合，提升组织竞争力

根据中国建材集团“三五”管理模式和南方水泥商混业务组织体系要求，结合南方新材料商混企业多、分布广的特点，公司本部设置行政人事部、财务审计部、营销管理部、生产技术部、采购部、发展部六个职能部门对“产、供、销”等业务集中管控。

按“市场、成本、效益”的原则，实行区域“总—分”公司模式，每个地级、县级市选择一家自有土地、市场影响力强、经营效益好的企业作为区域法人公司，区域内3-5家企业保留生产资质，注销企业法人作为区域分公司，大幅压减企业法人，统一公司名称及VI标识，深化“人力资源、财务、销售、采购集中、技术”五集中管理，充分发挥资源聚集效应，实现管理扁平化和效益最大化，从联合重组为背景的粗放管理，向精细管理转变。

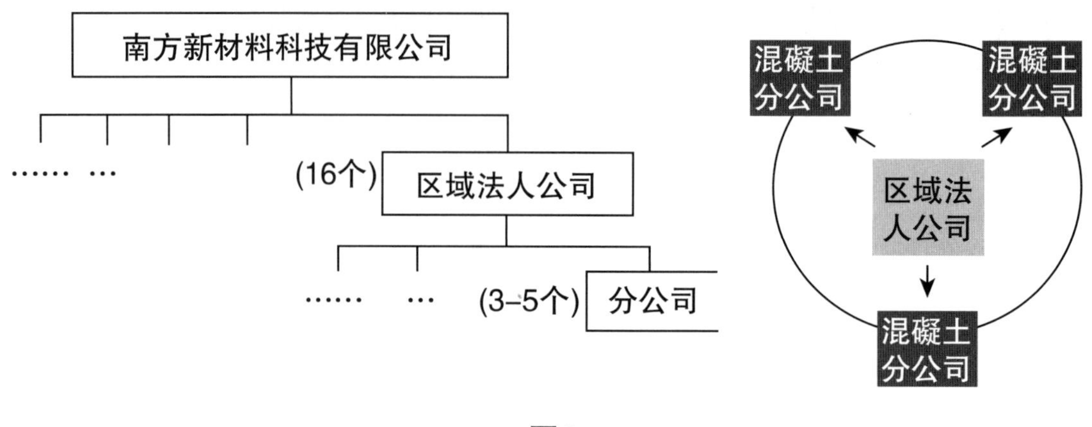

图8

压减法人。首先取得长沙市住建委“设立总分公司并保留合法资质”的书面批复，之后迅速获得了其他地市住建部门的批复，在国内混凝土行业率先破解“一企业法人一生产资质”的瓶颈。与当地税务部门反复沟通，取得流转税在原地、所得税汇总缴纳的政策。与省、市各级工商部门多次协调，企业更名全部通过。制订《管理整合方案》《压减工作指引》等系列制度，倒逼关键时点把控重点环节，行政人事负责工商变更、财务负责协调税务、销售和生产配合业务衔接。截至2018年6月底已压减61家法人企业，7家正在办理税务清算。

三定四减。不断优化“定机构、定职能、定编制”三定工作，深入开展“减层级、减机构、减冗员、减公车”四减工作。减层级，撤销各区域运营中心（非法人管理机构），落实区域总、分公司模式，根据市场半径推行小区域管理；减机构，区域法人公司设置综合管理部、财务部、生产技术部、营销管理部四个部门，将原行政人事、采购和生产部门合并为综合管理部，区域分公司设生产部、试验室两个部门；减冗员，按人均劳动生产率8000立方/人.年核定各区域总人数，区域法人公司经营班子配置一正两副，总经理主管全面，两个副职分管营销、生产，取消专职行政副总，各部门仅配置一名正职，定员为36人+N+Y（N：会计，Y：业务员），区域分公司配置一名负责人，定员为27人+Y（Y：业务员）；减公车，全面清理各企业公车，累计减少公车90余辆。

（2）立体营销，提升市场竞争力

网格管理。公司营销管理部根据市场情况与年度目标，逐月下达营销计划并督查落实，整体部署和分享市场信息，推动与政府、央企、银行的战略合作。各区域法人公司协调区域内营销业务，多渠道、地毯式收集项目信息，建立丢单责任追究制度。各区域分公司梳理企业周边项目，协调对接、及时保供、优化服务。

监督指导。建立合同储备制度，每月根据标准单耗、原材料成本等指标，分析价格与成本的盈亏，确定各区域销价的上下限及费用标准，形成数字化的价格管理标尺。

服务保供。做好售前、售中及售后服务，各企业均成立技术服务保障工作组，全天候跟踪及现场解决问题，提前安排物流车辆并动态监管，确保按时供应混凝土，提升企业服务水平，树立良好品牌形象。

（3）确权确责，提升风险控制力

建立“全过程风险管控”体系，做到事前防范、事中管理、事后处理，明确风险识别、评估、控制、处理等流程，强化财务、业务、法务等相关风险管控职责，将营销与风控的职能分开，财务负责跟踪与监管。企业总经理作为风险管控第一责任人，紧抓合同管理、收发货单管理、对账管理、授权书管理、票据及收款管理、客户资信管理等关键环节。

夯实基础。制定和下发系列风险管理制度，发布营销、风险管控禁令，确定完工逾期应收账款控制红线。根据客户资信情况，建立信用评价等级，合理控制垫资额度。理顺风险管控职能，规范律师事务所管理。开展多轮基础管理工作大检查，重点督查移交诉讼及逾期1年以上应收账款，有效提高应收账款对账率。

全面清理。按“对外确权、对内确责”的原则，应收账款对外确定债权人及各项资料，对内确定责任人及各种手续。逐企业清查所有应收账款，规范各类合同项目，加大法务清收力度，财务常态化对账抽查，规范营销居间费用。

高压回款。层层分解回款指标，将年度销售回款率和年末应收账款占比指标纳入目标责任经营考核，制订年度、月度、专项回款奖罚方案。应收账款有偿占用，超额部分按年息12%计算占用费，抵扣各区域年度净利润指标。紧盯每日、每周、每月回款进度，紧抓传统节日回款，应收账款结构不断优化，应收账款年化占比同比去年下降21%。

分片联点。成立应收账款管控领导小组，公司经营班子分片联点，组织业务部门、各企业厘清应收账款结构，形成专项分析报告，重点项目风险预警，督导各企业明确责任人、时间节点，并迅速整改到位。

（4）降本增效，提升成本竞争力

管理制度化。编制和下发系列制度，规范生产经营全流程管理，严控消耗、费用，集中管控资金，确保安且生产及产品质量。

生产信息化。建立本部、区域法人公司及生产企业两级信息化管理平台，实现产供销业务流程闭环管理、报表自动生成、数据实时分析、手机在线审批查询，及消耗、授信超标、物流运输异常等预警，梳理了15项标准、13项流程，建立了3种表单、22类报表、8种共享数据标准。

消耗标准化。确定各类原材料的消耗标准，砂石骨料以主机楼配料数量结算，外加剂按吨结算价与单方消耗成本双重管理，定期盘点推行零库存。

配比精细化。建立公司生产技术部（技术中心）、区域法人企业生产技术部（中心试验室）、区域分公司（试验室）三级质量管理体系配合比报审管理体系，公司总部实时监控，区域法人企业统一技术服务管理。研发高强度、高性能混凝土产品，推广和应用新技术。

费用定额化。对生产运营各项费用分类管理、制定标准，实现标准统一同类可比，不同类指标同比下降15%。严格执行以收定支、定时支付的资金管理制度，确保营运资金良性循环，与银行合作推广电子票据，开展供应链融资，增加银行授信额度。25家企业税务评级为A级，通过压减整合、高新企业认证、资产租赁等方式，每年节约税费4000余万元。

（5）创优升级，提升可持续发展力

环保改造。40家商混企业完成环保技改，长沙西南方新材料恒昌分公司是长沙市住建委第一家验收合格的就地环保升级改造企业，并作为长沙市混凝土场站环保提质改造示范站。环保技改企业搅拌楼、原材料堆场封闭管理，环保设施与设备齐全，废渣废水零排放、废气达标排放、搅拌车净车出厂，不仅提升了企业形象，每企业年回收砂石15万吨、渣土清运费下降80%。2家企业获“国家高新企业技术认证”，5家企业获“国家绿色建材生产企业认证”，3家企业获“湖南省绿色建材生产企业认证”；1家企业获“二级安全生产标准化认证”，14家企业获“三级安全生产标准化认证”；两家企业的混凝土产品，被评为湖南省名牌产品。

优化布局。按“市场覆盖、减量提质”的原则，各区域规划三至四个大型生产基地，长沙地区重点打造北部新港片区、西部湘江新区、南部天心及雨花片区、东部长沙县片区，株洲、湘潭地区分别整合成四大生产基地，每区域重点打造1家示范性商混企业。

核心利润区。常德、长沙、株洲、湘潭、宁乡、浏阳、邵阳区域逐步建设为年净利润5000万元以上的一类企业，衡阳、郴州、益阳区域逐步建设为年净利润2000万元至5000万元的二类企业，岳阳、娄底等区域逐步建设为年净利润1000万元以上的三类企业。按“增量增效一批，整合提升一批，脱困减亏一批，停产止损一批”的要求，重点帮扶绩效落后企业，县级亏损企业承包经营。

净车出厂搅拌楼密封作业

废水循环利用

原材料堆场封闭

图9

2.市场化经营：向充满活力的经营机制转变

（1）目标责任经营

南方新材料全面推行目标责任经营，明确企业的责、权、利，企业管理团队缴纳风险保证金与经营业绩“深度捆绑”，激发企业经营活力，经营效益明显提升。

明确方式。在充分调研和讨论的基础上，根据市场情况及年度目标，南方新材料与下属各企业签订《目标责任经营书》，将利润、应收账款占比作为主要考核指标，企业经营团队按比例缴纳风险保证金，实现责任、利益、风险一致。

坚守红线。一是坚守财务控制红线，资金严格按收支两条线集中管理，不得企业体外循环；二是坚守营销控制红线，执行统一的销售政策，服从市场协同，不得无序竞争；三是坚守采购控制红线，限价内集中定点采购，严格材料盘存，不得关联交易；四是坚守人力资源控制红线，落实工效挂钩并控制工资总额；五是坚守印信控制红线，企业印鉴、权证、合同及结算单据原件等重要资料，统一集中管理。

狠抓落实。一是落实责任主体，选聘企业负责人，择优组建经营团队，明确责任主体；二是落实经营方案，科学制定工作目标，细化分解到每个企业；三是落实监督管理，严格执行公司各项制度，有效管控经营各环节；四是落实对标考核，逐指标分析差距，业绩与薪酬绩效挂钩；五是落实服务保供，提升企业服务能力。

（2）灵活营销策略

面对产能严重过剩、竞争异常激烈的市场环境，南方新材料以“量”为基础、“价”为抓手，根据企业盈亏平衡点，采用差异化营销策略。

“量、本、利”策略。常德、邵阳、宁乡等区域利用配套骨料、成本受控的优势，积极抢量稳定价格，提升市场占有率。

“价、本、利”策略。株洲、益阳等区域市场影响力强，积极主导协会涨价提高盈利。

“量、价、本、利”策略。长株潭、衡阳区域产能占比较大、市场协同存在不确定性，协同涨价前以“量本利”策略抢占市场份额，协同涨价后采用“价本利”维护价格提高盈利。

（3）优化激励机制

完善激励方案。根据产能发挥率、利润指标确定企业类别及薪酬标准，月度绩效考核突出利润、应收账款指标，单项考核指标上不封顶、下不保底，加大管理人员的考核力度，确保一线员工的基本工资。设置超额利润奖，年末按超额比例进行奖励。

优化薪酬分配。员工薪酬标准与产能发挥率、利润指标挂钩并动态管理，同职位销售、生产管理人员的薪酬标准高于行政、采购人员，试验室员工的薪酬标准略高于生产人员。销售员实行独立的薪酬绩效考核体系，按“基薪+提成”模式，严格考核淘汰。

落实“五比五对标”。企业各项指标与计划比、与上月比、与去年同期比、与兄弟单位比、与同区域非南方企业比，每月召开对标分析会，寻找差距、分析原因并整改到位。

（4）完善用人机制

选拔人才。定期内部人才盘点，选拔优秀人员作为企业的核心骨干，并给予充分发挥能力的舞台。面向社会选聘一批熟悉商混经营、有社会资源、业务水平高和责任心强的优秀人员，充实到干部队伍。内、外销售并举，建立外部销售团队，实施全员营销。中层以上干部竞争上岗实现“能者上”，核心员工本地化、专业化、年轻化，对应市场化的薪酬和选聘体系，打造高效的职业经理人队伍。

职业发展。财务、试验室岗位试点职业双通道，建立营销、技术、管理等后备人才梯队。

（5）深化集中采购

公司采购部向各区域委派采购人员并进行垂直管理，与大型供应商战略合作获得最优惠价格及支付方式，公司向各企业统一配送原材料，实现公司统购、统付，内部采购市场化。推动以货易货，促进产业链上下游产品价值互换，开辟新盈利增长点。

3.产业链延伸：向以混凝土为核心的多产业支撑发展

（1）骨料规模化发展。贯彻“创新、协调、绿色、开放、共享”的发展理念，由国内行业顶级设计院进行设计，引进国内外先进技术及设备，对矿石进行精加工和深加工，配置光伏发电等新能源技术，充分利用资源实现“无废矿山”，根据矿山地形、地貌恢复成农田、湿地公园、水上公园或森林公园，推进绿色环保骨料基地建设。

（2）物流专业化发展。已组建物流公司，逐步打造“互联网+物流”平台。首先接入长沙地区的运输业务，规范流程实现标准化操作；之后完善物流平台，分步接入公司其他下属区域业务，再逐步承接省内其他混凝土供应商的物流服务。

（3）生产基地化发展。按市场覆盖原则，各区域购置土地，规划三至四个大型商混生产线，与砂石公司联合经营大型砂场，配套干粉砂浆生产线，试点装配式建筑工厂，建设绿色环保、智能化的大型综合生产基地。

4.商混产业一体化发展规划

未来三年内，要实现商混年销量增长10%以上、骨料年销量2000万吨以上、年净利润10亿元以上、应收账款占比50%以下，逐步形成商混及砂浆、骨料、复合掺和料、外加剂、水泥制品、互联网+物流等新材料产业集团，成为国内混凝土行业的标杆企业。

（1）商混发展规划：建设绿色环保站及智能化工厂，商混年销量增升10%以上。

（2）骨料发展规划：建设大型绿色骨料基地，骨料年销量2000万吨以上。

（3）物流发展规划：打造“互联网+物流”平台。

（4）其他产业发展规划：建设年产能150万吨干粉砂浆生产线、年产能100万吨复合掺和料生产线、年产能5万吨外加剂生产线，试点装配式建筑工厂及混凝土管桩生产线。

图10 一体化生产基地示意图

三、推动行业优化升级，实现行业价值回归

近几年，湖南省混凝土产能急剧扩增，据不完全统计有资质的混凝土企业约500家、无资质非法混凝土企业约200余家，企业无序扩张、市场需求下降、产能严重过剩，不仅严重扰乱混凝土市场秩序，还带来了严重的质量和安全隐患。

当前，混凝土行业正处于从“乱”到“治”的进程中，只有充分把握混凝土行业的发展规律，成为行业整合的领军者、产业升级的创造者，引导全行业形成共识让混凝土产业回归理性发展，改善混凝土产业的生存与发展环境，提高行业的尊严与价值，才能实现企业的利益并获得成长空间。

南方新材料作为湖南混凝土行业的龙头企业，深入践行中国建材集团“行业利益高于企业利益，企业利益孕于行业利益之中”的理念，积极组建省、市行业协会体系，占领行业制高点、发挥行业引领作用，带头关闭富余产能，带头稳定市场价格，带头整合市场，带头增加行业集中度，带头促进企业间协作，带头推动行业转型发展，基本遏制湖南混凝土行业无序竞争、滥批乱建的“怪象”，逐步强力扭转行业垫资营销的“恶性”经营环境，推进行业向绿色环保、智能制造转型升级。

（一）组建省、市协会体系，发挥行业领军作用

2017年，南方新材料发起成立湖南省混凝土与水泥制品协会，300余家会员企业积极参与，南方新材料当选为会长单位。各地市商混协会在省协会的指导下进行换届，南方新材料下属各区域的总经理，当选为本地商混协会的会长、执行会长或秘书长。各级协会履行组织、协调、服务、监管等职能，加强企业间合作，成为政府与企业的桥梁和纽带。

（二）规范行业秩序，构建行业自律机制

净化市场。凝聚政府、企业、媒体等多方合力，从源头整治市场环境，呼吁政府打击无资质非法“黑站”。长沙市政府强制关停和拆除长沙市区黑站74家、宁乡地区“黑站”40余家，各地政府严格查处“黑站”，在湖南省内掀起声势浩大的“打黑风暴”。

严控新增。参与政府规划混凝土产业发展方案，完善行业标准、企业标准、产品标准，通过政府引导、企业自愿和市场化运作，开展产能置换指标交易，淘汰工艺落后的混凝土企业，基本控制湖南省各地不再新增商混企业，

合作协调。规范协会内部销量分配、价格调整、多方联动、监督约束等运行机制，逐步建立行业内商混企业信用评级制度。湘潭与株洲、长沙与岳阳湘阴、益阳与宁乡跨地区供货得到根本扭转，株洲、益阳等地区实行方量均衡调剂制度，推广永州东安县“先款后货”的结算模式，长沙商混协会落实第一合同制及价格指导为主体的行业自律公约。

市场协同。在产能发挥率不低于其他企业的情况下，南方新材料依托协会平台，以省会长沙作为关键突破口，利用砂石涨价、环保督查停产整顿的契机，在全省范围内推动多轮复价、涨价，2018年上半年平均售价同比2016年上涨152元/立方（增幅52%）。

（三）转变经营业态，加快行业协调发展

政策支持。通过协会平台，将商混行业整治意见列入湖南省《关于促进建材工业稳增长

调结构增效益的实施意见》中，起草的商混行业发展提案纳入湖南省人大重点提案中，将商混行业发展意见纳入湖南省“十三五”规划中。

转变模式。常德、邵阳区域大力开展现金单交易，益阳区域实行货款月结月清模式，株洲、湘潭等区域探索协会统一销售模式，逐步压降行业应收账款，扭转垫资营销的经营环境。

转型升级。南方新材料创建标杆企业、建设大型生产基地，发挥示范引领作用，推动行业向绿色环保、智能制造转型升级，推进混凝土产品“绿色化、制品化、特种化、高端化”发展。

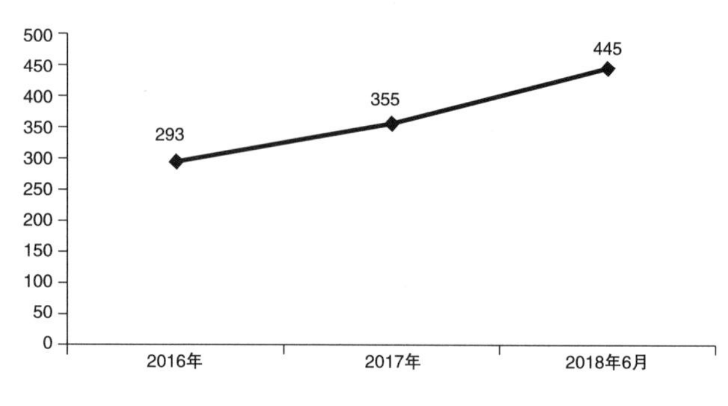

图11　成立湖南省混凝土与水泥制品协会销价理性回归（单位：元/立方）

四、商混业务、行业整合的实施效果

南方新材料通过联合重组，商混产能从“无”到“大”，成为区域商混行业的龙头企业，提高了行业集中度；通过业务整合，逐步构建商混专业化管控体系，推动大型商混企业集约化发展，经营效益稳步提升、成本费用明显下降、市场影响日益增强；通过重塑行业格局，发挥行业领军作用，促进了区域商混行业结构调整、优化升级，实现行业价值回归、提升了行业贡献度，引领区域商混行业健康发展。

（一）重塑行业格局，提升了行业价值

1.提高行业集中度。通过大规模联合重组，改变了原民营资本主导、过于分散的格局，形成了以南方新材料、中建西部建设等国企为龙头的大型商混集团，提高了行业集中度。率先开展“以电控税”的缴税模式，大力推动行业公平税赋，行业平均税收比联合重组前提升了11元/立方，显著提升了行业贡献度。

2.转变行业经营业态。南方新材料充分发挥行业影响力，首创省级混凝土行业协会市场协同模式，推动商品混凝土价格理性回归，促进区域商混行业逐步从无序竞争向有序竞合转变。推动行业供给侧改革，凝聚多方合力与共识，争取地方政府政策，遏制新增产能，全省行业平均产能利用率、经营效益大幅提升。通过协会平台，引导行业主动转变商业模式，逐步扭转垫资赊销的营销环境，形成了多赢共生、和谐发展的区域性行业发展新局面。

3.优化区域产业布局。南方新材料主动承担社会责任，根据湖南商混行业专项整治及规划要求，主动关停部分商混企业，规划建设示范性商混基地，快速完成在营商混企业的环保技改，下属多家企业获当地“十佳企业”“安全生产先进单位”“诚信企业”等荣誉。积极参与当地政府规划混凝土产业发展方案，推动政府加大淘汰落后产能的力度，逐步优化区域产业布局。

（二）全面提质增效，提升企业核心竞争力

南方新材料面对行业产能严重过剩、国家严格环保督查、原材料价格暴涨、工程项目开工不足等艰难形势，经营效益稳步提升、成本费用明显下降、市场影响日益增强。2012年-2018年6月，累计销售商混1.2亿立方，实现销售收入380亿元，上缴税费23亿元。

1.经营效益稳步提升

（1）混凝土销量：2017年同比2016年增长40万立方（增幅5%），2018年上半年同比2015年增长102万立方（增幅15%）。

（2）平均产能利用率：2017年同比2016年增长4%，2018年上半年平均产能利用率同比2015年增长6%，其中常德、浏阳、宁乡、邵阳等区域单站产能利用率50%以上。

（3）单方毛利：2017年同比2016年增长6元/立方（增幅8%），2018年上半年同比2015年增长28元/ 立方（增幅36%）。图表单位：元/立方

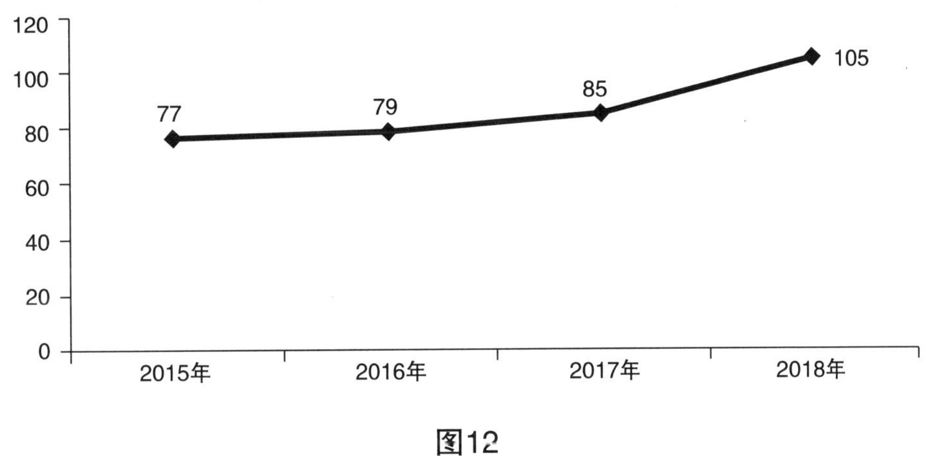

图12

（4）应收账款占最近一年销售收入比重：2017年同比2016年下降10%，2018年上半年同比2015年下降15%。

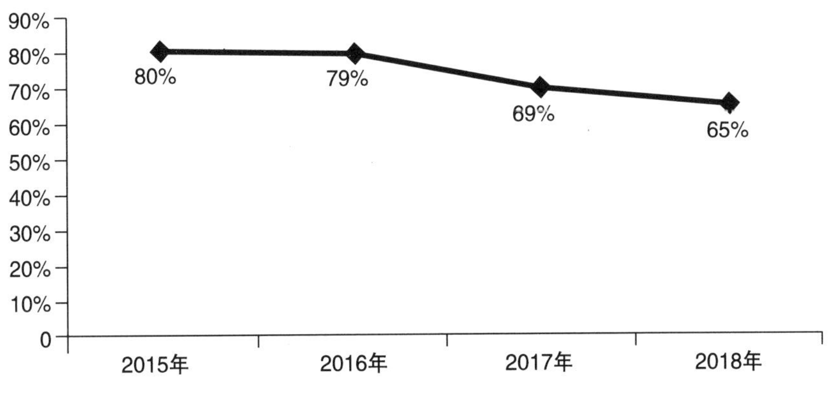

图13

2.成本费用明显下降

（1）三项费用（管理费用、营业费用、财务费用）：2017年同比2016年下降5元/立方（降幅7%），2018年上半年同比2015年下降11元/立方（降幅15%）。图表单位：元/立方

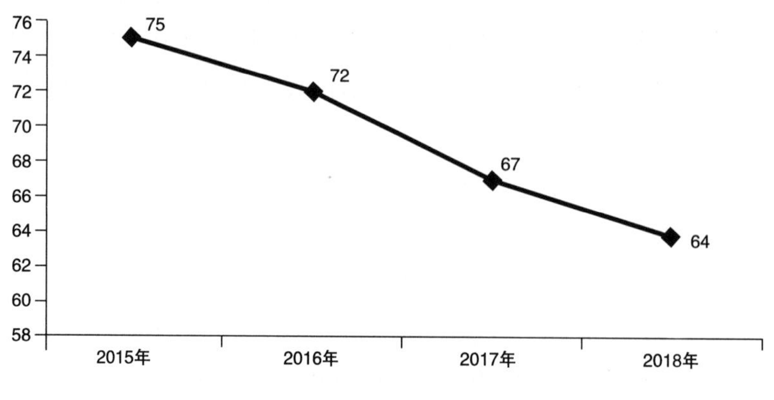

图14

（2）综合物流运输费用：2017年同比2016年下降5元/立方（降幅15%），2018年上半年同比2015年下降12元/立方（降幅32%）。图表单位：元/立方

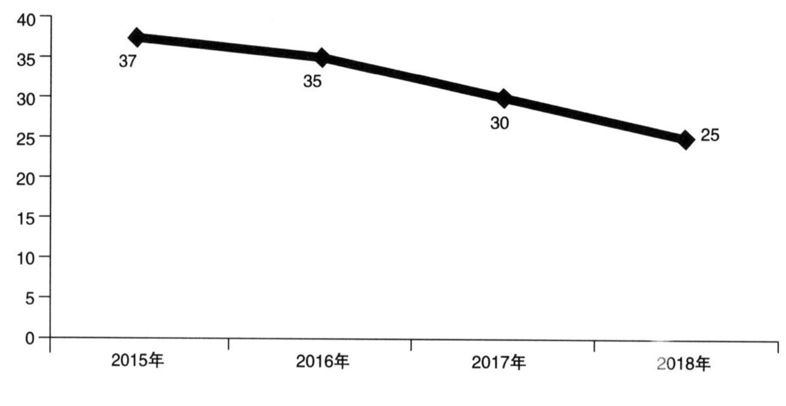

图15

（3）单方消耗：2017年同比2016年下降10公斤/立方，2018年上半年同比2015年下降70公斤/立方。图表单位：公斤/立方

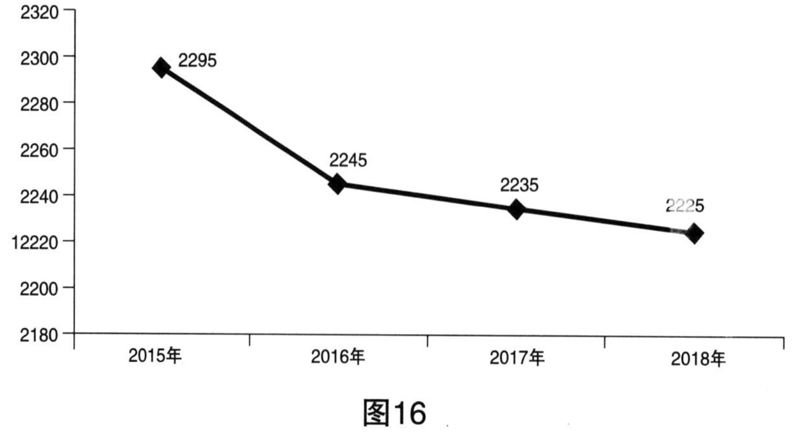

图16

（4）员工人数：2018年上半年同比2015年减少1380人（降幅38%）。

劳动生产率：2018年上半年7200立方/人（同比2015年增长2900立方/人，增幅67%）。

人工成本：2018年上半年同比2015年下降10元/立方（降幅28%），人均工资同比2015年增长0.3万元/人（增幅9%）。

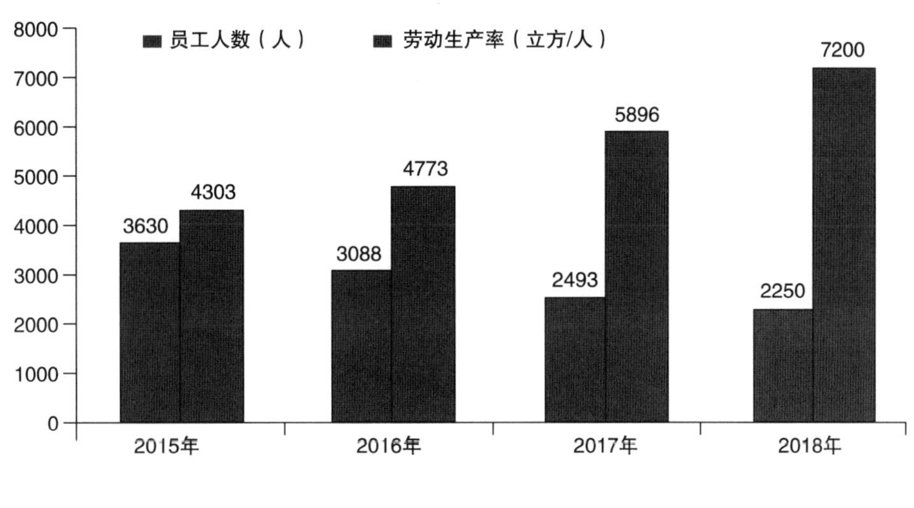

图17

3.市场影响日益增强

（1）常德、长沙、株洲等优势区域保持良好发展势头，宁乡、湘潭、邵阳、益阳、娄底等区域的经营业绩快速提升，企业盈利结构逐步优化。

（2）管理机构精简高效、市场反应迅速、决策行动到位，商混集团化管控优势逐步体现，企业核心竞争力不断提升。

成果创造人：肖家祥、谭志雄、张剑星、符　林、陈小和、徐宗望、郑　维、谭　俊

以提质增效为目标的中国海油炼化产业重组改革

中海石油炼化有限责任公司

中海石油炼化有限责任公司（以下简称炼化公司）是中国海洋石油总公司（以下简称中国海油）所属全资公司，2005年11月在北京成立，2015年底全面实施炼化产业改革重组，主要业务包括石油炼制，石油化工和盐化工的产品生产、销售、储运，炼化科技研发，炼化工程设计等，是中国海油“上下游一体化”产业格局中下游产业的重要代表，在实现中国海油建设中国特色国际一流能源公司战略目标中承担着重要的责任和使命。截至2018年6月底，中海炼化原油一次加工能力超5000万吨，乙烯产能220万吨/年，PX产能100万吨/年，重交沥青产能400万吨，润滑油（基础油）产能150万吨/年，原盐产能200万吨/年，纯碱产能280万吨/年。炼油和乙烯的生产能力位居国内第三位，沥青、盐化工的生产能力位居国内前列；以“中海油36-1”重交道路沥青等为代表的炼化产品得到行业和市场的高度认可，以成品油销售为代表的营销网络加速拓展，中国海油品牌价值持续提升。截至2018年6月底，资产总额1261亿元，从业人员2.16万人。

一、重组整合的背景

（一）响应中央要求，顺应国家产业政策和行业发展趋势的需要

推进供给侧结构性改革，是党中央综合研判世界经济形势和我国经济发展新常态做出的重大决策，其重要任务是推进“三去一降一补”，其中国企深化改革是“去产能”的关键环节。“十二五”以来，炼化行业持续高速增长，以致供需形势发生根本性变化，出现严重的产能过剩问题，企业效益锐减甚至全行业陷入亏损，随着炼化产业产能过剩的日益严重，规模化生产和专业化生产变得越来越重要。为顺应国家产业政策和行业发展趋势，适应市场经济发展和国际竞争的要求，实现国有资产保值增值，中国海油必须改变固有的企业经营管理模式，进一步对炼化产业进行优化整合，加快产业结构调整和转型升级，适应国家和行业的需要。

（二）落实战略目标，建设中国特色国际一流能源公司的需要

炼化产业是上游业务的补充和拓展，是支撑上游业务实现价值增值的重要环节。中国海油炼化产业在近几年得到了突飞猛进的发展，但对比上游产业，炼化产业各企业独立分散、营销资源相对弱小的经营局面既与上游产业在发展规模、发展质量等方面存在差距，也影响和制约着炼化产业目标的实现，不符合“上下游一体化”发展的战略要求。为贯彻落实中国特色国际一流能源公司的战略部署，实现产业链有效增值，要求在产业发展中，坚持集团效益最大化

的原则，持续优化产业结构，实现面向“做强做优”的产业转型，实现高效管理和对资源进行统一优化配置，包括对管理资源、人力资源、技术资源、原料采购资源、产品销售资源等的集中管理和优化配置，以形成集中发展的合力。

（三）转换体制机制，促进企业有质量、有效益、可持续健康发展的需要

中国海油的炼化产业由于历史的定位和客观历史条件，为快速发展走了一条内涵式发展和外延式扩张相结合的“差异化”发展之路，形成了规模分散、形式粗放、内部竞争的业务格局，产业总体来看资产质量不高，产业结构和布局不合理、资源配置不优化导致规模效益未发挥，产销协同动力不足、市场开拓意识不强制约了营销价值实现，同时还存在管理层级多、效率低、管理成本高等方面的问题。为了提高中国海油炼化产业的竞争能力，促进炼化产业有质量、有效益、可持续健康发展，必须加大业务、产业整合力度，坚持“有进有退”的原则，加快结构调整步伐，逐步形成产销一体化运营、专业化管理、集团化运作的管理体系。

二、内涵及创新点

根据中国海油“建设中国特色的国际一流能源公司”的战略要求，中国海油炼化产业重组改革坚持问题导向，以“统一产业规划、统一资源配置、统一营销策略、统一体系建设”为目标，将中国海油当前分散在不同单位、不同区域的炼化与销售企业整合成为一个产销一体化的专业化管理、集团化运作的公司，通过管理创新、机制创新和科技创新，提高资源利用效率，降低运营成本，有效支撑产业结构调整，提升生产经营绩效，最终实现炼化产业的有质量有效益协调发展，成为中国海油上下游一体化经营的重要支撑。在推进炼化产业改革重组中，坚持炼化产业整体价值最大化，重点在以下几个方面进行了创新：

产销一体化经营。与中石油、中石化、壳牌等国内外大型炼化企业相比，重组整合后的中国海油炼化产业产销一体化更加全面彻底。在组织架构上，以原有的炼化公司为基础，重组整合中国海油的八家从事炼油、石化、盐化产品的生产企业和销售企业，组建一个新的炼化公司，实行集团化管控，形成生产和销售一盘棋。在生产经营上，以市场化为导向，产销联动，生产企业持续优化产品结构，销售企业持续提升营销能力，努力实现产品价值最大化。在管理机制上，以问题为导向，以市场化为原则，建立产销协同机制，优化价格机制，建立健全激励约束机制，调动产销双方积极性和创造性。

实现集团化运作。炼化公司通过体制重构和持续优化，改变了过去业务分散、管理层级多、管理链条长的不良状况，实现了协同发展、扁平高效、资源优化、规范统一的集团化运作。统一战略规划，聚焦“控产能、调结构、补短板”，集中在“两洲一湾”进行产业布局，抓实规划分解和落实，并强化投资管理，确保上下目标一致、行动统一。对机关部门进行职能优化，对所属单位进行重组整合，减少管理层级，进行合理授权，实现管控有序。坚持资源集约有效配置，原油向效益好的企业倾斜，成品油向物流成本低、综合效益好的区域配置，建立“资金池”。统一内控体系建设，推动制度流程化、表单化和审批E化工作，实现制度执行的全过程的可跟踪、可追溯，提升了管控效率和风控能力。推动炼化科技体系整合，分别重组整合炼化科研资源、炼化工程设计资源，强化专业管理，提升综合实力。加强低无资产治理，逐步减持或退出无竞争优势领域，优化产业结构，提高投资效率，实现国有资产保值增值。

创新专业化管理。炼化公司坚持创新和差异化发展，着力打造特色竞争优势。生产企业以“规模化、一体化、园区化”目标建设特色产业基地。在珠江三角洲，以惠州石化、中海壳牌为核心发展世界级大型石化基地；在长江三角洲，以宁波大榭、泰州为中心，建立大榭成品油—芳烃国家级石化基地，发展壮大泰州特色润滑油和沥青基地；在环渤海湾，以重质油加工利用、盐化工为基本业务，形成了以沥青、润滑油为特点的特种油品加工基地和盐化工生产基地。销售企业以生产企业为资源半径，集中发展区域竞争力。分别设立华南、华东、华北三个大区销售公司，实行区域市场“资源、市场和效益”的优化统筹，实现了“贴近市场、贴近炼厂、贴近政府”的运行体制，提高了产销一体化管理运营效率。在科技体系建设方面，确立了炼化科研“高起点、差异化、协同创新”的发展定位，通过建立炼化研究院、合并重组炼化工程院，强化专业管理，着力培育自主研发和工程设计能力，打造中国海油特色炼化科技创新体系。

三、主要做法

（一）以做强做优炼化产业为主导，明确重组总体方案

1.确定重组改革原则。一是实现炼化与销售业务一体化统筹管理；二是建立扁平精简的组织架构，推行大部制，科学合理授权；三是人员配备精干高效，职责清晰，分工明确；四是注重顶层设计和长远规划，重组改革采取分步实施，循序渐进，持续优化；五是强化党的领导，充分发挥党组织的核心和引领作用。

图1

2.确定重组改革目标。中国海油炼化产业改革以“统一产业规划、统一资源配置、统一营销策略、统一体系建设”为目标。统一产业规划，即对主要产业布局、产业结构、产业现状和产业前景等统一规划；统一资源配置，即对干部配备、专业队伍、业务领域、原油资源配置、成品油销售等统一配置；统一营销策略，即对产品策略、价格策略、渠道策略、促销策略等统一制定；统一体系建设，即对管理体制、经营机制、管理制度、管理流程等按统一标准进行建设。

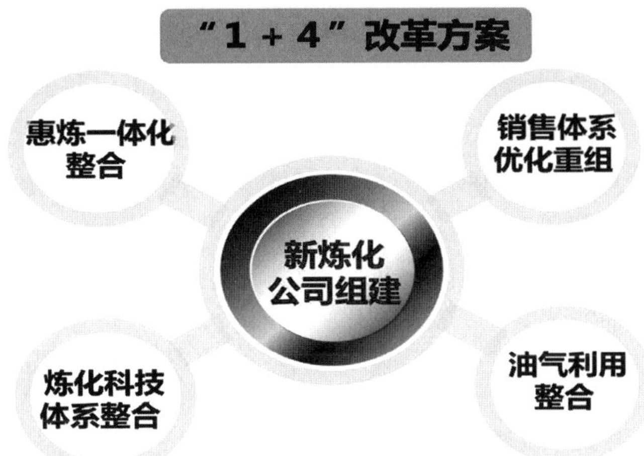

图2

3.确定重组改革实现路径。炼化产业改革分两步推进实施，简称"1+4"改革方案，即"1"为整体业务重组及管理权划转，组建新的炼化公司；"4"为整合油气利用业务、重组销售体系、组建惠州炼化一体化基地、整合炼化科技体系。

（二）建立集团化管控的管理架构

1.实施整体业务重组及管理权划转。本次改革将原所属中国海油的6家二级单位（炼化公司、油气利用、销售公司、大榭石化、山东海化、中海壳牌）实施业务重组，原所属中国海油的1家三级单位（海油发展石化公司机关及其他在惠州单位）整体划入惠州石化，员工总数3万余人。自2015年10月30日中国海油党组批准《炼化产业改革实施方案》，到2016年2月15日，在三个月时间内，实现领导班子到位，机关人员到位，职能正常运转，组建过程平稳有序，员工队伍思想稳定。

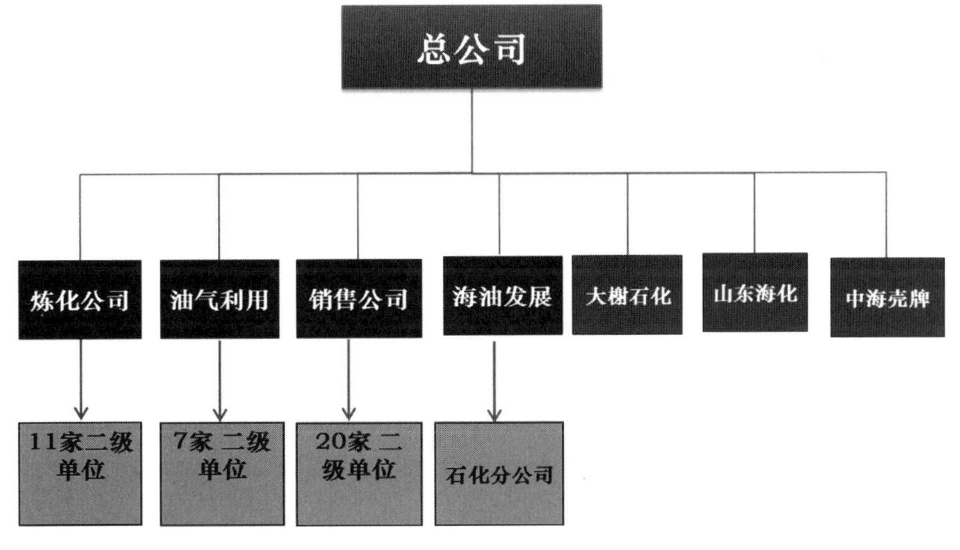

图3

2.建立精简高效的组织架构。按照“总部要做所属单位做不了的事”的要求，优化了公司管理模式，实行机关“大部制”、组织架构扁平化以及合理授权，职能定位清晰，管控有序。炼化公司机关设置财务资产部、生产经营部、计划发展部等11个部门，编制154人，主要职能为产业规划、投资决策、资源优化、经营管理支持服务、监督考核。通过撤销油气利用、销售公司和海油发展石化公司机关，精减机关编制近200人，建立了精干高效的总部机关。新炼化公司所属生产企业实现三级管理（中国海油–炼化公司–生产企业），销售企业实现四级管理（中国海油–炼化公司–大区公司–省市公司），提高了管控效率。

改革后组织架构图如下：

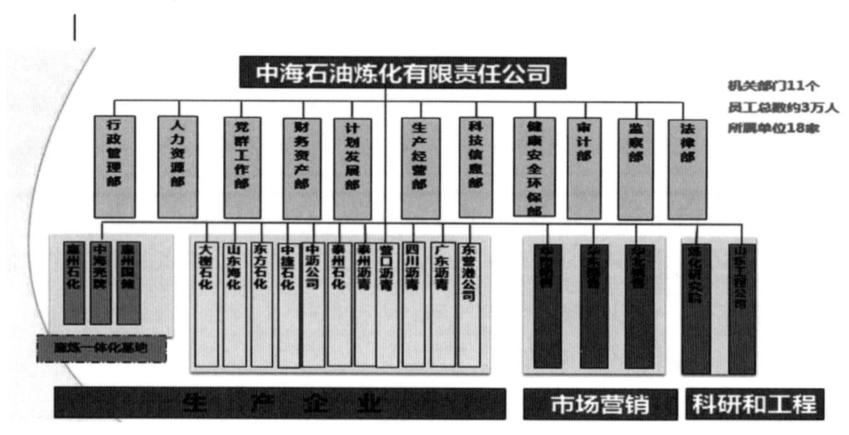

图4

3.确立主业发展方向，梳理形成“四大”专业板块。按照石化行业传统，炼油、化工生产和产品销售是下游企业的主营业务，但重组前中国海油的这些业务却不同程度分散在所属7家二级企业中的140多家三级、四级单位中，各自为政。只有进行重组整合，才能进一步实施业务改造和产业升级改造的重组计划。经过认真梳理，形成生产、销售、工程、科研等四大产业板块，如下图所示：

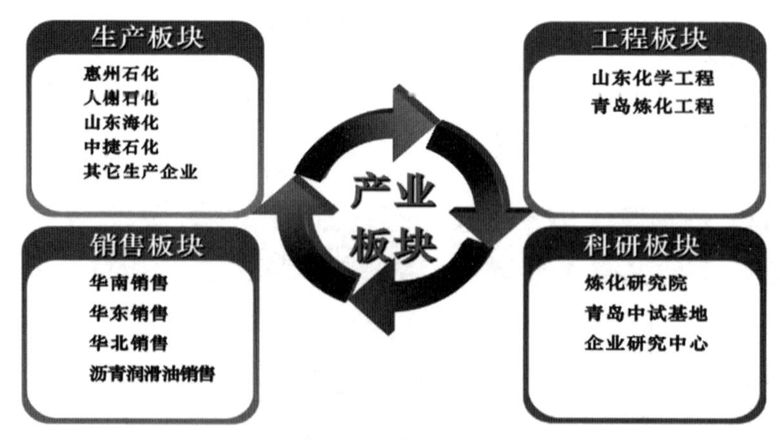

图5

（三）优化产业结构提升产品价值，重组整合油气利用业务

1.对生产企业实施扁平化管理。油气利用公司是中国海油为实现绥中36-1等重质原油资源的特殊价值，于1999年9月成立的专业化公司，公司为中国海油重质、劣质原油的升值增值探寻开拓了可行之路。重组整合前，油气利用公司下属有7家生产企业，炼油产能980万吨。整合后，为破除等级式管理的“层次重叠、冗员多、组织机构运转效率低下”等弊端，提高决策效率，撤销了油气利用机关，由炼化公司直接管理7家生产企业，在产业规划、资源配置等领域将“四个统一”原则实现落地。

2.规模以下炼油逐步收缩，降低股比或退出。由于油气利用公司下属企业中多数具有规模小、流程短、资源综合利用效率低的特点，受沥青生产技术进步、燃料油市场巨变等方面的影响，短流程炼厂效益大幅减少。针对上述规模以下炼油生产企业存在的问题，公司提出了“谨慎发展”和“择机退出”两种不同发展策略，其中对于规模不经济、市场竞争力不强，而又退出难度大的企业，维持运营，视国家产业政策和外部综合环境变化再进行确定；对于严重不符合国家产业政策、竞争力差、缺乏发展前景的企业，维持观望或加快择机退出。当前，青岛重质油研究中心已经完成定位转型，2016年4月开始停止50万吨/年装置原油加工生产，资源重新优化配置，年增效超过1.2亿元；2016年12月，正式实施泰州区域资源优化整合，停止泰州沥青150万吨/年装置原油配置和生产，与泰州石化进行资源整合，提升总体效益。另有2家规模以下炼厂通过混合所有制的改革，企业经营绩效明显改善。

3.保障润滑油沥青优势资源，实现高端沥青市场可控。油气利用公司在润滑油沥青领域具有一定优势。“中海油36-1”沥青已发展成为国内外领先的知名品牌，产品深受高端应用领域青睐。润滑油基础油生产能力达到130万吨/年，是第三大润滑油基础油生产商，依托资源优势发展特色突出的环烷基润滑油、变压器油成为公司增效的主力军。为继续保障润滑油沥青的竞争优势，重组整合后，在对各类原油进行评价分析的基础上，在总部层面优先保障特色润滑油沥青生产适炼原油的供应，实现高端沥青市场可控，实现特色原油资源效益最大化。

（四）以集团价值最大化为目标，建立产销一体化的营销体系

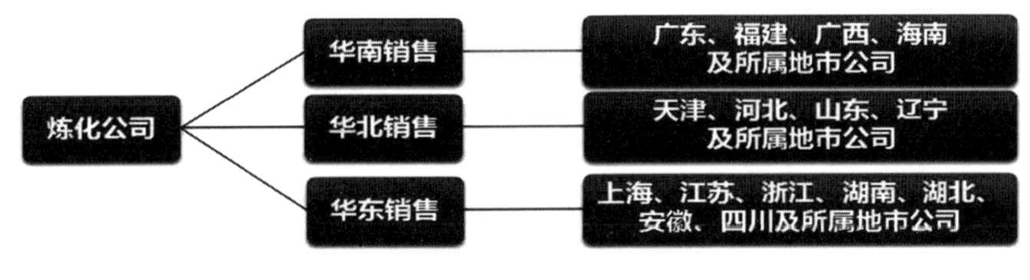

图6

1.以生产基地为中心，重组销售体系，实现区域化管理。对原销售体系进行重组，通过以生产基地为中心，分别设立华南、华东和华北3个大区销售公司，按区域销售成品油、炼厂副产品、化学品和进行成品油贸易。大区销售公司直属炼化公司管理，利于优化资源配置，降低物流成本，开发终端市场，提升投资效率，实现产业链整体效益最大化。新重组的三个大区公司依托区域资源和市场，取得了较好的经济效益。2016年，实现利润15亿元，同比增长156%。

2.通过统分结合，实现区域内产品集中销售。炼化公司组织生产企业和销售企业签署产销框架协议，明确产销合作量，以“市场化”原则促进全面合作关系的持续推进。在产销协议总

体框架下，各单位产销合作总体顺畅，执行状况良好，实现产销协同量达到50%的重大突破。在产销合作的过程中，针对不同生产企业产权属性的特点，以及不同产品的市场区域和销售特点，产销双方实行不同的销售策略。其中，航煤等产品实行集中销售；对于汽柴油等其他主要产品，明确各大区销售公司专属对接本区域的生产企业，在区域内实现产品集中销售，打造区域竞争优势。同时，以合资生产企业成品油为突破，通过生产、销售企业之间的竞争，提升销售企业的销售能力，逐步实现由50%集中销售过渡到100%集中销售。统一销售与分散销售结合，相互补充；自主销售与销售企业销售结合，互有比对，互相促进；尊重合作伙伴的合法权益，让合作伙伴理解和放心，诚信共赢。

3.以“三包干、三贴近”，完善产销协调机制和价格结算机制。自炼化产业改革重组以来，炼化公司产销双方无论是从公司数量方面，还是从产品种类和产量方面，均达到中国海油炼化产业历史上的最高水平。生产单位和销售单位覆盖中国全部的沿海省市，并向内陆扩展，形成了“两洲一湾”的市场格局，产销计划及产销协调工作的难度及复杂性较高。在产销协调机制下，通过月度资源统一配置，实现公司一盘棋，定期组织月度产销计划对接，使生产企业和销售企业各自的困难和诉求得到有效沟通和解决，形成良好的运行机制。生产企业按照月度生产计划组织生产，按照月度配置计划保质保量交付产品。销售企业按照月度配置计划有序组织物流，实现产品顺利出厂。为合理体现生产企业盈利水平，以成本加成原则为基础，优化成品油价格结算，建立以市场化为导向的价格结算机制，促进价格机制公开透明、相对稳定且不易被干扰。通过设置调整项，使结算价格更加贴近市场。发挥激励约束和压力传导作用，引导生产企业集中精力抓好生产和优化，销售企业紧盯市场做好营销，提升公司整体效益。

4.合理确定市场辐射半径，优化产品配置提质增效。在“三包干、三贴近”原则的指导下，以生产基地为中心，合理确定市场辐射半径。大幅减少惠州炼化成品油北上华东和华北资源量，大幅减少船舶运输中转移库等中间环节。与2015年相比，2016年惠州炼化成品油资源跨区配置减少了到华东、华北的资源，合计102万吨，直接降低物流成本9690万元，提升产品销售价值1.2亿元。

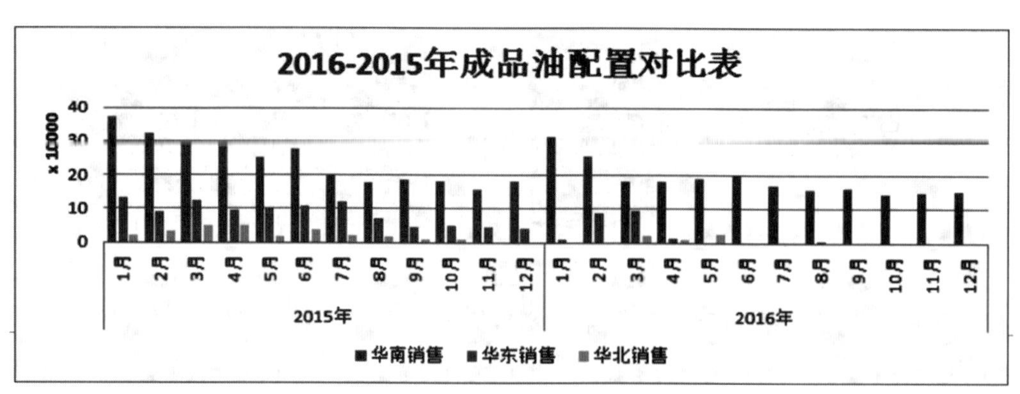

图7

5.以目标管理为导向，实现零售提量增效。炼化产业重组后，零售管理主体变为华南销售、华东销售和华北销售三个大区公司，在大区公司之间形成了浓厚的“比学赶帮超”良性竞争氛围。2016年，全年零售机发总量达到166.76万吨，比去年同期增长30%，产品价值得到提升；全年零售销量占比达到19.5%，全年单站日均销量达到9.5吨，均创历年新高；海油卡发卡量超过64万张，同比增长92%，沉淀无息资金2.4亿元；加油站毛利达到10亿元。

（五）推进惠州一体化基地整合管理，充分发挥规模效益和协同效益

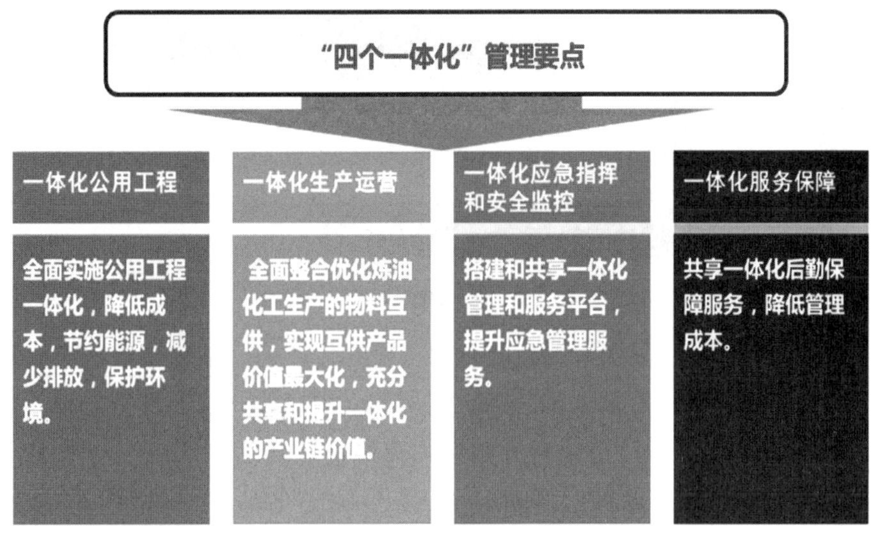

图8

按照"应急管理和安全监控一体化、资源统筹保障一体化、公用工程及后勤服务一体化"的原则，依据国家七大石化产业基地的战略部署，结合珠三角地区经济特点，推进惠州地区炼化产业的整合，努力打造成集炼油、乙烯、芳烃、精细化工及煤气一体化的石化生产基地。惠州石化整合中国海油原海油发展惠州石化资源，有效盘活资产，灵活配置人员，经过纵深改革，原石化装置运营效益逐月提升，2016年实现利润8300万元，比去年同期增效5.65亿元。通过深化改革、加强合作，惠州一体化基地整合有效降低了公用工程、应急管理和后勤保障成本，推动技术提升和产品升级，基地发展实现跨越式提升。

（六）提升科技创新和自主研发能力，建立专业化的创新体系

1.加快完善炼化科技创新体系。炼化公司制定了"高起点、差异化、协同创新"的科技创新战略及"2211"的总体建设目标，完善科技决策机制和激励机制，营造良好创新氛围，有效激发了科技人员的创新激情与活力。通过组建炼油化工研究科学院、实施青岛研究中心定位转型优化，实行"一院两地"的统一管理，形成了以炼油化工研究科学院为核心、科技资源和科研成果的有效统筹、"同目标、不分力、共发展"的研发组织体系。完成山东化学工程公司和青岛炼化工程公司的重组整合，明确各自研发重点和方向，实现工程设计力量的有效整合。通过科技体制改革，实现年增效1亿元。

2.有效推动成果转化。充分利用炼化公司"研发、设计、生产和销售"一体化的优势，建立"同轴循环"成果转化模式，即以成果为纽带，通过重大专项的联合攻关，采取"小试—中试—工业化应用—总结提炼"的创新流程，深化"研究、设计与应用"的有机结合，开展"三新三化"工作。高酸重质原油全额高效加工技术、重整生成油非加氢催化技术（2015年国家科

技进步特等奖核心内容之一）、劣质柴油精准转化成套技术、环保橡胶油生产技术等自主研发新技术达到国内领先水平，相关技术已投入工业应用，为产业发展和转型升级提供了强有力的支撑。“同轴循环”成果转化模式示意图如下：

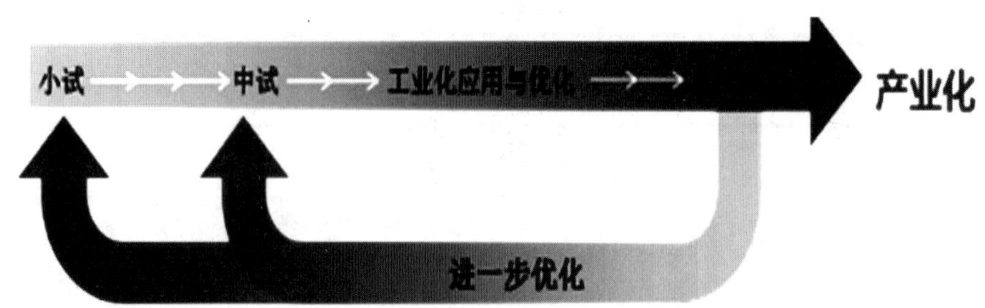

图9

3.强化“产学研”合作。围绕资源高效利用、差异化产品、结构转型和质量升级等方面开展“产学研”合作。充分利用石油大学等高校院所的人力资源和仪器设备，借外力提升炼化科技创新水平。以重质油加工和清洁燃料等领域为突破口，建立由“教授—博士—硕士—工程师”组成的联合研发团队。加强与雪佛龙、AXENS等国外领先研发机构的研发合作，高起点开展重油高效转化、高端润滑油、催化剂生产技术的研发和创新能力建设。

4.开展智慧炼化建设。为全面支撑业务重组后的炼化与销售业务，推动生产模式升级和销售模式创新，实现“弯道超车”，结合炼化产业的实际需求，炼化公司部署开展基于石油分子工程及管理与工业信息化新技术的智慧炼化建设，加强对原油采购及配置、生产加工、产品调和及终端销售的全流程智能化分析和管控，实现资源价值最大化。

（七）优化整体资源配置，持续实现提质增效

1.优化原油资源配置。重组前，由于管理不统一，资源供给自然也是肥瘦不均，重组后炼化公司坚决执行“资源统一配置”原则，很好地解决了这一难题。具体做法：一是坚持原油资源加工效益导向，优先保障吨油盈利较好企业。对加工亏损企业，资源紧张期间暂停或减少资源配置，保障创效主体单位高负荷运行资源供应，全年实现炼化系统整体增效2.2亿元；二是优化调整原油流向，降低炼化整体物流成本。以就近原则对年度计划中惠州炼化曹妃甸原油和大榭石化流花原油资源进行对调调整，全年降低流花和曹妃甸原油物流成本0.4亿元；三是优化海洋原油运价调整机制，降低物流成本。公司发挥集团化优势，与海洋原油船运单位进行关于优化海洋原油运价调整机制的商业谈判，最终达成新的海洋原油运价调整机制，年实现物流总成本降低0.4亿元；四是瞄准国内国外“两个市场、两种资源”拓宽和丰富原油供应渠道。协调惠州炼化加大进口原油采购力度，调整进口原油采购品种结构，适度提高重质原油进口量，以缓解海洋原油资源供需缺口矛盾，进口原油比年度计划增加284万吨；五是根据所属企业装置结构和加工流程，实施内部资源隔墙供应、区域互供、综合利用的实施方案，使有限的资源实现了巨大的价值增量。

2.优化系统内部人力资源配置。重组后，公司统筹协调系统内人力资源，先后为所属各单位调配领导干部73人次，董事、监事110人次，既化解了所属企业一时的人才短缺问题，又达到了干部交流、管理交流、文化交流的整合目的。同时，发挥重组整合优势，在全集团层面组织协调内部技术专家团队，为各新成果开工提供技术支持服务，共协调支持相关单位开工专家40余人次，开工队150余人次，为中沥公司含酸重质油综合利用与产品质量升级成果、中捷石化安全环保与清洁燃料升级成果、大榭石化馏分油综合利用成果和泰州一体化成果等重大成果顺利投产并增效提供强力支持，四大成果2016年顺利投产共增效超15亿元。

3.优化资金使用效率，建立集团“资金池”管理平台。重组后，产业规模扩大相应的资金流量也是大进大出，为防范风险和应用好资本杠杆为生产经营服务。一是搭建统一的资金管理平台，实现集团资金信息化管理。炼化系统64家公司全部在资金池管理平台开户，每日资金需求由集团统一拨付，日末资金存量由集团统一上收。通过发挥协同效益，降低资源浪费。实现按需下拨，定时上收的资金管理模式。实现了集团资金透明管理、无缝对接，提升了资金使用效率。二是加强存量资金管理，降低日末资金存量。“资金池”完成了集团资金聚合，实现了资金管理从单一到统一，从松散到集中，做到了日末资金零余额。存量资金的减少，提高了内部资金使用效率，强化了集团凝聚力，降低了系统资金风险。三是实现债务优化。“资金池”实现了集团内部资源共享。通过调剂集团资金余缺、主动作为，利用系统内存量资金替换贷款，实现存贷双降。相比年初，2016年全系统降低金融机构流动资金贷款90亿元，减少集团财务费用支出2.2亿元。

（八）推进混合所有制改革，建立国际化合作新模式

1.创新国际合作管理新模式。2016年3月，中国海油与壳牌公司达成最终投资协议，由我方主导成果的统一规划和统一建设，实现在对外合作中主导地位的转变；壳牌增资双方合资经营的中海壳牌，参与运营惠州炼化二期的百万吨级乙烯成果，共同打造中国规模最大的乙烯生产基地（220万吨/年）。该成果直接引进外资54.3亿元，带动成果总投资326亿元，有效放大了国有资本功能，提高了国有资本利用效率，同时降低了运营成本和投资风险。该成果已被列入“中央企业在重大成果中引进社会资本示范成果”，2016年11月1日成果正式完成资产交割。

2.提升一体化价值。双方共享中海壳牌在人力资源、HSE、技术服务、原料采购、销售网络等方面的优势，创建新型国际化的管理团队；全面整合优化炼油化工生产的物料互供，全面实施公用工程一体化，搭建和共享一体化管理和服务平台，降低整体运营成本，避免恶性竞争，实现节能减排和互供产品价值最大化，充分共享和提升一体化的产业链价值。

3.形成令人瞩目的“榕树效应”。中国海油顺应规模化、一体化、基地化的炼化产业发展趋势，构建了以惠州炼化及中海壳牌为龙头、惠州炼化一体化基地为支撑的炼化产业体系，带动大亚湾石化区产业集群快速有效发展，形成令人瞩目的“榕树效应”。通过建设运营精品成果使“榕树效应”落地生根；通过与世界领先的大型企业强强联合，放大“榕树效应”；坚持互利共赢的合作文化，赋予“榕树效应”以强大的生命力。通过成果建设运营促进大亚湾石化区产业转型升级，扩大“榕树效应”的影响力和覆盖面。

（九）推广应用情况、经济效益和社会效益

中国海油炼化产业改革实现“1+1＞2”改革目标

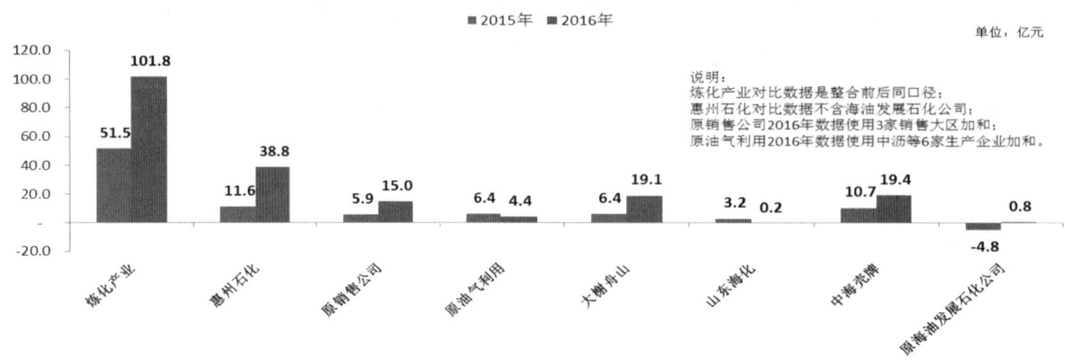

图10

1.产销一体化效果显著，” 1+1>2”的改革目标全面实现，改革红利得到明显释放。炼化公司通过产销一体化管理机制的建立，降低了运营管理成本，提高了资源利用效率，推动了整体经济效益提升，2016年全年加工原油3334万吨，销售产品4017万吨，实现营业收入1383亿元，实现利润101.8亿元。与重组整合前2015年的炼化产业同比口径共实现利润51.5亿元相比，2016年利润同比增幅达97%。其中，通过统筹优化产品结构，加快新成果建设，增加高附加值产品生产；统筹国内外市场，坚持效益为导向，合理优化资源配置，降低物流费用；建立内部资金池，降低资金成本，提升资金使用效率等措施，改革重组释放红利超38.7亿元。

2.产业链价值进一步提升，强力助推中国特色国际一流能源公司的建设。中国海油炼化产业重组改革实现了“统一产业规划、统一资源配置、统一营销策略、统一体系建设”的目标，推动了产品结构调整和下游产业升级，建立了与上游资源量相匹配和下游市场需求相吻合的炼化产业，进一步实现了中国海油上下游一体协调发展和集团整体产业链价值最大化，有效平抑了原油价格波动风险。2016年，在总公司因石油价格低迷导致上游经营极度困难的情况下，炼化公司实现利润占到全集团的96.4%，炼化产业在抵御低油价冲击、实现集团价值最大化的过程中显现出重要的“油价缓冲器”作用。

3、行业竞争力显著增强，社会影响力逐步提升。实施炼化产业改革重组后，公司强化产销一体化管理，加大市场开拓力度，加大科研创新力度，加强多元化合作经营，更好地满足了客户的产品需求，市场竞争力显著增强。同时，通过加强与地方政府、国内外大型石油公司以及科研院校等互利合作，得到了社会各界的高度认同，在行业内也引起广泛关注，提高了中国海油社会影响力，进一步实现企业的社会效益，也得到了国家有关部委的充分肯定。

成果创造人：董孝利、沈洪源

航天火化工企业集体作业方式下的质量管理研究

中国航天科工集团公司第六研究院8610厂

中国航天科工集团公司第六研究院8610厂（以下简称8610厂），又名“湖北三江航天江河化工科技有限公司”，始建于1970年9月，于2010年12月改制成为公司，隶属于中国航天科工集团第九研究院，2012年2月企业重组后隶属于中国航天科工集团公司第六研究院，主要承担复合固体推进剂配方研制、推进剂装药生产、发动机总装测试、地面静止试验和某型号总装、试验等任务。现有员工1000余人，各类专业技术人员450余人，拥有中高级专业技术人才230多名，先后参与完成50多种型号的研制与生产任务。

一、航天火化工企业集体作业方式下的质量管理的实施背景

（一）航天产品质量决定了武器装备的安全可靠性与成功运行和用户满意度

航天产品的质量管理，是国防科技工业发展的战略举措，武器装备的质量优劣，直接关系到战争胜负和国家安危。深刻领会中央领导同志提出的“坚持质量至上”，“质量就是生命，质量就是胜算”等关于装备质量建设一系列重要论述，贯彻装备质量工作会议精神和中央巡视工作要求，围绕航天科工集团公司“1+2+3+4+5+N”发展思路及战略措施，以高度的政治责任感充分认清装备质量工作的极端重要性和当前装备质量工作面临的严峻形势，坚持问题导向和目标导向，以实物质量形成过程为主线，强化质量管理，确保交付“好用、管用、耐用、实用”的精良装备。8610厂作为航天军工核心企业，在航天装备中具有举足轻重的作用，承担多型号航天装备研制生产任务，投入高、风险大、技术密集、系统复杂、精度要求高，须在规定时间、规定条件下完成规定功能，整个研制生产过程中，绝不允许出现任何重大质量和安全问题，产品合格率须达到100%，否则一件报废，一批受阻。因此，产品质量水平，关乎航天装备的整体可靠性和先进性。多年来已为国家提供了大量优质产品，也充分认识到在生产过程中存在的巨大风险和一些低层次、重复性的质量问题，也曾发生少数返工、个别报废的质量事故，所以，必须在质量管理活动不断持续改进和创新，才能更好地保障航天装备的安全性、可靠性和成功运行，满足用户需求。

（二）产品易燃易爆威力巨大特性和生产过程不可逆性，决定了企业必须强化质量管理

对航天火化工企业来说，安全为天，质量是命！回顾同类企业科研生产之路，质量问题总是伴随安全事故，某企业在高能材料生产过程中，因操作技能、工艺和质量管理问题，发生爆炸，2人死亡，厂房设备报废；某企业在清理发动机壳体内残留推进剂时，因工艺和操作工

具问题而引发爆燃，1人重伤；某企业因对设备质量、工艺和安全制度管理存在疏忽，在浇铸过程中突发爆燃事故，1人全身重度烧伤面积达90%以上，损失400万元以上；某企业在投料过程中，大型捏合机的滑道与高能组分材料摩擦发生瞬间燃烧，直接经济损失30万元以上，等等事故，凸显了火化工品的特性，往往又与工作质量、操作质量、安全和质量意识等因素相伴而生，令人触目惊心，教训深刻。8610厂作为大型航天火化工企业，在生产过程中，无论是生产原料，还是最终产品，大多极具易燃易爆危险性，威力巨大，尤其是少数配方组分对压力、温度、感度的敏感性极高，高能高燃速材料应用，危险性更甚，因此，生产过程始终伴着危险，产品质量问题有可能引发或转化为重大安全问题，引发群体性伤亡，不仅经济损失、科研生产停滞、企业发展受困，而且是政治和社会问题，影响和谐与稳定，安全和质量管理是企业头等大事。

（三）产品生产方式与工艺特点和质量责任不易划分，决定了企业质量管理的挑战性与创新实践

集体作业和手工作业是现阶段航天火化工企业主要生产工艺特点，表现为同一项目工作量较大，需要各岗位或同岗位多人配合，在群体力量作用下共同完成任务并承担质量责任。集体作业中任何一个人或工序出现问题将会导致质量问题，甚至引发重大安全质量事故。以8610厂为例，产品生产大多数在集体作业方式下完成，生产工艺技术涉及高能材料制作、绝热包覆、称量、混合、浇注、硫化、整形、部装、总装、试验等，需要集体作业完成任务的班组达3/4以上，特殊工种、关键工种20余类，65.5%为集体手工作业，而这种作业方式下的产品质量，往往与职工思想情绪、操作技能和安全质量意识紧密关联，个体技能差异和操作质量都会影响产品质量，加之集体作业时人员较多，环节和过程复杂，难于对每个操作人员的操作行为进行时时管控，安全质量风险大。由于在集体作业下质量责任不易划分，往往出现质量问题难以准确分清责任，难以追究个体责任，教育惩戒及管理约束不能到直接责任人，则会积淀影响群体的质量观和积极向上的情绪。统计分析企业多年来集体作业中存在的质量问题，涉及设计和工艺、管理、制度执行、现场操作、原材料等“人、机、料、法、环”方面因素，而在各影响因素之中，人的操作方面影响因素占54%，制度执行力方面占35%，要从根本上解决集体作业方式下质量问题，单靠规章制度来管理是不行的，必须在管理创新上下功夫，使全员改善和提高质量责任和危机意识，才能保证产品实物质量。因此，产品的生产方式和工艺技术特点，集体作业方式下的质量责任不易划分，使企业面临质量管理挑战性，决定了企业必须创新质量管理。

二、航天火化工企业集体作业方式下的质量管理的内涵

根据航天火化工产品生产过程高危险性及不可逆性和集体作业的特点，为解决集体作业方式下质量责任不清、产品质量难于管控的问题，满足航天装备的高可靠性、高安全性要求，江河公司秉承“工作无差错，产品零缺陷”的质量核心理念和“老实做人，照章办事，一次做对”的质量行为准则，实施质量管理“三不原则”“三个确认”和“三不放过”，即“不接收不合格产品、不加工不合格产品、不传递不合格产品”“确认上道工序的产品质量、确认本工

序工艺技术要求和生产质量、确认交付下道工序的产品质量”“原因责任查不清不放过、整改措施不到位不放过、责任人未受到教育处理不放过”，运用先进的质量检测技术和审核手段及跟踪检验方法，建立推动质量管理的风险预警、激励约束和人文关怀机制，全面提高职工素养和质量安全意识，实现全过程产品质量受控和提高，提供优质航天装备的管理目标。

三、航天火化工企业集体作业方式下的质量管理的主要做法

（一）确定质量工作指导思想、原则、目标、职责，强化质量责任危机意识

8610厂明确了“以法治质，以德兴质，顾客为本，预防为主，持续改进，争创一流”的质量方针，以培养人格化的质量，促进质量意识、素质行为逐步规范，把质量工作与其他工作有机结合起来，不断探索质量管理的新方法和新途径，努力提高质量管理水平和产品实物质量为指导思想，实施现场质量管理“三不原则”，以“百分之百努力，百分之百成功”，全员质量意识和技能逐步提高，正确履行岗位质量职责，接受认同“工作无差错，产品零缺陷”的质量文化理念，树立“一人出错，整体受损，一件报废，一批受阻，一个隐患，酿成灾难”的质量风险观，奉行“老实做人，照章办事，一次做对”的质量行为准则，大幅减少人为责任和重复性、低层次质量问题，质量成本普遍降低，质量管理水平和产品实物质量持续改进，企业持续发展，经济效益逐年增长的质量工作目标。

及时修订质量管理制度，出台《质量手册》，以企业质量管理法规性文件（制度）形式，对法定代表人、分管领导、其他领导、职能部门、各类人员规定了质量管理责任，法定代表人对质量工作负总责，分管领导对质量工作负主要责任，质量管理部门负管理、监督、检查、考核责任，生产车间领导负直接领导责任，操作人员负直接管理责任，逐级签订《质量工作目标责任书》，层层下达责任指标，班组成员签订《质量承诺书》，逐级做出一致的承诺，实现人人预防质量事故和承担质量责任，全员参与质量管理的工作局面。

充分运用专题培训、讲座、宣传网页、简报、标语、标牌、计算机屏显、《质量手册》等舆论工具和手段,对职工进行产品质量形势和型号任务以及生存危机教育，以增强员工质量危机意识。在员工入岗、转岗之前，对其进行三级质量意识教育，通过考核合格后上岗。在每年初，主管质量的领导要对全员进行质量形势与任务教育，召开“树立主人翁责任意识，杜绝低层次质量问题”专题会，经常组织一线员工参加形势任务教育和质量案例分析教育讲座，使全体员工充分认识到质量是产品的生命，是企业赖以生存和发展的基础，产品质量问题不仅关系航天事业，同样关系到企业和个人的前途、发展与利益，质量问题伴着生存危机，只有打造优质产品才能赢得市场，才能为企业和员工提供生存和发展空间，保质量，就是保生存、保饭碗、保发展，只有人人注重质量，人人关心质量，人人把握质量，才能保障产品整体质量的安全性和可靠性。

（二）实施集体作业方式下“三不原则”“三个确认”“三不放过”的零缺陷质量管理

集体作业方式下的零缺陷产品质量管理，要求所有环节都不向下一道环节传送有缺陷的决策、信息、物资、技术或零部件，不向用户提供有缺陷的产品与服务；每个环节每个层面按

规定程序实施管理，责任措施落实到位，不允许存在失控的漏洞；每个环节每个层面都必须有对产品质量或工作差错的事先防范和事中修正的措施，保证差错不延续并提前消除。在生产现场推行如下措施：

1.岗位人员遵循“三不原则”。研制生产过程中，在本岗位和本工序做到不接收不合格产品、不加工不合格产品、不传递不合格产品。由于企业产品的特殊性，其产品的每道工序，每个生产过程、每道生产工艺大都具有不可逆性。一旦产品经过了该工序就不能逆转，没有弥补和“返修”的余地，只有“一次把工作做对”，才能保证产品质量，而且多数最终的航天产品形体巨大，由无数个小部件构成，必须确保每一个部件质量可靠，必须确保生产过程中每个员工都能正确操作，否则质量风险巨大。为此，企业积极引导职工在本岗位“不接受、不加工、不传递”不合格产品，在设计图纸状态未弄明白、工艺过程未弄清楚、技术标准未吃透的情况下不操作，追求“第一次就把工作做对，工作无差错，产品零缺陷”。

2.生产操作过程实施“三个确认”。在研制生产过程中，确认本工序工艺技术要求和生产质量、确认上道工序的产品质量、确认交付下道工序的产品质量。一是操作者在生产前确认本工序的生产内容、相关技术要求、设备、工装及有关的工艺条件和参数，操作时严格按照岗位标准操作规程操作，严格遵守岗位标准操作规程和工艺纪律，确认自己的操作过程是否符合工艺技术要求，发现问题要及时提出，经确认后再进行操作，对自己的操作过程要进行生产质量确认，否则造成的质量问题由自己负责并承担。二是本工序的操作者应用相同质量标准，对上道工序流转下来的产品进行质量确认，如果上道工序质量不合格，应做好记录，并及时汇报反馈和解决处理，只有完全合格后，才进行本道工序的操作，否则，因前者的问题造成质量事故，完全由本工序操作者负责并承担。三是操作者在本工序完成后要进行质量确认，合格后才能转到下工序，不得将不合格品转入下工序。同时规定了每道工序都要按照质量问题处理程序对不合格品进行分析，找出原因，拟定对策，预防同类问题再次发生。“三个确认”形成了自检、互检和专检的互动机制，减小了一竿子走到底才发现质量问题所带来的损害，真正贯彻了“质量第一，预防为主”的指导思想，从而保证了产品质量。

3.对待问题“三不放过”。对待质量问题或缺陷，做到原因责任未查清不放过、整改落实措施不到位不放过、责任人未受到教育处理不放过。在生产过程中，开展“双五自”质量管理活动，管理层面做到自觉执行文件、自觉暴露问题、自觉分析原因、自觉制定措施、自觉奖优罚劣；操作层面做到自检、自分、自填、自查、自纠，对任何质量问题都做到“三不放过”，严肃处理，举一反三，落实整改，避免问题重复发生，强化了生产过程质量管理和质量责任意识。

4.实行正负面清单管理。建立员工质量正负面清单、质量诚信档案，实现质量体系要素涉及的所有岗位人员100%覆盖，对员工质量责任的落实和岗位履职情况进行记录与评价，与员工的成长通道挂钩，与绩效考核、岗位调配、评先晋升等形成钩稽联动。

5.开展质量起底过筛。组织开展全面质量整顿工作，以问题导向，起底过筛，系统全面地排查型号质量隐患，落实措施闭环；系统梳理质量管控过程中的薄弱环节和短板瓶颈，深挖根源，实施改进；以岗位质量职责落实为基础，开展岗位质量隐患的识别，落实点线面相结合的隐患治理要求；深入开展型号队伍的思想作风建设与问题自查，深刻反思剖析和查找在思想作风建设、遵章执纪等方面存在的问题，强化整改，彻底排除人员思想层面的质量隐患。

6.强化关键质量控制。围绕“确保发动机热试车成功率100%，一次交验合格率100%，飞行试验成功率100%，质量问题数再下降30%”总体质量目标的实现，进一步明确了各层面关键质量控制指标和关键质量控制点，确定每个单位质量目标，并将其纳入质量工作计划，明确节点、细化到人，确保型号质量目标的全面实现；落实产品质量正向确认办法，优化落实两级关键质量控制指标和控制点。

实行问题归零管理。强力推进并落实质量问题管理归零彻底和质量问题技术归零彻底，强化问责制，实施后评价，落实终身责任追究，确保高效真正归零。深入领会集团公司“四个两”精神实质，强力推进“两彻底”工作要求在工厂的落地；坚持“双五条”标准，强化质量问题归零的组织领导与计划管理工作，确保高效、高质量地完成年度质量问题归零；修订质量问题归零工作管理办法及归零后评价管理办法；细化质量责任追究实施细则，落实终身责任追究。

（三）优化集体生产作业工艺流程，执行操作签名和责任追溯，建立质量风险预警机制

1.优化集体生产作业工艺流程。在集体作业中，人数越多，责任越分散，质量难以控制。8610厂对生产调度和产品工艺流程、工序进行细化、分解和优化，分化相对应的人员，在操作中将每个计划、工步、任务的责任到人，量化考核环节；对不能进一步细化的工序或工种的集体作业，进行人员分组，强化责任；推行流程化管理，把班组员工的操作过程记录下来，加以研究分析、改进完善，该分解的进行分解，该集中的予以集中，做成流程固定下来，把繁杂的工作变成简单的流程，让班组员工按照流程操作，使每个员工便于操作，做得了，做得对，做得好。

2.执行操作签名和责任追溯。航天产品质量管理需满足可追溯性的要求，每一个操作者在每一次操作后都要在操作记录上签名并对操作行为和质量责任负责。某企业以往也采用了操作签名制，但不够细化，不够严谨，追溯性不强，例如，热防护车间4名工人负责安装型号发动机4个填充块，其中3号反喷口填充块的方向装反了，出现了质量问题，在追溯责任时，虽有操作签名，但没有写明谁负责安装了几号反喷口，问题出现后不能落实具体责任人，只能4人集体受罚。8610厂结合实际，触类旁通，对于称量、混合、浇注、装配等40余个生产转运环节进行了工艺优化、流程优化、操作细化，也对其他需要操作签名的工序、流程、过程等进行了具体化，将每一个计划、工步、任务的质量责任落实到每一个操作者，既尊重客观规律，又有工艺技术和管理创新，既克服了交叉重复操作，又化繁为简，便于操作，保障了产品质量，具有追溯性。

3.建立质量风险预警机制。8610厂将质量管理的重心前移，在生产班组确定零缺陷管理目标，让班组成员清楚质量评价标准和目标值，对关键工序，组织有关人员进行操作前的预想及过程回顾，如对发动机喷管连接处的绝热层粘贴、浇注流速控制、脱模整形、发动机装配过程、试验搭载联调联试、抛撒机构布装等可能出现质量问题和工序稳定性的薄弱环节，设置质量隐患与风险预警点，开展质量策划，提出注意事项或预防措施，提前预防质量问题，追求“工作无差错，产品零缺陷”的质量目标，从主观上和客观上降低或减小了因最终检验产品不合格而造成无法挽回巨大损失的风险。

（四）运用先进质量检测技术和有效审核手段，推进质量管理和提升产品安全质量性能

先进的质量检测设备与技术，是保障和提高产品质量与可靠性的重要措施。在执行《标准》（GJB9001A-2001）和理顺质量管理体系之后，又根据新《标准》（GJB9001B-2009）的规范与要求，结合实际，重新修订了第一层次质量文件—《质量管理手册》，第二层次文件—《质量程序文件》（Q/NzCW）和第三层次文件—《质量管理文件》（Q/NzZW），并保障了质量管理体系运行有效和持续改进。

1.运用先进检测技术以推进质量管理。为提高产品质量，保障航天装备的安全可靠性，投入巨资建成了具有国内先进水平的“无损检测系统”（工业CT）,对产品进行深层及断层检测药柱质量合格率，运用“质量质心测试仪”检测战斗部的质量质心合格率，使用“内窥镜技术”检查产品内部的表面表观合格率，使用“超声波技术”检查发动机绝热层粘贴合格率，辅以国内最先进的计量理化分析设备。上述先进的前沿的检测设备与检测技术，一方面对提高产品质量有较大作用，另一方面对操作者提出了更加严苛的要求，对于创新质量管理方法，提高产品质量性能具有重大意义。

2.开展质量管理体系审核以保证有效运行。按照《标准》（GJB）的规范和要求，每年开展一次质量管理内部监督审核，全面检查审核现行质量管理制度执行情况和质量管理体系的运行情况，同时开展二方审核和三方审核，接受权威机构的质量管理认证、用户审核与质量检查，利用外部环境提出问题对质量管理的推动，内外结合及时发现问题和不合格项，主动采取措施消除问题和隐患，在各个质量管理环节得到不断改进和完善，也促进了质量管理体系有效运行。

3.实行跟踪检验以保证产品质量与合格交付。加强了质检队伍建设，在每个生产环节和工种或关键岗位、关键流程中，设置了足量的质检员，全程跟踪检验，用户代表质量监督，在检验员对本道工序或操作步骤进行质检合格并签字盖章确认后才能进行下一道工序或步骤。全过程产品质量跟踪检验，保证了每个工序或步骤或操作合格，也从生产过程中把住了每一个质量关口，从而防止了不合格产品混入下道工序和交付使用，实现了产品质量全程管控，保证了最终产品实物的质量可靠性。

（五）积极助推攻克质量技术“瓶颈”的群众性质量管理活动

1.引导QC小组攻克质量技术“瓶颈”。充分发动和利用职工经济技术创新活动、合理化建议、QC小组等形式，实施质量改进和管理创新攻关，不断提高QC小组活动普及率和成果率。通过积极引导和政策鼓励，群众性质量管理活动有声有色，每年申报注册的QC成果在20个左右，获得各级质量协会成果的在15个以上，尤其是攻克了一系列质量技术“瓶颈”，如“提高小口径发动机装药合格率”“提高发动机表观质量”“提高某推进剂实测密度比冲”“提高战斗舱气密检测合格率”“提高标准试验发动机可靠性”“提高试件制作合格率”“运用新

技术研制探空推进剂”“降低某高燃速推进剂药浆黏度”“发动机人工脱粘层灌浆研究”“提高子弹装填合格率”等24项获全国优秀成果，2个QC小组晋级国优，获“全国质量管理小组活动优秀企业”称号。

2.开展质量主题活动营造质量文化氛围。重视质量文化宣传活动，使全员正确认识质量形势，保持奋发向上的精神状态，用良好的工作质量确保产品质量。一是及时更新“质量管理专栏”，提高质量宣传教育的及时性和全面性；二是充分利用“全国质量月”“航天质量日”等时机，开展质量案例展览、知识竞赛、征文、辩论、演讲、全员签名等专题活动；三是利用工作简报、会议、板报、看板、警言警句等进行宣传教育，发动全员讨论；四是开展下道工序为上道工序“挑刺”活动，实施环节监督约束机制；五是设立质量问题曝光台，对典型不良质量行为进行曝光；六是开展评选“免检工序”“免检操作者”“免军检检验员”活动。

3.推进班组质量建设和操作技能培养。积极推进班组质量建设，在利益分配和评先评优中倾斜质量较好的班组，开展“质量能手”“质量标兵”“质量过硬班组”榜样工人等创先争优活动，为班组质量建设和员工成长成才创造良好的内外环境。开展活动以来，有12个班组质量管理活动小组获得市级、集团级和省部级以上奖励，2个班组被中华全国总工会和湖北省总工会分别授予“工人先锋号”荣誉称号。

重视和不断加强员工的质量管理和操作技能教育培训工作，发挥生产班组中高技能人才的优势，采取“传、帮、带”、师带徒、培训、轮训、技术练兵及技术交流，采取“请进来，送出去”方式，选送班组人员参加国际交流和考察，有针对性地对技能较差人员进行培训。同时实施末位淘汰制，增强危机感，激发自我学习充电、自我提高技能的积极性，营造力争上游的氛围。通过技能培养，基层班组中2人获“全国技术能手”、1人被评为“国防511高级技能人才”、6人获“航天技术能手”、5人为“国家中青年技术接班人”、5人获“院级技术能手”。

4.塑造质量协作与团队合作精神。抓住“三个要素”来塑造团队协作与质量合作精神，一是拟定清晰的质量管理目标，通过教育、培训、座谈、沟通、交流，使班组成员对质量目标有清楚地理解，使其认识到作为“航天精品”的创造者，将国防事业的高度责任感和荣誉感为升华到团队目标，愿意为团队目标做出承诺，清楚地怎样共同工作并实现目标；二是建立交流沟通机制，积极疏通交流渠道，领导班子成员与员工面对面交流，了解员工诉求，帮助解决实际困难，车间领导与员工谈心交心，倾听员工心声，一起克服困难，班组长组织班组人员换位思考、交流想法、化解误会，以促坦诚相待，相互信任，团结协作；三是倡导一致的承诺，通过弘扬质量道德观和质量行为准则，使组员对集体表现出高度的忠诚和承诺，自愿签订质量承诺书，自觉践行诺言，愿为实现共同质量目标而发挥自己最大潜能，形成质量管理合力。

（六）建立推动质量管理的激励约束和人文关怀机制

1.实行工时考核奖惩。工时考核是集体作业方式下较为有效的利益分配机制，关键是如何建立合理的工时考核制度。企业结合各班组、各岗位、各工序、各流程的实际，进行科学定额，夯实考核基础，一是在理论上要保证每人通过努力工作尽可能的拿回自己的一部分，即平均工时；二是将工作日折算成工时，上班可以拿到这一份，休假或者因故未上班扣除；三是对经常性工作进行细分，折算成工时，干者有不干者无，由三项或者多项形成个人的总工时，将工时考核与质量管理挂钩，与员工收入挂钩，如同样一件工作，若高标准高质量完成，可得5个工时，一般标准完成，可得4个工时，低标准完成，只能得3个或2个工时，按照“优质优价”做法，对较好保持产品质量的操作者，在工时结算时适当增加工时，使其得到更大实惠。（工时比例分配如图所示）

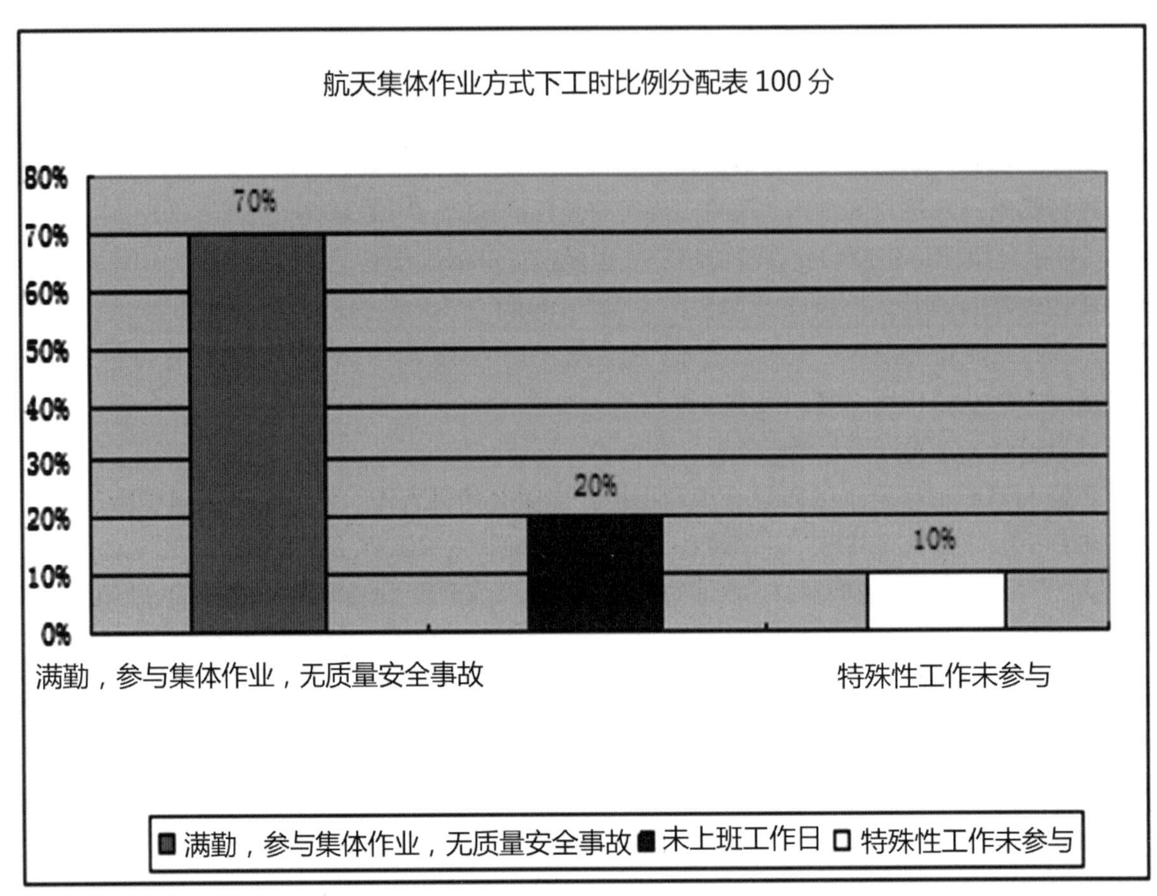

图1

2.建立考核激励与约束机制。以树立共同的质量价值观念为核心，使每位职工的每次质量改进都能及时得到认可与赞赏，由此激励职工为实现岗位质量价值而勇于尝试、不断进取。为激发全体员工提升自主管理意识，提升质量管理执行力，确保各批产、研制型号生产过程全面受控，确保产品质量和用户满意度稳步提高。为建立正向激励机制，重新修改制定了质量考核奖惩细则，加大了奖励力度和对象，每年对研制、批产产品质量进行专项质量考核和通报，对提高研制产品合格率，实现批产“零缺陷”的高质量风险单位，一次性拿出20余万元给予奖励。同时，每年设置质量风险奖30万元，每季度评定一次，给予100–3000元奖励，在每月科研生产讲评会上，对产品质量进行讲评兑现，以促进质量责任履行，确保型号产品生产过程质量受控、批产和研制各项地面和飞行试验成功、质量管理体系有效运行与持续改进，不断规范各级各类人员的质量行为，增强员工的自主管理与质量预防意识，形成“预防型”质量文化（见表1）。

表1　质量管理激励措施实施情况统计表

年度	质量风险抵押金（元）	质量预防奖（元）	质量基础管理专项奖	专题质量活动奖	正负面行为清单（次）	年度正负比值
2015	设置：300000	450000			37	781820/37230
	兑现：296270	46850	151000	207700		
2016	设置：300000	480000			25	760270/70030
	兑现：296070	23100	230500	210600		
2017	设置：300000	500000			18	759458/51542
	兑现：292058	19600	245300	202500		
合计	设置：900000	1430000			80	2221548/158802
	兑现：884389	89500	490500	620800		

3.推进风险抵押金和系数考核。为强化各级人员岗位质量责任制，完成既定质量工作目标，实行了质量风险抵押金和系数考核，对工作质量和操作质量进行记录，年底考核返还或扣除本金，或按一定比例奖励，同时把质量工作纳入各部门经济责任制奖励考核系数，一票否决。发生重大质量问题或事故，不仅直接责任人要受罚，其他负有监督职责和管理责任的部门和人员也要受罚，甚至从上到下都要受罚，既影响单位声誉，又直接影响个人收入。质量考核机制，既强化了质量责任，起到了相互提醒、相互监督的作用。

4.导入人文关怀以消除质量管理不利因素。由于地处山区，员工在工作生活中感到诸多不便，子女上学、赡养老人、看病就医、两地分居、居住环境、工作区与生活区较远等实际问题，容易对员工思想情绪和心理上的产生影响，与此同时，研制与生产任务繁重，生产环节衔接紧密，工作流程紧凑，安全质量风险大，这些因素也会导致操作者情绪波动和心理压力，对产品质量和质量管理带来不良因素或隐患，甚至构成威胁。如某一起质量事故，是因为一名职工着急赶班车回家照顾孩子，未履行自检互检程序而匆忙签字盖章确认合格，结果该产品抛撒试验失败，经事故分析检验结论为该产品上有一层点火药筒未安装造成的，损失和影响极大。为消除影响质量的不利因素，8610厂以人为本，投入大量资金改善工作场所和住房条件，新建单身公寓，增加休闲锻炼场所和设施，安排周末通勤车接送家在外地的职工，解决职工子女就近上学和设置接送学生专车，为职工提供工作餐，安排职工疗养和外出旅游，力所能及地安排职工子女就业，切实解决员工实际困难，使职工深切感受到人文关怀，扎根山区，献身国防，快乐工作，健康生活，不断打造出“航天优质产品”。

（七）开展共建活动，维护客户关系，以用户满意度作为质量管理系统适应性的衡量标准

8610厂秉承“顾客为本，持续改进”的质量方针，以客户为关注焦点，加强供方、顾客与企业的关系管理，以用户满意度作为产品研制生产和服务质量的衡量标准，积极维护客户关系，实施由“关注产品”向“以顾客为导向”的营销战略转移，针对不同的市场和顾客群采用不同的方法确定顾客需求和期望，实行客户分级管理制度，提高顾客关系管理的针对性，通过整机或分系统级厂际质量保证体系、走访用户、军企共建质量检验机制、满意度征询、座谈联谊、评选优秀供应商、忠诚的关键因素等形式加强与用户交流与合作，建立长期、稳定、合作、共赢的顾客关系，广泛传播先进的航天质量文化、企业核心价值观、质量管理行为和服务宗旨，及时根据用户满意度调整质量管理控制策略，摒弃惯性守旧思维与做法，实施个性化需求订制，不断为用户提供零缺陷优质产品，满足用户对航天产品的高质量品质需求，进而实现互利双赢管理目标。

建立了军厂沟通协调制度，成立联合课题攻关组、军地一体化质量管控工作组，联合下发质量监督细则，联合产品监制和验收，提供现场培训，定期召开工作例会。从源头上加强质量管控，全面梳理外协外购产品发生的质量问题，形成分析报告，针对已有的外协外购供货厂家，列出关键外协外购厂家清单，与供方签订质量保证承诺书，建立外协外购质量审核机制，向各合作方输出和传播航天质量文化。

定期对顾客满意度进行统计分析，在质量管理评审中对顾客满意度测量方法进行审核，对其覆盖顾客群体、调查方法及调查项目进行分析，确认是否与企业战略一致。通过拜访客户或召开专题座谈会，以会议纪要、合作协议、设计任务书、调研总结报告等形式明确顾客具体要求，变化信息以及未来需求，组织各部门建立顾客关系及提供顾客往来途径办法进行评审，对顾客不满意的提出改进措施，对成功的办法进行举一反三推广应用，及时更新技术和服务，改进工艺、品质和质量管理思路，提高产品性能和服务质量，满足顾客需要，提高质量管理体系的适应性。

四、航天火化工企业集体作业方式下的质量管理效果

（一）持续改进了质量管理体系并获得多方审核好评

本成果实施以来，改进了企业质量管理体系和质量工作绩效，一次顺利通过中国新时代质量体系认证中心审查达标和换证复评审查，在用户单位和科工集团组成的军地联合质量专项检查中，获得高度评价，认为“工厂质量体系运行正常，具有较强的自我完善能力，产品满足使用方要求”，在2013-2017年多次外部二方质量审核和认证中心的监督复审中获得较好评价（见表2）。

表2　外部质量审核评价列表

年度	审核机构及类别	评价结论
2013	中国新时代第三方监督审核	工厂领导高度重视质量管理工作，员工的质量意识较强，并通过内部质量审核和管理评审，产品生产过程受控，质量体系运行有效，具有较强的自我完善能力，顾客满意度较高，同意推荐注册
2014	科工四院二方质量审核	工厂领导高度重视质量管理工作，资源配置齐全、人员保障到位；质量系统能独立旅行职责，质量方针目标得到不折不扣落实，质量文化建设富有特色，全员质量意识较强；定期开展质量审核和日常监督检查，体系运行有效；检验要素设置合理，计量基础管理做得较好

2015	科工四院二方质量审核	工厂领导重视质量工作，全面策划了年度质量工作，针对任务特点分类制订了考核奖惩办法，加大了奖惩力度；各项质量基础管理得到保持；坚持质量监督和质量审核，促进质量职责落实和质量目标的实现；产品质量总体受控，质量管理体系运行正常有效
2016	军地联合质量专项检查	工厂质量体系运行正常，具有较强的自我完善能力，产品满足使用方要求。
	科工四院二方质量审核	工厂领导重视质量工作，质量基础管理不断提升，质量复查工作效果明显，质量考核的正向激励发挥较好，发动机装药、总装、试验过程受控，产品质量稳定，质量管理体系运行正常有效
	科工三院二方质量审核	产品生产过程受控，产品质量满足用户要
2017	新时代武器装备质量管理体系第一次监督审核	工厂领导高度重视质量管理工作，员工的质量意识较强，并通过内部质量审核和管理评审，产品生产过程受控，质量体系运行有效，具有较强的自我完善能力，顾客满意度较高。待对不符合项采取纠正措施，经书面验证符合要求后，推荐保持并更新注册资格

（二）产品质量全面受控，合格率逐年提高，用户满意度提升较大

本成果实施以来，企业承担的航天型号产品质量全面受控，研制、批产及各项地面试验和飞行试验取得成功率100%；产品厂内一次交检合格率100%；批产型号靶场和交装开箱合格率100%；研制型号靶场开箱合格率100%；顾客满意度从92%上升到99%；批次性、重复性、人为责任质量问题及重大质量事故为零，型号产品荣获中国航天科工集团“航天优质产品”称号，不合格品审理单逐年下降16%以上，人为质量事故、重大质量事故为零，一般质量事故从92%逐年下降到98%以上，用户满意度提上较大（见表3）。

表3　产品质量提丌情况统计表

类别	实施前一年	2015年	2016年	2017年
不合格品审批单办理	275	188	136	55
纠正交检合格	98.98%	100%	100%	100%
地面、飞行试验合格率	100%	100%	100%	100%
厂内一次交检合格率	99.96%	100%	100%	100%
批产型号靶场开箱合格率	100%	100%	100%	100%
批产型号交装开箱合格率	100%	100%	100%	100%
研制型号靶场开箱合格率	100%	100%	100%	100%
人为责任质量问题	0	0	0	0
重大质量事故	0	0	0	0
一般责任事故	比上年度下降90.3%	下降95.78%	下降97.56%	下降98.65%
用户满意度提升率	上升至93.48%	上升至97.89%	上升至98.96%	上升至99.59%

（三）质量管理取得丰硕成果

8610厂重视引导和鼓励开展群众性质量管理创新活动，员工积极参与并开展质量管理创新活动，解决了一些关键质量问题和工艺技术瓶颈，提高了产品整体质量管理水平，自2004年以来，累计完成QC成果数十项，省部级奖项45次，有24次获得由中国质量协会、中华全国总工会、中国科学技术协会、中华全国妇女联合会、共青团中央联合命名的QC成果奖，其中4次国家级质量管理荣誉称号，20次荣获“全国优秀质量管理小组”、3次“全国质量信得过班组”称号，本成果实施以来，5次获得国家级QC成果奖励。

（四）企业经济效益和社会效益显著，核心竞争能力增强

由于产品质量全面受控和质量管理能力提高，在市场竞争中优势明显，近三年来承担航天型号科研和批产任务逐年增加，承揽协外型号和配套任务由2012年8个发展到2017年35个，合同金额由5000余万元攀升至15000余万元；经济效益逐年增长，工业总产值由2012年5亿元提升到2017年15亿元。

同时，积极履行社会责任，开展以“精准扶贫项目”“结对子资助贫困小学生”为重点的公益性活动，在行业和地方的美誉度显著提升，不断吸引了高科技人才和高新技术加盟；连续9次被湖北省委省政府评为“最佳文明单位”，荣获“湖北省五一劳动奖”、国家科学技术进步奖特等奖和湖北省高新技术企业证书，研制生产的航天产品在国庆阅兵式上接受党和人民的检阅，为国防现代化建设做出了积极贡献。

成果创造人：陈永钊、何前明、潘云武

中国华能提质增效厂际竞赛探索与实践

中国华能集团有限公司工会工作委员会

广泛开展群众性劳动竞赛活动，是激发职工工作热情、促进企业生产经营、推动企业持续稳定发展的重要途径。为响应党中央、国务院做好提质增效工作部署，贯彻落实国资委打好提质增效攻坚战工作要求，中国华能集团有限公司（以下简称中国华能）积极探索创新，在全集团公司范围内开展了火电厂"提质增效"厂际竞赛，自2016年启动以来，从探索制定方案，到组织开展竞赛，从60万千瓦机组火电厂试点，到扩大至30万千瓦机组以上火电厂，逐步形成了具有华能特点的厂际竞赛模式，把劳动竞赛由厂内扩大到集团、由"单项赛"转变为"团体赛"，更大范围、更高层面、更大力度促进火电企业提升竞争力，引导广大职工立足岗位建功立业，为推动企业提质增效、做强做优做大作出了积极贡献。

一、厂际竞赛背景与意义

党的十九大报告指出，我国经济已由高速增长阶段转向高质量发展阶段，建设现代化经济体系是跨越关口的迫切要求和我国发展的战略目标，必须把发展经济的着力点放在实体经济上，把提高供给体系质量作为主攻方向，显著增强我国经济质量优势；坚持去产能、去库存、去杠杆、降成本、补短板，优化存量资源配置，扩大优质增量供给，实现供需动态平衡。

近年来，随着供给侧结构性改革，电力体制和国企改革的不断深入，我国经济发展进入新常态。为保证国民经济平稳增长，着力振兴实体经济，党中央、国务院对国有企业做出了瘦身健体提质增效的重要部署，多次在中央经济工作会议、全国"两会"等不同场合对持续推进瘦身健体提质增效工作提出了明确要求。国资委加大中央企业供给侧结构性改革力度，专门召开瘦身健体提质增效视频会议，对中央企业提质增效的工作组织、工作宣贯、责任落实等事项提出了具体要求。中国华能作为国有重要骨干企业，坚决贯彻落实党中央、国务院关于瘦身健体提质增效的决策部署，深入推进瘦身健体提质增效工作，下决心全力打赢这场攻坚战、持久战，为振兴实体经济发挥更大作用。

2016年1月，中国华能一届二次职工代表大会暨2016年工作会议，提出年度工作"五个突出抓好"的总体要求，其中第一个就是"突出抓好提质增效"。会议期间，曹培玺董事长（时任总经理）在分组讨论回应职工代表时，提出开展以60万千瓦火电机组火电厂为试点的厂际竞赛，增进企业相互交流，强化对标管理，全面促进提质增效。此项工作交由工委牵头落实、有关部门配合。

中国华能工委在学习借鉴、收集资料的基础上，先后征求预算部、营销部、安生部、科环部等部门意见，组织召开研讨会，形成竞赛初步方案。公司主要领导、分管领导同志多次听取汇报并提出修改意见，并两次主持召开专题会议研究，进行修改完善。为验证竞赛指标的合理性和可操作性，以2015年实际数据为样本进行模拟评分，测试表明结果客观、方案可行。经过征求并吸纳多方意见，十易其稿，形成最终方案，于2016年7月印发施行，为竞赛的顺利开展奠定了坚实基础。

二、厂际竞赛方案设计与组织实施

（一）总体思路

提质增效是一个系统工程，涉及企业生产经营管理的方方面面。为突出提质增效主题，厂际竞赛内容主要围绕四个方面，概括起来主要是“四比四赛”，包括20个主要指标。一是比安全生产、赛安全稳定可靠能力，二是比节能环保、赛绿色发展能力，三是比经营管理、赛盈利与竞争能力，四是比创新创效、赛企业创新能力。通过“比”与“赛”，促进厂与厂之间的学习交流，全面推动提质增效。厂际竞赛以对标管理为手段，对照先进、查错纠弊、持续改进、不断超越，通过选树标杆电厂，树立“四个看齐”意识（安全生产、节能环保、经营管理、创新创效），查找“四个差距　”（指标、认识、做法、绩效上），不断提高集团公司火电厂机组运行整体水平，全面提升质量效益。

竞赛方式方面，参赛企业每月填报主要指标完成情况，每年报送年度完成情况和工作总结，集团公司内网开辟厂际竞赛专栏，对参赛电厂指标完成情况集中进行通报；年终对各参赛电厂进行评比打分，将排名前20%的参赛电厂确立为标杆电厂，给予命名表彰及适当奖励。同时，定期组织厂际总结交流活动，通过观摩学习、经验座谈等形式，促进参赛电厂提升绩效指标和管理水平。

（二）指标设计

安全生产是提质增效、争创一流的前提和基础，竞赛中要比安全保障能力，杜绝人身伤亡事故，严格控制设备损坏事故和非计划停运次数，赛设备治理水平和检修工作质量，赛机组长周期连续稳定运行能力。节能环保是实现绿色发展、可持续发展的关键，竞赛中要比节能降耗水平，赛供电煤耗、厂用电率、小指标达标率等；比环保管理水平，赛环保事件控制、主要污染物排放绩效、排放超标率等，以比促管、以赛促提。经营管理是提质增效工作的重中之重，作为火电企业，电力营销、燃料采购是有效降低成本、提升经济效益的关键，对确保完成年度经营绩效目标、实现国资委业绩考核A级具有重要作用。竞赛中将重点比发电利用小时、标煤采购单价和度电利润三个指标，引导各参赛电厂增收节支、降本增效。创新创效是积极践行创新发展理念，落实中央关于“双创”重要部署的有效载体。竞赛中既要比科技创新，更要比职工创新，既要赛新技术开发与应用，更要赛职工立足岗位开展创新创效活动取得的成效。

考虑到安全生产、节能环保、经营管理和创新创效四个竞赛板块在提质增效工作中的贡献度和可比性，对竞赛总分100分进行分配，其中安全生产25分、节能环保30分、经营管理30分、创新创效15分，另设加分项5分，对竞赛期间积极采取措施、取得显著成效的参赛单位予以加分鼓励。竞赛指标及赋分设计的核心是要明确提质增效的目标方向，发挥竞赛的导向作用，引领和推动各基层企业更有力、更有效地开展提质增效工作。

（三）赛组划分

提质增效厂际竞赛伊始，参赛企业包括2015年12月31日前已投产机组中含60万千瓦等级机组（50万千瓦～70万千瓦）的全部火电厂。经统计，截至2015年底，集团公司60万千瓦等级火电机组共70台，涉及20个省市自治区、29个基层电厂；29家基层电厂的装机容量共6080万千瓦，容量占集团公司当时装机总容量的37%，占火电装机容量的48%，占燃煤机组装机容量的52%。

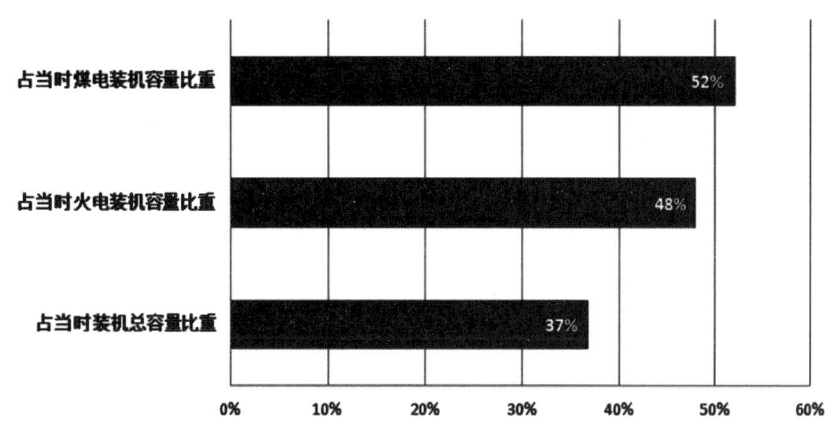

图1　60万千瓦等级机组火电厂厂际竞赛参赛电厂装机比重

考虑到参赛机组地域分布广、技术种类多的特点，为保证竞赛的公平性，在竞赛方案总体设计中进行了相关考虑。

针对参赛电厂地域分布广的问题，竞赛方案设计中将29家参赛电厂按所在省份分为东部、中部、北部、南部四个赛区。东部赛区包括石洞口二厂、太仓电厂等6家电厂，中部赛区包括上安电厂、沁北电厂等10家电厂，北部赛区包括营口电厂、九台电厂等6家电厂，南部赛区包括福州电厂、井冈山电厂等7家电厂。

针对参赛机组技术类型多样的问题，方案设计中将70台参赛机组按照压力等级和冷却方式划分为超超临界、超临界湿冷、超临界空冷、亚临界空冷、亚临界湿冷五类，其中超超临界型涉及8个电厂，超临界湿冷型涉及10个电厂，超临界空冷型涉及5个电厂，亚临界空冷型涉及3个电厂，亚临界湿冷型涉及6个电厂；对于部分机组供热的情况，供热机组的指标修正参照《中国华能优秀节约环保型燃煤发电厂标准（试行）》中“附录D供热机组基准值考核及修正计算”和“附录E 发电煤耗和发电厂用电率基准值修正计算”相关规

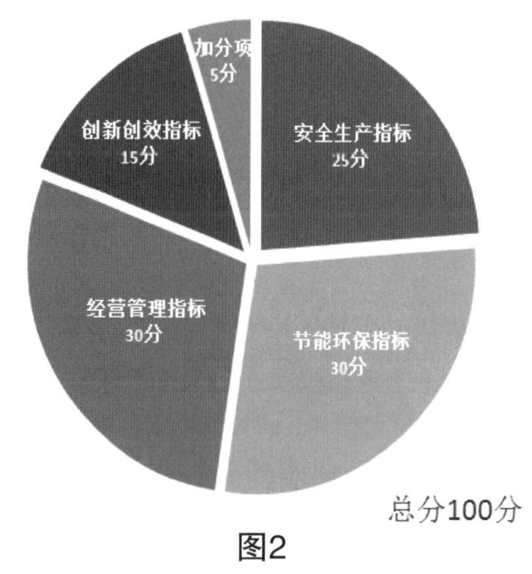

图2

定进行修正。

（四）评分方法

在全厂指标和机组指标的选择与计算方面，对于可以量化到单台机组的指标，则分别统计单台机组的具体指标并分别进行打分，同一电厂所有参赛机组该项指标的平均得分即为此项指标的最终得分；对于不能拆分或量化到单台机组的指标，则直接统计全厂指标，该得分即为此指标的最终得分。

通过以上方法，一方面保证了指标计算统计的合理性，另一方面也通过求平均值的方式，将各参赛电厂中参赛机组数量不同、无法统一评比的问题尽可能淡化，保证竞赛的公平性与合理性。考虑到参赛电厂和机组的多样性因素，特别是不同机组服役时间不同、技术性能各异的具体情况，对所有竞赛指标评分的总体思路是以对标为主，以比相对指标为重点，尽可能减少对绝对指标的对比和排序。

按照此思路，在具体竞赛指标的评分方法中，大量运用了四个对标维度，即预算对标（与年初确定的预算目标对比，看完成情况）、同比对标（与参赛电厂去年的生产指标对比，看进步幅度）、同型对标（与和参赛机组相同技术路线的机组对比，看相对水平）、同赛区对标（与同区域电厂对比，看工作水平），即：

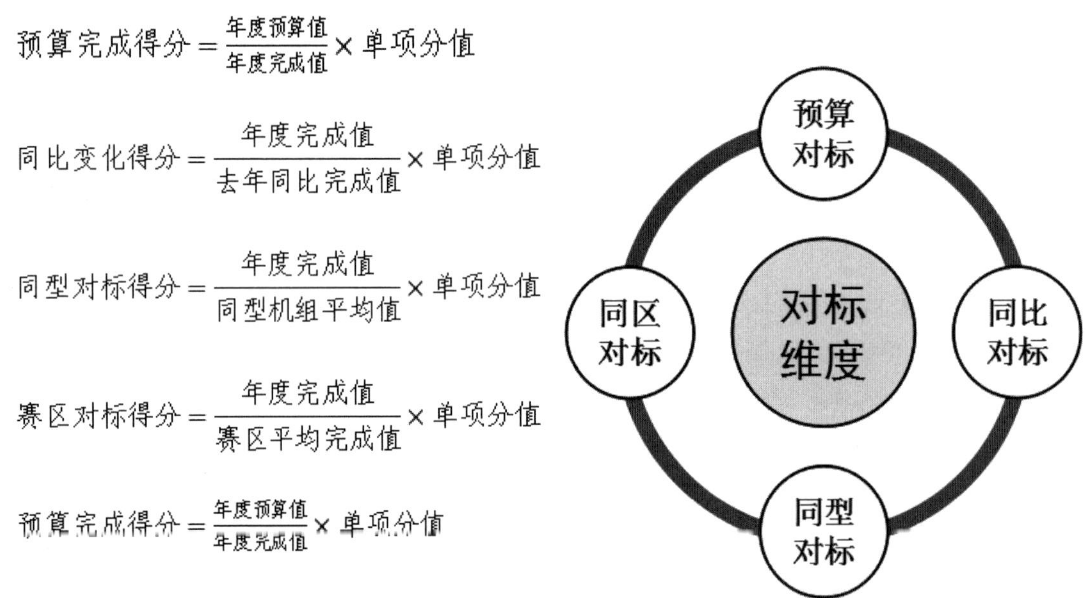

图3

最后，根据不同指标的特征，对竞赛指标所用到的维度对标得分进行赋权，对相对重要的维度给予更高权重，最后加权求得竞赛指标得分。竞赛方案的多数生产经营指标均按照以上思路设计。

（五）完善推广

为进一步促进集团公司瘦身健体提质增效工作，按照竞赛整体设想和工作安排，在成功组织开展60万千瓦等级机组火电厂厂际竞赛的基础上，进一步扩大竞赛范围，在2017年的厂际竞赛中，将30万千瓦等级以上煤电机组电厂全部纳入厂际竞赛体系。与60万千瓦等级机组火电厂厂际竞赛相比，参赛范围更大，覆盖面更广，参赛企业由29家增至76家，机组数量由70台增至232台，参赛企业装机容量由6080万千瓦增至11095万千瓦（所占煤机总装机容量比例由52%增至94%）。

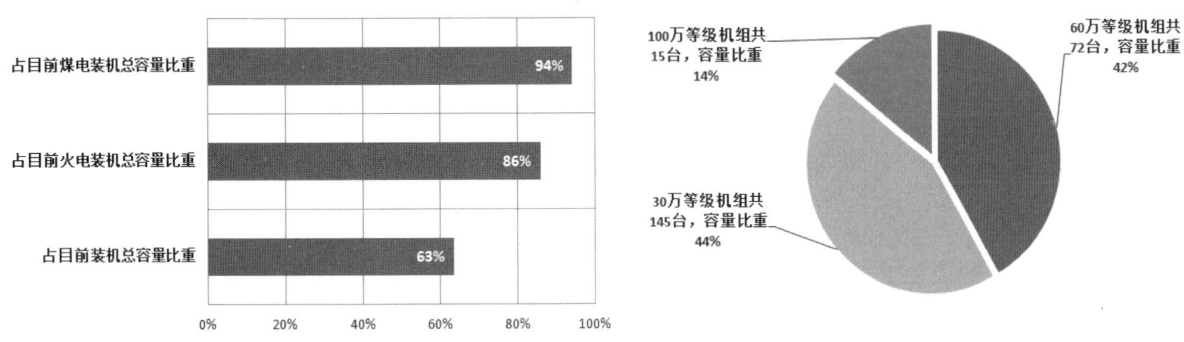

图4 30万千瓦以上等级机组火电厂厂际竞赛参赛电厂装机比重

厂际竞赛扩大参赛范围后，保持“四比四赛”竞赛内容不变，保持指标体系和评分方法基本不变，根据当前提质增效工作要求和新增机组容量等级情况，增设3个二级指标，总分增加10分，并适当调整部分指标的评分标准，确保竞赛方法的科学性、公平性和导向性。

1.增设三个指标。一是根据集团公司瘦身健体提质增效有关要求，增设“EVA”“度电生产费用”两个指标，纳入预算部管理的“盈利能力”指标范畴，分别增加6分和4分的考核分值。二是结合当前国家碳排放控制的有关政策，增设“供电碳排放强度”指标，纳入科环部管理的环保类指标，调整原有指标分值，保持环保类指标总分10分不变。

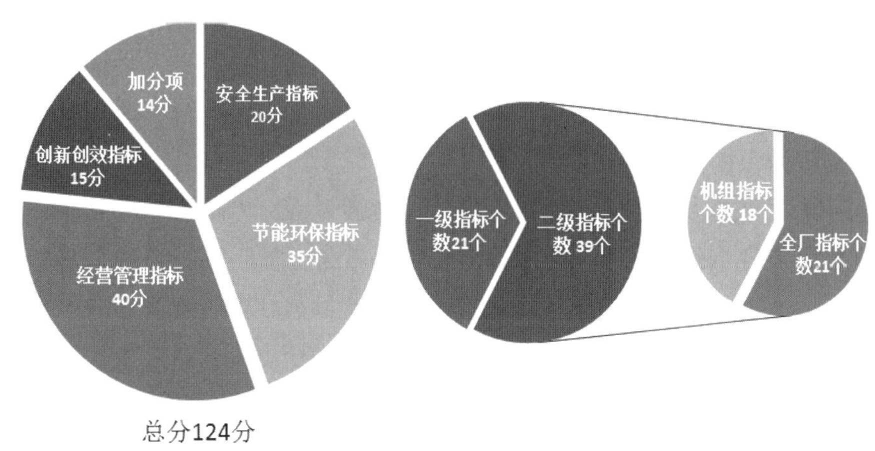

图5 30万千瓦以上等级机组火电厂厂际竞赛“四比四赛”指标比重

2.调整部分指标评分标准。针对新参赛的30万千瓦、100万千瓦等级机组，调整部分指标评分标准，确保评分方法科学性和适用性。一是调整“安全生产事故控制”“机组检修全优率”“小指标达标情况”指标评分标准；二是调整“污染物排放绩效”“污染物排放超标率”的全厂总分核算方法，并优化二氧化硫绩效评分参数，完善简化“电力市场营销”指标的计算评分方法。

3.调整竞赛评比方式。厂际竞赛活动主体是参赛电厂，根据各参赛企业竞赛指标年度完成情况，对全部参赛企业综合评分进行“大排名”，选前10名参赛企业确定为“30万千瓦以上等级机组火电厂厂际竞赛标杆电厂”；按30万千瓦、60万千瓦、100万千瓦三个容量等级的机组指标评分进行“小排名”，分别选取排名靠前10%的参赛企业确定为标杆电厂，已列入大排名奖项的，不再重复命名表彰。

（六）组织推进

1.广泛动员部署，大力推进实施。竞赛两年多来，两次召开动员会，两次进行交流推进。2016年7月，集团公司召开动员视频会议，要求各单位加强组织领导，有关部门齐抓共管，统筹做好竞赛策划、组织工作，参赛企业精心组织实施，加强对标寻找短版，着力补强，努力争创标杆电厂。发动全员参与，厂际、厂内相结合，全面开展竞赛活动，全面准确传达要求，及时通报竞赛进展。 2017年11月，竞赛范围扩大后，及时召开现场视频会议，进行再动员再部署。2017年、2018年，分别召开现场交流推进会，总结回顾竞赛工作，安排部署下一步工作，开展现场交流学习，推动竞赛向纵深开展。

2.选树竞赛标杆电厂，发挥典型示范作用。竞赛过程中，通过每月发布指标，开展对标管理，实现了全部参赛企业对标全覆盖，帮助参赛企业找准了存在的问题与不足，认清了差距，明确了目标。通过开展厂际竞赛，不断提高机组运行质量和效益，全面提升生产管理水平，推动企业提质增效，涌现了一批安全稳定、节能环保、效益良好、创新领先的标杆电厂，厂际竞赛达到了预期效果。为表彰先进，树立典型，经严格评审，先后对2016年、2017年度提质增效厂际竞赛标杆电厂进行表彰，分别授予6家、10家企业标杆电厂荣誉称号。通过竞赛选树的标杆电厂，让参赛企业学有目标，赶有榜样，充分发挥了示范引领作用。为扩大竞赛活动影响力，在一届四次职代会暨2018年工作会议期间，集团公司职代会会议期间，工委加大宣传力度，以展板形式揭晓竞赛排名、对竞赛情况、标杆电厂、指标数据等进行宣传展示，起到了鼓励先进、促进落后的积极作用。

3.开展落后电厂约谈，督促后进赶超先进。在激励先进、发挥作用的基础上，约谈落后单位，有力推进厂际竞赛向纵深开展。2018年6月，召开2017年厂际竞赛排名落后电厂及其所在二级单位负责人约谈视频会议，督导落后电厂改变落后排名状态，提升生产经营管理水平。集团公司党组副书记、副总经理邓建玲进行集体约谈讲话，指出排名落后电厂以及所在二级单位普遍存在的宣贯不到位、工作不重视，认识不到位、措施不得力，整改不到位、成效不明显等突出问题。要求各单位加强组织领导，通过对照先进、查错纠弊、总结提高等手段帮助落后电厂不断提升经营管理能力，努力提高厂际竞赛整体管理水平；强化工作措施，深化对标管理，按照领先标准，自我加压、主动摸高，指标向标杆看齐，寻找短板着力补强；切实整改提高，要找准问题、弄清原因、对症下药，综合施策，不断提升企业竞争力和可持续发展能力。落后的电厂知耻后勇、迎难而上，开展“对标找查、补短晋位”整改行动，认清落后的现实，全面梳理问题，深入分析问题，深刻剖析原因，坚持问题导向，全面开展整改，在提升管理水平补短板方面取得了积极成效。

三、厂际竞赛方案突出特点

厂际竞赛本质上是群众性劳动竞赛，是拓展到厂与厂之间开展的劳动竞赛，与基层企业内部开展的竞赛活动相比，参与范围更大，覆盖面更广，竞赛指标更全，对促进企业提质增效作用成效更明显。在方案设计和竞赛组织中，着重突出竞赛的导向性、科学性和可操作性。

（一）突出提质增效的导向性

为引导电厂进一步夯实管理基础，以主要生产经营指标对标为导向，精心设置生产经营管理指标，通过安全生产事故控制、机组连续稳定运行和检修全优率对标，引导提升安全生产水平；通过主要污染物排放、供电煤耗、厂用电率对标，引导提升节能环保水平；通过盈利情况、电力市场营销情况、燃料管理情况对标，引导提升经营管理水平；通过新技术开发应用和技术创新成果对标，引导提升创新创效水平；通过“四比四赛”，引导参赛电厂明确提质增效目标，夯实经营管理基础，扎实提升质量效益。

（二）突出竞赛指标的科学性

竞赛以电厂为单位，多台机组的电厂取平均分。考虑到不同参赛机组技术类型、设备品牌、服役时间等的差异，参赛机组按照压力等级和冷却方式划分为超超临界、超临界空冷、超临界湿冷、亚临界空冷、亚临界湿冷五类，参照优秀两型企业标准，对供热比、煤种和制粉系统形式等进行修正。为尽量淡化固有差异，突出“提”和“增”的努力及成效，引入了同比对标、预算对标和相同技术类型对标等维度，充分调动参赛企业的积极性主动性。

（三）突出竞赛组织的可操作性

统筹考虑相关专业的考核评价体系，兼顾基层企业实际情况，紧密围绕提质增效主题、突出适用性，简化工作流程、突出竞赛重点，减轻业务部门和基层企业工作负担。结合每个指标和相关部门管理实际，提出了有针对性的评分方法，有利于参赛企业确立提质增效的目标和方向，发挥竞赛的导向作用。同时，随着提质增效工作的深入展开，及时调增主要指标，调整评分标准和计算方法，确保指标体系与时俱进、符合实际，体现当前工作重点。

四、厂际竞赛取得显著成效

厂际竞赛的持续深入开展，促进提质增效取得明显成效。2016年、2017年在五大发电集团对标中，中国华能发电量、利用小时、供电煤耗、营业收入、利润总额等规模、效益、效率指标居第一位，主要要素指标继续保持行业领先。各参赛企业以对标管理为手段，自我加压、深入挖潜，面对复杂严峻的经营形势，不断深化安全生产、节能环保、经营管理和创新创效，各项工作不断取得新进展。

（一）安全生产可控在控

各参赛企业始终坚持“安全第一，预防为主，综合治理”的方针，以“五落实五到位”

为工作标准，健全责任体系，狠抓责任落实；以安全生产管理体系建设为抓手，完善风险管控和隐患排查双重预防机制，加大外包队伍管理，加大“反违章”整治工作，安全生产形势总体保持平稳。各参赛企业深化“降缺陷、控非停”工作，加强设备综合整治，加强技术监督管理，机组长周期稳定运行能力不断提升。伊敏电厂5号机组实现连续运行712天，刷新集团公司60万千瓦等级机组长周期运行记录，金陵电厂2号机组连续运行达606天，刷新国内百万机组连续安全运行纪录；德州2号、上安6号、淮阴6号、运河5号等4台机组全年连续安全运行；2017年17家燃煤火电厂实现全年无非停；玉环2号、海门4号、岳阳3号、南京2号等7台机组进入全国火电可靠性指标评价排行榜，占总数量的16%。

（二）节能环保持续推进

在节能降耗方面，通过“提质增效”竞赛的持续开展，机组能效指标逐年改善提升，2017年公司火电燃煤机组的供电煤耗以及100万千瓦超超临界、60万千瓦超超临界等七个主力机型的供电煤耗排名五大集团第一。在中电联组织的2016年度全国火电60万千瓦级及以上大机组能效水平对标及竞赛中，共计31台机组获奖，同比增加9台，获奖机组数量占总数的21%；在30万千瓦级机组能效水平对标及竞赛中，共计37台机组获奖，同比增加3台，获奖机组数量占总数的24%；在60万千瓦、30万千瓦级大机组竞赛中获奖机组数量均达到历年最多。各参赛企业认真开展优秀两型企业动态创建，积极开展小指标达标治理及能耗指标创优工作，设备运行经济性显著改善，机组灵活性和供热经济性指标进一步提升，全年取得深度调峰收益5.22亿元，为公司经营效益做出贡献。

环保工作方面，公司强化环保设施运维和达标排放管理，超低排放改造煤电机组超前完成国家进度要求。76家参赛企业二氧化硫、氮氧化物和烟尘三项污染物排放绩效分别为0.10g/kWh、0.161g/kWh和0.016g/kWh，优于公司整体水平，排放浓度约相当于28mg/Nm^3、46mg/Nm^{3}和4.6mg/Nm^3，优于超低排放标准要求。三项污染物排放超标率同比分别下降0.02.0.16和0.02个百分点。

（三）经营管理成效显著

煤电产业提质增效工作取得了积极成效。行业自律工作成效明显，结算电价实现稳中有升。燃料中长期合同履约率同比上升8个百分点，标煤采购单价行业对标排名第一。度电生产费用同比下降10.8%，供电煤耗保持行业领先。降杠杆工作成效显著，负债率近年来首次降至80%以下，可比企业对标排名第一。煤电产业整体实现盈利（剔除资产减值影响）。从76家参赛电厂盈利能力综合得分看，前三名依次为伊敏电厂、上都电厂、海门电厂；从单项指标完成情况看，魏家峁电厂度电利润（69.67元/千千瓦时）排名第一，玉环电厂EVA （7.65亿元） 排名第一，金陵电厂度电生产费用（11.98元/千千瓦时）排名第一。

营销管理方面，集团公司实现全口径利用小时五大集团排名第一，煤机利用小时五大集团排名第二，其中，参赛企业发电量完成4814.78亿千瓦时，同比增长5.68%，累计发电设备利用小时为4316小时，同比上升118小时，增幅高于公司煤机平均水平30小时，为公司整体对标领先做出了重要贡献。丹东、大连电厂调峰收入在省内30万千瓦等级机组中位居前两名。陕西公司秦岭、铜川电厂交易电量市场份额大幅超容量份额，使得陕西煤机超统调865小时，在五大集团排名第一。

燃料管理方面，参赛企业提高长协合同比例，日常管理工作中强调“铁计划、钢调运”，确保有价格优势的长协合同足额兑现；灵活调整现货采购策略，坚持招标采购，加强临购计划的审批与考核管理；加大对标分析及考核力度，建立了月度对标考核机制；强化经济煤种掺烧，降低燃料采购成本，燃料控价效果明显。深入推进燃料管理标杆电厂创建活动，堵塞了管理漏洞，有效节约了燃料成本，厂内燃料管理水平明显提升。2017年，莱芜、蒙西、金桥、临河、大庆、伊春、新华、应城、洛阳、伊敏、西宁热电11家电厂通过燃料标杆电厂创建验收，并对已通过验收的3家电厂进行复查，72家参赛企业通过了燃料标杆电厂创建验收。

（四）创新创效成果丰硕

厂际竞赛激发了参赛企业和广大职工创新活力和潜力，基层企业“双创”工作有效推进，企业专利申报、成果报奖、科技项目组织实施等创新活动显著加强。积极推进劳模（高技能人才）创新工作室建设，搭建职工创新平台，充分发挥优秀技能人才和劳模的模范带头作用，带动职工提升学习实践能力，促进企业增强创新创效能力。

公司认真贯彻落实中央《新时期产业工人队伍建设改革方案》《关于进一步加强高技能人才工作的意见》部署要求，落实一系列改革举措，加快建设知识型、技术型、创新型职工队伍。各级工会组织广泛开展技能竞赛和岗位练兵，不断提升职工技能竞赛工作水平。基层企业积极组织和参加技能竞赛，近年来，420余名职工获得了集团公司“技术能手”“岗位能手”等荣誉称号。为落实集团公司“双创”工作部署，科环部、工委采取了一系列促进创新创效的措施，设计开发并上线运行职工创新网上平台——“华创空间”，注册用户超过2万余人；开展首届职工创新创意大赛，收到创新创意900余项。各参赛企业在2016年度职工技术创新成果征集评选活动中，共申报了150项创新成果，评选出42项集团公司职工技术创新优秀成果和35项创意奖，并向中电联进行推荐申报，其中9项成果被中电联评为全国电力职工技术成果奖。

五、厂际竞赛主要做法和典型经验

以企业为单位成功开展厂际竞赛，是一项开创性工作，在中央企业和大型企业集团中没有先例、独树一帜。经过两年多的探索与实践，厂际竞赛方案和指标体系从研究制订到出台实施，经过了竞赛实践检验，方案不断改进完善，评价体系日趋科学合理。厂际竞赛从策划发动，到组织实施、对标创优、评比表彰、交流推进，竞赛工作形成闭环管理，竞赛体制日趋成熟，创造了具有发电行业特色、先进管理理念、科学指标体系、完善管理体系的优秀企业管理成果，具备应用推广价值。总体而言，厂际竞赛取得良好成效，主要得益于以下四个方面做法经验。

（一）坚持竞赛突出主题、科学设计

主题是竞赛的核心思想，也是竞赛的目标方向，必须从当前最紧迫、最重要、最需要的企业实际需求出发，服从服务于企业中心任务。为响应党中央、国资委关于提质增效的决策部署，落实中国华能突出抓好提质增效的工作要求，厂际竞赛从方案设计之初，就把提质增效明确为活动主题，把这四个字写到竞赛的大旗上。方案设计事关竞赛全局，是竞赛最关键的因素，决定了竞赛能否成功举办、取得实效。因此厂际竞赛从提质增效的主题出发，竞赛内容确定为“四比四赛”（比安全生产、赛安全稳定可靠能力，比节能环保、赛绿色发展能力，比经

营管理、赛盈利与竞争能力，比创新创效、赛企业创新能力），突出竞赛导向性；在竞赛指标的确定上，突出科学合理性，精心遴选设置竞赛主要指标；在评分标准和计分方法上，突出竞赛实用性和可操作性，采用了四个对标维度，并赋予不同权重。

（二）坚持加强对标创优、闭环管理

对标是竞赛的主要方法，竞赛核心是对标，通过科学对标才能分出优劣、比出高低，起到创先争优、比学赶帮的作用。厂际竞赛以对标管理为重要手段，对照先进、查错纠弊、持续改进、不断超越，通过强化对标管理，月度发布指标，年度评比排名，树立看齐意识，查找差距，提高电厂生产经营管理整体水平。厂际竞赛从计划、发动、实施、交流、评比到奖励等各个环节，要做到有始有终，加强闭环管理。通过定期发布参赛机组竞赛指标完成情况，帮助参赛电厂查找差距、发现短板、弥补不足、向标杆看齐。在竞赛过程中，通过加大宣传力度，营造浓厚氛围，参赛企业加强交流学习，互相借鉴提升，推进竞赛不断深入开展。厂际竞赛采取“抓两头、带中间”的方式，对标排名靠前的，评为标杆电厂，给予表彰奖励；对排名落后的，进行约谈，促进改变落后面貌。同时，将各单位厂际竞赛开展情况纳入绩效考核管理，实现了竞赛全过程闭环管理。

（三）坚持统一组织领导、上下联动

加强领导、科学组织、有效实施，是一项竞赛活动能否顺利开展的基本保障，确保竞赛落地见效。厂际竞赛实践过程中，形成了方案完善、指标科学、机制健全、组织有序、全员参与、良性循环的工作格局。在集团层面上，促进厂际竞赛与企业中心工作深度融合，形成了集团搭台、企业唱戏、上下联动、部门协同的良好局面。把厂际竞赛纳入集团公司提质增效总体方案和煤电产业专项工作方案，预算部将EVA、度电生产费用等关键指标引入竞赛体系；安生部将厂际竞赛与节能环保电厂创建、小指标达标治理工作相结合，开展生产指标专项核查，推动企业优化生产指标。区域公司加强督导检查，将工作任务“分田到户”，定期考核点评。参赛企业健全机构、制定措施、分解任务、不断改进，把竞赛工作与企业生产经营工作同安排、同部署、同检查、同考核，形成了党政统一领导、工会牵头、各部门配合、职工广泛参与的良好局面。

（四）坚持发挥工会作用、全员参与

团结组织广大职工广泛深入开展群众性劳动竞赛，是工会组织促进企业发展、服务职工群众的重要活动载体。厂际竞赛作为提升企业竞争力、推进提质增效一项群众性劳动竞赛，必须充分发挥工会组织自身优势和作用，发动职工群众全员参与，必出充分发挥职工的主力军作用，贡献智慧和力量，立足岗位建功立业。厂际竞赛着力凸显竞赛主体的群众性，通过发文部署、召开动员会等多种形式，让广大职工了解竞赛、关注竞赛、参与竞赛；通过建立互联网平台交流经验、组织现场调研座谈会等方式，宣传推广标杆电厂的措施方法和工作经验。建立形成“1+N”的厂际竞赛工作格局，参赛企业发挥厂际竞赛的统领作用，将厂际竞赛与厂内竞赛相结合，广泛开展群众性劳动竞赛、技能竞赛、小指标竞赛、技术比武、合理化建议、职工技术创新等活动，不断激发职工拼搏创业、锐意进取的竞赛热情，使厂际竞赛落地生根。

成果创造人：章显明、胡蕴瑞、曹景峰、刘瑞轩、廖静涛、申　通

水泥企业精益管理运营体系建设的研究与实践

山东东华水泥有限公司

山东东华水泥有限公司成立于2004年8月，是山东能源淄矿集团与中国联合水泥集团有限公司战略合作企业，注册资金3.78亿元。公司拥有两条日产5000吨新型干法水泥熟料生产线和两座（9MW、6MW）纯低温余热发电站，并自备石灰石矿山。目前，具备年产熟料310万吨、水泥600万吨、矿粉100万吨、余热发电1亿度能力，搭建起了集石灰石矿山开采、熟料、水泥、矿粉、发电、固废处置为一体的绿色建材产业架构。经营网点覆盖“四市九点”，形成了西至济南、东至青岛、北至滨州东营、中有淄博的“T”型市场布局。“东华”牌水泥广泛应用于高铁、高速、机场等国家级、省级重大工程项目，代表性工程有济青高铁、滨莱高速、青岛新机场、奥体中心等，在水泥市场中享有较高声誉。

东华水泥公司先后通过了ISO9001质量管理体系、ISO24001环境管理体系、GB/T28001职业健康安全管理体系、ISO10012测量管理体系和ISO50001能源管理体系认证，并被评为AAA级信用企业、安全生产标准化一级企业、中国建材500强企业、中国建材最具成长型企业100强、山东省省级文明单位、山东省节能减排先进企业、山东省资源综合利用企业等称号。

一、项目实施的背景

作为集团公司精益管理试点单位，东华水泥公司确定了“推进、深化、提升”的三年行动目标，坚持“消除浪费、持续改善、精益求精、追求卓越”，以解决突出问题和薄弱环节为切入点，按照点、线、面、体的推进路线，形成了以企业文化为引领、以“五全”管理为控制提升，以内部市场化为考核结算的精益管理机制和“五位一体六结合，三个阶段四步走”“5634”（五位一体：即6S管理、提案改善、TPM全员生产维护、精益班组建设及标准化作业“五位一体”；六个结合，即将精益管理与五全管理和内部市场化相结合；三个阶段，整体推进分“理念导入、精益改善、形成文化”三个阶段；四步走，精益改善按强化、细化、固化、优化四步进行）推进模式。通过对标优化、引进吸收、创新发展、持续改善，逐步优化资源配置，消除各种浪费，养成精益行为，培育精益文化，构建了一套“精益东华”管理模式。精益管理实施以来，生产运行精良、市场营销精准、成本管控精当、安全管理精细、转型发展精深、创新创效精确、人才培养精心，大批专业技术和管理人才脱颖而出，又为企业转型发展提供有力支撑。

近年来，随着水泥行业的迅猛发展，山东东华水泥有限公司积极抢抓大发展的历史机遇，加快产业结构调整和自主创新步伐，通过“轻资产”运营模式大力开拓市场，实现了企业的快速发展。公司经营网点覆盖“四市九点”，“T”型市场布局逐步建立。目前，公司年设计熟料产能300万吨、水泥700万吨，已成为集产销运于一体，资源综合利用、循环经济、绿色环保节能于一身的新型现代化建材企业。

在创新驱动、转型升级的大背景下，作为传统产业要谋求发展，必然需要增强自身的竞争优势。竞争优势不仅来自于生产技术的创新，更来自于管理的创新。当今的中国制造业正处于“转方式、调结构、促增长”的产业结构优化升级的大浪潮中，对传统的水泥企业来说，如何学习先进生产管理经验，如何将先进理论与生产实践相结合，如何让全体员工参与到生产流程的改造中并发挥创造性，如何做到生产流程的持续改进，如何有效控制成本，提高质量，提高客户满意度，成为企业增强核心竞争力的关键所在。

东华水泥公司致力于构建具有东华特色的运营管理体系，通过对现场科学管理、合理定置及清理整顿，使现场人流、物流、信息流通顺流畅，为员工创造一个安全、文明、标准、整洁、高效的工作环境，加强员工对企业的归属感和责任感，提升公司形象和员工素质，进而形成良好的企业文化，达到提高公司经济运行质量，最终实现精益东华（效益优良、环境优美、先进简约、职工幸福）的总体战略目标。

二、项目主要内涵

（一）创新实施“5634”推进模式

借鉴先进单位经验，认真分析水泥行业现状，突出薄弱环节治理和管理短板提升，创新提出了“五位一体六结合，三个阶段四步走”的“5634”推进模式，通过持续改善，优化提升，着力改变现场现物和人的思想、工作状态，构建具有水泥行业自身特色的精益管理模式。五位一体，就是坚持6S管理、全员提案改善、TPM全员生产维护、精益班组建设、标准化作业“五位一体”，同步推进；六结合，就是将精益管理与五全管理和内部市场化相结合，相互促进；三个阶段，公司精益管理推进分“理念导入、精益改善、形成文化”三个阶段；四步走，精益改善按强化、细化、固化、优化四步进行。

（二）“三会一报”模式代替传统考核模式。

所谓“三会”即每月组织一次诊断策划会、改善提案评审会、阶段成果发布会。诊断问题挂牌解决，未按期完成，有关人员一律追责；改善提案评审激发全员自主创新解决问题意识；成果发布会展示本单位工作成果，评委现场打分、亮分、评奖、兑现正负激励，连续两个月“蜗牛奖”的单位负责人给予免职处理；月度考评分数，由公司按照精益市场价格进行收购。“一报”即精益简报，公司定期发布《精益简报》，通报诊断、评审结果，下达班组，全员学习，表彰先进，鞭策落后。“三会一报”，是一套闭环、可控的精益管理推进评价奖惩体系，在面子和免职的双重动力下，有助于激发全员人员的干劲和集体荣誉感。

（三）成为培养管理人才和培育企业文化的阵地载体。

实施精益管理的过程，就是学习的过程，通过大量的培训、行为刷新，员工行为不断规范，技能和素养不断提升。结合精益管理的推进，提出了培养“五有”员工，即“有正义感，有一技之长，有团队精神，有学习能力，有责任心和执行力”；培养“五有”管理人员，即“有精神境界、有敬业态度，有学习能力，有专业水准，有市场化意识”；提出了“四五六七”工作法和管理人员“32字”作风要求。职工素质、素养的提升，最终又丰富和塑造着企业文化。以实现“六零”（工作零差错、产品零缺陷、设备零故障、服务零距离、成本零浪费、安全零事故）管理目标为抓手，持续开展标准岗建设、标准操作法提炼活动，最终培育成精益管理文化。

三、项目基本做法

（一）确定思路

围绕“推进精益管理，构建精益东华”的总体目标，坚持“消除浪费、持续改善、精益求精、追求卓越”的精益管理理念，以持续追求浪费最小、价值最大的生产方式和工作方式为目的，以解决突出问题和薄弱环节为切入点，按照点、线、面、体的推进路线，按照“五位一体六结合，三个阶段四步走” 的“5634”推进模式，全面导入精益管理。做好精益管理与企业文化、“五全”管理、内部市场化的结合，形成以企业文化为引领、以“五全”管理为控制提升，以内部市场化为考核结算的精益管理机制。通过对标优化、引进吸收、创新发展、持续改善，逐步优化资源配置，消除各种浪费，构建一套“精益东华”管理模式，促进公司持续、稳定、健康发展。

（二）确定目标

公司职能部室：各部室以核心业务为中心，提高业务办理的效率和服务质量，加强职能标准化作业建设，应用精益管理思路，以“减少浪费、提高效率、增加效益”为中心，组织各部室、各单位之间业务协调，降低成本，发挥各部门管理职能。

生产单位：以优化工艺、改进操作、提高产能、提高效率、推动生产流程自动化、信息化为主要目标，从产品质量、生产组织、设备管理、标准化作业流程、材料电力成本消耗和人员素质等方面入手，加强管理，不断优化，最终实现本单位生产效益最优。

（三）定工作原则

1.坚持实事求是、注重实效的原则。就是贴近实际，注重实效，全面剖析、诊断生产经营活动中面临的突出问题和矛盾，查找公司发展过程中存在的短板和瓶颈，以问题解决为出发点和落脚点，利用精益管理工具和方法，扎实有效地开展精益改善，夯实管理基础，提高管理水平，增强核心竞争力。

2.坚持总体规划、分步实施的原则。就是结合公司实际情况，分期导入，分步实施，通过设立样板推进单位，树立精益标杆，引导管理理念转变；通过生产组织方式的变化，发现问题并拉动问题解决，最终实现由现场改善到管理提升的转变。

3.坚持对标一流、不断超越的原则。要坚持同国内、国际先进企业进行对标，发现差距，制定措施，优化消缺，持续改善，实现公司经营管理及作业标准的不断提升。短期标杆：现场管理学青州中联，经营管理学岭子山水；长期标杆：海螺水泥。

4.坚持全员创新、持续改善的原则。通过宣传，引导员工树立“持续改善也是创新”的观念，组织员工围绕生产经营管理过程中的一切浪费行为和不合理项，广泛开展合理化建议和改善创新活动，以全员创新促进精益管理推进。

5.坚持以人为本、全员参与的原则。根据单位实际，不断细化精益管理实施细则，完善操作标准，充分发挥员工在精益管理推进中的创造、实践、推进作用，让精益理念融入员工血液，在提升个人能力的同时，营造精益氛围，培育精益文化。

6.坚持与市场化相结合的原则。把内部市场化贯穿于精益管理的始终，对精益管理项目实施过程及结果进行细化、量化，运用市场化进行结算，提升精益管理水平。

（四）成立组织

公司成立了公司、事业部、车间三级精益管理领导小组和公司精益管理推进办公室，在每个单位确定一名精益专员，负责精益管理推进具体工作，与专业咨询公司进行协作，对公司精益管理推进工作进行跟踪指导，并按照技术能力和分口业务，分别确定了6S管理、改善提案、TPM管理、精益班组建设、标准化作业五项工具推进总负责人，构建起了以精益管理领导小组和推进办公室为主导，以专家为辅助，公司、事业部和车间全力推进的内部推进架构，和积极向潍柴等精益标杆企业学习借鉴的外部对标架构。

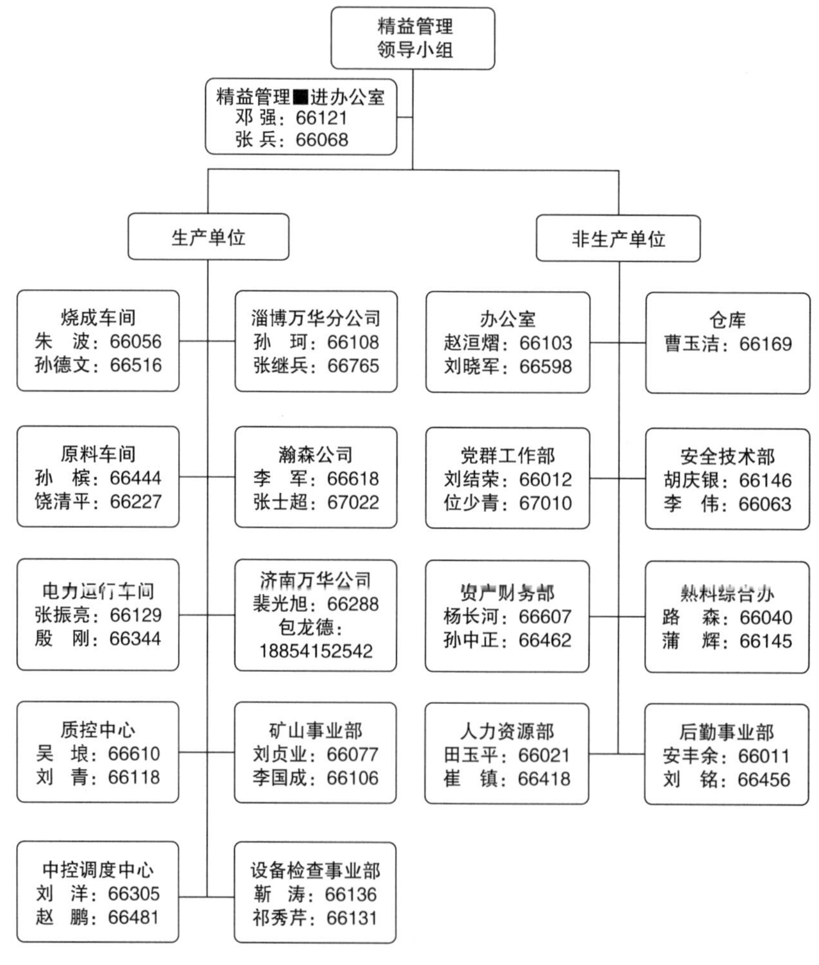

图1 东华水泥公司精益管理组织网络图

（五）制度建设

1.工作制度。坚持以流程为导向，以优化价值流程为手段，“能合并的坚决合并，能简化的坚决简化，该废止的坚决废止，该修改的坚决修改”，对公司原有制度，尤其是质量管理、计量管理、环境管理、职业健康管理等四大管理体系的制度进行优化、瘦身，不断完善和修正制度体系中的不合理项，初步建立起“岗位职责清晰、标准体系健全、信息传递顺畅、绩效管理严格”的“精益制度体系”。也就是将精益管理同四大系统进行融合。

2.推进制度。从精益工具内涵、应用方法入手，分别制定每项工具《实施方案》《推进手册》《考核标准》，保证每名职工都知道精益管理是“干什么”“怎么干”、达到什么标准。

3.考核制度。主要是三会两考核一简报。公司2016年、2017年每月组织一次提案改善评审会，召开一次精益管理成果发布会，各基层单位部门每周一次精益诊断策划会；公司的考核分为单项精益工具推进考核和精益管理推进整体评价，所有的考核结果全部在内部《精益简报》公开，由职工进行监督。

（六）学习培训。

先后购置《6S精益推行图解手册》《全面精益管理》等上千册书籍发放到基层单位部门，开展精益管理知识学习；同时组织精益推进骨干到潍柴集团、济南重汽等标杆企业进行对标学习，增强对精益管理工具的整体认知。按照专家培训、公司培训、推进单位自主培训三个层次开展。公司邀请专家培训13期32场次4000余人次，主要从公司精益规划、6S管理、提案改善、TPM管理、精益班组建设、执行力、标准化作业等方面进行讲解；公司层面主要分公司班子、中层、精益专员三个层级开展了“管理人员上讲台活动”。为营造“终身学习”“知识与技能共享”的学习氛围，激发员工的责任感与执行力，2017年导入“晨读学习”，职能部室每周1、3、5，生产单位每周3由各单位自行组织晨读；推行了定期精益考试、TPM教研室培训工作，2017年以来各单位完成单点课1000余件。

（七）导入工具

针对公司的现场管理、全员创新、设备管理、班组管理和标准作业，在推进过程中导入了6S管理、提案改善、TPM管理、精益班组建设和标准化作业五大工具，按照“强化、细化、固化、优化”步骤，应用红牌作战、PDCA、OPL单点课程、看板管理、岗位账本、目视化管理等辅助工具，不断对现有管理模式优化消缺，提档升级。

1.6S管理方面，公司抓住整理、整顿、清扫、清洁、素养、安全六大要素，出台6S评价标准，对人机料法环进行诊断规范，开展了“四漏整治”“洗澡运动”等活动，运用定置管理、红牌作战、定点摄影、目视化管理等方法，消灭卫生死角，根除污染源，对物品进行合理布局、科学摆放，并对成果进行固化，形成了6S手册及目视化手册。

2.全员提案改善方面，通过宣传，引导职工树立“改善就是创新”理念，组织职工，每周一次，围绕“七大浪费”和精益推进过程中的不足，持续诊断策划，提报改善建议，制定改善措施，开展持续改善，并每月一次，组织提案评审会，对优秀提案进行评审收购。职工提案积极性大幅提升，2017年，各单位共提交改善提案1772件，公司受理913件，受理率51.52%，累计发放提案改善奖励金29750元。2017年，东华水泥公司更加注重严格提案评审，实现“由量向质”转变。一是为了贯彻落实“改善就是创新”的理念，鼓励员工踊跃参与提案改善，激发全员创新创效活力，精益办重新修订《全员提案改善管理办法》，导入“积分制”奖励办法，有效发挥每位员工的潜能；二是修订了人均提案数量考核，促进了“由量向质”的转变。从二季度修改为每季度人均1件提案（月度人均0.33份），确保了提案质量。

3.TPM全员生产维护方面，公司成立了TPM推进办公室，下发TPM推进方案和TPM知识手册，制定TPM题库并组织全体管理人员考试；按照网格化管理完善了设备台账及保全分工；建立三级巡检制度；依托TPM教研室、样本设备（区域）打造、点检目视化图卡制作等工作，有力地推动了公司TPM管理整体工作的开展。

4.精益班组建设方面，在班组设立“五大员”（安全管理员、质量管理员、生产管理员、成本管理员、人事管理员），协助班组长完成班组的安全、质量、生产、成本和人员管理；在班组自主管理方面，通过看板管理、岗位账本等方法，逐步消缺班组生产管理中的问题，初步导入“拉动式”管理意识；在素质提升方面，对人员技能摸底后，制定技能提升计划，依托OPL单点授课、精益讲堂、巡检维修一体化、岗位轮岗等工作，持续开展各类培训活动，有效地提升了员工技能，目前主要生产车间巡检工70%以上具备了初级电气焊作业能力。

5.标准化作业方面，标准化作业分制定标准、学习标准、执行标准、修订标准四大步骤开展，按照一项一书原则，生产单位分八类编制标准化作业指导书（SOP），非生产单位分九类编制优化标准化工作流程，要求做到事事有流程，样样有标准，最终实现上标准岗、干标准活的目标。截至目前，公司累计编制发布生产类标准化作业指导书235项，管理类标准化流程196项。公司将按方案计划完成所有标准的制定和发布，最终汇编成手册，进行发布。

（八）考核激励

坚持“三会一报”模式以会代考，每月组织一次诊断策划会、改善提案评审会及阶段成果发布会，由各单位部门“一把手”以PPT形式汇报月度工作，公司评委现场打分、亮分，现场评奖。并将评比结果以精益简报形式下发至岗位，要求全员签字传阅。通过“按价结算”正负激励、连续两月最差对单位负责人免职处理和蜗牛奖单位分管班子上台表态等措施，使精益管理真正成为“一把手”工程。

优化了考核体系，建立“自评+互评”模式，实现协同督查，确保精益管理月度现场督查考评的客观性、公正性、专业性；严格考核兑现。根据各单位每月推进取得成绩，按照10%~15%（水泥15%、熟料10%）的权重计入各单位的月度工资总额；强化奖惩。按照各推进单位年度当前精益管理推进排名，对生产先进单位与后进单位，按人均100元、60元进行奖励或处罚，对非生产单位、“三系统”单位按人均60元、40元进行奖励或处罚。

东华水泥精益管理推进计划表（2017年）

序号	工作任务	具体措施	完成时限	责任单位
1	明确2017年度精益管理深入实施方案和工作计划	精益办编制下发2017年方案；2.根据各单位实际，精益办制定绩效指标考核实施细则	2月10日	精益办 各单位
2	精益管理培训宣传	结合推进过程自主开展现有精益管理工具深化培训学习；2.借助集团网站、公司内网、微信、QQ、精益简报等平台适时发布新知识、传播正能量	全年	精益办 人力资源部 各单位
3	6S管理构建现场改善体系	1.6S方面，优化完善6S量化考核标准，各单位每月自查并形成自查报告；2.精益办不定期检查，月度集中诊断，纳入月度考核得分；3.针对6S难点，倾斜资源，进行重点改善；4.制定员工行为素养手册，仿照安全六项铁律监督执行，提升全员素养水平；5.6S管理实现与季度安全达标的管理融合	5月30日	精益办 安全技术部 各单位
4	全员提案改善构建全员改进体系	1.优化提案改善考评细则，加大对提案质量考核比重；2.与创新有机结合，针对重点课题导入课题攻关改善项目	3月30日	精益办 党群工作部 各单位
5	TPM管理构建生产保障体系	1.重点围绕典型设备故障开展专题攻关，提升故障分析和解决能力，并从预防角度完善制度标准和管理措施；2.完善设备管理机制，每半年公司牵头开展全面生产系统诊断，形成诊断报告，制定改进措施，优化设备管理；3.对前期各类点检、润滑、保全手册执行情况进行摸底修订，组织学习考试	全年	精益办 安全技术部 各单位
6	精益班组建设构建人才培育体系	1.结合技能评价及提升计划，持续开展OPL、轮岗、维修巡检一体化等技能提升工作，2017年年底实现全员维修巡检一体化100%；2.按照“五通道”发展机制，设立名额目标，建立“能进能出”机制；3.对创新工作团队或个人进行评价，对没有创新项目或创新课题无效的团队及个人给予解聘	全年	精益办 人力资源部 各单位
7	标准化作业构建作业规范体系	各单位根据精益办下发制度和要求编制相应标准化作业指导书和标准化工作流程，由作业实施人员进行验证，修订完善后执行；2.精益办整合形成手册，发布；3.各单位组织学习标准手册，考试，成绩纳入月度考核得分；4.根据工作变化持续完善作业指导书	4月10日形成手册，持续完善。	精益办 安全技术部 各单位
8	与五全管理融合，构建管理控制体系	把“五全”管理作为精益管理的控制层面的重要工具，把“五全”管理融入精益管理的制度中，并贯穿到精益管理各项活动中，使预算、对标、考核、风险防控等功能在企业管理中得到更加全面的体现	全年	精益办 各单位

9	与内部市场化融合，构建市场运营体系	继续深化完善内部市场化运营机制，把精益管理的考核奖惩纳入内部市场结算，结合市场要素运营，充实精益管理项目价格，形成市场化考核结算体系	全年	企管部 各单位
		结合阿米巴推进，建立成本（利润）模型，形成统计分析改进闭合管理体系	2月份	
10	精益质量管理构建质量经营模式	找准质量定位，通过强化源头管控、过程管理和制度落实，加强对原材料质量的监督管理，切实提高产品质量，加强质量成本管控，导入质量经营理念，构建以客户需求、市场认可为导向的质量管理责任体系。计划二季度开展全面质量管理（TQM）活动，导入理念、工作原则及工作方法	全年	水泥事业部 质控中心
11	精益采购，实现供销双赢	1.坚持“双赢采购降成本”和“零库存”的思路，建立物资采购储备管控模型，根据产销计划和设备寿命，实施适时采购、ABC安全库存管理，压减库存占用资金和预付款项。2.各生产单位仓库智慧云仓库模式并对接运用。力争仓库库存在2016年年底的盘存的基础上降低30%	6月30日	水泥事业部 仓库
12	精益营销，创造效益最大化	从营销战略布局、品牌定位管理、产品品类优化、营销渠道拓展、客户分级管理、营销成本管理、营销指标考核等方面层层分解推进落实，构建精益营销团队，完善精益营销制度，形成精益营销理念，搭建精益营销运行及考核平台，建立营销利润模型，形成长效机制，增加经济效益	全年	熟料事业部 水泥事业部
13	精益文化建设	1.整合精益管理理念，构建精益管理文化体系，形成手册；2.开展系列活动营造精益氛围	全年	党群工作部
14	精益管理考评	精益办制定评价细则，修订考核项目内容和标准；2.每月组织考评，分为日常推进、绩效指标完成情况、集中诊断检查三部分，考评结果纳入精益管理季度综合得分；3.每季度组织举行一次精益管理发布会	全年	精益办
15	精益管理总结	总结评价年度精益管理推进情况，表彰先进单位及个人，筹划明年工作计划	12月30日	精益办
16	精益成本（利润）模型	各推进单位结合自身职责及经营成本构成，进行统计分析，建立成本模型，统筹规划降本举措	2月28日	各单位
17	东华运营管理体系构建	初步构建一套追寻持续改善与优化提高的精益管理系统（模式）集成，即“DOS”（东华运营管理体系）	12月30日	精益办 各单位

18	其他工作	根据每月推进情况，针对存在问题重点推进一到两项工作，解决突出问题	全年	各单位

四、项目实施效果

推进精益管理以来，公司紧紧围绕“构建精益东华”的总体目标，以“目标、问题”为工作导向，创新实施“5634”精益管理推进模式，用活五项精益管理工具，全面推进精益管理，初步构建起了以企业文化为引领、以“五全”管理为控制提升，以内部市场化为考核结算的精益管理机制，实现了“生产运行、市场营销、降本降耗、本质安全、转型发展、创新创效、人才培养”等六大方面的管理融合，为公司下一步精益管理提升实施奠定了基础，为公司转型发展提供了坚实的管理支撑。

（一）生产运行精良

公司始终坚持“五稳保一稳”精益工艺操作思路，持续优化生产组织，推进设备能效提升，保持了生产线高效运转。熟料线在政策停产、行业错峰停产6800余小时的情况下，回转窑日均产量达到6000t/d以上，六月份创出单月熟料产量36.85万吨的历史记录；吨熟料电耗同比降低5.27度，发电量同比增加1115.56万度；通过技改原料磨台时大幅提升，平均台时426.4吨/小时，比去年同期408.7吨/小时增加17.7吨/小时。1#线原料磨平均台时稳定在435吨/小时，磨机的稳定高产运行，有效地保障了回转窑的连续高效运转。原料磨故障停机恢复时间从去年的平均2.4小时降低至0.55小时；自主检修效果明显，完成配料站改造、原料磨液压缸、辅助冷却系统、3511除铁器的安装、回转窑液压挡轮轴承更换、高温风机更换轴承及找正、煤磨选粉机拆检等项目，降低外委维修费90余万元；运用日报表和岗位订单两个工具进行了指标到人的考核，增强了职工对指标的重视，设备空转、欠载现象逐渐减少，从分片区域内的电耗即可反映出现场设备的运行情况，小指标考核引导见效。供料车间矿山工段电耗从年初的1.9度/吨降至0.97度/吨；烧成车间熟料散装电耗从4月份的0.41度/吨降至0.38度/吨。水泥事业部在总体管理人员不增加的情况下，新增委托加工点一处，进一步完善了经营布局，增强了驾驭市场的能力。圣泉与瀚森、鲁晟形成稳定互补的铁三角经营架构，特别是通过成本精算，优化产品结构分配，减少洗磨次数，在实现互补效应的同时提升了盈利水平；淄博万华和济南万华的磨机台时产量都有了较大幅度提升，42.5水泥台时分别稳定在200吨和117吨左右，同比提高10%左右；广伟委托加工点对水泥板块运行质量的提升支撑作用巨大。淄博万华板块使用自产矿粉32.25万吨，平均单价165.69元/吨，外购矿粉3.85万吨，平均单价191.07元/吨，比外购节支25.38元/吨，共节支818.51万元。1–10月份，公司完成收入11.8亿元、利润7227.1万元，同比分别增加4亿元、9308.5万元，较好地完成了集团公司下达的年度奋斗指标，其中，三月份、六月份、七月份、八月份等月份的单月盈利能力和运行质量，均创近年来最好水平。

（二）市场营销精准

公司牢固树立“经营水泥”的理念，坚持以“253”原则、“市场营销七原则”为抓手，抢抓市场机遇，优化产品结构，实现营销创效最大化。一是市场布局实现战略调整。根据今年的市场形势，水泥事业部及时调整了销售战略，立足本地，由东往西，弱化青岛（东部），壮大济南（西部），市场开拓有了新突破。济南及周边市场，已成为公司的核心市场，并与淄博、潍坊遥相呼应，成为胶济线中西段的主力市场。二是大工程及重点客户得到进一步拓展。新开拓了济南轻轨、长深高速、邯济铁路、青岛管片等用户，签订了重点工程合同21份，市场增量约35万吨，合同总金额超1亿元，在增加市场销量同时，提高了“万华”品牌的社会知名度。在2016年试水高铁轨枕水泥并在稳固原有客户的基础上，乘势而上，大力发展新客户，省内4家轨枕厂，已全部建立合作关系，1–10月份轨枕水泥累计发货9.3万吨，同比增长130%。三是专用水泥市场开拓出新领域。高速公路专用缓凝水泥在淄博万华和淄博瀚森相继攻关成功，海工专用水泥在淄博万华研制成功后对潍坊港实现供货1.5万吨。四是联和水泥公司的成立对销售市场坚挺价格起到了关键的作用。公司积极主动参与市场协同，熟料售价一度达到380元/吨，为全国最佳水平；1–10月份，熟料、水泥销售价格同比升高79.27元/吨和97.95元/吨。

（三）成本管控精当

公司以精益管理为总抓手，强化源头控制、过程管理和目标考核，全力提升企业生存的核心竞争力。

1.强化源头采购控制。水泥追求的是规模效益，始终牢固树立“省一块钱远比挣一块钱容易得多”的理念。一是根据材料成本模块倒逼采购成本。二是积极捕捉市场信息，抓住机会降低原辅材料采购成本，要低价多存、高价少存，这最能显示采购人员工作能力的高低。三是要积极寻求原料替代降成本。四是积极参与中联招标，规模采购降成本。尤其是今年以来，公司全面应用智慧云仓库管理软件和微信扫码等手段，推进精益仓库建设。公司9个厂网点仓库物资实现互联互通，截至10月末库存占用资金由年初的1761.48万元，降至684.75万元，降低1076.74万元，降幅61.13%。

2.强化生产过程控制。生产是基础，水泥作为传统行业，技术门槛较低，同质化程度较强，谁能把控成本谁就能掌握市场拓展主动权。成本先进就是核心竞争力、就是第一竞争力。因此，坚持把降低生产成本作为精益生产的第一要务，根据水泥主业成本构成，建立健全成本控制“六模块”（材料成本模块、燃料成本模块、电力成本模块、人工成本模块、环保成本模块、制造费用模块），将每一模块利用管理会计的角度列细、列实，并分解到每个单位、每个车间直至各工序，实现全员、全要素、全过程的降本。让每一位员工明确降本目标、清楚降本方向、理解降本措施、获得降本收益，激发持续降本热情。建立了以专管员为核心的生产运行体系。公司结合实际，对岗位人员结构进行了优化调整，新设立了专管员岗位，细化了一线职工的工作分工，“专业队伍”建设取得新突破，初步实现“专业人干专业事”的目标。

3.强化考核促落实。公司与各单位签订《生产经营目标责任书》，进一步明确2017年生产经营各项指标和重点工作任务，着力用指标统揽全局，进一步细化分解任务，做到“四定”，通过“明确的经营措施思路、先进精益的经营指标、公正透明的考核奖惩”，促使公司经营发展朝着“更专业、更标准、更规范”的方向发展；同时，着力做实内部市场化与阿米巴经营的并轨融合，全面推行“人、单、酬”经营模式，构建了“用数据说话”、公开透明、标准统一的内部结算市场化考核管理体系，并将各项指标纳入单位主要负责人的“业绩考核清单”，督查督办、奖惩到位，扎实提高管理能效和生产经营水平。在熟料事业部试点建立了“人单薪酬”考核体系。以“干什么，考核什么”为目标，根据各岗位的不同职责及范围，制定具有各岗位不同特色的岗位考核订单126个。由“生产指标、质量指标、消耗指标、经济运行、基本职责、通用考核”6个单元、81个数据考核指标组成，并根据各考核项的重要程度，界定考核项的权重及奖惩数额。根据岗位订单内容，又编制了与其相配套的考核日报表，形成了由部门到车间、车间到岗位、岗位到个人的数据链，形成了数据预警系统。在各车间会议室都有数据公示板，由专人将每天的指标数据填在公示板上，便于每位员工对数据的掌握，现在很多员工都在为能耗指标的降低、台时台产的提高而出谋划策，形成了“人人关注指标、人人为指标而努力”的氛围。

（四）安全管理精细

公司坚决围绕“零伤害”目标，把抓好安全生产作为最基本的职责、最大的政治任务，依法依规抓好安全生产。一是做实安全评价，基础管理持续提升。作为非煤试点单位，5月份由集团公司非煤产业部组织中联水泥、山水水泥以及山铝水泥相关专家组成生产、机电、安全与职业卫生管理三个专业组，对公司熟料生产线和各水泥加工网点的生产系统、辅助系统和安全管理体系运行等方面进行了全面综合的安全评价。二是安全生产标准化建设卓有成效。根据集团公司要求，积极推进安全生产标准化建设，淄博万华、济南万华已先后通过安全生产标准化三级企业复评，淄博瀚森首次通过安全生产标准化三级企业评审。熟料基地11月份顺利通过了国家安监总局组织的安全生产标准化一级企业复评。三是严格“安全生产六项铁律”刚性要求，强化安全行为养成。截至目前，组织综合、专项安全检查28次，检查一般安全问题557处，排查治理生产安全事故隐患48条，责任追究145人次，内部市场化交易39880元。四是实现了“三平台运营”。淄博“智慧安监”云平台、集团公司安全诚信体系平台、安全预测预警平台实现上线运行。五是环保工作上台阶。强化基础管理，修订环保制度6个，并结合最新环保政策法规编制了环保手册、环保明白纸，下发到车间、班组学习，组织了学习考试，使人人懂得环保新要求，促进了环保意识的提高；进行环保升级改造。针对今年政府出台新环保标准超前治理，占据主动，对一二线窑头电改袋、脱硝系统升级、烟气在线监测系统升级、熟料散装扬尘治理、生活污水处理系统升级、噪声治理等6项技改；粉磨站实施了水泥装车安装移动收尘设施、烟气在线监测系统升级、建设生活污水处理系统等技改以及水泥、熟料线增加安装袋收尘6台，袋收尘更换超低排放滤袋115台，封闭料棚3800m^2.安装密封门8个、安设降尘喷淋设施300米、硬化厂内运输道路9000m^2.改造袋收尘排气筒68个。环保总投资达2100万元。

（五）转型发展精深

坚持把转型升级作为企业可持续发展的第一要务，认真落实集团公司转型发展规划，瞄准“122”产业体系，加快优质支撑项目调研、建设和优势产业培育，推动企业可持续发展。一是成立了转型发展工作领导小组，以及淄博建材集成创新示范园、智能制造、绿色制造三个推进办公室，分别制定了推进方案和工作进度表，并签订了目标责任书。二是淄博绿色建材集成创新示范园项目已完成整体规划，并先后到远大住工、金山机械、金圆股份、河北邢台新材料产业园、中国新材料设计院、中国非金属矿设计院等行业领军企业、设计院进行了现场调研，对绿色矿山、粉磨站搬迁、商混等一批重点支撑项目进行了政策摸底和前期准备；三是智能制造项目已完成了对能源管理水子系统、能源管理电机子系统、网络系统以及信息孤岛、DCS系统的摸底，目前南京凯盛水泥设计院、施耐德、天津水泥设计院已拿出推进方案，正在对比比价中，此项目也已列入2018年淄博市重点项目；四是绿色制造项目，市环保局已通过了一期“固废”项目的环评手续，固废储存大棚0.00平面以下地下工程施工已基本施工完毕，明年五一具备运行条件，二期危废项目的可研报告已完成，目前正在编制环评，争取明年2月15日之前拿到环评批复后开工建设。

（六）创新创效精确

公司始终以“提高生产能力、提高产品质量、降低生产成本”为根本目的，精确实施真创新、创实效工作。今年以来，技术创新方面，在集团公司立项13项，已验收8项，年创效415.43万元；获全国建材协会技术革新奖三等奖2项；申请专利8项，其中发明专利4项，实用新型专利4项；通过山东省建材工业协会科技成果鉴定3项。群众创新方面，上报集团公司群众创新项目26项，通过验收14项；公司还被授予“淄博市技师工作站”称号，将有力推动高技能人才的培养、技术攻关和技术创新。通过“三个转变”，坚持真创新：即由务虚研究转化成切实可行项目的转变，由买设备作为创新成果转化成对设备基础进行改善的转变，由盯着大技改项目总结成果转化成突出自主创新的小改造、小项目的转变。开展输送设备“一键开停”研究，通过设备联锁，实现了现场输送设备有序自动开停，年可减少设备空开节电1万余元；自行设计制作全密封装置，对煤磨磨机密封进行改造，提高磨机产量，降低电耗0.5KWh，年可降本节支约9万元。重实效严考核，公司严格按照集团公司技术创新和管理创新“两个细则”的规定，制定了技术创新成果奖励办法（创新团队、创新个人的奖励根据创新效果按比例发放），建立健全了“三创”评审委员会，确保创新工作有序开展。在机制创新方面，公司引入了职业经理人和职业经理人团队，在促进内部管理更加专业、规范的同时，有效激发了队伍活力，尤其是他们带来了一系列管用且实用的管理办法，许多一直以来想突破而没有突破的工作得到了落实。

（七）人才培养精心

推行精益管理的最终目标是培养人才。坚持把职工素质提升作为推动企业转型升级重要举措来抓，多形式、多渠道推进职工队伍素质提升。一是强化了职工专业技能提升。坚持“按需”培训，综合运用练兵比武、全员培训、专题培训、OPL单点课及“晨读”等方法方式，抓好职工专业技能学习培训。按照先车间练兵，后公司比武的模式，在生产一线开展了16个岗位工种200余人参加的全员练兵和4个工种共54人参加的公司技术比武，并对前五名按500–3000元分别进行奖励；利用检修及生产线技改等契机，先后组织专题培训13场次752人次；以新设备应用和操作技能分享为内容，组织开展OPL单点课744次；自9月份起，又按照“职能部门每周三次，生产班组每周至少一次，每次半小时”标准，开展“晨读”活动，补足专业技能学习培训的不足，保证了学习教育的效果。二是加强专业队伍建设。根据公司发展需要，启动了辅导员、内训师队伍建设，10名有专业水平、技术有特色且有一定授课能力的职工被确定为公司第一批助理内训师，并组织开展试讲。以培养“专家”型岗位人才为抓手，在生产一线推行专管员制度，经过竞聘，35名懂原理、能维护、精操作的职工成为“专管员”，保障了公司熟料线的稳定运行，熟料产量日均突破6000吨，达到行业先进水平。三是加强了职工心智模式培养。通过组织开展全员阅读、素质拓展、参观学习、集中军训等活动，引导职工转变思维方式、行为方式，改善心智模式。先后投资2万余元购买书籍1000余本，发至车间班组开展阅读学习，并开展了“书香东华、全员阅读”读书及朗诵比赛活动；还组织到建华管桩、海螺集团、北京金隅等先进企业学习130余人次；组织全员拓展训练8期400余人次，职工思维、眼界和团队精神都得到极大提升；组织职工进行军训，进一步提升职工的团队精神和执行力。

成果创造人：李庆文、赵洹熠、谭渲月、栾馥升、刘晓军、任思国、刘　倩